2026 최신판

JN419058

학습 러닝 메이트
AI 듀봇

© eduwill · edugong

eduwill

에듀윌 한국사능력검정시험 심화
10+4회분 기출700제

기출문제 + 1분컷 퀵기출 반복 생성 <AI 듀봇>

패스바이워드윌 저

[무료제공] 최신 기출 킬러문항 첨삭해설 + <AI 듀봇> 매회 업데이트(2025년 포함)

2025년 전체 기출 수록! 빨간색 정답+파란색 오답 해설로 기출 공략!

에듀윌 한국사능력검정시험 심화
10+4회분 기출700제

기출문제+1분컷 퀵기출 반복 생성 <AI 듀봇>

에듀윌과 함께 역사의 길을 따라
걷기를 시작한 여러분!

전근대부터 근현대까지, 방대한 시간의 강을 건너는
여정이 쉽지만은 않으실 거예요.
하지만 그 여정의 끝은 '자격증'뿐만 아니라,
우리의 이야기와 뿌리를 이해하게 된 여러분 자신일 거예요.

포기하고 싶을 때마다 지금까지 쌓아온
노력의 무게를 떠올려 보세요.

밑줄 그어가며 외운 핵심 개념들,
반복해서 풀었던 기출문제,
그 모든 순간은 결코 헛되지 않으며
결국 여러분을 합격이라는 목표로 이끌 거예요.

한국사를 공부한다는 것은
어제와 오늘을 이해하고 내일을 준비하는 일이에요.
여러분의 땀이 그 의미를 완성시켜 줄 것이라 믿어요.

이 책과 함께라면 당신의 합격은 반드시 현실이 됩니다.
끝까지 포기하지 마세요.
여러분은 충분히 잘하고 있습니다!

eduwill

127만 권 판매 돌파!
36개월 베스트셀러 1위 교재

최신 기출 경향을 완벽 분석한 교재로 가장 빠른 합격!

2주끝장

판서와 싱크 100% 강의로
2주만에 합격(심화/기본)

한권끝장

첫 한능검 응시생을 위한
확실한 개념완성 기본서(심화/기본)

시대별 기출문제집

약점 시대만 집중 공략하는
시대·주제별 기출문제집(심화)

회차별 기출700제

합격 필수 분량
회차별 10+4회분 제공(심화)

1주끝장

최빈출 50개 주제로
1주만에 초단기 합격 완성(심화)

초등 한국사

비주얼씽킹을 통해
재미있게 배우는 한국사(기본)

에듀윌
한국사능력검정시험 심화

10+4회분 기출700제

기출문제

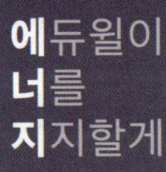

에듀윌이
너를
지지할게

ENERGY

성공은 우리가 생각하는
자신의 모습을 끌어올리는 것에서
시작한다.

– 덱스터 예거(Dexter Yager)

한국사능력검정시험이란?

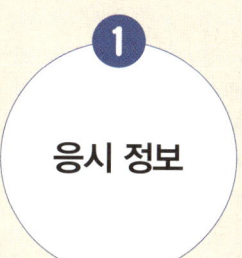

① 응시 정보

- 주관 및 시행 기관: 국사편찬위원회
- 시험 접수: 한국사능력검정시험 홈페이지(http://www.historyexam.go.kr)에서 접수(사진 등록 필수)
- 시행 횟수: 심화(1~3급) 연 4회 / 기본(4~6급) 연 2회
- 시험 시간: 심화 80분 / 기본 70분
- 응시료: 심화 27,000원 / 기본 22,000원
- 성적 인정 유효 기간: 국가에서 지정한 별도의 유효 기간은 없으나 국가 기관·기업체마다 인정하는 기간이 상이하므로 각 기관 및 기업 채용 가이드라인 확인이 필요함

※ 이 정보는 주최측의 사정상 변경될 수 있습니다. 시험 접수 전 한국사능력검정시험 홈페이지를 확인하시기 바랍니다.

② 평가 등급

구분	인증 등급			문항 수
심화	1급(80점 이상)	2급(70점~79점)	3급(60점~69점)	50문항(5지 택1)
기본	4급(80점 이상)	5급(70점~79점)	6급(60점~69점)	50문항(4지 택1)

③ 시험 일정

구분	시험 일시	합격자 발표
A회	매년 2월경	시험 일시 2주 후
B회	매년 4~5월경	
C회	매년 8월경	
D회	매년 10월경	

※ 이 일정은 주최 측의 사정상 변경될 수 있습니다. 시험 접수 전 한국사능력검정시험 홈페이지를 확인하시기 바랍니다.
※ 이 일정은 심화 급수 기준이며, 기본 급수는 연 2회 시행됩니다.

④ 시험 TO DO 리스트

시험 준비
- 합격 필수 분량 기출 10회분으로 실전 대비하기
- 보너스 기출 4회분으로 시험 직전 최종 점검하기

시험 D - DAY
- 시험장 준비물 챙기기(수험표, 신분증, 컴퓨터용 수성사인펜, 수정테이프)
- 시험 당일 08:30부터 09:59까지 지정된 시험실 입실하기

합격자 발표일
- 한국사능력검정시험 홈페이지에서 합격 여부 확인하기
- 성적 통지서와 인증서 출력하기(한국사능력검정시험 홈페이지, 정부 24)

구성과 차례

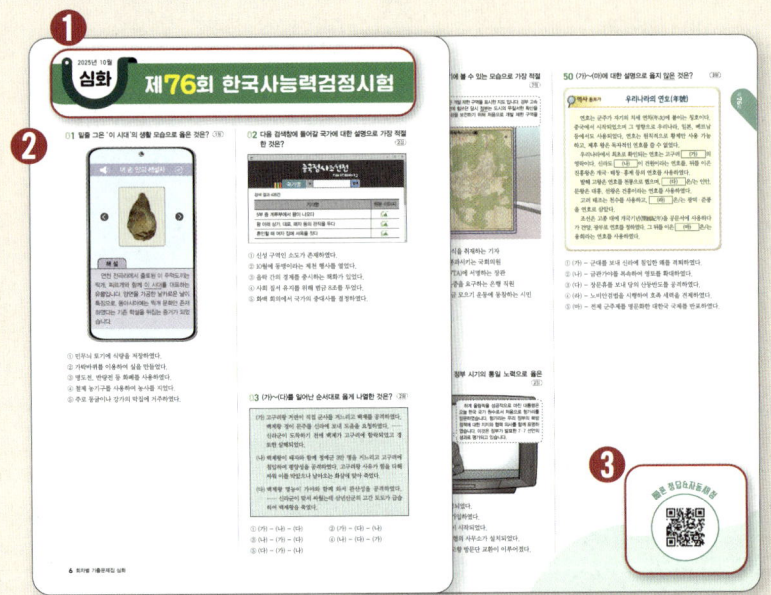

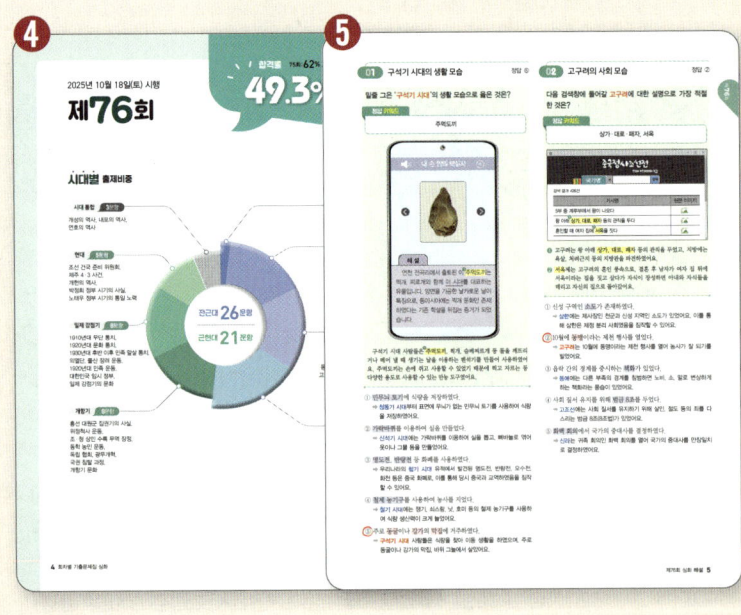

❶ 최신 기출문제 10+4회분 제공!

모두가 추천하는 합격 필수 분량 10회분으로 실전 감각을 익혀보세요. 보너스 기출 4회분(PDF)은 시험 직전 최종 점검을 목적으로 활용하여 보세요.

❷ 연습은 실전처럼! 실전은 연습처럼!

실제 시험지와 똑같이 구성하여 실전처럼 학습할 수 있도록 하였어요. 실제 시험을 치르듯이 시험 시간 80분에 맞춰 문제를 풀어 보세요.

❸ 1초 만에 합격 예측!

QR코드를 스캔하여 [빠른 정답] 혹은 [자동채점 서비스]를 활용하여 보세요. [빠른 정답]으로 직접 채점하거나 [자동채점 서비스]로 정답을 입력하여 합격 예측 성적 분석까지 받아볼 수 있어요.

❹ 낱낱이 파헤친 분석리포트

각 시대별 출제문항 수와 핵심키워드를 분석하여 각 시대의 어떤 주제가 문제로 출제되었는지 확인할 수 있어요.

❺ 출제 의도를 완벽 분석한 해설

발문부터 선택지까지 완벽하게 분석하고 설명하였어요. 제시된 자료 속에 숨어있는 정답 키워드와 자료 맞춤 설명, 빨간색과 파란색으로 구분되어 상세하게 제공되는 정오답 해설까지 있어 책만 봐도 공부할 수 있어요.

최신 10회분 합격률(%)

회차	합격률
67회	49.2
68회	59.4
69회	54.6
70회	46.8
71회	46.8
72회	55.2
73회	66.2
74회	40.1
75회	62.0
76회	49.3

01 밑줄 그은 '이 시대'의 생활 모습으로 옳은 것은? 1점

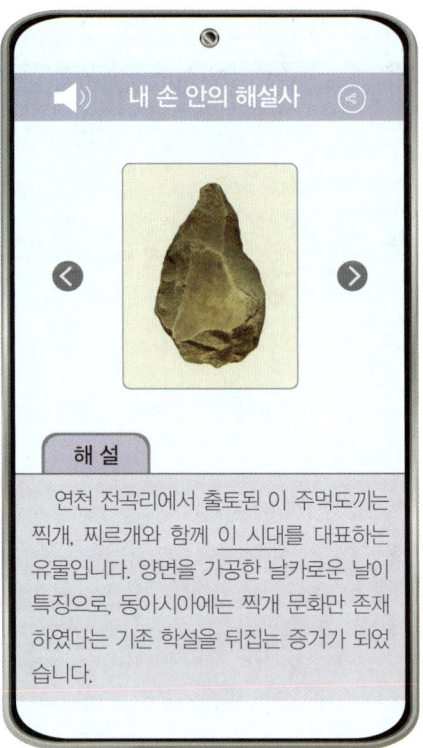

① 민무늬 토기에 식량을 저장하였다.
② 가락바퀴를 이용하여 실을 만들었다.
③ 명도전, 반량전 등 화폐를 사용하였다.
④ 철제 농기구를 사용하여 농사를 지었다.
⑤ 주로 동굴이나 강가의 막집에 거주하였다.

02 다음 검색창에 들어갈 국가에 대한 설명으로 가장 적절한 것은? 2점

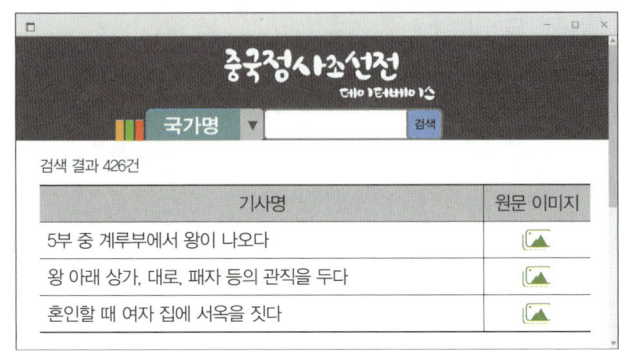

① 신성 구역인 소도가 존재하였다.
② 10월에 동맹이라는 제천 행사를 열었다.
③ 읍락 간의 경계를 중시하는 책화가 있었다.
④ 사회 질서 유지를 위해 범금 8조를 두었다.
⑤ 화백 회의에서 국가의 중대사를 결정하였다.

03 (가)~(다)를 일어난 순서대로 옳게 나열한 것은? 2점

(가) 고구려왕 거련이 직접 군사를 거느리고 백제를 공격하였다. 백제왕 경이 문주를 신라에 보내 도움을 요청하였다. …… 신라군이 도착하기 전에 백제가 고구려에 함락되었고 경 또한 살해되었다.

(나) 백제왕이 태자와 함께 정예군 3만 명을 거느리고 고구려에 침입하여 평양성을 공격하였다. 고구려왕 사유가 힘을 다해 싸워 이를 막았으나 날아오는 화살에 맞아 죽었다.

(다) 백제왕 명농이 가야와 함께 와서 관산성을 공격하였다. …… 신라군이 맞서 싸웠는데 삼년산군의 고간 도도가 급습하여 백제왕을 죽였다.

① (가) – (나) – (다) 　② (가) – (다) – (나)
③ (나) – (가) – (다) 　④ (나) – (다) – (가)
⑤ (다) – (가) – (나)

04 (가) 국가의 문화유산으로 옳은 것은? ①점

입체 퍼즐로 만드는
우리 문화유산

완성품 예시

금동 대향로

부여 능산리에서 발견된 금동 대향로는 [(가)]를 대표하는 문화유산으로 국보로 지정되어 있습니다. 용이 받치고 있는 연꽃 형태의 몸체 위에 산봉우리로 둘러싸인 반원형의 뚜껑이 있고, 그 꼭대기에는 봉황이 자리 잡고 있습니다. 불교와 도교 요소가 복합적으로 표현된 걸작입니다.

자세한 조립 방법은 뒷면 참조

①  ②  ③

④  ⑤

05 (가) 국가의 경제 상황으로 가장 적절한 것은? ②점

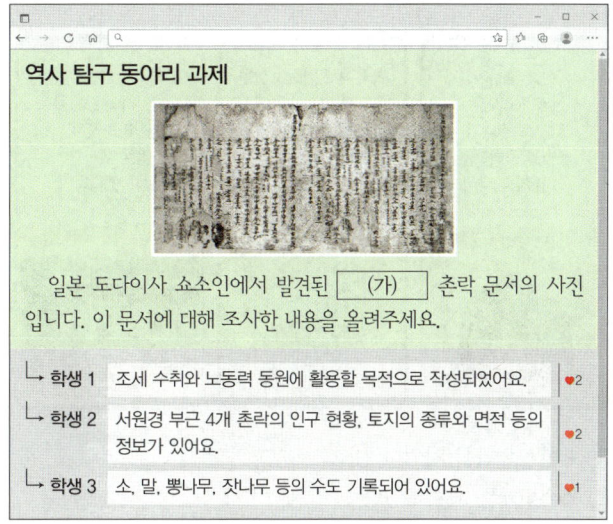

역사 탐구 동아리 과제

일본 도다이사 쇼소인에서 발견된 [(가)] 촌락 문서의 사진입니다. 이 문서에 대해 조사한 내용을 올려주세요.

┗ 학생 1 조세 수취와 노동력 동원에 활용할 목적으로 작성되었어요. ♥2

┗ 학생 2 서원경 부근 4개 촌락의 인구 현황, 토지의 종류와 면적 등의 정보가 있어요. ♥2

┗ 학생 3 소, 말, 뽕나무, 잣나무 등의 수도 기록되어 있어요. ♥1

① 경성과 경원에 무역소를 두었다.
② 솔빈부의 말을 특산품으로 수출하였다.
③ 서적점, 다점 등의 관영 상점을 운영하였다.
④ 청해진을 중심으로 해상 무역이 번성하였다.
⑤ 특수 행정 구역인 소에서 여러 물품을 생산하였다.

06 다음 대화에 나타난 왕에 대한 설명으로 옳은 것은?
②점

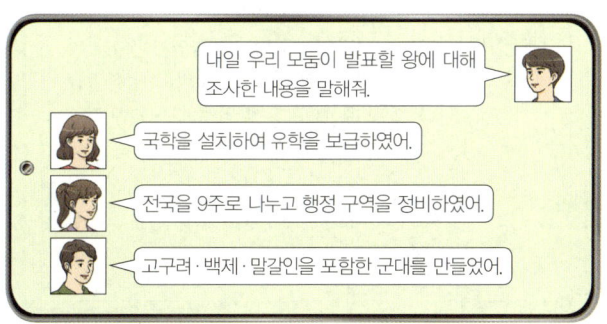

내일 우리 모둠이 발표할 왕에 대해 조사한 내용을 말해줘.

국학을 설치하여 유학을 보급하였어.

전국을 9주로 나누고 행정 구역을 정비하였어.

고구려·백제·말갈인을 포함한 군대를 만들었어.

① 병부를 설치하고 율령을 반포하였다.
② 관료전을 지급하고 녹읍을 폐지하였다.
③ 화랑도를 국가적인 조직으로 개편하였다.
④ 관리 선발을 위해 독서삼품과를 시행하였다.
⑤ 국호를 마진으로 바꾸고 도읍을 철원으로 옮겼다.

07 다음 자료에 해당하는 인물에 대한 설명으로 옳은 것은? (2점)

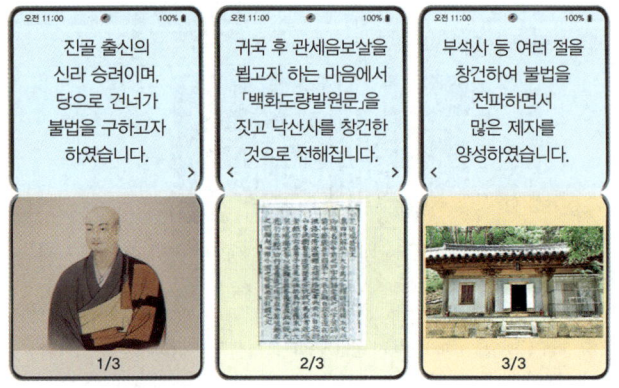

오전 11:00 📶 100% 🔋
진골 출신의 신라 승려이며, 당으로 건너가 불법을 구하고자 하였습니다.
1/3

오전 11:00 📶 100% 🔋
귀국 후 관세음보살을 뵙고자 하는 마음에서 「백화도량발원문」을 짓고 낙산사를 창건한 것으로 전해집니다.
2/3

오전 11:00 📶 100% 🔋
부석사 등 여러 절을 창건하여 불법을 전파하면서 많은 제자를 양성하였습니다.
3/3

① 보현십원가를 지었다.
② 세속 5계를 제시하였다.
③ 대승기신론소를 저술하였다.
④ 화엄일승법계도를 작성하였다.
⑤ 신편제종교장총록을 편찬하였다.

08 (가) 국가에 대한 설명으로 옳은 것은? (2점)

#51. 서재 안

최치원이 책상 앞에 앉아 표문을 쓰고 있다. 화면이 표문을 비추며 최치원의 목소리로 내레이션이 흐른다.

내레이션: 지난날 (가) 의 왕자 대봉예가 자신들의 자리를 신라 위에 있게 해 달라고 청하였습니다. 황제 폐하께서 '나라의 순서는 원래 강약에 따라 정하는 것이 아니다.'라는 조칙을 내려 순서를 바로잡아 주셨습니다. 이에 오래된 신하가 소외 되는 근심은 덜었으나, 앞으로 같은 일이 생길까 우려됩니다.

① 역사서인 유기와 신집을 편찬하였다.
② 내신좌평, 내두좌평 등 6좌평이 있었다.
③ 5경 15부 62주의 지방 행정 제도를 갖추었다.
④ 도병마사에서 변경의 군사 문제 등을 논의하였다.
⑤ 골품에 따라 관등 승진, 일상생활 등을 엄격히 제한하였다.

09 (가) 시기에 있었던 사실로 옳은 것은? (3점)

지난번에 김지정 등이 일으킨 반란으로 시해된 선왕의 시호를 혜공이라 하겠노라.

중앙에서 세금을 독촉해 옵니다. 그동안 시달려 온 사벌주 농민들, 우리 함께 뭉칩시다!

우리도 원종과 함께 하겠습니다!

(가)

① 비담과 염종의 난이 진압되었다.
② 김헌창이 웅천주에서 반란을 일으켰다.
③ 연개소문이 정변을 일으켜 권력을 잡았다.
④ 만적을 비롯한 노비들이 반란을 모의하였다.
⑤ 김춘추가 당으로 건너가 군사적 지원을 요청하였다.

10 다음 상황 이후에 전개된 사실로 옳은 것은? (2점)

견훤이 금산사에 있은 지 3개월 만에 막내 아들 능예, 딸 쇠복, 총애하는 첩 고비 등과 더불어 금성으로 달아나 사람을 보내 왕에게 만나기를 청하였다. 왕이 기뻐하여 유금필, 왕만세 등을 보내 그를 위로하고 맞아오도록 하였다. 견훤이 도착하자, 두터운 예로써 대접하였다.

① 신숭겸이 공산 전투에서 전사하였다.
② 신검의 군대가 일리천 전투에서 패배하였다.
③ 궁예가 군대를 보내 나주 일대를 점령하였다.
④ 김선평, 권행 등이 고창 전투에서 활약하였다.
⑤ 경애왕이 후백제군의 왕경 습격으로 사망하였다.

11 다음 장면에 등장하는 왕에 대한 설명으로 옳은 것은? (2점)

> 짐은 일찍이 유학에 깊은 관심을 가져 청연각과 보문각을 설립하고, 학사를 두어 경전을 강론하게 하였다. 이번엔 양현고를 두어 선비를 양성하게 하라.

① 국자감에 7재라는 전문 강좌를 개설하였다.
② 지방 12목에 경학 박사를 처음 파견하였다.
③ 서적포를 설치하여 출판을 담당하게 하였다.
④ 대도에 만권당을 세워 중국 학자와 교유하였다.
⑤ 외국어 교육과 통역을 관장하는 통문관을 설치하였다.

12 (가) 인물에 대한 설명으로 옳은 것은? (3점)

한국사 탐구 보고서

■ 주제: 인물로 보는 무신 정권
■ 방법: 문헌 조사, 인터넷 검색 등
■ 조사 내용

인물	내용
정중부	보현원에서 이의방 등과 정변을 일으킴
이의민	조위총의 난을 진압하여 상장군이 됨
최충헌	봉사 10조를 올려 시정 개혁을 요구함
(가)	야별초를 좌·우별초로 나누어 편성함

① 원종을 폐위하고 안경공 창을 즉위시켰다.
② 9재 학당을 설립하여 유교 교육에 힘썼다.
③ 인사 행정 담당 기구로 정방을 설치하였다.
④ 전민변정도감의 책임자로서 개혁을 이끌었다.
⑤ 오월에 사신을 보내고 검교태보의 직을 받았다.

13 (가) 국가의 경제 상황으로 가장 적절한 것은? (2점)

> 황비창천 명 거울은 (가) 에서 사용했던 것으로 풍랑이 몰아치는 바다 위에 배 한 척이 돛을 펴고 나아가는 모습이 표현되어 있습니다. 이 거울에 묘사된 배를 토대로 오른쪽 사진과 같이 당시 무역선의 모습을 유추하였습니다. (가) 시대 사람들은 송, 일본뿐만 아니라 동남아시아, 아라비아 상인들과도 교역을 하였습니다.

황비창천* 명(銘) 거울 무역선

*황비창천: 밝게 빛나는 창성한 하늘

① 초량 왜관을 통해 일본과 무역하였다.
② 덕대가 광산을 전문적으로 경영하였다.
③ 당항성, 영암이 국제 무역항으로 번성하였다.
④ 거란도, 영주도를 통해 주변국과 교역하였다.
⑤ 주전도감을 설치하여 해동통보를 발행하였다.

14 (가)~(다)를 일어난 순서대로 옳게 나열한 것은? (2점)

(가) 이자겸과 척준경이 군사를 동원하여 궁궐을 침범하고 불태웠다. 왕을 위협하여 남궁(南宮)으로 거처를 옮기게 하고, 안보린·최탁 등 17인을 죽였다. 이외에도 죽인 군사가 헤아릴 수 없을 정도였다.

(나) 왕규가 광주원군을 [왕으로] 세우고자 하였는데, 일찍이 밤에 왕이 깊이 잠든 것을 엿보고 자신의 일당을 침소에 잠입시켜 대역죄를 행하려고 하였다. 왕이 그것을 알아차리고 한주먹으로 쳐 죽인 후 좌우 시종들에게 끌어내게 하였다.

(다) 강조의 군사들이 들어오자, 왕이 어쩔 수 없음을 깨닫고 태후와 함께 목 놓아 울며 법왕사로 갔다. 잠시 후 황보유의 등이 대량원군을 왕위에 올렸다. 강조는 왕을 폐위시켜 양국공으로 삼고, 군사를 보내 김치양 부자와 유행간 등 7인을 죽였다.

① (가) - (나) - (다)
② (가) - (다) - (나)
③ (나) - (가) - (다)
④ (나) - (다) - (가)
⑤ (다) - (가) - (나)

15 (가) 지역의 탐구 활동으로 가장 적절한 것은? 〔3점〕

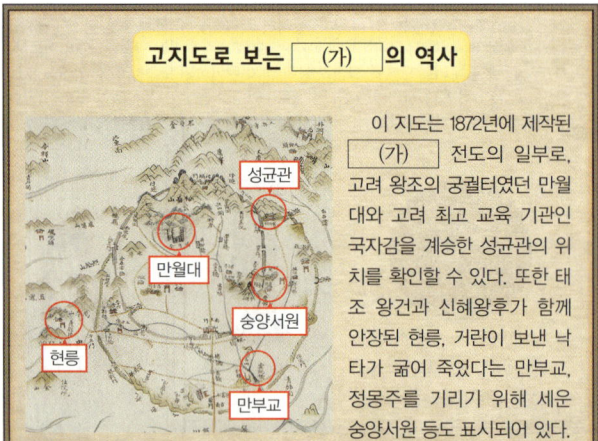

고지도로 보는 **(가)** 의 역사

이 지도는 1872년에 제작된 **(가)** 전도의 일부로, 고려 왕조의 궁궐터였던 만월대와 고려 최고 교육 기관인 국자감을 계승한 성균관의 위치를 확인할 수 있다. 또한 태조 왕건과 신혜왕후가 함께 안장된 현릉, 거란이 보낸 낙타가 굶어 죽었다는 만부교, 정몽주를 기리기 위해 세운 숭양서원 등도 표시되어 있다.

① 몽골의 사신 저고여가 피살된 곳을 조사한다.
② 서희가 외교 담판을 통해 획득한 곳을 찾아본다.
③ 강감찬이 건의하여 건설된 성곽이 있는 곳을 검색한다.
④ 김보당이 무신 정권에 저항하여 봉기한 곳을 파악한다.
⑤ 최무선이 화포를 이용하여 왜구를 물리친 곳을 알아본다.

16 (가)에 대한 고려의 대응으로 옳은 것은? 〔2점〕

이 탑은 방호별감 김윤후가 군인과 백성들을 이끌고 **(가)** 을/를 상대로 충주산성에서 승리한 것을 기념하여 세운 것이야.

당시 군인과 백성이 결사 항전하는 모습이 표현되어 있어. 탑 윗 부분의 1253은 승전 연도를 의미해.

① 강화도로 도읍을 옮겨 항전하였다.
② 광군을 조직하여 침입에 대비하였다.
③ 삼수병으로 구성된 훈련도감을 신설하였다.
④ 별무반을 편성하고 동북 9성을 축조하였다.
⑤ 철령위 설치에 반발하여 요동 정벌을 추진하였다.

17 다음 특별전에 전시될 문화유산으로 가장 적절한 것은? 〔1점〕

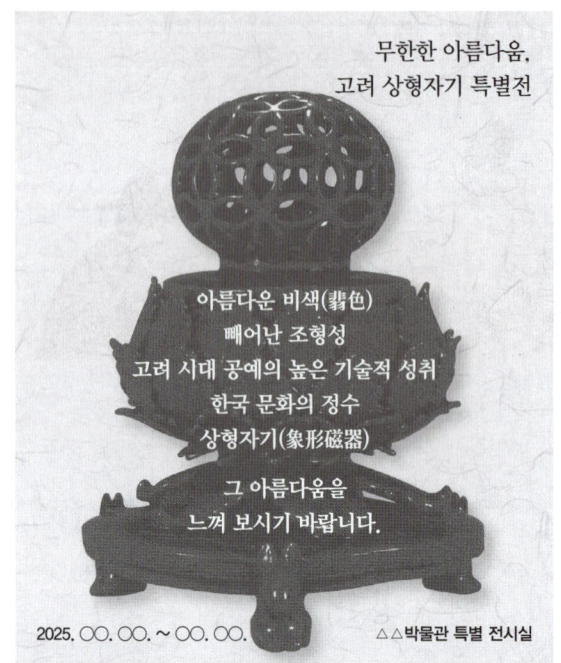

무한한 아름다움, 고려 상형자기 특별전

아름다운 비색(翡色)
빼어난 조형성
고려 시대 공예의 높은 기술적 성취
한국 문화의 정수
상형자기(象形磁器)

그 아름다움을 느껴 보시기 바랍니다.

2025. ○○. ○○. ~ ○○. ○○.   △△박물관 특별 전시실

①  ②  ③

④  ⑤

18 다음 가상 뉴스 이후에 있었던 사실로 옳은 것은? (1점)

세자 시절 원의 황녀와 혼인하신 국왕께서는 오늘 고려로 들어오시는 황녀를 맞이하기 위해 서북면에 행차하셨습니다. 이 자리에서 신하들이 본인처럼 변발을 하지 않은 점을 크게 질책하셨습니다.

원의 황녀, 겁령구들과 입국하다

① 쌍기의 건의로 과거제가 도입되었다.
② 빈민 구제를 위해 흑창이 설립되었다.
③ 매를 기르고 훈련시키는 응방이 설치되었다.
④ 의천이 국청사를 중심으로 천태종을 개창하였다.
⑤ 망이·망소이가 가혹한 수탈에 저항하여 봉기하였다.

19 다음 가상 대화에 등장하는 왕의 재위 시기에 있었던 사실로 옳은 것은? (3점)

지난번 남양에서 발견된 경석으로 만든 편경이 완성되었는데요. 이와 관련하여 새로운 정책을 구상하고 계신가요?

박연이 만든 편경은 중국의 것보다 음높이가 정확하며 그 소리가 맑고 아름다웠소. 이를 활용하여 궁중 음악인 아악을 정비해 보고자 하오.

① 훈련 교범인 무예도보통지가 간행되었다.
② 전통 한의학을 정리한 동의보감이 저술되었다.
③ 음악 이론 등을 집대성한 악학궤범이 완성되었다.
④ 유교 윤리의 보급을 위해 삼강행실도가 편찬되었다.
⑤ 군정, 재정의 내용을 정리한 만기요람이 만들어졌다.

20 (가) 왕의 재위 시기에 있었던 사실로 옳은 것은? (2점)

이 노래는 백성들이 교동도로 유배된 (가) 을/를 원망하며 부른 것입니다. 그는 폐비 윤씨 사사 사건을 빌미로 신하들을 숙청하는 등 폭정을 자행하다가 반정으로 폐위되었습니다.

충성이란 사모요
거동은 곧 교동일세
일만 흥청 어디 두고
석양 하늘에 뉘를 좇아 가는고
두어라 예 또한 가시의 집이니
날 새우기엔 무방하고 또 조용하지요

① 유자광의 고변으로 남이가 처형되었다.
② 기사환국으로 송시열이 죽임을 당하였다.
③ 외척 간의 권력 다툼으로 윤임이 제거되었다.
④ 위훈 삭제를 주장한 조광조 일파가 축출되었다.
⑤ 조의제문이 발단이 되어 김일손 등이 피해를 입었다.

21 밑줄 그은 '전쟁' 중에 있었던 사실로 옳은 것은? (2점)

이치(梨峙)는 금산에서 전주로 넘어가는 길목에 위치한 요충지이다. 이곳에서 전라 절제사 권율과 동복 현감 황진이 이끄는 관군은 치열한 전투 끝에 적의 진격을 저지하였다. 그 결과 전라도의 곡창 지대와 조선 수군의 배후를 지키는 데 기여하여 전쟁 초기 적군의 전략에 타격을 입혔다.

① 정문부가 북관대첩을 이끌었다.
② 정봉수가 용골산성에서 항쟁하였다.
③ 최윤덕이 이만주 부대를 정벌하였다.
④ 강홍립이 사르후 전투에 참전하였다.
⑤ 김준룡이 광교산 전투에서 항전하였다.

22 (가)에 대한 설명으로 옳은 것은? `2점`

이것은 옥당이라고도 불린 (가) 에 걸려있던 현판으로, '십팔학사들의 서책이 있는 관부'라는 뜻의 글이 있습니다. 이 관청이 궁중의 도서를 관리하고 문한(文翰)과 왕의 자문을 담당하였기에 당나라 황제를 보좌했던 십팔학사의 고사에 빗대어 표현한 것입니다.

① 수도의 행정과 치안을 담당하였다.
② 사헌부, 사간원과 함께 3사로 불렸다.
③ 대사성, 좨주, 직강 등의 관직이 있었다.
④ 왕명 출납을 맡은 왕의 비서 기관이었다.
⑤ 사초와 시정기를 바탕으로 실록을 편찬하였다.

23 (가)에 대한 탐구 활동으로 가장 적절한 것은? `1점`

> 서울에 있는 간사한 무리가 경주인(京主人)이라고 하며 각 도의 공물을 방납하면서 그 값을 두 배에서 수십 배까지 징수하였다. …… 영의정 김육이 (가) 을/를 충청도에서 먼저 시험할 것을 청하였다. 왕이 여러 차례 신하들에게 의견을 물었으나 서로 엇갈렸다. 이때에 왕이 다시 김육 등 여러 신하들을 불러 그것이 편리한지 여부에 대한 의견들을 듣고 비로소 호서(湖西)에 먼저 행하기로 정하였다.

① 전시과에서 전지 지급 기준의 변화를 찾아본다.
② 일부 상류층에게 선무군관포를 거둔 목적을 알아본다.
③ 과전 지급 대상을 현직 관리로 제한한 까닭을 검색한다.
④ 풍흉에 관계없이 전세 부담액을 고정한 이유를 분석한다.
⑤ 관청에 물품을 조달하는 공인이 등장한 배경을 조사한다.

24 밑줄 그은 '이 인물'에 대한 설명으로 옳은 것은? `2점`

이 인물이 저술한 곽우록에 대해 말해보자.

곽우는 벼슬이 없는 자의 걱정이란 뜻이래.

이 책에는 영업전을 설정하고 그 매매를 금지하는 한전론에 대한 내용 등이 담겨 있어.

① 의산문답에서 무한 우주론을 주장하였다.
② 북학의에서 절약보다 적절한 소비를 권장하였다.
③ 열하일기에서 수레와 선박의 필요성을 서술하였다.
④ 성호사설에서 나라를 망치는 여섯 가지 좀을 제시하였다.
⑤ 우서에서 사농공상의 직업적 평등과 전문화를 강조하였다.

25 다음 자료에 등장하는 왕에 대한 설명으로 옳은 것은? `2점`

> ○ 개천이 점점 막혀 …… 장마 때마다 범람할까 근심하게 되었다. 왕이 이르기를 …… 이에 준천사(濬川司)를 설치하여 병조 판서와 한성부 판윤, 삼군문의 대장으로 하여금 준천 당상을 겸하도록 하고 도청, 낭청 각 1인을 두었다. 매년 개천 바닥을 파서 물이 넘치지 않도록 하였다.
>
> ○ 국초에 신문고를 설치하여 억울함을 지닌 백성들로 하여금 북을 쳐서 알리도록 하였는데, 그 법이 폐해진 지 이미 오래 되었다. 왕이 …… 마침내 복구하도록 명하였다. 북을 올리는 자가 있으면 …… 해당 관청에서 아뢰도록 하였다.

① 나선 정벌에 조총 부대를 파견하였다.
② 통치 규범을 재정비한 속대전을 편찬하였다.
③ 청과 국경을 정한 백두산정계비를 건립하였다.
④ 문신을 재교육하기 위한 초계문신제를 시행하였다.
⑤ 한성 방어를 위하여 총융청과 수어청을 창설하였다.

26 다음 가상 대화가 이루어진 시기에 볼 수 있는 모습으로 적절하지 **않은** 것은? (2점)

지난달에 대왕대비께서 사학(邪學)에 대한 단속을 강화하라고 하교하셨다는군.

이승훈이 잡혀가고 정약종도 죄인으로 몰려 죽었다고 하네. 우리 교인들에 대한 탄압이 점점 심해지고 있군.

① 상평통보로 물건을 거래하는 객주
② 인삼 무역으로 크게 수익을 본 송상
③ 주자소에서 계미자를 주조하는 장인
④ 고추, 담배 등의 상품 작물을 재배하는 농민
⑤ 저잣거리에서 한글 소설을 읽어주는 전기수

27 (가)에 해당하는 작품으로 옳은 것은? (1점)

한국사 대화형 인공지능

Q 이 그림에 대해 설명해 줘.

A 이 그림은 조선 후기의 대표적인 풍속 화가인 혜원이 그린 연소답청입니다. 양반들이 봄날에 자연을 즐기고자 나들이하는 모습을 그린 작품입니다.

Q 이 화가의 다른 작품도 알려줘.

A (가)

①  ②  ③
④  ⑤

28 다음 상소가 올려진 시기를 연표에서 옳게 고른 것은? (3점)

전 호조 참판 최익현 아룁니다. …… 다행히 성상의 뜻이 척화에 있는 데 힘입어 기정진과 이항로가 상소를 하여 강화가 불가함을 말하자 전하께서 그 말을 받아들여 주셨습니다. 이런 연유로 10년 동안에는 양적들이 우리를 탐내었으나 감히 그 뜻을 펴지 못하였습니다. …… 옛날의 왜인들은 이웃 나라였으나 지금의 왜인들은 도적들이니, 강화할 수 없습니다. 왜인들이 양적들의 앞잡이가 되었기 때문입니다.

	(가)	(나)	(다)	(라)	(마)	
고종 즉위		신미 양요		갑신 정변		을미 사변		러일 전쟁 발발		국권 피탈

① (가)   ② (나)   ③ (다)   ④ (라)   ⑤ (마)

29 밑줄 그은 '중건' 시기에 있었던 사실로 옳은 것은? 2점

> **사료로 보는 한국사**
>
> 대원위께서 분부하신 내용. "지금 영건할 때에 이른바 원납전은 실로 힘닿는 대로 내어 공역을 도와야 하는 것인데, …… 모두 가난하지 않은 자들인데 아직 한푼도 바친 바가 없으니 또한 무슨 까닭인가. …… 여전히 책임을 면하려고 둘러대기만 하면서, 면제되는지 한 번 시험해 보려는 계책을 펴니 매우 통탄스럽다. 모두 일일이 불러서 그 이유를 따져 묻고, 상세히 회답하여 죄를 심리하고 처리하는 바탕이 되도록 하라."
> – 『영건일감』 –
>
> [해설] 이 사료는 경복궁 중건을 주관한 영건도감에서 평안도에 보낸 공문의 내용을 요약한 것이다. 당시 이 중건에 필요한 비용을 마련하기 위해 원납전을 내게 하였는데, 백성들은 이를 '원해서 납부하는 돈'이 아니라 '원망하며 납부하는 돈'이라고 불렀다.

① 청일 전쟁이 발발하였다.
② 삼정이정청이 설치되었다.
③ 영국이 거문도를 불법으로 점령하였다.
④ 김기수가 수신사로 일본에 파견되었다.
⑤ 한성근 부대가 문수산성에서 항전하였다.

30 밑줄 그은 '이 장정'에 대한 설명으로 옳은 것은? 2점

> 이 장정이 맺어진 이후 나타난 변화에 대해 말해보자.

> 청 상인이 양화진과 한성에 점포를 열 수 있게 되었어.

> 조선의 상권을 둘러싸고 청과 일본 상인의 경쟁이 치열해졌지.

① 임오군란을 계기로 체결되었다.
② 거중 조정의 조항을 포함하였다.
③ 방곡령을 선포할 수 있는 조건을 명시하였다.
④ 부산항과 원산항이 개항되는 결과를 가져왔다.
⑤ 외국인을 재정 고문으로 두도록 하는 조항을 담고 있다.

31 (가) 운동에 대한 설명으로 옳은 것은? 1점

> **특별 전시**
>
> (가) , 기록으로 되살아나다
>
> 부패한 지배층과 외세의 침략에 맞서 새로운 세상을 꿈꾸며 봉기했던 (가) 관련 기록물이 세계 기록 유산으로 등재된 것을 기념하여 특별전을 개최합니다. 많은 관람 부탁드립니다.
>
> • 기간: 2025. ○○. ○○. ~ ○○. ○○.
> • 장소: △△ 박물관 특별 전시실
> • 주요 전시 자료
>
>
> ▲ 전봉준 공초　▲ 갑오군정실기　▲ 사발통문

① 일본의 황무지 개간권 요구를 저지하였다.
② 조선 총독부의 방해와 탄압으로 중단되었다.
③ 집강소를 중심으로 폐정 개혁안을 실천하였다.
④ 이른바 남한 대토벌 작전으로 큰 피해를 입었다.
⑤ 상황 수습을 위해 박규수가 안핵사로 파견되었다.

32 (가) 단체의 활동으로 옳은 것은? 2점

> **역사 신문**
>
> 제△△호　　　　　　　　　　1897년 ○○월 ○○일
>
> **독립관에서 토론의 장이 열리다**
>
> 지난 일요일 오후 독립관에서 (가) 의 첫 토론회가 '조선의 급선무는 인민의 교육이다.'라는 주제로 개최되었다. 이날 토론회에는 찬반 양측의 열띤 논의가 있었고, 법부대신 한규설 등 정부 고위 인사들도 참석해 교육 문제에 대한 다양한 의견을 제시하였다. 다음 토론회에서는 '도로를 개선하는 것이 위생을 위한 최고의 방법'이라는 주제로 (가) 의 위원 이상재 씨를 포함 4인이 열띤 토론을 벌일 예정이다.

① 고종 강제 퇴위 반대 운동을 주도하였다.
② 만세보를 발행하여 민족의식을 고취하였다.
③ 파리 강화 회의에 독립 청원서를 제출하였다.
④ 관민 공동회를 개최하여 헌의 6조를 결의하였다.
⑤ 계몽 서적을 보급하기 위해 태극 서관을 운영하였다.

33 밑줄 그은 '개혁'의 내용으로 옳은 것은? (2점)

> 이번 시간에는 구본신참을 기본 방향으로 내세워 추진한 개혁에 대한 의견을 들어보고자 합니다.

> 원수부와 무관학교 설치, 상공학교와 회사, 공장 설립 등 자주 독립과 근대화에 필요한 문물을 적극적으로 도입하려 한 의미있는 개혁이었습니다.

> 하지만 체제 변화를 부르지 않는 근대적 문물 수용의 확대 뿐이었습니다. 일본 등 열강의 간섭에서도 완전히 벗어나지 못하였습니다.

① 개혁을 추진하기 위해 군국기무처를 두었다.
② 행정 기구를 6조에서 8아문으로 개편하였다.
③ 근대식 무기 제조 공장인 기기창을 설립하였다.
④ 토지 소유권을 확인해 주는 지계를 발급하였다.
⑤ 개혁의 방향을 제시한 홍범 14조를 반포하였다.

34 (가)~(라)에 들어갈 내용으로 옳은 것을 |보기|에서 고른 것은? (3점)

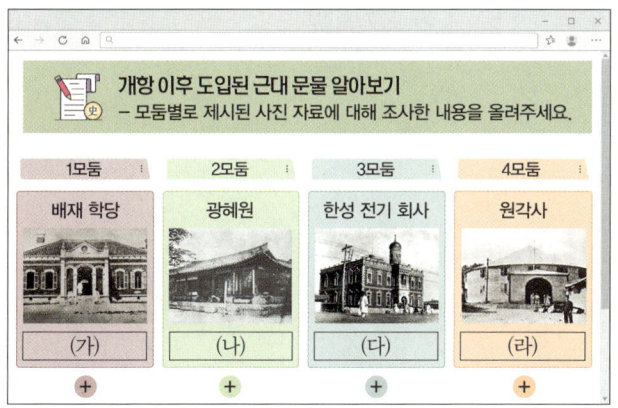

> **개항 이후 도입된 근대 문물 알아보기**
> – 모둠별로 제시된 사진 자료에 대해 조사한 내용을 올려주세요.
>
> | 1모둠 | 2모둠 | 3모둠 | 4모둠 |
> | 배재 학당 | 광혜원 | 한성 전기 회사 | 원각사 |
> | (가) | (나) | (다) | (라) |

┌─ 보기 ┐
ㄱ. (가) – 교육 입국 조서에 근거하여 설립되었어요.
ㄴ. (나) – 알렌의 건의로 세워진 최초의 서양식 병원이었어요.
ㄷ. (다) – 서대문과 청량리 사이를 오가는 전차를 운영하였어요.
ㄹ. (라) – 나운규가 제작한 영화 아리랑을 상영하였어요.
└─────┘

① ㄱ, ㄴ ② ㄱ, ㄷ ③ ㄴ, ㄷ ④ ㄴ, ㄹ ⑤ ㄷ, ㄹ

35 (가)에 들어갈 내용으로 가장 적절한 것은? (2점)

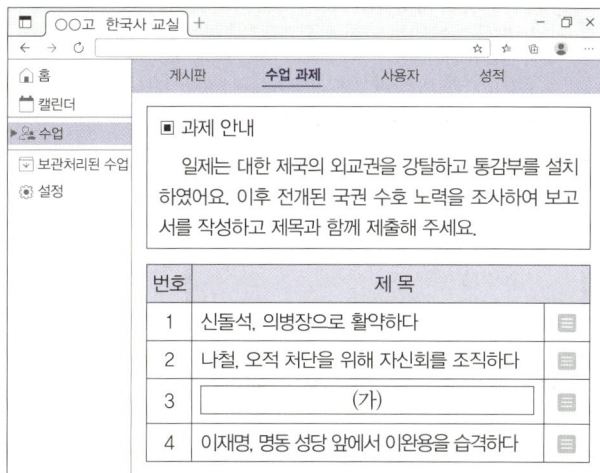

> **○○고 한국사 교실**
> 게시판　수업 과제　사용자　성적
> ● 홈
> ● 캘린더
> ▶● 수업
> ● 보관처리된 수업
> ● 설정
>
> ■ 과제 안내
> 　일제는 대한 제국의 외교권을 강탈하고 통감부를 설치하였어요. 이후 전개된 국권 수호 노력을 조사하여 보고서를 작성하고 제목과 함께 제출해 주세요.
>
> | 번호 | 제 목 |
> | --- | --- |
> | 1 | 신돌석, 의병장으로 활약하다 |
> | 2 | 나철, 오적 처단을 위해 자신회를 조직하다 |
> | 3 | (가) |
> | 4 | 이재명, 명동 성당 앞에서 이완용을 습격하다 |

① 김홍집, 조선책략을 가져오다
② 김옥균, 개화당 정부를 수립하다
③ 김윤식, 영선사로 청에 다녀오다
④ 유길준, 조선 중립화론을 건의하다
⑤ 이상설, 고종의 특사로 헤이그에 가다

36 밑줄 그은 '이 시기'에 볼 수 있는 모습으로 가장 적절한 것은? (1점)

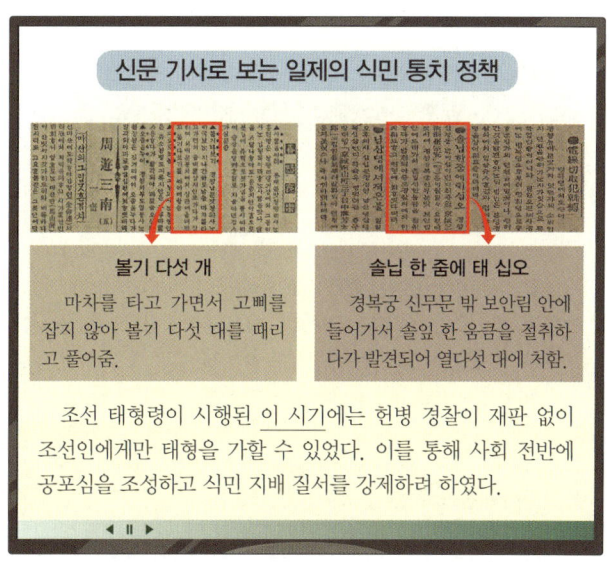

> **신문 기사로 보는 일제의 식민 통치 정책**
>
> **볼기 다섯 개**
> 마차를 타고 가면서 고삐를 잡지 않아 볼기 다섯 대를 때리고 풀어줌.
>
> **솔잎 한 줌에 태 십오**
> 경복궁 신무문 밖 보안림 안에 들어가서 솔잎 한 움큼을 절취하다가 발견되어 열다섯 대에 처함.
>
> 조선 태형령이 시행된 이 시기에는 헌병 경찰이 재판 없이 조선인에게만 태형을 가할 수 있었다. 이를 통해 사회 전반에 공포심을 조성하고 식민 지배 질서를 강제하려 하였다.

① 암태도 소작 쟁의에 참여하는 농민
② 제복을 입고 칼을 찬 채 수업하는 교사
③ 잡지 어린이에 실을 원고를 작성하는 작가
④ 토월회에서 연극 공연을 준비하고 있는 배우
⑤ 경성 고무 여자 직공 조합의 파업을 취재하는 기자

37 다음 법령이 발표된 이후의 사실로 옳은 것은? (3점)

> 이 법령은 '내선공통(內鮮共通)'의 미명 하에 보통학교의 수업 연한을 소학교와 동일하게 적용하였습니다. 그러나 입학 자격과 학교 운영 등에서 여전히 차별적인 요소를 담고 있습니다.

> 제1조 조선에서의 교육은 이 영에 따른다.
> 제2조 국어[일본어]를 상용하는 자의 보통교육은 소학교령, 중학교령, 고등여학교령을 따른다.
> 제3조 국어[일본어]를 상용하지 않는 자에게 보통 교육을 하는 학교는 보통학교, 고등보통학교, 여자고등 보통학교로 한다.
> 제5조 보통학교의 수업 연한은 6년으로 한다. 단, 토지의 정황에 의하여 5년 또는 4년으로 할 수 있다.

① 국권 회복을 위해 해조신문이 창간되었다.
② 평양 숭의 여학교에서 송죽회가 결성되었다.
③ 메가타의 주도로 화폐 정리 사업이 실시되었다.
④ 회사 설립을 허가제로 하는 회사령이 공포되었다.
⑤ 조선 민립 대학 기성회 창립을 위한 총회가 개최되었다.

38 (가) 단체에 대한 설명으로 옳은 것은? (2점)

기억해야 할 대한외국인

| 마쟈르 | 매켄지 | 베델 | 스코필드 | 헐버트 |

↳ **행적**

제1차 세계 대전에 참전했던 헝가리인 마쟈르는 러시아군 포로가 되었다가 몽골까지 흘러들어왔다. 그곳에서 알게 된 독립운동가 이태준의 부탁으로 베이징에서 김원봉을 만났다. 김원봉은 1919년 지린성에서 일제 식민 통치 기관 파괴와 요인 처단 등을 목표로 윤세주 등과 (가) 을/를 조직 하였으나 당시 화약 무기 제조에 어려움을 겪고 있었다. 마쟈르는 성능 좋은 폭탄을 다수 제조하여 (가) 의 활동에 도움을 주었다.

① 신흥 강습소를 세워 독립군을 양성하였다.
② 구미 위원부를 설치하여 외교 활동을 전개하였다.
③ 단원인 이봉창이 일왕 행렬에 폭탄을 투척하였다.
④ 조선 혁명 선언을 통해 이념과 활동 방침을 밝혔다.
⑤ 조선 총독부에 국권 반환 요구서를 제출하고자 하였다.

39 밑줄 그은 '이 운동'에 대한 설명으로 옳은 것은? (2점)

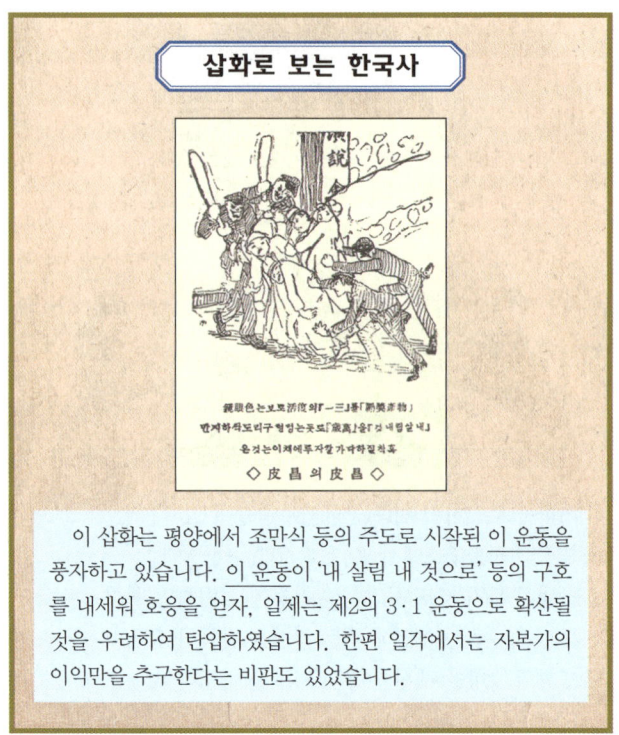

삽화로 보는 한국사

이 삽화는 평양에서 조만식 등의 주도로 시작된 <u>이 운동</u>을 풍자하고 있습니다. 이 운동이 '내 살림 내 것으로' 등의 구호를 내세워 호응을 얻자, 일제는 제2의 3·1 운동으로 확산될 것을 우려하여 탄압하였습니다. 한편 일각에서는 자본가의 이익만을 추구한다는 비판도 있었습니다.

① 대한매일신보의 후원을 받아 확산되었다.
② 순종의 인산일을 기회로 삼아 추진하였다.
③ 자작회, 토산 애용 부인회 등이 활동하였다.
④ 신간회가 진상 조사단을 파견하여 지원하였다.
⑤ 강주룡이 을밀대 지붕에서 고공 농성을 벌였다.

40 (가) 단체에 대한 설명으로 옳은 것은? 〔2점〕

나는 1927년에 결성된 여성 운동 단체 (가) 의 집행 위원으로 강령과 규약 작성에 참여한 박신우입니다. 이 강령에서 조선 여성의 공고한 단결과 정치·경제·사회 등 전반적인 이익 옹호가 이 단체의 목표임을 분명히 하였습니다.

(가) 강령 및 규약

① 개벽, 신여성 등의 잡지를 발행하였다.
② 여성 교육을 위해 이화 학당을 설립하였다.
③ 좌우를 아우르는 민족 협동 전선으로 결성되었다.
④ 조선학 운동을 전개하여 여유당전서를 간행하였다.
⑤ 최초의 여성 권리 선언문인 여권통문을 발표하였다.

41 (가)에 대한 설명으로 옳지 않은 것은? 〔2점〕

【이달의 독립운동가】

하늘에서 땅에서 독립운동을 펼쳐나간
이상정·권기옥 부부

이상정과 권기옥은 중국에서 독립운동을 하던 중 부부의 연을 맺고, 함께 독립운동에 헌신하였다.
중국군에서 활동하던 이상정은 (가) 의 한국광복군 창설에 기여하였고, 외무부 외교 연구 위원으로도 활동하였다.
한국 최초의 여성 비행사였던 권기옥은 대한민국 애국 부인회를 재조직하였고, 다른 한국인 비행사들과 함께

▲ 권기옥과 이상정

충칭에서 한국광복군 비행대 설립을 계획하던 중 해방을 맞았다.
이러한 공적을 인정하여 1977년 건국훈장 독립장을 각각 추서 및 수여하였다.

① 한인 자치 기관인 경학사를 조직하였다.
② 자금 마련을 위해 독립 공채를 발행하였다.
③ 삼균주의를 기초로 하는 건국 강령을 발표하였다.
④ 육군 주만 참의부를 편성하여 무장 투쟁을 펼쳤다.
⑤ 임시 사료 편찬회를 두어 한일 관계 사료집을 간행하였다.

42 다음 일기가 작성된 이후의 사실로 옳은 것은? 〔1점〕

7월 13일(화)

경성은 뉴스를 듣기에는 참으로 빠르다. …… 중·일 전쟁을 하게 되었다. …… 아아, 슬프다. 조선에서도 만약 이러한 때 영웅 한 사람이 있었더라면 회복할 가망이 많은데, 나는 아직 지위가 그렇지 않아 가슴만 태운다. 피만 끓는다. 영웅이여 일어서라 일어서라. 우리 조선은 영원히 죽었는가.

10월 8일(금)

조회할 때 일본인들이 조선인의 심장을 자기들의 심장으로 하려는 일본의 계략에서, 총독 미나미 지로가 소위 황국신민의 서사인지 뭔지를 만들어서 각 학생에게 암송하도록 하였다. 그래서 나도 그것을 읽었다. 그러나 우리 조선 혼은 영원히 변하지 않을 것이다.

① 미쓰야 협정이 체결되었다.
② 치안 유지법이 제정되었다.
③ 조선사 편수회가 조직되었다.
④ 여자 정신 근로령이 공포되었다.
⑤ 동양 척식 주식회사가 설립되었다.

43 (가)에 들어갈 주제로 적절하지 않은 것은? 〔2점〕

〈2025년 시민 강좌〉

일제 강점기, 새로운 문화와 일상

우리 도서관에서는 일제 강점기 새로운 문화의 유입과 일상생활의 변화를 주제로 강의를 준비하였습니다. 많은 관심과 참여 바랍니다.

● 일시: 2025. ○○. ○○. 13:00~17:00
● 장소: △△ 도서관 다목적실

◆ 강의 주제 ◆

[제1강] 백화점, 자본주의적 소비 문화의 공간
[제2강] 끽다점, 도시 사교 문화의 확산
[제3강] (가)
[제4강] 문화 주택, 새로운 주택 양식의 수용

① 몸뻬, 전시 체제의 의생활
② 라디오 방송, 연예 오락의 유행
③ 경평 축구 대회, 스포츠의 대중화
④ 새마을 운동, 농촌의 생활 환경 개선
⑤ 모던 걸, 전통적 여성상을 탈피한 신여성의 등장

44 (가)에 대한 설명으로 옳은 것은? `3점`

휘문중학 운동장에서 (가) 의 수반인 여운형 씨가 5천여 군중 앞에서 해방의 제일성을 힘있게 외쳤다. "조선 민족 해방의 날은 왔다. …… 어제 15일 아침 8시에 엔도 조선 총독부 정무총감의 초청을 받아 …… 나는 다섯 가지 요구를 제안하여 무조건 승낙을 받았다. 1. 전 조선 각지에 구속되어 있는 정치, 경제범을 즉시 해방하라 …… 4. 민족 해방의 모든 원동력이 되는 학생 훈련과 청년 조직에 대하여 간섭하지 말라 …… 이것으로 우리 민족 해방의 첫걸음을 내딛게 되었으니 우리가 지난날에 아프고 쓰렸던 것은 이 자리에서 모두 잊어버리자. ……"

① 신한공사를 설립하였다.
② 좌우 합작 7원칙을 제시하였다.
③ 한인 국방 경위대를 창설하였다.
④ 남북 협상 공동 성명서를 발표하였다.
⑤ 조선 인민 공화국 수립이 선포된 후 해산하였다.

45 밑줄 그은 '이 사건'에 대한 설명으로 옳은 것은? `1점`

이 비석에는 이 사건을 소재로 한 현기영의 소설 순이삼촌의 주요 내용이 새겨져 있습니다. 이곳 제주에서는 남한만의 단독 선거에 반대하는 세력을 진압한다는 명분으로 토벌대에 의해 수많은 주민들이 희생당했습니다. 비석을 세우지 않고 눕혀놓은 것은 이 비극을 표현하기 위함입니다.

① 향토 예비군 창설의 계기가 되었다.
② 조봉암이 간첩 혐의를 받아 사형되었다.
③ 유엔군이 한반도에 파병되는 원인이 되었다.
④ 허정 과도 정부가 구성되는 결과를 가져왔다.
⑤ 진상 규명과 희생자 명예 회복을 위한 특별법이 제정되었다.

46 (가)~(마)에 대한 탐구 활동으로 적절하지 않은 것은? `3점`

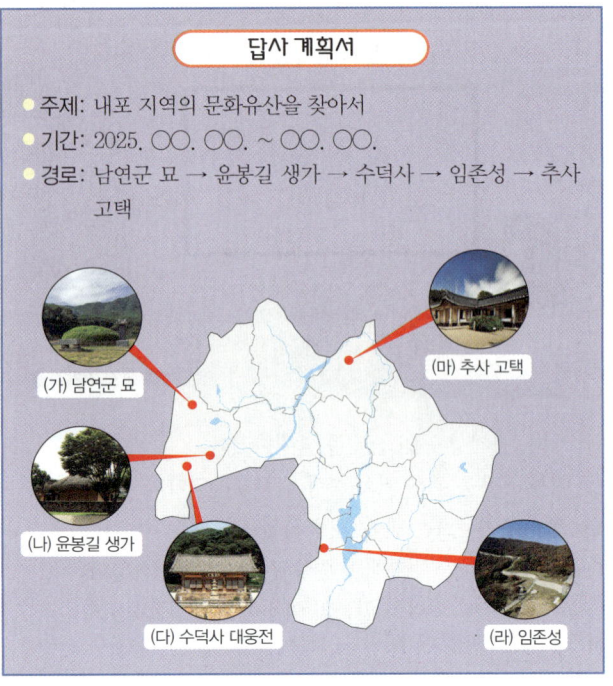

답사 계획서

● 주제: 내포 지역의 문화유산을 찾아서
● 기간: 2025. ○○. ○○. ~ ○○. ○○.
● 경로: 남연군 묘 → 윤봉길 생가 → 수덕사 → 임존성 → 추사 고택

(가) 남연군 묘
(마) 추사 고택
(나) 윤봉길 생가
(다) 수덕사 대웅전
(라) 임존성

① (가) – 오페르트 도굴 미수 사건에 대해 찾아본다.
② (나) – 한인 애국단의 활동을 조사한다.
③ (다) – 고려 시대 건축물의 공포 양식을 알아본다.
④ (라) – 백제 부흥 운동에 대해 파악한다.
⑤ (마) – 이황과 사단칠정 논쟁을 한 인물을 검색한다.

47 (가)~(다) 학생이 발표한 내용을 일어난 순서대로 옳게 나열한 것은? `2점`

주제: 우리나라 헌법 개정의 역사

대통령과 부통령의 임기는 4년으로 하며, 1회로 규정한 중임 횟수를 개헌 당시 대통령에게만 적용하지 않는다는 부칙을 달았어요.

대통령이 통일 주체 국민 회의의 의장이 되고, 국회의원 정수의 3분의 1을 추천하도록 개정된 헌법이 만들어졌어요.

대통령은 국민의 보통·평등·직접·비밀 선거에 의하여 선출하고 대통령의 임기는 5년으로 하며, 중임할 수 없도록 했어요.

(가) (나) (다)

① (가) – (나) – (다)　　② (가) – (다) – (나)
③ (나) – (가) – (다)　　④ (나) – (다) – (가)
⑤ (다) – (가) – (나)

48 밑줄 그은 '정부' 시기에 볼 수 있는 모습으로 가장 적절한 것은? (2점)

> 이것은 서울에 최초로 설정된 개발 제한 구역을 표시한 지도 입니다. 경부 고속 국도를 준공하는 등 경제 발전에 힘쓰던 당시 정부는 도시의 무질서한 확산을 방지하고 도시 주변의 자연환경을 보전하기 위해 처음으로 개발 제한 구역을 설정하였습니다.

① 서울 지하철 1호선 개통식을 취재하는 기자
② 반민족 행위 처벌법을 통과시키는 국회의원
③ 한·중 자유 무역 협정(FTA)에 서명하는 장관
④ 금융실명제 실시로 신분증을 요구하는 은행 직원
⑤ 외환 위기 극복을 위한 금 모으기 운동에 동참하는 시민

49 다음 뉴스가 보도된 정부 시기의 통일 노력으로 옳은 것은? (2점)

> 하계 올림픽을 성공적으로 마친 대통령은 오늘 한국 국가 원수로서 처음으로 헝가리를 방문하였습니다. 헝가리는 우리 정부의 북방 정책에 대한 지지와 협력 의사를 함께 표명하였습니다. 이것은 정부가 발표한 7·7 선언의 성과로 평가되고 있습니다.

① 남북 조절위원회가 구성되었다.
② 남북한이 유엔에 동시 가입하였다.
③ 금강산 해로 관광 사업이 시작되었다.
④ 개성에 남북 경제 협력 협의 사무소가 설치되었다.
⑤ 최초로 남북 이산가족 고향 방문단 교환이 이루어졌다.

50 (가)~(마)에 대한 설명으로 옳지 <u>않은</u> 것은? (3점)

🔍 **역사 돋보기**　　**우리나라의 연호(年號)**

연호는 군주가 자기의 치세 연차(年次)에 붙이는 칭호이다. 중국에서 시작되었으며 그 영향으로 우리나라, 일본, 베트남 등에서도 사용되었다. 연호는 원칙적으로 황제만 사용 가능하고, 제후 왕은 독자적인 연호를 쓸 수 없었다.

우리나라에서 최초로 확인되는 연호는 고구려 　(가)　의 영락이다. 신라도 　(나)　이 건원이라는 연호를, 뒤를 이은 진흥왕은 개국·태창·홍제 등의 연호를 사용하였다.

발해 고왕은 연호를 천통으로 했으며, 　(다)　은/는 인안, 문왕은 대흥, 선왕은 건흥이라는 연호를 사용하였다.

고려 태조는 천수를 사용하고, 　(라)　은/는 광덕·준풍을 연호로 삼았다.

조선은 고종 대에 개국기년(開國紀年)을 공문서에 사용하다가 건양, 광무로 연호를 정하였다. 그 뒤를 이은 　(마)　은/는 융희라는 연호를 사용하였다.

① (가) – 군대를 보내 신라에 침입한 왜를 격퇴하였다.
② (나) – 금관가야를 복속하여 영토를 확대하였다.
③ (다) – 장문휴를 보내 당의 산둥반도를 공격하였다.
④ (라) – 노비안검법을 시행하여 호족 세력을 견제하였다.
⑤ (마) – 전제 군주제를 명문화한 대한국 국제를 반포하였다.

01 (가) 시대의 생활 모습으로 가장 적절한 것은? `1점`

※ 초대의 글 ※

사유 재산과 계급이 발생한 (가) 시대의 생활 모습을 잘 보여주는 부여 송국리 유적이 발굴 50주년을 맞이하였습니다. 우리 동아리에서는 이를 기념하여 사진전을 개최합니다. 송국리형 토기, 비파형 동검 등이 유적에서 출토된 대표적인 유물들을 사진으로 만나보세요!

■ 기간: 2025년 ○○월 ○○일~○○월 ○○일
■ 장소: 본관 2층 동아리실

① 주먹도끼 등 뗀석기를 처음 제작하였다.
② 소를 이용한 깊이갈이가 널리 보급되었다.
③ 주로 강가의 동굴이나 막집에 거주하였다.
④ 많은 인력을 동원하여 고인돌을 축조하였다.
⑤ 가락바퀴를 이용하여 실을 뽑기 시작하였다.

02 (가), (나) 사이의 시기에 있었던 사실로 옳은 것은? `2점`

(가) 진승과 항우가 군사를 일으켜 천하가 혼란해지자, 연(燕)·제(齊)·조(趙)의 백성이 괴로움을 견디다 못해 점차 준왕에게 망명해 왔다. 준왕은 이들을 서쪽 지역에 거주하게 하였다.

(나) 좌장군이 패수상군을 격파하고 왕검성에 이르러 그 성의 서북 방면을 포위하였다. 누선장군도 좌장군과 합세하여 성의 남쪽에 주둔하였다. 우거왕이 끝까지 성을 굳게 지키니, 수개월이 지나도 함락시킬 수 없었다.

① 위만이 왕위를 찬탈하였다.
② 이사부가 우산국을 복속시켰다.
③ 온조가 위례성에 도읍을 정하였다.
④ 관구검이 환도성을 침략하여 함락하였다.
⑤ 미천왕이 서안평을 공격하여 영토를 넓혔다.

03 (가) 국가의 문화유산으로 옳은 것은? `2점`

□□신문

제△△호   2025년 ○○월 ○○일

금관 특별전 개최

올해 가을 아시아 태평양 경제 협력체(APEC) 정상 회의를 맞이하여 특별한 문화 행사가 경주에서 열린다. 금관총 금관, 황남대총 금관 등 현재까지 발견된 (가) 의 금관 6점이 최초로 한자리에 모이는 '금관 특별전'은 세계 각국에 우리 문화의 우수성을 알리는 계기가 될 것으로 기대된다.

▲ 금관총 금관

① 　② 　③

④ 　⑤

04 (가) 나라에 대한 설명으로 옳은 것은? (2점)

국가유산청은 (가) 의 중심지였던 경상북도 고령군을 한국의 다섯 번째 고도로 지정하였습니다. 고령에는 궁성지, 지산동 고분군, 방어성인 주산성 등 (가) 의 문화유산들이 보존되어 있어 이와 같이 지정되었습니다.

경북 고령군, 다섯 번째 고도(古都)로 지정

① 신라 진흥왕에 의해 복속되었다.
② 광평성 등의 정치 기구를 마련하였다.
③ 화백 회의를 통해 국정을 운영하였다.
④ 대가들이 사자, 조의, 선인을 거느렸다.
⑤ 박, 석, 김의 3성이 교대로 왕위를 계승하였다.

05 밑줄 그은 '그 나라'의 경제 상황으로 가장 적절한 것은? (2점)

그 나라는 관(官)을 세움에 9등이 있다. 첫 번째는 토졸이라 하며, 1품에 비견된다. 옛 이름은 대대로이며, 국정을 모두 맡는다. 3년마다 교대하는데, 직에 걸맞은 자가 있으면 연한에 구애받지 않는다. …… 또 여러 큰 성에는 녹살(욕살)을 두는데, 도독에 비견된다. 여러 성에는 처려근지를 두는데, 자사에 비견된다. 또한 도사라 이르기도 한다.

– 「한원」 –

① 수도에 동시전이 설치되었다.
② 집집마다 부경이라는 창고가 있었다.
③ 금속 화폐인 건원중보가 주조되었다.
④ 솔빈부의 말이 특산품으로 수출되었다.
⑤ 곡물을 대여하고 이자를 받은 내용을 좌관대식기에 남겼다.

06 (가)에 들어갈 내용으로 가장 적절한 것은? (2점)

혜공왕이 피살되어 무열왕계 직계 자손의 왕위 계승이 끊긴 이후, 진골 귀족들의 왕위 다툼이 치열하게 전개되던 시기에 일어났던 일을 말해 볼까요?

(가)

양길 등 스스로 성주 또는 장군이라 칭하는 호족 세력이 성장하였어요.

① 김흠돌의 난이 진압되었어요.
② 만적이 개경에서 봉기를 도모하였어요.
③ 관료전이 지급되고 녹읍이 폐지되었어요.
④ 김헌창이 웅천주에서 반란을 일으켰어요.
⑤ 이차돈의 순교를 계기로 불교가 공인되었어요.

07 다음 자료에 나타난 상황 이후에 있었던 사실로 옳은 것은? (3점)

당(唐)이 광주사마 장손사를 보내 수(隋) 병사의 해골을 묻은 곳에 와서 제사를 지내고, 당시에 [고구려가] 세운 경관(京觀)*을 허물었다. 봄 2월에 왕이 많은 사람을 동원하여 동북의 부여성에서 동남의 바다에 이르기까지 천 리 남짓에 걸쳐 장성을 쌓았다.

– 「삼국사기」 –

*경관: 승전을 기념하기 위해 적의 유해를 한곳에 모아 만든 무덤

① 을지문덕이 살수에서 대승을 거두었다.
② 고구려가 신라에 침입한 왜를 물리쳤다.
③ 김무력이 관산성에서 백제군을 격파하였다.
④ 연개소문이 정변을 일으켜 권력을 장악하였다.
⑤ 백제가 평양성을 공격하여 고구려 왕이 전사하였다.

08 다음 자료에 나타난 국가에 대한 설명으로 옳은 것은? (2점)

○ 조영이 죽으니, 시호를 고왕이라 하였다. 아들 무예가 왕위에 올라 영토를 크게 개척하니, 동북의 모든 오랑캐들이 두려워하여 신하가 되었다. 또 연호를 인안(仁安)으로 고쳤다.

○ 무예가 죽자, 시호를 무왕이라 하였다. 아들 흠무가 왕위에 올라 연호를 대흥(大興)으로 고쳤다.

○ 인수가 왕위에 올라 연호를 건흥(建興)으로 고치니, 그의 4대조 야발은 조영의 아우이다. 인수는 바다 북쪽의 여러 부(部)를 토벌하고 영역을 크게 넓힌 공이 있다.

① 골품에 따라 관등 승진을 제한하였다.
② 주자감을 설치하여 인재를 양성하였다.
③ 내신좌평 등 6좌평의 관제를 정비하였다.
④ 국경 지역인 양계에 병마사를 파견하였다.
⑤ 상수리 제도를 통해 지방 세력을 견제하였다.

09 (가) 지역에 대한 탐구 활동으로 가장 적절한 것은? (2점)

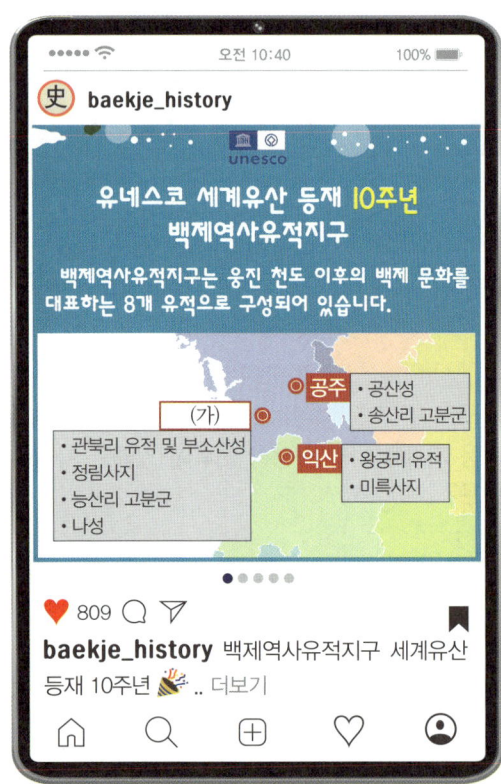

① 정약전이 자산어보를 저술한 곳을 알아본다.
② 비담과 염종이 반란을 일으킨 곳을 찾아본다.
③ 성왕이 새로운 도읍지로 정한 곳을 검색한다.
④ 윤충이 의자왕의 명을 받아 함락시킨 곳을 확인한다.
⑤ 신립이 배수의 진을 치고 왜군과 맞선 곳을 답사한다.

10 (가), (나) 사이의 시기에 있었던 사실로 옳은 것은? (3점)

(가) 견훤이 신라의 수도로 들어갔다. 포석정에서 연회를 벌이고 있던 신라 왕은 적의 병사들이 이르렀다는 말을 듣고 부인과 함께 달아나 성의 남쪽에 있는 별궁에 숨었다. 견훤은 신라 왕을 찾아내고 핍박하여 자결하게 하였다.

(나) 견훤이 고창군을 포위하자 유금필이 왕에게 아뢰기를, "싸워 보지도 않고 먼저 패배를 걱정하는 것은 어째서입니까? 신은 군대를 진격해 서둘러 공격하기를 바랍니다."라고 하니 왕이 허락하였다.

① 신숭겸이 공산 전투에서 전사하였다.
② 안승이 보덕국의 왕으로 책봉되었다.
③ 흑치상지가 임존성에서 군사를 일으켰다.
④ 최치원이 왕에게 시무 10여 조를 건의하였다.
⑤ 왕건이 일리천 전투에서 신검에게 승리하였다.

11 (가) 왕에 대한 설명으로 옳은 것은? (2점)

사료로 만나는 한국사

교서를 내려 말하기를, "태학조교 송승연과 나주목 (羅州牧)의 경학박사 전보인이 [학생들을] 이끌어 잘 도와서, 학문을 널리 닦으라는 공자의 뜻에 합치된다. 가르침에 게으르지 않아서 내가 학문을 권장하는 뜻에 들어맞으니 마땅히 그들을 발탁하여 특별하고 두터운 총애를 보이도록 하라."라고 하였다.

[해설] 위 사료는 ___(가)___ 이/가 유학 교육에 공이 있는 태학조교와 나주목의 경학박사를 치하하는 『고려사』의 기록이다. 중앙뿐 아니라 지방의 교육도 장려했던 ___(가)___ 은/는 처음으로 12목을 설치하고 지방관에 이어 경학박사와 의학박사를 파견하였다.

① 광덕, 준풍 등의 독자적 연호를 사용하였다.
② 신돈을 중심으로 전민변정 사업을 추진하였다.
③ 청연각과 보문각을 두어 학문 연구를 장려하였다.
④ 정계와 계백료서를 지어 관리의 규범을 제시하였다.
⑤ 최승로의 시무 28조를 받아들여 통치 체제를 정비하였다.

12 (가)의 침입에 대한 고려의 대응으로 옳은 것은? (1점)

이곳은 전라남도 진도의 용장성 유적으로, 삼별초가 조성한 궁궐의 터가 남아 있습니다. 고려 정부가 _____(가)_____와/과 강화를 맺자, 이에 반발한 삼별초는 왕족인 승화후 온을 왕으로 삼고 이곳으로 내려와 궁궐과 성을 쌓아 항쟁을 계속하였습니다. 단기간 사용되었음에도 왕궁과 외성이 있고, 여러 개의 성문과 치(雉) 등 다양한 시설이 확인된다고 합니다.

① 윤관을 보내 동북 9성을 개척하였다.
② 상비군으로 구성된 훈련도감을 설치하였다.
③ 박위로 하여금 쓰시마섬을 정벌하게 하였다.
④ 서희를 파견하여 소손녕과 외교 담판을 벌였다.
⑤ 대장도감을 설치하여 팔만대장경을 간행하였다.

13 (가)에 들어갈 내용으로 가장 적절한 것은? (2점)

이 초상화 속 인물은 고려의 학자인 문헌공 최충으로, 해동공자라고 불리기도 하였습니다. 거란의 침입으로 개경이 함락되어 서적들이 소실되자 역사서 편찬을 위한 수찬관에 임명되었습니다. 유학을 보급하고 인재 양성에 힘쓴 그는 _____(가)_____

① 불씨잡변을 지어 불교를 비판하였습니다.
② 만권당에서 원의 학자들과 교유하였습니다.
③ 지공거 출신으로 9재 학당을 설립하였습니다.
④ 입학도설을 저술하여 성리학의 기본 원리를 해설하였습니다.
⑤ 성균관의 대사성이 되어 정몽주 등을 학관으로 천거하였습니다.

14 다음 상황이 나타난 시기를 연표에서 옳게 고른 것은? (2점)

서경 반란군이 검교첨사 최경을 개경으로 보내 표문을 올려 이르기를, "폐하께서 음양의 지극한 말을 믿으시고 도참의 비설을 고찰하시어 대화궁을 창건하시니 천제(天帝)의 도읍을 본떠 만드신 것입니다. …… 인심은 두려운 것이며 군중의 분노는 막기 어려우니 만약 폐하께서 수레를 타고 임하신다면 병란은 그칠 것입니다."라고 하였다. 표문이 도착하니 모두 말하기를, "신하가 감히 군주를 부르다니 그 사자(使者)를 베는 것이 옳습니다."라고 하였다.

918	1009	1126	1170	1356	1392
(가)	(나)	(다)	(라)	(마)	
고려 건국	강조의 정변	이자겸의 난	무신 정변	쌍성총관부 탈환	고려 멸망

① (가) ② (나) ③ (다) ④ (라) ⑤ (마)

15 교사의 질문에 대한 학생의 답변으로 가장 적절한 것은? (2점)

자료는 '이생규장전'의 일부입니다. 이 작품은 홍건적의 침입으로 왕이 피란하고 백성이 고통을 겪는 등 전란의 참혹했던 상황을 역사적 배경으로 하고 있습니다. 이 상황 이후에 전개된 역사적 사실에 대해 말해 볼까요?

[문학으로 만나는 한국사]

신축년에 홍건적이 개경을 점거하자 임금은 복주(福州)로 피란하였다. 적들은 집을 불태워 없애버렸으며, 사람을 죽이고 가축을 잡아먹었다. 부부와 친척끼리도 서로 보호하지 못했고 동서로 달아나 숨어서 제각기 살길을 찾았다. 이생은 가족들을 데리고 외진 산골로 숨었는데, 한 도적이 칼을 빼어들고 뒤를 쫓아왔다. 이생은 달아나 목숨을 건졌지만, 그의 아내 최랑은 도적에게 사로잡혔다.

① 김사미가 운문을 거점으로 봉기하였어요.
② 강감찬이 흥화진 전투에서 승리하였어요.
③ 후주 출신 쌍기가 과거제 도입을 건의하였어요.
④ 최충헌이 교정도감을 두어 국정을 총괄하였어요.
⑤ 이성계가 위화도에서 회군하여 정권을 장악하였어요.

16 다음 상황이 나타난 국가의 경제 모습으로 옳은 것은?

○ 동소(銅所)·철소(鐵所)·자기소(瓷器所)·지소(紙所)·묵소(墨所) 등 여러 소에서 별공으로 바치는 물건들을 너무 과중하게 징수하여 장인들이 고통스러워 도망하고 있다.

○ 왕이 명령하기를, "이제 처음으로 화폐를 주조하는 법을 제정하였으니, 주조한 돈 1만 5천 관(貫)을 여러 관리와 군인들에게 나누어 주어 이를 통용의 시초로 삼고 전문(錢文)은 해동통보라 하여라."라고 하였다.

① 청해진을 설치하여 해상 무역을 전개하였다.
② 재정 문제를 해결하기 위한 당백전이 발행되었다.
③ 계해약조가 체결되어 세견선의 입항이 허가되었다.
④ 육의전을 제외한 시전 상인의 금난전권이 폐지되었다.
⑤ 예성강 하구의 벽란도가 국제 무역항으로 번성하였다.

17 (가)에 들어갈 내용으로 가장 적절한 것은?

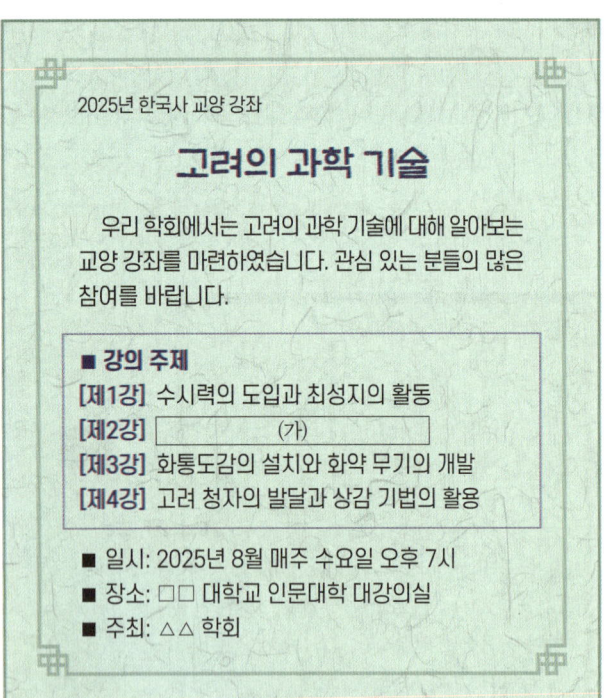

2025년 한국사 교양 강좌

고려의 과학 기술

우리 학회에서는 고려의 과학 기술에 대해 알아보는 교양 강좌를 마련하였습니다. 관심 있는 분들의 많은 참여를 바랍니다.

■ 강의 주제
[제1강] 수시력의 도입과 최성지의 활동
[제2강] ___(가)___
[제3강] 화통도감의 설치와 화약 무기의 개발
[제4강] 고려 청자의 발달과 상감 기법의 활용

■ 일시: 2025년 8월 매주 수요일 오후 7시
■ 장소: □□ 대학교 인문대학 대강의실
■ 주최: △△ 학회

① 의약학의 발전과 향약집성방의 편찬
② 100리 척의 사용과 동국지도의 제작
③ 기하학적 원리와 경주 석굴암의 조성
④ 금속활자 기술과 직지심체요절의 간행
⑤ 농업 기술의 발달과 임원경제지의 저술

18 (가) 국가의 문화유산으로 옳은 것은?

메타버스 전시관

은진 미륵이라고도 불리는 거대한 이 불상은 ___(가)___ 시대 초기에 만들어진 것으로, 논산 관촉사에 가면 볼 수 있어. 역사적, 예술적 가치가 재평가되어 보물에서 국보로 변경되었다고 해. 이번에는 탑을 만나러 가볼까?

① ② ③

④ ⑤

19 다음 자료를 활용한 탐구 활동으로 가장 적절한 것은? (2점)

처음에 공신 배극렴·조준·정도전이 세자를 세울 것을 청하면서, 나이와 공로를 고려하여 정하기를 청하였다. 임금이 강씨를 중히 여겨 이방번에게 뜻이 있었으나, 공신들은 방번이 적합하지 않다고 생각하여 사적으로 서로 이야기하기를, "만일 강씨 소생이어야 한다면 막내가 조금 낫겠다."라고 하였다. 이후 임금이 "누가 세자가 될 만한가?"라고 물으니, 맏아들 혹은 공로가 있는 사람을 세워야만 된다고 간절히 말하는 사람이 없었다. 이에 극렴이 말하기를, "막내 아들이 좋습니다."라고 하니, 임금이 마침내 뜻을 결정하여 어린 이방석을 왕세자로 삼았다.

① 제1차 왕자의 난이 일어난 이유를 찾아본다.
② 수양대군이 정권을 장악하는 과정을 조사한다.
③ 사림이 동인과 서인으로 나뉘게 된 계기를 파악한다.
④ 폐모살제 등을 구실로 반정을 일으킨 세력을 검색한다.
⑤ 허적과 윤휴 등 남인이 대거 축출되는 사건을 알아본다.

20 (가) 기구에 대한 설명으로 옳은 것은? (2점)

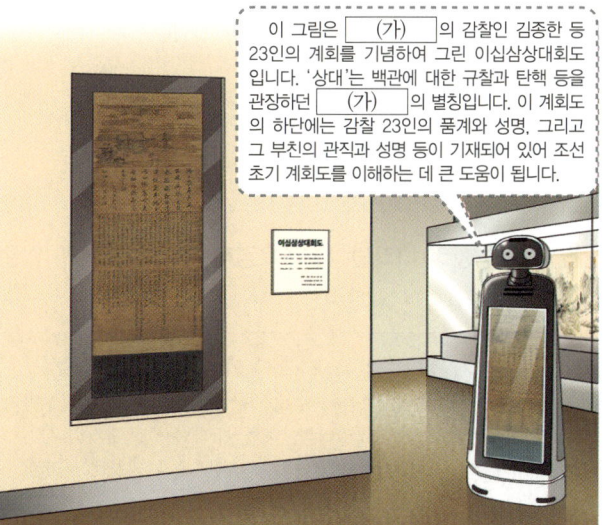

이 그림은 (가) 의 감찰인 김종한 등 23인의 계회를 기념하여 그린 이십삼상대회도입니다. '상대'는 백관에 대한 규찰과 탄핵 등을 관장하던 (가) 의 별칭입니다. 이 계회도의 하단에는 감찰 23인의 품계와 성명, 그리고 그 부친의 관직과 성명 등이 기재되어 있어 조선 초기 계회도를 이해하는 데 큰 도움이 됩니다.

① 수도의 행정과 치안을 담당하였다.
② 을묘왜변을 계기로 상설 기구화되었다.
③ 서얼 출신 학자들이 검서관에 등용되었다.
④ 역사서를 편찬하고 사고에 보관하는 일을 맡았다.
⑤ 대사헌을 수장으로 집의, 장령 등의 관직을 두었다.

21 (가)에 대한 조선의 대응으로 옳은 것은? (2점)

이 그림에는 1588년 북병사 장양공 이일이 변경을 침범하던 (가) 을/를 정벌하는 장면이 그려져 있습니다. 조선 초에는 (가) 을/를 회유하기 위해 경성과 경원에 무역소를 설치하기도 하였으나, 이들은 수시로 변경을 침범하였고 조선 정부의 토벌도 이어졌습니다.

장양공정토시전부호도

① 사신 접대를 위해 한성에 동평관을 두었다.
② 두만강 일대를 개척하여 6진을 설치하였다.
③ 강화도로 도읍을 옮겨 장기 항전을 준비하였다.
④ 철령위 설치에 반발하여 요동 정벌을 추진하였다.
⑤ 신기군, 신보군, 항마군 등으로 구성된 별무반을 조직하였다.

22 (가), (나) 사이의 시기에 있었던 사실로 옳은 것은? (3점)

(가) 대신 등에게 전교하기를, "조광조 등의 일은 내가 늘 마음속에서 잊지 않았으나 선왕(先王)께서 전에 허락하지 않으셨으므로 감히 가벼이 고치지 못하였다. 이제는 내 병이 위독하여 비로소 유언하니 조광조 등의 벼슬을 모두 회복할 수 있으면 다행이겠다. 현량과도 회복하여 거두어 등용하도록 하라."라고 하였다.

(나) 부제학 정언각이 아뢰기를, "소신이 양재역에 이르러서 벽에 써 붙인 주서(朱書)를 보았는데 국가에 관계된 내용이었으므로 지극히 놀랐습니다. …… 또 반역의 잔당들은 이미 죄를 물었습니다만, 심영은 대왕대비를 가리켜 신하로서 할 수 없는 말을 하였습니다. 신하가 그와 같은 말을 하고서 어떻게 천지 사이에 용납될 수 있겠습니까."라고 하였다.

① 자의 대비의 복상 문제로 예송이 일어났다.
② 외척 간의 권력 다툼으로 윤임이 제거되었다.
③ 세자 책봉 문제를 계기로 정철이 유배되었다.
④ 희빈 장씨 소생의 원자 책봉 문제로 환국이 발생하였다.
⑤ 폐비 윤씨 사사 사건의 전말이 알려져 김굉필 등이 처형되었다.

23 (가) 전쟁 중에 있었던 사실로 옳은 것은? `2점`

문학으로 보는 한국사

남한산성 무너진 날 죽었어야 할 몸인데
초수(楚囚)*되어 아직도
못 돌아간 신하라네
서쪽으로 오며 형 생각에 몇 번이나
눈물 뿌렸던고
동녁을 바라보니
아우 그린 형이 가련하네
……
부부 은정(恩情) 중하기도 한데
만난지 두 돌을 못 되었네그려
이제는 만 리 밖에 이별하여
백년 가약이 헛되구나
길이 멀어 편지도 못 부치고
산이 높아 꿈조차 더디 넘네
나의 살 길 기약할 수 없으니
뱃속의 아이나 잘 보살펴주오

*초수: 포로를 뜻함

[해설]
　이 작품은 송시열이 펴낸 『삼학사전』에 수록된 시로, 오달제가 형과 아내에게 보낸 것입니다. 삼학사는 (가) 때 척화론을 주장하다가 이듬해 심양으로 잡혀가 순절한 홍익한, 윤집, 오달제를 말합니다. 『삼학사전』에는 삼학사의 절개와 비극적 최후가 묘사되어 있습니다. 인조의 뒤를 이어 즉위한 효종은 (가) 의 치욕을 씻기 위해 북벌을 추진하는 한편 순절한 인물을 기리고 그 후손을 등용하는 정책을 펼쳤습니다.

① 송상현이 동래성에서 항전하였다.
② 김준룡이 광교산 전투에서 승리하였다.
③ 이괄의 반란 세력이 도성을 장악하였다.
④ 강홍립 부대가 사르후 전투에 참전하였다.
⑤ 신류가 조총 부대를 이끌고 흑룡강에서 전투를 벌였다.

24 (가) 왕에 대한 설명으로 옳은 것은? `2점`

　이 책은 이인좌의 난을 평정한 직후 (가) 의 명으로 송인명 등이 난의 진행 과정과 원인에 대해 여러 자료를 참고해서 편찬한 것입니다. 어제(御製) 서문에는 이인좌의 난이 일어난 원인을 붕당에서 찾고 있으며, 이와 같은 변란의 재발을 막기 위하여 이 책을 편찬한다고 명시되어 있습니다.

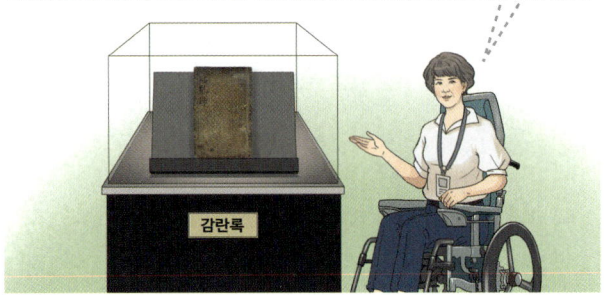

감란록

① 경기도에 한하여 대동법을 시행하였다.
② 수도 방어를 위하여 금위영을 창설하였다.
③ 탕평 교서를 반포하고 탕평비를 건립하였다.
④ 문신을 재교육하기 위한 초계문신제를 실시하였다.
⑤ 통치 체제를 정비하기 위해 대전회통을 편찬하였다.

25 밑줄 그은 '시기'에 볼 수 있는 모습으로 가장 적절한 것은? `1점`

　이것은 장용영이 존재하던 시기 한양 도성 일대를 그린 도성도입니다. 종로 부근에 장용영의 위치가 표시되어 있습니다. 이 지도에는 또 어떤 특징이 있을까요?

　두드러진 특징은 남쪽을 바라보며 정사를 보는 왕의 시각에 맞춰 그려, 지도의 상단이 남쪽으로 되어 있다는 점입니다. 또한 산수화풍의 산세 표현은 겸재 정선의 화풍을 따른 것으로 보입니다.

장용영

① 세책가에서 춘향전을 빌리는 부녀자
② 동국정운을 편찬하는 집현전의 학자
③ 주자소에서 계미자를 제작하는 장인
④ 형평사 창립 대회 개최를 취재하는 기자
⑤ 시전의 상행위를 감독하는 경시서의 관리

26 다음 상황이 나타난 시기의 경제 모습으로 옳지 않은 것은? `2점`

　비가 내리자 왕이 특별히 화성부에 이르기를, "흉년이 들었을 때 기근을 구제하는 데 서쪽 지방의 토란이나 남쪽 지방의 고구마보다 월등히 나은 것은 메밀이다. 내가 이 때문에 모내기의 시기를 놓치게 되면 반드시 메밀을 대신 파종하도록 권장하는 것이다."라고 하였다.

① 염포의 왜관을 통해 일본과 교역하였다.
② 상평통보를 발행하여 화폐로 사용하였다.
③ 관청에 물품을 조달하는 공인이 활동하였다.
④ 송상, 만상이 대청 무역으로 부를 축적하였다.
⑤ 덕대가 물주에게 자금을 받아 광산을 경영하였다.

27 (가) 왕의 재위 시기에 있었던 사실로 옳은 것은?
〔2점〕

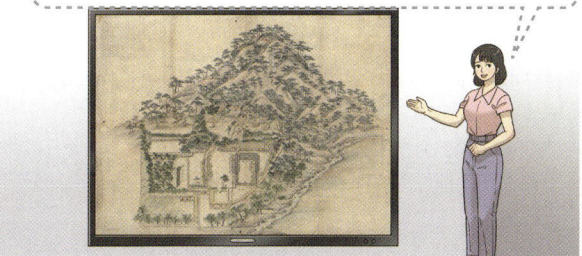

> 이 그림은 세도 정치의 주요 인물이자 ___(가)___ 의 장인인 김조순의
> 별저 옥호정과 그 일대를 그린 옥호정도입니다. 삼청동 북악산 백련봉 일대
> 에 위치한 별저의 모습을 통해 당시 세도가였던 안동 김씨의 위세를 짐작할
> 수 있습니다.

① 오페르트가 남연군 묘 도굴을 시도하였다.
② 이만손이 주도하여 영남 만인소를 올렸다.
③ 이시애가 길주를 근거지로 난을 일으켰다.
④ 홍경래 등이 봉기하여 정주성을 점령하였다.
⑤ 곽재우, 고경명 등이 의병장으로 활약하였다.

28 (가) 사건에 대한 설명으로 옳은 것은?
〔2점〕

> 김옥균 등은 청이 우리 자주권을 침해하는 데 분노하여 일본
> 공사와 ___(가)___ 을/를 일으켜 '일본당'으로 지목되었다.
> ___(가)___ 이/가 실패하자 온 나라가 그를 역적이라 하였다.
> 나는 조정에 몸을 담고 있어 그를 토벌하여 죽여야 한다는 것
> 외에 다른 목소리를 낼 수 없었다. 그러나 김옥균과 나의 마음은
> 그 뜻이 다른 데 있는 것이 아니라 나라를 사랑하는 데서 나온
> 것이었다.
>
> — 『속음청사』 —

① 개혁 추진 기구로 교정청이 설치되었다.
② 전개 과정에서 홍범 14조가 반포되었다.
③ 통리기무아문이 신설되는 배경이 되었다.
④ 김기수가 수신사로 파견되는 결과를 가져왔다.
⑤ 청일 간에 톈진 조약이 체결되는 계기가 되었다.

29 (가) 종교에 대한 설명으로 옳은 것은?
〔1점〕

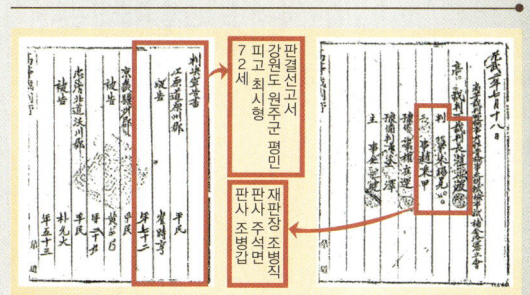

재판 기록으로 보는 한국사

> [해설] 자료는 ___(가)___ 의 제2대 교주 최시형에 대한 판결
> 선고서이다. 교조 신원 운동을 주도했던 그는 1894년
> 전봉준, 김개남 등이 이끈 농민군과 합세한 일로 도망자 신
> 세가 되었고, 결국 1898년 원주에서 체포되어 고등 재판소
> 에서 재판을 받았다. 당시 재판에는 농민 수탈로 고부 봉기
> 를 촉발시켰던 조병갑이 판사로 참여하였고, 법부 대신
> 조병직이 재판장으로서 최시형에게 사형을 선고하였다.

① 포접제를 활용하여 교세를 확장하였다.
② 배재 학당을 세워 신학문 보급에 앞장섰다.
③ 박중빈을 중심으로 새생활 운동을 추진하였다.
④ 일제의 통제에 맞서 사찰령 폐지 운동을 벌였다.
⑤ 의민단을 조직하여 항일 무장 투쟁을 전개하였다.

30 밑줄 그은 '전쟁' 기간에 있었던 사실로 옳은 것은?
〔3점〕

> 미국 잡지 '포퓰러 매거진'의 1912년 마지막 호에는 한반도를 둘러싼 대
> 한 제국과 일본, 러시아 간의 암투를 다룬 첩보 소설(The cat and the king)
> 이 실렸습니다. 베델, 민영환 등 당대 인물들이 등장하는 이 소설은 일제가
> 포츠머스 조약을 체결하여 전쟁을 끝내고 대한 제국의 외교권을 박탈하려 하
> 는 등 긴박하게 전개되었던 당시 상황을 배경으로 하고 있습니다.

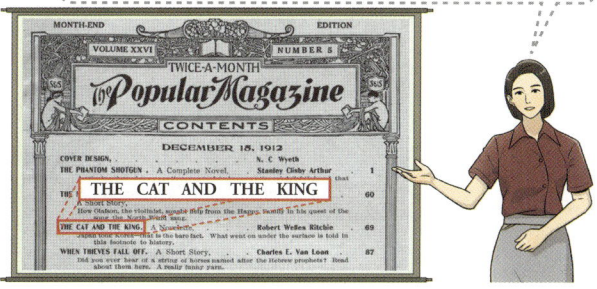

① 고종이 아관 파천을 단행하였다.
② 일본이 독도를 불법 편입하였다.
③ 러시아가 절영도 조차를 요구하였다.
④ 조청 상민 수륙 무역 장정을 체결하였다.
⑤ 평양 관민이 대동강에 침입한 제너럴 셔먼호를 불태웠다.

31 (가) 인물에 대한 설명으로 옳은 것은? ③3점

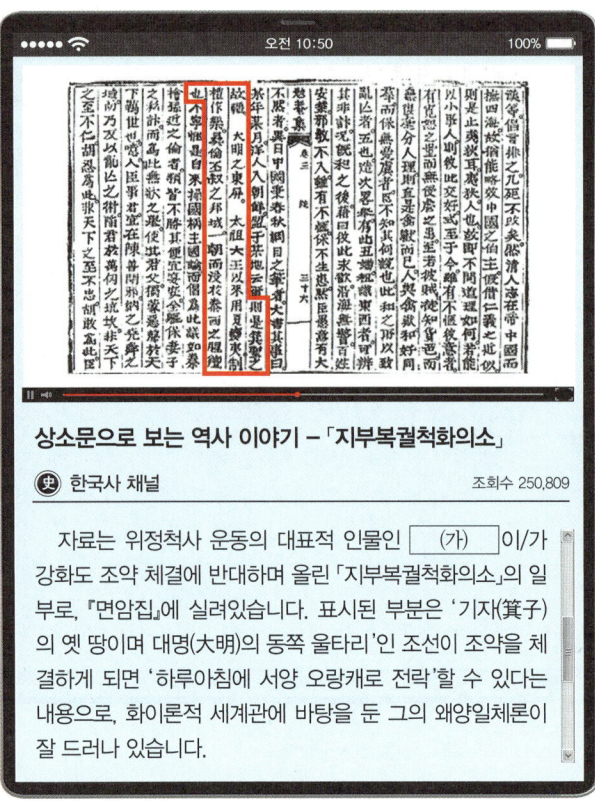

●●●● 🛜 오전 10:50 100% ▮

상소문으로 보는 역사 이야기 - 「지부복궐척화의소」

😊 한국사 채널　　　　　　　　조회수 250,809

　　자료는 위정척사 운동의 대표적 인물인 　(가)　 이/가 강화도 조약 체결에 반대하며 올린 「지부복궐척화의소」의 일부로, 『면암집』에 실려있습니다. 표시된 부분은 '기자(箕子)의 옛 땅이며 대명(大明)의 동쪽 울타리'인 조선이 조약을 체결하게 되면 '하루아침에 서양 오랑캐로 전락'할 수 있다는 내용으로, 화이론적 세계관에 바탕을 둔 그의 왜양일체론이 잘 드러나 있습니다.

① 고종의 밀지를 받아 독립 의군부를 조직하였다.
② 도쿄에서 일왕이 탄 마차를 향해 폭탄을 던졌다.
③ 을사늑약이 체결되자 태인에서 의병을 일으켰다.
④ 명동 성당 앞에서 이완용을 습격하여 중상을 입혔다.
⑤ 13도 창의군을 지휘하여 서울 진공 작전을 전개하였다.

32 ㉠~㉤에 대한 설명으로 옳은 것은? ②2점

이준 연보

1859년　함경도 북청에서 출생
1895년　법관 양성소 졸업
1898년　㉠ 독립 협회 가입
1904년　㉡ 보안회 조직
　　　　일제의 압력으로 황해도 철도(鐵島)로 유배
1905년　㉢ 헌정 연구회 조직
1906년　㉣ 대한 자강회 조직
1907년　㉤ 신민회 가입
　　　　네덜란드 헤이그 만국 평화 회의에 특사로 파견, 사망
1962년　건국훈장 대한민국장 추서

① ㉠ – 고종 강제 퇴위 반대 운동을 전개하였다.
② ㉡ – 일제의 황무지 개간권 요구를 저지시켰다.
③ ㉢ – 일제가 조작한 105인 사건으로 와해되었다.
④ ㉣ – 대성 학교를 설립하여 민족 교육을 실시하였다.
⑤ ㉤ – 조소앙의 삼균주의를 기초로 건국 강령을 발표하였다.

33 다음 자료를 작성한 인물에 대한 설명으로 옳은 것은? ①1점

　　'동양 평화'와 '한국 독립'에 대한 문제는 이미 세계 모든 나라 사람들이 다 아는 사실이며 당연한 일로 굳게 믿었고, 한국과 청국 사람들의 마음에 깊게 새겨졌다. …… 만일 일본이 지금의 정책을 바꾸지 않고 이웃 나라들을 나날이 억누른다면, 차라리 다른 인종에게 망할지언정 같은 인종에게 욕을 당하지는 않겠다는 생각이 한국과 청국 사람들의 마음에서 용솟음칠 것이다. …… 동양 평화를 위한 의로운 싸움을 하얼빈에서 시작하고, 옳고 그름을 가리는 자리는 뤼순으로 정하였다.

① 샌프란시스코에서 흥사단을 창립하였다.
② 황준헌이 쓴 조선책략을 국내에 들여왔다.
③ 초대 통감이었던 이토 히로부미를 사살하였다.
④ 유만수 등과 함께 부민관 폭파 의거를 일으켰다.
⑤ 국권 피탈 과정을 정리한 한국통사를 저술하였다.

34 밑줄 그은 '시기'에 있었던 사실로 옳은 것은? `2점`

> 헌병이 일반 경찰 업무를 담당하던 시기에 일제는 범죄 즉결례를 제정하여 재판 없이 체포 또는 구금하고 벌금을 물리거나 태형에 처할 수 있게 하였습니다. 시행 이듬해 일제는 범죄 즉결례에 있는 태형 규정을 삭제하고, 조선 태형령을 제정하여 태형은 오직 조선인에게만 적용하였습니다.

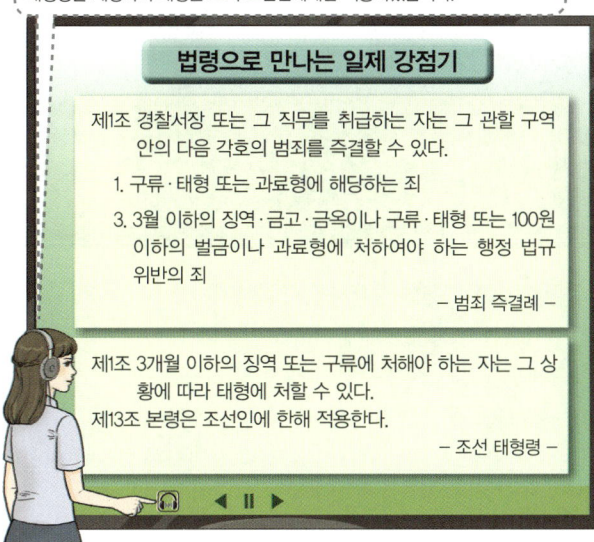

법령으로 만나는 일제 강점기

제1조 경찰서장 또는 그 직무를 취급하는 자는 그 관할 구역 안의 다음 각호의 범죄를 즉결할 수 있다.

1. 구류·태형 또는 과료형에 해당하는 죄

3. 3월 이하의 징역·금고·금옥이나 구류·태형 또는 100원 이하의 벌금이나 과료형에 처하여야 하는 행정 법규 위반의 죄

– 범죄 즉결례 –

제1조 3개월 이하의 징역 또는 구류에 처하야 하는 자는 그 상황에 따라 태형에 처할 수 있다.
제13조 본령은 조선인에 한해 적용한다.

– 조선 태형령 –

① 미쓰야 협정이 체결되었다.
② 조선 사상범 예방 구금령이 제정되었다.
③ 박문국이 설치되어 한성순보를 발행하였다.
④ 황국 중앙 총상회가 상권 수호 운동을 주도하였다.
⑤ 회사 설립 시 총독의 허가를 받도록 하는 회사령이 시행되었다.

---

35 다음 기사가 보도된 시기에 볼 수 있는 모습으로 가장 적절한 것은? `2점`

□□신문

제△△호   ○○○○년 ○○월 ○○일

[사설] 대홍수의 재난에서 조선의 형제들을 구하라

▲ 침수된 용산 일대

대홍수로 중부 지방에 엄청난 피해가 발생하였다. 7월 18일에는 용산과 뚝섬 일대가 완전 침수되었고 이튿날은 광주군 선리 주민 292명이 물에 빠져 죽었다. 경부선은 10일간 불통이었다. 그럼에도 총독부는 이와 같은 홍수 피해에 무성의하게 대처하고 있다. 재작년 일본에서 관동 대지진이 일어났을 때 조선인들이 박해를 받았음에도 불구하고 우리 조선의 형제들은 능력껏 구제의 손길을 뻗쳤다. 그러나 지금 조선에서 홍수 피해로 각지에서 재난이 일어나고 있는데도 총독부와 일본인 거류민들은 모른 척하고 있다. 조선인이여! 조선인을 구하라. 재난을 당한 형제와 같이 울며 아프며 살 길을 구하라.

① 영선사 일행으로 청에 가는 생도
② 경성 제국 대학에서 공부하는 학생
③ 국채 보상 운동의 모금에 참여하는 상인
④ 육영 공원에서 영어를 가르치는 미국인 교사
⑤ 전차 개통식에 참여하는 한성 전기 회사 직원

---

36 (가) 운동의 배경으로 가장 적절한 것은? `1점`

> 파리 강화 회의가 진행되던 프랑스에서는 일제 강점기 최대 규모의 독립 운동이었던 ___(가)___ 와/과 관련된 내용이 보도된 바 있습니다. 이와 관련하여 "일본 당국이 가혹한 탄압을 하고 있으며 혁명의 희생자 수가 이미 상당하다."라고 보도하며, ___(가)___ 에 대해 '혁명'이라는 표현을 사용한 기사가 주목됩니다.

① 간도 참변으로 민간인이 학살되었다.
② 민영익을 대표로 한 보빙사가 파견되었다.
③ 대한 제국의 마지막 황제 순종이 서거하였다.
④ 언론사의 주도로 브나로드 운동이 전개되었다.
⑤ 미국 대통령 윌슨이 민족 자결주의를 제창하였다.

37 (가) 단체에 대한 설명으로 옳은 것은? (2점)

【우리 고장의 독립운동가】

일우(一宇) 김한종 (1883~1921)

충청남도 예산군 광시면 출생이다. 1915년 대구에서 박상진 등이 국권 회복을 위해 조직한 ▢(가)▢의 충청도 지부장으로, 군자금 모금과 친일 관리 처단을 주도하였다. 이후 일제에 체포되어 총사령 박상진과 함께 사형을 선고받고 대구 형무소에서 생을 마감하였다. 1963년에 건국훈장 독립장이 추서되었다.

① 군대식 조직을 갖춘 비밀 결사였다.
② 정우회 선언의 영향으로 결성되었다.
③ 조선 혁명 선언을 활동 지침으로 삼았다.
④ 중국군과 함께 영릉가 전투에서 큰 전과를 올렸다.
⑤ 만민 공동회를 열어 열강의 이권 침탈을 비판하였다.

38 (가)~(라)를 발표된 순서대로 옳게 나열한 것은? (3점)

(가) 제1조 대한국은 세계 만국에 공인된 자주독립 제국이다.
제2조 대한 제국의 정치는 만세에 걸쳐 불변할 전제 정치이다.
제3조 대한국 대황제는 무한한 군권(君權)을 누린다.

(나) 중추원은 아래에 열거한 사항을 심사하고 회의하여 결정하는 곳으로 할 것이다.
1. 법률, 칙령의 제정, 폐지, 개정에 관한 사항
6. …… 중추원 의관의 절반은 정부에서 나라에 공로가 있는 사람을 추천하고, 그 절반은 인민 협회 중에서 27세 이상으로 정치·법률·학식에 통달한 자를 투표해서 선거할 것이다.

(다) 제1조 대한민국은 민주 공화국이다.
제2조 대한민국의 주권은 국민에게 있고 모든 권력은 국민으로부터 나온다.
제102조 이 헌법을 제정한 국회는 이 헌법에 의한 국회로서의 권한을 행하며 그 의원의 임기는 국회 개회일로부터 2년으로 한다.

(라) 융희 황제가 삼보(三寶)를 포기한 8월 29일은 즉 우리 동지가 삼보를 계승한 8월 29일이니 그 사이 순간도 멈춘 적이 없다. 우리 동지는 완전한 상속자이니 저 황제권이 소멸한 시점은 즉 민권이 발생한 시점이오, 옛 한국의 마지막 1일은 즉 신한국 최초의 1일이다.

① (가) – (나) – (다) – (라) ② (가) – (나) – (라) – (다)
③ (나) – (가) – (라) – (다) ④ (나) – (다) – (가) – (라)
⑤ (다) – (라) – (나) – (가)

39 (가) 지역에서 있었던 민족 운동으로 옳은 것은? (2점)

사진은 ▢(가)▢(으)로 이주한 한인 노동자들의 모습입니다. 이민자들은 1905년 ▢(가)▢의 유카탄 반도에 도착한 뒤 에네켄 농장 20여 곳에 분산 배치되어 고된 노동에 시달렸습니다. 이들은 어려운 환경 속에서도 독립 운동 자금을 모금하는 등 국권 회복을 위한 노력에 동참하였습니다.

재외 동포 이민사 생방송중

① 한인 자치 기구인 경학사를 조직하였다.
② 권업회를 조직하고 권업신문을 발간하였다.
③ 중광단을 결성하여 항일 투쟁을 전개하였다.
④ 숭무 학교를 설립하여 독립군을 양성하였다.
⑤ 유학생들이 중심이 되어 2·8 독립 선언서를 발표하였다.

40 교사의 질문에 대한 학생의 답변으로 가장 적절한 것은? (3점)

이 자료는 전라남도 신안군(당시 무안군)의 한 섬에서 발생한 사건의 결과로, 소작인회 대표와 지주 문재철 사이에 맺어진 화해 조건입니다. 소작인들은 고율의 소작료를 징수하는 지주에게 1년여에 걸쳐 저항하여 소작료를 낮추는 성과를 거두었습니다. 이 사건 이후의 사실에 대해 말해 볼까요?

1. 소작료를 4할로 하고, 1할은 농업 장려금으로 할 것
2. 농업 장려금은 소작인회에서 관리할 것
3. 소작인회에 지주도 참여할 것
4. 미납한 소작료는 3개년을 기한으로 분납할 것
5. 파괴하여 철거한 문태현의 비석을 복구할 것
6. 현재 조사 중인 형사 피고 사건은 양방에서 취하할 것
7. 지주가 소작인회에 기본금 2천 원을 기증할 것

① 양전 사업이 실시되어 지계가 발급되었어요.
② 함경도와 황해도에서 방곡령이 선포되었어요.
③ 전국 단위 조직인 조선 농민 총동맹이 결성되었어요.
④ 일본의 토지 침탈에 맞서 농광 회사가 설립되었어요.
⑤ 기한 내에 소유지를 신고하게 하는 토지 조사령을 제정하였어요.

41 (가) 단체에 대한 설명으로 옳은 것은? `3점`

자네 (가) 에서 발행한 잡지 '한글' 이번 호 보았는가? '한글 맞춤법 통일안' 개정 신판이 발매되었다는 소식이 실렸더군.

읽었네. 최근 훈민정음 해례본의 발견으로 한글 창제일이 명확해졌다는군. 이제 (가) 에서는 한글날을 창제일에 맞춰 10월 9일로 시정한다고 하네.

① 최초로 한글에 띄어쓰기를 도입하였다.
② 국어 문법서인 대한문전을 편찬하였다.
③ 태극 서관을 설립하여 서적을 보급하였다.
④ 조선말(우리말) 큰 사전 편찬을 추진하였다.
⑤ 국문 연구소를 두어 한글을 체계적으로 연구하였다.

42 (가)에 들어갈 내용으로 가장 적절한 것은? `1점`

이것은 잡지 '별건곤'에 실린 삽화로, 서양식 복장을 한 '모던 걸', '모던 보이'를 풍자한 것입니다. 일제 강점기에는 잡지, 라디오 등의 매체를 통해 새로운 근대 문화가 소개되었습니다. 당시 나타난 문화적 현상에 대해 검색한 것을 말해 볼까요?

자본주의적 소비 문화의 상징인 백화점이 도심에 들어섰습니다.

(가)

① 나운규의 영화 아리랑이 상영되었습니다.
② 한글 신문인 제국신문이 간행되었습니다.
③ 정비석의 소설 자유부인이 출판되었습니다.
④ 잡지 사상계가 높은 판매 부수를 기록하였습니다.
⑤ 아침 이슬 등의 곡이 금지곡으로 지정되었습니다.

43 (가) 부대에 대한 설명으로 옳은 것은? `2점`

사료로 만나는 여성 독립운동사

이중 삼중의 억압에 눌려 신음하던 자매들이여! 어서 빨리 일어나 이 민족 해방 운동의 뜨거운 용광로로 뛰어오라. …… 어둠 속에서 비추는 새벽빛 같은 (가) 의 자유를 쟁취하려는 봉화는 붉고 맑게 빛난다. 이미 모인 혁명 동지들은 뜨거운 손길을 내밀고 열정에 넘쳐 속히 달려옴을 기다리고 있다. 오라!

[해설] 이 사료는 『광복』에 실린 지복영의 글 중 일부이다. 그녀는 1940년 9월, 충칭에서 자신의 아버지 지청천을 총사령으로 하는 (가) 이/가 창설될 때 오광심, 김정숙, 조순옥 등과 함께 참여하였다. 그녀는 대원 모집, 선전 활동 등을 이어오다 광복을 맞이하였다.

① 청산리에서 일본군에 맞서 승리를 거두었다.
② 미국과 연계하여 국내 진공 작전을 준비하였다.
③ 동북 항일 연군으로 개편되어 유격전을 전개하였다.
④ 쌍성보, 대전자령 전투 등에서 일본군에 승리하였다.
⑤ 중국 관내(關內)에서 결성된 최초의 한인 무장 부대였다.

44 밑줄 그은 '이 시기'에 시행된 일제의 정책으로 옳은 것은? (1점)

이것은 일제가 각종 놋그릇과 생활용품들을 공출한 후 찍은 사진이야. 당시 금속류 회수령이 실시되었지.

맞아. 중일 전쟁을 일으키고 침략 전쟁을 확대했던 이 시기 일제는 군수 물자 생산을 위해 사찰의 종까지 걷어가기도 했어.

① 언론을 통제하기 위하여 신문지법을 제정하였다.
② 애국반을 조직하여 한국인의 생활을 통제하였다.
③ 경복궁에서 최초로 조선 물산 공진회를 개최하였다.
④ 재정 고문 메가타의 주도 아래 화폐 정리 사업을 실시하였다.
⑤ 보통학교의 수업 연한을 4년으로 규정한 제1차 조선 교육령을 시행하였다.

45 다음 성명이 발표된 이후의 사실로 옳은 것은? (3점)

> 지금 이때 나의 단일한 염원은 3천만 동포와 손을 잡고 통일된 조국, 독립된 조국의 달성을 위하여 공동 분투하는 것뿐이다. 이 육신을 조국이 요구한다면 당장에라도 제단에 바치겠다. 나는 통일된 조국을 건설하려다가 38선을 베고 쓰러질지언정 일신에 구차한 안일을 취하여 단독 정부를 세우는 데는 협력하지 아니 하겠다. 나는 내 생전에 38선 이북에 가고 싶다. 그쪽 동포들도 제 집을 찾아가는 것을 보고서 죽고 싶다. 궂은 날을 당할 때마다 38선을 싸고 도는 원귀의 곡성이 내 귀에 들리는 것도 같았다. 고요한 밤에 홀로 앉으면 남북에서 헐벗고 굶주리는 동포들의 원망스런 용모가 내 앞에 나타나는 것도 같았다.

① 모스크바 3국 외상 회의가 개최되었다.
② 송진우, 김성수 등이 한국 민주당을 창당하였다.
③ 좌우 합작 위원회에서 좌우 합작 7원칙을 발표하였다.
④ 우리나라 최초의 보통 선거인 5·10 총선거가 실시되었다.
⑤ 여운형이 중심이 되어 조선 건국 준비 위원회를 조직하였다.

46 밑줄 그은 '정부' 시기에 있었던 사실로 옳은 것은? (2점)

이 사진은 6·25 전쟁 중 부산 임시 국회에서 개헌안을 표결하는 장면입니다. 정부는 부산 일대에 계엄을 선포하고 야당 의원들이 탄 통근 버스를 강제로 연행하는 등 공포 분위기를 조성하였습니다. 개헌안은 군인과 경찰이 국회 의사당을 완전히 포위한 상태에서 토론 없이 기립 표결로 통과되었습니다.

① 경부 고속 도로가 개통되었다.
② 한미 상호 방위 조약이 체결되었다.
③ 함평 고구마 피해 보상 운동이 전개되었다.
④ 대통령 긴급 명령으로 금융 실명제가 실시되었다.
⑤ 사회 정화를 명분으로 삼청 교육대가 설치되었다.

47 (가) 정부 시기에 있었던 사실로 옳은 것은? (2점)

(가) **정부 시기의 여성 노동 운동**

노동조합 대의원 선거를 방해하는 어용 조합원들에 의해 인분을 뒤집어 쓴 동일방직의 여성 노동자들

임금 체불과 직장 폐쇄에 항의하여 신민당사에서 농성하다 끌려나가는 YH 무역의 여성 노동자들

① 부천 경찰서 성 고문 사건이 발생하였다.
② 정부에 비판적인 경향신문이 폐간되었다.
③ 최저 임금 결정을 위한 최저 임금 위원회가 설치되었다.
④ 자치 단체장까지 선출하는 지방 자치제가 전면 시행되었다.
⑤ 긴급 조치 철폐 등을 요구하는 3·1 민주 구국 선언이 발표되었다.

48 밑줄 그은 '민주화 운동'에 대한 설명으로 옳은 것은?
(1점)

① 유신 체제 붕괴의 배경이 되었다.
② 당시 대통령이 하야하는 결과를 가져왔다.
③ 5년 단임의 대통령 직선제 개헌을 이끌어냈다.
④ 시위 과정에서 시민군이 자발적으로 조직되었다.
⑤ 굴욕적인 한일 국교 정상화에 반대하여 일어났다.

49 다음 기사 내용이 보도된 정부 시기에 있었던 사실로 옳은 것은?
(3점)

□□신문

제△△호   ○○년 ○○월 ○○일

군대 내 사조직 '하나회' 청산 매듭

어제 단행된 군 장성 정기 인사를 통해 하나회 회원으로 알려진 중장급 이상 장성 전원이 보직 해임되었다. 이번 인사는 문민정부 출범 직후인 지난해 3월 8일 육군 참모총장과 기무사령관을 전격적으로 예편 조치함으로써 시작된 군대 내 사조직 청산 작업을 마무리한 것이다. 군 내부에서도 이번 하나회 완전 제거가 군이 정치적 중립을 확보하고 안정과 결속을 다지는 계기가 될 것으로 기대하고 있다.

① 칠레와의 자유 무역 협정(FTA)이 체결되었다.
② 처음으로 연간 수출액 100억 달러가 달성되었다.
③ 서울과 평양에서 7·4 남북 공동 성명이 발표되었다.
④ 북방 외교를 추진하여 사회주의 국가인 소련과 수교하였다.
⑤ 거창 사건 등 관련자의 명예 회복에 관한 특별 조치법이 제정되었다.

50 (가) 지역에 대한 탐구 활동으로 가장 적절한 것은?
(2점)

① 원종과 애노가 봉기한 곳을 검색한다.
② 외규장각 도서의 약탈 과정을 조사한다.
③ 강주룡이 고공 시위를 전개한 장소를 알아본다.
④ 김만덕이 흉년에 굶주린 백성을 구제한 기록을 살펴본다.
⑤ 러시아의 남하를 견제한다는 구실로 영국군이 점령한 지역을 찾아본다.

빠른 정답&자동채점

01 (가) 시대의 생활 모습으로 가장 적절한 것은? (1점)

올해는 서울 암사동 유적 발견 100주년입니다. 1925년 을축년 대홍수로 우연히 모습이 드러난 이 유적은 수차례 발굴 과정에서 (가) 시대의 대표적 유물인 빗살무늬 토기와 갈돌, 갈판이 출토되고, 유구인 집터가 발견되었습니다.

서울 암사동 유적 발견 100주년 맞아

① 목책과 환호 등 방어 시설을 갖추었다.
② 소를 이용한 깊이갈이가 일반화되었다.
③ 농경과 목축을 통해 식량을 생산하였다.
④ 지배층의 무덤으로 고인돌을 축조하였다.
⑤ 거푸집을 이용하여 세형 동검을 제작하였다.

02 밑줄 그은 '이 나라'에 대한 설명으로 옳은 것은? (2점)

이곳 강화 참성단은 단군왕검이 하늘에 제사를 올리던 제단이라고 전합니다. 우리 역사상 최초의 국가인 이 나라를 세운 것을 기념하는 개천절 행사가 매년 열리며, 전국체육대회 성화 채화식도 이곳에서 거행됩니다.

① 여러 가(加)들이 사출도를 다스렸다.
② 동맹이라는 제천 행사를 개최하였다.
③ 민며느리제라는 혼인 풍습이 있었다.
④ 읍락 간의 경계를 중시하는 책화가 있었다.
⑤ 왕 아래 상, 대부, 장군 등의 관직을 두었다.

03 (가) 국가에서 볼 수 있는 모습으로 가장 적절한 것은? (2점)

이번에 촉각 전시물로 새롭게 제작된 장군총은 (가) 의 대표적인 무덤입니다. 반듯하게 다듬은 돌을 계단처럼 쌓아 만든 이 무덤의 높이는 약 13미터이고, 한 변의 최대 길이는 약 31미터에 달합니다. 거대한 크기를 고려할 때 왕의 무덤일 가능성이 높습니다. 이 무덤의 주인이 누구였을지 상상하며, 만져보면 어떨까요?

① 녹과전을 지급받는 관리
② 경당에서 수련하는 청년
③ 팔만대장경판을 만드는 장인
④ 지방의 22담로에 파견되는 왕족
⑤ 황룡사 구층 목탑의 축조를 건의하는 승려

04 (가), (나) 사이의 시기에 있었던 사실로 옳은 것은? (3점)

(가) 백제왕 명농이 가야와 함께 와서 관산성을 공격하였다. [신라의] 군주(軍主)인 각간 우덕과 이찬 탐지 등이 맞서 싸웠으나 불리하였다. …… 고간 도도가 급히 쳐서 백제왕을 죽였다.

(나) 8월에 [백제왕이] 장군 윤충을 보내 군사 1만을 거느리고 신라 대야성을 공격하였다. 성주 품석이 처자와 함께 나와 항복하자 윤충이 모두 죽이고 그 머리를 베어 왕도로 보냈다.

① 백제가 국호를 남부여로 고쳤다.
② 진흥왕이 대가야를 공격하여 복속시켰다.
③ 계백이 이끈 결사대가 황산벌에서 패배하였다.
④ 김춘추가 당으로 건너가 군사 동맹을 체결하였다.
⑤ 신라가 한강 하류를 차지하여 신주를 설치하였다.

05 (가) 국가에 대한 설명으로 옳은 것은? 2점

여러분이 계신 곳은 [(가)]의 능산리 고분군 중 동하총 증강 현실 전시실입니다. 동하총 무덤방의 벽에는 사신도가, 천장에는 연꽃과 구름무늬가 그려져 있습니다. 이는 송산리 6호분과 함께 [(가)]의 고분 벽화 연구에 중요한 자료로 평가됩니다.

① 일길찬, 사찬 등의 관등이 있었다.
② 지방 장관으로 욕살, 처려근지 등이 있었다.
③ 특산물로 단궁, 과하마, 반어피가 유명하였다.
④ 사회 질서를 유지하기 위해 범금 8조를 두었다.
⑤ 왕족인 부여씨와 8성 귀족이 지배층을 이루었다.

06 밑줄 그은 '이 왕'에 대한 설명으로 옳은 것은? 3점

••••• 📶　　　오전 10:40　　　50% 🔋

좋아요 74개　　　　　　　　1시간 전

history_♡ 감은사지, 나홀로 역사 답사 #감은사는 삼국 통일의 위업을 달성한 이 왕이 부처의 힘을 빌어 왜구의 침입을 막고자 짓기 시작한 절이야. 그 뜻을 이어받은 아들 신문왕이 완공했고, 절의 이름을 #감은사라고 지었다고 해. 나는 이제 이 왕의 수중릉인 #대왕암으로 이동!

① 이사부를 보내 우산국을 복속하였다.
② 건원이라는 독자적 연호를 사용하였다.
③ 관료전을 지급하고 녹읍을 폐지하였다.
④ 거칠부에게 명하여 국사를 편찬하였다.
⑤ 지방관을 감찰하고자 외사정을 파견하였다.

07 (가) 국가에 대한 설명으로 옳은 것은? 2점

이 지도는 [(가)]이/가 주변 국가들과 교역하는 데 이용한 교통로를 나타낸 것입니다. 이 국가는 교통로를 통해 담비·호랑이·표범·곰 등의 가죽과 인삼·우황 등의 약재를 주요 품목으로 주변 국가들과 교역하였습니다. 또한 소그드 은화, 청동 낙타상 등 출토 유물을 통해 서역과의 교류 사실도 확인할 수 있습니다.

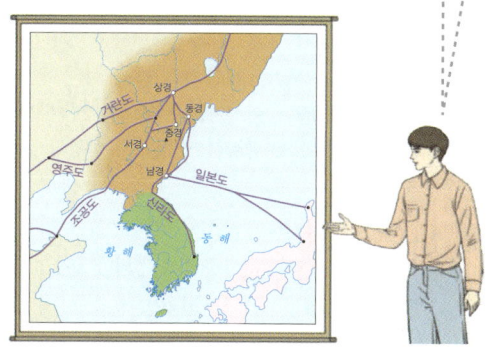

① 왜에 칠지도를 만들어 보냈다.
② 9서당 10정의 군사 조직을 운영하였다.
③ 광평성을 비롯한 각종 정치 기구를 마련하였다.
④ 제사장인 천군과 신성 지역인 소도가 존재하였다.
⑤ 서적 관리, 주요 문서 작성 등을 위해 문적원을 두었다.

08 (가) 종파에 대한 설명으로 가장 적절한 것은? 2점

이것은 [(가)]의 9산문 중 가지산문의 대표 사찰인 보림사에 있는 철조비로자나불좌상입니다. 이 불상의 왼팔 뒤편에 헌안왕 2년 무주 장사현의 부관인 김수종이 아뢰어 만들었다는 새김글이 양각되어 있어 정확한 조성 연대를 알 수 있습니다. 이와 같은 철불은 승탑과 더불어 9세기부터 크게 유행하였습니다.

① 하늘에 제사 지내는 초제를 거행하였다.
② 참선과 수행을 통한 깨달음을 강조하였다.
③ 시경, 서경, 역경 등을 주요 경전으로 삼았다.
④ 신선 사상을 기반으로 불로장생을 추구하였다.
⑤ 인내천 사상을 내세워 인간 평등을 주장하였다.

09 (가)에 들어갈 내용으로 가장 적절한 것은? (1점)

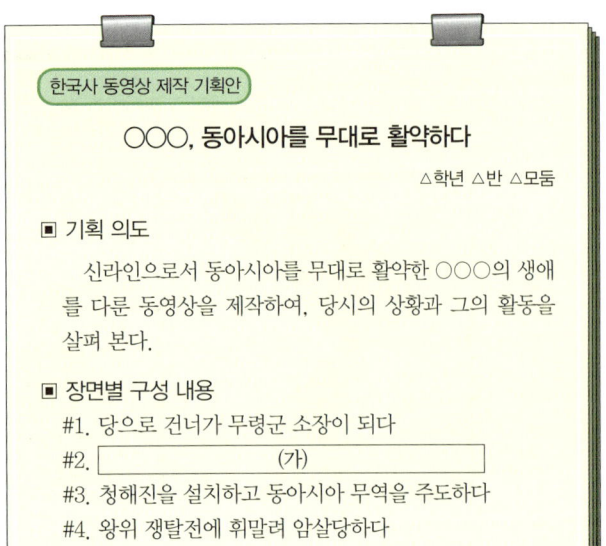

① 화왕계를 지어 국왕에게 바치다
② 산둥반도에 적산 법화원을 창건하다
③ 외교 문서인 청방인문표를 작성하다
④ 격황소서를 지어 세상에 이름을 떨치다
⑤ 구법순례기인 왕오천축국전을 저술하다

11 밑줄 그은 '이 왕'이 추진한 정책으로 옳은 것은? (1점)

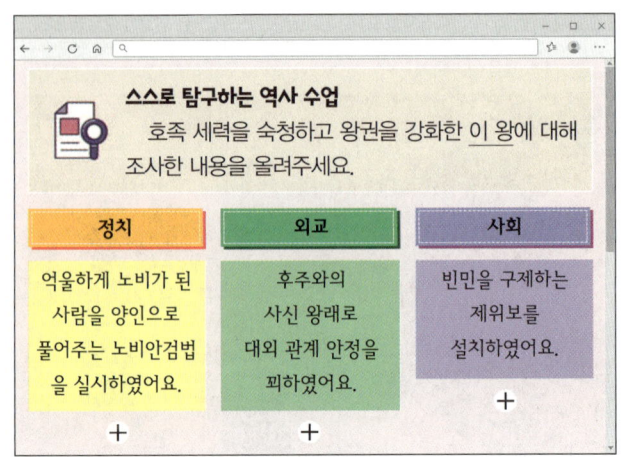

① 폐정 개혁을 목표로 정치도감을 설치하였다.
② 광덕, 준풍이라는 독자적 연호를 사용하였다.
③ 예의상정소에서 상정고금예문을 편찬하였다.
④ 전국에 12목을 설치하고 지방관을 파견하였다.
⑤ 관리에게 등급에 따라 전지와 시지를 지급하였다.

10 다음 가상 대화 이후에 있었던 사실로 옳은 것은? (2점)

며칠 전 신라 왕 김부가 우리 고려에 항복하였다는군.

전해 들었네. 우리 왕께서 신라국을 없애 경주라 하고 그에게 식읍으로 하사하셨다더군.

① 안승이 보덕국왕으로 임명되었다.
② 신숭겸이 공산 전투에서 전사하였다.
③ 원종과 애노가 사벌주에서 반란을 일으켰다.
④ 왕건이 일리천에서 신검의 군대를 물리쳤다.
⑤ 견훤이 고창 전투에서 고려군에게 패배하였다.

12 (가), (나) 사이의 시기에 있었던 사실로 옳은 것은? (2점)

(가) 거란에서 사신을 파견하며 낙타 50필을 보냈다. 왕은 거란이 일찍이 발해와 지속적으로 화목하다가 갑자기 의심을 일으켜 맹약을 어기고 멸망시켰으니, 이는 매우 무도하여 친선 관계를 맺을 이웃으로 삼을 수는 없다고 생각하였다. 드디어 교빙을 끊고 사신 30인을 섬으로 유배 보냈으며, 낙타는 만부교 아래에 매어두니 모두 굶어 죽었다.

(나) 왕이 나주로 들어갔는데, 밤에 척후병이 잘못 보고하기를, "거란 군사들이 이르렀습니다."라고 하였다. 왕이 크게 놀라서 밖으로 달려 나오자 지채문이 아뢰어 이르기를, "주상께서 밤중에 행차하시면 백성들이 놀라 혼란하게 되니, 바라옵건대 행궁으로 돌아가십시오. 제가 염탐하여 알아보고 나서, 그 후에 움직이셔도 됩니다."라고 하였다.

① 묘청이 칭제 건원을 주장하였다.
② 강감찬이 흥화진 전투에서 승리하였다.
③ 서희의 활약으로 강동 6주를 획득하였다.
④ 최우가 강화도로 도읍을 옮겨 항전하였다.
⑤ 윤관이 별무반을 이끌고 동북 9성을 개척하였다.

13 (가) 국가의 문화유산으로 적절하지 <u>않은</u> 것은?

(3점)

> 우리 모둠은 영주 부석사 소조여래좌상을 소재로 하여 열쇠고리를 제작하고자 합니다.

〈한국사 모둠 활동〉

(가) 시대 문화유산 기념품 디자인 제작 발표회

1모둠
청자 모자원숭이모양 연적으로 선고 방향제 만들기

2모둠
청자 상감운학문 매병으로 조명등 만들기

3모둠

① ② ③ ④ ⑤

---

14 (가)~(다)를 일어난 순서대로 옳게 나열한 것은?

(3점)

(가) 김보당이 정중부·이의방을 토벌하고 의종을 다시 세우고자 …… 동북면지병마사 한언국과 군사를 일으켜 함께 하도록 했다. …… 정중부·이의방이 이 소식을 듣고 장군 이의민, 산원(散員) 박존위로 하여금 군사를 거느리고 남로로 가도록 했고, 또 군사를 서해도로 파견하여 대응하도록 했다.

(나) 최충헌은 최충수와 함께 봉사를 올렸다. "…… 낡은 제도를 혁파하고 새로운 정치를 도모하심에 오로지 태조의 올바른 법을 따르시어 중흥의 길을 환히 여시길 바랍니다. 삼가 열 가지 사항을 아뢰옵니다."

(다) 왕과 세자가 몽골에서 개경으로 돌아온 이후, 삼별초가 반란을 일으켜 승화후 왕온을 [왕으로] 세우고 진도에 웅거하였다.

① (가) - (나) - (다)   ② (가) - (다) - (나)
③ (나) - (가) - (다)   ④ (나) - (다) - (가)
⑤ (다) - (가) - (나)

---

15 다음 자료에 나타난 시기의 사회 모습으로 적절한 것은?

(2점)

○ 7재를 설치하였다. 주역을 [공부하는 곳은] 이택재, 상서는 대빙재, 모시(毛詩)는 경덕재, 주례는 구인재, 대례는 복응재, 춘추는 양정재, 무학은 강예재라고 하였다.

○ 왕이 결정하기를 "…… 무학이 점차 번성하여 장차 문학하는 사람들과 각을 세워 불화하게 되면 매우 편치 못하게 될 것이다. …… 무학으로 무사를 선발하는 일과 무학재의 호칭은 모두 혁파하겠다."라고 하였다.

① 서얼이 통청 운동을 전개하였다.
② 사창절목에 따라 사창제가 시행되었다.
③ 왕조 교체를 예언하는 정감록이 유포되었다.
④ 병자에게 약을 지급하는 혜민국이 설치되었다.
⑤ 국산 약재와 치료 방법을 정리한 향약집성방이 간행되었다.

---

16 (가) 인물에 대한 설명으로 옳은 것은?

(2점)

이것은 '불일보조국사'라는 시호를 받은 (가) 의 행적을 담고 있는 송광사 보조국사비입니다. 비문에는 그가 정혜결사를 조직하고, 「권수정혜결사문」을 지었다는 내용이 들어있습니다. 또한 당시 국왕이 그의 뜻을 흠모하여 그가 머물렀던 송광산 길상사(吉祥寺)를 조계산 수선사(修禪社)로 이름을 바꿔주며 직접 글씨를 써서 보냈다는 등의 내용이 기록되어 있습니다.

① 법화 신앙에 중점을 둔 백련 결사를 이끌었다.
② 돈오점수를 바탕으로 꾸준한 수행을 강조하였다.
③ 승려들의 전기를 기록한 해동고승전을 저술하였다.
④ 선문염송집을 편찬하고 유불 일치설을 주장하였다.
⑤ 성상융회를 제창하여 교종 내 대립을 해소하고자 하였다.

17 밑줄 그은 '이 시기'에 볼 수 있는 모습으로 적절한 것은? `2점`

권문세족이 도평의사사를 장악하고 대농장을 경영한 이 시기에 대해 말해볼까?

많은 여성이 공녀로 끌려갔어.

지배층을 중심으로 변발과 호복이 유행하였어.

① 농상집요를 소개하는 관리
② 흑창에서 곡식을 빌리는 농민
③ 사섬서에서 저화를 발행하는 장인
④ 선혜청에서 공가(貢價)를 받는 상인
⑤ 상평통보로 물건을 거래하는 보부상

19 (가)에 해당하는 문화유산으로 옳은 것은? `2점`

□□신문

제△△호 　　　　　　2025년 ○○월 ○○일

조선 왕실의 신위 제자리로, 155년 만에 재현된 환안제

[(가)]의 보수 공사가 완료됨에 따라, 창덕궁 옛 선원전에 임시 봉안되었던 조선 왕과 왕비, 대한 제국 황제와 황후의 신위 49위를 [(가)](으)로 다시 모셔오는 환안제가 155년 만에 재현되었다. 이번 의례에는 내외국인으로 구성된 시민 행렬단도 함께 참여하여 그 의미를 더했다. 환안제와 더불어 앞으로 전시와 체험 프로그램을 비롯해 다채로운 행사가 이어질 예정이다.

① 　　②

③ 　　④

⑤

18 ㉠~㉢에 대한 설명으로 옳은 것을 |보기|에서 고른 것은? `2점`

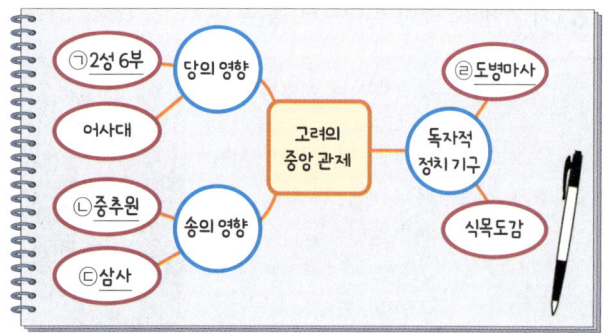

㉠2성 6부 — 당의 영향
어사대
㉡중추원 — 송의 영향
㉢삼사

고려의 중앙 관제

㉣도병마사 — 독자적 정치 기구
식목도감

| 보기 |
ㄱ. ㉠ – 좌·우사정이 6부를 나누어 관할하였다.
ㄴ. ㉡ – 군사 기밀과 왕명 출납을 담당하였다.
ㄷ. ㉢ – 5품 이하의 관원에 대한 서경권을 행사하였다.
ㄹ. ㉣ – 재추를 중심으로 국방, 군사 문제를 논의하였다.

① ㄱ, ㄴ　② ㄱ, ㄷ　③ ㄴ, ㄷ　④ ㄴ, ㄹ　⑤ ㄷ, ㄹ

20 (가) 왕의 재위 시기에 있었던 사실로 옳은 것은? `2점`

이 그림은 무관 오자치를 그린 것으로, 현존하는 무관 초상화 중에서 가장 이른 시기의 작품입니다. 오자치는 ［ (가) ］이/가 호패법을 재실시하는 등 지방 세력 통제를 강화하자, 이에 반발하며 함길도에서 이시애가 일으킨 난을 평정한 공으로 적개공신에 책봉되었습니다.

① 간경도감이 설치되었다.
② 조선경국전이 편찬되었다.
③ 국조오례의가 완성되었다.
④ 부민고소금지법이 제정되었다.
⑤ 혼일강리역대국도지도가 제작되었다.

21 밑줄 그은 '이 전란' 이후에 있었던 사실로 옳은 것은? `2점`

이것은 강화 교섭 결렬 이후 일본의 재침으로 시작된 이 전란 당시 흥양(현재 고흥군) 현감 최희량이 작성한 전과 보고서의 일부입니다. 여기에는 흥양에 침입한 일본군을 격퇴한 사실과 새로 제작한 전선(戰船)에 대한 내용 등이 자세히 기록되어 있으며, 삼도수군통제사 이순신의 서명도 있습니다.

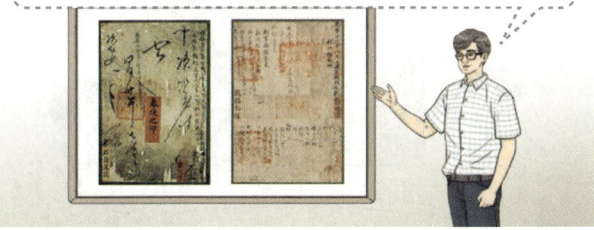

① 신숙주가 일본에 다녀와 해동제국기를 저술하였다.
② 나세 등이 화포를 사용하여 진포에서 왜구를 격퇴하였다.
③ 포로 송환을 목적으로 회답겸쇄환사가 일본에 파견되었다.
④ 조선 정부의 교역 제한에 반발하여 사량진 왜변이 일어났다.
⑤ 국방 문제를 논의하기 위한 임시 기구로 비변사가 설치되었다.

22 (가) 시기에 있었던 사실로 옳은 것은? `3점`

부왕께서 승하하신 기해년에는 고대 중국의 예가 아닌 경국대전에 따라 기년복으로 정했다고 기억한다. 오늘 대공복 또한 경국대전에 따라 정한 것인가?

성상을 시해하려는 자가 있다는 목호룡의 고변으로 조정이 큰 혼란에 휩싸였다는군.

연잉군과 노론이 곤경에 처하게 될 것 같군.

① 인조반정으로 북인 세력이 몰락하였다.
② 기축옥사로 이발 등 동인 세력이 축출되었다.
③ 양재역 벽서 사건으로 이언적 등이 화를 입었다.
④ 인현 왕후가 폐위되고 남인이 권력을 차지하였다.
⑤ 붕당의 폐해를 경계하기 위해 탕평비가 건립되었다.

23 (가) 인물에 대한 설명으로 옳은 것은? `2점`

이 그림은 강세황이 그린 도산서원도입니다. 여기에는 서원의 배치와 건물 크기, 방향 등이 실제와 부합하게 묘사되어 있으며 건물 이름도 표기되어 있어 당시의 모습을 잘 보여줍니다. 도산 서원은 성학십도를 지어 군주의 수양을 강조하고, 기대승과 사단칠정 논쟁을 전개한 ［ (가) ］의 학문과 덕을 기리는 곳입니다.

① 최초의 서원인 백운동 서원을 건립하였다.
② 명에 대한 의리를 내세운 기축봉사를 올렸다.
③ 동호문답을 통해 다양한 개혁 방안을 제시하였다.
④ 예안 향약을 시행하여 향촌의 교화를 위해 노력하였다.
⑤ 예학을 조선의 현실에 맞게 정리한 가례집람을 저술하였다.

24 (가) 왕이 추진한 정책으로 옳은 것은? (1점)

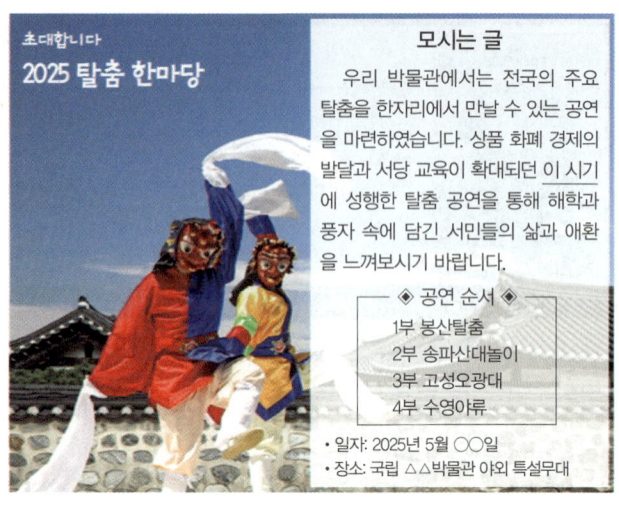

고문헌으로 보는 한국사

[해설] 이것은 장용영 내영에서 수원외사 번암 채제공에게 보낸 전령(傳令)입니다. 새롭게 마련된 장용영 절목의 문제점을 중앙에 아뢰어 고치도록 권한 내용을 담고 있습니다. 장용영은 ___(가)___ 이/가 조직한 친위 부대로 서울에 내영, 수원 화성에 외영을 두어 규장각과 함께 왕권 강화를 목적으로 운영되었습니다.

① 나선 정벌에 조총 부대를 파견하였다.
② 호포제를 시행하여 양반에게도 군포를 징수하였다.
③ 문신을 재교육하기 위한 초계문신제를 실시하였다.
④ 삼정의 문란을 시정하고자 삼정이정청을 설치하였다.
⑤ 각 궁방과 중앙 관서의 공노비 6만여 명을 해방하였다.

25 (가) 사건에 대한 설명으로 옳은 것은? (3점)

오전 10:40   50%

배론성지 전경   옹기 저장고로 위장했던 토굴

대한민국 방방곡곡 – 제천 배론성지

史 한국사 채널   조회 수 160,514

제천 배론성지는 순조 1년(1801)에 일어난 ___(가)___ 당시 정부의 탄압을 피해 천주교 교인들이 모여 살던 교우촌에서 비롯되었습니다. 이 안에는 ___(가)___ 당시 황사영이 교회의 재건과 신앙의 자유를 호소하기 위해 베이징에 있는 주교에게 보낼 백서를 쓰며 은신했던 토굴이 있습니다.

① 한성 조약이 체결되는 결과를 가져왔다.
② 정부의 요청으로 출병한 청군이 진압하였다.
③ 사태의 수습을 위해 박규수가 안핵사로 파견되었다.
④ 이필제가 영해 지역에서 난을 일으키는 계기가 되었다.
⑤ 전개 과정에서 이승훈, 정약용 등이 연루되어 처벌되었다.

26 밑줄 그은 '이 시기'에 볼 수 있는 모습으로 적절하지 <u>않은</u> 것은? (1점)

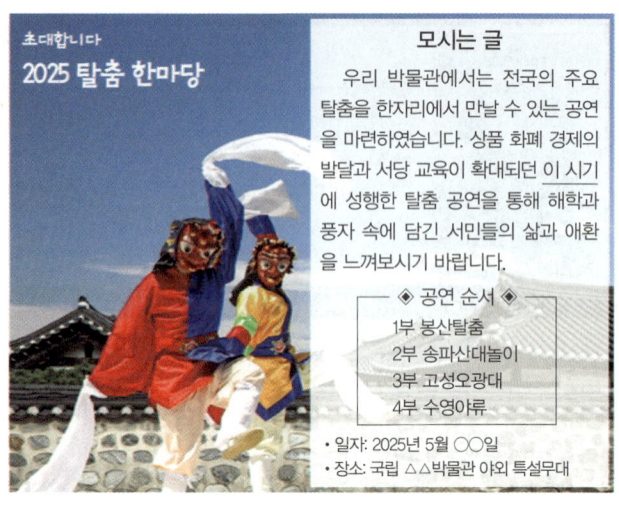

초대합니다
2025 탈춤 한마당

모시는 글

우리 박물관에서는 전국의 주요 탈춤을 한자리에서 만날 수 있는 공연을 마련하였습니다. 상품 화폐 경제의 발달과 서당 교육이 확대되던 이 시기에 성행한 탈춤 공연을 통해 해학과 풍자 속에 담긴 서민들의 삶과 애환을 느껴보시기 바랍니다.

◈ 공연 순서 ◈
1부 봉산탈춤
2부 송파산대놀이
3부 고성오광대
4부 수영야류

• 일자: 2025년 5월 ○○일
• 장소: 국립 △△박물관 야외 특설무대

① 판소리 흥보가를 구경하는 농민
② 주자소에서 계미자를 만드는 장인
③ 옥계 시사에서 시를 낭송하는 중인
④ 세책가에서 춘향전을 빌리는 부녀자
⑤ 호랑이를 소재로 민화를 그리는 화가

27 밑줄 그은 '이 시기'의 경제 상황으로 옳은 것은? (1점)

이것은 한양의 모습을 그린 수선총도입니다. 지도에서 시전의 위치를 확인할 수 있습니다. 이를 통해 알 수 있는 내용에 대해 더 설명해 주시겠어요?

지도에는 종로에 위치한 시전 외에도 도성 내 이현, 남대문 밖의 칠패와 같은 난전이 표기되어 있습니다. 이를 통해 시장이 도성 밖으로 확대되고 있던 이 시기의 모습을 확인할 수 있습니다. 당시에는 서로의 취급 물품을 두고 난전과 시전 사이의 갈등, 시전들 간의 다툼이 일어나기도 하였습니다.

종루 시전   이현
칠패

① 백성에게 정전이 지급되었다.
② 초량 왜관을 통해 일본과 교역하였다.
③ 주전도감에서 해동통보가 발행되었다.
④ 벽란도가 국제 무역항으로 번성하였다.
⑤ 시장을 관리하기 위한 동시전이 설치되었다.

28 다음 자료에 대한 탐구 활동으로 가장 적절한 것은?

2점

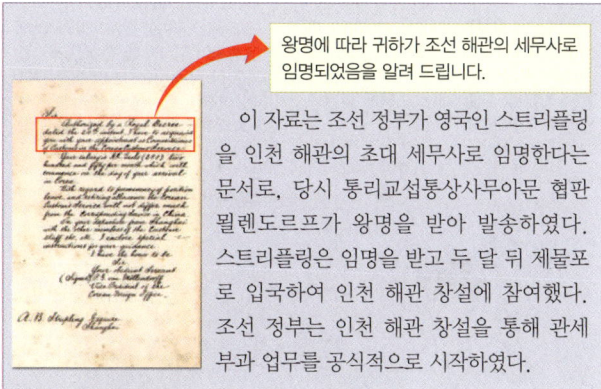

왕명에 따라 귀하가 조선 해관의 세무사로 임명되었음을 알려 드립니다.

이 자료는 조선 정부가 영국인 스트리플링을 인천 해관의 초대 세무사로 임명한다는 문서로, 당시 통리교섭통상사무아문 협판 묄렌도르프가 왕명을 받아 발송하였다. 스트리플링은 임명을 받고 두 달 뒤 제물포로 입국하여 인천 해관 창설에 참여했다. 조선 정부는 인천 해관 창설을 통해 관세 부과 업무를 공식적으로 시작하였다.

① 한일 의정서의 체결 과정을 파악한다.
② 미쓰야 협정이 끼친 영향을 조사한다.
③ 강화도 조약이 체결된 계기를 알아본다.
④ 조미 수호 통상 조약의 내용을 분석한다.
⑤ 헤이그 특사가 파견되는 원인을 살펴본다.

29 (가)~(마)에 들어갈 내용으로 적절하지 않은 것은?

2점

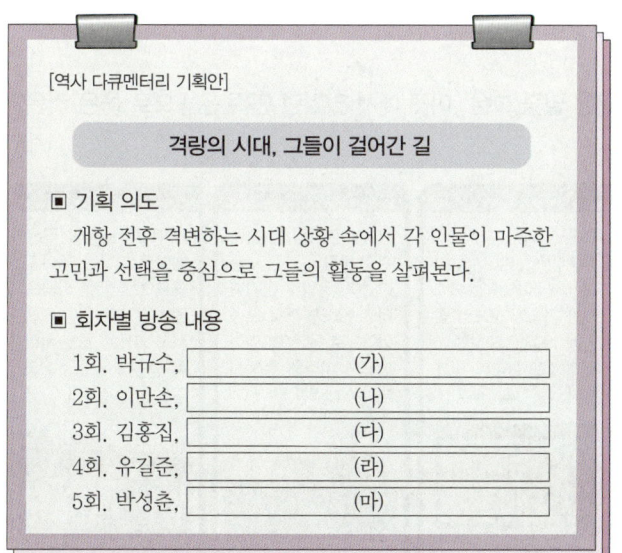

[역사 다큐멘터리 기획안]

격랑의 시대, 그들이 걸어간 길

■ 기획 의도
　개항 전후 격변하는 시대 상황 속에서 각 인물이 마주한 고민과 선택을 중심으로 그들의 활동을 살펴본다.

■ 회차별 방송 내용
　1회. 박규수, ____(가)____
　2회. 이만손, ____(나)____
　3회. 김홍집, ____(다)____
　4회. 유길준, ____(라)____
　5회. 박성춘, ____(마)____

① (가) – 북학 사상을 바탕으로 통상 개화론을 주장하다
② (나) – 영남 만인소를 주도해 개항과 통상에 반대하다
③ (다) – 보빙사로 미국에 다녀와 개화 정책을 추진하다
④ (라) – 서유견문을 집필하여 서양 근대 문명을 소개하다
⑤ (마) – 백정 출신으로 관민 공동회에서 연설하다

30 밑줄 그은 '개혁'의 내용으로 옳은 것은?

2점

이 자료는 파리 만국 박람회 당시 한국관의 모습을 담은 채색 광고 엽서이다. 고종은 황제 즉위 후 구본신참을 내세운 <u>개혁</u>을 추진하면서, 박람회를 서구 문물을 받아들이고 우리나라를 세계에 소개하는 기회로 활용하고자 했다. 이후 1902년 고종은 박람회 관련 업무를 담당할 정부 기관으로 농상공부 산하에 임시 박람회 사무소를 개설하였다.

① 지계아문을 설치하여 지계를 발급하였다.
② 건양이라는 독자적인 연호를 채택하였다.
③ 박문국을 설치하고 한성순보를 발행하였다.
④ 근대식 무기 제조 공장인 기기창을 설립하였다.
⑤ 개혁의 방향을 제시한 홍범 14조를 반포하였다.

31 (가)에 대한 탐구 활동으로 가장 적절한 것은? `1점`

(가) 에 참여한 이름 없는 이들을 위한 위령탑. 주변 조형물에는 '농민의 얼굴'과 '죽창'도 새겨져 있음 #여기는_정읍시_고부면

💬 댓글 2개
○○○: 이 마을에서 전봉준 등이 고부 군수 조병갑의 횡포에 맞서 사발통문을 작성했어.
□□□: 고부 농민 봉기를 시작으로 전개된 (가) 에 참여한 이들의 흔적을 찾아볼 수 있어.

① 삼국 간섭의 결과를 알아본다.
② 척화비가 건립된 계기를 조사한다.
③ 전주 화약이 체결되는 과정을 살펴본다.
④ 영국이 거문도를 점령한 목적을 분석한다.
⑤ 외규장각 도서가 약탈된 배경을 찾아본다.

32 다음 가상 대화 이후에 전개된 사실로 옳은 것은?
`2점`

몇 달 전 한성에서 시위대 부대원들과 일본군 사이에 시가전이 있었습니다. 애비슨 선생님께서는 이때 다친 부대원들을 치료해 주셨는데요. 기억에 남는 일이 있다면 말씀해 주세요.

군대 해산 명령에 맞서 시위대 대대장 박승환이 자결한 후 전개된 시가전에서 부상 입은 부대원들이 실려 왔습니다. 여자 간호사들은 그동안 남자 환자들의 치료를 꺼리던 관습과 달리 헌신적으로 치료에 나섰습니다. 오래된 관습이 한순간에 깨지는 놀라운 순간이었습니다.

① 최익현이 태인에서 의병을 일으켰다.
② 일본이 독도를 불법적으로 편입하였다.
③ 스티븐스가 외교 고문으로 부임하였다.
④ 13도 창의군이 서울 진공 작전을 전개하였다.
⑤ 유인석이 이끄는 부대가 충주성을 점령하였다.

33 밑줄 그은 '이곳'에서 있었던 민족 운동으로 옳은 것은?
`2점`

첫 공식 이민.
백여 명의 이민자들이 대한 제국이 발행한 여행권을 가슴에 품고 낯선 땅에 1903년 도착했다. 두려움과 희망이 함께 했다.

1/3

그들을 기다린 건 사탕수수 농장의 고된 노동이었다. 열악한 환경에서도 1905년까지 노동 이민으로 약 7,000명이 이곳에 이주해 묵묵히 뿌리를 내렸다.

2/3

1910년, 일제의 국권 침탈로 그들은 돌아갈 곳도 보호받을 나라도 잃었다. 고된 환경 속에서도 그들은 한인 사회를 중심으로 스스로의 길을 만들어 갔다.

3/3

① 한인 자치 기구인 경학사를 설립하였다.
② 권업신문을 발간하여 민족 의식을 고취하였다.
③ 유학생을 중심으로 2·8 독립 선언을 발표하였다.
④ 신한청년당이 파리 강화 회의에 대표를 파견하였다.
⑤ 대조선 국민군단을 결성하고 군사 훈련을 실시하였다.

34 다음 기사가 보도된 시기에 볼 수 있는 모습으로 가장 적절한 것은? (3점)

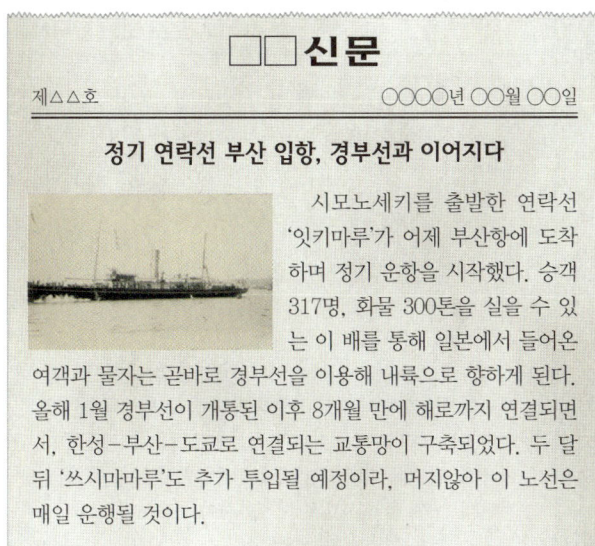

□□신문

제△△호 ○○○○년 ○○월 ○○일

정기 연락선 부산 입항, 경부선과 이어지다

시모노세키를 출발한 연락선 '잇키마루'가 어제 부산항에 도착하며 정기 운항을 시작했다. 승객 317명, 화물 300톤을 실을 수 있는 이 배를 통해 일본에서 들어온 여객과 물자는 곧바로 경부선을 이용해 내륙으로 향하게 된다. 올해 1월 경부선이 개통된 이후 8개월 만에 해로까지 연결되면서, 한성-부산-도쿄로 연결되는 교통망이 구축되었다. 두 달 뒤 '쓰시마마루'도 추가 투입될 예정이라, 머지않아 이 노선은 매일 운행될 것이다.

① 대한매일신보를 읽고 있는 청년
② 경성 제국 대학에 입학하는 학생
③ 원각사에서 은세계 공연을 보는 여성
④ 통리기무아문에서 개화 정책을 논의하는 관리
⑤ 어린이날 기념 행사에 참여하는 천도교 소년회 회원

35 다음 상황이 나타난 시기를 연표에서 옳게 고른 것은? (3점)

○ 어제 러시아 공사 파블로프씨가 용천군 용암포 삼림회사의 편의를 위하여 전화와 전선을 추가로 가설할 뜻으로 외부(外部)에 조회하였으니, 외부에서 답 조회하기를 "해당 사안은 결코 인준하기 어려우니 귀 공사도 해당 회사에 훈칙하여 전신주 가설 사항은 절대 마음먹지 못하게 하라" 하였다더라.
— 황성신문 —

○ 일본, 영국, 미국의 각 공사가 우리 정부에 의주의 개방을 권고하더니, 영국 공사가 다시 조회하기를 "의주는 육지로 연결되어 화물을 운반하기가 매우 어렵고, …… 용암포는 크고 작은 선박들이 지장 없이 왕래할 수 있으니 용암포를 개항하라"고 하였고, 일본 공사가 또 조회하기를 "용암포 개항이 합당하니 속히 타결 하라"하였더라.
— 황성신문 —

(가)	(나)	(다)	(라)	(마)
신미 양요	갑신 정변	청일 전쟁 발발	아관 파천	러일 전쟁 발발	국권 피탈

① (가)   ② (나)   ③ (다)   ④ (라)   ⑤ (마)

36 (가) 운동에 대한 설명으로 옳은 것은? (2점)

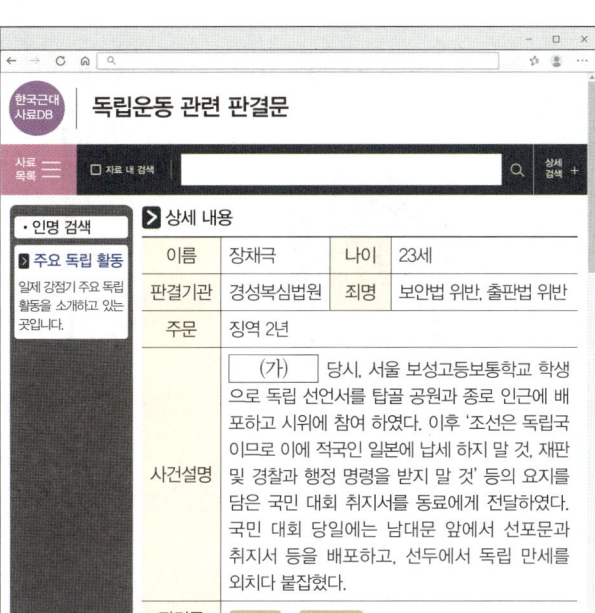

독립운동 관련 판결문

이름	장채극	나이	23세
판결기관	경성복심법원	죄명	보안법 위반, 출판법 위반
주문	징역 2년		

사건설명	(가) 당시, 서울 보성고등보통학교 학생으로 독립 선언서를 탑골 공원과 종로 인근에 배포하고 시위에 참여하였다. 이후 '조선은 독립국이므로 이에 적국인 일본에 납세 하지 말 것, 재판 및 경찰과 행정 명령을 받지 말 것' 등의 요지를 담은 국민 대회 취지서를 동료에게 전달하였다. 국민 대회 당일에는 남대문 앞에서 선포문과 취지서 등을 배포하고, 선두에서 독립 만세를 외치다 붙잡혔다.
판결문	원문보기 번역본보기

① 정우회 선언의 영향을 받았다.
② 통감부의 탄압과 방해로 중단되었다.
③ 순종의 인산일을 기회로 삼아 추진되었다.
④ 전개 과정에서 일제가 제암리 학살 등을 자행하였다.
⑤ 성진회와 각 학교 독서회에 의해 전국적으로 확산되었다.

37 (가)에 대한 설명으로 옳은 것은? (1점)

저희 모둠에서는 이번 체험 학습 답사지로 백산 상회 설립자 안희제를 기념하는 백산기념관을 선정하였습니다. 백산 상회는 백산 무역 주식회사로 개편된 이후 (가) 의 연통제 조직을 통해 독립운동 자금을 조달하였으며, 독립신문 보급 등의 역할도 담당하였습니다.

체험 학습 답사지 발표회

백산기념관

① 고종 강제 퇴위 반대 운동을 전개하였다.
② 일제의 황무지 개간권 요구를 저지하였다.
③ 영은문이 있던 자리 부근에 독립문을 건립하였다.
④ 독립운동 자금 마련을 위해 독립 공채를 발행하였다.
⑤ 조선 총독부에 국권 반환 요구서를 제출하려 하였다.

38 밑줄 그은 '이 단체'에 대한 설명으로 옳은 것은? `2점`

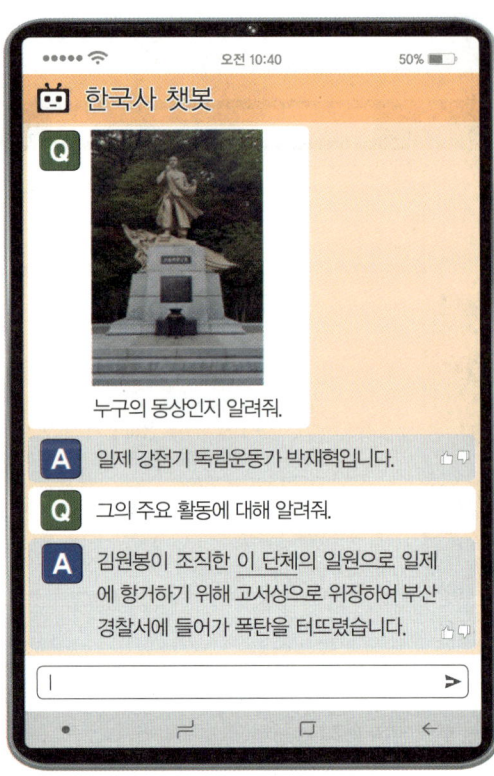

한국사 챗봇 오전 10:40 50%

Q 누구의 동상인지 알려줘.

A 일제 강점기 독립운동가 박재혁입니다.

Q 그의 주요 활동에 대해 알려줘.

A 김원봉이 조직한 이 단체의 일원으로 일제에 항거하기 위해 고서상으로 위장하여 부산 경찰서에 들어가 폭탄을 터뜨렸습니다.

① 원산 노동자 총파업을 지원하였다.
② 신흥 강습소를 세워 독립군을 양성하였다.
③ 김익상, 김상옥 등이 단원으로 활동하였다.
④ 상덕태상회를 통하여 군자금을 모집하였다.
⑤ 도쿄에서 일어난 이봉창 의거를 계획하였다.

39 (가) 인물에 대한 설명으로 옳은 것은? `2점`

사료로 보는 한국사

조선사 연구는 과거 역사적, 사회적 발전의 변동 과정을 구체적이고 현실적으로 구명함과 동시에 실천적 동향을 이론화하는 것을 임무로 삼아야 한다. 그것을 위해서는 인류 사회의 일반적 운동 법칙인 사적 변증법으로 그 민족 생활의 계급적 제관계와 더불어 사회 체제의 역사적 변동을 구체적으로 분석하고 다시 그 법칙성을 일반적으로 추상화하는 것에 의해서만 가능하다.

[해설] 이 사료는 ___(가)___ 이/가 저술한 조선사회경제사의 일부입니다. 그는 이 책에서 한국사가 세계사의 보편적인 발전 법칙에 따라 발전하였다는 주장을 펼치며 한국 고대 경제사를 원시 씨족 사회, 원시 부족 국가의 제형태, 노예 국가 시대로 체계화하여 서술하였습니다.

① 조선불교유신론을 주장하였다.
② 식민 사학의 정체성론을 반박하였다.
③ 조선사 편수회에 들어가 조선사 편찬에 참여하였다.
④ 진단 학회를 설립하여 실증주의 사학을 발전시켰다.
⑤ 민족을 역사 서술의 중심에 둔 독사신론을 집필하였다.

40 (가)에 들어갈 내용으로 적절하지 <u>않은</u> 것은? `1점`

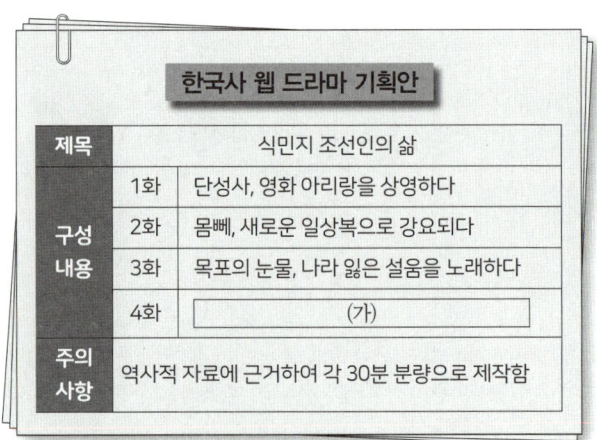

한국사 웹 드라마 기획안

제목		식민지 조선인의 삶
구성 내용	1화	단성사, 영화 아리랑을 상영하다
	2화	몸뻬, 새로운 일상복으로 강요되다
	3화	목포의 눈물, 나라 잃은 설움을 노래하다
	4화	(가)
주의 사항		역사적 자료에 근거하여 각 30분 분량으로 제작함

① 잡지 신여성, 여권 신장을 주장하다
② 조선 형평사, 사회적 차별 철폐를 외치다
③ 소설 상록수, 브나로드 운동을 널리 알리다
④ 경성 방직 주식회사, 광목 태극성을 광고하다
⑤ 새마을 운동, 근면·자조·협동을 기치로 내세우다

41 (가)~(마)에 들어갈 내용으로 적절하지 <u>않은</u> 것은? (2점)

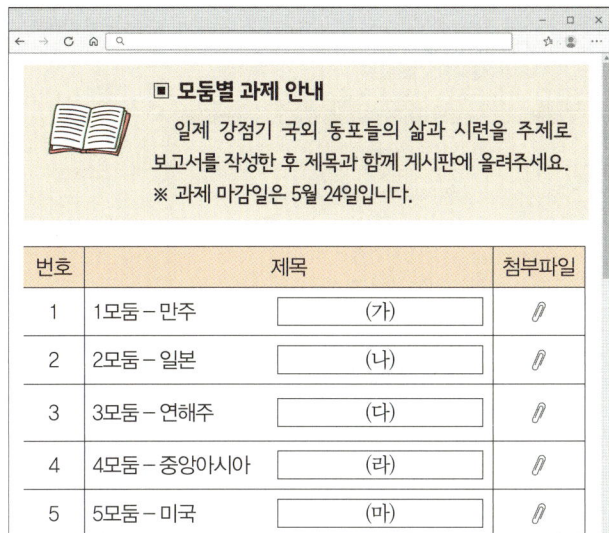

① (가) – 일본군의 보복으로 간도 참변이 일어나다
② (나) – 관동 대지진 당시 자경단에게 학살당하다
③ (다) – 에네켄 농장에서 고된 노동에 시달리다
④ (라) – 소련 당국에 의해 강제로 이주되어 오다
⑤ (마) – 교민들을 중심으로 흥사단이 창립되다

42 (가) 부대에 대한 설명으로 옳은 것은? (2점)

【우리 고장의 독립운동가】

이름에 조국의 광복을 담다

오광선

(1896~1967)

경기도 용인특례시 처인구 원삼면 출생으로 본명은 성묵이다. 1915년 중국으로 망명한 후 '조선의 광복'이라는 뜻의 광선(光鮮)으로 개명하였다. 1920년 대한독립군단 중대장으로 독립군을 지휘하였다. 만주 사변이 일어나자 (가) 의 총사령관 지청천 등과 함께 중국군과 연합하여 1933년 대전자령에서 일본군을 상대로 대승을 거두는 데 중요한 역할을 하였다. 1962년 건국훈장 독립장을 받았다.

① 봉오동 전투에서 일본군을 크게 격파하였다.
② 미국과 연계하여 국내 진공 작전을 계획하였다.
③ 중국 의용군과 연합하여 영릉가 전투에서 승리하였다.
④ 조선 민족 전선 연맹 산하의 군사 조직으로 결성되었다.
⑤ 한국 독립당의 군사 조직으로 북만주 지역에서 활약하였다.

43 밑줄 그은 '시기'에 있었던 사실로 옳은 것은? (1점)

이 자료는 조선어 학회가 추진하던 조선말 사전 편찬에 보탬이 되고자 함경도의 독자가 보내온 글로 '배우리(병아리)', '고얘양(고양이)' 등 50여 개의 방언이 적혀 있습니다. 국가 총동원법이 시행되던 <u>시기</u>에 일제는 한글 연구를 민족 운동으로 간주하여 조선어 학회 회원들을 치안 유지법 위반 혐의로 대거 투옥하고 원고를 압수하였습니다.

① 조선 태형령이 반포되었다.
② 조선 노농 총동맹이 결성되었다.
③ 임시 토지 조사국이 설립되었다.
④ 황국 신민 서사 암송이 강요되었다.
⑤ 조선 민립 대학 기성회가 창립되었다.

44 (가) 사건에 대한 설명으로 가장 적절한 것은? (2점)

(가) 사건에 대한 기록물이 마침내 유네스코 세계 기록 유산으로 등재되었습니다. 이 사건은 당시 남한만의 단독 선거에 반대하는 무장대와 이를 진압하는 토벌대 간의 무력 충돌, 그 뒤 토벌대의 진압 과정에서 수많은 제주도민이 희생된 비극이었습니다. 기록물에는 수형인 명부와 희생자 유족 증언 등이 포함되어 있는데, 이번 등재로 국가 폭력에 맞서 진실을 밝히려는 노력과 함께 화해와 상생, 평화와 인권의 가치가 세계의 기억으로 인정받게 되었습니다.

14,673건의 (가) 기록물, 세계 기록 유산 등재

① 대통령이 하야하는 결과를 이끌어냈다.
② 호헌 철폐와 독재 타도 등의 구호를 내세웠다.
③ 통일 주체 국민 회의가 구성되는 배경이 되었다.
④ 6·3 시위의 전개와 비상계엄이 선포되는 계기가 되었다.
⑤ 진상 규명 및 희생자 명예 회복에 관한 특별법이 제정되었다.

45 밑줄 그은 '이 전쟁' 중에 있었던 사실로 옳은 것은?

2점

사진은 이 전쟁 당시 부산의 천막 교실 중 하나입니다. 임시 수도였던 부산에는 서울을 비롯한 각지의 학교가 피란해 와 천막 교실에서 수업이 진행되었습니다. 힘든 생활 중에서도 배움이 멈추지 않았다는 사실을 기억해 주세요.

① 발췌 개헌안이 통과되었다.
② 삼청 교육대가 설치되었다.
③ 한미 상호 방위 조약이 체결되었다.
④ 여수·순천 10·19 사건이 일어났다.
⑤ 국가 보위 비상 대책 위원회가 구성되었다.

46 (가)에 들어갈 민주화 운동에 대한 설명으로 옳은 것은?

2점

이것은 2·28 민주 운동을 기념하는 탑입니다. 이 운동은 이승만 독재 정권이 선거를 앞두고 야당 부통령 후보 연설에 참석하는 것을 막기 위해 일요일 등교 조치를 내리자, 이에 반발한 대구 지역의 고등학생들이 시위에 나서며 시작되었습니다. 2·28 민주 운동은 이후 대전의 3·8 민주 의거, 마산의 3·15 의거와 함께 ___(가)___ 의 도화선이 되었습니다.

① 시위 도중 대학생 이한열이 희생되었다.
② 시민군이 조직되어 계엄군에 저항하였다.
③ 허정 과도 정부가 출범하는 계기가 되었다.
④ 5년 단임의 대통령 직선제 개헌을 이끌어냈다.
⑤ 야당 총재의 국회의원직 제명으로 촉발되었다.

47 교사의 질문에 대한 학생의 답변으로 가장 적절한 것은?

3점

이 자료는 종교계와 재야 인사들이 명동 성당에서 독재 정권을 비판하며 발표한 3·1 민주 구국 선언의 일부입니다. 이 선언이 발표된 이후에 있었던 사실에 대해 말해 볼까요?

민주 구국 선언

1. 이 나라는 민주주의 기반 위에 서야 한다.
⋮
첫째로 우리는 국민의 자유를 억압하는 긴급 조치를 곧 철폐하고 민주주의를 요구하다가 투옥된 민주 인사들과 학생들을 석방하라고 요구한다. 국민의 의사가 자유로이 표명될 수 있도록 언론, 집회, 출판의 자유를 국민에게 돌리라고 요구한다.
둘째로 우리는 유신 헌법으로 허울만 남은 의회 정치가 회복되어야 한다고 주장한다. 자유로이 표현 되는 민의를 국회는 입법에 반영해야 하고 정부는 이를 행정에 반영시켜야 한다. 이것을 꺼리고 막는 정권은 국민을 위한다면서 실은 국민을 위하려는 뜻이 없는 정권이다.
⋮

① 국회 별관에서 3선 개헌안이 통과되었습니다.
② 정부에 비판적인 경향신문이 폐간되었습니다.
③ YH 무역 노동자들이 야당 당사에서 농성하였습니다.
④ 최고 통치 기구인 국가 재건 최고 회의가 구성되었습니다.
⑤ 평화 통일론을 주장한 진보당의 조봉암이 처형되었습니다.

48 다음 기사가 보도된 정부 시기의 경제 상황으로 적절한 것은? `2점`

□□신문

제△△호 　　　　　　　　○○○○년 ○○월 ○○일

IMF 구제 금융 조기 상환

오늘 정부는 외환 위기 당시 국제 통화 기금(IMF)으로부터 빌린 돈을 모두 갚았다고 밝혔다. 구제 금융을 신청한 지 3년 8개월 만에 전액 조기 상환하게 된 것이다. 이에 따라 우리나라는 앞으로 정책 수립 과정에서 IMF의 간섭을 받지 않아도 되며, 회원국이면 누구나 해마다 진행하는 연례 협의만 하면 된다.

---

① 경제기획원이 발족하였다.
② 제4차 경제 개발 5개년 계획이 추진되었다.
③ 미국과 자유 무역 협정(FTA)을 체결하였다.
④ 저유가·저금리·저달러의 3저 호황이 있었다.
⑤ 대통령 직속 자문 기구로 노사정 위원회가 출범하였다.

49 다음 연설문을 발표한 정부 시기의 통일 노력으로 옳은 것은? `2점`

> 6·15 공동 선언은 한반도의 운명을 바꾸어 놓은 역사적 전환점이었습니다. …… 남북 당국 간 회담이 100여 차례 이상 열리고, 인적 ·물적 교류도 크게 늘어났습니다. …… 참여 정부는 햇볕 정책과 6·15 정신을 계승, 발전시킨 '평화 번영 정책'을 추진해 나가고 있습니다. 이대로 가면 한반도에 화해와 협력의 질서가 구축되고, 평화와 번영의 새로운 동북아 시대가 열리게 될 것입니다. 무엇보다 중요한 것은 남북 간 신뢰 구축입니다. 각 분야의 교류와 협력을 활성화시키고, 북핵 문제를 평화적으로 해결해 나가야 합니다.

① 판문점에서 남북 정상 회담을 개최하였다.
② 남북한이 국제 연합(UN)에 동시 가입하였다.
③ 남북 이산가족의 고향 방문을 최초로 성사시켰다.
④ 평화통일 외교 정책에 관한 6·23 특별 성명을 발표하였다.
⑤ 남북 간 경제 교류 활성화를 위한 개성 공단 착공식을 열었다.

50 ㉠~㉤에 대한 설명으로 적절하지 않은 것은? `3점`

🔖한국사 톺아보기　역사 속 관리 선발 방식

신라는 국학 학생 등을 대상으로 유교 경전에 대한 이해 정도를 평가하여 관리로 선발하는 ㉠독서삼품과를 마련하였다. 하지만 골품제 때문에 관료제 운영에 큰 기능을 발휘하지 못하였다.

고려 시대에는 시험을 통해 인재를 등용하는 ㉡과거가 도입되어 운영되면서 제술과, 명경과, 잡과가 승과와 함께 시행되었다. 그러나 반드시 과거로만 관직에 진출하는 것이 아니라, 음서 등으로 관직에 진출하기도 하였다.

조선 시대의 관리는 과거, 취재, 음서, 천거 등을 통해 선발되었다. 과거는 ㉢문과, 무과, 잡과로 구성되었는데 문과와 무과를 중심으로 하여 양반 관료 체제가 갖추어졌다. 한편 조선 중기에는 ㉣현량과를 통해서 조정에 진출한 신진 세력들이 훈구 세력의 부정과 비리를 비판하기도 하였다.

개항기에는 군국기무처의 주도로 과거를 폐지하고 별도의 ㉤선거조례를 제정하여 과거 시험에서 평가하였던 유교 경전에 대한 지식이나 문장력보다는 실무에 적합한 재능과 능력을 갖춘 인재를 관리로 등용하고자 하였다.

---

① ㉠ – 원성왕 재위 시기에 시행되었다.
② ㉡ – 쌍기의 건의를 수용하여 실시하였다.
③ ㉢ – 식년시, 알성시, 증광시 등으로 운영되었다.
④ ㉣ – 중종 때 조광조를 비롯한 사림들이 실시를 주장하였다.
⑤ ㉤ – 대한 제국 수립 이후 개혁의 일환으로 처음 단행되었다.

빠른 정답&자동채점

01 (가) 시대의 생활 모습으로 옳은 것은? `1점`

〈집에서 만나는 박물관〉 2월호

부여 송국리 출토 유물

이번 호에서는 부여 송국리에서 출토된 대표적인 유물을 소개합니다. 사유 재산과 계급이 발생한 [(가)] 시대의 유물을 통해 당시 사람들의 생활 모습을 상상해 보세요.

🪨 유물 소개

◆ 비파형 동검
검몸[劍身] 아랫부분의 폭이 넓고 둥근 비파 모양을 이루며, 중앙보다 약간 위에 뚜렷한 좌우 돌기가 있는 것이 특징임. 또한 검몸과 자루를 따로 만들어 결합하는 방식으로 제작됨.

◆ 민무늬 토기
무늬가 없는 토기를 일컬음. 지역과 시기에 따라 다양한 형태를 보이는데 송국리형 토기는 평평한 바닥의 작은 굽, 계란 모양의 몸체와 바깥으로 벌어진 입구 부분이 특징임.

① 소를 이용한 깊이갈이가 일반화되었다.
② 반달 돌칼을 사용하여 벼를 수확하였다.
③ 주로 동굴이나 강가의 막집에서 살았다.
④ 주먹도끼, 찍개 등의 뗀석기를 처음 제작하였다.
⑤ 가락바퀴와 뼈바늘을 이용하여 옷을 만들기 시작하였다.

02 (가), (나) 사이의 시기에 있었던 사실로 옳은 것은? `3점`

(가) 연개소문은 왕의 조카인 장을 왕으로 세우고 스스로 막리지가 되었다. 그 관직은 당의 병부상서 겸 중서령의 직임과 같다.

(나) 검모잠은 남은 백성을 모아 궁모성에서 패강 남쪽으로 내려와 당나라 관인 및 승려 법안 등을 죽이고 신라로 향하였다. 사야도에 이르러 고구려 대신 연정토의 아들 안승을 알현하고, 한성으로 모셔와 임금으로 받들었다.

① 을지문덕이 살수에서 대승을 거두었다.
② 사찬 시득이 기벌포에서 당군을 격파하였다.
③ 관구검이 이끄는 군대가 환도성을 함락하였다.
④ 김춘추가 당으로 건너가 군사 동맹을 체결하였다.
⑤ 장문휴가 자사 위준이 관할하는 당의 등주를 공격하였다.

03 (가) 나라에 대한 설명으로 옳은 것은? `2점`

이 그림은 [(가)]의 시조인 이진아시왕의 표준 영정입니다. 신증동국여지승람 등의 기록에 따르면 수로왕과 형제인 그는 고령 일대를 중심으로 나라를 세웠다고 합니다.

① 진흥왕 때 신라에 복속되었다.
② 집사부를 비롯한 14부를 설치하였다.
③ 지방 장관으로 욕살, 처려근지 등을 두었다.
④ 여러 가(加)들이 별도로 사출도를 주관하였다.
⑤ 왕족인 부여씨와 8성의 귀족이 지배층을 이루었다.

04 (가), (나) 나라에 대한 설명으로 옳은 것은? `2점`

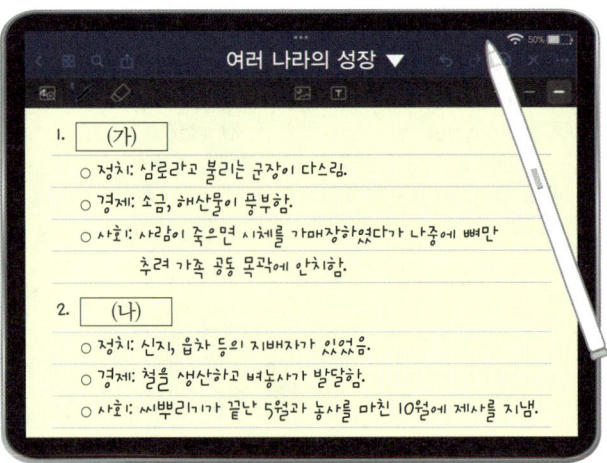
여러 나라의 성장 ▼

1. (가)
○ 정치: 삼로라고 불리는 군장이 다스림.
○ 경제: 소금, 해산물이 풍부함.
○ 사회: 사람이 죽으면 시체를 가매장하였다가 나중에 뼈만 추려 가족 공동 목곽에 안치함.

2. (나)
○ 정치: 신지, 읍차 등의 지배자가 있었음.
○ 경제: 철을 생산하고 벼농사가 발달함.
○ 사회: 씨뿌리기가 끝난 5월과 농사를 마친 10월에 제사를 지냄.

① (가) – 영고라는 제천 행사를 열었다.
② (가) – 사회 질서를 유지하기 위해 범금 8조를 만들었다.
③ (나) – 신성 지역인 소도가 존재하였다.
④ (나) – 제가 회의에서 나라의 중대사를 결정하였다.
⑤ (가), (나) – 도둑질한 자에게 12배로 배상하게 하였다.

05 밑줄 그은 '왕'에 대한 설명으로 옳은 것은? 2점

○ 고구려가 군사를 일으켜 쳐들어왔다. 왕이 듣고 군사를 패하(浿河)가에 매복시켜 그들이 이르기를 기다렸다가 급히 치니 고구려 군사가 패배하였다.

○ 옛 기록에 이르기를, "백제는 나라를 연 이래 문자로 일을 기록한 적이 없는데 이 왕 때에 이르러 박사 고흥을 얻어 처음으로 『서기』가 있게 되었다."라고 하였다.

① 금마저에 미륵사를 창건하였다.
② 윤충을 보내 대야성을 함락하였다.
③ 사비로 천도하고 국호를 남부여로 고쳤다.
④ 평양성을 공격하여 고국원왕을 전사시켰다.
⑤ 동진에서 온 마라난타를 통해 불교를 수용하였다.

06 다음 특별전에 전시될 문화유산으로 가장 적절한 것은? 2점

디지털 실감 영상으로 재현한 고구려의 문화유산

우리 박물관은 '영락'이라는 연호를 사용한 왕의 능비를 디지털 영상으로 복원하여 선보이고자 합니다. 네 면에 새겨진 1,700여 개의 문자와 능비의 실물 크기, 표면 질감을 생생하게 재현하였습니다. 한편, 이번 전시에서는 그의 시호가 새겨진 문화유산도 함께 전시할 예정이오니 많은 관심 부탁드립니다.

기간: 2025년 ○○월 ○○일~○○월 ○○일
장소: △△ 박물관 1층 로비

①
②
③
④
⑤

07 밑줄 그은 '시기'에 있었던 사실로 옳은 것은? 3점

이것은 보령 성주사지 대낭혜화상탑비로, 진성여왕의 명을 받아 최치원이 비문을 작성했습니다. 혜공왕 피살 이후 왕위 쟁탈전이 치열했던 시기에 당에서 수행하고 돌아와 9산 선문 중 하나인 성주산문을 개창한 낭혜화상의 행적이 기록되어 있습니다.

① 김흠돌 등 진골 세력이 숙청되었다.
② 김헌창이 웅천주에서 반란을 일으켰다.
③ 거칠부가 왕명에 의해 국사를 편찬하였다.
④ 복신과 도침이 부여풍을 왕으로 추대하였다.
⑤ 자장의 건의로 황룡사 구층 목탑이 건립되었다.

08 (가) 국가에 대한 설명으로 옳지 <u>않은</u> 것은? `2점`

① 교육 기관으로 주자감을 설립하였다.

② 감찰 업무를 담당하는 중정대가 있었다.

③ 인안, 대흥 등 독자적인 연호를 사용하였다.

④ 거란도, 영주도 등을 통해 주변국과 교역하였다.

⑤ 내신좌평, 내두좌평 등 6좌평의 관제를 마련하였다.

---

09 (가) 제도를 시행한 국가에 대한 설명으로 옳은 것은? `1점`

○ 풍월주(風月主), 원화(源花)의 법이 폐하여진 지 이미 여러 해였다. 왕은 나라를 일으키려면 풍월도를 먼저 하여야 한다고 생각하여 다시금 영(令)을 내려 귀인과 양가의 자제 중에서 얼굴이 아름답고 덕행이 있는 자를 선발해서 분장을 시켜 (가) 또는 국선(國仙)이라 이름하였다.

○ 좋은 가문 출신의 남자로서 덕행이 있는 자를 뽑아 (가) (이)라 하였다. 처음 설원랑을 받들어 국선으로 삼았는데 이것이 시초이다.

① 태학과 경당을 두어 인재를 양성하였다.

② 유랑민을 구휼하는 활인서를 설치하였다.

③ 정사암 회의에서 국가 중대사를 결정하였다.

④ 도병마사에서 변경의 군사 문제 등을 논의하였다.

⑤ 골품에 따라 관등 승진, 일상생활 등을 엄격히 제한하였다.

---

10 (가) 인물에 대한 설명으로 옳은 것은? `3점`

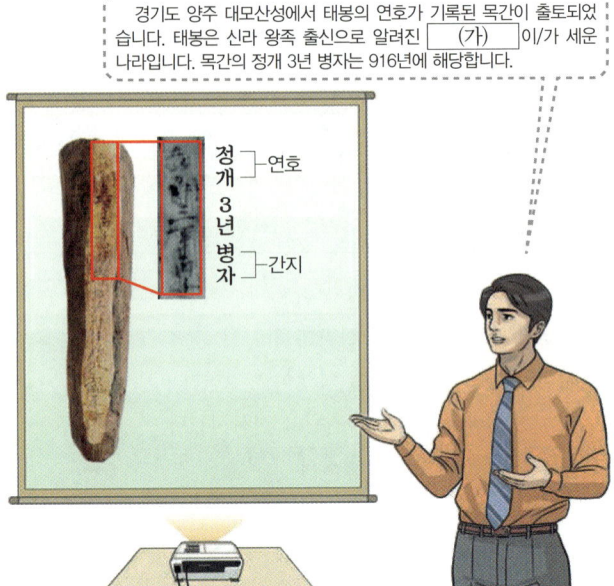

① 경주의 사심관으로 임명되었다.

② 12목에 지방관을 처음으로 파견하였다.

③ 폐정 개혁을 목표로 정치도감을 설치하였다.

④ 광평성을 비롯한 각종 정치 기구를 마련하였다.

⑤ 오월(吳越)에 사신을 보내고 검교태보의 직을 받았다.

11 (가) 왕에 대한 설명으로 옳은 것은? ②점

교외 체험 학습 보고서

△학년 △반 △△번 이름 □□□

◉ 날짜: 2025년 ○월 ○○일
◉ 장소: 경상북도 안동 태사묘
◉ 학습 내용

　안동 태사묘는 고창 전투에서 ▢(가)▢ 을/를 도와 견훤을 물리치는 데 공을 세워 향직을 수여 받은 권행, 김선평, 장길(장정필)의 위패를 봉안하고 있는 사당이다. 이번 체험 학습을 통해 안동이라는 지명이 고창 전투에서 승리한 ▢(가)▢ 이/가 고창군을 안동부로 승격시킨 데서 유래 하였다는 것을 알 수 있었다.

① 한양을 남경으로 승격시켰다.
② 주전도감을 설치하여 해동통보를 발행하였다.
③ 쌍기의 건의를 받아들여 과거제를 실시하였다.
④ 청연각과 보문각을 두어 학문 연구를 장려하였다.
⑤ 정계와 계백료서를 지어 관리의 규범을 제시하였다.

12 다음 상황이 나타난 국가의 경제 모습으로 옳은 것은? ②점

　무릇 장마·가뭄·병충해·서리 피해로 작황이 부실한 경작지를 촌전(村典)*이 수령에게 보고하면 수령이 직접 검사하여 호부에 신고하고, 호부에서는 다시 삼사에 보낸다. 삼사에서는 넘겨받은 문서를 조사한 뒤에 다시 그 지역 안찰사로 하여금 따로 사람을 보내 자세히 살펴 조사하게 하여 재해로 피해를 입었다면 조세를 감면한다.

*촌전: 촌의 대표

① 벽란도가 국제 무역항으로 번성하였다.
② 고추, 담배 등이 상품 작물로 재배되었다.
③ 시장을 감독하는 관청인 동시전이 설치되었다.
④ 광산을 전문적으로 경영하는 덕대가 활동하였다.
⑤ 삼남 지방의 농법을 소개한 농사직설이 보급되었다.

13 다음 검색창에 들어갈 왕의 재위 시기에 있었던 사실로 옳은 것은? ②점

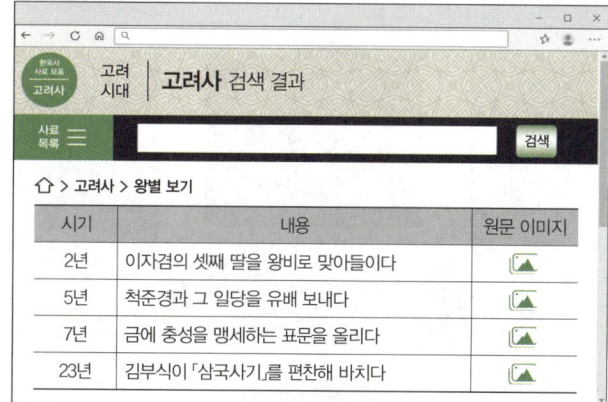

시기	내용	원문 이미지
2년	이자겸의 셋째 딸을 왕비로 맞아들이다	🖼
5년	척준경과 그 일당을 유배 보내다	🖼
7년	금에 충성을 맹세하는 표문을 올리다	🖼
23년	김부식이 「삼국사기」를 편찬해 바치다	🖼

① 최충헌이 봉사 10조를 올렸다.
② 동북 9성이 여진에 반환되었다.
③ 국자감이 성균관으로 개칭되었다.
④ 묘청 등이 서경에서 난을 일으켰다.
⑤ 광덕, 준풍 등의 독자적 연호가 사용되었다.

14 다음 사건에 대한 탐구 활동으로 가장 적절한 것은?
〔1점〕

망이 등이 홍경원에 불을 지르고 절에 있던 승려 10여 인을 죽였으며, 주지승을 위협하여 개경으로 서신을 가져 가게 하였다. 그 서신에 대략 이르기를, "이미 우리 고을을 현으로 승격시키고 또 수령을 두어 안무하더니, 돌이켜 다시 군대를 내어 토벌하러 와서 우리 어머니와 아내를 옥에 가두었으니 그 뜻은 어디에 있는가? 차라리 칼날 아래 죽을지언정 끝내 항복하여 포로가 되지 않을 것이며, 반드시 개경까지 가고야 말겠다."라고 하였다.

① 안동도호부가 설치된 경위를 알아본다.
② 특수 행정 구역인 소에 대한 차별을 조사한다.
③ 신라 말 호족 세력이 성장하게 된 계기를 살펴본다.
④ 통청 운동을 통해 청요직으로 진출한 인물을 검색한다.
⑤ 경기에 한하여 설치된 과전이 농민에게 미친 영향을 파악한다.

15 (가) 군사 조직에 대한 설명으로 옳은 것은? 〔2점〕

항파두리성은 개경 환도 결정에 반발하여 강화도에서 봉기한 (가) 이/가 진도를 거쳐 제주도로 옮겨와 항쟁했던 곳인데요, 최근 발굴 조사에 대해 알려주세요.

이번 조사로 성문의 규모와 주요 건물지 등이 처음으로 확인되었습니다. 이 항파두리성 외에 제주도의 환해 장성도 (가) 와/과 관련된 기록이 남아 있어, 앞으로 발굴 조사를 통한 연구가 기대됩니다.

〈제주 항파두리성 발굴 현장〉

① 거란의 침입에 대비하여 설치되었다.
② 최씨 무신 정권의 군사적 기반이었다.
③ 원의 요청으로 일본 원정에 참여하였다.
④ 신기군, 신보군, 항마군으로 편성되었다.
⑤ 최영의 지휘 아래 홍산에서 왜구를 격퇴하였다.

16 다음 검색창에 들어갈 역사서에 대한 설명으로 옳은 것은?
〔3점〕

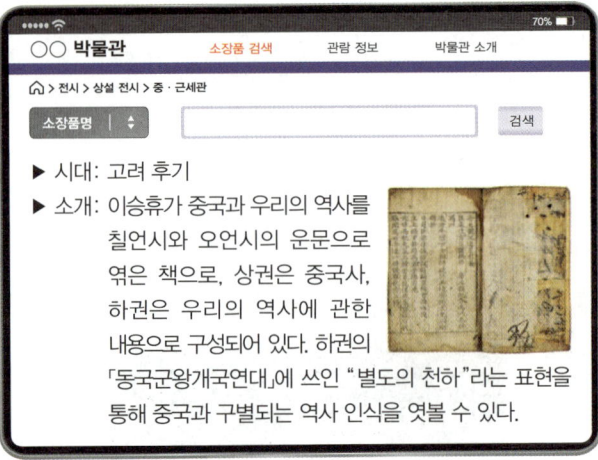

○○ 박물관   소장품 검색   관람 정보   박물관 소개

⌂ › 전시 › 상설 전시 › 중·근세관

소장품명 ▼ [   ] [검색]

▶ 시대: 고려 후기
▶ 소개: 이승휴가 중국과 우리의 역사를 칠언시와 오언시의 운문으로 엮은 책으로, 상권은 중국사, 하권은 우리의 역사에 관한 내용으로 구성되어 있다. 하권의 「동국군왕개국연대」에 쓰인 "별도의 천하"라는 표현을 통해 중국과 구별되는 역사 인식을 엿볼 수 있다.

① 남북국이라는 용어가 처음 사용되었다.
② 불교사를 중심으로 민간 설화를 담았다.
③ 단군의 고조선 건국 이야기가 수록되었다.
④ 왕명에 의해 고승들의 전기가 기록되었다.
⑤ 본기, 열전 등으로 구성된 기전체 형식으로 서술되었다.

17 (가) 왕의 재위 시기에 있었던 사실로 옳은 것은?
〔2점〕

(가) 께서 돌아가신 뒤 어린 왕을 새로 옹립한 이인임이 원과의 관계 회복에 나섰다는군.

나도 들었네. 기철 세력을 숙청하고, 쌍성총관부를 수복했던 (가) 의 정책이 중단될까 염려되네.

① 대각국사 의천이 천태종을 개창하였다.
② 신돈을 중심으로 전민변정 사업이 추진되었다.
③ 만적이 개경에서 노비를 모아 반란을 모의하였다.
④ 최충이 문헌공도를 설립하여 유학 교육에 힘썼다.
⑤ 이규보가 고구려 계승 의식을 강조한 동명왕편을 지었다.

18 (가)에 대한 고려의 대응으로 옳은 것은? 〔2점〕

최무선과 화포 이야기

우리 박물관은 화약과 화기를 제조한 최무선 탄생 700주년 기념 특별전을 개최합니다. 특히 진포 대첩에서 나세, 심덕부 등과 함께 화포를 이용해 □(가)□을/를 물리친 장면을 실감 영상으로 만나보실 수 있습니다. 많은 관람 바랍니다.

• 기간: 2025년 ○○월 ○○일~○○월 ○○일
• 장소: △△ 박물관 특별 전시실

① 광군을 조직하여 침입에 대비하였다.
② 경성과 경원에 무역소를 설치하였다.
③ 박위를 파견하여 근거지를 토벌하였다.
④ 어영청을 중심으로 북벌을 추진하였다.
⑤ 대장도감을 설치하여 팔만대장경을 간행하였다.

20 (가) 인물에 대한 설명으로 옳은 것은? 〔2점〕

사료로 보는 한국사

임금의 자질에는 어리석은 자질도 있고 현명한 자질도 있으며 강한 자질도 있고 유약한 자질도 있어서 한결같지 않으니, 재상은 임금의 아름다운 점은 순종하고 나쁜 점은 바로잡으며, 옳은 일은 받들고 옳지 않은 것은 막아서, 임금으로 하여금 가장 올바른 경지에 들게 해야 한다.

[해설] 이 글은 이성계를 도와 조선 건국을 주도한 □(가)□이/가 저술한 『조선경국전』의 일부입니다. 그는 국가 운영을 위한 종합적인 통치 규범을 제시하고, 재상의 역할을 강조하였습니다.

① 불씨잡변을 지어 불교를 비판하였다.
② 계유정난을 계기로 정계에서 축출되었다.
③ 최초의 서원인 백운동 서원을 건립하였다.
④ 일본에 다녀와서 해동제국기를 편찬하였다.
⑤ 성리학의 개념을 도식으로 설명한 성학십도를 지었다.

19 (가)~(마)에 대한 설명으로 옳지 <u>않은</u> 것은? 〔3점〕

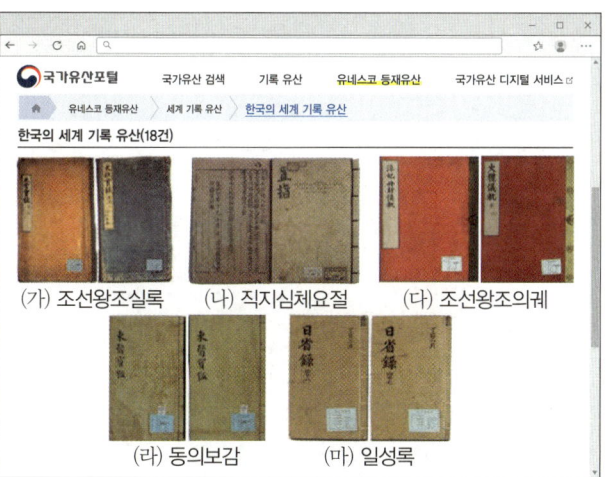

① (가) - 사초와 시정기 등을 종합하여 편찬하였다.
② (나) - 청주 흥덕사에서 금속 활자본으로 간행되었다.
③ (다) - 병인양요 당시 일부가 프랑스군에게 약탈되었다.
④ (라) - 허준이 우리나라와 중국의 의서를 망라하여 집대성하였다.
⑤ (마) - 국왕의 비서 기관에서 발행한 관보이다.

21 (가) 왕의 업적으로 옳은 것은? 〔2점〕

월인천강지곡이라는 제목에는 하나의 달이 천 개의 강물에 비친다는 뜻이 담겨 있는데요, 이 책의 편찬 경위를 말씀해 주세요.

훈민정음이 창제되고 3년 후에 왕비가 세상을 떠나자, □(가)□은/는 명복을 빌기 위해 아들 수양대군에게 부처의 일대기와 설법을 담은 석보상절을 편찬하도록 명했습니다. 그 내용을 □(가)□이/가 한글 노랫말로 옮긴 것이 월인천강지곡입니다.

① 수도 방어를 위해 금위영을 설치하였다.
② 음악 이론 등을 집대성한 악학궤범을 완성하였다.
③ 한양을 기준으로 한 역법서인 칠정산을 간행하였다.
④ 역대 문물제도를 정리한 동국문헌비고를 편찬하였다.
⑤ 현직 관리에게만 수조지를 지급하는 직전법을 실시하였다.

22 (가) 국가에 대한 조선의 정책으로 옳은 것은? (2점)

> 그림 속 장소는 창덕궁에 있었던 대보단으로, 임진왜란 때 조선에 원군을 보낸 (가) 의 황제를 기리고자 숙종 대에 건립한 제단입니다. 조선은 이곳에서 제사를 지내 이미 멸망한 (가) 에 대한 의리를 지키고자 하였습니다.

① 나선 정벌에 조총 부대를 파견하였다.
② 하정사, 천추사 등 사절단을 보내었다.
③ 백두산정계비를 세워 국경을 획정하였다.
④ 한성에 동평관을 두어 무역을 허용하였다.
⑤ 공녀를 보내기 위해 결혼도감을 설치하였다.

23 (가)에 들어갈 내용으로 가장 적절한 것은? (2점)

[역사 다큐멘터리 기획안]

폭정으로 흔들리는 조선

■ 기획 의도
국왕이 대신, 삼사 등과 함께 국정을 운영한 선왕 대의 정치 구조를 깨고 폭정을 일삼다가 폐위된 ○○○. 그의 재위 시기에 일어난 정치적 혼란을 살펴본다.

■ 구성내용
1부. 선왕 대에 성장한 삼사와 대립하다
2부. 조의제문을 구실로 사림을 탄압하다
3부. [(가)]
4부. 반복된 폭정으로 반정이 일어나 폐위되다

① 이괄의 난이 일어나 공주로 피란하다
② 단종의 복위를 꾀한 성삼문 등을 처형하다
③ 영창 대군을 죽이고 인목 대비를 유폐하다
④ 위훈 삭제를 주장한 조광조 일파를 제거하다
⑤ 폐비 윤씨 사사 사건을 빌미로 신하들을 숙청하다

24 (가)~(마)에서 있었던 사실로 옳은 것은? (1점)

답사 계획서

● 주제: 우리나라 성곽의 역사를 찾아서(서울·경기·인천 편)
● 기간: 2025년 ○○월 ○○일~○○월 ○○일(4박 5일)
● 경로: 강화산성 → 북한산성 → 서울 한양도성 → 남한산성 → 수원 화성

(가) 강화산성　(나) 북한산성　(다) 서울 한양도성
(마) 수원 화성　(라) 남한산성

① (가) – 정봉수가 후금의 침입에 맞서 싸웠다.
② (나) – 김준룡이 근왕병을 이끌고 적장을 사살하였다.
③ (다) – 신립이 배수의 진을 치고 전투를 벌였다.
④ (라) – 병자호란 때 인조가 피란하여 항전하였다.
⑤ (마) – 임진왜란 때 권율이 일본군을 크게 물리쳤다.

25 (가) 기구에 대한 설명으로 옳은 것은? (3점)

○ 지방 고을에는 그곳의 유력한 집안이 있습니다. 그 가운데 서울에 살면서 벼슬하는 자들의 모임을 [(가)](이)라고 합니다. …… 간사한 향리의 범법 행위를 살펴서 지방의 풍속을 유지했는데, 그 유래가 오래되었습니다.
－「성종실록」－

○ 평소에 각 고을을 담당하는 [(가)](이)라고 부르는 곳도 원래는 지방의 풍속이 법에 어긋나는지 살피기 위하여 설치한 것입니다. 그런데 지금은 향리를 침학하여 사람들이 대부분 괴롭게 여기고 있습니다.
－「선조실록」－

① 사헌부, 사간원과 함께 3사로 불렸다.
② 소속 관원을 은대 학사라고도 칭하였다.
③ 서얼 출신 학자들이 검서관에 등용되었다.
④ 관할 유향소 임원의 임명권을 행사하였다.
⑤ 대사성 이하 좨주, 직강 등의 관직을 두었다.

26 (가) 인물의 작품으로 옳은 것은? 1점

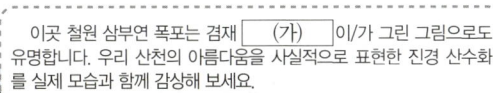

이곳 철원 삼부연 폭포는 겸재 [(가)] 이/가 그린 그림으로도 유명합니다. 우리 산천의 아름다움을 사실적으로 표현한 진경 산수화를 실제 모습과 함께 감상해 보세요.

①

②

③

④

⑤

27 (가) 왕의 재위 시기에 있었던 사실로 옳은 것은? 2점

[(가)] 어진

이 그림은 [(가)] 의 초상화로, 조선 시대에 그려진 현존하는 어진 가운데 군복을 입고 있는 유일한 사례이다. 강화 도령으로 불렸던 그는 안동 김씨인 순원 왕후의 명으로 왕위에 올랐지만, 임술 농민 봉기가 일어나는 등 혼란한 상황 속에서 승하하였다. 6·25 전쟁 때 화재로 어진의 일부가 소실되었다.

① 윤지충 등이 처형된 신해박해가 일어났다.
② 오페르트가 남연군 묘 도굴을 시도하였다.
③ 국왕의 친위 부대인 장용영이 창설되었다.
④ 경신환국 등 여러 차례 환국이 발생하였다.
⑤ 박규수의 건의로 삼정이정청이 설치되었다.

28 다음 자료를 활용한 탐구 주제로 가장 적절한 것은? 2점

선무군관 직책을 특별히 설치하고 서북을 제외한 6도에서 벼슬이 없는 자들 중 선정한다. 사족이 아니거나 음서를 받지 않은 자들, 군보(軍保) 역할에 그치기에는 아까운 자들을 대상으로 한다. 평시에는 입번(立番)과 훈련을 면해주고 다만 베 1필을 받는데, 유사시에는 관할 수령이 지도하여 방비에 임하도록 한다.

① 토산물을 쌀, 동전 등으로 납부하게 한 원인
② 균역법 실시로 인한 세입 감소분의 보충 방안
③ 시전 상인의 특권을 축소한 신해통공 단행 배경
④ 전세를 풍흉에 따라 9등급으로 차등 부과한 이유
⑤ 설점수세제를 시행하여 민간의 광산 개발을 허용한 목적

29 다음 자료에 나타난 사건에 대한 설명으로 옳은 것은?　(2점)

> 아, 고금 천하에 김옥균, 홍영식 등의 역적들처럼 극악하고 무도한 자들이 있었겠습니까? …… 처음에는 연회를 베풀어 사람들을 찔러 죽이고 끝에는 변고가 일어났다고 선언하고는 전하를 강박하여 처소를 옮기게 하였습니다. 일본 사람들을 끼고 병기를 휘둘러 재상들을 모두 죽여 궁궐에 피를 뿌리고 장상(將相)의 중직을 잠깐 동안에 차지하여 종묘사직을 위태롭게 하였습니다.

① 청군의 개입으로 3일 만에 실패하였다.
② 전개 과정에서 홍범 14조가 반포되었다.
③ 통리기무아문이 설치되는 계기가 되었다.
④ 조일 통상 장정이 체결되는 결과를 초래하였다.
⑤ 구식 군인에 대한 차별 대우가 발단이 되어 일어났다.

30 밑줄 그은 '이 시기'에 볼 수 있는 모습으로 적절하지 않은 것은?　(1점)

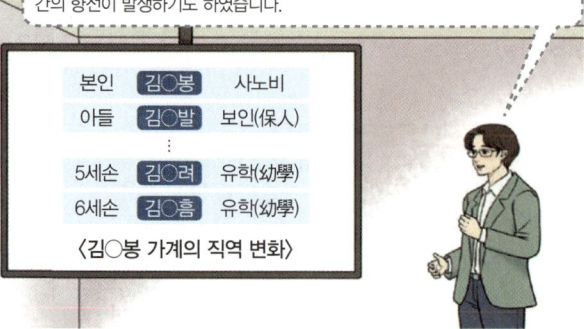

> 이것은 경상도 단성현 김○봉 가계의 직역 변화입니다. 사노비였던 그는 노력 끝에 면천되었고, 후손들도 꾸준히 신분 상승을 도모하여 유학 직역을 획득하였습니다. 이와 같이 신분 질서가 크게 동요한 <u>이 시기</u>에는 구향과 신향 간의 향전이 발생하기도 하였습니다.

본인	김○봉	사노비
아들	김○발	보인(保人)
⋮		
5세손	김○려	유학(幼學)
6세손	김○흠	유학(幼學)

〈김○봉 가계의 직역 변화〉

① 빈민을 구휼하는 제위보의 관리
② 시사(詩社)에서 시를 낭송하는 중인
③ 상평통보로 물건을 거래하는 보부상
④ 세책가에서 홍길동전을 빌리는 부녀자
⑤ 송파장에서 산대놀이 공연을 하는 광대

31 (가), (나) 사이의 시기에 있었던 사실로 옳은 것은?　(2점)

> (가) 통문으로 장터에 모이라는 기별이 왔다. 저녁 먹은 후 여러 마을에서 징 소리며 나팔 소리, 고함 소리가 천지에 뒤끓더니 수천 명 군중들이 우리 마을 앞길로 몰려와 군수 조병갑을 죽인다며 소요를 일으켰다. 군중이 사방으로 포위하고 몰아갈 때 조병갑은 서울로 도망갔다.
>
> (나) 우두머리는 선화당을 점거하고 다른 동학 도당들은 나누어 사대 문을 막으니 성 안의 백성과 아전, 군교 등이 미처 나오지 못하고 화염 속에 빠진 자가 많아 그 수를 알지 못하였습니다. 전주성이 삽시간에 함락된 것은 감영이나 전주부의 관속 무리 중 내응하는 자가 많았기 때문입니다.

① 남접과 북접이 논산에서 연합하였다.
② 최제우가 혹세무민의 죄로 처형되었다.
③ 일본이 군대를 동원하여 경복궁을 점령하였다.
④ 농민군이 황룡촌 전투에서 관군에 승리하였다.
⑤ 우금치에서 농민군이 관군과 일본군에 맞서 싸웠다.

32 다음 상황의 배경으로 가장 적절한 것은?　(3점)

> ## 역사 신문
> 제△△호　　　　　　　　○○○○년 ○○월 ○○일
> ### 시전 상인, 외국 상인의 퇴거를 요구하다
> 며칠 전 시전 상인 수백 명이 가게 문을 닫고 외아문(통리교섭 통상사무아문) 앞에서 연좌시위를 시작하였다. 시전 상인들은 몇 해 전부터 외국 상인의 한성 침투로 인해 입는 피해가 크다는 점을 주장하며 퇴거를 요구하였다. 향후 정부가 이 문제를 어떻게 해결해 나갈 것인지 귀추가 주목된다.

① 동양 척식 주식회사가 설립되었다.
② 일제가 황무지 개간권을 요구하였다.
③ 조청 상민 수륙 무역 장정이 체결되었다.
④ 메가타의 주도로 화폐 정리 사업이 시행되었다.
⑤ 회사 설립을 허가제로 하는 회사령이 공포되었다.

33 (가) 운동에 대한 설명으로 옳은 것은? `2점`

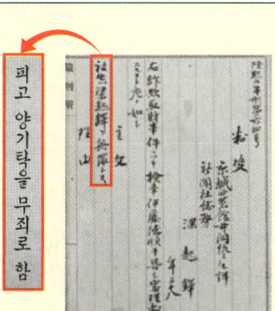

이 자료는 (가) 에 참여한 양기탁에 대한 판결문의 일부이다. 양기탁은 일본에서 들여온 차관을 갚기 위해 일어난 (가) 의 의연금을 횡령하였다는 이유로 기소되었다. 판결문에는 피고인 양기탁이 증거 불충분으로 무죄를 선고받은 내용이 담겨 있다.

① 대한매일신보의 지원을 받아 확산되었다.
② 조선 총독부의 탄압과 방해로 실패하였다.
③ 백정에 대한 사회적 차별 철폐를 요구하였다.
④ 조선 민립 대학 기성회에서 모금 활동을 주도하였다.
⑤ 일본, 프랑스 등의 노동 단체로부터 격려 전문을 받았다.

34 (가) 조약에 대한 설명으로 옳은 것은? `1점`

저는 지금 워싱턴에 있는 옛 주미대한제국공사관 건물 앞에 나와 있습니다. 이곳은 1889년부터 외교 공관으로 사용되었으나, (가) 으로 외교권을 박탈당하여 그 기능을 상실하였습니다. 현재 이 건물을 대한민국 정부가 매입하여 전시관으로 활용하고 있습니다.

① 러일 전쟁 중에 체결되었다.
② 최혜국 대우를 최초로 규정하였다.
③ 천주교 포교 허용의 근거가 되었다.
④ 통감부가 설치되는 결과를 초래하였다.
⑤ 스티븐스가 외교 고문으로 파견되는 배경이 되었다.

35 다음 가상 대화가 이루어진 시기 이후에 볼 수 있는 모습으로 가장 적절한 것은? `2점`

자네 들었는가? 며칠 전 한성 전기 회사에서 개통한 전차에 어린아이가 깔려 죽었다고 하네.

나도 들었네. 사고를 보고 격분한 사람들이 전차를 전복시키고 불태웠다더군.

① 척화비를 세우기 위해 돌을 다듬는 석공
② 거문도를 불법 점령하고 있는 영국 군인
③ 연무당에서 일본과 조약을 체결하는 관리
④ 보빙사의 일원으로 미국에 파견되는 역관
⑤ 경부선 철도 개통식을 취재하는 신문 기자

36 (가) 지역에서 있었던 민족 운동에 대한 설명으로 옳은 것은? `2점`

이것은 (가) 에 세워진 신흥 강습소의 구성원이 만든 신흥 교우단의 기관지입니다. 이 기관지에는 군사, 교육, 역사 등 다양한 분야의 글이 게재되어 동포들의 민족의식을 고취하였습니다. 특히, 신흥 무관 학교의 전신인 신흥 강습소의 조직과 활동을 알려주는 내용이 많아 (가) 에서 전개된 독립 운동을 연구하는 데 가치가 있습니다.

① 한인 자치 기구인 경학사를 조직하였다.
② 유학생을 중심으로 2·8 독립 선언서를 발표하였다.
③ 대조선 국민군단을 조직하여 군사 훈련을 실시하였다.
④ 대한 광복군 정부를 수립하여 무장 투쟁을 준비하였다.
⑤ 독립군 비행사 양성을 위해 한인 비행 학교를 설립하였다.

37 밑줄 그은 '시기'에 시행된 일제의 정책으로 옳은 것은? (1점)

이것은 어느 공립 보통학교의 졸업식 사진으로, 교원이 제복을 입고 칼을 차고 수업하던 당시 일제의 식민지 지배 정책을 잘 보여주고 있어.

맞아. 헌병이 일반 경찰 업무를 맡아 재판 없이 체포 또는 구금하고, 벌금을 물리거나 태형에 처하기도 했던 시기였지.

① 국가 총동원법을 공포하였다.
② 산미 증식 계획을 시행하였다.
③ 토지 조사 사업을 실시하였다.
④ 황국 신민 서사의 암송을 강요하였다.
⑤ 조선 사상범 예방 구금령을 제정하였다.

38 (가) 단체에 대한 설명으로 옳은 것은? (2점)

한 나라 한 사회나 한 집안의 장래를 맡은 사람은 누구인가. 곧 그 집안이나 그 사회나 그 나라의 아들과 손자일 것이다. …… (가) 은/는 어린이를 위한 부모의 도움이 두터워지기를 바라는 마음에서 5월 1일 오늘을 기회로 삼아 '어린이의 날'이라고 이름하고, 소년 회원이 거리마다 늘어서서 "항상 10년 후의 조선을 생각하십시오."라고 쓴 인쇄물을 배포하며 취지를 선전했다. 이러한 일은 조선 소년 운동의 처음이며, 다른 사회에서도 많이 응원하여 노력하기를 바란다.

① 한글 맞춤법 통일안을 제정하였다.
② 기관지로 진단 학보를 발행하였다.
③ 오산 학교를 설립하여 인재를 양성하였다.
④ 김기전, 방정환 등이 주축이 되어 활동하였다.
⑤ 여성 교육의 중요성을 강조한 여권통문을 발표하였다.

39 밑줄 그은 '시기'에 볼 수 있는 모습으로 가장 적절한 것은? (2점)

이 영상은 면양 장려 사업을 선전하기 위해 제작한 영화의 일부로, 대공황 이후 일제가 농촌 진흥 운동을 추진하던 시기의 모습을 담고 있습니다. 면양 장려 사업은 일본 기업 등에 공업 원료를 공급하기 위한 목적으로 실시되었습니다. 이 사업은 한반도 남부 지방에 면화 재배를 확대하는 면작 증식 계획과 함께 남면북양 정책으로 불렸습니다.

"북선의 양은 말한다" 11:30/20:45

① 근우회 창립총회에 참여하는 학생
② 경성 제국 대학 설립을 추진하는 관리
③ 원각사에서 연극 은세계를 공연하는 배우
④ 서울 진공 작전에 참여하는 13도 창의군 의병
⑤ 혁명적 농민 조합을 결성하여 일제에 저항하는 농민

40 밑줄 그은 '사건'에 대한 설명으로 옳은 것은? (2점)

□□신문

제△△호   1929년 ○○월 ○○일

신간회, 최고 간부를 광주로 특파하다

지난 3일 전남 광주에서 일어난 고등보통학교 학생 대 중학생의 충돌 사건에 대하여 신간회 본부에서는 지난 5일 중앙 상무 집행위원회의 결의로 장성, 송정, 광주 세 지회에 긴급 조사를 지시하며 사태의 진전을 주시하고 있었다. 지난 8일 밤에는 신간회 주요 간부들이 긴급 상의한 결과, 사건 내용을 철저히 조사하는 동시에 구금된 학생들의 석방을 교섭하기 위하여 신간회 중앙집행위원장 허헌 씨와 서기장 황상규 씨, 회계장 김병로 씨 등 최고 간부를 광주까지 특파하였다고 한다.

① 순종의 인산일을 기회로 삼아 일어났다.
② 조선어 학회가 해산되는 결과를 가져왔다.
③ 정우회 선언을 발표하는 데 영향을 주었다.
④ 전국적인 시위와 동맹 휴학으로 확산하였다.
⑤ 일제가 이른바 문화 통치를 실시하는 계기가 되었다.

41 (가)~(마)에 들어갈 내용으로 적절하지 <u>않은</u> 것은?
〔3점〕

일제 강점기 대중문화 탐구 안내

일제 강점기에는 매체의 발달과 함께 대중문화가 유행하였습니다. 이 시기 대중문화는 다양한 측면에서 식민지 조선인의 일상에 영향을 미쳤습니다. 그러나 일제는 식민 지배를 합리화하기 위한 선전 도구로 대중문화를 이용하기도 하였습니다.

모둠별로 담당한 주제를 탐구하여 보고서로 제출하세요.
※ 과제 마감일은 2월 16일입니다.

모둠	문화 영역	주제
1	가요	(가)
2	영화	(나)
3	방송	(다)
4	소비	(라)
5	잡지	(마)

① (가) – 아침 이슬, 건전 가요에서 금지곡으로 지정되다
② (나) – 병정님, 조선인에 대한 징병제 실시를 미화하다
③ (다) – 경성 방송국, 우리말 방송을 검열하여 송출하다
④ (라) – 미쓰코시 백화점, 자본주의적 소비문화가 이식되다
⑤ (마) – 신여성, 여권 신장 등의 내용으로 여성을 계몽하다

42 (가) 단체의 활동으로 옳은 것은?
〔2점〕

【우리 고장의 독립운동가】

조선 총독 암살을 시도했던 청년

유진만
(1912~1966)

세종특별자치시 연서면 출생으로 김구가 일제의 요인 제거 및 주요 기관 파괴를 목적으로 상하이에서 조직한 (가)의 단원이다. 조선 총독 우가키 가즈시게를 암살하라는 지령을 받고 국내에 잠입하였으나 거사 전 검거되었다. 치안 유지법 등 위반 혐의로 징역 6년의 형을 선고받았다. 1990년 건국훈장 애국장이 추서되었다.

① 일제가 조작한 105인 사건으로 와해되었다.
② 파리 강화 회의에 독립 청원서를 제출하였다.
③ 단원인 윤봉길이 홍커우 공원 의거를 실행하였다.
④ 신채호가 작성한 조선 혁명 선언을 지침으로 삼았다.
⑤ 군사 훈련을 위해 조선 혁명 간부 학교를 설립하였다.

43 (가) 부대에 대한 설명으로 옳은 것은?
〔3점〕

우리들은 군사 통일에 대한 구체적 의견으로 (가)와/과 한국 광복군을 합병하여 조선 민족 혁명군으로 편성하자는 방안을 제출하였다. …… 그러나 대한민국 임시 정부와 한국 광복군 측에서는 우리들의 주장을 종래 찬성하지 아니하였고, 결국 본대는 한국 광복군 제1지대로 개편하게 되었다. …… (가)은/는 1938년 10월 10일 우한(武漢)에서 성립된 이래로 김원봉 대장의 정확한 영도 하에서 가장 우수한 수백 청년 간부의 희생적 분투와 노력에 의하여 모든 험로와 난관을 충파하면서 전진하여 왔으며 또 이런 과정을 통하여 과거 43개월간 광영한 역사를 창조하였다. …… 본대 전체 동지는 한국 광복군을 확대 발전시키기 위해 노력할 것을 언명한다.

① 동북 항일 연군으로 개편되어 유격전을 전개하였다.
② 간도 참변 이후 조직을 정비하고 자유시로 이동하였다.
③ 쌍성보, 대전자령 전투 등에서 일본군을 크게 물리쳤다.
④ 조선 민족 전선 연맹 산하의 군사 조직으로 결성되었다.
⑤ 홍범도 부대와 연합하여 청산리에서 일본군과 교전하였다.

44 밑줄 그은 '운동'에 대한 설명으로 옳은 것은? (2점)

선생님께서 참여하신 운동은 '조선 사람 조선 것'이라는 구호를 내세웠다는 점에서 사실상 독립 운동이 아니냐고 일제 경찰이 심문 할 때 어떻게 대응하셨나요?

조선 물산의 생산과 소비를 장려하는 운동에 조선인이 참여하는 것은 당연한 일이 아닌가, 오사카 사람이 오사카의 물산을 장려하는 것도 문제 삼을 것이냐 고 반문하니 주의만 주고 가더군요.

① 조선 노동 총동맹을 중심으로 전개되었다.
② 보국안민, 제폭구민 등이 구호로 사용되었다.
③ 조선 관세령 폐지 등을 배경으로 확산하였다.
④ 황국 중앙 총상회가 설립되는 결과를 가져왔다.
⑤ 일본 제일은행권 화폐가 유통되는 계기가 되었다.

45 교사의 질문에 대한 학생의 답변으로 가장 적절한 것은? (1점)

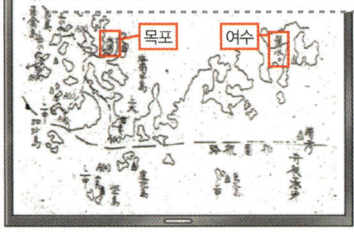
지도는 목포와 여수 일대의 일본군 방어 시설을 표시한 것입니다. 일본군은 아시아·태평양 전쟁 말기 연합군의 상륙을 저지하기 위해 한반도 남서 해안 지역에 대규모 군사 방어 시설을 구축했습니다. 이 시기에 있었던 사실에 대해 말해 볼까요?

① 고종의 밀지를 받아 독립 의군부가 결성되었어요.
② 만주 군벌과 일제가 미쓰야 협정을 체결하였어요.
③ 여자 정신 근로령으로 여성들이 강제 동원되었어요.
④ 상하이에서 주권 재민을 천명한 대동단결 선언이 발표되었어요.
⑤ 독립운동의 방략을 논의하고자 국민 대표 회의가 개최되었어요.

46 다음 상황이 나타난 시기를 연표에서 옳게 고른 것은? (2점)

> 미소 공동 위원회를 속개시킴으로써 국제적으로 약속된 조선 민주주의 임시 정부 수립을 촉진하려는 좌우 합작 운동은 김규식의 입원과 여운형의 피습 사건으로 말미암아 합작의 앞날이 우려되는 상황이었다. 그러나 최근 김규식이 퇴원하고 여운형의 치료도 순조로워, 22일 오후 7시 시내 모처에서 김규식, 여운형 두 사람을 비롯한 좌우 대표가 참석한 가운데 정식으로 예비 회담이 개최되었다.

(가)	(나)	(다)	(라)	(마)
8·15 광복	모스크바 3국 외상 회의	5·10 총선거 실시	대한민국 정부 수립	6·25 전쟁 발발	한미 상호 방위 조약 체결

① (가)   ② (나)   ③ (다)   ④ (라)   ⑤ (마)

47 (가)에 들어갈 주제로 가장 적절한 것은? (2점)

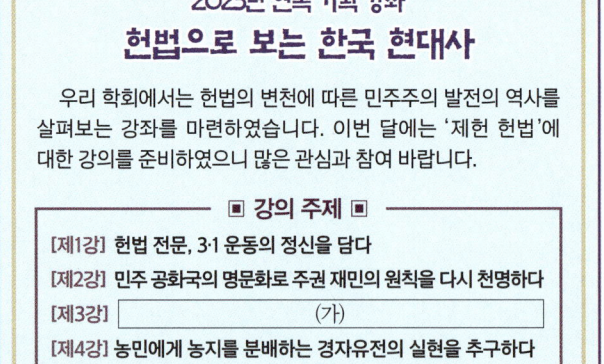

2025년 연속 기획 강좌

헌법으로 보는 한국 현대사

우리 학회에서는 헌법의 변천에 따른 민주주의 발전의 역사를 살펴보는 강좌를 마련하였습니다. 이번 달에는 '제헌 헌법'에 대한 강의를 준비하였으니 많은 관심과 참여 바랍니다.

■ 강의 주제 ■
[제1강] 헌법 전문, 3·1 운동의 정신을 담다
[제2강] 민주 공화국의 명문화로 주권 재민의 원칙을 다시 천명하다
[제3강]   (가)
[제4강] 농민에게 농지를 분배하는 경자유전의 실현을 추구하다

■ 일시: 2025년 ○○월 매주 토요일 15:00 ~ 17:00
■ 장소: □□ 학회 회의실

① 양원제 국회와 내각 책임제 정부를 구성하다
② 반민족 행위자를 처벌할 수 있는 근거를 마련하다
③ 국민의 직접 선거로 5년 단임제 대통령을 선출하다
④ 초대 대통령의 중임 제한 철폐, 장기 집권 체제를 강화하다
⑤ 긴급 조치, 대통령이 국민의 기본권을 제한할 수 있게 하다

48 다음 자료에 나타난 민주화 운동에 대한 설명으로 옳은 것은? (1점)

> 우리는 왜 총을 들 수밖에 없었는가? 그 대답은 너무나 간단합니다. 너무나 무자비한 만행을 더 이상 보고 있을 수만 없어서 너도나도 총을 들고 나섰던 것입니다. …… 계엄 당국은 공수 부대를 대량으로 투입하여 시내 곳곳에서 학생, 젊은이들에게 무차별 살상을 자행하였으니 …… 너무나 경악스러운 또 하나의 사실은 20일 밤부터 계엄 당국은 발포 명령을 내려 무차별 발포를 시작했다는 것입니다. 이 고장을 지키고자 이 자리에 모이신 민주 시민 여러분! 그런 상황에 우리가 할 수 있는 일은 무엇이겠습니까?

① 4·13 호헌 조치 철폐를 요구하였다.
② 시민군을 조직하여 계엄군에 대항하였다.
③ 시위 도중 김주열이 최루탄을 맞고 사망하였다.
④ 직선제 개헌을 약속한 6·29 민주화 선언을 이끌어 냈다.
⑤ 국민의 요구에 굴복하여 대통령이 하야하는 결과를 가져왔다.

49 (가) 정부 시기에 볼 수 있는 모습으로 가장 적절한 것은? (2점)

> 이것은 통일 주체 국민 회의에서 대통령을 선출하도록 헌법을 개정한 [(가)] 정부의 홍보물입니다. "우리 모두 불굴의 투지와 굳은 단결로써 조국의 안정과 번영, 그리고 평화 통일을 위해 전진합시다."라는 문구 등으로 헌법을 미화하였습니다.

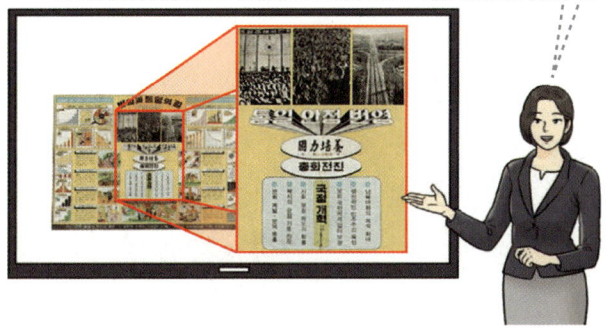

① 거리에서 장발과 미니스커트를 단속하는 경찰
② 교복 자율화 조치로 사복을 입고 등교하는 학생
③ 금융 실명제에 따라 신분증 제시를 요구하는 은행원
④ 칠레와의 자유 무역 협정(FTA) 비준을 보도하는 기자
⑤ 전국 민주 노동조합 총연맹 창립 대회에 참가하는 노동자

50 (가), (나) 사이의 시기에 있었던 사실로 옳은 것은? (3점)

> (가) 1. 남과 북은 6·15 공동 선언을 고수하고 적극 구현해 나간다.
> ⋮
> 3. 남과 북은 군사적 적대 관계를 종식하고 한반도에서 긴장 완화와 평화를 보장하기 위해 긴밀히 협력하기로 하였다.
> – 「10·4 남북 정상 선언」 –

> (나) 1. 남과 북은 남북 관계의 전면적이며 획기적인 개선과 발전을 이룩하여 공동 번영과 자주 통일의 미래를 앞당겨 나갈 것이다.
> ⋮
> 3. 남과 북은 항구적이며 공고한 평화 체제를 구축하기 위해 적극 협력해 나갈 것이다.
> – 「한반도의 평화와 번영, 통일을 위한 판문점 선언」 –

① 7·4 남북 공동 성명이 발표되었다.
② 개성 공업 지구 조성이 합의되었다.
③ 남북한이 국제 연합(UN)에 동시 가입하였다.
④ 남북 이산가족 고향 방문단의 교환이 최초로 실현되었다.
⑤ 평창 동계 올림픽 개막식에서 남북 선수단이 공동 입장하였다.

빠른 정답&자동채점

01 (가) 시대의 생활 모습으로 옳은 것은? `1점`

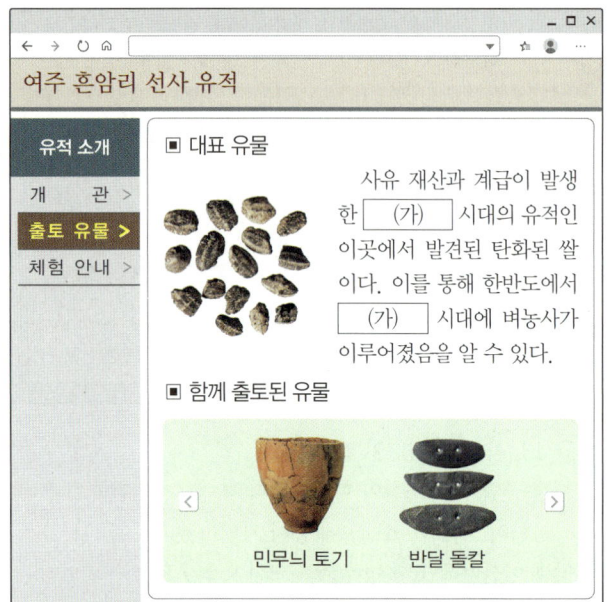

여주 흔암리 선사 유적

유적 소개
개　관 >
출토 유물 >
체험 안내 >

■ 대표 유물

사유 재산과 계급이 발생한 (가) 시대의 유적인 이곳에서 발견된 탄화된 쌀이다. 이를 통해 한반도에서 (가) 시대에 벼농사가 이루어졌음을 알 수 있다.

■ 함께 출토된 유물

민무늬 토기　　　반달 돌칼

① 주로 동굴이나 강가의 막집에서 살았다.
② 지배층의 무덤으로 고인돌을 축조하였다.
③ 농경과 목축을 시작하여 식량을 생산하였다.
④ 호미, 쇠스랑 등의 철제 농기구를 제작하였다.
⑤ 주먹도끼, 찍개 등의 뗀석기를 처음 제작하였다.

02 밑줄 그은 '이 나라'에 대한 탐구 활동으로 가장 적절한 것은? `2점`

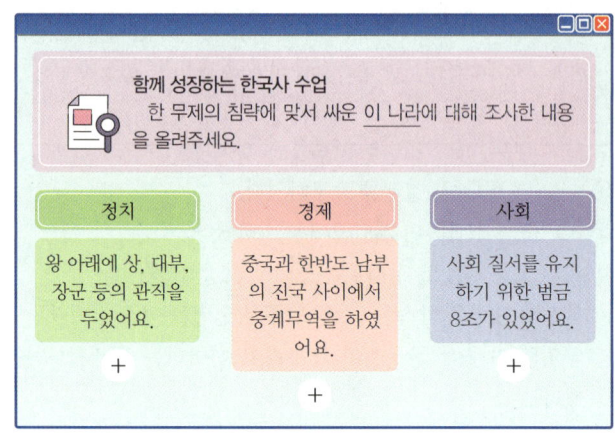

함께 성장하는 한국사 수업
한 무제의 침략에 맞서 싸운 이 나라에 대해 조사한 내용을 올려주세요.

정치
왕 아래에 상, 대부, 장군 등의 관직을 두었어요.
＋

경제
중국과 한반도 남부의 진국 사이에서 중계무역을 하였어요.
＋

사회
사회 질서를 유지하기 위한 범금 8조가 있었어요.
＋

① 임신서기석의 내용을 분석한다.
② 칠지도에 새겨진 명문을 해석한다.
③ 수도 왕검성의 위치에 대한 자료를 검색한다.
④ 10월에 지냈던 제천 행사인 동맹을 살펴본다.
⑤ 국가의 중대사를 논의한 화백 회의에 대해 조사한다.

03 (가), (나) 사이의 시기에 있었던 사실로 옳은 것은? `2점`

(가) 겨울에 백제왕이 태자와 함께 정병 3만 명을 거느리고 고구려를 침입하여 평양성을 공격하였다. 고구려왕 사유가 힘껏 싸우며 막다가 날아오는 화살을 맞고 죽었다.

(나) 정월에 백제는 고구려의 도살성을 쳐서 빼앗았다. 3월에는 고구려가 백제의 금현성을 함락시켰다. 신라왕이 양국의 병사가 지친 틈을 타 이찬 이사부에게 명하여 병사를 내어 쳐서 두 성을 빼앗아 증축하고 갑사 1천 명을 두어 지키게 하였다.

① 신라가 기벌포에서 당군을 격파하였다.
② 고구려가 국내성에서 평양으로 천도하였다.
③ 계백이 이끈 결사대가 황산벌에서 패배하였다.
④ 연개소문이 정변을 일으켜 권력을 장악하였다.
⑤ 김춘추가 당으로 건너가 군사 동맹을 체결하였다.

04 (가)~(다) 지역에 대한 설명으로 옳지 <u>않은</u> 것은? (3점)

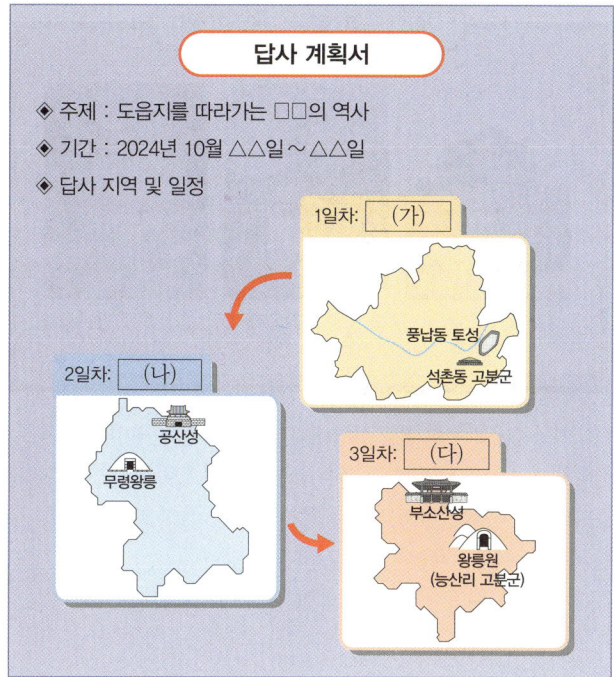

답사 계획서

◆ 주제 : 도읍지를 따라가는 □□의 역사
◆ 기간 : 2024년 10월 △△일 ~ △△일
◆ 답사 지역 및 일정

1일차: **(가)**
풍납동 토성
석촌동 고분군

2일차: **(나)**
공산성
무령왕릉

3일차: **(다)**
부소산성
왕릉원
(능산리 고분군)

① (가) - 고구려에서 남하한 온조가 도읍으로 삼았다.
② (나) - 문주왕 때 천도한 곳이다.
③ (나) - 중국 남조의 영향을 받은 벽돌무덤이 있다.
④ (다) - 왕궁리 오층 석탑이 있다.
⑤ (다) - 백제 금동 대향로가 출토되었다.

05 (가) 국가에 대한 설명으로 옳은 것은? (2점)

이것은 **(가)** 의 쌍영총 벽화의 개마 무사 부분 모사도입니다. 안악 3호분 등 **(가)** 의 다른 고분 벽화에서도 개마 무사가 그려져 있어 이 국가의 군사, 무기 등의 모습을 알 수 있습니다.

① 태학과 경당을 두어 인재를 양성하였다.
② 골품에 따라 관등 승진에 제한이 있었다.
③ 국경 지역인 양계에 병마사를 파견하였다.
④ 정사암에서 국가의 중대한 일을 결정하였다.
⑤ 여러 가(加)들이 별도로 사출도를 주관하였다.

06 (가)에 들어갈 내용으로 가장 적절한 것은? (1점)

한국사 교양 강좌
통일 신라의 경제

◆ 강좌 주제 ◆
제1강 촌락 문서에 나타난 수취 체제의 특징
제2강 서시와 남시 설치를 통해 본 상업 발달
제3강 **(가)**

□ 일시 : 2024년 10월 △△일 △△시 ~ △△시
□ 장소 : ○○대학교 대강당

① 상평창과 물가 조절
② 은병이 화폐 유통에 미친 영향
③ 진대법으로 알아보는 빈민 구제
④ 덩이쇠 수출을 통해 본 낙랑과의 교역
⑤ 울산항을 통한 아라비아 상인들과의 교류

07 밑줄 그은 '이 국가'에 대한 설명으로 옳은 것은? (2점)

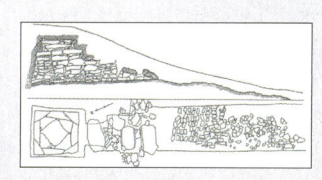 

정혜 공주 무덤의 구조도   정혜 공주 묘지석

지린성 둔화에서 발견된 이 국가의 정혜 공주 무덤은 모줄 임천장 구조의 굴식 돌방무덤으로 고구려 양식을 계승하고 있다. 또한, 내부에서 출토된 묘지석에 '황상'이라는 칭호가 사용된 점을 통해 이 국가의 자주성을 확인할 수 있다.

① 서경을 북진 정책의 기지로 삼았다.
② 정당성의 대내상이 국정을 총괄하였다.
③ 영락이라는 독자적인 연호를 사용하였다.
④ 군사 조직으로 9서당 10정을 편성하였다.
⑤ 관리 선발을 위해 독서삼품과를 시행하였다.

08 교사의 질문에 대한 학생의 답변으로 옳은 것은? （2점）

화면에 표시된 부분은 진성여왕 때 유포된 글로 당시 정치 상황을 비판하는 내용입니다. 삼국유사에 따르면 '찰니나제'는 여왕을, '소판니'와 '삼아간'은 위홍 등 간신들을 의미하는 것으로, 그들 때문에 나라가 망한다는 뜻입니다. 이 여왕의 재위 시기에 있었던 사실을 말해볼까요?

나무망국 찰니나제
판니판니 소판니
우우삼아간부이사바하

① 김흠돌이 반란을 도모하였어요.
② 김사미와 효심이 난을 일으켰어요.
③ 원종과 애노가 사벌주에서 봉기하였어요.
④ 김유신이 비담과 염종의 난을 진압하였어요.
⑤ 복신과 도침이 주류성에서 군사를 일으켰어요.

09 (가) 인물에 대한 설명으로 옳은 것은? （2점）

10:26

나는 지금 경주 포석정지에 와 있어. 삼국사기에 의하면 이곳은 경애왕이 연회를 벌이다가 (가) 의 습격을 받은 곳이야.

(가) 에 대해 더 알려 줄래?

그는 공산 전투에서 고려군에 대승을 거두기도 했어.

① 훈요 10조를 남겼다.
② 경주의 사심관으로 임명되었다.
③ 금마저에 미륵사를 창건하였다.
④ 완산주를 도읍으로 삼아 나라를 세웠다.
⑤ 광평성을 비롯한 정치 기구를 마련하였다.

10 (가)~(다)에 대한 설명으로 옳은 것은? （3점）

사진으로 보는 신라의 탑

(가) 경주 분황사 모전 석탑　(나) 경주 감은사지 동 삼층 석탑　(다) 화순 쌍봉사 철감선사탑

① (가) – 내부에서 무구정광대다라니경이 발견되었다.
② (가) – 1층 탑신에 당의 장수 소정방의 명으로 새긴 글이 있다.
③ (나) – 자장의 건의로 건립되었다.
④ (나) – 돌을 벽돌 모양으로 다듬어 쌓았다.
⑤ (다) – 선종의 영향을 받아 만들어졌다.

11 다음 검색창에 들어갈 왕의 재위 기간에 있었던 사실로 옳은 것은? （2점）

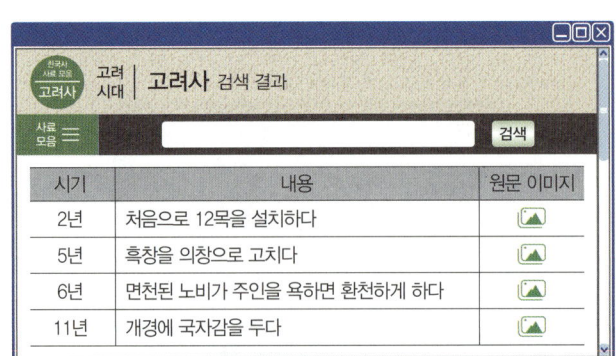

한국사 사료 모음 고려사	고려 시대	고려사 검색 결과	

시기	내용	원문 이미지
2년	처음으로 12목을 설치하다	🖼
5년	흑창을 의창으로 고치다	🖼
6년	면천된 노비가 주인을 욕하면 환천하게 하다	🖼
11년	개경에 국자감을 두다	🖼

① 관학을 진흥하고자 양현고를 설치하였다.
② 광덕, 준풍 등의 독자적 연호를 사용하였다.
③ 주전도감을 설치하여 해동통보를 발행하였다.
④ 정계와 계백료서를 지어 관리의 규범을 제시하였다.
⑤ 최승로의 시무 28조를 받아들여 통치 체제를 정비하였다.

12 (가)에 대한 고려의 대응으로 옳은 것은? `2점`

이 자료는 초조대장경의 일부입니다. (가) 의 침입으로 현종이 피란을 가고 개경이 함락되자 부처의 힘으로 나라를 지키려는 마음을 담아 조판하기 시작하였습니다.

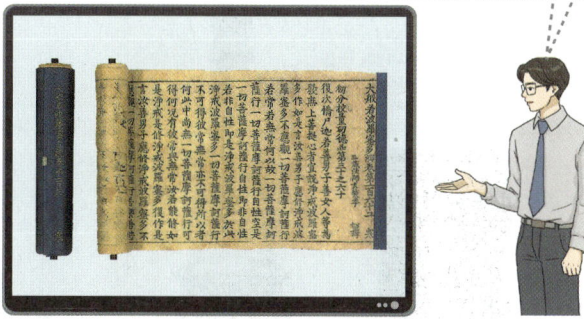

① 윤관을 보내 동북 9성을 개척하였다.
② 화통도감을 두어 화포를 제작하였다.
③ 광군을 조직하여 침입에 대비하였다.
④ 박위를 파견하여 근거지를 토벌하였다.
⑤ 철령위 설치에 반발해 요동 정벌을 추진하였다.

13 (가)에 들어갈 내용으로 적절한 것은? `2점`

한국사 대화형 인공 지능

Q 그림 속 인물에 대해 알려 줘.
A 숙종 대 과거에 합격하여 의종 대까지 활동한 대표적인 고려 유학자입니다.

Q 그의 대표적인 활동에 대해 알려 줘.
A 유교 사관을 바탕으로 삼국의 역사를 기록한 삼국사기의 편찬을 총괄하였습니다.

Q 다른 행적에 대해서도 알려 줘.
A (가)

| ▶

① 봉사 10조를 국왕에게 올렸습니다.
② 관군을 이끌고 묘청의 난을 진압하였습니다.
③ 만권당에서 원의 유학자들과 교유하였습니다.
④ 불씨잡변을 저술하여 불교를 비판하였습니다.
⑤ 9재 학당을 설립하여 유학 교육에 힘썼습니다.

14 (가)~(다)를 일어난 순서대로 옳게 나열한 것은? `3점`

(가) 왕이 먼저 나라 안의 신하들을 권유하여 개경으로 환도하게 하였다. 여러 신하들이 말하기를 "임금의 명령인데, 감히 따르지 않을 수 있겠는가?"라고 하였으므로, 임유무가 화가 나서 어떻게 해야 할지를 알지 못하였다.

(나) 조위총이 군사를 일으키자, 이의방이 이의민을 정동 대장군 지병마사로 임명하였다. 이의민이 군사를 거느리고 전투에 나섰다가 날아오는 화살에 눈을 맞았으나, 철령으로 진군하여 사방에서 북을 치고 고함을 지르면서 급습하여 크게 격파하였다.

(다) 백관이 최우의 집에 나아가 정년도목(政年都目)을 올렸다. 최우가 청사에 앉아 그것을 받았다. 6품 이하는 당하(堂下)에서 두 번 절하고 땅에 엎드려 감히 고개를 들고 보지 못하였다. 이때부터 최우는 정방을 그의 집에 두고 백관의 인사 행정을 처리하였다.

① (가) – (나) – (다)　② (가) – (다) – (나)
③ (나) – (가) – (다)　④ (나) – (다) – (가)
⑤ (다) – (나) – (가)

15 밑줄 그은 '시기'의 사실로 옳은 것은? `2점`

이 그림은 공민왕과 그의 왕비인 노국 대장 공주의 초상화야. 고려에는 노국 대장 공주 외에도 제국 대장 공주, 계국 대장 공주 등 원 출신의 왕비들이 여럿 있었어.

맞아. 충렬왕부터 공민왕에 이르는 시기의 왕들은 원의 공주들과 결혼했어.

① 권문세족이 도평의사사를 장악하였다.
② 왕조 교체를 예언하는 정감록이 유포되었다.
③ 강조가 정변을 일으켜 김치양을 제거하였다.
④ 김보당이 의종 복위를 주장하며 난을 일으켰다.
⑤ 국정을 총괄하는 기구로 교정도감이 설치되었다.

16 (가) 국가의 경제 상황으로 옳은 것은? (2점)

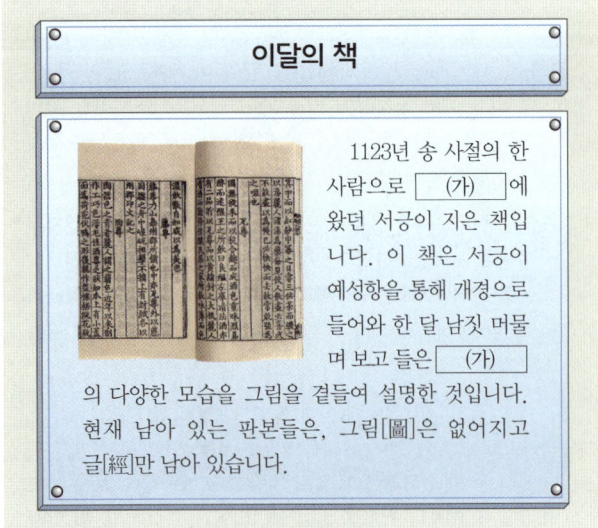

이달의 책

1123년 송 사절의 한 사람으로 (가) 에 왔던 서긍이 지은 책입니다. 이 책은 서긍이 예성항을 통해 개경으로 들어와 한 달 남짓 머물며 보고 들은 (가) 의 다양한 모습을 그림을 곁들여 설명한 것입니다. 현재 남아 있는 판본들은, 그림[圖]은 없어지고 글[經]만 남아 있습니다.

① 솔빈부의 말이 특산품으로 유명하였다.
② 송상이 전국 각지에 송방을 설치하였다.
③ 서적점, 다점 등의 관영 상점을 운영하였다.
④ 집집마다 부경이라고 불리는 창고가 있었다.
⑤ 광산을 전문적으로 경영하는 덕대가 나타났다.

17 (가) 국가의 탑으로 옳은 것은? (1점)

이 탑은 원래 개성에 있었는데 지금은 국립 중앙 박물관에 옮겨져 새로운 영상 기법으로 전시되고 있습니다. (가) 시대에 만들어진 이 탑은 이후 원각사지 십층 석탑에 영향을 주기도 하였습니다.

18 밑줄 그은 '임금'에 대한 설명으로 옳은 것은? (2점)

자네 들었는가? 임금께서 민무구, 민무질에게 자결을 명하셨다더군. 몇 해 전 어린 세자를 이용해 권세를 잡으려 했다는 죄로 귀양을 보내셨었지.

나도 들었네. 중전마마의 동생으로 임금께서 정도전을 숙청할 때 공을 세웠던 사람들이었지.

① 공신들에게 역분전을 지급하였다.
② 주자소를 두어 계미자를 주조하였다.
③ 정치도감을 설치하여 개혁을 추진하였다.
④ 구황촬요를 간행하여 기근에 대비하였다.
⑤ 유자광의 고변을 계기로 남이를 처형하였다.

19 (가) 기구에 대한 설명으로 옳은 것은? [3점]

> **도로명으로 보는 역사 : 만리재로**
>
>
>
> 이 도로명은 만리재에서 유래한 것이다. 만리재는 조선의 문신 최만리가 살았다고 하여 붙여진 지명이다. 세자의 스승이기도 하였던 최만리는 세종이 학문 연구, 편찬 사업 등을 수행하도록 설치한 ____(가)____의 부제학으로 활약하였다. 그러나 훈민정음 창제를 반대하는 상소를 올려 세종과 갈등을 빚기도 하였다.

① 은대(銀臺)라고도 불렸다.
② 전문 강좌인 7재를 운영하였다.
③ 고려의 삼사와 같은 기능을 수행하였다.
④ 단종 복위 운동을 계기로 세조에 의해 폐지되었다.
⑤ 대사성을 수장으로 좨주, 직강 등의 관직을 두었다.

20 밑줄 그은 '전하'의 재위 기간에 있었던 사실로 옳은 것은? [2점]

> 전하께서 성군을 이으셨으니, 예악(禮樂)으로 태평 시절을 일으키실 때가 바로 지금이다. 장악원 소장의 의궤와 악보가 오랜 세월이 지나서 끊어지고 문드러졌다. 다행히 보존된 것 역시 모두 엉성하고 오류가 있으며 빠진 것이 많다. 이에 성현 등에게 명하여 다시 교정하게 하였다. 책이 완성되자 악학궤범이라고 이름 지었다.

① 예악을 정리한 가례집람이 저술되었다.
② 국가의 기본 법전인 경국대전이 완성되었다.
③ 외교 문서를 집대성한 동문휘고가 편찬되었다.
④ 붕당의 폐해를 경계하기 위한 탕평비가 건립되었다.
⑤ 이조 전랑 임명을 둘러싸고 김효원과 심의겸이 대립하였다.

21 밑줄 그은 '이 사건'이 일어난 시기를 연표에서 옳게 고른 것은? [2점]

> 이곳은 최근에 개방된 효릉입니다. 조선 국왕 인종과 그의 왕비 인성왕후가 모셔져 있습니다. 인종은 즉위한 지 1년도 되지 않아 사망하였습니다. 인종의 죽음은 윤원형, 윤임 등 외척 간의 권력 다툼으로 사림이 피해를 입은 이 사건의 계기가 되었습니다.

	(가)	(나)	(다)	(라)	(마)	
이시애의 난		연산군 즉위	중종 반정	기묘 사화	선조 즉위	이괄의 난

① (가) ② (나) ③ (다) ④ (라) ⑤ (마)

22 (가) 사절단에 대한 설명으로 옳은 것은? [2점]

> **그림으로 보는 조선 사절단의 여정**
>
>
>
> 『사로승구도』는 1748년 에도 막부의 요청으로 조선이 일본에 파견한 ____(가)____이/가 부산에서 에도에 이르는 여정을 담은 작품입니다. 일본의 명승지나 사행 중 겪은 인상적인 광경을 30장면으로 표현하였는데, 위 그림은 사절단이 에도로 들어갈 때 보았던 모습을 그린 것입니다.

① 연행사라는 이름으로 보내졌다.
② 암행어사의 형태로 비밀리에 파견되었다.
③ 민영익, 홍영식, 서광범 등이 참여하였다.
④ 사행을 다녀온 여정을 조천록으로 남겼다.
⑤ 관련 기록물이 세계 기록 유산에 등재되었다.

23 (가)에 들어갈 작품으로 옳은 것은? ①점

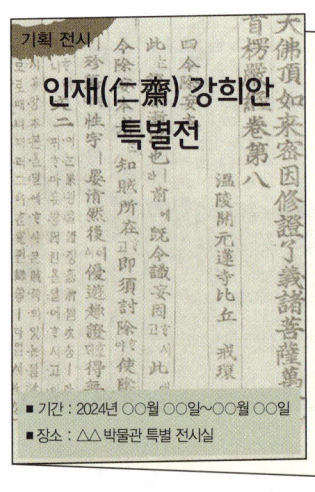

기획 전시

인재(仁齋) 강희안 특별전

대표 전시 작품

(가)

조선 전기 시·그림·글씨에 모두 뛰어난 것으로 유명했던 강희안의 대표작으로 간결하고 과감한 필치가 돋보인다.

■ 기간 : 2024년 ○○월 ○○일~○○월 ○○일
■ 장소 : △△박물관 특별 전시실

①  ②  ③

④  ⑤

24 밑줄 그은 '전란' 중에 있었던 사실로 옳은 것은? ②점

초대합니다

창작 뮤지컬
비운의 의순 공주, 애숙

삼전도에서의 굴욕적인 항복으로 전란은 끝났습니다. 이후 조선의 공주를 부인으로 삼겠다는 청 섭정왕의 요구로 조선 국왕의 양녀가 되어 원치 않은 결혼을 해야 했던 의순 공주 이애숙. 그녀의 굴곡진 삶을 한 편의 뮤지컬로 선보입니다.

□ 일시 : 2024년 ○○월 ○○일 ○○시
□ 장소 : 의정부 △△ 문화회관 대극장

① 이종무가 대마도를 정벌하였다.
② 강홍립이 사르후 전투에 참전하였다.
③ 김준룡이 광교산 전투에서 승리하였다.
④ 조헌이 금산에서 의병을 이끌고 활약하였다.
⑤ 신립이 탄금대에서 배수의 진을 치고 전투를 벌였다.

25 밑줄 그은 '이 법'에 대한 설명으로 옳은 것은? ①점

이원익은 방납의 폐단을 없애고자 선혜청을 두고 이 법을 실시할 것을 주장했습니다.

방납의 폐단을 개혁하고자 한 인물

이이 유성룡 이원익 김육

화면을 누르면 설명을 들을 수 있습니다.

① 양반에게도 군포를 거두었다.
② 토지 1결당 쌀 2두의 결작을 부과하였다.
③ 전세를 풍흉에 따라 9등급으로 차등 과세하였다.
④ 부족한 재정 보충을 위해 선무군관포를 징수하였다.
⑤ 관청에 물품을 조달하는 공인이 등장하는 배경이 되었다.

26 (가) 인물에 대한 설명으로 옳은 것은? ②점

오전 11:00 100%

메타버스로 만나는 조선의 인물

기축봉사를 올려 명에 대한 의리를 강조한 나는 희빈 장씨의 소생을 원자로 정한 데에 반대하다가 이곳 제주도로 유배되었습니다.

학생 1 굴림 서원 (가) 학생 2

① 기해예송에서 기년설을 주장하였다.
② 지전설을 주장한 의산문답을 집필하였다.
③ 양명학을 연구하여 강화학파를 형성하였다.
④ 역대 명필을 연구하여 추사체를 창안하였다.
⑤ 양반의 허례와 무능을 풍자한 양반전을 지었다.

27 다음 자료에 나타난 시기의 경제 상황으로 옳지 **않은** 것은? ①점

> 비변사의 계사에, "현재 시전의 병폐로 서울과 지방의 백성이 원망하는 바는 오로지 도고(都庫)에 있습니다. 시중 시세를 조종하여 홀로 이익을 취하니 그 폐단은 한이 없습니다. 한성부에서 엄히 금하도록 하되 그 가운데 매우 심하게 폐단을 빚는 3강(한강·용산강·서강)의 시목전(柴木廛)·염해전(鹽醢廛)과 같은 무리는 그 주모자를 색출하여 형조로 송치해서 엄한 형벌로 다스려 후일을 징계하도록 분부하는 것이 어떻겠습니까?" 하니 윤허한다고 답하였다.

① 금속 화폐인 건원중보가 주조되었다.
② 담배와 면화 등의 상품 작물이 재배되었다.
③ 보부상이 장시를 돌아다니며 상업 활동을 하였다.
④ 모내기법의 확대로 벼와 보리의 이모작이 성행하였다.
⑤ 설점수세제의 시행으로 민간의 광산 개발이 허용되었다.

28 (가) 왕에 대한 설명으로 옳은 것은? ②점

> 가상 현실 버스에 오신 여러분 환영합니다. 지금 창문 스크린으로 보고 계신 것은 무예도보통지에 실린 무예 동작입니다. [(가)]의 명으로 이덕무, 박제가, 백동수 등이 편찬한 무예도보통지에는 기존의 무예신보에 마상 무예가 추가되어 총 24개의 무예가 실려있습니다. 이 책은 장용영의 훈련 교재로 사용되었습니다.

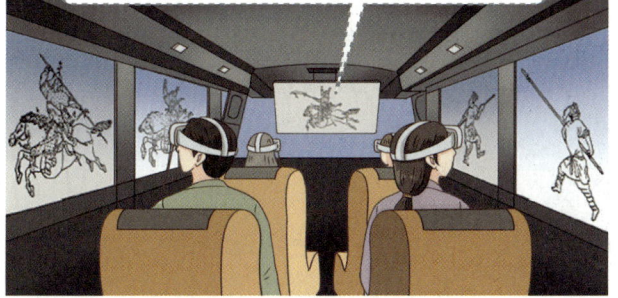

① 백두산정계비를 세워 청과의 국경을 정하였다.
② 삼군부를 부활시켜 군사 업무를 담당하게 하였다.
③ 통치 체제를 정비하기 위해 속대전을 편찬하였다.
④ 규장각에 검서관을 두어 서얼 출신 학자들을 기용하였다.
⑤ 한양을 기준으로 역법을 정리한 칠정산 내편을 제작하였다.

29 (가)~(라)에 들어갈 내용으로 옳은 것을 | 보기 |에서 고른 것은? ②점

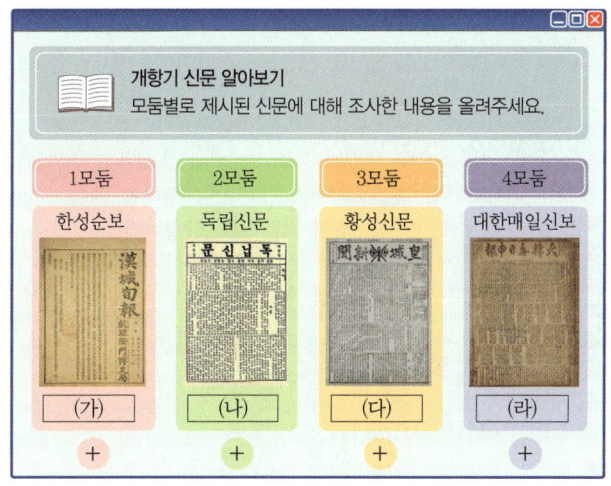

개항기 신문 알아보기
모둠별로 제시된 신문에 대해 조사한 내용을 올려주세요.

1모둠	2모둠	3모둠	4모둠
한성순보	독립신문	황성신문	대한매일신보
(가)	(나)	(다)	(라)

┤ 보기 ├
ㄱ. (가) – 정부에서 발행한 순 한문 신문이었어요.
ㄴ. (나) – 서재필의 주도로 창간되었어요.
ㄷ. (다) – 일장기를 삭제한 손기정 사진이 실렸어요.
ㄹ. (라) – 상업 광고가 처음으로 게재되었어요.

① ㄱ, ㄴ ② ㄱ, ㄷ ③ ㄴ, ㄷ ④ ㄴ, ㄹ ⑤ ㄷ, ㄹ

30 (가), (나) 체결 사이의 시기에 있었던 사실로 옳은 것은? ③점

> (가) 제6칙 이후 조선국 항구에 거주하는 일본 인민은 양미(糧米)와 잡곡을 수출, 수입할 수 있다.
> 제7칙 일본국 정부에 속한 모든 선박은 항세를 납부하지 않는다.

> (나) 제9관 입항하거나 출항하는 각 화물이 해관을 통과할 때는 응당 본 조약에 첨부된 세칙(稅則)에 따라 관세를 납부해야 한다.
> 제37관 조선국에서 가뭄과 홍수, 전쟁 등의 일로 인해 국내에 양식이 결핍할 것을 우려하여 일시 쌀 수출을 금지하려고 할 때에는 1개월 전에 지방관이 일본 영사관에게 통지하여 미리 그 기간을 항구에 있는 일본 상인들에게 전달하여 일률적으로 준수하는 데 편리하게 한다.

① 조·미 수호 통상 조약이 체결되었다.
② 러시아가 용암포 조차를 요구하였다.
③ 영국이 거문도를 불법적으로 점령하였다.
④ 일본 군함 운요호가 영종도를 공격하였다.
⑤ 청과 대등한 입장에서 한·청 통상 조약이 맺어졌다.

31 밑줄 그은 '사건' 이후에 전개된 사실로 옳은 것은? (2점)

> 조선왕 전하께
>
> …… 9월 말에 평양의 대동강에서 좌초한 미국 상선에 승선한 사람들이 살해당했고 배가 불살라졌다는 고통스럽고 놀랄 만한 사건이 있었다고 들었습니다. 본 총병은 본국 수사제독의 위임으로 파견되어 상세히 조사하라는 명을 받았습니다. 과연 이러한 일이 있었는지, 사실인지 아닌지, 생존자가 몇 사람인지 등을 귀국에서 신속히 조사해 분명히 답해주시길 부탁드립니다.
>
> — 미국 군함 와추세트(Wachusett) 수사총병 슈펠트(Shufeldt) —

① 홍경래가 난을 일으켰다.
② 임술 농민 봉기가 일어났다.
③ 황사영 백서 사건이 발생하였다.
④ 어재연이 광성보 전투에서 전사하였다.
⑤ 청의 요청으로 나선 정벌에 조총 부대를 파견하였다.

32 (가) 시기에 있었던 사실로 옳은 것은? (3점)

> 일본으로 망명했던 박영효가 귀국했다네.
>
> 며칠 전 내무대신으로 임명되어 총리대신 김홍집과 함께 새로운 정부를 주도한다더군.
>
> → (가) →
>
> 단발령이 공포되었다네. 폐하께서는 이미 단발을 하셨다는군.
>
> 그래서 지금 전국에서 반대 상소가 빗발치고 있다네.

① 과거제가 폐지되었다.
② 호포제가 실시되었다.
③ 교정청이 설치되었다.
④ 5군영이 2영으로 통합되었다.
⑤ 교육 입국 조서가 반포되었다.

33 (가)에 들어갈 내용으로 옳은 것은? (3점)

> **답사 계획서**
>
> • 주제 : 동학 농민군의 발자취를 따라서
> • 기간 : 2024년 ○○월 ○○일 ~ ○○일
> • 답사 장소

지역	장소	설명
부안	백산	호남 창의 대장소(大將所)를 설치하고 4대 강령을 발표하였다.
장성	황룡 전적	(가)
공주	우금치 전적	농민군이 관군과 일본군을 상대로 격전을 벌이다 패배하였다.

① 농민군이 정부와 화약을 맺었다.
② 최제우가 혹세무민의 죄로 처형되었다.
③ 홍계훈의 관군을 상대로 농민군이 승리하였다.
④ 피신해 있던 농민군의 지도자 전봉준이 체포되었다.
⑤ 농민들이 조병갑의 탐학에 맞서 만석보를 파괴하였다.

34 밑줄 그은 '이 시기'의 의병 활동에 대한 설명으로 옳은 것은? (2점)

> 이곳 지리산 연곡사에는 의병장 고광순의 순절비가 있습니다. 그는 지리산을 중심으로 장기 항전을 계획하다가 일본군의 토벌 작전으로 순국하였습니다. 고종의 강제 퇴위와 군대의 강제 해산으로 의병 활동이 고조된 이 시기에는 고광순을 비롯하여 각계각층의 사람들이 국권 회복을 위해 활동했습니다.

① 13도 창의군을 결성하였다.
② 한·중 연합 전선을 형성하였다.
③ 최익현이 태인에서 궐기하였다.
④ 고경명 등이 의병장으로 활약하였다.
⑤ 봉오동 전투에서 일본군을 격퇴하였다.

35 밑줄 그은 '개혁'의 내용으로 옳은 것은? (2점)

덕수궁 내에 있는 정관헌은 전통 건축 양식에 근대적 요소를 결합한 것으로 평가받고 있습니다. 고종이 황제로 즉위한 후 구본신참을 바탕으로 <u>개혁</u>을 추진할 때 건립되었습니다.

① 홍범 14조를 반포하였다.
② 공사 노비법을 혁파하였다.
③ 신식 군대인 별기군을 창설하였다.
④ 근대 교육 기관인 육영 공원을 설립하였다.
⑤ 지계아문을 설치하여 토지 소유자에게 지계를 발급하였다.

36 (가) 운동에 대한 설명으로 옳은 것은? (1점)

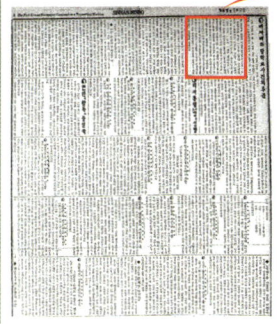

언론 보도로 본 만세 기념일

3월 1일에 배화 여학교 학생 일동은 학교 동산에 올라가서 우리 독립 선언 기념을 경축하기 위하여 만세를 부르고, 배화 학교 생도 일동도 3월 1일에 일제히 결석하고 3월 2일에 등교하여 갑자기 그 학교 마당에서 만세를 불렀으니 …… 저와 같은 불미한 행동을 허락한 까닭으로 그 학교 교장들은 파직하고 심하면 그 학교를 폐쇄할 지경에 이르겠다더라.

[해설] 이 자료는 신한민보 1920년 4월 20일자에 실린 기사이다. 민족 최대의 독립 운동이었던 [(가)]의 1주년 무렵 배화 여학교와 배재 학교 학생들이 만세 운동을 전개하여 학교가 폐쇄될 위기에 처했다는 내용이 담겨 있다.

① 통감부의 방해와 탄압으로 중단되었다.
② 러시아의 절영도 조차 요구를 저지하였다.
③ 순종의 인산일을 기회로 삼아 추진되었다.
④ 대한민국 임시 정부 수립의 계기가 되었다.
⑤ 성진회와 각 학교 독서회에 의해 전국적으로 확산되었다.

37 (가) 부대에 대한 설명으로 옳은 것은? (3점)

【이달의 독립운동가】

노은(蘆隱) 김규식

· 생몰년 : 1882~1931
· 생애 및 활동
  경기도 구리에서 태어났다. 대한 제국 군인 출신으로 의병 활동에 참여하다가 일본군에게 체포되어 복역하였다. 1920년 청산리 전투에서 김좌진, 이범석 등이 이끈 [(가)]의 지도부로 활약하였다. 이후 러시아, 만주 일대에서 독립운동을 계속하다가 1931년에 순국하였다. 1963년 건국 훈장 독립장이 추서되었다.

① 영릉가에서 일본군에 승리를 거두었다.
② 미국과 연계하여 국내 진공 작전을 계획하였다.
③ 중국 팔로군과 함께 호가장 전투에서 활약하였다.
④ 동북 항일 연군으로 개편되어 유격전을 전개하였다.
⑤ 중광단을 중심으로 조직되어 항일 독립 전쟁에 참여하였다.

38 밑줄 그은 '이 지역'을 지도에서 옳게 찾은 것은? (1점)

여기 눈에 띄는 주소 표지판이 하나 있습니다. '세울스카야 2A'. 그 뜻은 '서울 거리 2A번지'입니다. 왜 이런 주소가 있을까요?

1/3

사실 이 지역에는 신한촌 등 한인 집단 거주지가 있었습니다. 그러나 이곳에 살던 한인들은 1937년에 중앙아시아로 강제 이주를 당하였습니다.

2/3

세월이 흘러 현재는 신한촌의 역사를 기억하기 위한 조형물이 세워져 있습니다. 점차 잊히는 이들의 역사, 우리의 관심이 필요한 때입니다.

3/3

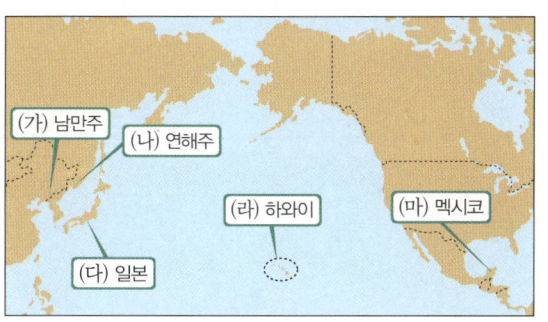

① (가)　② (나)　③ (다)　④ (라)　⑤ (마)

39 (가)에 들어갈 내용으로 적절한 것은? 2점

자료로 보는 한국 영화

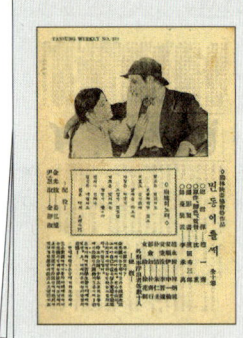

이 자료는 일제 강점기에 발행된 극장 홍보로, 심훈이 감독한 무성 영화 '먼동이 틀 때'를 소개한 것이다. 이 영화는 나운규의 '아리랑'에 이어 한국 영화 초기 명작으로 평가받기도 한다. 이외에도 심훈은 다수의 시나리오와 영화 평론을 집필하였으며,

(가)

① 별 헤는 밤, 참회록 등의 시를 남겼다.
② 국문 연구소의 연구 위원으로 활동하였다.
③ 근대극 형식을 도입한 토월회를 조직하였다.
④ 실천적인 유교 정신을 강조하는 유교 구신론을 저술하였다.
⑤ 브나로드 운동을 소재로 한 소설 상록수를 신문에 연재하였다.

40 (가)에 들어갈 내용으로 적절한 것은? 1점

탐구 활동 계획서

1. 주제 : (가)
2. 조사 방법 : 문헌 조사, 인터넷 검색 등
3. 참고 자료

• 자료 1

미쓰코시 백화점 경성 지점

경성 우편국을 끼고 돌아서면 요지경 같은 진고개다. …… 미쓰코시에 들어가니 아래층은 음식과 과자를 팔고, 2층으로 가니 거기는 일본 옷감뿐이더라.　－ "별건곤" －

• 자료 2

토막집과 토막민

경성부 내의 토막민 수가 1,583호이고 인구가 5,000여 명에 달한다고 한다. …… 토막민 자체에 대한 사회적 책임으로 보아 중대한 사회 문제라고 아니할 수 없는 것이다.　－ 동아일보 －

① 개화 정책의 추진과 한계
② 식민지 근대 도시의 이중성
③ 형평 운동의 전개 과정과 반발
④ 경제 개발 5개년 계획의 시행 결과
⑤ 상품 화폐 경제의 발달과 신분제의 동요

41 밑줄 그은 '시기'에 볼 수 있는 사회 모습으로 가장 적절한 것은? (2점)

이것은 한 제과업체의 캐러멜 광고로 탱크와 전투기 그림을 활용하여 "캐러멜도 싸우고 있다!"라는 문구를 담고 있습니다. 중일 전쟁 이후 일제가 국가 총동원법을 시행한 시기에 제작된 이 광고는 당시 군국주의 문화가 일상에까지 스며들어 있었음을 잘 보여 줍니다.

① 몸뻬 착용을 권장하는 애국반 반장
② 경성 제국 대학 설립을 추진하는 관리
③ 헌병 경찰에게 끌려가 태형을 당하는 농민
④ 원산 총파업에 연대 지원금을 보내는 외국 노동자
⑤ 안창남의 고국 방문 비행을 환영하기 위해 상경하는 청년

42 ㉠~㉤에 대한 설명으로 옳지 않은 것은? (2점)

단재 신채호 연보

1880년 충청도 회덕에서 출생
1898년 성균관에 입학
1907년 ㉠ 신민회 활동에 참여하고 대한매일신보 필진으로 근무
1919년 상하이로 가서 ㉡ 대한민국 임시 정부 수립에 참여
1923년 ㉢ 「조선 혁명 선언」 작성
1927년 무정부주의 동방 연맹 창립 대회에 참가
1928년 타이완 지룽에서 체포됨
1931년 ㉣ 「조선상고사」가 조선일보에 연재됨
1936년 ㉤ 뤼순 감옥에서 사망

① ㉠ - 광주 학생 항일 운동에 진상 조사단을 파견하였다.
② ㉡ - 이륭양행에 교통국을 설치하여 국내와 연락을 취하였다.
③ ㉢ - 의열단이 활동 지침으로 삼았다.
④ ㉣ - 역사를 아와 비아의 투쟁으로 정의하였다.
⑤ ㉤ - 안중근 의사가 순국한 곳이다.

43 (가) 사건에 대한 설명으로 가장 적절한 것은? (3점)

이것은 냉전과 분단의 상징물인 독일 베를린 장벽의 일부로, (가) 을/를 기념하는 이 공원에 기증되었습니다. 이곳 제주도에서 일어난 (가) 은/는 남한만의 단독 선거에 반대하는 무장대와 이를 진압하는 토벌대 간의 무력 충돌, 그 뒤 토벌대의 진압 과정에서 수많은 제주도민이 희생된 사건으로, 6·25 전쟁이 끝나고 나서야 종결되었습니다.

① 허정 과도 정부가 구성되는 결과를 가져왔다.
② 국가 보위 비상 대책 위원회가 설치되는 배경이 되었다.
③ 장기 독재를 비판하는 3·1 민주 구국 선언을 발표하였다.
④ 민주화를 위한 개헌 청원 100만인 서명 운동을 전개하였다.
⑤ 정부 차원에서 진상 조사 보고서를 발간하고 공식 사과하였다.

44 교사의 질문에 대한 학생의 대답으로 적절하지 않은 것은? (2점)

이것은 그의 84세 생일을 위해 기획된 LP 음반의 재킷으로, '제84회 탄신 기념'이라고 적혀 있습니다. 음반에는 '애국가', '만수무강하시리', '우남 행진곡' 등이 수록되어 있습니다. 그러나 그는 다음 해에 일어난 4·19 혁명으로 하야했습니다. 그가 대통령으로 재임하던 시기에 있었던 사실을 말해볼까요?

① 경부 고속 도로가 개통되었어요.
② 한·미 상호 방위 조약이 체결되었어요.
③ 진보당의 당수였던 조봉암이 처형되었어요.
④ 반민족 행위 특별 조사 위원회가 해체되었어요.
⑤ 유상 매수, 유상 분배 원칙의 농지 개혁법이 제정되었어요.

45 밑줄 그은 '당시 헌법'이 시행된 시기에 볼 수 있는 모습으로 가장 적절한 것은? `2점`

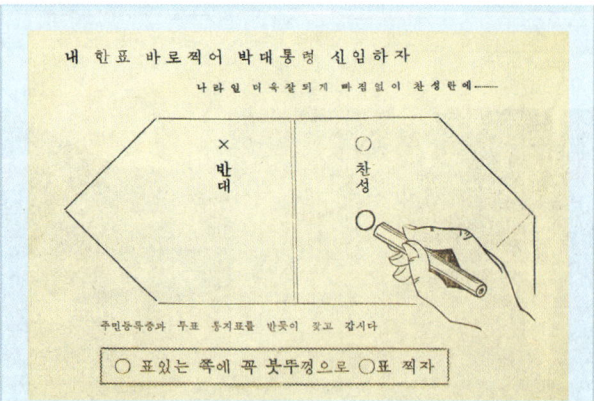

　　자료는 당시 헌법의 유지 여부를 묻는 국민 투표를 앞두고 찬성을 독려하는 홍보문의 일부이다. 이 투표의 실시 결과 당시 헌법을 유지하는 것으로 결정되었다. 3개월 뒤 이 헌법을 부정, 반대하는 주장이나 보도를 일체 금지하고 위반자는 영장 없이 체포한다는 내용을 핵심으로 한 대통령 긴급 조치 제9호가 선포되었다.

① 국민 방위군에 소집되는 청년
② 개성 공단 착공식에 참석하는 기업인
③ 미 · 소 공동 위원회의 재개를 요구하는 시민
④ 남북 기본 합의서 채택 소식을 보도하는 기자
⑤ 통일 주체 국민 회의 대의원 명단을 점검하는 공무원

46 (가) 민주화 운동에 대한 설명으로 적절한 것은? `2점`

　그때 고등학생이었던 저는 호헌 철폐가 무슨 뜻인지 잘 몰랐어요. 다만 1980년 5월의 경험과 전두환이라는 인물을 통해 당시 우리나라가 독재 국가라고 인식하고 있었습니다. 그래서 시위에 참여했어요.

　당시 민주 헌법 쟁취 국민 운동 본부가 지정했던 국민 평화 대행진 구호가 '동장에서 대통령까지 내 손으로'였어요. 이 구호가 담긴 현수막을 만들면 감옥에 갈 수도 있었지만, 스프레이와 천을 사다가 밤에 건물 옥상에서 이 글귀를 현수막에다가 적었어요.

① 굴욕적인 한 · 일 국교 정상화에 반대하였다.
② 5년 단임의 대통령 직선제 개헌을 이끌어냈다.
③ 시위 과정에서 시민군이 자발적으로 조직되었다.
④ 3선 개헌 반대 범국민 투쟁 위원회를 결성하였다.
⑤ 대통령 중심제에서 의원 내각제로 바뀌는 계기가 되었다.

[47~48] 다음을 읽고 물음에 답하시오.

(가) ㉠ 왕은 5월에 교서를 내려 문무 관료들에게 토지를 차등 있게 주었다. …… 봄 정월에 중앙과 지방 관리들의 녹읍을 폐지하고 해마다 조를 차등 있게 주고 이를 일정한 법으로 삼았다.

(나) 처음으로 직관(職官) · 산관(散官)의 각 품의 전시과를 제정하였는데, 관품의 높고 낮은 것은 논하지 않고 다만 인품만 가지고 전시과의 등급을 결정하였다.

(다) 도평의사사에서 글을 올려 과전을 지급하는 법을 정할 것을 청하니, 그 의견을 따랐다. 경기는 사방의 근본이므로 마땅히 과전을 설치하여 사대부를 우대하여야 한다. 무릇 수도에 거주하며 왕실을 지키는 자는 현직, 산직(散職)을 불문하고 각각 과(科)에 따라 받게 한다.

(라) 만약 그 자신이 죽고 그 아내에게 미치게 되면 수신전이라 일컬었고, 부부가 다 죽고 그 아들에게 전해지면 휼양전이라 일컬었으며, 만약 그 아들이 관직에 제수되더라도 그대로 그 전지를 주고는 과전이라 일컬었는데, …… ㉡ 왕께서 이를 없애고, 현직 관리에게 주어 직전(職田)이라 하였던 것입니다.

47 (가)~(라)를 일어난 순서대로 옳게 나열한 것은? (3점)

① (가) - (나) - (다) - (라)
② (가) - (나) - (라) - (다)
③ (나) - (가) - (라) - (다)
④ (나) - (다) - (가) - (라)
⑤ (다) - (라) - (나) - (가)

48 ㉠, ㉡ 왕에 대한 설명으로 옳은 것을 | 보기 |에서 고른 것은? (2점)

| 보기 |
ㄱ. ㉠ - 병부를 처음으로 설치하였다.
ㄴ. ㉠ - 전국에 9주 5소경을 설치하였다.
ㄷ. ㉡ - 6조 직계제를 시행하였다.
ㄹ. ㉡ - 초계문신제를 실시하였다.

① ㄱ, ㄴ   ② ㄱ, ㄷ   ③ ㄴ, ㄷ   ④ ㄴ, ㄹ   ⑤ ㄷ, ㄹ

49 다음 뉴스가 보도된 정부 시기의 사실로 옳은 것은? (2점)

문교부가 중고등학생의 교복과 두발을 자율화하겠다고 발표한 데 이어, 오늘부터 야간 통행 금지 해제가 본격 적용되었습니다. 시민들은 새벽 거리를 활보하며 37년 만에 되찾은 24시간의 자유를 만끽하게 되었습니다.

① 서울 올림픽 대회가 개최되었다.
② 보도 지침으로 언론이 통제되었다.
③ 삼풍 백화점 붕괴 사고가 일어났다.
④ 양성 평등의 실현을 위해 호주제가 폐지되었다.
⑤ 사회 통합을 위한 다문화 가족 지원법이 시행되었다.

50 (가) 지역을 지도에서 옳게 찾은 것은? (1점)

(가) 의 명소

천연 보호구역 우포늪이 있는 (가) 의 자연과 역사를 소개하는 채널입니다.

홈   동영상   재생목록   커뮤니티   채널   정보   >

업로드한 동영상 ∨   정렬 기준

화왕산성 아래   만옥정 공원에서 둘러본   술정리에서 바라본
교동과 송현동 고분군   신라 진흥왕 척경비   동 삼층 석탑
조회수 1,209회   조회수 212회   조회수 721회

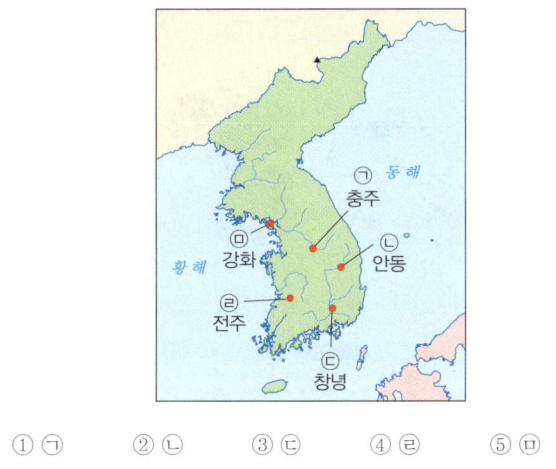

① ㉠   ② ㉡   ③ ㉢   ④ ㉣   ⑤ ㉤

01 (가) 시대의 생활 모습으로 옳은 것은? (1점)

[체험 프로그램 기획안]

(가) **시대로 떠나는 시간 여행**

■ 기획 의도

　뗀석기를 처음 사용한　(가)　시대 사람들의 생활을 다양한 활동을 통해 체험할 수 있는 기회를 마련하고자 함.

■ 체험 프로그램 예시

[주먹도끼로 고기 자르기]　[마찰식 점화법으로 불 피우기]

■ 장소 : 연천 전곡리 유적 체험 마당

① 주로 동굴이나 바위 그늘에서 살았다.
② 청동 방울 등을 의례 도구로 사용하였다.
③ 따비와 괭이로 땅을 갈아 농사를 지었다.
④ 거푸집을 이용하여 세형동검을 제작하였다.
⑤ 빗살무늬 토기를 만들어 식량을 저장하였다.

02 다음 검색창에 들어갈 나라에 대한 설명으로 옳은 것은? (2점)

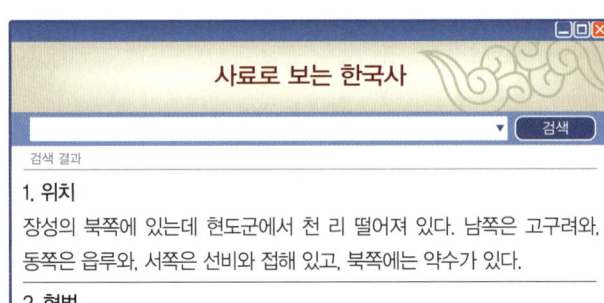

사료로 보는 한국사

[　　　　　　　　　　　▼] [검색]

검색 결과

1. 위치

장성의 북쪽에 있는데 현도군에서 천 리 떨어져 있다. 남쪽은 고구려와, 동쪽은 읍루와, 서쪽은 선비와 접해 있고, 북쪽에는 약수가 있다.

2. 형벌

형벌은 엄하고 각박하여 사람을 죽인 자는 사형에 처하고 그 집안사람은 적몰(籍沒)하여 노비로 삼았다. 도둑질을 하면 [도둑질한 물건의] 12배를 변상케 했다.

3. 풍습

전쟁을 하게 되면 그때도 하늘에 제사를 지내고, 소를 잡아서 그 발굽을 보아 길흉을 점치는데, 발굽이 갈라지면 흉하고 발굽이 붙으면 길하다고 생각했다.

① 신성 지역인 소도가 있었다.
② 혼인 풍습으로 민며느리제가 있었다.
③ 읍락 간의 경계를 중시하는 책화가 있었다.
④ 여러 가(加)들이 각각 사출도를 주관하였다.
⑤ 사회 질서를 유지하기 위해 범금 8조를 만들었다.

03 (가) 나라에 대한 설명으로 옳은 것은? (1점)

특별 기획   큐레이터와의 대화

유물을 통해 본 [(가)]의 대외 교류

우리 박물관에서는 수로왕이 건국했다고 전해지는 [(가)]의 유물을 큐레이터가 직접 설명하는 행사를 마련하였습니다. 이번 행사를 통해 [(가)]의 활발했던 대외 교류에 대해서 알아보는 뜻깊은 시간을 가져 보시기 바랍니다.

■ 주요 해설 유물

중국과 교류를 보여 주는 금동허리띠	왜와 교류를 보여 주는 바람개비모양 동기	북방과 교류를 보여 주는 청동솥

■ 기간 : 2024년 ○○월 ○○일~○○월 ○○일
■ 장소 : △△ 박물관

① 법흥왕 때 신라에 복속되었다.
② 서옥제라는 혼인 풍습이 있었다.
③ 6좌평이 중요한 국사를 논의하였다.
④ 만장일치제로 운영된 화백 회의가 있었다.
⑤ 지방에 22담로를 두어 왕족을 파견하였다.

04 (가) 인물에 대한 설명으로 옳은 것은? (3점)

왕이 고구려가 자주 국경을 침략하는 것을 걱정하여 수에 군사를 요청해 고구려를 치고자 하였다. 이에 [(가)]에게 명하여 걸사표를 짓도록 하였다. [(가)]이/가 말하기를, "자기가 살고자 남을 멸하는 것은 출가한 승려로서 적합한 행동은 아니지만, 제가 대왕의 땅에서 살고 대왕의 물과 풀을 먹고 있으니 어찌 감히 명을 따르지 않겠습니까."라고 하면서 글을 써서 올렸다.

① 구법 순례기인 왕오천축국전을 남겼다.
② 황룡사 구층 목탑의 건립을 건의하였다.
③ 무애가를 지어 불교 대중화에 기여하였다.
④ 사군이충 등을 포함한 세속 5계를 제시하였다.
⑤ 풍수지리 사상이 반영된 송악명당기를 저술하였다.

05 (가)~(다) 학생이 발표한 내용을 일어난 순서대로 옳게 나열한 것은? (2점)

[한국사 주제 발표]

백제의 성장과 발전

도읍을 사비로 옮기고, 국호를 남부여라고 하였어요.

동진에서 온 마라난타를 통해 불교를 수용하였어요.

고구려의 평양성을 공격하고 황해도 일부 지역을 차지하였어요.

(가)   (나)   (다)

① (가) – (나) – (다)
② (가) – (다) – (나)
③ (나) – (가) – (다)
④ (나) – (다) – (가)
⑤ (다) – (나) – (가)

06 밑줄 그은 '왕'에 대한 설명으로 옳은 것은? (2점)

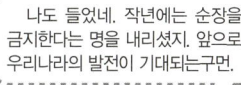

여러 신하들이 국호를 신라로 확정하고 임금의 호칭을 신라 국왕으로 하자고 건의하니, 왕께서 이를 따르셨다고 하네.

나도 들었네. 작년에는 순장을 금지한다는 명을 내리셨지. 앞으로 우리나라의 발전이 기대되는구먼.

① 병부와 상대등을 설치하였다.
② 백제 비유왕과 동맹을 체결하였다.
③ 이사부를 보내 우산국을 복속시켰다.
④ 매소성 전투에서 당의 군대를 격파하였다.
⑤ 김흠돌의 난을 진압하고 귀족들을 숙청하였다.

07 (가)에 해당하는 국가유산으로 옳은 것은? `2점`

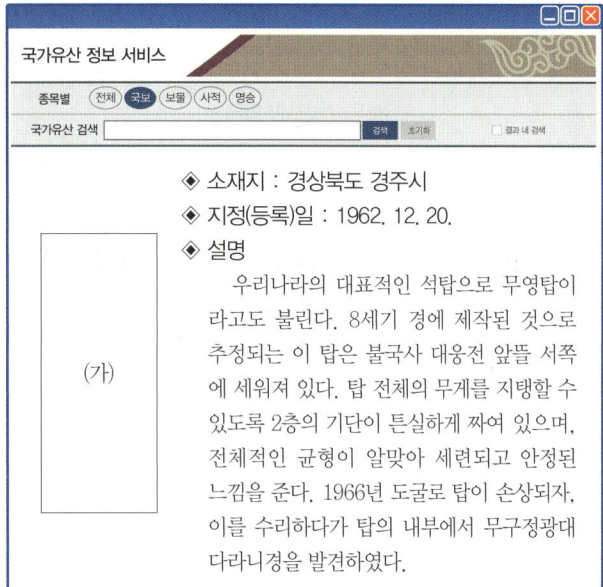

국가유산 정보 서비스

종목별 [전체] [국보] [보물] [사적] [명승]

국가유산 검색 [　　　　　　　] [검색] [초기화]　□ 결과 내 검색

◆ 소재지 : 경상북도 경주시
◆ 지정(등록)일 : 1962. 12. 20.
◆ 설명

(가)

　우리나라의 대표적인 석탑으로 무영탑이라고도 불린다. 8세기 경에 제작된 것으로 추정되는 이 탑은 불국사 대웅전 앞뜰 서쪽에 세워져 있다. 탑 전체의 무게를 지탱할 수 있도록 2층의 기단이 튼실하게 짜여 있으며, 전체적인 균형이 알맞아 세련되고 안정된 느낌을 준다. 1966년 도굴로 탑이 손상되자, 이를 수리하다가 탑의 내부에서 무구정광대다라니경을 발견하였다.

①  ②  ③

④  ⑤

08 다음 상황 이후에 전개된 사실로 옳은 것은? `3점`

　12월에 황제가 함원전에서 포로를 받아들였다. [황제가] 왕은정사를 자기가 한 것이 아니라 하였기에 용서하여 사평태상백원외동정으로 삼았다. 천남산은 사재소경으로, 승려 신성은 은청광록대부로, 천남생은 우위대장군으로 삼았다. …… 천남건은 검주(黔州)로 유배를 보냈다. 5부, 176성, 69만여 호를 나누어 9도독부, 42주, 100현으로 만들고, 평양에 안동도호부를 두어 이를 통치하게 하였다.
－ 『삼국사기』 －

① 안승이 보덕국왕으로 임명되었다.
② 을지문덕이 살수에서 대승을 거두었다.
③ 김춘추가 당과의 군사 동맹을 성사시켰다.
④ 의자왕이 윤충을 보내 대야성을 함락하였다.
⑤ 연개소문이 정변을 일으켜 영류왕을 시해하였다.

09 다음 사건이 일어난 시기를 연표에서 옳게 고른 것은? `2점`

　개원(開元) 20년에 발해가 천자의 조정을 원망하여 군사를 거느리고 등주(登州)를 습격하여 자사 위준을 살해하였습니다. 이에 황제께서 크게 노하여 하행성 등에게 군사를 징발하여 바다를 건너 공격해 토벌하도록 명하였습니다. 아울러 당에 숙위하고 있던 신라인 김사란을 귀국시켜 신라로 하여금 발해를 공격하도록 하였습니다. …… 겨울은 깊어 가고 눈이 많이 내려 신라와 당의 군대가 추위에 고생하므로 회군을 명령하였습니다.

	(가)		(나)		(다)		(라)		(마)	

발해 건국　무왕 즉위　문왕 상경 천도　선왕 즉위　고려 건국　발해 멸망

① (가)　② (나)　③ (다)　④ (라)　⑤ (마)

10 다음 자료에 나타난 시기의 경제 상황으로 옳은 것은? `1점`

　왕이 제서(制書)를 내리기를, "백성을 부유하게 하고 국가를 이롭게 하는 것으로 전화(錢貨)만큼 중요한 것이 없다. 서북의 양조(兩朝)에서는 이를 행한 지 이미 오래되었으나 우리나라는 홀로 아직 행하지 않고 있다. 이제 처음으로 화폐를 주조하는 법을 제정하고, 이에 따라 주조한 동전 15,000관(貫)을 재추(宰樞)와 문무 양반 및 군인에게 나누어 하사하여 화폐 사용의 시작점으로 삼고자 한다. 전문(錢文)은 해동통보라고 한다."라고 하였다.

① 송상이 전국 각지에 송방을 두었다.
② 감자, 고구마 등의 구황 작물이 재배되었다.
③ 시장을 감독하는 관청인 동시전이 설치되었다.
④ 예성강 하구의 벽란도가 국제 무역항으로 번성하였다.
⑤ 설점수세제의 시행으로 민간의 광산 개발이 허용되었다.

11 (가), (나) 사이의 시기에 있었던 사실로 옳은 것은?

(3점)

> (가) 처음으로 역분전을 정하였다. 통일할 때 조정의 관리들과 군사들에게 관계(官階)는 논하지 않고, 그 사람의 성품과 행동이 착하고 악함과 공로가 크고 작음을 참작하여 차등 있게 주었다.
>
> (나) 12월에 문무 양반 및 군인들의 전시과를 개정하였다. 제1과는 전지 100결, 시지 70결을 지급한다. …… 제18과는 전지 20결을 지급한다. 이 한(限)에 들지 못한 자에게는 모두 전지 17결을 주기로 하고 이것을 통상의 법식으로 한다.

① 경기에 한하여 과전법이 실시되었다.
② 쌍기의 건의로 과거제가 시행되었다.
③ 신돈이 전민변정도감의 책임자가 되었다.
④ 만적이 개경에서 노비를 모아 반란을 모의하였다.
⑤ 최충헌이 봉사 10조를 올려 시정 개혁을 건의하였다.

12 (가) 인물의 활동으로 옳은 것은?

(2점)

> ○ 북원의 도적 우두머리인 양길은 __(가)__ 이/가 자신을 배신한 것을 미워하여 국원 등 10여 곳의 성주들과 그를 칠 것을 모의하고 비뇌성 아래로 진군하였다. 그러나 양길의 병사는 패배하여 흩어져 달아났다.
>
> — 『삼국사기』 —
>
> ○ [태조가] 수군을 거느리고 서해로부터 광주(光州) 부근에 이르러 금성군을 쳐서 함락하고 10여 군현을 공격하여 차지하였다. 이에 금성군을 고쳐서 나주라 하고 군사를 나누어서 지키게 한 뒤 돌아왔다. …… __(가)__ 이/가 변경의 일을 물었는데, 태조가 변방을 안정시키고 경계를 넓힐 전략을 보고하였다. 좌우의 신하가 모두 [태조를] 주목하게 되었다.
>
> — 『고려사』 —

① 일리천 전투에서 신검의 군대를 물리쳤다.
② 9산 선문 중 하나인 가지산문을 개창하였다.
③ 문무 관료전을 지급하고 녹읍을 폐지하였다.
④ 광평성을 비롯한 각종 정치 기구를 마련하였다.
⑤ 정계와 계백료서를 지어 관리의 규범을 제시하였다.

13 (가)에 들어갈 내용으로 가장 적절한 것은?

(2점)

① 국자감에 전문 강좌인 7재를 개설하였어.
② 사액 서원에 서적과 노비 등을 지급하였어.
③ 독서삼품과를 실시하여 인재를 등용하였어.
④ 초계문신제를 시행하여 문신을 재교육하였어.
⑤ 흥왕사에 교장도감을 두고 속장경을 편찬하였어.

14 다음 서술형 평가의 답안에 들어갈 내용으로 가장 적절한 것은?

(1점)

> **서술형 평가**   ○학년 ○○반 이름 : ○○○
>
> ◎ 다음 상황들이 나타난 시기의 사회 모습을 서술하시오.
>
> ○ 이의방은 평소 자기를 핍박하는 이고를 미워하였는데, 이고가 난을 모의한다는 말을 듣고 그를 살해하였다.
>
> ○ 서경유수 조위총이 반란을 일으켰는데, 두경승이 향산동 통로역에서 반란군을 패퇴시켰다.
>
> ○ 최우가 정방(政房)을 자기 집에 설치하고 문사를 선발하여 여기에 소속시켰다.
>
> 답안 |

① 서얼이 통청 운동을 전개하였다.
② 청해진을 거점으로 국제 무역이 이루어졌다.
③ 왕조 교체를 예언하는 정감록 등이 유포되었다.
④ 망이 · 망소이의 난 등 하층민의 봉기가 발생하였다.
⑤ 역관들이 시사(詩社)에 참여해 위항 문학 활동을 하였다.

15 (가)에 대한 고려의 대응으로 옳은 것은? `2점`

> ○ 박서는 김중온의 군사로 성의 동서쪽을, 김경손의 군사로는 성의 남쪽을, 별초 250여 인은 나누어 3면을 지키게 하였다. (가) 의 군사들이 성을 여러 겹으로 포위하고 공격하자 성안의 군사들이 갑자기 나가 싸워 그들을 패주시켰다.
>
> ○ 송문주는 귀주에서 종군하였던 사람인데 그 공으로 낭장(郎將)으로 초수(超受)되었다. 이후 죽주 방호별감이 되었을 때, (가) 이/가 죽주성에 이르러 보름 동안이나 다방면으로 공격하였으나 성을 빼앗지 못하고 물러갔다.

① 강화도로 도읍을 옮겨 항전하였다.
② 광군을 창설하여 침입에 대비하였다.
③ 화통도감을 설치하여 군사력을 증강하였다.
④ 철령위 설치에 반발하여 요동 정벌을 추진하였다.
⑤ 신기군, 신보군, 항마군으로 구성된 별무반을 창설하였다.

16 (가) 국가의 국가유산으로 옳지 않은 것은? `1점`

□□신문

제△△호 　　　　　　　　　　2024년 ○○월 ○○일

'국보 순회전: 모두의 곁으로', 강진군에서 열려

▲ 청자 상감 모란무늬 항아리

국립중앙박물관이 지역 간의 문화 격차를 해소하기 위해 기획한 국보 순회전이 전남 강진군에서 '도자기에 핀 꽃, 상감 청자'를 주제로 개최된다. 이번 전시에서는 청자 상감 모란무늬 항아리, 청자 상감 물가풍경무늬 매병 등 (가) 의 대표적인 국가유산인 상감 청자가 공개된다. 특히 국보 '청자 상감 모란무늬 항아리'는 왕실 자기의 전형을 보여 주는 유물로 모란을 정교하고 화려하면서도 사실적으로 묘사하였다는 평가를 받는다. 전시회 관계자는 "상감 청자의 생산지였던 강진군에서 개최되어 더 큰 의미가 있다."라고 밝혔다.

①
②
③
④
⑤

17 다음 가상 인터뷰의 주인공에 대한 설명으로 옳은 것은? `3점`

최근에 역옹패설을 저술하셨는데 독자들이 관심 가질 만한 내용을 소개해 주세요.

고위 관리 유청신이 원의 사신과 몽골말로 직접 대화하자 홍자번이 역관을 심하게 꾸짖었고, 이에 유청신이 부끄러워 한 일화가 실려 있습니다.

① 불씨잡변을 지어 불교를 비판하였다.
② 정혜결사를 통해 불교 개혁에 앞장섰다.
③ 청방인문표를 지어 인질의 석방을 요구하였다.
④ 고구려 계승 의식을 강조한 동명왕편을 지었다.
⑤ 만권당에서 조맹부, 요수 등의 문인들과 교유하였다.

18 (가) 지역에서 있었던 사실로 옳은 것은? `3점`

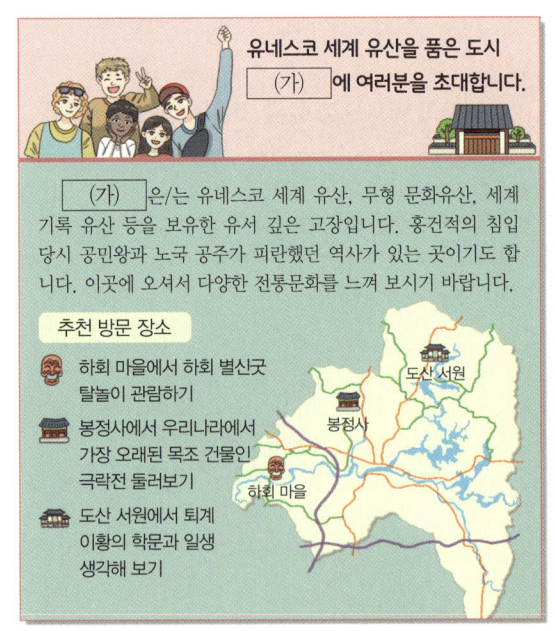

유네스코 세계 유산을 품은 도시 (가) 에 여러분을 초대합니다.

(가) 은/는 유네스코 세계 유산, 무형 문화유산, 세계 기록 유산 등을 보유한 유서 깊은 고장입니다. 홍건적의 침입 당시 공민왕과 노국 공주가 피란했던 역사가 있는 곳이기도 합니다. 이곳에 오셔서 다양한 전통문화를 느껴 보시기 바랍니다.

추천 방문 장소
- 하회 마을에서 하회 별신굿 탈놀이 관람하기
- 봉정사에서 우리나라에서 가장 오래된 목조 건물인 극락전 둘러보기
- 도산 서원에서 퇴계 이황의 학문과 일생 생각해 보기

① 왕건이 고창 전투에서 견훤에게 승리하였다.
② 묘청이 반란을 일으키고 국호를 대위라 하였다.
③ 흥덕사에서 금속 활자본인 직지심체요절이 간행되었다.
④ 정중부를 비롯한 무신들이 보현원에서 정변을 일으켰다.
⑤ 이성계를 중심으로 한 고려군이 황산에서 왜구를 격퇴하였다.

19 밑줄 그은 '임금'의 재위 시기에 있었던 사실로 옳은 것은? (2점)

임금이 무악에 이르러서 도읍을 정할 땅을 물색하였다. 좌시중 조준, 우시중 김사형에게 말하였다. "고려 말에 서운관에서 송도의 지덕이 이미 쇠했다는 이유로 여러 번 글을 올려 한양으로 도읍을 옮기자고 하였다. 근래에는 계룡이 도읍할 만한 곳이라 하기에 백성을 공사에 동원하여 힘들게 하였다. 이제 또 여기가 도읍할 만한 곳이라 하여 와서 보니, 유한우 등이 도리어 무악보다는 송도가 더 명당이라고 고집한다. 그대들은 도읍할 만한 곳을 서운관 관리에게 다시 보고받도록 하라."

① 독창적 문자인 훈민정음이 반포되었다.
② 수도 방어를 위하여 금위영이 창설되었다.
③ 조선의 기본 법전인 경국대전이 완성되었다.
④ 왕위 계승을 둘러싸고 왕자의 난이 발생하였다.
⑤ 성삼문 등이 상왕의 복위를 꾀하다가 처형되었다.

20 (가) 기구에 대한 설명으로 옳은 것은? (2점)

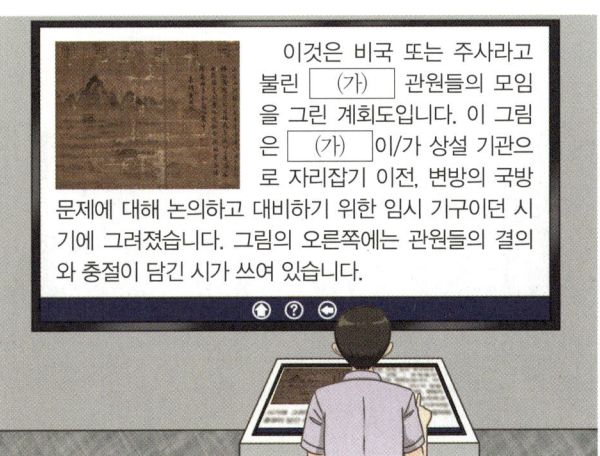

이것은 비국 또는 주사라고 불린 [(가)] 관원들의 모임을 그린 계회도입니다. 이 그림은 [(가)] 이/가 상설 기관으로 자리잡기 이전, 변방의 국방 문제에 대해 논의하고 대비하기 위한 임시 기구이던 시기에 그려졌습니다. 그림의 오른쪽에는 관원들의 결의와 충절이 담긴 시가 쓰여 있습니다.

① 수도의 행정과 치안을 담당하였다.
② 흥선 대원군이 집권한 시기에 혁파되었다.
③ 국왕 직속 사법 기구로 반역죄 등을 다루었다.
④ 5품 이하의 관리 임명에 대한 서경권을 행사하였다.
⑤ 도승지를 수장으로 좌승지, 우승지 등의 관직을 두었다.

21 밑줄 그은 '이 사건'에 대한 설명으로 옳은 것은? (2점)

이곳은 이언적의 위패를 모신 경주 옥산서원입니다. 이언적은 이른바 대윤과 소윤이라는 정치 세력 간의 갈등으로 윤임 등 대윤 세력이 탄압받은 이 사건 당시 관련자들의 처리를 두고 갈등이 생기자 스스로 관직에서 물러났습니다. 이후 양재역 벽서 사건에 연루되어 유배되었습니다.

① 김종직의 조의제문이 발단이 되었다.
② 폐비 윤씨 사사 사건이 원인이 되었다.
③ 왕실 외척 간의 권력 다툼으로 일어났다.
④ 진성 대군이 왕으로 즉위하는 결과를 가져왔다.
⑤ 조광조 등이 반정 공신의 위훈 삭제를 주장하였다.

22 (가), (나) 사이의 시기에 있었던 사실로 옳은 것은? (2점)

(가) 임금이 여러 도(道)에 명을 내렸다. "나라의 운세가 매우 좋지 않아 역적 이괄이 군사를 일으켰는데, 여러 장수들이 좌시하여 수도가 함락되고 말았다. …… 예로부터 반역은 어느 시대에나 있었지만, 이처럼 극도로 흉악한 역적은 없었다. 종사와 자전*을 염려하여 남쪽으로 피란하기로 결정하였다."

(나) 정명수가 심양에 있는 소현 세자의 관소에 와서 용골대의 뜻을 전하기를, "세자가 이곳에 들어온 지가 이미 5년이 되었으니, 어찌 스스로 먹고살 길을 마련하지 않는가. 세자와 인질들에게 어찌 먹고살 식량을 늘 지급해 줄 수가 있겠는가. 경작할 땅을 주어 내년부터 각자 농사를 지어 먹도록 함이 마땅하다."라고 하였다. *자전(慈殿): 임금의 어머니

① 정문부가 길주에서 의병을 이끌었다.
② 삼수병으로 구성된 훈련도감이 설치되었다.
③ 영창 대군이 사사되고 인목 대비가 유폐되었다.
④ 이덕형이 구원병 요청을 위해 명에 청원사로 파견되었다.
⑤ 김상헌 등이 남한산성에서 화의에 반대하여 항전을 주장하였다.

23 다음 자료를 활용한 탐구 활동으로 가장 적절한 것은?

2점

좌의정 채제공이 왕에게 아뢰었다. "빈둥거리는 무뢰배가 삼삼오오 떼를 지어 스스로 상점을 개설하고 일용품을 거래하는 일이 많아졌습니다. 그들은 큰 물건에서 작은 물건까지 싼값에 억지로 사들이기 일쑤입니다. 혹 물건 주인이 말을 듣지 않으면 난전(亂廛)으로 몰아서 결박하여 형조와 한성부로 끌고 가 혹독한 형벌을 당하도록 합니다. 이 때문에 물건 주인은 본전에서 밑지더라도 어쩔 수 없이 팔고 갑니다. 그리고 무뢰배들은 제각기 가게를 벌여놓고 배나 되는 값을 받습니다. 어쩔 수 없이 사야 하는 사람은 그 가게 외에서는 물건을 구할 수 없기 때문에, 물건 값이 날마다 치솟고 있습니다."

① 계해약조의 체결 과정을 확인한다.
② 오가작통법의 실시 목적을 파악한다.
③ 신해통공을 단행하게 된 배경을 조사한다.
④ 토지 소유자에게 결작을 부과한 이유를 살펴본다.
⑤ 풍흉에 따라 전세를 차등 부과하는 기준을 알아본다.

24 밑줄 그은 '이 왕'의 재위 시기에 있었던 사실로 옳은 것은?

2점

이것은 조선과 청 사이의 경계를 나타내고자 세운 비석의 탁본입니다. 비석에 대해 자세히 설명해 주시겠어요?

이 비석은 국경을 분명히 하기 위해 청에서 파견한 오라총관 목극등과 이 왕이 보낸 조선의 관리들이 현지를 답사하고 세웠습니다. 비석에는 서쪽은 압록강, 동쪽은 토문강을 경계로 한다는 내용이 새겨져 있습니다.

① 최제우가 혹세무민의 죄로 처형되었다.
② 변급, 신류 등이 나선 정벌에 참여하였다.
③ 국왕의 친위 부대인 장용영이 창설되었다.
④ 경신환국 등 여러 차례 환국이 발생하였다.
⑤ 정여립 모반 사건을 빌미로 기축옥사가 일어났다.

25 밑줄 그은 '이 인물'에 대한 설명으로 옳은 것은?

2점

이것은 이 인물이 제주도 유배지에서 부인에게 보낸 한글 편지입니다. 편지에는 유배 생활의 곤궁함과 함께 위독한 부인에 대한 걱정과 그리움이 담겨 있습니다. 독창적인 서체로 유명한 이 인물은 유배지에서 세한도를 그리기도 하였습니다.

① 기대승과 사단칠정 논쟁을 전개하였다.
② 북한산비가 진흥왕 순수비임을 고증하였다.
③ 양명학을 연구하여 강화학파를 형성하였다.
④ 청으로부터 시헌력을 도입하자고 건의하였다.
⑤ 열하일기에서 수레와 선박의 사용을 강조하였다.

26 다음 가상 대화가 이루어진 시기에 볼 수 있는 모습으로 적절하지 <u>않은</u> 것은?

2점

며칠 전 주상께서 각 궁방과 중앙 관청에 소속된 노비를 모두 양민으로 삼고, 노비 문서를 거두어 불태우라고 명하셨다는군.

나도 들었네. 선왕께서 노비 추쇄관을 혁파하셨는데, 그 뜻을 이어받으신 것 아니겠는가.

① 담배 농사를 짓는 농민
② 염포 왜관에서 교역하는 상인
③ 세책가에서 춘향전을 빌리는 부녀자
④ 관청에 필요한 물품을 납품하는 공인
⑤ 송파장에서 산대놀이 공연을 벌이는 광대

27 밑줄 그은 '이 시기'에 있었던 사실로 옳은 것은?

(2점)

> 이 우표 속 그림은 국왕의 혼인을 축하하기 위해 거행된 진하례 모습을 그린 궁중 행사도입니다. 그림에 보이는 왕실 행사의 화려함과는 달리 안동 김씨 등 외척 세력이 세 왕에 걸쳐 60여 년 동안 권력을 잡은 <u>이 시기</u>에는 국왕의 실권이 많이 위축되었습니다.

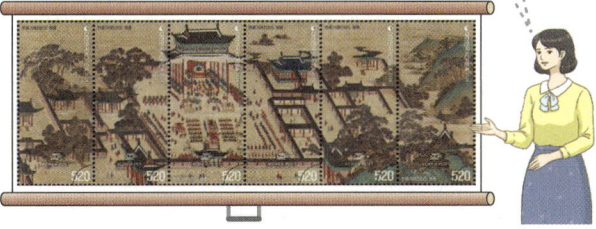

① 어영청을 중심으로 북벌이 추진되었다.
② 윤지충 등이 처형된 신해박해가 일어났다.
③ 이필제가 영해 지역을 중심으로 난을 일으켰다.
④ 경복궁 중건 비용 마련을 위해 당백전이 발행되었다.
⑤ 삼정의 문란을 해결하기 위해 삼정이정청이 설치되었다.

28 (가) 사건 이후에 일어난 사실로 옳은 것은?

(1점)

> 3년 전 우리나라에서 전시한 어재연 장군의 수자기를 찍은 사진이야. 어재연 장군은 미군이 강화도를 침략한 ___(가)___ 당시 광성보에서 항전하였어.

> 맞아. 이 수자기는 그때 빼앗겼다가 많은 노력 끝에 대여 형식으로 들어와 실물을 볼 수 있었지. 안타깝게도 지금은 미국으로 다시 돌아가 언제 돌아올 수 있을지 모른다고 해.

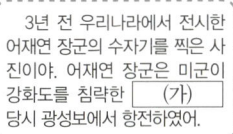

① 의궤를 비롯한 외규장각 도서가 약탈당하였다.
② 홍경래 등이 난을 일으켜 정주성을 점령하였다.
③ 종로를 비롯한 전국 각지에 척화비가 건립되었다.
④ 제너럴셔먼호가 대동강 유역에서 통상을 요구하였다.
⑤ 황사영이 외국 군대의 출병을 요청하는 백서를 작성하였다.

29 (가), (나) 조약 사이의 시기에 볼 수 있는 모습으로 가장 적절한 것은?

(3점)

> (가) 부산항에서 일본국 인민이 통행할 수 있는 도로 이정(里程)은 부두로부터 기산하여 조선 이법(里法)으로 동서남북 직경 10리로 정한다. 동래부는 이정 밖에 있지만 특별히 왕래할 수 있다. 일본국 인민은 마음대로 통행하며 조선 토산물과 일본국 물품을 사고팔 수 있다.
>
> (나) 통상 지역에서 조선 이법 100리 이내, 혹은 장래 양국 관원이 서로 의논하여 정하는 경계 안에서 영국 인민은 여행증명서 없이 마음대로 돌아다닐 수 있다. 여행증명서를 지닌 영국 인민은 조선 각지를 돌아다니며 통상하거나, 각종 화물을 들여와 팔거나(단, 조선 정부가 불허한 서적·인쇄물 등은 제외), 일체 토산물을 구매할 수 있다.

① 거문도를 불법으로 점거하는 영국 군인
② 남연군 묘의 도굴을 시도하는 독일 상인
③ 부산 절영도의 조차를 요구하는 러시아 공사
④ 조·청 상민 수륙 무역 장정을 체결하는 청 관리
⑤ 톈진 조약에 따라 조선에서 철수하는 일본 군인

30 (가)에 대한 설명으로 옳은 것은?

(2점)

한국의 무형문화유산 - ___(가)___

史 한국사 알림이 채널   조회 수 202,408

> 궁중 무용 중 유일하게 사람 형상의 가면을 쓰고 추는 춤으로 5명이 중앙과 동서남북을 상징하는 5가지 색깔의 옷을 입고 춤을 춥니다. 가면의 팥죽색은 악귀를 물리치는 벽사의 의미를 담고 있습니다. 2009년 '유네스코 무형문화유산'으로 등재되었습니다.

① 처용 설화를 바탕으로 하였다.
② 종묘에서 행하는 제향 의식이다.
③ 부처의 영취산 설법 모습을 재현하였다.
④ 창과 아니리, 너름새 등으로 구성되었다.
⑤ 양반, 파계승 등을 풍자하는 내용이 담겨 있다.

31 밑줄 그은 '개혁'의 내용으로 옳은 것은? (2점)

어제 발행된 관보를 보았는가? 지난 8월 국모 시해 사건 이후 김홍집 내각에서 추진한 개혁의 일환으로 태양력을 시행한다더니, 그에 맞추어 연호를 새로 정하라는 조칙이 내려졌군.

그래서 내일부터 양력 1월 1일이 시작되고, 새로운 연호는 건양으로 정해졌다고 하네.

① 양전 사업을 실시하여 지계를 발급하였다.
② 지방 행정 구역을 8도에서 23부로 개편하였다.
③ 군제를 개편하여 친위대와 진위대를 설치하였다.
④ 공사 노비법을 혁파하고 과부의 재가를 허용하였다.
⑤ 교육의 기본 방향을 제시한 교육 입국 조서를 반포하였다.

32 (가) 기구를 통해 추진된 정책으로 옳은 것은? (2점)

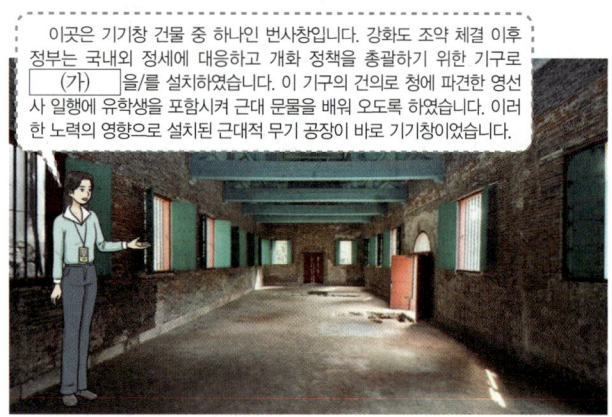

이곳은 기기창 건물 중 하나인 번사창입니다. 강화도 조약 체결 이후 정부는 국내외 정세에 대응하고 개화 정책을 총괄하기 위한 기구로 (가) 을/를 설치하였습니다. 이 기구의 건의로 청에 파견한 영선사 일행에 유학생을 포함시켜 근대 문물을 배워 오도록 하였습니다. 이러한 노력의 영향으로 설치된 근대적 무기 공장이 바로 기기창이었습니다.

① 별기군을 창설하였다.
② 원수부를 설치하였다.
③ 대전통편을 편찬하였다.
④ 신문지법을 공포하였다.
⑤ 서당 규칙을 제정하였다.

33 (가) 신문에 대한 설명으로 옳은 것은? (1점)

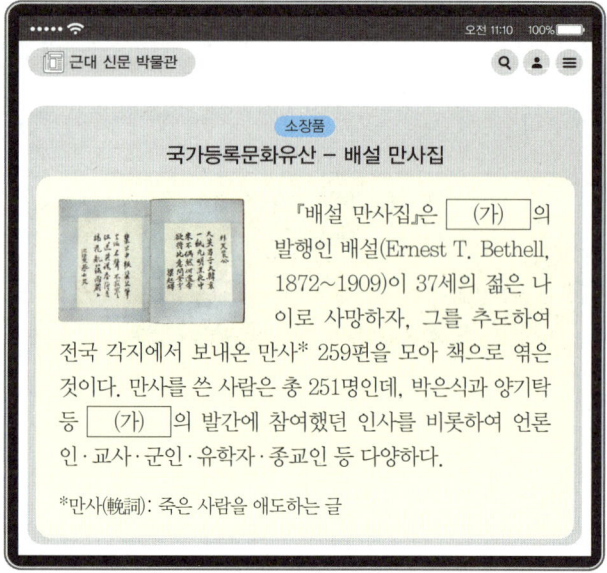

근대 신문 박물관

소장품
국가등록문화유산 – 배설 만사집

『배설 만사집』은 (가) 의 발행인 배설(Ernest T. Bethell, 1872~1909)이 37세의 젊은 나이로 사망하자, 그를 추도하여 전국 각지에서 보내온 만사* 259편을 모아 책으로 엮은 것이다. 만사를 쓴 사람은 총 251명인데, 박은식과 양기탁 등 (가) 의 발간에 참여했던 인사를 비롯하여 언론인·교사·군인·유학자·종교인 등 다양하다.

*만사(輓詞): 죽은 사람을 애도하는 글

① 박문국에서 발행하였다.
② 브나로드 운동을 주도하였다.
③ 여권통문을 처음 게재하였다.
④ 국채 보상 운동을 지원하였다.
⑤ 순한글판으로 발행된 최초의 신문이었다.

34 (가) 단체의 활동으로 옳은 것은? (2점)

독립문 주춧돌 놓는 예식을 독립 공원 부지에서 열었다. …… 회장 안경수 씨가 연설하기를, "(가) 이/가 처음에 시작할 때 단지 회원이 네다섯 명이더니 오늘날 회원은 수천 명이다. 조선 인민들이 나라가 독립되는 것을 좋아하기에 심지어 궁벽한 시골에 사는 인민 중에서 독립문 세우는 데 돈을 보조하는 사람들이 있으며, 외국 사람 중에서도 돈 낸 사람들이 많이 있었다. 이것을 보면 조선 사람들도 오늘부터 조선에서 모든 일을 (가) 하듯이 시작하여 모두 합심하기를 바란다."라고 하였다.

① 고종 강제 퇴위 반대 운동을 전개하였다.
② 일제의 황무지 개간권 요구를 저지시켰다.
③ 중추원 개편을 통한 의회 설립을 추진하였다.
④ 대성 학교를 설립하여 민족 교육을 실시하였다.
⑤ 독립운동 자금 마련을 위해 독립 공채를 발행하였다.

35 밑줄 그은 '사업'에 대한 탐구 활동으로 가장 적절한 것은? (2점)

화폐로 보는 한국사

백동화(白銅貨)는 전환국에서 발행한 액면가 2전 5푼의 동전이다. 당시 재정 궁핍으로 본위 화폐인 은화는 거의 주조되지 않았고, 보조 화폐인 백동화가 주로 제조되어 사용되었다. 러일 전쟁 중에 재정 고문으로 임명된 메가타 다네타로의 주도하에 전환국을 폐지하고 백동화와 엽전을 일본 제일은행권으로 교환하는 <u>사업</u>을 추진하면서, 백동화의 발행이 중단되었다.

① 군국기무처의 활동을 조사한다.
② 당오전이 발행된 배경을 파악한다.
③ 삼국 간섭이 발생한 원인을 분석한다.
④ 대한 광복회가 결성된 목적을 살펴본다.
⑤ 제1차 한·일 협약 체결의 영향을 알아본다.

36 (가) 지역에서 일어난 민족 운동에 대한 설명으로 옳은 것은? (3점)

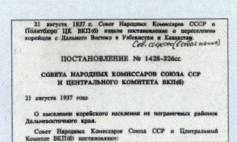

이 문서는 일제에 협력하는 것을 방지한다는 명분으로 (가) 의 한인들을 중앙아시아로 강제 이주시키라는 명령서이다.

1937년에 소련 공산당 서기장 스탈린이 승인한 이 명령의 시행으로 블라디보스토크를 포함한 (가) 의 한인 10만 명 이상이 우즈베키스탄, 카자흐스탄 등지로 강제 이주당하였다.

① 권업회를 조직하고 신문을 발행하였다.
② 한인 자치 기구인 경학사를 설립하였다.
③ 유학생을 중심으로 2·8 독립 선언서를 발표하였다.
④ 독립군 양성을 위해 대조선 국민군단을 결성하였다.
⑤ 서전서숙과 명동 학교를 설립하여 민족 교육을 실시하였다.

37 (가) 인물의 활동으로 옳은 것은? (1점)

신간 도서 소개

동양 평화론
미완의 원고, 책으로 출간

"슬프도다! 천만 뜻밖에도 일본이 승리한 이후에 가장 가깝고 친하며 어질고 약한, 같은 인종인 한국을 억눌러 강제로 조약을 맺었다."

 (가) 은/는 뤼순 감옥에서 사형 집행을 눈앞에 두고 온 힘을 다해 동양 평화론을 집필하였다. 안타깝게도 그는 원고를 완성하지 못하고 형장의 이슬로 사라졌지만, 국가 간의 평등과 상호 협력으로 평화를 이룩하자는 그의 주장은 오늘날에도 시사점을 준다.

① 명동 성당 앞에서 이완용을 습격하였다.
② 하얼빈에서 이토 히로부미를 사살하였다.
③ 타이중에서 일본 육군 대장을 저격하였다.
④ 샌프란시스코에서 D. W. 스티븐스를 처단하였다.
⑤ 서울역에서 신임 총독의 마차에 폭탄을 투척하였다.

38 밑줄 그은 '시기'의 사회 모습으로 가장 적절한 것은? (2점)

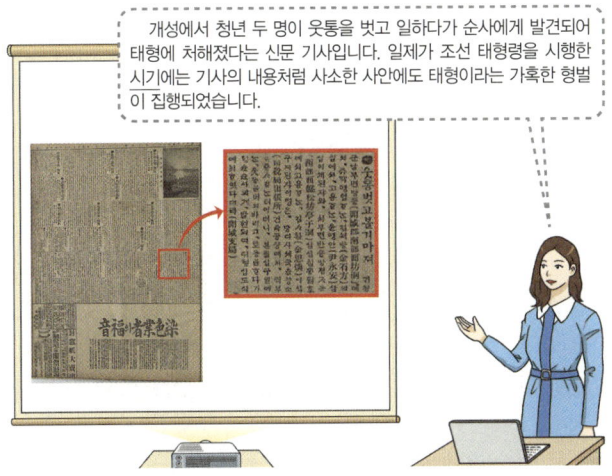

개성에서 청년 두 명이 웃통을 벗고 일하다가 순사에게 발견되어 태형에 처해졌다는 신문 기사입니다. 일제가 조선 태형령을 시행한 시기에는 기사의 내용처럼 사소한 사안에도 태형이라는 가혹한 형벌이 집행되었습니다.

① 육영 공원에서 외국인 교사를 초빙하였다.
② 애국반이 편성되어 일상생활이 통제되었다.
③ 조선 형평사가 창립되어 형평 운동을 전개하였다.
④ 나운규가 제작한 아리랑이 단성사에서 개봉되었다.
⑤ 경복궁에서 조선 물산 공진회가 최초로 개최되었다.

39 (가), (나)가 공포된 시기의 사이에 있었던 사실로 옳은 것은? ②점

(가) 회사령 폐지에 관한 건
　회사령은 폐지한다.
　－ 부칙
　1. 이 영은 공포일로부터 시행한다.
　2. 구령에 의하여 설립한 회사로 이 영 시행 당시 존재하는 것은 조선 민사령에 의하여 설립한 것으로 본다.

(나) 조선 총독부 농촌 진흥 위원회 규정
　제1조 조선의 농산어촌 진흥에 관한 방침, 시설 및 통제에 관한 중요 사항을 심의하기 위하여 조선 총독부에 조선 총독부 농촌 진흥 위원회를 둔다.
　제3조 위원장은 조선 총독부 정무총감으로 한다.

① 함경도에서 방곡령이 선포되었다.
② 조선 물산 장려회가 평양에서 창립되었다.
③ 황국 중앙 총상회의 상권 수호 운동이 전개되었다.
④ 유상 매수, 유상 분배를 규정한 농지 개혁법이 제정되었다.
⑤ 국가 총동원법을 제정하여 인력과 물자를 강제 동원하였다.

41 (가) 사건 이후에 전개된 사실로 옳은 것은? ③점

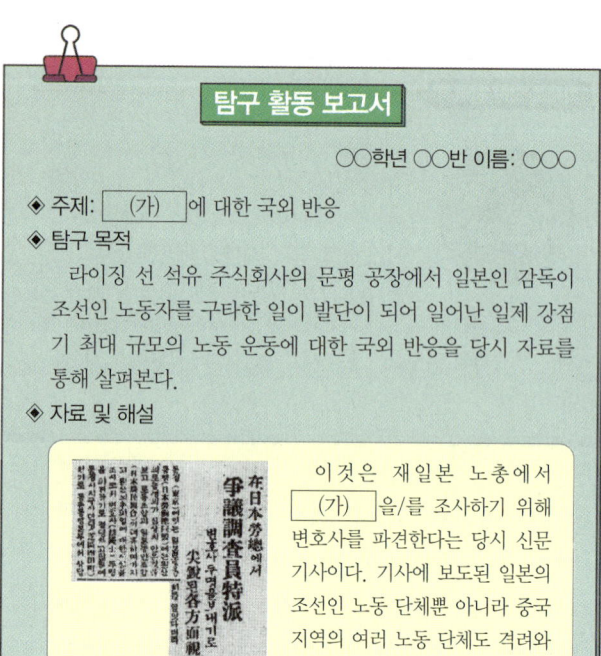

탐구 활동 보고서

　○○학년 ○○반 이름: ○○○

◆ 주제: [　(가)　]에 대한 국외 반응
◆ 탐구 목적
　라이징 선 석유 주식회사의 문평 공장에서 일본인 감독이 조선인 노동자를 구타한 일이 발단이 되어 일어난 일제 강점기 최대 규모의 노동 운동에 대한 국외 반응을 당시 자료를 통해 살펴본다.
◆ 자료 및 해설

　이것은 재일본 노총에서 [(가)]을/를 조사하기 위해 변호사를 파견한다는 당시 신문 기사이다. 기사에 보도된 일본의 조선인 노동 단체뿐 아니라 중국 지역의 여러 노동 단체도 격려와 후원을 하였다.

① 동양 척식 주식회사가 설립되었다.
② 강주룡이 을밀대 지붕에서 고공 농성을 벌였다.
③ 황실의 지원을 받아 대한 천일 은행이 창립되었다.
④ 전국 단위의 조직인 조선 노농 총동맹이 조직되었다.
⑤ 고율의 소작료에 반발하여 암태도 소작 쟁의가 발생하였다.

40 다음 자료가 발표된 시기를 연표에서 옳게 고른 것은? ②점

　대학을 세운다는 일은 극히 거창하여 여간 몇 사람의 힘으로는 도저히 성취할 바가 아니므로 금일까지 실지의 운동이 일어나지 못하였던 것이라. 그러나 일이 거창하고 어렵다고 시작을 아니하면 언제까지든지 조선 사람의 대학이라는 것은 생겨볼 수가 없다. 그러므로 이번에 조선 전도의 다수한 유지를 망라하여 민중적 운동으로 될 수 있는 대로 많은 사람의 힘을 합하여 민립 대학 한 곳을 세워 보고자 이상재, 이승훈 등의 주창으로 수일 전에 민립 대학 기성 준비회를 조직하고 집행위원을 선정하였는데, 장차 각 부·군에서 다수한 발기인의 참가를 구하여 경성에서 발기회를 열고 실행 방법을 결정할 터이다.

1895	1911	1919	1924	1938	1942
(가)	(나)	(다)	(라)	(마)	
한성 사범 학교 설립	제1차 조선 교육령	3·1 운동	경성 제국 대학 개교	제3차 조선 교육령	조선어 학회 사건

① (가)　② (나)　③ (다)　④ (라)　⑤ (마)

42 (가)에 들어갈 내용으로 가장 적절한 것은? ①점

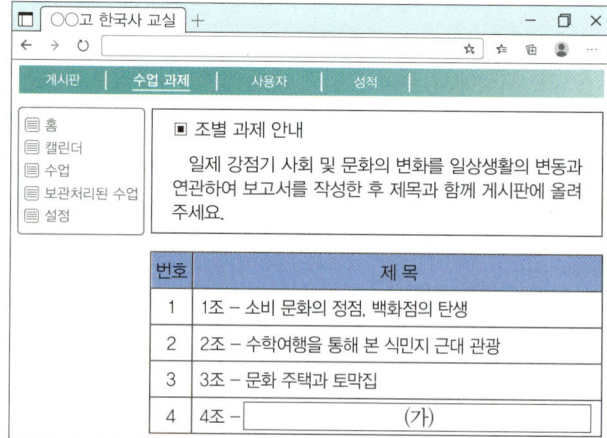

○○고 한국사 교실

게시판 | 수업 과제 | 사용자 | 성적

홈 / 캘린더 / 수업 / 보관처리된 수업 / 설정

■ 조별 과제 안내
　일제 강점기 사회 및 문화의 변화를 일상생활의 변동과 연관하여 보고서를 작성한 후 제목과 함께 게시판에 올려 주세요.

번호	제목
1	1조 – 소비 문화의 정점, 백화점의 탄생
2	2조 – 수학여행을 통해 본 식민지 근대 관광
3	3조 – 문화 주택과 토막집
4	4조 – [　(가)　]

① 서양식 의료의 수용, 광혜원
② 근대적 우편 제도의 시작, 우정총국
③ 전시 통제 체제 속에서 강요된 여성복, 몸뻬
④ 근면, 자조, 협동을 기치로 내세운 새마을 운동
⑤ 상품 광고의 새로운 장을 연 컬러텔레비전 방송

43 (가) 부대에 대한 설명으로 옳은 것은? ②점

사진으로 보는 독립운동사

[해설] 이 사진은 충청에서 열린 대한민국 임시 정부
의 ' (가) 총사령부 성립 전례식' 기념 사진 중
하나이다. 사진에는 대한민국 임시 정부 주석 김구와
함께 이 부대의 총사령관인 지청천이 '광복 조국'이
쓰인 기를 들고 있는 모습이 보인다. (가) 은/는
영국군의 요청으로 인도, 미얀마 전선에서 작전을
펼치는 등 활발한 활동을 전개하였다.

① 자유시 참변으로 세력이 약화되었다.
② 영릉가에서 일본군에 승리를 거두었다.
③ 봉오동 전투에서 일본군을 크게 물리쳤다.
④ 미군과 연계하여 국내 진공 작전을 준비하였다.
⑤ 쌍성보 전투에서 한·중 연합 작전을 전개하였다.

44 밑줄 그은 '시기'에 볼 수 있는 모습으로 적절하지 않은
것은? ②점

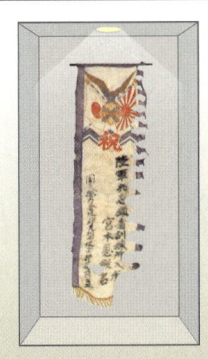

장행기

장행기는 지원병 형식으로 끌려가는
청년을 환송하기 위해 국민 총력 조선
연맹 지부에서 만들어 준 깃발이다.
이 장행기의 주인공은 일제가 중일 전쟁
을 일으키고 침략을 확대하던 시기에
지원병으로 끌려가 전사하였다. 장행기
에는 창씨개명한 그의 일본식 이름이
적혀 있다.

① 국방헌금 모금에 적극 협력하는 부호
② 황국 신민 서사 암송을 강요받는 학생
③ 원각사에서 연극 은세계를 공연하는 배우
④ 내선일체에 협력하자는 논설을 쓰는 언론인
⑤ 국민 징용령에 의해 강제로 동원되는 노동자

45 다음 안내에 따라 학생이 발표한 내용으로 가장 적절한
것은? ③점

학생 여러분, 이번 시간에는 우리 고장의 유적과 기념물을 조사
해서 발표하는 활동을 하겠습니다. 우리 고장은 금강 중류에 위치
한 유서 깊은 도시입니다. 남한에서 최초로 발굴된 구석기 유적이
있어 선사 시대부터 우리 고장에 사람이 살았던 것을 알 수 있습니
다. 또한 삼국이 상호 경쟁하던 시기에는 백제의 수도로서 백제 중
흥을 위한 노력이 전개되었던 곳으로 백제 고분을 통해 당시의 문화
를 엿볼 수 있습니다. 고려 시대에는 최승로의 건의에 따라 설치된
12목 중의 하나였고, 이후 조선 시대에도 감영이 있어 지역의 중심
지 역할을 하였습니다. 그리고 근대에는 동학 농민군이 관군과 일
본군에 맞서 치열한 전투를 전개하는 등 외세를 물리치기 위한 민족
운동이 펼쳐지기도 하였습니다. 그럼, 모둠별로 우리 고장의 다양
한 유적과 기념물에 대해 조사한 후 알게 된 내용을 발표해 봅시다.

① 갑 – 수양개 유적을 조사하여 우리 고장에 살던 구석기인들
이 다양한 기법으로 석기를 제작했음을 알 수 있었습
니다.
② 을 – 송산리 고분군의 벽돌무덤을 조사하여 무령왕이 중국
남조, 왜 등과 활발하게 교류했음을 알 수 있었습니다.
③ 병 – 만인의총을 조사하여 정유재란 당시 우리 고장의 백성
들이 조·명 연합군과 함께 결사 항전했음을 알 수 있
었습니다.
④ 정 – 만석보 유지비를 조사하여 우리 고장 농민들이 군수
조병갑의 수탈에 저항하여 봉기했음을 알 수 있었습
니다.
⑤ 무 – 아우내 3·1 운동 독립 사적지를 조사하여 유관순이
우리 고장에서 만세 시위를 주도했음을 알 수 있었습
니다.

46 (가) 전쟁 중에 있었던 사실로 옳은 것은? 2점

저는 지금 부산의 재한 유엔 기념 공원 내에 있는 유엔군 전몰장병 추모명비 앞에 와 있습니다. [(가)]에서 전사하거나 실종된 4만여 명의 이름을 새겨 넣어 추도와 기억의 공간으로 만든 이곳에서 평화의 가치를 생각해 보았으면 합니다.

① 애치슨 라인이 발표되었다.
② 한·일 기본 조약이 체결되었다.
③ 국가 보위 비상 대책 위원회가 설치되었다.
④ 김구, 김규식 등이 남북 협상에 참여하였다.
⑤ 비상계엄이 선포된 가운데 발췌 개헌안이 통과되었다.

47 밑줄 그은 '총선거'에 대한 설명으로 옳은 것은? 1점

공보물로 본 우리나라 선거의 역사

[해설] 이것은 유엔 한국 임시 위원단의 감시하에 우리나라 최초로 실시된 <u>총선거</u>에 출마한 장면 후보자의 선거 공보이다. 후보자의 사진, 약력, 선거 구호 등이 보이고, 특히 자세한 투표 안내가 눈에 띈다.

① 5·16 군사 정변 이후에 실시되었다.
② 제헌 국회 의원을 선출하기 위해 시행되었다.
③ 통일 주체 국민 회의 대의원이 투표에 참여하였다.
④ 민의원, 참의원으로 구성된 양원제 국회가 탄생하였다.
⑤ 신한 민주당이 창당 한 달 만에 제1 야당이 되는 결과를 가져왔다.

48 다음 기사가 보도된 정부 시기의 사실로 옳은 것은? 3점

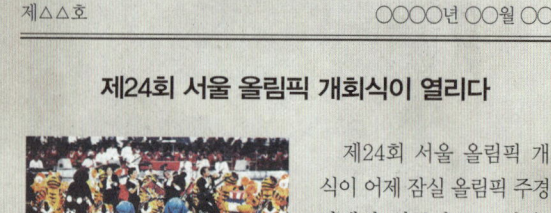

□□ 신문

제△△호 ○○○○년 ○○월 ○○일

제24회 서울 올림픽 개회식이 열리다

제24회 서울 올림픽 개회식이 어제 잠실 올림픽 주경기장에서 성공적으로 열렸다. 개회식 마지막 행사에서는 주제곡 '손에 손잡고'가 울려 퍼지는 가운데 서울 올림픽 마스코트인 호돌이를 비롯하여 이전 올림픽의 마스코트들이 함께 춤추는 장면이 연출되어 동서 화합의 의미를 더했다.

12년 만에 동서 양 진영이 함께 모인 이번 대회에서는 160개국의 선수 8,000여 명이 참가하여 과거 어느 대회보다 수준 높은 경기가 펼쳐질 것으로 예상된다.

① 국민 교육 헌장이 발표되었다.
② 3당 합당으로 민주 자유당이 창당되었다.
③ 군 내부의 사조직인 하나회가 해체되었다.
④ 사회 정화를 명분으로 삼청 교육대가 설치되었다.
⑤ 외환 위기 극복을 위한 금 모으기 운동이 전개되었다.

49 (가) 민주화 운동에 대한 설명으로 옳은 것은? `2점`

> ### ◆ 하계 답사 안내 ◆
>
> 우리 문화원에서는 부산과 마산 지역의 시민과 학생들이 일으킨 ⬚(가)⬚ 의 의미를 조명하는 답사를 준비하였습니다. YH 무역 사건, 야당 총재의 국회 의원직 제명 등 일련의 사건으로 당시 정부에 대한 민심 이반이 가속화하는 가운데 일어난 ⬚(가)⬚ 의 유적지를 둘러보면서 민주주의의 소중함을 되새기는 기회가 되길 바랍니다.
>
> ◆ 기간 : 2024년 ○월 ○○일 ~ ○월 ○○일
> ◆ 답사 일정
>   □ 1일차 : 부산대 10·16 기념관 – 국제 시장 – 부산 양서 협동조합 터
>   □ 2일차 : 경남대 교내 기념석 – 서항 공원 – 창동 사거리
> ◆ 주요 답사지
>
>
>
> 10·16 기념관　　　　서항 공원 내 기념물
>
> ◆ 주관 : △△ 문화원

① 유신 체제 붕괴의 배경이 되었다.
② 시민군을 조직하여 계엄군에 대항하였다.
③ 시위 도중 김주열이 최루탄을 맞고 사망하였다.
④ 직선제 개헌을 약속한 6·29 선언을 이끌어 냈다.
⑤ 대통령이 하야하여 미국으로 망명하는 결과를 가져왔다.

50 다음 연설이 있었던 정부의 통일 노력으로 옳은 것은? `2점`

> 노벨 위원회가 긍정적으로 평가해 준 최근의 남북 관계에 대해 몇 말씀 드리겠습니다. 저는 지난 6월에 북한의 김정일 국방위원장과 역사적인 남북 정상 회담을 가졌습니다. …… 우리의 일관되고 성의 있는 자세와 노르웨이를 비롯한 전 세계 모든 나라의 햇볕 정책에 대한 지지는 북한의 태도를 바꾸게 만들었습니다.

① 남북 기본 합의서를 교환하였다.
② 7·4 남북 공동 성명을 발표하였다.
③ 6·15 남북 공동 선언을 채택하였다.
④ 한반도 비핵화 공동 선언에 합의하였다.
⑤ 남북 이산가족 고향 방문단의 교환을 최초로 실현하였다.

01 (가) 시대의 생활 모습으로 가장 적절한 것은? `1점`

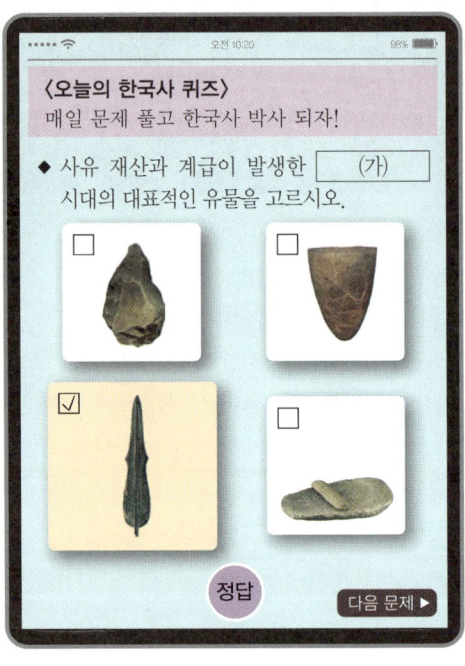

① 철제 무기로 정복 활동을 벌였다.
② 오수전, 화천 등의 중국 화폐로 교역하였다.
③ 많은 인력을 동원하여 고인돌을 축조하였다.
④ 주로 동굴이나 강가에 막집을 짓고 거주하였다.
⑤ 가락바퀴와 뼈바늘을 사용하여 옷을 만들기 시작하였다.

02 (가) 나라에 대한 설명으로 옳은 것은? `2점`

학습 내용 정리

<철기 문화를 바탕으로 성장한 여러 나라>

1. 경제 활동

나라	사료에 나타난 특징
부여	관직명에 가축 이름 사용, 명마·담비 가죽 생산
(가)	삼베·명주 생산, 특산물 : 단궁·과하마·반어피
삼한	벼농사 발달, 철이 많아 낙랑·왜에 수출

① 신지, 읍차 등의 지배자가 있었다.
② 혼인 풍습으로 민며느리제가 있었다.
③ 10월에 무천이라는 제천 행사를 열었다.
④ 여러 가(加)들이 각각 사출도를 주관하였다.
⑤ 제가 회의에서 나라의 중대사를 결정하였다.

03 다음 자료에 나타난 사건의 영향으로 가장 적절한 것은? `3점`

왕이 문주에게 일러 말하기를, "내가 어리석고 밝지 못하여 간사한 사람[도림]의 말을 믿어 이 지경이 되었다. …… 나는 마땅히 사직에서 죽겠지만, 네가 이곳에서 함께 죽는 것은 이로울 게 없다. 어찌 난을 피하여 나라의 계통을 잇지 않겠는가?"라고 하였다. …… 고구려의 대로 제우·재증걸루·고이만년 등이 북성을 공격하여 7일 만에 빼앗았다. 이동하여 남성을 공격하니 성 안 사람들이 두려워하였다. 왕이 성을 나와 도망하자, 고구려 장수 재증걸루 등이 왕을 보고 말에서 내려 절한 다음에 그 얼굴을 향해 세 번 침을 뱉고는 죄를 나열한 다음 포박하여 아차성 아래로 보내 죽였다.

① 고구려가 평양으로 천도하였다.
② 동성왕이 나제 동맹을 강화하였다.
③ 고국원왕이 근초고왕의 공격을 받아 전사하였다.
④ 백제가 고구려를 견제하고자 북위에 국서를 보냈다.
⑤ 신라가 왜를 격퇴하기 위해 고구려에 군사를 청하였다.

04 (가) 왕의 재위 시기에 있었던 사실로 옳은 것은? 〔2점〕

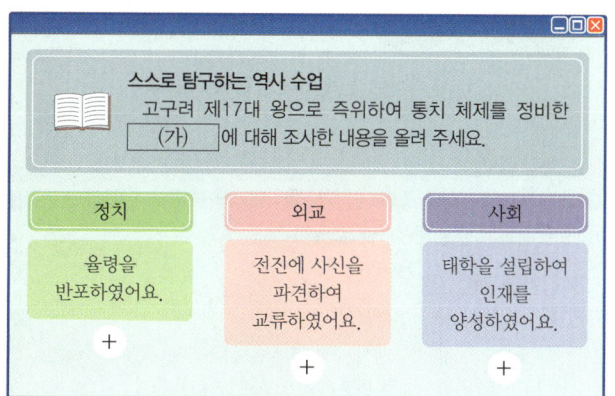

스스로 탐구하는 역사 수업
고구려 제17대 왕으로 즉위하여 통치 체제를 정비한 (가) 에 대해 조사한 내용을 올려 주세요.

정치	외교	사회
율령을 반포하였어요.	전진에 사신을 파견하여 교류하였어요.	태학을 설립하여 인재를 양성하였어요.
+	+	+

① 승려 순도를 통해 불교를 수용하였다.
② 낙랑군을 축출하여 영토를 확장하였다.
③ 영락이라는 독자적인 연호를 사용하였다.
④ 을지문덕이 살수에서 수의 군대를 물리쳤다.
⑤ 이문진이 유기를 간추린 신집 5권을 편찬하였다.

05 강연자의 질문에 대한 청중의 답변으로 가장 적절한 것은? 〔2점〕

화면에 보이는 고구려의 사신도와 백제 산수무늬 벽돌은 신선 사상을 기반으로 불로장생을 추구하는 이 종교의 내용이 잘 표현된 문화유산입니다. 이 종교와 관련된 역사적 사실은 무엇이 있을까요?

강서대묘 사신도 중 현무도   산수무늬 벽돌

① 간경도감에서 경전이 간행되었습니다.
② 연개소문이 당에 도사 파견을 요청하였습니다.
③ 과거 시험의 교재로 사서집주가 채택되었습니다.
④ 범일이 9산 선문 중 하나인 사굴산문을 개창하였습니다.
⑤ 주요 경전의 이름이 새겨진 임신서기석이 만들어졌습니다.

06 (가) 승려에 대한 설명으로 옳은 것은? 〔2점〕

일체유심조
모든 것은 마음먹기에 달려 있다!
우리 역사상 불교 발전에 가장 크게 이바지한 승려를 가리키는 이번 투표에서 여러분들의 현명한 선택을 기다립니다.

■ 주요 활동
• 『금강삼매경론』, 『대승기신론소』 등 저술
• 일심 사상과 화쟁 사상 주장

기호 ○번 (가)

① 구법 순례기인 왕오천축국전을 남겼다.
② 황룡사 구층 목탑의 건립을 건의하였다.
③ 무애가를 지어 불교 대중화에 기여하였다.
④ 화랑도의 규범으로 세속 5계를 제시하였다.
⑤ 화엄일승법계도를 지어 화엄 사상을 정리하였다.

07 (가) 국가에 대한 설명으로 옳은 것은? 〔1점〕

『신라고기(新羅古記)』에 이르기를 "고(구)려의 옛 장수 조영의 성은 대씨(大氏)니 남은 군사를 모아 태백산 남쪽에서 나라를 세우고 나라 이름을 (가) (이)라고 하였다." …… 『지장도(指掌圖)』에 보면 " (가) 은/는 만리장성 동북쪽 모서리 밖에 있다."라고 하였다.

① 군사 조직으로 9서당 10정을 편성하였다.
② 정사암에 모여 국가 중대사를 논의하였다.
③ 광평성을 비롯한 각종 정치 기구를 갖추었다.
④ 5경 15부 62주의 지방 행정 제도를 마련하였다.
⑤ 상수리 제도를 시행하여 지방 세력을 견제하였다.

08 (가) 인물에 대한 설명으로 옳은 것은? (2점)

〈역사 다큐멘터리 기획안〉

도당 유학생, 서로 다른 길을 걷다

◆ 기획 의도

　　당에 건너가 유학했던 6두품들이 신라로 돌아온 이후의 행보를 알아본다.

◆ 구성 내용

　1. ___(가)___ , 진성 여왕에게 시무책 10여 조를 올리다
　2. 최승우, 견훤의 신하로 왕건에게 보내는 격문을 짓다
　3. 최언위, 고려에 투항하여 문한관으로 문명을 떨치다

① 향가 모음집인 삼대목을 편찬하였다.
② 외교 문서인 청방인문표를 작성하였다.
③ 격황소서를 지어 문장가로서 이름을 떨쳤다.
④ 유식의 교의를 담은 해심밀경소를 저술하였다.
⑤ 국왕에게 조언하는 내용의 화왕계를 저술하였다.

09 다음 상황이 나타난 시기를 연표에서 옳게 고른 것은? (3점)

　　각간 김경신이 해몽을 청하자 아찬 여삼은 "복두를 벗은 것은 위에 다른 사람이 없다는 뜻이요, 소립을 쓴 것은 면류관을 쓸 징조이며, 12현금(絃琴)을 든 것은 12대손까지 왕위를 전한다는 조짐이며, 천관사 우물로 들어간 것은 궁궐로 들어갈 상서로운 조짐입니다."라고 하였다. "위에 주원이 있는데 어찌 내가 왕위에 오를 수 있겠소?"라고 경신이 묻자, 아찬이 대답하기를 "청컨대 은밀히 북천신에게 제사 지내면 될 것입니다."라고 하여 이에 따랐다. 얼마 지나지 않아 선덕왕이 죽자, 나라 사람들이 김주원을 왕으로 받들어 궁중으로 맞아들이려 했다. 주원의 집은 북천 북쪽에 있었는데 홀연히 냇물이 불어나 건널 수가 없었다. 이에 경신이 먼저 궁궐로 들어가 왕위에 올랐다.

654		681		722		780		828		889
	(가)		(나)		(다)		(라)		(마)	
무열왕 즉위		김흠돌의 난		정전 지급		혜공왕 피살		청해진 설치		원종과 애노의 난

① (가)　② (나)　③ (다)　④ (라)　⑤ (마)

10 (가)에 들어갈 내용으로 적절한 것은? (2점)

한국사 동영상 제작 계획안

다시 하나로, 민족의 재통일을 이루다

○학년 ○반 ○모둠

■ 제작 의도

　　고려의 후삼국 통일 과정과 역사적 의의를 주요 인물과 관련된 사건의 발생 순서에 따라 살펴본다.

■ 장면별 구성 내용

#1. 신숭겸, 공산 전투에서 전사하다
#2. 왕건, 고창 전투에서 후백제군을 물리치다
#3. 견훤, 금산사에서 탈출하여 고려에 귀순하다
#4. ___(가)___
#5. 왕건, 일리천에서 신검의 군대에 승리하다

① 안승, 보덕국왕으로 책봉되다
② 궁예, 국호를 태봉으로 바꾸다
③ 경순왕 김부, 경주의 사심관이 되다
④ 윤충, 대야성을 공격하여 함락시키다
⑤ 흑치상지, 임존성에서 부흥군을 이끌다

11 (가) 국가의 경제 상황으로 옳은 것은? (1점)

이것은 ___(가)___ 시대에 다인철소에서 생산된 유물들입니다. 특수 행정 구역이었던 소에 대해 검색한 것을 말해 볼까요?

___(가)___ 시대에는 가혹한 수탈에 맞서 공주 명학소에서 봉기가 일어나기도 하였어요.

국가가 지정한 특정 물품을 생산하여 공급하였던 소의 주민들은 일반 군현민에 비해 차별을 받았어요.

① 특산품으로 솔빈부의 말이 유명하였다.
② 풍흉에 따라 9등급으로 전세를 거두었다.
③ 감자, 고구마 등의 작물이 널리 재배되었다.
④ 경시서의 관리들이 시전의 상행위를 감독하였다.
⑤ 설점수세제를 시행하여 민간의 광산 개발을 허용하였다.

12 (가)~(마)에 들어갈 내용으로 적절한 것은? 〔3점〕

[한국사 학술 강좌]

인물로 보는 고려 불교사

우리 학회에서는 고려 승려들의 활동을 통해 불교사의 흐름을 파악하는 자리를 마련하였습니다. 관심 있는 분들의 많은 참여를 바랍니다.

■ 강좌 주제 ■

제1강 균여,	(가)
제2강 의천,	(나)
제3강 지눌,	(다)
제4강 요세,	(라)
제5강 혜심,	(마)

• 일시 : 2024년 ○○월 ○○일 09:00~17:00
• 장소 : □□ 박물관 대강당
• 주최 : △△ 학회

① (가) - 법화 신앙에 중점을 둔 백련 결사를 제창하다
② (나) - 심성의 도야를 강조한 유불 일치설을 주장하다
③ (다) - 권수정혜결사문을 작성하여 정혜쌍수를 강조하다
④ (라) - 이론과 수행을 함께 강조하는 교관겸수를 제시하다
⑤ (마) - 보현십원가를 지어 불교 교리를 대중에게 전파하다

13 (가) 왕에 대한 설명으로 옳은 것은? 〔2점〕

이것은 조카 헌종을 몰아내고 즉위한 (가) 의 넷째 딸인 복령 궁주 왕씨 묘지명입니다. 여기에서는 복령 궁주를 '천자의 딸'이라고 표현하여 국왕의 권위를 드러내고자 하였습니다. (가) 은/는 개경 세력을 견제하고자 남경에 궁궐을 짓고, 재정을 확보하기 위해 주전도감을 설치하여 해동통보를 발행하는 등 왕권 강화를 꾀하였습니다.

① 여진 정벌을 위해 별무반을 창설하였다.
② 전국에 12목을 설치하고 관리를 파견하였다.
③ 광덕, 준풍 등의 독자적인 연호를 사용하였다.
④ 거란의 침입에 대비하여 개경에 나성을 축조하였다.
⑤ 정계와 계백료서를 지어 관리의 규범을 제시하였다.

14 (가) 사건에 대한 탐구 활동으로 가장 적절한 것은? 〔2점〕

오전 11:00   100%

대한민국 방방곡곡 – 거제 둔덕기성 전경
史 한국사 채널   조회 수 140,525

거제의 둔덕기성은 신라 시대에 축조되었고, 고려 시대에 성벽이 개축되어 축성법의 변화를 연구하는 데 학술적 가치가 큰 사적입니다.
정중부 등이 일으킨 (가) (으)로 폐위된 의종이 이곳에서 머물렀다고 전해지고 있습니다. 이후 김보당은 의종을 경주로 피신시켜 복위를 시도하였습니다.

① 정동행성이 설치되는 배경을 살펴본다.
② 철령위 설치에 대한 최영의 대응을 검색한다.
③ 칭제 건원과 금국 정벌을 주장한 인물을 찾아본다.
④ 서경 유수 조위총이 반란을 일으킨 이유를 알아본다.
⑤ 이성계 등 신흥 무인 세력이 성장하는 과정을 조사한다.

15 (가), (나) 사이의 시기에 있었던 사실로 옳은 것은? 〔2점〕

(가) 최우가 녹전거(祿轉車) 100여 대를 빼앗아 집안의 재물을 강화도로 옮기니, 수도가 흉흉하였다. …… 또 사자(使者)를 여러 도에 나누어 보내어, 백성을 산성과 섬으로 옮겼다.

(나) 김방경과 흔도(忻都), 홍차구, 왕희, 왕옹 등이 3군을 거느리고 진도를 토벌하여 크게 격파하고, 승화후 왕온을 죽였다. 김통정이 남은 무리를 이끌고 탐라로 도망하여 들어갔다.

① 양규가 곽주성을 급습하여 탈환하였다.
② 최무선이 진포에서 왜구를 격퇴하였다.
③ 강조가 정변을 일으켜 국왕을 폐위하였다.
④ 김윤후가 처인성에서 살리타를 사살하였다.
⑤ 이자겸과 척준경이 반란을 일으켜 궁궐을 불태웠다.

16 다음 자료에 나타난 시기의 사회 모습으로 적절한 것은? (1점)

○ 당시 응방·겁령구 및 내수(內豎) 등의 천한 자들이 모두 사전(賜田)을 받았는데, 많은 경우는 수백 결에 이르렀다. 일반 백성을 유인하여 전호로 삼고, 가까운 곳에 있는 민전에서는 모두 수조하였으므로 주와 현에서는 부세가 들어올 바가 없게 되었다.

○ 공주가 장차 입조(入朝)할 예정이었으므로, 인후와 염승익에게 명하여 양가의 자녀로서 나이가 14~15세인 자들을 선발하였고, 순군(巡軍)과 홀적(忽赤) 등으로 하여금 인가를 수색하게 하였다. 혹 밤중에 침실에 돌입하거나 노비를 포박하여 심문하기도 하였으니, 비록 자녀가 없는 자라 할지라도 깜짝 놀라 동요하게 되었다. 원망하며 우는 소리가 온 거리에 가득하였다.

① 최충이 9재 학당을 설립하였다.
② 만적이 개경에서 반란을 모의하였다.
③ 지배층을 중심으로 변발과 호복이 유행하였다.
④ 국난 극복을 기원하며 초조대장경이 조판되었다.
⑤ 기근에 대비하기 위하여 구황촬요가 간행되었다.

17 (가) 왕에 대한 설명으로 옳은 것은? (2점)

오늘 말씀해 주실 삼공신회맹문에는 어떤 내용이 담겨 있나요?

이 문서에는 두 차례에 걸친 왕자의 난으로 즉위한 (가) 이/가 삼공신들과 함께 종묘사직 및 산천에 제를 올려 충의와 신의를 맹세한 내용이 기록되어 있습니다. 삼공신은 개국공신, 제1차 왕자의 난에서 공을 세운 정사공신, 제2차 왕자의 난을 평정하는 데 도움을 준 좌명공신을 말합니다.

개국정사좌명삼공신회맹문

① 경국대전을 완성하여 통치 체제를 정비하였다.
② 초계문신제를 시행하여 문신들을 재교육하였다.
③ 길주를 근거지로 일어난 이시애의 난을 진압하였다.
④ 문하부를 폐지하고 낭사를 사간원으로 독립시켰다.
⑤ 붕당의 폐해를 경계하기 위한 탕평비를 건립하였다.

18 (가) 인물에 대한 설명으로 옳은 것은? (2점)

이것은 (가) 이/가 함길도에 있을 때 화살이 날아왔는데도 놀라지 않고 태연히 연회를 계속 즐겼다는 고사를 담은 야연사준도입니다. 세종 대 함길도 병마도절제사로 활약했던 그는 문종 대 고려사절요 편찬을 총괄하였고, 단종 대 좌의정의 자리에 올랐으나 계유정난 때 살해되었습니다.

북관유적도첩 특별전

야연사준도

화면을 넘기면 다른 작품을 볼 수 있습니다.

① 두만강 일대에 6진을 개척하였다.
② 탄금대에서 배수의 진을 치고 싸웠다.
③ 조총 부대를 이끌고 나선 정벌에 나섰다.
④ 왜구의 근거지인 쓰시마섬을 정벌하였다.
⑤ 외교 담판을 통해 강동 6주를 획득하였다.

19 밑줄 그은 '전하'의 재위 시기에 있었던 사실로 옳은 것은? (2점)

며칠 전 전하께서 예문관에서 옛 집현전의 직제를 분리하여 홍문관으로 이관하는 것을 명하셨다고 하네. 이제 홍문관이 옛 집현전의 기능을 대신한다는 것이지.

홍문관원들이 경연관을 겸한다고 하니 앞으로 경연이 더욱 활성화되겠군.

① 국왕의 친위 부대인 장용영이 설치되었다.
② 백운동 서원이 사액을 받아 소수 서원이 되었다.
③ 국가의 의례를 정비한 국조오례의가 완성되었다.
④ 통치 체제를 정비하기 위해 속대전이 편찬되었다.
⑤ 수조권이 세습되던 수신전과 휼양전이 폐지되었다.

20 다음 자료에 대한 탐구 활동으로 가장 적절한 것은?
2점

○ 조광조 등이 아뢰기를, "소격서가 요사하고 허탄함은 이미 경연에서 다 아뢰었고 전하께서도 그것이 허탄함을 환히 아시니 지금 다시 말할 것이 없습니다.……"라고 하였다.
○ 신광한이 아뢰기를, "지난번에 조광조가 아뢰었던 천거로 인재를 뽑는 일은 여럿이 의논한 일입니다. 각별히 천거하는 것은 한(漢)에서 시행한 현량과와 효렴과를 따르는 것이 가합니다. 이것은 자주 할 수는 없으나 지금은 이를 시행할 만한 기회입니다.……"라고 하였다.

① 호포제를 실시한 배경을 조사한다.
② 기해예송의 전개 과정과 결과를 파악한다.
③ 중종 때 사림파 언관들이 제기한 주장을 검색한다.
④ 정여립 모반 사건을 계기로 동인이 입은 피해를 찾아본다.
⑤ 인현 왕후가 폐위되고 남인이 권력을 차지한 사건을 알아본다.

21 (가) 전쟁 중에 있었던 사실로 옳은 것은?
2점

문학으로 만나는 한국사

홍계남이 당초 의병을 일으켜 흉적을 쳐서 활을 쏘아 맞히고 벤 수급이 매우 많았고 가는 곳마다 공을 세우니, 적들이 홍장군이라고 부르며 감히 침범하지 못했다. 호서(충청도) 내지가 편안할 수 있었던 것은 모두 홍계남의 공이라고 한다. 가상한 일이다. 의병이 곳곳에서 봉기하였지만, …… 고경명과 조헌은 모두 나랏일에 몸을 바쳐 죽을 자리에서 죽었으니 가히 그 명성에 걸맞는다고 말할 수 있다.

– 『쇄미록』 –

[해설] 이 작품은 오희문이 　(가)　 중에 있었던 일을 적은 일기이다. 적군의 침입과 약탈, 의병장의 활동, 피란민의 참혹한 생활 등이 생생하게 담겨 있다.

① 삼수병으로 구성된 훈련도감이 설치되었다.
② 왕이 도성을 떠나 남한산성으로 피란하였다.
③ 송시열, 이완 등을 중심으로 북벌이 추진되었다.
④ 국방 문제를 논의하기 위해 비변사가 신설되었다.
⑤ 제한된 범위의 무역을 허용한 계해약조가 체결되었다.

22 (가)~(마)에 대한 설명으로 적절하지 <u>않은</u> 것은?
3점

답사 계획서

• 주제 : 불교 문화유산이 숨 쉬는 곳, 산사(山寺)를 찾아서
　　　　– 유네스코가 주목한 사찰을 중심으로
• 기간 : 2024년 ○○월 ○○일~○○일
• 경로 : 보은 법주사 → 영주 부석사 → 안동 봉정사 → 합천 해인사 → 순천 선암사

(가) 보은 법주사
(나) 영주 부석사
(다) 안동 봉정사
(라) 합천 해인사
(마) 순천 선암사

① (가) – 오층 목조탑 내부에 부처의 일생을 그린 팔상도가 있다.
② (나) – 배흘림기둥에 주심포 양식으로 축조된 무량수전이 있다.
③ (다) – 현존하는 우리나라 최고(最古)의 목조 건물인 극락전이 있다.
④ (라) – 팔만대장경판을 보관하고 있는 장경판전이 있다.
⑤ (마) – 무구정광대다라니경이 발견된 삼층 석탑이 있다.

23 밑줄 그은 '제도'에 대한 설명으로 옳은 것을 |보기|에서 고른 것은? (2점)

이원익의 건의로 경기도에서 시행되는 수취 제도에 대해 설명해 주세요.

이번에 시행되는 제도는 지방의 특산물을 징수하면서 나타난 방납의 폐단을 막아 백성들의 부담을 줄여주기 위한 것입니다. 공물을 현물 대신 토지의 결 수에 따라 쌀로 납부합니다.

┌ 보기 ┐
ㄱ. 선혜청에서 관련 업무를 담당하였다.
ㄴ. 재정을 보충하기 위해 지주에게 결작을 부과하였다.
ㄷ. 관청에 물품을 조달하는 공인이 등장하는 배경이 되었다.
ㄹ. 어장세, 선박세 등이 국가 재정으로 귀속되는 결과를 가져왔다.

① ㄱ, ㄴ　　② ㄱ, ㄷ　　③ ㄴ, ㄷ
④ ㄴ, ㄹ　　⑤ ㄷ, ㄹ

24 다음 시나리오에 등장하는 왕의 재위 시기에 있었던 사실로 옳은 것은? (2점)

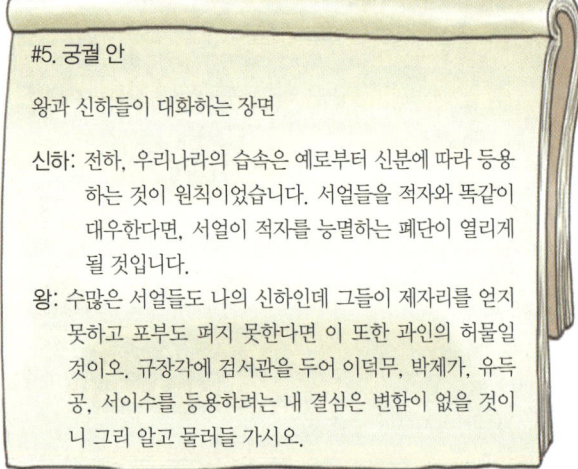

#5. 궁궐 안

왕과 신하들이 대화하는 장면

신하: 전하, 우리나라의 습속은 예로부터 신분에 따라 등용하는 것이 원칙이었습니다. 서얼들을 적자와 똑같이 대우한다면, 서얼이 적자를 능멸하는 폐단이 열리게 될 것입니다.

왕: 수많은 서얼들도 나의 신하인데 그들이 제자리를 얻지 못하고 포부도 펴지 못한다면 이 또한 과인의 허물일 것이오. 규장각에 검서관을 두어 이덕무, 박제가, 유득공, 서이수를 등용하려는 내 결심은 변함이 없을 것이니 그리 알고 물러들 가시오.

① 왕권 강화를 위해 6조 직계제가 시행되었다.
② 거중기 등을 활용하여 수원 화성이 축조되었다.
③ 청과 국경을 정하는 백두산정계비가 건립되었다.
④ 통치 체제를 정비하기 위해 대전회통이 편찬되었다.
⑤ 삼정의 문란을 시정하기 위한 삼정이정청이 설치되었다.

25 다음 상황이 나타난 시기에 볼 수 있는 모습으로 적절하지 **않은** 것은? (1점)

김화진 등이 아뢰기를, "…… 만상과 송상이 함께 수많은 가죽을 마음대로 밀무역을 합니다. 수달 가죽은 금지 품목 가운데 하나인데 변경을 지키는 관리들이 대수롭지 않게 여겨 1년, 2년이 되면 곧 일상적인 물건과 같아지니 …… 이후로는 한결같이 법전에 의거하여 금지 조항을 거듭 자세히 밝혀서 송상과 만상에게 법을 범해서는 안 되며, 범하는 사람이 있으면 일일이 적발하여 법에 따라 엄격하게 처벌한다는 것을 분명히 알게 해야 합니다. 아울러 살피지 못한 변방의 관리들도 드러나는 대로 무겁게 다스린다는 뜻을 분명히 알게 해야 합니다. ……"라고 하니, 임금이 그리하라 하였다.

① 채굴 노동자를 고용하는 덕대
② 벽란도에서 교역하는 송의 상인
③ 상평통보로 물건을 거래하는 보부상
④ 포구에서 물품의 매매를 중개하는 여각
⑤ 담배, 인삼 등 상품 작물을 재배하는 농민

26 (가) 인물에 대한 설명으로 옳은 것은? (2점)

우리 모둠은 열하일기에서 상공업 진흥과 청의 문물 수용을 주장한 (가) 에 대해 발표하려고 합니다.

모둠별 주제 탐구

조선 후기 실학자의 활동

1모둠 지전설과 무한우주론을 주장한 홍대용

2모둠 성호사설에서 개혁안을 제시한 이익

3모둠 화폐 유통의 필요성을 주장한 (가)

① 북한산비가 진흥왕 순수비임을 고증하였다.
② 청으로부터 시헌력을 도입하자고 건의하였다.
③ 우서에서 사농공상의 직업적 평등을 주장하였다.
④ 양반전을 지어 양반의 허례와 무능을 풍자하였다.
⑤ 10리마다 눈금을 표시한 대동여지도를 완성하였다.

27 (가) 인물의 작품으로 옳은 것은? ①점

이 작품은 조선 후기 대표적 풍속 화가인 단원 (가) 이/가 나귀를 타고 유람하는 나그네의 시점으로 그린 행려풍속도병입니다. 8폭 병풍에는 계절에 따라 변해가는 산수와 대장간, 나루터 등 다양한 세상살이의 모습이 생동감 있게 표현되어 있습니다. 각 폭의 그림 위쪽에는 그의 스승인 강세황의 그림평이 적혀 있습니다.

①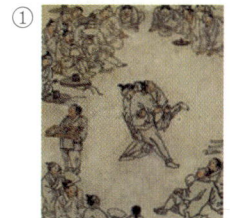
②
③
④
⑤

28 (가), (나) 사이의 시기에 있었던 사실로 옳은 것은? ③점

(가) 순무영에서 정족산성 수성장 양헌수가 보내온 보고에 의하면, "…… 우리 군사가 잠입한 사실을 적들이 알지 못하였습니다. 오늘 저들은 우리가 지키고 있는 성을 점령할 계책으로 그 우두머리가 말을 타고 나귀를 끌고 짐바리와 술과 음식을 가지고 동문과 남문으로 나누어 들어왔습니다. 이때 우리 군사들이 좌우에 매복하였다가 일제히 총탄을 퍼부었습니다. ……"라고 하였습니다.

(나) 4월 24일에 계속해서 올린 강화 진무사 정기원의 치계에, "미국 배가 다시 항구로 들어와서 광성진을 습격하여 함락하였는데, 중군 어재연이 힘껏 싸우다가 목숨을 바쳤고, 사망한 군사가 매우 많습니다. 적병은 초지포 부근에 주둔하였습니다. 장수 이렴이 밤을 이용하여 습격해서야 그들을 퇴각시켰습니다."라고 하였습니다.

① 일본 군함 운요호가 영종도를 공격하였다.
② 오페르트가 남연군 묘의 도굴을 시도하였다.
③ 마젠창과 묄렌도르프가 고문으로 파견되었다.
④ 영국군이 러시아를 견제하기 위해 거문도를 점령하였다.
⑤ 황사영이 외국 군대의 출병을 요청하는 백서를 작성하였다.

29 (가) 조약에 대한 설명으로 옳은 것은? ②점

설명: 미국에서 발행된 'Frank Leslies Illustrated Newspaper' 1883년 9월 29일자에 실린 보빙사의 사진이다. 전권 대신 민영익과 부대신 홍영식 등으로 구성된 보빙사는 (가) 체결로 미국 공사가 부임하자 그에 대한 답례로 파견되었다. 미국에서 아서 대통령을 만나고 우체국, 신문사, 병원 등 각종 근대 시설을 시찰하고 돌아왔다.

① 최혜국 대우를 최초로 규정하였다.
② 통감부가 설치되는 계기가 되었다.
③ 천주교 포교 허용의 근거가 되었다.
④ 재정 고문을 두도록 하는 조항을 담고 있다.
⑤ 부산, 원산, 인천이 개항되는 결과를 가져왔다.

30 (가)에 대한 설명으로 옳은 것은? `2점`

우정총국 개국 축하연에서 일부 급진 개화파가 (가) 을/를 일으켰습니다.
1/3

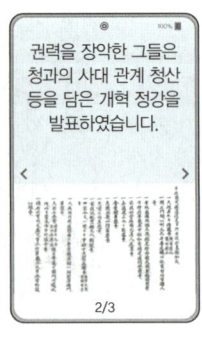
권력을 장악한 그들은 청과의 사대 관계 청산 등을 담은 개혁 정강을 발표하였습니다.
2/3

청군의 개입으로 3일 만에 실패하여 김옥균 등 주요 인물은 일본으로 망명하였습니다.
3/3

① 전개 과정에서 집강소가 설치되었다.
② 수신사가 파견되는 데 영향을 주었다.
③ 한성 조약이 체결되는 결과를 가져왔다.
④ 사태 수습을 위해 박규수가 안핵사로 파견되었다.
⑤ 구식 군인에 대한 차별 대우가 발단이 되어 일어났다.

31 (가) 궁궐에 대한 설명으로 옳은 것은? `3점`

돈덕전으로의 초대

돈덕전이 재건되어 전시관으로 개관합니다. 많은 관람 부탁드립니다.

• 주소: 서울특별시 중구 세종대로 99
• 개관일: 2023년 ○○월 ○○일

◎ 소개

돈덕전은 (가) 안에 지어진 유럽풍 외관의 건물로, 고종 즉위 40주년 기념행사를 열기 위해 건립되었다. 1층에는 폐하를 알현하는 폐현실, 2층에는 침실이 자리하여 각국 외교 사절의 폐현 및 연회장, 국빈급 외국인의 숙소로 사용되었다.
러시아 공사관에서 (가) 으로 거처를 옮긴 뒤부터 고종은 중명전을 비롯한 서구식 건축물을 지어 근대 국가로서의 면모를 보여주고자 하였다. 돈덕전 역시 이러한 의도가 투영된 건축물이다.

① 제1차 미·소 공동 위원회가 개최되었다.
② 도성 내 서쪽에 있어 서궐이라고 불렸다.
③ 일제에 의해 창경원으로 격하되기도 하였다.
④ 정도전이 궁궐과 주요 전각의 명칭을 정하였다.
⑤ 태종이 도읍을 한양으로 다시 옮기며 건립하였다.

32 (가) 의병에 대한 설명으로 옳은 것은? `2점`

【이달의 독립운동가】

최초의 여성 의병 지도자 윤희순(尹熙順)

• 생몰년 : 1860~1935

• 생애 및 활동

경기도 구리 출신으로 명성 황후 시해 사건이 일어나자 '안사람 의병가'를 창작하여 여성의 의병 참여를 독려하는 데 앞장섰다. 고종의 강제 퇴위와 군대 해산에 반발하여 일어난 (가) 당시 30여 명의 여성으로 의병대를 조직하여 최초의 여성 의병장으로 활약하였다. 일제에 나라를 뺏긴 이후에는 만주로 망명하여 항일 인재 양성과 무장 투쟁을 이어 나갔다. 1990년 건국 훈장 애족장이 추서되었다.

① 최익현이 태인에서 궐기하였다.
② 고종의 해산 권고 조칙에 따라 해산하였다.
③ 민종식이 이끄는 부대가 홍주성을 점령하였다.
④ 일본에 국권 반환 요구서를 제출하고자 하였다.
⑤ 의병 부대가 연합하여 서울 진공 작전을 전개하였다.

33 ㉠ 시기에 볼 수 있는 모습으로 가장 적절한 것은? `2점`

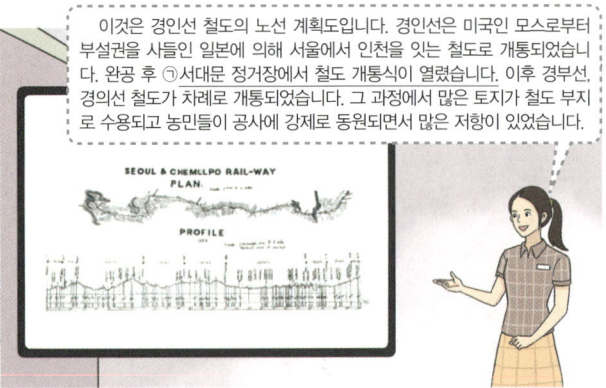

이것은 경인선 철도의 노선 계획도입니다. 경인선은 미국인 모스로부터 부설권을 사들인 일본에 의해 서울에서 인천을 잇는 철도로 개통되었습니다. 완공 후 ㉠서대문 정거장에서 철도 개통식이 열렸습니다. 이후 경부선, 경의선 철도가 차례로 개통되었습니다. 그 과정에서 많은 토지가 철도 부지로 수용되고 농민들이 공사에 강제로 동원되면서 많은 저항이 있었습니다.

① 학도 지원병을 독려하는 지식인
② 금난전권 폐지에 반대하는 시전 상인
③ 근우회가 주최하는 강연에 참여하는 여성
④ 두모포에서 무력시위를 벌이는 일본 군인
⑤ 근대 학문을 가르치는 한성 사범 학교 교사

34 밑줄 그은 '이 지역'에서 있었던 민족 운동으로 옳은 것은? (3점)

□□신문

제△△호 　　　　　　○○○○년 ○○월 ○○일

『원병상 회고록』으로 본 국외 민족 운동

한국 독립운동사의 일면을 살펴볼 수 있는 책이 발간되었다. 이 책은 신흥 무관 학교 졸업생이자 교관으로 독립군 양성에 헌신한 원병상의 회고록이다. 책에는 이 지역에 세워진 신흥 무관 학교의 변화 과정과 학생들의 생활상이 구체적으로 담겨 있을 뿐만 아니라, 국권 피탈 이후 망명해 온 독립지사들이 힘겹게 정착해나가는 과정이 생생하게 기록되어 있어 독립운동사와 생활사 자료로서 가치가 크다.

① 한인 자치 기구인 경학사가 설립되었다.
② 권업회가 조직되어 기관지를 발행하였다.
③ 유학생들을 중심으로 2·8 독립 선언서가 발표되었다.
④ 대조선 국민군단이 결성되어 군사 훈련을 실시하였다.
⑤ 흥사단이 창립되어 교민들에게 민족의식을 심어주고자 하였다.

35 밑줄 그은 '운동'에 대한 설명으로 옳은 것은? (1점)

이 자료는 고종의 인산일을 계기로 시작된 만세 운동에서 불렀던 독립가 전단입니다. 당시에 우리 민족은 독립 선언서를 발표하고 대한 독립 만세를 외치며 전국 각지와 해외 곳곳에서 시위를 이어나갔습니다.

터졌구나 터졌구나
조선독립성
십 년을 참고 참아
이제 터졌네
삼천리의 금수강산
이천만 민족
살았구나 살았구나
이 한 소리에

① 통감부의 방해와 탄압으로 중단되었다.
② 천도교 소년회가 창립된 후 본격화되었다.
③ 일제가 이른바 문화 통치를 실시하는 배경이 되었다.
④ 성진회와 각 학교 독서회에 의해 전국으로 확산되었다.
⑤ 시위를 준비하는 과정에서 사회주의자들이 대거 검거되었다.

36 밑줄 그은 '시기'에 시행된 일제의 정책으로 옳은 것은? (1점)

오늘 소개해 주실 자료는 무엇인가요?

이 자료는 토지 조사 사업이 실시되던 시기에 조선 총독부 임시 토지 조사국이 작성한 문서입니다. 여기에는 경상북도 상주, 칠곡, 울릉도 등 총 6개 지역에서 토지 소유자와 그 경계를 조사하여 확정하였다고 기록되어 있습니다.

① 애국반을 조직하였다.
② 신문지법을 제정하였다.
③ 조선 태형령을 시행하였다.
④ 산미 증식 계획을 실시하였다.
⑤ 황국 신민 서사의 암송을 강요하였다.

37 (가) 종교에 대한 설명으로 옳은 것은? (2점)

지난 개천절을 기회로 하여 독립운동을 계획했다는 이유로 (가) 간부 7명이 동대문 경찰서에 체포되었다는 기사가 실렸구나.

(가) 은/는 나철이 만주에서 단군 신앙을 기반으로 창시한 종교인데, 민족의식을 고취할 뿐만 아니라 독립운동도 전개하고 있네요.

① 개벽, 신여성 등의 잡지를 발간하였다.
② 한용운 등이 사찰령 폐지를 주장하였다.
③ 박중빈을 중심으로 새 생활 운동을 펼쳤다.
④ 김창숙의 주도로 파리 장서 운동을 전개하였다.
⑤ 무장 투쟁을 전개하기 위해 중광단을 조직하였다.

38 (가)~(다)를 일어난 순서대로 옳게 나열한 것은? 〔2점〕

주제: 1920년대 국외 민족 운동의 시련

일본군이 독립군에 대한 보복으로 간도 지역의 한인을 학살한 간도 참변이 발생하였어요.
(가)

독립군의 통합 과정에서 많은 희생자가 발생한 자유시 참변이 일어났어요.
(나)

만주에서 활동하는 독립군 색출을 위해 조선 총독부가 만주 군벌과 미쓰야 협정을 체결하였어요.
(다)

① (가) – (나) – (다)
② (가) – (다) – (나)
③ (나) – (가) – (다)
④ (나) – (다) – (가)
⑤ (다) – (가) – (나)

39 밑줄 그은 '시기'에 볼 수 있는 모습으로 가장 적절한 것은? 〔3점〕

아리랑 아리랑 아라리오 ~~ 아리랑 고개로 넘어간다 ~~ 나를 버리고 가시는 임은 ~~ 십 리도 못가서 발병 난다 ~~ ♬

이 노래가 영화 음악으로도 쓰였다는 것을 알고 있었어?

나운규가 감독과 주연을 모두 맡았네.

이 영화가 처음 제작 발표된 시기의 민족적 애환을 잘 표현하였다는 평가를 받고 있어.

① 관민 공동회에서 연설하는 백정
② 교육 입국 조서를 발표하는 관리
③ 원각사에서 은세계 공연을 보는 관객
④ 전차 개통식에 참여하는 한성 전기 회사 직원
⑤ 카프(KAPF)를 형성하여 활동하는 신경향파 작가

40 밑줄 그은 '이 시기'에 시행된 일제의 정책으로 옳은 것은? 〔1점〕

이 사진은 어느 국민학교의 수업 장면입니다. 중일 전쟁 이후 일제가 침략 전쟁을 확대하던 이 시기에는 학생들도 '대동아 전쟁'이라는 주제로 일제의 침략 행위를 정당화하는 교육을 받아야 했습니다.

① 회사령을 공포하였다.
② 치안 유지법을 제정하였다.
③ 헌병 경찰제를 실시하였다.
④ 경성 제국 대학을 설립하였다.
⑤ 조선 사상범 예방 구금령을 시행하였다.

41 밑줄 그은 '나'에 대한 설명으로 옳은 것은? 〔3점〕

나는 1913년 상하이 망명 후 동제사에 참여하였소. 1917년에는 대동단결 선언을 작성했다오. 여기에서 나는 주권이 국민에게 있음을 밝혔는데, 이것이 공화정을 지향하는 정치사상으로 평가받고 있다오. 1930년에는 안창호 등과 함께 한국 독립당을 창당하였소. 이후 대한민국 임시 정부 건국 강령 초안도 작성하였다오.

대동단결의 선언

① 조선 혁명 선언을 작성하였다.
② 한국독립운동지혈사를 저술하였다.
③ 극동 인민 대표 대회에서 의장단으로 선출되었다.
④ 헤이그에서 열린 만국 평화 회의에 특사로 파견되었다.
⑤ 새로운 국가 건설을 위한 이념으로 삼균주의를 주장하였다.

42 다음 편지가 작성된 시기를 연표에서 옳게 고른 것은? `2점`

> 친애하는 메논 박사
>
> 남북 지도자 회담에 관하여 귀하와 귀 위원단에게 우리의 의견과 각서를 이미 제출한 바이어니와 우리는 가급적 우리 양인의 명의로 남에서 이에 찬동하는 제 정당의 대표 회담을 소집하여 이미 제출한 바에 제1차 보조를 하겠습니다. 이 회의에서 남쪽이 대표를 선출하면 북쪽에 연락할 인원과 방법에 대한 것을 결정하겠습니다. 귀 위원단이 이에 대하여 원만하고 적극적인 협조를 직접 간접으로 하여 주시면 대단히 감사하겠으며 우리 양방의 노력으로 하여금 우리가 공동으로 목적하는 바를 이루어지기를 믿습니다. 끝으로 우리의 심각한 경의를 표합니다.
>
> 김구, 김규식

(가)	(나)	(다)	(라)	(마)
8·15 광복	모스크바 3국 외상 회의	이승만 정읍 발언	좌우 합작 7원칙 발표	유엔 총회 남북한 총선거 결정	제헌 국회 구성

① (가) ② (나) ③ (다) ④ (라) ⑤ (마)

43 다음 연설문을 발표한 정부의 통일 노력으로 옳은 것은? `2점`

> 제5차 남북 고위급 회담에서 서명된 합의서는 남과 북이 오랜 단절과 대립을 청산하여 상호 신뢰를 바탕으로 이 땅에, 평화의 질서를 구축하고 교류 협력을 통해 민족의 화해와 공동 번영을 이루어가기 위해 필요한 조처들을 망라하고 있습니다. …… 석 달 전 남북한의 유엔 동시 가입과 이에 이은 이번 합의서의 서명은 한반도 문제 해결과 민족 통일을 향한 여정에 획기적인 이정표를 세운 것입니다. …… 나는 올해 안에 한반도의 비핵화를 실현하는 합의를 이루고 밝아오는 새해와 함께 남과 북이 평화와 협력, 평화와 공동 번영의 새로운 시대를 힘차게 열게 되기를 바랍니다.

① 판문점에서 남북 정상 회담을 개최하였다.
② 남북 이산가족의 고향 방문을 최초로 성사시켰다.
③ 민족자존과 통일 번영을 위한 7·7 선언을 발표하였다.
④ 7·4 남북 공동 성명을 실천하기 위해 남북 조절 위원회를 구성하였다.
⑤ 남북 관계 발전과 평화 번영을 위한 10·4 남북 정상 선언에 서명하였다.

44 다음 상황 이후에 일어난 사실로 옳은 것은? `2점`

> 오늘 미합중국 존 포스터 덜레스 국무 장관과 우리나라 변영태 외무 장관 사이에 상호 방위 조약이 체결되었습니다. 이로써 양국은 우호 관계를 바탕으로 한국에 대한 공산주의자들의 침공에 맞서 나란히 싸울 수 있도록 상호 이해와 공동의 이상을 나누게 되었습니다.

① 반민족 행위 특별 조사 위원회가 설치되었다.
② 평화 통일론을 주장한 진보당의 조봉암이 처형되었다.
③ 비상계엄이 선포된 가운데 발췌 개헌안이 통과되었다.
④ 미국의 극동 방위선을 규정한 애치슨 라인이 발표되었다.
⑤ 유상 매수, 유상 분배를 규정한 농지 개혁법이 제정되었다.

45 (가), (나) 헌법에 대한 설명으로 옳은 것은? `2점`

> (가)
> 제39조 ① 대통령은 통일 주체 국민 회의에서 토론 없이 무기명 투표로 선거한다.
> 제47조 대통령의 임기는 6년으로 한다.
> 제59조 ① 대통령은 국회를 해산할 수 있다.

> (나)
> 제39조 ① 대통령은 대통령 선거인단에서 무기명 투표로 선거한다.
> ③ 대통령 선거인단에서 재적 대통령 선거인 과반수의 찬성을 얻은 자를 대통령 당선자로 한다.
> 제45조 대통령의 임기는 7년으로 하며, 중임할 수 없다.

① (가) – 6·25 전쟁 중 부산에서 공포되었다.
② (가) – 대통령의 국회 의원 1/3 추천 조항을 담고 있다.
③ (나) – 호헌 동지회 결성의 배경이 되었다.
④ (나) – 3·1 민주 구국 선언에 영향을 주었다.
⑤ (가), (나) – 6월 민주 항쟁 이후에 제정되었다.

46 (가) 시기에 있었던 사실로 옳은 것은?   1점

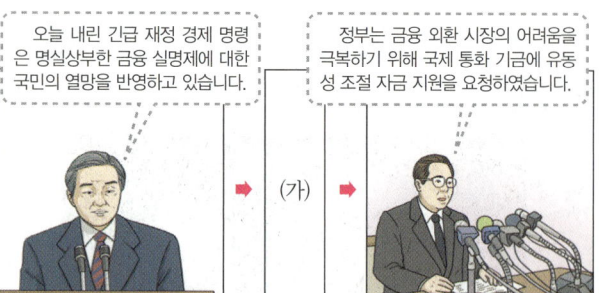

오늘 내린 긴급 재정 경제 명령은 명실상부한 금융 실명제에 대한 국민의 열망을 반영하고 있습니다.

정부는 금융 외환 시장의 어려움을 극복하기 위해 국제 통화 기금에 유동성 조절 자금 지원을 요청하였습니다.

(가)

① 처음으로 수출액 100억 달러를 달성하였다.
② 미국과 자유 무역 협정(FTA)을 체결하였다.
③ 저유가·저금리·저달러의 3저 호황이 있었다.
④ 경제 협력 개발 기구(OECD) 회원국이 되었다.
⑤ 원조 물자를 가공하는 삼백 산업이 발달하였다.

47 밑줄 그은 '정부' 시기에 있었던 사실로 옳은 것은?   3점

시사 토크

지난 3월 정부는 호주제 폐지를 내용으로 하는 법률을 공포하였습니다. 어떤 변화가 예상되나요?

여성 가족부와 여성 단체들은 환영의 뜻을 밝히고 있지만, 유림의 반대도 있어 갈등이 심화될 것 같습니다.

그럼에도 다양한 가족 형태를 반영하여 사회적 차별이 줄어들 것으로 보입니다.

① 평창 동계 올림픽이 개최되었다.
② 전국 민주 노동조합 총연맹이 창립되었다.
③ 헝가리와 상주 대표부 설치 협정을 체결하였다.
④ 진실·화해를 위한 과거사 정리 기본법이 제정되었다.
⑤ 중학교 입시 제도가 폐지되고 무시험 추첨제가 실시되었다.

48 ㉠~㉤에 대한 설명으로 적절하지 않은 것은?   2점

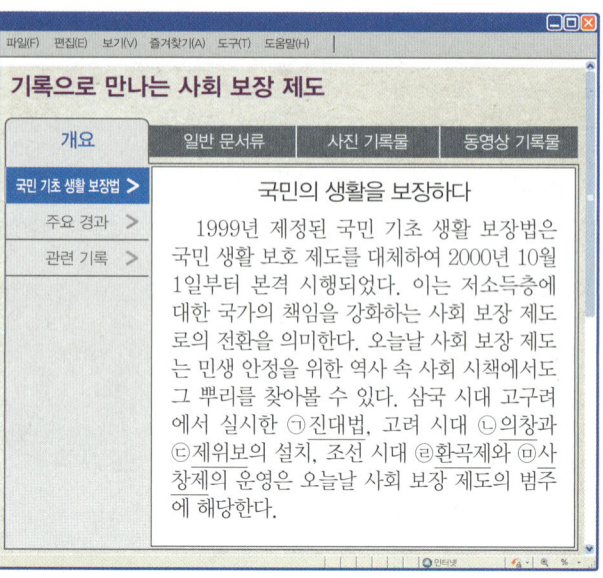

파일(F) 편집(E) 보기(V) 즐겨찾기(A) 도구(T) 도움말(H)

기록으로 만나는 사회 보장 제도

| 개요 | 일반 문서류 | 사진 기록물 | 동영상 기록물 |

국민 기초 생활 보장법 >
주요 경과 >
관련 기록 >

국민의 생활을 보장하다

1999년 제정된 국민 기초 생활 보장법은 국민 생활 보호 제도를 대체하여 2000년 10월 1일부터 본격 시행되었다. 이는 저소득층에 대한 국가의 책임을 강화하는 사회 보장 제도로의 전환을 의미한다. 오늘날 사회 보장 제도는 민생 안정을 위한 역사 속 사회 시책에서도 그 뿌리를 찾아볼 수 있다. 삼국 시대 고구려에서 실시한 ㉠진대법, 고려 시대 ㉡의창과 ㉢제위보의 설치, 조선 시대 ㉣환곡제와 ㉤사창제의 운영은 오늘날 사회 보장 제도의 범주에 해당한다.

① ㉠ – 고국천왕이 시행하였다.
② ㉡ – 성종이 흑창을 확대 개편하여 설치하였다.
③ ㉢ – 기금을 모아 그 이자로 빈민을 구휼하였다.
④ ㉣ – 세도 정치기에 농민을 수탈하는 수단으로 변질되었다.
⑤ ㉤ – 구제도감을 두어 백성을 구호하였다.

49 다음 기사가 보도된 정부 시기의 사실로 옳은 것은? `2점`

□□신문

제△△호   ○○○○년 ○○월 ○○일

제 17회 FIFA 한일 월드컵 개막식이 열리다

 제17회 FIFA 한일 월드컵 개막식이 어제 저녁 서울 월드컵 경기장에서 성공적으로 열렸다. 오후 7시 25분부터 취타대 등을 앞세운 32개 참가국 입장이 끝난 뒤 진행된 개막 행사는 환영·소통·어울림·나눔으로 구성되었다. 이후 세계 평화와 인류 화합의 새 시대가 열리고 한일 양국 간 우호 친선의 21세기가 열리기를 기원하는 대통령의 개막 선언으로 화려하게 마무리되었다.

① 중앙정보부가 창설되었다.
② 국가 인권 위원회가 출범하였다.
③ 세계 무역 기구(WTO)에 가입하였다.
④ G20 정상 회의를 서울에서 개최하였다.
⑤ 37년 만에 야간 통행금지가 해제되었다.

50 (가), (나) 지역에서 있었던 사실로 옳은 것을 |보기|에서 고른 것은? `2점`

> 달구벌 (가) 의 2·28 민주 운동을 기념하는 의미를 담은 228번 버스가 5·18 민주화 운동이 일어난 빛고을 (나) 에서 5월 18일부터 운행됩니다. 대한민국 민주주의의 역사를 공유하는 달구벌과 빛고을 두 도시가 열어갈 화합과 협력의 새로운 장이 주목됩니다.

달빛 동맹의 두 도시, 화합과 협력의 새 장을 열다

| 보기 |
ㄱ. (가) – 김광제 등을 중심으로 국채 보상 운동이 시작되었다.
ㄴ. (가) – YH 무역 노동자들이 폐업에 항의하며 농성을 벌였다.
ㄷ. (나) – 한일 학생 간의 충돌을 계기로 민족 운동이 일어났다.
ㄹ. (나) – 3·15 부정 선거를 규탄한 김주열의 시신이 발견되었다.

① ㄱ, ㄴ   ② ㄱ, ㄷ   ③ ㄴ, ㄷ
④ ㄴ, ㄹ   ⑤ ㄷ, ㄹ

01 (가) 시대의 생활 모습으로 가장 적절한 것은? [1점]

초대합니다

수장고에서 찾아낸 유물 이야기

우리 박물관은 수장고의 유물을 선정하여 분기별로 특별 전시회를 개최하고 있습니다. 이번 전시회에서는 [(가)] 시대를 주제로 한 유물들이 전시될 예정입니다.

□ 대표 전시 유물

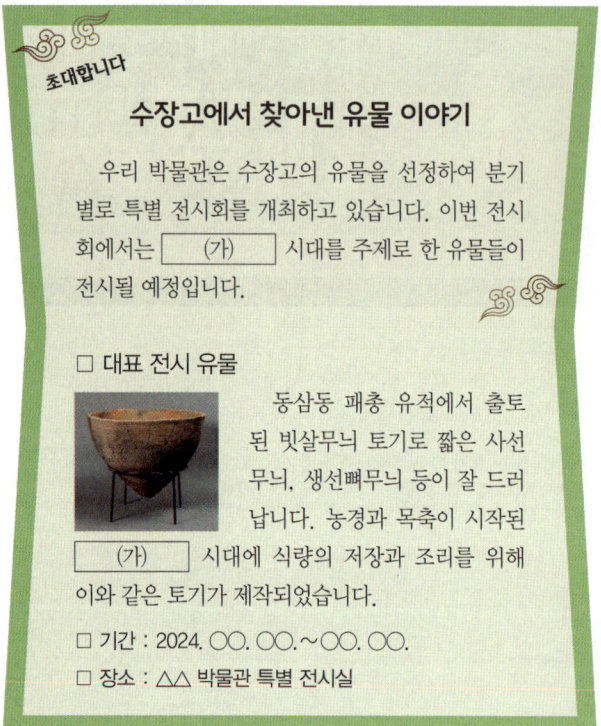

동삼동 패총 유적에서 출토된 빗살무늬 토기로 짧은 사선무늬, 생선뼈무늬 등이 잘 드러납니다. 농경과 목축이 시작된 [(가)] 시대에 식량의 저장과 조리를 위해 이와 같은 토기가 제작되었습니다.

□ 기간 : 2024. ○○. ○○.~○○. ○○.
□ 장소 : △△ 박물관 특별 전시실

① 반달 돌칼을 이용하여 벼를 수확하였다.
② 주로 동굴이나 강가의 막집에 거주하였다.
③ 가락바퀴와 뼈바늘로 옷을 만들어 입었다.
④ 많은 인력을 동원하여 고인돌을 축조하였다.
⑤ 주먹도끼, 찍개 등의 뗀석기를 처음 제작하였다.

02 밑줄 그은 '이 왕'의 업적으로 옳은 것은? [2점]

이 비석은 원래 도선국사비, 무학대사비 등으로 알려져 있었지.

맞아. 그런데 조선 후기에 김정희가 금석과안록에서 이 왕이 건립한 순수비임을 고증하였어.

① 관료전을 지급하고 녹읍을 폐지하였다.
② 인재 등용을 위해 독서삼품과를 실시하였다.
③ 이차돈의 순교를 계기로 불교를 공인하였다.
④ 지방관을 감찰하기 위해 외사정을 파견하였다.
⑤ 대아찬 거칠부에게 명하여 국사를 편찬하였다.

03 (가), (나) 나라에 대한 설명으로 옳은 것을 |보기|에서 고른 것은? [3점]

(가) 대군장이 없고, 그 관직으로는 후(侯)와 읍군과 삼로가 있다. …… 해마다 10월이면 하늘에 제사를 지내는데, 밤낮으로 술 마시며 노래 부르고 춤추니, 이를 무천이라 한다. 또 호랑이를 신으로 여겨 제사 지낸다.
　　　　　　　　　　　　　　　　　－『후한서』 동이열전 –

(나) 해마다 5월이면 씨뿌리기를 마치고 귀신에게 제사를 지낸다. 떼를 지어 모여서 노래와 춤을 즐기며 술 마시고 노는데 밤낮으로 쉬지 않는다. …… 국읍에 각각 한 사람씩을 세워서 천신의 제사를 주관하게 하는데, 이를 천군이라 부른다.
　　　　　　　　　　　　　　　　　－『삼국지』 위서 동이전 –

| 보기 |

ㄱ. (가) – 혼인 풍습으로 민며느리제가 있었다.
ㄴ. (가) – 읍락 간의 경계를 중시하는 책화가 있었다.
ㄷ. (나) – 신지, 읍차 등의 지배자가 있었다.
ㄹ. (나) – 여러 가(加)들이 별도로 사출도를 주관하였다.

① ㄱ, ㄴ　② ㄱ, ㄷ　③ ㄴ, ㄷ　④ ㄴ, ㄹ　⑤ ㄷ, ㄹ

04 (가)에 들어갈 내용으로 적절한 것은? `2점`

한국사 교양 강좌

우리 학회는 백제 웅진기의 역사를 주제로 교양 강좌를 운영하고 있습니다. 이번 달에는 백제 중흥의 기틀을 마련한 왕에 대한 강좌를 준비하였습니다.

제1강 – 동성왕을 시해한 백가를 처단하다
제2강 – 지방의 22담로에 왕족을 파견하다
제3강 – ⬛⬛⬛⬛⬛ (가) ⬛⬛⬛⬛⬛
제4강 – 공주 왕릉원에 안장되다

■ 주최: □□학회
■ 일시: 2024년 2월 매주 수요일 19:00~21:00
■ 장소: ○○대학교 인문대학 대강의실

① 금마저에 미륵사를 창건하다
② 윤충을 보내 대야성을 함락하다
③ 평양성을 공격하여 고국원왕을 전사시키다
④ 진흥왕과 연합하여 한강 하류 지역을 수복하다
⑤ 사신을 보내 중국 남조의 양과 외교 관계를 강화하다

05 (가), (나) 사이의 시기에 있었던 사실로 옳은 것은? `2점`

(가) 을지문덕이 우중문에게 시를 보내 이르기를, "신묘한 계책은 천문을 다 헤아렸고 기묘한 계획은 지리를 모두 통달하였도다. 싸움에 이겨 이미 공로가 드높으니 만족할 줄 알고 그치기를 바라노라."라고 하였다.

(나) 안시성 사람들이 황제의 깃발과 일산을 멀리서 바라보고, 곧장 성에 올라가 북을 치고 소리를 질렀다. 황제가 화를 내자, 이세적은 성을 함락하는 날에 남자를 모두 구덩이에 묻어 죽이자고 청하였다. 안시성 사람들이 이를 듣고 더욱 굳게 지키니, 오래도록 공격하여도 함락되지 않았다.

① 관구검이 환도성을 공격하여 함락하였다.
② 계백이 이끄는 군대가 황산벌에서 항전하였다.
③ 연개소문이 정변을 일으켜 권력을 장악하였다.
④ 광개토 대왕이 신라에 침입한 왜를 격퇴하였다.
⑤ 미천왕이 낙랑군을 축출하여 영토를 확장하였다.

06 다음 설명에 해당하는 문화유산으로 옳은 것은? `2점`

07 (가)~(다)를 일어난 순서대로 옳게 나열한 것은? `3점`

(가) 사찬 시득이 수군을 거느리고 소부리주 기벌포에서 설인귀와 싸웠으나 패배하였다. 다시 나아가 크고 작은 22번의 싸움에서 승리하고, 4천여 명의 목을 베었다.

(나) 흑치상지가 도망하여 흩어진 무리들을 모으니, 열흘 사이에 따르는 자가 3만여 명이었다. …… 흑치상지가 별부장 사타상여를 데리고 험준한 곳에 웅거하여 복신과 호응하였다.

(다) 검모잠이 국가를 다시 일으키기 위하여 당을 배반하고 보장왕의 외손 안승을 세워 임금으로 삼았다. 당 고종이 대장군 고간을 보내 행군총관으로 삼고 병력을 내어 그들을 토벌하니, 안승이 검모잠을 죽이고 신라로 달아났다.

① (가) – (나) – (다)　　② (가) – (다) – (나)
③ (나) – (가) – (다)　　④ (나) – (다) – (가)
⑤ (다) – (나) – (가)

08 (가) 국가의 경제 상황으로 옳은 것은? (2점)

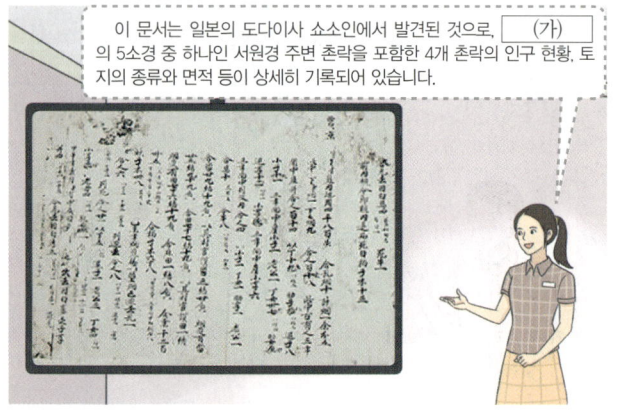

이 문서는 일본의 도다이사 쇼소인에서 발견된 것으로, (가) 의 5소경 중 하나인 서원경 주변 촌락을 포함한 4개 촌락의 인구 현황, 토지의 종류와 면적 등이 상세히 기록되어 있습니다.

① 경성과 경원에 무역소를 두었다.
② 수도에 서시와 남시를 설치하였다.
③ 주전도감에서 해동통보를 발행하였다.
④ 독점적 도매상인인 도고가 출현하였다.
⑤ 감자, 고구마 등을 구황 작물로 재배하였다.

09 (가) 국가에 대한 설명으로 옳은 것은? (2점)

명문(名文)으로 만나는 한국사

······ 신이 삼가 (가) 의 원류를 살펴보건대, 고구려가 멸망하기 이전에는 본디 이름도 없는 조그마한 부락에 불과하였는데, ······ 걸사[비]우와 대조영 등이 측천무후가 임조(臨朝)할 즈음에 이르러, 영주에서 반란이 일어나자 그곳에서 도주하여 황구(荒丘)를 차지하고 비로소 진국(振國)이라고 칭하였습니다. ······

[해설] 이 글은 최치원이 작성한 사불허북국거상표(謝不許北國居上表)의 일부입니다. 이를 통해 북국으로 표현된 (가) 의 건국 과정 등을 파악할 수 있습니다.

① 정사암 회의에서 나라의 중대사를 결정하였다.
② 지방의 여러 성에 욕살, 처려근지 등을 두었다.
③ 도병마사에서 변경의 군사 문제 등을 논의하였다.
④ 서적 관리, 주요 문서 작성 등을 위해 문적원을 두었다.
⑤ 골품에 따라 관등 승진, 일상생활 등을 엄격히 제한하였다.

10 (가) 왕에 대한 설명으로 옳은 것은? (1점)

이 불상은 충청남도 논산시에 있는 개태사지 석조 여래 삼존 입상으로, 큼직한 손과 신체의 굴곡이 거의 드러나지 않는 원통형의 형태가 특징입니다. 개태사는 후삼국을 통일한 (가) 이/가 이를 기념하여 세운 사찰입니다.

① 관학 진흥을 위해 양현고를 설치하였다.
② 쌍기의 건의를 받아들여 과거제를 시행하였다.
③ 전국에 12목을 설치하고 지방관을 파견하였다.
④ 전시과 제도를 처음 마련하여 관리에게 토지를 지급하였다.
⑤ 후대 왕들이 지켜야 할 정책 방향을 담은 훈요 10조를 남겼다.

11 다음 검색창에 들어갈 지역에서 있었던 사실로 옳은 것은? (3점)

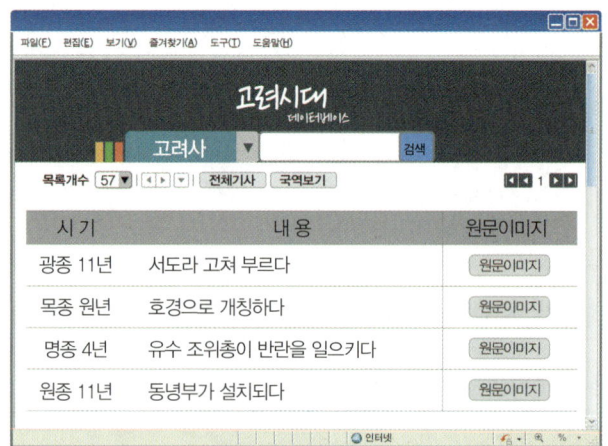

시기	내용	원문이미지
광종 11년	서도라 고쳐 부르다	원문이미지
목종 원년	호경으로 개칭하다	원문이미지
명종 4년	유수 조위총이 반란을 일으키다	원문이미지
원종 11년	동녕부가 설치되다	원문이미지

① 정몽주가 이방원 세력에게 피살되었다.
② 묘청이 반란을 일으키고 국호를 대위라 하였다.
③ 몽골의 침략으로 황룡사 구층 목탑이 소실되었다.
④ 흥덕사에서 금속 활자로 직지심체요절이 간행되었다.
⑤ 정서가 유배 중에 정과정이라는 고려 가요를 지었다.

12 다음 자료에 나타난 국가의 경제 상황으로 옳은 것은?

(2점)

○ 이때에 은병을 화폐로 쓰기 시작하였다. 그 제도는 은 한 근으로 만들며 본국의 지형을 본뜨도록 하였다. 속칭 활구라 하였다.

○ 도평의사사에서 방을 붙여 알리기를, "지금부터 은병 하나를 쌀로 환산하여 개경에서는 15~16석, 지방에서는 18~19석의 비율로 하되, 경시서에서 그 해의 풍흉을 살펴 그 값을 정할 것이다."라고 하였다.

① 솔빈부의 말을 특산물로 수출하였다.
② 서적점, 다점 등의 관영 상점을 운영하였다.
③ 청해진을 중심으로 해상 무역을 전개하였다.
④ 광산을 전문적으로 경영하는 덕대가 활동하였다.
⑤ 기유약조를 체결하여 일본과의 교역을 재개하였다.

13 (가)에 대한 고려의 대응으로 옳은 것은?

(2점)

변방의 장수가 보고하기를, " (가) 이/가 매우 사나워 변방의 성을 침입하고 있습니다."라고 하였다. …… 드디어 출병하기로 의논을 정하여 윤관을 원수로 삼고 지추밀원사 오연총을 부원수로 삼았다. 윤관이 아뢰기를, "신이 일찍이 선왕의 밀지를 받들었고 지금 또 엄명을 받았으니, 어찌 감히 삼군을 통솔하여 (가) 의 보루를 깨뜨리고 우리의 강토를 개척하여 나라의 수치를 씻지 않겠습니까."라고 하였다.

① 광군을 창설하여 침입에 대비하였다.
② 박위를 파견하여 근거지를 토벌하였다.
③ 강화도로 도읍을 옮겨 장기 항전을 준비하였다.
④ 선물 받은 낙타를 만부교에서 굶어 죽게 하였다.
⑤ 동북 9성을 설치하고 경계를 알리는 비석을 세웠다.

14 다음 자료를 활용한 탐구 활동으로 가장 적절한 것은?

(1점)

○ 남쪽에서 도적들이 봉기하였다. 가장 심한 자들은 운문을 거점으로 한 김사미와 초전을 거점으로 한 효심이었다. 이들은 유랑민을 불러 모아 주현을 습격하여 노략질하였다.

○ 원율 사람인 이연년이 백적도원수라 자칭하며 많은 사람을 불러 모아 여러 주군을 공격하여 노략질하니 최린이 지휘사 김경손과 함께 그들을 격파하였다.

① 노비안검법이 실시된 목적을 알아본다.
② 삼정이정청이 설치된 과정을 살펴본다.
③ 사심관 제도가 시행된 사례를 조사한다.
④ 집강소에서 추진한 개혁의 내용을 분석한다.
⑤ 무신 집권기 하층민의 반란이 발생한 배경을 파악한다.

15 다음 사건이 일어난 시기를 연표에서 옳게 고른 것은?

(2점)

조일신이 전 찬성사 정천기 등과 함께 기철·기륜·기원·고용보 등을 제거할 것을 모의하고 그들을 체포하게 하였는데, 기원은 잡아서 목을 베고 나머지는 모두 도망갔다. 조일신이 그 무리를 거느리고 나아가서 왕이 있던 궁궐을 포위하고, 숙직하고 있던 판밀직사사 최덕림, 상호군 정환 등 여러 사람을 죽였다.

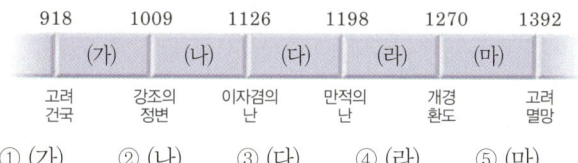

① (가)　② (나)　③ (다)　④ (라)　⑤ (마)

16 밑줄 그은 '국가'의 문화유산으로 옳지 <u>않은</u> 것은? `2점`

이것은 왕실의 종친인 신안공 왕전이 몽골의 침략을 받던 시기에 국가의 태평을 기원하며 발원한 법화경서탑도(法華經書塔圖)입니다. 감색 종이에 금가루 등으로 법화경 수만 자를 한 자씩 써서 칠층 보탑을 형상화한 것이 특징입니다.

①

②

③

④

⑤

17 (가), (나) 사이의 시기에 있었던 사실로 옳은 것은? `3점`

(가) 살리타가 이첩(移牒)하기를, "황제께서 고려가 사신 저고여를 죽인 이유 등 몇 가지 일을 묻게 하셨다."라고 하면서 말 2만 필, 어린 남녀 수천 명, 자주색 비단 1만 필, 수달피 1만 장과 군사의 의복을 요구하였다.

(나) 첨의부에서 아뢰기를, "제국 대장 공주의 겁령구*와 내료(內僚)들이 좋은 땅을 많이 차지하여 산천으로 경계를 정하고 사패(賜牌)**를 받아 조세를 납입하지 않으니, 청컨대 사패를 도로 거두소서."라고 하였다.

*겁령구: 시종인
**사패: 토지 등에 대한 권리를 인정해 주는 증서

① 신숭겸이 공산 전투에서 전사하였다.
② 최승로가 왕에게 시무 28조를 올렸다.
③ 김방경의 군대가 탐라에서 삼별초를 진압하였다.
④ 강감찬이 개경에 나성을 축조할 것을 건의하였다.
⑤ 경대승이 정중부 등을 제거하고 권력을 장악하였다.

18 (가) 인물의 활동으로 옳은 것은? `2점`

이것은 명의 철령위 설치에 반발하여 팔도도통사로서 요동 정벌을 추진하였던 ___(가)___ 의 초상입니다. 그는 요동 정벌에 반대한 이성계가 위화도 회군으로 정권을 장악하면서 죽임을 당하였습니다.

① 홍산 전투에서 왜구를 물리쳤다.
② 화통도감의 설치를 건의하였다.
③ 정변을 일으켜 목종을 폐위하였다.
④ 의종 복위를 도모하여 군사를 일으켰다.
⑤ 교정별감이 되어 국정 전반을 장악하였다.

19 밑줄 그은 '대책'에 대한 탐구 활동으로 가장 적절한 것은? `2점`

> 양역(良役)의 편중됨이 실로 양민의 뼈를 깎아 지탱하지 못하는 폐단이 됩니다. 전하께서 이를 불쌍하게 여겨 2필의 역을 특별히 1필로 감하였으니, 이는 천지와 같은 큰 은덕이요 죽은 사람을 살려주는 은혜입니다. …… 그러나 이미 포를 감하였으니 마땅히 그 대신할 것을 보충해야 하나 나라의 재원은 한정이 있습니다. …… 이에 신들은 감히 눈앞의 한때 일을 다행으로 여기지 않고 좋은 대책을 찾아 반드시 오래도록 이어지게 하겠습니다.

① 공인이 등장하게 된 배경을 살펴본다.
② 당백전 발행이 끼친 영향을 파악한다.
③ 선무군관포를 징수한 목적을 찾아본다.
④ 토산물을 쌀, 동전 등으로 납부하게 한 원인을 조사한다.
⑤ 전세를 풍흉에 따라 9등급으로 차등 부과한 이유를 알아본다.

20 (가) 기구에 대한 설명으로 옳은 것은? `2점`

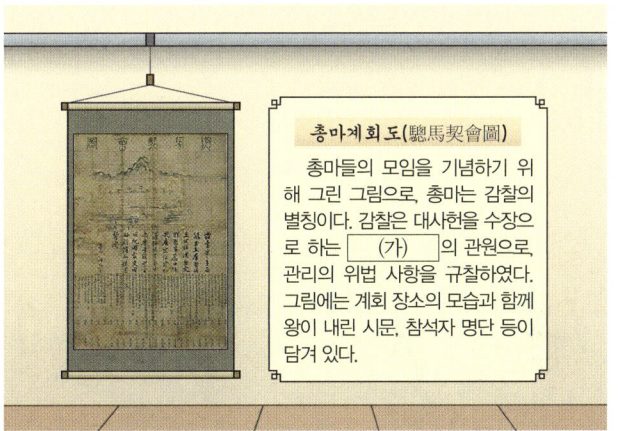

총마계회도(驄馬契會圖)
총마들의 모임을 기념하기 위해 그린 그림으로, 총마는 감찰의 별칭이다. 감찰은 대사헌을 수장으로 하는 [(가)]의 관원으로, 관리의 위법 사항을 규찰하였다. 그림에는 계회 장소의 모습과 함께 왕이 내린 시문, 참석자 명단 등이 담겨 있다.

① 수도의 행정과 치안을 담당하였다.
② 왕명 출납을 맡은 왕의 비서 기관이었다.
③ 왕에게 경서 등을 강론하는 경연을 주관하였다.
④ 역사서를 편찬하고 사고에 보관하는 일을 맡았다.
⑤ 5품 이하 관리의 임명 과정에서 서경권을 행사하였다.

21 (가)에 들어갈 내용으로 가장 적절한 것은? `2점`

> 이곳은 경기도 용인시에 있는 심곡 서원입니다. 반정 공신의 위훈 삭제 등 개혁을 추진하다가 사사된 인물의 학문과 덕행을 추모하기 위해 세워졌습니다. 이 인물에 대해 알고 있는 내용을 대화창에 올려주세요.

조선 시대 인물을 찾아서 생방송 중

ON 대화창
호는 정암으로, 소격서 폐지에 앞장섰어요.
[(가)]
글쓰기 ↑

① 성학집요를 지어서 임금에게 바쳤어요.
② 김종직의 조의제문을 사초에 포함시켰어요.
③ 최초의 서원인 백운동 서원을 건립하였어요.
④ 소학의 보급과 현량과 실시를 주장하였어요.
⑤ 재상 중심의 정치를 강조한 조선경국전을 저술하였어요.

22 밑줄 그은 '이 왕'이 추진한 정책으로 옳은 것은? `2점`

> 역사적 평가가 엇갈리는 이 왕에 대한 생각을 말해보자.

> 동생 영창 대군을 죽이고 어머니 인목 대비를 폐위한 것은 비난받을 행동이었어.

> 후금과의 관계 악화를 피하려 한 외교 정책은 국가의 안정을 도모한 적절한 선택이었다고 생각해.

① 6조 직계제를 처음으로 실시하였다.
② 학문 연구 기관으로 집현전을 두었다.
③ 전란의 피해를 복구하고 동의보감을 간행하였다.
④ 역대 문물 제도를 정리한 동국문헌비고를 편찬하였다.
⑤ 시전 상인의 특권을 축소하는 신해통공을 단행하였다.

23 밑줄 그은 '이 전쟁'의 영향으로 가장 적절한 것은?

(2점)

> **사료로 만나는 한국사**
>
> 신풍부원군 장유가 예조에 단자를 올리기를 "외아들이 있는데 강도(江都)의 변 때 그의 처가 잡혀갔다가 속환되어 지금은 친정 부모집에 가 있습니다. 그대로 배필로 삼아 함께 조상의 제사를 받들 수 없으니, 새로 장가들도록 허락해 주십시오."라고 하였다.
>
> 위 사료는 이 전쟁 중 강화도가 함락되면서 적국으로 끌려갔다 돌아온 며느리를 아들과 이혼하게 해달라는 내용의 글이다. 국왕이 삼전도에서 항복하며 종결된 이 전쟁으로 많은 사람들이 포로로 끌려갔다. 여성들은 살아 돌아오더라도 절개를 잃었다는 이유로 억울하게 이혼을 당하기도 하였다.

① 이완 등을 중심으로 북벌이 추진되었다.
② 김종서가 두만강 일대에 6진을 개척하였다.
③ 이종무가 적의 근거지인 쓰시마섬을 정벌하였다.
④ 강홍립이 이끄는 부대가 사르후 전투에 참전하였다.
⑤ 국방 문제를 논의하기 위해 비변사가 처음으로 설치되었다.

24 (가) 왕의 재위 시기에 있었던 사실로 옳은 것은?

(2점)

> 만약 그 자신이 죽고 아내에게 전지가 전해지면 수신전이라 하였고, 부부가 모두 죽고 아들에게 전해지면 휼양전이라 일컬었으며, 만약 그 아들이 관직에 제수된다면 그대로 그 전지를 주고 과전이라 하였다. …… [(가)]이/가 이 제도를 폐지하고 현직 관리에게 전지를 주고 직전이라 하였다.

① 불교 경전을 간행하는 간경도감이 설치되었다.
② 음악 이론 등을 집대성한 악학궤범이 완성되었다.
③ 세계 지도인 혼일강리역대국도지도가 제작되었다.
④ 신하를 재교육하기 위한 초계문신제가 실시되었다.
⑤ 삼남 지방의 농법을 소개한 농사직설이 편찬되었다.

25 (가) 지역에서 있었던 사실로 옳은 것은?

(2점)

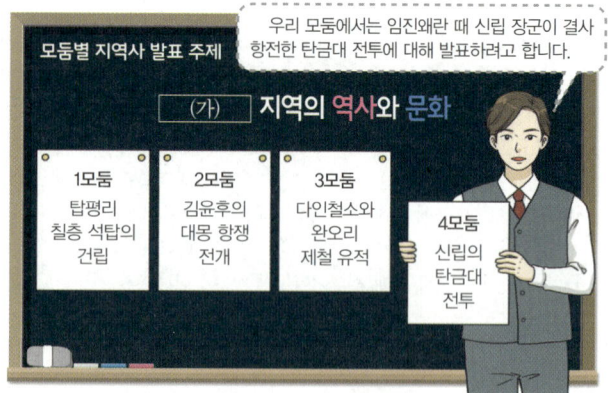

① 제1차 미소 공동 위원회가 개최되었다.
② 명 신종을 기리는 만동묘가 건립되었다.
③ 강주룡이 을밀대 지붕에서 고공 농성을 벌였다.
④ 고구려비가 남한 지역에서 유일하게 발견되었다.
⑤ 박재혁이 경찰서에서 폭탄을 터뜨리는 의거를 일으켰다.

26 (가) 시기에 있었던 사실로 옳은 것은?

(3점)

① 무신 이징옥이 반란을 일으켰다.
② 송시열이 유배된 후 사사되었다.
③ 자의 대비의 복상 문제로 예송이 일어났다.
④ 정여립 모반 사건을 빌미로 기축옥사가 발생하였다.
⑤ 붕당 정치의 폐해를 막기 위해 탕평비가 건립되었다.

27 (가) 인물에 대한 설명으로 옳은 것은? `2점`

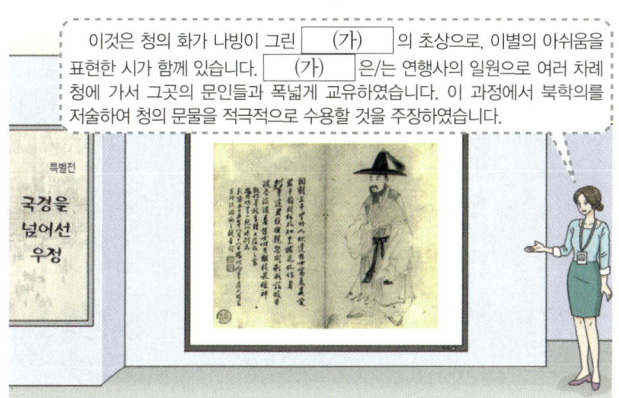

이것은 청의 화가 나빙이 그린 ⬚(가)⬚ 의 초상으로, 이별의 아쉬움을 표현한 시가 함께 있습니다. ⬚(가)⬚ 은/는 연행사의 일원으로 여러 차례 청에 가서 그곳의 문인들과 폭넓게 교유하였습니다. 이 과정에서 북학의를 저술하여 청의 문물을 적극적으로 수용할 것을 주장하였습니다.

특별전 국경을 넘어선 우정

① 세계 지리서인 지구전요를 저술하였다.
② 의산문답에서 무한 우주론을 주장하였다.
③ 기기도설을 참고하여 거중기를 설계하였다.
④ 서자 출신으로 규장각 검서관에 기용되었다.
⑤ 양반전을 지어 양반의 허례와 무능을 풍자하였다.

28 다음 가상 대화가 이루어진 시기의 사회 모습으로 가장 적절한 것은? `1점`

자네 소식 들었나? 지난달 진주에서 백성들이 난을 일으켜 관아를 습격하고 아전의 집을 불태웠다더군.

나도 들었네. 경상 우병사 백낙신의 탐학과 향리들의 횡포에 맞서 유계춘이 주도하였다고 하더군.

① 빈민 구제를 위해 흑창이 설치되었다.
② 원종과 애노가 사벌주에서 봉기하였다.
③ 홍건적의 침입으로 개경이 함락되었다.
④ 지배층을 중심으로 변발과 호복이 유행하였다.
⑤ 안동 김씨 등의 세도 정치로 매관매직이 성행하였다.

29 (가) 사건에 대한 설명으로 옳은 것은? `1점`

••••• 📶 오전 11:40 100%■

대한민국 방방곡곡 – 전등사

史 한국사 채널 조회 수 82,461

전등사는 강화도 정족산성 안에 위치한 사찰로 대웅전, 약사전 등 많은 문화유산을 보유하고 있다. 사찰 내에는 조선왕조실록을 보관하였던 정족산 사고가 복원되어 있다. 뿐만 아니라 ⬚(가)⬚ 때 프랑스군을 물리친 양헌수 장군의 승전비도 있다.

① 운요호 사건을 빌미로 일어났다.
② 왕이 공산성으로 피란하는 계기가 되었다.
③ 전개 과정에서 외규장각 도서가 약탈당하였다.
④ 사태 수습을 위해 이용태가 안핵사로 파견되었다.
⑤ 황사영이 외국 군대의 출병을 요청하는 원인이 되었다.

30 다음 자료에 나타난 사건의 영향으로 가장 적절한 것은? `2점`

이때 세금을 부과하는 직책의 신하들이 재물을 거두어들여 자기 배만 채우면서 각영(各營)에 소속된 군인들의 봉급은 몇 달 동안 나누어 주지 않았다. 그리하여 훈국(訓局)의 군사가 맨 먼저 난을 일으키고, 각영의 군사가 잇달아 일어났다. 이들은 이최응, 민겸호, 김보현, 민창식을 죽였고 또 중전을 시해하려 하였다. 중전은 장호원으로 피하였다.

① 강화도 조약이 체결되었다.
② 김기수가 수신사로 일본에 파견되었다.
③ 종로와 전국 각지에 척화비가 세워졌다.
④ 일본 공사관 경비 명목으로 일본군이 주둔하였다.
⑤ 통리기무아문을 설치하고 그 아래에 12사를 두었다.

31 (가)에 들어갈 내용으로 적절한 것은? (2점)

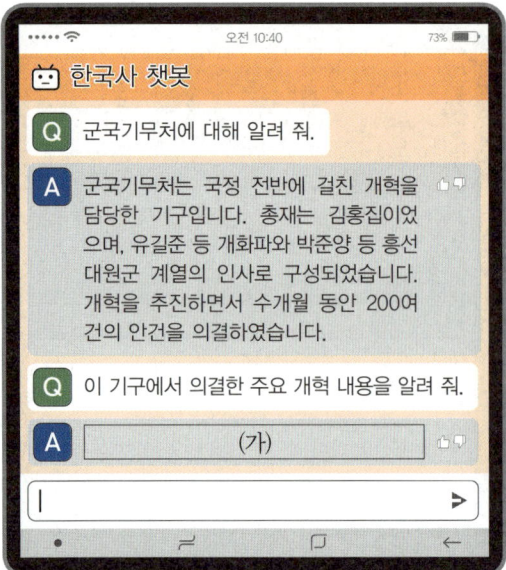

① 공사 노비법을 혁파하였습니다.
② 5군영을 2영으로 통합하였습니다.
③ 건양이라는 연호를 제정하였습니다.
④ 한성 사범 학교 관제를 반포하였습니다.
⑤ 지계아문을 설치하여 지계를 발급하였습니다.

32 (가) 단체에 대한 설명으로 옳은 것은? (2점)

> 신들은 나라가 나라일 수 있는 조건은 두 가지가 있다고 생각합니다. 첫째는 자립하여 다른 나라에 의지하지 않는 것이며, 둘째는 자수(自修)하여 나라 안에 정법(政法)을 행하는 것입니다. 이 두 가지는 하늘이 우리 폐하께 부여해 준 하나의 큰 권한으로서, 이 권한이 없으면 나라가 없는 것입니다. 그래서 신 등은   (가) 을/를 설립하여 독립문을 세우고 위로는 황상의 지위를 높이며, 아래로는 인민의 뜻을 확고히 함으로써 억만년 무궁한 기초를 확립하고자 하였던 것입니다.

① 만세보를 발행하여 민중 계몽에 힘썼다.
② 일본의 황무지 개간권 요구를 저지하였다.
③ 일제가 조작한 105인 사건으로 와해되었다.
④ 중추원 개편을 통해 의회 설립을 추진하였다.
⑤ 독립운동 자금 마련을 위해 독립 공채를 발행하였다.

33 다음 자료에 나타난 민족 운동에 대한 설명으로 옳은 것은? (1점)

> 거액의 외채 1,300만 원을 해마다 미루다가 갚지 못할 지경에 이른다면 나라를 보존하기 어려울 것이니, 나라를 보존하지 못하면, 아! 우리 동포는 장차 무엇에 의지하겠습니까? …… 근래에 신문을 접하니, 영남에서 시작하여 서울에 이르기까지 담배를 끊어 나라의 빚을 갚자는 논의가 시작되었고, 발기한 지 며칠이 되지 않아 의연금을 내는 자들이 날마다 이른다 하니, 우리 백성들이 임금에게 충성하고 나라를 사랑하는 마음을 통쾌하게 볼 수 있습니다.

① 조선 총독부의 탄압과 방해로 실패하였다.
② 대한매일신보 등의 지원을 받아 확산되었다.
③ 대한민국 임시 정부가 수립되는 계기가 되었다.
④ 백정에 대한 사회적 차별 철폐를 목적으로 하였다.
⑤ 조선 민립 대학 기성회에서 모금 활동을 전개하였다.

34 다음 대화에 나타난 사건 이후의 사실로 옳은 것은? (3점)

① 신식 군대인 별기군이 창설되었다.
② 묄렌도르프가 외교 고문으로 파견되었다.
③ 초대 통감으로 이토 히로부미가 부임하였다.
④ 기유각서가 체결되어 사법권을 박탈당하였다.
⑤ 관민 공동회가 개최되어 헌의 6조를 결의하였다.

35 밑줄 그은 '이 운동'에 대한 설명으로 옳은 것을 |보기| 에서 고른 것은? (2점)

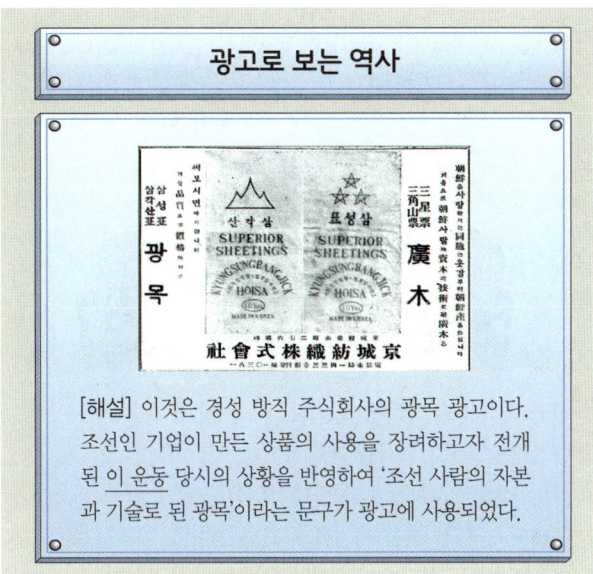

광고로 보는 역사

[해설] 이것은 경성 방직 주식회사의 광목 광고이다. 조선인 기업이 만든 상품의 사용을 장려하고자 전개된 이 운동 당시의 상황을 반영하여 '조선 사람의 자본과 기술로 된 광목'이라는 문구가 광고에 사용되었다.

┌─── 보기 ────────────────────────
ㄱ. 회사령 폐지 등이 배경이 되었다.
ㄴ. 황국 중앙 총상회의 주도하에 전개되었다.
ㄷ. 평양에서 시작되어 전국적으로 확산되었다.
ㄹ. 대동 상회 등 근대적 상회사가 설립되는 계기가 되었다.
└────────────────────────────────

① ㄱ, ㄴ ② ㄱ, ㄷ ③ ㄴ, ㄷ ④ ㄴ, ㄹ ⑤ ㄷ, ㄹ

36 (가) 단체에 대한 설명으로 옳은 것은? (2점)

【이달의 독립운동가】

황상규

경상남도 밀양 출생이다. 1918년 만주로 망명하였으며 김동삼, 김좌진, 안창호 등과 대한 독립 선언서를 발표하였다.

1919년 11월 김원봉 등과 ⟨(가)⟩을/를 조직하여 일제 기관의 파괴와 조선 총독 이하의 관리 및 매국노의 암살 등을 꾀하였다. 1920년에 국내로 폭탄을 들여와 의거를 준비하던 중 발각되어 7년의 징역형을 선고받았다. 1963년 건국훈장 독립장이 추서되었다.

① 조선 혁명 선언을 활동 지침으로 삼았다.
② 삼균주의를 기초로 한 건국 강령을 발표하였다.
③ 잡지 개벽 등을 발행하여 민족의식을 고취하였다.
④ 홍커우 공원에서 일어난 윤봉길 의거를 계획하였다.
⑤ 조선 총독부에 국권 반환 요구서를 제출하려 하였다.

37 (가)~(다)를 발표된 순서대로 옳게 나열한 것은? (3점)

(가) 우리들 민중의 통곡과 복상이 결코 이척[순종]의 죽음에 있지 않다는 것을 민중 각자의 마음속에 그것을 명백히 말해주고 있다. 우리들의 비애와 통렬한 애도는 경술년 8월 29일 이래 쌓이고 쌓인 슬픔이다. …… 금일의 통곡·복상의 충성과 의분을 돌려 우리들의 해방 투쟁에 바치자!

(나) 조선 민족의 정치적 의식이 발달함에 따라 민족적 중심 단결을 요구하는 시기를 맞이하여 민족주의를 표방한 신간회가 발기인의 연명으로 3개 조의 강령을 발표하였다. ……
 1. 우리는 정치적·경제적 각성을 촉진함
 1. 우리는 단결을 공고히 함
 1. 우리는 기회주의를 일체 부인함

(다) 우리 2천만 생령(生靈)을 사랑하고 조국을 사랑하는 광주 학생 남녀 수십 명이 중상을 입었다. 고뇌하는 청년 학생 2백 명이 불법으로 철창 속에 갇혀 있다. …… 우리들은 광주 학생의 석방을 요구하는 동시에 참을 수 없는 피눈물로 시위 대열에 나가는 것이다.

① (가) – (나) – (다)　　② (가) – (다) – (나)
③ (나) – (가) – (다)　　④ (나) – (다) – (가)
⑤ (다) – (나) – (가)

38 밑줄 그은 '시기'에 볼 수 있는 모습으로 가장 적절한 것은? (1점)

이곳은 전라남도 여수시 거문도에 있는 해안 동굴 진지입니다. 국가 총동원법이 시행되던 시기에 일제는 이와 같은 군사 시설물을 거문도를 비롯한 각지에 구축하였습니다.

① 태형을 집행하는 헌병 경찰
② 원산 총파업에 참여하는 노동자
③ 황국 신민 서사를 암송하는 학생
④ 경성 제국 대학 설립을 추진하는 관리
⑤ 서울 진공 작전에 참여하는 13도 창의군 의병

39 (가), (나) 법령이 발표된 사이의 시기에 있었던 사실로 옳은 것은? (3점)

(가) 제1조 신한공사를 조선 정부에서 독립한 기관으로써 창립함.
　　　공사는 군정장관 또는 그의 수임자가 후임자를 임명할 때까지 10명의 직무를 집행하는 취체역이 관리함.
　　제4조 …… 동양 척식 주식회사가 소유하던 조선 내 법인의 일본인 재산은 전부 신한공사에 귀속됨.

(나) 제4조 본법 시행에 관한 사무는 농림부 장관이 관장한다.
　　제12조 농지의 분배는 농지의 종목, 등급 및 농가의 능력 등에 기준한 점수제에 의거하되 1가당 총경영 면적 3정보를 초과하지 못한다.
　　제13조 분배받은 농지에 대한 상환액 및 상환 방법은 다음에 의한다.
　　　　1. 상환액은 해당 농지의 주생산물 생산량의 12할 5푼을 5년간 납입케 한다.

① 조선 건국 동맹이 결성되었다.
② 한·미 상호 방위 조약이 체결되었다.
③ 조선 사상범 예방 구금령이 공포되었다.
④ 5·10 총선거로 제헌 국회가 구성되었다.
⑤ 정부에 비판적인 경향신문이 폐간되었다.

40 다음 가상 인터뷰의 주인공에 대한 설명으로 옳은 것은? (2점)

며칠 전 경성에서 조선사회경제사 출판 축하회가 있었습니다. 저자로서 책에 대한 소개를 부탁드립니다.

저는 우리 역사의 전개 과정을 세계사의 보편적인 발전 법칙에 따라 네 단계로 나누어 파악하였습니다. 이 책에서는 그 중 원시 씨족 사회와 삼국 정립기의 노예제 사회에 대해 서술하였습니다.

① 진단 학회를 조직하였다.
② 한국독립운동지혈사를 저술하였다.
③ 식민 사학의 정체성론을 반박하였다.
④ 우리말 큰사전 편찬 사업을 추진하였다.
⑤ 민족의 얼을 강조하고 조선학 운동을 주도하였다.

41 (가) 부대에 대한 설명으로 옳은 것은? (2점)

한국 독립운동을 촉진하고 한국 혁명 역량을 집중하기 위해 이번 달 15일 중국 국민당 군사 위원회는 조선 의용대를 개편하여 　(가)　에 편입할 것을 특별히 명령하였다. 제1지대는 총사령에게 직속되어 이(지)청천 장군이 통할한다. …… 　(가)　의 총사령부는 충칭에 설치하기로 결정하였다.

① 자유시 참변으로 세력이 약화되었다.
② 영릉가 전투에서 일본군에 승리하였다.
③ 쌍성보 전투에서 한중 연합 작전을 전개하였다.
④ 국내 정진군을 편성하여 국내 진공 작전을 추진하였다.
⑤ 홍범도 부대와 연합하여 청산리에서 일본군을 격퇴하였다.

42 밑줄 그은 '전쟁' 중에 있었던 사실로 옳은 것은?

(1점)

> 이 비석은 북한군의 남침으로 시작된 <u>전쟁</u> 중 벌어진 장진호 전투를 기념하기 위해 미국 버지니아주에 세워진 것입니다. 장진호 전투는 북한을 돕기 위해 참전한 중국군을 상대로 유엔군 등이 벌인 주요 전투 중 하나였습니다.

① 애치슨 라인이 발표되었다.
② 가쓰라·태프트 밀약이 체결되었다.
③ 모스크바 3국 외상 회의가 개최되었다.
④ 흥남에서 대규모 철수 작전이 전개되었다.
⑤ 김구, 김규식 등이 남북 협상에 참여하였다.

44 밑줄 그은 '개헌' 이후에 있었던 사실로 옳은 것은?

(2점)

대한 변호사 협회장의 성명

이번 <u>개헌</u> 안건의 의결에 있어서 찬성표 수가 135이고 재적의원 수가 203인 것은 변하지 않는 수이다. 그러면 재적인 수의 3분의 2는 135.333이니 이 선에 도달하려면 동일한 표수가 있어야 될 것이다. …… 찬성표가 재적인 수에 도달하거나 또는 정족수 이상 되어야 하거늘 0.333에 도달하지 못하니 그것을 사사오입이라는 구실로 떼어버리고 정족수인 3분의 2와 동일한 수라고 하는 것은 헌법 위반이 되는 것이므로 법조인으로서 이를 이해하기 곤란하다.

① 여수·순천 10·19 사건이 일어났다.
② 진보당의 당수였던 조봉암이 처형되었다.
③ 반민족 행위 특별 조사 위원회가 설치되었다.
④ 국회 프락치 사건으로 일부 국회 의원이 체포되었다.
⑤ 여운형 등의 주도로 좌우 합작 위원회가 구성되었다.

43 다음 성명을 발표한 정부 시기에 볼 수 있는 모습으로 적절한 것은?

(2점)

> 내각 책임제 속에서 행정부에 맡겨진 책무를 유감없이 수행하기 위해 무엇보다 먼저 행정부 내의 기강 확립에 주안점을 두지 않아서는 안 될 것입니다. …… 부정 선거 원흉의 처단은 이미 공소 제기와 구형을 한 터이므로 법원의 엄정한 판결이 있을 것을 기대하는 바입니다.

① 국민 교육 헌장을 읽고 있는 학생
② 서울 올림픽 대회에 참가하는 선수
③ 개성 공단 착공식을 취재하는 기자
④ 함평 고구마 피해 보상 투쟁에 참여하는 농민
⑤ 민의원에서 통과된 법안을 심의하는 참의원 의원

45 (가) 헌법이 시행된 시기의 사실로 옳은 것은?

(2점)

> 사진은 인민혁명당 재건위 사건 재판 당시의 모습입니다. 이 사건은 (가) 헌법에 의거하여 발동한 긴급조치 제4호 등으로 정부에 비판적인 인물들을 반국가 세력으로 몰아 처벌한 것입니다. 당시 사형을 당한 8명은 2007년에 열린 재심 공판에서 무죄를 선고 받았습니다.

① 김주열이 최루탄을 맞고 사망하였다.
② 부천 경찰서 성 고문 사건이 발생하였다.
③ 개헌 청원 백만인 서명 운동이 전개되었다.
④ 국민 보도 연맹원에 대한 학살이 자행되었다.
⑤ 민주화 시위 도중 대학생 강경대가 희생되었다.

46 (가) 정부 시기의 경제 상황으로 옳은 것은? [1점]

사진으로 보는 [(가)] 정부

경부 고속 도로 개통

포항 제철소 1기 준공

① 제3차 경제 개발 5개년 계획을 추진하였다.
② 미국과 자유 무역 협정(FTA)을 체결하였다.
③ 대통령 긴급 명령으로 금융 실명제를 실시하였다.
④ 국제 통화 기금(IMF)의 구제 금융 지원금을 조기 상환하였다.
⑤ 저임금 노동자의 생활 안정을 위해 최저 임금법을 제정하였다.

[47~48] 다음을 읽고 물음에 답하시오.

> (가) 여덟째는 적금서당이다. 왕 6년에 보덕국 사람들로 당을 만들었다. 금장의 색은 적흑이다. 아홉째는 청금서당이다. …… 금장의 색은 청백이다.
>
> (나) 응양군, 1령(領)으로 군에는 정3품의 상장군 1인과 종3품의 대장군 1인을 두었으며, …… 정8품의 산원 3인, 정9품의 위 20인, 대정은 40인을 두었다.
>
> (다) 무위영, 절목계하본(節目啓下本)에 의하여 낭청 1명을 훈련도감의 예에 따라 문신으로 추천하여 군색종사관으로 칭하고 …… 중군은 포장·장어영 중군을 거친 자로 추천하여 금군별장이라 칭한다.
>
> (라) 별대와 정초군의 군병을 합하여 한 영(營)의 제도를 만들어 본영은 금위영이라 칭하고, 군병은 금위별대라 칭한다.

47 (가)~(라) 군사 조직을 만들어진 순서대로 옳게 나열한 것은? [3점]

① (가) − (나) − (다) − (라)
② (가) − (나) − (라) − (다)
③ (나) − (가) − (라) − (다)
④ (나) − (다) − (가) − (라)
⑤ (다) − (라) − (나) − (가)

48 밑줄 그은 '왕'의 업적으로 옳은 것은? [2점]

① 김흠돌의 난을 진압하였다.
② 병부와 상대등을 설치하였다.
③ 나선 정벌에 조총 부대를 파견하였다.
④ 정계와 계백료서를 지어 관리의 규범을 제시하였다.
⑤ 쌍성총관부를 공격하여 철령 이북의 땅을 수복하였다.

49 (가) 민주화 운동에 대한 설명으로 옳은 것은? [1점]

이곳은 옛 전남도청 본관으로 ⬚(가)⬚ 당시 시민군이 계엄군에 항쟁한 장소입니다. 정부는 본관을 포함한 옛 전남도청을 복원하여 ⬚(가)⬚ 의 의미를 기억하고 추모하는 공간으로 되살리겠다고 하였습니다. 건물 내부에는 당시 상황을 알 수 있는 실물 또는 가상 콘텐츠 공간 등이 조성될 예정입니다.

① 3·1 민주 구국 선언을 발표하였다.
② 시위 도중 대학생 이한열이 희생되었다.
③ 호헌 철폐, 독재 타도 등의 구호를 외쳤다.
④ 허정 과도 정부가 출범하는 계기가 되었다.
⑤ 관련 기록물이 유네스코 세계 기록 유산으로 등재되었다.

50 다음 뉴스가 보도된 정부 시기에 있었던 사실로 옳은 것은? [3점]

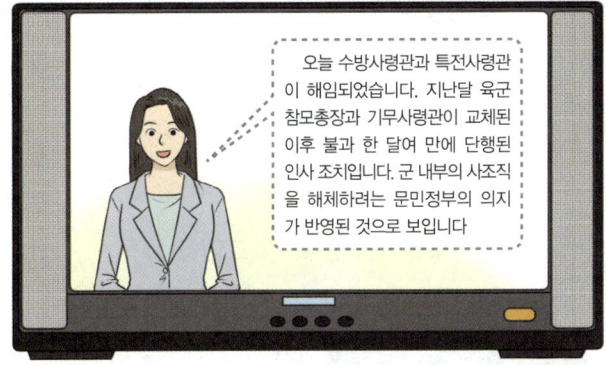

오늘 수방사령관과 특전사령관이 해임되었습니다. 지난달 육군 참모총장과 기무사령관이 교체된 이후 불과 한 달여 만에 단행된 인사 조치입니다. 군 내부의 사조직을 해체하려는 문민정부의 의지가 반영된 것으로 보입니다

① 굴욕적인 대일 외교에 반대하는 6·3 시위가 일어났다.
② 북방 외교를 추진하여 사회주의 국가인 소련과 수교하였다.
③ 통일 방안을 논의하기 위해 남북 조절 위원회를 설치하였다.
④ 경제적 취약 계층을 위한 국민 기초 생활 보장법을 시행하였다.
⑤ 역사 바로 세우기를 내세우며 옛 조선 총독부 건물을 철거하였다.

01 (가) 시대의 생활 모습에 대한 설명으로 옳은 것은?

1점

사진으로 만나는 고창 고인돌 유적

우리 박물관에서는 2000년 유네스코 세계 유산으로 등재된 고창 고인돌 유적을 소개하는 특별전을 마련하였습니다. 고인돌은 계급이 발생한 (가) 시대를 대표하는 무덤입니다. 사진을 통해 다양한 고인돌의 형태를 살펴보시기 바랍니다.

□ 기간: 2023년 ○○월 ○○일~○○월 ○○일
□ 장소: ▲▲ 박물관 기획 전시실

① 반달 돌칼로 벼를 수확하였다.
② 소를 이용하여 깊이갈이를 하였다.
③ 주로 동굴이나 강가의 막집에서 살았다.
④ 오수전, 화천 등의 중국 화폐로 교역하였다.
⑤ 옷을 만들 때 가락바퀴와 뼈바늘을 이용하기 시작하였다.

02 (가)에 들어갈 내용으로 가장 적절한 것은?

2점

#8. 궁궐 안

손자와 대화하며 과거를 회상하는 장면

손자: 할아버지, 어떻게 왕이 되셨나요?
왕: 이 땅에 들어와서 처음에는 국경 수비를 맡았다가 준왕을 몰아내고 왕이 되었지.
손자: 또 무슨 일을 하셨어요?
왕: 왕검성을 중심으로 기반을 정비하고 백성을 받아들여 나라의 내실을 다졌단다. 그리고 (가)

① 율령을 반포하여 체제를 정비하였단다.
② 화랑도를 국가적인 조직으로 개편하였단다.
③ 내신 좌평 등 여섯 명의 좌평을 거느렸단다.
④ 진번과 임둔을 복속하여 영토를 확대하였단다.
⑤ 지방의 여러 성에 욕살, 처려근지 등을 두었단다.

03 다음 자료에 해당하는 나라에 대한 설명으로 옳은 것은?

2점

○ 산릉과 넓은 못[澤]이 많아서 동이 지역에서는 가장 넓고 평탄한 곳이다. …… 사람들은 체격이 크고 성품은 굳세고 용감하며, 근엄·후덕하여 다른 나라를 쳐들어가거나 노략질하지 않는다.

○ 은력(殷曆) 정월에 지내는 제천 행사는 국중 대회로 날마다 마시고 먹고 노래하고 춤추는데, 그 이름을 영고라 했다.

－「삼국지」 위서 동이전 －

① 신성 지역인 소도가 존재하였다.
② 혼인 풍습으로 민며느리제가 있었다.
③ 여러 가(加)들이 각각 사출도를 주관하였다.
④ 특산물로 단궁, 과하마, 반어피가 유명하였다.
⑤ 왕 아래 상가, 대로, 패자 등의 관직이 있었다.

04 (가)~(마) 문화유산에 대한 설명으로 적절하지 <u>않은</u> 것은? (2점)

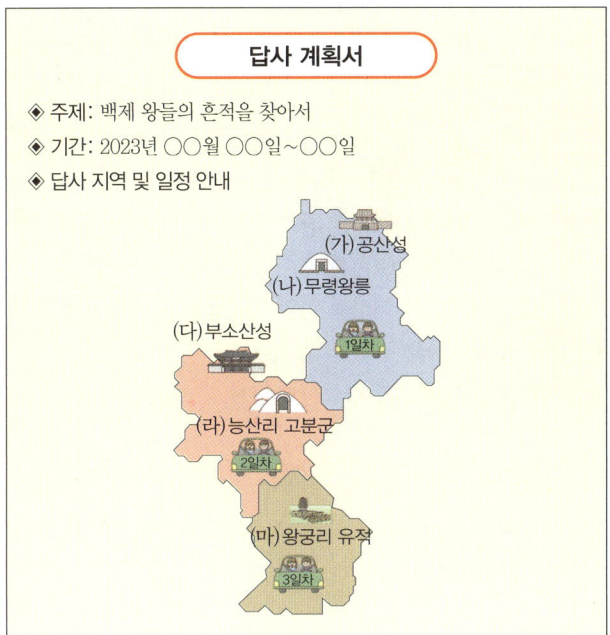

① (가) – 웅진성이라 불리기도 하였다.
② (나) – 중국 남조의 영향을 받았다.
③ (다) – 성왕이 전사한 곳이다.
④ (라) – 사신도 벽화가 남아 있는 무덤이 발견되었다.
⑤ (마) – 수부(首府)라는 글자가 새겨진 기와가 출토되었다.

05 (가), (나) 사이의 시기에 있었던 사실로 옳은 것은? (3점)

> (가) 겨울에 왕이 장차 백제를 쳐서 대야성에서의 싸움을 되갚으려고 이찬 김춘추를 고구려에 보내서 군사를 청하였다. 대야성 전투에서 패하였을 때 도독인 품석의 아내도 죽었는데, 바로 춘추의 딸이었다.
>
> (나) 춘추가 무릎을 꿇고 아뢰기를, "…… 만약 폐하께서 천조(天朝)의 군사를 빌려주시어 흉악한 무리를 없애주지 않으신다면 저희 백성은 모두 포로가 될 것이니, 그렇다면 산 넘고 바다 건너 행하는 술직(述職)*도 다시는 바랄 수 없을 것입니다."라고 하였다. 당 태종이 매우 옳다고 여겨서 군사의 출정을 허락하였다.
>
> *술직: 제후가 입조하여 천자에게 맡은 직무를 아뢰는 것
>
> – 『삼국사기』 –

① 문무왕이 안승을 보덕국왕으로 봉하였다.
② 안시성의 군사와 백성들이 당군을 물리쳤다.
③ 복신과 도침이 부여풍을 왕으로 추대하였다.
④ 계백이 이끄는 군대가 황산벌에서 항전하였다.
⑤ 진흥왕이 대가야를 정복하여 영토를 확장하였다.

06 밑줄 그은 '시기'에 있었던 사실로 옳은 것은? (2점)

> 최치원이 지은 해인사 묘길상탑기에는 진성여왕이 다스리던 시기의 혼란스러운 사회상이 묘사되어 있습니다. '전란과 흉년으로 악 중의 악이 없는 곳이 없고 도처에 굶어 죽거나 싸우다 죽은 시신이 널려 있다.'고 한탄하는 내용이 적혀 있습니다.

합천 해인사 길상탑과
그 안에서 나온 묘길상탑기(탁본)

① 원광이 세속 5계를 제시하였다.
② 이차돈의 순교로 불교가 공인되었다.
③ 원종과 애노가 사벌주에서 봉기하였다.
④ 거칠부가 왕명에 의해 국사를 편찬하였다.
⑤ 자장의 건의로 황룡사 구층 목탑이 건립되었다.

07 (가) 나라에 대한 설명으로 옳은 것은? `2점`

　(가) 의 대표적 생활 유적지인 봉황대가 회현리 패총과 합쳐져 김해 봉황동 유적으로 확대 지정되었습니다. 이 유적은 김수로왕에 의해 건국되었다고 전해진 (가) 의 초기 모습을 추정해 볼 수 있는 귀중한 문화유산입니다.

김해 봉황동 유적, 사적으로 확대 지정

① 집사부를 비롯한 14부를 두었다.
② 집집마다 부경이라는 창고가 있었다.
③ 대가들이 사자, 조의, 선인을 거느렸다.
④ 철이 많이 생산되어 낙랑, 왜 등에 수출하였다.
⑤ 왕족인 부여씨와 8성의 귀족이 지배층을 이루었다.

08 밑줄 그은 '왕'의 업적으로 옳은 것은? `1점`

○ 왕은 이름이 구부이고, 고국원왕의 아들이다. 신체가 장대하고, 웅대한 지략이 있었다.

○ 진(秦) 왕 부견이 사신과 승려 순도를 보내 불상과 경문을 주었다. 왕이 사신을 보내 답례로 방물(方物)을 바쳤다.
　　　　　　　　　　　　　　　　　　　　– 『삼국사기』 –

① 태학을 설립하여 인재를 양성하였다.
② 도읍을 국내성에서 평양으로 옮겼다.
③ 서안평을 점령하여 영토를 확장하였다.
④ 영락이라는 독자적인 연호를 사용하였다.
⑤ 을파소를 등용하고 진대법을 시행하였다.

09 밑줄 그은 '교서'를 내린 왕의 재위 기간에 볼 수 있는 모습으로 가장 적절한 것은? `3점`

　상평창을 양경(兩京)과 12목에 설치하고 교서를 내렸다. 『한서』 식화지에 '그해가 풍년인지 흉년인지에 따라 곡식을 풀거나 거두어들이는 것을 행한다.'라고 하였다. …… 경시서에 맡겨 곡식을 풀거나 거두어들이도록 하라."

① 서적포에서 책을 인쇄하는 관리
② 국자감 학생들을 가르치는 박사
③ 양현고의 재정을 관리하는 관원
④ 9재 학당에서 유교 경전을 읽는 학생
⑤ 청연각의 소장 도서를 분류하는 학사

10 (가) 국가의 문화유산으로 옳은 것은? `2점`

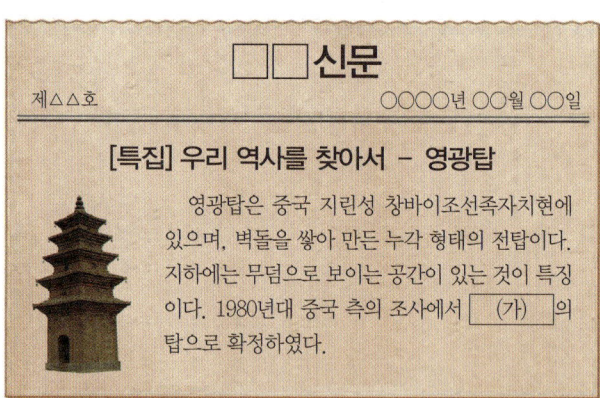

□□신문

제△△호　　　　　　　　○○○○년 ○○월 ○○일

[특집] 우리 역사를 찾아서 – 영광탑

　영광탑은 중국 지린성 창바이조선족자치현에 있으며, 벽돌을 쌓아 만든 누각 형태의 전탑이다. 지하에는 무덤으로 보이는 공간이 있는 것이 특징이다. 1980년대 중국 측의 조사에서 (가) 의 탑으로 확정하였다.

①  ②  ③

④  ⑤

11 (가) 왕의 재위 시기에 있었던 사실로 옳은 것은? 〔1점〕

공은 대송(大宋) 강남 천주 출신이다. …… 예빈성 낭중에 임명하고 집한 채를 내려 주었다.

이것은 고려에 귀화한 채인범의 묘지명으로 현존하는 고려 시대 묘지명 중 가장 오래된 것입니다. 노비안검법을 실시한 [(가)]은/는 채인범, 쌍기 등의 귀화인들을 적극 등용하였습니다.

① 최승로가 시무 28조를 건의하였다.
② 경기에 한하여 과전법이 실시되었다.
③ 신돈이 전민변정도감의 판사가 되었다.
④ 빈민 구제 기관인 흑창이 처음 설치되었다.
⑤ 광덕, 준풍 등의 독자적 연호가 사용되었다.

12 (가) 시대의 지방 통치 체제에 대한 설명으로 옳은 것은? 〔2점〕

개경으로 가는 주요 길목인 혜음령에 세워졌던 혜음원에는 행인의 안전한 통행을 위한 숙소와 사원이 있었습니다. 혜음원지를 통해 개경 외에 남경, 동경 등이 설치되었던 [(가)] 시대 원(院)의 모습을 유추할 수 있습니다.

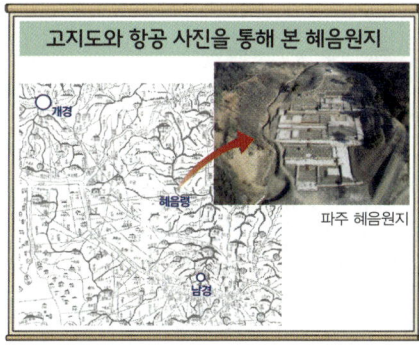

고지도와 항공 사진을 통해 본 혜음원지

파주 혜음원지

① 22담로에 왕족을 파견하였다.
② 전국에 9주 5소경을 설치하였다.
③ 특수 행정 구역으로 향, 부곡, 소가 있었다.
④ 지방관을 감찰하기 위하여 외사정을 두었다.
⑤ 지방 행정 구역을 8도에서 23부로 개편하였다.

13 (가)~(다)를 일어난 순서대로 옳게 나열한 것은? 〔3점〕

(가) 금의 군주 아구다가 국서를 보내 이르기를, "형인 금 황제가 아우인 고려 국왕에게 문서를 보낸다. …… 이제는 거란을 섬멸하였으니, 고려는 우리와 형제의 관계를 맺어 대대로 무궁한 우호 관계를 이루기 바란다."라고 하였다.

(나) 윤관이 여진인 포로 346명과 말, 소 등을 조정에 바치고 영주·복주·웅주·길주·함주 및 공험진에 성을 쌓았다. 공험진에 비(碑)를 세워 경계로 삼고 변경 남쪽의 백성을 옮겨 와 살게 하였다.

(다) 정지상 등이 왕에게 아뢰기를, "대동강에 상서로운 기운이 있으니 신령스러운 용이 침을 토하는 형국으로, 천 년에 한 번 만나기 어려운 일입니다. 천심에 응답하고 백성들의 뜻에 따르시어 금을 제압하소서."라고 하였다.

① (가) - (나) - (다)
② (가) - (다) - (나)
③ (나) - (가) - (다)
④ (나) - (다) - (가)
⑤ (다) - (나) - (가)

14 ㉠에 대한 답으로 옳지 않은 것은? 〔2점〕

이것은 하늘의 별자리를 새긴 조선 시대 대표적인 천문도야.

㉠한국의 역사에서 천문에 관한 또 다른 사례를 알려줄래?

천상열차분야지도라는 이름은 천문 현상을 12개 분야로 나누어 차례로 늘어놓았다는 뜻이래.

① 고구려 무용총에 별자리를 그린 벽화가 있어.
② 삼국사기에 일식, 월식에 관한 많은 관측 기록이 있어.
③ 충선왕은 서운관에서 천체 운행을 관측하도록 했어.
④ 선조 때는 날아가서 폭발하는 비격진천뢰가 개발되었어.
⑤ 홍대용이 의산문답을 통해 지전설과 무한 우주론을 주장했어.

15 (가) 군사 조직에 대한 설명으로 옳은 것은? (2점)

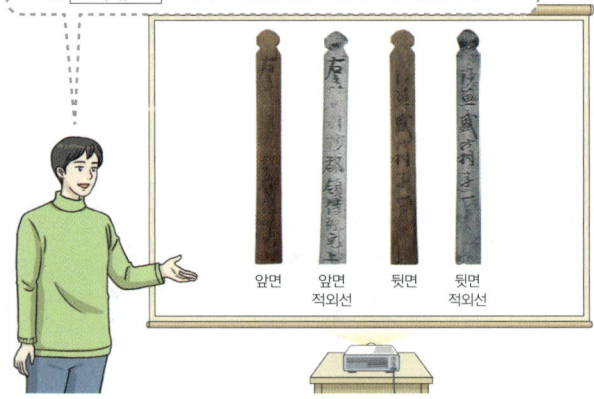

이것은 태안 마도 3호선에서 발굴된 죽찰입니다. 적외선 촬영 기법을 통해 상어를 담은 상자를 우□□별초도령시랑 집에 보낸다는 문장이 확인되었습니다. 우□□별초는 우별초로 해석되는데, 우별초는 최씨 무신 정권이 조직한 (가) 의 하나로 시랑은 장군 격인 정 4품이었습니다.

앞면 　앞면 적외선 　뒷면 　뒷면 적외선

① 후금의 침입에 대비하고자 창설되었다.
② 원의 요청으로 일본 원정에 참여하였다.
③ 신기군, 신보군, 항마군으로 편성되었다.
④ 진도에서 용장성을 쌓고 몽골에 대항하였다.
⑤ 응양군과 용호군으로 구성된 국왕의 친위 부대였다.

16 다음 서술형 평가의 답안에 들어갈 내용으로 가장 적절한 것은? (2점)

> **서술형 평가** ○학년 ○○반 이름 : ○○○
>
> ◎ 아래의 인물들이 활동한 시기에 볼 수 있는 사회 모습에 대해 서술하시오.
>
> ○ 윤수는 응방을 관리하였는데 권력을 믿고 악행을 행하여 사람들로부터 비난받았다.
> ○ 유청신은 몽골어를 익혀 여러 차례 원에 사신으로 가서 공을 세우고 충렬왕의 총애를 받아 장군이 되었다.
> ○ 기철과 형제들은 누이동생이 원 순제의 황후가 된 후 국법을 무시하고 횡포를 부렸다.
>
> 답안

① 왕조 교체를 예언하는 정감록이 유포되었습니다.
② 대각국사 의천이 해동 천태종을 개창하였습니다.
③ 지배층을 중심으로 변발과 호복이 유행하였습니다.
④ 가혹한 수탈에 저항하여 망이·망소이가 봉기하였습니다.
⑤ 상민층이 납속과 공명첩을 활용하여 신분 상승을 꾀하였습니다.

17 (가) 문화유산에 대한 설명으로 옳은 것은? (2점)

2023년 프랑스 국립 도서관에서 열린 '인쇄하다! 구텐베르크의 유럽'전에서 (가) 이/가 공개되었습니다. 1/3

1973년 '동양의 보물'전 이후 50년 만에 대중에게 전시되었다는 점에서 의미가 있습니다. 2/3

승려 백운이 편찬한 불서로 제자들이 1377년 청주 흥덕사에서 인쇄하였습니다. 현재 하권만 프랑스에 남아 있습니다. 3/3

① 신미양요 때 미군이 탈취하였다.
② 현존하는 최고(最古)의 금속 활자본이다.
③ 거란의 침입을 물리치기 위해 제작하였다.
④ 장영실, 이천 등이 제작한 활자로 인쇄하였다.
⑤ 불국사 삼층 석탑을 보수하는 과정에서 발견되었다.

18 밑줄 그은 '인물'에 대한 설명으로 옳은 것은? (2점)

불씨잡변을 지어 불교를 비판하였던 인물에 대해 말해 보자.

도성의 축조 계획을 세우고 새 궁궐의 이름을 경복궁이라고 지었어.

제1차 왕자의 난 때 이방원에게 죽임을 당하였지.

① 최초의 서원인 백운동 서원을 건립하였다.
② 일본에 다녀와서 해동제국기를 편찬하였다.
③ 성학십도를 지어 군주의 도를 도식으로 설명하였다.
④ 조선경국전을 저술하여 통치 제도 정비에 기여하였다.
⑤ 경세유표를 집필하여 국가 제도의 개혁 방향을 제시하였다.

19 (가) 왕에 대한 설명으로 옳은 것은? (3점)

작품명 : 출기파적도(出奇破賊圖)

이 그림은 이시애가 일으킨 반란을 좌대장 어유소가 진압하는 상황을 표현한 것이다. 이시애는 (가) 의 호패법 재실시 등 중앙의 통제 강화에 반발하여 함길도에서 반란을 일으켰다.

① 주자소를 설치하여 계미자를 주조하였다.
② 현직 관리를 대상으로 직전법을 실시하였다.
③ 조선의 기본 법전인 경국대전을 완성하였다.
④ 기유약조를 체결하여 일본과의 무역을 재개하였다.
⑤ 폐비 윤씨 사사 사건을 빌미로 갑자사화를 일으켰다.

20 (가) 전쟁에 대한 탐구 활동으로 가장 적절한 것은? (1점)

오전 10:40 70%

전쟁과 귀화인

김충선   천만리

(가) 당시 일본군 사야가는 조선에 항복한 후 조총 기술의 보급 등에 기여하였다. 이후 공을 인정받아 김충선이라는 이름을 하사받았다.

명의 장수로 (가) 에 참전한 천만리는 평양성, 울산성 등의 전투에서 공을 세우고 조선에 남았다. 전공이 인정되어 화산군에 봉해졌다.

① 나선 정벌의 전적지를 검색한다.
② 북학론이 끼친 영향을 파악한다.
③ 명량 해전의 승리 요인을 분석한다.
④ 삼정이정청의 활동 내용을 찾아본다.
⑤ 4군과 6진을 개척한 과정을 알아본다.

21 (가)의 활동으로 옳은 것은? (3점)

문학으로 만나는 역사 인물

請看千石鐘
非大扣無聲
爭似頭流山
天鳴猶不鳴

천 석 들어가는 큰 종을 보소서
크게 치지 않으면 소리가 없다오
어떻게 해야만 두류산*처럼
하늘이 울어도 울지 않을까

* 두류산 : 지리산의 별칭

[해설]

(가) 이/가 만년에 지리산 기슭 산천재에서 학문을 연구하고 제자들을 가르치며 지은 시이다. 지리산에 빗대어 자신의 높은 기상을 표현하였다. 그의 호는 남명으로, 조선 중기 경상우도의 대표적인 성리학자로 알려져 있다. 평소 경(敬)과 의(義)를 강조하며 학문의 실천성을 강조하였다.

① 곽재우, 정인홍 등의 제자를 배출하였다.
② 기기도설을 참고하여 거중기를 설계하였다.
③ 위훈 삭제를 주장하여 훈구 세력의 반발을 샀다.
④ 북학의를 저술하여 수레와 배의 이용을 권장하였다.
⑤ 양명학을 체계적으로 연구하여 강화학파를 형성하였다.

22 밑줄 그은 '왕'의 재위 기간에 있었던 사실로 옳은 것은? (2점)

《역사 다큐멘터리 제작 기획안》

조선, 전국적인 규모의 여론 조사를 실시하다!

■ 기획 의도

　여론 조사를 통해 정책을 추진하려는 <u>왕</u>의 모습에서 '민본'의 의미를 생각해 본다.

■ 장면별 주요 내용

#1. 왕은 관리와 백성을 대상으로 공법 시행에 대한 전국적인 찬반 조사를 명하다.

#2. 호조에서 찬성 98,657명, 반대 74,149명이라는 결과를 보고하다.

#3. 여러 차례 보완을 거쳐 토지의 비옥도와 풍흉에 따라 조세를 차등 징수하는 내용의 공법을 확정하다.

① 세계 지도인 혼일강리역대국도지도가 제작되었다.
② 각지의 농법을 작물별로 정리한 농사직설이 간행되었다.
③ 유능한 인재를 양성하기 위해 초계문신제가 시행되었다.
④ 우리나라와 중국의 의서를 망라한 동의보감이 완성되었다.
⑤ 전국의 지리, 풍속 등이 수록된 동국여지승람이 편찬되었다.

23 다음 상황이 나타난 시기에 볼 수 있는 모습으로 적절하지 **않은** 것은? (1점)

송파장에 왔으니 산대놀이 보고 가자.

송파장에 사람들도 많고 상평통보도 두둑이 챙겨서 좋네.

쌀 팔고 고추, 담배 사러 왔는데 이런 구경도 하게 되는군.

① 벽란도에서 인삼을 사는 송의 상인
② 호랑이를 소재로 민화를 그리는 화가
③ 광산 노동자에게 품삯을 나눠 주는 덕대
④ 여러 장시를 돌며 물품을 판매하는 보부상
⑤ 저잣거리에서 영웅 소설을 읽어 주는 전기수

24 다음 왕에 대한 설명으로 옳은 것은? (2점)

초상과 어진으로 만나는 조선의 왕

왼편은 연잉군 시절인 20대의 초상이며 오른편은 50대의 어진이다. 그는 즉위 후 탕평 교서를 반포하고 탕평비를 건립하였다. 준천사를 신설하여 홍수에 대비하였으며, 신문고를 다시 설치하여 백성들의 억울함을 듣고자 하였다.

① 통치 체제를 정비하기 위해 대전회통을 편찬하였다.
② 왕권 강화를 위해 친위 부대인 장용영을 설치하였다.
③ 각 궁방과 중앙 관서의 공노비 6만여 명을 해방하였다.
④ 어영청을 중심으로 국방력을 강화하고 북벌을 추진하였다.
⑤ 균역법을 시행하여 백성들의 군역 부담을 줄여 주고자 하였다.

25 (가) 관서에 대한 설명으로 옳은 것은? (2점)

체험 활동 소감문

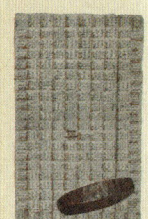

2023년 12월 2일 ○○○

　지난 토요일에 '승경도' 놀이를 체험했다. 승경도는 조선 시대 관직 이름을 적은 놀이판이다. 윷을 던져 말을 옮기는데, 승진을 할 수도 있지만 자칫하면 파직이 되거나 사약까지 받을 수 있어 흥미진진했다.

　놀이 규칙에 은대법이 있는데, ____(가)____을/를 총괄하는 도승지 자리에 도착한 사람은 당하관 자리에 있는 사람들이 던진 윷의 결괏값을 이용할 수 있는 규칙이다. 은대가 무엇인지 몰랐는데, ____(가)____을/를 뜻함을 알게 되었다.

① 수도의 행정과 치안을 맡아보았다.
② 재상들이 합의하여 국정을 총괄하였다.
③ 반역죄, 강상죄를 범한 중죄인을 다스렸다.
④ 왕의 비서 기관으로 왕명의 출납을 담당하였다.
⑤ 외적의 침입에 대비하기 위한 임시 기구로 설치되었다.

26 다음 상황이 나타난 시기를 연표에서 옳게 고른 것은?
(3점)

> ○ 송준길이 아뢰었다. "적처(嫡妻) 소생이라도 둘째부터는 서자입니다. …… 둘째 아들은 비록 왕통을 계승하였더라도 (그를 위해서는) 3년 복을 입어서는 안 됩니다."
>
> ○ 허목이 상소하였다. "장자를 위해 3년 복을 입는다는 것은 위로 쳐서 정체(正體)이기 때문입니다. …… 첫째 아들이 죽어서 적처 소생의 둘째를 세우는 것도 역시 장자라고 부릅니다."

(가)	(나)	(다)	(라)	(마)
계유 정난	중종 반정	을사 사화	인조 반정	경신 환국	이인좌의 난

① (가) ② (나) ③ (다) ④ (라) ⑤ (마)

27 (가) 문화유산에 대한 설명으로 옳은 것은?
(1점)

> 이 건물은 ⌐(가)⌐ 의 정전입니다. ⌐(가)⌐ 은/는 태조 이성계가 개경에 처음 세웠는데, 도읍을 한양으로 옮긴 후 지금의 위치에 건립하였습니다. 사직과 더불어 왕조 국가를 표현하는 상징이었습니다.

① 경내에 조선 총독부 청사가 세워졌다.
② 역대 국왕과 왕비의 신주가 모셔져 있다.
③ 대성전과 명륜당을 중심으로 구성되어 있다.
④ 일제 강점기에 창경원으로 격하되기도 하였다.
⑤ 토지와 곡식의 신에게 제사를 지내는 공간이다.

28 (가)에 들어갈 대답으로 적절한 것은?
(2점)

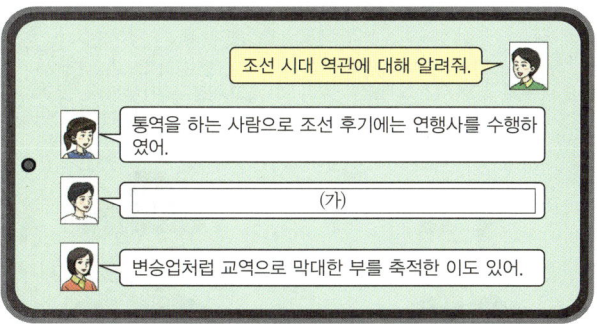

> 조선 시대 역관에 대해 알려줘.
>
> 통역을 하는 사람으로 조선 후기에는 연행사를 수행하였어.
>
> ⌐(가)⌐
>
> 변승업처럼 교역으로 막대한 부를 축적한 이도 있어.

① 사간원에서 간쟁을 담당하였어.
② 매매, 상속, 증여의 대상이었어.
③ 수군, 봉수 등 천역에 종사하였어.
④ 수령을 보좌하면서 향촌 실무를 담당하였어.
⑤ 사역원에서 노걸대언해 같은 교재로 교육받았어.

29 다음 특별전에서 볼 수 있는 도시의 역사에 대한 설명으로 적절하지 않은 것은?
(2점)

> 송악(松嶽)
> 개주(開州)
> 열린 성(城)의 도시
> 특별전

① 고려 태조 왕건이 도읍으로 삼았다.
② 원의 영향을 받은 경천사지 십층 석탑이 축조되었다.
③ 조선 후기 송상이 근거지로 삼아 전국적으로 활동하였다.
④ 일제 강점기 강주룡이 을밀대 지붕 위에서 고공 농성을 하였다.
⑤ 북위 38도선 분할 이후 남한에 속했다가 정전 협정으로 북한 지역이 되었다.

30 다음 대화가 오갔던 회담 결과 체결된 조약에 대한 설명으로 옳은 것은? (2점)

운요호가 작년에 귀국 경내를 통과하다가 포격을 받았으니, 귀국이 교린의 우의를 저버린 것입니다.

운요호는 국적과 이유를 밝히지 않고 곧장 우리가 수비하는 곳으로 진입해왔으니, 변방 수비병의 발포는 부득이한 것이었소.

일본 전권변리대신 구로다 기요타카

조선 접견대관 신헌

① 천주교 포교가 허용되었다.
② 갑신정변의 영향으로 체결되었다.
③ 일본 측의 해안 측량권이 인정되었다.
④ 통신사가 처음 파견되는 계기가 되었다.
⑤ 외국 상인의 내지 통상권을 최초로 규정하였다.

31 (가)~(다)를 일어난 순서대로 옳게 나열한 것은? (2점)

(가) 고부에서 민란이 다시 일어났다는 소문이 자자합니다. …… 장흥 부사 이용태를 고부군 안핵사로 임명하여 밤새 달려가 엄격히 조사하여 등급을 나누고 구별하여 보고하게 하소서.

(나) 전봉준은 무주 집강소에 다음과 같은 통문을 보냈다. "최근 일본이 경복궁을 침범하였다. 국왕이 욕을 당했으니, 우리들은 마땅히 달려가 목숨을 걸고 의로써 싸워야 한다."

(다) 청국의 간섭을 끊어버리고 우리 대조선국의 고유한 독립 기초를 굳건히 하였는데, 이번에 마관(馬關, 시모노세키) 조약으로 말미암아 세계에 드러나는 빛이 더욱 빛나게 되었다.

① (가) – (나) – (다) ② (가) – (다) – (나)
③ (나) – (가) – (다) ④ (나) – (다) – (가)
⑤ (다) – (나) – (가)

32 해설사가 설명하는 사건이 발생한 시기를 연표에서 옳게 고른 것은? (3점)

조선 정부는 이곳에 해관을 설치하고 동래부 거류지의 일본 상인과 거래하는 조선 상인으로부터 세금을 징수하였습니다. 그러자 일본 상인이 조약 위반이라고 반발하였고, 결국 3개월 만에 수세가 중단되었습니다.

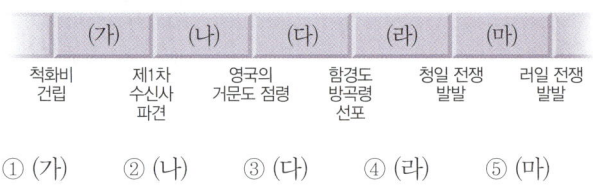

	(가)		(나)		(다)		(라)		(마)	
척화비 건립		제1차 수신사 파견		영국의 거문도 점령		함경도 방곡령 선포		청일 전쟁 발발		러일 전쟁 발발

① (가) ② (나) ③ (다) ④ (라) ⑤ (마)

33 (가) 사절단에 대한 설명으로 옳은 것은? (2점)

미국 공사의 부임에 대한 답례로 ___(가)___ 이/가 파견되었습니다. 8명의 조선 관리로 구성된 이들은 40여 일 동안 미국에 체류하면서 뉴욕의 전등 시설과 우체국, 보스턴 박람회 등을 시찰하였습니다.

① 에도 막부의 요청으로 파견되었다.
② 별기군(교련병대) 창설을 건의하였다.
③ 조선책략을 들여와 국내에 소개하였다.
④ 기기국에서 무기 제조 기술을 습득하고 돌아왔다.
⑤ 전권대신 민영익과 홍영식, 서광범 등으로 구성되었다.

34 (가)에 들어갈 내용으로 적절한 것은? ①점

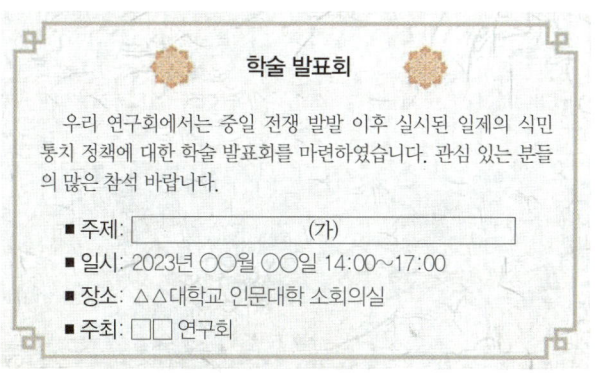

학술 발표회

우리 연구회에서는 중일 전쟁 발발 이후 실시된 일제의 식민 통치 정책에 대한 학술 발표회를 마련하였습니다. 관심 있는 분들의 많은 참석 바랍니다.

■ 주제: (가)
■ 일시: 2023년 ○○월 ○○일 14:00~17:00
■ 장소: △△대학교 인문대학 소회의실
■ 주최: □□ 연구회

① 치안 유지법의 제정 배경
② 조선 태형령의 적용 사례 분석
③ 제1차 조선 교육령의 제정 목적
④ 경성 제국 대학의 설립 의도와 과정
⑤ 국가 총동원법의 제정과 조선에서의 시행

35 다음 자료에 나타난 민족 운동에 대한 설명으로 옳지 <u>않은</u> 것은? ②점

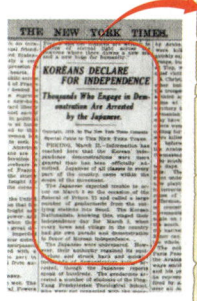

한국인들이 독립 선언을 하다
– 집회에 참가한 수천 명 체포 –

일본 당국은 고종의 장례식을 계기로 문제가 발생할 것으로 예상하고 많은 헌병을 서울로 집결시켰다. …… 전국의 모든 도시와 마을에서 독립을 위한 행진과 시위가 일어났다. 일본 측은 당황했지만 곧 재정비하여 강력하고 신속한 진압에 나섰다. 그 결과 수천 명의 시위대가 체포되었지만 일본 측 보고서에는 수백 명으로 기록되어 있다.

① 중국의 5·4 운동에 영향을 주었다.
② 대한민국 임시 정부 수립의 계기가 되었다.
③ 신간회에서 진상 조사단을 파견하여 지원하였다.
④ 국외로도 확산되어 필라델피아에서 한인 자유 대회가 열렸다.
⑤ 평화적 만세 운동에서 무력 투쟁 사례가 늘어나기 시작하였다.

36 (가) 단체에 대한 설명으로 옳은 것은? ②점

이 자료에 대해 말씀해주시겠습니까?

이 자료는 (가) 의 활동 목적이 잘 드러나 있는 통용 장정의 일부입니다. (가) 은/는 안창호와 양기탁 등이 중심이 된 비밀 결사로 태극 서관을 설립하여 회원들의 연락 장소로 사용하였습니다.

본회의 목적은 ……
쇠퇴한 교육과 산업을 개량하고 사업을 유신시켜 유신된 국민이 통일 연합해서 유신이 된 자유 문명국을 성립시킨다.

① 복벽주의를 표방하였다.
② 13도 창의군을 결성하였다.
③ 일제의 황무지 개간권 요구를 저지하였다.
④ 근대 교육을 위해 배재 학당을 설립하였다.
⑤ 일제가 조작한 105인 사건으로 해체되었다.

37 밑줄 그은 '개혁'에 해당하는 내용으로 옳은 것을 |보기| 에서 고른 것은? `2점`

[건축으로 보는 한국사] 석조전

고종은 황제로서의 권위와 근대 국가를 향한 의지를 보여 주기 위해 서양의 신고전주의 양식으로 설계된 석조전 착공을 명하였다. 그러나 황제권 강화를 표방하며 개혁을 추진하던 고종은 석조전이 완공되기 전에 강제로 퇴위당하였다.

┤ 보기 ├
ㄱ. 박문국을 설치하여 한성순보를 발행하였다.
ㄴ. 통리기무아문을 설치하여 개화 정책을 추진하였다.
ㄷ. 관립 상공 학교를 설립하여 실업 교육을 실시하였다.
ㄹ. 지계아문을 설치하여 토지 소유자에게 지계를 발급하였다.

① ㄱ, ㄴ   ② ㄱ, ㄷ   ③ ㄴ, ㄷ
④ ㄴ, ㄹ   ⑤ ㄷ, ㄹ

38 밑줄 그은 '회의'에 대한 설명으로 옳은 것은? `3점`

본 회의는 2천만 민중의 공의(公意)를 지키는 국민적 대회합으로서, 최고의 권위에 의해 국민의 완전한 통일을 견고하게 하며 광복 대업의 근본 방침을 수립하고, 이로써 우리 민족의 자유를 만회하고 독립을 완성하기를 기도하며 이에 선언하노라. 삼일 운동으로써 우리 민족의 정신적 통일은 이미 표명되었다. …… 본 대표들은 국민이 위탁한 사명을 받아 국민적 대단결을 힘써 도모하며, 독립 전도의 대방책을 확립하여 통일적 기관 하에서 대업을 기성(期成)하려 한다.

① 창조파와 개조파가 대립하였다.
② 대일 선전 성명서를 공표하였다.
③ 삼균주의를 기초로 하는 건국 강령을 발표하였다.
④ 파리 강화 회의에 김규식을 파견할 것을 결정하였다.
⑤ 지청천을 사령관으로 하는 한국 광복군을 조직하였다.

39 밑줄 그은 '이 계획'에 대한 설명으로 옳은 것은? `1점`

① 독립 협회 결성의 계기가 되었다.
② 국채 보상 운동의 배경이 되었다.
③ 재정 고문 메가타의 주도로 시행되었다.
④ 토지 조사 사업이 시행되는 배경이 되었다.
⑤ 일본의 쌀 부족 현상을 해결하기 위해 시행되었다.

40 (가) 부대에 대한 설명으로 옳은 것은? `2점`

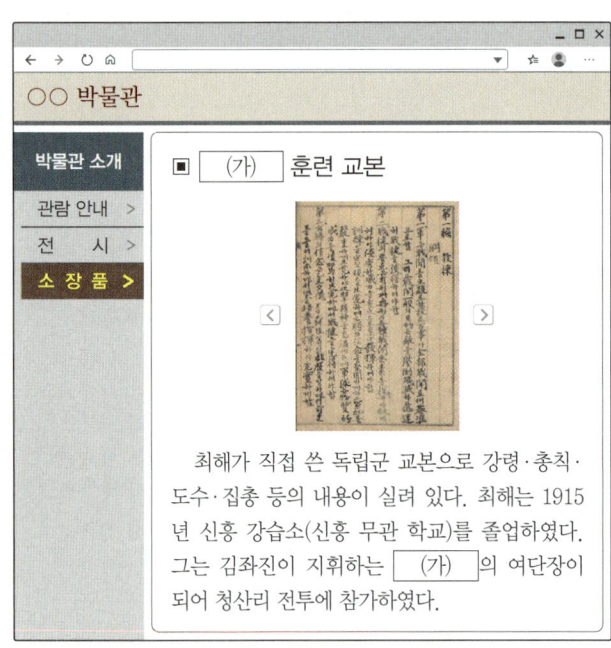

최해가 직접 쓴 독립군 교본으로 강령·총칙·도수·집총 등의 내용이 실려 있다. 최해는 1915년 신흥 강습소(신흥 무관 학교)를 졸업하였다. 그는 김좌진이 지휘하는 (가) 의 여단장이 되어 청산리 전투에 참가하였다.

① 대전자령에서 일본군을 기습하였다.
② 영릉가에서 일본군에 승리를 거두었다.
③ 동북 항일 연군으로 개편되어 유격전을 전개하였다.
④ 중광단을 중심으로 조직되어 항일 독립 전쟁에 참여하였다.
⑤ 인도·미얀마 전선에 파견되어 영국군과 연합 작전을 펼쳤다.

41 다음 가상 일기의 밑줄 그은 '운동'에 대한 설명으로 옳은 것은? (1점)

> 1924년 ○○월 ○○일
>
> 우리 백정들은 신분제가 폐지되었음에도 끊임없이 차별받았다. 다 같은 조선 민족인데 왜 우리를 핍박하는 걸까? 우리는 저울처럼 평등한 세상을 만들기 위해 몇 해 전부터 <u>운동</u>을 벌이고 있지만 사람들의 인식을 바꾸기는 쉽지 않은 것 같다. 얼마 전 예천에서는 '백정을 핍박하는 것은 죄가 아니다.'라고 말하는 사람도 있다고 하니 우리는 언제쯤 평등한 대우를 받을 수 있을까?

① 조선 형평사의 주도로 전개되었다.
② 대한매일신보의 지원을 받아 확대되었다.
③ 평양에서 시작하여 전국적으로 확산되었다.
④ 순종의 인산일을 기한 대규모 시위를 계획하였다.
⑤ 라이징 선 석유 회사의 한국인 구타 사건을 계기로 시작되었다.

42 교사의 질문에 대한 학생의 답변으로 적절하지 <u>않은</u> 것은? (2점)

이 우표는 6·25 전쟁이 발발하고 북한군에 점령당했던 서울을 되찾은 것을 기념해 만들어졌습니다. 9월 28일 서울 수복 이후에 벌어진 상황에 대해 말해 볼까요?

① 반공 포로가 석방되었어요.
② 한미 상호 방위 조약이 체결되었어요.
③ 흥남에서 대규모 철수가 이루어졌어요.
④ 유엔군이 인천 상륙 작전을 전개하였어요.
⑤ 비상계엄이 선포된 가운데 발췌 개헌안이 통과되었어요.

43 (가) 정부의 통일 정책에 대한 설명으로 옳은 것은? (1점)

저희 모둠은 우리 학교 학생들을 대상으로 (가) 정부의 연관 검색어를 조사해 보았습니다.

① 남북 기본 합의서에 서명하였다.
② 남북한이 유엔에 동시 가입하였다.
③ 7·4 남북 공동 성명을 발표하였다.
④ 6·15 남북 공동 선언을 채택하였다.
⑤ 남북 이산가족 고향 방문을 최초로 실현하였다.

44 (가) 민주화 운동에 대한 설명으로 옳은 것은? (2점)

이것은 1959년 이승만의 84세 생일을 기념하는 '대통령 탄신 경축식' 사진입니다. 이러한 행사는 1949년부터 진행되었습니다. 이승만 대통령의 장기 독재는 3·15 부정 선거에 항거하며 일어난 (가) (으)로 결국 종말을 고했습니다.

① 긴급 조치 철폐를 요구하였다.
② 장면 내각이 출범하는 배경이 되었다.
③ 전남 도청에서 시민군이 계엄군에 맞서 싸웠다.
④ 민주화를 위한 개헌 청원 100만인 서명 운동이 전개되었다.
⑤ 5년 단임의 대통령 직선제 개헌이 이루어지는 계기가 되었다.

45 다음 사건이 있었던 정부 시기의 경제 상황으로 옳은 것은? (3점)

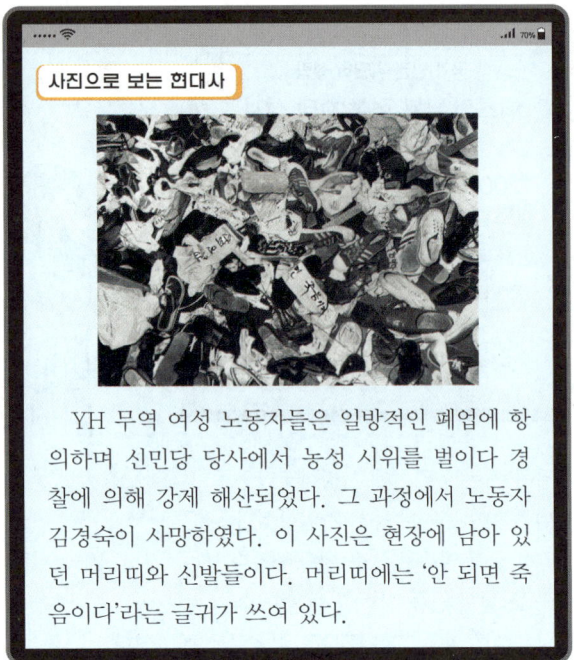

YH 무역 여성 노동자들은 일방적인 폐업에 항의하며 신민당 당사에서 농성 시위를 벌이다 경찰에 의해 강제 해산되었다. 그 과정에서 노동자 김경숙이 사망하였다. 이 사진은 현장에 남아 있던 머리띠와 신발들이다. 머리띠에는 '안 되면 죽음이다'라는 글귀가 쓰여 있다.

① 금융 실명제가 실시되었다.
② 연간 수출액 100억 달러가 달성되었다.
③ 개성 공단에서 의류 생산이 시작되었다.
④ 칠레와 자유 무역 협정(FTA)을 체결하였다.
⑤ 저금리, 저유가, 저달러의 3저 호황이 있었다.

46 밑줄 그은 '정부' 시기의 사회 모습으로 옳은 것은? (2점)

야간 통행 금지를 해제했던 정부 시절 기억나는가?

프로 야구와 프로 축구가 출범되고 해외 여행도 갈 수 있게 되었지.

수많은 사람들이 불법적으로 삼청 교육대에 끌려 갔잖아.

① 금강산 관광이 시작되었다.
② 서울 올림픽 대회가 개최되었다.
③ 삼풍 백화점 붕괴 사고가 발생하였다.
④ 보도 지침을 통해 언론을 통제하였다.
⑤ 양성평등 실현을 위해 호주제가 폐지되었다.

47 (가)에 들어갈 내용으로 옳은 것은? (2점)

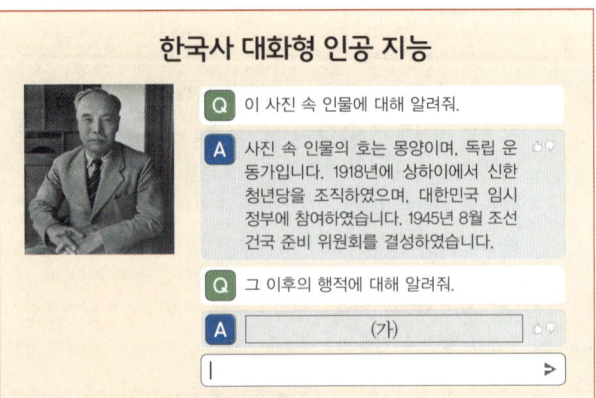

한국사 대화형 인공 지능

Q 이 사진 속 인물에 대해 알려줘.

A 사진 속 인물의 호는 몽양이며, 독립 운동가입니다. 1918년에 상하이에서 신한 청년당을 조직하였으며, 대한민국 임시 정부에 참여하였습니다. 1945년 8월 조선 건국 준비 위원회를 결성하였습니다.

Q 그 이후의 행적에 대해 알려줘.

A (가)

① 한국 민주당을 창당하였습니다.
② 5·10 총선거에 출마하였습니다.
③ 단독 정부 수립을 주장하였습니다.
④ 조선 혁명 선언을 작성하였습니다.
⑤ 좌우 합작 위원회를 조직하였습니다.

48 교사의 질문에 대한 학생의 답으로 옳은 것은? (2점)

충남 부여 쌍북리에서 숫자들이 기록된 목간이 출토되었는데 놀랍게도 구구단이 쓰여 있습니다. 삼국 시대에 살았던 사람들도 우리처럼 구구단을 공부했다는 것이 신기합니다. 삼국 시대 사람들의 학습 활동을 확인할 수 있는 또 다른 사례는 무엇이 있을까요?

① 울주 대곡리 반구대에 고래 사냥 모습을 새겼습니다.
② 이제현이 만권당에서 원의 학자들과 교류하였습니다.
③ 청소년들이 경당에서 책을 읽고 활쏘기를 배웠습니다.
④ 독특한 회계 정리 방식인 사개치부법을 사용하였습니다.
⑤ 정혜 공주 묘지석에는 유교 경전과 중국 역사서의 내용이 인용되어 있습니다.

49 (가)~(마)의 설명과 사진을 연결한 것으로 옳지 않은 것은? ③점

(가) 태토와 유약이 모두 백색이고 1,200도 이상에서 구워 만든 자기다. 영국 여왕 엘리자베스 2세가 이 자기 중 하나를 보면서 '세상에서 제일 아름다운 그릇'이라는 찬사를 보냈다.

(나) 철분이 약간 함유된 태토에 유약을 입혀 고온에서 구워낸 자기다. 송 사신 서긍은 "푸른 빛깔을 고려인은 비색(翡色)이라 하는데 근래에 들어 빛깔이 더욱 좋아졌다."고 하였다.

(다) 회색 태토 위에 백토로 표면을 분장한 뒤에 유약을 입혀 구운 자기다. 고유섭이 회청색을 띠는 사기라는 의미로 '분장회청사기(분청사기)'라 하였다.

(라) 초벌구이한 백자 위에 코발트로 그림 그린 후 유약을 발라 구운 자기다. 코발트는 수입산 안료였기에 예종은 관찰사를 통해 백성들이 회회청(코발트)을 구해오도록 독려할 정도였다.

(마) 표면에 무늬를 파고 백토와 자토를 그 자리에 넣어 초벌구이한 후 유약을 발라 구워낸 자기다. 최순우는 "고려 사람들은 비색의 자기에 영롱한 수를 놓은 방법을 궁리해 냈다."고 하였다.

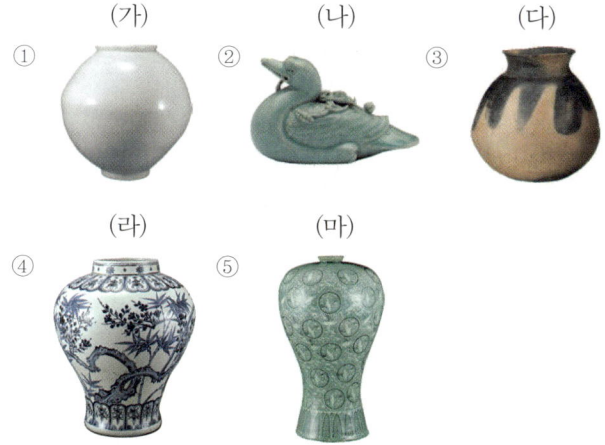

(가) ① (나) ② (다) ③

(라) ④ (마) ⑤

50 다음 사건의 영향을 받아 발생한 사실로 옳은 것은? ②점

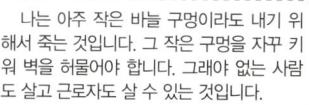

근로 기준법을 준수하라!

나는 아주 작은 바늘 구멍이라도 내기 위해서 죽는 것입니다. 그 작은 구멍을 자꾸 키워 벽을 허물어야 합니다. 그래야 없는 사람도 살고 근로자도 살 수 있는 것입니다.

① 신한 공사가 설립되어 귀속 재산을 관리하였다.
② 부산에서 조선 방직의 총파업 사건이 발생하였다.
③ 경제 자립을 목표로 제1차 경제 개발 5개년 계획이 추진되었다.
④ 미국에서 들여온 원조 물자를 기반으로 삼백 산업이 발달하였다.
⑤ 평화 시장 노동자들을 중심으로 한 청계 피복 노동조합이 결성되었다.

01 (가) 시대의 생활 모습으로 옳은 것은? (1점)

계급이 출현한 [(가)] 시대의 생활상을 엿볼 수 있는 환호, 고인돌, 민무늬 토기 등이 울주 검단리 유적에서 발굴되었습니다. 특히 마을의 방어 시설로 보이는 환호는 우리나라의 [(가)] 시대 유적에서 처음 확인된 것으로, 둘레가 약 300미터에 달합니다.

① 철제 무기로 정복 활동을 벌였다.
② 주로 동굴이나 막집에서 거주하였다.
③ 소를 이용한 깊이갈이가 일반화되었다.
④ 비파형 동검과 청동 거울 등을 제작하였다.
⑤ 빗살무늬 토기에 음식을 저장하기 시작하였다.

02 (가)~(라)에 들어갈 내용으로 옳은 것을 |보기|에서 고른 것은? (2점)

〈여러 나라의 제천 행사〉

나라	내용
부여	(가)
고구려	(나)
동예	(다)
삼한	(라)

┤ 보기 ├

ㄱ. (가) – 무천이라는 제천 행사에서 밤낮으로 음주가무를 즐겼다.
ㄴ. (나) – 10월에 지내는 제천 행사는 국중대회로 동맹이라 하였다.
ㄷ. (다) – 영고라는 제천 행사를 열고 죄수를 풀어주기도 하였다.
ㄹ. (라) – 씨뿌리기가 끝난 5월과 농사를 마친 10월에 제사를 지냈다.

① ㄱ, ㄴ   ② ㄱ, ㄷ   ③ ㄴ, ㄷ
④ ㄴ, ㄹ   ⑤ ㄷ, ㄹ

03 다음 자료에 해당하는 왕에 대한 설명으로 옳은 것은? （1점）

백제 제26대 왕 명농, 지혜와 식견이 뛰어나고 결단력이 있었다.

웅진에서 사비로 도읍을 옮기고 백제의 중흥을 꾀했다.

구천(관산성 부근)에서 신라의 복병에게 목숨을 잃었다.

1/3　　2/3　　3/3

① 국호를 남부여로 개칭하였다.
② 금마저에 미륵사를 창건하였다.
③ 고흥에게 서기를 편찬하게 하였다.
④ 윤충을 보내 대야성을 함락하였다.
⑤ 동진에서 온 마라난타를 통해 불교를 수용하였다.

04 (가)에 해당하는 문화유산으로 옳은 것은? （3점）

국보로 지정된　(가)　은 현존하는 신라 탑 중에 가장 오래된 것으로 평가받습니다. 이 탑은 돌을 벽돌 모양으로 다듬어 쌓았다는 특징이 있으며, 선덕여왕 3년에 건립된 것으로 추정됩니다.

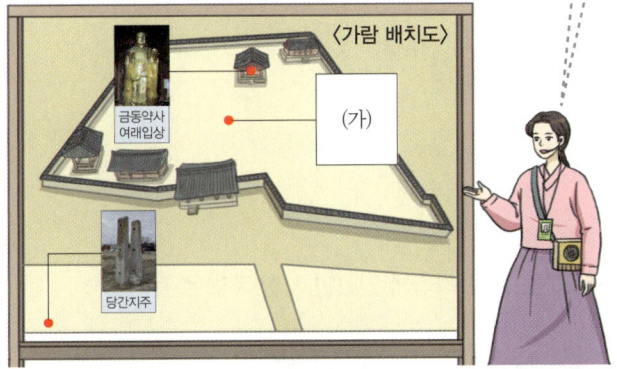

〈가람 배치도〉

금동약사여래입상

(가)

당간지주

①

②

③

④

⑤

05 (가)에 들어갈 내용으로 가장 적절한 것은? （3점）

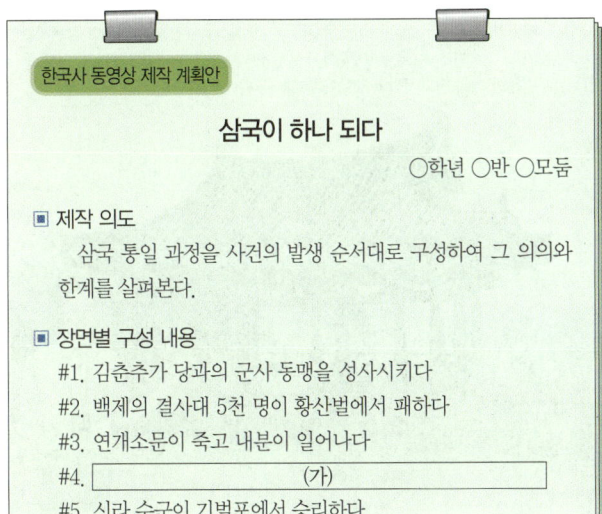

한국사 동영상 제작 계획안

삼국이 하나 되다

○학년 ○반 ○모둠

■ 제작 의도
삼국 통일 과정을 사건의 발생 순서대로 구성하여 그 의의와 한계를 살펴본다.

■ 장면별 구성 내용
#1. 김춘추가 당과의 군사 동맹을 성사시키다
#2. 백제의 결사대 5천 명이 황산벌에서 패하다
#3. 연개소문이 죽고 내분이 일어나다
#4.　　　　　(가)
#5. 신라 수군이 기벌포에서 승리하다

① 흑치상지가 당의 유인궤에게 항복하다
② 문무왕이 안승을 보덕국왕으로 책봉하다
③ 을지문덕이 살수에서 수의 군대를 물리치다
④ 부여풍이 백강에서 왜군과 함께 당군에 맞서 싸우다
⑤ 개로왕이 북위에 사신을 보내 고구려 공격을 요청하다

06 밑줄 그은 '이 승려'에 대한 설명으로 옳은 것은? （2점）

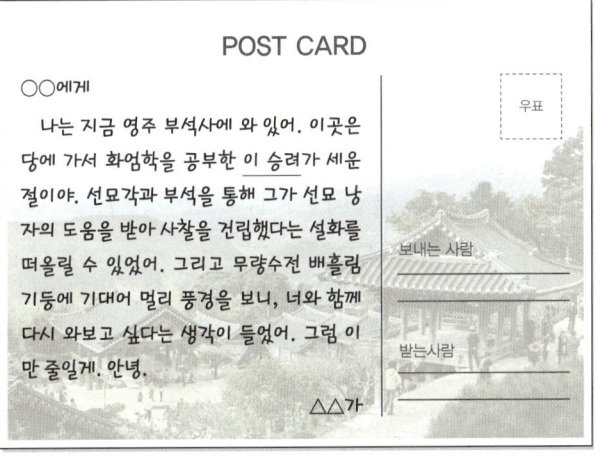

POST CARD

○○에게

나는 지금 영주 부석사에 와 있어. 이곳은 당에 가서 화엄학을 공부한 이 승려가 세운 절이야. 선묘각과 부석을 통해 그가 선묘 낭자의 도움을 받아 사찰을 건립했다는 설화를 떠올릴 수 있었어. 그리고 무량수전 배흘림 기둥에 기대어 멀리 풍경을 보니, 너와 함께 다시 와보고 싶다는 생각이 들었어. 그럼 이만 줄일게. 안녕.

△△가

우표

보내는 사람

받는사람

① 황룡사 구층 목탑의 건립을 건의하였다.
② 무애가를 지어 불교 대중화에 노력하였다.
③ 유식의 교의를 담은 해심밀경소를 저술하였다.
④ 승려들의 전기를 정리한 해동고승전을 편찬하였다.
⑤ 현세의 고난에서 구제받고자 하는 관음 신앙을 강조하였다.

07 (가) 왕의 업적으로 옳은 것은? ②점

대왕암이 내려다 보이는 이곳은 경주 이견대입니다. 선왕을 기리며 감은사를 완공한 　(가)　 은/는 이곳에서 용을 만나는 신묘한 일을 겪었고, 이를 통해 검은 옥대와 만파식적의 재료가 된 대나무를 얻었다고 합니다.

① 향가 모음집인 삼대목을 편찬하였다.
② 관료전을 지급하고 녹읍을 폐지하였다.
③ 인사를 담당하는 위화부를 창설하였다.
④ 건원이라는 독자적인 연호를 사용하였다.
⑤ 시장을 감독하기 위해 동시전을 설치하였다.

08 다음 상황 이후에 전개된 사실로 옳은 것은? ②점

이찬 김지정이 반역하여 무리를 모아 궁궐을 에워싸고 침범하였다. 여름 4월에 상대등 김양상이 이찬 경신과 함께 군사를 일으켜 김지정 등을 죽였으나, 왕과 왕비는 반란군에게 살해되었다. 양상 등이 왕의 시호를 혜공왕이라 하였다.

－ 『삼국사기』 －

① 김흠돌이 반란을 도모하였다.
② 이사부가 우산국을 복속하였다.
③ 김대성이 불국사 조성을 주도하였다.
④ 장보고가 왕위 쟁탈전에 가담하였다.
⑤ 거칠부가 왕명에 의해 국사를 편찬하였다.

09 (가) 국가에 대한 설명으로 옳은 것은? ②점

이 글은 양태사가 지은 '밤에 다듬이 소리를 듣고'라는 한시로, 정효 공주 묘지(墓誌) 등과 함께 　(가)　 의 한문학 수준을 보여주는 대표적인 사례입니다. 이 시에는 문왕 때 일본에 사신으로 파견된 그가 다듬이 소리를 듣고 고국을 그리워하는 마음이 잘 표현되어 있습니다.

서리 기운 가득한 하늘에 달빛 비치니 은하수도 밝은데
나그네 돌아갈 일 생각하니 감회가 새롭네
홀로 앉아 지새는 긴긴 밤 근심에 젖어 마음 아픈데
홀연히 들리누나 이웃집 아낙네 다듬이질 소리
바람결에 그 소리 끊기는 듯 이어지는 듯
밤 깊어 별빛 기우는데 잠시도 쉬지 않네
나라 떠나온 뒤로 아무 소리 듣지 못하더니
이제 타향에서 고향 소리 듣는구나
……

① 교육 기관으로 주자감을 설립하였다.
② 골품제라는 엄격한 신분제를 마련하였다.
③ 정사암에 모여 국가 중대사를 논의하였다.
④ 관리 선발을 위해 독서삼품과를 시행하였다.
⑤ 청연각과 보문각을 설치하여 학문 연구를 장려하였다.

10 다음 상황 이후에 있었던 사실로 옳은 것은? ③점

파진찬 신덕, 영순 등이 신검에게 견훤을 금산사에 유폐하고 사람을 보내 금강을 죽이도록 권하였다. 신검이 대왕을 자칭하고 국내에 대사면령을 내렸다. 교서에서 이르기를, "…… 왕위를 어리석은 아이에게 줄 뻔하였다. 다행스러운 것은 상제께서 진정한 마음을 내리시니 군자들이 허물을 고쳤고 맏아들인 나에게 명하여 이 한 나라를 다스리게 하셨다는 점이다. ……"라고 하였다.

① 궁예가 광평성을 설치하였다.
② 장문휴가 당의 등주를 공격하였다.
③ 신숭겸이 공산 전투에서 전사하였다.
④ 왕건이 일리천 전투에서 승리하였다.
⑤ 김헌창이 웅천주에서 반란을 일으켰다.

11 (가) 왕이 추진한 정책으로 옳은 것은? `1점`

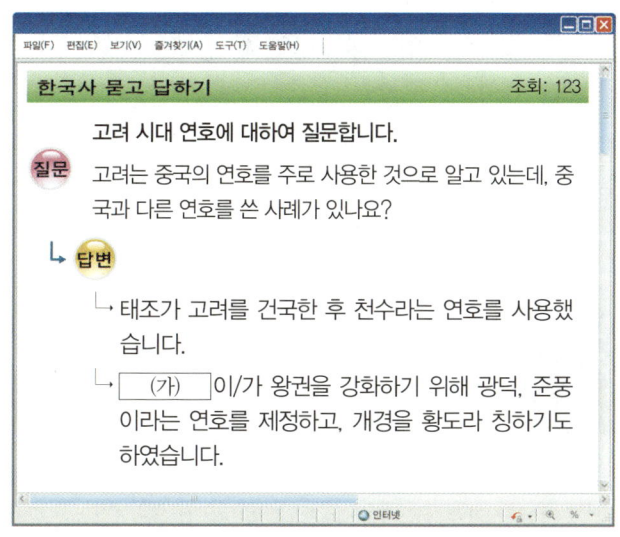

① 과거제를 도입하였다.
② 흑창을 처음 설치하였다.
③ 전시과 제도를 시행하였다.
④ 삼국사기 편찬을 명령하였다.
⑤ 12목에 지방관을 파견하였다.

12 (가) 왕의 재위 기간에 있었던 사실로 옳은 것은? `3점`

〈역사 연극 시나리오 구상〉

제목: [(가)]의 험난한 피란길

○학년 ○반 ○모둠

장면1: 강조의 정변을 구실로 침입한 거란군이 서경까지 이르자 강 감찬이 왕에게 남쪽으로 피란할 것을 권유한다.

장면2: 왕이 개경을 떠나 전라도 삼례에 이르는 동안 호위군이 도 망가는 등의 어려움을 겪는다.

장면3: 나주에 도착한 왕은 강화가 성립되어 거란군이 물러간다는 소식을 듣고 안도한다.

① 만부교 사건이 일어났다.
② 초조대장경 조판이 시작되었다.
③ 사신 저고여가 귀국 길에 피살되었다.
④ 공주 명학소에서 망이·망소이가 봉기하였다.
⑤ 신돈을 중심으로 전민변정 사업이 추진되었다.

13 (가) 인물의 활동으로 옳은 것은? `2점`

이것은 이의민을 제거하고 정권을 장악한 [(가)]의 묘지명 탁본입니다. 여기에는 그가 명종의 퇴위와 신종의 즉위에 관여한 사실 등이 기록되어 있습니다.

① 인사 행정을 담당하던 정방을 폐지하였다.
② 교정도감을 두어 국가의 중요한 사무를 처리하였다.
③ 삼별초를 이끌고 진도로 이동하여 대몽 항쟁을 펼쳤다.
④ 화약과 화포 제작을 위한 화통도감 설치를 건의하였다.
⑤ 후세의 정책 방향을 제시하기 위해 훈요 10조를 남겼다.

14 (가), (나) 사이의 시기에 있었던 사실로 옳은 것은? `2점`

(가) 윤관이 포로 346구와 말 96필, 소 300여 마리를 바쳤다. 의주 와 통태진·평융진에 성을 쌓고, 함주·영주·웅주·길주·복 주, 공험진과 함께 북계 9성이라 하였다.

(나) 그해 12월 16일에 처인부곡의 작은 성에서 적과 싸우던 중 화 살로 적의 괴수인 살리타를 쏘아 죽였습니다. 사로잡은 자들 이 많았으며 나머지 무리는 무너져 흩어졌습니다.

① 외침에 대비하여 광군을 조직하였다.
② 서희의 활약으로 강동 6주를 획득하였다.
③ 이제현이 만권당에서 유학자들과 교유하였다.
④ 묘청 등이 칭제 건원과 금 정벌을 주장하였다.
⑤ 압록강에서 도련포까지 천리장성을 축조하였다.

15 다음 자료를 활용한 탐구 활동으로 가장 적절한 것은?
`2점`

시중 김방경과 대장군 인공수를 [상국(上國)]에 파견하여 표문을 올렸다. "우리나라는 근래 역적을 소탕하는 대군에 군량을 공급하는 일로 이미 해마다 백성에게서 양식을 거두어들였습니다. 게다가 일본 정벌에 필요한 전함을 건조하는 데 장정들이 모두 징발되었고 노약자들만 겨우 밭 갈고 씨 뿌리는 일을 하고 있습니다."

① 삼전도비가 건립된 계기를 찾아본다.
② 정동행성이 설치되는 배경을 살펴본다.
③ 사심관 제도가 시행된 원인을 조사한다.
④ 조위총의 난이 전개되는 과정을 알아본다.
⑤ 권수정혜결사문이 작성된 목적을 파악한다.

16 밑줄 그은 '불상'에 해당하는 문화유산으로 옳은 것은?
`2점`

이것은 이색의 목은집에 실린 시의 일부입니다. 그는 관촉사에서 열린 법회에 참여하고 그곳에서 보았던 불상을 떠올리며 이 시를 지었습니다.

한산의 동쪽으로 백여 리쯤 되는 곳에
은진현이라 그 안에 관촉사*가 있다네
여기엔 크나큰 석상 미륵존이 있으니
내 나간다 나간다며 땅속에서 솟았다네
⋮

*관족사: 현재의 관촉사

① ②

③

④

⑤

17 (가) 교육 기관에 대한 설명으로 옳은 것은?
`2점`

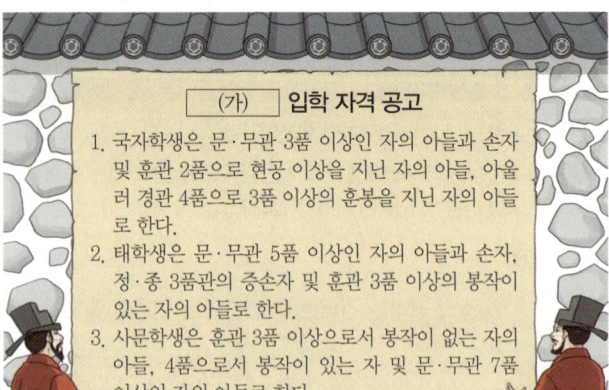

(가) 입학 자격 공고

1. 국자학생은 문·무관 3품 이상인 자의 아들과 손자 및 훈관 2품으로 현공 이상을 지닌 자의 아들, 아울러 경관 4품으로 3품 이상의 훈봉을 지닌 자의 아들로 한다.
2. 태학생은 문·무관 5품 이상인 자의 아들과 손자, 정·종 3품관의 증손자 및 훈관 3품 이상의 봉작이 있는 자의 아들로 한다.
3. 사문학생은 훈관 3품 이상으로서 봉작이 없는 자의 아들, 4품으로서 봉작이 있는 자 및 문·무관 7품 이상인 자의 아들로 한다.

① 문헌공도로 불리기도 하였다.
② 중앙에서 교수나 훈도가 파견되었다.
③ 전국의 부·목·군·현에 하나씩 설치되었다.
④ 장학 기금 마련을 위해 양현고가 설립되었다.
⑤ 사가독서제를 시행하여 학문에 전념하게 하였다.

18 ㉠~㉣ 기구에 대한 설명으로 옳은 것을 |보기|에서 고른 것은?
`2점`

🔍 역사 돋보기 **왕실과의 혼인을 통한 이자겸의 출세**

음서로 관직에 진출한 이자겸은 1108년 둘째 딸이 예종의 비가 되면서 빠른 속도로 출세하였다.
1109년 ㉠추밀원(중추원) 부사, 1111년 ㉡어사대의 대부가 된다. 1113년에는 ㉢상서성의 좌복야에 임명되었고, 1118년 재신으로 판이부사를 맡았으며, 1122년 ㉣중서문하성 중서령에 오른다.

| 보기 |

ㄱ. ㉠ – 군사 기밀과 왕명 출납을 담당하였다.
ㄴ. ㉡ – 소속 관원이 낭사와 함께 서경권을 행사하였다.
ㄷ. ㉢ – 화폐·곡식의 출납과 회계를 담당하였다.
ㄹ. ㉣ – 원 간섭기에 도평의사사로 개편되었다.

① ㄱ, ㄴ ② ㄱ, ㄷ ③ ㄴ, ㄷ
④ ㄴ, ㄹ ⑤ ㄷ, ㄹ

19 다음 상황이 나타난 시기를 연표에서 옳게 고른 것은? (2점)

명 황제가 말하기를, "철령을 따라 이어진 북쪽과 동쪽과 서쪽은 원래 개원로(開元路)*가 관할하던 군민(軍民)이 속하던 곳이니, 한인·여진인·달달인·고려인을 그대로 요동에 소속시켜라."라고 하였다. …… 왕은 최영과 함께 요동을 공격하기로 계책을 결정하였으나, 감히 드러내어 말하지 못하고 사냥 간다는 핑계를 대고 서쪽으로 해주에 행차하였다.

* 개원로(開元路): 원이 설치한 행정 구역

(가)	(나)	(다)	(라)	(마)
1351 공민왕 즉위	1359 홍건적 침입	1380 황산 대첩	1391 과전법 실시	1394 한양 천도 · 1400 태종 즉위

① (가)　② (나)　③ (다)　④ (라)　⑤ (마)

20 밑줄 그은 '이 역사서'에 대한 설명으로 옳은 것은? (3점)

대개 이미 지나간 나라의 흥망은 장래의 교훈이 되기 때문에 이 역사서를 편찬하여 올리는 바입니다. …… 범례는 사마천의 『사기』를 따르고, 대의(大義)는 모두 왕께 아뢰어 재가를 얻었습니다. 본기(本紀)라는 이름을 피하고 세가(世家)라고 한 것은 명분의 중요성을 나타내기 위함이며, 가짜 왕인 신씨들[신우, 신창]을 세가에 넣지 않고 열전으로 내린 것은 그들이 왕위를 도둑질한 사실을 엄히 논죄하려는 것입니다.

① 발해사를 우리 역사로 체계화하였다.
② 고구려 시조의 일대기를 서사시로 표현하였다.
③ 불교사를 중심으로 고대의 민간 설화를 수록하였다.
④ 고조선부터 고려 말까지의 역사를 연대순으로 기록하였다.
⑤ 조선 건국을 정당화하는 입장에서 고려의 역사를 정리하였다.

21 (가) 기구에 대한 설명으로 옳은 것은? (2점)

우부승지 김종직이 아뢰기를, "고려 태조는 여러 고을에 영을 내려 공변되고 청렴한 선비를 뽑아서 향리들의 불법을 규찰하게 하였으므로 간사한 향리가 저절로 없어져 5백 년간 풍화를 유지할 수 있었습니다. 우리 조정에서는 이시애의 난 이후 (가) 이/가 혁파되자 간악한 향리들이 불의를 자행하여서 건국한 지 1백 년도 못 되어 풍속이 쇠퇴해졌습니다. …… 청컨대 (가) 을/를 다시 설립하여 향풍(鄕風)을 규찰하게 하소서."라고 하였다.

– 『성종실록』 –

① 조광조 일파의 건의로 폐지되었다.
② 좌수와 별감을 중심으로 운영되었다.
③ 풍기 군수 주세붕이 처음 설립하였다.
④ 대사성 이하 좨주, 직강 등의 관직을 두었다.
⑤ 매향(埋香) 활동 등 각종 불교 행사를 주관하였다.

22 다음 검색창에 들어갈 인물의 활동으로 옳은 것은? (2점)

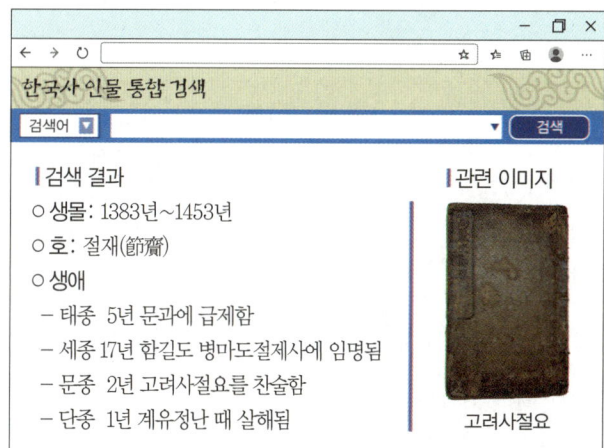

한국사 인물 통합 검색

검색어 ▼ [　　　　　　　　　　] 검색

검색 결과
○ 생몰: 1383년~1453년
○ 호: 절재(節齋)
○ 생애
 – 태종 5년 문과에 급제함
 – 세종 17년 함길도 병마도절제사에 임명됨
 – 문종 2년 고려사절요를 찬술함
 – 단종 1년 계유정난 때 살해됨

관련 이미지
고려사절요

① 여진을 정벌하고 6진을 개척하였다.
② 불씨잡변을 지어 불교를 비판하였다.
③ 반정 공신의 위훈 삭제를 주장하였다.
④ 왜구의 근거지인 쓰시마섬을 정벌하였다.
⑤ 충청도 지역까지 대동법의 확대 실시를 건의하였다.

23 다음 가상 대화가 이루어진 시기에 볼 수 있는 모습으로 적절하지 <u>않은</u> 것은? ①점

① 담배 농사를 짓고 있는 농민
② 관청에 종이를 납품하는 공인
③ 시사(詩社)에서 시를 낭송하는 중인
④ 장시에서 판소리 공연을 하는 소리꾼
⑤ 솔빈부의 특산품인 말을 수입하는 상인

24 다음 기사에 보도된 전투 이후의 사실로 옳은 것은? ②점

역사 신문

제△△호　　　　　　　　○○○○년 ○○월 ○○일

조·명 연합군, 평양성 탈환

　평안도 도체찰사 류성룡, 도원수 김명원이 이끄는 관군이 명 제독 이여송 부대에 합세하여 평양성을 되찾았다. 이번 전투에서 아군의 불랑기포를 비롯한 화포가 위력을 발휘하여 일본군은 크게 패하고 남쪽으로 내려갔다. 이 전투의 승리는 향후 전쟁의 판도를 바꿀 것으로 기대된다.

① 송상현이 동래성에서 항전하였다.
② 권율이 행주산성에서 적군을 격퇴하였다.
③ 이순신이 한산도 앞바다에서 대승을 거두었다.
④ 신립이 탄금대 앞에서 배수의 진을 치고 싸웠다.
⑤ 최윤덕이 올라산성에서 이만주 부대를 정벌하였다.

25 (가), (나) 인물에 대한 설명으로 옳은 것은? ②점

① (가) - 100리 척을 사용하여 동국지도를 제작하였다.
② (가) - 곽우록에서 토지 매매를 제한하는 한전론을 제시하였다.
③ (나) - 의산문답에서 중국 중심의 세계관을 비판하였다.
④ (나) - 여전론을 통해 마을 단위의 공동 경작을 주장하였다.
⑤ (가), (나) - 양명학을 연구하여 강화학파를 형성하였다.

26 (가)~(다)를 일어난 순서대로 옳게 나열한 것은? ②점

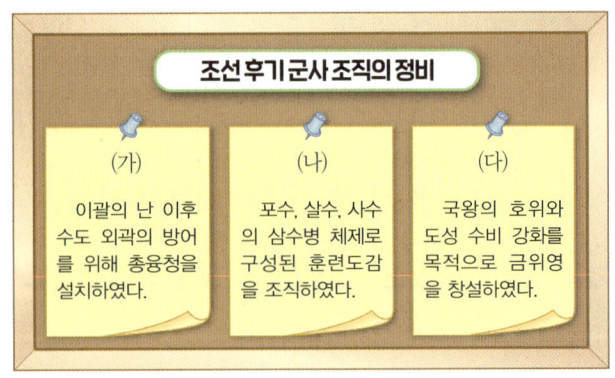

① (가) - (나) - (다)　　　② (가) - (다) - (나)
③ (나) - (가) - (다)　　　④ (나) - (다) - (가)
⑤ (다) - (나) - (가)

27 (가) 왕의 재위 기간에 있었던 사실로 옳은 것은? 〔1점〕

이 그림은 화성능행도 8폭 중 일부로, (가) 이/가 혜경궁 홍씨를 모시고 현륭원에 다녀오는 모습을 그린 것입니다. 위엄을 갖춘 행렬의 장대함과 구경꾼들의 생동감 넘치는 표정이 잘 드러나 있습니다.

① 자의 대비의 복상 문제로 예송이 전개되었다.
② 명의 신종을 제사 지내는 만동묘가 설치되었다.
③ 문신을 재교육하기 위한 초계문신제가 실시되었다.
④ 붕당의 폐해를 경계하는 탕평비가 성균관에 건립되었다.
⑤ 비변사의 혁파로 의정부와 삼군부의 기능이 정상화되었다.

28 다음 상황이 나타난 시기를 연표에서 옳게 고른 것은? 〔3점〕

사학(邪學) 죄인 황사영은 사족으로서 사술(邪術)에 미혹됨이 가장 심한 자였다. [그는] 의금부에서 체포하려는 것을 미리 알고 피신하였는데, 상복을 입고 성명을 바꾸거나 토굴에 숨어서 종적을 감춘지 반년이 지났다. 포청에서 은밀히 염탐하여 지금에야 제천 땅에서 붙잡았다. 그의 문서를 수색하던 중 백서를 찾았는데, 장차 북경의 천주당에 전하려고 한 것이었다.

(가)	(나)	(다)	(라)	(마)
1728 이인좌의 난	1746 속대전 편찬	1791 신해 박해	1811 홍경래의 난	1834 헌종 즉위	1862 임술 농민 봉기

① (가)　② (나)　③ (다)　④ (라)　⑤ (마)

29 (가) 사건에 대한 설명으로 옳은 것은? 〔1점〕

이 척화비는 자연석에 비문을 새긴 것이 특징입니다. 척화비는 제너럴셔먼호 사건을 구실로 일어난 (가) 이후 전국 각지에 세워졌습니다. 이를 통해 서양 세력과의 통상 수교를 거부한 역사의 한 장면을 엿볼 수 있습니다.

① 청군의 개입으로 종결되었다.
② 외규장각 도서가 약탈되는 결과를 가져왔다.
③ 에도 막부에 통신사가 파견되는 계기가 되었다.
④ 사태 수습을 위해 박규수가 안핵사로 파견되었다.
⑤ 전개 과정에서 어재연 부대가 광성보에서 항전하였다.

30 (가), (나) 조약에 대한 설명으로 옳은 것은? 〔3점〕

(가) 제4조 …… 조선 상인이 북경에서 규정에 따라 교역하고, 중국 상인이 조선의 양화진과 서울에 들어가 영업소를 개설한 경우를 제외하고 각종 화물을 내지로 운반하여 상점을 차리고 파는 것을 허가하지 않는다. ……

(나) 제37관 조선국에서 가뭄과 홍수, 전쟁 등의 일로 국내에 양식이 부족할 것을 우려하여 일시 쌀 수출을 금지하려고 할 때에는 1개월 전에 지방관이 일본 영사관에 통지하고, 미리 그 기간을 항구에 있는 일본 상인들에게 전달하여 일률적으로 준수하는 데 편리하게 한다.

① (가) - 통감부가 설치되는 계기가 되었다.
② (가) - 조선의 관세 자주권을 최초로 인정하였다.
③ (나) - 최혜국 대우를 규정한 조항을 담고 있다.
④ (나) - 일본 공사관의 경비병 주둔을 명시하였다.
⑤ (가), (나) - 갑신정변의 영향으로 체결되었다.

31 다음 검색창에 들어갈 신문에 대한 설명으로 옳은 것은?
(2점)

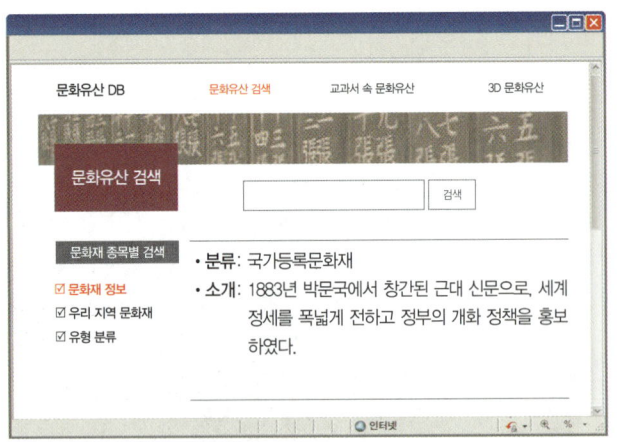

① 여권통문을 처음 보도하였다.

② 국채 보상 운동의 확산에 기여하였다.

③ 의병 투쟁에 호의적인 기사를 게재하였다.

④ 외국인이 읽을 수 있도록 영문으로도 발행되었다.

⑤ 순 한문 신문으로 열흘마다 발행하는 것이 원칙이었다.

32 다음 가상 뉴스에서 보도하는 사건 이후에 전개된 사실로 옳은 것은?
(1점)

① 남접과 북접이 논산에서 연합하였다.

② 농민군이 황룡촌 전투에서 관군에 승리하였다.

③ 교조 신원을 요구하는 보은 집회가 개최되었다.

④ 사태 수습을 위해 안핵사 이용태가 파견되었다.

⑤ 전봉준이 농민을 이끌고 고부 관아를 습격하였다.

33 다음 대화에 해당하는 교육 기관에 대한 설명으로 옳은 것은?
(2점)

① 7재라는 전문 강좌가 개설되었다.

② 조선 총독부의 탄압으로 폐교되었다.

③ 교육 입국 조서에 근거하여 세워졌다.

④ 주요 건물로 대성전과 명륜당을 두었다.

⑤ 헐버트, 길모어 등이 교사로 초빙되었다.

34 (가) 인물의 활동으로 옳은 것은?
(3점)

① 샌프란시스코에서 흥사단을 창립하였다.

② 황준헌이 쓴 조선책략을 국내에 들여왔다.

③ 인재 양성을 위해 오산 학교를 설립하였다.

④ 국문 연구소를 설립하고 연구위원으로 활동하였다.

⑤ 독립 협회의 제안을 받아들여 중추원 관제 개편을 추진하였다.

35 (가)에 들어갈 내용으로 가장 적절한 것은? `2점`

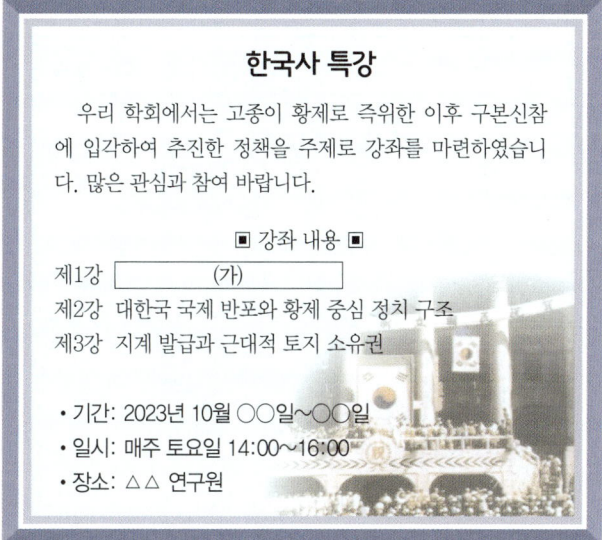

한국사 특강

우리 학회에서는 고종이 황제로 즉위한 이후 구본신참에 입각하여 추진한 정책을 주제로 강좌를 마련하였습니다. 많은 관심과 참여 바랍니다.

■ 강좌 내용 ■

제1강 ____(가)____
제2강 대한국 국제 반포와 황제 중심 정치 구조
제3강 지계 발급과 근대적 토지 소유권

• 기간: 2023년 10월 ○○일~○○일
• 일시: 매주 토요일 14:00~16:00
• 장소: △△ 연구원

① 통역관 양성을 위한 동문학 설립
② 개혁 방향을 제시한 홍범 14조 반포
③ 통리기무아문 설치와 개화 정책 추진
④ 원수부 창설과 황제의 군 통수권 강화
⑤ 23부로의 지방 제도 개편과 지방관 권한 축소

36 (가), (나) 사이의 시기에 있었던 사실로 옳은 것은? `2점`

(가)	(나)
두 달 전 체결된 협약에 따라 메가타가 탁지부의 재정 고문으로 온다는군. / 일본이 우리 정부의 재정권을 침해하려는 의도인 것 같네.	지난달 군대를 해산한다는 조칙이 발표된 이후 군인들의 반발이 계속되고 있다는군. / 들었네. 일부는 의병에 합류하여 일본에 저항하는 활동을 전개한다고 하네.

① 데라우치가 초대 총독으로 부임하였다.
② 13도 창의군이 서울 진공 작전을 전개하였다.
③ 기유각서를 통해 일제에 사법권을 박탈당하였다.
④ 상권 수호를 위해 황국 중앙 총상회가 조직되었다.
⑤ 헤이그에서 열린 만국 평화 회의에 특사가 파견되었다.

37 (가) 단체에 대한 설명으로 옳은 것은? `2점`

판결문

피고인: 오복영 외 1인
주 문: 피고 두 명을 각 징역 7년에 처한다.
이 유
제1. 피고 오복영은 이전부터 조선 독립을 희망하고 있었다.

1. 대정 11년(1922) 11월 중 김상옥, 안홍한 등이 조선 독립자금 강탈을 목적으로 권총, 불온문서 등을 가지고 조선에 오는 것을 알고 천진에서 여비 40원을 조달함으로써 동인 등으로 하여금 조선으로 들어오게 하고

2. 대정 12년(1923) 8월 초순 ____(가)____ 단원으로 활약할 목적으로 피고 이영주의 권유에 의해 동 단에 가입하고

3. 이어서 피고 이영주와 함께 ____(가)____ 단장 김원봉 및 단원 유우근의 지휘 하에 피고 두 명은 조선 내 관리를 암살하고 주요 관아, 공서를 폭파함으로 민심의 동요를 초래하고 ……

① 일제의 황무지 개간권 요구를 저지하였다.
② 일제가 조작한 105인 사건으로 큰 타격을 입었다.
③ 단원인 나석주가 동양 척식 주식회사에 폭탄을 던졌다.
④ 조선 총독부에 국권 반환 요구서를 제출하고자 하였다.
⑤ 이륭양행에 교통국을 설치하여 국내와 연락을 취하였다.

38 밑줄 그은 '이 운동'에 대한 설명으로 옳은 것을 |보기| 에서 고른 것은? (1점)

이것은 1929년 11월 한일 학생 간의 충돌을 계기로 시작된 이 운동을 기념하는 탑입니다. 당시 민족 차별에 분노한 광주 지역 학생들이 대규모 시위를 전개하였고, 전국의 많은 학교가 동맹 휴학으로 동참하였습니다. 이 기념탑은 학생들의 단결된 의지를 타오르는 횃불로 형상화한 것입니다.

┤ 보기 ├

ㄱ. 조선인 본위의 교육 제도 확립 등을 요구하였다.

ㄴ. 대한매일신보의 후원 속에 전국으로 확산하였다.

ㄷ. 신간회에서 진상 조사단을 파견하여 지원하였다.

ㄹ. 일제가 이른바 문화 통치를 실시하는 배경이 되었다.

① ㄱ, ㄴ   ② ㄱ, ㄷ   ③ ㄴ, ㄷ
④ ㄴ, ㄹ   ⑤ ㄷ, ㄹ

39 (가) 부대에 대한 설명으로 옳은 것은? (2점)

대전자령은 태평령이라고도 하는데, 일본군이 서남부의 왕칭현 쪽으로 가려면 반드시 지나가야 하는 지점이었다. 대전자령의 양쪽 은 험준한 절벽과 울창한 산림 지대로 되어 있어 적을 공격하기에 알맞은 곳이었다. 이 전투에 [(가)]의 주력 부대 500여 명, 차 이시잉(柴世榮)이 거느리는 중국 의용군인 길림구국군 2,000여 명 이 참가하였다. …… 한중 연합군은 계곡 양편 산기슭에 구축되어 있는 참호 속에 미리 매복·대기하여 일본군 습격 준비를 마쳤다.
― 『청천장군의 혁명투쟁사』 ―

① 영국군의 요청으로 인도·미얀마 전선에 투입되었다.

② 간도 참변 이후 조직을 정비하고 자유시로 이동하였다.

③ 중국 관내(關內)에서 결성된 최초의 한인 무장 부대였다.

④ 홍범도 부대와 연합하여 청산리에서 일본군과 교전하였다.

⑤ 한국 독립당의 군사 조직으로 북만주 지역에서 활약하였다.

40 밑줄 그은 '이 시기'에 있었던 사실로 옳은 것은? (1점)

문학으로 만나는 한국사

"이제 곧 창씨개명이 문제가 아닌 날이 닥칠 겁니다. 그때는 사느냐 죽느냐, 이 문제가 턱에 걸려서 아무것도 뵈지 않을껄요. 아 왜 거년(去年) 칠월에 국가 총동원법 제4조라고 허면서, 국민 징용령이 안 떨어졌습니까? 일본 본토는 그렇다 치고, 조선, 대만, 사할린, 남양 군도에까지 그 징용령이 시행되고 있는 판에, 징병령인들 떨어지지 않겠습니까? 지금 지원병 제도는 장차 징병 문제를 결정하려는 시험으로 해 보는 것이라고 허드구만요."
이기채는 가슴이 까닭 없이 덜컥, 내려앉는다.
― 『혼불』 ―

[해설] 이 작품에는 일제가 국가 총동원법을 제정하고 노동력 수탈을 위해 국민 징용령 등을 시행하던 이 시기 우리 민족의 삶이 잘 표현되어 있다.

① 조선 태형령이 공포되었다.

② 헌병 경찰 제도가 실시되었다.

③ 경성 제국 대학이 설립되었다.

④ 조선 농민 총동맹이 조직되었다.

⑤ 황국 신민 서사 암송이 강요되었다.

41 (가) 종교에 대한 설명으로 옳은 것은? `2점`

기획 전시

방정환이 꿈꾼 어린이를 위한 나라

우리 박물관에서는 『어린이』 창간 100주년을 기념하는 특별 전을 준비하였습니다. 동학을 계승한 종교인 [(가)] 계열의 방정환 등이 어린이들에게 다양한 읽을거리를 제공하기 위해 발간한 잡지 『어린이』의 전시와 함께 여러 체험 행사를 준비하였으니 많은 관심 바랍니다.

- 기간: 2023. ○○. ○○. ~ ○○. ○○.
- 장소: △△ 박물관 특별 전시실
- 전시 자료 소개

▲ 『어린이』 제7권 제3호   ▲ 『어린이』 제9권 제1호

① 한용운 등이 사찰령 폐지를 주장하였다.
② 만세보를 발행하여 민중 계몽에 앞장섰다.
③ 박중빈을 중심으로 새생활 운동을 펼쳤다.
④ 배재 학당을 세워 신학문을 보급하고자 힘썼다.
⑤ 의민단을 조직하여 항일 무장 투쟁을 전개하였다.

42 (가)에 들어갈 내용으로 가장 적절한 것은? `3점`

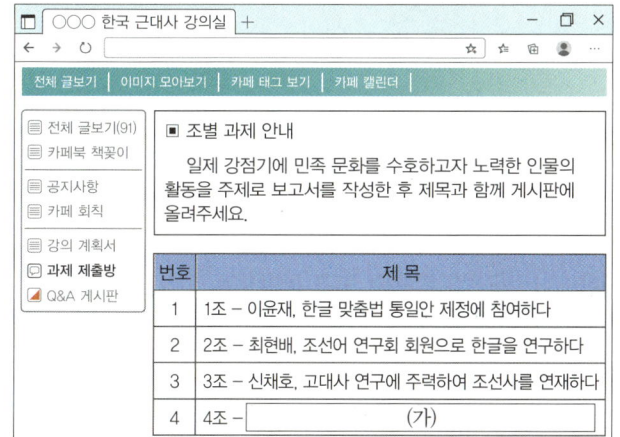

○○○ 한국 근대사 강의실

전체 글보기 | 이미지 모아보기 | 카페 태그 보기 | 카페 캘린더

- 전체 글보기(91)
- 카페북 책꽂이
- 공지사항
- 카페 회칙
- 강의 계획서
- **과제 제출방**
- Q&A 게시판

■ 조별 과제 안내

　일제 강점기에 민족 문화를 수호하고자 노력한 인물의 활동을 주제로 보고서를 작성한 후 제목과 함께 게시판에 올려주세요.

번호	제 목
1	1조 – 이윤재, 한글 맞춤법 통일안 제정에 참여하다
2	2조 – 최현배, 조선어 연구회 회원으로 한글을 연구하다
3	3조 – 신채호, 고대사 연구에 주력하여 조선사를 연재하다
4	4조 – (가)

① 정인보, 민족의 얼을 강조하고 조선학 운동을 전개하다
② 장지연, 황성신문에 시일야방성대곡이라는 논설을 싣다
③ 유길준, 서유견문을 집필하여 서양 근대 문명을 소개하다
④ 최익현, 지부복궐척화의소를 올려 왜양일체론을 주장하다
⑤ 신헌, 강화도 조약 체결의 전말을 기록한 심행일기를 남기다

43 밑줄 그은 '이 지역'에서 있었던 민족 운동으로 옳은 것은? `2점`

　이것은 1923년 이 지역에서 발생한 지진 당시 희생된 조선인을 위로하기 위해 세운 추도비입니다. 지진이 일어나자 "조선인이 불을 질렀다.", "조선인이 공격해 온다" 등의 유언비어가 퍼졌고, 이에 현혹된 사람들이 조직한 자경단 등에 의해 수많은 조선인이 학살되었습니다.

① 한인 자치 기구인 경학사를 설립하였다.
② 민족 교육을 위해 서전서숙을 건립하였다.
③ 유학생을 중심으로 2·8 독립 선언서를 발표하였다.
④ 대조선 국민 군단을 결성하여 군사 훈련을 실시하였다.
⑤ 대한 광복군 정부를 세워 무장 독립 투쟁을 준비하였다.

44 (가) 인물에 대한 설명으로 옳은 것은? `2점`

□□일보

제△△호　　　　　2023년 ○○월 ○○일

'몽양 [(가)] 장례식 만장' 117점 국가등록문화재 등록 예고

1918년 중국에서 신한 청년당을 조직하고 해방 후 좌우 합작 운동을 추진한 [(가)] 선생의 마지막 길에 내걸린 만장(輓章)이 국가등록문화재가 된다. 만장이란 망자를 추모하는 글을 비단이나 종이에 적어 만든 깃발로, 1947년 거행된 그의 장례식에는 각계각층이 애도하는 만장이 내걸렸다.

이 만장은 독립운동에 헌신하고 광복 후 좌우대통합을 위해 노력했던 그에 대한 대중들의 인식과 평가를 담은 자료로서 중요한 역사적 가치가 있다.

① 조선 건국 동맹을 결성하였다.
② 한국독립운동지혈사를 저술하였다.
③ 권업회의 초대 회장으로 선출되었다.
④ 대한 광복회를 조직하여 친일파를 처단하였다.
⑤ 백산 상회를 설립하여 독립운동 자금을 마련하였다.

45 밑줄 그은 '개헌안'의 시행 결과로 옳은 것은? `2점`

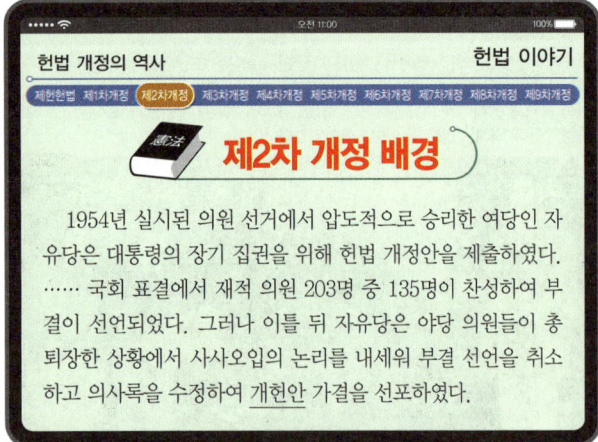

① 통일 주체 국민 회의에서 대통령이 선출되었다.
② 5년 단임의 대통령이 직선제에 의해 선출되었다.
③ 대통령이 국회의원의 3분의 1을 추천하게 되었다.
④ 국회에서 간접 선거 방식으로 대통령이 선출되었다.
⑤ 개헌 당시의 대통령에 한하여 중임 제한이 철폐되었다.

46 (가)~(마)에 들어갈 내용으로 적절하지 않은 것은? `1점`

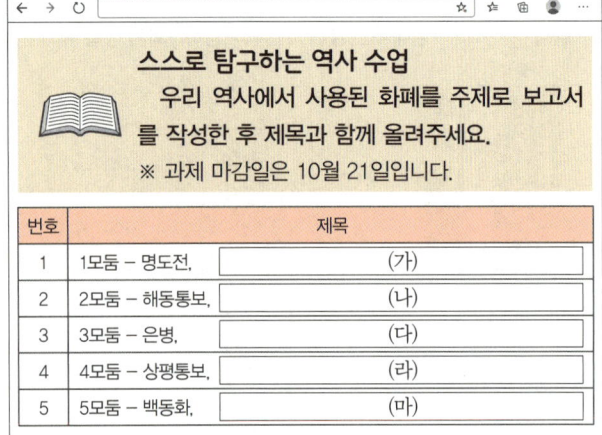

① (가) – 중국 연과의 교류 관계를 보여주다
② (나) – 의천의 건의로 화폐가 주조되다
③ (다) – 경복궁 중건을 위해 제작되다
④ (라) – 법화로 발행되어 전국적으로 유통되다
⑤ (마) – 전환국에서 화폐가 발행되다

[47~48] 다음 자료를 읽고 물음에 답하시오.

(가) 만적 등 6명이 북산에서 나무하다가 공사 노비를 불러 모아 모의하기를, "국가에서 경인년·계사년 이후로 높은 벼슬이 천한 노비에게서 많이 나왔으니, 장수와 재상이 어찌 종자가 있으랴. …… 그 주인을 죽이고 노비 문서를 불태워 삼한에서 천인을 없애면 모두 공경 장상이 될 수 있을 것이다."라고 하였다.

(나) 왕 7년, 노비를 안검하여 그 시비를 분별하도록 명하자, 노비로 주인을 배반한 자가 매우 많아지고 윗사람을 능멸하는 풍조가 크게 행해졌다. 사람들이 모두 탄식하고 원망하였다. 대목 왕후가 이를 간절히 간언하였으나 왕은 받아들이지 않았다.

(다) 1. 문벌, 양반과 상인들의 등급을 없애고 귀천에 관계없이 인재를 선발하여 등용한다.
1. 과부가 재가하는 것은 귀천을 막론하고 자신의 의사대로 하게 한다.
1. 공노비와 사노비에 관한 법을 일체 혁파하고 사람을 사고파는 일을 금지한다.

(라) "임금이 백성을 대할 때는 귀천이 없고 내외 없이 고루 균등하게 적자(赤子)로 여겨야 하는데, 노(奴)와 비(婢)라고 하여 구분하는 것이 어찌 똑같이 동포로 여기는 뜻이겠는가. 내노비 36,974명과 시노비 29,093명을 모두 양민으로 삼도록 하라. 그리고 승정원으로 하여금 노비 문서를 거두어 돈화문 밖에서 불태우도록 하라."

47 (가)~(라)를 일어난 순서대로 옳게 나열한 것은? `3점`

① (가) – (나) – (다) – (라)   ② (가) – (나) – (라) – (다)
③ (나) – (가) – (라) – (다)   ④ (나) – (다) – (가) – (라)
⑤ (다) – (라) – (나) – (가)

48 (가)~(라)를 활용한 탐구 활동으로 적절한 것을 |보기| 에서 고른 것은? `2점`

| 보기 |
ㄱ. (가) – 무신 집권기에 발생한 하층민의 봉기에 대해 알아 본다.
ㄴ. (나) – 호족의 경제적 기반을 약화시킨 제도를 살펴본다.
ㄷ. (다) – 균역법이 시행되는 배경을 파악한다.
ㄹ. (라) – 삼정이정청이 설치된 계기를 조사한다.

① ㄱ, ㄴ   ② ㄱ, ㄷ   ③ ㄴ, ㄷ   ④ ㄴ, ㄹ   ⑤ ㄷ, ㄹ

49 (가) 정부 시기에 있었던 사실로 옳은 것은? 2점

(가) 정부의 민주화 운동 탄압 사례 중의 하나로 알려진 전국 민주 청년 학생 총연맹 사건의 관련 기록물이 세상에 나왔습니다. 국가기록원은 사건이 발생한 지 40여 년 만에 관련 인물 180명의 재판 기록과 수사 기록을 공개했습니다.

'민청학련 사건' 기록물, 세상 밖으로

① 정부에 비판적인 경향신문이 폐간되었다.
② 국민의 요구에 굴복하여 대통령이 하야하였다.
③ 민주화 시위 도중 대학생 강경대가 희생되었다.
④ 장기 독재에 저항한 3·1 민주 구국 선언이 발표되었다.
⑤ 기존의 헌법을 유지하는 4·13 호헌 조치가 선언되었다.

50 다음 연설이 있었던 정부의 통일 노력으로 옳은 것은? 2점

진작부터 꼭 한 번 와 보고 싶었습니다. 참여 정부 와서 첫 삽을 떴기 때문에 …… 지금 개성 공단이 매출액의 증가 속도, 그리고 근로자의 증가 속도 같은 것이 눈부시지요. …… 경제적으로 공단이 성공하고, 그것이 남북 관계에서 평화에 대한 믿음을 우리가 가질 수 있게 만드는 것이거든요. 또 함께 번영해 갈 수 있는 가능성에 대해서 우리가 믿음을 갖게 되는 것이기 때문에, 이것이 선순환 되면 앞으로 정말 좋은 결과가 있을 것입니다.

환 개성 공단 방문 영

① 남북한이 국제 연합(UN)에 동시 가입하였다.
② 민족 자존과 통일 번영을 위한 7·7 선언을 발표하였다.
③ 남북 이산가족 고향 방문단의 교환 방문을 최초로 성사시켰다.
④ 7·4 남북 공동 성명 실천을 위해 남북 조절 위원회를 구성하였다.
⑤ 남북 관계 발전과 평화 번영을 위한 10·4 남북 정상 선언을 발표하였다.

능력 때문에 성공한 사람보다
끈기 때문에 성공한 사람이 더 많습니다.

– 조정민, 『인생은 선물이다』, 두란노

MEMO

MEMO

MEMO

MEMO

2026 에듀윌 한국사능력검정시험 심화 10+4회분 기출700제

기출문제+1분컷 퀵기출 반복 생성 <AI 듀봇>

AI 듀봇(매회 업데이트)
`이용경로` 표지 QR코드

보너스 회차별 기출 4회분+최신 기출 킬러문항 첨삭해설(2025년 포함 매회 업데이트)
`이용경로` '에듀윌 도서몰' 검색 ▶ 도서자료실 ▶ 부가학습자료 ▶ '한국사능력검정시험' 검색

기출 모의고사 2회분
`이용경로` 교재 내 QR코드

고객의 꿈, 직원의 꿈, 지역사회의 꿈을 실현한다

펴낸곳 (주)에듀윌 **펴낸이** 양형남 **출판총괄** 김기철 **에듀윌 대표번호** 1600-6700
주소 서울시 구로구 디지털로 34길 55 코오롱싸이언스밸리 2차 3층
© 2025 eduwill. Created with AI assistance.
협의 없는 무단 복제는 법으로 금지되어 있습니다.

업계 최초 대통령상 3관왕, 정부기관상 19관왕 달성!

2010 대통령상   2019 대통령상   2019 대통령상

대한민국 브랜드대상   국무총리상   문화체육관광부   농림축산식품부   과학기술정보통신부   여성가족부장관상
국무총리상   장관상   장관상   장관상

서울특별시장상   과학기술부장관상   정보통신부장관상   산업자원부장관상   고용노동부장관상   미래창조과학부장관상   법무부장관상

2004
서울특별시장상 우수벤처기업 대상

2006
부총리 겸 과학기술부장관 표창 국가 과학 기술 발전 유공

2007
정보통신부장관상 디지털콘텐츠 대상
산업자원부장관 표창 대한민국 e비즈니스대상

2010
대통령 표창 대한민국 IT 이노베이션 대상

2013
고용노동부장관 표창 일자리 창출 공로

2014
미래창조과학부장관 표창 ICT Innovation 대상

2015
법무부장관 표창 사회공헌 유공

2017
여성가족부장관상 사회공헌 유공
2016 합격자 수 최고 기록 KRI 한국기록원 공식 인증

2018
2017 합격자 수 최고 기록 KRI 한국기록원 공식 인증

2019
대통령 표창 범죄예방대상
대통령 표창 일자리 창출 유공
과학기술정보통신부장관상 대한민국 ICT 대상

2020
국무총리상 대한민국 브랜드대상
2019 합격자 수 최고 기록 KRI 한국기록원 공식 인증

2021
고용노동부장관상 일·생활 균형 우수 기업 공모전 대상
문화체육관광부장관 표창 근로자휴가지원사업 우수 참여 기업
농림축산식품부장관상 대한민국 사회공헌 대상
문화체육관광부장관 표창 여가친화기업 인증 우수 기업

2022
국무총리 표창 일자리 창출 유공
농림축산식품부장관상 대한민국 ESG 대상

MEMO

MEMO

2026 최신판

합격자 수가
선택의 기준!

YES24 21년 2월 1주
주별 베스트기준
베스트셀러
1위
★★★★★

YES24 수험서 자격증
한국사능력검정시험 3급/4급 (중급)
베스트셀러 1위

학습 러닝 메이트
AI 듀봇

© eduwill · edugong

eduwill

에듀윌 한국사능력검정시험 심화
10+4회분 기출700제

빨파해설 +1분컷 퀵기출 반복 생성 <AI 듀봇>

패스바이위드윌 저

[무료제공] 최신 기출 킬러문항 첨삭해설 + <AI 듀봇> 매회 업데이트(2025년 포함)

2025년 전체 기출 수록! 빨간색 정답+파란색 오답 해설로 기출 공략!

에듀윌 한국사능력검정시험 심화
10+4회분 기출700제

빨파해설+1분컷 퀵기출 반복 생성 <AI 듀봇>

교재 구매자 특별제공

보너스 회차별
기출 4회분

시험 직전 풀어보는
보너스 기출과 핵심 포인트 해설

AI 듀봇

발문과 선지로만
구성되어 1분 안에
풀어보는 퀵기출!

최신 기출 킬러문항
첨삭해설

최신 기출 킬러문항 정복!
(2025년+매회 업데이트 예정)

기출 모의고사 1회

기출 모의고사 2회

[합격자료] 최빈출 한국사 빈출키워드 훈련 150제

한국사능력검정시험

빈출키워드 훈련 150제
100% 무료 제공

각 시대별 최빈출 키워드로만 구성!

빈출키워드 훈련 150제
무료로 받기
(PDF)

에듀윌
한국사능력검정시험 심화

10+4회분 기출700제

빨파해설

구성과 차례

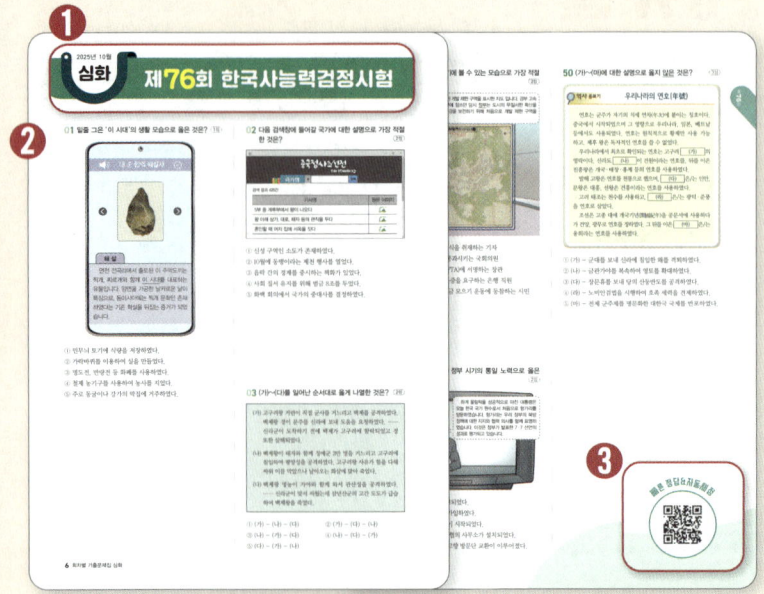

❶ 최신 기출문제 10+4회분 제공!

모두가 추천하는 합격 필수 분량 10회분으로 실전 감각을 익혀보세요. 보너스 기출 4회분(PDF)은 시험 직전 최종 점검을 목적으로 활용하여 보세요.

❷ 연습은 실전처럼! 실전은 연습처럼!

실제 시험지와 똑같이 구성하여 실전처럼 학습할 수 있도록 하였어요. 실제 시험을 치르듯이 시험 시간 80분에 맞춰 문제를 풀어 보세요.

❸ 1초 만에 합격 예측!

QR코드를 스캔하여 [빠른 정답] 혹은 [자동채점 서비스]를 활용하여 보세요. [빠른 정답]으로 직접 채점하거나 [자동채점 서비스]로 정답을 입력하여 합격 예측 성적 분석까지 받아볼 수 있어요.

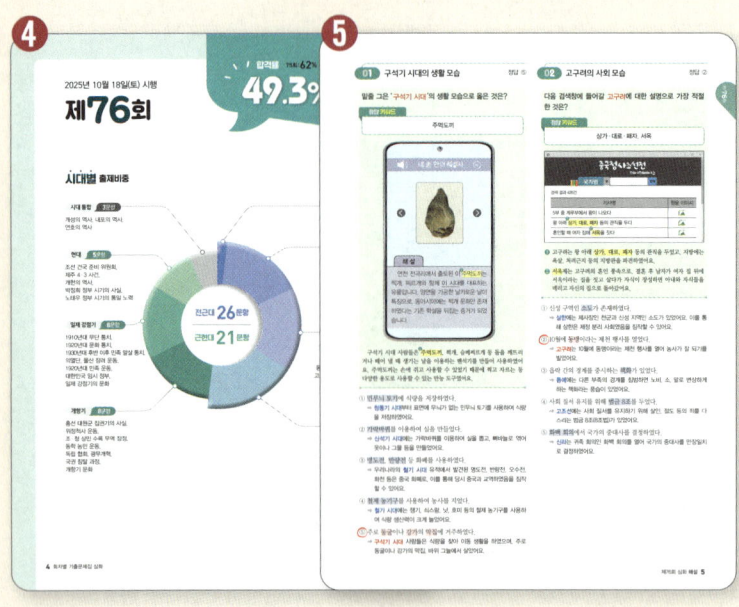

❹ 낱낱이 파헤친 분석리포트

각 시대별 출제문항 수와 핵심키워드를 분석하여 각 시대의 어떤 주제가 문제로 출제되었는지 확인할 수 있어요.

❺ 출제 의도를 완벽 분석한 해설

발문부터 선택지까지 완벽하게 분석하고 설명하였어요. 제시된 자료 속에 숨어있는 정답 키워드와 자료 맞춤 설명, 빨간색과 파란색으로 구분되어 상세하게 제공되는 정오답 해설까지 있어 책만 봐도 공부할 수 있어요.

제76회

합격률 75회:**62%** / 74회:**40.1%**
49.3%

시대별 출제비중

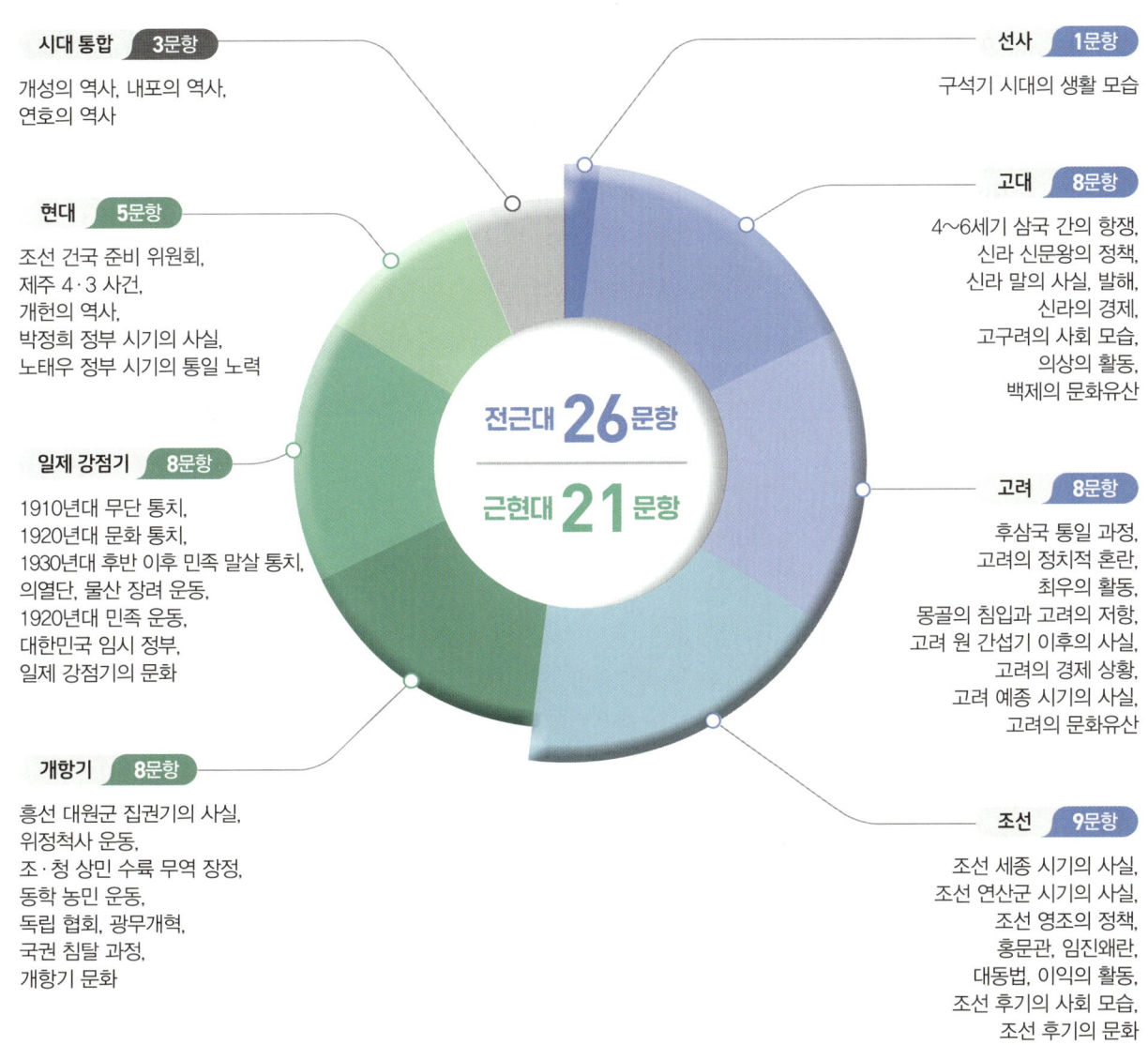

시대 통합 3문항
개성의 역사, 내포의 역사,
연호의 역사

현대 5문항
조선 건국 준비 위원회,
제주 4·3 사건,
개헌의 역사,
박정희 정부 시기의 사실,
노태우 정부 시기의 통일 노력

일제 강점기 8문항
1910년대 무단 통치,
1920년대 문화 통치,
1930년대 후반 이후 민족 말살 통치,
의열단, 물산 장려 운동,
1920년대 민족 운동,
대한민국 임시 정부,
일제 강점기의 문화

개항기 8문항
흥선 대원군 집권기의 사실,
위정척사 운동,
조·청 상민 수륙 무역 장정,
동학 농민 운동,
독립 협회, 광무개혁,
국권 침탈 과정,
개항기 문화

선사 1문항
구석기 시대의 생활 모습

고대 8문항
4~6세기 삼국 간의 항쟁,
신라 신문왕의 정책,
신라 말의 사실, 발해,
신라의 경제,
고구려의 사회 모습,
의상의 활동,
백제의 문화유산

전근대 **26** 문항
근현대 **21** 문항

고려 8문항
후삼국 통일 과정,
고려의 정치적 혼란,
최우의 활동,
몽골의 침입과 고려의 저항,
고려 원 간섭기 이후의 사실,
고려의 경제 상황,
고려 예종 시기의 사실,
고려의 문화유산

조선 9문항
조선 세종 시기의 사실,
조선 연산군 시기의 사실,
조선 영조의 정책,
홍문관, 임진왜란,
대동법, 이익의 활동,
조선 후기의 사회 모습,
조선 후기의 문화

최신 10회분 합격률(%)

49.2	59.4	54.6	46.8	46.8	55.2	66.2	40.1	62.0	49.3
67회	68회	69회	70회	71회	72회	73회	74회	75회	76회

01 구석기 시대의 생활 모습

정답 ⑤

밑줄 그은 '**구석기 시대**'의 생활 모습으로 옳은 것은?

정답 키워드

> 주먹도끼

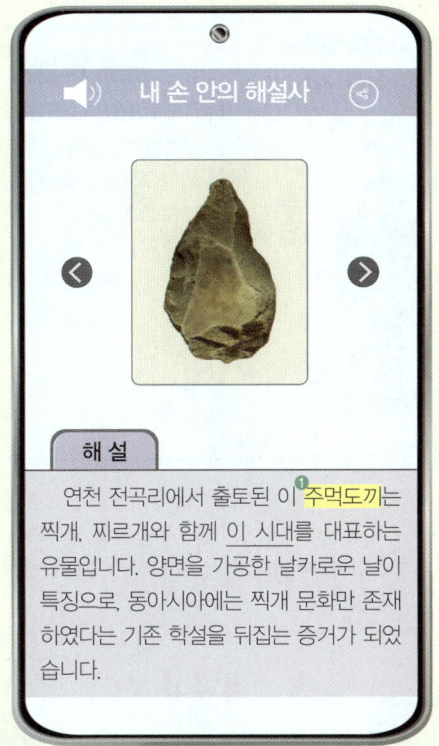

내 손 안의 해설사

해 설

연천 전곡리에서 출토된 이 [1] **주먹도끼**는 찍개, 찌르개와 함께 이 시대를 대표하는 유물입니다. 양면을 가공한 날카로운 날이 특징으로, 동아시아에는 찍개 문화만 존재하였다는 기존 학설을 뒤집는 증거가 되었습니다.

구석기 시대 사람들은 [1] **주먹도끼**, 찍개, 슴베찌르개 등 돌을 깨뜨리거나 떼어 낼 때 생기는 날을 이용하는 뗀석기를 만들어 사용하였어요. 주먹도끼는 손에 쥐고 사용할 수 있었기 때문에 찍고 자르는 등 다양한 용도로 사용할 수 있는 만능 도구였어요.

① 민무늬 토기에 식량을 저장하였다.
➡ **청동기 시대**부터 표면에 무늬가 없는 민무늬 토기를 사용하여 식량을 저장하였어요.

② 가락바퀴를 이용하여 실을 만들었다.
➡ **신석기 시대**에는 가락바퀴를 이용하여 실을 뽑고, 뼈바늘로 엮어 옷이나 그물 등을 만들었어요.

③ 명도전, 반량전 등 화폐를 사용하였다.
➡ 우리나라의 **철기 시대** 유적에서 발견된 명도전, 반량전, 오수전, 화천 등은 중국 화폐로, 이를 통해 당시 중국과 교역하였음을 짐작할 수 있어요.

④ 철제 농기구를 사용하여 농사를 지었다.
➡ **철기 시대**에는 쟁기, 쇠스랑, 낫, 호미 등의 철제 농기구를 사용하여 식량 생산력이 크게 늘었어요.

⑤ 주로 동굴이나 강가의 막집에 거주하였다.
➡ **구석기 시대** 사람들은 식량을 찾아 이동 생활을 하였으며, 주로 동굴이나 강가의 막집, 바위 그늘에서 살았어요.

02 고구려의 사회 모습

정답 ②

다음 검색창에 들어갈 **고구려**에 대한 설명으로 가장 적절한 것은?

정답 키워드

> 상가·대로·패자, 서옥

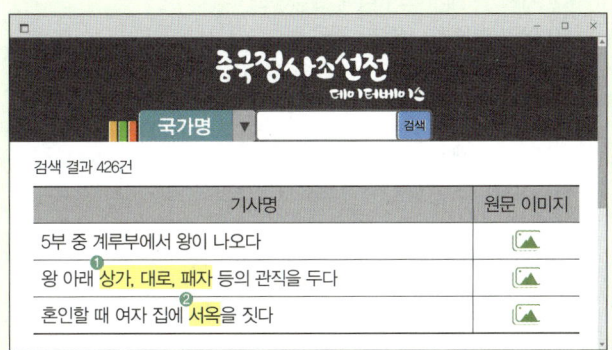

중국정사조선전 데이터베이스

| 국가명 ▼ | 검색 |

검색 결과 426건

기사명	원문 이미지
5부 중 계루부에서 왕이 나오다	🖼
왕 아래 **상가, 대로, 패자** 등의 관직을 두다	🖼
혼인할 때 여자 집에 **서옥**을 짓다	🖼

❶ 고구려는 왕 아래 **상가, 대로, 패자** 등의 관직을 두었고, 지방에는 욕살, 처려근지 등의 지방관을 파견하였어요.

❷ **서옥**제는 고구려의 혼인 풍속으로, 결혼 후 남자가 여자 집 뒤에 서옥이라는 집을 짓고 살다가 자식이 장성하면 아내와 자식들을 데리고 자신의 집으로 돌아갔어요.

① 신성 구역인 **소도**가 존재하였다.
➡ **삼한**에는 제사장인 천군과 신성 지역인 소도가 있었어요. 이를 통해 삼한은 제정 분리 사회였음을 짐작할 수 있어요.

②10월에 **동맹**이라는 제천 행사를 열었다.
➡ **고구려**는 10월에 동맹이라는 제천 행사를 열어 농사가 잘 되기를 빌었어요.

③ 읍락 간의 경계를 중시하는 **책화**가 있었다.
➡ **동예**에는 다른 부족의 경계를 침범하면 노비, 소, 말로 변상하게 하는 책화라는 풍습이 있었어요.

④ 사회 질서 유지를 위해 **범금 8조**를 두었다.
➡ **고조선**에는 사회 질서를 유지하기 위해 살인, 절도 등의 죄를 다스리는 범금 8조(8조법)가 있었어요.

⑤ **화백 회의**에서 국가의 중대사를 결정하였다.
➡ **신라**는 귀족 회의인 화백 회의를 열어 국가의 중대사를 만장일치로 결정하였어요.

(가) 고구려 장수왕의 백제 한성 함락(475), (나) 백제 근초고왕의 고구려 평양성 공격(371), (다) 관산성 전투에서 백제 성왕 사망(554)을 일어난 순서대로 옳게 나열한 것은?

정답 키워드

(가) 거련, 백제가 고구려에 함락

(나) 평양성 공격, 사유가 죽음

(다) 관산성에서 신라군이 백제왕을 죽임

(가) 고구려왕 **거련**이 직접 군사를 거느리고 백제를 공격하였다. 백제왕 경이 문주를 신라에 보내 도움을 요청하였다. …… 신라군이 도착하기 전에 **①백제가 고구려에 함락**되었고 경 또한 살해되었다.

(나) 백제왕이 태자와 함께 정예군 3만 명을 거느리고 고구려에 침입하여 **②평양성을 공격**하였다. **②고구려왕 사유**가 힘을 다해 싸워 이를 막았으나 날아오는 화살에 맞아 **②죽었다.**

(다) 백제왕 명농이 가야와 함께 와서 **③관산성**을 공격하였다. …… **③신라군**이 맞서 싸웠는데 삼년산군의 고간 도도가 급습하여 **③백제왕을 죽였다.**

(나) 백제는 4세기 근초고왕 때 전성기를 이루었어요. 근초고왕은 마한을 정복하였고, 고구려를 공격하여 황해도 일대까지 영토를 확장하였어요. 이 과정에서 371년에 근초고왕의 고구려 **평양성 공격**으로 **②국원왕(사유)**이 전사하였어요.

(가) 고구려 장수왕(**①거련**)은 국내성에서 평양으로 천도한 후 본격적으로 남진 정책을 추진하여 백제와 신라를 압박하였어요. 그러자 백제 개로왕(경)은 북위에 원병을 요청하는 국서를 보내 고구려의 공격을 막으려 하였으나 실패하였어요. 결국 475년에 **①백제는 고구려의 침입으로 수도 한성이 함락**되고 개로왕은 살해당하였어요. 이후 백제는 문주왕 때 웅진(공주)으로 수도를 옮겼어요.

(다) 6세기 중반인 554년에 백제 성왕(명농)은 신라 진흥왕과 연합하여 고구려를 공격해 한강 유역을 되찾았으나 곧이어 신라군의 기습 공격을 받아 한강 유역을 다시 빼앗겼어요. 이에 분노한 **성왕은 신라 공격에 나섰다가 관산성 전투에서 전사**하였어요.

---

① (가) - (나) - (다)

② (가) - (다) - (나)

③ (나) - (가) - (다)

➡ (나) 백제 근초고왕의 고구려 평양성 공격(371) → (가) 고구려 장수왕의 백제 한성 함락(475) → (다) 관산성 전투에서 백제 성왕 사망(554)

④ (나) - (다) - (가)

⑤ (다) - (가) - (나)

(가) 백제의 문화유산으로 옳은 것은?

정답 키워드

금동 대향로

입체 퍼즐로 만드는 우리 문화유산

완성품 예시

금동 대향로

부여 능산리에서 발견된 **①금동 대향로**는 [(가)]를 대표하는 문화유산으로 국보로 지정되어 있습니다. 용이 받치고 있는 연꽃 형태의 몸체 위에 산봉우리로 둘러싸인 반원형의 뚜껑이 있고, 그 꼭대기에는 봉황이 자리 잡고 있습니다. 불교와 도교 요소가 복합적으로 표현된 걸작입니다.

자세한 조립 방법은 뒷면 참조

백제 **금동 대향로**는 백제 왕실의 의례에 사용한 것으로 추정되는 문화유산으로, 부여 능산리 절터에서 출토되었어요. 불교와 도교의 요소가 복합적으로 표현되었으며, 뛰어난 금속 공예 기술로 제작되어 국보로 지정되었어요.

---

①   ②    ③

➡ **백제**의 산수무늬 벽돌로, 새겨져 있는 그림을 통해 도교적 색채가 드러나 있음을 알 수 있어요.

➡ **신라** 천마총에서 발견된 금관이에요.

➡ 신라의 고분인 호우총에서 발견된 **고구려**의 문화유산으로, 당시 신라와 고구려가 밀접한 정치적 관계를 맺고 있었음을 짐작할 수 있어요.

④    ⑤

➡ **금관가야**의 판갑옷으로, 김해 대성동 고분군에서 출토되었어요.

➡ **발해**의 이불병좌상으로, 고구려의 영향을 받아 만들어졌으며 동경의 절터에서 발견되었어요.

---

05 신라의 경제
정답 ④

(가) 신라의 경제 상황으로 가장 적절한 것은?

정답 키워드

촌락 문서

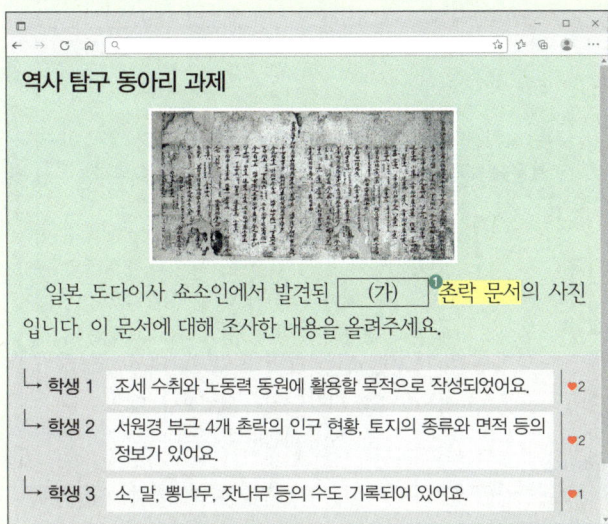

역사 탐구 동아리 과제

일본 도다이사 쇼소인에서 발견된 [(가)] **촌락 문서**의 사진입니다. 이 문서에 대해 조사한 내용을 올려주세요.

┗ 학생 1 | 조세 수취와 노동력 동원에 활용할 목적으로 작성되었어요. | ♥2
┗ 학생 2 | 서원경 부근 4개 촌락의 인구 현황, 토지의 종류와 면적 등의 정보가 있어요. | ♥2
┗ 학생 3 | 소, 말, 뽕나무, 잣나무 등의 수도 기록되어 있어요. | ♥1

1933년에 일본의 도다이사(東大寺) 쇼소인(正倉院)에서 통일 신라의 **촌락 문서**가 발견되었는데, 여기에는 서원경 부근 4개 촌락의 인구 수, 토지 종류와 면적, 소와 말의 수 등이 기록되어 있었어요. 신라 촌락 문서는 3년마다 작성하였는데, 이는 조세 수취와 노동력 동원에 활용되었어요.

① 경성과 경원에 무역소를 두었다.
➡ **조선**은 태종 때 여진에 대한 회유책으로 국경 지대인 경성과 경원에 무역소를 설치해 무역을 허락하였어요.

② 솔빈부의 말을 특산품으로 수출하였다.
➡ **발해**는 당, 일본, 신라 등과 교역하였으며, 목축이 발달하여 솔빈부의 말이 특산물로 유명하였어요.

③ 서적점, 다점 등의 관영 상점을 운영하였다.
➡ **고려**는 개경, 서경 등 대도시에 관청의 수공업장에서 생산한 물품을 판매하는 서적점, 다점 등의 관영 상점을 운영하였어요.

④ 청해진을 중심으로 해상 무역이 번성하였다.
➡ **신라** 말 흥덕왕 때 장보고는 완도에 청해진을 설치하고 이를 거점으로 해적을 소탕한 후 해상 무역을 전개하여 큰 부를 쌓았어요.

⑤ 특수 행정 구역인 소에서 여러 물품을 생산하였다.
➡ **고려** 시대에는 특수 행정 구역으로 향·부곡·소가 있었어요. 향·부곡은 주로 농사를 짓는 지역이고, 소는 국가에서 필요로 하는 수공업품을 생산하는 지역이에요. 이곳에 사는 사람들은 거주 이전의 자유가 없고, 일반 군현민에 비해 더 많은 세금을 냈어요.

06 신라 신문왕의 정책
정답 ②

다음 대화에 나타난 **신라 신문왕**에 대한 설명으로 옳은 것은?

정답 키워드

국학, 9주

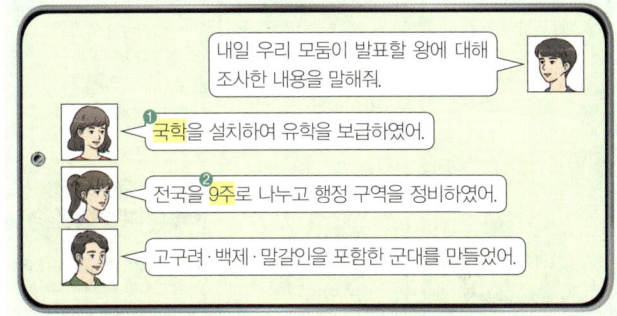

내일 우리 모둠이 발표할 왕에 대해 조사한 내용을 말해줘.

❶ **국학**을 설치하여 유학을 보급하였어.

❷ 전국을 **9주**로 나누고 행정 구역을 정비하였어.

고구려·백제·말갈인을 포함한 군대를 만들었어.

❶ 신문왕은 국립 교육 기관으로 **국학**을 설치하여 유학 교육을 실시하였어요.

❷ 신문왕은 통일 이후 넓어진 영토를 효율적으로 다스리기 위해 **9주** 5소경으로 지방 통치 체제를 정비하였어요.

① 병부를 설치하고 율령을 반포하였다.
➡ **신라 법흥왕**은 군사 관련 업무를 담당하는 행정 기구인 병부를 설치하고 최고 관직으로 상대등을 설치하였어요. 또한, 율령을 반포해 중앙 집권 체제를 강화하였어요.

② 관료전을 지급하고 녹읍을 폐지하였다.
➡ **신라 신문왕**은 관리에게 해당 지역에서 조세만 거둘 수 있는 관료전을 지급하고, 노동력까지 징발할 수 있는 녹읍을 폐지하였어요. 이로써 진골 귀족의 경제적 기반을 약화시켰어요.

③ 화랑도를 국가적인 조직으로 개편하였다.
➡ **신라 진흥왕**은 화랑도를 국가적인 조직으로 개편하여 인재를 육성하였고, 화랑도는 신라의 삼국 통일에 크게 기여하였어요.

④ 관리 선발을 위해 독서삼품과를 시행하였다.
➡ **신라 원성왕**은 국학 학생들을 대상으로 유교 경전에 대한 이해 수준의 정도를 평가하여 관리 임용에 참고하는 독서삼품과를 시행하였어요.

⑤ 국호를 마진으로 바꾸고 도읍을 철원으로 옮겼다.
➡ **후고구려**를 세운 **궁예**는 송악(개성)을 도읍으로 후고구려를 건국하였어요. 이어 국호를 마진으로 고친 후 철원으로 천도하였어요.

다음 자료에 해당하는 의상에 대한 설명으로 옳은 것은?

정답 키워드

부석사

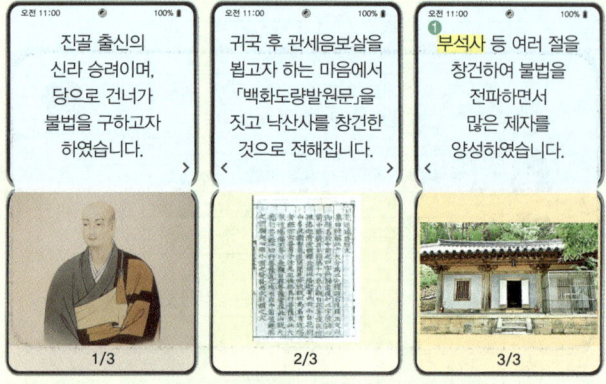

의상은 당에서 유학하고 돌아와 신라에 화엄 사상을 본격적으로 전하고, 관음 신앙을 확산시켰어요. 또한, 경상북도 영주의 **❶부석사**, 강원도 양양의 낙산사 등 여러 사찰을 건립하였어요.

① 보현십원가를 지었다.
➡ 고려의 **균여**는 《보현십원가》 등 불교 교리를 담은 향가를 지어 대중에게 불교 교리를 전파하는 데 힘썼어요.

② 세속 5계를 제시하였다.
➡ 신라의 **원광**은 화랑도가 지켜야 할 행동 규범으로 세속 5계를 제시하였어요.

③ 대승기신론소를 저술하였다.
➡ 신라의 **원효**는 《대승기신론소》, 《금강삼매경론》, 《십문화쟁론》 등을 저술하여 불교 교리 연구에 힘썼어요.

④ 화엄일승법계도를 작성하였다.
➡ 신라의 **의상**은 화엄 사상의 요지를 정리한 《화엄일승법계도》를 저술하였어요.

⑤ 신편제종교장총록을 편찬하였다.
➡ 고려의 **의천**은 송에 유학하여 화엄종 등을 공부하고 돌아와 흥왕사에 교장도감을 설치하고 《신편제종교장총록》을 간행하였어요.

(가) 발해에 대한 설명으로 옳은 것은?

정답 키워드

대봉예

#51. 서재 안

　최치원이 책상 앞에 앉아 표문을 쓰고 있다. 화면이 표문을 비추며 최치원의 목소리로 내레이션이 흐른다.

　내레이션: 지난날 ┌─(가)─┐의 왕자 **❶대봉예**가 자신들의 자리를 신라 위에 있게 해 달라고 청하였습니다. 황제 폐하께서 '나라의 순서는 원래 강약에 따라 정하는 것이 아니다.'라는 조칙을 내려 순서를 바로잡아 주셨습니다. 이에 오래된 신하가 소외 되는 근심은 덜었으나, 앞으로 같은 일이 생길까 우려됩니다.

　최치원이 쓴 《사불허북국거상표》에 왕자라고 표기된 **❶대봉예**는 발해의 왕족으로 짐작되는 인물이에요. 사절단(하정사)으로 당에 방문했다가 신라 사신과 발해 사신의 자리 다툼인 쟁장 사건에 연루되기도 하였어요.

① 역사서인 유기와 신집을 편찬하였다.
➡ **고구려** 영양왕 때 이문진이 소수림왕 때 편찬된 것으로 추정되는 《유기》를 간추려 《신집》 5권을 편찬하였어요.

② 내신좌평, 내두좌평 등 6좌평이 있었다.
➡ **백제**는 내신좌평, 내두좌평 등 6좌평, 16관등제를 마련해 중앙 조직을 정비하였어요.

③ 5경 15부 62주의 지방 행정 제도를 갖추었다.
➡ **발해**는 선왕 때 5경 15부 62주의 지방 행정 조직을 확립하였어요. 전략적 요충지에 5경을 설치하였으며, 지방을 15부로 나누고 그 아래 62주를 두었어요.

④ 도병마사에서 변경의 군사 문제 등을 논의하였다.
➡ **고려**의 도병마사는 주로 국방과 군사 문제를 논의하였고, 식목도감은 주로 대내적인 법제와 격식을 논의하였어요.

⑤ 골품에 따라 관등 승진, 일상생활 등을 엄격히 제한하였다.
➡ **신라**의 골품제는 골품에 따라 관등 승진에 제한을 두고 일상생활까지도 규제하는 폐쇄적인 신분 제도였어요.

09 신라 말의 사실

왼쪽: 김지정의 난(780), 오른쪽: 원종과 애노의 난(889) 사이의 시기인 (가) 시기에 있었던 사실로 옳은 것은?

정답 키워드

- 왼쪽: 김지정이 일으킨 반란, 시호 혜공
- 오른쪽: 사벌주, 원종

❶ 780년에 신라의 이찬 김지정 등은 반란을 일으켜 궁궐을 포위하고 혜공왕과 왕비를 시해하였으나 김양상, 김경신의 반격으로 진압되었어요. 혜공왕 피살 이후 김양상이 선덕왕으로 즉위하였고, 선왕의 시호를 혜공이라 정하였어요.

❷ 889년 신라 말 진성 여왕 때 중앙 정부의 지방 통제력이 약화되고 귀족의 수탈이 더욱 심해지자 원종과 애노가 사벌주에서 봉기하였어요.

① 비담과 염종의 난이 진압되었다.
➡ 647년 신라 선덕 여왕 때 비담과 염종은 경주에서 반란을 일으켰으나 김유신에 의해 진압되었어요. **(가) 이전**의 사실이에요.

② 김헌창이 웅천주에서 반란을 일으켰다.
➡ 822년 신라 말 헌덕왕 때 오늘날 충청남도 공주 지역인 웅천주에서 도독 김헌창이 아버지 김주원이 왕위에 오르지 못한 것에 불만을 품고 난을 일으켰어요.

③ 연개소문이 정변을 일으켜 권력을 잡았다.
➡ 642년 고구려 영류왕 때 연개소문은 정변을 일으켜 영류왕을 죽이고 보장왕을 왕위에 올린 뒤 스스로 대막리지가 되어 권력을 장악하였어요. **(가) 이전**의 사실이에요.

④ 만적을 비롯한 노비들이 반란을 모의하였다.
➡ 1198년 고려 신종 무신 집권기에 개경에서 만적을 비롯한 노비들이 신분 해방을 도모하여 봉기를 계획하였으나 발각되면서 실패하였어요. 만적의 난은 무신 집권기에 발생한 대표적인 하층민의 봉기예요. **(나) 이후**의 사실이에요.

⑤ 김춘추가 당으로 건너가 군사적 지원을 요청하였다.
➡ 648년 신라 진덕 여왕 때 김춘추는 고구려와 동맹을 시도하였다가 실패한 후 당과 군사 동맹을 체결하고, 백제와 고구려 공격에 나섰어요. **(가) 이전**의 사실이에요.

10 후삼국 통일 과정

다음 상황(견훤의 고려 귀순, 935) 이후에 전개된 사실로 옳은 것은?

정답 키워드

왕이 견훤을 예로 대접함

견훤이 금산사에 있은 지 3개월 만에 막내 아들 능예, 딸 쇠복, 총애하는 첩 고비 등과 더불어 금성으로 달아나 사람을 보내 왕에게 만나기를 청하였다. 왕이 기뻐하여 유금필, 왕만세 등을 보내 그를 위로하고 맞아오도록 하였다. 견훤이 도착하자, 두터운 예로써 대접하였다.

후백제에서는 왕위 계승 다툼으로 견훤의 첫째 아들 신검이 난을 일으켜 금강을 죽이고 견훤을 금산사에 유폐하였어요. 이후 견훤은 금산사를 탈출하여 고려에 귀순하였고, 태조 왕건은 예를 갖추어 견훤을 대접하였어요. 이어 신라까지 고려에 항복하면서 고려는 후삼국 통일의 주도권을 장악하였어요.

① 신숭겸이 공산 전투에서 전사하였다.
➡ 927년에 고려는 후백제의 공격을 받은 신라가 지원을 요청하자 군사를 보냈어요. 하지만 후백제군과 공산에서 맞닥뜨린 고려군은 크게 패배하였고, 이때 고려의 신숭겸 등이 전사하였는데, 이를 공산 전투라고 해요.

② 신검의 군대가 일리천 전투에서 패배하였다.
➡ 936년에 고려 태조는 일리천 전투에서 후백제 신검의 군대를 격퇴하면서 후삼국을 통일하였어요.

③ 궁예가 군대를 보내 나주 일대를 점령하였다.
➡ 후고구려를 건국한 궁예는 912년에 왕건을 앞세운 군대를 보내 후백제의 영향력 아래 있었던 나주 일대를 점령하였어요.

④ 김선평, 권행 등이 고창 전투에서 활약하였다.
➡ 930년에 고려의 왕건은 김선평, 권행 등의 활약으로 고창 전투에서 후백제를 격파하여 후삼국 간의 항쟁에서 주도권을 장악하였어요.

⑤ 경애왕이 후백제군의 왕경 습격으로 사망하였다.
➡ 927년에 후백제의 견훤은 신라의 금성을 습격해 경애왕을 죽게 하고 김부를 경순왕으로 세웠어요.

다음 장면에 등장하는 **고려 예종**에 대한 설명으로 옳은 것은?

정답 키워드

청연각, 보문각, 양현고

> 짐은 일찍이 유학에 깊은 관심을 가져 ❶청연각과 ❷보문각을 설립하고, 학사를 두어 경전을 강론하게 하였다. 이번엔 ❸양현고를 두어 선비를 양성하게 하라.

고려 시대에 최충이 9재 학당(문헌공도)를 설립한 이후 사학에서 많은 과거 합격자를 배출하자 사학 12도가 융성하였고, 상대적으로 관학은 위축되었어요. 이에 예종은 국자감에 7개의 전문 강좌인 7재를 개설하고 장학 재단인 ❸양현고를 설립하였으며, 국자감에 ❶청연각과 ❷보문각을 설치하여 학문 연구를 장려하였어요.

① 국자감에 **7재**라는 전문 강좌를 개설하였다.
➡ **예종**은 관학 진흥을 위해 국자감에 전문 강좌인 7재를 개설하였어요.

② 지방 **12목**에 **경학 박사**를 처음 파견하였다.
➡ **성종**은 최승로의 건의를 받아들여 전국의 주요 지역에 12목을 설치하고 지방관을 파견하였어요. 또한, 유학 교육을 강화하기 위해 경학박사와 의학박사를 파견하였어요.

③ **서적포**를 설치하여 출판을 담당하게 하였다.
➡ **숙종**은 관학을 진흥시키기 위해 국자감에 출판을 담당하는 서적포를 설치하였어요.

④ 대도에 **만권당**을 세워 중국 학자와 교유하였다.
➡ **충선왕**은 원의 연경(대도)에 독서당인 만권당을 세워 고려의 학자와 중국(원)의 학자들이 교유하도록 하였어요. 이제현은 만권당에서 원의 유학자들과 교유하며 성리학을 연구한 대표적인 인물이에요.

⑤ 외국어 교육과 통역을 관장하는 **통문관**을 설치하였다.
➡ **충렬왕**은 통문관을 설치하여 외국어 교육과 통역 업무를 전문적으로 담당하게 하였어요.

(가) 최우에 대한 설명으로 옳은 것은?

정답 키워드

최충헌, 야별초, 좌·우별초

한국사 탐구 보고서

■ 주제: 인물로 보는 무신 정권
■ 방법: 문헌 조사, 인터넷 검색 등
■ 조사 내용

인물	내용
정중부	보현원에서 이의방 등과 정변을 일으킴
이의민	조위총의 난을 진압하여 상장군이 됨
❶최충헌	봉사 10조를 올려 시정 개혁을 요구함
(가)	❷야별초를 ❷좌·우별초로 나누어 편성함

❶ **최충헌**의 권력을 물려받은 아들 최우는 인사 행정을 담당하는 정방을 만들고 문신을 등용하였어요.

❷ 삼별초는 최우가 개경의 치안 유지를 위해 설치한 **야별초**에서 시작하였어요. 이후 야별초가 **좌·우별초**로 분리되었고, 몽골에 포로로 잡혀갔던 병사들로 신의군이 조직되면서 좌별초, 우별초, 신의군으로 구성된 삼별초가 완성되었어요. 한편, 삼별초는 최씨 무신 정권의 군사적 기반 역할을 하였어요.

① 원종을 **폐위**하고 안경공 **창**을 **즉위**시켰다.
➡ 고려 무신 집권기의 실권자였던 **임연**은 1269년에 원종을 폐위하고, 그의 동생 안경공 왕창을 즉위시켰어요. 이후 원의 개입으로 안경공은 폐위되고 원종이 복위하였어요.

② **9재 학당**을 설립하여 유교 교육에 힘썼다.
➡ **최충**은 고려 문종 때 사립 교육 기관으로 문헌공도라고 불리기도 한 9재 학당을 설립하여 유학 교육에 힘썼어요.

③ 인사 행정 담당 기구로 **정방**을 설치하였다.
➡ **최우**는 자신의 집에 인사 행정 담당 기구인 정방을 설치하여 인사권을 장악하였어요.

④ **전민변정도감**의 책임자로서 개혁을 이끌었다.
➡ 고려 공민왕은 전민변정도감을 설치하고 **신돈**을 책임자로 임명하여 권문세족이 빼앗은 토지를 본래 주인에게 돌려주고, 억울하게 노비가 된 이들을 양민으로 회복시켰어요.

⑤ 오월에 **사신**을 보내고 검교태보의 직을 받았다.
➡ 후백제를 세운 **견훤**은 후당과 오월에 사신을 파견하고 오월의 왕으로부터 검교태보의 직을 받았어요.

13 고려의 경제 상황 정답 ⑤

(가) 고려의 경제 상황으로 가장 적절한 것은?

정답 키워드

아라비아 상인들과 교역

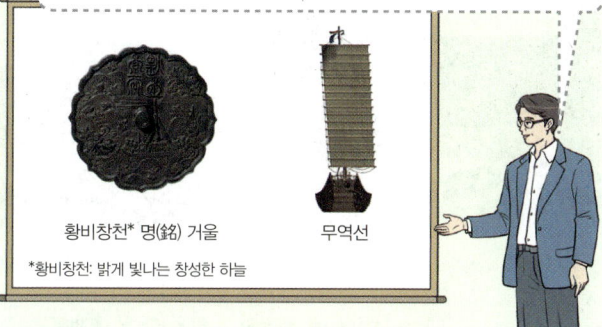

황비창천 명 거울은 ⎯(가)⎯에서 사용했던 것으로 풍랑이 몰아치는 바다 위에 배 한 척이 돛을 펴고 나아가는 모습이 표현되어 있습니다. 이 거울에 묘사된 배를 토대로 오른쪽 사진과 같이 당시 무역선의 모습을 유추하였습니다. ⎯(가)⎯ 시대 사람들은 송, 일본뿐만 아니라 동남아시아, ❶아라비아 상인들과도 교역을 하였습니다.

황비창천* 명(銘) 거울 　　무역선

*황비창천: 밝게 빛나는 창성한 하늘

고려는 송과 활발하게 교류하였어요. 주로 비단·약재·서적 등의 왕실과 귀족의 수요품을 수입하고, 금·은·인삼·종이·먹 등의 토산품을 수출하였어요. 거란이나 여진과는 은·모피·말 등을 고려의 농기구나 식량과 바꾸었어요. ❶아라비아 상인들도 수은·향료·산호 등을 고려에 가져와 판매하였어요.

① 초량 왜관을 통해 일본과 무역하였다.
　➡ **조선** 후기에는 부산 초량에 왜관을 설치하고 이를 통해 일본과 교역하였어요.

② 덕대가 광산을 전문적으로 경영하였다.
　➡ **조선** 후기에 상인 물주로부터 자금을 받아 채굴업자와 노동자를 고용하여 광산을 전문적으로 경영하는 덕대가 등장하였어요.

③ 당항성, 영암이 국제 무역항으로 번성하였다.
　➡ **신라**는 통일 이후 울산항, 당항성, 영암이 국제 무역항으로 번성하였어요.

④ 거란도, 영주도를 통해 주변국과 교역하였다.
　➡ **발해**는 거란도, 영주도, 일본도, 신라도 등의 교통로를 통해 주변 국가들과 교역하였어요.

⑤ 주전도감을 설치하여 해동통보를 발행하였다.
　➡ **고려** 숙종은 의천의 건의를 받아들여 주전도감을 설치하고 은병(활구), 해동통보 등의 화폐를 발행하였어요.

14 고려의 정치적 혼란 정답 ④

(가) 이자겸의 난(1126), (나) 왕규의 난(945), (다) 강조의 정변(1009)을 일어난 순서대로 옳게 나열한 것은?

정답 키워드

(가) 이자겸과 척준경이 군사 동원
(나) 왕규가 광주원군을 왕으로 세우고자 함
(다) 강조가 왕을 폐위시킴

(가) ❶이자겸과 척준경이 군사를 동원하여 궁궐을 침범하고 불태웠다. 왕을 위협하여 남궁(南宮)으로 거처를 옮기게 하고, 안보린·최탁 등 17인을 죽였다. 이외에도 죽인 군사가 헤아릴 수 없을 정도였다.

(나) ❷왕규가 광주원군을 [왕으로] 세우고자 하였는데, 일찍이 밤에 왕이 깊이 잠든 것을 엿보고 자신의 일당을 침소에 잠입시켜 대역죄를 행하려고 하였다. 왕이 그것을 알아차리고 한주먹으로 쳐 죽인 후 좌우 시종들에게 끌어내게 하였다.

(다) 강조의 군사들이 들어오자, 왕이 어쩔 수 없음을 깨닫고 태후와 함께 목 놓아 울며 법왕사로 갔다. 잠시 후 황보유의 등이 대량원군을 왕위에 올렸다. ❸강조는 왕을 폐위시켜 양국공으로 삼고, 군사를 보내 김치양 부자와 유행간 등 7인을 죽였다.

(나) 고려 태조의 뒤를 이어 혜종이 즉위하였으나 왕권은 불안한 상황이었어요. 이에 945년에 왕실의 외척인 ❷왕규는 자신의 외손자인 광주원군을 왕위에 올리기 위해 여러 차례 혜종을 암살하려고 하였으나 실패하였는데, 이 사건을 왕규의 난이라고 해요.

(다) 1009년에 ❸강조는 정변을 일으켜 목종의 어머니 천추 태후와 김치양 일파를 제거한 후 목종을 폐위하고 현종을 왕위에 올렸는데, 이 사건을 강조의 정변이라고 해요. 이를 구실로 거란이 2차 침입을 일으켰어요.

(가) 경원 이씨는 고려의 대표적인 문벌이자 왕실의 외척이었어요. 인종의 장인이면서 외할아버지였던 이자겸은 왕실과 중첩된 혼인 관계를 맺으며 막강한 권력을 휘둘렀어요. 이에 인종이 이자겸을 제거하려고 하자 ❶이자겸은 1126년에 척준경과 함께 반란을 일으켰어요. 하지만, 척준경의 배신으로 난은 실패하였는데, 이 사건을 이자겸의 난이라고 해요.

① (가) - (나) - (다)
② (가) - (다) - (나)
③ (나) - (가) - (다)
④ (나) - (다) - (가)
　➡ (나) 왕규의 난(945) → (다) 강조의 정변(1009) → (가) 이자겸의 난(1126)
⑤ (다) - (가) - (나)

(가) 개성의 탐구 활동으로 가장 적절한 것은?

정답 키워드

> 고려, 궁궐터

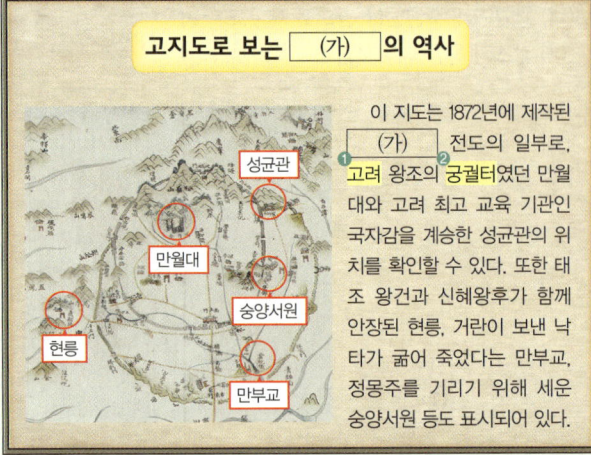

고지도로 보는 (가) 의 역사

이 지도는 1872년에 제작된 **(가)** 전도의 일부로, **①고려** 왕조의 **②궁궐터**였던 만월대와 고려 최고 교육 기관인 국자감을 계승한 성균관의 위치를 확인할 수 있다. 또한 태조 왕건과 신혜왕후가 함께 안장된 현릉, 거란이 보낸 낙타가 굶어 죽었다는 만부교, 정몽주를 기리기 위해 세운 숭양서원 등도 표시되어 있다.

왕건은 신하들의 추대를 받아 후고구려를 세운 궁예의 뒤를 이어 왕으로 즉위하였어요. 이어 국호를 **①고려**'로 하고 자신의 근거지이자 궁예가 왕이었던 시절에 건립한 **②궁궐**이 있었던 송악(개성)으로 천도하였어요.

① 몽골의 사신 **저고여**가 **피살**된 곳을 조사한다.
  ➡ 고종 때 고려에 왔던 몽골 사신 저고여가 귀국 도중 압록강 인근(오늘날 **의주**)에서 살해되는 사건이 발생하였고, 이는 몽골이 고려를 침략하는 직접적인 원인이 되었어요.

② **서희**가 **외교 담판**을 통해 **획득**한 곳을 찾아본다.
  ➡ 고려의 서희는 거란의 1차 침입이 일어났을 때 외교 담판을 통해 전쟁 없이 거란군을 물러가게 하고 강동 6주(오늘날 **평안북도 6개 지역**)를 확보하였어요.

③ **강감찬**이 **건의**하여 건설된 **성곽**이 있는 곳을 검색한다.
  ➡ 현종은 거란의 3차 침입 이후 수도인 개경(오늘날 **개성**)의 방어를 강화하기 위해 강감찬의 건의를 받아들여 나성을 축조하였어요.

④ **김보당**이 무신 정권에 저항하여 **봉기**한 곳을 파악한다.
  ➡ 고려 무신 집권기 명종 때 김보당은 무신 정권의 집권자였던 정중부와 이의방을 제거하고 전왕인 의종을 다시 세우려고 동계 지역인 동경(오늘날 **경주**)을 중심으로 난을 일으켰는데, 이를 김보당의 난이라고 해요.

⑤ **최무선**이 화포를 이용하여 **왜구**를 물리친 곳을 알아본다.
  ➡ 고려 우왕 때 나세, 심덕부, 최무선 등은 화통도감에서 제작한 화약과 화포를 이용해 진포(오늘날 **군산, 서천**)에서 왜구를 크게 물리쳤는데, 이를 진포 대첩이라고 해요.

(가) 몽골에 대한 고려의 대응으로 옳은 것은?

정답 키워드

> 김윤후, 충주산성, 1253

이 탑은 방호별감 **①김윤후**가 군인과 백성들을 이끌고 **(가)** 을/를 상대로 **충주산성**에서 승리한 것을 기념하여 세운 것이야.

당시 군인과 백성이 결사 항전하는 모습이 표현되어 있어. 탑 윗부분의 **③1253**은 승전 연도를 의미해.

①김윤후는 몽골의 침입 때 활약한 고려의 승려로, 1232년에 일어난 몽골의 2차 침입 때 용인 처인성에서 처인부곡민들을 이끌고 싸워 몽골의 장군 살리타를 사살하는 등 몽골의 침입을 막아 냈어요. 또한 **②1253년**에 일어난 몽골의 5차 침입 때는 **충주성**에서 주민과 노비들을 지휘하여 몽골군을 물리쳤어요.

① **강화도**로 **도읍**을 옮겨 항전하였다.
  ➡ 고려 무신 집권기인 고종 때 **몽골**이 침략하자 당시 최고 집권자였던 최우는 일단 몽골과 강화를 맺은 후 수도를 강화도로 옮겨 장기 항전에 대비하였어요.

② **광군**을 조직하여 침입에 대비하였다.
  ➡ 고려는 정종 때 **거란**의 침입에 대비하여 일종의 예비군인 광군을 조직하였고, 이를 감독하기 위한 기구로 광군사를 만들었어요.

③ **삼수병**으로 구성된 **훈련도감**을 신설하였다.
  ➡ 조선 선조 때 **일본**의 도요토미 히데요시가 조선을 침략하면서 임진 왜란이 일어났어요. 이후 유성룡의 건의에 따라 포수, 사수, 살수의 삼수병으로 구성된 훈련도감이 설치되었어요. 훈련도감은 급료를 받는 직업 군인이 주축을 이루었어요.

④ **별무반**을 편성하고 **동북 9성**을 축조하였다.
  ➡ 고려 예종 때 윤관은 별무반을 이끌고 **여진**을 정벌한 후 동북 9성을 설치하고 경계를 알리는 비석을 세웠어요.

⑤ **철령위** 설치에 반발하여 **요동 정벌**을 추진하였다.
  ➡ 고려 우왕 때 최영은 **명**이 철령 이북의 영토를 요구하며 철령위 설치를 통보하자 이에 반발해 요동 정벌을 추진하여 이성계와 군대를 파견하였어요.

17 고려의 문화유산

다음 특별전에 전시될 문화유산으로 가장 적절한 것은?

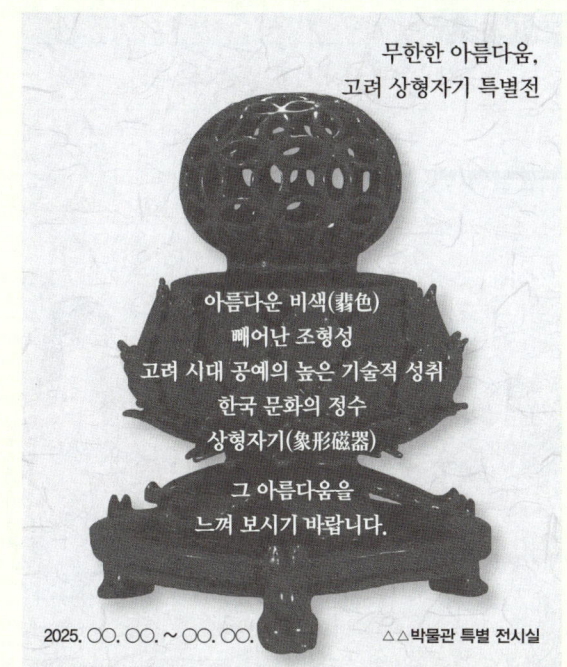

무한한 아름다움,
고려 상형자기 특별전

아름다운 비색(翡色)
빼어난 조형성
고려 시대 공예의 높은 기술적 성취
한국 문화의 정수
상형자기(象形磁器)

그 아름다움을
느껴 보시기 바랍니다.

2025. ○○. ○○. ~ ○○. ○○.   △△박물관 특별 전시실

고려 시대인 11세기에는 무늬나 장식이 없는 순청자가 주로 만들어졌어요. 12세기 후반부터 동물, 식물, 인물 등 실제 형상을 본떠 만든 상형 청자와 그릇 표면에 무늬를 새기고 그 안을 백토나 흑토로 채우는 상감 기법을 이용하여 만든 상감 청자가 유행하였어요.

①
➡ **고려** 시대에 만들어진 상형 청자인 청자 어룡모양 주전자예요.

②
➡ **조선** 후기에 만들어진 청화백자 이형 연적이에요.

③
➡ **조선** 시대에 만들어진 분청사기 철채 모란당초문 자라병이에요.

④
➡ **가야**에서 만들어진 수레바퀴 모양 토기예요.

⑤
➡ **조선** 시대에 만들어진 제사에 사용되는 도자제기인 분청사기 음각문 제기예요.

18 고려 원 간섭기 이후의 사실

다음 가상 뉴스(원 간섭기, 13세기 중반~14세기 중반) 이후에 있었던 사실로 옳은 것은?

정답 키워드

> 변발, 겁령구

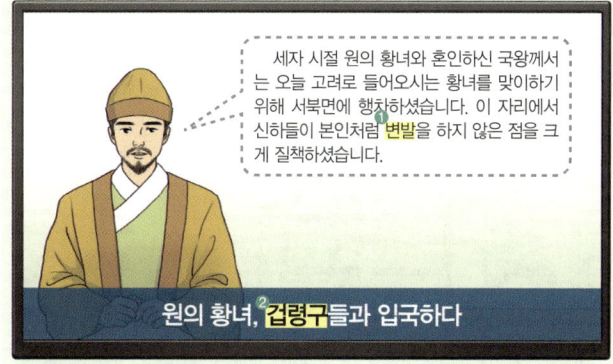

세자 시절 원의 황녀와 혼인하신 국왕께서는 오늘 고려로 들어오시는 황녀를 맞이하기 위해 서북면에 행차하셨습니다. 이 자리에서 신하들이 본인처럼 **변발**을 하지 않은 점을 크게 질책하셨습니다.

원의 황녀, **겁령구**들과 입국하다

❶ 고려에서는 원 간섭기에 몽골풍이 유행하였는데, 대표적으로 **변발**, 족두리와 같은 복장과 만두, 소주 등의 음식이 있어요.

❷ **겁령구**는 원의 공주를 따라온 원나라 사람을 말해요. 원 간섭기에는 중서문하성과 상서성이 첨의부로 개편되는 등 고려 왕실의 호칭과 관제가 격하되었고, 고려 국왕은 원의 공주와 결혼하여 원 황실의 부마가 되었어요.

① 쌍기의 건의로 과거제가 도입되었다.
➡ 958년에 광종은 쌍기의 건의로 과거제를 시행하여 유교적 소양을 갖춘 인재를 선발하고자 하였어요.

② 빈민 구제를 위해 흑창이 설립되었다.
➡ 918년에 태조는 빈민 구제 기관인 흑창을 설치하여 곡식을 빌려주고 추수기에 갚도록 하였어요. 흑창은 성종 때 의창으로 개칭되었어요.

③ 매를 기르고 훈련시키는 응방이 설치되었다.
➡ 원 간섭기(13세기 중반~14세기 중반)에 몽골(원)은 고려에 응방을 설치하여 매를 사육한 후 수탈하였어요. 응방에서 길들인 매는 몽골뿐만 아니라 고려 왕에게도 바쳐 매의 수요는 늘어만 갔고, 응방에 속한 관리들은 왕의 권력을 배경으로 횡포를 부렸어요.

④ 의천이 국청사를 중심으로 천태종을 개창하였다.
➡ 1097년 숙종 때 의천은 국청사를 중심으로 해동 천태종을 창시하여 교종을 중심으로 선종을 통합하고자 하였어요.

⑤ 망이·망소이가 가혹한 수탈에 저항하여 봉기하였다.
➡ 1176년 고려 무신 집권기 명종 때 공주 명학소에서 망이, 망소이 등이 가혹한 수탈에 저항하여 봉기를 일으켰어요.

19 조선 세종 시기의 사실 　정답 ④

다음 가상 대화에 등장하는 조선 세종의 재위 시기에 있었던 사실로 옳은 것은?

정답 키워드

박연

> 지난번 남양에서 발견된 경석으로 만든 편경이 완성되었는데요. 이와 관련하여 새로운 정책을 구상하고 계신가요?

> ❶박연이 만든 편경은 중국의 것보다 음높이가 정확하며 그 소리가 맑고 아름다웠소. 이를 활용하여 궁중 음악인 아악을 정비해 보고자 하오.

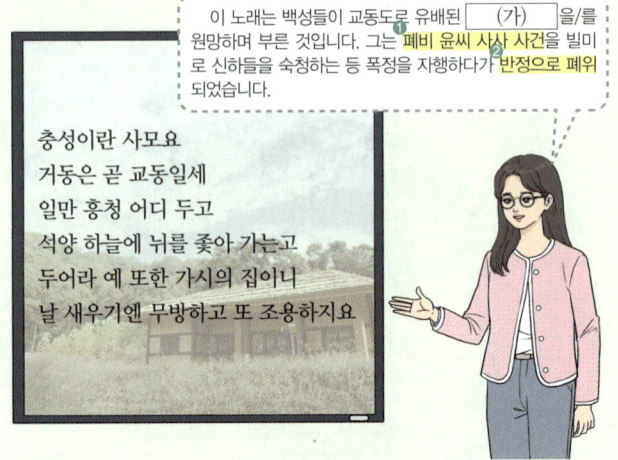

❶박연은 조선 초기에 궁중 음악을 정리한 음악가로, 세종의 명을 받아 악보와 악곡을 정리하였으며, 악기를 개량하고 발명하였어요.

① 훈련 교범인 무예도보통지가 간행되었다.
➡ 정조 때 무예 훈련 교범인 《무예도보통지》, 왕조의 통치 규범을 재정비한 《대전통편》, 외교 문서를 정리한 《동문휘고》, 호조의 사례를 정리한 《탁지지》 등이 편찬되었어요.

② 전통 한의학을 정리한 동의보감이 저술되었다.
➡ 광해군 때 허준이 우리나라와 중국의 의서를 망라하여 전통 한의학을 체계적으로 정리한 《동의보감》을 간행하였어요.

③ 음악 이론 등을 집대성한 악학궤범이 완성되었다.
➡ 성종 때 성현 등이 궁중 음악, 당악, 향악 등의 음악 이론 등을 집대성한 《악학궤범》을 완성하였어요.

④ 유교 윤리의 보급을 위해 삼강행실도가 편찬되었다.
➡ 세종은 백성에게 유교 윤리를 보급하려고 중국과 우리나라의 충신, 효자 등의 이야기를 담은 《삼강행실도》를 편찬하였어요.

⑤ 군정, 재정의 내용을 정리한 만기요람이 만들어졌다.
➡ 순조 때 국가 재정과 군정 관련 사항을 체계적으로 정리한 《만기요람》이 만들어졌어요.

---

20 조선 연산군 시기의 사실 　정답 ⑤

(가) 조선 연산군의 재위 시기에 있었던 사실로 옳은 것은?

정답 키워드

폐비 윤씨 사사 사건, 반정으로 폐위

> 이 노래는 백성들이 교동도로 유배된 　(가)　 을/를 원망하며 부른 것입니다. 그는 ❶폐비 윤씨 사사 사건을 빌미로 신하들을 숙청하는 등 폭정을 자행하다가 반정으로 폐위되었습니다.

충성이란 사모요
거동은 곧 교동일세
일만 흥청 어디 두고
석양 하늘에 뉘를 좇아 가는고
두어라 예 또한 가시의 집이니
날 새우기엔 무방하고 또 조용하지요

연산군 재위 시기인 1498년에 무오사화가 일어났고, 이어 1504년에 ❶폐비 윤씨 사사 사건의 전말이 알려지면서 갑자사화가 일어나 김굉필 등 훈구와 사림이 처형당하였어요. 이후 연산군은 폭정을 하다가 결국 1506년에 ❷중종반정으로 폐위되었고, 이어 중종이 즉위하였어요.

① 유자광의 고변으로 남이가 처형되었다.
➡ 예종 때 유자광이 일부 종친 세력이 반란을 모의하였다고 고변하였고, 이를 계기로 남이 등이 처형되었어요.

② 기사환국으로 송시열이 죽임을 당하였다.
➡ 숙종은 인현 왕후에게 후사가 생기지 않자 후궁 장씨의 소생을 원자로 삼아 정호할 것을 명령하였어요. 이에 서인은 반대하였고, 남인은 찬성하였는데, 이 과정에서 후궁 장씨가 희빈에 오르고, 격렬하게 반대한 서인의 영수 송시열이 축출되면서 권력에서 밀려났던 남인이 다시 정권을 장악하였어요. 이를 기사환국이라고 해요.

③ 외척 간의 권력 다툼으로 윤임이 제거되었다.
➡ 명종 때 외척 세력인 윤임(대윤)과 윤원형(소윤)의 대립으로 을사사화가 일어나 윤임 일파가 제거되었어요.

④ 위훈 삭제를 주장한 조광조 일파가 축출되었다.
➡ 중종 때 조광조는 위훈 삭제, 소격서 폐지, 현량과 실시 등의 급진적인 개혁을 추진하였고, 이에 훈구 세력이 반발하여 조광조를 비롯한 많은 사림이 제거되는 기묘사화가 일어났어요.

⑤ 조의제문이 발단이 되어 김일손 등이 피해를 입었다.
➡ 연산군 때 훈구 세력이 사초에 실린 김종직의 〈조의제문〉을 문제 삼으면서 김일손 등이 화를 입은 무오사화가 일어났어요.

21 임진왜란 정답 ①

밑줄 그은 '임진왜란' 중에 있었던 사실로 옳은 것은?

정답 키워드

> 권율, 조선 수군

> 이치(梨峙)는 금산에서 전주로 넘어가는 길목에 위치한 요충지이다. 이곳에서 전라 절제사 **권율**과 동복 현감 황진이 이끄는 관군은 치열한 전투 끝에 적의 진격을 저지하였다. 그 결과 전라도의 곡창 지대와 **조선 수군**의 배후를 지키는 데 기여하여 전쟁 초기 적군의 전략에 타격을 입혔다.

이치 전투, 전라도를 지켜내다

전쟁 준비가 부족하였던 조선은 임진왜란 초기 일본군을 효과적으로 막지 못하였어요. 이에 선조는 의주로 피난하고 전쟁 발발 20일 만에 한성을 빼앗겼어요. 그러나 **조선은 이순신이 이끄는 수군**과 전국 각지 의병들의 활약 덕분에 전세 역전의 발판을 마련할 수 있었어요. 이후 재정비한 관군은 일본군 공격에 다시 나섰고, 명의 지원군과 함께 일본군에 빼앗겼던 평양성을 탈환하였어요. 평양성에서의 패배로 사기가 떨어진 채 한양에 머무르고 있던 일본군은 마침 전라감사였던 **권율**이 한양을 되찾기 위하여 북진하던 중 행주산성에 머무르고 있다는 소식을 듣고, 일시에 공격하였어요. 권율이 지휘한 조선군은 격전 끝에 일본군을 물리치고 큰 승리를 거두었어요(행주 대첩).

① 정문부가 북관대첩을 이끌었다.
➡ **임진왜란** 당시 육지에서는 조헌, 홍계남, 김천일, 정문부, 곽재우, 사명 대사(유정) 등의 의병들이 유격전을 전개하여 일본군에 큰 타격을 입혔어요. 특히 정문부는 함경북도 길주에서 벌어진 북관 대첩에서 의병을 이끌고 일본군과 반란 세력을 격파하였어요.

② 정봉수가 용골산성에서 항쟁하였다.
➡ **정묘호란** 당시 정봉수와 이립이 의병을 이끌고 용골산성에서 항전하였어요.

③ 최윤덕이 이만주 부대를 정벌하였다.
➡ 세종 때 최윤덕은 국경을 넘어 침략해 오는 **여진의 이만주 부대를 정벌**하고 압록강 상류 지역을 개척하여 4군을 설치하였어요.

④ 강홍립이 사르후 전투에 참전하였다.
➡ 광해군 때 **후금과 전쟁**을 치르고 있던 명의 요청을 받아 지원군으로 파견된 강홍립 부대가 사르후 전투에 참전하였어요.

⑤ 김준룡이 광교산 전투에서 항전하였다.
➡ **병자호란** 때 김준룡은 근왕병을 이끌고 오늘날 경기도 용인의 광교산 일대에서 청의 군대와 싸워 승리하였어요.

22 홍문관 정답 ②

(가) **홍문관**에 대한 설명으로 옳은 것은?

정답 키워드

> 옥당, 왕의 자문 담당

> 이것은 **옥당**이라고도 불린 　(가)　에 걸려있던 현판으로, '십팔학사들의 서책이 있는 관부'라는 뜻의 글이 있습니다. 이 관청이 궁중의 도서를 관리하고 문한(文翰)과 **왕의 자문**을 담당하였기에 당나라 황제를 보좌했던 십팔학사의 고사에 빗대어 표현한 것입니다.

❶ **옥당**이라고 불렸던 조선의 홍문관은 3사 중 하나로, 궁중의 서적을 관리하고 집현전의 학문 연구 기능을 계승하여 경연을 담당하였어요.

❷ 성종은 도서와 문서의 보관 및 관리 역할만 하던 홍문관에 집현전의 역할을 부여하여 경연을 주관하고 **왕에게 자문하는 일**을 맡도록 하였어요.

① 수도의 행정과 치안을 담당하였다.
➡ **한성부**는 수도 한성의 행정과 치안을 담당하였어요.

② 사헌부, 사간원과 함께 3사로 불렸다.
➡ **홍문관**은 사헌부, 사간원과 함께 3사로 불렸으며, 3사는 왕의 권력 독점을 견제하는 언론 기능을 담당하였어요.

③ 대사성, 좨주, 직강 등의 관직이 있었다.
➡ **성균관**은 조선 건국 초기에 고려 시대의 직제를 이어받아 대사성을 수장으로 좨주, 악정, 직강 등의 관직을 두었어요.

④ 왕명 출납을 맡은 왕의 비서 기관이었다.
➡ **승정원**은 왕의 비서 기관으로 왕명 출납을 담당하였으며 은대, 후원, 대언사 등으로 불리기도 하였어요.

⑤ 사초와 시정기를 바탕으로 실록을 편찬하였다.
➡ **실록청**은 왕이 죽으면 설치되었던 기관으로, 사초와 시정기를 바탕으로 실록을 편찬하였어요. 《조선왕조실록》은 각 왕대의 역사를 편년체로 기록한 역사서로, 태조부터 철종 대까지 편찬되었어요.

23 대동법 정답 ⑤

(가) 대동법에 대한 탐구 활동으로 가장 적절한 것은?

> **정답 키워드**
>
> 김육, 충청도

> 서울에 있는 간사한 무리가 경주인(京主人)이라고 하며 각 도의 공물을 방납하면서 그 값을 두 배에서 수십 배까지 징수하였다. …… 영의정 **김육**이 ⃞ **(가)** ⃞ 을/를 **충청도**에서 먼저 시험할 것을 청하였다. 왕이 여러 차례 신하들에게 의견을 물었으나 서로 엇갈렸다. 이때에 왕이 다시 김육 등 여러 신하들을 불러 그것이 편리한지 여부에 대한 의견들을 듣고 비로소 호서(湖西)에 먼저 행하기로 정하였다.

광해군은 방납으로 인한 폐단이 심화되자 이원익의 건의를 받아들여 소유한 토지를 기준으로 공납을 부과하여 쌀이나 베, 동전 등으로 납부하게 하는 대동법을 경기도에서 처음 시행하였어요. 이후 효종 때 **김육**의 건의로 **충청도**에서도 대동법이 실시되었고, 숙종 때 전국적으로 실시되었어요. 한편, 선혜청은 대동법이 시행되면서 설치된 관청이에요.

① 전시과에서 전지 지급 기준의 변화를 찾아본다.
➡ 고려 경종 때 처음 **전시과**가 마련되어 전·현직 관리에게 관직과 인품을 기준으로 전지(토지)와 시지(임야)를 지급하였어요(시정 전시과). 이후 목종 때 관직만을 기준으로 18등급으로 나누었고(개정 전시과), 문종 때 이르러 지급 대상을 현직 관리로 제한하였어요(경정 전시과).

② 일부 상류층에게 **선무군관포**를 거둔 목적을 알아본다.
➡ 영조는 백성의 군역 부담을 줄여 주기 위해 군포를 1년에 1필만 납부하게 하는 **균역법**을 실시하였어요. 균역법 시행으로 줄어든 재정 수입의 보충을 위해 결작 부과, 어·염·선박세의 국고 전환, 선무군관포 부과 등을 실시하였어요.

③ 과전 지급 대상을 현직 관리로 제한한 까닭을 검색한다.
➡ 조선 세조는 세습 토지가 증가하여 새로 임명되는 관리에게 지급할 토지가 부족해지자 현직 관리에게만 수조권을 지급하는 **직전법**을 실시하였어요. 이때 수신전과 휼양전도 폐지되었는데, 이로 인해 죽은 관리의 가족들이 경제적으로 어려워지자 수신전과 휼양전을 부활시켜야 한다는 주장도 있었어요.

④ 풍흉에 관계없이 **전세 부담액**을 **고정**한 이유를 분석한다.
➡ 인조는 임진왜란과 병자호란 등으로 국토가 황폐해지자, 국가 재정 확보를 위해 풍흉에 관계없이 전세를 1결당 4~6두로 고정하는 **영정법**을 제정하였어요.

⑤ 관청에 물품을 조달하는 **공인**이 **등장**한 배경을 조사한다.
➡ **대동법**이 시행되면서 관청에서 공가를 받고 필요한 물품을 마련하여 궁궐과 관청에 납품하는 공인이 등장하였어요. 공인의 활동은 조선 후기 상공업과 상품 화폐 경제가 발달하는 계기가 되었어요.

24 이익의 활동 정답 ④

밑줄 그은 '**이익**'에 대한 설명으로 옳은 것은?

> **정답 키워드**
>
> 곽우록, 한전론

조선 후기의 중농학파 실학자였던 이익은 토지 개혁 방안으로 한 가정이 먹고사는 데 필요한 최소한의 땅을 영업전으로 설정하여 매매를 금지한다는 **한전론**을 주장하였어요. 또한 《성호사설》, 《**곽우록**》 등을 저술하였으며 고리대와 화폐 사용을 반대하였어요.

① 의산문답에서 무한 우주론을 주장하였다.
➡ 홍대용은 《의산문답》에서 무한우주론과 지전설을 통해 중국 중심의 세계관을 비판하였어요.

② 북학의에서 절약보다 적절한 소비를 권장하였다.
➡ 박제가는 《북학의》에서 재물을 우물에 비유하며 절약보다는 적절한 소비를 권장하였고, 청의 선진 문물 수용을 강조하였어요.

③ 열하일기에서 수레와 선박의 필요성을 서술하였다.
➡ 박지원은 《열하일기》에서 수레와 선박의 사용, 화폐 유통의 필요성을 강조하였어요.

④ 성호사설에서 나라를 망치는 여섯 가지 좀을 제시하였다.
➡ **이익**은 평소에 학문을 연구하여 기록해 둔 글과 제자들의 질문에 답한 내용을 정리한 《성호사설》을 저술하였어요. 이 책에서 이익은 나라를 좀먹는 여섯 가지 폐단(6가지 좀)으로 노비 제도, 과거제, 양반 문벌제도, 사치와 미신, 승려, 게으름을 지적하였어요.

⑤ 우서에서 **사농공상의 직업적 평등**과 전문화를 강조하였다.
➡ **유수원**은 《우서》에서 상공업을 진흥시키기 위해서는 사농공상의 직업적 평등과 전문화가 이루어져야 한다고 주장하였어요.

25 조선 영조의 정책 정답 ②

다음 자료에 등장하는 조선 영조에 대한 설명으로 옳은 것은?

> **정답 키워드**
>
> 준천사, 신문고 복구

> ○ 개천이 점점 막혀 …… 장마 때마다 범람할까 근심하게 되었다. 왕이 이르기를 …… 이에 **①준천사**(濬川司)를 설치하여 병조 판서와 한성부 판윤, 삼군문의 대장으로 하여금 준천 당상을 겸하도록 하고 도청, 낭청 각 1인을 두었다. 매년 개천 바닥을 파서 물이 넘치지 않도록 하였다.
>
> ○ 국초에 **②신문고**를 설치하여 억울함을 지닌 백성들로 하여금 북을 쳐서 알리도록 하였는데, 그 법이 폐지된 지 이미 오래 되었다. 왕이 …… 마침내 **복구**하도록 명하였다. 북을 울리는 자가 있으면 …… 해당 관청에서 아뢰도록 하였다.

❶ 영조는 청계천이 자주 범람하자 **준천사**를 설치하여 청계천 바닥의 모래나 흙을 파내는 대대적인 준설을 추진하였어요.

❷ 영조는 태종 때 설치되었다가 폐지된 **신문고를 부활**시켜 백성들의 억울함을 들을 수 있게 하였어요.

① 나선 정벌에 조총 부대를 파견하였다.
→ **효종**은 청의 요청에 따라 나선(러시아) 정벌을 위해 변급, 신류가 이끄는 조총 부대를 파견하였어요.

②통치 규범을 재정비한 **속대전**을 편찬하였다.
→ **영조**는 《경국대전》 반포 이후 법령이 증가하여 법 집행에 혼란이 생기자 이를 정리하여 통일된 법전으로 《속대전》을 편찬하였어요.

③ 청과 국경을 정한 **백두산정계비**를 건립하였다.
→ **숙종** 때 간도 지역에서 조선과 청 백성 사이에 갈등이 빈번하게 발생하자 양국의 관리가 백두산 일대를 답사한 후 백두산정계비를 세워 국경을 정하였어요.

④ 문신을 재교육하기 위한 **초계문신제**를 시행하였다.
→ **정조**는 젊은 문신들을 선발해 재교육하는 초계문신제를 실시하여 자신의 정책을 뒷받침할 인재를 육성하였어요.

⑤ 한성 방어를 위하여 **총융청과 수어청**을 창설하였다.
→ **인조**와 서인 세력은 후금과의 관계가 악화되는 가운데 후금의 침입에 대비하고자 어영청, 총융청, 수어청을 창설하여 도성의 방어를 강화하였어요.

---

26 조선 후기의 사회 모습 정답 ③

다음 가상 대화가 이루어진 조선 후기에 볼 수 있는 모습으로 적절하지 않은 것은?

> **정답 키워드**
>
> 사학, 이승훈 · 정약종

> ❶ 지난달에 대왕대비께서 **사학**(邪學)에 대한 단속을 강화하라고 하교하셨다는군.
>
> ❷ **이승훈**이 잡혀가고 **정약종**도 죄인으로 몰려 죽었다고 하네. 우리 교인들에 대한 탄압이 점점 심해지고 있군.

천주교는 17세기경 청에 다녀온 사신들에 의해 서양 학문의 하나로 전래되어 서학(**사학**)이라고 불렸고, 18세기 후반부터 종교로 수용되었어요. 천주교는 평등사상과 내세의 영생을 내세우며 하층민과 부녀자를 중심으로 빠르게 확산되었으나 유교의 예법인 조상에 대한 제사 의식을 거부하고 양반 중심의 신분 질서를 부정하면서 정부의 탄압을 받았어요. 1791년 정조 때 천주교도 윤지충과 권상연이 처형당한 신해박해, 1801년 순조 때 **이승훈, 정약종**이 처형당하고 정약용과 정약전이 유배당한 신유박해가 일어났어요.

① 상평통보로 물건을 거래하는 객주
→ **조선 후기** 숙종 때 허적의 제안에 따라 발행되기 시작한 상평통보는 상공업 발달과 대동법 실시 등의 영향을 받아 전국적으로 유통되었어요.

② 인삼 무역으로 크게 수익을 본 **송상**
→ **조선 후기**에 송상은 개성을 중심으로 청과의 무역을 통해 부를 축적하였어요. 또한, 송상은 전국 주요 지역에 송방이라는 지점을 설치해 운영하였어요.

③주자소에서 계미자를 주조하는 장인
→ **조선 전기**에 태종은 활자를 만드는 관청인 주자소를 설치하여 구리 활자인 계미자를 주조하였어요.

④ 고추, 담배 등의 상품 작물을 재배하는 농민
→ **조선 후기**에 인삼, 고추, 담배, 면화 등 상품 작물의 재배가 확대되었어요.

⑤ 저잣거리에서 한글 소설을 읽어주는 **전기수**
→ **조선 후기**에 《홍길동전》, 《춘향전》, 《박씨전》, 《심청전》 등 한글 소설이 유행하였고, 이에 따라 사람이 많이 모이는 곳에서 돈을 받고 책을 읽어 주는 전기수라는 새로운 직업이 등장하였어요.

(가)에 해당하는 **신윤복**의 작품으로 옳은 것은?

정답 **키워드**

풍속 화가 혜원

한국사 대화형 인공지능

Q 이 그림에 대해 설명해 줘.

A 이 그림은 조선 후기의 대표적인[1] **풍속 화가인 혜원**이 그린 연소답청입니다. 양반들이 봄날에 자연을 즐기고자 나들이하는 모습을 그린 작품입니다.

Q 이 화가의 다른 작품도 알려줘.

A (가)

조선 후기에는 사람들의 생활 모습을 그린 풍속화가 유행하였어요. 대표적인[1] **풍속 화가로 혜원** 신윤복과 단원 김홍도가 있어요. 신윤복은 양반의 풍류와 남녀 간의 애정을 해학적·감각적으로 표현하였고, 김홍도는 서민들의 일상생활을 익살스럽고 소탈하게 표현하였어요.

①
➡ 조선 후기에 **김득신**이 그린 〈파적도〉예요.

②
➡ 조선 후기에 **김준근**이 그린 〈신랑신부 초례하는 모양〉이에요.

③
➡ 조선 후기에 **신윤복**이 그린 〈월하정인〉이에요.

④
➡ 조선 후기에 **김홍도**가 그린 〈타작〉이에요.

⑤
➡ 조선 전기에 **강희안**이 그린 〈고사관수도〉로, 흐르는 물을 바라보며 생각에 빠진 선비의 모습을 표현하였어요.

다음 **최익현의 〈지부복궐척화의소〉(1876)**가 올려진 시기를 연표에서 옳게 고른 것은?

정답 **키워드**

최익현, 왜인들이 양적들의 앞잡이

전 호조 참판[1] **최익현** 아룁니다. …… 다행히 성상의 뜻이 척화에 있는 데 힘입어 기정진과 이항로가 상소를 하여 강화가 불가함을 말하자 전하께서 그 말을 받아들여 주셨습니다. 이런 연유로 10년 동안에는 양적들이 우리를 탐내었으나 감히 그 뜻을 펴지 못하였습니다. …… 옛날의 왜인들은 이웃 나라였으나 지금의 왜인들은 도적들이니, 강화할 수 없습니다. [2]**왜인들이 양적들의 앞잡이**가 되었기 때문입니다.

(가)	(나)	(다)	(라)	(마)
고종 즉위	신미 양요	갑신 정변	을미 사변	러일 전쟁 발발	국권 피탈

1876년에[1] **최익현**은 조선 정부가 일본과 강화도 조약을 맺으려 하자 〈지부복궐척화의소〉를 올려 [2]**일본과 서양은 한 무리**이므로 서양은 물론 일본에게도 문호를 개방해서는 안 된다는 내용의 왜양일체론을 주장하며 개항에 반대하였어요.

① (가)　② **(나)**　③ (다)　④ (라)　⑤ (마)

➡ 미국은 1866년에 일어난 제너럴셔먼호 사건을 빌미로 1871년에 강화도를 침입하였어요(**신미양요, 1871**). 신미양요 이후 흥선 대원군은 서양과의 통상 수교 거부에 대한 의지를 널리 알리기 위해 전국 각지에 척화비를 세웠어요. 이후 1875년에 일본은 조선에 개항을 요구하기 위해 운요호 사건을 일으켰어요. 조선 정부가 일본과 조약을 체결하고 개항하려고 하자 최익현은 상소를 올려 왜양일체론을 주장(**최익현의 〈지부복궐척화의소〉, 1876**)하며 개항에 반대하였지만 결국 조선은 일본과 강화도 조약(조·일 수호 조규)을 체결하면서 개항하였어요(강화도 조약, 1876). 한편 1884년에 김옥균, 박영효, 서광범 등 급진 개화파는 우정총국 개국 축하연을 이용하여 정변을 일으키고 개화당 정부를 수립한 후 근대 국가 수립을 위한 개혁 정강을 발표하였어요(**갑신정변, 1884**). 개화당 정부는 청과의 사대 관계 청산, 호조로의 재정 일원화, 지조법 개혁, 문벌 폐지, 인민 평등권 마련, 능력에 따른 인재 등용 등의 내용을 담은 개혁안을 발표하고 개혁을 추진하려 하였으나 청군의 개입으로 3일 만에 실패하였어요.

따라서, 최익현이 〈지부복궐척화의소〉를 올린 시기는 '신미양요(1871)'와 '갑신정변(1884)' 사이의 시기인 **(나)**예요.

29 흥선 대원군 집권기의 사실
정답 ⑤

밑줄 그은 '중건(1865~1868)' 시기(흥선 대원군 집권기)에 있었던 사실로 옳은 것은?

정답 키워드

> 경복궁 중건

사료로 보는 한국사

> 대원위께서 분부하신 내용, "지금 영건할 때에 이른바 원납전은 실로 힘닿는 대로 내어 공역을 도와야 하는 것인데, …… 모두 가난하지 않은 자들인데 아직 한푼도 바친 바가 없으니 또한 무슨 까닭인가. …… 여전히 책임을 면하려고 둘러대기만 하면서, 면제되는지 한 번 시험해 보려는 계책을 펴니 매우 통탄스럽다. 모두 일일이 불러서 그 이유를 따져 묻고, 상세히 회답하여 죄를 심리하고 처리하는 바탕이 되도록 하라."
>
> – 『영건일감』 –
>
> [해설] 이 사료는 ❶경복궁 중건을 주관한 영건도감에서 평안도에 보낸 공문의 내용을 요약한 것이다. 당시 이 중건에 필요한 비용을 마련하기 위해 원납전을 내게 하였는데, 백성들은 이를 '원해서 납부하는 돈'이 아니라 '원망하며 납부하는 돈'이라고 불렀다.

고종 재위 시기에 흥선 대원군은 임진왜란 때 불타 없어진 ❶경복궁 중건을 위해 당백전을 발행하고 원납전을 징수하는 등 각종 정책을 펼쳤는데, 이로 인해 백성들의 불만이 많아졌어요.

① 청일 전쟁이 발발하였다.
➡ 1894년 조선 말 고종 재위 시기 동학 농민 운동의 전개 과정에서 조선에 대한 내정 간섭을 둘러싸고 청과 일본이 충돌하면서 한반도에서 청·일 전쟁이 발발하였어요.

② 삼정이정청이 설치되었다.
➡ 1862년 철종 때 임술 농민 봉기가 발생하자 정부는 봉기를 수습하기 위해 박규수를 안핵사로 파견하였어요. 또한, 삼정의 문란을 시정하기 위해 삼정이정청을 설치하였으나 성과를 거두지는 못하였어요.

③ 영국이 거문도를 불법으로 점령하였다.
➡ 1885년에 영국은 러시아의 남하를 견제한다는 구실로 거문도를 불법으로 점령하였어요.

④ 김기수가 수신사로 일본에 파견되었다.
➡ 1876년 강화도 조약(조·일 수호 조규) 체결 직후 조선 정부는 김기수를 일본에 제1차 수신사로 파견하였어요.

⑤ 한성근 부대가 문수산성에서 항전하였다.
➡ 1866년 병인양요 때 한성근 부대가 문수산성에서, 양헌수 부대가 정족산성에서 프랑스군을 격퇴하였어요.

30 조·청 상민 수륙 무역 장정
정답 ①

밑줄 그은 '조·청 상민 수륙 무역 장정'에 대한 설명으로 옳은 것은?

정답 키워드

> 청 상인이 한성에 점포를 엶

> 이 장정이 맺어진 이후 나타난 변화에 대해 말해보자.
>
> ❶청 상인이 양화진과 한성에 점포를 열 수 있게 되었어.
>
> 조선의 상권을 둘러싸고 청과 일본 상인의 경쟁이 치열해졌지.

1882년에 임오군란 직후 조선은 청과 조·청 상민 수륙 무역 장정을 체결하였어요. 이 장정에 따라 조선은 청에 영사 재판권을 허용하였고, ❶청 상인은 양화진과 한성에서 허가를 받고 내륙 시장에 진출(내지 무역)할 수 있게 되었어요. 그 결과 객주, 여각 등 국내 중개 상인과 보부상이 큰 타격을 입었으며, 서울 상인들의 상권도 크게 위협을 받았어요.

① 임오군란을 계기로 체결되었다.
➡ 1882년 임오군란 직후 체결된 조·청 상민 수륙 무역 장정에서 청 상인의 내지 통상권을 최초로 규정하였어요.

② 거중 조정의 조항을 포함하였다.
➡ 1882년 조선은 청의 알선과 《조선책략》의 영향으로 미국과 조·미 수호 통상 조약을 체결하였어요. 이 조약에는 처음으로 거중 조정, 최혜국 대우, 낮은 세율의 관세 부과 등의 조항이 규정되었어요.

③ 방곡령을 선포할 수 있는 조건을 명시하였다.
➡ 1883년에 조선은 일본과 조·일 통상 장정을 체결하여 관세 조항을 설정하고 방곡령을 선포할 수 있는 조항을 넣었으나, 일본의 요구로 최혜국 대우 조항도 추가하였어요. 이로 인해 일본인도 조선의 내륙에서 상업 활동을 할 수 있게 되었어요.

④ 부산항과 원산항이 개항되는 결과를 가져왔다.
➡ 1876년에 조선은 일본과 강화도 조약(조·일 수호 조규)을 맺고 개항하였어요. 이 조약으로 조선은 부산 외 2개 항구(원산, 인천)를 개항하고, 일본의 영사 재판권과 해안 측량권을 인정하였어요.

⑤ 외국인을 재정 고문으로 두도록 하는 조항을 담고 있다.
➡ 1904년에 체결된 제1차 한·일 협약에서 일본인과 외국인 각 1명을 대한 제국의 재정 고문과 외교 고문으로 추천한다는 조항에 따라 일본은 재정 고문으로 일본인 메가타, 외교 고문으로 미국인 스티븐스를 파견하였어요.

(가) 동학 농민 운동에 대한 설명으로 옳은 것은?

정답 키워드

> 전봉준

특별 전시

(가) , 기록으로 되살아나다

부패한 지배층과 외세의 침략에 맞서 새로운 세상을 꿈꾸며 봉기했던 (가) 관련 기록물이 세계 기록 유산으로 등재된 것을 기념하여 특별전을 개최합니다. 많은 관람 부탁드립니다.

- 기간: 2025. ○○. ○○. ~ ○○. ○○.
- 장소: △△ 박물관 특별 전시실
- 주요 전시 자료

▲ **전봉준** 공초   ▲ 갑오군정실기   ▲ 사발통문

1894년 1월에 고부 군수 조병갑의 수탈에 반발하여 **전봉준**의 주도로 농민들이 봉기하여 만석보를 파괴하였는데, 이를 고부 농민 봉기라고 해요. 이후 동학 농민군은 전주성을 점령하였고, 청과 일본의 개입을 막기 위해 정부와 전주 화약을 맺고 자진 해산하였어요. 하지만 일본군이 경복궁을 점령하고 내정에 간섭하자 동학 농민군은 재봉기하였고, 이후 일본군과 관군을 상대로 한 우금치 전투에서 크게 패하였어요.

① 일본의 **황무지 개간권 요구**를 저지하였다.
➡ 1904년에 보안회는 **일제의 황무지 개간권 요구에 대한 반대 운동**에 나서 이를 저지하는데 성공하였어요.

② **조선 총독부의 방해와 탄압**으로 중단되었다.
➡ 1910년에 국권을 강탈한 일제는 식민지 통치 기관인 조선 총독부를 세우고 민족 운동을 탄압·방해하였는데, 대표적으로 **민립 대학 설립 운동**(1924)이 있어요.

③ 집강소를 중심으로 폐정 개혁안을 실천하였다.
➡ 1894년 **동학 농민 운동** 당시 동학 농민군은 정부와 전주 화약을 체결한 후 집강소를 설치하고 폐정 개혁안을 실천하였어요.

④ 이른바 **남한 대토벌 작전**으로 큰 피해를 입었다.
➡ 1907년 정미의병 당시 13도 창의군이 주도한 서울 진공 작전이 실패한 이후 호남 지역 의병들을 중심으로 의병 운동이 전개되었어요(**호남 의병**). 그러나 일제의 남한 대토벌 작전으로 의병 운동은 위축되었고 이후 일부 의병들은 간도와 연해주 등지로 이동하여 무장 독립 전쟁을 전개하였어요.

⑤ 상황 수습을 위해 **박규수**가 안핵사로 파견되었다.
➡ 1862년에 진주 농민 봉기를 시작으로 농민 봉기가 전국으로 확산되었는데, 이를 **임술 농민 봉기**라고 해요. 조선 정부는 농민 봉기의 수습을 위해 박규수를 안핵사로 파견하였어요.

(가) 독립 협회의 활동으로 옳은 것은?

정답 키워드

> 독립관

역사 신문

제△△호   1897년 ○○월 ○○일

❶독립관에서 토론의 장이 열리다

지난 일요일 오후 독립관에서 (가) 의 첫 토론회가 '조선의 급선무는 인민의 교육이다.'라는 주제로 개최되었다. 이날 토론회에는 찬반 양측의 열띤 논의가 있었고, 법부대신 한규설 등 정부 고위 인사들도 참석해 교육 문제에 대한 다양한 의견을 제시하였다. 다음 토론회에서는 '도로를 개선하는 것이 위생을 위한 최고의 방법'이라는 주제로 (가) 의 위원 이상재 씨를 포함 4인이 열띤 토론을 벌일 예정이다.

독립 협회는 미국에서 귀국하여 독립신문을 창간한 서재필의 주도로 1896년에 조직되었어요. 독립 협회는 독립문과 ❶**독립관**을 세웠으며 민중 집회인 만민 공동회를 개최하여 러시아 등 열강의 이권 침탈을 규탄하고 이를 저지하기도 하였어요.

① 고종 강제 퇴위 반대 운동을 주도하였다.
➡ **대한 자강회**는 고종의 강제 퇴위에 반대하는 시위를 주도하여 전개하였어요.

② 만세보를 발행하여 민족의식을 고취하였다.
➡ **천도교** 세력 기관지로 만세보를 발행하여 민중 계몽에 힘썼어요.

③ 파리 강화 회의에 독립 청원서를 제출하였다.
➡ **대한민국 임시 정부**는 프랑스 파리에서 활동하고 있던 김규식을 전권 대사로 임명하여 파리 강화 회의에 독립 청원서를 제출하였어요.

④ 관민 공동회를 개최하여 헌의 6조를 결의하였다.
➡ **독립 협회**는 박정양 내각과 함께 관민 공동회를 개최하여 헌의 6조를 결의하고 중추원 개편을 통한 의회 설립을 추진하였어요.

⑤ 계몽 서적을 보급하기 위해 **태극 서관**을 운영하였다.
➡ **신민회**는 태극 서관을 운영하여 계몽 서적 등을 보급하였고, 자기 회사를 운영하는 등 민족 산업 육성에도 힘썼어요. 또한, 평양에 대성 학교, 정주에 오산 학교를 설립하여 민족 교육을 실시하였어요.

33 광무개혁

정답 ④

밑줄 그은 '광무개혁'의 내용으로 옳은 것은?

정답 키워드

구본신참, 원수부

이번 시간에는 ❶구본신참을 기본 방향으로 내세워 추진한 개혁에 대한 의견을 들어보고자 합니다.

❷원수부와 무관학교 설치, 상공 학교와 회사, 공장 설립 등 자주 독립과 근대화에 필요한 문물을 적극적으로 도입하려 한 의미있는 개혁이었습니다.

하지만 체제 변화를 부르지 않는 근대적 문물 수용의 확대 뿐이었습니다. 일본 등 열강의 간섭에서도 완전히 벗어나지 못하였습니다.

아관 파천 이후 경운궁(덕수궁)으로 환궁한 고종은 1897년에 연호를 '광무'로 바꾸고, 환구단에서 황제 즉위식을 거행한 후 대한 제국 수립을 선포하였어요. 이후 고종은 ❶구본신참의 원칙 아래 광무개혁을 추진하였어요. 대한 제국 수립 이후 고종은 대한국 국제를 반포하여 황제가 입법권, 행정권, 외교권, 사법권 등 모든 권한을 갖는다고 규정하였으며, 전제 군주정을 확고히 하기 위해 ❷원수부를 설치하여 황제의 군 통수권 장악을 규정하였어요.

① 개혁을 추진하기 위해 군국기무처를 두었다.
➡ 1894년에 일본의 강요로 구성된 김홍집 내각은 최고 정책 결정 기관으로 군국기무처를 창설하고 제1차 갑오개혁을 추진하였어요.

② 행정 기구를 6조에서 8아문으로 개편하였다.
➡ 1894년 제1차 갑오개혁으로 과거제 폐지, 연좌제 금지, 공·사 노비법(신분제) 폐지, 과부의 재가 허용 등이 결정되었고 개국 기년 사용, 궁내부 설치, 6조를 8아문으로 개편, 은 본위제 채택, 조세의 금납화 등의 개혁이 추진되었어요.

③ 근대식 무기 제조 공장인 기기창을 설립하였다.
➡ 개항 이후 조선 정부의 개화 정책 추진 과정에서 김윤식과 유학생, 기술자로 구성된 영선사가 청에 파견되었고, 이후 이들의 경험을 바탕으로 1883년에 근대식 무기 제조 공장인 기기창이 설립되었어요.

④ 토지 소유권을 확인해 주는 지계를 발급하였다.
➡ 고종은 광무개혁의 일환으로 1898년부터 양전 사업을 시행하여 1901년부터 근대적 토지 소유 증명서인 지계를 발급하였어요.

⑤ 개혁의 방향을 제시한 홍범 14조를 반포하였다.
➡ 제2차 갑오개혁이 시작된 1894년 12월에 홍범 14조가 제정되었고, 1895년 1월에 고종이 종묘에 나가 독립 서고문을 바친 후 홍범 14조를 반포하였어요.

34 개항기 문화

정답 ③

(가)~(라)에 들어갈 내용으로 옳은 것을 | 보기 |에서 고른 것은?

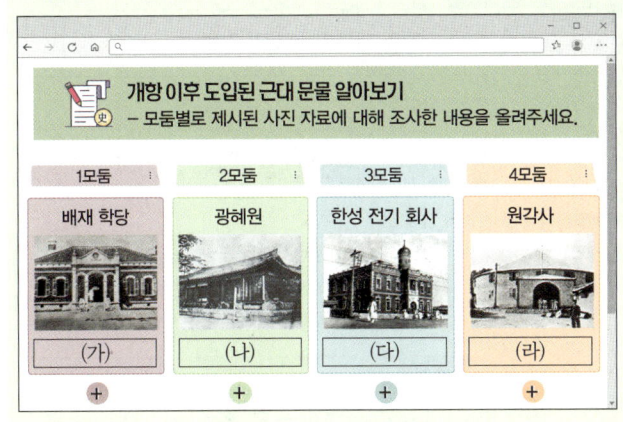

개항 이후 도입된 근대 문물 알아보기
– 모둠별로 제시된 사진 자료에 대해 조사한 내용을 올려주세요.

1모둠	2모둠	3모둠	4모둠
배재 학당	광혜원	한성 전기 회사	원각사
(가)	(나)	(다)	(라)

ㄱ. (가) – 교육 입국 조서에 근거하여 설립되었어요.
➡ 제2차 갑오개혁 추진 과정에서 고종은 교육 입국 조서를 반포하였고, 이후 정부는 한성 사범 학교 관제, 소학교 관제, 외국어 학교 관제 등을 제정하여 근대 교육 제도를 마련하였어요. 이에 따라 한성 사범 학교 등 근대 학교가 세워졌어요. 배재 학당과 이화 학당은 1880년대에 개신교 선교사들이 설립한 학교예요.

ㄴ. (나) – 알렌의 건의로 세워진 최초의 서양식 병원이었어요.
➡ 1885년에 미국인 선교사 알렌이 서양식 병원의 필요성을 고종에게 건의하였고, 고종의 승인을 거쳐 최초의 근대식 병원인 광혜원이 설립되었어요. 광혜원은 곧 '많은 사람들을 구한다'는 뜻의 제중원으로 이름이 변경되었어요.

ㄷ. (다) – 서대문과 청량리 사이를 오가는 전차를 운영하였어요.
➡ 1898년에 설립된 한성 전기 회사에 의해 이듬해인 1899년에 서대문에서 청량리 사이를 오가는 전차가 처음으로 개통되었어요.

ㄹ. (라) – 나운규가 제작한 영화 아리랑을 상영하였어요.
➡ 1926년에 나운규가 제작한 영화 '아리랑'이 단성사에서 처음 개봉되었어요. 이 영화는 식민 지배를 받던 한국인의 고통스러운 삶을 표현한 작품이에요. 원각사는 우리나라 최초의 서양식 극장으로 1908년에 은세계가 공연되었어요.

① ㄱ, ㄴ   ② ㄱ, ㄷ   ③ ㄴ, ㄷ   ④ ㄴ, ㄹ   ⑤ ㄷ, ㄹ

(가)에 들어갈 내용으로 가장 적절한 것은?

정답 키워드

대한 제국의 외교권 강탈

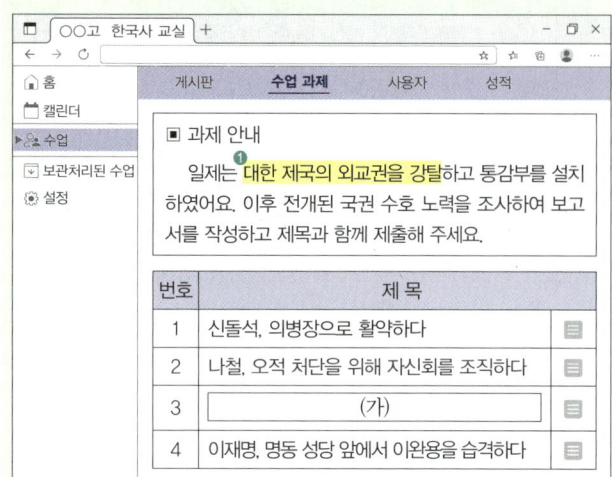

□ 과제 안내
일제는 ❶대한 제국의 외교권을 강탈하고 통감부를 설치하였어요. 이후 전개된 국권 수호 노력을 조사하여 보고서를 작성하고 제목과 함께 제출해 주세요.

번호	제목
1	신돌석, 의병장으로 활약하다
2	나철, 오적 처단을 위해 자신회를 조직하다
3	(가)
4	이재명, 명동 성당 앞에서 이완용을 습격하다

1905년 민종식, 최익현 등 양반 유생층이 중심이 되어 ❶대한 제국의 외교권을 강탈한 을사늑약 체결에 반발하는 을사의병이 일어났어요. 이때는 신돌석과 같은 평민 의병장이 등장하는 등 의병에 참여하는 계층이 확대되었어요. 의병 외에도 나철은 1905년에 을사늑약이 체결되자 오기호와 함께 자신회를 결성하여 을사 오적을 암살하려 하였고, 이재명은 1909년에 명동 성당 앞에서 을사늑약 체결을 주도한 을사오적 중 한 명인 이완용을 습격하여 중상을 입히는 등 국권 수호를 위해 노력하였어요.

① 김홍집, 조선책략을 가져오다
➡ 1880년에 제2차 수신사로 일본에 파견된 김홍집은 귀국길에 황준헌이 지은 《조선책략》을 가지고 들어왔어요.

② 김옥균, 개화당 정부를 수립하다
➡ 1884년에 김옥균, 박영효, 서광범 등 급진 개화파는 우정총국 개국 축하연을 이용하여 갑신정변을 일으키고 개화당 정부를 수립한 후 근대 국가 수립을 위한 개혁 정강을 발표하였으나, 청군의 개입으로 3일 만에 실패하였어요.

③ 김윤식, 영선사로 청에 다녀오다
➡ 1881년에 김윤식이 이끄는 유학생들이 청에 영선사로 파견되었어요. 이들은 청의 근대식 무기 제조 공장인 기기국에서 무기 제조 기술을 배우고 돌아왔어요.

④ 유길준, 조선 중립화론을 건의하다
➡ 1885년에 유길준은 갑신정변 이후 조선의 중립화론과 관련된 내용을 담은 〈중립론〉을 저술하였어요.

⑤ 이상설, 고종의 특사로 헤이그에 가다
➡ 1907년 6월에 고종은 을사늑약의 부당함을 고발하고자 네덜란드 헤이그에서 열린 만국 평화 회의에 이상설, 이준, 이위종을 특사로 보냈지만 일본의 방해로 실패하였어요.

밑줄 그은 '1910년대 무단 통치 시기'에 볼 수 있는 모습으로 가장 적절한 것은?

정답 키워드

조선 태형령

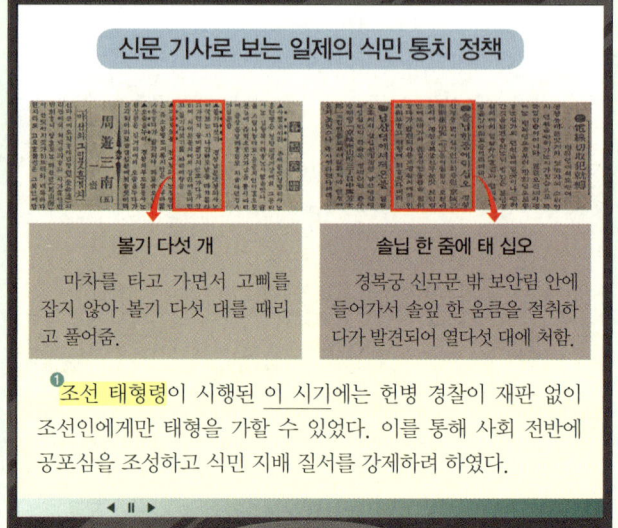

신문 기사로 보는 일제의 식민 통치 정책

볼기 다섯 개
마차를 타고 가면서 고삐를 잡지 않아 볼기 다섯 대를 때리고 풀어줌.

솔닙 한 줌에 태 십오
경복궁 신무문 밖 보안림 안에 들어가서 솔잎 한 움큼을 절취하다가 발견되어 열다섯 대에 처함.

❶조선 태형령이 시행된 이 시기에는 헌병 경찰이 재판 없이 조선인에게만 태형을 가할 수 있었다. 이를 통해 사회 전반에 공포심을 조성하고 식민 지배 질서를 강제하려 하였다.

일제는 1910년대 무단 통치를 실시하여 한국인을 억압하였어요. 헌병에게 일반 경찰 업무는 물론 일반 행정 업무까지 수행하게 하였어요. 당시 헌병 경찰은 범죄 즉결례에 따라 즉결 처분권을 가져 한국인들을 재판 없이 처벌할 수 있었어요. 1912년에 일제는 ❶조선 태형령을 제정하여 한국인에 한해 태형 제도를 적용하기도 하였어요.

① 암태도 소작 쟁의에 참여하는 농민
➡ 1923년에 전라남도 목포 근해의 섬인 신안 암태도의 농민들이 고율의 소작료를 징수하는 지주 문재철에 맞서 소작 쟁의를 일으켰고, 그 결과 소작료를 낮추는 성과를 거두었어요.

② 제복을 입고 칼을 찬 채 수업하는 교사
➡ 1910년대에 일제는 무단 통치를 실시해 교원에게도 제복을 입고 칼을 차도록 하여 공포 분위기를 조성하였어요.

③ 잡지 어린이에 실을 원고를 작성하는 작가
➡ 1920년대에 천도교 세력은 방정환을 중심으로 천도교 소년회를 창립하여 '어린이날'을 제정하고, 잡지 《어린이》를 간행하는 등 소년 운동을 전개하였어요.

④ 토월회에서 연극 공연을 준비하고 있는 배우
➡ 1923년에 박승희, 김기진, 이서구 등을 중심으로 한 일본 도쿄 유학생들은 근대극 형식을 도입한 신극 운동 단체인 토월회를 조직하였어요.

⑤ 경성 고무 여자 직공 조합의 파업을 취재하는 기자
➡ 1923년에 경성 지역의 4개 고무공장 여성 노동자들은 열악한 노동 조건과 임금 삭감에 반발해 대규모 파업을 일으켰어요.

37 1920년대 문화 통치

정답 ⑤

다음 제2차 조선 교육령(1922)이 발표된 이후의 사실로 옳은 것은?

정답 키워드

> 보통학교 수업 연한 6년

> 이 법령은 '내선공통(內鮮共通)'의 미명 하에 보통학교의 수업 연한을 소학교와 동일하게 적용하였습니다. 그러나 입학 자격과 학교 운영 등에서 여전히 차별적인 요소를 담고 있습니다.

> 제1조 조선에서의 교육은 이 영에 따른다.
> 제2조 국어[일본어]를 상용하는 자의 보통교육은 소학교령, 중학교령, 고등여학교령을 따른다.
> 제3조 국어[일본어]를 상용하지 않는 자에게 보통교육을 하는 학교는 보통학교, 고등보통학교, 여자고등 보통학교로 한다.
> 제5조 ❶ 보통학교의 수업 연한은 6년으로 한다. 단, 토지의 정황에 의하여 5년 또는 4년으로 할 수 있다.

1919년에 일어난 3·1 운동을 계기로 무단 통치의 한계를 인식한 일제는 무단 통치에서 이른바 '문화 통치'로 통치 방식을 바꾸었어요. 일제는 교육 분야에서 1922년에 제2차 조선 교육령을 발표하여 ❶ 보통학교 수업 연한을 6년으로 연장하는 등 형식상으로는 학제를 일본과 동일하게 개편하였는데, 실상은 일본식 교육을 강화한 정책에 지나지 않았어요.

① 국권 회복을 위해 해조신문이 창간되었다.
➡ 1908년에 러시아 블라디보스토크에서 한인들이 해조신문을 발간하였어요. 이 신문은 해외 한인들이 발간한 최초의 한글 신문이에요.

② 평양 숭의 여학교에서 송죽회가 결성되었다.
➡ 1913년에 평양 숭의 여학교에서 교사와 학생들이 중심이 되어 항일 비밀 결사 단체인 송죽회가 결성되었어요.

③ 메가타의 주도로 화폐 정리 사업이 실시되었다.
➡ 제1차 한·일 협약에 따라 대한 제국의 재정 고문이 된 메가타는 1905년부터 화폐 정리 사업을 실시하였고, 이로 인해 대한 제국의 재정이 일본으로 예속되면서 국민들 사이에서 성금을 모아 나라가 진 빚을 갚자는 국채 보상 운동이 일어났어요.

④ 회사 설립을 허가제로 하는 회사령이 공포되었다.
➡ 1910년에 일제는 한국인의 기업 설립을 제한하기 위해 회사 설립 시 조선 총독의 허가를 받도록 하는 회사령을 공포하였어요.

⑤ 조선 민립 대학 기성회 창립을 위한 총회가 개최되었다.
➡ 1923년에 조선 민립 대학 설립 기성회가 창립되어 이상재의 주도로 민족 교육을 위한 민립 대학 설립 운동이 전개되었어요.

38 의열단

정답 ④

(가) 의열단에 대한 설명으로 옳은 것은?

정답 키워드

> 김원봉, 일제 식민 통치 기관 파괴

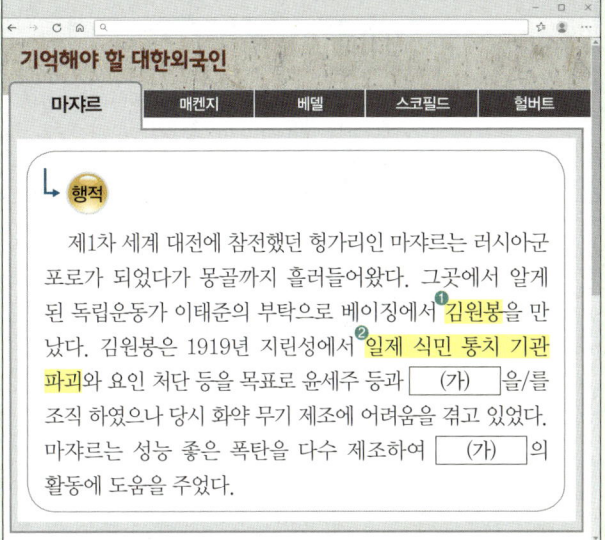

기억해야 할 대한외국인

| 마쟈르 | 매켄지 | 베델 | 스코필드 | 헐버트 |

↳ **행적**

제1차 세계 대전에 참전했던 헝가리인 마쟈르는 러시아군 포로가 되었다가 몽골까지 흘러들어왔다. 그곳에서 알게 된 독립운동가 이태준의 부탁으로 베이징에서 ❶ 김원봉을 만났다. 김원봉은 1919년 지린성에서 ❷ 일제 식민 통치 기관 파괴와 요인 처단 등을 목표로 윤세주 등과 (가) 을/를 조직 하였으나 당시 화약 무기 제조에 어려움을 겪고 있었다. 마쟈르는 성능 좋은 폭탄을 다수 제조하여 (가) 의 활동에 도움을 주었다.

1919년에 ❶ 김원봉 등이 결성한 의열단은 ❷ 일제의 중요 식민 통치 기관을 파괴하고 주요 인물을 처단하였어요. 박재혁은 부산 경찰서에, 김익상은 조선 총독부에, 김상옥은 종로 경찰서에, 나석주는 조선 식산 은행과 동양 척식 주식회사에 폭탄을 던졌어요. 이후 일부 단원들은 황푸 군관 학교에 입교하여 체계적인 군사 교육을 받았고, 1932년에는 조선 혁명 간부 학교를 세워 독립군 간부를 양성하였어요.

① 신흥 강습소를 세워 독립군을 양성하였다.
➡ 신민회 회원들은 1910년대 서간도(남만주)의 삼원보 지역으로 이주한 후 경학사를 조직하고 신흥 강습소(이후 신흥 무관 학교)를 설립하여 무장 투쟁을 준비하였어요.

② 구미 위원부를 설치하여 외교 활동을 전개하였다.
➡ 대한민국 임시 정부는 외교 활동을 펼치기 위해 1919년에 미국 워싱턴에 구미 위원부를 설치하였어요.

③ 단원인 이봉창이 일왕 행렬에 폭탄을 투척하였다.
➡ 1931년에 김구가 조직한 한인 애국단 소속의 이봉창은 일본 도쿄에서 일왕의 행렬을 향해 폭탄을 투척하였어요.

④ 조선 혁명 선언을 통해 이념과 활동 방침을 밝혔다.
➡ 의열단은 신채호가 작성한 〈조선 혁명 선언〉을 활동 지침으로 삼아 일제의 중요 기관을 파괴하고 주요 인물을 처단하였어요. 신채호는 〈조선 혁명 선언〉에서 폭력을 통한 민중의 직접 혁명을 주장하였어요.

⑤ 조선 총독부에 국권 반환 요구서를 제출하고자 하였다.
➡ 1912년에 임병찬 등은 독립 의군부를 조직하여 조선 총독에게 국권 반환 요구서 제출을 계획하였어요.

밑줄 그은 '물산 장려 운동'에 대한 설명으로 옳은 것은?

정답 키워드

평양, 조만식

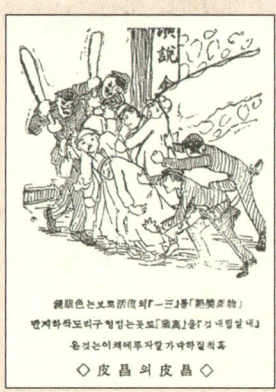

삽화로 보는 한국사

이 삽화는 ❶평양에서 ❷조만식 등의 주도로 시작된 이 운동을 풍자하고 있습니다. 이 운동이 '내 살림 내 것으로' 등의 구호를 내세워 호응을 얻자, 일제는 제2의 3·1 운동으로 확산될 것을 우려하여 탄압하였습니다. 한편 일각에서는 자본가의 이익만을 추구한다는 비판도 있었습니다.

1920년에 회사 설립이 신고제로 바뀌고(회사령 폐지) 일본 상품에 대한 관세가 철폐된다는 소식이 전해지자 일본의 자본 투자와 상품 유입이 확대될 것을 우려하는 위기의식이 높아졌어요. 이에 ❷조만식 등은 ❶평양에서 조선 물산 장려회를 결성하여 물산 장려 운동을 전개하였어요.

① 대한매일신보의 후원을 받아 확산되었다.
➡ 대한매일신보는 1907년에 일어난 **국채 보상 운동**에 적극적으로 참여하여 국채 보상 운동을 확산시키는 데 기여하였어요.

② 순종의 인산일을 기회로 삼아 추진하였다.
➡ 1926년에 순종의 인산일을 기해 일어난 **6·10 만세 운동**은 이후 민족 유일당 운동의 계기가 되었어요.

③ 자작회, 토산 애용 부인회 등이 활동하였다.
➡ **물산 장려 운동**은 학생들이 중심이 된 자작회, 토산 애용 부인회 등의 단체들이 활발히 참여하면서 전국으로 확대되었어요.

④ 신간회가 진상 조사단을 파견하여 지원하였다.
➡ 신간회는 1929년에 **광주 학생 항일 운동**이 일어나자 사건의 진상을 규명하기 위해 조사단을 파견하는 등의 지원을 하였어요.

⑤ 강주룡이 을밀대 지붕에서 고공 농성을 벌였다.
➡ 1931년에 평양 을밀대 지붕에서 평원 고무공장의 여공이었던 강주룡이 **임금 삭감에 반대**하며 고공 농성을 벌였어요.

(가) 근우회에 대한 설명으로 옳은 것은?

정답 키워드

1927년에 결성, 여성 운동 단체

나는 ❶1927년에 결성된 ❷여성 운동 단체 (가) 의 집행 위원으로 강령과 규약 작성에 참여한 박신우입니다. 이 강령에서 조선 여성의 공고한 단결과 정치·경제·사회 등 전반적인 이익 옹호가 이 단체의 목표임을 분명히 하였습니다.

(가) 강령 및 규약

❶1927년에 신간회의 자매단체로 결성된 근우회는 ❷여성 운동 단체로, 전국 순회 강연을 열고 야학을 여는 등 여성의 지위 향상과 의식 계몽에 앞장섰어요. 한편, 근우회는 기관지인 《근우》를 발간하였어요.

① 개벽, 신여성 등의 잡지를 발행하였다.
➡ **천도교**는 개벽, 신여성 등의 잡지를 발간하여 민족의식을 높였어요.

② 여성 교육을 위해 이화 학당을 설립하였다.
➡ **개신교** 선교사였던 **스크랜튼**은 우리나라 최초의 여성 교육 기관인 이화 학당을 설립하여 신학문 보급에 기여하였어요.

③ 좌우를 아우르는 민족 협동 전선으로 결성되었다.
➡ 조선 민흥회 발기와 정우회 선언을 계기로 자치론에 반대하는 비타협적 민족주의 세력과 사회주의 세력이 연대하여 1927년에 민족 협동 전선으로 신간회가 결성되었고, 이어 신간회의 자매단체로 여성 운동 단체인 **근우회**가 결성되었어요.

④ 조선학 운동을 전개하여 여유당전서를 간행하였다.
➡ 1930년대에 **정인보, 안재홍** 등은 민족의 얼을 강조하고 조선학 운동을 전개하였으며, 《여유당전서》를 간행하였어요.

⑤ 최초의 여성 권리 선언문인 여권통문을 발표하였다.
➡ 1898년에 **서울 북촌의 양반 여성**들은 정치, 교육 등 다양한 분야에서 여성의 평등한 권리를 주장하는 〈여권통문〉을 발표하였어요.

41 대한민국 임시 정부 · 정답 ①

(가) 대한민국 임시 정부에 대한 설명으로 옳지 <u>않은</u> 것은?

정답 **키워드**

> 한국광복군 창설

【이달의 독립운동가】

하늘에서 땅에서 독립운동을 펼쳐나간
이상정 · 권기옥 부부

이상정과 권기옥은 중국에서 독립운동을 하던 중 부부의 연을 맺고, 함께 독립운동에 헌신하였다. 중국군에서 활동하던 이상정은 ❶ (가) 의 **한국광복군 창설**에 기여하였고, 외무부 외교 연구 위원으로도 활동하였다. 한국 최초의 여성 비행사였던 권기옥은 대한민국 애국 부인회를 재조직하였고, 다른 한국인 비행사들과 함께 충칭에서 한국광복군 비행대 설립을

▲ 권기옥과 이상정

계획하던 중 해방을 맞았다. 이러한 공적을 인정하여 1977년 건국훈장 독립장을 각각 추서 및 수여하였다.

1940년 충칭에 정착한 대한민국 임시 정부는 지청천을 총사령관으로 하여 정규군인 ❶**한국광복군을 창설**하였어요. 1941년에 일제가 태평양 전쟁을 벌이자 임시 정부는 일제에 선전 포고를 하고 한국광복군을 연합국의 일원으로 참전시켰어요. 한국광복군은 영국군의 협조 요청에 따라 인도 · 미얀마 전선에 파견되어 선전 활동과 포로 심문 등을 담당하였어요.

① 한인 자치 기관인 **경학사**를 조직하였다.
⇒ **신민회** 회원들은 1910년에 서간도(남만주)의 삼원보 지역으로 이주한 후 한인 자치 기관인 경학사를 조직하고 신흥 강습소(이후 신흥 무관 학교)를 설립하였어요.

② 자금 마련을 위해 **독립 공채**를 발행하였다.
⇒ **대한민국 임시 정부**는 독립운동 자금을 모으기 위해 독립 공채를 발행하고, 국내와 연락을 취하고자 비밀 행정 조직인 연통제와 교통국을 운영하였어요.

③ 삼균주의를 기초로 하는 **건국 강령**을 발표하였다.
⇒ **대한민국 임시 정부**는 1940년에 충칭에 정착하여 한국광복군을 창설한 후 조소앙의 삼균주의를 기초로 작성한 건국 강령을 발표하였어요.

④ 육군 주만 참의부를 편성하여 무장 투쟁을 펼쳤다.
⇒ **대한민국 임시 정부**는 1924년에 육군 주만 참의부를 편성하여 무장 투쟁을 전개하였어요.

⑤ 임시 사료 편찬회를 두어 **한일 관계 사료집**을 간행하였다.
⇒ **대한민국 임시 정부**는 임시 사료 편찬회를 두고 우리 민족의 독립 운동과 관련된 사료를 수집 · 정리하여 《한 · 일 관계 사료집》을 편찬하였어요.

42 1930년대 후반 이후 민족 말살 통치 · 정답 ④

다음 일기가 작성된 **1930년대 후반 이후**의 사실로 옳은 것은?

정답 **키워드**

> 중 · 일 전쟁, 황국신민의 서사

7월 13일(화)
경성은 뉴스를 듣기에는 참으로 빠르다. …… **중 · 일**은 전쟁을 하게 되었다. …… 아아, 슬프다. 조선에서도 만약 이러한 때 영웅 한 사람이 있었더라면 회복할 가망이 많은데, 나는 아직 지위가 그렇지 않아 가슴만 태운다. 피만 끓는다. 영웅이여 일어서라 일어서라. 우리 조선은 영원히 죽었는가.

10월 8일(금)
조회할 때 일본인들이 조선인의 심장을 자기들의 심장으로 하려는 일본의 계략에서, 총독 미나미 지로가 소위 **황국신민의 서사**인지 뭔지를 만들어서 각 학생에게 암송하도록 하였다. 그래서 나도 그것을 읽었다. 그러나 우리 조선 혼은 영원히 변하지 않을 것이다.

일제는 1937년 ❶**중 · 일 전쟁** 이후 태평양 전쟁을 일으키는 등 침략 전쟁을 확대하면서 우리 민족을 전쟁에 쉽게 동원하기 위해 민족 말살 정책을 본격화하였어요. 일왕에 대한 충성 맹세문인 ❷**황국 신민 서사**를 제정하여 강제로 암송하게 하고, 신사 참배와 궁성 요배, 우리의 성과 이름을 일본식으로 바꾸는 창씨개명도 강요하였어요. 한편, 일제는 1938년에 국가 총동원법을 제정하여 전쟁에 필요한 자원을 본격적으로 수탈하였어요.

① **미쓰야 협정**이 체결되었다.
⇒ **1925년**에 일제는 만주 군벌 장작림과 미쓰야 협정을 체결하여 만주 지역의 독립군을 탄압하였어요.

② **치안 유지법**이 제정되었다.
⇒ **1925년**에 일제는 반정부 · 반체제 사상을 단속하기 위해 일본 내 치안 유지법을 공포하였는데, 이를 한국에도 그대로 적용하여 독립 운동가 및 사회주의 세력을 탄압하는 데 이용하였어요.

③ **조선사 편수회**가 조직되었다.
⇒ **1925년**에 조선 총독부는 총독 직할 기관으로, 조선사 편수회를 조직하여 일제의 침략 정당화와 한국사 왜곡을 목적으로 한 《조선사》를 편찬하였어요.

④ **여자 정신 근로령**이 공포되었다.
⇒ 1930년대 후반 이후인 **1944년**에 일제는 여자 정신 근로령을 공포하여 여성들을 군수 공장에서 강제로 일하게 하였어요.

⑤ **동양 척식 주식회사**가 설립되었다.
⇒ **1908년**에 일제는 대한 제국의 토지와 자원을 수탈하고, 대한 제국의 토지를 일본인에게 싼값에 팔기 위해 동양 척식 주식회사를 설립하였어요.

(가)에 들어갈 주제로 적절하지 <u>않은</u> 것은?

〈2025년 시민 강좌〉

일제 강점기, 새로운 문화와 일상

우리 도서관에서는 일제 강점기 새로운 문화의 유입과 일상생활의 변화를 주제로 강의를 준비하였습니다. 많은 관심과 참여 바랍니다.

● 일시: 2025. ○○. ○○. 13:00~17:00
● 장소: △△ 도서관 다목적실

◆ 강의 주제 ◆

[제1강] 백화점, 자본주의적 소비 문화의 공간
[제2강] 끽다점, 도시 사교 문화의 확산
[제3강] 　　　　　(가)　　　　　
[제4강] 문화 주택, 새로운 주택 양식의 수용

일제는 1930년에 경성에 미쓰코시 백화점을 만들어 자본주의적 소비문화와 서양식 생활양식을 전파하였어요.

① **몸뻬**, 전시 체제의 의생활
➡ **1938년**부터 일제는 한국인의 일상생활을 감시하고 통제하기 위해 애국반을 조직하였어요. 일제는 애국반을 통해 남성에게는 국민복을, 여성에게는 몸뻬 착용을 강요하였어요.

② **라디오 방송**, 연예 오락의 유행
➡ **1927년**부터 경성 방송국을 통해 라디오 방송이 처음 시작되었는데 민요, 방송극, 스포츠 중계 등 오락 프로그램이 주를 이루었어요.

③ **경평 축구 대회**, 스포츠의 대중화
➡ **1929년**부터 경성(오늘날 서울)을 대표하는 경성 축구단과 평양을 대표하는 평양 축구단이 맞붙는 경평 축구 대회가 개최되었어요.

④ **새마을 운동**, 농촌의 생활 환경 개선
➡ 박정희 정부 시기인 **1970년**부터 도시와 농촌 간의 균형 있는 발전을 목표로 하여 근면·자조·협동을 구호로 내건 새마을 운동이 추진되었어요.

⑤ **모던 걸**, 전통적 여성상을 탈피한 **신여성**의 등장
➡ **1920년대** 후반부터 근대 교육을 받고 남녀평등을 주장하며, 여성의 사회적 진출과 자아실현을 추구하는 새로운 여성상인 신여성(모던 걸)이 등장하였어요.

(가) 조선 건국 준비 위원회에 대한 설명으로 옳은 것은?

정답 키워드

여운형, 15일

휘문중학 운동장에서 　(가)　 의 수반인❶여운형 씨가 5천여 군중 앞에서 해방의 제일성을 힘차게 외쳤다. "조선 민족 해방의 날은 왔다. …… 어제❷15일 아침 8시에 엔도 조선 총독부 정무총감의 초청을 받아 …… 나는 다섯 가지 요구를 제안하여 무조건 승낙을 받았다. 1. 전 조선 각지에 구속되어 있는 정치, 경제범을 즉시 해방하라 …… 4. 민족 해방의 모든 원동력이 되는 학생 훈련과 청년 조직에 대하여 간섭하지 말라 …… 이것으로 우리 민족 해방의 첫걸음을 내딛게 되었으니 우리가 지난날에 아프고 쓰렸던 것은 이 자리에서 모두 잊어버리자. ……"

1945년 8월❷15일 광복 직후 조선 건국 동맹을 계승하여❶여운형을 중심으로 조직된 조선 건국 준비 위원회(건준)는 광복 후 치안대를 조직하고, 전국에 지부를 설치하는 등 치안 유지와 사회 질서 유지를 위해 노력하였어요.

① **신한공사**를 설립하였다.
➡ 1946년 **미군정**기에 일제 강점기 당시 일본 회사 및 일본인이 남긴 귀속 재산 처리를 위해 미군정 법령이 마련되었고, 이를 근거로 신한공사가 설립되었어요.

② **좌우 합작 7원칙**을 제시하였다.
➡ 1946년에 중도 성향의 여운형과 김규식 등은 미군정의 지원을 받아 **좌우 합작 위원회**를 조직하였어요. 좌우 합작 위원회는 좌우 합작 7원칙을 발표하고 통일 정부 수립을 위해 노력하였으나, 미군정이 지지를 철회하고 여운형이 암살되면서 좌우 합작 운동은 실패하였어요.

③ **한인 국방 경위대**를 창설하였다.
➡ 1942년에 미국에서 **재미 한족 연합 위원회**의 주도로 미주 최초의 한인 군사 조직인 한인 국방 경위대가 창설되었어요.

④ **남북 협상 공동 성명서**를 발표하였다.
➡ 유엔 소총회에서 선거가 가능한 지역, 즉 사실상 남한만의 총선거가 결의되자 **김구**, **김규식**은 통일 정부 수립을 위해 북측 지도자에게 남북 협상을 제의하였어요. 평양에 모인 **남북 지도자**들은 1948년 5월에 단독 정부 수립 반대, 외국 군대 즉시 철수를 요구하는 남북 협상 공동 성명서를 발표하였지만 실질적인 효력을 발휘하지는 못하였어요.

⑤ **조선 인민 공화국 수립**이 선포된 후 해산하였다.
➡ **조선 건국 준비 위원회**는 미군이 한반도에 진주한다는 소식이 전해지자 조선 인민 공화국을 선포하고 미군과의 협상을 준비하였으나 미군정은 이를 인정하지 않았고, 이후 우익 세력이 이탈하면서 1945년 9월에 해체되었어요.

45 제주 4·3 사건

정답 ⑤

밑줄 그은 '제주 4·3 사건'에 대한 설명으로 옳은 것은?

정답 키워드

제주, 수많은 주민들 희생

이 비석에는 이 사건을 소재로 한 현기영의 소설 순이삼촌의 주요 내용이 새겨져 있습니다. 이곳 제주❶에서는 남한만의 단독 선거에 반대하는 세력을 진압한다는 명분으로 토벌대에 의해 수많은 주민들이 희생❷당했습니다. 비석을 세우지 않고 눕혀놓은 것은 이 비극을 표현하기 위함입니다.

1948년 4월, 제주도❶에서 좌익 세력이 '남한 단독 선거 반대, 미군 철수'를 내세우며 무장 봉기를 일으켰어요. 미군정이 군대와 경찰을 동원하여 무력으로 진압하는 과정에서 수많은 제주도민이 희생❷되었는데, 이를 제주 4·3 사건이라고 해요. 이 사건으로 1948년 5·10 총선거를 통해 구성된 제헌 국회는 제주도 일부 지역에서 국회 의원이 선출되지 못한 채 출범하였어요.

① 향토 예비군 창설의 계기가 되었다.
➡ 1968년 박정희 정부 시기에 **청와대 간첩 습격 사건(1·21 사태)**, **미국 푸에블로호 나포 사건** 등 북한의 도발로 인한 안보 위기가 일어나자 향토 예비군이 창설되었어요.

② 조봉암이 간첩 혐의를 받아 사형되었다.
➡ 1959년에 이승만 정부는 진보당 당수 조봉암을 비롯한 진보당 간부들을 국가 변란, 간첩 혐의로 체포하여 조봉암을 사형시키고 진보당을 해체하였는데, 이를 **진보당 사건**이라고 해요.

③ 유엔군이 한반도에 파병되는 원인이 되었다.
➡ 1950년 6월에 **6·25 전쟁**이 발발하자 유엔 안전 보장 이사회는 유엔군을 파병하였고, 낙동강 지역까지 밀렸던 국군과 유엔군은 반격을 시도하였어요.

④ 허정 과도 정부가 구성되는 결과를 가져왔다.
➡ 1960년 이승만 정부 시기에 일어난 **4·19 혁명**으로 이승만 대통령이 하야하고 허정 과도 정부가 수립되어 내각 책임제와 양원제 국회 구성을 골자로 한 3차 개헌이 이루어졌어요.

⑤ 진상 규명과 희생자 명예 회복을 위한 **특별법**이 제정되었다.
➡ 2000년에 **제주 4·3 사건**의 진상 규명과 희생자들의 명예 회복을 위한 특별법이 제정되었어요.

46 내포의 역사

정답 ⑤

(가)~(마)에 대한 탐구 활동으로 적절하지 않은 것은?

답사 계획서

● 주제: 내포 지역의 문화유산을 찾아서
● 기간: 2025. ○○. ○○. ~ ○○. ○○.
● 경로: 남연군 묘 → 윤봉길 생가 → 수덕사 → 임존성 → 추사 고택

(가) 남연군 묘
(나) 윤봉길 생가
(다) 수덕사 대웅전
(라) 임존성
(마) 추사 고택

① (가) – **오페르트 도굴 미수 사건**에 대해 찾아본다.
➡ 1868년에 독일 상인 오페르트가 통상 협정에 이용하기 위해 흥선 대원군의 아버지인 **남연군의 묘를 도굴하려 하였으나 실패**하였어요.

② (나) – **한인 애국단**의 활동을 조사한다.
➡ 한인 애국단 소속의 **윤봉길**은 1932년에 **상하이 훙커우 공원**에서 열린 일왕 생일 축하 기념 겸 전승 기념 축하식에 **폭탄**을 던져 일본군 장성과 고관을 처단하였어요.

③ (다) – **고려 시대 건축물**의 공포 양식을 알아본다.
➡ 고려 시대에는 **주심포 양식**에 배흘림기둥으로 된 건물이 많이 지어졌는데, 대표적으로 안동 봉정사 극락전, **예산 수덕사 대웅전**, 영주 부석사 무량수전이 있어요.

④ (라) – 백제 부흥 운동에 대해 파악한다.
➡ 660년 백제 멸망 이후 **흑치상지**는 **임존성**에서 부흥군을 이끌고 백제 부흥 운동을 전개하였어요.

⑤ (마) – **이황**과 **사단칠정 논쟁**을 한 인물을 검색한다.
➡ 조선 전기에 **기대승**은 이황과의 사단칠정 논쟁 등을 통해 성리학의 수준을 끌어올렸어요. '추사'는 김정희의 호로, 김정희는 여러 서체를 연구하여 자신만의 개성이 넘치는 글씨체인 추사체를 창안하였고, 제주도에 유배되어 홀로 지내던 시기에 제자인 이상적이 중국에서 새로운 책을 구해다 주자 고마운 마음을 담아 〈세한도〉를 그려 주었어요.

(가) 2차 개헌(1954), (나) 7차 개헌(유신 헌법, 1972), (다) 9차 개헌(1987)을 일어난 순서대로 옳게 나열한 것은?

> **정답 키워드**
>
> (가) 개헌 당시 대통령은 중임 제한 적용하지 않음
> (나) 대통령이 국회의원 3분의 1을 추천
> (다) 임기 5년, 중임 불가

주제: 우리나라 헌법 개정의 역사

대통령과 부통령의 임기는 4년으로 하며, 1회로 규정한 **중임 횟수를 개헌 당시 대통령에게만 적용하지 않는다**는 부칙을 달았어요.

②대통령이 통일 주체 국민 회의의 의장이 되고, **국회의원 정수의 3분의 1을 추천**하도록 개정된 헌법이 만들어졌어요.

대통령은 국민의 보통·평등·직접·비밀 선거에 의하여 선출하고 대통령의 **임기는 5년으로** 하며, **중임할 수 없도록** 했어요.

(가)　　　　(나)　　　　(다)

(가) 1954년에 이승만 정부와 자유당은 장기 집권을 위해 개헌 당시 대통령, 즉 **①초대 대통령(개헌 당시 대통령)에 한하여 중임 제한을 철폐**한다는 부칙을 추가한 개헌안을 발의하고 헌법 개정을 추진하였어요. 국회에서 개헌안 통과를 위해서는 재적 의원 203명 중 3분의 2인 136명의 동의가 필요하였는데, 투표 결과 1명이 부족한 135명이 동의하여 부결이 선언되었어요. 그러나 이틀 후 자유당은 수학의 '사사오입(반올림)' 논리를 억지로 적용하여 개헌안이 통과되었다고 다시 선언하였어요.

(나) 1972년에 박정희 정부는 **②대통령에게** 헌법을 초월하는 긴급 조치권과 국회 해산권, 법관 인사권, **②국회의원 3분의 1 추천권** 등 막강한 권한을 부여하는 개헌을 단행하며 유신 헌법을 공포하였어요. 이중에서 긴급 조치권은 대통령의 판단하에 국정 전반에 걸쳐 필요한 조치를 취할 수 있는 강력한 권한이었으며, 단순한 행정 명령 하나만으로도 국민의 자유와 권리의 일부를 제한하거나 정부, 국회, 법원의 활동을 제한할 수 있었어요.

(다) 1987년에 일어난 6·29 민주 항쟁으로 대통령 직선제를 수용한다는 6·29 민주화 선언이 발표되었고, 이에 따라 **5년 단임**의 대통령 직선제를 주요 내용으로 하는 9차 개헌이 이루어졌어요. 1987년에 직선제로 실시된 대통령 선거에서 여당 후보인 노태우가 당선되었어요.

① (가) – (나) – (다)
➡ (가) 2차 개헌(1954) → (나) 7차 개헌(유신 헌법, 1972) → (다) 9차 개헌(1987)

② (가) – (다) – (나)　　　③ (나) – (가) – (다)
④ (나) – (다) – (가)　　　⑤ (다) – (가) – (나)

밑줄 그은 '**박정희 정부**' 시기에 볼 수 있는 모습으로 가장 적절한 것은?

> **정답 키워드**
>
> 경부 고속 국도 준공

이것은 서울에 최초로 설정된 개발 제한 구역을 표시한 지도 입니다. **①경부 고속 국도를 준공**하는 등 경제 발전에 힘쓰던 당시 정부는 도시의 무질서한 확산을 방지하고 도시 주변의 자연환경을 보전하기 위해 처음으로 개발 제한 구역을 설정하였습니다.

박정희 정부는 1960년대에는 경공업 중심의 제1·2차 경제 개발 5개년 계획을, 1970년대에는 중화학 공업 중심의 제3·4차 경제 개발 5개년 계획을 추진하였어요. 이 과정에서 1970년에 **①경부 고속 도로가 완공**되었고, 1973년에는 포항 종합 제철이 준공되었어요. 이후 1977년에는 처음으로 수출액 100억 달러를 달성하기도 하였어요.

① 서울 지하철 1호선 개통식을 취재하는 기자
➡ **박정희 정부** 시기인 1974년에 서울 지하철 1호선이 개통되었어요.

② 반민족 행위 처벌법을 통과시키는 국회의원
➡ **이승만 정부** 시기인 1948년에 제헌 국회는 반민족 행위 처벌법을 제정하고 반민족 행위 특별 조사 위원회(반민특위)를 설치하여 친일파 청산에 나섰어요.

③ 한·중 자유 무역 협정(FTA)에 서명하는 장관
➡ **박근혜 정부** 시기인 2015년에 한·중 자유 무역 협정(FTA)가 체결되었어요.

④ 금융실명제 실시로 신분증을 요구하는 은행 직원
➡ **김영삼 정부** 시기인 1993년에 가명이나 차명을 이용한 금융 거래로 많은 부정부패가 일어나자, 본인의 실제 이름으로만 금융 거래를 하도록 한 금융 실명제를 대통령 긴급 명령 형식으로 전격 실시하였어요.

⑤ 외환 위기 극복을 위한 금 모으기 운동에 동참하는 시민
➡ **김대중 정부** 시기에 외환 위기 극복을 위한 금 모으기 운동이 본격적으로 전개되었어요.

49 노태우 정부 시기의 통일 노력
정답 ②

다음 뉴스가 보도된 **노태우 정부** 시기의 통일 노력으로 옳은 것은?

정답 키워드

하계 올림픽, 7·7 선언

> ❶ **하계 올림픽**을 성공적으로 마친 대통령은 오늘 한국 국가 원수로서 처음으로 헝가리를 방문하였습니다. 헝가리는 우리 정부의 북방 정책에 대한 지지와 협력 의사를 함께 표명하였습니다. 이것은 정부가 발표한 **7·7 선언**의 ❷ 성과로 평가되고 있습니다.

❶ 88 서울 **하계 올림픽** 대회는 전두환 정부 시기에 유치하여 1988년 노태우 정부 시기에 개최되었어요.

❷ 노태우 정부는 1988년 7월 7일에 민족 자존과 통일 번영의 시대를 열어 나갈 것을 천명하는 **7·7 선언**을 발표하였어요.

① 남북 조절위원회가 구성되었다.
➡ **박정희 정부** 시기인 1972년에 남북한은 7·4 남북 공동 성명을 발표하였고, 이에 따라 남북 조절 위원회를 구성하였어요.

②남북한이 유엔에 동시 **가입**하였다.
➡ **노태우 정부** 시기인 1991년에 남북한이 유엔에 동시 가입하였어요.

③ **금강산 해로 관광** 사업이 시작되었다.
➡ **김대중 정부** 시기에 금강산 해로 관광이 시작되었고, 금강산 육로 관광은 시범 운영되었어요.

④ 개성에 남북 경제 협력 협의 사무소가 설치되었다.
➡ 김대중 정부 시기에 6·15 남북 공동 선언에 따라 남북이 개성 공업 지구 조성에 합의하였고, 이후 **노무현 정부** 시기에 개성에 남북 경제 협력 협의 사무소 설치 및 개성 공업 지구 조성이 이루어졌어요.

⑤ 최초로 남북 이산가족 고향 방문단 교환이 이루어졌다.
➡ **전두환 정부** 시기인 1985년에 남북 이산가족 고향 방문단과 예술 공연단 교환이 최초로 실현되었어요.

50 연호의 역사
정답 ⑤

(가) 고구려 광개토 태왕, **(나) 신라 법흥왕**, **(다) 발해 무왕**, **(라) 고려 광종**, **(마) 순종**에 대한 설명으로 옳지 **않은** 것은?

정답 키워드

(가) 영락 (나) 건원 (다) 인안 (라) 광덕·준풍 (마) 융희

🔍 역사 돋보기 우리나라의 연호(年號)

연호는 군주가 자기의 치세 연차(年次)에 붙이는 칭호이다. 중국에서 시작되었으며 그 영향으로 우리나라, 일본, 베트남 등에서도 사용되었다. 연호는 원칙적으로 황제만 사용 가능하고, 제후 왕은 독자적인 연호를 쓸 수 없었다. 우리나라에서 최초로 확인되는 연호는 고구려 [(가)]의❶영락이다. 신라도 [(나)]이❷건원이라는 연호를, 뒤를 이은 진흥왕은 개국·태창·홍제 등의 연호를 사용하였다. 발해 고왕은 연호를 천통으로 했으며 [(다)]은/는❸인안, 문왕은 대흥, 선왕은 건흥이라는 연호를 사용하였다. 고려 태조는 천수를 사용하고, [(라)]은/는❹광덕·준풍을 연호로 삼았다. 조선은 고종 대에 개국기년(開國紀年)을 공문서에 사용하다가 건양, 광무로 연호를 정하였다. 그 뒤를 이은 [(마)]은/는❺융희라는 연호를 사용하였다.

고구려 광개토 태왕은 고구려의 높은 위상을 드러내기 위해❶'영락'이라는 연호를 사용하였어요. 신라 법흥왕은 체제 정비를 위해 병부를 설치하고, ❷'건원'이라는 독자적인 연호를 사용하였어요. 발해를 세운 대조영의 뒤를 이어 즉위한 무왕은 연호로❸'인안'을 사용하였어요. 고려 광종은 국왕의 권위를 높이고자 스스로 황제를 칭하고 ❹'광덕', '준풍' 등의 독자적인 연호를 사용하였어요. 대한 제국의 마지막 황제인 순종은 연호로❺'융희'를 사용하였어요.

① (가) – 군대를 보내 **신라**에 침입한 **왜**를 **격퇴**하였다.
➡ **고구려 광개토 태왕**은 400년에 신라 내물 마립간의 요청으로 군대를 보내 신라에 침입한 왜를 격퇴하고, 신라에 군대를 주둔시켰어요. 이로 인해 신라는 한동안 고구려의 정치적 간섭을 받았어요.

② (나) – **금관가야**를 **복속**하여 영토를 확대하였다.
➡ **신라 법흥왕**은 532년에 고구려의 공격으로 세력이 약화된 금관가야를 병합하였어요.

③ (다) – **장문휴**를 보내 당의 **산둥반도**를 공격하였다.
➡ **발해 무왕**은 732년에 장문휴를 보내 당의 등주(산둥반도)를 선제 공격하여 당군을 격파하였어요.

④ (라) – **노비안검법**을 시행하여 호족 세력을 견제하였다.
➡ **고려 광종**은 956년에 부당하게 노비가 된 사람들을 조사하여 양민 신분으로 회복시키는 노비안검법을 실시하였고, 이에 따라 호족 세력이 약화되며 국가 재정이 확충되었어요.

⑤(마) – 전제 군주제를 명문화한 **대한국 국제**를 반포하였다.
➡ **대한 제국**을 수립한 **고종**은 1899년에 대한국 국제를 반포하여 대한 제국은 황제가 다스리는 전제 군주국임을 알렸어요.

합격률 74회:**40.1**% / 73회:**66.2**%

62%

시대별 출제비중

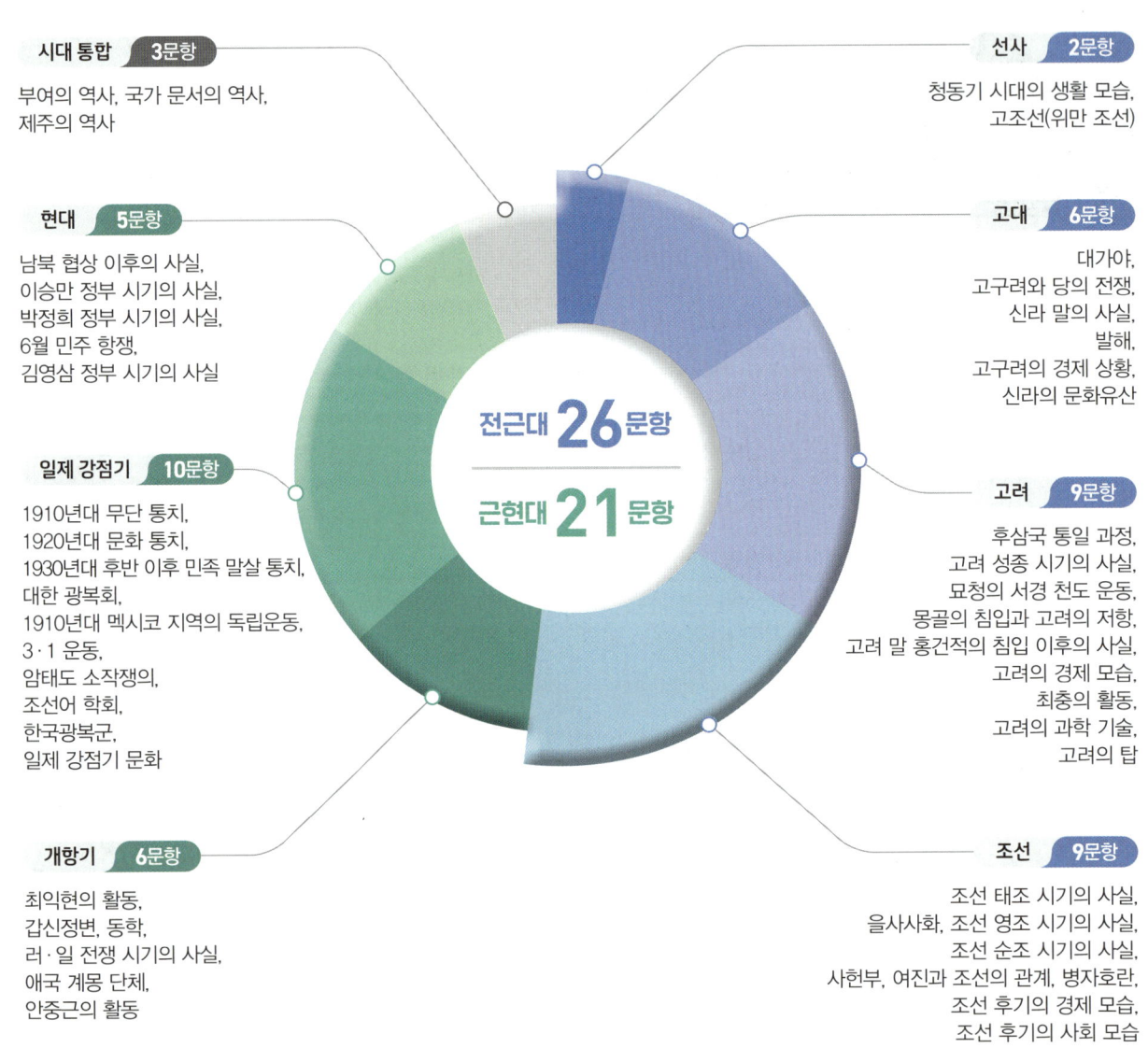

전근대 **26** 문항
근현대 **21** 문항

시대 통합 3문항
부여의 역사, 국가 문서의 역사,
제주의 역사

현대 5문항
남북 협상 이후의 사실,
이승만 정부 시기의 사실,
박정희 정부 시기의 사실,
6월 민주 항쟁,
김영삼 정부 시기의 사실

일제 강점기 10문항
1910년대 무단 통치,
1920년대 문화 통치,
1930년대 후반 이후 민족 말살 통치,
대한 광복회,
1910년대 멕시코 지역의 독립운동,
3·1 운동,
암태도 소작쟁의,
조선어 학회,
한국광복군,
일제 강점기 문화

개항기 6문항
최익현의 활동,
갑신정변, 동학,
러·일 전쟁 시기의 사실,
애국 계몽 단체,
안중근의 활동

선사 2문항
청동기 시대의 생활 모습,
고조선(위만 조선)

고대 6문항
대가야,
고구려와 당의 전쟁,
신라 말의 사실,
발해,
고구려의 경제 상황,
신라의 문화유산

고려 9문항
후삼국 통일 과정,
고려 성종 시기의 사실,
묘청의 서경 천도 운동,
몽골의 침입과 고려의 저항,
고려 말 홍건적의 침입 이후의 사실,
고려의 경제 모습,
최충의 활동,
고려의 과학 기술,
고려의 탑

조선 9문항
조선 태조 시기의 사실,
을사사화, 조선 영조 시기의 사실,
조선 순조 시기의 사실,
사헌부, 여진과 조선의 관계, 병자호란,
조선 후기의 경제 모습,
조선 후기의 사회 모습

01 청동기 시대의 생활 모습

정답 ④

(가) 청동기 시대의 생활 모습으로 가장 적절한 것은?

> **정답 키워드**
>
> 사유 재산과 계급 발생, 비파형 동검

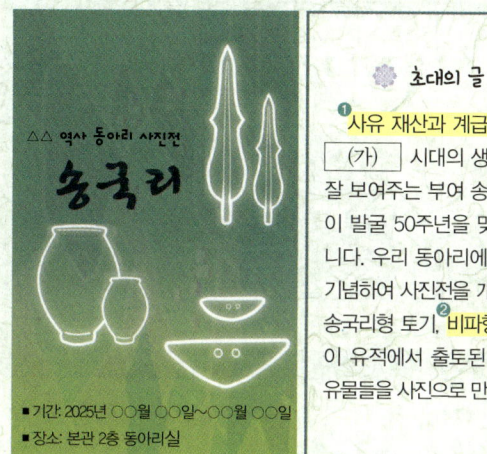

△△ 역사 동아리 사진전

송국리

■ 기간: 2025년 ○○월 ○○일~○○월 ○○일
■ 장소: 본관 2층 동아리실

❀ 초대의 글 ❀

❶ 사유 재산과 계급이 발생한 ____(가)____ 시대의 생활 모습을 잘 보여주는 부여 송국리 유적이 발굴 50주년을 맞이하였습니다. 우리 동아리에서는 이를 기념하여 사진전을 개최합니다. 송국리형 토기, 비파형 동검 등이 유적에서 출토된 대표적인 유물들을 사진으로 만나보세요!

❷ 비파형 동검은 청동기 시대를 대표하는 유물과 유적이에요. 청동기 시대에는 농경이 더욱 발달해 생산력이 향상되면서 잉여 생산물이 발생하였고, 이로 인해 사유 재산이 생기면서 빈부의 차이가 나타나 계급이 만들어졌어요. 게다가 정복 활동이 활발해지면서 계급이 뚜렷하게 나누어지고 막강한 권력을 행사하는 지배자가 등장하였어요.

① 주먹도끼 등 뗀석기를 처음 제작하였다.
➡ **구석기 시대** 사람들은 주먹도끼, 찍개 등 뗀석기를 사용하면서 사냥과 채집 생활을 하였어요.

② 소를 이용한 깊이갈이가 널리 보급되었다.
➡ 소를 이용한 깊이갈이(우경)는 신라 지증왕 때 우리나라의 기록에 처음 등장하였고, **고려 시대**에 일반화되었어요.

③ 주로 강가의 동굴이나 막집에 거주하였다.
➡ **구석기 시대** 사람들은 식량을 찾아 이동 생활을 하였으며, 주로 동굴이나 강가의 막집, 바위 그늘에서 살았어요.

④ 많은 인력을 동원하여 고인돌을 축조하였다.
➡ **청동기 시대**에는 많은 인력을 동원하여 지배층의 무덤으로 고인돌을 만들었어요.

⑤ 가락바퀴를 이용하여 실을 뽑기 시작하였다.
➡ **신석기 시대**에는 가락바퀴를 이용하여 실을 뽑고, 뼈바늘로 엮어 옷이나 그물 등을 만들었어요.

02 고조선(위만 조선)

정답 ①

(가) 위만 망명(기원전 2세기 초), (나) 고조선 멸망(기원전 108) 사이의 시기에 있었던 사실로 옳은 것은?

> **정답 키워드**
>
> (가) 연·제·조의 백성이 준왕에게 망명
> (나) 왕검성, 우거왕

> (가) 진승과 항우가 군사를 일으켜 천하가 혼란해지자, ❶연(燕)·제(齊)·조(趙)의 백성이 괴로움을 견디다 못해 점차 준왕에게 망명해 왔다. 준왕은 이들을 서쪽 지역에 거주하게 하였다.
>
> (나) 좌장군이 패수상군을 격파하고 ❷왕검성에 이르러 그 성의 서북 방면을 포위하였다. 누선장군도 좌장군과 합세하여 성의 남쪽에 주둔하였다. ❸우거왕이 끝까지 성을 굳게 지키니, 수개월이 지나도 함락시킬 수 없었다.

(가) 기원전 2세기 초에 위만은 ❶중국의 연에서 무리를 이끌고 고조선으로 이동하였고, 이후 준왕의 신임을 받으면서 세력을 키워 결국 준왕을 몰아내고 고조선의 왕이 되었어요.

(나) 고조선은 위만이 집권한 이후부터 본격적으로 철기 문화를 수용하고, 중국의 한(漢)과 한반도 남부의 진(辰) 사이에서 중계 무역을 하여 경제력을 키웠어요. 그러자 한 무제는 고조선을 공격하였고, ❸우거왕과 신하들은 1년여 동안 한나라 군대에 맞섰지만, 결국 기원전 108년에 ❷왕검성이 함락되면서 고조선은 멸망하였어요. 한 무제는 옛 고조선의 땅에 낙랑군, 현도군 등 4개의 군을 설치해 다스렸어요.

① 위만이 왕위를 찬탈하였다.
➡ 기원전 194년에 위만은 준왕을 몰아내고 왕이 되었어요.

② 이사부가 우산국을 복속시켰다.
➡ 512년 신라 지증왕 때에 이사부는 우산국(울릉도 일대)을 정복하였어요.

③ 온조가 위례성에 도읍을 정하였다.
➡ 기원전 18년에 고구려에서 내려온 온조는 한강 유역의 위례성을 도읍으로 정하고 백제를 세웠어요.

④ 관구검이 환도성을 침략하여 함락하였다.
➡ 245년에 고구려는 위의 유주자사 관구검이 이끈 군대의 공격을 받아 환도성이 함락되었어요.

⑤ 미천왕이 서안평을 공격하여 영토를 넓혔다.
➡ 311년에 고구려 미천왕은 서안평을 점령하고 낙랑군을 몰아내어 영토를 확장하였어요.

(가) 신라의 문화유산으로 옳은 것은?

정답 키워드

금관총 금관

□□**신문**

제△△호   2025년 ○○월 ○○일

금관 특별전 개최

올해 가을 아시아 태평양 경제 협력체 (APEC) 정상 회의를 맞이하여 특별한 문화 행사가 경주에서 열린다. **금관총 금관**, 황남대총 금관 등 현재까지 발견된 ▢▢(가)▢▢의 금관 6점이 최초로 한자리에 모이는 '금관 특별전'은 세계 각국에 우리 문화의 우수성을 알리는 계기가 될 것으로 기대된다.

▲ 금관총 금관

현재 신라의 금관은 ❶**금관총 금관**을 비롯해 총 6점이 남아 있어요. 대체로 출(出)자 모양과 사슴뿔 모양 장식으로 이루어져 있어요.

    ②    ③

➡ **백제** 금동 대향로로, 신선, 봉황, 연꽃 등 도교와 불교의 상징이 정교하게 묘사되어 있어요.

➡ **고구려**의 불상인 금동 연가 7년명 여래 입상으로, 뒷면에 새겨진 '연가 7년'이라는 글자를 통해 제작 시기를 알 수 있어요.

➡ **금관가야**의 판갑옷으로, 김해 대성동 고분군에서 출토되었어요.

    ⑤

➡ **발해**의 석등으로, 발해가 고구려 계승 의식을 가졌음을 알 수 있는 문화재예요.

➡ **신라**의 천마총에서 발견된 천마도는 2장의 말다래(장니)에 그려진 그림이에요.

(가) 대가야에 대한 설명으로 옳은 것은?

정답 키워드

고령 지산동 고분군

국가유산청은 ▢▢(가)▢▢의 중심지였던 경상북도 고령군을 한국의 다섯 번째 고도로 지정하였습니다. **고령**에는 궁성지, 지산동 **고분군**, 방어성인 주산성 등 ▢▢(가)▢▢의 문화유산들이 보존되어 있어 이와 같이 지정되었습니다.

경북 고령군, 다섯 번째 고도(古都)로 지정

전기 가야 연맹을 주도하던 금관가야가 신라를 지원한 고구려 광개토 태왕의 공격을 받아 세력이 크게 약화되자, 고령의 대가야가 가야 연맹의 중심국이 되어 후기 가야 연맹을 이끌었어요. 대가야의 대표적인 유적인 ❶**고령 지산동 고분군**에서 철제 갑옷과 금동관, 다양한 토기들이 출토되었어요.

①신라 **진흥왕**에 의해 **복속**되었다.
➡ **대가야**는 진흥왕이 한강 유역을 차지하는 등 적극적인 영토 확장을 벌이는 과정에서 신라에 복속되었어요.

② **광평성** 등의 정치 기구를 마련하였다.
➡ **후고구려**를 세운 궁예는 국정을 총괄하는 광평성을 설치하고 광치나, 서사 등의 관원을 두었어요.

③ **화백 회의**를 통해 국정을 운영하였다.
➡ **신라**는 귀족 회의인 화백 회의를 열어 국가의 중대사를 만장일치로 결정하였어요.

④ 대가들이 **사자, 조의, 선인**을 거느렸다.
➡ **고구려**는 지배층으로 연맹을 이끄는 왕과 여러 가(加)들이 있었고, 이들은 각각 사자, 조의, 선인 등의 관리를 두었어요.

⑤ **박, 석, 김**의 3성이 교대로 왕위를 계승하였다.
➡ **신라**는 초기에 박, 석, 김씨의 3성이 번갈아 왕위를 계승하였어요.

05 고구려의 경제 상황   정답 ②

밑줄 그은 '고구려'의 경제 상황으로 가장 적절한 것은?

정답 키워드

> 대대로, 녹살(욕살), 처려근지

> 　　그 나라는 관(官)을 세움에 9등이 있다. 첫 번째는 토졸이라
> 하며, 1품에 비견된다. 옛 이름은 **대대로**①이며, 국정을 모두 맡는
> 다. 3년마다 교대하는데, 직에 걸맞은 자가 있으면 연한에 구애
> 받지 않는다. …… 또 여러 큰 성에는 **녹살(욕살)**②을 두는데, 도독
> 에 비견된다. 여러 성에는 **처려근지**②를 두는데, 자사에 비견된다.
> 또한 도사라 이르기도 한다.
>
>   – 『한원』 –

❶ 고구려는 귀족 회의인 제가 회의를 열어 나라의 중대한 일을 결정
　하였고, 이 회의에서 국정을 총괄하는 **대대로**를 선출하였어요.

❷ 고구려는 수도와 지방을 각각 5부로 나누어 다스렸으며, 지방에
　욕살(녹살), **처려근지** 등의 지방관을 두었어요.

① 수도에 동시전이 설치되었다.
　➡ **신라** 지증왕은 수도에 시장인 동시를 설치하고, 동시를 감독하기
　　위한 관청으로 동시전을 설치하였어요.

②⃝ 집집마다 부경이라는 창고가 있었다.
　➡ **고구려**는 집집마다 식량을 보관하는 부경이라는 창고를 두었어요.

③ 금속 화폐인 건원중보가 주조되었다.
　➡ **고려** 성종 때 우리나라 최초의 금속 화폐인 건원중보가 만들어졌
　　으나 제대로 유통되지 않았어요.

④ 솔빈부의 말이 특산품으로 수출되었다.
　➡ **발해**는 당, 일본, 신라 등과 교역하였으며, 목축이 발달하여 솔빈
　　부의 말이 특산물로 유명하였어요.

⑤ 곡물을 대여하고 이자를 받은 내용을 좌관대식기에 남겼다.
　➡ **백제** 부여 시기에 제작된 것으로 짐작되는 좌관대식기에는 백성
　　들에게 곡물을 대여하고 이자를 받은 내용이 기록되어 있어요.

06 신라 말의 사실   정답 ④

(가)에 들어갈 신라 말의 사실로 가장 적절한 것은?

정답 키워드

> 혜공왕 피살, 진골 귀족들의 왕위 다툼

> ❶ **혜공왕이 피살**되어 무열왕계 직계 자손의 왕위 계승이 끊긴 이후, **진골 귀족들의 왕위 다툼**이 치열하게 전개되던 시기에 일어났던 일을 말해 볼까요?
>
> (가)
>
> 양길 등 스스로 성주 또는 장군이라 칭하는 호족 세력이 성장하였어요.

8세기 후반 ❶**혜공왕이 피살**된 이후 신라는 ❷**진골 귀족들의 왕위 다툼**
으로 왕권이 약화되었고, 중앙의 지방 통제력도 약화되었어요. 이로
인해 귀족의 수탈이 더욱 심해져 농민 봉기가 곳곳에서 일어났으며,
특히 진성 여왕 시기에 극심하였어요.

① 김흠돌의 난이 진압되었어요.
　➡ **681년**에 신라 신문왕의 장인이었던 김흠돌은 진골 귀족들을 이끌
　　고 반란을 도모하였다가 진압되었어요.

② 만적이 개경에서 봉기를 도모하였어요.
　➡ **1198년** 고려 신종 무신 집권기에 개경에서 만적을 비롯한 노비들
　　이 신분 해방을 목적으로 봉기를 계획하였으나 발각되면서 실패
　　하였어요. 만적의 난은 무신 집권기에 발생한 대표적인 하층민의
　　봉기예요.

③ 관료전이 지급되고 녹읍이 폐지되었어요.
　➡ **7세기 후반** 신라 신문왕은 관리에게 해당 지역에서 조세만 거둘 수
　　있는 관료전을 지급하고(687), 노동력까지 징발할 수 있는 녹읍을
　　폐지하였어요(689). 이로써 진골 귀족의 경제적 기반을 약화시켰어요.

④⃝ 김헌창이 웅천주에서 반란을 일으켰어요.
　➡ **822년** 신라 말 헌덕왕 때에 오늘날 충청남도 공주 지역인 웅천주
　　에서 도독 김헌창이 아버지 김주원이 왕위에 오르지 못한 것에 불만
　　을 품고 난을 일으켰어요.

⑤ 이차돈의 순교를 계기로 불교가 공인되었어요.
　➡ **527년**에 신라 법흥왕은 이차돈의 순교를 계기로 귀족 세력의 반대
　　를 물리치고 불교를 공인하였어요.

다음 자료에 나타난 상황(고구려의 천리장성 축조, 631 ~647) 이후에 있었던 사실로 옳은 것은?

> 정답 **키워드**
>
> 천리장성을 쌓음

> 당(唐)이 광주사마 장손사를 보내 수(隋) 병사의 해골을 묻은 곳에 와서 제사를 지내고, 당시에 [고구려가] 세운 경관(京觀)*을 허물었다. 봄 2월에 왕이 많은 사람을 동원하여 동북의 부여성에서 동남의 바다에 이르기까지❶ 천 리 남짓에 걸쳐 장성을 쌓았다.
>
> – 「삼국사기」 –
>
> *경관: 승전을 기념하기 위해 적의 유해를 한곳에 모아 만든 무덤

수의 뒤를 이어 등장한 당이 팽창 정책을 펼치자 고구려는 당의 침입에 대비하여 영류왕 때인 631년부터 ❶천리장성을 쌓았어요.

① 을지문덕이 살수에서 대승을 거두었다.
➡ 612년 고구려 영양왕 때에 을지문덕은 살수에서 우중문이 이끄는 수의 대군을 상대로 크게 승리하였는데, 이를 살수 대첩이라고 해요.

② 고구려가 신라에 침입한 왜를 물리쳤다.
➡ 400년에 고구려 광개토 태왕은 신라 내물 마립간의 요청으로 군대를 보내 신라에 침입한 왜를 격퇴하고, 신라에 군대를 주둔시켰어요. 이로 인해 신라는 한동안 고구려의 정치적 간섭을 받았어요.

③ 김무력이 관산성에서 백제군을 격파하였다.
➡ 6세기에 신라 진흥왕은 백제 성왕과 연합하여 고구려를 공격해 한강 상류 지역을 차지하였고, 이어 백제를 공격하여 한강 하류 지역을 빼앗으면서 한강 전체를 차지하였어요. 한편, 진흥왕은 554년에 김무력을 보내 관산성에서 백제군을 격파하였는데, 이를 관산성 전투라고 하고, 이 전투에서 백제 성왕이 전사하였어요.

④ 연개소문이 정변을 일으켜 권력을 장악하였다.
➡ 642년에 연개소문은 정변을 일으켜 영류왕을 죽이고 보장왕을 왕위에 올린 뒤 스스로 대막리지가 되어 권력을 장악하였어요.

⑤ 백제가 평양성을 공격하여 고구려 왕이 전사하였다.
➡ 371년에 백제 근초고왕은 고구려의 평양성을 공격하여 고국원왕을 전사시켰어요.

다음 자료에 나타난 발해에 대한 설명으로 옳은 것은?

> 정답 **키워드**
>
> 조영, '인안' · '대흥' · '건흥'

> ○ ❶조영이 죽으니, 시호를 고왕이라 하였다. 아들 무예가 왕위에 올라 영토를 크게 개척하니, 동북의 모든 오랑캐들이 두려워하여 신하가 되었다. 또 연호를 ❷인안(仁安)으로 고쳤다.
>
> ○ 무예가 죽자, 시호를 무왕이라 하였다. 아들 흠무가 왕위에 올라 연호를 ❷대흥(大興)으로 고쳤다.
>
> ○ 인수가 왕위에 올라 연호를 ❷건흥(建興)으로 고치니, 그의 4대조 야발은 조영의 아우이다. 인수는 바다 북쪽의 여러 부(部)를 토벌하고 영역을 크게 넓힌 공이 있다.

❶ 발해는 고구려 출신인 대조영이 고구려의 유민과 말갈인을 이끌고 동모산에서 세운 나라로, 고구려 계승 의식을 표방하였어요.

❷ 발해는 무왕 때 '인안', 문왕 때 '대흥', 선왕 때 '건흥' 등 독자적인 연호를 사용하였어요.

① 골품에 따라 관등 승진을 제한하였다.
➡ 신라의 골품제는 골품에 따라 관등 승진에 제한을 두고 일상생활까지도 규제하는 폐쇄적인 신분 제도였어요.

② 주자감을 설치하여 인재를 양성하였다.
➡ 발해는 교육 기관으로 주자감을 설치해 유학을 교육하였어요.

③ 내신좌평 등 6좌평의 관제를 정비하였다.
➡ 백제는 6좌평, 16관등제를 마련해 중앙 조직을 정비하였어요.

④ 국경 지역인 양계에 병마사를 파견하였다.
➡ 고려는 5도 양계의 지방 행정 제도를 갖추고 국경 지역인 양계(동계, 북계)에 병마사를 파견하여 적의 침입에 대비하였어요.

⑤ 상수리 제도를 통해 지방 세력을 견제하였다.
➡ 신라 문무왕은 지방 세력가나 그 자제를 일정 기간 수도에 거주하게 하는 상수리 제도를 실시하여 지방 세력을 견제하였어요.

09 부여의 역사

정답 ③

(가) 부여에 대한 탐구 활동으로 가장 적절한 것은?

> **정답 키워드**
>
> 관북리 유적, 부소산성, 정림사지, 능산리 고분군

부여에 있는 **①관북리 유적**은 백제의 마지막 도성인 사비의 왕궁지로 추정되는 곳이고, **②부소산성**은 백제가 사비로 천도한 후 수도 방어를 위해 축조한 것으로 짐작되는 곳이에요. **③정림사지**는 5층 석탑이 남아 있는 백제의 절터이고, **④능산리 고분군**은 백제의 무덤군으로 왕릉원이라고도 해요.

① 정약전이 자산어보를 저술한 곳을 알아본다.
　➡ 조선 후기에 정약전은 **흑산도** 유배 중 《자산어보》를 저술하였어요.

② 비담과 염종이 반란을 일으킨 곳을 찾아본다.
　➡ 비담과 염종은 신라 선덕 여왕 때 **경주**에서 반란을 일으켰으나 김유신에 의해 진압되었어요.

③ 성왕이 새로운 도읍지로 정한 곳을 검색한다.
　➡ 백제 성왕은 수도를 웅진(공주)에서 사비(**부여**)로 옮기고, 부여 계승 의식을 내세우며 국호를 '남부여'로 고쳤어요.

④ 윤충이 의자왕의 명을 받아 함락시킨 곳을 확인한다.
　➡ 백제 의자왕은 윤충을 보내 신라의 대야성(오늘날 **합천**)을 함락하였는데, 이는 나·당 동맹을 체결하는 계기가 되었어요.

⑤ 신립이 배수의 진을 치고 왜군과 맞선 곳을 답사한다.
　➡ 조선 시대인 1592년 임진왜란 발발 직후 부산 동래성을 함락한 일본군이 북진하자 신립이 **충주**의 탄금대에서 배수의 진을 치고 항전하였지만 패하고 말았어요. 이를 탄금대 전투라고 해요.

10 후삼국 통일 과정

정답 ①

(가) 후백제의 신라 습격(927), (나) 고창 전투(930) 사이의 시기에 있었던 사실로 옳은 것은?

> **정답 키워드**
>
> (가) 견훤이 신라 수도로 들어감
> (나) 견훤, 고창, 유금필

> (가) **①견훤이 신라의 수도로 들어갔다.** 포석정에서 연회를 벌이고 있던 신라 왕은 적의 병사들이 이르렀다는 말을 듣고 부인과 함께 달아나 성의 남쪽에 있는 별궁에 숨었다. 견훤은 신라 왕을 찾아내고 핍박하여 자결하게 하였다.
>
> (나) **②견훤이 고창군을 포위하자 유금필**이 왕에게 아뢰기를, "싸워 보지도 않고 먼저 패배를 걱정하는 것은 어째서입니까? 신은 군대를 진격해 서둘러 공격하기를 바랍니다."라고 하니 왕이 허락하였다.

(가) 927년에 후백제의 **①견훤**은 신라의 **금성**을 습격해 경애왕을 죽게 하고 김부를 경순왕으로 세웠어요.

(나) 930년에 고려 태조 왕건은 **유금필** 등의 활약으로 **고창 전투**에서 승리하면서 **②견훤**이 이끄는 후백제와의 경쟁에서 우위를 차지하게 되었고, 이후 936년에 신검이 이끈 후백제군을 물리치고 후삼국을 통일하였어요.

① 신숭겸이 **공산 전투**에서 전사하였다.
　➡ **927년**에 고려는 후백제의 공격을 받은 신라가 지원을 요청하자 군사를 보냈어요. 하지만 후백제군과 공산에서 맞닥뜨린 고려군은 크게 패배하였고, 이때 고려의 신숭겸 등이 전사하였어요. 이를 공산 전투라고 해요.

② 안승이 **보덕국**의 왕으로 책봉되었다.
　➡ 고구려 멸망 이후 한반도 전체를 차지하려는 당과 전쟁을 시작한 신라 문무왕은 고구려 부흥 운동을 전개하던 안승이 귀순하자 금마저(익산)에 머물게 하고 **674년**에 보덕국의 왕으로 임명하였어요. **(가) 이전**의 사실이에요.

③ 흑치상지가 임존성에서 군사를 일으켰다.
　➡ 백제 멸망 이후인 **660년**에 흑치상지는 임존성에서 부흥군을 이끌고 백제 부흥 운동을 전개하였어요. **(가) 이전**의 사실이에요.

④ 최치원이 왕에게 **시무 10여 조**를 건의하였다.
　➡ 신라 말 최치원은 당에서 돌아온 후 혼란스러운 당시 신라 사회를 개혁하기 위해 **894년**에 진성 여왕에게 시무책 10여 조를 건의하였으나 진골 귀족의 반발로 받아들여지지 않았어요. **(가) 이전**의 사실이에요.

⑤ 왕건이 **일리천 전투**에서 신검에게 승리하였다.
　➡ **936년**에 고려 태조는 일리천 전투에서 후백제 신검의 군대를 격퇴하면서 후삼국을 통일하였어요. **(나) 이후**의 사실이에요.

(가) 고려 성종에 대한 설명으로 옳은 것은?

정답 **키워드**

> 처음으로 12목을 설치

사료로 만나는 한국사

교서를 내려 말하기를, "태학조교 송승연과 나주목(羅州牧)의 경학박사 전보인이 [학생들을] 이끌어 잘 도와서, 학문을 널리 닦으라는 공자의 뜻에 합치된다. 가르침에 게으르지 않아서 내가 학문을 권장하는 뜻에 들어맞으니 마땅히 그들을 발탁하여 특별하고 두터운 총애를 보이도록 하라."라고 하였다.

[해설] 위 사료는 (가) 이/가 유학 교육에 공이 있는 태학조교와 나주목의 경학박사를 치하하는 『고려사』의 기록이다. 중앙뿐 아니라 지방의 교육도 장려했던 (가) 은/는 ❶처음으로 12목을 설치하고 지방관에 이어 경학박사와 의학박사를 파견하였다.

고려 성종은 최승로의 시무 28조를 받아들여 2성 6부의 중앙 관제를 마련하였으며, 지방 주요 지역에 12목을 설치하고 지방관을 파견하였어요. 또한, 유학 교육을 강화하기 위해 최고 교육 기관으로 국자감을 설립하고 12목에 경학박사와 의학박사를 파견하였어요.

---

① 광덕, 준풍 등의 독자적 연호를 사용하였다.
➡ **광종**은 스스로 황제라 칭하고 광덕, 준풍 등의 독자적인 연호를 사용하였어요.

② 신돈을 중심으로 전민변정 사업을 추진하였다.
➡ **공민왕**은 전민변정도감을 설치하고 신돈을 책임자로 임명하여 권문세족이 빼앗은 토지를 본래 주인에게 돌려주고, 억울하게 노비가 된 이들을 양민으로 회복시키는 등 전민변정 사업을 추진하였어요.

③ 청연각과 보문각을 두어 학문 연구를 장려하였다.
➡ **예종**은 관학을 진흥시키기 위해 전문 강좌인 7재를 설치하고 장학 재단으로 양현고를 운영하였어요. 또한, 청연각과 보문각을 설치하여 학문 연구를 장려하였어요.

④ 정계와 계백료서를 지어 관리의 규범을 제시하였다.
➡ **태조**는 《정계》와 《계백료서》를 지어 관리가 지켜야 할 규범을 제시하였고, 훈요 10조를 남겨 후대 왕들이 나라를 다스릴 때 그 내용을 지킬 것을 당부하였어요.

⑤ 최승로의 시무 28조를 받아들여 통치 체제를 정비하였다.
➡ **성종**은 최승로의 시무 28조를 받아들여 유교 정치 이념을 바탕으로 체제를 정비하였는데, 전국 주요 지역에 12목을 설치하여 지방관을 파견하였어요.

(가) 몽골의 침입에 대한 고려의 대응으로 옳은 것은?

정답 **키워드**

> 진도 용장성, 삼별초 반발

이곳은 전라남도 ❶진도의 용장성 유적으로, 삼별초가 조성한 궁궐의 터가 남아 있습니다. 고려 정부가 (가) 와/과 강화를 맺자, 이에 반발한 삼별초는 왕족인 승화후 온을 왕으로 삼고 이곳으로 내려와 궁궐과 성을 쌓아 항쟁을 계속하였습니다. 단기간 사용되었음에도 왕궁과 외성이 있고, 여러 개의 성문과 치(雉) 등 다양한 시설이 확인된다고 합니다.

삼별초는 무신 정권기 지도자였던 최우가 만든 군사 조직이에요. 좌별초, 우별초, 신의군으로 편성된 삼별초는 최씨 무신 정권의 군사적 기반 역할을 하였어요. 몽골의 침입 당시 고려 정부가 몽골과 강화를 맺고 개경 환도를 결정하자 ❷삼별초는 배중손 등을 중심으로 하여 대몽 항쟁을 벌였어요. 이후 삼별초는 ❶진도(용장성)와 제주도(항파두리성)로 근거지를 옮겨 가며 항쟁하였으나 결국 고려·몽골 연합군에 의해 진압되었어요.

---

① 윤관을 보내 동북 9성을 개척하였다.
➡ 고려 숙종 때 윤관은 **여진**을 정벌하기 위해 별무반 편성을 건의하였고, 예종 때 별무반을 이끌고 여진을 정복한 후 동북 9성을 개척하였어요.

② 상비군으로 구성된 훈련도감을 설치하였다.
➡ 조선 선조 때 **일본군**이 조선을 침입한 임진왜란이 일어나자 유성룡의 건의에 따라 포수, 사수, 살수의 삼수병으로 구성된 훈련도감이 설치되었어요. 훈련도감은 급료를 받는 직업 군인(상비군)이 주축을 이루었어요.

③ 박위로 하여금 쓰시마섬을 정벌하게 하였다.
➡ 고려 창왕 때 박위는 **왜구**의 침입이 잦아지자 왜구의 근거지인 쓰시마섬을 정벌하였어요.

④ 서희를 파견하여 소손녕과 외교 담판을 벌였다.
➡ 고려 성종 때 **거란**의 1차 침입이 일어났는데, 서희는 외교 담판을 벌여 전쟁 없이 거란군을 물러가게 하고 강동 6주를 획득하였어요.

⑤ 대장도감을 설치하여 팔만대장경을 간행하였다.
➡ 고려 고종 무신 집권기에 **몽골**이 침입하자 부처의 힘으로 몽골군을 물리치기 위해 대장도감을 설치하여 팔만대장경을 만들었어요.

---

13 최충의 활동
정답 ③

(가)에 들어갈 최충의 활동 내용으로 가장 적절한 것은?

이 초상화 속 인물은 고려의 학자인 문헌공 최충으로, 해동공자라고 불리기도 하였습니다. 거란의 침입으로 개경이 함락되어 서적들이 소실되자 역사서 편찬을 위한 수찬관에 임명되었습니다. 유학을 보급하고 인재 양성에 힘쓴 그는 _____(가)_____

① 불씨잡변을 지어 불교를 비판하였습니다.
➡ **정도전**은 《불씨잡변》을 지어 불교의 폐단을 비판하였어요. 또한 《조선경국전》, 《경제문감》 등을 저술하여 민본주의와 재상 중심의 정치를 주장하였어요.

② 만권당에서 원의 학자들과 교유하였습니다.
➡ **이제현**은 고려 말에 충선왕이 원의 연경에 세운 독서당인 만권당에서 원의 유학자들과 교유하며 성리학을 연구하였어요.

③ 지공거 출신으로 9재 학당을 설립하였습니다.
➡ **최충**은 고려 문종 때 사립 교육 기관으로 문헌공도라고 불리기도 한 9재 학당을 설립하여 유학 교육에 힘썼어요.

④ 입학도설을 저술하여 성리학의 기본 원리를 해설하였습니다.
➡ **권근**은 글과 그림으로 성리학의 기본 원리를 해설한 성리학 입문서인 《입학도설》을 저술하였어요.

⑤ 성균관의 대사성이 되어 정몽주 등을 학관으로 천거하였습니다.
➡ **이색**은 성균관의 대사성이 되어 정몽주, 김구용, 이숭인 등을 학관으로 채용해 신유학의 보급과 발전에 공헌하였어요.

14 묘청의 서경 천도 운동
정답 ③

다음 상황(묘청의 서경 천도 운동, 1135)이 나타난 시기를 연표에서 옳게 고른 것은?

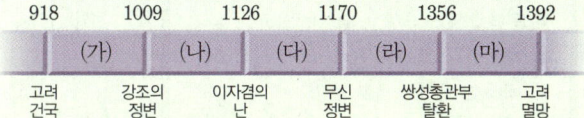

정답 키워드

서경 반란군

❶**서경 반란군**이 검교첨사 최경을 개경으로 보내 표문을 올려 이르기를, "폐하께서 음양의 지극한 말을 믿으시고 도참의 비설을 고찰하시어 대화궁을 창건하시니 천제(天帝)의 도움을 본떠 만드신 것입니다. …… 인심은 두려운 것이며 군중의 분노는 막기 어려우니 만약 폐하께서 수레를 타고 임하신다면 병란은 그칠 것입니다."라고 하였다. 표문이 도착하니 모두 말하기를, "신하가 감히 군주를 부르다니 그 사자(使者)를 베는 것이 옳습니다."라고 하였다.

918	1009	1126	1170	1356	1392
(가)	(나)	(다)	(라)	(마)	
고려 건국	강조의 정변	이자겸의 난	무신 정변	쌍성총관부 탈환	고려 멸망

고려 인종 때 묘청, 정지상 등 서경 세력은 풍수 사상을 바탕으로 서경 길지설을 내세우며 서경 천도를 추진하였어요. 서경 천도가 김부식 등 개경 세력의 반대로 어렵게 되자 서경 세력은 서경에서 난을 일으켰어요. ❶서경 반란군은 김부식이 이끄는 관군에 의해 진압되었어요.

① (가)　② (나)　③ (다)　④ (라)　⑤ (마)

➡ 고려 건국 이후 국가 체제를 정비하는 과정에서 문벌이 형성되었어요. 특히 인종 때 두 딸을 왕에게 시집보낸 경원 이씨 가문의 이자겸은 막강한 권력을 행사하였고, 스스로 왕이 되고자 반란을 일으켰어요(**이자겸의 난, 1126**). 반란은 진압되었지만, 그 영향으로 왕권이 약해졌고 지배층 사이의 분열과 갈등은 심화되었어요. 이에 인종은 승려 묘청과 정지상 등 서경 세력을 이용하여 개혁 정치를 추진하였어요. 이 과정에서 묘청을 비롯한 서경 세력이 서경 천도를 주장하였으나 이루어지지 않자 반란을 일으켰어요(**묘청의 서경 천도 운동, 1135**). 반란은 김부식이 이끄는 관군에 의해 진압되었어요. 이후 문벌 지배 체제의 모순이 더욱 심화되는 가운데 의종 때 문신에 비해 차별을 받던 정중부, 이의방 등 무신이 보현원에서 정변을 일으켜 많은 문신을 살해하고 정권을 장악한 후 의종을 폐위하였어요(**무신 정변, 1170**).

따라서, 묘청의 난(1135)이 일어난 시기는 '이자겸의 난(1126)'과 '무신 정변(1170)' 사이의 시기인 **(다)**예요.

교사의 질문(고려 말 홍건적의 침입으로 공민왕이 복주로 피란(1361)한 이후의 사실)에 대한 학생의 답변으로 가장 적절한 것은?

> **정답 키워드**
>
> 홍건적의 침입

> 자료는 '이생규장전'의 일부입니다. 이 작품은 **홍건적의 침입**❶으로 왕이 피란하고 백성이 고통을 겪는 등 전란의 참혹했던 상황을 역사적 배경으로 하고 있습니다. 이 상황 이후에 전개된 역사적 사실에 대해 말해 볼까요?

> **[문학으로 만나는 한국사]**
>
> 신축년에 홍건적이 개경을 점거하자 임금은 복주(福州)로 피란하였다. 적들은 집을 불태워 없애버렸으며, 사람을 죽이고 가축을 잡아먹었다. 부부와 친척끼리도 서로 보호하지 못했고 동서로 달아나 숨어서 제각기 살길을 찾았다. 이생은 가족들을 데리고 외진 산골로 숨었는데, 한 도적이 칼을 빼어들고 뒤를 쫓아왔다. 이생은 달아나 목숨을 건졌지만, 그의 아내 최랑은 도적에게 사로잡혔다.

홍건적은 '머리에 붉은 두건을 두른 도적'이라는 뜻으로, 원 말기에 일어난 한족 반란군이에요. 고려 말에 **홍건적이 침입**❶하여 개경을 향해 오자 공민왕은 오늘날 경상북도 안동 지역인 복주로 피란하였고, 홍건적을 격퇴하는 과정에서 이성계 등 신흥 무인 세력이 성장하였어요.

① 김사미가 운문을 거점으로 봉기하였어요.
⇒ 1193년 명종 무신 집권기에 운문을 거점으로 김사미가, 초전을 거점으로 효심이 지배층의 가혹한 수탈에 저항하여 봉기를 일으켰어요.

② 강감찬이 흥화진 전투에서 승리하였어요.
⇒ 1018년 효종 때 강감찬은 거란의 3차 침입이 일어나자 흥화진 전투에서 거란군을 물리쳤어요. 이후 강감찬은 퇴각하던 거란군을 귀주에서도 크게 물리쳤는데, 이를 귀주 대첩이라고 해요.

③ 후주 출신 쌍기가 과거제 도입을 건의하였어요.
⇒ 958년에 광종은 후주 출신 쌍기의 건의를 받아들여 유교적 소양을 갖춘 인재를 선발하고자 과거제를 처음으로 시행하였어요.

④ 최충헌이 교정도감을 두어 국정을 총괄하였어요.
⇒ 1209년 희종 무신 집권기에 최충헌은 교정도감을 설치하여 국정을 총괄하는 최고 권력 기구로 삼고, 그 수장인 교정별감이 되어 국정 전반을 장악하였어요.

⑤이성계가 위화도에서 회군하여 정권을 장악하였어요.
⇒ 1388년 우왕 때 요동 정벌을 위해 출병하였던 이성계는 압록강 부근의 위화도에서 군사를 돌려 개경으로 진격한 후 최영을 제거하고 정권을 장악하였는데, 이를 위화도 회군이라고 해요.

---

16 고려의 경제 모습　정답 ⑤

다음 상황이 나타난 **고려**의 경제 모습으로 옳은 것은?

> **정답 키워드**
>
> 여러 소, 해동통보

> ○ 동소(銅所)·철소(鐵所)·자기소(瓷器所)·지소(紙所)·묵소(墨所) 등 ❶ **여러 소**에서 별공으로 바치는 물건들을 너무 과중하게 징수하여 장인들이 고통스러워 도망하고 있다.
>
> ○ 왕이 명령하기를, "이제 처음으로 화폐를 주조하는 법을 제정하였으니, 주조한 돈 1만 5천 관(貫)을 여러 관리와 군인들에게 나누어 주어 이를 통용의 시초로 삼고 전문(錢文)은 ❷ **해동통보**라 하여라."라고 하였다.

❶ 고려 시대에는 특수 행정 구역으로 향·부곡·**소**가 있었어요. 향·부곡은 주로 농사를 짓는 지역이고, 소는 국가에서 필요로 하는 수공업품을 생산하는 지역이에요. 이곳에 사는 사람들은 거주 이전의 자유가 없고, 일반 군현민에 비해 더 많은 세금을 냈어요.

❷ 성종 때 우리나라 최초의 금속 화폐인 건원중보가 만들어졌으나 제대로 유통되지 않았어요. 이후 숙종 때 의천의 건의로 주전도감이 설치되어 은병(활구), 삼한통보, **해동통보**, 해동중보 등의 화폐가 만들어졌지만 이 역시 널리 유통되지는 못하였어요.

① 청해진을 설치하여 해상 무역을 전개하였다.
⇒ **신라** 말에 장보고는 완도에 청해진을 설치하고 이를 중심으로 해상 무역을 전개하였어요.

② 재정 문제를 해결하기 위한 당백전이 발행되었다.
⇒ **조선** 말 고종 재위 시기에 흥선 대원군은 임진왜란 때 불타 없어진 경복궁을 다시 세우기 위해 당백전을 발행하고 원납전을 징수하는 등 각종 정책을 펼쳤는데, 이로 인해 백성들의 불만이 많아졌어요.

③ 계해약조가 체결되어 세견선의 입항이 허가되었다.
⇒ **조선** 전기 세종 때 일본과 제한된 범위에서만 무역을 허용한 계해약조가 체결되었어요.

④ 육의전을 제외한 시전 상인의 금난전권이 폐지되었다.
⇒ **조선** 후기에 정조는 육의전을 제외한 시전 상인의 금난전권을 폐지하였고(신해통공), 이로써 상업 활동이 자유로워지면서 사상이 성장하게 되었어요.

⑤예성강 하구의 벽란도가 국제 무역항으로 번성하였다.
⇒ **고려** 시대에는 개경과 거리가 가까웠던 예성강 하구의 벽란도가 국제 무역항으로 번성하였어요.

(가)에 들어갈 내용으로 가장 적절한 것은?

> 2025년 한국사 교양 강좌
>
> ## 고려의 과학 기술
>
> 우리 학회에서는 고려의 과학 기술에 대해 알아보는 교양 강좌를 마련하였습니다. 관심 있는 분들의 많은 참여를 바랍니다.
>
> ■ 강의 주제
> [제1강] 수시력의 도입과 최성지의 활동
> [제2강] 　　　　(가)
> [제3강] ❶ 화통도감의 설치와 화약 무기의 개발
> [제4강] 고려 ❷ 청자의 발달과 상감 기법의 활용
>
> ■ 일시: 2025년 8월 매주 수요일 오후 7시
> ■ 장소: □□ 대학교 인문대학 대강의실
> ■ 주최: △△ 학회

❶ 고려 우왕은 최무선의 건의에 따라 화통도감을 설치하였어요. 최무선과 나세, 심덕부 등은 이곳에서 생산한 화약과 화포 등을 이용하여 진포에 침입한 왜구를 격퇴하였는데, 이를 진포 대첩(1380)이라고 해요.

❷ 11세기에는 무늬나 장식이 없는 순청자가 주로 만들어졌어요. 12세기 후반부터 상감 청자가 유행하였는데, 상감 청자는 그릇 표면에 무늬를 새기고 그 안을 백토나 흑토로 채우는 상감 기법을 이용하여 만든 것이에요. 상감 기법은 고려의 독창적인 청자 기법이에요.

① 의약학의 발전과 향약집성방의 편찬
➡ 조선 전기 세종 때 유효통, 노중례 등은 왕명을 받아 국산 약재와 치료 방법을 집대성한 《향약집성방》을 편찬하였어요.

② 100리 척의 사용과 동국지도의 제작
➡ 조선 후기 영조 때 정상기는 최초로 100리 척 축척본을 사용하여 〈동국지도〉를 제작하였어요.

③ 기하학적 원리와 경주 석굴암의 조성
➡ 신라 경덕왕 때 재상이었던 김대성이 창건한 것으로 알려져 있는 석굴암은 인공 석굴 사원이며, 그 안에 놓여져 있는 본존불은 신라인들의 뛰어난 조형술을 보여 주는 것이에요.

④ 금속활자 기술과 직지심체요절의 간행
➡ 고려 우왕 때 청주 흥덕사에서 간행된 《직지심체요절》은 현존하는 세계에서 가장 오래된 금속 활자본이에요.

⑤ 농업 기술의 발달과 임원경제지의 저술
➡ 조선 후기에 서유구는 국내외 여러 농업 서적 등을 참조하여 농촌 생활 백과사전인 《임원경제지》를 저술하였어요.

(가) 고려의 문화유산으로 옳은 것은?

> 정답 키워드
>
> 은진 미륵, 논산 관촉사

메타버스 전시관

❶ 은진 미륵이라고도 불리는 거대한 이 불상은 　(가)　 시대 초기에 만들어진 것으로, ❷ 논산 관촉사에 가면 볼 수 있어. 역사적, 예술적 가치가 재평가되어 보물에서 국보로 변경되었다고 해. 이번에는 탑을 만나러 가볼까?

논산 관촉사 석조 미륵보살 입상은 ❷ 논산 관촉사에 있으며, 고려 초기의 불상이에요. 고려 시대 불상 중 가장 크다고 알려져 있으며, 은진 미륵이라고도 불려요.

①
➡ 백제 무왕이 익산에 미륵사를 지으며 만든 익산 미륵사지 석탑이에요. 목탑 양식을 계승한 형태의 석탑이에요.

②
➡ 통일 신라의 경주 불국사 3층 석탑으로 '석가탑'이라고도 해요. 통일 신라 석탑의 완벽한 조형미를 보여 주고 있어요.

③
➡ 고려 시대에 건립된 개성 경천사지 10층 석탑으로, 원의 영향을 받아 대리석으로 만들어졌어요.

④
➡ 발해의 영광탑으로, 벽돌로 만든 전탑이에요.

⑤
➡ 신라의 석탑 중 가장 오래된 경주 분황사 모전 석탑이에요.

다음 자료를 활용한 탐구 활동으로 가장 적절한 것은?

정답 키워드

> 임금이 이방석을 왕세자로 삼음

> 처음에 공신 배극렴·조준·정도전이 세자를 세울 것을 청하면서, 나이와 공로를 고려하여 정하기를 청하였다. 임금이 강씨를 중히 여겨 이방번에게 뜻이 있었으나, 공신들은 방번이 적합하지 않다고 생각하여 사적으로 서로 이야기하기를, "만일 강씨 소생이어야 한다면 막내가 조금 낫겠다."라고 하였다. 이후 임금이 "누가 세자가 될 만한가?"라고 물으니, 맏이 혹은 공로가 있는 사람을 세워야만 된다고 간절히 말하는 사람이 없었다. 이에 극렴이 말하기를, "막내 아들이 좋습니다."라고 하니, ❶임금이 마침내 뜻을 결정하여 어린 이방석을 왕세자로 삼았다.

> ❶태조 이성계는 조선 건국에 큰 공을 세운 다섯째 왕자 이방원이 아닌 막내 아들 이방석을 세자로 삼았어요.

①제1차 왕자의 난이 일어난 이유를 찾아본다.
➡ **태조 이성계가 두 번째 왕비의 아들인 이방석을 세자로 책봉**하자 조선 건국에 큰 공을 세운 이방원을 비롯한 왕자들이 반발하였어요. 이방원은 난을 일으켜 정도전 등 반대파를 제거하고 권력을 장악하였는데, 이 사건을 제1차 왕자의 난이라고 해요. 이후 이방원은 제2차 왕자의 난을 거쳐 태종으로 즉위하면서 조선의 제3대 왕이 되었어요.

② **수양대군이 정권을 장악하는 과정을 조사한다.**
➡ 세종의 뒤를 이은 문종이 재위 2년 만에 죽고 12세의 어린 단종이 왕위에 오르자 **수양대군은 계유정난을 일으켜 김종서를 죽이고 권력을 장악**한 후 양위를 통해 세조로 즉위하였어요.

③ **사림이 동인과 서인으로 나뉘게 된 계기를 파악한다.**
➡ 선조 때 중앙 정치를 주도하게 된 사림은 명종 때 **척신 정치의 잔재 청산 문제**로 대립하게 되었어요. 신진 사림은 척신 정치의 잔재 청산을 적극적으로 주장하였지만, 기성 사림은 소극적이었기 때문이에요. 이러한 대립은 **이조 전랑의 임명 문제**를 둘러싸고 더욱 심해졌어요. 결국 사림은 신진 사림을 중심으로 한 동인과 기성 사림을 중심으로 한 서인으로 붕당이 형성되었어요.

④ **폐모살제 등을 구실로 반정을 일으킨 세력을 검색한다.**
➡ 광해군 때 **서인은 중립 외교, 영창 대군 살해와 인목 대비 폐위 등의 폐모살제를 구실로 인조반정**을 일으켰어요(1623). 이후 인조가 즉위하면서 서인이 정권을 잡고 북인 세력이 몰락하였어요.

⑤ **허적과 윤휴 등 남인이 대거 축출되는 사건을 알아본다.**
➡ 숙종 때 남인의 수장이었던 허적은 무단으로 왕실의 비품인 기름 먹인 장막(유악)을 사용하였어요. 이를 알게 된 **숙종이 허적과 윤휴 등 남인을 대거 축출하였는데, 이 사건을 경신환국**이라고 해요(1680).

(가) 사헌부에 대한 설명으로 옳은 것은?

정답 키워드

> 백관 규찰과 탄핵 관장

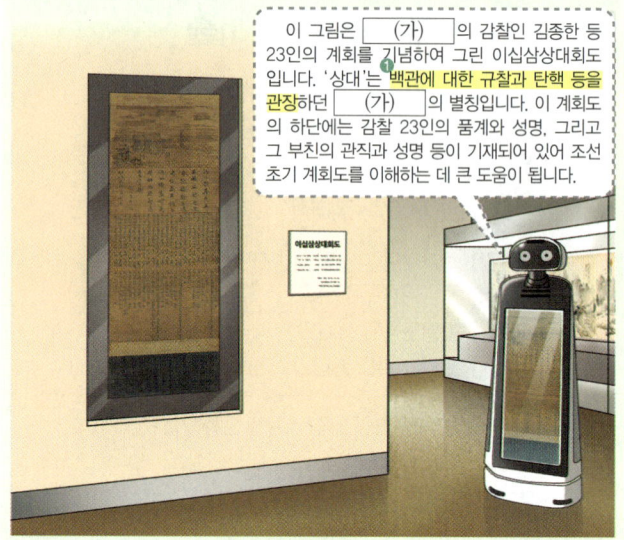

> 이 그림은 ＿＿(가)＿＿의 감찰인 김종한 등 23인의 계회를 기념하여 그린 이십삼상대회도입니다. '상대'는 백관에 대한 규찰과 탄핵 등을 관장하던 ＿＿(가)＿＿의 별칭입니다. 이 계회도의 하단에는 감찰 23인의 품계와 성명, 그리고 그 부친의 관직과 성명 등이 기재되어 있어 조선 초기 계회도를 이해하는 데 큰 도움이 됩니다.

> 조선 시대에 ❶백관에 대한 규찰과 탄핵 등을 관장하는 감찰 기관이었던 사헌부는 사간원, 홍문관과 함께 3사로 불렸는데, 3사는 권력의 독점을 경계하는 언론 기능을 담당하였어요. 또한, 사헌부는 사간원과 함께 대간으로 불리며 5품 이하 관리의 임명 과정에서 서경권을 행사하였어요. 한편, 사헌부의 수장을 대사헌이라고 불렀어요.

① **수도의 행정과 치안을 담당하였다.**
➡ **한성부**는 수도 한성의 행정과 치안을 담당하였어요.

② **을묘왜변을 계기로 상설 기구화되었다.**
➡ **비변사**는 3포 왜란을 계기로 외적의 침입에 대비하여 임시로 설치되었고, 을묘왜변을 계기로 상설 기구가 되었어요. 이후 임진왜란을 거치면서 국정 최고 기구로 성장하였어요.

③ **서얼 출신 학자들이 검서관에 등용되었다.**
➡ 정조는 서얼 출신 학자들을 **규장각** 검서관으로 기용하기도 하였는데 박제가, 유득공, 이덕무 등이 대표적인 인물이에요.

④ **역사서를 편찬하고 사고에 보관하는 일을 맡았다.**
➡ **춘추관**은 실록 등 역사서를 편찬·보관하고 관리하는 일을 담당하였어요. 왕이 죽으면 실록청을 설치하여 춘추관 관원들이 실록을 편찬하였어요.

⑤대사헌을 수장으로 집의, 장령 등의 관직을 두었다.
➡ **사헌부**는 수장인 대사헌을 중심으로 그 아래 집의, 장령, 지평, 규정 등의 관직으로 구성되었어요.

21 여진과 조선의 관계

정답 ②

(가) 여진에 대한 조선의 대응으로 옳은 것은?

정답 키워드

경성과 경원에 무역소 설치

이 그림에는 1588년 북병사 장양공 이일이 변경을 침범하던 <u>(가)</u> 을/를 정벌하는 장면이 그려져 있습니다. 조선 초에는 <u>(가)</u> 을/를 회유하기 위해 경성과 경원에 무역소를 설치하기도 하였으나, 이들은 수시로 변경을 침범하였고 조선 정부의 토벌도 이어졌습니다.

장양공정토시전부호도

조선 태종은 여진에 대한 회유책으로 국경 지대인 ❶**경성과 경원에 무역소를 설치**해 무역을 허락하였어요.

① 사신 접대를 위해 한성에 **동평관**을 두었다.
➡ 조선은 한성에 **일본** 사신을 위한 숙소인 동평관을 설치하였어요.

② 두만강 일대를 개척하여 **6진**을 설치하였다.
➡ 조선 세종 때 김종서는 세종의 명을 받아 두만강과 압록강 일대에 출몰하는 **여진**을 정벌하고 6진을 개척하였어요.

③ 강화도로 도읍을 옮겨 장기 항전을 준비하였다.
➡ 고려 고종 무신 집권기에 당시 최고 집권자였던 최우는 **몽골**이 침략하자 일단 강화를 맺은 후 수도를 강화도로 옮겨 장기 항전에 대비하였어요.

④ 철령위 설치에 반발하여 요동 정벌을 추진하였다.
➡ 고려 우왕 때 최영은 **명**이 철령 이북의 영토를 요구하며 철령위 설치를 통보하자 이에 반발해 요동 정벌을 추진하며 이성계와 군대를 파견하였어요.

⑤ 신기군, 신보군, 항마군 등으로 구성된 **별무반**을 조직하였다.
➡ 고려 숙종 때 윤관은 **여진**을 정벌하기 위해 별무반 조직을 건의하였고, 예종 때 신기군, 신보군, 항마군 등으로 구성된 별무반을 이끌고 여진을 정복한 후 동북 9성을 축조하였어요.

22 을사사화

정답 ②

(가) 인종이 기묘사화 당시 죽임을 당한 조광조의 벼슬 회복을 바람(1545), **(나)** 양재역 벽서 사건(1547) 사이의 시기에 있었던 사실로 옳은 것은?

정답 키워드

(가) 조광조의 벼슬 회복   (나) 양재역 벽에 써 붙인 주서

(가) 대신 등에게 전교하기를, "조광조 등의 일은 내가 늘 마음속에서 잊지 않았으나 선왕(先王)께서 전에 허락하지 않으셨으므로 감히 가벼이 고치지 못하였다. 이제는 내 병이 위독하여 비로소 유언하니 ❶**조광조 등의 벼슬을 모두 회복**할 수 있으면 다행이겠다. 현량과도 회복하여 거두어 등용하도록 하라."라고 하였다.

(나) 부제학 정언각이 아뢰기를, "소신이 ❷**양재역에 이르러서 벽에 써 붙인 주서(朱書)**를 보았는데 국가에 관계된 내용이었으므로 지극히 놀랐습니다. …… 또 반역의 잔당들은 이미 죄를 물었습니다만, 심영은 대왕대비를 가리켜 신하로서 할 수 없는 말을 하였습니다. 신하가 그와 같은 말을 하고서 어떻게 천지 사이에 용납될 수 있겠습니까."라고 하였다.

(가) 1545년에 조선 인종은 선왕인 중종 때 일어난 기묘사화(1519)로 ❶**조광조 등 축출된 신하들의 벼슬 회복**을 바라는 유언을 남겼어요.

(나) 을사사화 이후 윤원형 일파가 남은 윤임 일파를 몰아내기 위해 ❷**양재역 벽서** 사건을 확대하여 이언적 등이 화를 입었어요.

① 자의 대비의 복상 문제로 **예송**이 일어났다.
➡ 조선 현종 때 효종과 효종비가 죽자 서인과 남인 사이에 효종의 어머니인 자의 대비의 상복 입는 기간을 두고 1659년에 기해예송이, 1674년에 갑인예송이 전개되었어요. **(나) 이후**의 사실이에요.

② 외척 간의 권력 다툼으로 윤임이 제거되었다.
➡ 1545년 명종 때 윤임 일파와 윤원형 일파의 대립으로 을사사화가 일어나 윤임 일파가 제거되었어요.

③ 세자 책봉 문제를 계기로 정철이 유배되었다.
➡ 1591년 선조 때 정철이 올린 건의(광해군 세자 책봉 건의)가 문제가 되면서 정철은 유배되었고 동인이 정권을 잡았어요. **(나) 이후**의 사실이에요.

④ 희빈 장씨 소생의 원자 책봉 문제로 환국이 발생하였다.
➡ 경신환국 이후 1689년에 숙종은 인현 왕후에게 후사가 생기지 않자 후궁 장씨의 소생을 원자로 삼아 정호할 것을 명령하였는데, 이에 서인은 반대하였고, 남인은 찬성하였어요. 이 과정에서 서인의 우두머리였던 송시열은 희빈 장씨 아들의 원자 책봉을 반대하다가 제주로 유배된 후 사사되었는데, 이 사건을 기사환국이라고 해요. **(나) 이후**의 사실이에요.

⑤ 폐비 윤씨 사사 사건의 전말이 알려져 **김굉필** 등이 **처형**되었다.
➡ 1504년 연산군 때 폐비 윤씨 사사 사건의 전말이 알려지자 갑자사화가 일어나 김굉필 등 훈구와 사림이 처형당하였어요. **(가) 이전**의 사실이에요.

(가) 병자호란 중에 있었던 사실로 옳은 것은?

정답 키워드

남한산성, 인조

문학으로 보는 한국사

❶ 남한산성 무너진 날 죽었어야 할 몸인데
초수(楚囚)*되어 아직도
못 돌아간 신하라네
서쪽으로 오며 형 생각에 몇 번이나
눈물 뿌렸던고
동녘을 바라보니
아우 그린 형이 가련하네
……
부부 은정(恩情) 중하기도 한데
만난지 두 돌도 못 되었네그려
이제는 만 리 밖에 이별하여
백년 가약이 헛되구나
길이 멀어 편지도 못 부치고
산이 높아 꿈조차 더디 넘네
나의 살 길 기약할 수 없으니
뱃속의 아이나 잘 보살펴주오

*초수: 포로를 뜻함

[해설]
　이 작품은 송시열이 펴낸 『삼학사전』에 수록된 시로, 오달제가 형과 아내에게 보낸 것입니다. 삼학사는 　(가)　 때 척화론을 주장하다가 이듬해 심양으로 잡혀가 순절한 홍익, 윤집, 오달제를 말합니다. 『삼학사전』에는 삼학사의 절개와 비극적 최후가 묘사되어 있습니다. ❷ 인조의 뒤를 이어 즉위한 효종은 　(가)　 의 치욕을 씻기 위해 북벌을 추진하는 한편 순절한 인물을 기리고 그 후손을 등용하는 정책을 펼쳤습니다.

　인조반정 이후 인조와 서인 정권은 친명배금 정책을 추진하였어요. 이로 인해 정묘호란이 일어났고, 후금은 조선과 후금이 형제 관계를 맺는다는 조건으로 물러갔어요. 그 뒤 세력이 더욱 강성해진 후금은 국호를 '청'으로 바꾸고 조선에 군신 관계를 요구하며 병자호란을 일으켰어요. 이에 ❷ 인조는 남한산성으로 피란하여 항전하였으나 결국 삼전도에서 항복하였고, 이후 조선은 청과 군신 관계를 맺고 소현 세자와 봉림 대군을 청에 볼모로 보냈어요.

① 송상현이 동래성에서 항전하였다.
　➡ 임진왜란 발발 직후 부산진성 전투에서 정발이 전사하였고, 이어 동래성 전투에서 송상현이 항전하였지만 전사하였어요. 이후 일본군은 한양을 향해 빠르게 진격하였어요.

②(김준룡이 광교산 전투에서 승리하였다.
　➡ 병자호란 때 김준룡은 근왕병을 이끌고 오늘날 경기도 용인의 광교산 일대에서 청의 군대와 싸워 승리하였어요.

③ 이괄의 반란 세력이 도성을 장악하였다.
　➡ 서인이 주도하여 광해군을 몰아낸 인조반정 이후 반정의 공신 책봉에 불만을 품은 이괄이 난을 일으켰는데, 이 사건이 이괄의 난이에요. 이 사건이 구실이 되어 정묘호란이 일어났어요.

④ 강홍립 부대가 사르후 전투에 참전하였다.
　➡ 광해군 때 후금과 전쟁을 치르고 있던 명의 요청을 받아 지원군으로 파견된 강홍립 부대가 사르후 전투에 참전하였어요.

⑤ 신류가 조총 부대를 이끌고 흑룡강에서 전투를 벌였다.
　➡ 효종 때 청의 요청에 따라 나선(러시아) 정벌을 위해 조총 부대를 파견하였어요. 신류, 변급이 이끈 조총 부대는 흑룡강 일대에서 청군과 함께 러시아군에 맞서 싸웠어요.

(가) 조선 영조에 대한 설명으로 옳은 것은?

정답 키워드

이인좌의 난 평정

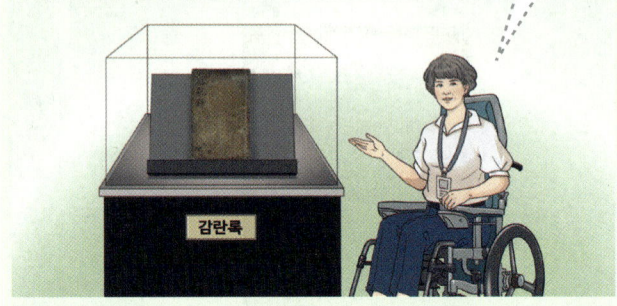

　이 책은 ❶ 이인좌의 난을 평정한 직후 　(가)　 의 명으로 송인명 등이 난의 진행 과정과 원인에 대해 여러 자료를 참고해서 편찬한 것입니다. 어제(御製) 서문에는 이인좌의 난이 일어난 원인을 붕당에서 찾고 있으며, 이와 같은 변란의 재발을 막기 위하여 이 책을 편찬한다고 명시되어 있습니다.

감란록

　경종이 일찍 죽고 뒤를 이어 영조가 즉위하자 정권에서 배제된 이인좌를 비롯한 강경파 소론 세력과 일부 남인이 연합하여 경종의 죽음에 영조와 노론이 관계되었다고 주장하며 난을 일으켰는데, 이 사건이 이인좌의 난이에요. 영조는 ❶ 이인좌의 난을 평정하고 정국을 안정시켰어요.

① 경기도에 한하여 대동법을 시행하였다.
　➡ 광해군은 방납으로 인한 폐단이 심화되자 소유한 토지를 기준으로 공납을 부과하여 쌀이나 베, 동전 등으로 납부하게 하는 대동법을 경기도에 한하여 처음 시행하였어요.

② 수도 방어를 위하여 금위영을 창설하였다.
　➡ 숙종은 수도 방어를 담당하는 금위영을 창설하였어요. 금위영의 창설로 조선 후기 5군영 체제가 완비되었어요.

③(탕평 교서를 반포하고 탕평비를 건립하였다.
　➡ 영조는 붕당 정치의 폐해를 경계하고자 탕평책을 실시하였고, 이를 널리 알리고자 성균관 앞에 탕평비를 건립하였어요.

④ 문신을 재교육하기 위한 초계문신제를 실시하였다.
　➡ 정조는 젊은 문신들을 선발해 재교육하는 초계문신제를 실시하여 자신의 정책을 뒷받침할 인재를 육성하였어요.

⑤ 통치 체제를 정비하기 위해 대전회통을 편찬하였다.
　➡ 고종 때 흥선 대원군은 《대전회통》을 편찬하여 통치 체제를 정비하였어요. 《대전회통》은 조선 시대 마지막 통일 법전이에요.

25 조선 후기의 사회 모습

정답 ①

밑줄 그은 '조선 후기'에 볼 수 있는 모습으로 가장 적절한 것은?

정답 키워드

> 장용영, 겸재 정선

> 이것은 **장용영**이 존재하던 시기 한양 도성 일대를 그린 도성도입니다. 종묘 부근에 장용영의 위치가 표시되어 있습니다. 이 지도에는 또 어떤 특징이 있을까요?

> 두드러진 특징은 남쪽을 바라보며 정사를 보는 왕의 시각에 맞춰 그려, 지도의 상단이 남쪽으로 되어있다는 점입니다. 또한 산수화풍의 산세 표현은 **겸재 정선**의 화풍을 따른 것으로 보입니다.

❶ 조선 후기에 사도 세자의 아들인 정조는 자신의 정치적 이상과 개혁 의지를 실현하고자 수원에 화성을 건설하고 정치·군사·상업 기능을 부여하였어요. 또한 국왕의 친위 부대인 **장용영**을 설치하였고, 수원 화성에 장용영 외영을 두어 주둔하게 하였어요.

❷ 조선 후기에는 우리나라의 경치를 직접 보고 사실적으로 그림을 그리기 시작하였어요. **겸재 정선**의 〈인왕제색도〉, 〈금강전도〉가 대표적인 작품이에요.

① 세책가에서 **춘향전**을 빌리는 부녀자
➡ **조선 후기**에 서민들은 〈춘향전〉 등의 한글 소설을 즐겼어요. 이에 돈을 받고 책을 빌려주는 책방인 세책가가 등장하였어요.

② 동국정운을 편찬하는 **집현전**의 학자
➡ **조선 전기** 세종 때 집현전의 학자였던 신숙주 등은 왕명을 받아 우리나라 최초의 표준음에 관한 책인 《동국정운》을 편찬하였어요.

③ 주자소에서 **계미자**를 제작하는 장인
➡ **조선 전기**에 태종은 활자를 만드는 관청인 주자소를 설치하여 구리 활자인 계미자를 주조하였어요.

④ 형평사 창립 대회 개최를 취재하는 기자
➡ **일제 강점기**였던 1923년에 백정들은 자신들에 대한 사회적 차별과 멸시를 철폐하기 위해 경상남도 진주에서 조선 형평사를 조직하고 형평사 창립 대회를 개최하는 등 형평 운동을 전개하였어요.

⑤ 시전의 상행위를 감독하는 **경시서**의 관리
➡ **고려 시대**에는 개경에 설치된 시전의 상행위를 관리·감독하기 위해 경시서를 두었어요. 경시서는 조선까지 이어졌으며, 세조 때 평시서로 개칭되었어요.

26 조선 후기의 경제 모습

정답 ①

다음 상황이 나타난 **조선 후기**의 경제 모습으로 옳지 **않은** 것은?

정답 키워드

> 토란, 고구마, 메밀

> 비가 내리자 왕이 특별히 화성부에 이르기를, "흉년이 들었을 때 기근을 구제하는 데 서쪽 지방의 **토란**이나 남쪽 지방의 **고구마**보다 월등히 나은 것은 **메밀**이다. 내가 이 때문에 모내기의 시기를 놓치게 되면 반드시 메밀을 대신 파종하도록 권장하는 것이다."라고 하였다.

조선 후기에는 **토란, 고구마, 메밀**, 감자 등의 구황 작물이 널리 재배되기 시작하였어요.

① 염포의 **왜관**을 통해 일본과 교역하였다.
➡ **조선 전기**에 세종은 이종무를 보내 왜구의 근거지인 쓰시마섬(대마도)을 정벌하고 교역을 중단하였는데, 이후 일본이 교역을 간청하자 부산포, 염포, 제포의 3개 항구를 열고 일본에 제한된 범위 안에서의 무역을 허용하였어요.

② 상평통보를 발행하여 화폐로 사용하였다.
➡ **조선 후기** 숙종 때 허적의 제안에 따라 발행되기 시작한 상평통보는 상공업 발달과 대동법의 전국 확대 실시 등으로 전국적으로 유통되었어요.

③ 관청에 물품을 조달하는 **공인**이 활동하였다.
➡ **조선 후기**에 대동법이 시행되면서 관청에서 공가를 받고 필요한 물품을 마련하여 궁궐과 관청에 납품하는 공인이 등장하였어요. 공인의 활동은 상공업이 발달하고 상품 화폐 경제가 발달하는 데 기여하였어요.

④ 송상, 만상이 대청 무역으로 부를 축적하였다.
➡ **조선 후기** 정조 때 신해통공으로 육의전을 제외한 시전 상인의 금난전권이 폐지되자 사상의 활동이 활발해졌어요. 의주의 만상은 청과의 무역으로, 개성의 송상은 청과 일본 사이에서 중계 무역으로, 동래의 내상은 일본과의 무역으로 큰 부를 축적하였어요.

⑤ 덕대가 물주에게 자금을 받아 광산을 경영하였다.
➡ **조선 후기**에 상인 물주로부터 자금을 받아 채굴업자와 노동자를 고용하여 광산을 전문적으로 경영하는 덕대가 등장하였어요.

(가) 조선 순조의 재위 시기에 있었던 사실로 옳은 것은?

정답 키워드

> 세도 정치, 장인 김조순

이 그림은 ❶**세도 정치**의 주요 인물이자 (가) 의 ❷**장인인 김조순**의 별저 옥호정과 그 일대를 그린 옥호정도입니다. 삼청동 북악산 백련봉 일대에 위치한 별저의 모습을 통해 당시 세도가였던 안동 김씨의 위세를 짐작할 수 있습니다.

❶**세도 정치**는 소수 가문에 권력이 집중된 정치 형태를 말해요. 정조가 사망한 후 순조, 헌종, 철종의 3대 60여 년 동안 안동 김씨, 풍양 조씨 등 왕실과 혼인 관계를 맺은 소수 가문들이 비변사를 중심으로 권세를 휘둘렀어요. 이로 인해 매관매직, 부정부패, 삼정의 문란 등 많은 폐단이 성행하여 백성들의 삶이 힘들어졌어요. 특히 순조 때는 왕의 ❷**장인 김조순**이 막강한 권세를 휘두르기도 하였어요.

① 오페르트가 남연군 묘 도굴을 시도하였다.
➡ **고종** 재위 흥선 대원군 집권기였던 1868년에 독일 상인 오페르트가 통상 협정에 이용하기 위해 흥선 대원군의 아버지인 남연군의 묘를 도굴하려 하였으나 실패하였어요.

② 이만손이 주도하여 영남 만인소를 올렸다.
➡ **고종** 때인 1881년에 이만손 등은 국내에 《조선책략》이 유포되자 고종에게 정부의 개화 정책을 반대한다는 내용의 영남 만인소를 올렸어요.

③ 이시애가 길주를 근거지로 난을 일으켰다.
➡ **세조** 때 중앙 집권 체제를 강화하기 위해 북도 출신 수령의 임명을 줄이고 서울에서 직접 관리를 파견하였어요. 이에 불만을 품은 함길도 토착 세력인 이시애가 길주를 근거지로 난을 일으켰으나 진압되었어요.

④ 홍경래 등이 봉기하여 정주성을 점령하였다.
➡ **순조** 때인 1811년에 홍경래, 우군칙 등이 서북민에 대한 차별과 지배층의 수탈에 반발하여 평안도 지역에서 봉기를 일으켰고 정주성을 점령하였는데, 이를 홍경래의 난이라고 해요.

⑤ 곽재우, 고경명 등이 의병장으로 활약하였다.
➡ **선조** 때 임진왜란이 일어나자 곽재우, 고경명 등이 의병장으로 활약하였어요. 특히, 곽재우는 의령에서 붉은 옷을 입고 많은 일본군을 무찔러 '홍의 장군'이라고 불렸어요.

(가) 갑신정변에 대한 설명으로 옳은 것은?

정답 키워드

> 김옥균 등이 일으킴

❶**김옥균 등**은 청이 우리 자주권을 침해하는 데 분노하여 일본 공사와 (가) 을/를 일으켜 '일본당'으로 지목되었다. (가) 이/가 실패하자 온 나라가 그를 역적이라 하였다. 나는 조정에 몸을 담고 있어 그를 토벌하여 죽여야 한다는 것 외에 다른 목소리를 낼 수 없었다. 그러나 김옥균과 나의 마음은 그 뜻이 다른 데 있는 것이 아니라 나라를 사랑하는 데서 나온 것이었다.

– 『속음청사』 –

1884년에 ❶**김옥균, 박영효, 서광범 등 급진 개화파**는 우정총국 개국 축하연을 이용하여 정변을 일으키고 개화당 정부를 수립한 후 근대 국가 수립을 위한 개혁 정강을 발표하였어요(갑신정변). 개화당 정부는 청과의 사대 관계 청산, 호조로의 재정 일원화, 지조법 개혁, 문벌 폐지, 인민 평등권 마련, 능력에 따른 인재 등용 등의 내용을 담은 개혁안을 발표하고 개혁을 추진하려 하였으나 청군의 개입으로 3일 만에 실패하였어요.

① 개혁 추진 기구로 교정청이 설치되었다.
➡ **동학 농민 운동**이 전개 중이던 1894년 6월에 조선 정부는 농민군과 전주 화약을 체결한 이후 개혁을 추진하기 위한 기구로 교정청을 설치하고 청·일 양국 군대의 철병을 요구하였어요.

② 전개 과정에서 홍범 14조가 반포되었다.
➡ 1895년 **제2차 갑오개혁** 과정에서 고종은 개혁의 기본 방향을 밝힌 홍범 14조를 반포하였어요.

③ 통리기무아문이 신설되는 배경이 되었다.
➡ 개항 이후 1880년에 조선 정부는 **개화 정책**을 추진하기 위해 총괄 기구로 통리기무아문과 산하 기구인 12사를 설치하여 개혁을 추진하였어요.

④ 김기수가 수신사로 파견되는 결과를 가져왔다.
➡ 1876년 **강화도 조약(조·일 수호 조규)** 체결 직후에 조선 정부는 김기수를 일본에 수신사로 파견하였어요.

⑤ 청일 간에 톈진 조약이 체결되는 계기가 되었다.
➡ 1884년 **갑신정변**의 결과로 조선과 일본 사이에 일본 공사관 증축 비용과 배상금 지불 등을 약속한 한성 조약이 체결되었어요. 또한 청과 일본은 조선에서의 양국 군대 동시 철수, 파병 시 상호 통보 등을 규정한 톈진 조약을 체결하였어요.

29 동학

(가) 동학에 대한 설명으로 옳은 것은?

정답 키워드

> 교주 최시형

재판 기록으로 보는 한국사

판결선고서
강원도 원주군 평민
피고 최시형 72세

재판장 판사 조병직
판사 조병갑

[해설] 자료는 __(가)__ 의 제2대 **교주 최시형**에 대한 판결 선고서이다. 교조 신원 운동을 주도했던 그는 1894년 전봉준, 김개남 등이 이끈 농민군과 합세한 일로 도망자 신세가 되었고, 결국 1898년 원주에서 체포되어 고등 재판소에서 재판을 받았다. 당시 재판에는 농민 수탈로 고부 봉기를 촉발시켰던 조병갑이 판사로 참여하였고, 법부 대신 조병직이 재판장으로서 최시형에게 사형을 선고하였다.

동학은 경주 출신의 몰락 양반 최제우가 서학에 반대하여 유교·불교·도교와 민간 신앙의 요소를 결합하여 창시한 종교예요. 동학은 인내천과 시천주를 내세우며 평등사상을 강조하였어요. 혹세무민의 죄목으로 최제우가 처형된 후 **제2대 교주가 된 최시형**은 교조 최제우의 누명을 풀어 줄 것을 요구하는 교조 신원 운동을 이끌었고, 1892년에 삼례에서, 1893년에 보은에서 집회를 열었어요.

① **포접제**를 활용하여 교세를 확장하였다.
➡ **동학**의 제2대 교주였던 최시형은 포접제를 실시하고, 《동경대전》과 《용담유사》를 경전으로 삼는 등 동학의 교세 확장을 위해 노력하였어요.

② **배재 학당**을 세워 신학문 보급에 앞장섰다.
➡ **개신교**는 아펜젤러가 배재 학당을 세우고, 스크랜턴이 이화 학당을 세우는 등 신학문 보급에 앞장섰어요.

③ 박중빈을 중심으로 **새생활 운동**을 추진하였다.
➡ **원불교**는 창시자 박중빈을 중심으로 간척 사업을 진행하고 허례 허식 폐지 등 새생활 운동을 펼쳤어요.

④ 일제의 통제에 맞서 **사찰령 폐지 운동**을 벌였다.
➡ **불교**계는 일제가 1911년에 사찰령을 제정하자 한용운을 중심으로 사찰령 폐지 운동을 전개하고 조선 불교 유신회를 조직하였어요.

⑤ **의민단**을 조직하여 항일 무장 투쟁을 전개하였다.
➡ **천주교**는 만주에 의민단을 조직하여 항일 무장 투쟁을 전개하였어요.

---

30 러·일 전쟁 시기의 사실

밑줄 그은 '**러·일 전쟁(1904~1905)**' 기간에 있었던 사실로 옳은 것은?

정답 키워드

> 포츠머스 조약, 대한 제국의 외교권 박탈

미국 잡지 '포퓰러 매거진'의 1912년 마지막 호에는 한반도를 둘러싼 대한 제국과 일본, 러시아 간의 암투를 다룬 첩보 소설(The cat and the king)이 실렸습니다. 베델, 민영환 등 당대 인물들이 등장하는 이 소설은 일제가 **포츠머스 조약**을 체결하여 전쟁을 끝내고 **대한 제국의 외교권을 박탈**하려 하는 등 긴박하게 전개되었던 당시 상황을 배경으로 하고 있습니다.

한반도와 만주를 둘러싼 일본과 러시아 간의 대립은 1904년에 러·일 전쟁으로 이어졌어요. 전쟁에서 승기를 잡은 일본은 미국과는 가쓰라·태프트 밀약을 체결하고, 영국과는 제2차 영·일 동맹을 맺었어요. 결국 전쟁은 일본의 승리로 끝났고, 일본은 1905년 9월에 전쟁 마무리를 위해 미국의 중재로 러시아와 **포츠머스 조약**을 맺었어요. 이러한 조약을 통해 일본은 열강으로부터 사실상 대한 제국에 대한 독점적 지배권을 인정받았고, 곧이어 일본은 **대한 제국의 외교권**을 박탈하는 을사늑약을 체결하였어요.

① 고종이 **아관 파천**을 단행하였다.
➡ 을미사변으로 신변에 위협을 느낀 고종은 **1896년**에 러시아 공사관으로 거처를 옮기는 아관 파천을 단행하였어요.

② 일본이 **독도를 불법 편입**하였다.
➡ 러·일 전쟁 중이었던 **1905년**에 일본은 독도를 무인도로 규정하고 자국 영토인 시마네현으로 불법 편입하였어요.

③ 러시아가 **절영도 조차**를 요구하였다.
➡ **1897년**에 러시아가 저탄소 설치를 위해 절영도를 빌려 달라고 요구하였는데, 독립 협회의 반러시아 운동 등으로 러시아는 결국 절영도 조차를 포기하였어요.

④ **조청 상민 수륙 무역 장정**을 체결하였다.
➡ **1882년**에 임오군란 직후 조선은 청과 조·청 상민 수륙 무역 장정을 체결하였어요. 그 결과 청 상인의 내지 무역이 가능해져 객주, 여각 등 국내 중개 상인과 보부상이 큰 타격을 입었으며, 서울 상인들의 상권도 크게 위협을 받았어요.

⑤ 평양 관민이 대동강에 침입한 **제너럴 셔먼호**를 불태웠다.
➡ **1866년**에 무장을 갖춘 미국의 상선 제너럴셔먼호가 대동강을 거슬러 평양까지 들어와 횡포를 부리며 통상을 요구하자 평양 감사 박규수의 지휘 아래 평양 관민들이 제너럴셔먼호를 불태워 침몰시켰는데, 이 사건을 제너럴셔먼호 사건이라고 해요. 미국은 이를 구실로 신미양요를 일으켰어요.

(가) **최익현**에 대한 설명으로 옳은 것은?

정답 키워드

> 지부복궐척화의소

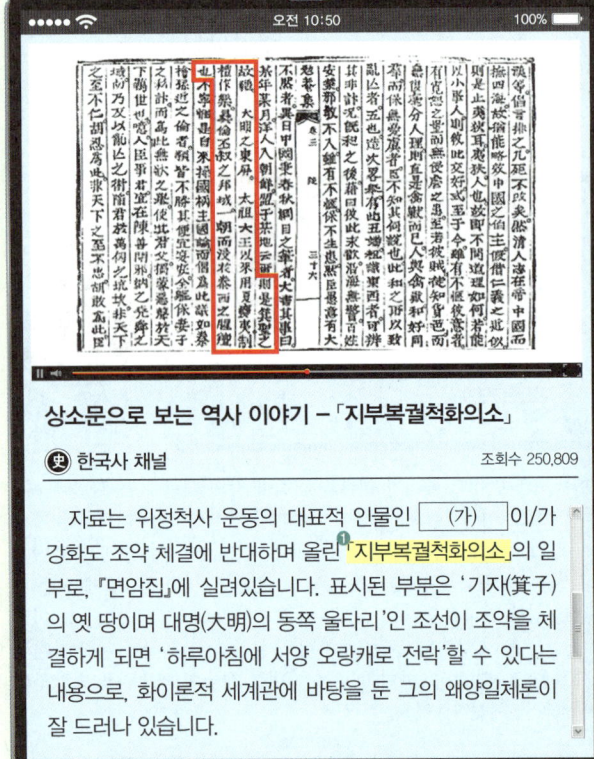

상소문으로 보는 역사 이야기 – 「지부복궐척화의소」

🕮 한국사 채널   조회수 250,809

자료는 위정척사 운동의 대표적 인물인 **(가)** 이/가 강화도 조약 체결에 반대하며 올린 <mark>지부복궐척화의소</mark>의 일부로, 『면암집』에 실려있습니다. 표시된 부분은 '기자(箕子) 의 옛 땅이며 대명(大明)의 동쪽 울타리'인 조선이 조약을 체결하게 되면 '하루아침에 서양 오랑캐로 전락'할 수 있다는 내용으로, 화이론적 세계관에 바탕을 둔 그의 왜양일체론이 잘 드러나 있습니다.

1876년에 최익현은 조선 정부가 일본과 강화도 조약을 맺으려 하자 〈지부복궐척화의소〉를 올려 왜양일체론을 주장하며 개항에 반대하였어요. 한편, 최익현은 1895년에 을미개혁의 일환으로 단발령이 실시되자 반대하는 상소를 올렸어요.

① 고종의 밀지를 받아 독립 의군부를 조직하였다.
➡ 1912년에 **임병찬** 등은 고종의 밀지를 받아 독립 의군부를 조직하여 조선 총독에게 국권 반환 요구서 제출을 계획하였어요.

② 도쿄에서 일왕이 탄 마차를 향해 폭탄을 던졌다.
➡ 1932년에 김구의 한인 애국단 소속이었던 **이봉창**은 일본 도쿄에서 일왕의 행렬을 향해 폭탄을 투척하였어요.

③ 을사늑약이 체결되자 태인에서 의병을 일으켰다.
➡ 1905년에 을사늑약이 체결되자 **최익현**은 이에 반대하여 태인에서 의병을 일으켰어요.

④ 명동 성당 앞에서 이완용을 습격하여 중상을 입혔다.
➡ 1909년에 **이재명**은 명동 성당 앞에서 을사늑약 체결을 주도한 을사오적 중 한 명인 이완용을 습격하여 중상을 입혔어요.

⑤ 13도 창의군을 지휘하여 서울 진공 작전을 전개하였다.
➡ 1907년 정미의병 당시에 **이인영, 허위**는 13도 창의군을 지휘하여 서울 진공 작전을 전개하였으나 실패하였어요.

㉠~㉤에 대한 설명으로 옳은 것은?

이준 연보

1859년 함경도 북청에서 출생
1895년 법관 양성소 졸업
1898년 ㉠ 독립 협회 가입
1904년 ㉡ 보안회 조직
       일제의 압력으로 황해도 철도(鐵島)
       로 유배
1905년 ㉢ 헌정 연구회 조직
1906년 ㉣ 대한 자강회 조직
1907년 ㉤ 신민회 가입
       네덜란드 헤이그 만국 평화 회의에 특사로 파견, 사망
1962년 건국훈장 대한민국장 추서

① ㉠ – 고종 강제 퇴위 반대 운동을 전개하였다.
➡ **대한 자강회**는 고종의 강제 퇴위에 반대하는 시위를 주도하여 전개하였어요. 독립 협회는 만민 공동회를 개최하여 열강의 이권 침탈을 비판하였고, 박정양 내각과 함께 관민 공동회를 개최하여 헌의 6조를 결의하고 중추원 개편을 통한 의회 설립을 추진하였어요.

② ㉡ – 일제의 황무지 개간권 요구를 저지시켰다.
➡ **보안회**는 일제가 황무지 개간권을 요구하자 반대 운동에 나서 이를 저지하였어요.

③ ㉢ – 일제가 조작한 105인 사건으로 와해되었다.
➡ **신민회**는 1911년에 일제가 조작한 105인 사건으로 조직이 드러나 와해되었어요. 헌정 연구회는 입헌 군주제 수립을 목표로 활동하였어요.

④ ㉣ – 대성 학교를 설립하여 민족 교육을 실시하였다.
➡ **신민회**는 평양에 대성 학교, 정주에 오산 학교를 설립하여 민족 교육을 실시하였어요. 또한 태극 서관과 자기 회사를 운영하는 등 민족 산업 육성에도 힘썼어요. 대한 자강회는 고종의 강제 퇴위에 반대하는 시위를 주도하여 전개하였어요.

⑤ ㉤ – 조소앙의 삼균주의를 기초로 건국 강령을 발표하였다.
➡ 1940년에 충칭에 정착한 **대한민국 임시 정부**는 한국광복군을 창설한 후 조소앙의 삼균주의를 기초로 작성한 건국 강령을 발표하였어요. 신민회는 장기적인 독립운동의 기반을 마련하기 위해 국외 독립운동 기지 건설에 적극적으로 나섰어요.

33 안중근의 활동 정답 ③

다음 자료를 작성한 **안중근**에 대한 설명으로 옳은 것은?

정답 키워드

> 동양 평화

> ❶'동양 평화'와 '한국 독립'에 대한 문제는 이미 세계 모든 나라 사람들이 다 아는 사실이며 당연한 일로 굳게 믿었고, 한국과 청국 사람들의 마음에 깊게 새겨졌다. …… 만일 일본이 지금의 정책을 바꾸지 않고 이웃 나라들을 나날이 억누른다면, 차라리 다른 인종에게 망할지언정 같은 인종에게 욕을 당하지는 않겠다는 생각이 한국과 청국 사람들의 마음에서 용솟음칠 것이다. …… 동양 평화를 위한 의로운 싸움을 하얼빈에서 시작하고, 옳고 그름을 가리는 자리는 뤼순으로 정하였다.

1909년에 안중근은 만주 하얼빈에서 을사늑약 체결에 핵심적인 역할을 한 이토 히로부미를 사살하였어요. 안중근은 뤼순 감옥 수감 중에 국가 간의 평등과 상호 협력으로 평화를 이룩하자는 내용을 담은 〈동양 평화론〉을 저술하였지만 결국 완성하지 못하고 죽음을 맞이하였어요.

① 샌프란시스코에서 흥사단을 창립하였다.
➡ **안창호**는 국권 피탈 이후 미국으로 건너가 1913년에 샌프란시스코에서 흥사단을 결성하였어요.

② 황준헌이 쓴 조선책략을 국내에 들여왔다.
➡ **김홍집**은 1880년에 제2차 수신사로 일본에 파견되었고, 귀국길에 황준헌이 지은 《조선책략》을 가지고 들어왔어요. 《조선책략》의 내용이 국내에 유포되자 이만손 등 영남 유생들이 미국과의 수교에 반대하는 영남 만인소를 올렸어요. 하지만 조선 정부는 이들을 탄압하고 조·미 수호 통상 조약을 체결하였어요.

③ 초대 통감이었던 이토 히로부미를 사살하였다.
➡ **안중근**은 1909년에 하얼빈에서 초대 통감이었던 이토 히로부미를 사살하였어요.

④ 유만수 등과 함께 부민관 폭파 의거를 일으켰다.
➡ **유만수, 강윤국, 조문기** 등은 1945년 7월에 부민관에서 열린 일제의 행사장에 폭탄을 던진 의거를 일으켰어요.

⑤ 국권 피탈 과정을 정리한 한국통사를 저술하였다.
➡ **박은식**은 일제 강점기에 국혼의 중요성을 강조하고, 일제의 국권 침탈 과정을 폭로한 《한국통사》를 저술하였어요.

34 1910년대 무단 통치 정답 ⑤

밑줄 그은 '**1910년대 무단 통치 시기**'에 있었던 사실로 옳은 것은?

정답 키워드

> 헌병이 일반 경찰 업무 담당, 범죄 즉결례, 조선 태형령

> ❶헌병이 일반 경찰 업무를 담당하던 시기에 일제는 ❷범죄 즉결례를 제정하여 재판 없이 체포 또는 구금하고 벌금을 물리거나 태형에 처할 수 있게 했습니다. 시행 이듬해 일제는 범죄 즉결례에 있는 태형 규정을 삭제하고, ❸조선 태형령을 제정하여 태형은 오직 조선인에게만 적용하였습니다.

> ### 법령으로 만나는 일제 강점기
>
> 제1조 경찰서장 또는 그 직무를 취급하는 자는 그 관할 구역 안의 다음 각호의 범죄를 즉결할 수 있다.
> 1. 구류·태형 또는 과료형에 해당하는 죄
> 3. 3월 이하의 징역·금고·금옥이나 구류·태형 또는 100원 이하의 벌금이나 과료형에 처하여야 하는 행정 법규 위반의 죄
> – 범죄 즉결례 –
>
> 제1조 3개월 이하의 징역 또는 구류에 처해야 하는 자는 그 상황에 따라 태형에 처할 수 있다.
> 제13조 본령은 조선인에 한해 적용한다.
> – 조선 태형령 –

일제는 1910년대 무단 통치를 실시하여 한국인을 억압하였어요. 교원에게 제복을 입고 칼을 차도록 하였으며, ❶헌병에게 일반 경찰 업무는 물론 일반 행정 업무까지 수행하게 하였어요. 당시 헌병 경찰은 ❷범죄 즉결례에 따라 즉결 처분권을 가져 한국인들을 재판 없이 처벌할 수 있었어요. 1912년에 일제는 ❸조선 태형령을 제정하여 한국인에 한해 태형 제도를 적용하기도 하였어요.

① 미쓰야 협정이 체결되었다.
➡ 1925년에 일제는 만주 지역에서 활동하는 독립군을 탄압하기 위해 만주 지역의 중국 군벌과 미쓰야 협정을 체결하였어요.

② 조선 사상범 예방 구금령이 제정되었다.
➡ 1941년에 일제는 독립운동가들을 재판 없이 구금할 수 있는 조선 사상범 예방 구금령을 시행하여 독립운동가들을 탄압하였어요.

③ 박문국이 설치되어 한성순보를 발행하였다.
➡ 개항 후인 1883년에 조선 정부는 개화 정책 중 하나로 박문국을 설치하여 우리나라 최초의 근대 신문인 한성순보를 발간하였어요.

④ 황국 중앙 총상회가 상권 수호 운동을 주도하였다.
➡ 1898년에 서울의 시전 상인들은 황국 중앙 총상회를 조직하여 상권 수호 운동을 전개하였어요.

⑤ 회사 설립 시 총독의 허가를 받도록 하는 회사령이 시행되었다.
➡ 1910년에 일제는 회사령을 공포하여 회사를 설립할 때 총독의 허가를 받도록 하였어요.

다음 기사가 보도된 1920년대 문화 통치 시기에 볼 수 있는 모습으로 가장 적절한 것은?

정답 키워드

재작년 일본에서 관동 대지진이 일어남

□□신문

제△△호 　　　　　　　　　　○○○○년 ○○월 ○○일

[사설] 대홍수의 재난에서 조선의 형제들을 구하라

▲ 침수된 용산 일대

대홍수로 중부 지방에 엄청난 피해가 발생하였다. 7월 18일에는 용산과 뚝섬 일대가 완전 침수되었고 이튿날은 광주군 선리 주민 292명이 물에 빠져 죽었다. 경부선은 10일간 불통이었다. 그럼에도 총독부는 이와 같은 홍수 피해에 무성의하게 대처하고 있다. 재작년 일본에서 관동 대지진이 일어났을 때 조선인들이 박해를 받았음에도 불구하고 우리 조선의 형제들은 능력껏 구제의 손길을 뻗쳤다. 그러나 지금 조선에서 홍수 피해로 각지에서 재난이 일어나고 있는데도 총독부와 일본인 거류민들은 모른 척하고 있다. 조선인이여! 조선인을 구하라. 재난을 당한 형제와 같이 울며 아프며 살 길을 구하라.

❶ 1923년에 일본에서 일어난 관동 대지진 당시 근거 없는 유언비어와 민족 차별, 그리고 일본 사회의 혼란을 틈타 일본 민간인으로 구성된 자경단에 의해 수많은 한국인들이 학살당하였어요.

① 영선사 일행으로 청에 가는 생도
　➡ 1881년에 김윤식이 이끄는 유학생들이 청에 영선사로 파견되었어요. 이들은 청의 근대식 무기 제조 공장인 기기국에서 무기 제조 기술을 배우고 돌아왔어요. 이후 이들의 경험을 바탕으로 근대식 무기 제조 공장인 기기창이 설립되었어요.

② 경성 제국 대학에서 공부하는 학생
　➡ 1924년에 일제는 우리 민족의 민립 대학 설립 운동을 탄압하고 이를 무마할 목적으로 경성 제국 대학을 설립하였어요.

③ 국채 보상 운동의 모금에 참여하는 상인
　➡ 1907년에 대구에서 서상돈, 김광제 등을 중심으로 일본에 진 나라의 빚을 국민의 힘으로 갚자는 운동인 국채 보상 운동이 일어났어요.

④ 육영 공원에서 영어를 가르치는 미국인 교사
　➡ 1886년에 설립된 육영 공원은 정부가 양반층 자제에게 서양식 근대 교육을 실시하기 위해 설립한 우리나라 최초의 서양식 관립 교육 기관으로 헐버트, 길모어 등 외국인 교사를 초빙하기도 하였어요.

⑤ 전차 개통식에 참여하는 한성 전기 회사 직원
　➡ 1899년에 서대문에서 청량리 구간의 전차가 처음으로 개통되었어요.

(가) 3·1 운동의 배경으로 가장 적절한 것은?

정답 키워드

일제 강점기 최대 규모의 독립운동

파리 강화 회의가 진행되던 프랑스에서는 일제 강점기 최대 규모의 독립운동이었던 　(가)　 와/과 관련된 내용이 보도된 바 있습니다. 이와 관련하여 "일본 당국이 가혹한 탄압을 하고 있으며 혁명의 희생자 수가 이미 상당하다."라고 보도하며, 　(가)　 에 대해 '혁명'이라는 표현을 사용한 기사가 주목됩니다.

1919년 고종의 인산일 즈음에 종교계 지도자들이 중심이 되어 민족 대표 33인을 구성하고 독립 선언서를 작성하였어요. 독립 선언 당일에 민족 대표 33인은 시위가 격화될 것을 우려하여 태화관에서 독립 선언서를 낭독하고 경찰에 자진 신고하여 체포되었어요. 하지만 탑골 공원에서는 학생과 시민들이 독립 선언서를 가져와 낭독하고 만세 운동을 전개하였어요. 도시에서 시작된 만세 운동은 전국 각지로 확산되었고, 국외에서도 시위가 이어졌어요. 이에 일제는 군대와 경찰을 동원하여 무력으로 시위를 진압하였어요. 일제 강점기 최대 규모의 독립운동인 3·1 운동을 계기로 대한민국 임시 정부가 수립되었고, 일제는 이른바 '문화 통치'로 통치 방식을 바꾸었어요.

① 간도 참변으로 민간인이 학살되었다.
　➡ 1920년에 일제는 봉오동 전투와 청산리 전투에서 독립군에 크게 패한 것에 대한 보복으로 간도에 거주하던 한국인을 무차별 학살하는 간도 참변을 일으켰어요.

② 민영익을 대표로 한 보빙사가 파견되었다.
　➡ 1883년에 조선 정부는 조·미 수호 통상 조약 체결 이후 미국의 공사 파견에 대한 답례로 민영익, 홍영식, 서광범, 유길준 등을 보빙사로 미국에 파견하였어요.

③ 대한 제국의 마지막 황제 순종이 서거하였다.
　➡ 1926년에 대한 제국의 마지막 황제였던 순종의 인산(장례)일을 기해 6·10 만세 운동이 일어났고, 이는 민족 유일당 운동의 계기가 되었어요.

④ 언론사의 주도로 브나로드 운동이 전개되었다.
　➡ 1930년대 초에 언론인 동아일보를 중심으로 문맹 퇴치 운동인 브나로드 운동이 전개되었어요.

⑤ 미국 대통령 윌슨이 민족 자결주의를 제창하였다.
　➡ 1919년에 미국 대통령 윌슨은 어떤 민족이든 다른 민족의 지배를 받지 않고, 민족의 정치적 운명은 해당 민족 스스로 결정할 권리가 있다는 내용을 담은 민족 자결주의를 제창하였어요.

37 대한 광복회
정답 ①

(가) 대한 광복회에 대한 설명으로 옳은 것은?

정답 키워드

박상진, 군자금 모금

> 【우리 고장의 독립운동가】
>
>
>
> 일우(一宇) **김한종** (1883~1921)
>
> 충청남도 예산군 광시면 출생이다. 1915년 대구에서 ❶박상진 등이 국권 회복을 위해 조직한 [(가)]의 충청도 지부장으로, **군자금 모금**과 친일 관리 처단을 주도하였다. 이후 일제에 체포되어 총사령 박상진과 함께 사형을 선고받고 대구 형무소에서 생을 마감하였다. 1963년에 건국훈장 독립장이 추서되었다.

대한 광복회는 1915년에 대구에서 ❶박상진, 김한종 등이 중심이 되어 조직한 국내 비밀 결사 단체로, ❷군자금 모금, 친일파 처단 등의 활동을 하였어요.

①군대식 조직을 갖춘 비밀 결사였다.
➡ **대한 광복회**는 1915년에 박상진, 김한종 등이 중심이 되어 조직한 국내 비밀 결사 단체로, 공화정 수립을 지향하였으며, 군대식 조직을 갖추고 군자금을 모금하여 만주에 무관 학교를 세우고자 하였어요.

② 정우회 선언의 영향으로 결성되었다.
➡ 1920년대 비타협적 민족주의 세력과 일제의 탄압으로 세력이 위축된 사회주의 세력은 민족 유일당 운동을 도모하였어요. 비타협적 민족주의자들이 중심이 되어 조선 민흥회를 창립하였고, 일부 사회주의자들도 정우회 선언을 발표하여 연합을 주장하였어요. 이후 1927년에 좌우 합작의 항일 단체인 **신간회**가 창립되었어요.

③ 조선 혁명 선언을 활동 지침으로 삼았다.
➡ 1919년에 김원봉 등이 조직한 **의열단**은 신채호가 작성한 〈조선 혁명 선언〉을 활동 지침으로 삼아 일제의 중요 기관을 파괴하고 주요 인물을 처단하였어요.

④ 중국군과 함께 영릉가 전투에서 큰 전과를 올렸다.
➡ 1930년대 초 양세봉이 이끈 **조선 혁명군**은 남만주에서 중국 의용군과 연합하여 영릉가 전투, 흥경성 전투 등에서 일본군과 싸워 크게 승리하였어요.

⑤ 만민 공동회를 열어 열강의 이권 침탈을 비판하였다.
➡ 1898년에 **독립 협회**는 민중 집회인 만민 공동회를 열어 러시아 등 열강의 이권 침탈을 규탄하고 이를 저지하는 활동을 벌였어요.

38 국가 문서의 역사
정답 ③

(가) 대한국 국제(1899), (나) 중추원 관제(1898), (다) 제헌 헌법(1948), (라) 대동단결 선언(1917)을 발표된 순서대로 옳게 나열한 것은?

정답 키워드

(가) 대한 제국, 전제 정치	(다) 민주 공화국, 임기 2년
(나) 중추원	(라) 융희 황제가 삼보를 포기

> (가) 제1조 대한국은 세계 만국에 공인된 자주독립 제국이다.
>   제2조 **대한 제국**의 정치는 만세에 걸쳐 불변할 ❶**전제 정치**이다.
>   제3조 대한국 대황제는 무한한 군권(君權)을 누린다.
>
> (나) ❷**중추원**은 아래에 열거한 사항을 심사하고 회의하여 결정하는 곳으로 할 것이다.
>   1. 법률, 칙령의 제정, 폐지, 개정에 관한 사항
>   6. …… 중추원 의관의 절반은 정부에서 나라에 공로가 있는 사람을 추천하고, 그 절반은 인민 협회 중에서 27세 이상으로 정치·법률·학식에 통달한 자를 투표해서 선거할 것이다.
>
> (다) 제1조 대한민국은 ❸**민주 공화국**이다.
>   제2조 대한민국의 주권은 국민에게 있고 모든 권력은 국민으로부터 나온다.
>   제102조 이 헌법을 제정한 국회는 이 헌법에 의한 국회로서의 권한을 행하며 그 의원의 ❸**임기는 국회 개회일로부터 2년**으로 한다.
>
> (라) ❹**융희 황제가 삼보(三寶)를 포기**한 8월 29일은 즉 우리 동지가 삼보를 계승한 8월 29일이니 그 사이 순간도 멈춘 적이 없다. 우리 동지는 완전한 상속자이니 저 황제권이 소멸한 시점은 즉 민권이 발생한 시점이오, 옛 한국의 마지막 1일은 즉 신한국 최초의 1일이다.

(나) 독립 협회는 입헌 군주제 수립을 목표로 관민 공동회를 개최하여 헌의 6조를 결의하였어요. 고종은 이 개혁안을 받아들여 시행할 것을 약속하고 1898년에 새로운 ❷중추원 관제를 반포하였어요.

(가) 대한 제국을 수립한 고종은 1899년에 대한국 국제를 반포하여 황제가 입법권·행정·사법권 등 모든 권한을 갖는다고 규정하였고, 이로써 ❶대한 제국은 황제의 전제 정치로 운영되는 나라가 되었어요.

(라) 1910년에 ❹대한 제국의 마지막 황제인 순종(융희)이 일제와 병합 조약을 체결하면서 우리나라는 일제에 국권을 빼앗겼어요. 이후 1917년에 상하이에서 조소앙, 신규식 등은 임시 정부 수립의 필요성을 주장하는 대동단결 선언을 작성하였어요.

(다) 1948년에 시행된 5·10 총선거를 통해 ❸임기 2년의 제헌 국회의원 198명이 선출되었어요. 이들로 구성된 우리나라 초대 국회에서 헌법을 제정·공포하였는데, 이 헌법을 제헌 헌법이라고 하고, 대한민국은 ❸민주 공화국이라는 내용 등을 명시하였어요.

① (가) – (나) – (다) – (라)   ② (가) – (나) – (라) – (다)
③ (나) – (가) – (라) – (다)
➡ (나) 중추원 관제(1898) → (가) 대한국 국제(1899) → (라) 대동단결 선언(1917) → (다) 제헌 헌법(1948)
④ (나) – (다) – (가) – (라)   ⑤ (다) – (라) – (나) – (가)

(가) 멕시코에서 있었던 민족 운동으로 옳은 것은?

> **정답 키워드**
>
> 에네켄

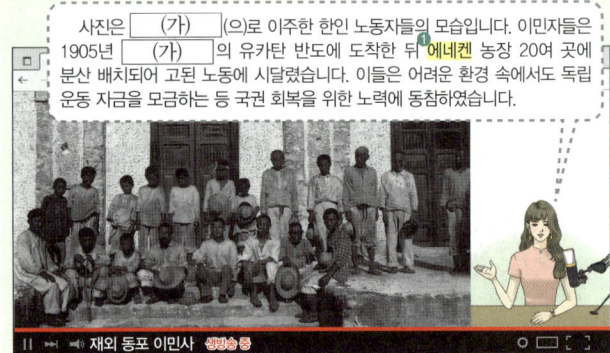

사진은 ___(가)___ (으)로 이주한 한인 노동자들의 모습입니다. 이민자들은 1905년 ___(가)___ 의 유카탄 반도에 도착한 뒤 ❶에네켄 농장 20여 곳에 분산 배치되어 고된 노동에 시달렸습니다. 이들은 어려운 환경 속에서도 독립운동 자금을 모금하는 등 국권 회복을 위한 노력에 동참하였습니다.

▶ 재외 동포 이민사　생방송 중

　1910년대 멕시코에서는 이주한 한국인 노동자들이 ❶에네켄 농장에서 고된 노동과 착취에 시달리면서도 독립운동을 위한 자금 마련을 위해 노력하였어요.

① 한인 자치 기구인 경학사를 조직하였다.
　➡ 1910년대에 서간도(남만주)의 삼원보 지역으로 이주한 신민회 회원들은 경학사를 조직하고 신흥 강습소(이후 신흥 무관 학교)를 설립하였어요.

② 권업회를 조직하고 권업신문을 발간하였다.
　➡ 1910년대에 연해주에서는 권업회가 조직되어 권업신문을 발행하였으며, 권업회를 바탕으로 이상설 등이 대한 광복군 정부를 결성하였어요.

③ 중광단을 결성하여 항일 투쟁을 전개하였다.
　➡ 1911년에 대종교 세력은 북간도 지역에서 항일 무장 단체인 중광단을 조직하였고, 중광단은 이후 북로 군정서로 발전하였어요.

④ 숭무 학교를 설립하여 독립군을 양성하였다.
　➡ 1910년에 이근영 등은 멕시코로 이주한 한인 동포들과 함께 독립군 양성을 위해 숭무 학교를 설립하여 무장 투쟁을 준비하였어요.

⑤ 유학생들이 중심이 되어 2·8 독립 선언서를 발표하였다.
　➡ 1919년에 일본 도쿄에서는 한인 유학생들이 2·8 독립 선언서를 발표하였고, 국내에서도 독립 선언의 움직임이 일어났어요.

교사의 질문(암태도 소작 쟁의(1923~1924) 이후 시기의 사실)에 대한 학생의 답변으로 가장 적절한 것은?

> **정답 키워드**
>
> 신안, 소작인, 문재철

이 자료는 전라남도 ❶신안군(당시 무안군)의 한 섬에서 발생한 사건의 결과로, ❷소작인회 대표와 지주 ❸문재철 사이에 맺어진 화해 조건입니다. 소작인들은 고율의 소작료를 징수하는 지주에게 1년여에 걸쳐 저항하여 소작료를 낮추는 성과를 거두었습니다. 이 사건 이후의 사실에 대해 말해 볼까요?

> 1. 소작료를 4할로 하고, 1할은 농업 장려금으로 할 것
> 2. 농업 장려금은 소작인회에서 관리할 것
> 3. 소작인회에 지주도 참여할 것
> 4. 미납한 소작료는 3개년을 기한으로 분납할 것
> 5. 파괴하여 철거한 문태현의 비석을 복구할 것
> 6. 현재 조사 중인 형사 피고 사건은 양방에서 취하할 것
> 7. 지주가 소작인회에 기본금 2천 원을 기증할 것

　1923년에 전라남도 ❶신안군 암태도의 농민(❷소작인)들은 고율의 소작료를 징수하는 지주 ❸문재철의 횡포에 맞서 소작 쟁의를 전개하였고, 소작료를 낮추는 데 성공하였어요.

① 양전 사업이 실시되어 지계가 발급되었어요.
　➡ 대한 제국 시기였던 1901~1904년에 고종은 광무개혁을 추진하는 과정에서 양전 사업을 시행하여 근대적 토지 소유 증명서인 지계를 발급하였어요.

② 함경도와 황해도에서 방곡령이 선포되었어요.
　➡ 1883년에 체결된 조·일 통상 장정에는 일본 상품에 관세를 매기는 규정과 방곡령 규정 등이 마련되었어요. 이후 일본으로의 쌀 유출로 쌀값이 폭등하자 1889년에 함경도에서, 1890년에 황해도에서 방곡령을 선포하였으나, 일본은 1개월 전 문서 통보 규정을 내세워 방곡령을 철회시키고 배상금까지 받아갔어요.

③ 전국 단위 조직인 조선 농민 총동맹이 결성되었어요.
　➡ 1924년에 농민 운동과 노동 운동의 연합으로 조선 노농 총동맹이 설립되었고, 이후 노동 운동과 농민 운동을 분리하여 1927년에 조선 노동 총동맹과 조선 농민 총동맹이 설립되었어요.

④ 일본의 토지 침탈에 맞서 농광 회사가 설립되었어요.
　➡ 1904년에 황무지 개간권을 일제에 넘길 것이 아니라 한국인이 직접 회사를 세워 사업을 벌이자는 여론에 따라 일부 관료와 실업가들은 일본의 토지 침탈에 맞서기 위한 근대적 농업 회사인 농광 회사를 설립하였어요.

⑤ 기한 내에 소유지를 신고하게 하는 토지 조사령을 제정하였어요.
　➡ 1912년에 일제는 식민 통치의 경제 기반을 마련하기 위해 토지 조사 사업에 관한 법령으로 토지 조사령을 제정하여 토지 조사 사업을 실시하였어요.

41 조선어 학회

정답 ④

(가) 조선어 학회에 대한 설명으로 옳은 것은?

> **정답 키워드**
>
> 잡지 '한글', 한글 맞춤법 통일안

> ❶ 자네 ___(가)___ 에서 발행한 잡지 '한글' 이번 호 보았는가? ❷ '한글 맞춤법 통일안' 개정 신판이 발매되었다는 소식이 실렸더군.

> 읽었네. 최근 훈민정음 해례본의 발견으로 한글 창제일이 명확해졌다는군. 이제 ___(가)___ 에서는 한글날을 창제일에 맞춰 10월 9일로 시정한다고 하네.

1931년에 이윤재, 최현배, 이극로 등을 중심으로 조직된 조선어 학회는 조선어 연구회를 계승하여 우리말을 연구하였어요. 조선어 학회는 휴간되었던 ❶잡지 《한글》을 다시 발행하고 ❷한글 맞춤법 통일안과 표준어 사정안을 제정하였어요.

① 최초로 한글에 띄어쓰기를 도입하였다.
➡ 스코틀랜드 출신의 선교사 존 로스는 최초로 한글에 띄어쓰기를 도입하였고, 1877년에 발행한 《조선어 첫걸음》 교재에 띄어쓰기를 처음 적용하였어요.

② 국어 문법서인 대한문전을 편찬하였다.
➡ 유길준은 1909년에 품사를 8종으로 나누어 문장 구조를 체계적으로 분류한 근대적 국어 문법서인 《대한문전》을 편찬하였어요.

③ 태극 서관을 설립하여 서적을 보급하였다.
➡ 신민회는 서적 출판과 보급을 위한 태극 서관과 상공업 발전을 위한 자기 회사를 운영하는 등 민족 산업 육성에 힘썼어요.

④ 조선말(우리말) 큰 사전 편찬을 추진하였다.
➡ 조선어 학회 소속의 최윤배, 이윤재 등은 《우리말 큰사전》 편찬 작업을 진행하였는데, 조선어 학회 사건(1942)으로 일제가 원고를 압수하고 회원들이 검거·투옥되면서 조직이 와해되어 사전 편찬을 완수하지 못하였어요. 일제에 압수되었던 원고가 광복 이후 서울역 창고에서 발견되면서 사전 편찬 작업이 재개되었어요.

⑤ 국문 연구소를 두어 한글을 체계적으로 연구하였다.
➡ 주시경은 대한 제국 정부가 세운 국문 연구소에서 연구위원으로 활동하며 한글의 문자 체계를 정리하였어요.

42 일제 강점기 문화

정답 ①

(가)에 들어갈 **일제 강점기의 문화** 내용으로 가장 적절한 것은?

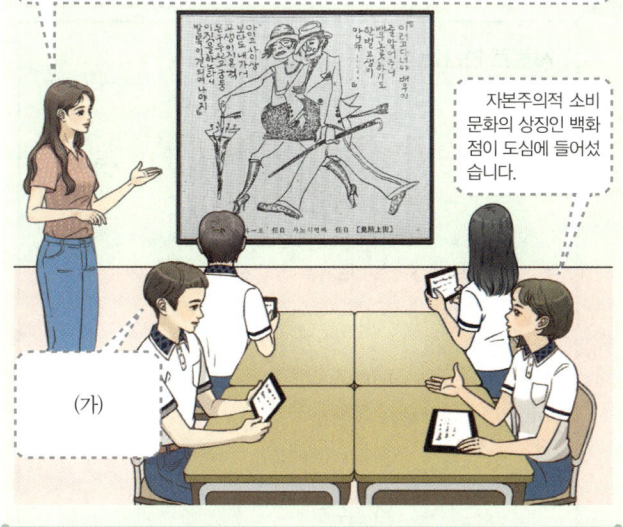

> 이것은 잡지 '별건곤'에 실린 삽화로, 서양식 복장을 한 '모던 걸', '모던 보이'를 풍자한 것입니다. 일제 강점기에는 잡지, 라디오 등의 매체를 통해 새로운 근대 문화가 소개되었습니다. 당시 나타난 문화적 현상에 대해 검색한 것을 말해 볼까요?

> 자본주의적 소비 문화의 상징인 백화점이 도심에 들어섰습니다.

> (가)

① 나운규의 영화 아리랑이 상영되었습니다.
➡ 1926년에 나운규가 제작한 영화 '아리랑'이 단성사에서 처음 개봉되었어요. 이 영화는 식민 지배를 받던 한국인의 고통스러운 삶을 표현한 작품이에요.

② 한글 신문인 제국신문이 간행되었습니다.
➡ 1898년에 이종일은 제국신문을 창간하였어요. 한글로 간행되었기 때문에 주로 일반 서민층과 부녀자 독자가 많았어요.

③ 정비석의 소설 자유부인이 출판되었습니다.
➡ 1954년에 정비석은 낡은 윤리가 해체되고 새로운 윤리가 형성되는 과도기의 특징을 잘 보여 주는 《자유부인》을 출판하였어요.

④ 잡지 사상계가 높은 판매 부수를 기록하였습니다.
➡ 1953년에 장준하가 창간한 월간 종합교양지 《사상계》가 높은 판매 부수를 기록하였어요.

⑤ 아침 이슬 등의 곡이 금지곡으로 지정되었습니다.
➡ 1970년대에 김민기가 만든 노래인 '아침 이슬'은 박정희 정부 시기에 민주화 운동의 상징으로 사용되다가 금지곡이 되었어요.

(가) 한국광복군에 대한 설명으로 옳은 것은?

정답 키워드

1940년 충칭, 지청천 총사령

사료로 만나는 여성 독립운동사

이중 삼중의 억압에 눌려 신음하던 자매들이여! 어서 빨리 일어나 이 민족 해방 운동의 뜨거운 용광로로 뛰어 오라. …… 어둠 속에서 비추는 새벽빛 같은 　(가)　 의 자유를 쟁취하려는 봉화는 붉고 맑게 빛난다. 이미 모인 혁명 동지들은 뜨거운 손길을 내밀고 열정에 넘쳐 속히 달려옴을 기다리고 있다. 오라!

[해설] 이 사료는 『광복』에 실린 지복영의 글 중 일부이다. 그녀는 1940년 9월, 충칭에서 자신의 아버지 지청천을 총사령으로 하는 　(가)　이/가 창설될 때 오광심, 김정숙, 조순옥 등과 함께 참여하였다. 그녀는 대원 모집, 선전 활동 등을 이어오다 광복을 맞이하였다.

---

❶1940년에 충칭에 정착한 대한민국 임시 정부는 ❷지청천을 총사령관으로 하여 정규군인 한국광복군을 창설하였어요. 태평양 전쟁이 일어나자 임시 정부는 대일 선전 포고를 하고 한국광복군을 연합군의 일원으로 참전시켰어요. 한국광복군은 영국군의 요청에 따라 인도·미얀마 전선에 파견되어 선전 활동과 포로 심문 등을 담당하였어요.

① 청산리에서 일본군에 맞서 **승리**를 거두었다.
➡ 1920년에 김좌진이 이끈 **북로 군정서**는 홍범도 부대 등과 연합하여 청산리 일대에서 일본군을 격퇴하였어요.

②미국과 연계하여 **국내 진공 작전**을 준비하였다.
➡ 1945년에 **한국광복군**은 미국 전략 정보국(OSS)과 협력하여 국내 진공 작전을 계획하였으나 일본의 갑작스러운 항복으로 실행에 옮기지는 못하였어요.

③ **동북 항일 연군**으로 개편되어 유격전을 전개하였다.
➡ **동북 인민 혁명군**은 1936년에 동북 항일 연군으로 개편되어 유격대 활동을 하였어요.

④ **쌍성보, 대전자령 전투** 등에서 일본군에 승리하였다.
➡ 1930년대 초에 지청천이 이끈 **한국 독립군**은 북만주에서 중국 호로군과 연합 작전을 벌여 쌍성보 전투, 대전자령 전투 등에서 일본군을 격파하였어요.

⑤ 중국 관내(關內)에서 결성된 **최초의 한인 무장 부대**였다.
➡ **조선 의용대**는 1938년에 중국 국민당 정부의 지원을 받은 김원봉의 주도로 조선 민족 전선 연맹의 무장 조직으로 창설되었는데, 이는 중국 관내에서 결성된 최초의 한인 무장 부대였어요.

밑줄 그은 '**1930년대 후반 이후 민족 말살 통치 시기**'에 대한 설명으로 옳은 것은?

정답 키워드

금속류 회수령, 중·일 전쟁

일제는 1937년 ❷**중·일 전쟁** 이후 태평양 전쟁을 일으키는 등 침략 전쟁을 확대하면서 우리 민족을 전쟁에 쉽게 동원하기 위해 내선일체, 일선동조론을 내세우고 민족 말살 정책을 본격화하였어요. 또한 지원 병제, 학도 지원병제, 징병제, 국민 징용령 등을 실시하여 한국인을 강제로 동원하였으며, **금속류 회수령**을 공포하여 각종 금속류와 쌀 등을 공출이라는 명목 하에 거두어 갔어요. 전쟁 막바지인 1944년에는 여자 정신 근로령을 만들어 여성들도 군수 공장에서 강제로 일하게 하였어요.

① 언론을 통제하기 위하여 **신문지법**을 제정하였다.
➡ 1907년에 일제는 신문지법을 공포하여 정간·폐간 등을 통해 민족 언론을 탄압하였어요.

②**애국반**을 조직하여 한국인의 생활을 통제하였다.
➡ 1930년대 후반 이후인 1938년부터 일제는 한국인의 일상생활을 감시하고 통제하기 위해 애국반을 조직하였어요. 일제는 전시동원 체제를 강화하면서 애국반을 통해 남성에게는 국민복을, 여성에게는 몸뻬 착용을 강요하였어요.

③ 경복궁에서 최초로 **조선 물산 공진회**를 개최하였다.
➡ 1915년에 일제는 경복궁의 많은 건물을 헐어서 조선 물산 공진회를 열었어요.

④ 재정 고문 **메가타**의 주도 아래 **화폐 정리 사업**을 실시하였다.
➡ 제1차 한·일 협약 체결 후 재정 고문으로 부임한 메가타의 주도로 1905년부터 화폐 정리 사업이 실시되었어요.

⑤ 보통학교의 수업 연한을 4년으로 규정한 **제1차 조선 교육령**을 시행하였다.
➡ 1911년에 일제는 제1차 조선 교육령을 발표하여 보통학교의 수업 연한을 6년에서 4년으로 정하고, 한국인 우민화와 노동력 착취를 위한 실업·기술 교육 위주의 교육 방침을 채택하였어요.

---

45 남북 협상 이후의 사실

정답 ④

다음 성명(김구의 '삼천만 동포에게 읍고함', 1948. 2.) 발표된 이후의 사실로 옳은 것은?

정답 키워드

> 3천만 동포, 통일

> 지금 이때 나의 단일한 염원은 ❶3천만 동포와 손을 잡고 ❷통일된 조국, 독립된 조국의 달성을 위하여 공동 분투하는 것뿐이다. 이 육신을 조국이 요구한다면 당장이라도 제단에 바치겠다. 나는 통일된 조국을 건설하려다가 38선을 베고 쓰러질지언정 일신에 구차한 안일을 취하여 단독 정부를 세우는 데는 협력하지 아니 하겠다. 나는 내 생전에 38선 이북에 가고 싶다. 그쪽 동포들도 제 집을 찾아가는 것을 보고서 죽고 싶다. 궂은 날을 당할 때마다 38선을 싸고 도는 원귀의 곡성이 내 귀에 들리는 것도 같았다. 고요한 밤에 홀로 앉으면 남북에서 헐벗고 굶주리는 동포들의 원망스런 용모가 내 앞에 나타나는 것도 같았다.

광복 이후 좌우 합작 운동이 실패로 돌아가고 결국 유엔 소총회에서 선거가 가능한 지역, 즉 사실상 남한만의 총선거가 결의되었어요. 이에 김구는 ❶삼천만 동포에게 읍고함'이라는 성명을 발표하며 ❷통일 정부 수립을 주장하였어요. 이후 김구와 김규식은 통일 정부 수립을 위해 북측 지도자에게 남북 협상을 제의하였고, 평양에 모인 남북 지도자들은 단독 정부 수립 반대, 외국 군대 즉시 철수를 요구하는 결의문을 채택하였지만 실질적인 효력을 발휘하지는 못하였어요.

① 모스크바 3국 외상 회의가 개최되었다.
➡ 1945년 12월에 모스크바 3국 외상 회의가 열려 한반도에 임시 민주 정부 수립, 미국·영국·소련·중국에 의해 최대 5년간 신탁 통치 실시 등을 결정하였어요.

② 송진우, 김성수 등이 한국 민주당을 창당하였다.
➡ 광복 직후인 1945년 9월에 송진우, 김성수 등 민족주의 계열은 한국 민주당을 창당하였어요.

③ 좌우 합작 위원회에서 좌우 합작 7원칙을 발표하였다.
➡ 1946년 미군정 시기에 여운형, 김규식 등의 주도로 좌우 합작 위원회가 발족되어 좌우 합작 7원칙을 발표하는 등 좌우 합작 운동이 전개되었어요.

④ 우리나라 최초의 보통 선거인 5·10 총선거가 실시되었다.
➡ 1948년 5월 10일에 유엔 한국 임시 위원단의 감시 아래 우리나라 최초의 보통 선거인 5·10 총선거가 실시되었어요.

⑤ 여운형이 중심이 되어 조선 건국 준비 위원회를 조직하였다.
➡ 광복 직후인 1945년 8월에 여운형은 조선 건국 동맹을 기반으로 하여 조선 건국 준비 위원회를 조직하였고, 이후 미군이 한반도에 들어왔을 때 대등한 입장에서 교섭하기 위해 조선 인민 공화국의 수립을 선포하였어요.

46 이승만 정부 시기의 사실

정답 ②

밑줄 그은 '이승만 정부' 시기에 있었던 사실로 옳은 것은?

정답 키워드

> 6·25 전쟁 중 부산에서 개헌

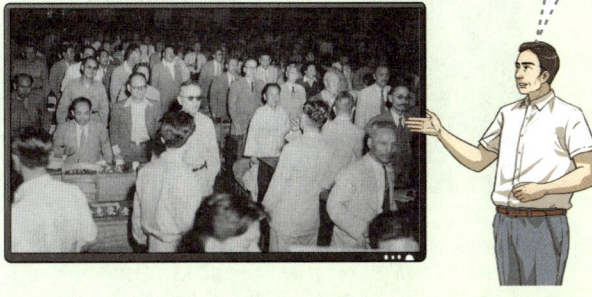

이 사진은 6·25 전쟁 중 부산 임시 국회에서 개헌안을 표결하는 장면입니다. 정부는 부산 일대에 계엄을 선포하고 야당 의원들이 탄 통근 버스를 강제로 연행하는 등 공포 분위기를 조성하였습니다. 개헌안은 군인과 경찰이 국회 의사당을 완전히 포위한 상태에서 토론 없이 기립 표결로 통과되었습니다.

이승만 정부는 ❶6·25 전쟁 중인 1952년에 임시 수도였던 부산에서 발췌 개헌을 단행하였어요. 정부는 개헌안을 통과시키기 위해 임시 수도인 부산에 계엄령을 선포하고 부산 정치 파동을 일으켜 공포 분위기를 조성하였어요. 그 결과 정부가 제시한 대통령 직선제와 양원제를 골자로 한 개헌안에 국회가 제시한 개헌안의 일부를 발췌한 개헌안이 국회에서 기립 표결로 통과되었어요. 이때의 개헌안은 이승만 대통령의 재선을 위해 추진된 것이었어요.

① 경부 고속 도로가 개통되었다.
➡ 박정희 정부 시기인 1970년에 경부 고속 도로가 개통되었어요.

② 한미 상호 방위 조약이 체결되었다.
➡ 이승만 정부 시기인 1953년에 6·25 전쟁의 정전 협정이 체결된 이후 한·미 상호 방위 조약이 체결되었어요.

③ 함평 고구마 피해 보상 운동이 전개되었다.
➡ 박정희 정부 시기인 1976년에 전라남도 함평 농민들이 정부를 상대로 고구마 피해 보상 투쟁을 전개하였는데, 이를 함평 고구마 피해 보상 운동이라고 해요.

④ 대통령 긴급 명령으로 금융 실명제가 실시되었다.
➡ 김영삼 정부 시기인 1993년에 금융 거래의 투명성을 확보하기 위해 대통령 긴급 명령으로 금융 실명제가 실시되었어요.

⑤ 사회 정화를 명분으로 삼청 교육대가 설치되었다.
➡ 전두환 등의 신군부는 1980년에 사회 정화를 명분으로 삼청 교육대를 설치하여 혹독한 군사 훈련과 강제 노역을 실시하였어요.

(가) 박정희 정부 시기에 있었던 사실로 옳은 것은?

정답 키워드

동일방직, YH 무역

(가) 정부 시기의 여성 노동 운동

노동조합 대의원 선거를 방해하는 어용 조합원들에 의해 인분을 뒤집어 쓴 **동일방직**의 여성 노동자들

임금 체불과 직장 폐쇄에 항의하여 신민당사에서 농성하다 끌려나가는 **YH 무역**의 여성 노동자들

❶ 박정희 정부 시기인 1978년에 **동일방직** 공장에서 여성 노동자들이 근로 조건 개선을 요구하며 노조를 결성하자 회사 측이 탄압하는 사건이 벌어졌는데, 이를 동일방직 사건이라고 해요.

❷ 박정희 정부 시기인 1979년에 가발을 만드는 회사인 **YH 무역**이 일방적으로 폐업을 선언하자, YH 무역의 여성 노동자들이 부당 폐업 공고라며 반발하였어요. 이들은 신민당 당사에서 농성 투쟁을 벌였고, 경찰 진압 과정에서 여성 노동자가 사망하는 일이 벌어졌어요. 이 사건에 항의하며 박정희 정부를 비판한 신민당 총재 김영삼은 국회의원직에서 제명되었어요.

① **부천 경찰서 성 고문 사건**이 발생하였다.
➡ **전두환 정부** 시기인 1987년에 부천 경찰서에서 여성 노동자에 대한 성 고문 사건이 일어났는데, 당시 정부는 이를 축소·은폐하려고 하였어요.

② 정부에 비판적인 **경향신문**이 **폐간**되었다.
➡ **이승만 정부** 시기인 1959년에 정부에 대한 비판적인 기사를 게재하던 경향신문이 폐간되었어요.

③ 최저 임금 결정을 위한 **최저 임금 위원회**가 설치되었다.
➡ **전두환 정부** 시기인 1987년에 최저 임금 결정을 위한 최저 임금 위원회가 설치되었어요.

④ 자치 단체장까지 선출하는 **지방 자치제가 전면** 시행되었다.
➡ **김영삼 정부** 시기인 1995년에 지방 자치제를 전면 시행하여 지역 주민이 직접 지방 자치 단체장을 선출하게 하였어요.

⑤ 긴급 조치 철폐 등을 요구하는 3·1 민주 구국 선언이 발표되었다.
➡ **박정희 정부** 시기인 1976년에 유신 반대 운동 과정에서 재야 인사들이 중심이 되어 긴급 조치 철폐 등을 요구하는 3·1 민주 구국 선언을 발표하였어요.

밑줄 그은 '6월 민주 항쟁'에 대한 설명으로 옳은 것은?

정답 키워드

이한열 피격, 호헌 철폐와 독재 타도

사진 속 쓰러진 인물이 대학교 정문에서 시위 도중 경찰이 쏜 최루탄에 **피격된 이한열**이지?

맞아. 이 사건은 **호헌 철폐와 독재 타도**를 외친 민주화 운동이 확산하는 데 영향을 주었어.

1987년에 전두환 정부에서 4·13 호헌 조치를 발표하자 시위가 확산되는 가운데 박종철 고문치사 사건이 은폐·조작되었다는 사실이 폭로되고, 이어 대학생 **이한열**이 시위 도중 경찰이 쏜 최루탄에 피격되는 사건이 일어났어요. 이에 분노한 수많은 학생과 시민들은 '**호헌 철폐, 독재 타도**'를 외치며 시위에 나섰는데, 이를 6월 민주 항쟁이라고 해요.

① **유신 체제 붕괴**의 배경이 되었다.
➡ 1979년에 **부·마 민주 항쟁**이 일어나자 박정희 정부 내부에서 대책을 놓고 갈등이 심화되었고, 이 과정에서 박정희 대통령이 피살되는 10·26 사태가 일어나며 유신 체제는 붕괴되었어요.

② 당시 **대통령**이 **하야**하는 결과를 가져왔다.
➡ 1960년에 일어난 **4·19 혁명**으로 이승만 대통령이 하야하고 허정 과도 정부가 출범하였어요.

③ 5년 단임의 대통령 직선제 개헌을 이끌어냈다.
➡ 1987년 전두환 정부 시기에 일어난 **6월 민주 항쟁**의 결과 대통령 직선제를 수용한다는 6·29 민주화 선언이 발표되었고, 이에 따라 5년 단임의 대통령 직선제 개헌이 이루어졌어요.

④ 시위 과정에서 **시민군**이 자발적으로 조직되었다.
➡ 1980년에 일어난 **5·18 민주화 운동** 당시 신군부가 시위대를 무자비하게 진압하자, 이에 일부 시민이 시민군을 조직하여 맞섰어요.

⑤ 굴욕적인 **한일 국교 정상화**에 반대하여 일어났다.
➡ 1964년 박정희 정부 시기에 굴욕적인 한·일 국교 정상화에 반대하는 **6·3 시위**가 전개되었어요.

49 김영삼 정부 시기의 사실

정답 ⑤

다음 기사 내용이 보도된 **김영삼 정부** 시기에 있었던 사실로 옳은 것은?

정답 키워드

> 하나회 청산

□□신문

제△△호　　　　　　　　　　○○년 ○○월 ○○일

군대 내 사조직[1] '하나회' 청산 매듭

어제 단행된 군 장성 정기 인사를 통해 하나회 회원으로 알려진 중장급 이상 장성 전원이 보직 해임되었다. 이번 인사는 문민정부 출범 직후인 지난해 3월 8일 육군 참모총장과 기무사령관을 전격적으로 예편 조치함으로써 시작된 군대 내 사조직 청산 작업을 마무리한 것이다. 군 내부에서도 이번 하나회 완전 제거가 군이 정치적 중립을 확보하고 안정과 결속을 다지는 계기가 될 것으로 기대하고 있다.

김영삼 정부 시기에는 문민정부로서의 개혁이 추진되었어요. 공직자윤리법을 개정하여 1급 이상 공직자의 재산을 공개하도록 하였고 고위직의 부정부패를 엄히 다스렸어요. 또한, 12·12 사태와 관련된 군 내부의 사조직인 '하나회'가 청산되었고, 금융 거래의 투명성을 확보하기 위해 대통령 긴급 명령으로 금융 실명제가 실시되었어요.

① 칠레와의 자유 무역 협정(FTA)이 체결되었다.
➡ **김대중 정부** 시기에 한국과 칠레의 자유 무역 협정이 체결되었고, 노무현 정부 시기에 비준·발효되었어요.

② 처음으로 연간 수출액 100억 달러가 달성되었다.
➡ **박정희 정부** 시기에 경제 개발 5개년 계획 등을 추진하여 처음으로 수출액 100억 달러를 달성하였어요.

③ 서울과 평양에서 7·4 남북 공동 성명이 발표되었다.
➡ **박정희 정부** 시기에 남북한은 자주·평화·민족 대단결의 평화 통일 3대 원칙에 합의한 7·4 남북 공동 성명을 발표하였어요.

④ 북방 외교를 추진하여 사회주의 국가인 소련과 수교하였다.
➡ **노태우 정부** 시기에 북방 외교가 추진되어 소련, 중국 및 동유럽의 사회주의 국가와 수교하였어요.

⑤ 거창 사건 등 관련자의 명예 회복에 관한 특별 조치법이 제정되었다.
➡ **김영삼 정부** 시기에 6·25 전쟁 당시 군인들이 거창 마을 주민을 학살한 사건인 거창 사건 등 관련자의 명예 회복에 관한 특별 조치법이 제정되었어요.

50 제주의 역사

정답 ④

(가) 제주에 대한 탐구 활동으로 가장 적절한 것은?

정답 키워드

> 4·3

1948년 4월 3일에 제주도에서 좌익 세력이 남한만의 단독 정부 수립에 반대하는 무장봉기를 일으켰어요. 이에 미군정이 극우 청년들과 경찰 등을 동원하여 무차별 폭력을 휘둘러 진압하였고, 이러한 상황은 정부 수립 후까지 계속되었어요. 그 과정에서 무장봉기를 일으킨 세력뿐만 아니라 수많은 무고한 제주도민이 희생되었는데, 이를 제주[1] 4·3 사건이라고 해요.

① 원종과 애노가 봉기한 곳을 검색한다.
➡ 신라 말 진성 여왕 때 중앙 정부의 지방 통제력이 약화되고 귀족의 수탈이 심해지자 원종과 애노가 사벌주(오늘날 **상주**)에서 봉기하였어요.

② 외규장각 도서의 약탈 과정을 조사한다.
➡ 1866년 병인양요 당시 **강화도**를 침입한 프랑스군은 퇴각하면서 외규장각에 보관하고 있던 《의궤》 등 수많은 도서를 약탈해 갔어요.

③ 강주룡이 고공 시위를 전개한 장소를 알아본다.
➡ 일제 강점기인 1931년에 고무공장의 노동자 강주룡은 임금 삭감에 저항하여 **평양** 을밀대 지붕에 올라가 고공 시위를 전개하였어요.

④ 김만덕이 흉년에 굶주린 백성을 구제한 기록을 살펴본다.
➡ 조선 후기 정조 때 김만덕은 **제주**에 흉년이 들자 전 재산을 팔아 굶주린 백성을 구제하였어요.

⑤ 러시아의 남하를 견제한다는 구실로 영국군이 점령한 지역을 찾아본다.
➡ 1885년에 영국은 러시아의 남하를 견제한다는 구실로 **거문도**를 불법으로 점령하였어요.

제74회

2025년 5월 24일(토) 시행

합격률 73회:**66.2%** / 72회:**55.2%**
40.1%

시대별 출제비중

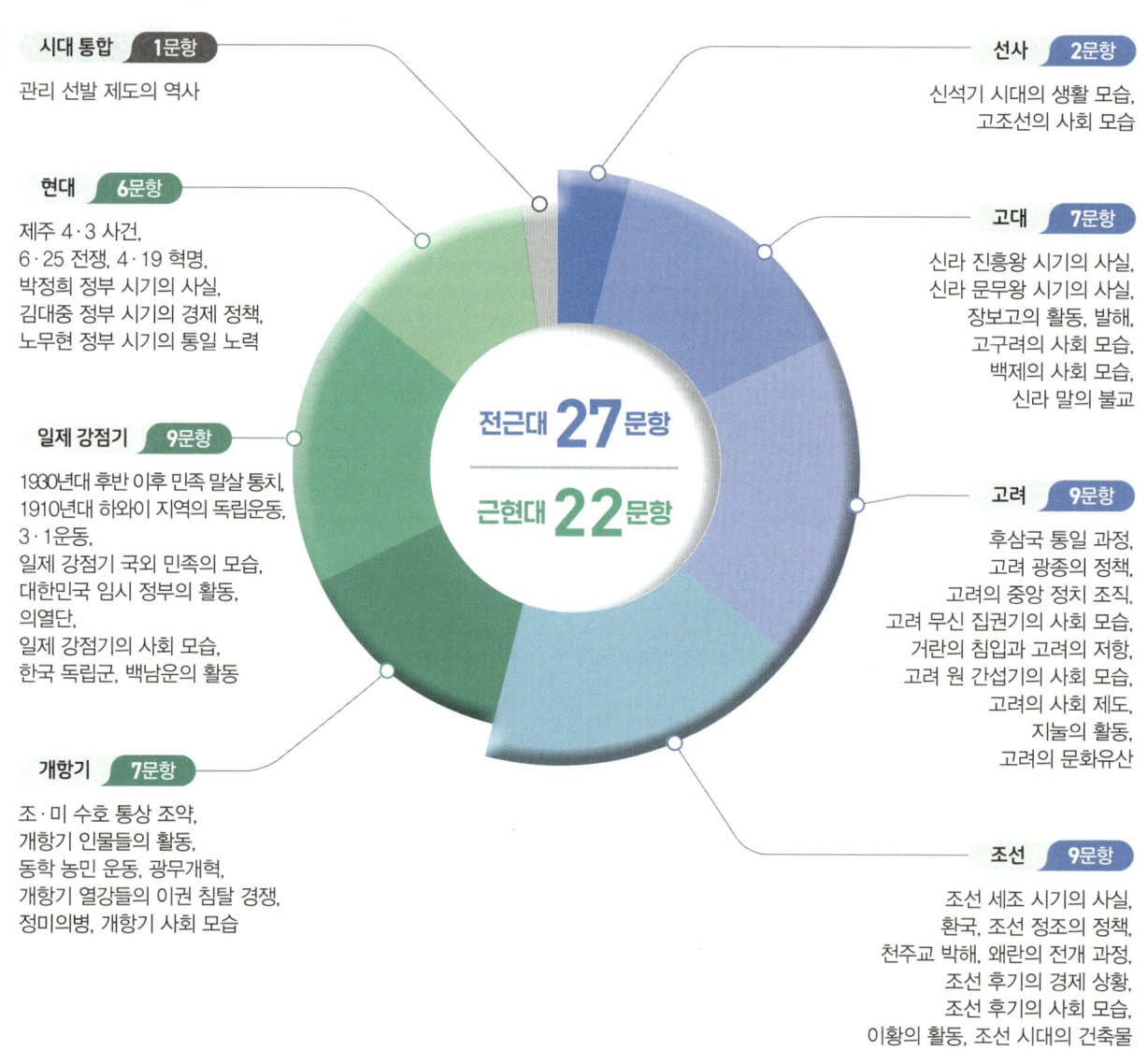

시대 통합 `1문항`
관리 선발 제도의 역사

현대 `6문항`
제주 4·3 사건,
6·25 전쟁, 4·19 혁명,
박정희 정부 시기의 사실,
김대중 정부 시기의 경제 정책,
노무현 정부 시기의 통일 노력

일제 강점기 `9문항`
1930년대 후반 이후 민족 말살 통치,
1910년대 하와이 지역의 독립운동,
3·1운동,
일제 강점기 국외 민족의 모습,
대한민국 임시 정부의 활동,
의열단,
일제 강점기의 사회 모습,
한국 독립군, 백남운의 활동

개항기 `7문항`
조·미 수호 통상 조약,
개항기 인물들의 활동,
동학 농민 운동, 광무개혁,
개항기 열강들의 이권 침탈 경쟁,
정미의병, 개항기 사회 모습

선사 `2문항`
신석기 시대의 생활 모습,
고조선의 사회 모습

고대 `7문항`
신라 진흥왕 시기의 사실,
신라 문무왕 시기의 사실,
장보고의 활동, 발해,
고구려의 사회 모습,
백제의 사회 모습,
신라 말의 불교

고려 `9문항`
후삼국 통일 과정,
고려 광종의 정책,
고려의 중앙 정치 조직,
고려 무신 집권기의 사회 모습,
거란의 침입과 고려의 저항,
고려 원 간섭기의 사회 모습,
고려의 사회 제도,
지눌의 활동,
고려의 문화유산

조선 `9문항`
조선 세조 시기의 사실,
환국, 조선 정조의 정책,
천주교 박해, 왜란의 전개 과정,
조선 후기의 경제 상황,
조선 후기의 사회 모습,
이황의 활동, 조선 시대의 건축물

전근대 **27** 문항
근현대 **22** 문항

01 신석기 시대의 생활 모습

정답 ③

(가) 신석기 시대의 생활 모습으로 가장 적절한 것은?

> **정답 키워드**
>
> 빗살무늬 토기, 갈돌·갈판

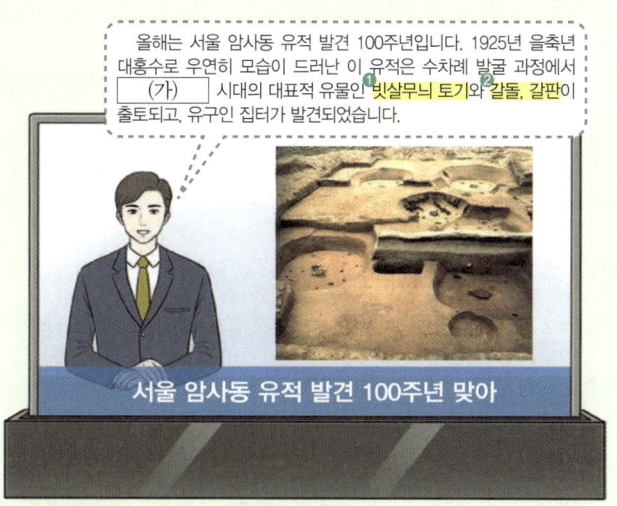

올해는 서울 암사동 유적 발견 100주년입니다. 1925년 을축년 대홍수로 우연히 모습이 드러난 이 유적은 수차례 발굴 과정에서 〔 **(가)** 〕시대의 대표적 유물인 **❶빗살무늬 토기**와 **❷갈돌, 갈판**이 출토되고, 유구인 집터가 발견되었습니다.

서울 암사동 유적 발견 100주년 맞아

❶ 빗살무늬 토기는 신석기 시대의 대표적인 토기로, 식량을 저장하거나 음식을 조리하는 데 사용되었어요.

❷ 신석기 시대 사람들은 농사를 지으면서 강가나 바닷가에 움집을 짓고 한곳에 정착하여 살기 시작하였어요. 또한, 돌을 갈아 만든 간석기를 사용하였는데, **갈돌과 갈판**은 곡식을 가루로 만드는 데 사용하였어요.

① 목책과 **환호** 등 방어 시설을 갖추었다.
➡ **청동기 시대** 사람들은 마을 주위에 구덩이를 파고 나무를 박아 만든 담인 목책과 마을을 둘러싼 물이 흐르는 도랑인 환호 등의 방어 시설을 갖추었어요.

② 소를 이용한 **깊이갈이**가 **일반화**되었다.
➡ 신라 지증왕 때 소를 이용한 깊이갈이(우경)가 우리나라의 기록에 처음 등장하였고, **고려 시대**에 일반화되었어요.

③ 농경과 **목축**을 통해 식량을 생산하였다.
➡ **신석기 시대** 사람들은 농경과 목축을 시작하여 스스로 식량을 생산하는 단계에 이르렀어요.

④ 지배층의 무덤으로 **고인돌**을 축조하였다.
➡ **청동기 시대**에 많은 인력을 동원하여 지배층의 무덤으로 고인돌을 축조하였는데, 고인돌의 규모를 통해 당시 지배층이 가졌던 권력의 크기를 짐작할 수 있어요.

⑤ 거푸집을 이용하여 **세형 동검**을 제작하였다.
➡ 청동기 시대와 철기 시대에는 거푸집을 이용하여 청동 검을 제작하였어요. 세형 동검은 **철기 시대**에 만들어진 청동 검이에요.

02 고조선의 사회 모습

정답 ⑤

밑줄 그은 '**고조선**'에 대한 설명으로 옳은 것은?

> **정답 키워드**
>
> 단군왕검, 우리 역사상 최초의 국가

이곳 강화 참성단은 **❶단군왕검**이 하늘에 제사를 올리던 제단이라고 전합니다. **❷우리 역사상 최초의 국가**인 이 나라를 세운 것을 기념하는 개천절 행사가 매년 열리며, 전국체육대회 성화 채화식도 이곳에서 거행됩니다.

고조선은 기원전 2333년에 **❶단군왕검**이 세운 **❷우리 역사상 최초의 국가**로, 청동기 문화와 농경 문화를 바탕으로 성립되었어요. 고조선에는 사회 질서를 유지하기 위해 살인, 절도 등의 죄를 다스리는 범금 8조(8조법)가 있었어요. 범금 8조 중 현재 3개 조항만 전해지고 있어요.

① 여러 가(加)들이 **사출도**를 다스렸다.
➡ **부여**는 왕이 중앙을 다스렸고, 마가·우가·구가·저가 등의 여러 가(加)들이 별도로 사출도라고 불린 지역을 다스렸어요.

② **동맹**이라는 제천 행사를 개최하였다.
➡ **고구려**는 10월에 동맹이라는 제천 행사를 열었어요.

③ **민며느리제**라는 혼인 풍습이 있었다.
➡ **옥저**에는 혼인을 약속한 여자아이를 남자 집에서 데려다 키운 후, 나이가 차면 여자 집에 예물을 주고 정식으로 혼인하는 풍습인 민며느리제가 있었어요.

④ 읍락 간의 경계를 중시하는 **책화**가 있었다.
➡ **동예**에는 다른 부족의 경계를 침범하면 노비, 소, 말로 변상하게 하는 책화라는 풍습이 있었어요.

⑤ 왕 아래 **상**, **대부**, **장군** 등의 관직을 두었다.
➡ **고조선**은 부왕·준왕 등 강력한 왕이 등장하여 왕위가 세습되었으며, 상·대부·장군 등의 관직을 두기도 하였어요.

(가) 고구려에서 볼 수 있는 모습으로 가장 적절한 것은?

정답 키워드

> 장군총

이번에 촉각 전시물로 새롭게 제작된 ①장군총은 ＿＿(가)＿＿ 의 대표적인 무덤입니다. 반듯하게 다듬은 돌을 계단처럼 쌓아 만든 이 무덤의 높이는 약 13미터이고, 한 변의 최대 길이는 약 31미터에 달합니다. 거대한 크기를 고려할 때 왕의 무덤일 가능성이 높습니다. 이 무덤의 주인이 누구였을지 상상하며, 만져보면 어떨까요?

고구려 초기에는 ①장군총처럼 돌무지무덤이 많이 만들어졌는데, 백제 한성 시대의 무덤인 서울 석촌동 고분도 돌무지무덤의 형태를 보이고 있어요. 이를 통해 백제 건국 세력이 고구려 계통임을 짐작할 수 있어요.

① 녹과전을 지급받는 관리
 ➡ 고려 후기 원종 때 권문세족의 토지 독점으로 관리들에게 지급해야 할 토지가 부족해지자 관리들의 녹봉을 보충하기 위해 경기 지역(개경 인근)에 한정하여 녹과전을 지급하였어요.

② 경당에서 수련하는 청년
 ➡ 고구려는 교육 기관으로 수도에 태학, 지방에 경당을 두어 인재를 양성하였어요.

③ 팔만대장경판을 만드는 장인
 ➡ 고려는 몽골 침입 때 부처의 힘으로 몽골군을 물리치기 위해 팔만대장경을 만들었어요. 이후 팔만대장경은 조선 초에 지어진 합천 해인사 장경판전에 보관되었어요.

④ 지방의 22담로에 파견되는 왕족
 ➡ 백제 무령왕은 지방을 통제하기 위해 지방의 22담로에 왕족을 파견하였어요.

⑤ 황룡사 구층 목탑의 축조를 건의하는 승려
 ➡ 신라 선덕 여왕 때 승려 자장의 건의로 황룡사 9층 목탑이 건립되었어요.

(가) 관산성 전투(554), (나) 윤충의 대야성 함락(642) 사이의 시기에 있었던 사실로 옳은 것은?

정답 키워드

> (가) 관산성 공격, 백제왕을 죽임
> (나) 윤충, 대야성 공격

(가) 백제왕 명농이 가야와 함께 와서 ①관산성을 공격하였다. [신라의] 군주(軍主)인 각간 우덕과 이찬 탐지 등이 맞서 싸웠으나 불리하였다. …… 고간 도도가 급히 쳐서 ①백제왕을 죽였다.

(나) 8월에 [백제왕이] 장군 ②윤충을 보내 군사 1만을 거느리고 신라 ②대야성을 공격하였다. 성주 품석이 처자와 함께 나와 항복하자 윤충이 모두 죽이고 그 머리를 베어 왕도로 보냈다.

(가) 6세기 중반인 554년에 백제 성왕은 신라 진흥왕과 연합하여 고구려를 공격해 한강 유역을 되찾았으나 곧이어 신라군의 기습 공격을 받아 한강 유역을 다시 빼앗겼어요. 이에 분노한 성왕은 신라 공격에 나섰다가 ①관산성 전투에서 전사하였어요.

(나) 642년에 백제 의자왕은 즉위 초기 신라를 공격하여 40여 성을 함락하였으며, ②윤충을 보내 전략적 요충지인 신라의 대야성을 점령하였어요.

① 백제가 국호를 남부여로 고쳤다.
 ➡ 538년에 백제 성왕은 웅진(지금의 공주)에서 사비(지금의 부여)로 천도하고 국호를 일시적으로 '남부여'로 고쳤어요. (가) 이전의 사실이에요.

② 진흥왕이 대가야를 공격하여 복속시켰다.
 ➡ 562년에 신라 진흥왕은 영토 확장에 적극적으로 나서 한강 유역을 차지하고 대가야를 병합하였어요.

③ 계백이 이끈 결사대가 황산벌에서 패배하였다.
 ➡ 660년에 백제의 계백은 황산벌에서 김유신이 이끄는 신라군에 맞서 결사 항전하였으나 결국 패하였고, 이후 사비성이 함락되면서 백제는 멸망하였어요. (나) 이후의 사실이에요.

④ 김춘추가 당으로 건너가 군사 동맹을 체결하였다.
 ➡ 648년에 신라의 김춘추는 고구려와 동맹을 시도하였다가 실패한 후 당과 군사 동맹을 체결하고, 백제와 고구려 공격에 나섰어요. (나) 이후의 사실이에요.

⑤ 신라가 한강 하류를 차지하여 신주를 설치하였다.
 ➡ 553년에 백제 성왕은 신라 진흥왕과 연합하여 고구려로부터 한강 하류 지역을 되찾았어요. 그러나 신라 진흥왕의 공격을 받아 한강 하류 지역을 신라에 빼앗겼고, 신라는 이 지역에 신주를 설치하였어요. (가) 이전의 사실이에요.

(가) 백제에 대한 설명으로 옳은 것은?

정답 키워드

능산리 고분군

여러분이 계신 곳은 (가) 의 **능산리 고분군** 중 동하총 증강 현실 전시실입니다. 동하총 무덤방의 벽에는 사신도가, 천장에는 연꽃과 구름무늬가 그려져 있습니다. 이는 송산리 6호분과 함께 (가) 의 고분 벽화 연구에 중요한 자료로 평가됩니다.

부여 **능산리 고분군**은 백제 부여 시기에 만들어진 무덤으로, 능산리 고분군 중 처음 발굴을 시작한 1호분에서 사신도 벽화가 발견되었어요.

① 일길찬, 사찬 등의 관등이 있었다.
➡ **신라** 법흥왕은 관리들의 등급을 일길찬, 사찬 등의 17관등제로 정비하였어요.

② 지방 장관으로 욕살, 처려근지 등이 있었다.
➡ **고구려**는 수도와 지방을 각각 5부로 나누어 다스렸으며, 지방에 욕살(녹살), 처려근지 등의 지방관을 두었어요.

③ 특산물로 단궁, 과하마, 반어피가 유명하였다.
➡ **동예**는 특산물로 단궁(활), 과하마(키가 작은 말), 반어피(바다표범의 가죽)가 유명하였어요.

④ 사회 질서를 유지하기 위해 범금 8조를 두었다.
➡ **고조선**에는 사회 질서를 유지하기 위해 살인, 절도 등의 죄를 다스리는 범금 8조(8조법)가 있었어요.

⑤ 왕족인 부여씨와 8성 귀족이 지배층을 이루었다.
➡ **백제**의 지배층은 왕족인 부여씨와 8성의 귀족으로 이루어졌어요.

밑줄 그은 '신라 문무왕'에 대한 설명으로 옳은 것은?

정답 키워드

아들 신문왕, 대왕암

오전 10:40   50%

좋아요 74개   1시간 전

history_♡ 감은사지, 나홀로 역사 답사 #감은사는 삼국 통일의 위업을 달성한 이 왕이 부처의 힘을 빌려 왜구의 침입을 막고자 짓기 시작한 절이야. 그 뜻을 이어받은 **아들 신문왕**이 완공했고, 절의 이름을 #감은사라고 지었다고 해. 나는 이제 이 왕의 수중릉인 #**대왕암**으로 이동!

❶ 나·당 전쟁을 승리로 이끌며 삼국 통일을 완성한 문무왕은 나라와 백성을 생각하는 마음이 컸어요. 문무왕이 부처의 힘을 빌려 왜구의 침입을 막고자 짓기 시작한 감은사는 그의 **아들인 신문왕** 때 완공되었어요.

❷ 문무왕은 "죽은 뒤 동해의 용이 되어 나라를 지킬 것이다. 그러니 죽은 후 화장하여 동해에 장사 지내라."라는 유언을 남겼다고 전해져요. 그래서 문무 대왕릉(**대왕암**)은 바다에 있다고 알려져 있어요.

① 이사부를 보내 우산국을 복속하였다.
➡ **지증왕**은 이사부를 보내 우산국(울릉도 일대)을 정복하였어요.

② 건원이라는 독자적 연호를 사용하였다.
➡ **법흥왕**은 체제 정비를 위해 병부를 설치하고, '건원'이라는 독자적인 연호를 사용하였어요.

③ 관료전을 지급하고 녹읍을 폐지하였다.
➡ **신문왕**은 관리에게 해당 지역에서 조세만 거둘 수 있는 관료전을 지급하고, 노동력까지 징발할 수 있는 녹읍을 폐지하였어요. 이로써 귀족의 경제적 기반을 약화시켰어요.

④ 거칠부에게 명하여 국사를 편찬하였다.
➡ **진흥왕**은 '개국', '태창'이라는 연호를 사용하고 거칠부에게 명하여 역사서인 《국사》를 편찬하게 하였어요.

⑤ 지방관을 감찰하고자 외사정을 파견하였다.
➡ **문무왕** 때부터 지방관을 감찰하고자 외사정을 파견하였어요.

(가) 발해에 대한 설명으로 옳은 것은?

정답 **키워드**

거란도 · 영주도 · 일본도 · 신라도

이 지도는 ⎡(가)⎤ 이/가 주변 국가들과 교역하는 데 이용한 교통로를 나타낸 것입니다. 이 국가는 교통로를 통해 담비·호랑이·표범·곰 등의 가죽과 인삼·우황 등의 약재를 주요 품목으로 주변 국가들과 교역하였습니다. 또한 소그드 은화, 청동 낙타상 등 출토 유물을 통해 서역과의 교류 사실도 확인할 수 있습니다.

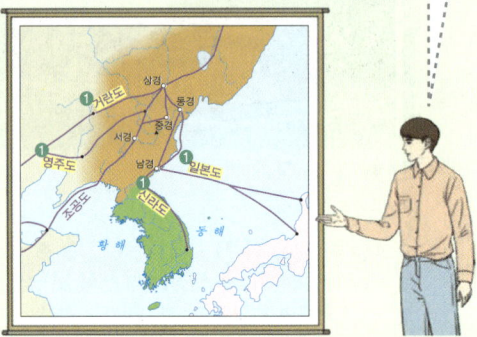

발해는 **❶거란도, 영주도, 일본도, 신라도** 등의 교통로를 통해 거란, 당, 일본, 신라 등과 교역하였으며, 목축이 발달하여 솔빈부의 말이 특산물로 유명하였어요.

① 왜에 **칠지도**를 만들어 보냈다.
　➡ **백제**에서 만든 가지 모양의 철제 칼인 칠지도를 통해 당시 백제와 왜가 교류하고 있었음을 짐작할 수 있어요. 칼의 앞면에는 34자, 뒷면에는 27자가 새겨져 있으며 명문이 분명하지 못한 곳이 있어서 연구 시점과 학자에 따라 해석이 조금씩 달라요.

② **9서당 10정**의 군사 조직을 운영하였다.
　➡ **신라** 신문왕은 통일 이후 군사 조직을 정비하여 중앙군인 9서당과 지방군인 10정을 설치하였어요.

③ 광평성을 비롯한 각종 정치 기구를 마련하였다.
　➡ **후고구려**를 세운 궁예는 국정을 총괄하는 광평성을 설치하고 광치나, 서사 등의 관원을 두었어요.

④ 제사장인 **천군**과 신성 지역인 **소도**가 존재하였다.
　➡ **삼한**에는 제사장인 천군과 신성 지역인 소도가 있었어요. 이를 통해 삼한은 제정 분리 사회였음을 짐작할 수 있어요.

⑤ 서적 관리, 주요 문서 작성 등을 위해 **문적원**을 두었다.
　➡ **발해**는 서적 관리, 주요 문서 작성 등을 위해 문적원을 두었어요.

(가) 선종 불교에 대한 설명으로 가장 적절한 것은?

정답 **키워드**

9산문, 승탑

이것은 ⎡(가)⎤ 의 **9산문** 중 가지산문의 대표 사찰인 보림사에 있는 철조비로자나불좌상입니다. 이 불상의 왼팔 뒤편에 헌안왕 2년 무주 장사현의 부관인 김수종이 아뢰어 만들었다는 새김글이 양각되어 있어 정확한 조성 연대를 알 수 있습니다. 이와 같은 철불은 **승탑**과 더불어 9세기부터 크게 유행하였습니다.

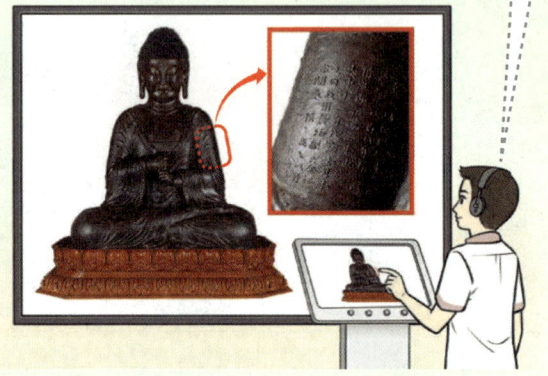

❶ **9산 선문**은 신라 말 호족의 지원을 받아 확산된 선종 불교의 대표적인 9개 종파예요. 신라의 도의는 9산 선문 중 하나인 가지산문을 개창하였어요.

❷ 신라 말 선종이 유행하면서 승려의 사리를 봉안하는 **승탑**과 탑비가 많이 만들어졌어요.

① 하늘에 제사 지내는 **초제**를 거행하였다.
　➡ 조선 시대에는 **도교**의 제사 의식인 초제를 담당하던 소격서가 설치되었어요. 소격서는 중종 때 조광조의 건의로 폐지되었어요.

②참선과 수행을 통한 깨달음을 강조하였다.
　➡ **선종 불교**는 신라 말 호족의 지원을 받아 확산되었으며, 참선과 수행으로 깨달음을 얻는 것을 강조하였어요.

③ **시경**, **서경**, **역경** 등을 주요 경전으로 삼았다.
　➡ **유교**에서는 시경, 서경, 역경 등 사서오경을 주요 경전으로 삼았어요.

④ **신선 사상**을 기반으로 불로장생을 추구하였다.
　➡ **도교**는 산천 숭배나 신선 사상과 결합하여 불로장생과 현세의 구복을 추구한 종교로, 귀족 사회를 중심으로 발달하였어요.

⑤ **인내천** 사상을 내세워 인간 평등을 주장하였다.
　➡ **동학**은 최제우가 서학에 반대하여 창시한 종교로, 유교·불교·도교와 민간 신앙의 요소가 융합된 민족 종교예요. 동학은 '시천주'와 '인내천'을 기본으로 삼아 인간 평등을 강조하여 백성으로부터 큰 호응을 얻으면서 교세가 빠르게 확장되었어요.

09 장보고의 활동　　　정답 ②

(가)에 들어갈 장보고의 활동 내용으로 가장 적절한 것은?

> **정답 키워드**
>
> 청해진 설치

┌─────────────────────────────┐
│　**한국사 동영상 제작 기획안**

○○○, 동아시아를 무대로 활약하다

　　　　　　　　　　　　　△학년 △반 △모둠

■ 기획 의도

　신라인으로서 동아시아를 무대로 활약한 ○○○의 생애를 다룬 동영상을 제작하여, 당시의 상황과 그의 활동을 살펴 본다.

■ 장면별 구성 내용

#1. 당으로 건너가 무령군 소장이 되다
#2.　　　　　　　(가)
#3. **❶ 청해진을 설치**하고 동아시아 무역을 주도하다
#4. 왕위 쟁탈전에 휘말려 암살당하다
└─────────────────────────────┘

통일 신라 시기 장보고는 당에서 군인으로 활약하다가 귀국한 후, 왕의 후원 아래 완도에 **❶ 청해진을 설치**하였어요. 장보고는 청해진을 거점으로 해적을 소탕하고 해상 무역을 전개하여 서·남해의 해상 무역권을 장악하였어요. 또한, 무역으로 축적한 경제력을 바탕으로 산둥반도 일대에 불교 사찰인 법화원을 세워 운영하였어요.

① 화왕계를 지어 국왕에게 바치다
　➡ **설총**은 신문왕에게 충신을 가까이할 것을 꽃에 비유하여 조언한 〈화왕계〉를 지어 바쳤어요.

②산둥반도에 적산 법화원을 창건하다
　➡ **장보고**는 신라 말에 청해진을 무역 기지로 삼아 해상 무역권을 장악하였어요. 무역을 통해 큰 부를 얻은 장보고는 당의 산둥반도에 불교 사찰인 법화원을 세웠어요.

③ 외교 문서인 청방인문표를 작성하다
　➡ **강수**는 신라의 외교 문서를 작성하는 데 큰 역할을 하였는데, 당시 당이 인질로 잡고 있던 무열왕의 아들 김인문의 석방을 요구하는 글인 〈청방인문표〉를 지어 보냈어요.

④ 격황소서를 지어 세상에 이름을 떨치다
　➡ **최치원**은 당에서 황소의 난이 일어나자 〈토황소격문〉으로 불리기도 하는 〈격황소서〉를 써서 이름을 떨치기도 하였어요.

⑤ 구법순례기인 왕오천축국전을 저술하다
　➡ **혜초**는 인도와 중앙아시아 지역을 순례하고 여러 나라의 풍물을 기록한 《왕오천축국전》을 남겼어요.

10 후삼국 통일 과정　　　정답 ④

다음 가상 대화(신라가 고려에 항복, 935) 이후에 있었던 사실로 옳은 것은?

> **정답 키워드**
>
> 신라 왕 김부가 고려에 항복

며칠 전 **❶ 신라 왕 김부가 우리 고려에 항복**하였다는군.

전해 들었네, 우리 왕께서 신라국을 없애 경주라 하고 그에게 식읍으로 하사하셨다더군.

935년에 **신라 경순왕 김부가 스스로 고려에 항복**함으로써 고려 태조는 전쟁 없이 신라를 흡수하였어요. 고려 태조는 김부를 경주의 사심관으로 삼아 그 지역을 다스리게 하였어요.

① 안승이 보덕국왕으로 임명되었다.
　➡ 고구려 멸망 이후 한반도 전체를 차지하려는 당과 전쟁을 시작한 신라 문무왕은 고구려 부흥 운동을 전개하던 안승이 귀순하자 금마저(익산)에 머물게 하고 674년에 보덕국왕으로 임명하였어요.

② 신숭겸이 공산 전투에서 전사하였다.
　➡ 927년에 고려는 후백제의 공격을 받은 신라가 지원을 요청하자 군사를 보냈어요. 하지만 후백제군과 공산에서 맞닥뜨린 고려군은 크게 패배하였고, 이때 고려의 신숭겸 등이 전사하였는데, 이를 공산 전투라고 해요.

③ 원종과 애노가 사벌주에서 반란을 일으켰다.
　➡ 신라 말 진성 여왕 때인 889년에 중앙 정부의 지방 통제력이 약화되고 귀족의 수탈이 더욱 심해지자 원종과 애노가 사벌주에서 봉기하였어요.

④왕건이 일리천에서 신검의 군대를 물리쳤다.
　➡ 936년에 고려 태조는 일리천 전투에서 후백제 신검의 군대를 격퇴하면서 후삼국을 통일하였어요.

⑤ 견훤이 고창 전투에서 고려군에게 패배하였다.
　➡ 930년에 견훤은 고창 전투에서 고려군에 패배하였고, 이후 고려 태조 왕건은 후백제와의 경쟁에서 우위를 차지하게 되었어요.

밑줄 그은 '고려 광종'이 추진한 정책으로 옳은 것은?

> **정답 키워드**
>
> 노비안검법, 제위보

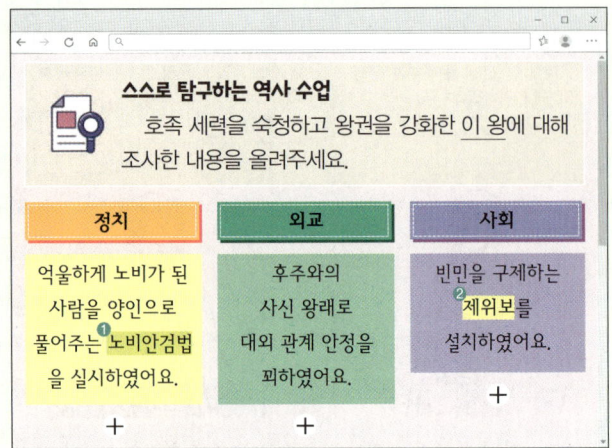

스스로 탐구하는 역사 수업
호족 세력을 숙청하고 왕권을 강화한 이 왕에 대해 조사한 내용을 올려주세요.

정치	외교	사회
억울하게 노비가 된 사람을 양인으로 풀어주는 **노비안검법**을 실시하였어요.	후주와의 사신 왕래로 대외 관계 안정을 꾀하였어요.	빈민을 구제하는 ❷**제위보**를 설치하였어요.
+	+	+

❶ 광종은 <u>노비안검법</u>을 시행하여 부당하게 노비가 된 사람들을 조사하여 양민 신분으로 회복시켰어요. 이를 통해 호족 세력을 약화하고 국가 재정을 확충하였어요.

❷ 광종은 기금을 모아 그 이자로 빈민을 구호하고 질병을 치료하는 재단 형식의 <u>제위보</u>를 설치하여 운영하였어요.

① 폐정 개혁을 목표로 <u>정치도감</u>을 설치하였다.
➡ **충목왕**은 폐정 개혁을 목표로 정치도감을 설치하였어요.

② <u>광덕</u>, 준풍이라는 독자적 연호를 사용하였다.
➡ **광종**은 스스로 황제라 칭하고 광덕, 준풍 등의 독자적인 연호를 사용하였어요.

③ 예의상정소에서 <u>상정고금예문</u>을 편찬하였다.
➡ **인종** 때 최윤의 등의 학자들이 왕명을 받아 고금의 예의를 수집·고증하여 《상정고금예문》을 편찬하였는데, 현재는 남아 있지 않아요.

④ 전국에 <u>12목</u>을 설치하고 지방관을 파견하였다.
➡ **성종**은 최승로의 건의를 받아들여 전국의 주요 지역에 12목을 설치하고 지방관을 파견하였어요.

⑤ 관리에게 등급에 따라 <u>전지와 시지를 지급</u>하였다.
➡ **경종** 때 관리에게 관직 복무에 대한 대가로 전지와 시지를 지급하는 전시과를 처음 시행하였어요. 전시과는 토지에 대한 수조권을 지급한 제도로 경종 때 처음 마련된 이후 몇 차례 개정을 거쳤어요.

(가) 만부교 사건(942), (나) 거란의 2차 침입(1010) 사이의 시기에 있었던 사실로 옳은 것은?
└ 광군 조직(정종, 947)

> **정답 키워드**
>
> (가) 거란, 만부교에서 낙타를 죽임
> (나) 왕이 나주로 들어감

> (가) ❶<u>거란</u>에서 사신을 파견하며 낙타 50필을 보냈다. 왕은 거란이 일찍이 발해와 지속적으로 화목하다가 갑자기 의심을 일으켜 맹약을 어기고 멸망시켰으니, 이는 매우 무도하여 친선 관계를 맺을 이웃으로 삼을 수는 없다고 생각하였다. 드디어 교빙을 끊고 사신 30인을 섬으로 유배 보냈으며, <u>낙타는 만부교 아래에 매어두니 모두 굶어 죽었다.</u>
>
> (나) ❷<u>왕이 나주로 들어갔는데</u>, 밤에 척후병이 잘못 보고하기를, "거란 군사들이 이르렀습니다."라고 하였다. 왕이 크게 놀라서 밖으로 달려 나오자 지채문이 아뢰어 이르기를, "주상께서 밤중에 행차하시면 백성들이 놀라 혼란하게 되니, 바라옵건대 행궁으로 돌아가십시오. 제가 염탐하여 알아보고 나서, 그 후에 움직이셔도 됩니다."라고 하였다.

(가) 고려는 건국 초기부터 발해를 멸망시킨 거란과 사이가 좋지 않았어요. 942년에 <u>거란</u>이 고려에 사신을 보내면서 낙타를 선물하였는데, <u>태조는 낙타를 만부교 아래 묶어 두어 굶어 죽게 하였어요.</u> 이를 만부교 사건이라고 하며, 이 일로 고려와 거란의 외교 관계는 단절되었어요.

(나) 1010년 현종 때 강조의 정변을 구실로 거란의 2차 침입이 일어났어요. 당시 개경이 함락되고 <u>현종이 나주로 피난</u>하는 등 위기를 겪는 가운데 양규는 거란군을 공격해 많은 고려 사람을 구하였어요.

① <u>묘청</u>이 <u>칭제 건원</u>을 주장하였다.
➡ **1135년** 인종 때 묘청 등은 서경 천도와 칭제 건원 등을 주장하였지만 자신들의 뜻이 받아들여지지 않자 서경에서 반란을 일으켰어요. 난은 김부식이 이끄는 관군에 의해 진압되었어요.

② <u>강감찬</u>이 <u>흥화진 전투</u>에서 승리하였다.
➡ **1018년**에 강감찬은 거란의 3차 침입 때 흥화진 전투에서 거란군을 물리쳤어요.

③ <u>서희</u>의 활약으로 <u>강동 6주</u>를 획득하였다.
➡ **993년** 성종 때 거란의 1차 침입이 일어났는데, 서희는 외교 담판을 벌여 거란군을 물러가게 하고 강동 6주를 획득하였어요.

④ <u>최우</u>가 <u>강화도</u>로 도읍을 옮겨 <u>항전</u>하였다.
➡ **1232년**에 몽골이 고려를 침략하자 최씨 무신 정권을 이끌던 최우는 일단 강화를 요청하여 몽골군을 물러나게 하고, 도읍을 강화도로 옮겨 장기 항전을 준비하였어요.

⑤ <u>윤관</u>이 별무반을 이끌고 <u>동북 9성</u>을 개척하였다.
➡ 12세기에 여진이 성장하여 고려와 계속 충돌하자 윤관은 숙종에게 건의하여 별무반을 편성하였고, **1107년** 예종 때 별무반을 이끌고 여진을 정벌하여 동북 9성을 축조하였어요.

(가) 고려의 문화유산으로 적절하지 <u>않은</u> 것은?

> **정답 키워드**
>
> 영주 부석사 소조여래좌상

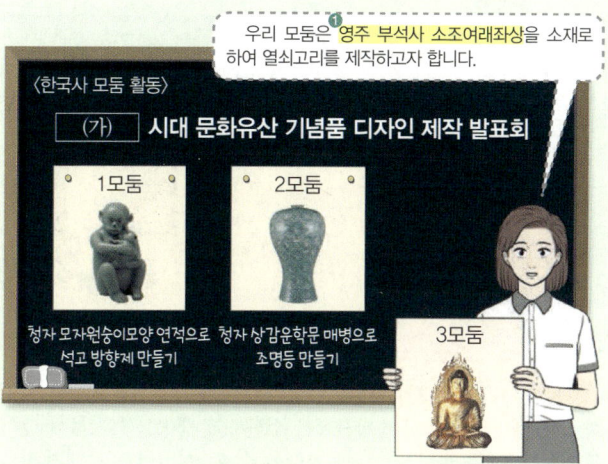

> 우리 모둠은 ❶영주 부석사 소조여래좌상을 소재로 하여 열쇠고리를 제작하고자 합니다.

〈한국사 모둠 활동〉

(가) 시대 문화유산 기념품 디자인 제작 발표회

1모둠　　2모둠

청자 모자원숭이모양 연적으로　청자 상감운학문 매병으로
석고 방향제 만들기　　조명등 만들기

3모둠

고려 시대에 만들어진 ❶영주 부석사 소조여래좌상은 진흙으로 만들어진 불상으로 신라 전통 양식을 계승하였어요. 부석사 무량수전에 있으며 소조 불상 중 가장 크고 오래되었어요.

① 　② 　③

➡ **신라** 고분에서 발견된 기마 인물형 토기 중 주인상이에요.

➡ **고려**의 청자 투각 칠보무늬 향로예요.

➡ **고려**의 청동 은입사 포류수금문 정병으로, 은입사 기술로 만든 목이 긴 형태의 물병이에요.

④ 　⑤

➡ **고려** 시대에 만들어진 나전 칠기로, 옻칠한 바탕에 자개를 여러 가지 형태로 오려 붙여 장식한 공예품이에요.

➡ **고려**의 평창 월정사 8각 9층 석탑으로, 고려 전기에 만들어진 대표적인 다각 다층 석탑이에요.

(가) 김보당의 난(1173), **(나)** 최충헌의 봉사 10조(1196), **(다)** 삼별초의 대몽 항쟁(1270)을 일어난 순서대로 옳게 나열한 것은?

> **정답 키워드**
>
> (가) 김보당이 의종을 다시 세우고자 함
> (나) 최충헌이 봉사를 올림
> (다) 삼별초가 반란을 일으킴, 진도

> (가) ❶김보당이 정중부·이의방을 토벌하고 의종을 다시 세우고자 …… 동북면지병마사 한언국과 군사를 일으켜 함께 하도록 했다. …… 정중부·이의방이 이 소식을 듣고 장군 이의민, 산원(散員) 박존위로 하여금 군사를 거느리고 남로로 가도록 했고, 또 군사를 서해도로 파견하여 대응하도록 했다.
>
> (나) ❷최충헌은 최충수와 함께 봉사를 올렸다. "…… 낡은 제도를 혁파하고 새로운 정치를 도모하심에 오로지 태조의 올바른 법을 따르시어 중흥의 길을 환히 여시길 바랍니다. 삼가 열 가지 사항을 아뢰옵니다."
>
> (다) 왕과 세자가 몽골에서 개경으로 돌아온 이후, ❸삼별초가 반란을 일으켜 승화후 왕온을 [왕으로] 세우고 진도에 웅거하였다.

(가) 1173년에 ❶김보당은 무신 정권의 집권자였던 ❶정중부와 이의방을 제거하고 전왕인 의종을 다시 세우려고자 동계 지역에서 난을 일으켰는데, 이 사건을 김보당의 난이라고 해요.

(나) 1196년에 ❷최충헌은 이의민을 제거하고 권력을 장악한 뒤 ❷봉사 10조라는 사회 개혁안을 명종에게 올렸어요. 그러나 명종이 봉사 10조를 시행하지 않고 자신의 신변을 위협하자 1197년 창락궁에 유폐하고 신종을 왕위에 올렸어요.

(다) 1270년에 고려 정부가 몽골과 화의를 체결하여 개경 환도를 결정하자 ❸삼별초는 이에 반발하여 배중손을 중심으로 대몽 항쟁을 계속하였고, 강화도가 함락되자 ❸진도로 근거지를 옮겨 승화후 왕온을 왕으로 세우고 항쟁을 이어 갔어요.

① (가) - (나) - (다)
➡ (가) 김보당의 난(1173) → (나) 최충헌의 봉사 10조(1196) → (다) 삼별초의 대몽 항쟁(1270)

② (가) - (다) - (나)
③ (나) - (가) - (다)
④ (나) - (다) - (가)
⑤ (다) - (가) - (나)

다음 자료에 나타난 **고려 시대**의 사회 모습으로 적절한 것은?

정답 키워드

> 7재

- ❶7재를 설치하였다. 주역을 [공부하는 곳은] 이택재, 상서는 대빙재, 모시(毛詩)는 경덕재, 주례는 구인재, 대례는 복응재, 춘추는 양정재, 무학은 강예재라고 하였다.
- ○ 왕이 결정하시기를 "…… 무학이 점차 번성하여 장차 문학 하는 사람들과 각을 세워 불화하게 되면 매우 편치 못하게 될 것이다. …… 무학으로 무사를 선발하는 일과 무학재의 호칭 은 모두 혁파하겠다."라고 하였다.

고려 시대에 최충이 9재 학당(문헌공도)을 설립한 이후 사학에서 많은 과거 합격자를 배출하자 사학 12도가 융성하였고, 상대적으로 관학은 위축되었어요. 이에 고려는 숙종 때 국자감에 출판을 담당하는 서적포를 두었고, 예종 때 국자감에 전문 강좌인 ❶7재를 개설하고 장학 재단을 설치하는 등 관학을 진흥시키기 위해 노력하였어요.

① 서얼이 통청 운동을 전개하였다.
➡ **조선** 후기에 서얼들은 통청 운동을 전개하여 청요직 진출을 시도 하였어요.

② 사창절목에 따라 **사창제**가 시행되었다.
➡ **조선** 말 고종 때 흥선 대원군은 환곡의 폐단이 심해지자 마을 단 위로 사창을 설치하고, 그 마을 안에서 덕망 있고 부유한 사람을 뽑아 자율적으로 운영하도록 하는 사창제를 운영하였어요.

③ 왕조 교체를 예언하는 **정감록**이 유포되었다.
➡ **조선** 후기에는 왕조 교체를 예언한 《정감록》이 민간에 널리 퍼져 농민 봉기에 영향을 주었어요.

④ 병자에게 약을 지급하는 **혜민국**이 설치되었다.
➡ **고려** 시대에 서민의 질병 치료를 위해 혜민국이 운영되었어요.

⑤ 국산 약재와 치료 방법을 정리한 **향약집성방**이 간행되었다.
➡ **조선** 전기 세종 때 국산 약재와 치료 방법을 집대성한 《향약집성방》 이 편찬되었어요.

(가) 지눌에 대한 설명으로 옳은 것은?

정답 키워드

> 보조국사, 수선사

이것은 '불일❶보조국사'라는 시호를 받은 (가) 의 행적을 담고 있는 송광사 보조 국사비입니다. 비문에는 그가 정혜결사를 조직하고, 「권수정혜결사문」을 지었다는 내용 이 들어있습니다. 또한 당시 국왕이 그의 뜻 을 흠모하여 그가 머물렀던 송광산 길상사 (吉祥寺)를 조계산 ❷수선사(修禪社)로 이름을 바꿔주며 직접 글씨를 써서 보냈다는 등의 내용이 기록되어 있습니다.

고려의 승려 ❶보조국사 지눌은 기존 불교계의 세속화를 비판하며 개 혁에 앞장섰어요. 순천 송광사에서 ❷수선사(정혜사)를 결성하여 승려 본연의 모습으로 돌아가 수행에 힘쓸 것을 강조하였어요. 수행 방법으 로 '정혜쌍수'와 '돈오점수'를 주장하였고 선종을 중심으로 교종을 통합할 것을 외치며 조계종을 정립하였어요.

① 법화 신앙에 중점을 둔 백련 결사를 이끌었다.
➡ **요세**는 참회를 중시하는 법화 신앙에 중점을 두고 백련 결사를 제창하였어요.

② **돈오점수**를 바탕으로 꾸준한 수행을 강조하였다.
➡ **지눌**은 단번에 깨우치되 점진적으로 수행을 계속해야 한다는 돈오 점수를 주장하였으며, 이를 위한 수행 방법으로 참선과 교리 공부 를 함께하는 정혜쌍수를 내세웠어요.

③ 승려들의 전기를 기록한 해동고승전을 저술하였다.
➡ **각훈**은 왕명을 받아 우리나라 역대 승려들의 전기를 정리한 역사 서인 《해동고승전》을 편찬하였어요.

④ 선문염송집을 편찬하고 유불 일치설을 주장하였다.
➡ **혜심**은 유불 일치설을 주장하며 심성의 도야를 강조하였는데, 이는 장차 성리학 수용의 사상적 토대가 되었어요.

⑤ 성상융회를 제창하여 교종 내 대립을 해소하고자 하였다.
➡ **균여**는 불교의 사상적 분열과 갈등을 극복하고 교종 내 대립을 해소하기 위해 성상융회를 제창하였어요.

17 고려 원 간섭기의 사회 모습 정답 ①

밑줄 그은 '고려 원 간섭기'에 볼 수 있는 모습으로 적절한 것은?

정답 키워드

> 도평의사사, 변발과 호복 유행

> 권문세족이 ❶도평의사사를 장악하고 대농장을 경영한 이 시기에 대해 말해볼까?

> 많은 여성이 공녀로 끌려갔어.

> 지배층을 중심으로 ❷변발과 호복이 유행하였어.

❶ 원 간섭기에 도병마사가 **도평의사사**로 개편되었는데, 원의 세력을 등에 업고 권력을 얻은 권문세족이 도평의사사를 장악하였어요.

❷ 몽골과의 강화 이후 원 간섭기가 시작되면서 고려에서 몽골 풍습이 유행하기 시작하였는데, 이를 '몽골풍'이라고 해요. 지배층 사이에서 **변발과 호복 등이 유행**하였고 족두리, 철릭과 같은 의복과 연지, 만두 등 음식도 전해졌어요. 몽골풍은 공민왕 때 반원 자주 정책이 추진되면서 금지되었어요.

①**농상집요를 소개하는 관리**
➡ **고려 원 간섭기** 때 이암은 목화 재배와 양잠 등 중국 화북 지방의 농법을 소개하는 《농상집요》를 우리나라에 들여왔어요.

② 흑창에서 곡식을 빌리는 농민
➡ **고려 초기** 태조는 빈민 구제 기관인 흑창을 설치하여 곡식을 빌려주고 추수기에 갚도록 하였어요. 흑창은 성종 때 의창으로 개칭되었어요.

③ 사섬서에서 저화를 발행하는 장인
➡ **조선** 태종 때 사섬서를 설치하여 고려 말 공양왕 때 도평의사사의 건의로 발행되었으나 유통되지는 못하였던 지폐인 저화의 주조와 유통을 담당하게 하였어요.

④ 선혜청에서 공가(貢價)를 받는 상인
➡ **조선 후기**에 대동법이 시행되면서 관청에서 공가를 받고 필요한 물품을 마련하여 궁궐과 관청에 납품하는 공인이 등장하였어요. 공인의 활동은 조선 후기 상공업과 상품 화폐 경제가 발달하는 계기가 되었어요.

⑤ 상평통보로 물건을 거래하는 보부상
➡ **조선 후기** 숙종 때 허적의 제안에 따라 발행되기 시작한 상평통보는 상공업 발달과 대동법 실시 등으로 전국적으로 유통되었어요.

18 고려의 중앙 정치 조직 정답 ④

㉠~㉣에 대한 설명으로 옳은 것을 |보기|에서 고른 것은?

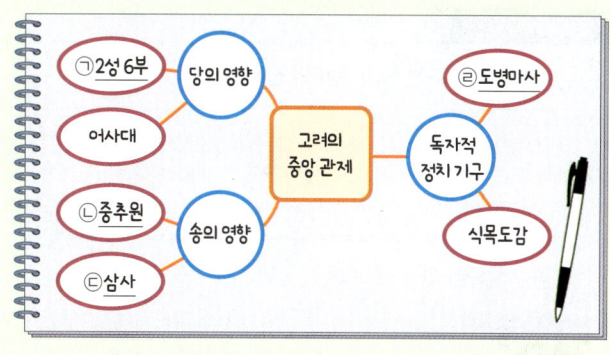

ㄱ. ㉠ – 좌·우사정이 6부를 나누어 관할하였다.
➡ **발해**는 좌사정과 우사정이 각각 3개의 부서를 나누어 관할하였어요. 고려의 중앙 정치 조직은 당의 3성 6부제를 받아들였으나 고려의 실정에 맞게 고쳐져 2성 6부제로 운영되었고, 독자적인 회의 기구로 도병마사와 식목도감이 설치되었어요.

ㄴ. ㉡ – 군사 기밀과 왕명 출납을 담당하였다.
➡ **고려**의 중추원(추밀원)은 군사 기밀을 담당하는 추밀과 왕명 출납을 담당하는 승선으로 구성되었어요.

ㄷ. ㉢ – 5품 이하의 관원에 대한 서경권을 행사하였다.
➡ **조선**의 사헌부와 사간원의 소속 관원인 대간은 5품 이하의 관리 임명에 대한 서경권을 행사하였어요. 고려의 삼사는 화폐와 곡식의 출납 및 회계를 담당하던 기관으로, 조선 시대에는 호조가 비슷한 역할을 하였어요.

ㄹ. ㉣ – 재추를 중심으로 국방, 군사 문제를 논의하였다.
➡ **고려**의 도병마사에서는 중서문하성의 재신과 중추원의 추밀, 즉 재추가 중심이 되어 국방 및 군사 문제를 논의하였어요.

① ㄱ, ㄴ ② ㄱ, ㄷ ③ ㄴ, ㄷ ④ ㄴ, ㄹ ⑤ ㄷ, ㄹ

(가) 종묘에 해당하는 문화유산으로 옳은 것은?

정답 키워드

> 조선 왕과 왕비의 신위를 모심

□□신문

제△△호   2025년 ○○월 ○○일

조선 왕실의 신위 제자리로, 155년 만에 재현된 환안제

(가) 의 보수 공사가 완료됨에 따라, 창덕궁 옛 선원전에 임시 봉안되었던 ❶조선 왕과 왕비, 대한 제국 황제와 황후의 신위 49위를 (가) (으)로 다시 모셔오는 환안제가 155년 만에 재현되었다. 이번 의례에는 내외국인으로 구성된 시민 행렬단도 함께 참여하여 그 의미를 더했다. 환안제와 더불어 앞으로 전시와 체험 프로그램을 비롯해 다채로운 행사가 이어질 예정이다.

종묘는 유교를 사회 이념으로 삼았던 ❶조선 시대에 역대 왕과 왕비 및 추존된 왕과 왕비의 신위(신주)를 모시고 제사를 지내던 사당이에요.

①

➡ **종묘**는 조선 건국 이후 경복궁을 중심으로 왼쪽에 지어졌으며, 1995년에 유네스코 세계 유산으로 등재되었어요.

②

➡ **경복궁** 안에 있는 향원정은 팔각 정자 형태의 2층 누각으로, 왕실의 휴식 공간이자 풍류를 즐기던 장소로 사용되었어요.

③

➡ **덕수궁** 내에 있는 정관헌은 고종이 황제로 즉위한 후 구본신참을 바탕으로 개혁을 추진할 때 건립되었어요.

④

➡ **창덕궁**은 태종이 도읍을 개성에서 한양으로 다시 옮기며 건립하였어요. 정조는 창덕궁 후원에 왕실 도서관이자 연구 자문 기관으로 규장각을 설치하였어요.

⑤

➡ **환구단**은 고종이 1897년에 연호를 '광무'로 바꾸고, 황제 즉위식을 거행한 후 대한 제국 수립을 선포한 곳이에요.

(가) 조선 세조의 재위 시기에 있었던 사실로 옳은 것은?

정답 키워드

> 호패법 재실시, 이시애의 난 진압

이 그림은 무관 오자치를 그린 것으로, 현존하는 무관 초상화 중에서 가장 이른 시기의 작품입니다. 오자치는 (가) 이/가 ❶호패법을 재실시하는 등 지방 세력 통제를 강화하자, 이에 반발하며 함길도에서 ❷이시애가 일으킨 난을 평정한 공으로 적개공신에 책봉되었습니다.

❶ 호패는 이름, 출생 연도, 신분 등을 새긴 신분증으로, 16세 이상 남성에게 호패를 의무적으로 차고 다니게 한 것이 **호패법**이에요. 태종은 전국의 인구 현황을 파악하여 조세 징수와 군역 부과에 활용하려고 하였어요. 호패법은 세종 때 한때 폐지되었다가 세조 때 **재실시**되었어요.

❷ 세조 때 중앙 집권 체제를 강화하기 위해 북도 출신 수령의 임명을 줄이고 서울에서 직접 관리를 파견하였어요. 이에 불만을 품은 함길도 토착 세력인 **이시애가 길주를 근거지로 난을 일으켰으나 진압**되었어요.

---

① **간경도감**이 설치되었다.
➡ **세조**는 간경도감을 설치하여 불경을 한글로 번역·간행하고 원각사를 창건하는 등 불교를 후원하였어요.

② **조선경국전**이 편찬되었다.
➡ **태조** 때 정도전은 《조선경국전》, 《경제문감》 등을 저술하여 민본주의와 재상 중심의 정치를 주장하였어요.

③ **국조오례의**가 완성되었다.
➡ **성종** 때 신숙주와 정척 등이 왕명을 받아 국가의 의례를 그림을 곁들여 정비한 《국조오례의》를 완성하였어요.

④ **부민고소금지법**이 제정되었다.
➡ **세종**은 하급 관리나 일반 백성들이 상급 관리들에 대해 고소를 금지하던 법인 부민고소금지법을 제정하였어요.

⑤ **혼일강리역대국도지도**가 제작되었다.
➡ **태종** 때 현존하는 동양에서 가장 오래된 세계 지도인 〈혼일강리역대국도지도〉가 제작되었어요.

밑줄 그은 '정유재란(1597)' 이후에 있었던 사실로 옳은 것은?

정답 키워드

> 강화 교섭 결렬 이후 일본의 재침

> 이것은 **강화 교섭 결렬 이후 일본의 재침**으로 시작된 이 전란 당시 흥양(현재 고흥군) 현감 최희량이 작성한 전과 보고서의 일부입니다. 여기에는 흥양에 침입한 일본군을 격퇴한 사실과 새로 제작한 전선(戰船)에 대한 내용 등이 자세히 기록되어 있으며, 삼도수군통제사 이순신의 서명도 있습니다.

조선 선조 때인 1592년에 조총으로 무장한 일본군이 조선을 침략해 임진왜란이 일어났어요. 전쟁 초기 수세에 몰렸던 조선은 이순신이 이끄는 수군을 비롯한 의병의 활약, 명군의 지원으로 전세를 역전시켰어요. 이후 명과 일본 사이에 **휴전 협상이 진행되었으나 결렬되었고, 일본군이 다시 쳐들어오면서 정유재란이 일어났어요(1597).** 이순신이 이끄는 수군의 활약으로 전세가 불리해진 일본군이 도요토미 히데요시가 병으로 죽자 본국으로 철수하면서 전쟁이 끝이 났어요.

① 신숙주가 일본에 다녀와 해동제국기를 저술하였다.
　➡ 조선 세종 때인 1443년에 신숙주는 일본을 다녀온 후 일본의 정치, 사회, 지리, 외교 등을 종합적으로 정리한 《해동제국기》를 편찬하였어요.

② 나세 등이 화포를 사용하여 진포에서 왜구를 격퇴하였다.
　➡ 고려 우왕 때인 1380년에 나세, 심덕부, 최무선 등은 화통도감에서 제작한 화약과 화포를 이용해 진포에서 왜구를 크게 물리쳤어요(진포 대첩).

③ 포로 송환을 목적으로 회답겸쇄환사가 일본에 파견되었다.
　➡ 임진왜란 이후인 1604년에 조선은 포로 송환을 목적으로 승려 유정을 회답 겸 쇄환사로 일본에 파견하였어요.

④ 조선 정부의 교역 제한에 반발하여 사량진 왜변이 일어났다.
　➡ 조선 중종 때인 1544년에 조선 정부의 교역 제한에 반발하여 쓰시마섬의 왜구들이 조선의 사량진을 약탈한 사건인 사량진 왜변이 일어났어요.

⑤ 국방 문제를 논의하기 위한 임시 기구로 비변사가 설치되었다.
　➡ 비변사는 조선 중종 때인 1510년에 일어난 3포 왜란을 계기로 국방 문제를 논의하기 위해 임시로 설치되었고, 명종 때 일어난 을묘왜란을 계기로 상설 기구가 되었어요.

왼쪽: 갑인예송(1674), 오른쪽: 목호룡의 고변(1722) 사이의 시기인 (가) 시기에 있었던 사실로 옳은 것은?
　　└ 경신환국(1680), 갑술환국(1694)

정답 키워드

- 왼쪽: 기해년 이후
- 오른쪽: 목호룡의 고변

부왕께서 승하하신 **기해년**에는 고대 중국의 예가 아닌 경국대전에 따라 기년복으로 정했다고 기억한다. **오늘** 대공복 또한 경국대전에 따라 정한 것인가?

성상을 시해하려는 자가 있다는 **목호룡의 고변**으로 조정이 큰 혼란에 휩싸였다는군.

연잉군과 노론이 곤경에 처하게 될 것 같군.

(가)

❶ 현종 때 효종과 효종비가 죽자 효종의 어머니인 자의 대비의 상복 입는 기간을 두고 서인과 남인이 대립하는 예송이 전개되었어요. 1659년 기해년에 효종이 사망한 후 일어난 기해예송(1차 예송)에서 송시열 등 서인 세력은 효종을 차남으로 대우하여 자의 대비의 기년복(1년복)을 주장한 반면, 허목 등을 중심으로 한 남인 세력은 효종에게 장자의 예를 적용하여 자의 대비의 3년복을 주장하였어요. 이때에는 서인의 주장이 받아들여져 서인이 권력을 잡았어요. 이후 1674년 갑인년에 효종비가 사망한 후 일어난 갑인예송(2차 예송)을 통해 다시 남인 세력이 정권을 장악하였어요.

❷ 1722년 경종 때 목호룡은 노론 세력이 경종을 시해하려는 모의를 하였다고 고변하였어요.

① 인조반정으로 북인 세력이 몰락하였다.
　➡ 1623년에 광해군의 중립 외교를 비판하던 서인 세력은 광해군이 영창 대군을 살해하고 영창 대군의 생모인 인목 대비를 폐위하자 유교 윤리를 저버렸다는 구실을 내세워 광해군을 왕위에서 몰아내고 인조를 왕위에 올리는 반정을 일으켰는데, 이 사건이 인조반정이에요.

② 기축옥사로 이발 등 동인 세력이 축출되었다.
　➡ 1589년 선조 때 정여립 모반 사건을 계기로 기축옥사가 발생하여 이발 등 동인이 피해를 입었어요.

③ 양재역 벽서 사건으로 이언적 등이 화를 입었다.
　➡ 1547년 명종 때 외척인 윤원형 등이 반대파였던 대윤 세력을 몰아내기 위해 양재역 벽서 사건을 확대하여 이언적 등이 화를 입었어요.

④ 인현 왕후가 폐위되고 남인이 권력을 차지하였다.
　➡ 1689년 숙종 때 희빈 장씨 소생의 원자 책봉 문제가 원인이 되어 기사환국이 일어나 서인이 축출되고 남인이 정권을 장악하였으며, 인현 왕후가 폐위되고 희빈 장씨가 왕비로 책봉되었어요.

⑤ 붕당의 폐해를 경계하기 위해 탕평비가 건립되었다.
　➡ 1742년에 영조는 붕당 정치의 폐단을 극복하고 경계하고자 탕평책을 실시하였고, 이를 널리 알리기 위해 성균관 앞에 탕평비를 세웠어요.

(가) 이황에 대한 설명으로 옳은 것은?

정답 키워드

성학십도, 사단칠정 논쟁

이 그림은 강세황이 그린 도산서원도입니다. 여기에는 서원의 배치와 건물 크기, 방향 등이 실제와 부합하게 묘사되어 있으며 건물 이름도 표기되어 있어 당시의 모습을 잘 보여줍니다. 도산 서원은 ❶성학십도를 지어 군주의 수양을 강조하고, 기대승과 ❷사단칠정 논쟁을 전개한 [(가)]의 학문과 덕을 기리는 곳입니다.

❶ 조선 중기의 성리학자인 이황은 선조가 성군이 되기를 바라는 마음에서 성학을 10개의 그림(십도)으로 설명한 《성학십도》를 지어 선조에게 올렸어요. 이황은 《성학십도》에서 군주가 스스로 인격과 학식을 수양하기 위해 노력해야 함을 강조하면서 군주의 도를 도식으로 표현하였어요.

❷ 이황은 기대승과의 사단칠정 논쟁을 통해 성리학의 이해를 심화하였어요.

① 최초의 서원인 백운동 서원을 건립하였다.
➡ 주세붕은 중종 때 우리나라 최초의 서원인 백운동 서원을 세웠고, 이후 사액되면서 소수 서원으로 이름이 바뀌었어요.

② 명에 대한 의리를 내세운 기축봉사를 올렸다.
➡ 송시열은 명에 대한 의리를 내세우고 청에 대한 복수를 주장하는 상소인 기축봉사를 효종에게 올렸어요.

③ 동호문답을 통해 다양한 개혁 방안을 제시하였다.
➡ 이이는 선조에게 왕도 정치에 대한 이상을 문답체로 서술한 《동호문답》을 바쳐 다양한 개혁 방안을 제시하였어요.

④ 예안 향약을 시행하여 향촌의 교화를 위해 노력하였다.
➡ 이황은 경상북도 안동 예안 지역에서 시행하기 위해 예안 향약을 만들었어요.

⑤ 예학을 조선의 현실에 맞게 정리한 가례집람을 저술하였다.
➡ 김장생은 예학을 조선의 현실에 맞게 정리한 《가례집람》을 지었어요.

(가) 조선 정조가 추진한 정책으로 옳은 것은?

정답 키워드

장용영, 수원 화성에 외영을 둠

고문헌으로 보는 한국사

[해설] 이것은 ❶장용영 내영에서 수원외사 번암 채제공에게 보낸 전령(傳令)입니다. 새롭게 마련된 장용영 절목의 문제점을 중앙에 아뢰어 고치도록 권한 내용을 담고 있습니다. 장용영은 [(가)]이/가 조직한 친위 부대로 서울에 내영, ❷수원 화성에 외영을 두어 규장각과 함께 왕권 강화를 목적으로 운영되었습니다.

사도 세자의 아들인 정조는 자신의 정치적 이상과 개혁 의지를 실현하고자 수원에 화성을 건설하고 정치·군사·상업 기능을 부여하였어요. 또한, 국왕의 친위 부대로 ❶장용영을 설치하였고 ❷수원 화성에 장용영 외영을 두어 주둔하게 하였어요.

① 나선 정벌에 조총 부대를 파견하였다.
➡ 효종 때 청의 요청에 따라 나선(러시아) 정벌에 변급, 신류 등이 이끈 조총 부대를 파견하였어요.

② 호포제를 시행하여 양반에게도 군포를 징수하였다.
➡ 고종 때 흥선 대원군은 민생 안정을 위해 양반에게도 군포를 부과하는 호포제를 실시하였어요.

③ 문신을 재교육하기 위한 초계문신제를 실시하였다.
➡ 정조는 젊은 문신들을 선발해 재교육하는 초계문신제를 실시하여 자신의 정책을 뒷받침할 인재를 육성하였어요.

④ 삼정의 문란을 시정하고자 삼정이정청을 설치하였다.
➡ 철종 때 임술 농민 봉기가 발생하자 정부는 봉기를 수습하기 위해 박규수를 안핵사로 파견하고 삼정이정청을 설치하였으나, 농민 봉기의 근본적인 원인을 해결하지는 못하였어요.

⑤ 각 궁방과 중앙 관서의 공노비 6만여 명을 해방하였다.
➡ 순조는 국가 재정 확보를 위해 궁방과 중앙 관서에 소속된 6만여 명의 공노비를 해방시켜 양민으로 삼도록 하고 노비 문서를 불태우도록 하였어요.

25 천주교 박해

정답 ⑤

(가) 신유박해에 대한 설명으로 옳은 것은?

> **정답 키워드**
>
> 순조 1년(1801), 천주교 탄압

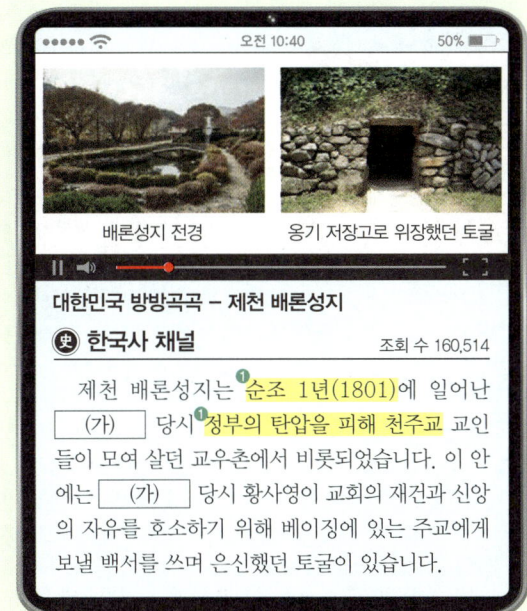

배론성지 전경　　　옹기 저장고로 위장했던 토굴

대한민국 방방곡곡 – 제천 배론성지

史 **한국사 채널**　　　조회 수 160,514

제천 배론성지는 **①순조 1년(1801)**에 일어난 (가) 당시 **정부의 탄압**을 피해 **천주교** 교인들이 모여 살던 교우촌에서 비롯되었습니다. 이 안에는 (가) 당시 황사영이 교회의 재건과 신앙의 자유를 호소하기 위해 베이징에 있는 주교에게 보낼 백서를 쓰며 은신했던 토굴이 있습니다.

정조 때 천주교도 윤지충과 권상연이 처형당한 신해박해(1791) 이후 **①1801년 순조 때 천주교도인 이승훈이 처형되고, 정약용이 유배당하는 신유박해**가 일어났어요. 신유박해가 일어나자 천주교도였던 황사영은 당시 베이징 교구의 주교에게 외국 군대의 출병을 요청하는 백서를 보내려 하였는데, 백서가 발각되면서 황사영은 처형당하였어요. 이를 황사영 백서 사건이라고 해요.

① **한성 조약**이 체결되는 결과를 가져왔다.
➡ 1884년 **갑신정변** 이후 조선과 일본 사이에 일본 공사관 증축 비용과 배상금 지불 등을 약속한 한성 조약이 체결되었어요.

② 정부의 요청으로 출병한 **청군**이 진압하였다.
➡ 1882년 **임오군란** 때 조선 정부가 청에 도움을 요청하자 청이 군대를 파견해 난을 진압하였고, 1884년 **갑신정변** 때도 청군이 개화당 정부를 진압하면서 정변은 실패로 끝났어요.

③ 사태의 수습을 위해 **박규수**가 안핵사로 파견되었다.
➡ 1862년에 진주 농민 봉기를 시작으로 농민 봉기가 전국으로 확산되었는데, 이를 **임술 농민 봉기**라고 해요. 조선 정부는 농민 봉기의 수습을 위해 박규수를 안핵사로 파견하였어요.

④ **이필제**가 영해 지역에서 **난**을 일으키는 계기가 되었다.
➡ 1871년 고종 때 흥선 대원군 집권기에 동학교도 이필제는 **교조 신원 운동**의 일환으로 경상북도 영덕군 영해 지역에서 동학의 제2대 교주인 최시형과 함께 동학교도를 규합하여 난을 일으켰어요.

⑤ 전개 과정에서 **이승훈, 정약용** 등이 연루되어 **처벌**되었다.
➡ 1801년 순조 때 이승훈이 처형되고, 정약용이 유배당하는 **신유박해**가 일어났어요.

26 조선 후기의 사회 모습

정답 ②

밑줄 그은 '**조선 후기**'에 볼 수 있는 모습으로 적절하지 **않은** 것은?

> **정답 키워드**
>
> 탈춤, 상품 화폐 경제의 발달

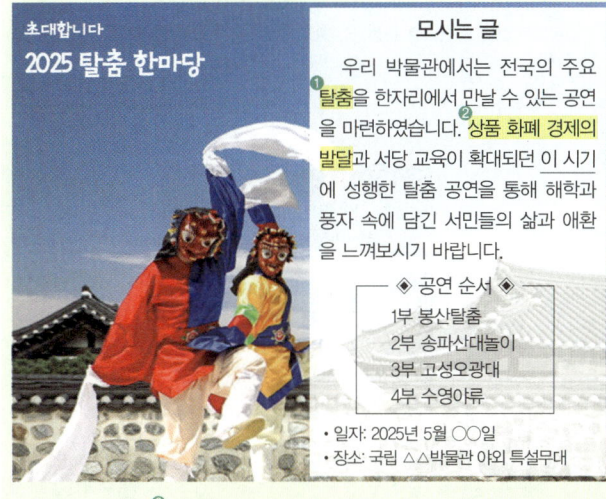

초대합니다
2025 탈춤 한마당

모시는 글

우리 박물관에서는 전국의 주요 **①탈춤**을 한자리에서 만날 수 있는 공연을 마련하였습니다. **②상품 화폐 경제의 발달**과 서당 교육이 확대되던 이 시기에 성행한 탈춤 공연을 통해 해학과 풍자 속에 담긴 서민들의 삶과 애환을 느껴보시기 바랍니다.

◈ 공연 순서 ◈
1부 봉산탈춤
2부 송파산대놀이
3부 고성오광대
4부 수영야류

• 일자: 2025년 5월 ○○일
• 장소: 국립 △△박물관 야외 특설무대

조선 후기에는 **②상품 화폐 경제의 발달**과 서당 교육이 확대되면서 서민 문화가 발달하였어요. 중인들은 시사를 조직하여 문예 활동을 전개하였고, 상민들은 《춘향전》 등의 한글 소설과 판소리, **①탈춤** 등을 즐겼어요. 조선 후기에 한글 소설이 널리 읽히자 장시 등 사람들이 많이 모이는 곳에서 돈을 받고 책을 읽어 주는 전기수의 활동이 두드러졌어요.

① **판소리** 흥보가를 구경하는 농민
➡ **조선 후기**에는 사람이 많이 모이는 장시에서 노래와 사설로 이야기를 표현하는 판소리 공연이 성행하였어요.

② **주자소**에서 **계미자**를 만드는 장인
➡ **조선 전기**에 태종은 활자를 만드는 관청인 주자소를 설치하여 구리 활자인 계미자를 주조하였어요.

③ 옥계 시사에서 **시를 낭송하는 중인**
➡ **조선 후기**에는 역관 등의 중인들이 시사를 조직하여 문예 활동을 전개하였어요.

④ 세책가에서 **춘향전**을 빌리는 부녀자
➡ **조선 후기**에 서민들은 《춘향전》 등의 한글 소설을 즐겼어요. 이에 따라 돈을 받고 책을 빌려 주는 책방인 세책가와 돈을 받고 책을 읽어 주는 직업인 전기수가 등장하였어요.

⑤ 호랑이를 소재로 **민화**를 그리는 화가
➡ **조선 후기**에는 당시 사람들의 소망과 기원을 담아 표현한 민화가 유행하였어요. 대부분이 그림을 그린 사람이 누구인지 알 수 없으며, 해·달·나무·동물 등을 표현하였어요.

밑줄 그은 '조선 후기'의 경제 상황으로 옳은 것은?

> 정답 키워드
>
> 난전과 시전 사이의 갈등

> 이것은 한양의 모습을 그린 수선총도입니다. 지도에서 시전의 위치를 확인할 수 있습니다. 이를 통해 알 수 있는 내용에 대해 더 설명해 주시겠어요?

> 지도에는 종로에 위치한 시전 외에도 도성 내 이현, 남대문 밖의 칠패와 같은 난전이 표기되어 있습니다. 이를 통해 시장이 도성 밖으로 확대되고 있던 이 시기의 모습을 확인할 수 있습니다. 당시에는 서로의 취급 물품을 두고 난전과 시전 사이의 갈등, 시전들 간의 다툼이 일어나기도 하였습니다.

조선의 시전 상인들에게는 난전(허가받지 않고 상업 활동을 하는 상인)을 금지할 수 있는 권한인 금난전권이 있었어요. 조선 후기에 들어서 ❶시전 상인들과 난전 사이의 갈등이 심화되자 정조는 신해년(1791)에 육의전을 제외한 시전 상인의 금난전권을 폐지하는 신해통공을 발표하였어요. 이로써 조선 후기에 송상, 만상 등 사상이 성장하게 되었어요.

① 백성에게 정전이 지급되었다.
➡ 신라 성덕왕은 백성에게 정전을 지급하였어요.

②초량 왜관을 통해 일본과 교역하였다.
➡ 조선 후기에는 부산 초량에 왜관을 설치하고 이를 통해 일본과 교역하였어요.

③ 주전도감에서 해동통보가 발행되었다.
➡ 고려는 숙종 때 의천의 건의를 받아들여 주전도감을 설치하고 은병(활구), 해동통보 등의 화폐를 발행하였어요.

④ 벽란도가 국제 무역항으로 번성하였다.
➡ 고려 시대에는 개경과 거리가 가까웠던 예성강 하구의 벽란도가 국제 무역항으로 번성하였어요.

⑤ 시장을 관리하기 위한 동시전이 설치되었다.
➡ 신라는 지증왕 때 수도 금성에 시장인 동시를 설치하고 동시를 감독하기 위한 관청으로 동시전을 설치하였어요.

다음 자료에 대한 탐구 활동으로 가장 적절한 것은?

> 정답 키워드
>
> 조선 정부가 인천 해관의 초대 세무사를 임명

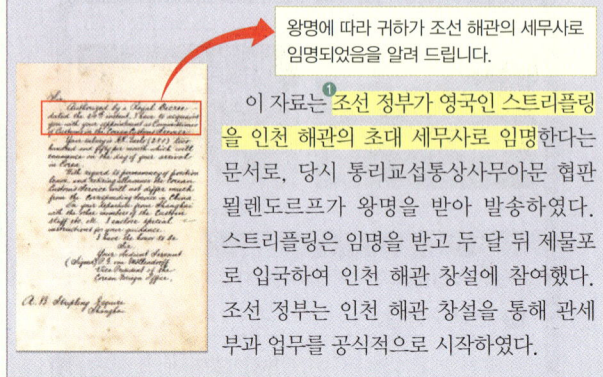

> 왕명에 따라 귀하가 조선 해관의 세무사로 임명되었음을 알려 드립니다.

이 자료는 ❶조선 정부가 영국인 스트리플링을 인천 해관의 초대 세무사로 임명한다는 문서로, 당시 통리교섭통상사무아문 협판 묄렌도르프가 왕명을 받아 발송하였다. 스트리플링은 임명을 받고 두 달 뒤 제물포로 입국하여 인천 해관 창설에 참여했다. 조선 정부는 인천 해관 창설을 통해 관세 부과 업무를 공식적으로 시작하였다.

1882년에 조선은 청의 알선과 《조선책략》의 영향을 받아 미국과 조·미 수호 통상 조약을 체결하였어요. 이 조약에는 거중 조정, 최혜국 대우, 낮은 세율의 관세 부과, 영사 재판권 등의 조항이 규정되었어요. 이후 조선은 청의 권고를 받아들여 독일 출신의 묄렌도르프를 초청해 통리교섭통상사무아문 협판 겸 총세무사로 임명하였고, 1883년에 제물포에 도착한 묄렌도르프는 정부와 함께 조선 최초의 근대식 세관인 인천 해관을 창설하였어요. 한편, ❶인천 해관의 초대 세무사로는 영국인 스트리플링이 임명되었는데, 본격적인 관세 부과는 해관 창설 후 5개월이 지난 시점부터 시작되었어요.

① 한일 의정서의 체결 과정을 파악한다.
➡ 1904년에 러·일 전쟁이 발발하자 일본은 대한 제국에 한·일 의정서 체결을 강요하였어요. 이 조약으로 일본은 대한 제국의 군사적 요충지와 시설을 임의로 사용할 수 있는 권리를 확보하였어요.

② 미쓰야 협정이 끼친 영향을 조사한다.
➡ 1925년에 일제는 만주 군벌 장작림과 미쓰야 협정을 체결하여 만주 지역의 독립군을 탄압하였어요.

③ 강화도 조약이 체결된 계기를 알아본다.
➡ 1875년에 일본의 군함 운요호가 허락 없이 강화도로 접근하여 영종도를 공격하였는데, 이 사건을 운요호 사건이라고 해요. 이를 계기로 조선은 1876년에 일본과 강화도 조약(조·일 수호 조규)을 체결하고 개항하였어요.

④조미 수호 통상 조약의 내용을 분석한다.
➡ 1882년에 조선이 미국과 체결한 조·미 수호 통상 조약에는 최초로 거중 조정, 최혜국 대우, 낮은 세율의 관세 부과 등의 조항이 규정되었어요.

⑤ 헤이그 특사가 파견되는 원인을 살펴본다.
➡ 일본은 1905년에 고종과 대신들을 위협하여 강제로 을사늑약을 체결하였어요. 이로 인해 대한 제국의 외교권은 박탈당하였고, 일본은 통감부를 설치하였어요. 한편, 고종은 국제 사회에 을사늑약이 무효임을 알리기 위해 헤이그 특사를 파견하기도 하였어요.

(가)~(마)에 들어갈 내용으로 적절하지 <u>않은</u> 것은?

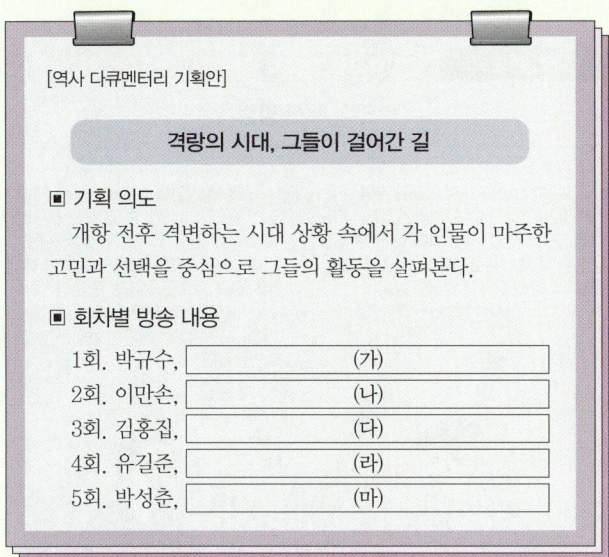

[역사 다큐멘터리 기획안]

격랑의 시대, 그들이 걸어간 길

■ 기획 의도
　개항 전후 격변하는 시대 상황 속에서 각 인물이 마주한 고민과 선택을 중심으로 그들의 활동을 살펴본다.

■ 회차별 방송 내용

1회. 박규수,	(가)
2회. 이만손,	(나)
3회. 김홍집,	(다)
4회. 유길준,	(라)
5회. 박성춘,	(마)

① (가) – 북학 사상을 바탕으로 **통상 개화론**을 주장하다
➡ 조선 후기의 실학을 계승한 **박규수, 오경석, 유홍기**는 개화사상 형성에 큰 역할을 하였어요. 박규수의 사상은 김옥균, 박영효, 김윤식 등 젊은 지식인들에게 큰 자극을 주었고 이후 이들은 개화파를 형성하여 개화 운동을 전개하였어요.

② (나) – **영남 만인소**를 주도해 개항과 통상에 반대하다
➡ **이만손** 등 영남 유생들은 《조선책략》의 내용이 국내에 유포되자 미국과의 수교에 반대하는 영남 만인소를 올렸어요. 하지만 조선 정부는 이들을 탄압하고 조·미 수호 통상 조약을 체결하였어요.

③ (다) – **보빙사**로 미국에 다녀와 개화 정책을 추진하다
➡ 1883년에 미국에 파견된 외교 사절단인 보빙사는 전권대신 **민영익**을 비롯하여 **홍영식, 서광범, 유길준** 등으로 구성되었어요. 김홍집은 1880년에 제2차 수신사로 일본에 파견되었다가 향후 조·미 수호 통상 조약 체결의 계기 중 하나가 된 《조선책략》을 가지고 귀국하였어요.

④ (라) – **서유견문**을 집필하여 서양 근대 문명을 소개하다
➡ **유길준**은 미국과 유럽을 돌아보고 1895년에 〈서유견문〉을 집필하여 서양 근대 문물을 국내에 소개하였어요.

⑤ (마) – **백정 출신**으로 **관민 공동회**에서 연설하다
➡ 백정 출신의 **박성춘**은 1898년에 독립 협회의 주도로 개최된 관민 공동회에서 관민이 마음을 합쳐 나라를 이롭게 하고 백성을 편안하게 할 방도를 찾아야 한다는 내용의 연설을 하였어요.

밑줄 그은 '**광무개혁**'의 내용으로 옳은 것은?

정답 키워드

고종, 구본신참

　이 자료는 파리 만국 박람회 당시 한국관의 모습을 담은 채색 광고 엽서이다. ❶**고종**은 황제 즉위 후 ❷**구본신참**을 내세운 개혁을 추진하면서, 박람회를 서구 문물을 받아들이고 우리나라를 세계에 소개하는 기회로 활용하고자 했다. 이후 1902년 고종은 박람회 관련 업무를 담당할 정부 기관으로 농상공부 산하에 임시 박람회 사무소를 개설하였다.

　대한 제국의 수립을 선포한 ❶**고종**은 ❷**구본신참**을 원칙으로 한 광무개혁을 추진하였어요. 고종은 황제권 강화를 위해 대한국 국제를 반포하고 원수부를 설치하였어요. 또한, 양전 사업을 시행하여 근대적 토지 소유 증명서인 지계를 발급하였어요.

---

① **지계아문**을 설치하여 **지계**를 발급하였다.
➡ 대한 제국 시기에 고종은 **광무개혁**을 추진하는 과정에서 양전 사업을 시행하여 근대적 토지 소유 증명서인 지계를 발급하였어요.

② **건양**이라는 독자적인 연호를 채택하였다.
➡ **을미개혁** 때 '건양' 연호 제정, 태양력 채택, 단발령 시행, 종두법 시행, 소학교 설치 등의 개혁이 추진되었어요.

③ **박문국**을 설치하고 **한성순보**를 발행하였다.
➡ 조선 정부는 **개항 이후 개화 정책** 중 하나로 박문국을 설치하여 우리나라 최초의 근대 신문인 한성순보를 발행하였어요.

④ 근대식 무기 제조 공장인 **기기창**을 설립하였다.
➡ 조선 정부는 **개항 이후 개화 정책** 중 하나로 청에 영선사를 파견해 근대 문물을 배워 오도록 하였어요. 기기창은 근대식 무기 제조 공장으로 영선사와 유학생들의 주도로 설립되었어요.

⑤ 개혁의 방향을 제시한 **홍범 14조**를 반포하였다.
➡ **제2차 갑오개혁** 과정에서 고종은 개혁의 기본 방향을 밝힌 홍범 14조를 반포하였어요.

(가) 동학 농민 운동에 대한 탐구 활동으로 가장 적절한 것은?

> **정답 키워드**
>
> 전봉준, 고부 농민 봉기

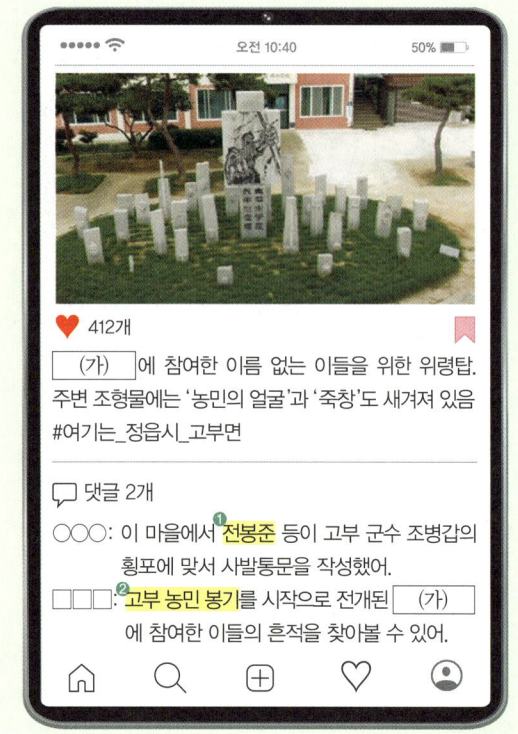

오전 10:40　　50%

♥ 412개

(가) 에 참여한 이름 없는 이들을 위한 위령탑.
주변 조형물에는 '농민의 얼굴'과 '죽창'도 새겨져 있음
#여기는_정읍시_고부면

💬 댓글 2개

○○○: 이 마을에서 **①전봉준** 등이 고부 군수 조병갑의
　횡포에 맞서 사발통문을 작성했어.

□□□: **②고부 농민 봉기**를 시작으로 전개된 (가)
　에 참여한 이들의 흔적을 찾아볼 수 있어.

🏠　🔍　⊕　♡　👤

　1894년 1월에 고부 군수 조병갑의 수탈에 반발하여 **①전봉준**의 주도로 농민들이 봉기하여 만석보를 파괴하였는데, 이를 **②고부 농민 봉기**라고 해요. 이렇게 시작된 동학 농민 운동은 일본군의 경복궁 무력 점령을 계기로 제2차 봉기가 일어났어요.

① 삼국 간섭의 결과를 알아본다.
　➡ 청·일 전쟁에서 승리한 일본은 1895년에 청으로부터 랴오둥반도를 할양받지만, 러시아, 프랑스, 독일의 압력으로 돌려주었어요(삼국 간섭). 이후 조선의 친러 정책에 위기감을 느낀 일본은 명성 황후를 시해한 **을미사변**을 일으켰어요.

② 척화비가 건립된 계기를 조사한다.
　➡ 병인양요에 이어 1871년에 **신미양요**가 일어나자 흥선 대원군은 서양과의 통상 수교 거부 의지를 널리 알리기 위해 척화비를 세웠어요.

③ 전주 화약이 체결되는 과정을 살펴본다.
　➡ 1894년 **동학 농민 운동** 당시 동학 농민군은 전주성을 점령하고 정부와 전주 화약을 체결한 후 스스로 해산하였어요.

④ 영국이 거문도를 점령한 목적을 분석한다.
　➡ 1885년에 영국은 **러시아의 남하를 견제**한다는 구실로 거문도를 불법으로 점령하였어요.

⑤ 외규장각 도서가 약탈된 배경을 찾아본다.
　➡ 1866년 **병인양요** 당시 프랑스군은 퇴각하면서 외규장각에 보관하고 있던 《의궤》 등 수많은 도서를 약탈해 갔어요.

다음 가상 대화(대한 제국의 군대 해산, 1907) 이후에 전개된 사실로 옳은 것은?

> **정답 키워드**
>
> 군대 해산 명령

몇 달 전 한성에서 시위대 부대원들과 일본군 사이에 시가전이 있었습니다. 애비슨 선생님께서는 이때 다친 부대원들을 치료해 주셨는데요. 기억에 남는 일이 있다면 말씀해 주세요.

①군대 해산 명령에 맞서 시위대 대대장 박승환이 자결한 후 전개된 시가전에서 부상 입은 부대원들이 실려 왔습니다. 여자 간호사들은 그동안 남자 환자들의 치료를 꺼리던 관습과 달리 헌신적으로 치료에 나섰습니다. 오래된 관습이 한순간에 깨지는 놀라운 순간이었습니다.

　1907년에 고종이 을사늑약의 무효를 알리기 위해 헤이그에서 열린 만국 평화 회의에 특사를 파견하자, 일본은 이를 구실로 고종을 강제로 퇴위시키고 한·일 신협약(정미 7조약)을 체결하였어요. 그리고 부수 비밀 각서를 통해 **①대한 제국의 군대를 해산**시켰어요. 하지만 해산 조치에 반발한 대대장 박승환이 자결하자 시위대 소속 군인들은 적극적으로 저항하였고, 일부 해산 군인들이 의병에 가담하여 의병 부대의 전투력이 강화되었어요. 이후 의병 전쟁을 위한 13도 창의군이 결성되었는데, 이를 정미의병이라고 해요.

① **최익현**이 태인에서 **의병**을 일으켰다.
　➡ **1905년** 을사의병 당시 최익현은 을사늑약 체결에 반대하여 태인에서 궐기하였어요.

② 일본이 독도를 불법적으로 **편입**하였다.
　➡ 러·일 전쟁 중이었던 **1905년**에 일본은 독도를 무인도로 규정하고 자국 영토인 시마네현으로 불법 편입하였어요.

③ **스티븐스**가 **외교 고문**으로 부임하였다.
　➡ 1904년 제1차 한·일 협약 체결에 따라 **1905년** 대한 제국의 재정 고문으로 메가타가, 외교 고문으로 스티븐스가 초빙되었어요.

④ **13도 창의군**이 서울 진공 작전을 전개하였다.
　➡ **1907년** 정미의병 당시 해산된 일부 군인들이 의병에 가담하여 의병 부대의 전투력이 강화되었고, 이후 의병 전쟁을 위한 13도 창의군이 결성되었어요. 이들은 서울을 탈환할 목적으로 서울 진공 작전을 전개하였지만 실패하였어요.

⑤ 유인석이 이끄는 부대가 충주성을 점령하였다.
　➡ **1896년** 을미의병 당시 유인석이 이끈 의병 부대가 충주성을 점령하였어요.

33 1910년대 하와이 지역의 독립운동   정답 ⑤

밑줄 그은 '하와이'에서 있었던 민족 운동으로 옳은 것은?

정답 키워드

> 첫 공식 이민, 사탕수수 농장

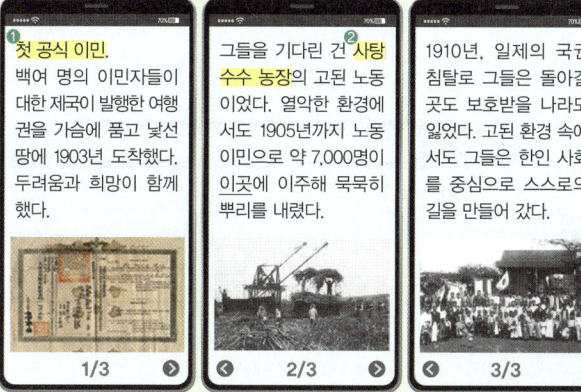

①첫 공식 이민. 백여 명의 이민자들이 대한 제국이 발행한 여행권을 가슴에 품고 낯선 땅에 1903년 도착했다. 두려움과 희망이 함께 했다.

그들을 기다린 건 **②사탕수수 농장**의 고된 노동이었다. 열악한 환경에서도 1905년까지 노동 이민으로 약 7,000명이 이곳에 이주해 묵묵히 뿌리를 내렸다.

1910년, 일제의 국권 침탈로 그들은 돌아갈 곳도 보호받을 나라도 잃었다. 고된 환경 속에서도 그들은 한인 사회를 중심으로 스스로의 길을 만들어 갔다.

1/3   2/3   3/3

1900년대 초 인천항에서 **①처음으로 하와이로의 합법적인 이민**이 이루어졌어요. 미국 상선 갤릭호를 타고 약 7천 명이 넘는 한국인이 하와이로 이주하여 **②사탕수수 농장** 등에서 고된 노동을 하며 터를 잡았어요. 이민 간 남성들은 고국으로 사진을 보내 결혼 상대자를 찾는 '사진결혼'을 통해 혼인을 하였어요. 후에 초기 이민자들은 독립운동 성금을 모아 보내기도 하였어요.

① 한인 자치 기구인 경학사를 설립하였다.
➡ 1910년대에 **서간도(남만주)**의 삼원보 지역으로 이주한 신민회 회원들은 경학사를 조직하고 신흥 강습소(이후 신흥 무관 학교)를 설립하였어요.

② 권업신문을 발간하여 민족 의식을 고취하였다.
➡ 1910년대에 **연해주**에서는 권업회가 조직되어 권업신문을 발행하였으며, 권업회를 바탕으로 이상설 등이 대한 광복군 정부를 결성하였어요.

③ 유학생을 중심으로 2·8 독립 선언을 발표하였다.
➡ 1919년에 **일본** 도쿄에서는 한인 유학생들이 2·8 독립 선언서를 발표하였고, 국내에서도 독립 선언의 움직임이 일어났어요.

④ 신한청년당이 파리 강화 회의에 대표를 파견하였다.
➡ 1918년에 **중국** 상하이에서 조직된 신한 청년당은 파리 강화 회의에 김규식을 대표로 파견하여 한국의 독립을 주장하였어요.

⑤ 대조선 국민군단을 결성하고 군사 훈련을 실시하였다.
➡ 1910년대에 **하와이**에서는 박용만 등이 대조선 국민군단을 창설하여 군사 훈련을 실시하였어요.

---

34 개항기 사회 모습   정답 ①

다음 기사가 보도된 시기(개항기, 1905)에 볼 수 있는 모습으로 가장 적절한 것은?

정답 키워드

> 경부선 개통

□□신문

제△△호   ○○○○년 ○○월 ○○일

정기 연락선 부산 입항, 경부선과 이어지다

시모노세키를 출발한 연락선 '잇키마루'가 어제 부산항에 도착하며 정기 운항을 시작했다. 승객 317명, 화물 300톤을 실을 수 있는 이 배를 통해 일본에서 들어온 여객과 물자는 곧바로 경부선을 이용해 내륙으로 향하게 된다. 올해 1월 **①경부선이 개통**된 이후 8개월 만에 해로까지 연결되면서, 한성-부산-도쿄로 연결되는 교통망이 구축되었다. 두 달 뒤 '쓰시마마루'도 추가 투입될 예정이라, 머지않아 이 노선은 매일 운행될 것이다.

개항기에 철도는 열강들의 이권 침탈 경쟁 속에서 부설되었어요. 1899년에 일제에 의해 우리나라 최초의 철도인 경인선이 개통되었고, 러·일 전쟁 발발 이후 1905년에 **경부선이 개통**되었어요. 철도는 근대화의 상징으로 중요한 교통수단이 되었지만 일제가 대륙 침략의 발판으로 삼으면서 민중의 반감이 컸어요.

① 대한매일신보를 읽고 있는 청년
➡ **1904년**부터 발행된 대한매일신보는 양기탁과 함께 영국인 베델이 발행인으로 참여하였기 때문에 일본의 사전 검열을 거의 받지 않고 의병 투쟁에 호의적인 기사 등을 실을 수 있었어요. 한편, 대한매일신보는 국채 보상 운동에 적극적으로 참여하여 국채 보상 운동을 확산시키는 데 기여하였어요.

② 경성 제국 대학에 입학하는 학생
➡ **1924년**에 일제는 우리 민족의 민립 대학 설립 운동을 탄압하고 이를 무마할 목적으로 경성 제국 대학을 설립하였어요.

③ 원각사에서 은세계 공연을 보는 여성
➡ **1908년**에 우리나라 최초의 서양식 극장인 원각사에서 은세계가 공연되었어요.

④ 통리기무아문에서 개화 정책을 논의하는 관리
➡ **1880년**에 조선 정부는 개화 정책 추진을 총괄하는 통리기무아문과 산하 기구인 12사를 설치하여 개혁을 추진하였어요.

⑤ 어린이날 기념 행사에 참여하는 천도교 소년회 회원
➡ **1920년대**에 천도교 세력은 방정환을 중심으로 천도교 소년회를 창립하여 '어린이날'을 제정하고, 잡지 《어린이》를 간행하는 등 소년 운동을 전개하였어요.

다음 상황(용암포 사건, 1903)이 나타난 시기를 연표에서 옳게 고른 것은?

정답 **키워드**

용암포

○ 어제 러시아 공사 파블로프씨가 용천군 **용암포** 삼림회사의 편의를 위하여 전화와 전선을 추가로 가설할 뜻으로 외부(外部)에 조회하였으니, 외부에서 답 조회하기를 "해당 사안은 결코 인준하기 어려우니 귀 공사도 해당 회사에 훈칙하여 전신주 가설 사항은 절대 마음먹지 못하게 하라" 하였다더라.
– 황성신문 –

○ 일본, 영국, 미국의 각 공사가 우리 정부에 의주의 개방을 권고 하더니, 영국 공사가 다시 조회하기를 "의주는 육지로 연결 되어 화물을 운반하기가 매우 어렵고, …… 용암포는 크고 작은 선박들이 지장 없이 왕래할 수 있으니 용암포를 개항하라"고 하였고, 일본 공사가 또 조회하기를 "용암포 개항이 합당하니 속히 타결 하라"하였더라.
– 황성신문 –

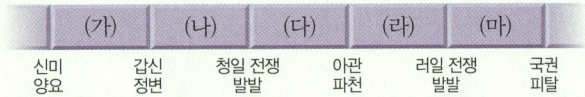

(가)	(나)	(다)	(라)	(마)
신미 양요	갑신 정변	청일 전쟁 발발	아관 파천	러일 전쟁 발발	국권 피탈

1903년에 러시아는 **용암포** 및 압록강 하구를 점령하고 조차를 요구 하였는데, 이를 용암포 사건이라고 해요.

① (가)   ② (나)   ③ (다)   ④ (라)   ⑤ (마)

➡ 을미사변 이후 고종은 일본의 감시를 피해 러시아 공사관으로 거처를 옮겼어요(**아관 파천, 1896**). 아관 파천으로 대한 제국에 대한 영향력 을 확대한 러시아는 1903년에 용암포 지역을 강제 점령하고 조차를 요구하였어요(**용암포 사건, 1903**). 이를 계기로 대한 제국을 둘러싼 러시아와 일본의 대립은 더욱 심화되었고, 결국 1904년에 러·일 전쟁 이 일어나게 되었어요(**러·일 전쟁, 1904**).

따라서, 용암포 사건이 발생한 시기는 '아관 파천(1896)'과 '러·일 전쟁 발발(1904)' 사이의 시기인 **(라)**예요.

(가) 3·1 운동에 대한 설명으로 옳은 것은?

정답 **키워드**

독립 선언서, 탑골 공원

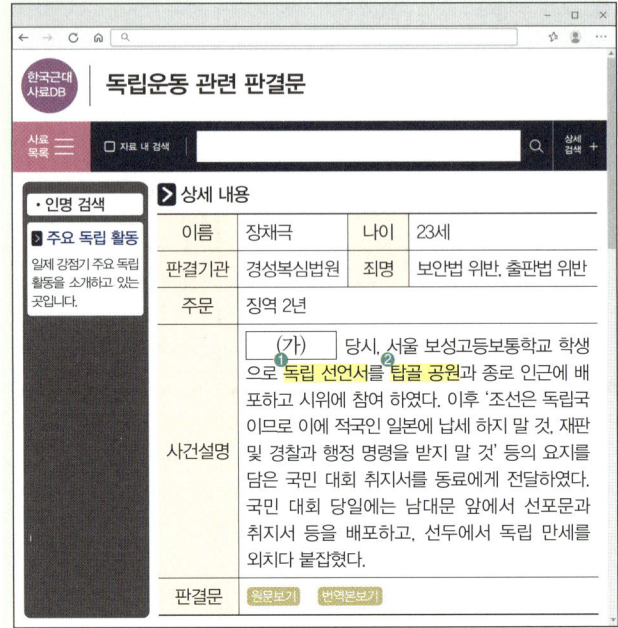

이름	장채극	나이	23세
판결기관	경성복심법원	죄명	보안법 위반, 출판법 위반
주문	징역 2년		

사건설명: **(가)** 당시, 서울 보성고등보통학교 학생 으로 **독립 선언서**를 **탑골 공원**과 종로 인근에 배 포하고 시위에 참여 하였다. 이후 '조선은 독립국 이므로 이에 적국인 일본에 납세 하지 말 것, 재판 및 경찰과 행정 명령을 받지 말 것' 등의 요지를 담은 국민 대회 취지서를 동료에게 전달하였다. 국민 대회 당일에는 남대문 앞에서 선포문과 취지서를 배포하고, 선두에서 독립 만세를 외치다 붙잡혔다.

판결문: 원문보기 / 번역문보기

1919년에 윌슨의 민족 자결주의, 국외 독립 선언, 고종의 갑작스러 운 죽음 등을 배경으로 3·1 운동이 일어났어요. 3월 1일, 민족 대표 33인이 **독립 선언서**를 낭독하였고, 같은 시각 **탑골 공원**에 모인 학생 과 시민들도 만세 시위를 전개하였어요. 이후 만세 시위는 전국은 물 론 해외까지 확산되었어요.

① 정우회 선언의 영향을 받았다.
➡ 1920년대 비타협적 민족주의 세력과 일제의 탄압으로 세력이 위 축된 사회주의 세력은 민족 유일당 운동을 도모하였어요. 비타협 적 민족주의자들이 중심이 되어 조선 민흥회를 창립하였고, 일부 사회주의자들도 정우회 선언을 발표하여 연합을 주장하였어요. 이 후 1927년에 좌우 합작의 항일 단체인 **신간회가 창립**되었어요.

② 통감부의 탄압과 방해로 중단되었다.
➡ 1910년에 일제가 대한 제국의 국권을 강탈하고 조선 총독부를 설 치하면서 통감부는 폐지되었어요. 통감부의 탄압으로 중단된 대표 적인 운동으로는 **국채 보상 운동**이 있어요.

③ 순종의 인산일을 기회로 삼아 추진되었다.
➡ 1926년에 순종의 인산일을 기해 일어난 **6·10 만세 운동**은 이후 민족 유일당 운동의 계기가 되었어요.

④ 전개 과정에서 일제가 제암리 학살 등을 자행하였다.
➡ 1919년 **3·1 운동** 당시 일본군은 경기도 수원군 제암리에서 만세 운동에 참여한 주민들을 교회당에서 학살하는 만행을 저질렀어요.

⑤ 성진회와 각 학교 독서회에 의해 전국적으로 확산되었다.
➡ 1929년에 일어난 **광주 학생 항일 운동**은 성진회와 각 학교 독서회 에 의해 전국적으로 확산되었어요.

(가) 대한민국 임시 정부에 대한 설명으로 옳은 것은?

정답 **키워드**

> 백산 상회, 연통제

> 저희 모둠에서는 이번 체험 학습 답사지로 **백산 상회** 설립자 안희제를 기념하는 백산기념관을 선정하였습니다. 백산 상회는 백산 무역 주식회사로 개편된 이후   (가) 의 **연통제** 조직을 통해 독립운동 자금을 조달하였으며, 독립신문 보급 등의 역할도 담당하였습니다.

> 체험 학습 답사지 발표회
> 백산기념관

3·1 운동을 계기로 독립운동을 체계적으로 이끌 지도부의 필요성이 높아지면서 상하이에서 대한민국 임시 정부가 수립되었어요. 대한민국 임시 정부는 임시 의정원, 국무원, 법원의 삼권 분립에 기초한 민주 공화제 정부였어요. 임시 정부는 **연통제**와 교통국, 이륭양행과 **백산 상회**를 두어 독립운동 자금을 모금하고 국내와 연락을 취하고자 하였으며, 독립신문을 간행하여 임시 정부의 활동과 국내외의 독립운동 상황을 알렸어요. 또한, 임시 사료 편찬 위원회를 두어 《한·일 관계 사료집》을 편찬하였어요.

① 고종 강제 퇴위 반대 운동을 전개하였다.
　➡ **대한 자강회**는 고종의 강제 퇴위에 반대하는 시위를 주도하여 전개하였어요.

② 일제의 황무지 개간권 요구를 저지하였다.
　➡ **보안회**는 일제가 황무지 개간권을 요구하자 반대 운동에 나서 이를 저지하였어요.

③ 영은문이 있던 자리 부근에 독립문을 건립하였다.
　➡ **독립 협회**는 갑신정변 이후 미국으로 망명하였다가 돌아와 독립신문을 발행한 서재필의 주도로 설립되었어요. 독립 협회는 영은문이 있던 자리 부근에 독립문을 건립하였어요.

④ 독립운동 자금 마련을 위해 **독립 공채**를 발행하였다.
　➡ **대한민국 임시 정부**는 독립운동 자금을 모으기 위해 독립 공채를 발행하고, 국내와 연락을 취하고자 비밀 행정 조직인 연통제와 교통국을 운영하였어요.

⑤ 조선 총독부에 국권 반환 요구서를 제출하려 하였다.
　➡ **독립 의군부**는 일본 총리와 조선 총독에게 국권 반환 요구서를 제출하고자 하였으나 조직이 발각되어 해체되었어요.

밑줄 그은 '**의열단**'에 대한 설명으로 옳은 것은?

정답 **키워드**

> 김원봉 조직, 부산 경찰서 폭탄 의거

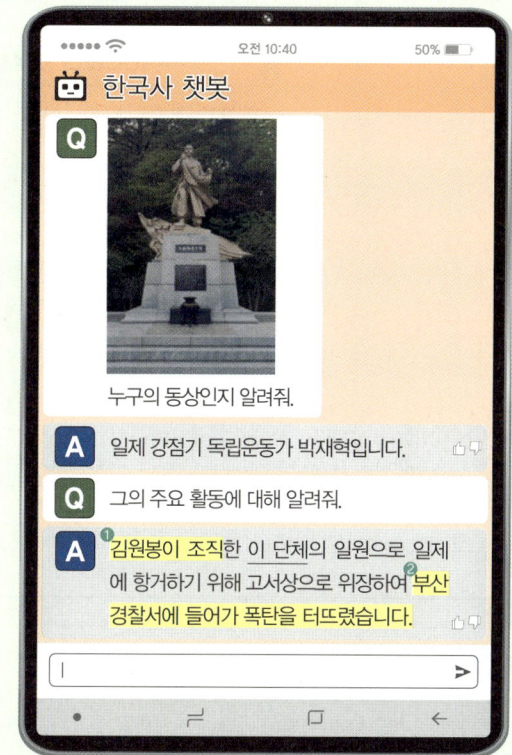

> 오전 10:40   50%
> **한국사 챗봇**
> Q   누구의 동상인지 알려줘.
> A   일제 강점기 독립운동가 박재혁입니다.
> Q   그의 주요 활동에 대해 알려줘.
> A   **김원봉이 조직**한 이 단체의 일원으로 일제에 항거하기 위해 고서상으로 위장하여 **부산 경찰서에 들어가 폭탄**을 터뜨렸습니다.

1919년에 **김원봉 등이 조직**한 의열단은 일제의 중요 기관을 파괴하고 주요 인물을 처단하였어요. 의열단원 박재혁은 **부산 경찰서**에, 김익상은 조선 총독부에, 김상옥은 종로 경찰서에, 나석주는 조선 식산 은행과 동양 척식 주식회사에 **폭탄을 던졌어요**.

① 원산 노동자 총파업을 지원하였다.
　➡ 1929년에 원산 지역에서 노동 조건의 개선을 요구하는 노동자 총파업이 전개되었는데, **신간회, 조선 노동 총동맹** 등이 지원하였어요.

② 신흥 강습소를 세워 독립군을 양성하였다.
　➡ 1910년대에 서간도의 삼원보로 이주한 이동녕 등 **신민회** 회원들은 신흥 강습소를 세워 독립군 양성을 위해 노력하였어요.

③ 김익상, 김상옥 등이 단원으로 활동하였다.
　➡ 1921년에 **의열단원** 김익상은 조선 총독부에 폭탄을 던졌고, 이어 1923년에 김상옥은 종로 경찰서에 폭탄을 던졌어요.

④ 상덕태상회를 통하여 군자금을 모집하였다.
　➡ 1915년에 박상진 등이 중심이 되어 조직된 **대한 광복회**는 공화정 수립을 지향하였으며, 군대식 조직을 갖추고 상덕태상회, 대동 상회 등을 통해 군자금을 모집하였어요.

⑤ 도쿄에서 일어난 이봉창 의거를 계획하였다.
　➡ 1931년에 김구는 의열 투쟁 단체인 **한인 애국단**을 조직하였고, 이봉창과 윤봉길은 한인 애국단 소속으로 의거를 실행하였어요.

(가) 백남운에 대한 설명으로 옳은 것은?

정답 키워드

조선사회경제사 저술

사료로 보는 한국사

조선사 연구는 과거 역사적, 사회적 발전의 변동 과정을 구체적이고 현실적으로 구명함과 동시에 실천적 동향을 이론화하는 것을 임무로 삼아야 한다. 그것을 위해서는 인류 사회의 일반적 운동 법칙인 사적 변증법으로 그 민족 생활의 계급적 제관계와 더불어 사회 체제의 역사적 변동을 구체적으로 분석하고 다시 그 법칙성을 일반적으로 추상화하는 것에 의해서만 가능하다.

[해설] 이 사료는 ___(가)___ 이/가 저술한 조선사회경제사의 일부입니다. 그는 이 책에서 한국사가 세계사의 보편적인 발전 법칙에 따라 발전하였다는 주장을 펼치며 한국 고대 경제사를 원시 씨족 사회, 원시 부족 국가의 제형태, 노예 국가 시대로 체계화하여 서술하였습니다.

일제 강점기에 사회 경제 사학은 유물 사관의 입장에서 한국사를 이해하고자 하였어요. 백남운은 《조선사회경제사》를 저술하여 우리 역사도 세계사의 보편적 발전 법칙에 따라 발전하였다고 주장하며 일제가 주장한 식민 사관의 정체성론에 반박하였어요.

① 조선불교유신론을 주장하였다.
➡ 한용운은 불교 개혁을 위하여 《조선불교유신론》을 간행하였어요.

②식민 사학의 정체성론을 반박하였다.
➡ 백남운은 《조선사회경제사》에서 유물 사관을 토대로 식민 사학의 정체성론을 반박하였어요.

③ 조선사 편수회에 들어가 조선사 편찬에 참여하였다.
➡ 최남선, 이병도 등은 조선사 편수회에 들어가 조선사 편찬에 참여하였어요.

④ 진단 학회를 설립하여 실증주의 사학을 발전시켰다.
➡ 이병도 등은 진단 학회를 조직하고 학술지로 《진단 학보》를 발행하였어요.

⑤ 민족을 역사 서술의 중심에 둔 독사신론을 집필하였다.
➡ 신채호는 〈독사신론〉을 발표하여 민족주의 사학의 기초를 다졌고, 민족의식을 고취하기 위해 《을지문덕전》, 《이순신전》 등의 위인전을 저술하였어요.

(가)에 들어갈 일제 강점기의 사회 모습(1910~1945) 내용으로 적절하지 않은 것은?

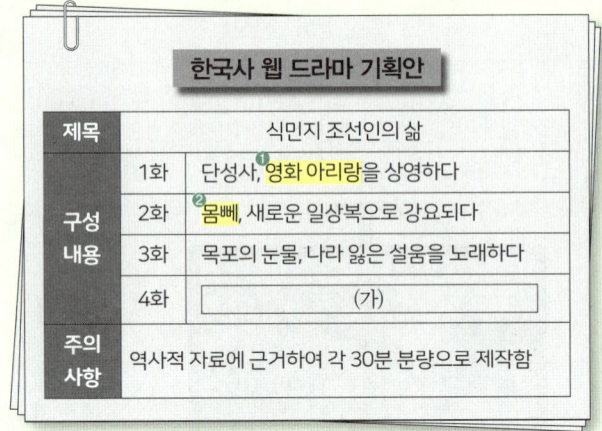

제목	식민지 조선인의 삶	
구성 내용	1화	단성사, ①영화 아리랑을 상영하다
	2화	②몸뻬, 새로운 일상복으로 강요되다
	3화	목포의 눈물, 나라 잃은 설움을 노래하다
	4화	(가)
주의 사항	역사적 자료에 근거하여 각 30분 분량으로 제작함	

한국사 웹 드라마 기획안

❶ 1926년에 나운규가 제작한 영화 '아리랑'이 단성사에서 처음 개봉되었어요. 이 영화는 식민 지배를 받던 한국인의 고통스러운 삶을 표현한 작품이에요.

❷ 1938년부터 일제는 한국인의 일상생활을 감시하고 통제하기 위해 애국반을 조직하였어요. 일제는 애국반을 통해 남성에게는 국민복을, 여성에게는 몸뻬 착용을 강요하였어요.

① 잡지 신여성, 여권 신장을 주장하다
➡ 1920년대에 여성의 권리와 사회적 지위 신장을 주장하는 잡지 《신여성》이 등장하였어요. 이 잡지는 여성 독자들에게 서구적 가치와 근대적 여성상을 소개하며 근우회 등 여성 운동 조직 결성에 영향을 주었어요.

② 조선 형평사, 사회적 차별 철폐를 외치다
➡ 1923년에 경상남도 진주의 백정들은 조선 형평사를 조직하고 신분 해방 운동인 형평 운동을 전개하였어요. 형평 운동은 백정들이 사용하는 저울처럼 공평하고 평등한 사회를 만들겠다는 신념 아래 전개되었어요.

③ 소설 상록수, 브나로드 운동을 널리 알리다
➡ 1930년대 초에 전개된 문맹 퇴치 운동인 브나로드 운동은 동아일보를 중심으로 추진되었어요.

④ 경성 방직 주식회사, 광목 태극성을 광고하다
➡ 1920년대에 조만식 등은 평양에서 조선 물산 장려회를 결성하여 물산 장려 운동을 전개하였어요. '조선 사람 조선 것' 등의 구호를 내세운 물산 장려 운동은 학생들이 중심이 된 자작회, 토산 애용 부인회 등의 단체들이 활발히 참여하면서 전국으로 확대되었어요. 당시 경성 방직 주식회사의 광목 광고에는 물산 장려 운동의 상황을 반영하여 '조선 사람의 자본과 기술로 된 광목'이라는 문구가 광고에 사용되었어요.

⑤ 새마을 운동, 근면·자조·협동을 기치로 내세우다
➡ 박정희 정부 시기인 1970년부터 도시와 농촌 간의 균형 있는 발전을 목표로 하며 근면·자조·협동을 구호로 내건 새마을 운동이 추진되었어요.

41 일제 강점기 국외 민족의 모습　　정답 ③

(가)~(마)에 들어갈 내용으로 적절하지 <u>않은</u> 것은?

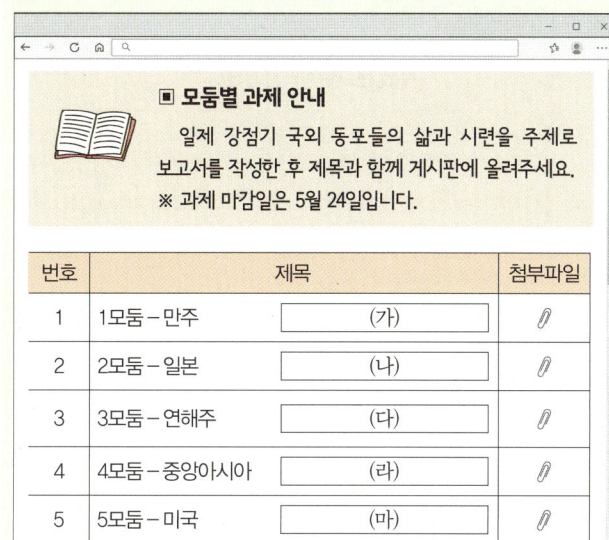

▣ 모둠별 과제 안내

일제 강점기 국외 동포들의 삶과 시련을 주제로 보고서를 작성한 후 제목과 함께 게시판에 올려주세요.
※ 과제 마감일은 5월 24일입니다.

번호	제목	첨부파일
1	1모둠 – 만주　(가)	📎
2	2모둠 – 일본　(나)	📎
3	3모둠 – 연해주　(다)	📎
4	4모둠 – 중앙아시아　(라)	📎
5	5모둠 – 미국　(마)	📎

① (가) – 일본군의 보복으로 간도 참변이 일어나다
➡ 1920년대 만주 지역에서 벌어진 봉오동 전투와 청산리 전투에서 독립군에게 크게 패한 일본군은 이에 대한 보복으로 간도 지역의 한국인을 무차별 학살하는 간도 참변을 일으켰어요.

② (나) – 관동 대지진 당시 자경단에게 학살당하다
➡ 1920년대 일본에서 일어난 관동 대지진 당시 근거 없는 유언비어와 민족 차별, 그리고 일본 사회의 혼란을 틈타 일본 민간인으로 구성된 자경단에 의해 수많은 한국인들이 학살당하였어요.

③ (다) – 에네켄 농장에서 고된 노동에 시달리다
➡ 1900년대에 멕시코로 이주한 한국인 노동자들은 에네켄 농장에서 고된 노동과 착취에 시달리면서도 독립운동을 위한 자금 마련에 기여하였어요. 1910년대 연해주 지역의 한인들은 러시아 블라디보스토크에서 권업회를 조직하여 민족의식을 고취하고자 노력하였어요. 이후 권업회를 바탕으로 이상설 등이 대한 광복군 정부를 결성하였어요.

④ (라) – 소련 당국에 의해 강제로 이주되어 오다
➡ 1930년대 후반 스탈린에 의해 연해주 지역에 있었던 많은 한인들이 중앙아시아로 강제 이주를 당하기도 하였어요.

⑤ (마) – 교민들을 중심으로 흥사단이 창립되다
➡ 1913년에 미국으로 건너간 안창호는 교민들을 중심으로 샌프란시스코에서 흥사단을 결성하고 민족의식 고취를 위해 노력하였어요.

42 한국 독립군　　정답 ⑤

(가) 한국 독립군에 대한 설명으로 옳은 것은?

정답 키워드

> 총사령관 지청천, 대전자령

【우리 고장의 독립운동가】

이름에 조국의 광복을 담다
오광선
(1896~1967)

경기도 용인특례시 처인구 원삼면 출생으로 본명은 성묵이다. 1915년 중국으로 망명한 후 '조선의 광복'이라는 뜻의 광선(光鮮)으로 개명하였다. 1920년 대한독립군단 중대장으로 독립군을 지휘하였다. 만주 사변이 일어나자 (가) 의➊ 총사령관 지청천 등과 함께 중국군과 연합하여 1933년➋ 대전자령에서 일본군을 상대로 대승을 거두는 데 중요한 역할을 하였다. 1962년 건국훈장 독립장을 받았다.

일제가 1931년에 만주를 침략하고 이듬해 만주국을 세우자 중국 내에서 항일 감정이 고조되었어요. 이러한 가운데 만주의 독립군 부대와 항일 중국군의 연합 작전이 전개되었어요. 남만주 지역에서는 조선 혁명당 산하의 군사 조직으로 창설되어 총사령관 양세봉의 지휘 아래 움직인 조선 혁명군과 중국 의용군이 한·중 연합 작전을 전개하였고, 북만주 지역에서는 한국 독립당 산하의 군사 조직으로 창설되어➊ 총사령관 지청천의 지휘 아래 움직인 한국 독립군과 중국 호로군이 한·중 연합 작전을 전개하여 쌍성보·사도하자·➋ 대전자령 전투 등에서 일본군을 격퇴하였어요.

① 봉오동 전투에서 일본군을 크게 격파하였다.
➡ 1920년에 홍범도가 이끈 대한 독립군 등 독립군 연합 부대는 봉오동 전투에서 일본군을 상대로 큰 승리를 거두었어요.

② 미국과 연계하여 국내 진공 작전을 계획하였다.
➡ 한국광복군은 1945년에 미국 전략 정보국(OSS)과 연계하여 국내 진공 작전을 준비하였어요.

③ 중국 의용군과 연합하여 영릉가 전투에서 승리하였다.
➡ 양세봉이 이끈 조선 혁명군은 1930년대 초 남만주에서 중국 의용군과 연합하여 영릉가 전투, 흥경성 전투 등에서 일본군과 싸워 크게 승리하였어요.

④ 조선 민족 전선 연맹 산하의 군사 조직으로 결성되었다.
➡ 조선 의용대는 1938년에 중국 국민당 정부의 지원을 받은 김원봉의 주도로 조선 민족 전선 연맹의 군사 조직으로 창설되었는데, 이는 중국 관내에서 결성된 최초의 한인 무장 부대였어요.

⑤ 한국 독립당의 군사 조직으로 북만주 지역에서 활약하였다.
➡ 한국 독립군은 1930년대 한국 독립당 산하의 군사 조직으로 창설되어 총사령관 지청천의 지휘 아래 북만주 지역에서 활약하였어요.

밑줄 그은 **'1930년대 후반 이후 민족 말살 통치 시기'**에 있었던 사실로 옳은 것은?

정답 키워드

> 국가 총동원법 시행

> 이 자료는 조선어 학회가 추진하던 조선말 사전 편찬에 보탬이 되고자 함경도의 독자가 보내온 글로 '배우리(병아리)', '고얘앙(고양이)' 등 50여 개의 방언이 적혀 있습니다. **국가 총동원법이 시행**되던 시기에 일제는 한글 연구를 민족 운동으로 간주하여 조선어 학회 회원들을 치안 유지법 위반 혐의로 대거 투옥하고 원고를 압수하였습니다.

  일제는 1937년에 중·일 전쟁을 일으키고 침략 전쟁을 확대하는 과정에서 한국인을 전쟁에 쉽게 동원하기 위해 내선일체, 일선동조론 등을 내세워 민족 말살 정책을 본격화하였어요. 한편, 일제는 1938년에 **국가 총동원법을 시행**하여 전쟁에 필요한 자원을 본격적으로 수탈하였어요. 공출제와 식량 배급 제도 등을 통해 전쟁에 필요한 물자를 강제로 가져갔으며 지원병제, 학도 지원병제, 징병제, 국민 징용령 등을 실시하여 한국인들을 전쟁터와 전쟁 시설로 끌고 갔어요.

① 조선 태형령이 반포되었다.
  ➡ **1910년대**에 일제는 조선 태형령을 시행하여 한국인에게만 태형을 가하였어요.

② 조선 노농 총동맹이 결성되었다.
  ➡ **1924년**에 농민 운동과 노동 운동의 연합으로 조선 노농 총동맹이 설립되었고, 이후 노동 운동과 농민 운동을 분리하여 1927년에 조선 노동 총동맹과 조선 농민 총동맹이 설립되었어요.

③ 임시 토지 조사국이 설립되었다.
  ➡ **1910년**에 일제는 식민 지배에 필요한 재정 마련을 위해 조선 총독부 산하에 임시 토지 조사국을 설립하여 토지 조사 사업을 실시하였어요.

④ 황국 신민 서사 암송이 강요되었다.
  ➡ **1930년대 후반 이후** 일제는 어린 학생들을 일본에 충성하는 이른바 '황국 신민'으로 육성하고자 일왕에 대한 충성 맹세문인 황국 신민 서사 암송을 강요하였어요.

⑤ 조선 민립 대학 기성회가 창립되었다.
  ➡ **1923년**에 조선 민립 대학 설립 기성회가 창립되어 이상재의 주도로 민족 교육을 위한 민립 대학 설립 운동이 전개되었어요.

(가) 제주 4·3 사건에 대한 설명으로 가장 적절한 것은?

정답 키워드

> 수많은 제주도민 희생

>   (가)   사건에 대한 기록물이 마침내 유네스코 세계 기록 유산으로 등재되었습니다. 이 사건은 당시 남한만의 단독 선거에 반대하는 무장대와 이를 진압하는 토벌대 간의 무력 충돌, 그 뒤 토벌대의 진압 과정에서 **수많은 제주도민이 희생**된 비극이었습니다. 기록물에는 수형인 명부와 희생자 유족 증언 등이 포함되어 있는데, 이번 등재로 국가 폭력에 맞서 진실을 밝히려는 노력과 함께 화해와 상생, 평화와 인권의 가치가 세계의 기억으로 인정받게 되었습니다.

14,673건의   (가)   기록물, 세계 기록 유산 등재

  1948년 4월 3일에 제주도에서 좌익 세력이 남한만의 단독 정부 수립에 반대하는 무장봉기를 일으켰어요. 이에 미군정이 극우 청년들과 경찰 등을 동원하여 무차별 폭력을 휘둘러 진압하였고, 이러한 상황은 정부 수립 후까지 계속되었어요. 그 과정에서 무장봉기를 일으킨 세력뿐만 아니라 **수많은 무고한 제주도민이 희생**되었어요.

① 대통령이 하야하는 결과를 이끌어냈다.
  ➡ 1960년에 일어난 **4·19 혁명**으로 이승만 대통령이 하야하였고, 이후 이승만은 미국으로 망명하였어요.

② 호헌 철폐와 독재 타도 등의 구호를 내세웠다.
  ➡ 전두환 정부 시기인 1987년에 일어난 **6월 민주 항쟁** 과정에서 수많은 시민들이 '호헌 철폐, 독재 타도' 등의 구호를 내세우며 시위를 벌였어요.

③ 통일 주체 국민 회의가 구성되는 배경이 되었다.
  ➡ 박정희 정부 시기인 1972년에 **유신 헌법이 공포**된 후 통일 주체 국민 회의가 설치되었고, 이곳에서 박정희를 제8대 대통령으로 선출하였어요.

④ 6·3 시위의 전개와 비상계엄이 선포되는 계기가 되었다.
  ➡ 1964년 박정희 정부 시기에 굴욕적인 **한·일 국교 정상화**에 반대하는 6·3 시위가 전개되었어요.

⑤ 진상 규명 및 희생자 명예 회복에 관한 **특별법**이 제정되었다.
  ➡ 2000년에 **제주 4·3 사건** 진상 규명 및 희생자 명예 회복에 관한 특별법이 제정되었어요. 이후 2003년에 제주 4·3 사건 진상 조사 보고서가 발간되었으며, 당시 노무현 대통령은 제주도민과 제주 4·3 사건 유족들에게 공식 사과하였어요.

밑줄 그은 '6·25 전쟁' 중에 있었던 사실로 옳은 것은?

> **정답 키워드**
>
> 임시 수도 부산

> 사진은 이 전쟁 당시 부산의 천막 교실 중 하나입니다. ❶임시 수도였던 부산에는 서울을 비롯한 각지의 학교가 피란해 와 천막 교실에서 수업이 진행되었습니다. 힘든 생활 중에서도 배움이 멈추지 않았다는 사실을 기억해 주세요.

1950년 6월 25일에 북한군이 기습적으로 남한을 침략하였고, 3일 만에 서울을 점령당하자 이승만 정부는 8월에 ❶부산을 임시 수도로 정하였어요. 이후 경상도 일부 지역을 제외한 모든 지역을 점령당하자 국군과 유엔군은 전쟁의 흐름을 바꾸기 위하여 인천 상륙 작전을 전개하여 성공하였어요. 이후 국군과 유엔군은 압록강 일대까지 진격하였지만 중국군의 개입으로 후퇴하였어요. 이후 곳곳에서 크고 작은 전투들이 계속되다가 1953년 7월 27일에 마침내 정전 협정이 체결되었어요.

① **발췌 개헌안이 통과되었다.**
➡ 6·25 전쟁 중이던 **1952년**에 이승만 정부는 임시 수도 부산에 계엄령을 선포하고 발췌 개헌안을 통과시켰어요(1차 개헌).

② 삼청 교육대가 설치되었다.
➡ 전두환 등 신군부 세력은 **1980년**에 사회 정화를 명분으로 삼청 교육대를 설치하여 혹독한 군사 훈련과 강제 노역을 실시하였어요.

③ 한미 상호 방위 조약이 체결되었다.
➡ 6·25 전쟁의 정전 협정이 체결된 이후인 **1953년** 10월에 한국과 미국은 한·미 상호 방위 조약을 체결하였어요.

④ 여수·순천 10·19 사건이 일어났다.
➡ **1948년** 10월에 제주 4·3 사건 진압을 위해 여수에 주둔하고 있던 부대 내의 일부 좌익 세력이 무장 봉기한 여수·순천 10·19 사건이 일어났어요.

⑤ 국가 보위 비상 대책 위원회가 구성되었다.
➡ 전두환 등 신군부 세력은 **1980년**에 5·18 민주화 운동을 진압한 후 통치권을 확립하기 위해 국가 보위 비상 대책 위원회를 설치하였어요.

(가)에 들어갈 4·19 혁명에 대한 설명으로 가장 적절한 것은?

> **정답 키워드**
>
> 2·28 민주 운동, 마산 3·15 의거

> 이것은 ❶2·28 민주 운동을 기념하는 탑입니다. 이 운동은 이승만 독재 정권이 선거를 앞두고 야당 부통령 후보 연설에 참석하는 것을 막기 위해 일요일 등교 조치를 내리자, 이에 반발한 대구 지역의 고등학생들이 시위에 나서며 시작되었습니다. 2·28 민주 운동은 이후 대전의 3·8 민주 의거, ❷마산의 3·15 의거와 함께 [(가)]의 도화선이 되었습니다.

민주화 운동의 숨결을 찾아서 생방송중

❶ 1960년에 일어난 **2·28 민주 운동**은 이승만 정부가 야당 부통령 후보 장면의 선거 유세장에 가지 못하도록 일요일에도 등교할 것을 지시하자 대구 시내 고등학생들이 시위를 벌인 사건이에요.

❷ 이승만 정부가 1960년에 3·15 부정 선거를 저지르자 이에 저항하는 시위(**마산 3·15 의거** 등)가 일어났어요. 마산에서 경찰의 무자비한 진압으로 희생된 김주열의 시신이 마산 앞바다에서 발견되자 시위는 전국으로 확산되었고(4·19 혁명), 결국 이승만이 하야 성명을 발표하고 대통령직에서 물러났어요.

① 시위 도중 대학생 이한열이 희생되었다.
➡ 전두환 정부 시기인 1987년에 일어난 **6월 민주 항쟁** 과정에서 대학생 이한열이 최루탄에 맞아 희생되었어요.

② 시민군이 조직되어 계엄군에 저항하였다.
➡ 1980년에 일어난 **5·18 민주화 운동** 과정에서 일부 광주 시민들은 시민군을 조직하여 계엄군의 진압에 저항하였어요.

③ **허정 과도 정부가 출범하는 계기가 되었다.**
➡ 이승만 정부 시기인 1960년에 일어난 **4·19 혁명**으로 이승만 대통령이 하야하고 허정 과도 정부가 수립되어 내각 책임제와 양원제 국회 구성을 골자로 한 3차 개헌이 이루어졌어요.

④ 5년 단임의 대통령 직선제 개헌을 이끌어냈다.
➡ 전두환 정부 시기인 1987년에 일어난 **6월 민주 항쟁**의 결과 대통령 직선제를 수용한다는 6·29 민주화 선언이 발표되었고, 이에 따라 5년 단임의 대통령 직선제 개헌이 이루어졌어요.

⑤ 야당 총재의 국회의원직 제명으로 촉발되었다.
➡ 박정희 정부 시기인 1979년에 야당(신민당) 총재 김영삼이 YH 무역 사건을 강경 진압한 유신 정권을 강하게 비판하자 여당은 김영삼을 국회에서 제명하였고, 이를 계기로 **부·마 민주 항쟁**이 일어났어요.

제74회

교사의 질문(3·1 민주 구국 선언(박정희 정부, 1976) 이후 시기의 사실)에 대한 학생의 답변으로 가장 적절한 것은?

정답 키워드

3·1 민주 구국 선언

이 자료는 종교계와 재야 인사들이 명동 성당에서 독재 정권을 비판하며 발표한 3·1 민주 구국 선언의 일부입니다. 이 선언이 발표된 이후에 있었던 사실에 대해 말해 볼까요?

민주 구국 선언

1. 이 나라는 민주주의 기반 위에 서야 한다.
⋮
첫째로 우리는 국민의 자유를 억압하는 긴급 조치를 곧 철폐하고 민주주의를 요구하다가 투옥된 민주 인사들과 학생들을 석방하라고 요구한다. 국민의 의사가 자유로이 표명될 수 있도록 언론, 집회, 출판의 자유를 국민에게 돌리라고 요구한다.

둘째로 우리는 유신 헌법으로 허울만 남은 의회 정치가 회복되어야 한다고 주장한다. 자유로이 표현 되는 민의를 국회는 입법에 반영해야 하고 정부는 이를 행정에 반영시켜야 한다. 이것을 꺼리고 막는 정권은 국민을 위한다면서 실은 국민을 위하려는 뜻이 없는 정권이다.
⋮

1972년에 박정희 정부가 유신 체제를 선언한 이후 1976년에 일부 재야인사와 가톨릭 신부, 대학교수 등이 박정희 정부의 장기 독재와 유신 체제를 비판하는 ❶3·1 민주 구국 선언을 발표하였어요.

① 국회 별관에서 **3선 개헌안**이 통과되었습니다.
➡ 1969년에 장기 집권을 꾀한 박정희 정부는 국가 안보 강화와 지속적인 경제 발전을 명분으로 내세워 대통령의 3회 연임을 허용하는 내용의 3선 개헌안(6차 개헌)을 국회에서 통과시켰어요.

② 정부에 비판적인 **경향신문**이 **폐간**되었습니다.
➡ 1959년에 이승만 정부는 정부에 대해 비판적인 기사를 게재하던 경향신문을 폐간하였어요.

③ YH **무역** 노동자들이 야당 당사에서 **농성**하였습니다.
➡ 1979년 박정희 정부 시기에 서울에서 YH 무역 노동자들이 회사의 일방적인 폐업 조치에 항의하여 농성을 벌이자 경찰이 강경 진압하였는데, 이를 YH 무역 사건이라고 해요.

④ 최고 통치 기구인 **국가 재건 최고 회의**가 구성되었습니다.
➡ 1961년 5·16 군사 정변 직후에 박정희 등 군부 세력은 정권을 장악한 후 국가 재건 최고 회의를 구성하여 군정을 실시하였어요.

⑤ 평화 통일론을 주장한 **진보당의 조봉암**이 **처형**되었습니다.
➡ 1959년에 이승만 정부는 진보당 당수 조봉암을 비롯한 진보당 간부들을 국가 변란, 간첩 혐의로 체포하여 조봉암을 사형시키고 진보당을 해체하였는데, 이를 진보당 사건이라고 해요.

다음 기사가 보도된 **김대중 정부** 시기의 경제 상황으로 가장 적절한 것은?

정답 키워드

IMF 구제 금융 조기 상환

□□신문

제△△호　　　　　　　　　○○○○년 ○○월 ○○일

❶IMF 구제 금융 조기 상환

오늘 정부는 외환 위기 당시 국제 통화 기금(IMF)으로부터 빌린 돈을 모두 갚았다고 밝혔다. 구제 금융을 신청한 지 3년 8개월 만에 전액 조기 상환하게 된 것이다. 이에 따라 우리나라는 앞으로 정책 수립 과정에서 IMF의 간섭을 받지 않아도 되며, 회원국이면 누구나 해마다 진행하는 연례 협의만 하면 된다.

우리나라는 1997년 말에 외환 보유액 부족으로 경제 위기를 맞게 되자 국제 통화 기금(IMF)에 긴급 자금 지원을 요청하였고, 이에 따라 IMF의 경제 간섭을 받게 되었어요. 이러한 외환 위기를 극복하기 위해 김대중 정부 시기에 국민들이 자발적으로 금 모으기 운동을 전개하였어요. 이러한 국민들의 노력으로 IMF의 구제 금융을 조기에 상환하면서 외환 위기를 극복할 수 있었어요.

① **경제기획원**이 발족하였다.
➡ 5·16 군사 정변 이후 **박정희를 중심으로 한 군부 세력**은 국가 경제 개발을 총괄한 기구의 필요성에 따라 경제기획원을 발족하였어요.

② **제4차 경제 개발 5개년 계획**이 추진되었다.
➡ **박정희 정부** 시기인 1970년대에는 제3·4차 경제 개발 5개년 계획을 추진하여 중화학 공업 육성을 강화하였어요. 이 시기에 포항 종합 제철 준공, 100억 달러 수출 달성 등이 이루어졌어요.

③ 미국과 자유 무역 협정(FTA)을 체결하였다.
➡ **노무현 정부** 시기에 한·미 자유 무역 협정(FTA)이 체결되었고, 이명박 정부 시기에 비준·발효되었어요.

④ 저유가·저금리·저달러의 **3저 호황**이 있었다.
➡ **전두환 정부** 시기에 우리나라는 저유가·저금리·저달러의 영향으로 물가가 안정되고 수출이 증가하는 호황을 누렸어요(3저 호황).

⑤ 대통령 직속 자문 기구로 **노사정 위원회**가 출범하였다.
➡ **김대중 정부** 시기인 1998년에 대통령 직속 자문 기구인 노사정 위원회가 구성되었어요.

49 노무현 정부 시기의 통일 노력 정답 ⑤

다음 연설문을 발표한 노무현 정부 시기의 통일 노력으로 옳은 것은?

6·15 공동 선언은 한반도의 운명을 바꾸어 놓은 역사적 전환점이었습니다. …… 남북 당국 간 회담이 100여 차례 이상 열리고, 인적·물적 교류도 크게 늘어났습니다. …… 참여 정부는 햇볕 정책과❶ 6·15 정신을 계승, 발전시킨 '평화 번영 정책'을 추진해 나가고 있습니다. 이대로 가면 한반도에 화해와 협력의 질서가 구축되고, 평화와 번영의 새로운 동북아 시대가 열리게 될 것입니다. 무엇보다 중요한 것은 남북 간 신뢰 구축입니다. 각 분야의 교류와 협력을 활성화시키고, 북핵 문제를 평화적으로 해결해 나가야 합니다.

노무현 정부는 김대중 정부의 대북 정책 기조를 이어받아 2007년에 평양에서 제2차 남북 정상 회담을 개최하고❶ 6·15 정신을 계승한 10·4 남북 정상 선언을 발표하였어요. 노무현 정부 때 개성 공단 건설이 시작되었고, 금강산 육로 관광이 본격적으로 시행되었어요.

① 판문점에서 남북 정상 회담을 개최하였다.
➡ 문재인 정부 시기인 2018년에 판문점에서 남북 정상 회담이 개최되었고, 4·27 판문점 선언이 발표되었어요.

② 남북한이 국제 연합(UN)에 동시 가입하였다.
➡ 노태우 정부 시기인 1991년에 남북한은 국제 연합(UN)에 동시 가입하였어요.

③ 남북 이산가족의 고향 방문을 최초로 성사시켰다.
➡ 전두환 정부 시기인 1985년에 남북 이산가족 고향 방문단과 예술 공연단 교환이 최초로 성사되었어요.

④ 평화통일 외교 정책에 관한 6·23 특별 성명을 발표하였다.
➡ 박정희 정부 시기인 1973년에 평화 통일 외교 정책에 관한 6·23 특별 성명이 발표되었어요.

⑤ 남북 간 경제 교류 활성화를 위한 개성 공단 착공식을 열었다.
➡ 김대중 정부 시기에 채택된 6·15 남북 공동 선언에 따라 남북한은 개성 공업 지구 건설에 합의하였고, 이후 노무현 정부 시기에 착공하였어요.

50 관리 선발 제도의 역사 정답 ⑤

㉠~㉢에 대한 설명으로 적절하지 않은 것은?

한국사 톺아보기 역사 속 관리 선발 방식

신라는 국학 학생 등을 대상으로 유교 경전에 대한 이해 정도를 평가하여 관리로 선발하는 ㉠독서삼품과를 마련하였다. 하지만 골품제 때문에 관료제 운영에 큰 기능을 발휘하지 못하였다.

고려 시대에는 시험을 통해 인재를 등용하는 ㉡과거가 도입되어 운영되면서 제술과, 명경과, 잡과가 승과와 함께 시행되었다. 그러나 반드시 과거로만 관직에 진출하는 것이 아니라, 음서 등으로 관직에 진출하기도 하였다.

조선 시대의 관리는 과거, 취재, 음서, 천거 등을 통해 선발되었다. 과거는 ㉢문과, 무과, 잡과로 구성되었는데 문과와 무과를 중심으로 하여 양반 관료 체제가 갖추어졌다. 한편 조선 중기에는 ㉣현량과를 통해서 조정에 진출한 신진 세력들이 훈구 세력의 부정과 비리를 비판하기도 하였다.

개항기에는 군국기무처의 주도로 과거를 폐지하고 별도의 ㉤선거조례를 제정하여 과거 시험에서 평가하였던 유교 경전에 대한 지식이나 문장력보다는 실무에 적합한 재능과 능력을 갖춘 인재를 관리로 등용하고자 하였다.

① ㉠ – 원성왕 재위 시기에 시행되었다.
➡ 신라 원성왕은 국학 학생들을 대상으로 유교 경전에 대한 이해 수준의 정도를 평가하여 관리 임용에 참고하는 독서삼품과를 시행하였어요.

② ㉡ – 쌍기의 건의를 수용하여 실시하였다.
➡ 고려 광종은 쌍기의 건의를 받아들여 시험으로 관리를 선발하는 과거제를 최초로 실시하였어요.

③ ㉢ – 식년시, 알성시, 증광시 등으로 운영되었다.
➡ 조선의 과거 중 문과는 3년마다 시행되는 정기 시험인 식년시, 비정기적으로 실시되는 특별 시험인 알성시, 증광시 등으로 운영되었어요.

④ ㉣ – 중종 때 조광조를 비롯한 사람들이 실시를 주장하였다.
➡ 조선 중종 때 조광조 등 사림 세력은 자신들의 정치적 입지를 강화하기 위해 사림 세력의 천거를 통한 관리 선발 제도인 현량과 실시를 주장하였어요.

⑤ ㉤ – 대한 제국 수립 이후 개혁의 일환으로 처음 단행되었다.
➡ 대한 제국 수립 이후 개혁의 일환으로 처음 단행된 개혁 중 대표적인 것은 단발령이에요. 선거조례는 1894년에 시행된 제1차 갑오개혁 때 과거제가 폐지되면서 만들어진 새로운 관리 임용 제도예요.

제73회

합격률 72회:**55.2%** / 71회:**46.8%**

66.2%

시대별 출제비중

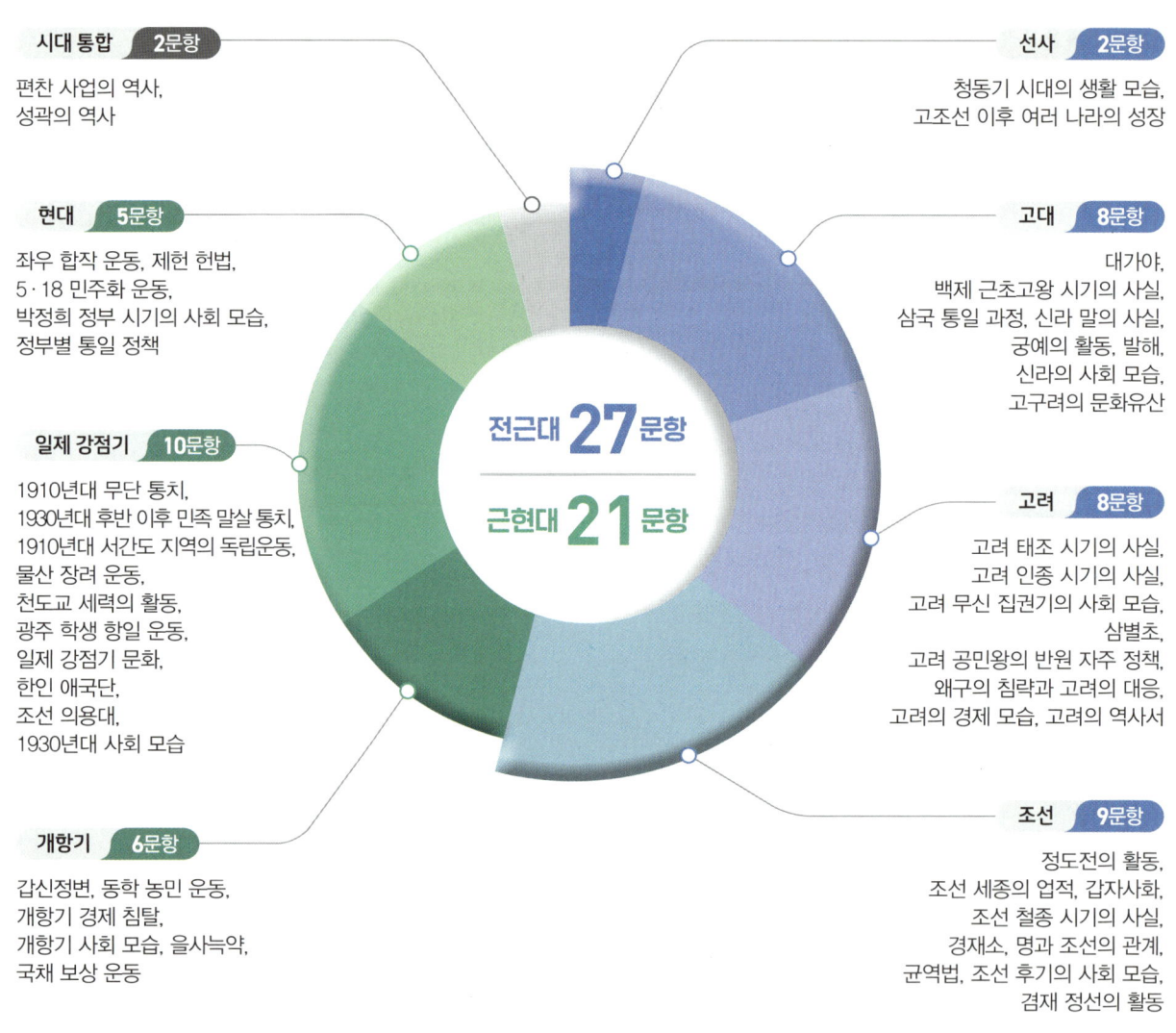

시대 통합 2문항
편찬 사업의 역사,
성곽의 역사

현대 5문항
좌우 합작 운동, 제헌 헌법,
5·18 민주화 운동,
박정희 정부 시기의 사회 모습,
정부별 통일 정책

일제 강점기 10문항
1910년대 무단 통치,
1930년대 후반 이후 민족 말살 통치,
1910년대 서간도 지역의 독립운동,
물산 장려 운동,
천도교 세력의 활동,
광주 학생 항일 운동,
일제 강점기 문화,
한인 애국단,
조선 의용대,
1930년대 사회 모습

개항기 6문항
갑신정변, 동학 농민 운동,
개항기 경제 침탈,
개항기 사회 모습, 을사늑약,
국채 보상 운동

선사 2문항
청동기 시대의 생활 모습,
고조선 이후 여러 나라의 성장

고대 8문항
대가야,
백제 근초고왕 시기의 사실,
삼국 통일 과정, 신라 말의 사실,
궁예의 활동, 발해,
신라의 사회 모습,
고구려의 문화유산

고려 8문항
고려 태조 시기의 사실,
고려 인종 시기의 사실,
고려 무신 집권기의 사회 모습,
삼별초,
고려 공민왕의 반원 자주 정책,
왜구의 침략과 고려의 대응,
고려의 경제 모습, 고려의 역사서

조선 9문항
정도전의 활동,
조선 세종의 업적, 갑자사화,
조선 철종 시기의 사실,
경재소, 명과 조선의 관계,
균역법, 조선 후기의 사회 모습,
겸재 정선의 활동

전근대 **27**문항
근현대 **21**문항

01 청동기 시대의 생활 모습
정답 ②

(가) 청동기 시대의 생활 모습으로 옳은 것은?

정답 키워드

비파형 동검, 민무늬 토기

〈집에서 만나는 박물관〉 2월호

부여 송국리 출토 유물

이번 호에서는 부여 송국리에서 출토된 대표적인 유물을 소개합니다. 사유 재산과 계급이 발생한 　(가)　 시대의 유물을 통해 당시 사람들의 생활 모습을 상상해 보세요.

🏺 유물 소개

❶ 비파형 동검
검몸[劍身] 아랫부분의 폭이 넓고 둥근 비파 모양을 이루며, 중앙보다 약간 위에 뚜렷한 좌우 돌기가 있는 것이 특징임. 또한 검몸과 자루를 따로 만들어 결합하는 방식으로 제작됨.

❷ 민무늬 토기
무늬가 없는 토기를 일컬음. 지역과 시기에 따라 다양한 형태를 보이는데 송국리형 토기는 평평한 바닥의 작은 굽, 계란 모양의 몸체와 바깥으로 벌어진 입구 부분이 특징임.

❶ 비파형 동검은 청동기 시대의 대표적인 유물이에요. 청동기 시대부터 청동 도끼, 청동 검, 청동 방울, 거친무늬 거울 등 청동으로 도구를 제작하기 시작하였어요.

❷ 민무늬 토기는 청동기 시대부터 사용된 토기예요. 청동기 시대에는 신석기 시대의 빗살무늬 토기와 달리 표면에 무늬가 없는 민무늬 토기를 사용하였어요.

① 소를 이용한 깊이갈이가 일반화되었다.
➡ 신라 지증왕 때 소를 이용한 깊이갈이(우경)가 우리나라의 기록에 처음 등장하였고, **고려 시대**에 일반화되었어요.

② 반달 돌칼을 사용하여 벼를 수확하였다.
➡ **청동기 시대**에는 곡물을 수확하기 위해 반달 모양으로 생긴 돌칼을 사용하였어요.

③ 주로 동굴이나 강가의 막집에서 살았다.
➡ **구석기 시대** 사람들은 식량을 찾아 이동 생활을 하였으며, 주로 동굴이나 강가의 막집, 바위 그늘에서 살았어요.

④ 주먹도끼, 찍개 등의 뗀석기를 처음 제작하였다.
➡ **구석기 시대** 사람들은 주먹도끼, 찍개 등 뗀석기를 처음 제작하여 사용하면서 사냥과 채집 생활을 하였어요.

⑤ 가락바퀴와 뼈바늘을 이용하여 옷을 만들기 시작하였다.
➡ **신석기 시대**에는 가락바퀴를 이용하여 실을 뽑고, 뼈바늘로 엮어 옷이나 그물 등을 만들기 시작하였어요.

02 삼국 통일 과정
정답 ④

(가) 연개소문 정변(642), (나) 고구려 부흥 운동(670) 사이의 시기에 있었던 사실로 옳은 것은?
└ 백제 부흥 운동(660), 백강 전투(663)

정답 키워드

(가) 연개소문, (보장)왕을 왕으로 세움
(나) 검모잠, 안승

(가) **❶연개소문**은 왕의 조카인 **❶장을 왕**으로 세우고 스스로 막리지가 되었다. 그 관직은 당의 병부상서 겸 중서령의 직임과 같다.

(나) **❷검모잠**은 남은 백성을 모아 궁모성에서 패강 남쪽으로 내려와 당나라 관인 및 승려 법안 등을 죽이고 신라로 향하였다. 사야도에 이르러 고구려 대신 연정토의 아들 **❷안승**을 알현하고, 한성으로 모셔와 임금으로 받들었다.

(가) 642년에 **❶연개소문**은 정변을 일으켜 영류왕을 죽이고 **❶보장왕을 왕위에 올린** 뒤 스스로 대막리지가 되어 권력을 장악하였어요.

(나) 고구려 멸망 이후인 670년에 **❷검모잠**은 **❷안승**을 왕으로 세워 오늘날 황해도 지역인 한성을 거점으로 고구려 부흥 운동을 벌였어요.

① 을지문덕이 살수에서 대승을 거두었다.
➡ 612년에 고구려의 을지문덕은 살수에서 수의 대군을 상대로 크게 승리하였어요(살수 대첩). **(가) 이전**의 사실이에요.

② 사찬 시득이 기벌포에서 당군을 격파하였다.
➡ 신라는 매소성 전투에 이어 676년에 사찬 시득이 기벌포 전투에서 당군에 승리하면서 삼국 통일을 이룩하였어요. **(나) 이후**의 사실이에요.

③ 관구검이 이끄는 군대가 환도성을 함락하였다.
➡ 245년 고구려 동천왕 때 위나라 관구검의 공격으로 환도성이 함락되었어요. **(가) 이전**의 사실이에요.

④ 김춘추가 당으로 건너가 군사 동맹을 체결하였다.
➡ 648년에 신라의 김춘추는 고구려와 동맹을 시도하였다가 실패한 후 당으로 건너가 당과 군사 동맹을 체결하고, 백제와 고구려 공격에 나섰어요.

⑤ 장문휴가 자사 위준이 관할하는 당의 등주를 공격하였다.
➡ 732년에 발해 무왕은 장문휴를 보내 당의 등주를 공격하였어요. **(나) 이후**의 사실이에요.

(가) 대가야에 대한 설명으로 옳은 것은?

정답 **키워드**

> 이진아시왕, 고령 중심

> 이 그림은   (가)   의 시조인❶**이진아시왕**의 표준 영정입니다. 신증동국여지승람 등의 기록에 따르면 수로왕과 형제인 그는 ❷**고령 일대를 중심**으로 나라를 세웠다고 합니다.

❶**이진아시왕**이 세운 대가야는 전기 가야 연맹을 주도한 금관가야의 뒤를 이어 ❷**고령을 중심**으로 후기 가야 연맹을 주도하였어요.

①**진흥왕** 때 신라에 **복속**되었다.
➡ **대가야**는 신라 진흥왕이 영토 확장을 전개하는 과정에서 복속되었고, 이후 가야 연맹은 멸망하였어요.

② 집사부를 비롯한 14부를 설치하였다.
➡ **신라**는 통일 이후 늘어난 영토와 백성을 효율적으로 다스리기 위해 중앙 정치 조직을 집사부를 비롯한 14부로 정비하였어요.

③ 지방 장관으로 **욕살**, **처려근지** 등을 두었다.
➡ **고구려**는 수도와 지방을 각각 5부로 나누어 다스렸으며 지방에 욕살(녹살), 처려근지 등의 지방관을 두었어요.

④ 여러 가(加)들이 별도로 **사출도**를 주관하였다.
➡ **부여**는 왕이 중앙을 다스렸고, 마가·우가·구가·저가 등의 여러 가(加)들이 별도로 사출도라고 불린 지역을 다스렸어요.

⑤ 왕족인 **부여씨**와 **8성**의 귀족이 지배층을 이루었다.
➡ **백제**의 지배층은 왕족인 부여씨와 8성의 귀족으로 이루어졌어요.

(가) 옥저, **(나) 삼한**에 대한 설명으로 옳은 것은?

정답 **키워드**

> (가) 삼로, 가족 공동 목곽(무덤)
> (나) 신지·읍차, 철 생산, 5월과 10월에 제사

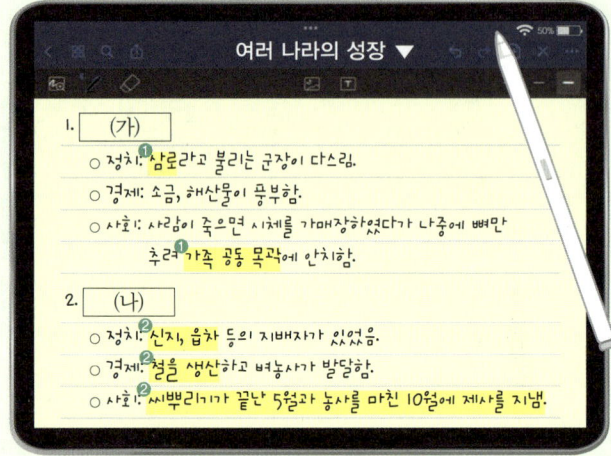

(가) 옥저에는 왕이 없었고 읍군, ❶**삼로**라고 불린 군장이 부족을 다스렸어요. 한편, 옥저에는 가족이 죽으면 시체를 가매장하였다가 그 뼈만 추려서 ❶**가족 공동 무덤**에 넣는 풍습이 있었어요.

(나) 삼한에는 철기 문화를 바탕으로 성립한 수십 개의 소국이 존재하였어요. 소국은 세력 크기에 따라 ❷**신지, 읍차**라고 불리는 군장이 다스렸어요. 또한, 삼한은 ❷**씨 뿌리기가 끝난 5월과 추수를 마친 10월에 제천 행사**를 지냈고, 삼한 중 변한에서는 ❷**철이 풍부하게 생산**되어 낙랑과 왜에 철을 수출하였어요.

① (가) – 영고라는 제천 행사를 열었다.
➡ **부여**는 12월에 영고라는 제천 행사를 열어 농사가 잘 되기를 빌었어요.

② (가) – 사회 질서를 유지하기 위해 **범금 8조**를 만들었다.
➡ **고조선**에는 사회 질서를 유지하기 위해 살인, 절도 등의 죄를 다스리는 범금 8조(8조법)가 있었어요.

③(나) – 신성 지역인 **소도**가 존재하였다.
➡ **삼한**에는 제사장인 천군과 신성 지역인 소도가 있었어요. 이를 통해 삼한은 제정 분리 사회였음을 짐작할 수 있어요.

④ (나) – **제가 회의**에서 나라의 중대사를 결정하였다.
➡ **고구려**는 제가 회의를 열어 나라의 중대한 일을 결정하였어요.

⑤ (가), (나) – **도둑질**한 자에게 **12배**로 배상하게 하였다.
➡ **부여**는 1책 12법과 같은 엄격한 법을 만들어 사회 질서를 유지하였어요.

05 백제 근초고왕 시기의 사실

정답 ④

밑줄 그은 '백제 근초고왕'에 대한 설명으로 옳은 것은?

정답 키워드

고흥, 《서기》

○ 고구려가 군사를 일으켜 쳐들어왔다. 왕이 듣고 군사를 패하(浿河)가에 매복시켜 그들이 이르기를 기다렸다가 급히 치니 고구려 군사가 패배하였다.

○ 옛 기록에 이르기를, "백제는 나라를 연 이래 문자로 일을 기록한 적이 없는데 이 왕 때에 이르러 박사 **❶고흥**을 얻어 처음으로 **❶서기**가 있게 되었다."라고 하였다.

백제는 4세기 근초고왕 때 전성기를 이루었어요. 근초고왕은 마한을 정복하였고, 고구려를 공격하여 황해도 일대까지 영토를 확장하였어요. 한편, 근초고왕은 중국 남조의 동진 및 일본의 규슈 지방과 교류하였고, **고흥**에게 역사서인 《**서기**》를 편찬하게 하였어요.

① 금마저에 미륵사를 창건하였다.
➡ **무왕**은 오늘날 익산 지역인 금마저에 미륵사를 창건하였어요.

② 윤충을 보내 대야성을 함락하였다.
➡ **의자왕**은 윤충을 보내 신라의 대야성을 함락하였어요. 대야성 전투는 신라에 큰 타격을 주었고, 신라에서 김춘추를 보내 당과 동맹을 체결하는 계기가 되었어요.

③ 사비로 천도하고 국호를 남부여로 고쳤다.
➡ **성왕**은 수도를 웅진에서 사비로 옮기고, 부여 계승 의식을 내세우며 국호를 '남부여'로 고쳤어요.

④ 평양성을 공격하여 고국원왕을 전사시켰다.
➡ **근초고왕**은 고구려의 평양성을 공격하여 고국원왕을 전사시켰어요.

⑤ 동진에서 온 마라난타를 통해 불교를 수용하였다.
➡ **침류왕**은 동진의 마라난타를 통해 불교를 수용하였어요.

06 고구려의 문화유산

정답 ⑤

다음 특별전에 전시될 문화유산으로 가장 적절한 것은?

디지털 실감 영상으로 재현한 고구려의 문화유산

우리 박물관은 '영락'이라는 연호를 사용한 왕의 능비를 디지털 영상으로 복원하여 선보이고자 합니다. 네 면에 새겨진 1,700여 개의 문자와 능비의 실물 크기, 표면 질감을 생생하게 재현하였습니다. 한편, 이번 전시에서는 그의 시호가 새겨진 문화유산도 함께 전시할 예정이오니 많은 관심 부탁드립니다.

기간: 2025년 ○○월 ○○일~○○월 ○○일
장소: △△ 박물관 1층 로비

고구려 광개토 태왕은 연호로 '영락'을 사용하였고, 신라의 요청으로 군대를 보내 신라에 침입한 왜를 물리쳤어요. 이후 고구려군이 신라에 주둔하면서 신라는 한동안 고구려의 간섭을 받았고, 고구려 광개토 태왕의 공격을 받은 금관가야는 쇠퇴하였어요.

①
➡ **신라**의 포항 중성리 신라비로, 가장 오래된 신라 비석으로 알려져 있어요.

②
➡ **백제** 무령왕릉에서 발견된 석수로, 무덤을 지킨다는 의미에서 무덤 안에 두었던 것으로 짐작할 수 있어요.

③
➡ **금관가야**의 판갑옷으로, 김해 대성동 고분군에서 출토되었어요.

④
➡ **철기 시대**에 만들어진 것으로 짐작되는 농경문 청동기로, 괭이 등 철제 농기구로 농사짓는 모습이 새겨져 있어요.

⑤
➡ **고구려**의 호우총 청동 그릇(호우명 그릇)으로, 신라의 고분인 경주 호우총에서 출토되었어요.

밑줄 그은 '**신라 말**'에 있었던 사실로 옳은 것은?

정답 키워드

> 혜공왕 피살 이후

이것은 보령 성주사지 대낭혜화상탑비로, 진성여왕의 명을 받아 최치원이 비문을 작성했습니다. **혜공왕 피살 이후** 왕위 쟁탈전이 치열했던 시기에 당에서 수행하고 돌아와 9산 선문 중 하나인 성주산문을 개창한 낭혜화상의 행적이 기록되어 있습니다.

❶ 혜공왕 피살 이후 신라는 진골 귀족들의 왕위 다툼으로 왕권이 약화되면서, 중앙의 지방 통제력도 약화되었어요. 이로 인해 귀족의 수탈이 더욱 심해져 농민 봉기가 곳곳에서 일어났으며, 특히 진성여왕 시기에 극심하였어요.

① 김흠돌 등 진골 세력이 숙청되었다.
➡ 681년에 신문왕은 장인이었던 김흠돌의 반란을 진압하면서 이를 함께 도모한 진골 세력을 숙청하였어요.

②김헌창이 웅천주에서 반란을 일으켰다.
➡ 822년인 신라 말 헌덕왕 때 오늘날 충청남도 공주 지역인 웅천주에서 도독 김헌창이 아버지 김주원이 왕위에 오르지 못한 것에 불만을 품고 난을 일으켰어요.

③ 거칠부가 왕명에 의해 국사를 편찬하였다.
➡ 6세기 신라 진흥왕은 '개국', '태창'이라는 연호를 사용하였고, 거칠부에게 명하여 역사서인 《국사》를 편찬하게 하였어요.

④ 복신과 도침이 부여풍을 왕으로 추대하였다.
➡ 7세기 중반 백제는 나·당 연합군에 의해 멸망하였고, 이후 복신과 도침은 주류성에서 군사를 일으켜 백제 부흥 운동을 전개하였어요.

⑤ 자장의 건의로 황룡사 구층 목탑이 건립되었다.
➡ 7세기 전반 선덕 여왕은 승려 자장의 건의로 황룡사 9층 목탑을 건립하였어요. 황룡사 9층 목탑은 고려 시대에 몽골의 침입으로 소실되었어요.

(가) 발해에 대한 설명으로 옳지 **않은** 것은?

정답 키워드

> 영광탑, 이불병좌상

(가) 의 불교문화에 대해 알려줘.

🧑 역사 챗봇 🔊

1. 불교의 유행
　상경 용천부 등 (가) 의 5경에서 발굴되는 절터·불상·석등 등을 통해 당시 불교문화가 발전하였음을 알 수 있어요.
　○ ❶영광탑은 벽돌을 쌓아 만든 누각 형태의 전탑으로, 탑 아래에는 정효 공주 묘와 비슷한 지하 공간이 있어 무덤으로 보기도 해요.
　○ 동경 용원부 유적에서 출토된 ❷이불병좌상은 석가불과 다보불이 나란히 앉아 있는 모습을 조각한 불상이에요.

2. 관련 사진

영광탑　　　　　이불병좌상

❶ 발해 영광탑은 현재 유일하게 남아 있는 발해의 탑이에요. 벽돌로 만들어졌으며, 탑 아래에서 무덤이 발견되었어요.

❷ 발해의 이불병좌상은 고구려의 영향을 받아 만들어졌어요.

---

① 교육 기관으로 주자감을 설립하였다.
➡ 발해는 인재를 양성하기 위해 유학 교육 기관으로 주자감을 설립하였어요.

② 감찰 업무를 담당하는 중정대가 있었다.
➡ 발해는 관리 감찰 업무를 담당하는 중정대를 두었어요.

③ 인안, 대흥 등 독자적인 연호를 사용하였다.
➡ 발해는 무왕 때 '인안', 문왕 때 '대흥', 선왕 때 '건흥' 등 독자적인 연호를 사용하였어요.

④ 거란도, 영주도 등을 통해 주변국과 교역하였다.
➡ 발해는 거란도, 영주도, 일본도, 신라도 등의 교통로를 통해 주변 국가들과 교역하였어요.

⑤내신좌평, 내두좌평 등 6좌평의 관제를 마련하였다.
➡ 백제는 내신좌평, 내두좌평, 위사좌평 등 6좌평, 16관등제를 마련해 중앙 조직을 정비하였어요.

09 신라의 사회 모습
정답 ⑤

(가) 화랑도를 시행한 **신라**에 대한 설명으로 옳은 것은?

정답 키워드

> 국선

○ 풍월주(風月主), 원화(源花)의 법이 폐하여진 지 이미 여러 해였다. 왕은 나라를 일으키려면 풍월도를 먼저 하여야 한다고 생각하여 다시금 영(令)을 내려 귀인과 양가의 자제 중에서 얼굴이 아름답고 덕행이 있는 자를 선발해서 분장을 시켜 ❶ (가) 또는 **국선(國仙)**이라 이름하였다.

○ 좋은 가문 출신의 남자로서 덕행이 있는 자를 뽑아 (가) (이)라 하였다. 처음 설원랑을 받들어 국선으로 삼았는데 이것이 시초이다.

화랑도는 신라에 있었던 청소년 수양 단체예요. 화랑도 중 왕이 특별히 임명한 사람을 ❶ **국선**이라고 불렸고, 화랑도는 원광의 세속 5계를 행동 규범으로 삼았어요. 한편, 신라 진흥왕은 화랑도를 국가적인 조직으로 정비하여 인재를 양성하였어요.

① 태학과 경당을 두어 인재를 양성하였다.
   ➡ **고구려**는 교육 기관으로 수도에 태학, 지방에 경당을 두어 인재를 양성하였어요.

② 유랑민을 구휼하는 **활인서**를 설치하였다.
   ➡ **조선** 전기에 고려 시대의 제도를 본받아 설치된 동·서 대비원은 가난한 사람들에게 먹을 것을 주고 약재를 처방해 주던 일종의 국립 의료 기관으로, 태종 때 동·서 활인서로 개칭되었고, 이후 세조 때 활인서로 통합되었어요.

③ 정사암 회의에서 국가 중대사를 결정하였다.
   ➡ **백제**에서는 귀족들이 정사암 회의를 열어 국가 중대사를 논의하였어요.

④ 도병마사에서 변경의 군사 문제 등을 논의하였다.
   ➡ **고려**의 도병마사는 주로 국방과 군사 문제를 논의하였고, 식목도감은 주로 대내적인 법제와 격식을 논의하였어요.

⑤ 골품에 따라 관등 승진, 일상생활 등을 엄격히 제한하였다.
   ➡ **신라**의 골품제는 골품에 따라 관등 승진에 제한을 두고, 집과 수레의 크기 등 일상생활도 규제하는 폐쇄적인 신분 제도였어요.

10 궁예의 활동
정답 ④

(가) 궁예에 대한 설명으로 옳은 것은?

정답 키워드

> 태봉

경기도 양주 대모산성에서 ❶ **태봉**의 연호가 기록된 목간이 출토되었습니다. 태봉은 신라 왕족 출신으로 알려진 (가) 이/가 세운 나라입니다. 목간의 정개 3년 병자는 916년에 해당합니다.

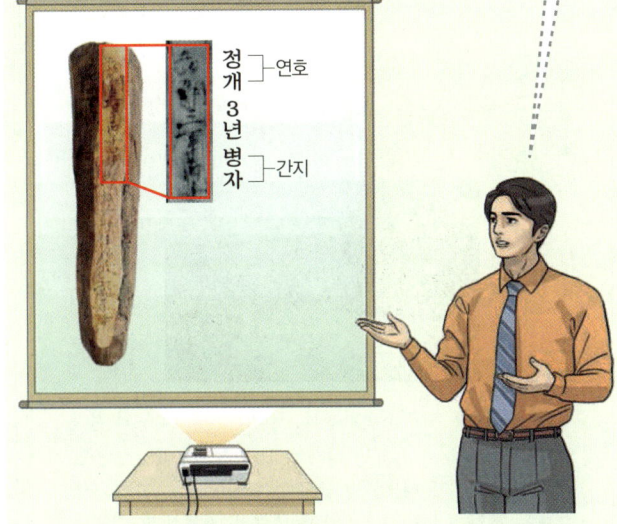

신라 왕족의 후예로 알려진 궁예는 양길 아래서 세력을 키운 후 양길을 몰아내고 901년에 송악(개성)을 근거지로 후고구려를 세웠어요. 궁예는 904년에 국호를 '마진'으로 바꾸고, 연호를 '무태'라고 정하였으며, 이어 철원으로 수도를 옮기고 국호를 다시 ❶ **태봉**으로 바꾸었어요. 그러나 궁예는 미륵불을 자칭하며 강압적인 전제 정치를 도모하다가 결국 왕건을 비롯한 신하들에게 축출되었어요.

① 경주의 **사심관**으로 임명되었다.
   ➡ 신라 **경순왕(김부)**은 견훤이 고려에 귀순한 이후 고려에 항복하였고, 왕건은 경순왕을 경주의 사심관으로 임명하였어요.

② 12목에 지방관을 처음으로 파견하였다.
   ➡ **고려 성종**은 최승로의 건의를 받아들여 전국의 주요 지역에 12목을 설치하고 지방관을 파견하였어요.

③ 폐정 개혁을 목표로 **정치도감**을 설치하였다.
   ➡ **고려 충목왕**은 폐정 개혁을 목표로 정치도감을 설치하였어요.

④ **광평성**을 비롯한 각종 정치 기구를 마련하였다.
   ➡ **궁예**는 후고구려를 세운 후 광평성을 설치하는 등 정치 조직과 관제를 정비하였어요.

⑤ 오월(吳越)에 **사신**을 보내고 검교태보의 직을 받았다.
   ➡ 후백제를 세운 **견훤**은 후당과 오월에 사신을 파견하고 오월의 왕으로부터 검교태보의 직을 받았어요.

(가) 고려 태조에 대한 설명으로 옳은 것은?

정답 키워드

고창 전투에서 승리

교외 체험 학습 보고서

△학년 △반 △△번 이름 □□□

◉ 날짜: 2025년 ○월 ○○일
◉ 장소: 경상북도 안동 태사묘
◉ 학습 내용

안동 태사묘는 고창 전투에서 ____(가)____ 을/를 도와 견훤을 물리치는 데 공을 세워 향직을 수여 받은 권행, 김선평, 장길(장정필)의 위패를 봉안하고 있는 사당이다. 이번 체험 학습을 통해 안동이라는 지명이 <mark>고창 전투에서 승리한</mark> ____(가)____ 이/가 고창군을 안동부로 승격시킨 데서 유래 하였다는 것을 알 수 있었다.

927년에 후백제와의 공산 전투에서 패한 이후 고려는 ❶<mark>고창 전투(930)에서 후백제를 격파</mark>하여 후삼국 간의 항쟁에서 주도권을 장악하였어요. 935년에는 후백제에 내분이 일어나 견훤이 고려에 귀순하였고, 신라 경순왕도 고려에 항복하였어요. 이어서 태조는 일리천 전투에서 신검이 이끄는 후백제군을 격파하고 후삼국을 통일하였어요(936).

① 한양을 남경으로 승격시켰다.
➡ **문종**은 한양을 남경으로 승격시켜 개경(중경), 서경과 함께 3경 체제를 구축하였어요.

② 주전도감을 설치하여 해동통보를 발행하였다.
➡ **숙종** 때 의천의 건의로 주전도감이 설치되어 은병(활구), 삼한통보, 해동통보 등의 화폐가 만들어졌지만 널리 유통되지는 못하였어요.

③ 쌍기의 건의를 받아들여 과거제를 실시하였다.
➡ **광종**은 쌍기의 건의를 받아들여 시험으로 관리를 선발하는 과거제를 최초로 실시하였어요.

④ 청연각과 보문각을 두어 학문 연구를 장려하였다.
➡ **예종**은 관학을 진흥시키기 위해 7재 설치, 양현고 운영, 청연각·보문각 설치 등을 하였어요.

⑤ 정계와 계백료서를 지어 관리의 규범을 제시하였다.
➡ **태조**는 《정계》와 《계백료서》를 지어 관리가 지켜야 할 규범을 제시하였어요.

다음 상황이 나타난 고려의 경제 모습으로 옳은 것은?

정답 키워드

삼사, 안찰사

무릇 장마·가뭄·병충해·서리 피해로 작황이 부실한 경작지를 촌전(村典)*이 수령에게 보고하면 수령이 직접 검사하여 호부에 신고하고, 호부에서는 다시 ❶<mark>삼사</mark>에 보낸다. 삼사에서는 넘겨받은 문서를 조사한 뒤에 다시 그 지역 ❷<mark>안찰사</mark>로 하여금 따로 사람을 보내 자세히 살펴 조사하게 하여 재해로 피해를 입었다면 조세를 감면한다.

*촌전: 촌의 대표

❶ 고려의 <mark>삼사</mark>는 화폐와 곡식의 출납 및 회계를 담당하던 기관으로, 조선 시대에는 호조가 비슷한 역할을 하였어요.

❷ 고려는 지방 행정 제도를 지속적으로 정비하여 현종 때 전국을 5도와 양계, 경기 지역으로 나누었어요. 5도는 일반 행정 구역을, 국경지대의 양계는 군사 행정 구역을, 경기는 수도 개경과 그 주변 지역을 말해요. 5도에는 <mark>안찰사</mark>, 양계에는 병마사가 파견되었어요. 한편, 5도 아래에는 군현과 특수 행정 구역인 향, 부곡, 소 등이 있었어요.

① <mark>벽란도</mark>가 국제 무역항으로 번성하였다.
➡ **고려** 시대에는 개경과 거리가 가까웠던 예성강 하구의 벽란도가 국제 무역항으로 번성하였어요.

② 고추, 담배 등이 상품 작물로 재배되었다.
➡ **조선** 후기에는 인삼, 담배, 면화, 고추 등의 상품 작물이 재배되었고, 청과의 무역이 활발해지면서 국경을 중심으로 공무역(개시)과 사무역(후시)이 이루어지기도 하였어요.

③ 시장을 감독하는 관청인 동시전이 설치되었다.
➡ **신라**는 지증왕 때 수도 금성에 시장인 동시를 설치하고 동시를 감독하기 위한 관청으로 동시전을 설치하였어요.

④ 광산을 전문적으로 경영하는 덕대가 활동하였다.
➡ **조선** 후기에 상인 물주로부터 자금을 받아 채굴업자와 노동자를 고용하여 광산을 전문적으로 경영하는 덕대가 등장하였어요.

⑤ 삼남 지방의 농법을 소개한 농사직설이 보급되었다.
➡ **조선** 세종 때 우리 실정에 맞는 농법을 소개한 《농사직설》이 편찬되었어요. 《농사직설》에는 삼남 지방의 농법 소개는 물론 우리나라 풍토에 맞는 씨앗의 저장법과 토지의 개량법 등이 담겼어요.

13 고려 인종 시기의 사실

정답 ④

다음 검색창에 들어갈 **고려 인종** 재위 시기에 있었던 사실로 옳은 것은?

정답 키워드

이자겸, 김부식의 《삼국사기》 편찬

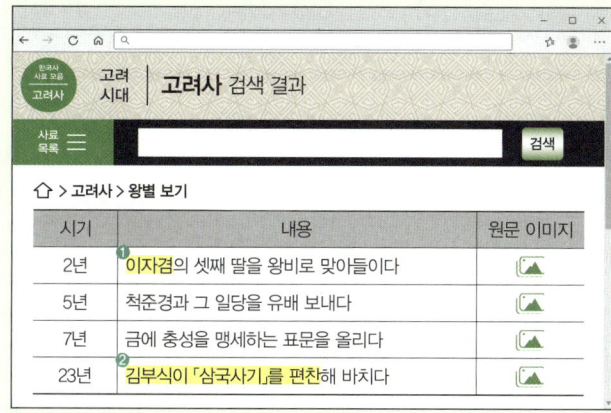

시기	내용	원문 이미지
2년	**이자겸**의 셋째 딸을 왕비로 맞아들이다	🖼
5년	척준경과 그 일당을 유배 보내다	🖼
7년	금에 충성을 맹세하는 표문을 올리다	🖼
23년	**김부식이「삼국사기」를 편찬**해 바치다	🖼

❶ 고려 건국 이후 국가 체제를 정비하는 과정에서 문벌이 형성되었어요. 특히, 경원 이씨 가문의 **이자겸**은 두 딸을 인종에게 시집보내며 막강한 권력을 행사하였는데, 인종이 자신을 제거하려 하자 스스로 왕이 되기 위해 척준경과 함께 반란을 일으켰어요(이자겸의 난, 1126).

❷ 인종 때 **김부식**은 왕명을 받아 유교적 합리주의 사관에 입각하여 **《삼국사기》를 편찬**하였어요.

① 최충헌이 봉사 10조를 올렸다.
　➡ **명종** 재위 시기인 무신 집권기 때 최충헌은 이의민을 제거하고 최고 권력자가 되었어요. 이후 명종에게 봉사 10조를 올려 시정 개혁을 건의하였어요.

② 동북 9성이 여진에 반환되었다.
　➡ **예종** 때 윤관은 별무반을 이끌고 여진을 정벌하여 동북 9성을 축조하였어요(1107). 이후 여진이 지속적으로 반환을 요청하자 고려는 조공을 약속받고 동북 9성을 돌려주었어요.

③ 국자감이 성균관으로 개칭되었다.
　➡ **공민왕**은 최고 교육 기관인 국자감의 이름을 성균관으로 바꾸고, 유학 교육만 전담하도록 하였어요.

④ 묘청 등이 서경에서 난을 일으켰다.
　➡ **인종** 때 묘청을 비롯한 서경 세력은 국호를 '대위', 연호를 '천개'로 정하고 서경(지금의 평양)에서 난을 일으켰어요.

⑤ 광덕, 준풍 등의 독자적 연호가 사용되었다.
　➡ **광종**은 스스로 황제라 칭하고 광덕, 준풍 등의 독자적인 연호를 사용하였어요.

14 고려 무신 집권기의 사회 모습

정답 ②

다음 자료에 대한 탐구 활동으로 가장 적절한 것은?

정답 키워드

망이

　❶**망이** 등이 홍경원에 불을 지르고 절에 있던 승려 10여 인을 죽였으며, 주지승을 위협하여 개경으로 서신을 가져 가게 하였다. 그 서신에 대략 이르기를, "이미 우리 고을을 현으로 승격시키고 또 수령을 두어 안무하더니, 돌이켜 다시 군대를 내어 토벌하러 와서 우리 어머니와 아내를 옥에 가두었으니 그 뜻은 어디에 있는가? 차라리 칼날 아래 죽을지언정 끝내 항복하여 포로가 되지 않을 것이며, 반드시 개경까지 가고야 말겠다."라고 하였다.

무신 집권기 가혹한 수탈이 계속되자 1176년에 **망이**·망소이 형제는 공주 명학소에서 난을 일으켰어요. 고려 정부는 난을 무마시키려고 명학소를 충순현으로 승격시켰으나 봉기가 계속되자 토벌하였어요.

① 안동도호부가 설치된 경위를 알아본다.
　➡ 당은 신라와 함께 백제를 멸망시킨 후 옛 백제 땅에 웅진도독부를 설치하였고, 이어 **고구려를 멸망**시킨 후 옛 고구려 땅에 안동도호부를 설치하였어요. 이후 신라 땅에도 계림도독부를 설치하여 한반도 전체를 차지하려는 야욕을 드러냈어요.

② 특수 행정 구역인 소에 대한 차별을 조사한다.
　➡ 고려 시대에 특수 행정 구역인 향·부곡·소에 거주하는 양민은 **과중한 세금을 부담**하였고, **거주 이전의 자유도 제한**받았어요. 고려 무신 집권기 명종 때 공주 명학소에서 망이, 망소이 등이 가혹한 수탈에 저항하며 봉기를 일으켰어요(망이·망소이의 난, 1176).

③ 신라 말 호족 세력이 성장하게 된 계기를 살펴본다.
　➡ 신라 말 중앙 **진골 귀족들 간의 왕위 쟁탈전 심화, 전국 각지에서 일어난 농민 봉기 등 혼란스러운 사회 분위기** 속 지방에서 스스로 성주·장군이라 칭하는 호족 세력이 등장하였어요.

④ 통청 운동을 통해 청요직으로 진출한 인물을 검색한다.
　➡ 조선 후기에 서얼들은 청요직 진출을 요구하는 등 관직 진출의 제한을 없애 달라는 집단 상소 운동인 통청 운동을 전개하였어요. 서얼은 양반의 자식이지만 양반 계층에 속하지 못해 차별을 받았으며 문과에 응시가 금지되었어요. 정조는 **박제가, 유득공, 이덕무** 등 서얼 출신의 학자들을 규장각 검서관으로 등용하였어요.

⑤ 경기에 한하여 설치된 과전이 농민에게 미친 영향을 파악한다.
　➡ 고려 말 공양왕 때 조준 등의 건의로 과전법이 제정되었어요. 과전법은 전·현직 관리에게 경기 지역 토지의 수조권을 지급한 제도로, 원칙적으로 세습이 불가하였어요. 전지(토지)와 시지(임야) 모두 지급하였던 전시과와는 달리 전지만 지급하였으며, 수조권을 빙자해 **농민의 토지를 빼앗지 못하도록 규정해서 농민의 권리에 대한 보호책을 강화**하였어요.

(가) 삼별초에 대한 설명으로 옳은 것은?

정답 **키워드**

> 항파두리성, 개경 환도 결정 반발

①항파두리성은 ②개경 환도 결정에 반발하여 강화도에서 봉기한 (가) 이/가 진도를 거쳐 제주도로 옮겨와 항쟁했던 곳인데요. 최근 발굴 조사에 대해 알려주세요.

이번 조사로 성문의 규모와 주요 건물지 등이 처음으로 확인되었습니다. 이 항파두리성 외에 제주도의 환해장성도 (가) 와/과 관련된 기록이 남아 있어, 앞으로 발굴 조사를 통한 연구가 기대됩니다.

〈제주 항파두리성 발굴 현장〉

삼별초는 몽골의 침입 당시 고려 정부가 몽골과 강화를 맺고 ②개경 환도를 결정하자 배중손 등을 중심으로 반발하여 대몽 항쟁을 벌였어요. 이후 삼별초는 진도(용장성)와 제주도(①항파두리성)로 근거지를 옮겨 가며 항쟁하였으나 결국 고려·몽골 연합군에 의해 진압되었어요.

① 거란의 침입에 대비하여 설치되었다.
➡ 광군은 고려 정종 때 거란의 침입에 대비하여 조직한 일종의 예비군이었고, 광군을 감독하기 위한 기구로 광군사를 만들었어요.

② 최씨 무신 정권의 군사적 기반이었다.
➡ 삼별초는 무신 정권기 지도자였던 최우가 만든 군사 조직이에요. 좌별초, 우별초, 신의군으로 편성된 삼별초는 최씨 무신 정권의 군사적 기반 역할을 하였어요.

③ 원의 요청으로 일본 원정에 참여하였다.
➡ 고려 원 간섭기에 원은 일본 원정을 위해 고려에 정동행성을 설치하였고, 고려군은 원의 요청으로 일본 원정에 참여하였어요. 삼별초는 일본 원정 전에 고려·몽골 연합군에 의해 진압되었기 때문에 일본 원정에 참여할 수 없었어요.

④ 신기군, 신보군, 항마군으로 편성되었다.
➡ 12세기 들어 천리장성 북쪽에 거주하던 여진이 부족을 통합하면서 고려와 충돌이 잦아졌어요. 이에 고려 숙종은 윤관의 건의를 받아들여 신기군, 신보군, 항마군으로 구성된 별무반을 편성하였어요. 이후 예종 때 윤관이 별무반을 이끌고 여진을 정벌한 뒤 동북 9성을 축조하였어요.

⑤ 최영의 지휘 아래 홍산에서 왜구를 격퇴하였다.
➡ 고려 말 우왕 때 왜구가 고려를 침입해 행패를 부리자 최영이 이끈 고려군이 홍산에서 왜구를 크게 무찔렀어요.

다음 검색창에 들어갈 《제왕운기》에 대한 설명으로 옳은 것은?

정답 **키워드**

> 이승휴, 중국과 우리의 역사

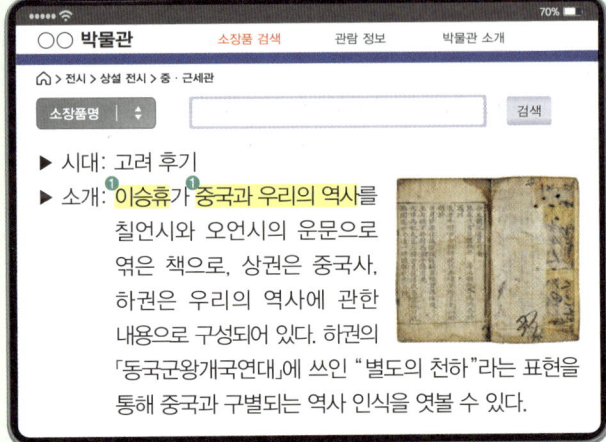

○○ 박물관   소장품 검색   관람 정보   박물관 소개

⌂ ›전시 ›상설 전시 ›중·근세관

소장품명 ▾   검색

▶ 시대: 고려 후기
▶ 소개: ①이승휴가 ①중국과 우리의 역사를 칠언시와 오언시의 운문으로 엮은 책으로, 상권은 중국사, 하권은 우리의 역사에 관한 내용으로 구성되어 있다. 하권의 「동국군왕개국연대」에 쓰인 "별도의 천하"라는 표현을 통해 중국과 구별되는 역사 인식을 엿볼 수 있다.

《제왕운기》는 고려 후기 ①이승휴가 저술한 역사서로, ①중국과 우리나라의 제왕을 중심으로 서술하였어요. 상권에는 중국의 역사가, 하권에는 단군의 건국 이야기를 포함한 우리나라의 역사가 서술되어 있어요.

① 남북국이라는 용어가 처음 사용되었다.
➡ 《발해고》는 조선 후기에 유득공이 저술한 역사서로, 우리 역사를 체계화하였고 처음으로 통일 신라와 발해를 '남북국'이라고 칭하였어요.

② 불교사를 중심으로 민간 설화를 담았다.
➡ 《삼국유사》는 고려 후기에 일연이 편찬한 역사서로, 불교사를 중심으로 고대의 민간 설화 등을 수록하였어요. 또한, 편년체로 서술되었으며, 단군의 건국 이야기를 수록하였어요.

③ 단군의 고조선 건국 이야기가 수록되었다.
➡ 《제왕운기》, 《삼국유사》에는 단군의 고조선 건국 이야기가 수록되었어요.

④ 왕명에 의해 고승들의 전기가 기록되었다.
➡ 《해동고승전》은 고려의 각훈이 왕명을 받아 우리나라 역대 고승들의 전기를 정리한 역사서예요.

⑤ 본기, 열전 등으로 구성된 기전체 형식으로 서술되었다.
➡ 《삼국사기》는 고려 시대에 김부식이 유교 사관에 입각하여 본기, 연표, 잡지, 열전 등 기전체 형식으로 서술한 역사서예요.

17 고려 공민왕의 반원 자주 정책　　정답 ②

(가) 고려 공민왕의 재위 시기에 있었던 사실로 옳은 것은?

> **정답 키워드**
>
> 기철 세력 숙청, 쌍성총관부 수복

(가) 께서 돌아가신 뒤 어린 왕을 새로 옹립한 이인임이 원과의 관계 회복에 나선다는군.

나도 들었네. ❶기철 세력을 숙청하고 ❷쌍성총관부를 수복했던 (가) 의 정책이 중단될까 염려되네.

공민왕은 원의 세력이 약해지자 원의 간섭에서 벗어나기 위해 반원 자주 정책을 펼쳤어요. ❶기철 등 친원 세력을 숙청하고 ❷쌍성총관부를 수복하여 원에 빼앗겼던 영토를 되찾았어요. 또한, 원이 설치하여 고려의 내정을 간섭하던 정동행성 이문소를 폐지하고, 격하되었던 관제를 복구하였어요.

① 대각국사 의천이 천태종을 개창하였다.
➡ 숙종 때 의천은 해동 천태종을 개창하여 교종을 중심으로 선종을 통합하고자 하였어요.

②신돈을 중심으로 전민변정 사업이 추진되었다.
➡ 공민왕은 전민변정도감을 설치하고 신돈을 책임자로 임명하여 권문세족이 빼앗은 토지를 본래 주인에게 돌려주고, 억울하게 노비가 된 이들을 양민으로 회복시키는 등 전민변정 사업을 추진하였어요.

③ 만적이 개경에서 노비를 모아 반란을 모의하였다.
➡ 신종 재위 시기인 고려 무신 집권기에 개경에서 만적을 비롯한 노비들이 신분 해방을 도모하여 봉기를 계획하였으나 발각되면서 실패하였는데, 이를 만적의 난이라고 해요.

④ 최충이 문헌공도를 설립하여 유학 교육에 힘썼다.
➡ 문종 때 최충은 사립 교육 기관으로 문헌공도라고 불리기도 한 9재 학당을 설립하여 유학 교육에 힘썼어요.

⑤ 이규보가 고구려 계승 의식을 강조한 동명왕편을 지었다.
➡ 명종 재위 시기인 고려 무신 집권기에 이규보는 고구려의 건국 시조인 동명왕의 일대기를 서사시로 표현한 〈동명왕편〉을 지어 고구려 계승 의식을 강조하였어요.

---

18 왜구의 침략과 고려의 대응　　정답 ③

(가) 왜구에 대한 고려의 대응으로 옳은 것은?

> **정답 키워드**
>
> 최무선, 진포 대첩

> **특별 기획**
>
> ### 최무선과 화포 이야기
>
> 우리 박물관은 화약과 화기를 제조한 ❶최무선 탄생 700주년 기념 특별전을 개최합니다. 특히 ❷진포 대첩에서 나세, 심덕부 등과 함께 화포를 이용해 (가) 을/를 물리친 장면을 실감 영상으로 만나보실 수 있습니다. 많은 관람 바랍니다.
>
> • 기간: 2025년 ○○월 ○○일~○○월 ○○일
> • 장소: △△ 박물관 특별 전시실

고려 말 왜구의 침략으로 백성들은 고통을 받았어요. 이 무렵 ❶최무선은 각고의 노력 끝에 화약과 화포를 개발하였고, 조정에 화통도감 설치를 건의하여 화약 무기를 제작하였어요. 최무선은 화통도감에서 만든 화약과 화포를 이용하여 나세, 심덕부 등과 함께 ❷진포 대첩에서 왜구를 격퇴하였어요.

① 광군을 조직하여 침입에 대비하였다.
➡ 고려는 정종 때 거란의 침입에 대비하여 일종의 예비군인 광군을 조직하였고, 이를 감독하기 위한 기구로 광군사를 만들었어요.

② 경성과 경원에 무역소를 설치하였다.
➡ 조선 태종은 여진에 대한 회유책으로 국경 지대인 경성과 경원에 무역소를 설치해 무역을 허락하였어요.

③박위를 파견하여 근거지를 토벌하였다.
➡ 고려 창왕 때 박위는 왜구의 침입이 잦아지자 왜구의 근거지인 쓰시마섬을 토벌하였어요.

④ 어영청을 중심으로 북벌을 추진하였다.
➡ 효종은 인조 때 설치한 군대인 어영청을 강화하여 청을 정벌함으로써 치욕을 씻어야 한다는 북벌을 추진하였어요.

⑤ 대장도감을 설치하여 팔만대장경을 간행하였다.
➡ 고려는 몽골이 침입하자 부처의 힘으로 몽골을 물리치려는 염원을 담아 대장도감을 설치하여 팔만대장경을 간행하였어요.

(가)~(마)에 대한 설명으로 옳지 않은 것은?

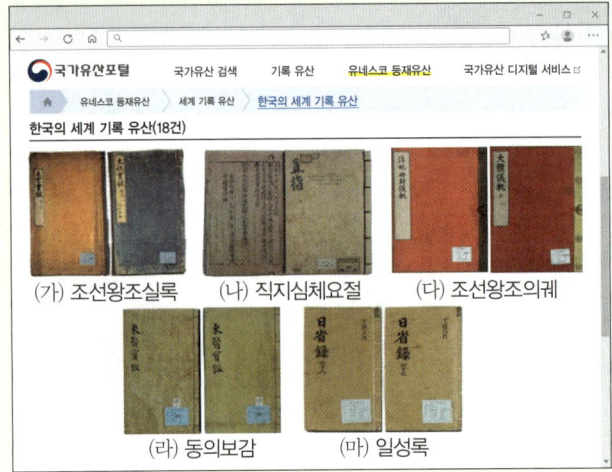

(가) 조선왕조실록   (나) 직지심체요절   (다) 조선왕조의궤

(라) 동의보감   (마) 일성록

① (가) – **사초**와 **시정기** 등을 종합하여 편찬하였다.
➡ 《**조선왕조실록**》은 각 왕대의 역사를 편년체로 기록한 역사서로, 조선 태조부터 철종까지 편찬되었어요. 왕이 죽으면 실록청을 설치하고, 실록청에서 사초와 시정기 등을 바탕으로 편찬하였어요.

② (나) – **청주 흥덕사**에서 **금속 활자본**으로 간행되었다.
➡ 《**직지심체요절**》은 고려 우왕 때 청주 흥덕사에서 간행된 현존하는 세계 최고(最古)의 금속 활자본이에요.

③ (다) – **병인양요** 당시 일부가 프랑스군에게 **약탈**되었다.
➡ 1866년 병인양요 당시 프랑스군은 퇴각하면서 외규장각에 보관하고 있던 《**의궤**》 등 수많은 도서를 약탈해 갔어요.

④ (라) – **허준**이 우리나라와 중국의 의서를 망라하여 집대성하였다.
➡ 《**동의보감**》은 조선 광해군 때 허준이 우리나라와 중국의 의서를 망라하여 전통 한의학을 체계적으로 정리한 의서예요.

⑤ (마) – 국왕의 **비서 기관**에서 발행한 **관보**이다.
➡ 《**조보**》는 조선 왕의 비서기관인 승정원에서 발행한 것으로, 국가 중대사를 신속하게 공표하는 관보 역할을 하였어요. 《일성록》은 정조가 세손 시절부터 기록한 개인 일기에서 비롯되었는데, 정조 즉위 후에는 규장각 관원들이 작성을 담당하여 국정 공식 기록 문서로 전환되었어요.

(가) 정도전에 대한 설명으로 옳은 것은?

정답 키워드

조선 건국 주도, 《조선경국전》

사료로 보는 한국사

임금의 자질에는 어리석은 자질도 있고 현명한 자질도 있으며 강한 자질도 있고 유약한 자질도 있어서 한결같지 않으니, 재상은 임금의 아름다운 점은 순종하고 나쁜 점은 바로잡으며, 옳은 일은 받들고 옳지 않은 것은 막아서, 임금으로 하여금 가장 올바른 경지에 들게 해야 한다.

[해설] 이 글은 이성계를 도와 **조선 건국을 주도**한 (가) 이/가 저술한 **《조선경국전》**의 일부입니다. 그는 국가 운영을 위한 종합적인 통치 규범을 제시하고, 재상의 역할을 강조하였습니다.

정도전은 이성계를 도와 **조선 건국을 주도**하였어요. 정도전은 재상 중심의 정치를 주장하였는데, 이는 그가 지은 《**조선경국전**》과 《경제문감》을 통해 알 수 있어요. 또한, 태조 이성계는 조선 건국 이후 한양으로 천도하면서 조선의 첫 번째 궁궐인 경복궁을 건립하였는데, 정도전이 궁궐과 주요 전각의 명칭을 정하였어요. 한편, 정도전은 1차 왕자의 난 때 이방원 세력에게 죽임을 당하였어요.

① **불씨잡변**을 지어 불교를 비판하였다.
➡ **정도전**은 《불씨잡변》을 지어 불교의 폐단을 비판하였어요.

② **계유정난**을 계기로 정계에서 **축출**되었다.
➡ **김종서**는 세종의 뒤를 이은 문종이 재위 2년 만에 죽자 좌의정으로서 문종의 마지막 명을 받아 12세의 어린 단종을 보필하였어요. 하지만 수양 대군(세조)이 계유정난을 일으켰을 때 첫 번째로 살해당하였어요.

③ 최초의 서원인 **백운동 서원**을 건립하였다.
➡ **주세붕**은 중종 때 우리나라 최초의 서원인 백운동 서원을 세웠고, 백운동 서원은 이후 사액되면서 소수 서원으로 이름이 바뀌었어요.

④ 일본에 다녀와서 **해동제국기**를 편찬하였다.
➡ **신숙주**는 세종 때 일본을 다녀온 후 일본의 정치, 사회, 지리, 외교 등을 종합적으로 정리한 《해동제국기》를 편찬하였어요.

⑤ 성리학의 개념을 도식으로 설명한 **성학십도**를 지었다.
➡ **이황**은 《성학십도》에서 군주가 스스로 인격과 학식을 수양하기 위해 노력해야 함을 강조하면서 군주의 도를 도식으로 표현하였어요.

(가) 조선 세종의 업적으로 옳은 것은?

정답 키워드

> 훈민정음 창제, 《석보상절》

> 월인천강지곡이라는 제목에는 하나의 달이 천 개의 강물에 비친다는 뜻이 담겨 있는데요, 이 책의 편찬 경위를 말씀해 주세요.

> ❶ 훈민정음이 창제되고 3년 후에 왕비가 세상을 떠나자, (가) 은/는 명복을 빌기 위해 아들 수양대군에게 부처의 일대기와 설법을 담은 ❷석보상절을 편찬하도록 명했습니다. 그 내용을 (가) 이/가 한글 노랫말로 옮긴 것이 월인천강지곡입니다.

❶ 세종은 '백성을 가르치는 바른 소리'라는 뜻의 독창적 문자인 **훈민정음을 창제**·반포하였어요.

❷ 세종은 태종 때 만들어진 구리 활자인 계미자의 단점을 보완하기 위해 새로운 구리 활자인 경자자를 만들었고, 이후 더욱 정교한 갑인자를 주조하였어요. 갑인자로 인쇄한 대표적인 문화유산에는 《석보상절》, 〈월인천강지곡〉 등이 있어요.

① 수도 방어를 위해 **금위영**을 설치하였다.
→ **숙종**은 수도 방어를 담당하는 금위영을 설치하였어요. 금위영의 창설로 조선 후기 5군영 체제가 완비되었어요.

② 음악 이론 등을 집대성한 **악학궤범**을 완성하였다.
→ **성종** 때 음악 이론 등을 집대성한 《악학궤범》이 완성되었어요.

③ 한양을 기준으로 한 역법서인 **칠정산**을 간행하였다.
→ **세종** 때 최초로 한양을 기준으로 천체 운동을 계산한 역법서인 《칠정산》이 제작되었어요.

④ 역대 문물제도를 정리한 **동국문헌비고**를 편찬하였다.
→ **영조** 때 홍봉한 등이 역대 문물제도를 정리한 《동국문헌비고》를 편찬하였어요.

⑤ 현직 관리에게만 수조지를 지급하는 **직전법**을 실시하였다.
→ **세조**는 새로 등용한 관리에게 지급할 수조지가 부족해지자 수신전, 휼양전 등의 명목으로 세습되는 토지를 폐지하고 현직 관리에게만 수조지를 지급하는 직전법을 시행하였어요.

(가) 명에 대한 조선의 정책으로 옳은 것은?

정답 키워드

> 임진왜란 때 조선에 원군을 보냄

> 그림 속 장소는 창덕궁에 있었던 대보단으로, ❶임진왜란 때 조선에 원군을 보낸 (가) 의 황제를 기리고자 숙종 대에 건립한 제단입니다. 조선은 이곳에서 제사를 지내 이미 멸망한 (가) 에 대한 의리를 지키고자 하였습니다.

1592년에 조총으로 무장한 일본군이 조선을 침략하며 임진왜란이 일어났어요. 전쟁 준비가 부족하였던 조선은 임진왜란 초기 일본군을 효과적으로 막지 못해 전쟁 발발 20일 만에 한성을 빼앗겼어요. 그러나 조선은 이순신이 이끄는 수군과 의병들의 활약 덕분에 전세 역전의 발판을 마련할 수 있었어요. 이후 재정비를 한 관군은 다시 일본군 공격에 나섰고, ❶조선을 돕기 위해 명에서 온 지원군과 함께 일본군에 빼앗겼던 평양성을 탈환하였어요.

① 나선 정벌에 **조총 부대**를 파견하였다.
→ 조선 효종 때 **청**의 요청에 따라 나선(러시아) 정벌에 변급, 신류 등이 이끈 조총 부대를 파견하였어요.

② **하정사**, **천추사** 등 사절단을 보내었다.
→ 조선은 태종 이후 **명**과 사대 관계를 유지하며 하정사, 천추사, 동지사, 성절사 등 매년 정기적·비정기적으로 사절단을 보냈어요.

③ **백두산정계비**를 세워 국경을 획정하였다.
→ 조선 숙종 때 간도 지역에서 조선과 **청** 백성 사이에 갈등이 빈번하게 발생하자 양국의 관리가 백두산 일대를 답사한 후 백두산 정계비를 세워 국경을 정하였어요.

④ 한성에 **동평관**을 두어 무역을 허용하였다.
→ 조선은 한성에 **일본** 사신을 위한 숙소인 동평관을 설치하였어요.

⑤ **공녀**를 보내기 위해 **결혼도감**을 설치하였다.
→ 고려 원 간섭기에 **원**이 공녀를 요청하자 고려는 공녀를 보내기 위해 결혼도감을 설치하였어요.

(가)에 들어갈 조선 연산군 재위 시기의 정치적 혼란 내용으로 가장 적절한 것은?

정답 키워드

조의제문 구실, 반정으로 폐위

[역사 다큐멘터리 기획안]

폭정으로 흔들리는 조선

■ 기획 의도

국왕이 대신, 삼사 등과 함께 국정을 운영한 선왕 대의 정치 구조를 깨고 폭정을 일삼다가 폐위된 ○○○. 그의 재위 시기에 일어난 정치적 혼란을 살펴본다.

■ 구성내용

1부. 선왕 대에 성장한 삼사와 대립하다
2부. ❶조의제문을 구실로 사림을 탄압하다
3부. _____(가)_____
4부. 반복된 폭정으로 ❷반정이 일어나 폐위되다

❶ 사림이 중앙 정치에 진출하자 훈구 세력은 이를 견제하려고 사림에게 정치적 탄압을 가하였는데, 이를 사화라고 해요. 연산군은 언론 활동으로 왕권을 견제하려 한 사림을 탄압하고자 하였어요. 이에 연산군은 훈구 세력과 함께 김종직이 쓴 〈조의제문〉을 문제 삼아 사림을 축출하였어요(무오사화, 1498).

❷ 연산군은 폭정을 하다가 결국 1506년에 반정(중종반정)으로 폐위되었고, 이어 중종이 즉위하였어요. 중종은 반정에 공을 세운 훈구 세력이 정권을 장악하자 조광조를 비롯한 사림을 등용하여 이들을 견제하고자 하였어요.

① 이괄의 난이 일어나 공주로 피란하다
➡ 인조 때 이괄이 인조반정의 공신 책봉에 불만을 품고 반란을 일으켜 도성인 한양을 점령하였고, 인조는 충청남도 공주의 공산성으로 피란하였어요.

② 단종의 복위를 꾀한 성삼문 등을 처형하다
➡ 세조 때 성삼문 등이 세조에게 왕위를 빼앗기고 상왕으로 밀려난 단종의 복위 운동을 일으켰다가 처형되었어요.

③ 영창 대군을 죽이고 인목 대비를 유폐하다
➡ 광해군과 북인 세력은 역모에 연루되었다는 이유를 들어 영창 대군을 살해하고, 영창 대군의 생모인 인목 대비를 유폐하였어요.

④ 위훈 삭제를 주장한 조광조 일파를 제거하다
➡ 중종 때 조광조가 현량과 실시, 소격서 폐지, 위훈 삭제 등 급진적인 개혁을 추진하자 훈구 세력은 이에 반발하여 기묘사화를 일으켰고 조광조 일파가 제거되었어요.

⑤ 폐비 윤씨 사사 사건을 빌미로 신하들을 숙청하다
➡ 연산군 때 폐비 윤씨 사사 사건의 전말이 알려지면서 김굉필 등 훈구와 사림이 모두 화를 입은 갑자사화가 일어났어요.

(가)~(마)에서 있었던 사실로 옳은 것은?

답사 계획서

● 주제: 우리나라 성곽의 역사를 찾아서(서울·경기·인천 편)
● 기간: 2025년 ○○월 ○○일~○○월 ○○일(4박 5일)
● 경로: 강화산성 → 북한산성 → 서울 한양도성 → 남한산성 → 수원 화성

(가) 강화산성   (나) 북한산성   (다) 서울 한양도성
(마) 수원 화성   (라) 남한산성

① (가) - 정봉수가 후금의 침입에 맞서 싸웠다.
➡ 정묘호란 당시 용골산성에서 정봉수와 이립 등이 의병을 일으켜 후금의 군대에 맞서 싸웠어요.

② (나) - 김준룡이 근왕병을 이끌고 적장을 사살하였다.
➡ 병자호란 때 김준룡은 근왕병을 이끌고 오늘날 경기도 용인의 광교산 일대에서 적장인 청 태조의 부마 백양고라를 사살하는 등 청의 군대와 싸워 승리하였어요.

③ (다) - 신립이 배수의 진을 치고 전투를 벌였다.
➡ 임진왜란 발발 직후에 동래성을 함락한 일본군이 북진하자 신립이 충주 탄금대에서 배수의 진을 치고 항전하였지만 패배하였는데, 이를 탄금대 전투라고 해요.

④ (라) - 병자호란 때 인조가 피란하여 항전하였다.
➡ 병자호란 때 청이 조선을 침략하자 인조는 남한산성으로 피신하여 항전하였어요.

⑤ (마) - 임진왜란 때 권율이 일본군을 크게 물리쳤다.
➡ 임진왜란 당시 평양성 전투에서의 패배로 사기가 떨어진 채 한양에 머무르고 있던 일본군은 마침 전라감사였던 권율이 한양을 되찾기 위하여 북진하던 중 행주산성에 머무르고 있다는 소식을 듣고 일시에 공격하였어요. 권율이 지휘한 조선군은 격전 끝에 일본군을 물리치고 큰 승리를 거두었어요(행주 대첩).

(가) 경재소에 대한 설명으로 옳은 것은?

정답 키워드

> 향리의 범법 행위 단속

○ 지방 고을에는 그곳의 유력한 집안이 있습니다. 그 가운데 서울에 살면서 벼슬하는 자들의 모임을 ❶ (가) (이)라고 합니다. …… 간사한 ❶향리의 범법 행위를 살펴서 지방의 풍속을 유지했는데, 그 유래가 오래되었습니다.

- 『성종실록』 -

○ 평소에 각 고을을 담당하는 (가) (이)라고 부르는 곳도 원래는 지방의 풍속이 법에 어긋나는지 살피기 위하여 설치한 것입니다. 그런데 지금은 향리를 침학하여 사람들이 대부분 괴롭게 여기고 있습니다.

- 『선조실록』 -

경재소는 유향소를 통제하기 위해 설치한 기구로, 지방의 질서와 풍속을 유지하기 위하여 ❶향리의 범법 행위 단속, 풍속 교정 등의 역할을 맡았어요. 조선 정부는 지방에 설치된 유향소의 영향력이 커지자 한양에 경재소를 설치하여 중앙의 고위 관리들에게 자기 출신지의 경재소를 관장하여 유향소를 관리·감독하게 하였어요.

① 사헌부, 사간원과 함께 3사로 불렸다.
➡ 홍문관은 사헌부, 사간원과 함께 3사로 불렸으며, 3사는 왕의 권력 독점을 견제하는 언론 기능을 담당하였어요.

② 소속 관원을 은대 학사라고도 칭하였다.
➡ 승정원은 왕의 비서 기관으로 왕명 출납을 담당하였는데 은대, 후원, 대언사 등으로 불리기도 하였어요.

③ 서얼 출신 학자들이 검서관에 등용되었다.
➡ 정조 때 서얼 출신 학자인 박제가, 유득공, 이덕무 등이 규장각 검서관에 등용되었어요.

④ 관할 유향소 임원의 임명권을 행사하였다.
➡ 경재소는 지방의 유향소를 통제하고 정부와 출신 지역 간의 여러 가지 일을 주선하였으며, 관할 유향소 임원의 임명권을 행사하였어요.

⑤ 대사성 이하 좨주, 직강 등의 관직을 두었다.
➡ 조선 개국 초기 성균관은 고려 시대의 직제를 이어받아 대사성을 수장으로 좨주, 악정, 직강 등의 관직을 두었어요

(가) 겸재 정선의 작품으로 옳은 것은?

정답 키워드

> 진경 산수화

이곳 철원 삼부연 폭포는 겸재 (가) 이/가 그림 그림으로도 유명합니다. 우리 산천의 아름다움을 사실적으로 표현한 ❶진경 산수화를 실제 모습과 함께 감상해 보세요.

❶진경 산수화는 '실제 경치를 보고 그린 산수화'라는 뜻이에요. 조선 전기에는 추상적인 이상 세계를 그린 중국의 산수화를 많이 모방하였다면, 조선 후기에는 우리나라의 경치를 직접 보고 사실적으로 그림을 그리기 시작하였어요. 겸재 정선의 〈인왕제색도〉, 〈금강전도〉가 대표적인 작품이에요.

①
➡ 조선 후기에 겸재 정선이 그린 〈금강내산〉으로, 금강산의 아름다운 풍경을 사실적으로 그렸어요.

②
➡ 조선 후기 풍속화가인 김홍도가 그린 〈산수인물도〉예요.

③
➡ 조선 후기 풍속화가인 신윤복이 그린 〈월하정인〉이에요.

④
➡ 조선 후기에 서양 화법을 사용하여 그린 강세황의 〈영통동구도〉예요.

⑤
➡ 조선 전기에 안견이 그린 〈몽유도원도〉예요.

(가) 조선 철종의 재위 시기에 있었던 사실로 옳은 것은?

> **정답 키워드**
>
> 임술 농민 봉기

(가) **어진**

이 그림은 ___(가)___ 의 초상화로, 조선 시대에 그려진 현존하는 어진 가운데 군복을 입고 있는 유일한 사례이다. 강화 도령으로 불렸던 그는 안동 김씨인 순원 왕후의 명으로 왕위에 올랐지만, ❶임술 농민 봉기가 일어나는 등 혼란한 상황 속에서 승하하였다. 6·25 전쟁 때 화재로 어진의 일부가 소실되었다.

조선 철종 때인 1862년 진주에서 유계춘을 중심으로 경상 우병사 백낙신의 부정부패에 항의하는 농민 봉기가 일어났어요. 이러한 진주 농민 봉기를 거치면서 농민 봉기가 전국으로 확산되었는데, 이를 ❶임술 농민 봉기라고 해요. 조선 정부는 봉기를 수습하기 위해 박규수를 안 핵사로 파견하는 등 노력하였지만 농민 봉기의 근본적인 원인을 해결하지는 못하였어요.

① 윤지충 등이 처형된 신해박해가 일어났다.

　➡ 정조 때 천주교도 윤지충은 어머니의 상을 당하였지만 제사 지내지 않고 권상연과 함께 신주를 불태워 관에 고발되었어요. 윤지충과 권상연은 끝까지 신앙을 고수하여 참수되었는데, 이 사건을 신해박해라고 해요.

② 오페르트가 남연군 묘 도굴을 시도하였다.

　➡ 고종 즉위 후 흥선 대원군 집권기인 1868년에 독일 상인 오페르트가 통상 협정에 이용하기 위해 흥선 대원군의 아버지인 남연군의 묘를 도굴하려 하였으나 실패하였어요.

③ 국왕의 친위 부대인 장용영이 창설되었다.

　➡ 정조는 국왕의 친위 부대로 장용영을 설치하고 내영은 도성을 중심으로, 외영은 수원 화성을 중심으로 활동하게 하였어요.

④ 경신환국 등 여러 차례 환국이 발생하였다.

　➡ 숙종 때 남인의 수장이었던 허적은 무단으로 왕실의 비품인 기름 먹인 장막(유악)을 사용하였고, 이를 알게 된 숙종이 허적과 윤휴 등 남인을 대거 축출하는 경신환국이 일어났어요. 이후 희빈 장씨 소생의 원자 책봉 문제를 두고 기사환국이 발생하여 남인이 다시 정권을 잡게 되지만 결국 갑술환국으로 남인은 정계에서 축출되었어요.

⑤ 박규수의 건의로 삼정이정청이 설치되었다.

　➡ 철종 때 임술 농민 봉기가 발생하자 정부는 봉기를 수습하기 위해 박규수를 안핵사로 파견하고 삼정이정청을 설치하였으나, 농민 봉기의 근본적인 원인을 해결하지는 못하였어요.

다음 자료를 활용한 탐구 주제로 가장 적절한 것은?

> **정답 키워드**
>
> 선무군관

> ❶선무군관 직책을 특별히 설치하고 서북을 제외한 6도에서 벼슬이 없는 자들 중 선정한다. 사족이 아니거나 음서를 받지 않은 자들, 군보(軍保) 역할에 그치기에는 아까운 자들을 대상으로 한다. 평시에는 입번(立番)과 훈련을 면제주고 다만 베 1필을 받는데, 유사시에는 관할 수령이 지도하여 방비에 임하도록 한다.

조선 후기에 군역을 부과하는 일이 문란해져 여러 폐단이 생겨났어요. 대표적인 군역의 폐단은 군역의 의무가 없는 어린아이를 군적에 올리는 황구첨정, 사망자에게도 군포를 부과하는 백골징포 등이 있었어요. 이에 영조는 군역의 폐단을 해결하고 백성들의 군포 부담을 덜어 주고자 균역법을 실시하였어요. 균역법은 군역의 의무가 있는 자가 1년에 2필씩 내던 군포를 1필만 내도록 줄여 준 법이에요. 균역법 시행으로 줄어든 재정 수입은 결작, 어·염세, 선박세, 선무군관포 등으로 보충하였어요. 선무군관포는 일부 부유한 상민에게 선무군관이라는 칭호를 주고 걷은 군포를 말하며, 결작은 지주에게 부과한 토지세로, 토지 1결당 2두를 걷었어요.

① 토산물을 쌀, 동전 등으로 납부하게 한 원인

　➡ 광해군 때 방납의 폐단이 심화되자 소유한 토지를 기준으로 공납을 부과하여 쌀이나 베, 동전 등으로 납부하게 하는 대동법을 경기도에 한해서 처음으로 시행하였어요.

② 균역법 실시로 인한 세입 감소분의 보충 방안

　➡ 영조는 균역법의 시행으로 부족해진 재정은 선무군관포, 결작, 어장세·염전세·선박세 등을 징수하여 보충하였어요.

③ 시전 상인의 특권을 축소한 신해통공 단행 배경

　➡ 대동법의 실시로 사상이 성장하면서 시전 상인과 대립이 심화되자 정조는 육의전을 제외한 시전 상인의 금난전권을 폐지하는 신해통공을 단행하였고, 이로써 상업 활동이 자유로워지면서 사상이 더욱 성장하게 되었어요.

④ 전세를 풍흉에 따라 9등급으로 차등 부과한 이유

　➡ 세종 때 합리적인 토지세 수취를 위해 토지의 비옥도에 따라 6등급으로 나누어 수취하는 전분6등법과 전세를 농작물의 풍흉에 따라 9등급으로 나누어 차등 부과하는 연분9등법이 실시되었어요.

⑤ 설점수세제를 시행하여 민간의 광산 개발을 허용한 목적

　➡ 조선 후기에는 민영 수공업이 발달하고 청과의 무역으로 은의 수요가 늘어나면서 광산 개발이 활발해졌어요. 17세기 이후 정부가 민간에 세금을 받고 광산 채굴을 허락한 설점수세제를 시행하면서 광산 개발이 촉진되었어요.

다음 자료에 나타난 갑신정변에 대한 설명으로 옳은 것은?

정답 **키워드**

> 김옥균·홍영식, 변고

> 아, 고금 천하에 **①김옥균, 홍영식** 등의 역적들처럼 극악하고 무도한 자들이 있었겠습니까? …… 처음에는 연회를 베풀어 사람들을 찔러 죽이고 끝에는 **②변고**가 일어났다고 선언하고는 전하를 강박하여 처소를 옮기게 하였습니다. 일본 사람들을 끼고 병기를 휘둘러 재상들을 모두 죽여 궁궐에 피를 뿌리고 장상(將相)의 중직을 잠깐 동안에 차지하여 종묘사직을 위태롭게 하였습니다.

1884년에 **①김옥균, 홍영식**, 박영효, 서광범 등 급진 개화파는 우정총국 개국 축하연을 이용하여 갑신정변을 일으켜 민씨 일파를 처단하고 개화당 정부를 세웠어요.**②(변고)** 이들은 청과의 사대 관계 청산, 호조로 재정 일원화, 지조법 개혁, 인민 평등권 확립 등의 내용을 담은 개혁 정강을 발표하였어요.

①청군의 개입으로 3일 만에 실패하였다.
➡ **갑신정변**은 김옥균 등 급진 개화파가 우정총국 개국 축하연 자리를 이용하여 일으킨 사건으로, 개화당 정부를 수립하여 개혁을 추진하고자 하였지만 청군의 개입으로 3일 만에 실패로 끝났어요.

② 전개 과정에서 홍범 14조가 반포되었다.
➡ **제2차 갑오개혁** 과정에서 고종은 개혁의 기본 방향을 밝힌 홍범 14조를 반포하였어요.

③ 통리기무아문이 설치되는 계기가 되었다.
➡ 1880년에 조선 정부는 **개화 정책** 추진을 총괄하는 통리기무아문과 산하 기구인 12사를 설치하여 개혁을 추진하였어요.

④ 조일 통상 장정이 체결되는 결과를 초래하였다.
➡ 1882년에 일어난 임오군란으로 **조·청 상민 수륙 무역 장정**이 체결되자 청 상인의 내륙 진출이 가능해졌고, 이후 최혜국 대우 규정에 따라 다른 나라의 상인들도 내륙 진출이 가능해졌어요. 그러나 일본은 조선과 맺은 조약(강화도 조약)에 최혜국 대우 규정이 없어 내륙 진출이 불가능하였고, 이에 1883년에 조선과 최혜국 대우 조항을 포함한 조·일 통상 장정을 체결하였어요. 이 조약을 통해 조선은 일본 상품에 대한 관세 조항과 방곡령 선포 조항을 설정하였어요.

⑤ 구식 군인에 대한 차별 대우가 발단이 되어 일어났다.
➡ **임오군란**은 1882년에 구식 군인들이 신식 군대에 비해 열악한 처우에 불만을 품고 일으킨 난이에요.

밑줄 그은 '조선 후기'에 볼 수 있는 모습으로 적절하지 않은 것은?

정답 **키워드**

> 향전

> 이것은 경상도 단성현 김○봉 가계의 직역 변화입니다. 사노비였던 그는 노력 끝에 면천되었고, 후손들도 꾸준히 신분 상승을 도모하여 유학 직역을 획득하였습니다. 이와 같이 신분 질서가 크게 동요한 이 시기에는 구향과 신향 간의 **①향전**이 발생하기도 하였습니다.

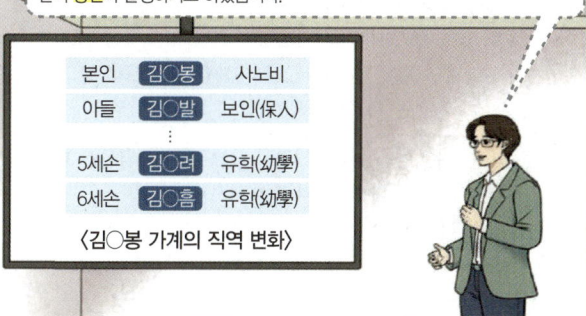

본인	김○봉	사노비
아들	김○발	보인(保人)
⋮		
5세손	김○려	유학(幼學)
6세손	김○흠	유학(幼學)

〈김○봉 가계의 직역 변화〉

①향전은 조선 후기에 양반으로 신분이 상승하면서 성장한 부농층인 신향과 기존의 지방 사족인 구향 간에 향촌 사회의 권력을 장악하기 위해 벌어진 다툼을 말해요. 이 과정에서 수령이 신향과 결탁하여 구향을 견제하고 신향을 지원하였어요. 그러나 신향이 향촌 지배권을 완전히 장악하지 못하고 구향의 향촌 지배권은 약화되면서 오히려 수령의 권한이 강화되었어요.

①빈민을 구휼하는 제위보의 관리
➡ **고려** 광종은 기금을 모아 그 이자로 빈민을 구휼하는 제위보를 설치하였어요.

② 시사(詩社)에서 시를 낭송하는 중인
➡ **조선 후기**에는 역관 등의 중인들이 시사를 조직하여 문예 활동을 전개하였어요.

③ 상평통보로 물건을 거래하는 보부상
➡ **조선 후기** 숙종 때 허적의 제안에 따라 발행되기 시작한 상평통보는 상공업 발달과 대동법 실시 등으로 전국적으로 유통되었어요.

④ 세책가에서 홍길동전을 빌리는 부녀자
➡ **조선 후기**에 서민 문화가 발달하면서 《홍길동전》, 《춘향전》, 《심청전》 등 한글 소설이 유행하였고, 이에 돈을 받고 책을 빌려 주는 책방인 세책가와 돈을 받고 책을 읽어 주는 직업인 전기수가 등장하였어요.

⑤ 송파장에서 산대놀이 공연을 하는 광대
➡ **조선 후기**에 장시가 발달하고 사람이 많이 모이는 곳에서 탈놀이 등의 공연이 성행하였어요. 송파 산대놀이는 서울과 경기 지방에서 전승되는 탈놀이예요.

(가) 고부 농민 봉기(1894. 1.), (나) 동학 농민군의 전주성 점령(1894. 4.) 사이의 시기에 있었던 사실로 옳은 것은?

└ 황토현 전투(1894. 4.)

정답 키워드

(가) 조병갑
(나) 동학 도당, 전주성 함락

(가) 통문으로 장터에 모이라는 기별이 왔다. 저녁 먹은 후 여러 마을에서 징 소리며 나팔 소리, 고함 소리가 천지에 뒤끓더니 수천 명 군중들이 우리 마을 앞길로 몰려와 군수❶ 조병갑을 죽인다며 소요를 일으켰다. 군중이 사방으로 포위하고 몰아갈 때 조병갑은 서울로 도망갔다.

(나) 우두머리는 선화당을 점거하고 다른❷ 동학 도당들은 나누어 사대 문을 막으니 성 안의 백성과 아전, 군교 등이 미처 나오지 못하고 화염 속에 빠진 자가 많아 그 수를 알지 못하였습니다. ❷전주성이 삽시간에 함락된 것은 감영이나 전주부의 관속 무리 중 내응하는 자가 많았기 때문입니다.

(가) 1894년 1월에 고부 군수❶ 조병갑의 수탈에 반발하며 전봉준의 주도로 농민들이 봉기하여 만석보를 파괴하였는데, 이를 고부 농민 봉기라고 해요. 이에 조선 정부가 사태 수습에 나서면서 농민군은 해산하였고, 이용태가 안핵사로 파견되었어요.

(나) 고부 농민 봉기 이후 안핵사로 파견된 이용태가 봉기 참여자를 동학교도로 몰아 탄압하자 전봉준 등 동학 지도자들은 농민군을 조직하고 백산에서 봉기하였어요. 세력을 키운❷ 동학 농민군은 1894년 4월에 전주성을 공격하여 점령하였어요. 이후 동학 농민군은 청군과 일본군이 조선에 들어오자 외세의 개입을 막기 위해 서둘러 조선 정부와 전주 화약을 체결한 후 스스로 해산하였어요.

① 남접과 북접이 논산에서 연합하였다.
➡ 동학 농민군의 2차 봉기 때인 1894년 10월에 전봉준이 이끈 남접과 손병희가 이끈 북접은 논산에 집결해 연합 부대를 결성하였어요. (나) 이후의 사실이에요.

② 최제우가 혹세무민의 죄로 처형되었다.
➡ 동학을 창시한 최제우는 1864년에 정부가 유교적 사회 질서를 어지럽힌다고 하여 대구에서 처형당하였어요. (가) 이전의 사실이에요.

③ 일본이 군대를 동원하여 경복궁을 점령하였다.
➡ 전주 화약 체결 이후 조선 정부의 철병 요청에 응하지 않은 일본군이 1894년 6월에 경복궁을 무력으로 점령하자 동학 농민군은 일본군 타도를 기치로 다시 봉기하였어요. (나) 이후의 사실이에요.

④ 농민군이 황룡촌 전투에서 관군에 승리하였다.
➡ 동학 농민군의 1차 봉기 때인 1894년 4월에 동학 농민군은 황룡촌 전투에서 관군에 승리하였어요.

⑤ 우금치에서 농민군이 관군과 일본군에 맞서 싸웠다.
➡ 동학 농민군의 2차 봉기 때인 1894년 11월에 남접과 북접의 연합 부대가 공주 우금치에서 관군과 일본군에 맞서 싸웠지만 크게 패하였어요. (나) 이후의 사실이에요.

다음 상황의 배경으로 가장 적절한 것은?

정답 키워드

외국 상인의 한성 침투

역사 신문

제△△호   ○○○○년 ○○월 ○○일

시전 상인, 외국 상인의 퇴거를 요구하다

며칠 전 시전 상인 수백 명이 가게 문을 닫고 외아문(통리교섭 통상사무아문) 앞에서 연좌시위를 시작하였다. 시전 상인들은 몇 해 전부터 외국 상인의 한성 침투로 인해 입는 피해가 크다는 점을 주장하며 퇴거를 요구하였다. 향후 정부가 이 문제를 어떻게 해결해 나갈 것인지 귀추가 주목된다.

조·청 상민 수륙 무역 장정(1882)과 조·일 통상 장정(1883) 체결이후 청, 일본 등 외국 상인의 내륙 진출로 인한 상권 침탈이 심해졌어요. 이에 한성의 시전 상인들은 상권을 지키기 위해 청·일본 상인이세운 점포의 철수 요구 시위와 철시 운동을 전개하였어요. 그리고 황국중앙 총상회를 조직하여 외국 상인의 불법적인 상업 활동 중단을 강력히 요구하였어요.

① 동양 척식 주식회사가 설립되었다.
➡ 1908년에 일제는 대한 제국의 토지와 자원을 수탈하고, 대한 제국의 토지를 일본인에게 싼값에 팔기 위해 동양 척식 주식회사를 설립하였어요.

② 일제가 황무지 개간권을 요구하였다.
➡ 1904년에 러·일 전쟁을 일으킨 일본은 전세가 유리하게 전개되자 대한 제국의 황무지 개간권을 일본인에게 넘겨줄 것을 요구하였어요. 이 사실이 국내에 알려지자 유생 및 관리들이 반대 상소를 올렸고, 언론도 이에 반대하는 논설을 실어 적극 항의하였어요. 일본이 물러서지 않자 지속적인 반대 운동을 벌이기 위해 송수만, 심상진 등이 중심이 되어 서울에서 보안회를 결성하고, 이를 중심으로 황무지 개간권 요구에 반대하는 집회를 열었어요.

③ 조청 상민 수륙 무역 장정이 체결되었다.
➡ 1882년 임오군란 직후에 조선과 청은 조·청 상민 수륙 무역 장정을 체결하였어요. 이 조약에 따라 조선은 청에 영사 재판권을 허용하였고, 청 상인은 양화진과 한성에서 허가를 받고 내륙 시장에 진출할 수 있게 되었어요.

④ 메가타의 주도로 화폐 정리 사업이 시행되었다.
➡ 제1차 한·일 협약 체결 후 재정 고문으로 부임한 메가타의 주도로 1905년부터 화폐 정리 사업이 실시되었어요.

⑤ 회사 설립을 허가제로 하는 회사령이 공포되었다.
➡ 1910년에 일제는 회사령을 공포하여 회사를 설립할 때 총독의 허가를 받도록 하였어요.

(가) 국채 보상 운동에 대한 설명으로 옳은 것은?

정답 키워드

> 일본에 대한 차관을 갚기 위해 일어남

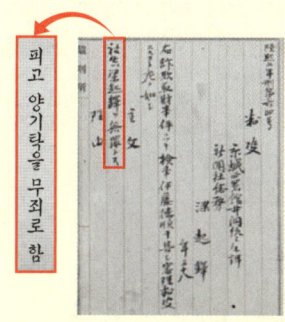

피고 양기탁을 무죄로 함

이 자료는 (가) 에 참여한 양기탁에 대한 판결문의 일부이다. 양기탁은 ❶일본에서 들여온 차관을 갚기 위해 일어난 (가) 의 의연금을 횡령하였다는 이유로 기소되었다. 판결문에는 피고인 양기탁이 증거 불충분으로 무죄를 선고받은 내용이 담겨 있다.

❶일본이 대한 제국에 강제로 차관한 비용은 대한 제국의 1년 예산 정도인 1,300만 원에 달하였어요. 이에 국민들 사이에서 성금을 모아 나라가 진 빚을 갚자는 운동이 일어났어요. 국채 보상 운동은 1907년에 서상돈, 김광제 등을 중심으로 대구에서 시작되었고, 이후 국채 보상 기성회가 설립되고 언론의 후원을 받으며 전국으로 확산되었어요.

① 대한매일신보의 지원을 받아 확산되었다.
➡ 1907년에 대한매일신보는 국채 보상 운동에 적극적으로 참여하여 이를 확산시키는 데 기여하였어요.

② 조선 총독부의 탄압과 방해로 실패하였다.
➡ 1910년에 국권을 강탈한 일제는 경복궁 안에 식민지 통치 기관인 조선 총독부 건물을 세우고 한반도를 다스렸어요. 조선 총독부의 탄압과 방해로 실패한 대표적인 민족 운동에는 민립 대학 설립 운동이 있어요.

③ 백정에 대한 사회적 차별 철폐를 요구하였다.
➡ 1923년에 백정들은 경상남도 진주에서 조선 형평사를 조직하고 백정에 대한 사회적 차별 철폐를 요구하는 형평 운동을 전개하였어요.

④ 조선 민립 대학 기성회에서 모금 활동을 주도하였다.
➡ 1923년에 조선 민립 대학 설립 기성회가 창립되어 이상재 등이 민족 교육을 위한 모금 활동을 주도하며 민립 대학 설립 운동이 전개되었어요.

⑤ 일본, 프랑스 등의 노동 단체로부터 격려 전문을 받았다.
➡ 1929년에 함경남도 덕원군의 문평 라이징선 석유 회사의 일본인 감독관이 한국인 노동자를 구타한 사건을 계기로 노동 운동인 원산 총파업이 시작되었어요. 원산 총파업이 일어나자 일본, 프랑스 등지의 노동 단체에서 격려 전문을 보내기도 하였어요.

(가) 을사늑약(제2차 한·일 협약)에 대한 설명으로 옳은 것은?

정답 키워드

> 외교권 박탈

저는 지금 워싱턴에 있는 옛 주미대한제국공사관 건물 앞에 나와 있습니다. 이곳은 1889년부터 외교 공관으로 사용되었으나, (가) 으로 ❶외교권을 박탈당하여 그 기능을 상실하였습니다. 현재 이 건물을 대한민국 정부가 매입하여 전시관으로 활용하고 있습니다.

러·일 전쟁에서 승리한 일본은 고종과 대신들을 위협하여 강제로 을사늑약을 체결하였어요. 이로 인해 대한 제국의 외교권은 박탈당하였고, 1906년에 일본은 통감부를 설치하여 초대 통감으로 이토 히로부미를 파견하였어요. 고종은 국제 사회에 을사늑약이 무효임을 알리기 위해 헤이그 특사를 파견하기도 하였어요.

① 러일 전쟁 중에 체결되었다.
➡ 러·일 전쟁 발발 직후인 1904년 2월에 일본이 한국 내에서 군사 전략상 필요한 지역을 임의로 사용할 수 있는 한·일 의정서가 체결되었어요.

② 최혜국 대우를 최초로 규정하였다.
➡ 1882년에 미국과 체결한 조·미 수호 통상 조약은 조선이 맺은 조약 중 최초로 최혜국 대우를 규정한 조약이며, 거중 조정 등의 내용이 포함되었어요.

③ 천주교 포교 허용의 근거가 되었다.
➡ 1886년에 프랑스와 체결한 조·프 수호 통상 조약은 천주교 포교의 근거가 되었어요.

④ 통감부가 설치되는 결과를 초래하였다.
➡ 1905년에 체결된 을사늑약으로 통감부가 설치되고 대한 제국의 외교권이 강탈되었어요.

⑤ 스티븐스가 외교 고문으로 파견되는 배경이 되었다.
➡ 1904년에 체결된 제1차 한·일 협약에서 일본인과 외국인 각 1명을 대한 제국의 재정 고문과 외교 고문으로 추천한다는 조항에 따라 일본은 재정 고문으로 일본인 메가타, 외교 고문으로 미국인 스티븐스를 파견하였어요.

다음 가상 대화가 이루어진 1890년대(1899) 이후에 볼 수 있는 모습으로 가장 적절한 것은?

정답 키워드

> 한성 전기 회사, 전차 개통

자네 들었는가? 며칠 전 한성 전기 회사에서 개통한 전차에 어린아이가 깔려 죽었다고 하네.

나도 들었네. 사고를 보고 격분한 사람들이 전차를 전복시키고 불태웠다더군.

1898년에 설립된 한성 전기 회사에 의해 이듬해인 1899년에 서대문에서 청량리 구간의 전차가 처음으로 개통되었어요.

① 척화비를 세우기 위해 돌을 다듬는 석공
　➡ 1871년 신미양요 직후에 흥선 대원군은 종로와 전국 각지에 척화비를 세워 통상 수교 거부 정책의 의지를 널리 알렸어요.

② 거문도를 불법 점령하고 있는 영국 군인
　➡ 1885년에 영국은 러시아의 남하를 견제한다는 구실로 거문도를 불법으로 점령하였어요.

③ 연무당에서 일본과 조약을 체결하는 관리
　➡ 1875년에 일본의 군함 운요호가 허락 없이 강화도로 접근하여 영종도를 공격하였어요(운요호 사건). 이 사건을 계기로 조선은 1876년에 연무당에서 일본과 강화도 조약(조·일 수호 조규)을 체결하였어요.

④ 보빙사의 일원으로 미국에 파견되는 역관
　➡ 1883년에 미국에 파견된 외교 사절단인 보빙사는 전권대신 민영익을 비롯하여 홍영식, 서광범, 유길준 등으로 구성되었어요.

⑤ 경부선 철도 개통식을 취재하는 신문 기자
　➡ 1905년에 일본에 의해 서울과 부산을 연결하는 경부선이 개통되었어요.

(가) 서간도(남만주) 지역에서 있었던 민족 운동에 대한 설명으로 옳은 것은?

정답 키워드

> 신흥 강습소

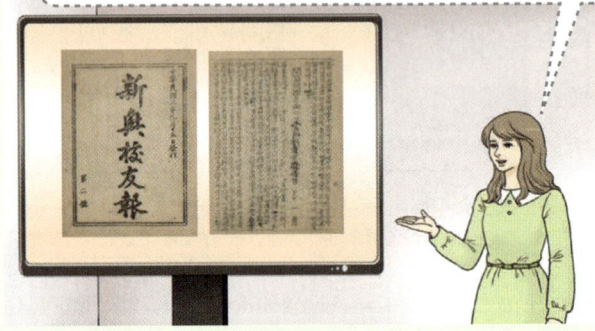

이것은 (가) 에 세워진 신흥 강습소의 구성원이 만든 신흥 교우단의 기관지입니다. 이 기관지에는 군사, 교육, 역사 등 다양한 분야의 글이 게재되어 동포들의 민족의식을 고취하였습니다. 특히, 신흥 무관 학교의 전신인 신흥 강습소의 조직과 활동을 알려주는 내용이 많아 (가) 에서 전개된 독립운동을 연구하는 데 가치가 있습니다.

1910년대 일제가 국권을 침탈하고 가혹한 무단 통치를 펴자 국내에서의 민족 운동이 어려워진 애국지사들은 만주, 연해주 등 국외로 이동하여 장기적인 무장 투쟁을 위한 독립운동 기지를 건설하였어요. 서간도로 이주한 신민회의 이회영, 이상룡 등은 삼원보에 자치 기관인 경학사를 만들고 신흥 강습소를 설립하여 독립군을 양성하였어요. 신흥 강습소는 이후 신흥 무관 학교로 바뀌었어요.

① 한인 자치 기구인 경학사를 조직하였다.
　➡ 서간도(남만주)의 삼원보 지역으로 이주한 신민회 회원들은 경학사를 조직하고 신흥 강습소(이후 신흥 무관 학교)를 설립하였어요.

② 유학생을 중심으로 2·8 독립 선언서를 발표하였다.
　➡ 일본 도쿄에서는 1919년에 한인 유학생들이 2·8 독립 선언서를 발표하였고, 국내에서도 독립 선언의 움직임이 일어났어요.

③ 대조선 국민군단을 조직하여 군사 훈련을 실시하였다.
　➡ 하와이(미주)에서는 박용만 등이 대조선 국민 군단을 창설하여 군사 훈련을 실시하였어요.

④ 대한 광복군 정부를 수립하여 무장 투쟁을 준비하였다.
　➡ 연해주 지역의 한인들은 신한촌을 건설하였고, 권업회를 조직하여 민족의식을 고취하고자 하였어요. 이후 권업회를 바탕으로 이상설 등이 대한 광복군 정부를 조직하여 무장 투쟁을 준비하였어요.

⑤ 독립군 비행사 양성을 위해 한인 비행 학교를 설립하였다.
　➡ 대한민국 임시 정부는 미국 본토에 독립군 비행사 양성을 위한 한인 비행 학교를 설립하였어요.

37 1910년대 무단 통치

정답 ③

밑줄 그은 '1910년대 무단 통치 시기'에 시행된 일제의 정책으로 옳은 것은?

정답 **키워드**

> 헌병이 일반 경찰 업무, 태형

이것은 어느 공립 보통학교의 졸업식 사진으로, 교원이 제복을 입고 칼을 차고 수업하던 당시 일제의 식민지 지배 정책을 잘 보여주고 있어.

맞아. ❶헌병이 일반 경찰 업무를 맡아 재판 없이 체포 또는 구금하고, 벌금을 물리거나 ❷태형에 처하기도 했던 시기였지.

대한 제국의 국권을 강탈한 일제는 1910년대 무력을 앞세워 강압적으로 통치하는 무단 통치를 실시하였어요. 일제는 **헌병이 일반 경찰의 업무**까지 관여하도록 하는 헌병 경찰 제도를 실시하였고, 조선 태형령을 제정하여 한국인에게만 ❷**태형**을 집행하는 등 공포 분위기를 조성하였어요.

① 국가 총동원법을 공포하였다.
➡ 1938년에 일제는 전쟁 수행에 필요한 인적·물적 자원 수탈을 강화하기 위해 국가 총동원법을 시행하였어요.

② 산미 증식 계획을 시행하였다.
➡ 1920년부터 일제는 일본 내에서 부족한 식량을 한국에서 확보하기 위해 산미 증식 계획을 실시하였어요.

③ 토지 조사 사업을 실시하였다.
➡ 1912년에 일제는 식민 통치의 경제 기반을 마련하기 위해 토지 조사 사업에 관한 법령으로 토지 조사령을 제정하여 토지 조사 사업을 실시하였어요.

④ 황국 신민 서사의 암송을 강요하였다.
➡ 1930년대 후반 이후 일제는 한국인의 민족의식을 없애기 위해 내선일체를 강조하고 황국 신민 서사 암송, 신사 참배, 창씨개명을 강요하는 등 민족 말살 정책을 실시하였어요.

⑤ 조선 사상범 예방 구금령을 제정하였다.
➡ 1941년에 일제는 독립운동가들을 재판 없이 구금할 수 있는 조선 사상범 예방 구금령을 시행하여 독립운동가들을 탄압하였어요.

38 천도교 세력의 활동

정답 ④

(가) 천도교 소년회에 대한 설명으로 옳은 것은?

정답 **키워드**

> 어린이의 날, 소년 운동

한 나라 한 사회나 한 집안의 장래를 맡은 사람은 누구인가. 곧 그 집안이나 그 사회나 그 나라의 아들과 손자일 것이다. …… ___(가)___ 은/는 어린이를 위한 부모의 도움이 두터워지기를 바라는 마음에서 5월 1일 오늘을 기회로 삼아 ❶'어린이의 날'이라고 이름하고, 소년 회원이 거리마다 늘어서서 "항상 10년 후의 조선을 생각하십시오."라고 쓴 인쇄물을 배포하며 취지를 선전했다. 이러한 일은 조선 소년 운동의 처음이며, 다른 사회에서도 많이 응원하여 노력하기를 바란다.

천도교는 제3대 교주인 손병희에 의해 1905년에 동학에서 천도교로 개칭되었어요. 천도교는 어린이를 하나의 인격체로 대우하자는 ❷소년 운동에 주력하였어요. 특히 방정환, 김기전 등이 주도한 천도교 소년회는 천도교의 교리인 인내천 사상을 바탕으로 어린이도 어른과 마찬가지로 존중받아야 할 사람이라고 주장하였으며, '어린이날'을 제정하고 《어린이》라는 잡지도 발간하였어요.

① 한글 맞춤법 통일안을 제정하였다.
➡ 조선어 학회는 휴간되었던 잡지 《한글》을 다시 발행하고 한글 맞춤법 통일안과 표준어 사정안을 제정하였어요.

② 기관지로 진단 학보를 발행하였다.
➡ 이병도 등은 진단 학회를 조직하고 학술지로 《진단 학보》를 발행하였어요.

③ 오산 학교를 설립하여 인재를 양성하였다.
➡ 신민회는 정주에 오산 학교, 평양에 대성 학교를 설립하여 민족 교육을 실시하였어요. 또한 태극 서관과 자기 회사를 운영하는 등 민족 산업 육성에도 힘썼어요.

④ 김기전, 방정환 등이 주축이 되어 활동하였다.
➡ 1920년대에 천도교 세력은 김기전, 방정환을 중심으로 천도교 소년회를 창립하여 '어린이날'을 제정하고, 잡지 《어린이》를 간행하는 등 소년 운동을 전개하였어요.

⑤ 여성 교육의 중요성을 강조한 여권통문을 발표하였다.
➡ 1898년에 서울 북촌의 양반 여성들은 정치, 교육 등 다양한 분야에서 여성의 평등한 권리를 주장하는 〈여권통문〉을 발표하였어요.

밑줄 그은 '1930년대'에 볼 수 있는 모습으로 가장 적절한 것은?

정답 키워드

농촌 진흥 운동 추진

이 영상은 면양 장려 사업을 선전하기 위해 제작한 영화의 일부분으로, 대공황 이후 일제가 **①농촌 진흥 운동을 추진**하던 시기의 모습을 담고 있습니다. 면양 장려 사업은 일본 기업 등에 공업 원료를 공급하기 위한 목적으로 실시되었습니다. 이 사업은 한반도 남부 지방에 면화 재배를 확대하는 면작 증식 계획과 함께 남면북양 정책으로 불렸습니다.

"북선의 양은 말한다" 11:30/20:45

일제는 1930년대 초 농촌 경제가 몰락하고 농민들의 저항이 심해지자 농촌 사회를 회유하기 위해 **①농촌 진흥 운동을 추진**하고 조선 농지령을 제정하였어요. 소작인 보호와 농민의 자립 지원을 명분으로 내세웠지만, 실제로는 소작 쟁의를 억제하고 농촌을 효율적으로 통치하기 위한 정책에 불과하였어요.

① 근우회 창립총회에 참여하는 학생
➡ 1927년에 신간회의 자매단체인 근우회가 창립되어 강연회 개최 등 다양한 활동을 전개하였어요.

② 경성 제국 대학 설립을 추진하는 관리
➡ 1924년에 일제는 우리 민족의 민립 대학 설립 운동을 탄압하고 이를 무마할 목적으로 경성 제국 대학을 설립하였어요.

③ 원각사에서 연극 은세계를 공연하는 배우
➡ 1908년에 우리나라 최초의 서양식 극장인 원각사에서 은세계가 공연되었어요.

④ 서울 진공 작전에 참여하는 13도 창의군 의병
➡ 1907년 정미의병 당시 해산된 일부 군인들이 의병에 가담하여 의병 부대의 전투력이 강화되었고, 이후 의병 전쟁을 위한 13도 창의군이 결성되었어요. 이들은 서울을 탈환할 목적으로 서울 진공 작전을 전개하였지만 실패하였어요.

⑤ 혁명적 농민 조합을 결성하여 일제에 저항하는 농민
➡ 1930년대에 들어서 농민 운동은 사회주의 세력과 연대하여 혁명적 농민 조합을 중심으로 전개되었어요. 쟁의의 형태가 점차 전투적으로 변화하면서 소작료 인하, 부역 동원 반대 등을 주장하였어요.

밑줄 그은 '광주 학생 항일 운동'에 대한 설명으로 옳은 것은?

정답 키워드

신간회 간부를 광주로 특파

□□신문

제△△호 1929년 ○○월 ○○일

①신간회, 최고 간부를 광주로 특파하다

지난 3일 전남 광주에서 일어난 고등보통학교 학생 대 중학생의 충돌 사건에 대하여 신간회 본부에서는 지난 5일 중앙 상무 집행위원회의 결의로 장성, 송정, 광주 세 지회에 긴급 조사를 지시하며 사태의 진전을 주시하고 있었다. 지난 8일 밤에는 신간회 주요 간부들이 긴급 상의한 결과, 사건 내용을 철저히 조사하는 동시에 구금된 학생들의 석방을 교섭하기 위하여 신간회 중앙집행위원장 허헌 씨와 서기장 황상규 씨, 회계장 김병로 씨 등 최고 간부를 광주까지 특파하였다고 한다.

1929년 10월, 광주-나주 간 통학 열차를 이용하던 한·일 학생들의 충돌 사건에 대해 일본 경찰이 일본인 학생에게 유리하게 처리하는 등 편파적인 태도를 보이면서 한국인 학생들의 불만이 높아졌어요. 이에 분노한 광주 지역의 학생들은 민족 차별 금지, 식민지 교육 제도 철폐 등을 주장하며 대규모 시위를 벌였어요. 11월에 광주에서 시작된 시위는 전국으로 확대되어 전국 320여 개 학교에서 수만 명의 학생이 참여하였으며, 다음 해 3월까지 전국에서 시위와 동맹 휴학이 계속되었어요. 한편, 신간회는 광주 학생 항일 운동에 진상 조사단을 파견하여 지원하였어요.

① 순종의 인산일을 기회로 삼아 일어났다.
➡ 1926년에 순종의 인산일을 기해 일어난 6·10 만세 운동은 이후 민족 유일당 운동의 계기가 되었어요.

② 조선어 학회가 해산되는 결과를 가져왔다.
➡ 조선어 학회는 《우리말 큰사전》 편찬 시도 중 일제가 조작한 이른바 조선어 학회 사건으로 최현배, 이극로 등 회원들이 구속되어 옥고를 치르면서 조직이 와해되었어요.

③ 정우회 선언을 발표하는 데 영향을 주었다.
➡ 6·10 만세 운동을 통해 민족 운동 세력 간 연대의 필요성을 절감한 가운데 사회주의 세력은 1926년에 정우회 선언을 발표하여 비타협적 민족주의 세력과의 제휴를 주장하였어요. 이후 좌우 합작의 항일 단체인 신간회가 창립되었어요.

④ 전국적인 시위와 동맹 휴학으로 확산하였다.
➡ 1929년에 일어난 광주 학생 항일 운동 당시 민족 차별에 분노한 광주 지역 학생들이 대규모 시위를 전개하였고, 전국의 많은 학교가 동맹 휴학으로 동참하였어요.

⑤ 일제가 이른바 문화 통치를 실시하는 계기가 되었다.
➡ 1919년에 일어난 3·1 운동을 계기로 대한민국 임시 정부가 수립되었고, 일제는 이른바 '문화 통치'로 통치 방식을 바꾸었어요.

41 일제 강점기 문화

정답 ①

(가)~(마)에 들어갈 내용으로 적절하지 <u>않은</u> 것은?

일제 강점기 대중문화 탐구 안내

일제 강점기에는 매체의 발달과 함께 대중문화가 유행하였습니다. 이 시기 대중문화는 다양한 측면에서 식민지 조선인의 일상에 영향을 미쳤습니다. 그러나 일제는 식민 지배를 합리화하기 위한 선전 도구로 대중문화를 이용하기도 하였습니다.

모둠별로 담당한 주제를 탐구하여 보고서로 제출하세요.
※ 과제 마감일은 2월 16일입니다.

모둠	문화 영역	주제
1	가요	(가)
2	영화	(나)
3	방송	(다)
4	소비	(라)
5	잡지	(마)

---

① (가) – **아침 이슬**, 건전 가요에서 **금지곡**으로 지정되다
➡ '아침 이슬' 노래는 **1970년대 박정희 정부** 시기에 민주화 운동의 상징으로 사용되다가 금지곡이 되었어요.

② (나) – 병정님, 조선인에 대한 **징병제** 실시를 미화하다
➡ **1930년대 후반 이후**에 일제는 지원병제(1938), 학도 지원병제(1943), 징병제(1944) 등을 실시하여 한국의 청년들을 전쟁터로 끌고 갔어요.

③ (다) – 경성 방송국, **우리말 방송**을 검열하여 송출하다
➡ 일제는 **1927년**에 경성 방송국을 만들어 우리말 방송의 내용과 표현을 엄격히 검열해 송출하였어요.

④ (라) – **미쓰코시 백화점**, 자본주의적 소비문화가 이식되다
➡ 일제는 **1930년**에 경성에 미쓰코시 백화점을 만들어 자본주의적 소비문화와 서양식 생활양식을 전파하였어요.

⑤ (마) – **신여성**, 여권 신장 등의 내용으로 여성을 계몽하다
➡ 〈신여성〉은 **1920~1930년대**에 등장하였어요. 천도교가 간행한 잡지 〈신여성〉에서는 여성의 권리와 자각을 강조하며, 당시 여성들에게 계몽적 메시지를 전달하였어요.

---

42 한인 애국단

정답 ③

(가) 한인 애국단의 활동으로 옳은 것은?

정답 키워드

> 김구가 일제 기관 파괴 목적으로 조직

【우리 고장의 독립운동가】

조선 총독 암살을 시도했던 청년
유진만
(1912~1966)

세종특별자치시 연서면 출생으로 **김구**가 일제의 요인 제거 및 주요 기관 파괴를 목적으로 상하이에서 조직한 ___(가)___ 의 단원이다. 조선 총독 우가키 가즈시게를 암살하라는 지령을 받고 국내에 잠입하였으나 거사 전 검거되었다. 치안 유지법 등 위반 혐의로 징역 6년의 형을 선고받았다. 1990년 건국훈장 애국장이 추서되었다.

1931년에 **김구**는 대한민국 임시 정부의 침체를 극복하기 위해 의열 투쟁 단체인 **한인 애국단**을 조직하였어요. 한인 애국단은 **일제의 주요 인물과 식민 통치 기관 폭파 등 의열 투쟁**을 전개하였어요. 단원인 이봉창은 도쿄에서 일왕 암살을 시도하였으나 실패하였고, 윤봉길은 상하이 훙커우 공원에서 열린 일왕 생일 축하 기념 겸 전승 기념 축하식에 폭탄을 던져 일본군 장성과 고관을 처단하였어요.

---

① 일제가 조작한 **105인 사건**으로 와해되었다.
➡ 국내에서 비밀 결사 형태로 조직된 **신민회**는 일제가 조작한 105인 사건으로 조직이 드러나 와해되었어요.

② **파리 강화 회의**에 독립 청원서를 제출하였다.
➡ 신한 청년당은 김규식을 파리 강화 회의에 대표로 파견하였어요. 이후 **대한민국 임시 정부**는 프랑스 파리에서 활동하고 있던 김규식을 전권 대사로 임명하여 파리 강화 회의에 독립 청원서를 제출하였어요.

③ 단원인 **윤봉길**이 **훙커우 공원 의거**를 실행하였다.
➡ **한인 애국단** 소속의 윤봉길은 상하이 훙커우 공원에서 열린 일왕 생일 축하 기념 겸 전승 기념 축하식에 폭탄을 던져 일본군 장성과 고관을 처단하였어요.

④ 신채호가 작성한 **조선 혁명 선언**을 지침으로 삼았다.
➡ **의열단**은 신채호가 작성한 〈조선 혁명 선언〉을 활동 지침으로 삼아 일제의 중요 기관을 파괴하고 주요 인물을 처단하였어요.

⑤ 군사 훈련을 위해 **조선 혁명 간부 학교**를 설립하였다.
➡ **의열단**의 김원봉은 중국 국민당 정부의 지원을 받아 조선 혁명 간부 학교를 세워 독립군 간부를 양성하였어요.

(가) 조선 의용대에 대한 설명으로 옳은 것은?

> **정답 키워드**
>
> 우한, 김원봉, 한국광복군에 합류

우리들은 군사 통일에 대한 구체적 의견으로 ▨(가)▨와/과 한국 광복군을 합병하여 조선 민족 혁명군으로 편성하자는 방안을 제출하였다. …… 그러나 대한민국 임시 정부와 한국 광복군 측에서는 우리들의 주장을 종래 찬성하지 아니하였고, 결국 본대는 한국 광복군 제1지대로 개편하게 되었다. …… ▨(가)▨은/는 1938년 10월 10일 **①우한(武漢)에서 성립된** 이래로 **김원봉** 대장의 정확한 영도 하에서 가장 우수한 수백 청년 간부의 희생적 분투와 노력에 의하여 모든 험로와 난관을 충파하면서 전진하여 왔으며 또 이런 과정을 통하여 과거 43개월간 광영한 역사를 창조하였다. …… **②본대 전체 동지는 한국 광복군을 확대 발전시키기 위해 노력할 것을 언명한다.**

조선 민족 혁명당을 중심으로 사회주의 계열 독립운동 단체가 연합한 조선 민족 전선 연맹은 중국 국민당 정부의 지원을 받아 1938년에 **중국 우한에서 김원봉 등의 주도로 조선 의용대를 창설**하였는데, 이는 중국 관내에서 결성된 최초의 한인 무장 부대였어요. 이후 일부 대원은 화북 지역으로 이동하여 활동하였으며 **김원봉 등 남은 대원은 한국광복군에 합류**하였어요.

① 동북 항일 연군으로 개편되어 유격전을 전개하였다.
　➡ **동북 인민 혁명군**은 동북 항일 연군으로 개편되어 유격대 활동을 하였어요.

② 간도 참변 이후 조직을 정비하고 **자유시로 이동**하였다.
　➡ 간도 참변 이후 **만주 지역의 독립군 부대**들은 러시아 혁명군의 지원 약속을 믿고 자유시로 이동하였으나 자유시 참변을 당하면서 시련을 겪었어요.

③ **쌍성보, 대전자령** 전투 등에서 일본군을 크게 물리쳤다.
　➡ 지청천이 이끈 **한국 독립군**은 1930년대 초 북만주에서 중국 호로군과 연합 작전을 전개하여 쌍성보 전투, 사도하자 전투, 대전자령 전투 등에서 일본군을 격퇴하였어요.

④ 조선 민족 전선 연맹 산하의 **군사 조직**으로 결성되었다.
　➡ **조선 의용대**는 1938년에 중국 국민당 정부의 지원을 받은 김원봉의 주도로 조선 민족 전선 연맹의 군사 조직으로 창설되었는데, 이는 중국 관내에서 결성된 최초의 한인 무장 부대였어요.

⑤ 홍범도 부대와 연합하여 **청산리**에서 일본군과 **교전**하였다.
　➡ 김좌진이 이끈 **북로 군정서**는 홍범도가 이끈 대한 독립군 등과 연합하여 청산리 일대에서 일본군을 격퇴하였어요.

밑줄 그은 '**물산 장려 운동**'에 대한 설명으로 옳은 것은?

> **정답 키워드**
>
> 조선 사람 조선 것, 조선 물산(토산품)

선생님께서 참여하신 운동은 **①조선 사람 조선 것**'이라는 구호를 내세웠다는 점에서 사실상 독립 운동이 아니냐고 일제 경찰이 심문할 때 어떻게 대응하셨나요?

②조선 물산의 생산과 소비를 장려하는 운동에 조선인이 참여하는 것은 당연한 일이 아닌가, 오사카 사람이 오사카의 물산을 장려하는 것도 문제 삼을 것이냐고 반문하니 주의만 주고 가더군요.

1920년에 회사 설립이 신고제로 바뀌고(회사령 폐지) 일본 상품에 대한 관세가 철폐된다는 소식이 전해지자 일본의 자본 투자와 상품 유입이 확대될 것을 우려하는 위기의식이 높아졌어요. 이에 조만식 등은 **②조선 물산(토산품)** 애용을 목표로 평양에서 조선 물산 장려회를 결성하여 물산 장려 운동을 전개하였어요. '**①조선 사람 조선 것**' 등의 구호를 내세운 물산 장려 운동은 학생들이 중심이 된 자작회, 토산 애용 부인회 등의 단체들이 활발히 참여하면서 전국으로 확대되었어요.

① 조선 노동 총동맹을 중심으로 전개되었다.
　➡ 1920년에 설립된 조선 노농 총동맹은 1927년에 조선 노동 총동맹과 조선 농민 총동맹으로 분리되었어요. 조선 노동 총동맹은 전국적 노동 쟁의와 조직적인 노동 운동을 주도하였으며, 대표적으로 1929년에 일어난 **원산 총파업** 당시 지역 단위의 대규모 파업을 이끌며 일제 자본에 맞서 저항하였어요.

② 보국안민, 제폭구민 등이 구호로 사용되었다.
　➡ 1894년에 전봉준을 중심으로 고부 농민 봉기가 일어났어요. 봉기 수습을 위해 파견된 안핵사 이용태가 탐관오리가 아닌 봉기에 참여한 농민군을 탄압하자, 이에 분노한 전봉준과 농민군은 백산에서 보국안민, 제폭구민을 기치로 내걸며 다시 봉기하였어요. 이를 **동학 농민 운동**이라고 해요.

③ 조선 관세령 폐지 등을 배경으로 확산하였다.
　➡ 1920년에 일제가 회사령 폐지에 이어 조선 관세령까지 폐지하면서 일본 상품의 유입이 확대되자 **물산 장려 운동**이 확산되었어요.

④ 황국 중앙 총상회가 설립되는 결과를 가져왔다.
　➡ 대한 제국 시기 **외국 상인의 상권 침탈**이 심해지자 한성의 시전 상인들은 상권 수호를 위해 황국 중앙 총상회를 조직하였어요.

⑤ 일본 제일은행권 화폐가 유통되는 계기가 되었다.
　➡ 1905년부터 메가타의 주도로 백동화와 엽전을 일본 제일은행권으로 교환하는 사업이 추진되었는데, 이를 **화폐 정리 사업**이라고 해요. 이로 인해 백동화의 발행이 중단되었고, 일본 제일은행권 화폐가 유통되는 계기가 되었어요.

교사의 질문(1930년대 후반 이후 민족 말살 통치 시기의 사실)에 대한 학생의 답변으로 가장 적절한 것은?

> **정답 키워드**
>
> 태평양 전쟁 말기

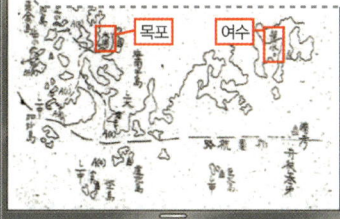

> 지도는 목포와 여수 일대의 일본군 방어 시설을 표시한 것입니다. 일본군은 아시아·**태평양 전쟁 말기** 연합군의 상륙을 저지하기 위해 한반도 남서 해안 지역에 대규모 군사 방어 시설을 구축했습니다. 이 시기에 있었던 사실에 대해 말해 볼까요?
>
> 목포   여수

일제는 1937년 중·일 전쟁 이후 태평양 전쟁을 일으키는 등 침략 전쟁을 확대하면서 우리 민족을 전쟁에 쉽게 동원하기 위해 내선일체, 일선동조론을 내세우고 민족 말살 정책을 본격화하였어요. 또한 지원 병제, 학도 지원병제, 징병제 등을 실시하여 한국의 청년들을 전쟁터로 끌고 갔고, 국민 징용령을 공포하여 한국인을 광산 채굴과 전쟁 시설 건설 등에 강제로 동원하였으며, 각종 금속류와 쌀 등을 공출이라는 명목 하에 거두어 갔어요. **태평양 전쟁 말기**에는 여자 정신 근로령을 시행하여 여성도 군수 공장 등 전쟁 산업에 강제로 동원하였어요.

① 고종의 밀지를 받아 **독립 의군부**가 결성되었어요.
→ 1912년에 임병찬은 고종의 밀지를 받아 국내에서 비밀리에 독립 의군부를 조직하였어요.

② 만주 군벌과 일제가 **미쓰야 협정**을 체결하였어요.
→ 1925년에 일제는 만주 지역에서 활동하는 독립군을 탄압하기 위해 만주 지역의 중국 군벌과 미쓰야 협정을 체결하였어요.

③ **여자 정신 근로령**으로 여성들이 강제 동원되었어요.
→ 1944년에 일제는 여자 정신 근로령을 공포하여 여성들을 군수 공장에서 강제로 일하게 하였어요.

④ 상하이에서 주권 재민을 천명한 **대동단결 선언**이 발표되었어요.
→ 1917년에 중국에서 조소앙, 신규식, 박은식, 신채호 등은 임시 정부 수립의 필요성을 주장하는 대동단결 선언을 작성하였어요.

⑤ 독립운동의 방략을 논의하고자 **국민 대표 회의**가 개최되었어요.
→ 1923년에 대한민국 임시 정부는 새로운 독립운동의 방향을 모색하기 위해 상하이에서 국민 대표 회의를 개최하였어요. 그러나 회의는 창조파와 개조파의 대립으로 결렬되었어요.

다음 좌우 합작 운동이 나타난 시기를 연표에서 옳게 고른 것은?

> **정답 키워드**
>
> 좌우 합작 운동

> 미소 공동 위원회를 속개시킴으로써 국제적으로 약속된 조선 민주주의 임시 정부 수립을 촉진하려는 **좌우 합작 운동**은 김규식의 입원과 여운형의 피습 사건으로 말미암아 합작의 앞날이 우려되는 상황이었다. 그러나 최근 김규식이 퇴원하고 여운형의 치료도 순조로워, 22일 오후 7시 시내 모처에서 김규식, 여운형 두 사람을 비롯한 좌우 대표가 참석한 가운데 정식으로 예비 회담이 개최되었다.

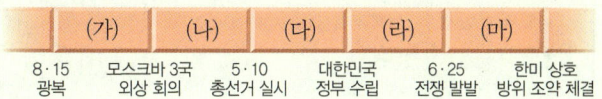

(가)	(나)	(다)	(라)	(마)
8·15 광복	모스크바 3국 외상 회의	5·10 총선거 실시	대한민국 정부 수립	6·25 전쟁 발발	한미 상호 방위 조약 체결

① (가)   ② (나)   ③ (다)   ④ (라)   ⑤ (마)

→ 광복 후 열린 **모스크바 3국 외상 회의(1945. 12.)**로 인해 좌우익의 대립이 심화되고, 제1차 미·소 공동 위원회가 무기 휴회되어 임시 정부 수립이 점점 늦어지자, 이승만은 정읍에서 전국을 아우르는 정부를 구성할 수 없다면 남한만이라도 단독 정부를 수립하자고 주장하였어요. 이에 중도 성향의 여운형과 김규식 등이 미군정의 지원을 받아 좌우 합작 위원회를 조직하였어요. 좌우 합작 위원회는 좌우 합작 7원칙을 발표하고 통일 정부 수립을 위해 노력하였으나, 미군정이 지지를 철회하고 여운형이 암살되면서 **좌우 합작 운동(1946~1947)**은 실패하였어요. 이후 제2차 미·소 공동 위원회도 미국과 소련의 대립으로 무산되자, 미국은 한반도 문제를 유엔으로 넘겼고, 유엔 총회에서 유엔 감시하에 인구 비례에 따른 남북한 총선거 실시를 결정하였어요. 이에 유엔 한국 임시 위원단이 파견되었는데, 소련은 한반도 문제를 유엔에서 처리하는 것에 반대한다는 구실로 임시 위원단의 입북을 거부하였어요. 이후 다시 열린 유엔 소총회에서 선거가 가능한 지역, 즉 사실상 남한만의 총선거가 결의되었어요. 이에 김구와 김규식은 통일 정부 수립을 위해 노력하였지만 실패하였고, 결국 **5·10 총선거(1948)**로 제헌 국회가 구성되었어요.

따라서, 좌우 합작 운동이 나타난 시기는 '모스크바 3국 외상 회의(1945)'와 '5·10 총선거(1948)' 사이의 시기인 **(나)**예요.

(가)에 들어갈 주제(제헌 헌법)로 가장 적절한 것은?

2025년 연속 기획 강좌

헌법으로 보는 한국 현대사

우리 학회에서는 헌법의 변천에 따른 민주주의 발전의 역사를 살펴보는 강좌를 마련하였습니다. 이번 달에는 '제헌 헌법'에 대한 강의를 준비하였으니 많은 관심과 참여 바랍니다.

■ 강의 주제 ■

[제1강] 헌법 전문, 3·1 운동의 정신을 담다
[제2강] 민주 공화국의 명문화로 주권 재민의 원칙을 다시 천명하다
[제3강] 　　　　　　　(가)
[제4강] 농민에게 농지를 분배하는 경자유전의 실현을 추구하다

■ 일시: 2025년 ○○월 매주 토요일 15:00~17:00
■ 장소: □□ 학회 회의실

1948년 5·10 총선거의 결과로 구성된 우리나라 초대 국회에서 헌법을 제정·공포하였는데, 이 헌법을 제헌 헌법이라고 하고, 초대 국회를 '헌법을 제정한 국회'라는 뜻에서 제헌 국회라고 해요.

① 양원제 국회와 내각 책임제 정부를 구성하다
➡ 이승만 정부 시기인 1960년에 일어난 4·19 혁명 직후 구성된 허정 과도 정부 시기에 내각 책임제와 양원제 국회 구성을 골자로 한 **3차 개헌**이 이루어졌어요. 이에 따라 내각 책임제 형태의 정부가 출범하였어요.

②반민족 행위자를 처벌할 수 있는 근거를 마련하다
➡ 이승만 정부 시기에 제헌 국회는 **제헌 헌법** 안에 반민족 행위 처벌법을 제정하고 반민족 행위 특별 조사 위원회(반민특위)를 구성하여 친일파 청산에 나섰어요. 하지만 반민특위는 국회 프락치 사건, 경찰의 습격, 공소시효 축소 법안 통과 등으로 본격적인 활동도 해보지 못한 채 해체되었어요.

③ 국민의 직접 선거로 **5년 단임제 대통령**을 선출하다
➡ 1987년 전두환 정부 시기에 일어난 6월 민주 항쟁으로 대통령 직선제를 수용한다는 6·29 민주화 선언이 발표되었고, 이에 따라 5년 단임의 대통령 직선제를 주요 내용으로 하는 **9차 개헌**이 이루어졌어요.

④ 초대 대통령의 **중임 제한 철폐**, 장기 집권 체제를 강화하다
➡ 1954년에 이승만 정부와 자유당은 초대 대통령에 한하여 중임 제한을 철폐한다는 내용으로 헌법 개정을 추진하였어요. 투표 결과 1명이 부족한 135명이 동의하여 부결이 선언되었어요. 그러나 이튿날 자유당은 수학의 '사사오입(반올림)' 논리를 억지로 적용하여 개헌안이 통과되었다고 다시 선언하였어요(**2차 개헌, 사사오입 개헌**).

⑤ **긴급 조치**, 대통령이 국민의 기본권을 제한할 수 있게 하다
➡ 박정희 정부는 **7차 개헌**을 통해 유신 헌법을 제정하여 대통령에게 국회 해산권, 긴급 조치권 등의 막강한 권한을 부여하였어요.

다음 자료에 나타난 5·18 민주화 운동에 대한 설명으로 옳은 것은?

정답 키워드

> 계엄 당국, 공수부대

우리는 왜 총을 들 수밖에 없었는가? 그 대답은 너무나 간단합니다. 너무나 무자비한 만행을 더 이상 보고 있을 수만 없어서 너도나도 총을 들고 나섰던 것입니다. …… ❶계엄 당국은 공수부대를 대량으로 투입하여 시내 곳곳에서 학생, 젊은이들에게 무차별 살상을 자행하였으니 …… 너무나 경악스러운 또 하나의 사실은 20일 밤부터 계엄 당국은 발포 명령을 내려 무차별 발포를 시작했다는 것입니다. 이 고장을 지키고자 이 자리에 모이신 민주 시민 여러분! 그런 상황에 우리가 할 수 있는 일은 무엇이겠습니까?

1980년에 일어난 5·18 민주화 운동은 12·12 사태를 일으켜 불법적으로 정권을 탈취한 신군부의 비상계엄 확대가 원인이 되어 일어났어요. 신군부는 공수 부대, 계엄군을 동원하여 시위대를 무자비하게 진압하였고 이에 맞서 광주 시민들은 시민군을 조직하여 대항하였는데, 이 과정에서 수많은 광주 시민들이 희생되었어요. 5·18 민주화 운동의 발생과 탄압에서부터 진상 조사 활동과 보상에 이르기까지의 관련 기록물은 그 의미와 가치를 인정받아 유네스코 세계 기록 유산으로 등재되었어요.

---

① 4·13 호헌 조치 철폐를 요구하였다.
➡ 전두환 정부 시기인 1987년에 일어난 **6월 민주 항쟁** 과정에서 수많은 시민들이 '호헌 철폐, 독재 타도' 등의 구호를 내세우며 시위를 벌였어요.

②시민군을 조직하여 계엄군에 대항하였다.
➡ 1980년에 일어난 **5·18 민주화 운동** 당시 신군부가 시위대를 무자비하게 진압하자, 이에 일부 광주 시민이 시민군을 조직하여 맞섰어요.

③ 시위 도중 **김주열**이 최루탄을 맞고 **사망**하였다.
➡ 1960년에 3·15 부정 선거를 규탄하는 시위가 마산에서 발생하였는데, 시위 중에 실종된 김주열 학생의 시신이 마산 앞바다에서 발견되었어요. 이에 분노한 시민과 학생들의 시위가 전국으로 확산되었는데, 이를 **4·19 혁명**이라고 해요.

④ 직선제 개헌을 약속한 6·29 민주화 선언을 이끌어 냈다.
➡ 전두환 정부 시기인 1987년에 일어난 **6월 민주 항쟁**의 결과 대통령 직선제를 수용한다는 6·29 민주화 선언이 발표되었고, 이에 따라 5년 단임의 대통령 직선제 개헌이 이루어졌어요.

⑤ 국민의 요구에 굴복하여 **대통령이 하야**하는 결과를 가져왔다.
➡ 1960년에 일어난 **4·19 혁명**으로 이승만 대통령이 하야하였고, 이후 이승만은 미국으로 망명하였어요.

(가) 박정희 정부 시기에 볼 수 있는 모습으로 가장 적절한 것은?

정답 키워드

> 통일 주체 국민 회의에서 대통령 선출

> 이것은 통일 주체 국민 회의에서 대통령을 선출하도록 헌법을 개정한 <u>(가)</u> 정부의 홍보물입니다. "우리 모두 불굴의 투지와 굳은 단결로써 조국의 안정과 번영, 그리고 평화 통일을 위해 전진합시다."라는 문구 등으로 헌법을 미화하였습니다.

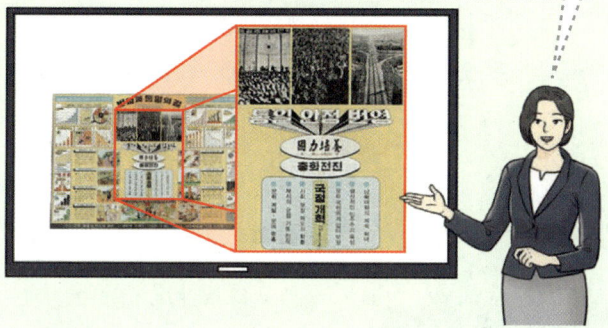

1972년에 박정희 정부는 유신 체제를 선언하며 대통령에게 헌법을 초월하는 긴급 조치권과 국회 해산권, 법관 인사권, 국회의원 3분의 1 추천권 등 막강한 권한을 부여하는 개헌을 단행하였어요(유신 헌법). 또한, **통일 주체 국민 회의를 설치하여 대통령 선출**을 위한 정치적 수단으로 이용하였어요.

① 거리에서 **장발과 미니스커트를 단속하는 경찰**
  ➡ **박정희 정부** 시기에 풍기문란을 이유로 거리에서 경찰이 장발과 미니스커트를 단속하였어요.

② **교복 자율화** 조치로 사복을 입고 등교하는 학생
  ➡ **전두환 정부** 시기에 민주화 탄압 등 강압 정책에 대한 시민들의 불만을 무마하기 위해 교복과 두발의 자율화, 야간 통행 금지 해제, 프로 야구와 프로 축구 출범 등의 유화 정책을 추진하였어요.

③ **금융 실명제**에 따라 신분증 제시를 요구하는 은행원
  ➡ **김영삼 정부** 시기에 금융 거래의 투명성을 확보하기 위해 대통령 긴급 명령으로 금융 실명제가 실시되었어요.

④ **칠레와의 자유 무역 협정(FTA)** 비준을 보도하는 기자
  ➡ 김대중 정부 시기에 한국과 칠레의 자유 무역 협정이 체결되었고, **노무현 정부** 시기에 비준·발효되었어요.

⑤ **전국 민주 노동조합 총연맹 창립** 대회에 참가하는 노동자
  ➡ **김영삼 정부** 시기에 전국 민주 노동조합 총연맹이 창립되었어요.

---

50 정부별 통일 정책   정답 ⑤

(가) 10·4 남북 정상 선언(노무현 정부, 2007), (나) 4·27 판문점 선언(문재인 정부, 2018) 사이의 시기에 있었던 사실로 옳은 것은?

> (가) 1. 남과 북은 6·15 공동 선언을 고수하고 적극 구현해 나간다.
>   ⋮
>   3. 남과 북은 군사적 적대 관계를 종식하고 한반도에서 긴장 완화와 평화를 보장하기 위해 긴밀히 협력하기로 하였다.   – 「10·4 남북 정상 선언」 –
>
> (나) 1. 남과 북은 남북 관계의 전면적이며 획기적인 개선과 발전을 이룩하여 공동 번영과 자주 통일의 미래를 앞당겨 나갈 것이다.
>   ⋮
>   3. 남과 북은 항구적이며 공고한 평화 체제를 구축하기 위해 적극 협력해 나갈 것이다.
>   – 「한반도의 평화와 번영, 통일을 위한 판문점 선언」 –

(가) 노무현 정부는 2007년에 제2차 남북 정상 회담을 개최하여 김대중 정부 시기의 6·15 남북 공동 선언을 계승한 10·4 남북 정상 선언에 서명하였어요.

(나) 문재인 정부 시기인 2018년에 판문점에서 남북 정상 회담이 개최되었고, 4·27 판문점 선언이 발표되었어요.

① **7·4 남북 공동 성명**이 발표되었다.
  ➡ **1972년 박정희 정부** 시기에 남북한은 7·4 남북 공동 성명을 발표하였고, 이에 따라 남북 조절 위원회를 구성하였어요. **(가) 이전**의 사실이에요.

② **개성 공업 지구 조성**이 합의되었다.
  ➡ **2000년 김대중 정부** 시기에 남북한은 제1차 남북 정상 회담을 열고 6·15 남북 공동 선언을 채택하였어요. 이에 따라 남북한은 개성 공업 지구 조성에 합의하였고, 이후 노무현 정부 때 개성 공업 지구 착공이 이루어졌어요. **(가) 이전**의 사실이에요.

③ **남북한이 국제 연합(UN)에 동시 가입**하였다.
  ➡ **1991년 노태우 정부** 시기에 남북한이 유엔에 동시 가입하였어요. **(가) 이전**의 사실이에요.

④ **남북 이산가족 고향 방문단의 교환**이 **최초**로 실현되었다.
  ➡ **1985년 전두환 정부** 시기에 남북 이산가족 고향 방문단과 예술 공연단 교환이 최초로 성사되었어요. **(가) 이전**의 사실이에요.

⑤ **평창 동계 올림픽** 개막식에서 **남북 선수단이 공동 입장**하였다.
  ➡ **2018년 2월 문재인 정부** 시기에 평창 동계 올림픽이 개최되어 남북 단일팀이 참가하였어요.

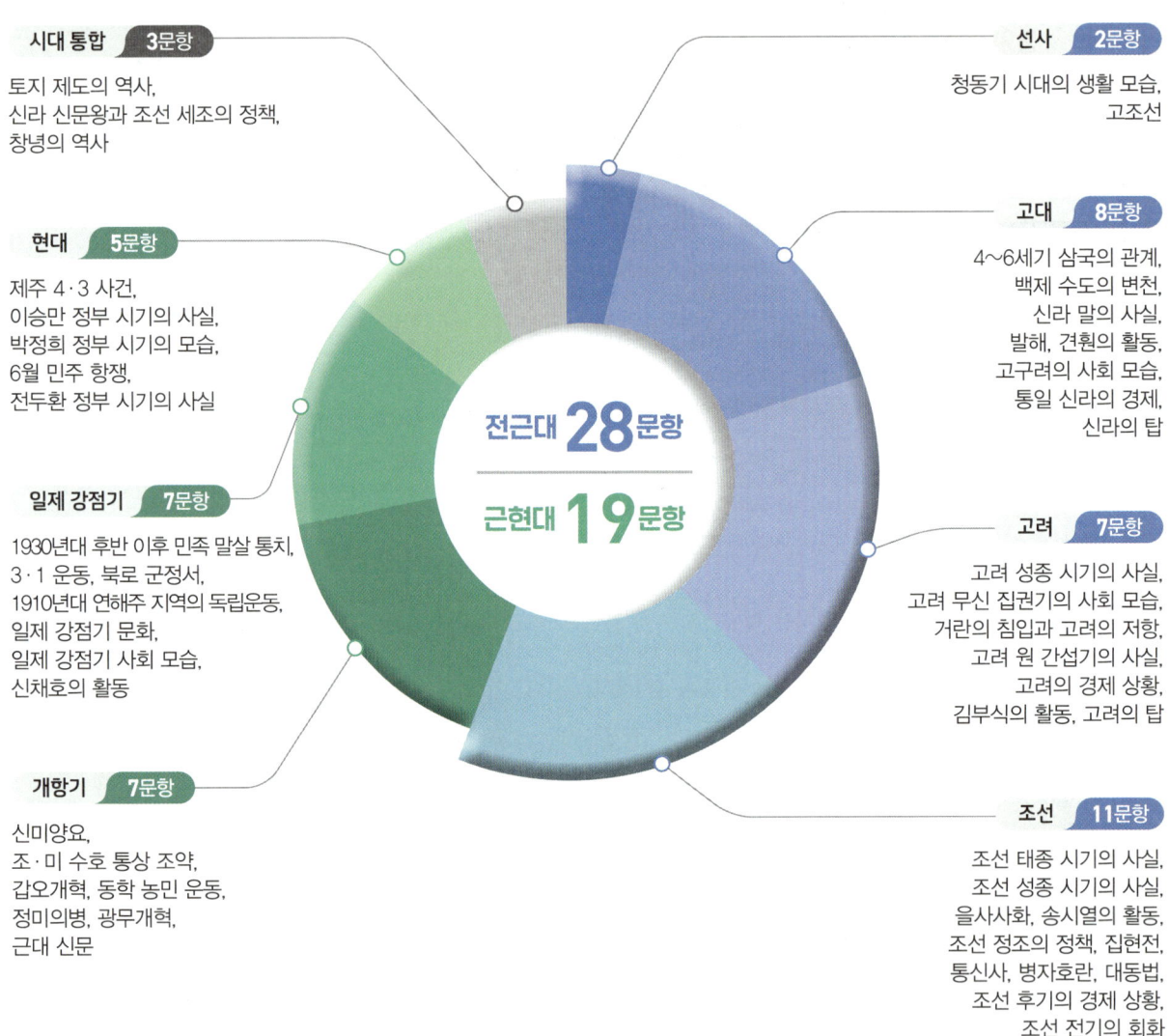

2024년 10월 20일(일) 시행
제72회

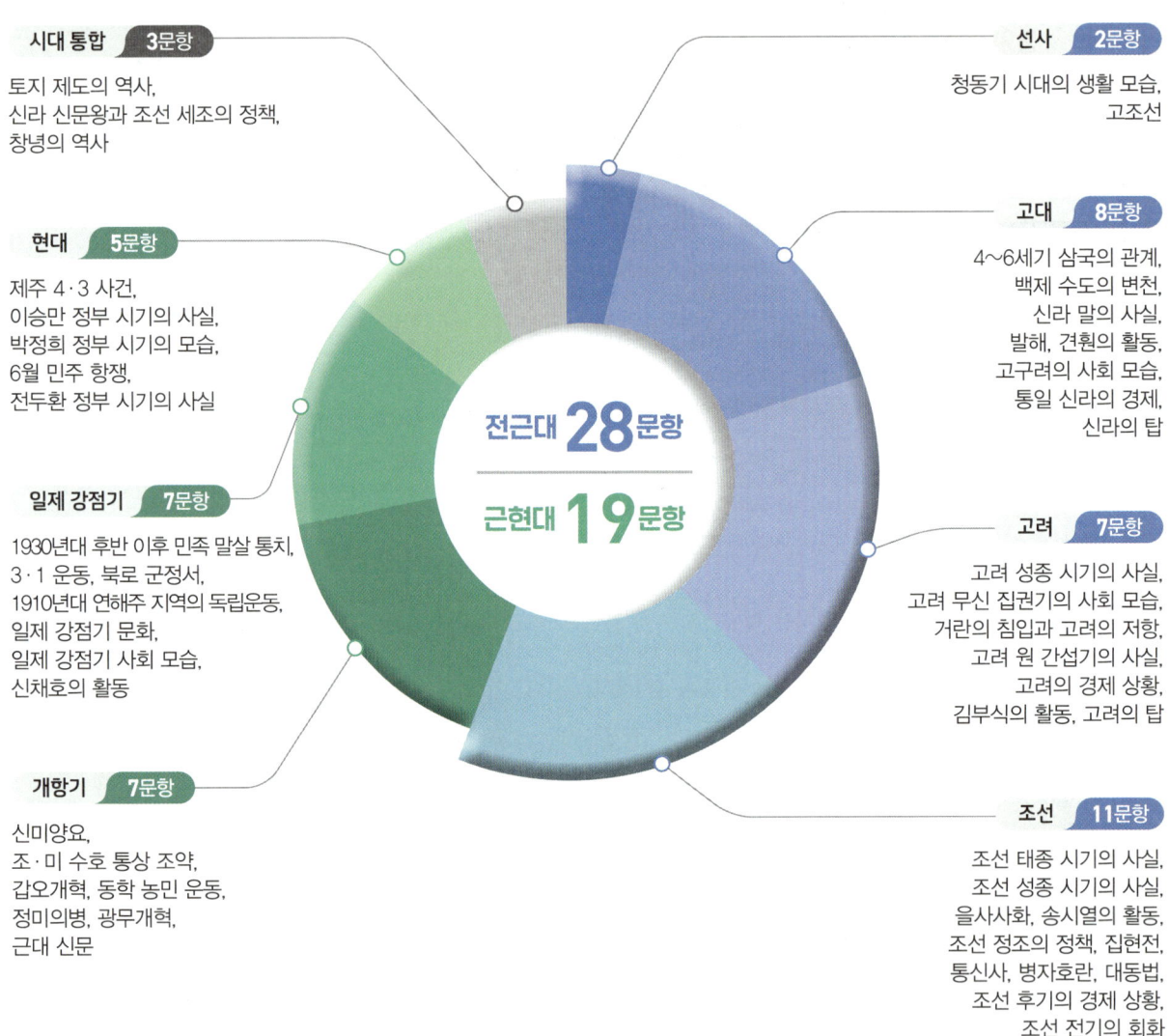

합격률 71회:**46.8%** / 70회:**46.8%**
55.2%

시대별 출제비중

시대 통합 3문항
토지 제도의 역사,
신라 신문왕과 조선 세조의 정책,
창녕의 역사

현대 5문항
제주 4·3 사건,
이승만 정부 시기의 사실,
박정희 정부 시기의 모습,
6월 민주 항쟁,
전두환 정부 시기의 사실

일제 강점기 7문항
1930년대 후반 이후 민족 말살 통치,
3·1 운동, 북로 군정서,
1910년대 연해주 지역의 독립운동,
일제 강점기 문화,
일제 강점기 사회 모습,
신채호의 활동

개항기 7문항
신미양요,
조·미 수호 통상 조약,
갑오개혁, 동학 농민 운동,
정미의병, 광무개혁,
근대 신문

전근대 28문항
근현대 19문항

선사 2문항
청동기 시대의 생활 모습,
고조선

고대 8문항
4~6세기 삼국의 관계,
백제 수도의 변천,
신라 말의 사실,
발해, 견훤의 활동,
고구려의 사회 모습,
통일 신라의 경제,
신라의 탑

고려 7문항
고려 성종 시기의 사실,
고려 무신 집권기의 사회 모습,
거란의 침입과 고려의 저항,
고려 원 간섭기의 사실,
고려의 경제 상황,
김부식의 활동, 고려의 탑

조선 11문항
조선 태종 시기의 사실,
조선 성종 시기의 사실,
을사사화, 송시열의 활동,
조선 정조의 정책, 집현전,
통신사, 병자호란, 대동법,
조선 후기의 경제 상황,
조선 전기의 회화

(가) 청동기 시대의 생활 모습으로 옳은 것은?

정답 키워드

> 사유 재산과 계급이 발생, 민무늬 토기, 반달 돌칼

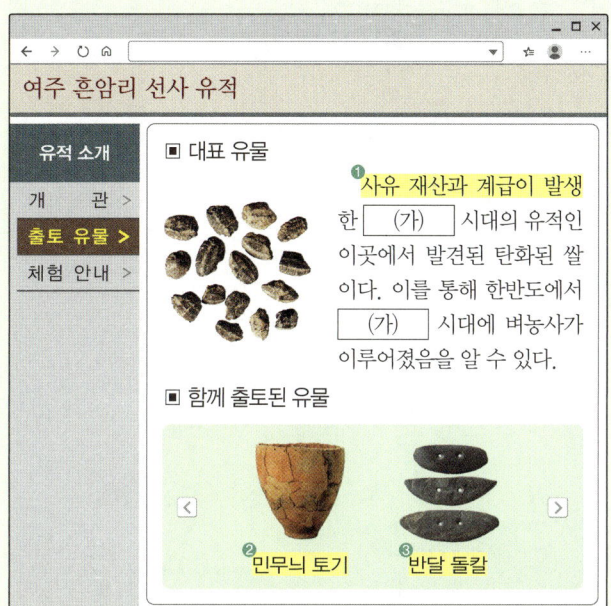

여주 흔암리 선사 유적

대표 유물

❶ 사유 재산과 계급이 발생한 ⬚(가)⬚ 시대의 유적인 이곳에서 발견된 탄화된 쌀이다. 이를 통해 한반도에서 ⬚(가)⬚ 시대에 벼농사가 이루어졌음을 알 수 있다.

함께 출토된 유물

❷ 민무늬 토기　　❸ 반달 돌칼

청동기 시대에는 농경이 발달해 생산력이 향상되었고, 이에 따라 잉여 생산물이 발생하면서 **❶ 사유 재산과 계급이 발생**하였어요. 게다가 정복 활동이 활발해지면서 계급이 뚜렷하게 나누어지고 막강한 권력을 행사하는 지배자가 등장하였어요. 또한, 청동기 시대부터 표면에 무늬가 없는 **❷ 민무늬 토기**를 사용하였으며, 곡물을 수확하기 위해 반달 모양으로 생긴 돌칼인 **❸ 반달 돌칼**을 사용하였어요.

① 주로 동굴이나 강가의 막집에서 살았다.
➡ **구석기 시대** 사람들은 식량을 찾아 이동 생활을 하였으며, 주로 동굴이나 강가의 막집, 바위 그늘에서 살았어요.

②지배층의 무덤으로 고인돌을 축조하였다.
➡ **청동기 시대**에는 많은 인력을 동원하여 지배층의 무덤으로 고인돌을 만들었어요.

③ 농경과 목축을 시작하여 식량을 생산하였다.
➡ **신석기 시대** 사람들은 농경과 목축을 시작하여 스스로 식량을 생산하는 단계에 이르렀어요.

④ 호미, 쇠스랑 등의 철제 농기구를 제작하였다.
➡ **철기 시대**에는 쟁기, 쇠스랑, 낫, 호미 등의 철제 농기구를 사용하여 식량 생산력이 크게 늘었어요.

⑤ 주먹도끼, 찍개 등의 뗀석기를 처음 제작하였다.
➡ **구석기 시대** 사람들은 주먹도끼, 찍개 등 뗀석기를 사용하면서 사냥과 채집 생활을 하였어요.

밑줄 그은 '고조선'에 대한 탐구 활동으로 가장 적절한 것은?

정답 키워드

> 상·대부·장군, 범금 8조

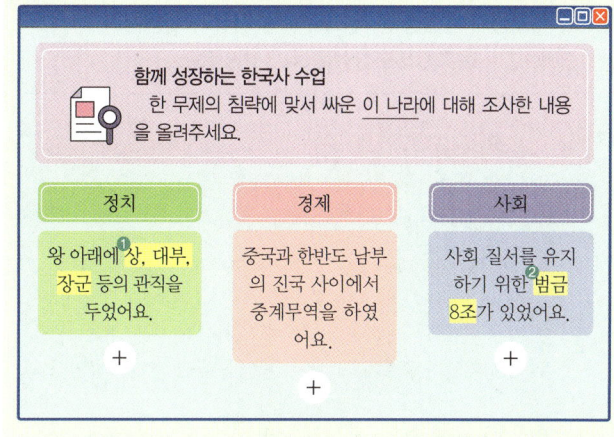

함께 성장하는 한국사 수업
한 무제의 침략에 맞서 싸운 이 나라에 대해 조사한 내용을 올려주세요.

정치	경제	사회
왕 아래에 **❶상, 대부, 장군** 등의 관직을 두었어요.	중국과 한반도 남부의 진국 사이에서 중계무역을 하였어요.	사회 질서를 유지하기 위한 **❷범금 8조**가 있었어요.
+	+	+

❶ 기원전 3세기경 고조선은 부왕·준왕 등 강력한 왕이 등장하여 왕위가 세습되었으며, **상·대부·장군** 등의 관직을 두기도 하였어요.

❷ 고조선에는 사회 질서를 유지하기 위해 살인, 절도 등의 죄를 다스리는 **범금 8조**(8조법)가 있었어요. 범금 8조 중 현재 3개 조항만 전해지고 있어요.

① 임신서기석의 내용을 분석한다.
➡ **신라**의 임신서기석에는 두 청년이 유교 경전 공부에 힘쓸 것을 다짐하는 내용이 새겨져 있어 신라에서 유학 교육이 실시되었음을 짐작할 수 있어요.

② 칠지도에 새겨진 명문을 해석한다.
➡ **백제**에서 만든 가지 모양의 철제 칼인 칠지도를 통해 당시 백제와 왜가 교류하고 있었음을 짐작할 수 있어요. 칼의 앞면에는 34자, 뒷면에는 27자가 새겨져 있으며 명문이 분명하지 못한 곳이 있어서 연구 시점과 학자에 따라 해석이 조금씩 달라요.

③수도 왕검성의 위치에 대한 자료를 검색한다.
➡ **고조선**은 수도가 왕검성일 때 멸망하였는데, 왕검성의 정확한 위치에 대해서는 여러 가지 설이 있어요.

④ 10월에 지냈던 제천 행사인 동맹을 살펴본다.
➡ **고구려**는 10월에 동맹이라는 제천 행사를 열었어요.

⑤ 국가의 중대사를 논의한 화백 회의에 대해 조사한다.
➡ **신라**는 귀족 회의인 화백 회의를 열어 국가의 중대사를 만장일치로 결정하였어요.

(가) 백제 근초고왕의 고구려 평양성 공격(371), (나) 백제 성왕의 고구려 도살성 공격(550) 사이의 시기에 있었던 사실로 옳은 것은?

정답 키워드

(가) 백제왕의 평양성 공격, 고구려왕 사유가 죽음
(나) 백제가 고구려의 도살성을 쳐서 빼앗음

> (가) 겨울에 **백제왕**이 태자와 함께 정병 3만 명을 거느리고 고구려를 침입하여 **평양성**을 공격하였다. **고구려왕 사유**가 힘껏 싸우며 막다가 날아오는 **화살을 맞고 죽었다.**
>
> (나) 정월에 **백제**는 **고구려의 도살성을 쳐서 빼앗았다.** 3월에는 고구려가 백제의 금현성을 함락시켰다. 신라왕이 양국의 병사가 지친 틈을 타 이찬 이사부에게 명하여 병사를 내어 쳐서 두 성을 빼앗아 증축하고 갑사 1천 명을 두어 지키게 하였다.

(가) 371년에 **백제 근초고왕**은 고구려의 **평양성을 공격**하였고, 이 과정에서 **고국원왕이 전사**하였어요.

(나) 550년에 **백제 성왕**은 달기가 이끄는 군사를 보내 **고구려의 도살성을 공격하여 빼앗았으나,** 이후 고구려가 도살성 탈환을 위해 침입하자 백제는 금현성을 함락당하고 도살성마저 빼앗길 위기에 처하였어요. 이때 신라에서 이사부가 이끄는 군대를 보내 지원하였고 고구려군이 지친 틈을 노린 신라군의 활약으로 고구려는 패배하였어요. 신라군은 고구려의 재침입에 대비하기 위해 도살성과 금현성에 군대를 주둔시켰고, 방어를 강화하기 위해 성을 증축하였어요.

① 신라가 **기벌포**에서 **당군**을 격파하였다.
➡ **676년**에 신라는 매소성 전투에서 당의 육군을, 기벌포 전투에서 당의 수군을 격파하고 삼국 통일을 완성하였어요. **(나) 이후**의 사실이에요.

②고구려가 국내성에서 **평양**으로 **천도**하였다.
➡ **427년**에 고구려 장수왕은 국내성에서 평양으로 도읍을 옮겨 백제와 신라를 압박하였어요.

③ **계백**이 이끈 결사대가 **황산벌**에서 패배하였다.
➡ **660년**에 신라군이 사비성을 향해 진격해 오자 백제의 장군 계백이 5천의 결사대를 이끌고 황산벌에서 항전하였으나 패배하였어요. **(나) 이후**의 사실이에요.

④ **연개소문**이 **정변**을 일으켜 권력을 장악하였다.
➡ **642년**에 연개소문은 정변을 일으켜 영류왕을 죽이고 보장왕을 왕위에 올린 뒤 스스로 대막리지가 되어 권력을 장악하였어요. **(나) 이후**의 사실이에요.

⑤ 김춘추가 당으로 건너가 **군사 동맹**을 체결하였다.
➡ **648년**에 신라의 김춘추는 고구려와 동맹을 시도하였다가 실패한 후 당과 군사 동맹을 체결하고, 백제와 고구려 공격에 나섰어요. **(나) 이후**의 사실이에요.

(가) 서울, (나) 공주, (다) 부여 지역에 대한 설명으로 옳지 않은 것은?

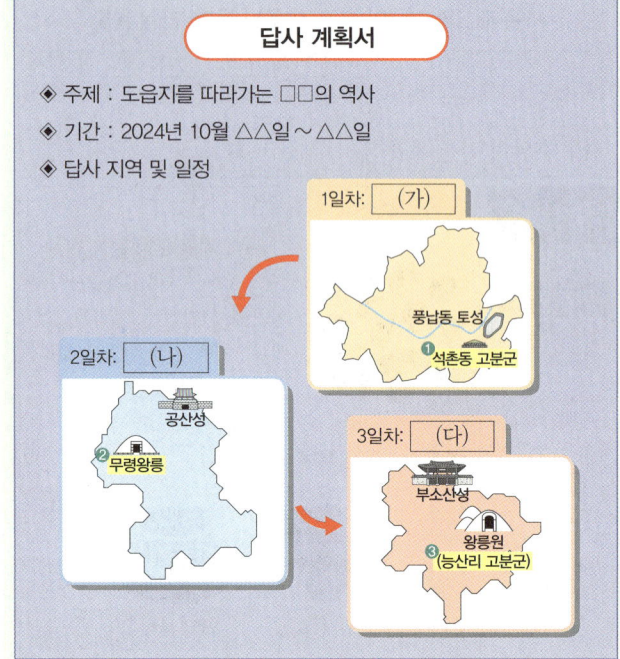

답사 계획서

◆ 주제 : 도읍지를 따라가는 □□의 역사
◆ 기간 : 2024년 10월 △△일 ~ △△일
◆ 답사 지역 및 일정

1일차: (가) 풍납동 토성 ❶ 석촌동 고분군
2일차: (나) 공산성 ❷ 무령왕릉
3일차: (다) 부소산성 ❸ 왕릉원 (능산리 고분군)

❶ 고구려 초기에는 장군총과 같은 돌무지무덤이 많이 만들어졌는데, 백제 한성 시대의 무덤인 **서울 석촌동 고분**도 돌무지무덤의 형태를 보이고 있어요. 이를 통해 백제 건국 세력이 고구려 계통임을 짐작할 수 있어요.

❷ 백제 웅진 시대에는 중국 남조(양)의 영향을 받아 벽돌무덤이 만들어졌는데, **공주 무령왕릉**이 대표적이에요. 이는 백제 고분 중 매장된 사람과 축조 연대가 확인되는 유일한 무덤이에요.

❸ **부여 능산리 고분군** 근처의 절터에서 백제 금동 대향로가 출토되었어요.

① (가) – 고구려에서 남하한 **온조**가 도읍으로 삼았다.
➡ **서울**은 고구려에서 내려온 온조가 한강 유역의 위례성을 도읍으로 삼고 백제를 세운 곳이에요.

② (나) – **문주왕** 때 **천도**한 곳이다.
➡ **공주**는 백제 개로왕 때 고구려 장수왕의 침입으로 수도 한성이 함락된 후 문주왕 때 천도한 수도예요.

③ (나) – 중국 **남조**의 영향을 받은 **벽돌무덤**이 있다.
➡ **공주** 무령왕릉은 중국 남조의 영향을 받아 벽돌로 축조한 벽돌무덤 양식이에요.

④ (다) – **왕궁리 오층 석탑**이 있다.
➡ **익산** 왕궁리 5층 석탑은 고려 시대에 만들어진 것으로, 이 탑을 해체하는 과정에서 많은 사리장엄구가 발견되었어요.

⑤ (다) – **백제 금동 대향로**가 출토되었다.
➡ **부여** 능산리 절터에서 출토된 백제 금동 대향로에는 신선의 모습과 봉황 조각 등의 도교적 상징과 연꽃이 피어나는 받침 부분의 조각 등의 불교적 상징이 묘사되어 있어요.

05 고구려의 사회 모습

정답 ①

(가) 고구려에 대한 설명으로 옳은 것은?

> **정답 키워드**
>
> 쌍영총, 안악 3호분

> 이것은 (가) 의 **①쌍영총** 벽화의 개마 무사 부분 모사도입니다. **②안악 3호분** 등 (가) 의 다른 고분 벽화에서도 개마 무사가 그려져 있어 이 국가의 군사, 무기 등의 모습을 알 수 있습니다.

① 고구려 **쌍영총**은 굴식 돌방무덤으로, 내부에 개마 무사를 비롯한 고구려 사람들의 모습이 그려져 있는 벽화가 있어요.

② 고구려의 **안악 3호분**은 굴식 돌방무덤으로, 내부에 남아 있는 기록에 따르면 고구려의 제16대 왕인 고국원왕의 무덤으로 추정하고 있어요. 벽면과 천장에 남겨진 벽화를 통해 당시 고구려 사람들의 생활 모습도 엿볼 수 있어요.

① 태학과 경당을 두어 인재를 양성하였다.
➡ **고구려**는 교육 기관으로 수도에 태학, 지방에 경당을 두어 인재를 양성하였어요.

② 골품에 따라 관등 승진에 제한이 있었다.
➡ **신라**의 골품제는 골품에 따라 관등 승진에 제한을 두고 일상생활까지도 규제하는 폐쇄적인 신분 제도였어요.

③ 국경 지역인 양계에 병마사를 파견하였다.
➡ **고려**는 5도 양계의 지방 행정 제도를 갖추고 국경 지역인 양계(동계, 북계)에 병마사를 파견하여 적의 침입에 대비하였어요.

④ 정사암에서 국가의 중대한 일을 결정하였다.
➡ **백제**에서는 귀족들이 정사암 회의를 열어 국가 중대사를 논의하였어요.

⑤ 여러 가(加)들이 별도로 사출도를 주관하였다.
➡ **부여**는 왕이 중앙을 다스렸고, 마가·우가·구가·저가 등의 여러 가(加)들이 별도로 사출도라고 불린 지역을 다스렸어요.

06 통일 신라의 경제

정답 ⑤

(가)에 들어갈 내용으로 가장 적절한 것은?

> 한국사 교양 강좌
> **통일 신라의 경제**
>
> ◆ 강좌 주제 ◆
> 제1강 촌락 문서에 나타난 수취 체제의 특징
> 제2강 서시와 남시 설치를 통해 본 상업 발달
> 제3강 _____(가)_____
>
> □ 일시 : 2024년 10월 △△일 △△시 ~ △△시
> □ 장소 : ○○대학교 대강당

① 상평창과 물가 조절
➡ **고려** 성종은 개경과 서경, 12목에 상평창을 설치하여 물가 조절을 통해 농민 생활의 안정을 도모하였어요. 상평창은 풍년이 들어 곡식 가격이 떨어지면 일정량을 사들여 가격이 폭락하는 것을 막고, 흉년이 들어 곡식 가격이 지나치게 오르면 비축해 놓은 곡식을 풀어 가격이 폭등하는 것을 막아 물가를 조절하는 기구예요.

② 은병이 화폐 유통에 미친 영향
➡ **고려** 숙종 때 의천의 건의로 주전도감이 설치되어 은병(활구), 삼한통보, 해동통보, 해동중보 등의 화폐가 만들어졌지만 널리 유통되지는 못하였어요.

③ 진대법으로 알아보는 빈민 구제
➡ **고구려** 고국천왕은 재상 을파소의 건의를 받아들여 백성들에게 곡식을 빌려주는 진대법을 실시해 빈민을 구제하고자 하였어요.

④ 덩이쇠 수출을 통해 본 낙랑과의 교역
➡ **금관가야**는 철이 풍부하여 덩이쇠를 낙랑과 왜에 수출하였어요.

⑤ 울산항을 통한 아라비아 상인들과의 교류
➡ **통일 신라**에서는 울산항, 당항성, 영암이 국제 무역항으로 번성하였는데, 아라비아 상인도 드나들었어요.

밑줄 그은 '발해'에 대한 설명으로 옳은 것은?

정답 키워드

> 정혜 공주 무덤, 고구려 양식 계승

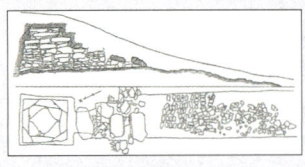

정혜 공주 무덤의 구조도   정혜 공주 묘지석

지린성 둔화에서 발견된 이 국가의 정혜 공주 무덤은 모줄임천장 구조의 굴식 돌방무덤으로 고구려 양식을 계승하고 있다. 또한, 내부에서 출토된 묘지석에 '황상'이라는 칭호가 사용된 점을 통해 이 국가의 자주성을 확인할 수 있다.

발해 문왕의 둘째 딸 ❶정혜 공주 묘(무덤)는 굴식 돌방무덤 양식과 모줄임천장 구조, 돌사자상을 통해 고구려 양식을 계승하였음을 짐작할 수 있어요.

① 서경을 북진 정책의 기지로 삼았다.
➡ **고려** 태조는 서경을 북진 정책의 기지로 삼고 중요시하였어요.

②정당성의 대내상이 국정을 총괄하였다.
➡ **발해**는 정당성의 장관인 대내상이 국정을 총괄하였고, 정당성 아래의 좌사정과 우사정이 6부를 나누어 관할하였어요.

③ 영락이라는 독자적인 연호를 사용하였다.
➡ **고구려** 광개토 태왕은 '영락'이라는 독자적인 연호를 사용하여 고구려의 위상을 드러냈어요.

④ 군사 조직으로 9서당 10정을 편성하였다.
➡ **신라** 신문왕은 통일 이후 군사 조직을 정비하여 중앙군인 9서당과 지방군인 10정을 설치하였어요.

⑤ 관리 선발을 위해 독서삼품과를 시행하였다.
➡ **신라** 원성왕은 국학 학생들을 대상으로 유교 경전에 대한 이해 수준의 정도를 평가하여 관리 임용에 참고하는 독서삼품과를 시행하였어요.

교사의 질문(신라 진성 여왕 재위 시기의 사실)에 대한 학생의 답변으로 옳은 것은?

정답 키워드

> 진성 여왕

화면에 표시된 부분은 ❶진성여왕 때 유포된 글로 당시 정치 상황을 비판하는 내용입니다. 삼국유사에 따르면 '찰니나제'는 여왕을, '소판니'와 '삼아간'은 위홍 등 간신들을 의미하는 것으로, 그들 때문에 나라가 망한다는 뜻입니다. 이 여왕의 재위 시기에 있었던 사실을 말해볼까요?

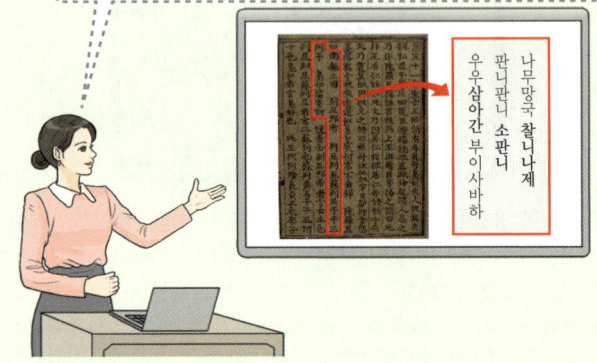

혜공왕 이후 신라는 진골 귀족들의 왕위 다툼으로 왕권이 약화되었고, 중앙의 지방 통제력도 약화되었어요. 이로 인해 귀족의 수탈이 더욱 심해져 농민 봉기가 곳곳에서 일어났으며, 특히 ❶진성 여왕 시기에 극심하였어요.

① 김흠돌이 반란을 도모하였어요.
➡ **신라 신문왕**은 김흠돌의 반란을 진압하면서 이를 함께 도모한 진골 귀족들을 숙청하였어요.

② 김사미와 효심이 난을 일으켰어요.
➡ **고려 명종** 무신 집권기에 운문을 거점으로 김사미가, 초전을 거점으로 효심이 지배층의 가혹한 수탈에 저항하여 봉기를 일으켰어요.

③원종과 애노가 사벌주에서 봉기하였어요.
➡ **신라 말 진성 여왕** 때 중앙 정부의 지방 통제력이 약화되고 귀족의 수탈이 더욱 심해져 사벌주에서 원종과 애노가 봉기를 일으켰어요.

④ 김유신이 비담과 염종의 난을 진압하였어요.
➡ **신라 선덕 여왕** 때 비담과 염종 등이 반란을 일으켰으나 김유신에 의해 진압되었어요.

⑤ 복신과 도침이 주류성에서 군사를 일으켰어요.
➡ 나·당 연합군에 의해 백제가 멸망한 이후 **신라 문무왕** 재위 시기에 복신과 도침은 주류성에서 군사를 일으켜 백제 부흥 운동을 전개하였어요.

(가) 견훤에 대한 설명으로 옳은 것은?

> **정답 키워드**
>
> 경애왕이 습격을 받음, 공산 전투에서 고려군에 대승

10:26

나는 지금 경주 포석정지에 와 있어. 삼국사기에 의하면 이곳은 ❶경애왕이 연회를 벌이다가 (가) 의 습격을 받은 곳이야.

(가) 에 대해 더 알려 줄래?

그는 ❷공산 전투에서 고려군에 대승을 거두기도 했어.

927년에 후백제의 견훤은 ❶신라의 금성을 습격하여 경애왕을 죽게 하고 김부를 경순왕으로 세웠어요. 한편, 고려 태조 왕건은 신라를 지원하기 위해 군사를 보냈는데, 견훤은 ❷고려와의 공산 전투에서 큰 승리를 거두었어요.

① 훈요 10조를 남겼다.
  ➡ **고려 태조 왕건**은 훈요 10조를 남겨 후대 왕들이 나라를 다스릴 때 그 내용을 지킬 것을 당부하였어요.

② 경주의 **사심관**으로 임명되었다.
  ➡ **신라 경순왕(김부)**은 견훤이 고려에 귀순한 이후 고려에 항복하였고, 왕건은 경순왕을 경주의 사심관으로 임명하였어요.

③ 금마저에 **미륵사**를 창건하였다.
  ➡ **백제 무왕**은 오늘날 익산 지역인 금마저에 미륵사를 창건하였어요.

④ **완산주**를 **도읍**으로 삼아 나라를 세웠다.
  ➡ **견훤**은 신라 말 지방 호족이었는데, 스스로 왕위에 오른 후 완산주를 도읍으로 정하고 후백제를 세웠어요.

⑤ **광평성**을 비롯한 정치 기구를 마련하였다.
  ➡ **궁예**는 후고구려를 세운 후 광평성을 설치하는 등 정치 조직과 관제를 정비하였어요.

(가)~(다)에 대한 설명으로 옳은 것은?

> **사진으로 보는 신라의 탑**
>
> (가) 경주 분황사 모전 석탑   (나) 경주 감은사지 동 삼층 석탑   (다) 화순 쌍봉사 철감선사탑

(가) 경주 분황사 모전 석탑은 현존하는 신라 석탑 중 가장 오래된 석탑으로, 돌을 벽돌 모양으로 다듬어 쌓았어요. 선덕 여왕 시기에 건립된 것으로 추정하고 있어요.

(나) 경주 감은사지 동 3층 석탑은 신라 신문왕이 아버지 문무왕을 기리기 위해 건립한 감은사에 세워진 석탑으로, 서쪽의 경주 감은사지 서 3층 석탑과 함께 쌍탑이에요. 삼국 통일 이후 조성된 석탑 양식의 전형을 띠고 있어요.

(다) 화순 쌍봉사 철감선사탑은 통일 신라 시대의 탑으로, 승려인 철감선사의 사리를 봉안한 탑이에요.

---

① (가) – 내부에서 **무구정광대다라니경**이 발견되었다.
  ➡ **경주 불국사 3층 석탑(석가탑)**을 보수하는 과정에서 세계에서 가장 오래된 목판 인쇄본인 〈무구정광대다라니경〉이 발견되었어요.

② (가) – 1층 탑신에 **당**의 장수 **소정방**의 명으로 새긴 글이 있다.
  ➡ **부여 정림사지 5층 석탑**은 백제의 석탑으로, 목탑 양식을 계승하였어요. 백제 멸망 당시 당의 소정방이 쓴 글이 새겨져 있어 '평제탑'이라고 불리기도 하였어요.

③ (나) – **자장**의 **건의**로 건립되었다.
  ➡ **경주 황룡사 9층 목탑**은 신라 선덕 여왕 때 자장의 건의로 건립되었는데, 고려 시대에 몽골의 침입으로 소실되었어요.

④ (나) – **돌**을 **벽돌 모양**으로 다듬어 쌓았다.
  ➡ **경주 분황사 모전 석탑**은 돌을 벽돌 모양으로 다듬어 쌓아 올렸어요.

⑤ (다) – **선종의 영향**을 받아 만들어졌다.
  ➡ **화순 쌍봉사 철감선사탑**은 승탑으로, 신라 말에는 선종이 유행하면서 승려의 사리를 봉안하는 승탑과 탑비가 유행하였어요.

11

고려 성종 시기의 사실 정답 ⑤

다음 검색창에 들어갈 고려 성종의 재위 기간에 있었던 사실로 옳은 것은?

정답 키워드

> 12목 설치, 국자감

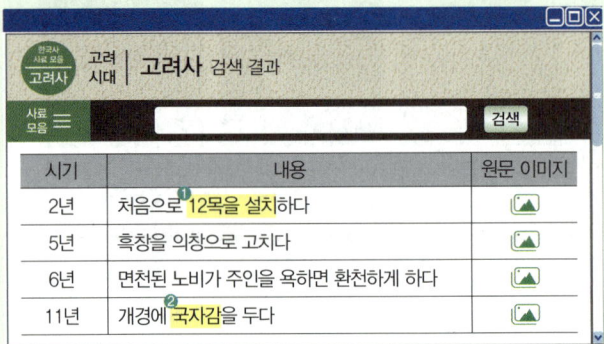

시기	내용	원문 이미지
2년	처음으로 **12목을 설치**하다	
5년	흑창을 의창으로 고치다	
6년	면천된 노비가 주인을 욕하면 환천하게 하다	
11년	개경에 **국자감**을 두다	

고려 성종은 최승로의 시무 28조를 받아들여 2성 6부의 중앙 관제를 마련하였으며, 지방 주요 지역에 **12목을 설치**하고 지방관을 파견하였어요. 또한, 유학 교육을 강화하기 위해 최고 교육 기관으로 **국자감**을 설립하고 12목에 경학박사와 의학박사를 파견하였어요.

① 관학을 진흥하고자 양현고를 설치하였다.
➡ **예종**은 관학을 진흥시키기 위해 국자감에 전문 강좌인 7재를 설치하고 장학 재단으로 양현고를 운영하였어요. 또한, 국자감에 청연각과 보문각을 설치하여 학문 연구를 장려하였어요.

② 광덕, 준풍 등의 독자적 연호를 사용하였다.
➡ **광종**은 스스로 황제라 칭하고 광덕, 준풍 등의 독자적인 연호를 사용하였어요.

③ 주전도감을 설치하여 해동통보를 발행하였다.
➡ **숙종**은 의천의 건의를 받아들여 주전도감을 설치하고 은병(활구), 해동통보 등의 화폐를 발행하였어요.

④ 정계와 계백료서를 지어 관리의 규범을 제시하였다.
➡ **태조**는 《정계》와 《계백료서》를 지어 관리가 지켜야 할 규범을 제시하였고, 훈요 10조를 남겨 후대 왕들이 나라를 다스릴 때 그 내용을 지킬 것을 당부하였어요.

⑤ 최승로의 시무 28조를 받아들여 통치 체제를 정비하였다.
➡ **성종**은 최승로의 시무 28조를 받아들여 유교를 정치 이념으로 삼고 체제를 정비하였어요.

12

거란의 침입과 고려의 저항 정답 ③

(가) 거란에 대한 고려의 대응으로 옳은 것은?

정답 키워드

> 초조대장경, 현종 피란

이 자료는 **초조대장경**의 일부입니다. [(가)]의 침입으로 **현종이 피란**을 가고 개경이 함락되자 부처의 힘으로 나라를 지키려는 마음을 담아 조판하기 시작하였습니다.

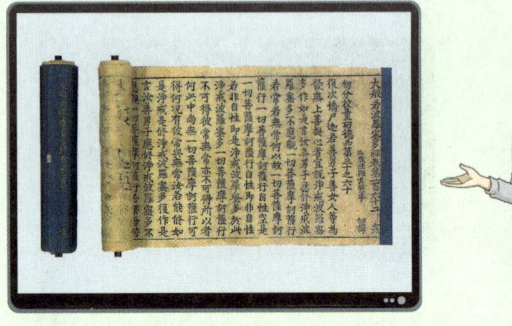

고려 현종 때 강조의 정변을 구실로 거란의 2차 침입이 일어났어요. 당시 개경이 함락되고 **현종이 나주로 피란**하는 등 위기를 겪는 가운데 양규는 거란군을 기습 공격해 많은 고려 사람들을 구하였어요. 한편, 현종은 거란이 침입하자 부처의 힘을 빌려 외적의 침입을 물리치고자 하는 염원을 담아 **초조대장경**을 조판하였어요.

① 윤관을 보내 동북 9성을 개척하였다.
➡ 고려 예종 때 윤관은 별무반을 이끌고 여진을 정벌한 후 동북 9성을 설치하고 경계를 알리는 비석을 세웠어요.

② 화통도감을 두어 화포를 제작하였다.
➡ 고려 우왕은 최무선의 건의에 따라 화통도감을 설치하였어요. 최무선과 나세, 심덕부 등은 이곳에서 생산한 화약과 화포 등을 이용하여 진포에 침입한 왜구를 격퇴하였어요.

③ 광군을 조직하여 침입에 대비하였다.
➡ 고려는 정종 때 거란의 침입에 대비하여 일종의 예비군인 광군을 조직하였고, 이를 감독하기 위한 기구로 광군사를 만들었어요.

④ 박위를 파견하여 근거지를 토벌하였다.
➡ 고려 말 창왕 때 박위는 왜구의 침입이 잦아지자 왜구의 근거지인 쓰시마섬(대마도)을 토벌하였어요.

⑤ 철령위 설치에 반발해 요동 정벌을 추진하였다.
➡ 고려 말 우왕 때 최영은 명이 요동에 철령위를 설치하자 이에 반발하며 요동 정벌을 추진하였어요.

(가) 김부식에 들어갈 내용으로 적절한 것은?

정답 키워드

삼국사기 편찬

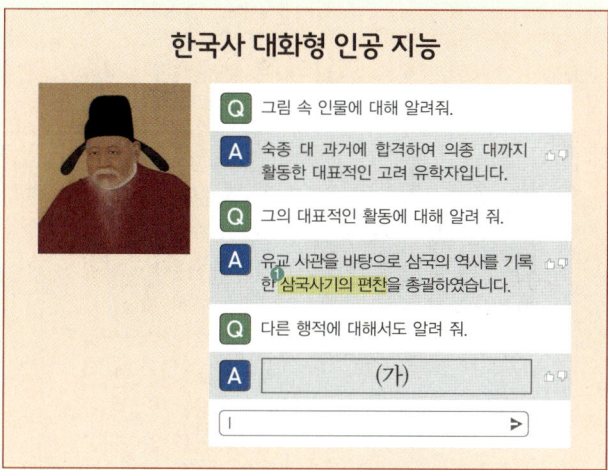

한국사 대화형 인공 지능

Q 그림 속 인물에 대해 알려줘.

A 숙종 대 과거에 합격하여 의종 대까지 활동한 대표적인 고려 유학자입니다.

Q 그의 대표적인 활동에 대해 알려 줘.

A 유교 사관을 바탕으로 삼국의 역사를 기록한 삼국사기의 편찬을 총괄하였습니다.

Q 다른 행적에 대해서도 알려 줘.

A   **(가)**

I   ➤

김부식은 인종의 명을 받아 유교 사관에 입각하여 본기, 열전 등 기전체 형식으로 서술한 《삼국사기》를 편찬하였어요.

① 봉사 10조를 국왕에게 올렸습니다.
➡ **최충헌**은 고려 무신 집권기 때 이의민을 제거하고 최고 권력자가 되었어요. 이후 명종에게 봉사 10조를 올려 시정 개혁을 건의하였어요.

②관군을 이끌고 묘청의 난을 진압하였습니다.
➡ **김부식**은 1135년에 서경에서 묘청 등이 반란을 일으키자 군대를 이끌고 가서 진압하였어요.

③ 만권당에서 원의 유학자들과 교유하였습니다.
➡ **이제현**은 고려 말에 충선왕이 원의 연경에 세운 독서당인 만권당에서 원의 유학자들과 교유하며 성리학을 연구하였어요.

④ 불씨잡변을 저술하여 불교를 비판하였습니다.
➡ **정도전**은 《불씨잡변》을 지어 불교의 폐단을 비판하였어요. 또한 《조선경국전》,《경제문감》 등을 저술하여 민본주의와 재상 중심의 정치를 주장하였어요.

⑤ 9재 학당을 설립하여 유학 교육에 힘썼습니다.
➡ **최충**은 고려 문종 때 사립 교육 기관으로 문헌공도라고 불리기도 한 9재 학당을 설립하여 유학 교육에 힘썼어요.

(가) 고려 정부의 개경 환도(1270), (나) 조위총의 난(1174), (다) 정방 설치(1225)를 일어난 순서대로 옳게 나열한 것은?

정답 키워드

(가) 개경으로 환도
(나) 조위총이 군사를 일으킴
(다) 최우가 정방을 집에 두고 인사 행정을 처리함

(가) 왕이 먼저 나라 안의 신하들을 권유하여 개경으로 환도하게 하였다. 여러 신하들이 말하기를 "임금의 명령인데, 감히 따르지 않을 수 있겠는가?"라고 하였으므로, 임유무가 화가 나서 어떻게 해야 할지를 알지 못하였다.

(나) 조위총이 군사를 일으키자, 이의방이 이의민을 정동 대장군 지병마사로 임명하였다. 이의민이 군사를 거느리고 전투에 나섰다가 날아오는 화살에 눈을 맞았으나, 철령으로 진군하여 사방에서 북을 치고 고함을 지르면서 급습하여 크게 격파하였다.

(다) 백관이 최우의 집에 나아가 정년도목(政年都目)을 올렸다. 최우가 청사에 앉아 그것을 받았다. 6품 이하는 당하(堂下)에서 두 번 절하고 땅에 엎드려 감히 고개를 들고 보지 못하였다. 이때부터 최우는 정방을 그의 집에 두고 백관의 인사 행정을 처리하였다.

(나) 1174년에 서경 유수였던 조위총은 난을 일으켜 무신 정변을 주도한 정중부, 이의방 등을 제거하려고 하였으나 실패로 끝났어요.

(다) 최씨 무신 정권을 연 최충헌의 권력을 물려받은 최우는 1225년에 인사 행정을 담당하는 정방을 만들고 문신을 등용하였어요.

(가) 1231년에 몽골이 침략하자 고려 조정은 화의를 맺고 몽골군을 철수하게 하였으나, 이후 몽골이 내정을 간섭하기 시작하자 당시 실권자였던 최우는 수도를 강화도로 옮겨 장기 항전에 대비하였어요. 하지만 결국 1270년에 고려 정부가 몽골과 화의를 체결하여 개경 환도를 결정하였어요.

① (가) – (나) – (다)
② (가) – (다) – (나)
③ (나) – (가) – (다)
④ (나) – (다) – (가)
➡ (나) 조위총의 난(1174) → (다) 정방 설치(1225) → (가) 고려 정부의 개경 환도(1270)
⑤ (다) – (나) – (가)

밑줄 그은 '원 간섭기(13세기 중반~14세기 중반)'의 사실로 옳은 것은?

정답 키워드

> 왕들이 원의 공주들과 결혼

> 이 그림은 공민왕과 그의 왕비인 노국 대장 공주의 초상화야. 고려에는 노국 대장 공주 외에도 제국 대장 공주, 계국 대장 공주 등 원 출신의 왕비들이 여럿 있었어.

> 맞아. 충렬왕부터 공민왕에 이르는 시기의 왕들은 원의 공주들과 결혼했어.

원 간섭기에는 중서문하성과 상서성이 첨의부로 개편되는 등 고려 왕실의 호칭과 관제가 격하되었고, 고려 국왕은 원의 공주와 결혼하여 원 황실의 부마가 되었어요. 또한 원은 다루가치, 정동행성 등을 통해 고려의 내정에 간섭하였어요.

① 권문세족이 도평의사사를 장악하였다.
➡ 원 간섭기에 도병마사가 도평의사사로 개편되었는데, 원의 세력을 등에 업고 권력을 얻은 권문세족이 도평의사사를 장악하였어요.

② 왕조 교체를 예언하는 정감록이 유포되었다.
➡ 조선 후기에는 왕조 교체를 예언한 《정감록》이 민간에 널리 퍼져 농민 봉기에 영향을 주었어요.

③ 강조가 정변을 일으켜 김치양을 제거하였다.
➡ 1009년에 강조는 거란의 1차 침입 이후 국정을 농단하던 김치양 일파를 제거하고 목종을 폐위하는 정변을 일으켰어요.

④ 김보당이 의종 복위를 주장하며 난을 일으켰다.
➡ 1173년에 김보당은 무신 정권의 집권자였던 정중부와 이의방을 토벌하고 전왕인 의종을 다시 세우고자 동계 지역에서 난을 일으켰으나 실패로 끝났어요.

⑤ 국정을 총괄하는 기구로 교정도감이 설치되었다.
➡ 1209년 무신 집권기에 최충헌은 국정을 총괄하는 최고 권력 기구로 교정도감을 설치하고, 그 수장인 교정별감이 되어 국정 전반을 장악하였어요.

(가) 고려의 경제 상황으로 옳은 것은?

정답 키워드

> 예성항

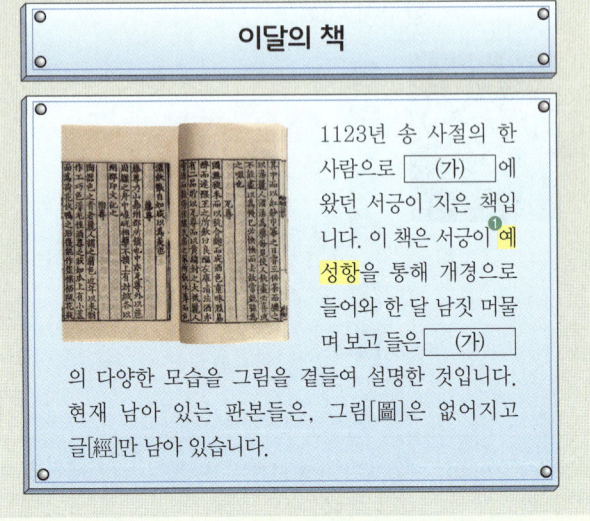

이달의 책

1123년 송 사절의 한 사람으로 　(가)　에 왔던 서긍이 지은 책입니다. 이 책은 서긍이 예성항을 통해 개경으로 들어와 한 달 남짓 머물며 보고 들은 　(가)　의 다양한 모습을 그림을 곁들여 설명한 것입니다. 현재 남아 있는 판본들은, 그림[圖]은 없어지고 글[經]만 남아 있습니다.

고려는 주변 국가들과 활발하게 무역을 하였는데, 개경과 거리가 가까웠던 예성강 하구의 벽란도는 국제 무역항으로 번성하여 송과 아라비아 상인들까지 왕래하였어요. 벽란정은 벽란도에서 외국 사신들을 접대하였던 객관의 이름으로, 벽란도라는 이름도 이 벽란정에서 유래한 것으로 알려져 있어요.

① 솔빈부의 말이 특산품으로 유명하였다.
➡ 발해는 당, 일본, 신라 등과 교역하였으며, 목축이 발달하여 솔빈부의 말이 특산물로 유명하였어요.

② 송상이 전국 각지에 송방을 설치하였다.
➡ 조선 후기에 송상은 개성을 중심으로 청과의 무역을 통해 부를 축적하였어요. 또한, 송상은 전국 주요 지역에 송방이라는 지점을 설치해 운영하였어요.

③ 서적점, 다점 등의 관영 상점을 운영하였다.
➡ 고려는 개경, 서경 등 대도시에 관청의 수공업장에서 생산한 물품을 판매하는 서적점, 다점 등의 관영 상점을 운영하였어요.

④ 집집마다 부경이라고 불리는 창고가 있었다.
➡ 고구려는 집집마다 식량을 보관하는 부경이라는 창고를 두었어요.

⑤ 광산을 전문적으로 경영하는 덕대가 나타났다.
➡ 조선 후기에 상인 물주로부터 자금을 받아 채굴업자와 노동자를 고용하여 광산을 전문적으로 경영하는 덕대가 등장하였어요.

(가) 고려의 탑으로 옳은 것은?

정답 **키워드**

원각사지 10층 석탑에 영향

이 탑은 원래 개성에 있었는데 지금은 국립 중앙 박물관에 옮겨져 새로운 영상 기법으로 전시되고 있습니다. (가) 시대에 만들어진 이 탑은 이후 **원각사지 십층 석탑에 영향**을 주기도 하였습니다.

고려 시대에 세워진 개성 경천사지 10층 석탑은 원의 영향을 받아 대리석으로 만들어졌으며, 이후 조선 전기에 만들어진 **서울 원각사지 10층 석탑에 영향**을 주었어요.

①

➡ **통일 신라**의 경주 불국사 3층 석탑으로 '석가탑'이라고도 해요.

②

➡ **백제**의 부여 정림사지 5층 석탑으로, 백제 멸망 당시 당의 소정방이 쓴 글이 새겨져 있어요.

③

➡ **고려** 전기에 건립된 대표적인 다각다층 석탑인 평창 월정사 8각 9층 석탑이에요.

④

➡ **통일 신라**의 구례 화엄사 4사자 3층 석탑으로, 기단과 탑신에 화려한 조각이 새겨져 있어요.

⑤

➡ **백제**의 익산 미륵사지 석탑으로, 목탑 양식을 계승하였어요.

밑줄 그은 '조선 태종'에 대한 설명으로 옳은 것은?

정답 **키워드**

임금께서 정도전을 숙청

자네 들었는가? 임금께서 민무구, 민무질에게 자결을 명하셨다더군. 몇 해 전 어린 세자를 이용해 권세를 잡으려 했다는 죄로 귀양을 보내셨지.

나도 들었네. 중전마마의 동생으로 **임금께서 정도전을 숙청**할 때 공을 세웠던 사람들이지.

조선 태조의 다섯째 왕자이자 **조선의 제3대 왕인 태종 이방원은 두 차례 왕자의 난을 통해 정도전 등 반대 세력을 제거하고 정권을 장악**한 후 정종의 뒤를 이어 왕에 올랐어요.

① 공신들에게 **역분전**을 **지급**하였다.

➡ **고려 태조**는 고려 건국과 후삼국 통일 과정에서 공을 세운 개국 공신에게 공로와 인품에 따라 역분전을 지급하였어요.

② **주자소**를 두어 **계미자**를 **주조**하였다.

➡ **조선 태종**은 활자를 만드는 관청인 주자소를 설치하여 구리 활자인 계미자를 주조하였어요.

③ **정치도감**을 **설치**하여 개혁을 추진하였다.

➡ **고려 충목왕**은 폐정 개혁을 목표로 정치도감을 설치하였어요.

④ **구황촬요**를 간행하여 기근에 대비하였다.

➡ **조선 명종** 때 기근에 대비하기 위해 《구황촬요》가 간행되었어요. 이 책에는 나무껍질 등을 이용하여 먹을 것을 만드는 방법, 굶주림으로 인해 종기가 나거나 빈사 상태에 든 사람을 치료하는 방법 등이 실려 있어요.

⑤ 유자광의 **고변**을 계기로 **남이**를 **처형**하였다.

➡ **조선 예종** 때 유자광이 일부 종친 세력이 반란을 모의하였다고 고변하였고, 이를 계기로 남이 등이 처형되었어요.

(가) 집현전에 대한 설명으로 옳은 것은?

정답 키워드

세종이 학문 연구, 편찬 사업을 수행하도록 설치

도로명으로 보는 역사 : 만리재로

이 도로명은 만리재에서 유래한 것이다. 만리재는 조선의 문신 최만리가 살았다고 하여 붙여진 지명이다. 세자의 스승이기도 하였던 최만리는 ❶세종이 학문 연구, 편찬 사업 등을 수행하도록 설치한　(가)　의 부제학으로 활약하였다. 그러나 훈민정음 창제를 반대하는 상소를 올려 세종과 갈등을 빚기도 하였다.

---

❶세종은 학문 연구 기관으로 집현전을 두어 정책·학문 연구, 편찬 사업, 경연을 담당하도록 하였어요. 세종은 집현전 관리를 대상으로 휴가를 주어 집에서 독서와 연구에만 전념할 수 있도록 하는 사가독서제를 시행하였어요.

---

① 은대(銀臺)라고도 불렸다.
　➡ 조선의 **승정원**은 왕의 비서 기관으로 왕명 출납을 담당하였으며 은대, 후원, 대언사 등으로 불리기도 하였어요.

② 전문 강좌인 7재를 운영하였다.
　➡ 고려의 **국자감**에 개설된 7재는 전문 강좌로, 고려 예종 때 관학을 진흥시키기 위해 운영하였어요.

③ 고려의 삼사와 같은 기능을 수행하였다.
　➡ 고려의 삼사는 화폐와 곡식의 출납 및 회계를 담당하던 기관으로, 조선 시대에는 **호조**가 비슷한 역할을 하였어요.

④단종 복위 운동을 계기로 **세조**에 의해 **폐지**되었다.
　➡ 조선의 **집현전**은 세조 때 단종 복위 운동을 계기로 폐지되었어요. 이후 성종은 집현전을 계승한 홍문관을 설치하여 국왕의 자문과 경연을 담당하도록 하였어요.

⑤ 대사성을 수장으로 좌주, 직강 등의 관직을 두었다.
　➡ 조선 건국 초기 **성균관**은 고려 시대의 직제를 이어받아 대사성을 수장으로 좌주, 악정, 직강 등의 관직을 두었어요.

밑줄 그은 '**조선 성종**'의 재위 기간에 있었던 사실로 옳은 것은?

정답 키워드

악학궤범을 완성

전하께서 성군을 이으셨으니, 예악(禮樂)으로 태평 시절을 일으키실 때가 바로 지금이다. 장악원 소장의 의궤와 악보가 오랜 세월이 지나서 끊어지고 문드러졌다. 다행히 보존된 것 역시 모두 엉성하고 오류가 있으며 빠진 것이 많다. 이에 성현 등에게 명하여 다시 교정하게 하였다. ❶책이 완성되자 악학궤범이라고 이름 지었다.

성종 때 성현 등이 궁중 음악, 당악, 향악 등의 음악 이론을 집대성한 ❶《악학궤범》을 간행하였어요.

---

① 예악을 정리한 가례집람이 저술되었다.
　➡ **선조** 때 김장생은 예학을 정리한 《가례집람》을 저술하였고, 이후 숙종 때 간행되었어요.

②국가의 기본 법전인 경국대전이 완성되었다.
　➡ **성종**은 통치 체제를 정비하기 위해 세조 때부터 편찬을 시작한 조선의 기본 법전인 《경국대전》을 완성한 후 반포하였어요.

③ 외교 문서를 집대성한 동문휘고가 편찬되었다.
　➡ **정조** 때 정창순 등이 외교 문서를 집대성한 《동문휘고》를 편찬하였어요.

④ 붕당의 폐해를 경계하기 위한 탕평비가 건립되었다.
　➡ **영조**는 붕당 정치의 폐해를 경계하고자 탕평책을 실시하였고, 이를 널리 알리기 위해 성균관 앞에 탕평비를 건립하였어요.

⑤ 이조 전랑 임명을 둘러싸고 김효원과 심의겸이 대립하였다.
　➡ **선조** 때 이조 전랑 임명을 둘러싸고 김효원과 심의겸이 대립하였고, 이로 인해 사림이 김효원의 동인과 심의겸의 서인으로 나뉘었어요.

밑줄 그은 '을사사화'가 일어난 시기를 연표에서 옳게 고른 것은?

정답 **키워드**

윤원형, 윤임 등 외척 간의 권력 다툼으로 사림이 피해를 입음

이곳은 최근에 개방된 효릉입니다. 조선 국왕 인종과 그의 왕비 인성왕후가 모셔져 있습니다. 인종은 즉위한 지 1년도 되지 않아 사망하였습니다. 인종의 죽음은 **윤원형, 윤임 등 외척 간의 권력 다툼으로 사림이 피해를 입은** 이 사건의 계기가 되었습니다.

(가)	(나)	(다)	(라)	(마)
이시애의 난	연산군 즉위	중종 반정	기묘 사화	선조 즉위	이괄의 난

조선 명종 때 **인종의 외척인 윤임(대윤)과 명종의 외척인 윤원형(소윤)을 대표로 하는 외척 세력 간의 갈등이 심하였는데**, 이는 결국 을사사화로 이어졌어요. 이후 윤원형 일파가 남은 윤임 일파를 몰아내기 위해 양재역 벽서 사건을 확대하여 이언적 등이 화를 입었어요.

① (가)   ② (나)   ③ (다)   ④ **(라)**   ⑤ (마)

➡ 연산군 때 무오사화, 갑자사화 등의 폭정이 거듭되자 연산군은 중종 반정으로 폐위되었어요. 반정에 공을 세운 신하들은 정권을 장악하였고, 중종은 이를 견제하고자 조광조를 비롯한 사림들을 등용하였어요. 조광조는 위훈 삭제, 소격서 폐지, 현량과 실시 등을 주장하는 등 급진적인 개혁을 추진하였고, 이에 훈구 세력의 반발과 중종의 반감이 커져 조광조를 비롯한 많은 사림이 제거되는 **기묘사화(1519)**가 일어났어요. 중종과 인종에 이어 명종이 즉위한 후 외척 윤임(대윤)과 윤원형(소윤)의 권력 다툼으로 **을사사화(1545)**가 일어나 사림이 피해를 입었어요. 이후 명종의 뒤를 이어 조선의 제14대 왕으로 **선조가 즉위(1567)**하였어요.

따라서, 을사사화가 일어난 시기는 '기묘사화(1519)'와 '선조 즉위(1567)' 사이의 시기인 **(라)**예요.

(가) 통신사에 대한 설명으로 옳은 것은?

정답 **키워드**

에도 막부의 요청으로 조선이 일본에 파견

그림으로 보는 조선 사절단의 여정

『사로승구도』는 1748년 **에도 막부의 요청으로 조선이 일본에 파견한** [(가)] 이/가 부산에서 에도에 이르는 여정을 담은 작품입니다. 일본의 명승지나 사행 중 겪은 인상적인 광경을 30장면으로 표현하였는데, 위 그림은 사절단이 에도로 들어갈 때 보았던 모습을 그린 것입니다.

통신사는 조선 시대에 일본으로 파견된 외교 사절단이에요. **에도 막부는 임진왜란 이후 단절된 국교를 회복하고 선진 문물을 받아들이기 위해 조선에 사절단 파견을 요청하였는데**, 이들이 바로 통신사예요. 통신사는 임진왜란 이후부터 19세기 초까지 파견되었고, 양국의 문화 교류에 큰 역할을 하였어요.

① 연행사라는 이름으로 보내졌다.
➡ **연행사**는 조선 후기에 청에 보낸 사절단이에요. 조선 후기에 중국을 왕래하던 사신들을 통해 서양 문물이 전래되었어요.

② 암행어사의 형태로 비밀리에 파견되었다.
➡ **조사 시찰단**은 개항 직후 조선 정부가 일본 정부의 각 기관과 산업·군사 시설 시찰을 목적으로 암행어사의 형태로 비밀리에 파견한 사절단이에요.

③ 민영익, 홍영식, 서광범 등이 참여하였다.
➡ **보빙사**는 조·미 수호 통상 조약 체결 이후인 1883년에 미국에 파견된 외교 사절단으로 전권대신 민영익을 비롯하여 홍영식, 서광범, 유길준 등으로 구성되었어요.

④ 사행을 다녀온 여정을 조천록으로 남겼다.
➡ 조천록은 청을 다녀온 사신이나 수행원이 남긴 기록을 말하며, 연행록 또는 연행기라고도 불려요. **연행사**의 일원으로 청에 다녀와 조천록을 남긴 인물은 홍대용, 박지원, 박제가 등이 있어요.

⑤ 관련 기록물이 세계 기록 유산에 등재되었다.
➡ **통신사**가 1607년부터 1811년까지 총 12회에 걸쳐 일본에 다녀온 기록물은 2017년에 유네스코 세계 기록 유산에 등재되었어요.

(가)에 들어갈 작품으로 옳은 것은?

기획 전시
인재(仁齋) 강희안 특별전

대표 전시 작품

(가)

조선 전기 시·그림·글씨에 모두 뛰어난 것으로 유명했던 강희안의 대표작으로 간결하고 과감한 필치가 돋보인다.

■ 기간 : 2024년 ○○월 ○○일~○○월 ○○일
■ 장소 : △△박물관 특별 전시실

강희안은 조선 전기의 문신으로, 시·그림·글씨에 뛰어나 세종 때 안견, 최경 등과 더불어 유명하였어요.

①
➡ 조선 후기에 **전기**가 그린 〈매화초옥도〉예요.

②
➡ 조선 후기 풍속화가인 **신윤복**이 그린 〈월하정인〉이에요.

③
➡ 조선 후기 풍속화가인 **김홍도**가 그린 〈송석원시사야연도〉로 달 아래 인왕산의 모습을 은은하게 표현하였어요.

④
➡ 조선 전기에 **강희안**이 그린 〈고사관수도〉로, 흐르는 물을 바라보며 생각에 빠진 선비의 모습을 표현하였어요.

⑤
➡ 조선 후기 진경 산수 화가인 **정선**이 그린 〈금강전도〉예요.

밑줄 그은 '병자호란' 중에 있었던 사실로 옳은 것은?

정답 키워드

삼전도에서의 굴욕적인 항복

초대합니다

창작 뮤지컬
비운의 의순 공주, 애숙

①삼전도에서의 굴욕적인 항복으로 전란은 끝났습니다. 이후 조선의 공주를 부인으로 삼겠다는 청 섭정왕의 요구로 조선 국왕의 양녀가 되어 원치 않은 결혼을 해야 했던 의순 공주 이애숙. 그녀의 굴곡진 삶을 한 편의 뮤지컬로 선보입니다.

□일시 : 2024년 ○○월 ○○일 ○○시
□장소 : 의정부 △△ 문화회관 대극장

인조반정 이후 인조와 서인 정권은 친명배금 정책을 추진하였어요. 이로 인해 정묘호란이 일어났고, 후금은 조선과 후금이 형제 관계를 맺는다는 조건으로 물러갔어요. 그 뒤 세력이 더욱 강성해진 후금은 국호를 '청'으로 바꾸고 조선에 군신 관계를 요구하며 병자호란을 일으켰어요. 이에 인조는 남한산성으로 피란하여 항전하였으나 결국 ①삼전도에서 항복하였고, 이후 조선은 청과 군신 관계를 맺고 소현 세자와 봉림 대군을 청에 볼모로 보냈어요.

① 이종무가 대마도를 정벌하였다.
➡ 세종 때 **왜구의 침입**으로 백성들이 피해를 입자 이종무가 군사를 이끌고 가 왜구의 근거지 대마도(쓰시마섬)를 정벌하였어요.

② 강홍립이 사르후 전투에 참전하였다.
➡ 광해군 때 **후금과 전쟁**을 치르고 있던 명의 요청을 받아 지원군으로 파견된 강홍립 부대가 사르후 전투에 참전하였어요.

③ 김준룡이 광교산 전투에서 승리하였다.
➡ **병자호란** 때 김준룡은 근왕병을 이끌고 오늘날 경기도 용인의 광교산 일대에서 청의 군대와 싸워 승리하였어요.

④ 조헌이 금산에서 의병을 이끌고 활약하였다.
➡ **임진왜란** 당시 육지에서는 조헌, 홍계남, 김천일, 정문부, 곽재우, 사명 대사(유정) 등의 의병들이 유격전을 전개하여 일본군에 큰 타격을 입혔어요.

⑤ 신립이 탄금대에서 배수의 진을 치고 전투를 벌였다.
➡ **임진왜란** 발발 직후인 1592년 4월에 동래성을 함락한 일본군이 북진하자 신립이 충주의 탄금대에서 배수의 진을 치고 항전하였지만 패배하였는데, 이를 탄금대 전투라고 해요.

밑줄 그은 '대동법'에 대한 설명으로 옳은 것은?

정답 키워드

이원익, 선혜청

이원익은 방납의 폐단을 없애고자 선혜청을 두고 이 법을 실시할 것을 주장했습니다.

방납의 폐단을 개혁하고자 한 인물

이이   유성룡
이원익   김육

화면을 누르면 설명을 들을 수 있습니다.

광해군은 방납으로 인한 폐단이 심화되자 ❶이원익의 건의를 받아들여 소유한 토지를 기준으로 쌀이나 베, 동전 등을 공납으로 납부하게 하는 대동법을 경기도에서 처음 시행하였어요. 이후 효종 때 김육의 건의로 충청도에서도 대동법이 실시되었고, 숙종 때 전국적으로 실시되었어요. 한편, ❷선혜청은 대동법이 시행되면서 설치된 관청이에요.

① 양반에게도 군포를 거두었다.
➡ 고종 때 흥선 대원군은 민생 안정을 위해 양반에게도 군포를 부과하는 호포제를 실시하였어요.

② 토지 1결당 쌀 2두의 결작을 부과하였다.
➡ 균역법은 영조가 백성의 군역 부담을 줄여 주기 위해 군포를 1년에 1필만 납부하게 한 제도로, 영조는 줄어든 재정을 보충하기 위해 지주에게 결작을 부과하였어요.

③ 전세를 풍흉에 따라 9등급으로 차등 과세하였다.
➡ 세종 때 전세를 풍흉에 따라 9등급으로 나누어 차등 과세하는 연분9등법이 실시되었어요.

④ 부족한 재정 보충을 위해 선무군관포를 징수하였다.
➡ 균역법의 시행으로 줄어든 재정 수입의 보충을 위해 결작 부과, 어장세·염전세·선박세의 국가 재정으로 귀속, 선무군관포 징수 등을 실시하였어요.

⑤ 관청에 물품을 조달하는 공인이 등장하는 배경이 되었다.
➡ 대동법이 시행되면서 관청에서 공가를 받고 필요한 물품을 마련하여 궁궐과 관청에 납품하는 공인이 등장하였어요. 공인의 활동은 조선 후기 상공업과 상품 화폐 경제가 발달하는 계기가 되었어요.

(가) 송시열에 대한 설명으로 옳은 것은?

정답 키워드

기축봉사를 올림

메타버스로 만나는 조선의 인물

❶기축봉사를 올려 명에 대한 의리를 강조한 나는 희빈 장씨의 소생을 원자로 정한 데에 반대하다가 이곳 제주도로 유배되었습니다.

굴림 서원
(가)
학생 1
학생 2

조선 전기의 문신이자 서인의 우두머리던 송시열은 병자호란 이후 명에 대한 의리를 내세우고 청에 대한 복수를 주장하는 상소인 ❶기축봉사를 효종에게 올렸어요. 송시열은 서인 세력과 함께 효종을 도와 북벌을 계획하여 준비하였으나 실행에 옮기지는 못하였어요. 이후 즉위한 숙종이 후궁 장씨의 소생을 원자로 삼을 것을 명령하였는데, 이에 서인은 반대하였고 남인은 찬성하였어요. 이 과정에서 후궁 장씨가 희빈에 오르고, 격렬하게 반대한 송시열이 축출되어 유배되면서 경신환국으로 권력에서 밀려났던 남인이 다시 정권을 장악하였는데, 이를 기사환국이라고 해요.

① 기해예송에서 기년설을 주장하였다.
➡ 송시열을 중심으로 한 서인 세력은 기해예송(1차 예송)이 일어나자 왕실도 사대부의 예를 따라야 한다며 효종을 차남으로 대우하여 자의 대비의 기년설(1년복)을 주장하였어요.

② 지전설을 주장한 의산문답을 집필하였다.
➡ 홍대용은 《의산문답》에서 무한우주론과 지전설을 통해 중국 중심의 세계관을 비판하였어요.

③ 양명학을 연구하여 강화학파를 형성하였다.
➡ 정제두는 양명학을 연구하여 강화도를 중심으로 강화학파를 형성하였어요.

④ 역대 명필을 연구하여 추사체를 창안하였다.
➡ 김정희는 역대 명필을 연구하여 자신만의 개성이 넘치는 글씨체인 추사체를 창안하였어요.

⑤ 양반의 허례와 무능을 풍자한 양반전을 지었다.
➡ 박지원은 〈양반전〉, 〈호질〉 등의 한문 소설을 저술하여 양반의 허례와 무능을 풍자하였어요.

다음 자료에 나타난 조선 후기의 경제 상황으로 옳지 않은 것은?

정답 키워드

> 도고

> 비변사의 계사에, "현재 시전의 병폐로 서울과 지방의 백성이 원망하는 바는 오로지 ❶도고(都庫)에 있습니다. 시중 시세를 조종하여 홀로 이익을 취하니 그 폐단은 한이 없습니다. 한성부에서 엄히 금하도록 하되 그 가운데 매우 심하게 폐단을 빚는 3강(한강·용산강·서강)의 시목전(柴木廛)·염해전(鹽醢廛)과 같은 무리는 그 주모자를 색출하여 형조로 송치해서 엄한 형벌로 다스려 후일을 징계하도록 분부하는 것이 어떻겠습니까?" 하니 윤허한다고 답하였다.

❶도고는 조선 후기에 상품을 매점매석하여 이윤의 극대화를 노리던 상행위나 상인을 말해요. 대동법의 시행으로 등장한 공인이 특정 상품을 대량 거래하여 자본을 축적하면서 독점적 도매상인인 도고로 성장하기도 하였어요.

① 금속 화폐인 **건원중보**가 주조되었다.
➡ **고려** 성종 때 건원중보가 주조되었지만 널리 유통되지는 못하였어요.

② 담배와 면화 등의 **상품 작물**이 **재배**되었다.
➡ **조선 후기**에 인삼, 담배, 면화, 고추 등 상품 작물의 재배가 확대되었어요.

③ **보부상**이 장시를 돌아다니며 **상업 활동**을 하였다.
➡ **조선 후기**에는 상업이 발달하면서 전국적으로 장시가 개설 및 활성화되었고, 이에 따라 전국의 장시를 돌아다니며 상업 활동을 하는 보부상이 활약하였어요.

④ 모내기법의 확대로 벼와 보리의 **이모작**이 성행하였다.
➡ **조선 후기**에는 수리 시설의 확충 등으로 모내기법(이앙법)이 전국적으로 확산되었어요. 모내기법이 확산되자 벼와 보리의 이모작이 가능해졌고, 한 사람이 넓은 토지를 경영하는 광작이 성행하였어요.

⑤ **설점수세제**의 시행으로 민간의 광산 개발이 허용되었다.
➡ **조선 후기**에는 설점수세제의 시행으로 민간에 광산 개발을 허용하고 그에 따른 세금을 거두었어요.

(가) 조선 정조에 대한 설명으로 옳은 것은?

정답 키워드

> 무예도보통지, 장용영

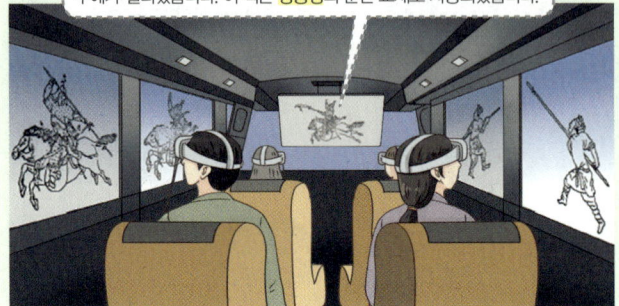

> 가상 현실 버스에 오신 여러분 환영합니다. 지금 창문 스크린으로 보고 계신 것은 ❶무예도보통지에 실린 무예 동작입니다. (가) 의 명으로 이덕무, 박제가, 백동수 등이 편찬한 무예도보통지에는 기존의 무예신보에 마상 무예가 추가되어 총 24개의 무예가 실려있습니다. 이 책은 ❷장용영의 훈련 교재로 사용되었습니다.

정조 때 무예 훈련 교범인 ❶《무예도보통지》, 왕조의 통치 규범을 재정비한 《대전통편》, 외교 문서를 정리한 《동문휘고》, 호조의 사례를 정리한 《탁지지》 등이 편찬되었어요. 정조는 국왕의 친위 부대인 ❷장용영을 설치하고 장용영의 내영은 도성을 중심으로, 외영은 수원 화성을 중심으로 활동하게 하였어요.

① **백두산정계비**를 세워 청과의 국경을 정하였다.
➡ **숙종** 때 간도 지역에서 조선과 청 백성 사이에 갈등이 빈번하게 발생하자 양국의 관리가 백두산 일대를 답사한 후 백두산정계비를 세워 국경을 정하였어요.

② **삼군부**를 **부활**시켜 군사 업무를 담당하게 하였다.
➡ **고종** 때 흥선 대원군은 왕권을 강화하기 위해 비변사를 혁파하고 의정부와 삼군부의 기능을 부활시켰어요.

③ 통치 체제를 정비하기 위해 **속대전**을 편찬하였다.
➡ **영조**는 《경국대전》 반포 이후 법령이 증가하여 법 집행에 혼란이 생기자 이를 정리하여 통일된 법전으로 《속대전》을 편찬하였어요.

④ **규장각**에 **검서관**을 두어 **서얼 출신 학자들을 기용**하였다.
➡ **정조**는 서얼 출신 학자들을 규장각 검서관으로 기용하기도 하였는데 박제가, 유득공, 이덕무 등이 대표적인 인물이에요.

⑤ 한양을 기준으로 역법을 정리한 **칠정산 내편**을 제작하였다.
➡ **세종** 때 최초로 한양을 기준으로 천체 운동을 계산한 역법서인 《칠정산》이 제작되었어요.

<table>
<tr><td colspan="2">

29 근대 신문   정답 ①

</td></tr>
</table>

29 근대 신문   정답 ①

(가)~(라)에 들어갈 내용으로 옳은 것을 |보기|에서 고른 것은?

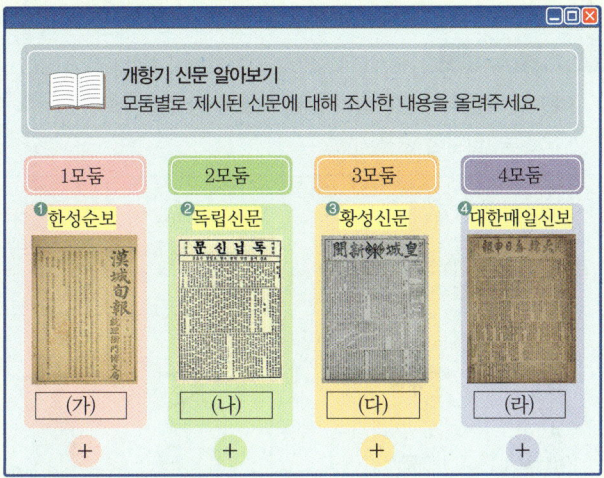

❶ **한성순보**는 박문국에서 열흘에 한 번씩 발행한 우리나라 최초의 신문으로, '순'은 열흘을 뜻해요.

❷ **독립신문**은 서재필이 주도하여 창간한 우리나라 최초의 민간 신문으로, 한글판과 함께 영문판이 발행되어 외국인에게도 국내 상황을 알릴 수 있었어요.

❸ **황성신문**은 남궁억이 창간한 국한문 혼용 신문으로, 을사늑약 체결 직후 장지연의 〈시일야방성대곡〉을 게재하여 탄압을 받았어요.

❹ **대한매일신보**는 영국인 베델과 양기탁이 발행한 신문으로, 국채 보상 운동을 후원하는 등 항일 사상을 고취시켰어요.

ㄱ. (가) – 정부에서 발행한 순 한문 신문이었어요.
➡ **한성순보**는 조선 정부에서 발행한 순 한문 신문으로, 정부의 개화 정책을 홍보하는 관보의 성격을 가지고 있었어요.

ㄴ. (나) – 서재필의 주도로 창간되었어요.
➡ **독립신문**은 미국에서 귀국한 서재필이 주도하여 창간한 우리나라 최초의 민간 신문이에요.

ㄷ. (다) – 일장기를 삭제한 손기정 사진이 실렸어요.
➡ **조선중앙일보**와 **동아일보**는 1936년 베를린 올림픽 대회의 마라톤 우승자 손기정의 사진을 게재하면서 그의 운동복에 달려 있던 일장기를 삭제하였어요.

ㄹ. (라) – 상업 광고가 처음으로 게재되었어요.
➡ **한성주보**는 한성순보의 복간 형식으로 박문국에서 발행되었으며, 처음으로 상업 광고를 실었어요.

① ㄱ, ㄴ   ② ㄱ, ㄷ   ③ ㄴ, ㄷ   ④ ㄴ, ㄹ   ⑤ ㄷ, ㄹ

---

30 조·미 수호 통상 조약   정답 ①

(가) 조·일 무역 규칙(1876), (나) 조·일 통상 장정(1883) 체결 사이의 시기에 있었던 사실로 옳은 것은?

정답 키워드

(가) 일본은 양곡을 수출·수입할 수 있음
(나) 쌀 수출 금지 시 1개월 전에 통지

(가) 제 6 칙 이후 조선국 항구에 거주하는 ❶일본 인민은 양미(糧米)와 잡곡을 수출, 수입할 수 있다.
제 7 칙 일본국 정부에 속한 모든 선박은 항세를 납부하지 않는다.

(나) 제 9 관 입항하거나 출항하는 각 화물이 해관을 통과할 때는 응당 본 조약에 첨부된 세칙(稅則)에 따라 관세를 납부해야 한다.
제37관 조선국에서 가뭄과 홍수, 전쟁 등의 일로 인해 국내에 양식이 결핍할 것을 우려하여 일시 ❷쌀 수출을 금지하려고 할 때에는 1개월 전에 지방관이 일본 영사관에게 통지하여 미리 그 기간을 항구에 있는 일본 상인들에게 전달하여 일률적으로 준수하는 데 편리하게 한다.

(가) 1876년에 조선은 일본과 강화도 조약을 맺으면서 개항하였어요. 강화도 조약에 이어 체결된 부속 조약인 조·일 무역 규칙을 통해 무관세·무항세, ❶일본으로의 무제한 양곡 반출이 허용되었어요.

(나) 1883년에 조선은 일본과 조·일 통상 장정을 체결하여 관세 조항을 설정하고 ❷방곡령을 선포(1개월 전 통지)할 수 있는 조항을 넣었으나, 일본의 요구로 최혜국 대우 조항도 추가하였어요. 이로 인해 일본인도 조선의 내륙에서 상업 활동을 할 수 있게 되었어요.

① 조·미 수호 통상 조약이 체결되었다.
➡ **1882년**에 조선은 청의 알선과 《조선책략》의 영향을 받아 미국과 조·미 수호 통상 조약을 체결하였어요. 이 조약에는 거중 조정, 최혜국 대우, 낮은 세율의 관세 부과 등의 조항이 규정되었어요.

② 러시아가 용암포 조차를 요구하였다.
➡ **1903년**에 러시아는 용암포 지역을 강제 점령하고 조차를 요구하였어요. 이를 계기로 대한 제국을 둘러싼 러시아와 일본의 대립은 더욱 심화되었어요. **(나) 이후**의 사실이에요.

③ 영국이 거문도를 불법적으로 점령하였다.
➡ **1885년**에 영국은 러시아의 남하를 견제한다는 구실로 거문도를 불법으로 점령하였어요. **(나) 이후**의 사실이에요.

④ 일본 군함 운요호가 영종도를 공격하였다.
➡ **1875년**에 일본의 군함 운요호가 허락 없이 강화도로 접근하여 영종도를 공격하였는데, 이 운요호 사건을 계기로 조선은 1876년에 일본과 강화도 조약을 체결하였어요. **(가) 이전**의 사실이에요.

⑤ 청과 대등한 입장에서 한·청 통상 조약이 맺어졌다.
➡ **1899년** 대한 제국 시기에 청과 대등한 입장에서 한·청 통상 조약이 맺어졌어요. **(나) 이후**의 사실이에요.

제72회 심화 해설 **123**

제**72**회

31 신미양요
정답 ④

밑줄 그은 '제너럴셔먼호 사건(1866)' 이후에 전개된 사실로 옳은 것은?

정답 키워드

평양의 대동강에서 미국 상선의 배가 불살라짐

> 조선왕 전하께
>
> …… 9월 말에 ❶평양의 대동강에서 좌초한 미국 상선에 승선한 사람들이 살해당했고 배가 불살라졌다는 고통스럽고 놀랄 만한 사건이 있었다고 들었습니다. 본 총병은 본국 수사제독의 위임으로 파견되어 상세히 조사하라는 명을 받았습니다. 과연 이러한 일이 있었는지, 사실인지 아닌지, 생존자가 몇 사람인지 등을 귀국에서 신속히 조사해 분명히 답해주시길 부탁드립니다.
>
> – 미국 군함 와추세트(Wachusett) 수사총병 슈펠트(Shufeldt) –

1866년에 무장을 갖춘 미국의 상선 제너럴셔먼호가 ❶대동강을 거슬러 평양까지 들어와 통상을 요구하였어요. 조선 정부가 이를 거부하자 미국 선원들이 관리를 납치하고 약탈을 일삼는 등 횡포를 부렸어요. 이에 평양 감사 박규수의 지휘 아래 평양 관민들이 ❶제너럴셔먼호를 불태워 침몰시켰는데, 이 사건을 제너럴셔먼호 사건이라고 해요. 이 사건을 구실로 미국은 신미양요를 일으켰어요.

① 홍경래가 난을 일으켰다.
➡ 1811년에 홍경래 등이 서북민에 대한 차별과 지배층의 수탈에 반발하여 평안도 지역에서 봉기를 일으켰고 정주성을 점령하였는데, 이를 홍경래의 난이라고 해요.

② 임술 농민 봉기가 일어났다.
➡ 1862년에 진주 농민 봉기를 시작으로 농민 봉기가 전국으로 확산되었는데, 이를 임술 농민 봉기라고 해요. 조선 정부는 농민 봉기의 수습을 위해 박규수를 안핵사로 파견하고 삼정이정청을 설치하였어요.

③ 황사영 백서 사건이 발생하였다.
➡ 1801년에 황사영은 신유박해가 일어나자 당시 베이징 교구의 주교에게 외국 군대의 출병을 요청하는 백서를 작성해 보내려 하다가 발각되었어요.

④ 어재연이 광성보 전투에서 전사하였다.
➡ 1871년 신미양요 당시 어재연이 이끄는 조선 수비대는 광성보에서 끝까지 항전하였으나 결국 미군에 패하였어요.

⑤ 청의 요청으로 나선 정벌에 조총 부대를 파견하였다.
➡ 효종은 청의 요청에 따라 나선(러시아) 정벌을 위해 1654년에는 변급이 이끈 조총 부대를, 1658년에는 신류가 이끈 조총 부대를 파견하였어요.

32 갑오개혁
정답 ⑤

왼쪽: 제2차 갑오개혁 직전(1894. 12.), 오른쪽: 을미개혁(1895. 12.)사이의 시기인 (가) 시기에 있었던 사실로 옳은 것은?

정답 키워드

- 왼쪽: 박영효가 김홍집과 함께 새로운 정부를 주도
- 오른쪽: 단발령 공포

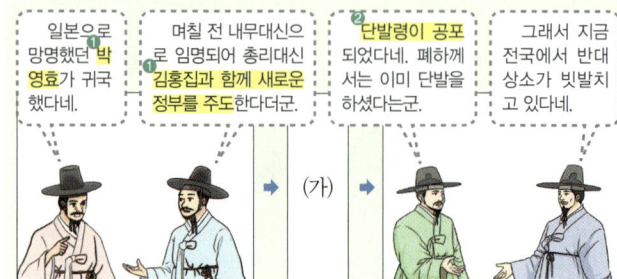

| 일본으로 망명했던 ❶박영효가 귀국했다네. | 며칠 전 내무대신으로 임명되어 총리대신 김홍집과 함께 새로운 정부를 주도한다더군. | ❷단발령이 공포되었다네. 폐하께서는 이미 단발을 하셨다는군. | 그래서 지금 전국에서 반대 상소가 빗발치고 있다네. |

❶ 제1차 갑오개혁 이후 청·일 전쟁에서 승기를 잡은 일본은 1894년 12월에 김홍집·박영효의 연립 내각을 수립하여 군국기무처를 폐지하고 제2차 갑오개혁을 추진하였어요. 이후 고종은 종묘에 나가 개혁의 방향을 담은 홍범 14조를 반포하였어요.

❷ 을미사변으로 조선 정부를 장악한 일본은 김홍집 내각을 구성하고 을미개혁을 추진하였어요. 을미개혁 시기에 '건양' 연호 제정, 태양력 채택, 단발령 시행, 종두법 시행, 소학교 설치 등의 개혁이 추진되었어요. 특히, 1895년 12월에 전국에 단발령을 내린 고종은 솔선하여 상투를 자르고 백성에게도 단발을 강요하였어요.

① 과거제가 폐지되었다.
➡ 1894년 7월부터 시행된 제1차 갑오개혁으로 과거제가 폐지되면서 신분에 관계없이 시험을 통해 인재를 등용하였어요.

② 호포제가 실시되었다.
➡ 1864년 조선 고종 때 흥선 대원군은 민생 안정을 위해 양반에게도 군포를 부과하는 호포제를 실시하였어요.

③ 교정청이 설치되었다.
➡ 동학 농민 운동이 전개 중이던 1894년 6월에 조선 정부는 농민군과 전주 화약을 체결한 이후 개혁을 추진하기 위한 기구로 교정청을 설치하고 청·일 양국 군대의 철병을 요구하였어요.

④ 5군영이 2영으로 통합되었다.
➡ 조선 정부는 개항 직후인 1881년에 개화 정책의 일환으로 신식 군대인 별기군(교련병대)을 창설하고, 5군영을 무위영과 장어영의 2영으로 통합하였어요.

⑤ 교육 입국 조서가 반포되었다.
➡ 1895년 2월에 제2차 갑오개혁의 일환으로 교육입국 조서가 반포되어 근대식 교육 제도의 기반이 마련되었고, 이에 따라 한성 사범학교 관제 등이 제정되었어요.

(가) 황룡촌 전투에 들어갈 내용으로 옳은 것은?

> **정답 키워드**
>
> 황룡

답사 계획서

- 주제 : 동학 농민군의 발자취를 따라서
- 기간 : 2024년 ○○월 ○○일 ~ ○○일
- 답사 장소

지역	장소	설명
부안	백산	호남 창의 대장소(大將所)를 설치하고 4대 강령을 발표하였다.
장성	❶ 황룡 전적	(가)
공주	우금치 전적	농민군이 관군과 일본군을 상대로 격전을 벌이다 패배하였다.

고부 농민 봉기 이후 동학 농민군은 보국안민과 제폭구민을 기치로 백산에서 봉기하였어요(백산 봉기). 동학 농민군은 황토현 전투·**황룡촌** 전투에서 관군에 승리한 후 전주성을 점령하였어요. 한편, 동학 농민군의 제2차 봉기 때 동학 농민군의 남접과 북접은 논산에 집결한 후 북상하는 과정에서 일본군과 관군을 상대로 한 공주 우금치 전투에서 패하였어요.

---

① 농민군이 정부와 화약을 맺었다.
   ➡ 1894년 5월에 농민군은 정부와 **전주** 화약을 맺은 후 스스로 해산하였고, 이후 집강소를 설치하고 폐정 개혁안을 실천하였어요.

② 최제우가 혹세무민의 죄로 처형되었다.
   ➡ 동학을 창시한 최제우는 1864년에 정부가 유교적 사회 질서를 어지럽힌다고 하여 **대구**에서 처형당하였어요.

③ 홍계훈의 관군을 상대로 농민군이 승리하였다.
   ➡ 1894년 4월에 농민군은 홍계훈이 이끈 관군을 상대로 한 **황룡촌** 전투에서 승리하였어요.

④ 피신해 있던 농민군의 지도자 전봉준이 체포되었다.
   ➡ 우금치 전투 패배 이후 피신해 있던 농민군의 지도자 전봉준은 **순창**에서 체포되어 서울로 압송되었어요.

⑤ 농민들이 조병갑의 탐학에 맞서 만석보를 파괴하였다.
   ➡ 1894년 1월에 고부(지금의 **정읍·부안**) 군수 조병갑의 수탈에 저항하여 전봉준 등이 주도해 고부 농민 봉기가 일어났어요.

밑줄 그은 '1907년'의 정미의병에 대한 설명으로 옳은 것은?

> **정답 키워드**
>
> 고종 강제 퇴위, 대한 제국의 군대 해산

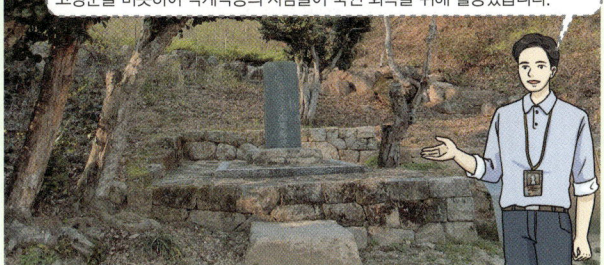

이곳 지리산 연곡사에는 의병장 고광순의 순절비가 있습니다. 그는 지리산을 중심으로 장기 항전을 계획하다가 일본군의 토벌 작전으로 순국하였습니다. ❶**고종의 강제 퇴위**와 ❷**군대의 강제 해산**으로 의병 활동이 고조된 이 시기에는 고광순을 비롯하여 각계각층의 사람들이 국권 회복을 위해 활동했습니다.

1907년에 고종이 을사늑약이 무효임을 알리기 위해 헤이그에서 열린 만국 평화 회의에 특사를 파견하자, 일본은 이를 구실로 **고종을 강제로 퇴위**시키고 한·일 신협약(정미7조약)을 체결하였어요. 그리고 부수 비밀 각서를 통해 **대한 제국의 군대를 해산**시켰어요. 하지만 해산 조치에 반발한 대대장 박승환이 자결하자 시위대 소속 군인들은 적극적으로 저항하였고, 일부 해산 군인들이 의병에 가담하여 의병 부대의 전투력이 강화되었어요. 이후 의병 전쟁을 위한 13도 창의군이 결성되었는데, 이를 정미의병이라고 해요.

---

① 13도 창의군을 결성하였다.
   ➡ **1907년 정미의병** 당시 해산된 일부 군인들이 의병에 가담하여 의병 부대의 전투력이 강화되었고, 의병 전쟁을 위한 13도 창의군이 결성되었어요. 이들은 서울을 탈환할 목적으로 서울 진공 작전을 전개하였지만 실패하였어요.

② 한·중 연합 전선을 형성하였다.
   ➡ **1930년대** 초반 일제가 만주를 침략하고 이듬해 만주국을 세우자 중국 내에서 항일 감정이 고조되었어요. 이러한 가운데 **만주의 독립군 부대**와 **항일 중국군**의 한·중 연합 작전이 전개되었어요.

③ 최익현이 태인에서 궐기하였다.
   ➡ **1905년 을사의병** 당시 최익현은 을사늑약 체결에 반대하여 태인에서 궐기하였어요.

④ 고경명 등이 의병장으로 활약하였다.
   ➡ **1592년 임진왜란** 당시 육지에서는 고경명, 김천일, 정문부 등이 의병을 일으켜 일본군에 큰 타격을 입혔어요.

⑤ 봉오동 전투에서 일본군을 격퇴하였다.
   ➡ **1920년**에 홍범도가 이끈 **대한 독립군 등 독립군 연합 부대**는 봉오동 전투에서 일본군을 상대로 큰 승리를 거두었어요.

밑줄 그은 '광무개혁'의 내용으로 옳은 것은?

정답 키워드

> 구본신참

> 덕수궁 내에 있는 정관헌은 전통 건축 양식에 근대적 요소를 결합한 것으로 평가받고 있습니다. 고종이 황제로 즉위한 후 **구본신참**을 바탕으로 개혁을 추진할 때 건립되었습니다.

아관 파천 이후 경운궁(덕수궁)으로 환궁한 고종은 1897년에 연호를 '광무'로 바꾸고, 환구단에서 황제 즉위식을 거행한 후 대한 제국 수립을 선포하였어요. 이후 고종은 **구본신참**의 원칙 아래 광무개혁을 추진하였어요.

① 홍범 14조를 반포하였다.
➡ **제2차 갑오개혁** 과정에서 고종은 개혁의 기본 방향을 밝힌 홍범 14조를 반포하였어요.

② 공사 노비법을 **혁파**하였다.
➡ **제1차 갑오개혁** 때 공·사 노비법이 혁파되면서 공식적으로 신분제가 폐지되었어요. 또한, 조혼을 금지하고 과부의 재가를 허용하였어요.

③ 신식 군대인 별기군을 **창설**하였다.
➡ 조선 정부는 **개항 직후 개화 정책**의 일환으로 구식 군대인 5군영을 2영(무위영·장어영)으로 통합·축소하고 신식 군대인 별기군(교련병대)을 창설하였어요.

④ 근대 교육 기관인 육영 공원을 **설립**하였다.
➡ 조선 정부는 **개항 직후 개화 정책**의 일환으로 1886년에 양반층 자제에게 서양식 근대 교육을 실시하기 위해 우리나라 최초의 서양식 관립 교육 기관인 육영 공원을 설립하였어요. 육영 공원에서는 헐버트, 길모어 등 외국인 교사를 초빙하여 학생들에게 영어, 수학, 지리학, 정치학 등 근대 학문을 가르쳤어요.

⑤ 지계아문을 설치하여 토지 소유자에게 지계를 발급하였다.
➡ 대한 제국 시기에 고종은 **광무개혁**을 추진하는 과정에서 양전 사업을 시행하여 근대적 토지 소유 증명서인 지계를 발급하였어요.

(가) 3·1 운동에 대한 설명으로 옳은 것은?

정답 키워드

> 3월 1일에 만세를 부름, 민족 최대의 독립운동

언론 보도로 본 만세 기념일

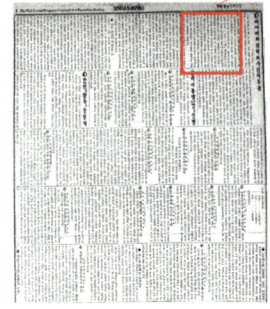

> **3월 1일**에 배화 여학교 학생 일동은 학교 통신에 올라가서 우리 독립 선언 기념을 경축하기 위하여 **만세를 부르고**, 배재 학교 생도 일동은 3월 1일에 일제히 결석하고 3월 2일에 등교하여 갑자기 그 학교 마당에서 만세를 불렀으니 …… 저와 같은 불미한 행동을 허락한 까닭으로 그 학교 교장들은 파직하고 심하면 그 학교를 폐쇄할 지경에 이르겠다더라.

[해설] 이 자료는 신한민보 1920년 4월 20일자에 실린 기사이다. **민족 최대의 독립 운동**이었던 [(가)]의 1주년 무렵 배화 여학교와 배재 학교 학생들이 만세 운동을 전개하여 학교가 폐쇄될 위기에 처했다는 내용이 담겨 있다.

고종의 인산일 즈음인 1919년 **3월 1일**에 종교계 지도자들이 중심이 되어 민족 대표 33인을 구성하고 독립 선언서를 작성하였어요. 독립 선언 당일에 민족 대표 33인은 태화관에서 독립 선언서를 낭독하였고, 학생과 시민들은 탑골 공원에서 독립 선언서를 낭독한 후 **만세 운동**을 전개하였어요. **일제 강점기 최대 규모의 민족 운동**인 3·1 운동을 계기로 일제는 통치 방식을 이른바 '문화 통치'로 바꾸었어요.

① 통감부의 방해와 탄압으로 중단되었다.
➡ 1910년에 일제가 대한 제국의 국권을 강탈하고 조선 총독부를 설치하면서 통감부는 폐지되었어요. 통감부의 탄압으로 중단된 대표적인 운동으로는 **국채 보상 운동**이 있어요.

② 러시아의 절영도 조차 요구를 저지하였다.
➡ 1897년에 러시아가 저탄소 설치를 위해 절영도를 빌려 달라고 요구하자 국내에서 반대 여론이 일어났어요. 독립 협회의 **반러시아 운동** 등으로 러시아는 결국 절영도 조차를 포기하였어요.

③ 순종의 인산일을 기회로 삼아 추진되었다.
➡ 1926년에 순종의 인산일을 기해 일어난 **6·10 만세 운동**은 이후 민족 유일당 운동의 계기가 되었어요.

④ 대한민국 임시 정부 수립의 계기가 되었다.
➡ 1919년에 일어난 **3·1 운동**의 영향으로 대한민국 임시 정부가 수립되었어요.

⑤ 성진회와 각 학교 독서회에 의해 전국적으로 확산되었다.
➡ 1929년에 일어난 **광주 학생 항일 운동**은 성진회와 각 학교 독서회에 의해 전국적으로 확산되었어요.

(가) 북로 군정서에 대한 설명으로 옳은 것은?

정답 키워드

청산리 전투에서 김좌진이 이끔

【이달의 독립운동가】

노은(蘆隱) 김규식

• 생몰년 : 1882~1931

• 생애 및 활동

경기도 구리에서 태어났다. 대한 제국 군인 출신으로 의병 활동에 참여하다가 일본군에게 체포되어 복역하였다. 1920년 청산리 전투에서 김좌진, 이범석 등이 이끈 　(가)　의 지도부로 활약하였다. 이후 러시아, 만주 일대에서 독립운동을 계속하다가 1931년에 순국하였다. 1963년 건국 훈장 독립장이 추서되었다.

북로 군정서는 1910년대 북간도 지역으로 거점을 옮긴 대종교 세력의 주도로 조직된 중광단에서 개편된 군대예요. ❶ 김좌진이 지휘한 북로 군정서는 청산리 전투 등 무장 독립 투쟁을 전개하였어요.

① 영릉가에서 일본군에 승리를 거두었다.
➡ 양세봉이 이끈 **조선 혁명군**은 1930년대 초 남만주에서 중국 의용군과 연합하여 영릉가 전투, 흥경성 전투 등에서 일본군과 싸워 크게 승리하였어요.

② 미국과 연계하여 **국내 진공 작전**을 계획하였다.
➡ **한국광복군**은 미국 전략 정보국(OSS)과 협력하여 국내 진공 작전을 계획하였으나 일본의 갑작스러운 항복으로 실행에 옮기지는 못하였어요.

③ 중국 팔로군과 함께 호가장 전투에서 활약하였다.
➡ **조선 의용대 화북 지대**는 1940년대 초 조선 의용대의 일부 세력이 보다 적극적인 항일 투쟁을 벌이기 위해 화북 지역으로 이동한 단체예요. 김원봉을 중심으로 한 조선 의용대의 나머지 세력은 한국광복군에 편입되었어요.

④ **동북 항일 연군**으로 개편되어 유격전을 전개하였다.
➡ **동북 인민 혁명군**은 동북 항일 연군으로 개편되어 유격대 활동을 하였어요.

⑤ 중광단을 중심으로 조직되어 항일 독립 전쟁에 참여하였다.
➡ 대종교 세력은 단군 숭배 사상을 통해 민족의식을 높였어요. 국권 피탈 후에는 북간도로 넘어가 항일 무장 단체인 중광단을 결성하여 무장 투쟁을 전개하였어요. 중광단은 이후 **북로 군정서**로 발전하였어요.

밑줄 그은 '**연해주**'를 지도에서 옳게 찾은 것은?

정답 키워드

신한촌, 중앙아시아로 강제 이주

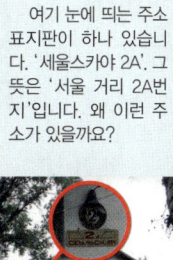

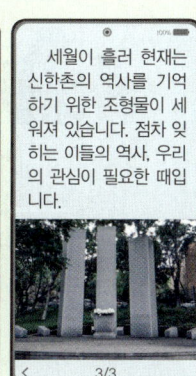

여기 눈에 띄는 주소 표지판이 하나 있습니다. '세울스카야 2A'. 그 뜻은 '서울 거리 2A번지'입니다. 왜 이런 주소가 있을까요?

1/3

사실 이 지역에는 ❶ 신한촌 등 한인 집단 거주지가 있었습니다. 그러나 이곳에 살던 한인들은 1937년에 중앙아시아로 강제 이주를 당하였습니다.

2/3

세월이 흘러 현재는 신한촌의 역사를 기억하기 위한 조형물이 세워져 있습니다. 점차 잊히는 이들의 역사, 우리의 관심이 필요한 때입니다.

3/3

1910년대 연해주 지역의 한인들은 러시아 블라디보스토크에서 ❶ 신한촌을 건설하였고, 권업회를 조직하여 민족의식을 고취하고자 하였어요. 이후 권업회를 바탕으로 이상설 등이 대한 광복군 정부를 결성하였어요. 한편, 1930년대 후반 스탈린에 의해 ❷ 많은 한인들이 중앙아시아로 강제 이주를 당하기도 하였어요.

① (가) ➡ **서간도(남만주)**의 삼원보 지역으로 이주한 신민회 회원들은 경학사를 조직하고 신흥 강습소(이후 신흥 무관 학교)를 설립하였어요.

② (나) ➡ **연해주**에서는 권업회가 조직되어 권업신문을 발행하였어요.

③ (다) ➡ **일본** 도쿄에서는 1919년에 한인 유학생들이 2·8 독립 선언서를 발표하였고, 국내에서도 독립 선언의 움직임이 일어났어요.

④ (라) ➡ **하와이**에서는 박용만 등이 대조선 국민 군단을 창설하여 군사 훈련을 실시하였어요.

⑤ (마) ➡ **멕시코**에서는 이주한 한인들이 숭무 학교를 세워 무장 투쟁을 준비하였어요.

(가)에 들어갈 내용으로 적절한 것은?

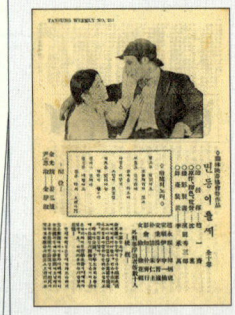

자료로 보는 한국 영화

이 자료는 일제 강점기에 발행된 극장 홍보지로, 심훈이 감독한 무성 영화 '먼동이 틀 때'를 소개한 것이다. 이 영화는 나운규의 '아리랑'에 이어 한국 영화 초기 명작으로 평가받기도 한다. 이외에도 심훈은 다수의 시나리오와 영화 평론을 집필하였으며,

(가)

심훈은 일제 강점기에 활동한 문학가로 3·1 운동에 참여하였으며, 소설 《직녀성》 등을 발표하였어요.

① 별 헤는 밤, 참회록 등의 시를 남겼다.
➡ **윤동주**는 〈서시〉를 비롯하여 〈별 헤는 밤〉, 〈참회록〉 등의 시를 남겼고, 그가 죽은 뒤에 《하늘과 바람과 별과 시》라는 유고 시집이 발간되었어요.

② 국문 연구소의 연구 위원으로 활동하였다.
➡ **주시경**은 대한 제국 정부가 세운 국문 연구소에서 연구위원으로 활동하며 한글의 문자 체계를 정리하였어요.

③ 근대극 형식을 도입한 토월회를 조직하였다.
➡ **박승희, 김기진, 이서구** 등을 중심으로 한 일본 도쿄 유학생들은 근대극 형식을 도입한 신극 운동 단체인 토월회를 조직하였어요.

④ 실천적인 유교 정신을 강조하는 유교 구신론을 저술하였다.
➡ **박은식**은 실천적인 유교 정신을 바탕으로 유교계의 개혁을 주장하는 〈유교 구신론〉을 제창하였어요.

⑤ 브나로드 운동을 소재로 한 소설 상록수를 신문에 연재하였다.
➡ **심훈**은 브나로드 운동을 소재로 일제 강점기 농촌을 배경으로 한 소설 《상록수》를 동아일보에 연재하여 민중의 큰 호응을 얻었어요. 이외에도 저항시 〈그날이 오면〉을 발표하였어요.

(가)에 들어갈 내용으로 적절한 것은?

탐구 활동 계획서

1. 주제 :   (가)
2. 조사 방법 : 문헌 조사, 인터넷 검색 등
3. 참고 자료

• 자료 1

미쓰코시 백화점 경성 지점

경성 우편국을 끼고 돌아서면 요지경 같은 진고개다. …… 미쓰코시에 들어가니 아래층은 음식과 과자를 팔고, 2층으로 가니 거기는 일본 옷감뿐이더라.   – "별건곤" –

• 자료 2

토막집과 토막민

경성부 내의 토막민 수가 1,583호이고 인구가 5,000여 명에 달한다고 한다. …… 토막민 자체에 대한 사회적 책임으로 보아 중대한 사회 문제라고 아니할 수 없는 것이다. – 동아일보 –

① 개화 정책의 추진과 한계
➡ 1876년에 일본과 강화도 조약을 체결하면서 개항한 조선 정부는 개화 정책의 일환으로 1881년에 신식 군대인 별기군(교련병대)을 창설하였어요. 하지만 1882년에 신식 군대인 별기군에 비해 처우가 매우 열악하였던 구식 군인들이 차별 대우에 불만이 폭발하여 임오군란이 일어나는 등 한계도 존재하였어요.

② 식민지 근대 도시의 이중성
➡ 일제 강점기에 서울을 비롯한 지방의 여러 도시는 근대 도시의 모습을 드러내기 시작하였지만, 한편에는 농사를 포기하고 도시의 하층민으로 전락한 사람들도 있었어요. 이들은 도시 변두리에 흙으로 만든 토막집에서 살며 겨우 생계를 이어 나갔어요.

③ 형평 운동의 전개 과정과 반발
➡ 백정들은 1923년에 자신들에 대한 사회적 차별과 멸시를 철폐하기 위해 경상남도 진주에서 조선 형평사를 조직하고 형평 운동을 전개하였어요.

④ 경제 개발 5개년 계획의 시행 결과
➡ 박정희 정부 시기에 경제 개발 5개년 계획이 실시되었고 이러한 경제 정책으로 우리나라는 1977년에 처음으로 수출 100억 달러를 달성하는 등 급격한 경제 발전을 이루었어요.

⑤ 상품 화폐 경제의 발달과 신분제의 동요
➡ 조선 후기에 상품 작물 재배 등으로 부를 쌓은 일부 부농층이 납속책, 공명첩 매입 등을 통해 양반으로 신분 상승하는 경우가 많았어요. 그 결과 양반의 수는 증가하고, 상민과 노비의 수는 감소하면서 양반 중심의 신분 질서가 동요하였어요.

밑줄 그은 '1930년대 후반 이후 민족 말살 통치 시기'에 볼 수 있는 사회 모습으로 가장 적절한 것은?

정답 키워드

국가 총동원법

> 이것은 한 제과업체의 캐러멜 광고로 탱크와 전투기 그림을 활용하여 "캐러멜도 싸우고 있다!"라는 문구를 담고 있습니다. 중일 전쟁 이후 일제가 **국가 총동원법**을 시행한 시기에 제작된 이 광고는 당시 군국주의 문화가 일상에까지 스며들어 있었음을 잘 보여 줍니다.

일제는 1937년에 중·일 전쟁을 일으키고 침략 전쟁을 확대하는 과정에서 한국인을 전쟁에 쉽게 동원하기 위해 내선일체, 일선동조론 등을 내세워 민족 말살 정책을 본격화하였어요. 한편, 일제는 1938년에 ❶**국가 총동원법**을 제정하여 전쟁에 필요한 자원을 본격적으로 수탈하였어요. 공출제와 식량 배급 제도 등을 통해 전쟁에 필요한 물자를 강제로 가져갔으며 지원병제, 학도 지원병제, 징병제, 국민 징용령을 실시하여 한국인들을 전쟁터와 전쟁 시설로 끌고 갔어요.

① **몸뻬** 착용을 권장하는 **애국반** 반장
➡ **1938년**부터 일제는 한국인의 일상생활을 감시하고 통제하기 위해 애국반을 조직하였어요. 일제는 애국반을 통해 남성에게는 국민복을, 여성에게는 몸뻬 착용을 강요하였어요.

② 경성 제국 대학 설립을 추진하는 관리
➡ **1924년**에 일제는 우리 민족의 민립 대학 설립 운동을 탄압하고 이를 무마할 목적으로 경성 제국 대학을 설립하였어요.

③ 헌병 경찰에게 끌려가 태형을 당하는 농민
➡ **1910년대**에 일제는 헌병이 일반 경찰의 업무까지 관여하도록 하는 헌병 경찰 제도를 실시하였으며, 조선 태형령을 공포하여 한국인에게만 태형을 가하였어요.

④ 원산 총파업에 연대 지원금을 보내는 외국 노동자
➡ **1929년**에 원산 지역에서 노동 조건의 개선을 요구하는 노동자 총파업이 전개되었어요. 이 소식이 해외로 알려지면서 일본, 프랑스 등의 노동 단체들이 총파업을 격려하는 전문을 보냈어요.

⑤ 안창남의 **고국 방문 비행**을 환영하기 위해 상경하는 청년
➡ **1922년**에 안창남은 동아일보의 후원으로 고국 방문 비행을 하여 큰 환영을 받았어요.

㉠~㉤에 대한 설명으로 옳지 않은 것은?

단재 신채호 연보

1880년 충청도 회덕에서 출생
1898년 성균관에 입학
1907년 ㉠ 신민회 활동에 참여하고 대한매일신보 필진으로 근무
1919년 상하이로 가서 ㉡ 대한민국 임시 정부 수립에 참여
1923년 ㉢ 「조선 혁명 선언」 작성
1927년 무정부주의 동방 연맹 창립 대회에 참가
1928년 타이완 지롱에서 체포됨
1931년 ㉣ 『조선상고사』가 조선일보에 연재됨
1936년 ㉤ 뤼순 감옥에서 사망

① ㉠ – **광주 학생 항일 운동**에 **진상 조사단을** 파견하였다.
➡ **신간회**는 1929년에 광주 학생 항일 운동이 일어나자 사건의 진상을 규명하기 위해 조사단을 파견하는 등의 지원을 하였어요. 신민회는 1907년에 안창호, 양기탁 등을 중심으로 비밀 결사 형태로 조직된 애국 계몽 단체로, 국권 회복과 공화 정체의 국가 건설을 목표로 활동하였어요. 신민회는 오산 학교와 대성 학교 등을 설립하여 민족 교육을 실시하였고, 자기 회사와 태극 서관을 운영하여 민족 산업 육성에도 힘썼어요.

② ㉡ – **이륭양행**에 **교통국을** 설치하여 국내와 연락을 취하였다.
➡ **대한민국 임시 정부**는 조지 루이스 쇼가 중국에서 운영하는 무역 회사인 이륭양행에 교통국을 설치하여 국내와 연락을 취하였어요.

③ ㉢ – **의열단**이 **활동 지침**으로 삼았다.
➡ 의열단은 신채호가 작성한 〈조선 혁명 선언〉을 활동 지침으로 삼아 일제의 중요 기관을 파괴하고 주요 인물을 처단하였어요. 신채호는 〈조선 혁명 선언〉에서 폭력을 통한 민중의 직접 혁명을 주장하였어요.

④ ㉣ – **역사를 아와 비아의 투쟁**으로 정의하였다.
➡ 일제 강점기에 신채호는 《조선상고사》에서 역사를 '아'와 '비아'의 투쟁으로 정의하는 등 민족주의 사학의 기초를 마련하였어요.

⑤ ㉤ – **안중근** 의사가 **순국한** 곳이다.
➡ 1909년에 안중근은 만주 하얼빈에서 을사늑약 체결에 핵심적인 역할을 한 이토 히로부미를 사살하였어요. 안중근은 **뤼순 감옥**에서 수감 중에 〈동양 평화론〉을 저술하였지만 결국 완성하지 못하고 죽음을 맞이하였어요.

43 제주 4·3 사건

정답 ⑤

(가) 제주 4·3 사건에 대한 설명으로 가장 적절한 것은?

정답 키워드

수많은 제주도민이 희생됨

이것은 냉전과 분단의 상징물인 독일 베를린 장벽의 일부로, [(가)] 을/를 기념하는 이 공원에 기증되었습니다. 이곳 제주도에서 일어난 [(가)] 은/는 남한만의 단독 선거에 반대하는 무장대와 이를 진압하는 토벌대 간의 무력 충돌, 그 뒤 토벌대의 진압 과정에서 **수많은 제주도민이 희생된** 사건으로, 6·25 전쟁이 끝나고 나서야 종결되었습니다.

1948년 4월 3일에 제주도에서 좌익 세력이 남한만의 단독 정부 수립에 반대하는 무장봉기를 일으켰어요. 이에 미군정이 극우 청년들과 경찰 등을 동원하여 무차별 폭력을 휘둘러 진압하였고, 이러한 상황은 정부 수립 후까지 계속되었어요. 그 과정에서 무장봉기를 일으킨 세력뿐만 아니라 **수많은 무고한 제주도민이 희생**되었어요.

① 허정 과도 정부가 구성되는 결과를 가져왔다.
➡ 이승만 정부 시기에 일어난 **4·19 혁명**으로 이승만 대통령이 하야하고 허정 과도 정부가 수립되어 내각 책임제와 양원제 국회 구성을 골자로 한 3차 개헌이 이루어졌어요.

② 국가 보위 비상 대책 위원회가 설치되는 배경이 되었다.
➡ 박정희 정부의 유신 체제 붕괴 이후 12·12 사태로 권력을 잡은 전두환 등 신군부 세력은 1980년에 **5·18 민주화 운동**을 진압한 후 국가 보위 비상 대책 위원회를 설치하였어요.

③ 장기 독재를 비판하는 3·1 민주 구국 선언을 발표하였다.
➡ 박정희 정부 시기에 **유신 반대 운동** 과정에서 재야 인사들이 중심이 되어 긴급 조치 철폐 등을 요구하는 3·1 민주 구국 선언을 발표하였어요.

④ 민주화를 위한 개헌 청원 100만인 서명 운동을 전개하였다.
➡ 박정희 정부 시기에 유신 헌법의 철폐를 요구하는 **유신 반대 운동**이 전개되었는데, 그 일환으로 민주화를 위한 개헌 청원 100만인 서명 운동이 전개되었어요.

⑤ 정부 차원에서 **진상 조사 보고서**를 발간하고 **공식 사과**하였다.
➡ 2000년에 **제주 4·3 사건** 진상 규명 및 희생자 명예 회복에 관한 특별법이 제정되었어요. 이후 2003년에 제주 4·3 사건 진상 조사 보고서가 발간되었으며, 당시 노무현 대통령은 제주도민과 제주 4·3 사건 유족들에게 공식 사과하였어요.

44 이승만 정부 시기의 사실

정답 ①

교사의 질문**(이승만 정부 시기의 사실)**에 대한 학생의 대답으로 적절하지 **않은** 것은?

정답 키워드

4·19 혁명으로 하야

이것은 그의 84세 생일을 위해 기획된 LP 음반의 재킷으로, '제84회 탄신 기념'이라고 적혀 있습니다. 음반에는 '애국가', '만수무강하시리', '우남 행진곡' 등이 수록되어 있습니다. 그러나 그는 다음 해에 일어난 **4·19 혁명으로 하야**했습니다. 그가 대통령으로 재임하던 시기에 있었던 사실을 말해볼까요?

1960년에 3·15 부정 선거를 규탄하는 시위가 마산에서 발생하였어요. 시위에 참여하였다가 실종된 김주열 학생의 시신이 마산 앞바다에서 발견되자, 분노한 시민과 학생들의 시위가 전국으로 확산되었고, 대학교수단은 대통령 퇴진 등을 요구하는 시국 선언문을 발표하였는데, 이를 4·19 혁명이라고 해요. **4·19 혁명으로 결국 이승만은 대통령직에서 물러났고(하야)** 이후 허정 과도 정부가 수립되었어요.

① 경부 고속 도로가 개통되었어요.
➡ **박정희 정부** 시기인 1970년에 경부 고속 도로가 개통되었어요.

② 한·미 상호 방위 조약이 체결되었어요.
➡ **이승만 정부** 시기인 1953년에 6·25 전쟁의 정전 협정이 체결된 이후 한국과 미국은 한·미 상호 방위 조약을 체결하였어요.

③ 진보당의 당수였던 조봉암이 처형되었어요.
➡ **이승만 정부**는 1958년에 조봉암이 진보당을 창당하자 조봉암에게 국가 보안법 위반과 간첩 혐의를 씌워 구속하였고 이후 처형하였어요.

④ 반민족 행위 특별 조사 위원회가 해체되었어요.
➡ **이승만 정부** 시기인 1949년 10월에 반민족 행위 특별 조사 위원회(반민특위)는 정부의 방해로 활동에 제약을 받아 해체되었어요.

⑤ 유상 매수, 유상 분배 원칙의 농지 개혁법이 제정되었어요.
➡ **이승만 정부** 시기인 1949년에 제헌 국회에서 유상 매수, 유상 분배 원칙의 농지 개혁법이 제정되었어요.

밑줄 그은 '**유신 헌법**'이 시행된 **박정희 정부** 시기에 볼 수 있는 모습으로 가장 적절한 것은?

정답 키워드

> 긴급 조치

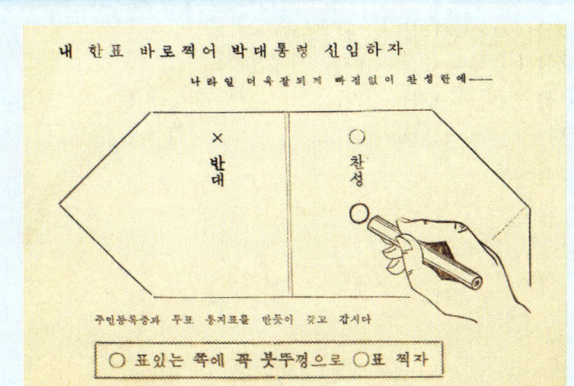

자료는 당시 헌법의 유지 여부를 묻는 국민 투표를 앞두고 찬성을 독려하는 홍보문의 일부이다. 이 투표의 실시 결과 당시 헌법을 유지하는 것으로 결정되었다. 3개월 뒤 이 헌법을 부정, 반대하는 주장이나 보도를 일체 금지하고 위반자는 영장 없이 체포한다는 내용을 핵심으로 한 대통령 **긴급 조치** 제9호가 선포되었다.

1972년에 박정희 정부는 유신 체제를 선언하며 대통령에게 헌법을 초월하는 **긴급 조치권**과 국회 해산권, 법관 인사권, 국회 의원 3분의 1 추천권 등 막강한 권한을 부여하는 7차 개헌을 단행하였어요(유신 헌법).

① 국민 방위군에 소집되는 청년
➡ **이승만 정부** 때 6·25 전쟁이 일어났고, 전쟁이 한창이던 **1950년** 12월에 국민 방위군 설치법이 공포됨에 따라 만 17세 이상 40세 미만의 장정들이 국민 방위군에 소집되었어요.

② 개성 공단 착공식에 참석하는 기업인
➡ **노무현 정부** 시기인 2003년에 개성 공단 착공식이 이루어졌어요.

③ 미·소 공동 위원회의 재개를 요구하는 시민
➡ **미군정** 시기인 **1946년** 3월에 덕수궁 석조전에서 제1차 미·소 공동 위원회가 개최되었으나, 임시 정부 수립에 참여할 단체를 두고 미국과 소련이 대립하면서 위원회는 결국 결렬되었어요.

④ 남북 기본 합의서 채택 소식을 보도하는 기자
➡ **노태우 정부** 시기인 1991년에 남북 기본 합의서를 채택하고 북한과 유엔에 동시 가입하였어요.

⑤ 통일 주체 국민 회의 대의원 명단을 점검하는 공무원
➡ **박정희 정부** 시기인 **1972년**에 유신 헌법이 공포된 후 통일 주체 국민 회의가 설치되었고, 이곳에서 박정희를 제8대 대통령으로 선출하였어요.

(가) **6월 민주 항쟁**에 대한 설명으로 적절한 것은?

정답 키워드

> 호헌 철폐, 전두환

전두환 정부 시기에 민주화에 대한 국민의 열망이 높아지고 있었음에도 정부는 이를 무시하고 4·13 호헌 조치를 발표하였어요. 이러한 상황에서 박종철 고문치사 사건의 진실이 세상에 알려졌고 시위 과정에서 대학생 이한열이 경찰이 쏜 최루탄에 피격되는 사건이 일어났어요. 이에 분노한 국민들은 **호헌 철폐**와 독재 타도를 외치며 전국 각지에서 대규모 시위를 벌였어요(6월 민주 항쟁, 1987).

① 굴욕적인 **한·일 국교 정상화**에 반대하였다.
➡ 1964년 박정희 정부 시기에 굴욕적인 한·일 국교 정상화에 반대하는 **6·3 시위**가 전개되었어요.

② 5년 단임의 대통령 직선제 개헌을 이끌어냈다.
➡ 1987년 전두환 정부 시기에 일어난 **6월 민주 항쟁**으로 6·29 민주화 선언이 발표되었고, 이에 따라 5년 단임의 대통령 직선제 개헌이 이루어졌어요.

③ 시위 과정에서 **시민군**이 자발적으로 **조직**되었다.
➡ 1980년 **5·18 민주화 운동** 당시 신군부가 시위대를 무자비하게 진압하자, 이에 일부 광주 시민이 시민군을 조직하여 맞섰어요.

④ **3선 개헌** 반대 범국민 투쟁 위원회를 결성하였다.
➡ 1969년에 박정희 정부가 대통령의 3회 연임을 허용하는 3선 개헌안을 통과시키려고 하자 3선 개헌 반대 범국민 투쟁 위원회가 조직되어 **3선 개헌 반대 투쟁**을 전개하였어요.

⑤ 대통령 중심제에서 **의원 내각제**로 바뀌는 **계기**가 되었다.
➡ 1960년 이승만 정부 시기에 일어난 **4·19 혁명** 이후 의원 내각제와 양원제를 골자로 하는 3차 개헌이 진행되었고, 장면 내각이 출범하였어요.

(가) 녹읍을 폐지함 = **녹읍 폐지(신라 신문왕)**
(나) 처음 전시과를 제정함 = **시정 전시과(고려 경종)**
(다) 과전을 지급하는 법 = **과전법(고려 공양왕)**
(라) 현직 관리에게 직전을 줌 = **직전법(조선 세조)**

(가) ㉠ 왕은 5월에 교서를 내려 문무 관료들에게 토지를 차등 있게 주었다. …… 봄 정월에 중앙과 지방 관리들의 **❶녹읍을 폐지**하고 해마다 조를 차등 있게 주고 이를 일정한 법으로 삼았다.

(나) **❷처음으로 직관(職官)·산관(散官)의 각 품의 전시과를 제정**하였는데, 관품의 높고 낮은 것은 논하지 않고 다만 인품만 가지고 전시과의 등급을 결정하였다.

(다) 도평의사사에서 글을 올려 **❸과전을 지급하는 법**을 정할 것을 청하니, 그 의견을 따랐다. 경기는 사방의 근본이므로 마땅히 과전을 설치하여 사대부를 우대하여야 한다. 무릇 수도에 거주하며 왕실을 지키는 자는 현직, 산직(散職)을 불문하고 각각 과(科)에 따라 받게 한다.

(라) 만약 그 자신이 죽고 그 아내에게 미치게 되면 수신전이라 일컬었고, 부부가 다 죽고 그 아들에게 전해지면 휼양전이라 일컬었으며, 만약 그 아들이 관직에 제수되더라도 그대로 그 전지를 주고는 과전이라 일컬었는데, …… ㉡ 왕께서 이를 없애고, **❹현직 관리에게 주어 직전(職田)**이라 하였던 것입니다.

(가) 신라 신문왕은 관리에게 해당 지역에서 조세만 거둘 수 있는 관료전을 지급하고, 노동력까지 징발할 수 있는 **❶녹읍을 폐지**하였어요. 이로써 귀족의 경제적 기반을 약화시켰어요.

(나) 고려 경종 때 **❷처음 전시과가 마련**되어 전·현직 관리에게 관직과 인품을 기준으로 전지(토지)와 시지(임야)를 지급하였어요(시정 전시과). 이후 목종 때인 998년에 관직만을 기준으로 18등급으로 나누었고(개정 전시과), 문종 때 이르러 지급 대상을 현직 관리로 제한하였어요(경정 전시과).

(다) 위화도 회군 이후 권력을 장악한 이성계와 급진파 신진 사대부는 조준 등의 건의로 신진 관리의 경제적 기반을 마련하고 국가 재정을 안정적으로 유지하기 위해 **❸과전법을 실시**하였어요. 과전법은 관직에 복무한 대가로 등급에 따라 경기 지역에 한정된 토지(과전)를 지급하는 제도로, 원칙적으로 세습이 불가하였어요. 과전법은 조선 세조가 직전법을 실시하기 전까지 시행되었어요.

(라) 세습 토지가 증가하여 새로 임명되는 관리에게 지급할 토지가 부족해지자 조선 세조는 **❹현직 관리에게만 수조권을 지급하는 직전법을 실시**하였어요. 이때 수신전과 휼양전도 폐지되었는데, 이로 인해 죽은 관리의 가족들이 경제적으로 어려워지자 수신전과 휼양전을 부활시켜야 한다는 주장도 있었어요.

47 토지 제도의 역사

정답 ①

(가) 녹읍 폐지(신라 신문왕), (나) 시정 전시과(고려 경종), (다) 과전법(고려 공양왕), (라) 직전법(조선 세조)을 일어난 순서대로 옳게 나열한 것은?

① (가) – (나) – (다) – (라)
➡ (가) 신라 신문왕(689) → (나) 고려 경종(976) → (다) 고려 공양왕(1391) → (라) 조선 세조(1466)

② (가) – (나) – (라) – (다)
③ (나) – (가) – (라) – (다)
④ (나) – (다) – (가) – (라)
⑤ (다) – (라) – (나) – (가)

48 신라 신문왕과 조선 세조의 정책

정답 ③

㉠ 신라 신문왕, ㉡ 조선 세조에 대한 설명으로 옳은 것을 |보기|에서 고른 것은?

ㄱ. ㉠ – 병부를 처음으로 설치하였다.
➡ **신라 법흥왕**은 군사 관련 업무를 담당하는 행정 기구인 병부를 설치하고 최고 관직으로 상대등을 설치하였어요.

ㄴ. ㉠ – 전국에 9주 5소경을 설치하였다.
➡ **신라 신문왕**은 9주 5소경의 지방 제도를 정비하고 9서당 10정의 군사 조직을 편성하였어요.

ㄷ. ㉡ – 6조 직계제를 시행하였다.
➡ **조선 태종**과 **세조**는 6조 직계제를 실시하여 의정부의 힘을 약화시키고, 왕권을 강화하였어요.

ㄹ. ㉡ – 초계문신제를 실시하였다.
➡ **조선 정조**는 젊은 문신들을 선발해 재교육하는 초계문신제를 실시하여 자신의 정책을 뒷받침할 인재를 육성하였어요.

① ㄱ, ㄴ   ② ㄱ, ㄷ   **③ ㄴ, ㄷ**   ④ ㄴ, ㄹ   ⑤ ㄷ, ㄹ

다음 뉴스가 보도된 **전두환 정부** 시기의 사실로 옳은 것은?

정답 키워드

> 교복과 두발을 자율화, 야간 통행 금지 해제

> 문교부가 중고등학생의 **①교복과 두발을 자율화**하겠다고 발표한 데이어, 오늘부터 **②야간 통행 금지 해제**가 본격 적용되었습니다. 시민들은 새벽 거리를 활보하며 37년 만에 되찾은 24시간의 자유를 만끽하게 되었습니다.

전두환 정부는 민주화 탄압 등 강압 정책에 대한 시민들의 불만을 무마하기 위해 **①교복과 두발의 자율화**, **②야간 통행 금지 해제**, 프로 야구와 프로 축구 출범 등의 유화 정책을 추진하였어요.

① 서울 올림픽 대회가 개최되었다.
➡ **노태우 정부** 시기인 1988년에 서울 올림픽 대회가 개최되었어요.

② 보도 지침으로 언론이 통제되었다.
➡ **전두환 정부** 시기에 정부는 매일 각 언론사에 기사 보도를 제한하는 보도 지침을 내려 언론을 통제하였어요.

③ 삼풍 백화점 붕괴 사고가 일어났다.
➡ **김영삼 정부** 시기에 삼풍 백화점 붕괴 사고가 발생하여 수많은 사람이 희생되었어요.

④ 양성 평등의 실현을 위해 호주제가 폐지되었다.
➡ **노무현 정부** 시기에 양성평등의 실현을 위해 호주제가 폐지되었어요.

⑤ 사회 통합을 위한 다문화 가족 지원법이 시행되었다.
➡ 노무현 정부 시기에 사회 통합을 위한 다문화 가족 지원법이 제정되었고, **이명박 정부** 시기인 2008년부터 시행되었어요.

(가) **창녕**을 지도에서 옳게 찾은 것은?

① ㉠ ➡ **충주**와 관련된 역사적 사건으로는 고려 시대 몽골 침입 때 김윤후가 충주성에서 노비를 비롯한 관민과 함께 몽골군을 격퇴한 충주성 전투, 임진왜란 때 신립의 탄금대 전투 등이 있어요.

② ㉡ ➡ **안동**과 관련된 역사적 사건으로는 후백제와 고려의 고창 전투, 고려 시대 홍건적의 침입에 따른 공민왕의 피란, 안동 봉정사 극락전 건립, 조선 시대 도산 서원 건립 등이 있어요.

③ ㉢ ➡ **창녕** 교동과 송현동 고분군은 가야의 대표적인 무덤이고, 창녕 신라 진흥왕 척경비는 진흥왕이 비사벌 가야를 점령한 후 영토 확장을 기념하기 위해 세운 순수비예요. 창녕 술정리 동 3층 석탑은 통일 신라 시기에 조성된 석탑으로, 서쪽으로는 창녕 술정리 서 3층 석탑이 위치하고 있어요.

④ ㉣ ➡ **전주**와 관련된 역사적 사건으로는 견훤이 세운 후백제의 수도, 조선 시대 동학 농민 운동 당시 전주 화약 체결 등이 있어요.

⑤ ㉤ ➡ **강화도**와 관련된 역사적 사건으로는 고려 시대 몽골 침입 때 임시 수도, 조선 시대 병자호란 때 김상용 순절, 병인양요와 신미양요, 운요호 사건, 강화도 조약 체결 등이 있어요.

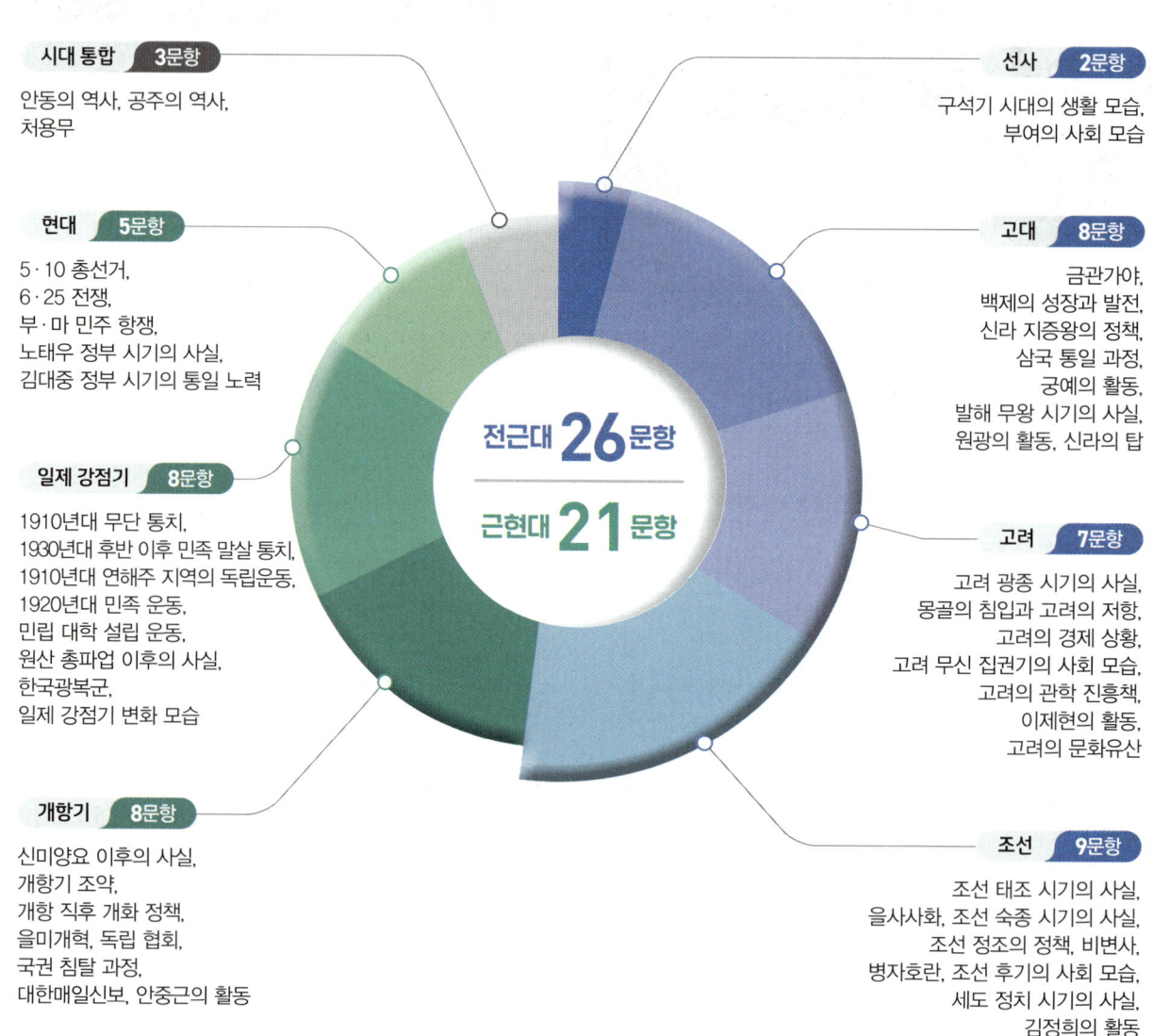

시대별 출제비중

합격률 70회: **46.8%** / 69회: **54.6%**

46.8%

2024년 8월 10일(토) 시행

제71회

시대 통합 3문항
안동의 역사, 공주의 역사,
처용무

현대 5문항
5·10 총선거,
6·25 전쟁,
부·마 민주 항쟁,
노태우 정부 시기의 사실,
김대중 정부 시기의 통일 노력

일제 강점기 8문항
1910년대 무단 통치,
1930년대 후반 이후 민족 말살 통치,
1910년대 연해주 지역의 독립운동,
1920년대 민족 운동,
민립 대학 설립 운동,
원산 총파업 이후의 사실,
한국광복군,
일제 강점기 변화 모습

개항기 8문항
신미양요 이후의 사실,
개항기 조약,
개항 직후 개화 정책,
을미개혁, 독립 협회,
국권 침탈 과정,
대한매일신보, 안중근의 활동

전근대 26문항
근현대 21문항

선사 2문항
구석기 시대의 생활 모습,
부여의 사회 모습

고대 8문항
금관가야,
백제의 성장과 발전,
신라 지증왕의 정책,
삼국 통일 과정,
궁예의 활동,
발해 무왕 시기의 사실,
원광의 활동, 신라의 탑

고려 7문항
고려 광종 시기의 사실,
몽골의 침입과 고려의 저항,
고려의 경제 상황,
고려 무신 집권기의 사회 모습,
고려의 관학 진흥책,
이제현의 활동,
고려의 문화유산

조선 9문항
조선 태조 시기의 사실,
을사사화, 조선 숙종 시기의 사실,
조선 정조의 정책, 비변사,
병자호란, 조선 후기의 사회 모습,
세도 정치 시기의 사실,
김정희의 활동

01 구석기 시대의 생활 모습

정답 ①

(가) 구석기 시대의 생활 모습으로 옳은 것은?

> 뗀석기를 처음 사용, 주먹도끼

[체험 프로그램 기획안]

(가) 시대로 떠나는 시간 여행

■ 기획 의도
 ❶뗀석기를 처음 사용한 (가) 시대 사람들의 생활을 다양한 활동을 통해 체험할 수 있는 기회를 마련하고자 함.
■ 체험 프로그램 예시

❷[주먹도끼로 고기 자르기] [마찰식 점화법으로 불 피우기]
■ 장소 : 연천 전곡리 유적 체험 마당

구석기 시대 사람들은 ❷주먹도끼와 같은 ❶뗀석기를 처음 사용하여 사냥과 채집 등을 통해 식량을 구하였어요.

①주로 동굴이나 바위 그늘에서 살았다.
 ➡ **구석기 시대** 사람들은 식량을 찾아 이동 생활을 하였으며, 주로 동굴이나 강가의 막집, 바위 그늘에서 거주하였어요.

② 청동 방울 등을 의례 도구로 사용하였다.
 ➡ **청동기 시대**부터 청동 도끼, 청동 검, 청동 방울, 거친무늬 거울 등 청동으로 도구를 제작하기 시작하였어요.

③ 따비와 괭이로 땅을 갈아 농사를 지었다.
 ➡ **철기 시대**에는 쟁기, 쇠스랑, 따비, 괭이 등 철제 농기구를 사용하여 농사를 지었어요.

④ 거푸집을 이용하여 세형동검을 제작하였다.
 ➡ 청동기 시대와 철기 시대에는 거푸집을 이용하여 청동 검을 만들었어요. 세형동검은 **철기 시대**에 제작된 청동 검이에요.

⑤ 빗살무늬 토기를 만들어 식량을 저장하였다.
 ➡ **신석기 시대** 사람들은 빗살무늬 토기를 사용하여 음식을 조리하거나 식량을 저장하였어요.

02 부여의 사회 모습

정답 ④

다음 검색창에 들어갈 부여에 대한 설명으로 옳은 것은?

> 남쪽에 고구려, 도둑질을 하면 12배를 변상

사료로 보는 한국사

검색

검색 결과

1. 위치
장성의 북쪽에 있는데 현도군에서 천 리 떨어져 있다. ❶남쪽은 고구려와, 동쪽은 읍루와, 서쪽은 선비와 접해 있고, 북쪽에는 약수가 있다.

2. 형벌
형벌은 엄하고 각박하여 사람을 죽인 자는 사형에 처하고 그 집안사람은 적몰(籍沒)하여 노비로 삼았다. ❷도둑질을 하면 [도둑질한 물건의] 12배를 변상케 했다.

3. 풍습 → 우제점법
전쟁을 하게 되면 그때도 하늘에 제사를 지내고, 소를 잡아서 그 발굽을 보아 길흉을 점치는데, 발굽이 갈라지면 흉하고 발굽이 붙으면 길하다고 생각했다.

❶남쪽에 고구려가 위치해 있던 부여는 왕이 중앙을 통치하고, 왕 아래 마가, 우가, 저가, 구가 등 여러 가(加)들이 별도로 다스리는 행정 구역인 사출도가 있었어요. 또한, ❷도둑질을 하면 도둑질한 물건의 12배를 변상하게 하는 1책 12법 등 엄격한 법을 만들어 사회 질서를 유지하였고 순장, 형사취수제 등의 풍속이 있었으며 12월에는 영고라는 제천 행사를 열었어요.

① 신성 지역인 소도가 있었다.
 ➡ **삼한**에는 제사장인 천군과 신성 지역인 소도가 있었어요. 이를 통해 삼한은 제정 분리 사회였음을 짐작할 수 있어요.

② 혼인 풍습으로 민며느리제가 있었다.
 ➡ **옥저**의 혼인 풍습에는 민며느리제가 있었어요.

③ 읍락 간의 경계를 중시하는 책화가 있었다.
 ➡ **동예**에는 다른 부족의 경계를 침범하면 노비, 소, 말로 변상하게 하는 책화라는 풍습이 있었어요.

④ 여러 가(加)들이 각각 사출도를 주관하였다.
 ➡ **부여**는 왕이 중앙을 다스리고, 마가·우가·구가·저가 등의 가(加)들이 별도로 사출도를 다스리는 연맹체 국가였어요.

⑤ 사회 질서를 유지하기 위해 범금 8조를 만들었다.
 ➡ **고조선**에는 사회 질서를 유지하기 위해 살인, 절도 등의 죄를 다스리는 범금 8조(8조법)가 있었어요.

(가) 금관가야에 대한 설명으로 옳은 것은?

> **정답 키워드**
>
> 수로왕이 건국

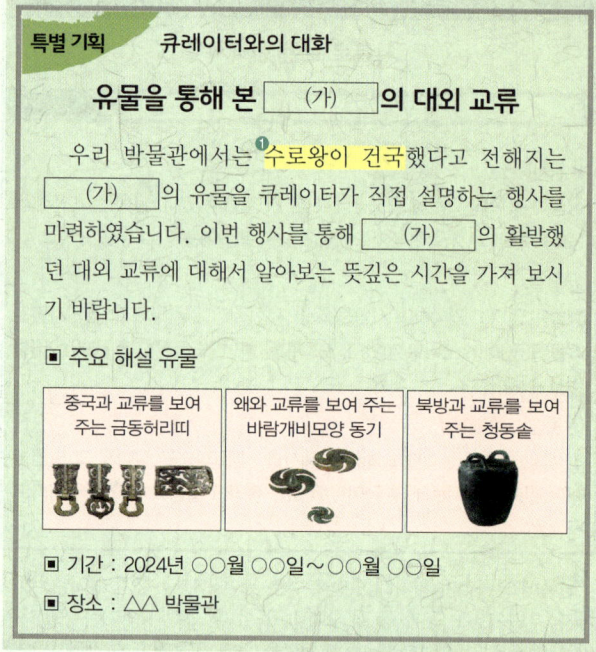

특별 기획   **큐레이터와의 대화**

유물을 통해 본 [(가)]의 대외 교류

우리 박물관에서는 ❶수로왕이 건국했다고 전해지는 [(가)]의 유물을 큐레이터가 직접 설명하는 행사를 마련하였습니다. 이번 행사를 통해 [(가)]의 활발했던 대외 교류에 대해서 알아보는 뜻깊은 시간을 가져 보시기 바랍니다.

▪ 주요 해설 유물

중국과 교류를 보여 주는 금동허리띠	왜와 교류를 보여 주는 바람개비모양 동기	북방과 교류를 보여 주는 청동솥

▪ 기간 : 2024년 ○○월 ○○일~○○월 ○○일
▪ 장소 : △△ 박물관

금관가야는 ❶수로왕이 건국하였다고 전해지며 전기 가야 연맹을 주도하다가 신라를 지원한 고구려 광개토 태왕의 공격을 받아 세력이 크게 약화되었어요. 이후 고령의 대가야가 가야 연맹의 중심국이 되었어요.

① 법흥왕 때 신라에 복속되었다.
➡ **금관가야**는 고구려의 공격으로 세력이 약화되어 법흥왕 때 신라에 병합되었어요.

② 서옥제라는 혼인 풍습이 있었다.
➡ **고구려**의 혼인 풍속에는 서옥제가 있었어요. 서옥제는 결혼 후 남자가 여자 집 뒤에 서옥이라는 집을 짓고 살다가 자식이 장성하면 아내와 자식들을 데리고 자신의 집으로 돌아가는 풍속이에요.

③ 6좌평이 중요한 국사를 논의하였다.
➡ **백제**는 6좌평, 16관등제를 마련해 중앙 조직을 정비하였어요.

④ 만장일치제로 운영된 화백 회의가 있었다.
➡ **신라**는 귀족 회의인 화백 회의를 열어 국가의 중대사를 만장일치로 결정하였어요.

⑤ 지방에 22담로를 두어 왕족을 파견하였다.
➡ **백제** 무령왕은 지방을 통제하기 위해 지방의 22담로에 왕족을 파견하였어요.

(가) 원광에 대한 설명으로 옳은 것은?

> **정답 키워드**
>
> 걸사표를 지음

> 왕이 고구려가 자주 국경을 침략하는 것을 걱정하여 수에 군사를 요청해 고구려를 치고자 하였다. 이에 [(가)]에게 명하여 ❶걸사표를 짓도록 하였다. [(가)]이/가 말하기를, "자기가 살고자 남을 멸하는 것은 출가한 승려로서 적합한 행동은 아니지만, 제가 대왕의 땅에서 살고 대왕의 물과 풀을 먹고 있으니 어찌 감히 명을 따르지 않겠습니까."라고 하면서 글을 써서 올렸다.

7세기 초 신라의 승려 원광은 진평왕의 명을 받아 고구려를 공격하기 위해 수에 군사를 요청하는 ❶걸사표를 작성하였어요.

① 구법 순례기인 왕오천축국전을 남겼다.
➡ **혜초**는 인도와 중앙아시아 지역을 순례하고 여러 나라의 풍물을 기록한 《왕오천축국전》을 남겼어요.

② 황룡사 구층 목탑의 건립을 건의하였다.
➡ **자장**은 신라 선덕 여왕에게 황룡사 9층 목탑의 건립을 건의하였어요.

③ 무애가를 지어 불교 대중화에 기여하였다.
➡ **원효**는 〈무애가〉를 지어 부르며 불교 대중화에 기여하였고, 《십문화쟁론》을 지어 종파 간의 사상적 대립을 해소하기 위해 노력하였어요.

④ 사군이충 등을 포함한 세속 5계를 제시하였다.
➡ **원광**은 신라 진평왕 때 화랑도의 규범으로 세속 5계를 제시하였어요.

⑤ 풍수지리 사상이 반영된 송악명당기를 저술하였다.
➡ **도선**은 풍수지리 사상이 반영된 《송악명당기》를 저술하였어요.

05 백제의 성장과 발전　　　정답 ⑤

(가) 백제 성왕 재위 시기(538), (나) 백제 침류왕 재위 시기
(384), (다) 백제 근초고왕 재위 시기(371)의 내용을 일어난
순서대로 옳게 나열한 것은?

정답 키워드

(가) 도읍 사비, 국호 남부여
(나) 동진으로부터 불교를 수용
(다) 고구려의 평양성 공격

[한국사 주제 발표]
백제의 성장과 발전

❶ 도읍을 사비로 옮기고, 국호를 남부여라고 하였어요.

❷ 동진에서 온 마라난타를 통해 불교를 수용하였어요.

❸ 고구려의 평양성을 공격하고 황해도 일부 지역을 차지하였어요.

(가)　　　(나)　　　(다)

(다) 백제는 4세기 근초고왕 때 전성기를 이루었어요. 근초고왕은 마한을 정복하였고, 고구려를 공격하여 황해도 일대까지 영토를 확장하였어요. 이 과정에서 371년에 근초고왕의 ❸고구려 평양성 공격으로 고국원왕이 전사하였어요. 또한 근초고왕은 중국 남조의 동진 및 일본의 규슈 지방과 교류하였어요.

(나) 백제는 침류왕 때인 384년에 중국 ❷동진에서 온 승려 마라난타를 통해 불교를 수용하였어요.

(가) 백제 성왕은 538년에 웅진(오늘날 공주)에서 ❶사비(오늘날 부여)로 천도하고 국호를 일시적으로 '남부여'로 고쳤어요. 이후 중앙 관청을 22부로 정비하고 수도를 5부, 지방을 5방으로 재편하는 등 백제의 중흥을 위해 노력하였어요.

① (가) – (나) – (다)
② (가) – (다) – (나)
③ (나) – (가) – (다)
④ (나) – (다) – (가)
⑤ (다) – (나) – (가)

➡ (다) 백제 근초고왕 재위 시기(371) → (나) 백제 침류왕 재위 시기
(384) → (가) 백제 성왕 재위 시기(538)

06 신라 지증왕의 정책　　　정답 ③

밑줄 그은 '신라 지증왕'에 대한 설명으로 옳은 것은?

정답 키워드

국호 신라, 신라 국왕

여러 신하들이 ❶국호를 신라로 확정하고 임금의 호칭을 ❷신라 국왕으로 하자고 건의하니, 왕께서 이를 따르셨다고 하네.

나도 들었네. 작년에는 순장을 금지한다는 명을 내리셨지. 앞으로 우리나라의 발전이 기대되는구먼.

신라 지증왕은 ❶국호를 '신라'로, ❷왕호를 마립간에서 '왕'으로 바꾸었으며, 우경을 장려하고 시장을 감독하는 관청인 동시전을 설치하였어요.

① 병부와 상대등을 설치하였다.
➡ 법흥왕은 군사 관련 업무를 담당하는 행정 기구인 병부를 설치하고 최고 관직으로 상대등을 설치하였어요.

② 백제 비유왕과 동맹을 체결하였다.
➡ 눌지 마립간은 고구려 장수왕이 평양으로 수도를 옮기며 남진 정책을 본격화하자 이에 대응하기 위하여 백제 비유왕과 동맹을 체결하였어요.

③ 이사부를 보내 우산국을 복속시켰다.
➡ 지증왕은 이사부를 보내 우산국(울릉도 일대)을 정복하였어요.

④ 매소성 전투에서 당의 군대를 격파하였다.
➡ 문무왕은 매소성 전투와 기벌포 전투에서 당의 군대를 격파하며 삼국 통일을 완성하였어요.

⑤ 김흠돌의 난을 진압하고 귀족들을 숙청하였다.
➡ 신문왕은 김흠돌의 반란을 진압하면서 이를 함께 도모한 진골 귀족들을 숙청하였어요.

(가)에 해당하는 **경주 불국사 3층 석탑(석가탑)**으로 옳은 것은?

정답 키워드

무영탑, 무구정광대다라니경

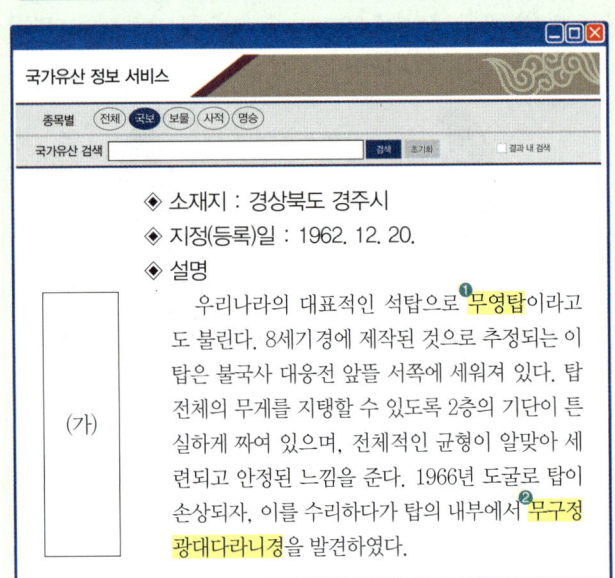

국가유산 정보 서비스

종목별 [전체] [국보] [보물] [사적] [명승]

국가유산 검색 [　　　　　　　　　] [검색] [초기화] □결과 내 검색

◈ 소재지 : 경상북도 경주시
◈ 지정(등록)일 : 1962. 12. 20.
◈ 설명

(가)

　우리나라의 대표적인 석탑으로 ❶**무영탑**이라고도 불린다. 8세기경에 제작된 것으로 추정되는 이 탑은 불국사 대웅전 앞뜰 서쪽에 세워져 있다. 탑 전체의 무게를 지탱할 수 있도록 2층의 기단이 튼실하게 짜여 있으며, 전체적인 균형이 알맞아 세련되고 안정된 느낌을 준다. 1966년 도굴로 탑이 손상되자, 이를 수리하다가 탑의 내부에서 ❷**무구정광대다라니경**을 발견하였다.

경주 불국사 3층 석탑은 석가탑 또는 ❶**무영탑**이라고도 하며, 탑의 해체·보수 과정에서 ❷**무구정광대다라니경**이 발견되었어요. 경주 불국사 3층 석탑과 함께 경주 불국사 다보탑이 나란히 서 있어요.

①
➡ 신라의 **구례 화엄사 4사자 3층 석탑**으로, 기단과 탑신에 화려한 조각이 새겨져 있어요.

②
➡ 백제의 **부여 정림사지 5층 석탑**이에요.

③
➡ 신라의 **경주 분황사 모전 석탑**으로, 돌을 벽돌 모양으로 다듬어 쌓았어요.

④
➡ 발해의 **영광탑**으로, 현재 유일하게 남아 있는 발해의 탑이에요.

⑤
➡ 신라의 **경주 불국사 3층 석탑**으로, 불국사 내에 조성된 석탑이에요.

다음 상황(**고구려 멸망, 668**) 이후에 전개된 사실로 옳은 것은?

정답 키워드

평양에 안동도호부를 둠

　12월에 황제가 함원전에서 포로를 받아들였다. [황제가] 왕은정사를 자기가 한 것이 아니라 하였기에 용서하여 사평태상백원외동정으로 삼았다. 천남산은 사재소경으로, 승려 신성은 은청광록대부로, 천남생은 우위대장군으로 삼았다. …… 천남건은 검주(黔州)로 유배를 보냈다. 5부, 176성, 69만여 호를 나누어 9도독부, 42주, 100현으로 만들고, ❶**평양에 안동도호부를 두어** 이를 통치하게 하였다.
　　　　　　　　　　　　　　　　　　　– 『삼국사기』 –

당은 신라와 함께 660년에 백제를, 668년에 고구려를 멸망시킨 후 옛 백제 땅에 웅진도독부를, ❶**옛 고구려 땅(평양)에 안동도호부**를, 신라 땅에 계림도독부를 설치하여 한반도 전체를 차지하려는 야욕을 드러냈어요. 이후 당은 신라와의 전쟁(나·당 전쟁)에서 패한 뒤 평양에 설치하였던 안동도호부를 요동으로 옮겼어요.

① **안승**이 **보덕국왕**으로 임명되었다.
➡ 고구려 멸망 이후 한반도 전체를 차지하려는 당과 전쟁을 시작한 신라 문무왕은 고구려 부흥 운동을 전개하던 안승이 귀순하자 금마저(익산)에 머물게 하고 **674년**에 보덕국왕으로 임명하였어요.

② **을지문덕**이 **살수**에서 대승을 거두었다.
➡ **612년**에 고구려의 을지문덕은 살수에서 수의 대군을 상대로 크게 승리하였어요(살수 대첩).

③ **김춘추**가 당과의 **군사 동맹**을 성사시켰다.
➡ **648년**에 신라의 김춘추는 고구려와 동맹을 시도하였다가 실패한 후 당과 군사 동맹을 체결하고, 백제와 고구려 공격에 나섰어요.

④ **의자왕**이 **윤충**을 보내 **대야성**을 함락하였다.
➡ **642년**에 백제 의자왕은 신라를 공격하여 40여 성을 함락하였으며, 윤충을 보내 전략적 요충지인 신라의 대야성을 점령하였어요.

⑤ **연개소문**이 **정변**을 일으켜 영류왕을 시해하였다.
➡ **642년**에 고구려의 연개소문은 정변을 일으켜 영류왕을 죽이고 보장왕을 왕위에 올린 뒤 스스로 대막리지가 되어 권력을 장악하였어요.

09 발해 무왕 시기의 사실
정답 ②

다음 사건(발해의 등주 습격, 732)이 일어난 시기를 연표에서 옳게 고른 것은?

정답 키워드

발해가 등주를 습격

개원(開元) 20년에 ❶발해가 천자의 조정을 원망하여 군사를 거느리고 등주(登州)를 습격하여 자사 위준을 살해하였습니다. 이에 황제께서 크게 노하여 하행성 등에게 군사를 징발하여 바다를 건너 공격해 토벌하도록 명하였습니다. 아울러 당에 숙위하고 있던 신라인 김사란을 귀국시켜 신라로 하여금 발해를 공격하도록 하였습니다. …… 겨울은 깊어 가고 눈이 많이 내려 신라와 당의 군대가 추위에 고생하므로 회군을 명령하였습니다.

(가)	(나)	(다)	(라)	(마)
발해 건국	무왕 즉위	문왕 상경 천도	선왕 즉위	고려 건국	발해 멸망

❶발해 무왕은 732년에 장문휴를 보내 당의 등주를 습격하여 당군을 격파하였어요.

① (가) ② (나) ③ (다) ④ (라) ⑤ (마)

➡ 대조영은 고구려 유민과 말갈인을 이끌고 지린성 동모산 지역에서 발해를 세웠어요. 719년에 제2대 왕으로 **즉위**한 **무왕**은 연호로 '인안'을 사용하고, 대문예에게 흑수 말갈 공격을 명하였으며, 732년에는 **장문휴**를 보내 **당의 등주**를 **선제공격**하였어요. 이어 즉위한 **문왕**은 연호로 '대흥'을 사용하고, 당과 친선 관계를 맺어 당의 제도와 문물을 수용하였으며, 755년에는 **상경 용천부**로 **천도**하였어요.
따라서, 발해가 등주를 습격한 시기(732)는 '무왕 즉위(719)'와 '문왕 상경 천도(755)' 사이의 시기인 **(나)**예요.

10 고려의 경제 상황
정답 ④

다음 자료에 나타난 **고려 시대**의 경제 상황으로 옳은 것은?

정답 키워드

해동통보

왕이 제서(制書)를 내리기를, "백성을 부유하게 하고 국가를 이롭게 하는 것으로 전화(錢貨)만큼 중요한 것이 없다. 서북의 양조(兩朝)에서는 이를 행한 지 이미 오래되었으나 우리나라는 홀로 아직 행하지 않고 있다. 이제 처음으로 화폐를 주조하는 법을 제정하고, 이에 따라 주조한 동전 15,000관(貫)을 재추(宰樞)와 문무 양반 및 군인에게 나누어 하사하여 화폐 사용의 시작점으로 삼고자 한다. 전문(錢文)은 ❶해동통보라고 한다."라고 하였다.

고려 성종 때 우리나라 최초의 금속 화폐인 건원중보가 만들어졌으나 유통은 제대로 되지 않았어요. 이후 숙종 때 의천의 건의로 주전도감이 설치되어 은병(활구), 삼한통보, ❶해동통보, 해동중보 등의 화폐가 만들어졌지만 이 역시 널리 유통되지는 못하였어요.

① 송상이 전국 각지에 송방을 두었다.
　➡ **조선** 후기에 송상은 개성을 중심으로 청과의 무역을 통해 부를 축적하였어요. 송상은 전국 주요 지역에 송방이라는 지점을 설치해 운영하였어요.
② 감자, 고구마 등의 구황 작물이 재배되었다.
　➡ **조선** 후기에는 감자, 고구마 등의 구황 작물이 전래되어 재배되기 시작하였어요.
③ 시장을 감독하는 관청인 동시전이 설치되었다.
　➡ **신라**는 지증왕 때 수도 금성에 시장인 동시를 설치하고 동시를 감독하기 위한 관청으로 동시전을 설치하였어요.
④ 예성강 하구의 벽란도가 국제 무역항으로 번성하였다.
　➡ **고려** 시대에는 개경과 거리가 가까웠던 예성강 하구의 벽란도가 국제 무역항으로 번성하였어요.
⑤ 설점수세제의 시행으로 민간의 광산 개발이 허용되었다.
　➡ **조선** 후기에는 설점수세제의 시행으로 민간에 광산 개발을 허용하고 그에 따른 세금을 거두었어요.

(가) 고려 태조 재위 시기(940), (나) 고려 목종 재위 시기 (998) 사이의 시기에 있었던 사실로 옳은 것은?

정답 키워드

(가) 처음으로 역분전을 정함
(나) 전시과를 개정함

(가) ❶처음으로 역분전을 정하였다. 통일할 때 조정의 관리들과 군사들에게 관계(官階)는 논하지 않고, 그 사람의 성품과 행동이 착하고 악함과 공로가 크고 작음을 참작하여 차등 있게 주었다.

(나) 12월에 문무 양반 및 군인들의 ❷전시과를 개정하였다. 제1과 는 전지 100결, 시지 70결을 지급한다. …… 제18과는 전지 20결을 지급한다. 이 한(限)에 들지 못한 자에게는 모두 전지 17결을 주기로 하고 이것을 통상의 법식으로 한다.

(가) 후삼국 통일 이후 태조는 940년에 고려 건국과 후삼국 통일 과정 에서 공을 세운 개국 공신에게 공로와 인품에 따라 ❶역분전을 처음 지급하였어요.

(나) 경종 때 처음 전시과가 마련되어 전·현직 관리에게 관직과 인품을 기준으로 전지(토지)와 시지(임야)를 지급하였어요(시정 전시과). 이후 목종 때인 998년에 관직만을 기준으로 18등급으로 나누었고 (❷개정 전시과), 문종 때 이르러 지급 대상을 현직 관리로 제한하였 어요(경정 전시과).

① 경기에 한하여 과전법이 실시되었다.
　➡ 공양왕 때인 1391년에 이성계와 신진 사대부의 주도로 과전법이 실시되었어요. 과전법은 조선 세조가 직전법을 실시하기 전까지 시행되었어요. (나) 이후의 사실이에요.

② 쌍기의 건의로 과거제가 시행되었다.
　➡ 광종은 958년에 쌍기의 건의로 과거제를 시행하여 유교적 소양을 갖춘 인재를 선발하고자 하였어요.

③ 신돈이 전민변정도감의 책임자가 되었다.
　➡ 공민왕은 1366년에 토지와 노비 문제를 해결하기 위해 전민변정 도감을 설치하였고, 신돈을 책임자로 임명하여 적극적인 개혁을 추진하였어요. (나) 이후의 사실이에요.

④ 만적이 개경에서 노비를 모아 반란을 모의하였다.
　➡ 신종 재위 시기인 1198년 무신 집권기에 개경에서 만적을 비롯한 노비들이 신분 해방을 도모하여 봉기를 계획하였으나 발각되면서 실패하였는데, 이 사건을 만적의 난이라고 해요. (나) 이후의 사실 이에요.

⑤ 최충헌이 봉사 10조를 올려 시정 개혁을 건의하였다.
　➡ 명종 재위 시기인 1196년 무신 집권기에 최충헌은 명종에게 봉사 10조를 올려 시정 개혁을 건의하였어요. (나) 이후의 사실이에요.

(가) 궁예의 활동으로 옳은 것은?

정답 키워드

양길이 자신을 배신한 것을 미워함

○ 북원의 도적 우두머리인 ❶양길은 　(가)　 이/가 자신을 배신 한 것을 미워하여 국원 등 10여 곳의 성주들과 그를 칠 것을 모의하고 비뇌성 아래로 진군하였다. 그러나 양길의 병사는 패배하여 흩어져 달아났다.
　　　　　　　　　　　　　　　　　　　- 『삼국사기』 -

○ [태조가] 수군을 거느리고 서해로부터 광주(光州) 부근에 이르러 금성군을 쳐서 함락하고 10여 군현을 공격하여 차지 하였다. 이에 금성군을 고쳐서 나주라 하고 군사를 나누어서 지키게 한 뒤 돌아왔다. …… 　(가)　 이/가 변경의 일을 물 었는데, 태조가 변방을 안정시키고 경계를 넓힐 전략을 보고 하였다. 좌우의 신하가 모두 [태조를] 주목하게 되었다.
　　　　　　　　　　　　　　　　　　　- 『고려사』 -

신라 왕족의 후예로 알려진 궁예는 ❶양길 아래서 세력을 키운 후 양 길을 몰아내고 901년에 송악(개성)을 근거지로 후고구려를 세웠어요. 이후 궁예는 904년에 국호를 '마진'으로 바꾸고, 연호를 '무태'라고 정하였으며, 이어 철원으로 수도를 옮기고 국호를 다시 '태봉'으로 바 꾸었어요. 그러나 궁예는 미륵불을 자칭하며 강압적인 전제 정치를 도 모하다가 결국 왕건을 비롯한 신하들에게 축출되었어요.

① 일리천 전투에서 신검의 군대를 물리쳤다.
　➡ 고려 태조는 일리천 전투에서 후백제 신검의 군대를 격퇴하면서 후삼국을 통일하였어요.

② 9산 선문 중 하나인 가지산문을 개창하였다.
　➡ 신라의 도의는 9산 선문 중 하나인 가지산문을 개창하였어요. 9산 선문은 신라 말 호족의 지원을 받아 확산된 선종 불교의 대표적인 9개 종파예요.

③ 문무 관료전을 지급하고 녹읍을 폐지하였다.
　➡ 신라 신문왕은 관리에게 해당 지역에서 조세만 거둘 수 있는 관료 전을 지급하고, 노동력까지 징발할 수 있는 녹읍을 폐지하였어요. 이로써 귀족의 경제적 기반을 약화시켰어요.

④ 광평성을 비롯한 각종 정치 기구를 마련하였다.
　➡ 후고구려를 세운 궁예는 국정을 총괄하는 광평성을 설치하고 광 치나, 서사 등의 관원을 두었어요.

⑤ 정계와 계백료서를 지어 관리의 규범을 제시하였다.
　➡ 고려 태조는 《정계》와 《계백료서》를 지어 관리들이 지켜야 할 규범 을 제시하였어요.

13 고려의 관학 진흥책 · 정답 ①

(가)에 들어갈 **고려의 관학 진흥책** 내용으로 가장 적절한 것은?

> **정답 키워드**
>
> 문헌공도, 서적포

❶ 문헌공도 등 사학의 발달로 관학이 위축된 시기에 관학 진흥을 위하여 시행한 정책에 대해 말해 보자.

❷ 서적포를 두어 출판을 담당하게 하였어.

(가)

사학은 개인이 세운 교육 기관으로, 고려 중기에는 사학에서 과거 합격자를 많이 배출하면서 성행하였어요. 특히, 최충이 세운 9재 학당(**❶문헌공도**)을 비롯한 사학 12도(12개의 사학)가 융성하면서 관학(나라에서 세운 교육 기관)이 위축되었어요. 그러자 고려 정부는 관학을 진흥시키기 위해 노력하였어요. 숙종은 국자감에 출판을 담당하는 **❷서적포**를 두었고, 예종은 국자감에 7개의 전문 강좌인 7재를 개설하고 장학 재단인 양현고를 설립하였어요.

① 국자감에 전문 강좌인 7재를 개설하였어.
➡ **고려** 예종 때 관학 진흥을 위해 국자감에 전문 강좌인 7재가 개설되었어요.

② 사액 서원에 서적과 노비 등을 지급하였어.
➡ 서원은 **조선** 시대에 설립된 사립 교육 기관이에요. 왕으로부터 현판을 하사받은 사액 서원에는 서적과 노비도 지급되었어요.

③ 독서삼품과를 실시하여 인재를 등용하였어.
➡ **신라** 원성왕은 국학 학생들을 대상으로 유교 경전에 대한 이해 수준의 정도를 평가하여 관리 임용에 참고하는 독서삼품과를 시행하였어요.

④ 초계문신제를 시행하여 문신을 재교육하였어.
➡ **조선** 정조는 젊은 문신들을 선발해 재교육하는 초계문신제를 실시하여 자신의 정책을 뒷받침할 인재를 육성하였어요.

⑤ 흥왕사에 교장도감을 두고 속장경을 편찬하였어.
➡ **고려** 선종 때 의천은 개경에 있는 흥왕사에 교장도감을 두고 속장경을 편찬하기 시작하여, 고려 숙종 때 편찬을 완료하였어요.

14 고려 무신 집권기의 사회 모습 · 정답 ④

다음 서술형 평가의 답안에 들어갈 **고려 무신 집권기의 사회 모습** 내용으로 가장 적절한 것은?

> **정답 키워드**
>
> 이의방, 조위총이 반란, 최우가 정방을 설치

서술형 평가	○학년 ○○반 이름 : ○○○

◎ 다음 상황들이 나타난 시기의 사회 모습을 서술하시오.

○ **❶이의방**은 평소 자기를 핍박하는 이고를 미워하였는데, 이고가 난을 모의한다는 말을 듣고 그를 살해하였다.
○ 서경유수 **❷조위총이 반란**을 일으켰는데, 두경승이 향산동 통로역에서 반란군을 패퇴시켰다.
○ **❸최우가 정방(政房)**을 자기 집에 설치하고 문사를 선발하여 여기에 소속시켰다.

답안	

❶ 의종 때인 1170년에 정중부, **이의방**, 이고 등 무신들이 보현원에서 정변을 일으켜 권력을 장악하였는데, 이 사건을 무신 정변이라고 해요. 이후 이의방은 권력을 독차지하기 위해 난을 일으키려던 이고를 제거하였어요.

❷ 1174년에 서경 유수였던 **조위총은 난을 일으켜** 무신 정변을 일으킨 정중부 등을 제거하려고 하였으나 실패하였어요.

❸ 최씨 무신 정권을 연 최충헌의 권력을 물려받은 **최우는 1225년에 인사 행정을 담당하는 정방을 만들고** 문신을 등용하였어요.

① 서얼이 통청 운동을 전개하였다.
➡ **조선 후기**에 서얼들은 통청 운동을 전개하여 청요직 진출을 시도하였어요.

② 청해진을 거점으로 국제 무역이 이루어졌다.
➡ **신라 말**에 장보고는 완도에 청해진을 설치하고 이를 중심으로 해상 무역을 전개하였어요.

③ 왕조 교체를 예언하는 정감록 등이 유포되었다.
➡ **조선 후기**에는 왕조 교체를 예언한 《정감록》이 민간에 널리 퍼져 농민 봉기에 영향을 주었어요.

④ 망이·망소이의 난 등 하층민의 봉기가 발생하였다.
➡ **고려 무신 집권기**인 1176년 명종 때 공주 명학소에서 망이, 망소이 등이 가혹한 수탈에 저항하여 봉기하였는데, 이를 망이·망소이의 난이라고 해요.

⑤ 역관들이 시사(詩社)에 참여해 위항 문학 활동을 하였다.
➡ **조선 후기**에는 중인도 시사를 조직하는 등 양반처럼 풍류를 즐겼어요. 이후 중인층이 중심이 된 위항 문학이 발달하게 되었어요.

(가) 몽골에 대한 고려의 대응으로 옳은 것은?

정답 키워드

박서 등이 성을 지킴, 송문주가 죽주성을 지킴

○ ❶박서는 김중온의 군사로 성의 동서쪽을, 김경손의 군사로는 성의 남쪽을, 별초 250여 인은 나누어 3면을 지키게 하였다. (가) 의 군사들이 성을 여러 겹으로 포위하고 공격하자 성안의 군사들이 갑자기 <u>나가 싸워 그들을 패주시켰다.</u>

○ ❷송문주는 귀주에서 종군하였던 사람인데 그 공으로 낭장(郎將)으로 초수(超授)되었다. 이후 죽주 방호별감이 되었을 때, (가) 이/가 죽주성에 이르러 보름 동안이나 다방면으로 공격하였으나 성을 빼앗지 못하고 물러갔다.

❶ 박서와 김경손 등은 몽골의 1차 침입 때 고려군을 이끌고 **귀주성에서 몽골군을 격퇴**하였어요. 몽골이 고려와 강화를 맺고 돌아간 이후에도 고려의 내정을 간섭하고 침략할 조짐을 보이자, 당시 실권자였던 최우는 장기적으로 몽골군에 대항하기 위해 강화도로 수도를 옮겼어요.

❷ 송문주는 몽골의 3차 침입 때 **죽주성에서 몽골군을 격퇴**하였어요.

① 강화도로 **도읍**을 옮겨 **항전**하였다.
➡ 고려 무신 집권기 고종 때 당시 최고 집권자였던 최우는 **몽골**이 침략하자 일단 강화를 맺은 후 수도를 강화도로 옮겨 장기 항전에 대비하였어요.

② 광군을 창설하여 침입에 대비하였다.
➡ 고려는 정종 때 **거란**의 침입에 대비하여 일종의 예비군인 광군을 조직하였고, 이를 감독하기 위한 기구로 광군사를 만들었어요.

③ 화통도감을 설치하여 군사력을 증강하였다.
➡ 고려 우왕은 최무선의 건의에 따라 화통도감을 설치하였어요. 최무선과 나세, 심덕부 등은 이곳에서 생산한 화약과 화포 등을 이용하여 진포에 침입한 **왜구**를 격퇴하였어요.

④ 철령위 설치에 반발하여 요동 정벌을 추진하였다.
➡ 고려 우왕 때 최영은 **명**이 철령 이북의 영토를 요구하며 철령위 설치를 통보하자 이에 반발해 요동 정벌을 추진하여 이성계와 군대를 파견하였어요.

⑤ 신기군, 신보군, 항마군으로 구성된 별무반을 창설하였다.
➡ 고려 숙종 때 윤관은 **여진**을 정벌하기 위해 별무반 편성을 건의하였고, 예종 때 별무반을 이끌고 여진을 정복한 후 동북 9성을 축조하였어요.

(가) 고려의 국가유산으로 옳지 않은 것은?

정답 키워드

상감 청자

□□ 신문

제△△호　　　　　　　2024년 ○○월 ○○일

'국보 순회전: 모두의 곁으로', 강진군에서 열려

▲ 청자 상감 모란무늬 항아리

국립중앙박물관이 지역 간의 문화 격차를 해소하기 위해 기획한 국보 순회전이 전남 강진군에서 '도자기에 핀 꽃, 상감 청자'를 주제로 개최된다. 이번 전시에서는 청자 상감 모란무늬 항아리, 청자 상감 물가풍경무늬 매병 등 (가) 의 대표적인 국가유산인 상감 청자가 공개된다. 특히 국보 '청자 상감 모란무늬 항아리'는 왕실 자기의 전형을 보여 주는 유물로 모란을 정교하고 화려하면서도 사실적으로 묘사하였다는 평가를 받는다. 전시회 관계자는 "상감 청자의 생산지였던 강진군에서 개최되어 더 큰 의미가 있다."라고 밝혔다.

①

➡ **고려** 초기에 만들어진 논산 관촉사 석조 미륵보살 입상으로, 은진 미륵이라고도 불려요.

②

➡ **고려** 시대에 만들어진 나전 칠기로, 옻칠한 바탕에 자개를 여러 가지 형태로 오려 붙여 장식한 공예품이에요.

③

➡ **고려** 시대에 그려진 〈수월관음도〉로, 왕실이나 귀족들의 평안과 극락왕생을 기원하는 불화예요.

④

➡ **고려** 시대에 만들어진 개성 경천사지 10층 석탑으로, 원의 영향을 받아 대리석으로 만들어졌어요.

⑤

➡ **조선 후기**의 풍속화가인 김득신이 그린 〈파적도〉예요.

17 이제현의 활동 정답 ⑤

다음 가상 인터뷰의 주인공(이제현)에 대한 설명으로 옳은 것은?

정답 키워드

> 역옹패설을 저술

최근에 ❶역옹패설을 저술하셨는데 독자들이 관심 가질 만한 내용을 소개해 주세요.

고위 관리 유청신이 원의 사신과 몽골말로 직접 대화하자 홍자번이 역관을 심하게 꾸짖었고, 이에 유청신이 부끄러워 한 일화가 실려 있습니다.

충렬왕 때 안향이 원으로부터 성리학을 들여와 고려에 소개하였고, 이후 이제현은 충선왕이 원에 설립한 만권당에서 원의 학자들과 교류하며 성리학을 연구하였어요. 이후 성리학은 이제현의 제자 이색을 거쳐 정몽주와 정도전에게 계승되며 발전하였어요. 한편 이제현은 《사략》, ❶《역옹패설》 등을 저술하였어요.

① 불씨잡변을 지어 불교를 비판하였다.
 ➡ **정도전**은 《불씨잡변》을 지어 불교의 폐단을 비판하였어요.

② 정혜결사를 통해 불교 개혁에 앞장섰다.
 ➡ **지눌**은 독경과 참선, 노동에 고루 힘써야 한다고 주장하며 수선사 결사를 제창하였고, 수행 방법으로 정혜쌍수와 돈오점수를 주장하였어요.

③ 청방인문표를 지어 인질의 석방을 요구하였다.
 ➡ **강수**는 신라의 외교 문서를 작성하는 데 큰 역할을 하였는데, 당이 인질로 잡고 있던 무열왕의 아들 김인문의 석방을 요구하는 글인 〈청방인문표〉를 지어 보냈어요.

④ 고구려 계승 의식을 강조한 동명왕편을 지었다.
 ➡ **이규보**는 고구려의 건국 시조인 동명왕의 일대기를 서사시로 표현한 〈동명왕편〉을 지어 고구려 계승 의식을 강조하였어요.

⑤ 만권당에서 조맹부, 요수 등의 문인들과 교유하였다.
 ➡ **이제현**은 충선왕이 원의 연경에 세운 독서당인 만권당에서 조맹부, 요수 등의 문인들과 교유하며 성리학을 연구하였어요.

---

18 안동의 역사 정답 ①

(가) 안동에서 있었던 사실로 옳은 것은?

정답 키워드

> 공민왕이 피란, 봉정사

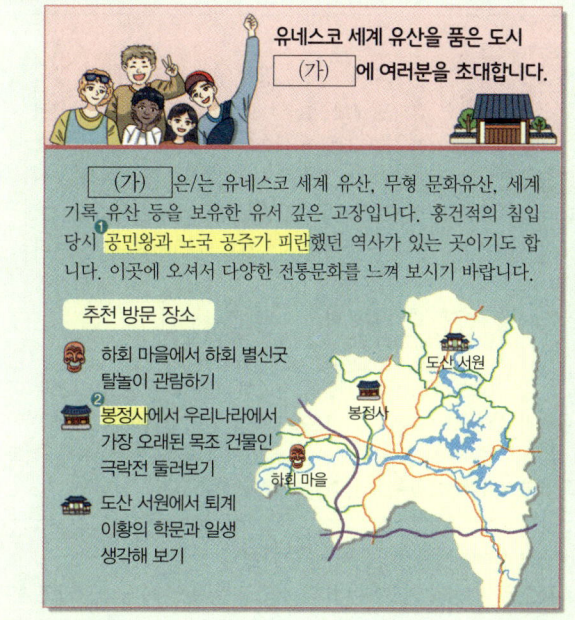

유네스코 세계 유산을 품은 도시
(가) 에 여러분을 초대합니다.

(가) 은/는 유네스코 세계 유산, 무형 문화유산, 세계 기록 유산 등을 보유한 유서 깊은 고장입니다. 홍건적의 침입 당시 공민왕과 노국 공주가 피란했던 역사가 있는 곳이기도 합니다. 이곳에 오셔서 다양한 전통문화를 느껴 보시기 바랍니다.

추천 방문 장소
- 하회 마을에서 하회 별신굿 탈놀이 관람하기
- ❷봉정사에서 우리나라에서 가장 오래된 목조 건물인 극락전 둘러보기
- 도산 서원에서 퇴계 이황의 학문과 일생 생각해 보기

도산 서원 / 봉정사 / 하회 마을

❶ 고려 말에 홍건적이 침입하여 개경을 향해 오자 **공민왕은 복주**(오늘날 안동)로 피란하였어요.

❷ 고려 시대에는 주심포 양식에 배흘림기둥으로 된 건물이 많이 지어졌는데, 그중 **안동 봉정사** 극락전은 우리나라에서 현존하는 가장 오래된 목조 건축물로 알려져 있어요.

---

① 왕건이 고창 전투에서 견훤에게 승리하였다.
 ➡ 고려 태조 왕건은 후백제와의 고창(지금의 **안동**) 전투에서 승리하면서 후삼국 통일의 주도권을 차지하였어요.

② 묘청이 반란을 일으키고 국호를 대위라 하였다.
 ➡ 고려 인종 때 묘청을 비롯한 서경 세력은 국호를 '대위', 연호를 '천개'로 정하고 서경(지금의 **평양**)에서 난을 일으켰어요.

③ 흥덕사에서 금속 활자본인 직지심체요절이 간행되었다.
 ➡ 고려 시대에 **청주** 흥덕사에서 간행된 《직지심체요절》은 현존하는 세계 최고(最古)의 금속 활자본이에요.

④ 정중부를 비롯한 무신들이 보현원에서 정변을 일으켰다.
 ➡ 고려 의종 때 문신에 비해 차별을 받던 정중부, 이의방 등 무신들이 보현원(지금의 **파주** 지역)에서 무신 정변을 일으키고 권력을 장악하였어요.

⑤ 이성계를 중심으로 한 고려군이 황산에서 왜구를 격퇴하였다.
 ➡ 고려 말 황산(지금의 **남원**)에서 이성계를 중심으로 한 고려군이 왜구를 격퇴하였어요.

밑줄 그은 '**조선 태조**'의 재위 시기에 있었던 사실로 옳은 것은?

정답 키워드

> 한양으로 도읍을 옮기고자 함

> 임금이 무악에 이르러서 도읍을 정할 땅을 물색하였다. 좌시중 조준, 우시중 김사형에게 말하였다. "고려 말에 서운관에서 송도의 지덕이 이미 쇠했다는 이유로 여러 번 글을 올려 **한양으로 도읍을 옮기자**고 하였다. 근래에는 계룡이 도읍할 만한 곳이라 하기에 백성을 공사에 동원하여 힘들게 하였다. 이제 또 여기가 도읍할 만한 곳이라 하여 와서 보니, 유한우 등이 도리어 무악보다는 송도가 더 명당이라고 고집한다. 그대들은 도읍할 만한 곳을 서운관 관리에게 다시 보고받도록 하라."
>
> *고려 말부터 조선 초까지 천문 연구, 기상 관측 등의 일을 맡아 하던 곳으로, 조선 세조 때 관상감이라는 이름으로 개칭됨*

고려 말 위화도 회군으로 실권을 장악한 이성계는 정도전, 조준 등의 급진파 신진 사대부와 함께 1392년에 조선을 건국한 후 태조로 즉위하였어요. 이후 태조 이성계는 1394년에 **도읍을 한양으로 옮기고** 새 도읍을 건설하는 일을 정도전에게 맡겼어요.

① 독창적 문자인 **훈민정음**이 반포되었다.
➡ **세종**은 '백성을 가르치는 바른 소리'라는 뜻의 독창적 문자인 훈민정음을 창제·반포하였어요.

② 수도 방어를 위하여 **금위영**이 창설되었다.
➡ **숙종**은 수도 방어를 담당하는 금위영을 창설하였어요. 금위영의 창설로 조선 후기 5군영 체제가 완비되었어요.

③ 조선의 기본 법전인 **경국대전**이 완성되었다.
➡ **성종**은 통치 체제를 정비하기 위해 세조 때부터 편찬을 시작한 조선의 기본 법전인 《경국대전》을 완성한 후 반포하였어요.

④ 왕위 계승을 둘러싸고 **왕자의 난**이 발생하였다.
➡ **태조** 재위 시기에 태조 이성계의 아들들 사이에서 왕위 계승권을 둘러싸고 왕자의 난이 일어났어요.

⑤ **성삼문** 등이 **상왕의 복위**를 꾀하다가 **처형**되었다.
➡ **세조** 때 성삼문 등이 세조에게 왕위를 빼앗기고 상왕으로 밀려난 단종의 복위 운동을 일으켰다가 처형되었어요.

(가) 비변사에 대한 설명으로 옳은 것은?

정답 키워드

> 변방의 국방 문제에 대해 논의하고 대비하기 위한 임시 기구

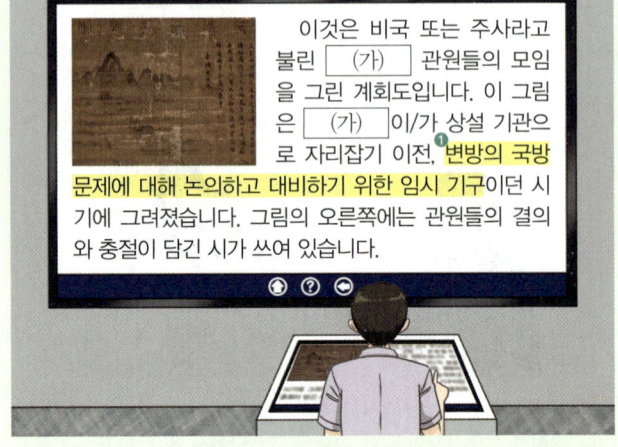

이것은 비국 또는 주사라고 불린 [(가)] 관원들의 모임을 그린 계회도입니다. 이 그림은 [(가)]이/가 상설 기관으로 자리잡기 이전, **변방의 국방 문제에 대해 논의하고 대비하기 위한 임시 기구**이던 시기에 그려졌습니다. 그림의 오른쪽에는 관원들의 결의와 충절이 담긴 시가 쓰여 있습니다.

조선 성종 때 여진과 왜구의 침입을 대비하기 위해 재상과 **변방의 사정에 밝은 인물(지변사 재상) 등이 모여 **군사 대책을 논의**하는 협의체가 만들어졌어요. 중종 때 3포 왜란이 일어나자 이 협의체를 고쳐 **비변사라는 임시 기구**를 만들었어요. 비변사는 명종 때 을묘왜변을 겪으면서 상설 기구화 되었고, 임진왜란 이후 국정을 총괄하는 최고 정치 기구가 되었어요. 그러나 조선 후기에 비변사가 권력을 장악하면서 왕권이 약해졌고, 의정부와 6조 중심의 행정 체제는 유명무실해졌어요.

① 수도의 **행정**과 **치안**을 담당하였다.
➡ **한성부**는 수도 한성의 행정과 치안을 담당하였어요.

②**흥선 대원군**이 집권한 시기에 **혁파**되었다.
➡ 흥선 대원군은 왕권을 제약하던 **비변사**의 기능을 축소·폐지하고, 의정부와 삼군부의 기능을 부활시켜 각각 정치와 군사를 담당하도록 하였어요.

③ **국왕 직속 사법 기구**로 반역죄 등을 다루었다.
➡ **의금부**는 국왕 직속의 특별 사법 기구로 강상죄, 반역죄 등 중범죄를 처결하였어요.

④ 5품 이하의 관리 임명에 대한 **서경권**을 행사하였다.
➡ **사헌부**와 **사간원**의 소속 관원인 대간은 5품 이하의 관리 임명에 대한 서경권을 행사하였어요.

⑤ 도승지를 수장으로 **좌승지**, **우승지** 등의 관직을 두었다.
➡ **승정원**은 왕명의 출납을 담당하던 기구로, 왕의 비서 기관이었어요. 승정원에는 6명의 승지가 있어 각각 6조의 일을 나누어 맡았고, 최고 관직으로 도승지를 두었어요.

21 을사사화

밑줄 그은 '을사사화'에 대한 설명으로 옳은 것은?

> **정답 키워드**
>
> 대윤과 소윤이라는 정치 세력 간의 갈등

> 이곳은 이언적의 위패를 모신 경주 옥산서원입니다. 이언적은 이른바 **대윤과 소윤이라는 정치 세력 간의 갈등**으로 윤임 등 대윤 세력이 탄압받은 **이 사건** 당시 관련자들의 처리를 두고 갈등이 생기자 스스로 관직에서 물러났습니다. 이후 양재역 벽서 사건에 연루되어 유배되었습니다.

조선 명종 때 **인종의 외척인 윤임(대윤)**과 명종의 외척인 윤원형(소윤)을 대표로 하는 외척 세력 간의 갈등이 심하였는데, 이는 결국 을사사화로 이어졌어요. 이후 윤원형 일파가 남은 윤임 일파를 몰아내기 위해 양재역 벽서 사건을 확대하여 이언적 등이 화를 입었어요.

① 김종직의 **조의제문**이 발단이 되었다.
➡ 연산군 때 훈구 세력이 사초에 실린 김종직의 〈조의제문〉을 문제 삼으면서 김일손 등이 화를 입은 **무오사화**가 일어났어요.

② **폐비 윤씨 사사 사건**이 원인이 되었다.
➡ 연산군이 어머니 윤씨의 폐위와 관련된 사건을 알게 되면서 김굉필 등 훈구와 사림 세력을 제거한 **갑자사화**가 일어났어요.

③ 왕실 **외척 간의 권력 다툼**으로 일어났다.
➡ 명종 때 외척 세력인 윤임(대윤)과 윤원형(소윤)의 대립으로 **을사사화**가 일어나 윤임 일파가 제거되었어요.

④ 진성 대군이 왕으로 즉위하는 결과를 가져왔다.
➡ 갑자사화 이후 성희안 등이 반정을 일으켜 연산군이 폐위되고 진성 대군이 중종으로 즉위하였는데, 이 사건을 **중종반정**이라고 해요.

⑤ 조광조 등이 반정 공신의 **위훈 삭제**를 주장하였다.
➡ 중종 때 조광조가 현량과 실시, 소격서 폐지, 위훈 삭제 등 급진적인 개혁 정치를 추진하자 훈구 세력은 이에 반발하여 **기묘사화**를 일으켰고 조광조는 사사되었어요.

22 병자호란

(가) 이괄의 난(1624), (나) 병자호란 5년 후(1642) 사이의 시기에 있었던 사실로 옳은 것은?

> **정답 키워드**
>
> (가) 이괄이 군사를 일으킴
> (나) 소현 세자가 심양에 온 지 5년이 됨

> (가) 임금이 여러 도(道)에 명을 내렸다. "나라의 운세가 매우 좋지 않아 역적 **이괄이 군사를 일으켰는데**, 여러 장수들이 좌시하여 수도가 함락되고 말았다. …… 예로부터 반역은 어느 시대에나 있었지만, 이처럼 극도로 흉악한 역적은 없었다. 종사와 자전*을 염려하여 남쪽으로 피란하기로 결정하였다."
>
> (나) 정명수가 **심양**에 있는 소현 세자의 관소에 와서 용골대의 뜻을 전하기를, "세자가 이곳에 **들어온 지가 이미 5년이 되었으니**, 어찌 스스로 먹고살 길을 마련하지 않는가. 세자와 인질들에게 어찌 먹고살 식량을 늘 지급해 줄 수가 있겠는가. 경작할 땅을 주어 내년부터 각자 농사를 지어 먹도록 함이 마땅하다."라고 하였다. *자전(慈殿): 임금의 어머니

(가) 인조 즉위 후 **이괄은 인조반정 때 자신의 공로가 낮게 평가되자 불만을 품고 난을 일으켰어요**(이괄의 난, 1624). 난은 진압되었지만 이괄의 잔당이 후금으로 도망가 인조가 부당하게 즉위하였다고 전하였어요. 이에 후금은 광해군의 원수를 갚는다는 명분으로 조선을 침략하였어요(정묘호란, 1627).

(나) 후금이 나라 이름을 청으로 바꾸고 군신 관계를 강요하며 다시 침략하였어요. 인조는 남한산성에서 항전하였지만 결국 삼전도에서 항복하였어요(병자호란, 1636). 이후 조선은 청과 군신 관계를 맺고 **소현 세자와 봉림 대군을 청(심양)**에 볼모로 보냈어요.

① **정문부**가 길주에서 **의병**을 이끌었다.
➡ 임진왜란 중인 1592년에 정문부가 함경북도 길주에서 의병을 이끌었어요. **(가) 이전**의 사실이에요.

② 삼수병으로 구성된 **훈련도감**이 설치되었다.
➡ 임진왜란 중인 1593년에 유성룡의 건의로 포수·살수·사수의 삼수병으로 구성된 훈련도감이 설치되었어요. **(가) 이전**의 사실이에요.

③ **영창 대군**이 사사되고 **인목 대비**가 유폐되었다.
➡ 광해군과 북인 세력은 영창 대군이 역모에 연루되었다는 이유를 들어 1614년에 영창 대군을 살해하고, 1618년에 영창 대군의 생모인 인목 대비를 유폐하였어요. **(가) 이전**의 사실이에요.

④ **이덕형**이 구원병 요청을 위해 명에 **청원사**로 **파견**되었다.
➡ 이덕형은 임진왜란 중인 1592년에 구원병 요청을 위해 명에 청원사로 파견되었어요. **(가) 이전**의 사실이에요.

⑤ **김상헌** 등이 **남한산성**에서 화의에 반대하여 **항전**을 **주장**하였다.
➡ 1636년에 병자호란이 일어나자 인조와 일부 신하들은 남한산성에서 항전하였어요. 이때 조정에서는 청과 화친하여 훗날을 도모해야 한다는 주화파와 청은 오랑캐이며 오랑캐와 화친해서는 안 된다는 척화파(주전파)로 나뉘어 대립하였어요. 주화파의 대표 인물로는 최명길이, 척화파의 대표 인물로는 김상헌과 윤집이 있었어요.

다음 자료를 활용한 탐구 활동으로 가장 적절한 것은?

정답 키워드

> 물건 주인이 말을 듣지 않으면 난전으로 몰아서
> 형벌을 당하도록 함

　　좌의정 채제공이 왕에게 아뢰었다. "빈둥거리는 무뢰배가 삼삼오오 떼를 지어 스스로 상점을 개설하고 일용품을 거래하는 일이 많아졌습니다. 그들은 큰 물건에서 작은 물건까지 싼값에 억지로 사들이기 일쑤입니다. 혹 **❶물건 주인이 말을 듣지 않으면 난전(亂廛)으로 몰아서 결박하여 형조와 한성부로 끌고 가 혹독한 형벌을 당하도록 합니다.** 이 때문에 물건 주인은 본전에서 밑지더라도 어쩔 수 없이 팔고 갑니다. 그리고 무뢰배들은 제각기 가게를 벌여놓고 배나 되는 값을 받습니다. 어쩔 수 없이 사야 하는 사람은 그 가게 외에서는 물건을 구할 수 없기 때문에, 물건 값이 날마다 치솟고 있습니다."

　　정조는 신해년(1791)에 육의전을 제외한 시전 상인의 금난전권을 폐지하는 신해통공을 발표하였어요. 당시 **❶시전 상인들에게는 난전(허가받지 않고 상업 활동을 하는 상인)을 금지할 수 있는 권한인 금난전권**이 있었는데, 이 권리를 폐지한 것이에요. 이로써 조선 후기에 송상, 만상 등 사상이 성장하게 되었어요.

① 계해약조의 체결 과정을 확인한다.
　➡ 조선은 세종 때 **일본의 요청**을 받아들여 부산포·제포(진해)·염포(울산)의 3포를 개항하고, 계해약조를 체결하여 일본에게 제한된 범위의 무역을 허용하였어요.

② 오가작통법의 실시 목적을 파악한다.
　➡ 오가작통법은 조선 시대에 이웃하고 있는 다섯 집을 1통으로 묶어 서로 감시하게 한 제도로, 제때 조세를 내지 못하거나 농지에서 이탈자가 발생한 경우에 연대 책임을 지도록 한 제도예요. 오가작통법은 호패법과 함께 **신원 파악, 농민의 토지 이탈 방지** 등을 위해 시행되었어요.

③ 신해통공을 단행하게 된 배경을 조사한다.
　➡ 대동법의 실시로 **사상이 성장하면서 시전 상인과 대립이 심화**되자 정조는 육의전을 제외한 시전 상인의 금난전권을 폐지하는 신해통공을 단행하였고, 이로써 상업 활동이 자유로워지면서 사상이 더욱 성장하게 되었어요.

④ 토지 소유자에게 **결작**을 부과한 이유를 살펴본다.
　➡ 영조는 백성의 군역 부담을 줄여 주기 위해 군포를 1년에 1필만 납부하게 하는 균역법을 실시하였어요. **균역법 시행으로 줄어든 재정 수입의 보충**을 위해 결작 부과, 어·염·선박세의 국고 전환, 선무군관포 부과 등을 실시하였어요.

⑤ 풍흉에 따라 전세를 차등 부과하는 기준을 알아본다.
　➡ 세종 때 전세를 풍흉에 따라 **9등급**으로 나누어 **차등 과세**하는 연분 9등법이 실시되었어요.

밑줄 그은 '조선 숙종'의 재위 시기에 있었던 사실로 옳은 것은?

정답 키워드

> 조선과 청 사이의 경계를 나타내고자 비석을 세움

이것은 **❶조선과 청 사이의 경계를 나타내고자 세운 비석**의 탁본입니다. 비석에 대해 자세히 설명해 주시겠어요?

이 비석은 국경을 분명히 하기 위해 청에서 파견한 오라총관 목극등과 이 왕이 보낸 조선의 관리들이 현지를 답사하고 세웠습니다. 비석에는 서쪽은 압록강, 동쪽은 토문강을 경계로 한다는 내용이 새겨져 있습니다.

　　백두산정계비는 숙종 때 백두산에 세운 **❶조선과 청의 국경을 정한 비석**이에요. 간도 지역을 둘러싸고 두 나라 사이에 국경 분쟁이 발생하자 조선과 청의 관리가 백두산 일대를 답사하고 국경을 정한 뒤 비석을 세웠어요. 19세기 후반 조선인의 간도 이주가 증가하면서 조선과 청 사이에 간도 귀속을 둘러싼 영유권 분쟁이 일어났어요.

① 최제우가 혹세무민의 죄로 **처형**되었다.
　➡ **고종** 재위 시기인 1864년에 동학을 창시한 최제우가 유교적 사회 질서를 어지럽힌다고 하여 처형되었어요.

② 변급, 신류 등이 **나선 정벌**에 참여하였다.
　➡ **효종** 때 청의 요청에 따라 나선(러시아) 정벌에 변급, 신류 등이 이끈 조총 부대를 파견하였어요.

③ 국왕의 친위 부대인 **장용영**이 **창설**되었다.
　➡ **정조**는 국왕의 친위 부대로 장용영을 설치하고 내영은 도성을 중심으로, 외영은 수원 화성을 중심으로 활동하게 하였어요.

④ 경신환국 등 여러 차례 **환국**이 **발생**하였다.
　➡ **숙종** 때 남인의 수장이었던 허적은 무단으로 왕실의 비품인 기름 먹인 장막(유악)을 사용하였고, 이를 안 숙종이 허적과 윤휴 등 남인을 대거 축출하는 경신환국이 일어났어요. 이후 희빈 장씨 소생의 원자 책봉 문제를 두고 기사환국이 발생하여 남인이 다시 정권을 잡게 되지만 결국 갑술환국으로 남인은 정계에서 축출되었어요.

⑤ 정여립 모반 사건을 빌미로 **기축옥사**가 일어났다.
　➡ **선조** 때 정여립 모반 사건을 계기로 기축옥사가 발생하여 동인이 피해를 입었어요.

25 김정희의 활동
정답 ②

밑줄 그은 '김정희'에 대한 설명으로 옳은 것은?

세한도

이것은 이 인물이 제주도 유배지에서 부인에게 보낸 한글 편지입니다. 편지에는 유배 생활의 곤궁함과 함께 위독한 부인에 대한 걱정과 그리움이 담겨 있습니다. 독창적인 서체로 유명한 이 인물은 유배지에서 세한도를 그리기도 하였습니다.

제주도로 유배되어 홀로 지내던 김정희가 새로운 서적을 구할 수 없는 상황에 처하였을 때 제자인 이상적이 중국에서 새로운 책을 구해다 김정희에게 보내 주었어요. 김정희가 자신을 잊지 않고 변함없는 의리를 지켜 준 이상적에게 고마운 마음을 담아 그려 준 작품이 세한도예요. 한편, 김정희는 여러 서체를 연구하여 자신만의 개성이 넘치는 글씨체인 추사체를 창안하였어요. 추사체는 파격적인 조형미를 보여 주는 글씨체예요.

① 기대승과 사단칠정 논쟁을 전개하였다.
➡ 이황은 기대승과의 사단칠정 논쟁을 통해 성리학의 이해를 심화하였어요.

② 북한산비가 진흥왕 순수비임을 고증하였다.
➡ 김정희는 《금석과안록》에서 북한산비가 신라 진흥왕 순수비임을 처음으로 고증하였어요.

③ 양명학을 연구하여 강화학파를 형성하였다.
➡ 정제두는 양명학을 연구하여 강화도를 중심으로 강화학파를 형성하였어요.

④ 청으로부터 시헌력을 도입하자고 건의하였다.
➡ 김육은 청으로부터 24절기의 시각과 하루의 시각을 정밀하게 계산하여 만든 역법인 시헌력을 도입하자고 건의하였어요.

⑤ 열하일기에서 수레와 선박의 사용을 강조하였다.
➡ 박지원은 《열하일기》에서 수레와 선박의 사용, 화폐 유통의 필요성을 강조하였어요.

26 조선 후기의 사회 모습
정답 ②

다음 가상 대화가 이루어진 조선 후기(순조 재위 시기)에 볼 수 있는 모습으로 적절하지 않은 것은?

중앙 관청에 소속된 노비를 모두 양민으로 삼음

며칠 전 주상께서 각 궁방과 중앙 관청에 소속된 노비를 모두 양민으로 삼고, 노비 문서를 거두어 불태우라고 명하셨다는군.

나도 들었네. 선왕께서 노비 추쇄관을 혁파하셨는데, 그 뜻을 이어받으신 것 아니겠는가.

조선 후기에 노비들이 군공과 납속 등을 통해 신분이 상승하거나 도망치는 노비가 증가하면서 노비 수가 줄어들었어요. 이에 조선 정부는 양인의 수를 늘려 국가 재정을 확보하기 위해 아버지가 노비라도 어머니가 양인이면 그 자식을 양인으로 여기는 노비종모법을 실시하였고, 1801년 순조 때에는 6만 6천여 명의 공노비를 해방하여 양민으로 삼았어요.

① 담배 농사를 짓는 농민
➡ 조선 후기에 인삼, 담배, 면화, 고추 등 상품 작물의 재배가 확대되었어요.

② 염포 왜관에서 교역하는 상인
➡ 조선 전기에 세종은 이종무를 보내 왜구의 근거지인 쓰시마섬(대마도)을 정벌하고 교역을 중단하였는데, 이후 일본이 교역을 간청하자 부산포, 염포, 제포의 3개 항구를 열고 일본에 제한된 범위 안에서의 무역을 허용하였어요.

③ 세책가에서 춘향전을 빌리는 부녀자
➡ 조선 후기에 서민들은 〈춘향전〉 등의 한글 소설을 즐겼어요. 그러자 장시 등 사람들이 모이는 곳에서 돈을 받고 책을 읽어 주는 전기수의 활동이 두드러졌어요.

④ 관청에 필요한 물품을 납품하는 공인
➡ 조선 후기에 대동법이 시행되면서 관청에서 공가를 받고 필요한 물품을 마련하여 궁궐과 관청에 납품하는 공인이 등장하였어요. 공인의 활동은 상공업이 발달하고 상품 유통이 활발해지는 데 기여하였어요.

⑤ 송파장에서 산대놀이 공연을 벌이는 광대
➡ 조선 후기에 장시가 발달하고 사람이 많이 모이는 곳에서 탈놀이 등의 공연이 성행하였어요. 송파 산대놀이는 서울과 경기 지방에서 전승되는 탈놀이에요.

밑줄 그은 '세도 정치 시기(순조~철종)'에 있었던 사실로 옳은 것은?

정답 **키워드**

> 안동 김씨 등 외척 세력이 권력을 잡음

> 이 우표 속 그림은 국왕의 혼인을 축하하기 위해 거행된 진하례 모습을 그린 궁중 행사도입니다. 그림에 보이는 왕실 행사의 화려함과는 달리 안동 김씨 등 외척 세력이 세 왕에 걸쳐 60여 년 동안 권력을 잡은 이 시기에는 국왕의 실권이 많이 위축되었습니다.

세도 정치는 소수 가문에 권력이 집중된 정치 형태를 말해요. 정조가 사망한 후 순조, 헌종, 철종의 3대 60여 년 동안 안동 김씨, 풍양 조씨 등 왕실과 혼인 관계를 맺은 소수 가문들이 비변사를 중심으로 권세를 휘둘렀어요. 이로 인해 매관매직, 부정부패, 삼정의 문란 등 많은 폐단이 성행하여 백성들의 삶이 힘들어졌어요.

① 어영청을 중심으로 북벌이 추진되었다.
➡ 효종은 청을 정벌함으로써 치욕을 씻어야 한다며 인조 때 설치한 군대인 어영청을 강화하는 등 북벌을 추진하였어요.

② 윤지충 등이 처형된 신해박해가 일어났다.
➡ 정조 때 천주교도 윤지충은 어머니의 상을 당하였지만 제사를 지내지 않고 권상연과 함께 신주를 불태워 관에 고발되었어요. 윤지충과 권상연은 끝까지 신앙을 고수하여 참수되었는데, 이 사건을 신해박해라고 해요.

③ 이필제가 영해 지역을 중심으로 난을 일으켰다.
➡ 고종 재위 시기에 동학교도 이필제가 영해 지역을 중심으로 난을 일으켰어요.

④ 경복궁 중건 비용 마련을 위해 당백전이 발행되었다.
➡ 고종 재위 시기에 흥선 대원군은 임진왜란 때 불타 없어진 경복궁을 다시 세우기 위해 당백전을 발행하고 원납전을 징수하는 등 각종 정책을 펼쳤는데, 이로 인해 백성들의 불만이 많아졌어요.

⑤ 삼정의 문란을 해결하기 위해 삼정이정청이 설치되었다.
➡ 철종 때 임술 농민 봉기가 발생하자 정부는 봉기를 수습하기 위해 박규수를 안핵사로 파견하고 삼정이정청을 설치하였으나, 농민 봉기의 근본적인 원인을 해결하지는 못하였어요.

(가) 신미양요(1871) 이후에 일어난 사실로 옳은 것은?

정답 **키워드**

> 어재연, 미군이 강화도 침략

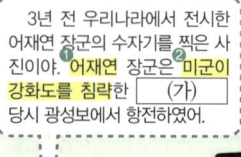

> 3년 전 우리나라에서 전시한 어재연 장군의 수자기를 찍은 사진이야. 어재연 장군은 미군이 강화도를 침략한 (가) 당시 광성보에서 항전하였어.

> 맞아. 이 수자기는 그때 빼앗겼다가 많은 노력 끝에 대여 형식으로 들어와 실물을 볼 수 있었지. 안타깝게도 지금은 미국으로 다시 돌아가 언제 돌아올 수 있을지 모른다고 해.

미국은 1866년에 일어난 제너럴셔먼호 사건을 구실로 조선에 배상금 지불과 통상 조약 체결을 요구하였으나 거절당하였어요. 이에 1871년에 로저스 제독이 이끄는 미군을 파견하여 강화도를 침략하였어요(신미양요). 조선군은 어재연을 중심으로 끝까지 항전하였으나 결국 패하였어요. 그러나 이후에도 조선군이 끈질기게 저항을 계속하자 미국은 결국 강화도에서 철수하였어요.

① 의궤를 비롯한 외규장각 도서가 약탈당하였다.
➡ 1866년 병인양요 당시 프랑스군은 퇴각하면서 외규장각에 보관하고 있던 《의궤》 등 수많은 도서를 약탈해 갔어요.

② 홍경래 등이 난을 일으켜 정주성을 점령하였다.
➡ 1811년 순조 재위 시기에 홍경래 등이 서북민에 대한 차별과 지배층의 수탈에 반발하여 평안도 지역에서 봉기를 일으켜 정주성을 점령하였는데, 이 사건을 홍경래의 난이라고 해요.

③ 종로를 비롯한 전국 각지에 척화비가 건립되었다.
➡ 1871년 신미양요 직후 흥선 대원군은 종로와 전국 각지에 척화비를 세워 통상 수교 거부 정책의 의지를 널리 알렸어요.

④ 제너럴셔먼호가 대동강 유역에서 통상을 요구하였다.
➡ 1866년에 미국의 상선 제너럴셔먼호가 대동강을 거슬러 평양까지 들어와 통상을 요구하며 선원들이 횡포를 부렸어요. 이에 평양 감사 박규수의 지휘 아래 평양 관민들이 제너럴셔먼호를 불태워 침몰시켰는데, 이를 제너럴셔먼호 사건이라고 해요.

⑤ 황사영이 외국 군대의 출병을 요청하는 백서를 작성하였다.
➡ 1801년에 황사영은 신유박해가 일어나자 당시 베이징 교구의 주교에게 외국 군대의 출병을 요청하는 백서를 작성해 보내려 하다가 발각되었어요.

29 개항기 조약

정답 ④

(가) 강화도 조약(조·일 수호 조규, 1876), (나) 조·영 수호 통상 조약(1883) 사이의 시기에 볼 수 있는 모습으로 가장 적절한 것은?

정답 키워드

> (가) 동서남북 직경 10리 (나) 영국 인민은 마음대로 돌아다님

> (가) 부산항에서 **❶일본국 인민이** 통행할 수 있는 도로 이정(里程)은 부두로부터 기산하여 조선 이법(里法)으로 **❶동서남북 직경 10리**로 정한다. 동래부는 이정 밖에 있지만 특별히 왕래할 수 있다. 일본국 인민은 마음대로 통행하며 조선 토산물과 일본국 물품을 사고팔 수 있다.
>
> (나) 통상 지역에서 조선 이법 100리 이내, 혹은 장래 양국 관원이 서로 의논하여 정하는 **❷경계 안에서 영국 인민은 여행증명서 없이 마음대로 돌아다닐 수 있다.** 여행증명서를 지닌 영국 인민은 조선 각지를 돌아다니며 통상하거나, 각종 화물을 들여와 팔거나(단, 조선 정부가 불허한 서적·인쇄물 등은 제외), 일체 토산물을 구매할 수 있다.

(가) 조선은 일본과 1876년에 강화도 조약(조·일 수호 조규)을 체결하면서 개항하였어요. 이어 체결된 부속 조약에서 **❶개항장 내 일본인의 활동 범위(무역 활동)를** 사방 10리로 규정하였고, 개항장에서 일본 화폐의 유통과 일본으로의 무제한 양곡 반출을 허용하였어요.

(나) 1883년에 조선은 영국과 통상 조약(조·영 수호 통상 조약)을 체결하면서 **❷영국 상인의 내륙 진출 허용,** 최혜국 대우 허용, 영사 재판권(치외 법권) 허용 등을 규정하였어요.

① 거문도를 불법으로 점거하는 영국 군인
➡ **1885년**에 영국은 러시아의 남하를 견제한다는 구실로 거문도를 불법으로 점령하였어요. **(나) 이후**의 사실이에요.

② 남연군 묘의 도굴을 시도하는 독일 상인
➡ **1868년**에 독일 상인 오페르트가 통상 협정에 이용하기 위해 흥선 대원군의 아버지인 남연군의 묘를 도굴하려 하였으나 실패하였어요. **(가) 이전**의 사실이에요.

③ 부산 절영도의 조차를 요구하는 러시아 공사
➡ **1897년**에 러시아가 저탄소 설치를 위해 절영도를 빌려 달라고 요구하였는데, 독립 협회의 반러시아 운동 등으로 러시아는 결국 절영도 조차를 포기하였어요. **(나) 이후**의 사실이에요.

④ 조·청 상민 수륙 무역 장정을 체결하는 청 관리
➡ **1882년**에 임오군란 직후 조선은 청과 조·청 상민 수륙 무역 장정을 체결하였어요. 그 결과 청 상인의 내지 무역이 가능해져 객주, 여각 등 국내 중개 상인과 보부상이 큰 타격을 입었어요.

⑤ 톈진 조약에 따라 조선에서 철수하는 일본 군인
➡ 1884년에 일어난 갑신정변의 결과 조선과 일본 사이에 배상금 지불 등을 약속한 한성 조약이 체결되었어요. 또한 **1885년**에 청과 일본은 조선에서의 양국 군대 동시 철수, 파병 시 상호 통보 등을 규정한 톈진 조약을 체결하였어요. **(나) 이후**의 사실이에요.

30 처용무

정답 ①

(가) 처용무(오방처용무)에 대한 설명으로 옳은 것은?

정답 키워드

> 사람 형상의 가면을 쓴 5명이 5가지 색깔의 옷을 입고 추는 춤

한국의 무형문화유산 – [(가)]

史 한국사 알림이 채널　　　　조회 수 202,408

> 궁중 무용 중 유일하게 **❶사람 형상의 가면을 쓰고 추는 춤**으로 5명이 중앙과 동서남북을 상징하는 5가지 색깔의 옷을 입고 춤을 춥니다. 가면의 팥죽색은 악귀를 물리치는 벽사의 의미를 담고 있습니다. 2009년 '유네스코 무형문화유산'으로 등재되었습니다.

처용무는 **❶5명이 동서남북과 중앙의 5방향을 상징하는 옷을 입고 추는 춤**으로 동쪽은 파란색, 서쪽은 흰색, 남쪽은 붉은색, 북쪽은 검은색, 중앙은 노란색이에요. 처용무에는 악운을 쫓는 의미가 담겨 있고 춤사위에서는 당당하고 활기찬 움직임 속 씩씩하고 호탕한 모습을 엿볼 수 있으며, 가면과도 조화를 이루고 있어요.

① 처용 설화를 바탕으로 하였다.
➡ **처용무**는 신라의 처용 설화를 바탕으로 하는 춤이에요.

② 종묘에서 행하는 제향 의식이다.
➡ **종묘제례**는 유교 사상을 바탕으로 역대 임금과 왕비의 신주를 봉안하고 제사를 지내는 제향 의식이에요.

③ 부처의 영취산 설법 모습을 재현하였다.
➡ **영산재**는 부처가 인도의 영취산에서 법화경을 설법하는 모습인 '영산회상'을 재현한 불교 의식이에요.

④ 창과 아니리, 너름새 등으로 구성되었다.
➡ **판소리**는 이야기를 노래와 사설로 엮어 표현한 것으로 창과 아니리, 너름새 등으로 구성되었어요.

⑤ 양반, 파계승 등을 풍자하는 내용이 담겨 있다.
➡ **탈춤**은 장시 등에서 탈을 쓰고 양반 사회와 승려(파계승)의 부패를 풍자하던 공연으로, 대표적으로 황해도의 봉산 탈춤, 안동의 하회 탈춤, 양주의 별산대놀이 등이 있어요.

밑줄 그은 '을미개혁'의 내용으로 옳은 것은?

정답 키워드

> 태양력 시행, 연호 건양

어제 발행된 관보를 보았는가? 지난 8월 국모 시해 사건 이후 김홍집 내각에서 추진한 개혁의 일환으로 **태양력을 시행**한다더니, 그에 맞추어 연호를 새로 정하라는 조칙이 내려졌군.

그래서 내일부터 양력 1월 1일이 시작되고, 새로운 **연호는 건양**으로 정해졌다고 하네.

을미사변(삼국 간섭 이후 조선에서 친러 정책이 추진되자 위기를 느낀 일본이 명성 황후를 시해한 사건)

청·일 전쟁에서 승리한 일본은 청으로부터 막대한 배상금과 함께 랴오둥반도와 타이완을 할양받았어요. 그러자 동아시아에서 세력 확대를 꾀하던 러시아가 프랑스와 독일을 끌어들여 일본이 랴오둥반도를 청에 반환하도록 하였어요(삼국 간섭, 1895). 이러한 정세 변화를 지켜본 조선 정부가 러시아에 접근하자, 위기의식을 느낀 일본은 친러 정책의 핵심 인물이 명성 황후라고 판단하고 경복궁에 침입하여 명성 황후를 시해하였어요(을미사변, 1895). 을미사변으로 조선 정부를 장악한 일본은 김홍집 내각을 구성하고 을미개혁을 추진하였어요. 을미개혁 시기에 '건양' 연호 제정, **태양력 시행**, 단발령·종두법 시행, 소학교 설치 등의 개혁이 추진되었어요.

① 양전 사업을 실시하여 지계를 발급하였다.
➡ 대한 제국 시기에 고종은 **광무개혁**을 추진하는 과정에서 양전 사업을 시행하여 근대적 토지 소유 증명서인 지계를 발급하였어요.

② 지방 행정 구역을 8도에서 23부로 개편하였다.
➡ 제2차 갑오개혁 때 지방 행정 구역을 8도에서 23부로 개편하였어요.

③ 군제를 개편하여 친위대와 진위대를 설치하였다.
➡ 을미개혁 때 군제를 개편하여 중앙군으로 친위대를, 지방군으로 진위대를 설치하였어요.

④ 공사 노비법을 혁파하고 과부의 재가를 허용하였다.
➡ 제1차 갑오개혁 때 공·사 노비법이 혁파되면서 공식적으로 신분제가 폐지되었어요. 또한, 조혼을 금지하고 과부의 재가를 허용하였어요.

⑤ 교육의 기본 방향을 제시한 교육 입국 조서를 반포하였다.
➡ 제2차 갑오개혁 때 교육입국 조서가 반포되어 근대식 교육 제도의 기반이 마련되었고, 이에 따라 한성 사범 학교 관제 등이 제정되었어요.

(가) 통리기무아문을 통해 추진된 정책으로 옳은 것은?

정답 키워드

> 개화 정책을 총괄하기 위한 기구

이곳은 기기창 건물 중 하나인 번사창입니다. 강화도 조약 체결 이후 정부는 국내외 정세에 대응하고 **개화 정책을 총괄하기 위한 기구로** [(가)] 을/를 설치하였습니다. 이 기구의 건의로 청에 파견한 영선사 일행에 유학생을 포함시켜 근대 문물을 배워 오도록 하였습니다. 이러한 노력의 영향으로 설치된 근대적 무기 공장이 바로 기기창이었습니다.

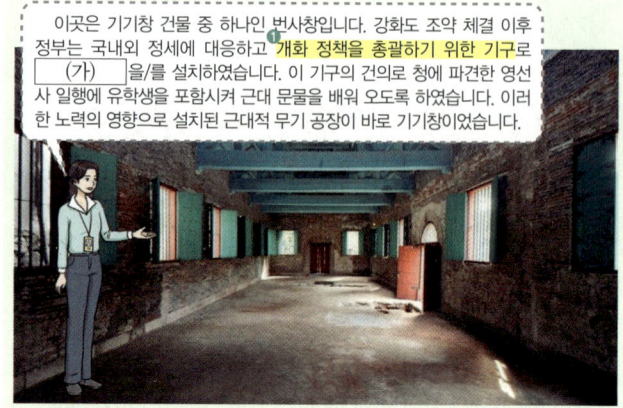

1876년에 일본과 강화도 조약을 체결하면서 개항한 조선 정부는 **개화 정책을 추진하기 위한 총괄 기구로** 통리기무아문을 설치하고, 그 아래 12사를 설치하여 개혁을 추진하였어요.

① 별기군을 창설하였다.
➡ **통리기무아문**의 건의에 따라 조선 정부는 개화 정책의 일환으로 1881년에 신식 군대인 별기군(교련병대)을 창설하고, 5군영을 무위영과 장어영의 2영으로 통합하였어요.

② 원수부를 설치하였다.
➡ 대한 제국 시기 **고종**은 광무개혁을 추진하는 과정에서 황제의 군 통수권을 강화하기 위해 1899년에 원수부를 설치하였어요.

③ 대전통편을 편찬하였다.
➡ 조선 정조는 통치 체제를 정비하기 위해 1784년에 **찬집청**을 설치하여 《경국대전》과 《속대전》 등을 통합·보완한 《대전통편》을 편찬하였어요.

④ 신문지법을 공포하였다.
➡ 을사늑약 체결 후인 1907년에 **통감부**에서 신문지법을 공포하여 정간·폐간 등을 통해 민족 언론을 탄압하였어요.

⑤ 서당 규칙을 제정하였다.
➡ 일제 강점기인 1918년에 개량 서당이 확산되자 일제가 식민 통치의 최고 기구로 세운 **조선 총독부**에서 서당 규칙을 제정하여 이를 탄압하였어요.

33 대한매일신보

정답 ④

(가) 대한매일신보에 대한 설명으로 옳은 것은?

정답 키워드

발행인 배설, 양기탁이 발간에 참여

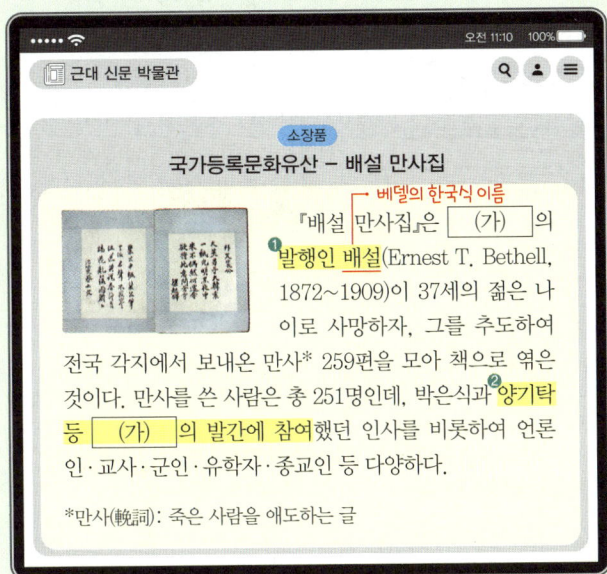

근대 신문 박물관

소장품

국가등록문화유산 – 배설 만사집

→ 베델의 한국식 이름

『배설 만사집』은 (가) 의 발행인 배설(Ernest T. Bethell, 1872~1909)이 37세의 젊은 나이로 사망하자, 그를 추도하여 전국 각지에서 보내온 만사* 259편을 모아 책으로 엮은 것이다. 만사를 쓴 사람은 총 251명인데, 박은식과 양기탁 등 (가) 의 발간에 참여했던 인사를 비롯하여 언론인·교사·군인·유학자·종교인 등 다양하다.

*만사(輓詞): 죽은 사람을 애도하는 글

1904년에 창간된 대한매일신보는 양기탁과 함께 영국인 베델(한국식 배설)이 발행인으로 참여하였기 때문에 일본의 사전 검열을 거의 받지 않고 박은식과 신채호 등의 항일 논설을 게재하였으며, 의병 투쟁에 호의적인 기사 등을 실을 수 있었어요.

① 박문국에서 발행하였다.
➡ 우리나라 최초의 근대 신문인 **한성순보**와 최초로 상업 광고를 게재한 **한성주보**는 박문국에서 발행되었어요.

② 브나로드 운동을 주도하였다.
➡ **동아일보**를 중심으로 1930년대 초에 문맹 퇴치 운동인 브나로드 운동이 추진되었어요.

③ 여권통문을 처음 게재하였다.
➡ **황성신문**과 **독립신문**은 서울 북촌의 양반 여성들이 정치, 교육 등 다양한 분야에서 여성의 평등한 권리를 주장하는 여권통문을 발표하자 이를 처음 보도하였어요.

④ 국채 보상 운동을 지원하였다.
➡ **대한매일신보**는 국채 보상 운동에 적극적으로 참여하여 국채 보상 운동을 확산시키는 데 기여하였어요.

⑤ 순한글판으로 발행된 최초의 신문이었다.
➡ **독립신문**은 서재필이 주도하여 창간한 우리나라 최초의 민간 신문으로, 순한글판으로 발행된 최초의 신문이었어요. 또한 한글판과 함께 영문판이 발행되어 외국인에게도 국내 상황을 알릴 수 있었어요.

34 독립 협회

정답 ③

(가) 독립 협회의 활동으로 옳은 것은?

정답 키워드

독립문을 세움

독립문 주춧돌 놓는 예식을 독립 공원 부지에서 열었다. …… 회장 안경수 씨가 연설하기를, " (가) 이/가 처음에 시작할 때 단지 회원이 네다섯 명이더니 오늘날 회원은 수천 명이다. 조선 인민들이 나라가 독립되는 것을 좋아하기에 심지어 궁벽한 시골에 사는 인민 중에서 독립문 세우는 데 돈을 보조하는 사람들이 있으며, 외국 사람 중에서도 돈 낸 사람들이 많이 있었다. 이것을 보면 조선 사람들도 오늘부터 조선에서 모든 일을 (가) 하듯이 시작하여 모두 합심하기를 바란다."라고 하였다.

독립 협회는 미국에서 귀국하여 독립신문을 창간한 서재필의 주도로 조직되었어요. 독립 협회는 독립관과 독립문을 세웠으며 민중 집회인 만민 공동회를 개최하여 러시아 등 열강의 이권 침탈을 규탄하고 이를 저지하기도 하였어요. 또한, 대한 제국의 정부 대신이 참여한 관민 공동회에서 국정 개혁안인 헌의 6조를 채택하여 고종의 재가를 받았어요.

① 고종 강제 퇴위 반대 운동을 전개하였다.
➡ **대한 자강회**는 고종의 강제 퇴위에 반대하는 시위를 주도하여 전개하였어요.

② 일제의 황무지 개간권 요구를 저지시켰다.
➡ **보안회**는 일제가 황무지 개간권을 요구하자 반대 운동에 나서 이를 저지하였어요.

③ 중추원 개편을 통한 의회 설립을 추진하였다.
➡ **독립 협회**는 박정양 내각과 함께 관민 공동회를 개최하여 헌의 6조를 결의하고 중추원 개편을 통한 의회 설립을 추진하였어요.

④ 대성 학교를 설립하여 민족 교육을 실시하였다.
➡ **신민회**는 평양에 대성 학교, 정주에 오산 학교를 설립하여 민족 교육을 실시하였어요. 또한 태극 서관과 자기 회사를 운영하는 등 민족 산업 육성에도 힘썼어요.

⑤ 독립운동 자금 마련을 위해 독립 공채를 발행하였다.
➡ **대한민국 임시 정부**는 독립운동 자금을 모으기 위해 독립 공채를 발행하고, 국내와 연락을 취하고자 비밀 행정 조직인 연통제와 교통국을 운영하였어요.

밑줄 그은 '화폐 정리 사업'에 대한 탐구 활동으로 가장 적절한 것은?

정답 키워드

메가타 주도, 백동화와 엽전을 일본 제일은행권으로 교환

화폐로 보는 한국사

백동화(白銅貨)는 전환국에서 발행한 액면가 2전 5푼의 동전이다. 당시 재정 궁핍으로 본위 화폐인 은화는 거의 주조되지 않았고, 보조 화폐인 백동화가 주로 제조되어 사용되었다. 러일 전쟁 중에 재정 고문으로 임명된 ❶메가타 다네타로의 주도하에 전환국을 폐지하고 ❷백동화와 엽전을 일본 제일은행권으로 교환하는 사업을 추진하면서, 백동화의 발행이 중단되었다.

　제1차 한·일 협약에 따라 일본에서 파견된 재정 고문 ❶메가타의 주도로 화폐 정리 사업이 실시되었어요. 일제는 ❷백동화와 같은 대한 제국 화폐를 일본 화폐인 제일은행권으로 교환하는 사업을 전개하면서 대한 제국의 경제를 장악하고자 하였어요.

① 군국기무처의 활동을 조사한다.
　➡ 1894년에 일본의 강요로 구성된 김홍집 내각은 최고 정책 결정 기관으로 군국기무처를 설치하고 **제1차 갑오개혁**을 추진하였어요. 군국기무처는 과거제 폐지, 공·사 노비법(신분 제도) 폐지, 개국 기년 사용 등의 개혁을 추진하였어요.

② 당오전이 발행된 배경을 파악한다.
　➡ 조선 정부는 **개항에 따른 각종 경비 충당** 및 **임오군란과 갑신정변**에 따른 **배상금 문제** 등을 해결하기 위해 1883년에 전환국을 설치하여 당오전을 발행하였어요.

③ 삼국 간섭이 발생한 원인을 분석한다.
　➡ 청·일 전쟁에서 승리한 일본은 청으로부터 랴오둥반도 등을 할양받았어요. 이에 **일본의 세력 확대를 견제**하려고 한 **러시아**가 프랑스, 독일과 함께 일본에 압력을 넣자 일본은 랴오둥반도를 청에 돌려주었는데, 이 사건을 삼국 간섭이라고 해요. 이 사건의 영향으로 조선에서 친러 정책이 추진되자 위기를 느낀 일본은 명성 황후를 시해한 을미사변을 일으켰어요.

④ 대한 광복회가 결성된 목적을 살펴본다.
　➡ 대한 광복회는 1915년에 대구에서 박상진, 김한종 등이 중심이 되어 조직한 국내 비밀 결사 단체예요. 공화정 수립을 지향하였고, **군자금 모금** 등을 통해 만주에 무관 학교를 세우고자 하였으며, **친일파 처단** 등의 활동을 벌였어요.

⑤ 제1차 한·일 협약 체결의 영향을 알아본다.
　➡ 1904년 제1차 한·일 협약 체결 이후 대한 제국의 **재정 고문**으로 온 **메가타**는 **화폐 정리 사업**을 추진하여 대한 제국의 재정을 일본에 예속시키려고 하였어요.

(가) 연해주에서 일어난 민족 운동에 대한 설명으로 옳은 것은?

정답 키워드

스탈린이 한인들을 중앙아시아로 강제 이주시킴

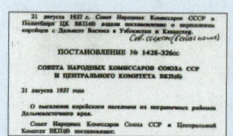

이 문서는 일제에 협력하는 것을 방지한다는 명분으로 　(가)　의 ❶한인들을 중앙아시아로 강제 이주시키라는 명령서이다. 1937년에 소련 공산당 서기장 스탈린이 승인한 이 명령의 시행으로 블라디보스토크를 포함한 　(가)　의 한인 10만 명 이상이 우즈베키스탄, 카자흐스탄 등지로 강제 이주당하였다.

　1910년대 연해주 지역의 한인들은 러시아 블라디보스토크에서 권업회를 조직하여 민족의식을 고취하고자 노력하였어요. 이후 권업회를 바탕으로 이상설 등이 대한 광복군 정부를 결성하였어요. 한편, 1930년대 후반 ❶스탈린에 의해 많은 한인들이 중앙아시아로 강제 이주를 당하기도 하였어요.

①권업회를 조직하고 신문을 발행하였다.
　➡ 연해주에서는 권업회가 조직되어 권업신문을 발행하였어요.

② 한인 자치 기구인 경학사를 설립하였다.
　➡ 서간도(남만주)의 삼원보 지역으로 이주한 신민회 회원들은 경학사를 조직하고 신흥 강습소(이후 신흥 무관 학교)를 설립하였어요.

③ 유학생을 중심으로 2·8 독립 선언서를 발표하였다.
　➡ 1919년에 일본 도쿄에서는 한인 유학생들이 2·8 독립 선언서를 발표하였고, 국내에서도 독립 선언의 움직임이 일어났어요.

④ 독립군 양성을 위해 대조선 국민군단을 결성하였다.
　➡ 하와이에서는 박용만 등이 대조선 국민군단을 창설하여 군사 훈련을 실시하였어요.

⑤ 서전서숙과 명동 학교를 설립하여 민족 교육을 실시하였다.
　➡ 북간도에는 용정촌, 명동촌 등 한인 집단촌이 형성되었고 이상설 등은 서전서숙, 김약연 등은 명동 학교를 세워 민족 교육을 실시하였어요.

37 안중근의 활동
정답 ②

(가) 안중근의 활동으로 옳은 것은?

> **정답 키워드**
>
> | 동양 평화론 |
> | --- |

신간 도서 소개

동양 평화론

미완의 원고, 책으로 출간

"슬프도다! 천만 뜻밖에도 일본이 승리한 이후에 가장 가깝고 친하며 어질고 약한, 같은 인종인 한국을 억눌러 강제로 조약을 맺었다."

(가) 은/는 뤼순 감옥에서 사형 집행을 눈앞에 두고 온 힘을 다해 **동양 평화론**을 집필하였다. 안타깝게도 그는 원고를 완성하지 못하고 형장의 이슬로 사라졌지만, 국가 간의 평등과 상호 협력으로 평화를 이룩하자는 그의 주장은 오늘날에도 시사점을 준다.

1909년에 안중근은 만주 하얼빈에서 을사늑약 체결에 핵심적인 역할을 한 이토 히로부미를 사살하였어요. 안중근은 뤼순 감옥에서 수감 중에 《동양 평화론》을 저술하였어요.

① 명동 성당 앞에서 **이완용**을 습격하였다.
➡ **이재명**은 1909년에 명동 성당 앞에서 을사늑약 체결을 주도한 을사오적 중 한 명인 이완용을 습격하여 중상을 입혔어요.

②하얼빈에서 **이토 히로부미**를 **사살**하였다.
➡ **안중근**은 1909년에 하얼빈에서 초대 통감이었던 이토 히로부미를 사살하였어요.

③ **타이중**에서 **일본 육군 대장**을 **저격**하였다.
➡ **조명하**는 1928년에 타이중(타이완)에서 일본 육군 대장을 저격하였어요.

④ 샌프란시스코에서 D.W. **스티븐스**를 **처단**하였다.
➡ **장인환**과 **전명운**은 제1차 한·일 협약으로 대한 제국의 외교 고문이 된 친일 인사 스티븐스를 1908년에 미국 샌프란시스코에서 사살하였어요.

⑤ 서울역에서 **신임 총독**의 마차에 **폭탄**을 **투척**하였다.
➡ **강우규**는 1919년에 서울 남대문역에서 제3대 총독으로 부임하는 사이토 마코토가 탄 마차에 폭탄을 투척하였어요.

38 1910년대 무단 통치
정답 ⑤

밑줄 그은 '**1910년대 무단 통치 시기**'의 사회 모습으로 가장 적절한 것은?

> **정답 키워드**
>
> | 조선 태형령 |
> | --- |

개성에서 청년 두 명이 웃통을 벗고 일하다가 순사에게 발견되어 태형에 처해졌다는 신문 기사입니다. 일제가 **조선 태형령**을 시행한 시기에는 기사의 내용처럼 사소한 사안에도 태형이라는 가혹한 형벌이 집행되었습니다.

일제는 1910년대에 무단 통치를 실시하여 한국인을 억압하였어요. 헌병에게 일반 경찰 업무는 물론 일반 행정 업무까지 수행하게 하였어요. 당시 헌병 경찰은 범죄 즉결례에 따라 즉결 처분권을 가져 한국인들을 재판 없이 처벌할 수 있었어요. 1912년에 일제는 **조선 태형령**을 제정하여 한국인에 한해 태형 제도를 적용하기도 하였어요.

① **육영 공원**에서 외국인 교사를 초빙하였다.
➡ **1886년**에 설립된 육영 공원은 정부가 양반층 자제에게 서양식 근대 교육을 실시하기 위해 설립한 우리나라 최초의 서양식 관립 교육 기관이에요. 외국인 교사를 초빙하여 학생들에게 영어, 수학, 지리학, 정치학 등 근대 학문을 가르쳤어요.

② **애국반**이 편성되어 일상생활이 통제되었다.
➡ **1938년**부터 일제는 한국인의 일상생활을 감시하고 통제하기 위해 애국반을 조직하였어요. 일제는 전시 동원 체제를 강화하면서 애국반을 통해 남성에게는 국민복을, 여성에게는 몸뻬 착용을 강요하였어요.

③ 조선 **형평사**가 창립되어 **형평 운동**을 전개하였다.
➡ **1923년**에 백정들은 경상남도 진주에서 조선 형평사를 조직하고 백정에 대한 사회적 차별 철폐를 요구하는 형평 운동을 전개하였어요.

④ 나운규가 제작한 **아리랑**이 **단성사**에서 **개봉**되었다.
➡ **1926년**에 나운규가 제작한 영화 '아리랑'이 단성사에서 처음 개봉되었어요. 이 영화는 식민 지배를 받던 한국인의 고통스러운 삶을 표현한 작품이에요.

⑤경복궁에서 **조선 물산 공진회**가 **최초**로 **개최**되었다.
➡ **1915년**에 일제는 경복궁의 많은 건물을 헐어서 조선 물산 공진회를 처음으로 개최하였어요.

(가) 회사령 폐지(1920), (나) 조선 총독부 농촌 진흥 위원회 규정 공포(1932) 시기의 사이에 있었던 사실로 옳은 것은?

정답 키워드

(가) 회사령 폐지
(나) 농촌 진흥 위원회 규정

(가) 회사령 폐지에 관한 건
   ❶회사령은 폐지한다.
   – 부칙
   1. 이 영은 공포일로부터 시행한다.
   2. 구령에 의하여 설립한 회사로 이 영 시행 당시 존재하는 것은 조선 민사령에 의하여 설립한 것으로 본다.

(나) 조선 총독부❷농촌 진흥 위원회 규정
   제1조 조선의 농산어촌 진흥에 관한 방침, 시설 및 통제에 관한 중요 사항을 심의하기 위하여 조선 총독부에 조선 총독부 농촌 진흥 위원회를 둔다.
   제3조 위원장은 조선 총독부 정무총감으로 한다.

(가) 1910년에 일제는 우리 민족의 자본 성장을 억압하기 위해 회사 설립 시 조선 총독의 허가를 받도록 하는 회사령을 공포하였어요. 이후 일제는 한국으로 투자를 유도하기 위해 1920년에 회사령을 폐지하고 회사 설립을 허가제에서 신고제로 전환하였어요.

(나) 일제는 1930년대 초 농촌 경제가 몰락하고 농민들의 저항이 심해지자 농촌 사회를 회유하기 위해 ❷1932년에 농촌 진흥 운동을 실시하며 조선 총독부 농촌 진흥 위원회 규정을 공포하였어요. 하지만 실제로는 소작 쟁의를 억제하고 농촌을 효율적으로 통치하기 위한 정책에 불과하였어요.

① 함경도에서 방곡령이 선포되었다.
➡ 1883년에 체결된 조·일 통상 장정에는 일본 상품에 관세를 매기는 규정과 방곡령 규정 등이 마련되었어요. 이후 일본으로의 쌀 유출로 쌀값이 폭등하자 1889년에 함경도 관찰사 조병식이 방곡령을 선포하였으나, 일본은 1개월 전 통보 규정을 내세워 방곡령을 철회시키고 배상금까지 받아갔어요. (가) 이전의 사실이에요.

②조선 물산 장려회가 평양에서 창립되었다.
➡ 1920년에 조만식 등은 평양에서 조선 물산 장려회를 결성하여 토산품 애용 등을 내세운 물산 장려 운동을 전개하였어요.

③ 황국 중앙 총상회의 상권 수호 운동이 전개되었다.
➡ 1898년에 서울의 시전 상인들은 황국 중앙 총상회를 조직하여 상권 수호 운동을 전개하였어요. (가) 이전의 사실이에요.

④ 유상 매수, 유상 분배를 규정한 농지 개혁법이 제정되었다.
➡ 1949년에 제헌 국회는 유상 매수, 유상 분배 원칙의 농지 개혁법을 제정하였어요. (나) 이후의 사실이에요.

⑤ 국가 총동원법을 제정하여 인력과 물자를 강제 동원하였다.
➡ 1938년에 일제는 전쟁에 필요한 인적·물적 자원 수탈을 강화하기 위해 국가 총동원법을 시행하였어요. (나) 이후의 사실이에요.

다음 자료(민립 대학 설립 운동, 1923)가 발표된 시기를 연표에서 옳게 고른 것은?

정답 키워드

민립 대학 기성 준비회를 조직

   대학을 세운다는 일은 극히 거창하여 여간 몇 사람의 힘으로는 도저히 성취할 바가 아니므로 금일까지 실지의 운동이 일어나지 못하였던 것이라. 그러나 일이 거창하고 어렵다고 시작을 아니하면 언제까지든지 조선 사람의 대학이라는 것은 생겨볼 수가 없다. 그러므로 이번에 조선 전도의 다수한 유지를 망라하여 민중적 운동으로 될 수 있는 대로 많은 사람의 힘을 합하여 민립 대학 한 곳을 세워 보고자 이상재, 이승훈 등의 주창으로 수일 전에 민립 대학 기성 준비회를 조직하고 집행위원을 선정하였는데, 장차 각 부·군에서 다수한 발기인의 참가를 구하여 경성에서 발기회를 열고 실행 방법을 결정할 터이다.

1895	1911	1919	1924	1938	1942
(가)	(나)	(다)	(라)	(마)	
한성 사범 학교 설립	제1차 조선 교육령	3·1 운동	경성 제국 대학 개교	제3차 조선 교육령	조선어 학회 사건

① (가)   ② (나)   ③ (다)   ④ (라)   ⑤ (마)

➡ 1919년 고종의 인산일 즈음에 종교계 지도자들이 중심이 되어 민족 대표 33인을 구성하고 독립 선언서를 작성하였어요. 민족 대표 33인은 독립 선언 당일인 3월 1일에 태화관에서 독립 선언서를 낭독하였고, 학생과 시민들은 탑골 공원에서 독립 선언서를 낭독한 후 만세 운동을 전개하였어요. 도시에서 시작된 만세 운동이 전국으로 확산되었고 국외에서도 시위가 이어지자, 일제는 군대와 경찰을 동원하여 무력으로 시위를 진압하였어요(3·1 운동, 1919). 3·1 운동을 계기로 무단 통치의 한계를 인식한 일제는 무단 통치에서 이른바 '문화 통치'로 통치 방식을 바꾸었어요. 이에 따라 조선 총독에 무관 출신뿐만 아니라 문관도 임명이 가능하도록 하고 헌병 경찰 제도를 보통 경찰 제도로 바꾸었으며, 조선일보와 동아일보 등 한글 신문의 발행도 허용하였어요. 그러나 실상은 광복이 될 때까지 문관 출신 총독은 한 번도 임명되지 않았고, 경찰서나 경찰의 수는 오히려 늘어났으며, 한글 신문은 검열을 통해 삭제 및 정간 조치를 당하였어요. 또한, 일제는 교육 분야에서도 1922년에 제2차 조선 교육령을 발표하여 형식상으로는 학제를 일본과 동일하게 개편하였는데, 실상은 일본식 교육을 강화한 정책에 지나지 않았어요. 이에 한국인에 대한 교육 차별에 대항하여 이상재의 주도로 대학을 설립하자는 민립 대학 설립 운동이 전개되었어요(1923). '한민족 1천만이 한 사람이 1원씩'을 구호로 내걸고 모금 운동을 하였으나, 일제의 방해로 실패하였어요. 이후 일제는 한국인의 불만을 잠재우기 위해 경성 제국 대학을 설립하였어요(1924).
   따라서, 민립 대학 설립 운동(1923)이 일어난 시기는 '3·1 운동(1919)'과 '경성 제국 대학 개교(1924)' 사이의 시기인 (다)예요.

41 원산 총파업 이후의 사실 정답 ②

(가) 원산 총파업(1929) 이후에 전개된 사실로 옳은 것은?

정답 **키워드**

라이징 선 석유회사

탐구 활동 보고서

○○학년 ○○반 이름: ○○○

◈ 주제: <u>(가)</u> 에 대한 국외 반응
◈ 탐구 목적
　❶<mark>라이징 선 석유 주식회사</mark>의 문평 공장에서 일본인 감독이 조선인 노동자를 구타한 일이 발단이 되어 일어난 일제 강점기 최대 규모의 노동 운동에 대한 국외 반응을 당시 자료를 통해 살펴본다.
◈ 자료 및 해설

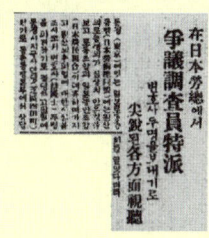

이것은 재일본 노총에서 <u>(가)</u> 을/를 조사하기 위해 변호사를 파견한다는 당시 신문 기사이다. 기사에 보도된 일본의 조선인 노동 단체뿐 아니라 중국 지역의 여러 노동 단체도 격려와 후원을 하였다.

　원산 총파업은 1929년에 함경남도 덕원군의 문평 ❶<mark>라이징 선 석유회사</mark>의 일본인 감독관이 한국인 노동자를 구타한 사건이 발단이 되어 시작된 노동 운동으로, 임금 인상과 노동 조건의 개선을 요구하였어요. 원산 총파업이 일어나자 일본, 프랑스 등지의 노동 단체에서 격려 전문을 보내기도 하였어요.

① 동양 척식 주식회사가 설립되었다.
　➡ 1908년에 일제는 자원을 수탈하고, 대한 제국의 토지를 일본인에게 싼값에 팔기 위해 동양 척식 주식회사를 설립하였어요.

②강주룡이 <u>을밀대</u> 지붕에서 <mark>고공 농성</mark>을 벌였다.
　➡ 1931년에 평양 을밀대 지붕에서 평원 고무공장의 여공이었던 강주룡이 임금 삭감 등에 반대하며 고공 농성을 벌였어요.

③ 황실의 지원을 받아 <mark>대한 천일 은행</mark>이 <mark>창립</mark>되었다.
　➡ 1899년에 조선 정부와 상인들은 일본 금융 기관의 국내 침투에 대응하여 민족 자본으로 대한 천일 은행 등을 설립하였어요.

④ 전국 단위의 조직인 <mark>조선 노농 총동맹</mark>이 <mark>조직</mark>되었다.
　➡ 1924년에 농민 운동과 노동 운동의 연합으로 조선 노농 총동맹이 설립되었고, 이후 노동 운동과 농민 운동을 분리하여 1927년에 조선 노동 총동맹과 조선 농민 총동맹이 설립되었어요.

⑤ 고율의 소작료에 반발하여 <mark>암태도 소작 쟁의</mark>가 발생하였다.
　➡ 1923년에 전라남도 목포 근해의 섬인 신안 암태도의 농민들이 고율의 소작료를 징수하는 지주 문재철에 맞서 소작 쟁의를 일으켰고, 그 결과 소작료를 낮추는 성과를 거두었어요.

42 일제 강점기 변화 모습 정답 ③

(가)에 들어갈 내용으로 가장 적절한 것은?

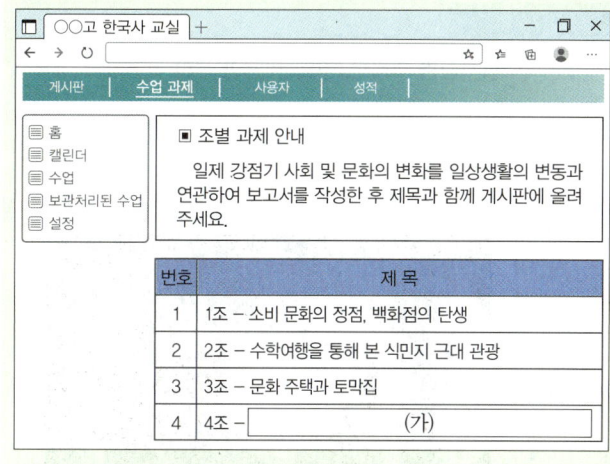

① 서양식 의료의 수용, <mark>광혜원</mark>
　➡ 1885년에 미국인 선교사 알렌이 서양식 병원의 필요성을 고종에게 건의하였고, 고종의 승인을 거쳐 최초의 근대식 병원인 광혜원이 설립되었어요. 광혜원은 곧 '많은 사람들을 구한다'는 뜻의 제중원으로 이름이 변경되었어요.

② 근대적 우편 제도의 시작, <mark>우정총국</mark>
　➡ 1884년에 근대식 우편 업무 담당을 위한 우정총국이 설치되었으나, 그해 개국 축하연에서 갑신정변이 일어나면서 폐지되었어요.

③전시 통제 체제 속에서 강요된 여성복, <mark>몸뻬</mark>
　➡ 1938년부터 일제는 한국인의 일상생활을 감시하고 통제하기 위해 애국반을 조직하였어요. 일제는 애국반을 통해 남성에게는 국민복을, 여성에게는 몸뻬 착용을 강요하였어요.

④ 근면, 자조, 협동을 기치로 내세운 <mark>새마을 운동</mark>
　➡ 박정희 정부 시기인 1970년부터 도시와 농촌 간의 균형 있는 발전을 목표로 하여 근면·자조·협동을 구호로 내건 새마을 운동이 추진되었어요.

⑤ 상품 광고의 새로운 장을 연 <mark>컬러텔레비전 방송</mark>
　➡ 전두환 정부 시기인 1981년부터 컬러텔레비전 방송이 시작되었어요.

(가) 한국광복군에 대한 설명으로 옳은 것은?

> **정답 키워드**
>
> 총사령관 지청천, 인도·미얀마 전선 작전

사진으로 보는 독립운동사

[해설] 이 사진은 충칭에서 열린 대한민국 임시 정부의 ' (가) 총사령부 성립 전례식' 기념 사진 중 하나이다. 사진에는 대한민국 임시 정부 주석 김구와 함께 이 부대의 ❶**총사령관인 지청천**이 '광복 조국'이 쓰인 기를 들고 있는 모습이 보인다. (가) 은/는 영국군의 요청으로 ❷**인도, 미얀마 전선에서 작전**을 펼치는 등 활발한 활동을 전개하였다.

1940년에 충칭에 정착한 대한민국 임시 정부는 ❶**지청천을 총사령관**으로 하여 정규군인 한국광복군을 창설하였어요. 태평양 전쟁이 일어나자 임시 정부는 대일 선전 포고를 하고 한국광복군을 연합군의 일원으로 참전시켰어요. 한국광복군은 영국군의 요청에 따라 ❷**인도·미얀마 전선에 파견**되어 선전 활동과 포로 심문 등을 담당하였어요.

① 자유시 참변으로 세력이 약화되었다.
➡ 1920년대 간도 참변 이후 **만주 지역의 독립군 부대들**은 러시아 혁명군의 지원 약속을 믿고 자유시로 이동하였으나 자유시 참변을 당하여 큰 피해를 입었어요.

② 영릉가에서 일본군에 승리를 거두었다.
➡ 양세봉이 이끈 **조선 혁명군**은 1930년대 초 남만주에서 중국 의용군과 연합하여 영릉가 전투 등에서 일본군과 싸워 승리하였어요.

③ 봉오동 전투에서 일본군을 크게 물리쳤다.
➡ 1920년에 홍범도가 이끈 **대한 독립군 등 독립군 연합 부대**는 봉오동 전투에서 일본군을 상대로 큰 승리를 거두었어요.

④ 미군과 연계하여 국내 진공 작전을 준비하였다.
➡ 1945년에 **한국광복군**은 미국 전략 정보국(OSS)과 연계하여 국내 진공 작전을 준비하였어요.

⑤ 쌍성보 전투에서 한·중 연합 작전을 전개하였다.
➡ 1930년대 초 지청천이 이끈 **한국 독립군**은 북만주 일대에서 중국 호로군과 연합 작전을 전개하여 쌍성보·사도하자·대전자령 전투 등에서 일본군을 격퇴하였어요.

밑줄 그은 '**1930년대 후반 이후 민족 말살 통치 시기**'에 볼 수 있는 모습으로 적절하지 <u>않은</u> 것은?

> **정답 키워드**
>
> 중·일 전쟁, 창씨개명

장행기

장행기는 지원병 형식으로 끌려가는 청년을 환송하기 위해 국민 총력 조선 연맹 지부에서 만들어 준 깃발이다. 이 장행기의 주인공은 일제가 ❶**중일 전쟁**을 일으키고 침략을 확대하던 시기에 지원병으로 끌려가 전사하였다. 장행기에는 ❷**창씨개명**한 그의 일본식 이름이 적혀 있다.

일제는 1937년 ❶**중·일 전쟁** 이후 태평양 전쟁을 일으키는 등 침략 전쟁을 확대하면서 우리 민족을 전쟁에 쉽게 동원하기 위해 민족 말살 정책을 본격화하였어요. 일왕에 대한 충성 맹세문인 황국 신민 서사를 제정하여 강제로 암송하게 하고, 신사 참배와 궁성 요배를 강요하였으며, 우리의 성과 이름을 일본식으로 바꾸는 ❷**창씨개명**도 강요하였어요. 한편, 일제는 1938년에 국가 총동원법을 제정하여 전쟁에 필요한 자원을 본격적으로 수탈하였어요.

① 국방헌금 모금에 적극 협력하는 부호
➡ **1930년대 후반 이후** 일제는 침략 전쟁을 확대하는 과정에서 전쟁에 필요한 자금을 마련하기 위해 친일 부호들을 대상으로 국방헌금을 모금하였어요.

② 황국 신민 서사 암송을 강요받는 학생
➡ **1930년대 후반 이후** 일제는 어린 학생들을 일본에 충성하는 이른바 '황국 신민'으로 육성하고자 일왕에 대한 충성 맹세문인 황국 신민 서사 암송을 강요하였어요.

③ 원각사에서 연극 은세계를 공연하는 배우
➡ **1908년**에 우리나라 최초의 서양식 극장인 원각사에서 은세계가 공연되었어요.

④ 내선일체에 협력하자는 논설을 쓰는 언론인
➡ **1930년대 후반 이후** 일제는 침략 전쟁을 확대하는 과정에서 한국인을 전쟁에 쉽게 동원하기 위해 내선일체, 일선동조론 등을 내세워 민족 말살 정책을 본격화하였어요.

⑤ 국민 징용령에 의해 강제로 동원되는 노동자
➡ **1939년**에 일제는 한국인의 노동력을 원활하게 동원하고자 강제 징용에 관한 법령인 국민 징용령을 발표하였어요.

45 공주의 역사

정답 ②

다음 안내에 따라 학생이 발표한 내용으로 가장 적절한 것은?

정답 키워드

> 백제의 수도, 동학 농민군의 전투

학생 여러분, 이번 시간에는 우리 고장의 유적과 기념물을 조사해서 발표하는 활동을 하겠습니다. 우리 고장은 금강 중류에 위치한 유서 깊은 도시입니다. 남한에서 최초로 발굴된 구석기 유적이 있어 선사 시대부터 우리 고장에 사람이 살았던 것을 알 수 있습니다. 또한 삼국이 상호 경쟁하던 시기에는 **❶백제의 수도**로서 백제 중흥을 위한 노력이 전개되었던 곳으로 백제 고분을 통해 당시의 문화를 엿볼 수 있습니다. 고려 시대에는 최승로의 건의에 따라 설치된 12목 중의 하나였고, 이후 조선 시대에도 감영이 있어 지역의 중심지 역할을 하였습니다. 그리고 근대에는 **❷동학 농민군이 관군과 일본군에 맞서 치열한 전투를 전개**하는 등 외세를 물리치기 위한 민족 운동이 펼쳐지기도 하였습니다. 그럼, 모둠별로 우리 고장의 다양한 유적과 기념물에 대해 조사한 후 알게 된 내용을 발표해 봅시다.

❶ 5세기에 **백제**는 고구려 장수왕의 공격으로 개로왕이 전사하고 수도 한성이 함락되자, 뒤를 이어 즉위한 문주왕이 **웅진(지금의 공주)으로 천도**하였어요.

❷ 1894년에 일본군이 경복궁을 무력으로 점령하자 **동학 농민군**의 제2차 봉기가 일어났어요. 전봉준 중심의 남접과 손병희 중심의 북접이 연합하여 **공주 우금치 전투**에서 관군과 일본군에 맞서 싸웠지만 크게 패하였어요.

① 갑 – 수양개 유적을 조사하여 우리 고장에 살던 구석기인들이 다양한 기법으로 석기를 제작했음을 알 수 있었습니다.
➡ **단양** 수양개 유적은 구석기 시대의 대표적인 유적이에요.

② 을 – 송산리 고분군의 **벽돌무덤**을 조사하여 **무령왕**이 중국 남조, 왜 등과 활발하게 교류했음을 알 수 있었습니다.
➡ **공주** 무령왕릉은 중국 남조의 영향을 받아 벽돌무덤 양식으로 축조되었어요.

③ 병 – 만인의총을 조사하여 정유재란 당시 우리 고장의 백성들이 조·명 연합군과 함께 결사 항전했음을 알 수 있었습니다.
➡ **남원**의 만인의총은 1597년 정유재란 때 남원성을 지키기 위해 일본군에 맞서 결사 항전을 벌이다 죽은 사람들의 무덤이에요.

④ 정 – 만석보 유지비를 조사하여 우리 고장 농민들이 군수 조병갑의 수탈에 저항하여 봉기했음을 알 수 있었습니다.
➡ 고부(지금의 **정읍·부안**) 군수 조병갑의 수탈에 반발하여 1894년 1월에 고부 농민 봉기가 일어났어요.

⑤ 무 – 아우내 3·1 운동 독립 사적지를 조사하여 유관순이 우리 고장에서 만세 시위를 주도했음을 알 수 있었습니다.
➡ 유관순은 1919년에 3·1 운동이 일어나자 고향인 **천안**으로 내려가 아우내 장터에서 만세 시위를 주도하였어요.

46 6·25 전쟁

정답 ⑤

(가) 6·25 전쟁(1950~1953) 중에 있었던 사실로 옳은 것은?

정답 키워드

> 유엔군이 전사하거나 실종됨

┌ 6·25 전쟁 당시 임시 수도

저는 지금 부산의 재한 유엔 기념 공원 내에 있는 **❶유엔군** 전몰장병 추모명비 앞에 와 있습니다. **(가)** 에서 **❶전사하거나 실종된** 4만여 명의 이름을 새겨 넣어 추모와 기억의 공간으로 만든 이곳에서 평화의 가치를 생각해 보았으면 합니다.

1950년 6월 25일에 북한군이 기습적으로 남한을 침략하였어요. 전쟁이 일어난 지 3개월 만에 경상도 일부 지역을 제외한 모든 지역을 점령당하자 국군과 유엔군은 전쟁의 흐름을 바꾸기 위하여 인천 상륙 작전을 전개하여 성공하였어요. 이후 국군과 유엔군은 압록강 일대까지 진격하였지만 중국군의 개입으로 후퇴하였어요. 이후 곳곳에서 크고 작은 전투들이 계속되다가 1953년 7월 27일에 마침내 정전 협정이 체결되었어요. 6·25 전쟁으로 **❶유엔군을 포함한 수많은 사람들이 죽거나 실종**되었어요.

① 애치슨 라인이 발표되었다.
➡ 6·25 전쟁 발발 이전인 **1950년 1월**에 한반도가 미국의 태평양 방위선에서 제외된 애치슨 라인이 발표되었어요.

② 한·일 기본 조약이 체결되었다.
➡ **1965년**에 박정희 정부는 경제 개발 자금을 마련하고자 일본과 국교 정상화를 추진하여 한·일 협정(한·일 기본 조약)을 체결하였어요.

③ 국가 보위 비상 대책 위원회가 설치되었다.
➡ 유신 체제 붕괴 이후 12·12 사태로 권력을 잡은 전두환 등 신군부 세력은 **1980년**에 5·18 민주화 운동을 진압한 후 통치권을 확립하기 위해 국가 보위 비상 대책 위원회를 설치하였어요.

④ 김구, 김규식 등이 남북 협상에 참여하였다.
➡ **1948년**에 유엔 소총회에서 선거가 가능한 지역, 즉 사실상 남한만의 총선거가 결의되자 김구와 김규식은 통일 정부 수립을 위해 남북 협상을 추진하였어요.

⑤ 비상계엄이 선포된 가운데 발췌 개헌안이 통과되었다.
➡ 6·25 전쟁 중이던 **1952년**에 이승만 정부는 임시 수도 부산에 계엄령을 선포하고 발췌 개헌안을 통과시켰어요(1차 개헌).

47 5·10 총선거
정답 ②

밑줄 그은 '5·10 총선거'에 대한 설명으로 옳은 것은?

> 우리나라 최초의 총선거

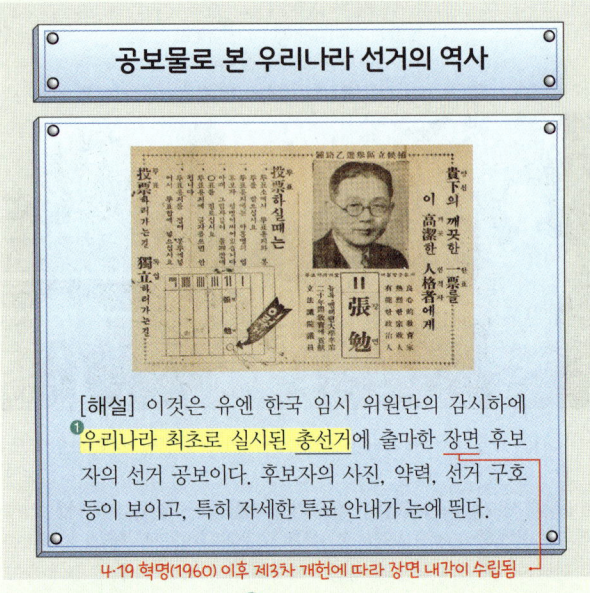

공보물로 본 우리나라 선거의 역사

[해설] 이것은 유엔 한국 임시 위원단의 감시하에 ❶우리나라 최초로 실시된 총선거에 출마한 장면 후보자의 선거 공보이다. 후보자의 사진, 약력, 선거 구호 등이 보이고, 특히 자세한 투표 안내가 눈에 띈다.

4·19 혁명(1960) 이후 제3차 개헌에 따라 장면 내각이 수립됨

5·10 총선거는 1948년에 ❶우리나라 최초로 실시된 민주 선거예요. 21세 이상의 모든 국민에게 투표권이 부여되었으며, 보통·직접·평등·비밀 선거의 원칙에 따라 실시되었어요.

① 5·16 군사 정변 이후에 실시되었다.
➡ 박정희 등 군부 세력은 5·16 군사 정변으로 정권을 장악한 후 군정을 실시하였어요. 이후 1963년에 실시된 제5대 대통령 선거에서 박정희가 당선되었고, 이후 **제6대 국회 의원 선거**가 실시되었어요.

②제헌 국회 의원을 선출하기 위해 시행되었다.
➡ 1948년에 실시된 **5·10 총선거(제1대 국회 의원 선거)**로 제주도 두 곳을 제외한 선거구에서 임기 2년의 제헌 국회 의원 198명이 선출되었어요.

③ 통일 주체 국민 회의 대의원이 투표에 참여하였다.
➡ 박정희 정부 시기인 1972년에 유신 헌법이 공포된 후 통일 주체 국민 회의가 설치되었고, 이곳에서 박정희를 제8대 대통령으로 선출하였어요. 이후 1973년에 **제9대 국회 의원 선거**가 실시되었는데, 유신 헌법에 따라 대통령이 국회 의원의 1/3을 뽑았어요.

④ 민의원, 참의원으로 구성된 **양원제 국회**가 탄생하였다.
➡ 1960년에 일어난 4·19 혁명 직후 구성된 허정 과도 정부 시기에 내각 책임제와 민의원·참의원의 양원제 국회 구성을 골자로 한 **3차 개헌**이 이루어졌어요.

⑤ **신한 민주당**이 창당 한 달 만에 **제1야당**이 되는 결과를 가져왔다.
➡ 전두환 정부 시기인 1985년에 실시된 **제12대 국회 의원 선거** 결과에 따라 신한 민주당이 창당 한 달 만에 제1야당이 되었어요.

---

48 노태우 정부 시기의 사실
정답 ②

다음 기사가 보도된 노태우 정부 시기의 사실로 옳은 것은?

> 서울 올림픽

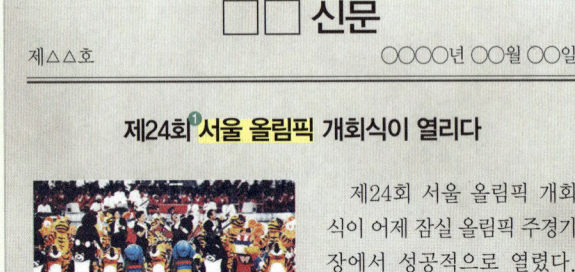

□□ 신문

제△△호 　　　　　　　　 ○○○○년 ○○월 ○○일

제24회 ❶서울 올림픽 개회식이 열리다

제24회 서울 올림픽 개회식이 어제 잠실 올림픽 주경기장에서 성공적으로 열렸다. 개회식 마지막 행사에서는 주제곡 '손에 손잡고'가 울려 퍼지는 가운데 서울 올림픽 마스코트인 호돌이를 비롯하여 이전 올림픽의 마스코트들이 함께 춤추는 장면이 연출되어 동서 화합의 의미를 더했다.

12년 만에 동서 양 진영이 함께 모인 이번 대회에서는 160개국의 선수 8,000여 명이 참가하여 과거 어느 대회보다 수준 높은 경기가 펼쳐질 것으로 예상된다.

❶서울 올림픽 대회는 전두환 정부 시기에 유치하여 1988년 노태우 정부 시기에 개최되었어요.

① 국민 교육 헌장이 발표되었다.
➡ **박정희 정부** 시기인 1968년에 국민 교육 헌장이 발표되었어요.

②3당 합당으로 민주 자유당이 창당되었다.
➡ **노태우 정부** 시기인 1990년에 민주 정의당, 통일 민주당, 신민주 공화당의 3당 합당으로 민주 자유당이 창당되었어요.

③ 군 내부의 사조직인 하나회가 해체되었다.
➡ **김영삼 정부** 시기인 1993년부터 군 내부의 사조직인 하나회가 해체되었어요.

④ 사회 정화를 명분으로 삼청 교육대가 설치되었다.
➡ **전두환 등 신군부 세력**은 1980년에 사회 정화를 명분으로 삼청 교육대를 설치하여 혹독한 군사 훈련과 강제 노역을 실시하였어요.

⑤ 외환 위기 극복을 위한 금 모으기 운동이 전개되었다.
➡ **김대중 정부** 시기에 외환 위기 극복을 위한 금 모으기 운동이 본격적으로 전개되었어요.

49 부·마 민주 항쟁

정답 ①

(가) 부·마 민주 항쟁에 대한 설명으로 옳은 것은?

정답 키워드

부산과 마산, YH 무역 사건

— YH 무역 노동자들이 회사의 일방적 폐업 조치에 항의하여 야당인
신민당사에서 농성하자 박정희 정부는 이를 강경 진압함

하계 답사 안내

우리 문화원에서는 ❶부산과 마산 지역의 시민과 학생들이 일
으킨 ___(가)___ 의 의미를 조명하는 답사를 준비하였습니다.
❷YH 무역 사건, 야당 총재의 국회 의원직 제명 등 일련의 사건
으로 당시 정부에 대한 민심 이반이 가속화하는 가운데 일어난
___(가)___ 의 유적지를 둘러보면서 민주주의의 소중함을 되새
기는 기회가 되길 바랍니다.

◈ 기간 : 2024년 ○월 ○○일 ~ ○월 ○○일
◈ 답사 일정
　□ 1일차 : 부산대 10·16 기념관 – 국제 시장 – 부산 양서 협동조합 터
　□ 2일차 : 경남대 교내 기념석 – 서항 공원 – 창동 사거리
◈ 주요 답사지

10·16 기념관　　서항 공원 내 기념물

◈ 주관 : △△ 문화원

1979년에 ❷YH 무역 사건이 일어나자 당시 야당(신민당) 총재였던
김영삼이 정부의 강경 진압을 비판하였고, 이에 박정희 정부는 김영삼
을 국회 의원직에서 제명시켰어요. 이후 ❶부산과 마산 일대에서 유신
체제 타도 시위가 일어났는데, 이를 부·마 민주 항쟁이라고 해요.

① **유신 체제 붕괴의 배경이 되었다.**
➡ 1979년에 **부·마 민주 항쟁**이 일어나자 박정희 정부 내부에서 대
　책을 놓고 갈등이 심화되었고, 이 과정에서 박정희 대통령이 피살
　되는 10·26 사태가 일어나며 유신 체제는 붕괴되었어요.

② 시민군을 조직하여 계엄군에 대항하였다.
➡ 1980년에 일어난 **5·18 민주화 운동** 과정에서 일부 광주 시민들은
　시민군을 조직하여 계엄군의 진압에 저항하였어요.

③ 시위 도중 김주열이 최루탄을 맞고 사망하였다.
➡ 1960년에 3·15 부정 선거 규탄 시위 중 실종된 김주열 학생의 시
　신이 마산 앞바다에서 발견되었어요. 이에 시위가 전국으로 확산
　되었는데, 이 사건을 **4·19 혁명**이라고 해요.

④ 직선제 개헌을 약속한 6·29 선언을 이끌어 냈다.
➡ 전두환 정부 시기인 1987년에 일어난 **6월 민주 항쟁**의 결과 대통
　령 직선제를 수용한다는 6·29 민주화 선언이 발표되었고, 이에
　따라 5년 단임의 대통령 직선제 개헌이 이루어졌어요.

⑤ 대통령이 하야하여 미국으로 망명하는 결과를 가져왔다.
➡ 1960년에 일어난 **4·19 혁명**으로 이승만 대통령이 하야하였고, 이후
　이승만은 미국으로 망명하였어요.

---

50 김대중 정부 시기의 통일 노력

정답 ③

다음 연설이 있었던 김대중 정부의 통일 노력으로 옳은 것은?

정답 키워드

북한과 남북 정상 회담, 햇볕 정책

노벨 위원회가 긍정적으로 평가해 준 최근의 남북 관계에 대해 몇 말씀 드리겠
습니다. 저는 지난 6월에 ❶북한의 김정일 국방위원장과 역사적인 남북 정상 회담을
가졌습니다. …… 우리의 일관되고 성의 있는 자세와 노르웨이를 비롯한 전 세계
모든 나라의 ❷햇볕 정책에 대한 지지는 북한의 태도를 바꾸게 만들었습니다.

❷햇볕 정책은 이솝 우화에 나그네의 외투를 벗게 만드는 것은 차갑고
강한 바람이 아니라 따뜻한 햇볕이라는 내용에서 인용된 용어로, 김대
중 정부의 대북 화해 협력 정책을 지칭하는 말이에요. 김대중 정부는
2000년 6월에 ❶최초의 남북 정상 회담을 개최하였고 이후 개성 공단
조성, 경의선 복구, 이산가족 상봉, 금강산 관광 등을 추진하였어요.
그 결과 2000년에 한국인 최초로 노벨 평화상을 수상하였어요.

① 남북 기본 합의서를 교환하였다.
➡ **노태우 정부** 시기인 1991년에 '남북한 사이의 화해와 불가침 및
　교류 협력에 관한 합의서(남북 기본 합의서)'를 채택하고 북한과
　유엔에 동시 가입하였어요.

② 7·4 남북 공동 성명을 발표하였다.
➡ **박정희 정부** 시기인 1972년에 남북한은 자주, 평화, 민족 대단결의
　3대 원칙을 포함한 7·4 남북 공동 성명을 발표하고 실천을 위해
　남북 조절 위원회를 구성하였어요.

③ **6·15 남북 공동 선언을 채택하였다.**
➡ **김대중 정부**는 2000년에 최초로 남북 정상 회담을 개최하고,
　6·15 남북 공동 선언을 발표하였어요.

④ 한반도 비핵화 공동 선언에 합의하였다.
➡ **노태우 정부** 시기인 1991년에 남북한은 한반도 비핵화 공동 선언
　에 합의하였어요.

⑤ 남북 이산가족 고향 방문단의 교환을 최초로 실현하였다.
➡ **전두환 정부** 시기인 1985년에 남북 이산가족 고향 방문단과 예술
　공연단 교환이 최초로 성사되었어요.

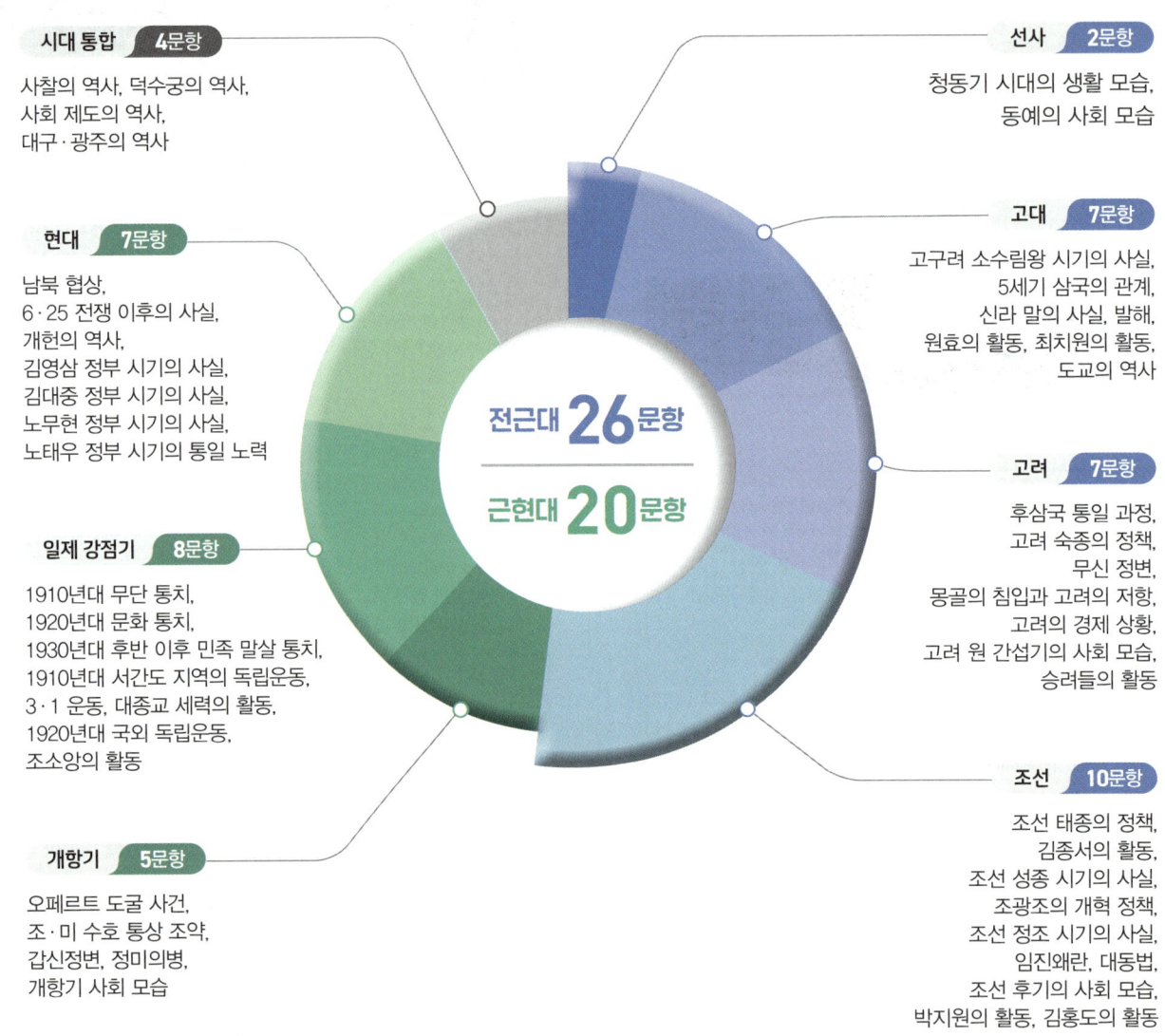

2024년 5월 25일(토) 시행
제70회

합격률 69회: **54.6%** / 68회: **59.4%**
46.8%

시대별 출제비중

시대 통합 4문항
사찰의 역사, 덕수궁의 역사,
사회 제도의 역사,
대구·광주의 역사

현대 7문항
남북 협상,
6·25 전쟁 이후의 사실,
개헌의 역사,
김영삼 정부 시기의 사실,
김대중 정부 시기의 사실,
노무현 정부 시기의 사실,
노태우 정부 시기의 통일 노력

일제 강점기 8문항
1910년대 무단 통치,
1920년대 문화 통치,
1930년대 후반 이후 민족 말살 통치,
1910년대 서간도 지역의 독립운동,
3·1 운동, 대종교 세력의 활동,
1920년대 국외 독립운동,
조소앙의 활동

개항기 5문항
오페르트 도굴 사건,
조·미 수호 통상 조약,
갑신정변, 정미의병,
개항기 사회 모습

전근대 26 문항
근현대 20 문항

선사 2문항
청동기 시대의 생활 모습,
동예의 사회 모습

고대 7문항
고구려 소수림왕 시기의 사실,
5세기 삼국의 관계,
신라 말의 사실, 발해,
원효의 활동, 최치원의 활동,
도교의 역사

고려 7문항
후삼국 통일 과정,
고려 숙종의 정책,
무신 정변,
몽골의 침입과 고려의 저항,
고려의 경제 상황,
고려 원 간섭기의 사회 모습,
승려들의 활동

조선 10문항
조선 태종의 정책,
김종서의 활동,
조선 성종 시기의 사실,
조광조의 개혁 정책,
조선 정조 시기의 사실,
임진왜란, 대동법,
조선 후기의 사회 모습,
박지원의 활동, 김홍도의 활동

01 청동기 시대의 생활 모습 정답 ③

(가) 청동기 시대의 생활 모습으로 가장 적절한 것은?

> **정답 키워드**
>
> 사유 재산과 계급이 발생

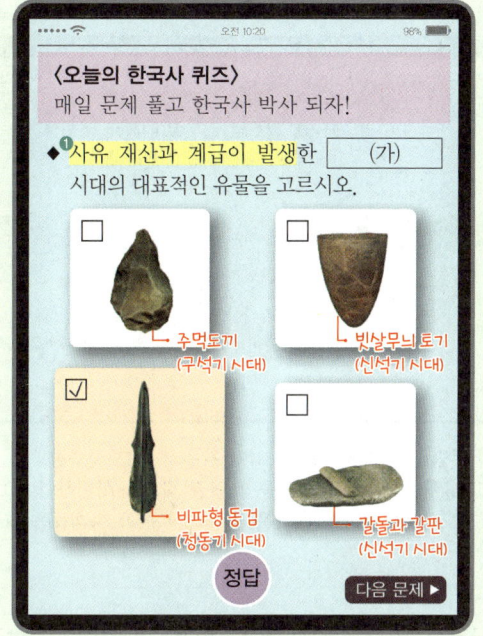

〈오늘의 한국사 퀴즈〉
매일 문제 풀고 한국사 박사 되자!

◆❶사유 재산과 계급이 발생한 [(가)] 시대의 대표적인 유물을 고르시오.

☐ 주먹도끼 (구석기 시대)
☐ 빗살무늬 토기 (신석기 시대)
☑ 비파형 동검 (청동기 시대)
☐ 갈돌과 갈판 (신석기 시대)

정답 [다음 문제 ▶]

청동기 시대에는 농경이 더욱 발달해 생산력이 향상되었고, 이에 따라 잉여 생산물이 발생하면서 ❶사유 재산과 계급이 발생하였어요. 게다가 정복 활동이 활발해져 계급이 뚜렷하게 나누어지고 막강한 권력을 행사하는 지배자가 등장하였어요.

① 철제 무기로 정복 활동을 벌였다.
➡ **철기 시대**에는 철제 무기와 철제 농기구가 널리 보급되었어요.

② 오수전, 화천 등의 중국 화폐로 교역하였다.
➡ **철기 시대**에는 중국의 화폐인 명도전, 반량전, 오수전, 화천 등을 이용하여 중국과 교역하였어요.

③ 많은 인력을 동원하여 고인돌을 축조하였다.
➡ **청동기 시대**에는 많은 인력을 동원하여 지배층의 무덤으로 고인돌을 축조하였어요.

④ 주로 동굴이나 강가에 막집을 짓고 거주하였다.
➡ **구석기 시대** 사람들은 식량을 찾아 이동 생활을 하였으며, 주로 동굴이나 강가의 막집, 바위 그늘에서 거주하였어요.

⑤ 가락바퀴와 뼈바늘을 사용하여 옷을 만들기 시작하였다.
➡ **신석기 시대**에는 가락바퀴를 이용하여 실을 뽑고, 뼈바늘로 엮어 옷이나 그물 등을 만들었어요.

02 동예의 사회 모습 정답 ③

(가) 동예에 대한 설명으로 옳은 것은?

> **정답 키워드**
>
> 단궁 · 과하마 · 반어피

학습 내용 정리

〈철기 문화를 바탕으로 성장한 여러 나라〉

1. 경제 활동

나라	사료에 나타난 특징
부여	관직명에 가축 이름 사용, 명마 · 담비 가죽 생산
(가)	삼베 · 명주 생산, 특산물 : ❶단궁 · 과하마 · 반어피
삼한	벼농사 발달, 철이 많아 낙랑 · 왜에 수출

동예는 오늘날 강원도 북부 동해안 지역에 위치하였던 나라로 왕이 없었고 읍군, 삼로라고 불린 군장이 다스렸어요. 동예는 읍락의 경계를 중시하였기 때문에 다른 읍락을 침범하면 소, 말 등으로 변상하게 하는 책화라는 풍습이 있었어요. 또한, 해산물이 풍부하였고 ❶단궁(박달나무로 만든 활), 과하마(키가 작은 말), 반어피(바다표범 가죽) 등이 특산물로 유명하였어요.

① 신지, 읍차 등의 지배자가 있었다.
➡ **삼한**에는 세력 크기에 따라 신지, 읍차 등으로 불린 정치 지배자가 있었어요.

② 혼인 풍습으로 민며느리제가 있었다.
➡ **옥저**에는 혼인을 약속한 여자아이를 남자 집에서 데려다 키운 후, 나이가 차면 여자 집에 예물을 주고 정식으로 혼인하는 풍습인 민며느리제가 있었어요.

③ 10월에 무천이라는 제천 행사를 열었다.
➡ **동예**는 해마다 10월에 무천이라는 제천 행사를 열어 하늘에 풍년을 기원하였어요.

④ 여러 가(加)들이 각각 사출도를 주관하였다.
➡ **부여**는 왕이 중앙을 다스렸고, 마가·우가·구가·저가 등의 여러 가(加)들이 별도로 사출도라고 불린 지역을 다스렸어요.

⑤ 제가 회의에서 나라의 중대사를 결정하였다.
➡ **고구려**는 제가 회의를 열어 나라의 중대한 일을 결정하였어요.

다음 자료에 나타난 사건(고구려 장수왕의 한성 함락, 475)의 영향으로 가장 적절한 것은?

정답 키워드

> 고구려 장수들이 북성을 공격하여 빼앗음

개로왕

문주왕

> 왕이 문주에게 일러 말하기를, "내가 어리석고 밝지 못하여 간사한 사람[도림]의 말을 믿어 이 지경이 되었다. …… 나는 마땅히 사직에서 죽겠지만, 네가 이곳에서 함께 죽는 것은 이로울 게 없다. 어찌 난을 피하여 나라의 계통을 잇지 않겠는가?"라고 하였다. …… ❶고구려의 대로 제우·재증걸루·고이만년 등이 북성을 공격하여 7일 만에 빼앗았다. 이동하여 남성을 공격하니 성 안 사람들이 두려워하였다. 왕이 성을 나와 도망하자, 고구려 장수 재증걸루 등이 왕을 보고 말에서 내려 절한 다음에 그 얼굴을 향해 세 번 침을 뱉고는 죄를 나열한 다음 포박하여 아차성 아래로 보내 죽였다.

고구려 장수왕은 국내성에서 평양으로 천도한 후 본격적으로 남진 정책을 추진하여 백제와 신라를 압박하였어요. 그러자 백제 개로왕은 북위에 원병을 요청하는 국서를 보내 고구려의 공격을 막으려 하였으나 실패하였어요. 결국 ❶백제는 고구려의 침입으로 수도 한성이 함락되고 개로왕은 살해당하였어요. 이후 백제는 문주왕 때 웅진(공주)으로 수도를 옮겼어요.

① 고구려가 평양으로 천도하였다.
　➡ 427년에 고구려 장수왕은 수도를 국내성에서 평양으로 옮기고 본격적으로 남진 정책을 추진하였어요.

②(동성왕이 나제 동맹을 강화하였다.)
　➡ 고구려 장수왕의 공격으로 백제의 수도 한성이 함락된 이후 백제는 웅진으로 천도하였어요. 이후 동성왕은 장수왕의 남진에 대항하고자 493년에 신라 이벌찬 비지의 딸과의 결혼을 통해 나·제 동맹을 강화하였어요.

③ 고국원왕이 근초고왕의 공격을 받아 전사하였다.
　➡ 371년에 백제 근초고왕은 고구려의 평양성을 공격하여 고국원왕을 전사시켰어요.

④ 백제가 고구려를 견제하고자 북위에 국서를 보냈다.
　➡ 472년에 백제 개로왕은 북위에 사신을 보내 고구려 공격을 요청하였지만 거절당하였어요.

⑤ 신라가 왜를 격퇴하기 위해 고구려에 군사를 청하였다.
　➡ 400년에 고구려 광개토 태왕은 신라 내물 마립간의 요청으로 군대를 보내 신라에 침입한 왜를 격퇴하고, 신라에 군대를 주둔시켰어요. 이로 인해 신라는 한동안 고구려의 정치적 간섭을 받았어요.

(가) 고구려 소수림왕의 재위 시기에 있었던 사실로 옳은 것은?

정답 키워드

> 율령 반포, 태학 설립

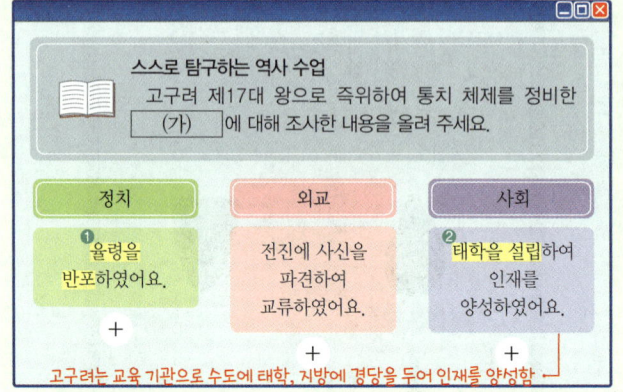

> **스스로 탐구하는 역사 수업**
> 고구려 제17대 왕으로 즉위하여 통치 체제를 정비한 (가) 에 대해 조사한 내용을 올려 주세요.
>
> | 정치 | 외교 | 사회 |
> | --- | --- | --- |
> | ❶율령을 반포하였어요. | 전진에 사신을 파견하여 교류하였어요. | ❷태학을 설립하여 인재를 양성하였어요. |
>
> 고구려는 교육 기관으로 수도에 태학, 지방에 경당을 두어 인재를 양성함

4세기 후반 고국원왕의 뒤를 이어 왕위에 오른 소수림왕은 불교를 공인하고 ❶율령을 반포하는 등 중앙 집권 체제를 확립하였어요. 또한 수도에 최고 교육 기관인 ❷태학을 설립하여 귀족 자제들을 교육시켰어요.

①(승려 순도를 통해 불교를 수용하였다.)
　➡ 소수림왕은 고국원왕이 백제 근초고왕에게 전사한 이후 위기 극복을 위해 전진에서 온 승려 순도를 통해 불교를 수용하였어요.

② 낙랑군을 축출하여 영토를 확장하였다.
　➡ 미천왕은 낙랑군을 몰아내어 대동강 유역까지 영토를 확장하였어요.

③ 영락이라는 독자적인 연호를 사용하였다.
　➡ 광개토 태왕은 고구려의 위상을 드러내기 위해 '영락'이라는 연호를 사용하였어요.

④ 을지문덕이 살수에서 수의 군대를 물리쳤다.
　➡ 영양왕 때 을지문덕이 이끄는 고구려군은 살수에서 수의 대군을 격파하였어요(살수 대첩, 612).

⑤ 이문진이 유기를 간추린 신집 5권을 편찬하였다.
　➡ 영양왕 때 이문진이 《유기》를 간추린 《신집》 5권을 편찬하였어요.

강연자의 질문(도교 관련 사실)에 대한 청중의 답변으로 가장 적절한 것은?

정답 **키워드**

> 신선 사상을 기반으로 불로장생을 추구

화면에 보이는 고구려의 사신도와 백제 산수무늬 벽돌은 **신선 사상을 기반으로** **불로장생을 추구**하는 이 종교의 내용이 잘 표현된 문화유산입니다. 이 종교와 관련된 역사적 사실은 무엇이 있을까요?

강서대묘 사신도 중 현무도   산수무늬 벽돌

도교는 산천 숭배나 **신선 사상과 결합하여 불로장생과 현세의 구복을 추구**한 종교로, 귀족 사회를 중심으로 발달하였어요. 고구려 강서대묘 내부에 있는 사신도는 도교의 네 방위를 나타내는 상징적 동물인 청룡(동), 백호(서), 주작(남), 현무(북)를 그린 그림이에요. 백제 산수무늬 벽돌은 산수무늬가 새겨진 백제의 벽돌이에요. 아래쪽에는 물이 흐르고 중간에는 산봉우리들이 이어지며 하늘에는 구름이 떠 있는 모습이 새겨져 있는 것을 통해 도교적 색채가 드러나 있음을 알 수 있어요.

① 간경도감에서 경전이 간행되었습니다.
➡ 조선 전기에 세조는 불경의 번역과 판각을 관장하는 기관으로 간경도감을 설치하여 경전을 간행하는 등 **불교**를 후원하였어요.

② **연개소문**이 당에 **도사 파견**을 요청하였습니다.
➡ 고구려 보장왕 때 연개소문은 **도교**의 발전을 위해 당에 도사 파견을 요청하였어요.

③ 과거 시험의 교재로 사서집주가 채택되었습니다.
➡ 고려 후기에 보급된 **성리학**을 기반으로 세워진 조선은 과거 시험의 교재로 《사서집주》를 채택하였어요.

④ 범일이 9산 선문 중 하나인 사굴산문을 개창하였습니다.
➡ 9산 선문은 신라 말 호족의 지원을 받아 확산된 선종 **불교**의 대표적인 9개 종파예요. 신라의 범일은 9산 선문 중 하나인 사굴산문을 개창하였어요.

⑤ 주요 경전의 이름이 새겨진 **임신서기석**이 만들어졌습니다.
➡ 신라의 임신서기석에는 두 청년이 **유교** 경전 공부에 힘쓸 것을 다짐하는 내용이 새겨져 있어 신라에서 유학 교육이 실시되었음을 짐작할 수 있어요.

(가) 원효에 대한 설명으로 옳은 것은?

정답 **키워드**

> 금강삼매경론·대승기신론소, 일심 사상과 화쟁 사상

일체유심조
모든 것은 마음먹기에 달려 있다!

우리 역사상 불교 발전에 가장 크게 이바지한 승려를 가리는 이번 투표에서 여러분들의 현명한 선택을 기다립니다.

■ 주요 활동
· ❶ 『금강삼매경론』, 『대승기신론소』 등 저술
· ❷ 일심 사상과 화쟁 사상 주장

기호 ○번 (가)

❶ 원효는 《금강삼매경론》, 《대승기신론소》, 《십문화쟁론》 등을 저술하여 불교 교리 연구에 힘썼어요.

❷ 원효는 모든 것은 결국 한마음에서 나온다고 주장하는 사상인 **일심 사상**과 불교의 모든 종파 간의 이론적 대립을 화합으로 바꾸려는 사상인 **화쟁 사상**을 주장하며 종파 간의 사상적 대립을 극복하기 위해 노력하였어요.

① 구법 순례기인 왕오천축국전을 남겼다.
➡ **혜초**는 인도와 중앙아시아를 여행한 후 구법 순례기인 《왕오천축국전》을 남겼어요.

② 황룡사 구층 목탑의 건립을 건의하였다.
➡ **자장**은 신라 선덕 여왕에게 황룡사 9층 목탑의 건립을 건의하였어요.

③ 무애가를 지어 불교 대중화에 기여하였다.
➡ **원효**는 나무아미타불만 외우면 누구나 극락에 갈 수 있다고 주장하고 무애가를 지어 부르며 불교 대중화에 기여하였어요.

④ 화랑도의 규범으로 세속 5계를 제시하였다.
➡ **원광**은 화랑도가 지켜야 할 행동 규범으로 세속 5계를 제시하였어요.

⑤ 화엄일승법계도를 지어 화엄 사상을 정리하였다.
➡ **의상**은 화엄 사상의 요지를 정리한 《화엄일승법계도》를 저술하였어요.

(가) 발해에 대한 설명으로 옳은 것은?

정답 키워드

대조영이 나라를 세움

『신라고기(新羅古記)』에 이르기를 "고(구)려의 옛 장수 ❶조영의 성은 대씨(大氏)니 남은 군사를 모아 태백산 남쪽에서 나라를 세우고 나라 이름을 ⎣ (가) ⎦(이)라고 하였다." …… 『지장도(指掌圖)』에 보면 " (가) 은/는 만리장성 동북쪽 모서리 밖에 있다."라고 하였다.

❶발해는 고구려 출신인 대조영이 고구려 유민과 말갈인을 이끌고 동모산에서 세운 나라로, 고구려 계승 의식을 표방하였어요. 9세기 선왕 때 옛 고구려 영토의 대부분을 차지하는 등 전성기를 이루었으며, 이 무렵 중국으로부터 '바다 동쪽의 번성한 나라'라는 뜻의 해동성국으로 불리기도 하였어요.

① 군사 조직으로 9서당 10정을 편성하였다.
➡ **신라** 신문왕은 통일 이후 군사 조직을 정비하여 중앙군인 9서당과 지방군인 10정을 설치하였어요.

② 정사암에 모여 국가 중대사를 논의하였다.
➡ **백제**는 귀족들이 정사암 회의를 열어 재상을 선출하거나 국가 중대사를 논의하였어요.

③ 광평성을 비롯한 각종 정치 기구를 갖추었다.
➡ **후고구려**를 세운 궁예는 국정을 총괄하는 광평성을 설치하고 광치나, 서사 등의 관원을 두었어요.

④ 5경 15부 62주의 지방 행정 제도를 마련하였다.
➡ **발해** 선왕은 5경 15부 62주의 지방 행정 조직을 확립하였어요. 전략적 요충지에 5경을 설치하였으며, 지방을 15부로 나누고 그 아래 62주를 두었어요.

⑤ 상수리 제도를 시행하여 지방 세력을 견제하였다.
➡ **신라** 문무왕은 지방 세력가나 그 자제를 일정 기간 수도에 거주하게 하는 상수리 제도를 실시하여 지방 세력을 견제하였어요.

(가) 최치원에 대한 설명으로 옳은 것은?

정답 키워드

시무책 10여 조

〈역사 다큐멘터리 기획안〉

도당 유학생, 서로 다른 길을 걷다

◆ 기획 의도
　당에 건너가 유학했던 6두품들이 신라로 돌아온 이후의 행보를 알아본다.

◆ 구성 내용
1. ⎣ (가) ⎦, 진성 여왕에게 ❶시무책 10여 조를 올리다
2. 최승우, 견훤의 신하로 왕건에게 보내는 격문을 짓다
3. 최언위, 고려에 투항하여 문한관으로 문명을 떨치다

혜공왕 이후 신라는 진골 귀족들의 왕위 다툼으로 왕권이 약화되었고, 중앙의 지방 통제력도 약화되었어요. 이로 인해 귀족의 수탈이 더욱 심해져 농민 봉기가 곳곳에서 일어났으며, 특히 진성 여왕 시기에 극심하였어요. 한편, 당의 빈공과에 합격하고 당에서 관직 생활을 한 후 신라로 돌아온 6두품 출신 학자 최치원은 진성 여왕에게 시무책 10여 조를 올렸으나 받아들여지지 않았어요.

① 향가 모음집인 삼대목을 편찬하였다.
➡ 신라 말 진성 여왕 때 **위홍**과 **대구화상**이 왕명을 받아 향가 모음집인 《삼대목》을 편찬하였어요.

② 외교 문서인 청방인문표를 작성하였다.
➡ 신라의 외교 문서를 작성하는 데 큰 역할을 했던 **강수**는 당이 인질로 잡고 있던 무열왕의 아들 김인문의 석방을 요구하는 글인 〈청방인문표〉를 지어 보냈어요.

③ 격황소서를 지어 문장가로서 이름을 떨쳤다.
➡ **최치원**은 당에서 황소의 난이 일어나자 〈토황소격문〉으로 불리기도 하는 〈격황소서〉를 써서 이름을 떨치기도 하였어요.

④ 유식의 교의를 담은 해심밀경소를 저술하였다.
➡ **원측**은 유식의 교의를 담은 《해심밀경소》를 저술하였어요.

⑤ 국왕에게 조언하는 내용의 화왕계를 저술하였다.
➡ **설총**은 신문왕에게 충신을 가까이할 것을 꽃에 비유하여 조언한 〈화왕계〉를 지어 바쳤어요.

09 신라 말의 사실 정답 ④

다음 상황(김경신이 원성왕으로 즉위, 785)이 나타난 시기를 연표에서 옳게 고른 것은?

정답 키워드

김경신이 먼저 궁궐로 들어가 왕위에 오름

각간 김경신이 해몽을 청하자 아찬 여삼은 "복두를 벗은 것은 위에 다른 사람이 없다는 뜻이요, 소립을 쓴 것은 면류 관을 쓸 징조이며, 12현금(絃琴)을 든 것은 12대손까지 왕위 를 전한다는 조짐이며, 천관사 우물로 들어간 것은 궁궐로 들어갈 상서로운 조짐입니다."라고 하였다. "위에 주원이 있 는데 어찌 내가 왕위에 오를 수 있겠소?"라고 경신이 묻자, 아찬이 대답하기를 "청컨대 은밀히 북천신에게 제사 지내면 될 것입니다."라고 하여 이에 따랐다. 얼마 지나지 않아 선덕 왕이 죽자, 나라 사람들이 김주원을 왕으로 받들어 궁중으로 맞아들이려 했다. 주원의 집은 북천 북쪽에 있었는데 홀연히 냇물이 불어나 건널 수가 없었다. 이에 ❶경신이 먼저 궁궐로 들어가 왕위에 올랐다.

654	681	722	780	828	889
(가)	(나)	(다)	(라)	(마)	
무열왕 즉위	김흠돌의 난	정전 지급	혜공왕 피살	청해진 설치	원종과 애노의 난

선덕왕이 후사 없이 죽자, 귀족들은 무열왕계 왕족인 김주원을 왕으로 삼으려 하였어요. 그러나 수도에서 북쪽으로 멀리 떨어진 곳에 집이 있었던 김주원이 마침 비가 많이 와 물이 넘쳐 건너오지 못하자 김경신이 먼저 궁궐에 들어가 원성왕으로 즉위하였어요.

① (가)   ② (나)   ③ (다)   ④ (라)   ⑤ (마)

➡ 8세기 후반에 이르러 신라에서는 진골 귀족 간의 권력 다툼이 심화되었는데, 혜공왕은 귀족 세력인 김지정이 반란을 일으켰을 때 피살되었어요(**혜공왕 피살, 780**). 이후 즉위한 선덕왕이 후사 없이 죽자, 김주원과의 왕위 계승 다툼에서 승리한 김경신이 신라의 제38대 왕인 원성왕으로 즉위하였어요(**원성왕 즉위, 785**). 이후 신라는 왕위 쟁탈전이 치열하게 전개되어 150여 년간 20여 명의 왕이 교체되었어요. 한편, 당에서 군인으로 활약하다가 신라로 돌아온 장보고는 흥덕왕 때 완도에 청해진을 설치하고 해적을 소탕한 뒤 해상 무역권을 장악하였어요(**청해진 설치, 828**). 이후 장보고는 청해진을 중심으로 해상 무역을 전개하여 큰 부를 얻었어요.

따라서, 원성왕 즉위(785)는 '혜공왕 피살(780)'과 '청해진 설치(828)' 사이의 시기인 **(라)**예요.

10 후삼국 통일 과정 정답 ③

(가)에 들어갈 내용으로 적절한 것은?

한국사 동영상 제작 계획안

다시 하나로, 민족의 재통일을 이루다
○학년 ○반 ○모둠

■ 제작 의도

고려의 후삼국 통일 과정과 역사적 의의를 주요 인물과 관련 된 사건의 발생 순서에 따라 살펴본다.

■ 장면별 구성 내용

#1. 신숭겸, 공산 전투에서 전사하다
#2. 왕건, 고창 전투에서 후백제군을 물리치다
#3. 견훤, 금산사에서 탈출하여 고려에 귀순하다
#4.   (가)
#5. 왕건, 일리천에서 신검의 군대에 승리하다

927년에 고려 태조 왕건은 후백제의 견훤이 신라의 수도인 금성(경주)을 공격하려 하자 신라를 지원하기 위해 군사를 보냈어요. 그러나 고려의 구원군이 도착하기 전에 견훤은 금성을 습격해 경애왕을 죽게 하고 신라의 왕으로 경순왕(김부)을 세웠어요. 그리고 후백제군은 공산(대구)에서 고려군을 상대로 승리를 거두었어요(공산 전투, 927). 이후 고려는 고창 전투(930)에서 후백제를 격파하여 후삼국 간의 항쟁에서 주도권을 장악하였어요. 935년에는 후백제에 내분이 일어나 견훤이 고려에 귀순하였고, 신라 경순왕도 고려에 항복하였어요. 이어서 태조는 일리천 전투에서 신검이 이끄는 후백제군을 격파하고 후삼국을 통일하였어요(936).

① 안승, 보덕국왕으로 책봉되다
➡ 674년에 신라 문무왕은 고구려 부흥 운동을 전개하던 안승이 귀순하자 금마저(익산)에 머물게 하고 보덕국왕으로 책봉하였어요. **(가) 이전**의 사실이에요.

② 궁예, 국호를 태봉으로 바꾸다
➡ 901년에 송악(개성)에 후고구려를 세운 궁예는 904년에 국호를 '마진'으로 바꾸었고, 911년에는 국호를 다시 '태봉'으로 바꾸었어요. **(가) 이전**의 사실이에요.

③ 경순왕 김부, 경주의 사심관이 되다
➡ 935년에 견훤이 고려에 귀순한 이후 신라 경순왕이 고려에 항복하자 왕건은 경순왕(김부)을 경주의 사심관으로 임명하였어요.

④ 윤충, 대야성을 공격하여 함락시키다
➡ 642년에 백제 의자왕은 신라를 공격하여 40여 성을 함락하였으며, 윤충을 보내 전략적 요충지인 신라의 대야성을 함락하였어요. **(가) 이전**의 사실이에요.

⑤ 흑치상지, 임존성에서 부흥군을 이끌다
➡ 백제 멸망 이후인 660년에 흑치상지는 임존성에서 부흥군을 이끌고 백제 부흥 운동을 전개하였어요. **(가) 이전**의 사실이에요.

(가) 고려의 경제 상황으로 옳은 것은?

정답 **키워드**

> 공주 명학소에서 봉기

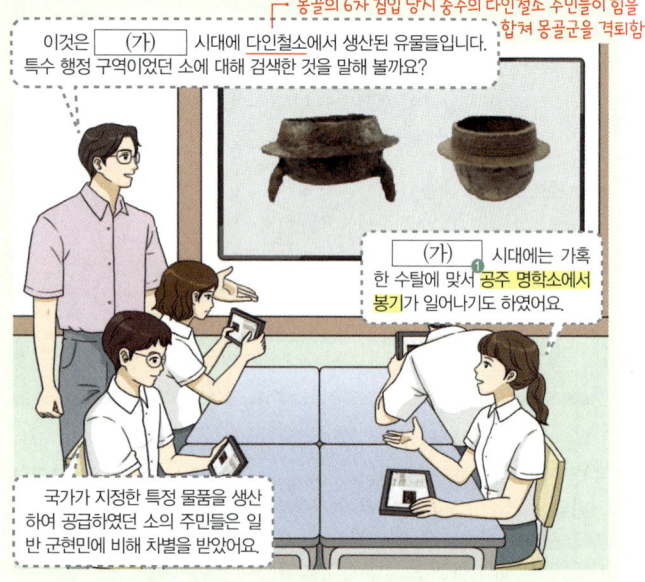

> 몽골의 6차 침입 당시 충주의 다인철소 주민들이 힘을 합쳐 몽골군을 격퇴함

이것은 ⎡ (가) ⎤ 시대에 다인철소에서 생산된 유물들입니다. 특수 행정 구역이었던 소에 대해 검색한 것을 말해 볼까요?

⎡ (가) ⎤ 시대에는 가혹한 수탈에 맞서 **공주 명학소에서 봉기**가 일어나기도 하였어요.

국가가 지정한 특정 물품을 생산하여 공급하였던 소의 주민들은 일반 군현민에 비해 차별을 받았어요.

고려 시대에 특수 행정 구역인 향·부곡·소에 거주하는 양민은 과중한 세금을 부담하였고, 거주 이전의 자유도 제한받았어요. 한편, 고려 무신 집권기 명종 때 **공주 명학소에서 망이, 망소이 등이 가혹한 수탈에 저항하여 봉기**를 일으켰어요(망이·망소이의 난, 1176).

① 특산품으로 **솔빈부의 말**이 유명하였다.
　➡ **발해**는 당, 일본, 신라 등과 교역하였으며, 목축이 발달하여 솔빈부의 말이 특산물로 유명하였어요.

② 풍흉에 따라 **9등급으로 전세**를 거두었다.
　➡ **조선** 세종 때 전세를 풍흉에 따라 9등급으로 나누어 차등 과세하는 연분9등법이 실시되었어요.

③ **감자, 고구마** 등의 작물이 널리 재배되었다.
　➡ **조선** 후기에는 감자, 고구마 등의 구황 작물이 전래되어 널리 재배되기 시작하였어요.

④ **경시서의 관리들이 시전의 상행위를 감독**하였다.
　➡ **고려**는 개경에 설치된 시전의 상행위를 관리·감독하기 위해 경시서를 두었어요. 경시서는 조선까지 이어졌으며, 세조 때 평시서로 개칭되었어요.

⑤ **설점수세제**를 시행하여 민간의 광산 개발을 허용하였다.
　➡ **조선** 후기에는 민간에 세금을 받고 광산 개발을 허용하는 설점수세제가 시행되었어요.

(가)~(마)에 들어갈 내용으로 적절한 것은?

[한국사 학술 강좌]

인물로 보는 고려 불교사

우리 학회에서는 고려 승려들의 활동을 통해 불교사의 흐름을 파악하는 자리를 마련하였습니다. 관심 있는 분들의 많은 참여를 바랍니다.

◉ 강좌 주제 ◉

제1강 균여,	(가)
제2강 의천,	(나)
제3강 지눌,	(다)
제4강 요세,	(라)
제5강 혜심,	(마)

· 일시 : 2024년 ○○월 ○○일 09:00~17:00
· 장소 : □□ 박물관 대강당
· 주최 : △△ 학회

① (가) – **법화 신앙**에 중점을 둔 **백련 결사**를 제창하다
　➡ **요세**는 참회를 중시하는 법화 신앙에 중점을 두고 백련 결사를 제창하였어요.

② (나) – 심성의 도야를 강조한 **유불 일치설**을 주장하다
　➡ **혜심**은 유불 일치설을 주장하며 심성의 도야를 강조하였는데, 이는 장차 성리학 수용의 사상적 토대가 되었어요.

③ (다) – 권수정혜결사문을 작성하여 **정혜쌍수**를 강조하다
　➡ **지눌**은 오늘날 순천 송광사에서 불교 개혁 운동인 수선사 결사 운동을 펼쳤어요. 수행 방법으로 〈권수정혜결사문〉을 작성하여 정혜쌍수를 강조하였으며, 돈오점수를 주장하였어요.

④ (라) – 이론과 수행을 함께 강조하는 **교관겸수**를 제시하다
　➡ **의천**은 불교 통합을 추진하면서 수행 방법으로 교관겸수를 제시하였고, 교장도감을 설치하여 《신편제종교장총록》을 간행하였어요.

⑤ (마) – **보현십원가**를 지어 불교 교리를 대중에게 전파하다
　➡ **균여**는 《보현십원가》 등 불교 교리를 담은 향가를 지어 대중에게 불교 교리를 전파하는 데 힘썼어요.

13 고려 숙종의 정책　　　　정답 ①

(가) 고려 숙종에 대한 설명으로 옳은 것은?

정답 키워드

> 주전도감, 해동통보

> 이것은 조카 헌종을 몰아내고 즉위한 　(가)　의 넷째 딸인 복령 궁주 왕씨 묘지명입니다. 여기에서는 복령 궁주를 '천자의 딸'이라고 표현하여 국왕의 권위를 드러내고자 하였습니다. 　(가)　은/는 개경 세력을 견제하고자 남경에 궁궐을 짓고, 재정을 확보하기 위해 **주전도감**을 설치하여 **해동통보**를 발행하는 등 왕권 강화를 꾀하였습니다.

고려 숙종 때 송에 다녀온 의천이 숙종에게 금속 화폐 사용을 건의함에 따라 ❶**주전도감**이 설치되었고 ❷**해동통보** 등의 화폐가 주조되었어요.

① 여진 정벌을 위해 **별무반**을 **창설**하였다.
　➡ **숙종** 때 윤관은 여진을 정벌하기 위해 별무반 편성을 건의하였고, 예종 때 별무반을 이끌고 여진을 정벌한 후 동북 9성을 축조하였어요.

② 전국에 **12목**을 설치하고 관리를 파견하였다.
　➡ **성종**은 최승로의 건의를 받아들여 전국의 주요 지역에 12목을 설치하고 지방관을 파견하였어요.

③ **광덕**, 준풍 등의 독자적인 **연호**를 사용하였다.
　➡ **광종**은 스스로 황제라 칭하고 광덕, 준풍 등의 독자적인 연호를 사용하였어요.

④ 거란의 침입에 대비하여 **개경**에 **나성**을 **축조**하였다.
　➡ **현종** 때 거란을 비롯한 북방 세력의 침입에 대비하기 위해 개경 주위에는 나성을 쌓았고, 이후 고려는 국경 지대인 압록강에서 도련포까지 천리장성을 축조하였어요.

⑤ 정계와 계백료서를 지어 관리의 규범을 제시하였다.
　➡ **태조**는 《정계》와 《계백료서》를 지어 관리가 지켜야 할 규범을 제시하였고, 훈요 10조를 남겨 후대 왕들이 나라를 다스릴 때 그 내용을 지킬 것을 당부하였어요.

14 무신 정변　　　　정답 ④

(가) 무신 정변에 대한 탐구 활동으로 가장 적절한 것은?

정답 키워드

> 정중부, 의종 폐위

오전 11:00　100%

대한민국 방방곡곡 – 거제 둔덕기성 전경

❿ 한국사 채널　　조회 수 140,525

거제의 둔덕기성은 신라 시대에 축조되었고, 고려 시대에 성벽이 개축되어 축성법의 변화를 연구하는 데 학술적 가치가 큰 사적입니다. ❶**정중부** 등이 일으킨 　(가)　(으)로 **폐위된 의종**이 이곳에서 머물렀다고 전해지고 있습니다. 이후 김보당은 의종을 경주로 피신시켜 복위를 시도하였습니다.
└ 1173년에 동계 지역에서 김보당은 무신 정권의 집권자였던 정중부와 이의방을 토벌하고 전왕인 의종을 다시 세우려고 난을 일으켰으나 실패로 끝남

1170년에 ❶**정중부**, 이의방 등의 무신들은 무신 정변을 일으켜 많은 문신을 살해하고 정권을 장악한 후 ❷**의종을 폐위**하였어요..

① **정동행성**이 설치되는 배경을 살펴본다.
　➡ 원 간섭기인 1280년에 **몽골**은 **일본 원정**을 위해 고려에 정동행성을 설치하였고, 일본 원정 이후에도 이 기구를 통해 고려의 내정에 간섭하였어요.

② **철령위** 설치에 대한 **최영**의 대응을 검색한다.
　➡ 1387년에 명이 요동에 철령위를 설치하자 최영과 우왕은 **요동 정벌**을 추진하였어요.

③ **칭제 건원**과 **금국 정벌**을 주장한 인물을 찾아본다.
　➡ 1135년에 묘청 등은 금국 정벌과 서경 천도 등을 주장하였지만 자신들의 뜻이 받아들여지지 않자 서경에서 반란을 일으켰어요(**묘청의 서경 천도 운동**).

④ 서경 유수 **조위총**이 **반란**을 일으킨 **이유**를 알아본다.
　➡ 1174년에 서경 유수였던 조위총은 **무신 정변**을 일으킨 정중부, 이의방 등을 제거하기 위해 난을 일으켰으나 실패로 끝났어요.

⑤ 이성계 등 **신흥 무인 세력**이 **성장**하는 **과정**을 조사한다.
　➡ 고려 말 홍건적과 왜구를 격퇴하는 과정에서 이성계 등 신흥 무인 세력이 성장하였어요. 1376년에 최영은 충청남도 홍산에서 왜구를 크게 물리쳤고(**홍산 대첩**), 1380년에 이성계는 전라도 지리산 근방 황산에서 왜구를 격퇴하였어요(**황산 대첩**).

15 몽골의 침입과 고려의 저항　　정답 ④

(가) 고려의 강화 천도(1232), (나) 고려·몽골 연합군이 진도의 삼별초 진압(1271) 사이의 시기에 있었던 사실로 옳은 것은?

정답 키워드

(가) 최우가 집안의 재물을 강화도로 옮김
(나) 진도를 토벌하고 승화후 왕온을 죽임

(가) ❶최우가 녹전거(祿轉車) 100여 대를 빼앗아 집안의 재물을 강화도로 옮기니, 수도가 흉흉하였다. …… 또 사자(使者)를 여러 도에 나누어 보내어, 백성을 산성과 섬으로 옮겼다.

(나) 김방경과 흔도(忻都), 홍차구, 왕희, 왕웅 등이 3군을 거느리고 ❷진도를 토벌하여 크게 격파하고, 승화후 왕온을 죽였다. 김통정이 남은 무리를 이끌고 탐라로 도망하여 들어갔다.
→ 김통정이 지휘하는 삼별초가 탐라(제주)항파두리성에서 최후의 대몽 항쟁을 전개함

(가) 무신 정변 이후 무신들이 권력을 장악하였는데, 무신 정권 초기에는 최고 집권자가 자주 교체되는 혼란기가 계속되었어요. 이후 최충헌이 집권하고 권력을 세습하면서 최씨 무신 정권이 4대 60여 년 동안 이어졌는데, 최우는 아버지 최충헌의 뒤를 이어 정권을 잡았어요. 1231년에 몽골이 침략하자 고려 조정은 화의를 맺고 몽골군을 철수하게 하였어요. 이후 몽골이 내정을 간섭하기 시작하자 당시 실권자였던 **최우는 수도를 강화도로 옮겨** 장기 항전에 대비하였어요.

(나) 1270년에 고려 정부가 몽골과 화의를 체결하여 개경 환도를 결정하였어요. 삼별초는 이에 반발하여 ❷진도에서 저항하였으나, 고려·몽골 연합군에 의해 토벌되었고, 승화후 왕온은 죽임을 당하였어요. 이후, 제주도로 근거지를 옮겨 가며 대몽 항쟁을 이어 갔지만 결국 고려와 몽골 연합군에 의해 진압되었어요.

① 양규가 곽주성을 급습하여 탈환하였다.
→ **1010년** 거란의 2차 침입 당시에 양규는 거란군이 점령하고 있던 곽주성을 급습하여 탈환하였어요. **(가) 이전**의 사실이에요.

② 최무선이 진포에서 왜구를 격퇴하였다.
→ **1380년**에 최무선은 나세 등과 함께 화포를 사용하여 진포에서 왜구를 격퇴하였어요. **(나) 이후**의 사실이에요.

③ 강조가 정변을 일으켜 국왕을 폐위하였다.
→ **1009년**에 강조는 거란의 1차 침입 이후 국정을 농단하던 김치양 일파를 제거하고 목종을 폐위하는 정변을 일으켰어요. **(가) 이전**의 사실이에요.

④ 김윤후가 처인성에서 살리타를 사살하였다.
→ **1232년** 몽골의 2차 침입 당시에 김윤후는 처인성에서 몽골 장수 살리타를 사살하고 몽골군을 격퇴하였어요.

⑤ 이자겸과 척준경이 반란을 일으켜 궁궐을 불태웠다.
→ **1126년**에 인종은 이자겸의 세력이 너무 커지자 이자겸을 죽이려 하였어요. 그러나 이를 눈치챈 이자겸이 척준경과 반란을 일으켜 궁궐을 불태웠어요(이자겸의 난). **(가) 이전**의 사실이에요.

---

16 고려 원 간섭기의 사회 모습　　정답 ③

다음 자료에 나타난 **원 간섭기(13세기 중반~14세기 중반)**의 사회 모습으로 적절한 것은?

정답 키워드

응방, 겁령구

○ 당시 ❶응방, ❷겁령구 및 내수(內豎) 등의 천한 자들이 모두 사전(賜田)을 받았는데, 많은 경우는 수백 결에 이르렀다. 일반 백성을 유인하여 전호로 삼고, 가까운 곳에 있는 민전에서는 모두 수조하였으므로 주와 현에서는 부세가 들어올 바가 없게 되었다.

○ 공주가 장차 입조(入朝)할 예정이었으므로, 인후와 염승익에게 명하여 양가의 자녀로서 나이가 14~15세인 자들을 선발하였고, 순군(巡軍)과 홀적(忽赤) 등으로 하여금 인가를 수색하게 하였다. 혹 밤중에 침실에 돌입하거나 노비를 포박하여 심문하기도 하였으니, 비록 자녀가 없는 자라 할지라도 깜짝 놀라 동요하게 되었다. 원망하며 우는 소리가 온 거리에 가득하였다.

❷겁령구는 원의 공주를 따라온 원나라 사람을 말해요. 원 간섭기에는 중서문하성과 상서성이 첨의부로 개편되는 등 고려 왕실의 호칭과 관제가 격하되었고, 고려 국왕은 원의 공주와 결혼하여 원 황실의 부마가 되었어요. 또한 원은 다루가치, 정동행성 등을 통해 고려의 내정에 간섭하였고, 고려에 ❶응방을 설치하여 매를 사육한 후 수탈하였어요.

① 최충이 9재 학당을 설립하였다.
→ **11세기** 고려 문종 때 최충은 9재 학당을 설립하였는데, 이곳은 문헌공도라고 불리기도 하였어요.

② 만적이 개경에서 반란을 모의하였다.
→ **12세기** 고려 무신 집권기(최충헌) 신종 때 개경에서 만적을 비롯한 노비들이 신분 해방을 도모하여 봉기를 계획하였으나 발각되면서 실패하였어요(1198). 만적의 난은 무신 집권기에 발생한 대표적인 하층민의 봉기예요.

③ 지배층을 중심으로 변발과 호복이 유행하였다.
→ 고려는 **원 간섭기**에 몽골풍이 유행하였는데, 대표적으로 변발, 족두리와 같은 복장과 만두, 소주 등의 음식이 있어요.

④ 국난 극복을 기원하며 초조대장경이 조판되었다.
→ **11세기**에 거란이 고려를 침입하였을 때 현종은 부처의 힘을 빌려 외적의 침입을 물리치고자 하는 염원을 담아 초조대장경을 조판하였어요.

⑤ 기근에 대비하기 위하여 구황촬요가 간행되었다.
→ **16세기** 조선 명종 때 기근에 대비하기 위해 《구황촬요》가 간행되었어요. 이 책에는 나무껍질 등을 이용하여 먹을 것을 만드는 방법, 굶주림으로 인해 종기가 나거나 빈사 상태에 든 사람을 치료하는 방법 등이 실려 있어요.

17 조선 태종의 정책 정답 ④

(가) 조선 태종에 대한 설명으로 옳은 것은?

정답 **키워드**

> 두 차례 왕자의 난으로 즉위

오늘 말씀해 주실 삼공신회맹문에는 어떤 내용이 담겨 있나요?

이 문서에는 **두 차례에 걸친 왕자의 난으로 즉위**한 **(가)** 이/가 삼공신들과 함께 종묘사직 및 산천에 제를 올려 충의와 신의를 맹세한 내용이 기록되어 있습니다. 삼공신은 개국공신, 제1차 왕자의 난에서 공을 세운 정사공신, 제2차 왕자의 난을 평정하는 데 도움을 준 좌명공신을 말합니다.

개국정사좌명삼공신회맹문

조선 태조의 다섯째 왕자인 이방원은 **두 차례 왕자의 난**을 통해 정도전 등 반대 세력을 제거하고 정권을 장악하였어요. 이방원은 정종의 뒤를 이어 **조선의 제3대 왕에 올랐어요.**

① 경국대전을 완성하여 통치 체제를 정비하였다.
➡ **성종**은 세조 때 편찬하기 시작한 《경국대전》을 완성·반포하여 통치 체제를 정비하였어요.

② 초계문신제를 시행하여 문신들을 재교육하였다.
➡ **정조**는 젊은 문신들을 선발해 재교육하는 초계문신제를 실시하여 자신의 정책을 뒷받침할 인재를 육성하였어요.

③ 길주를 근거지로 일어난 이시애의 난을 진압하였다.
➡ **세조** 때 중앙 집권 체제를 강화하기 위해 북도 출신 수령의 임명을 줄이고 서울에서 직접 관리를 파견하였어요. 이에 불만을 품은 함길도 토착 세력인 이시애가 길주를 근거지로 난을 일으켰으나 진압되었어요.

④ 문하부를 폐지하고 낭사를 사간원으로 독립시켰다.
➡ **태종**은 문하부 낭사에 대하여 문하부를 폐지하고 낭사를 사간원으로 독립시켜 신하들을 견제하였어요.

⑤ 붕당의 폐해를 경계하기 위한 탕평비를 건립하였다.
➡ **영조**는 붕당 정치의 폐해를 경계하고자 탕평책을 실시하였고, 이를 널리 알리려고 성균관 앞에 탕평비를 건립하였어요.

---

18 김종서의 활동 정답 ①

(가) 김종서에 대한 설명으로 옳은 것은?

정답 **키워드**

> 고려사절요 편찬, 계유정난 때 살해

이것은 **(가)** 이/가 함길도에 있을 때 화살이 날아왔는데도 놀라지 않고 태연히 연회를 계속 즐겼다는 고사를 담은 야연사준도입니다. 세종 대 함길도 병마도절제사로 활약했던 그는 문종 대 **고려사절요 편찬**을 총괄하였고, 단종 대 좌의정의 자리에 올랐으나 **계유정난 때 살해**되었습니다.

북관유적도첩 특별전

야연사준도

화면을 넘기면 다른 작품을 볼 수 있습니다.

김종서는 조선 세종 때 함길도 도관찰사가 되어 두만강과 압록강 일대에 출몰하는 여진을 정벌하였어요. 이후 함길도 병마도절제사를 겸직하면서 확장된 영토에 조선 사람들을 정착시켰고 북방의 경계와 수비를 맡았으며 1452년에는 《**고려사절요**》의 **편찬**을 감수하여 간행하였어요. 한편, 김종서는 세종의 뒤를 이은 문종이 재위 2년 만에 죽자 좌의정으로서 문종의 마지막 명을 받아 12세의 어린 단종을 보필하였어요. 김종서는 훗날 세조가 되는 수양 대군이 **계유정난을 일으켰을 때 첫 번째로 살해**당하였어요.

① 두만강 일대에 **6진**을 **개척**하였다.
➡ **김종서**는 세종의 명을 받아 두만강과 압록강 일대에 출몰하는 여진을 정벌하고 6진을 개척하였어요.

② 탄금대에서 배수의 진을 치고 싸웠다.
➡ **신립**은 임진왜란 발발 직후 부산 동래성을 함락한 일본군이 북진하자 충주의 탄금대에서 배수의 진을 치고 항전하였지만 패배하였어요(탄금대 전투).

③ 조총 부대를 이끌고 **나선** 정벌에 나섰다.
➡ **변급, 신류** 등은 청의 요청을 받은 효종의 명에 따라 조총 부대를 이끌고 나선(러시아) 정벌에 나섰어요.

④ 왜구의 근거지인 **쓰시마섬**을 **정벌**하였다.
➡ **이종무**는 세종의 명을 받아 군사를 이끌고 왜구의 근거지인 쓰시마섬(대마도)을 정벌하였어요.

⑤ 외교 담판을 통해 강동 6주를 획득하였다.
➡ **서희**는 거란의 1차 침입 당시 외교 담판을 벌여 전쟁 없이 거란군을 물러가게 하고 강동 6주를 획득하였어요.

밑줄 그은 '조선 성종'의 재위 시기에 있었던 사실로 옳은 것은?

> **정답 키워드**
>
> 옛 집현전, 홍문관

> 며칠 전 전하께서 예문관에서 **옛 집현전**❶의 직제를 분리하여 **홍문관**으로 이관하는 것을 명하셨다고 하네. 이제 홍문관이 옛 집현전의 기능을 대신한다는 것이지.

> 홍문관원들이 경연관을 겸할했다고 하니 앞으로 경연이 더욱 활성화되겠군.

성종은 도서와 문서의 보관 및 관리 역할만 하던 **홍문관**❶에 **옛 집현전**의 역할을 부여하여 경연을 주관하고 왕에게 자문하는 일을 맡도록 하였어요. 또한, 성종은 세조 때부터 편찬하기 시작한 《경국대전》을 완성·반포하여 유교적 법치 국가의 근간을 마련하였어요.

① 국왕의 친위 부대인 **장용영**이 **설치**되었다.

  ➡ **정조**는 국왕의 친위 부대로 장용영을 설치하고 장용영의 내영은 도성을 중심으로, 외영은 수원 화성을 중심으로 활동하게 하였어요.

② 백운동 서원이 사액을 받아 **소수 서원**이 되었다.

  ➡ 중종 때 주세붕은 우리나라 최초의 서원인 백운동 서원을 세웠고, 이후 **명종** 때 백운동 서원은 사액을 받아 소수 서원이 되었어요.

③ 국가의 의례를 정비한 **국조오례의**가 완성되었다.

  ➡ **성종** 때 신숙주와 정척 등이 왕명을 받아 국가의 의례를 그림을 곁들여 정비한 《국조오례의》를 완성하였어요.

④ 통치 체제를 정비하기 위해 **속대전**이 편찬되었다.

  ➡ **영조**는 《경국대전》 반포 이후 법령이 증가하여 법 집행에 혼란이 생기자 이를 정리하여 통일된 법전으로 《속대전》을 편찬하였어요.

⑤ 수조권이 세습되던 **수신전과 휼양전**이 **폐지**되었다.

  ➡ **세조**는 새로 등용한 관리에게 지급할 수조지가 부족해지자 수신전, 휼양전 등의 명목으로 세습되는 토지를 폐지하고 현직 관리에게만 수조지를 지급하는 직전법을 시행하였어요.

다음 자료에 대한 탐구 활동으로 가장 적절한 것은?

> **정답 키워드**
>
> 조광조, 소격서, 현량과

○ **조광조**❶ 등이 아뢰기를, "**소격서**❷가 요사하고 허탄함은 이미 경연에서 다 아뢰었고 전하께서도 그것이 허탄함을 환히 아시니 지금 다시 말할 것이 없습니다. ······"라고 하였다.

    ↳ 인재를 어떤 자리에 쓰도록 추천하는 제도

○ 신광한이 아뢰기를, "지난번에 조광조가 아뢰었던 **천거**로 인재를 뽑는 일은 여럿이 의논한 일입니다. 각별히 천거하는 것은 한(漢)에서 시행한 **현량과**❸와 효렴과를 따르는 것이 가합니다. 이것은 자주 할 수는 없으나 지금은 이를 시행할 만한 기회입니다. ······"라고 하였다.

중종반정으로 연산군이 폐위된 후 중종은 반정에서 공을 세운 신하들을 견제하고자 **조광조**❶ 등 사림을 등용하였어요. 조광조를 비롯한 사림 세력은 자신들의 정치적 입지를 강화하기 위해 사림 세력의 천거를 통한 관리 선발 제도인 **현량과**❸ 실시와 하늘에 제사 지내는 일을 담당하였던 관청인 **소격서**❷의 폐지를 주장하는 등 급진적인 개혁을 추진하였어요.

① **호포제**를 실시한 **배경**을 조사한다.

  ➡ **고종** 때 흥선 대원군은 민생 안정을 위해 양반에게도 군포를 부과하는 호포제를 실시하였어요.

② **기해예송**의 전개 **과정**과 **결과**를 파악한다.

  ➡ **현종** 때 효종과 효종비가 죽자 서인과 남인 사이에서 효종의 어머니인 자의 대비의 상복 입는 기간을 두고 기해예송(1659)과 갑인예송(1674)이 전개되었어요.

③ **중종** 때 **사림파** 언관들이 제기한 **주장**을 검색한다.

  ➡ **중종**은 반정에서 공을 세운 훈구 세력이 권력을 장악하자 조광조를 비롯한 사림을 등용하였어요. 조광조 등의 사림 세력은 현량과 실시, 위훈 삭제 등의 급진적 개혁을 추진하였는데, 중종과 훈구 세력이 반발하면서 조광조를 비롯한 많은 사림이 제거되었어요(기묘사화).

④ **정여립 모반 사건**을 **계기**로 동인이 입은 피해를 찾아본다.

  ➡ **선조** 때 정여립 모반 사건을 계기로 기축옥사가 발생하여 동인이 피해를 입었어요.

⑤ **인현 왕후**가 **폐위**되고 남인이 권력을 차지한 **사건**을 알아본다.

  ➡ **숙종** 때 희빈 장씨 소생의 원자 책봉 문제가 원인이 되어 기사환국이 일어나 서인이 축출되고 남인이 정권을 장악하였으며, 인현 왕후가 폐위되고 희빈 장씨가 왕비로 책봉되었어요.

21 임진왜란

(가) 임진왜란 중에 있었던 사실로 옳은 것은?

정답 키워드

> 의병, 고경명 · 조헌

문학으로 만나는 한국사

> 홍계남이 당초 의병을 일으켜 흉적을 쳐서 활을 쏘아 맞히고 벤 수급이 매우 많았고 가는 곳마다 공을 세우니, 적들이 홍장군이라고 부르며 감히 침범하지 못했다. 호서(충청도) 내지가 편안할 수 있었던 것은 모두 홍계남의 공이라고 한다. 가상한 일이다. **❶의병**이 곳곳에서 봉기하였지만, …… **❷고경명과 조헌**은 모두 나랏일에 몸을 바쳐 죽을 자리에서 죽었으니 가히 그 명성에 걸맞는다고 말할 수 있다.
>
> – 『쇄미록』 –

[해설] 이 작품은 오희문이 ［ (가) ］ 중에 있었던 일을 적은 일기이다. 적군의 침입과 약탈, 의병장의 활동, 피란민의 참혹한 생활 등이 생생하게 담겨 있다.

임진왜란 발발 직후 부산진성과 동래성이 함락되고, 신립마저 탄금대 전투에서 패하자 선조는 의주로 피난하여 명에 지원군을 요청하였어요. 이후 이순신이 이끈 조선 수군이 옥포, 한산도 등지에서 승리하였고, 육지에서는 **❷고경명, 조헌**, 김천일, 정문부, 곽재우, 사명 대사(유정) 등의 **❶의병**들이 유격전을 전개하여 일본군에 큰 타격을 입혔어요.

① 삼수병으로 구성된 훈련도감이 설치되었다.
➡ 선조 때 **임진왜란**이 일어나자 유성룡의 건의에 따라 포수, 사수, 살수의 삼수병으로 구성된 훈련도감이 설치되었어요. 훈련도감은 급료를 받는 직업 군인이 주축을 이루었어요.

② 왕이 도성을 떠나 **남한산성**으로 **피란**하였다.
➡ **병자호란** 때 청이 조선을 침략하자 인조는 남한산성으로 피신하여 항전하였어요.

③ **송시열**, 이완 등을 중심으로 **북벌**이 **추진**되었다.
➡ **병자호란**으로 청에 볼모로 끌려갔다가 돌아온 후 즉위한 효종은 송시열 등 서인 세력과 함께 북벌을 계획하여 준비하였으나 실행에 옮기지는 못하였어요.

④ 국방 문제를 논의하기 위해 **비변사**가 **신설**되었다.
➡ 중종 때 일어난 **3포 왜란**을 계기로 국방 문제를 논의하기 위한 비변사가 임시로 설치되었고, 명종 때 일어난 을묘왜란을 계기로 비변사가 상설 기구가 되었어요.

⑤ 제한된 범위의 무역을 허용한 **계해약조**가 체결되었다.
➡ 세종 때 일본의 요청을 받아들여 부산포 · 제포(진해) · 염포(울산)의 **3포**를 **개항**하고, 계해약조를 체결하여 일본에게 제한된 범위의 무역을 허용하였어요.

22 사찰의 역사

(가)~(마)에 대한 설명으로 적절하지 않은 것은?

답사 계획서

- 주제 : 불교 문화유산이 숨 쉬는 곳, 산사(山寺)를 찾아서
  – 유네스코가 주목한 사찰을 중심으로
- 기간 : 2024년 ○○월 ○○일~○○일
- 경로 : 보은 법주사 → 영주 부석사 → 안동 봉정사 → 합천 해인사 → 순천 선암사

(가)보은 법주사
(나)영주 부석사
(다)안동 봉정사
(마)순천 선암사
(라)합천 해인사

① (가) – **오층 목조탑** 내부에 부처의 일생을 그린 **팔상도**가 있다.
➡ **보은 법주사**에 있는 팔상전은 현존하는 유일한 조선 시대의 목탑으로, 내부에 석가모니의 일생을 여덟 장면으로 그린 팔상도가 있어요.

② (나) – 배흘림기둥에 주심포 양식으로 축조된 **무량수전**이 있다.
➡ **영주 부석사**에 있는 무량수전은 고려 시대에 지어진 건물이에요. 배흘림기둥에 주심포 양식으로 축조되었으며, 내부에 소조 여래 좌상이 있어요.

③ (다) – 현존하는 우리나라 최고(最古)의 목조 건물인 **극락전**이 있다.
➡ **안동 봉정사**에 있는 극락전은 고려 시대에 지어진 주심포 양식의 건물로, 현존하는 우리나라에서 가장 오래된 목조 건축물로 알려져 있어요.

④ (라) – **팔만대장경판**을 보관하고 있는 **장경판전**이 있다.
➡ **합천 해인사**에 있는 장경판전은 고려 시대에 제작된 팔만대장경판을 보관하기 위해 조선 초에 지어졌어요. 환기와 온도, 습도 등이 완벽하게 조절되도록 설계되어 팔만대장경판이 오랫동안 잘 보존되고 있어요.

⑤ (마) – 무구정광대다라니경이 발견된 삼층 석탑이 있다.
➡ **경주 불국사**에 있는 불국사 3층 석탑(석가탑)을 보수하는 과정에서 세계에서 가장 오래된 목판 인쇄본인 《무구정광대다라니경》이 발견되었어요.

밑줄 그은 '대동법'에 대한 설명으로 옳은 것을 |보기|에서 고른 것은?

정답 키워드

> 이원익의 건의, 경기도에서 시행

① 이원익의 건의로 ② 경기도에서 시행되는 수취 제도에 대해 설명해 주세요.

이번에 시행되는 제도는 지방의 특산물을 징수하면서 나타난 방납의 폐단을 막아 백성들의 부담을 줄여주기 위한 것입니다. 공물을 현물 대신 토지의 결 수에 따라 쌀로 납부합니다.

광해군은 방납으로 인한 폐단이 심화되자 ① 이원익의 건의를 받아들여 소유한 토지를 기준으로 공납을 부과하여 쌀이나 베, 동전 등으로 납부하게 하는 대동법을 ② 경기도에서 처음 시행하였어요. 이후 효종 때 김육의 건의로 충청도에서도 대동법이 실시되었고, 숙종 때 전국적으로 실시되었어요. 한편, 선혜청은 대동법이 시행되면서 설치된 관청이에요.

ㄱ. 선혜청에서 관련 업무를 담당하였다.
　➡ **대동법**이 실시되면서 설치된 관청인 선혜청은 대동법으로 거두어들인 쌀이나 베, 동전의 출납을 담당하였어요.

ㄴ. 재정을 보충하기 위해 지주에게 결작을 부과하였다.
　➡ **균역법**은 영조가 백성의 군역 부담을 줄여 주기 위해 군포를 1년에 1필만 납부하게 한 제도로, 영조는 줄어든 재정을 보충하기 위해 지주에게 결작을 부과하였어요.

ㄷ. 관청에 물품을 조달하는 공인이 등장하는 배경이 되었다.
　➡ **대동법**이 시행되면서 관청에서 공가를 받고 필요한 물품을 마련하여 궁궐과 관청에 납품하는 공인이 등장하였어요. 공인의 활동은 조선 후기 상공업과 상품 화폐 경제가 발달하는 계기가 되었어요.

ㄹ. 어장세, 선박세 등이 국가 재정으로 귀속되는 결과를 가져왔다.
　➡ **균역법** 실시에 따라 줄어든 재정을 보충하기 위해 영조는 원래 왕실 재정으로 귀속되던 어장세·염전세·선박세를 국가 재정으로 귀속시켰어요.

① ㄱ, ㄴ　　② ㄱ, ㄷ　　③ ㄴ, ㄷ　　④ ㄴ, ㄹ　　⑤ ㄷ, ㄹ

다음 시나리오에 등장하는 조선 정조의 재위 시기에 있었던 사실로 옳은 것은?

정답 키워드

> 규장각 검서관으로 이덕무, 박제가, 유득공 등용

#5. 궁궐 안

왕과 신하들이 대화하는 장면

신하: 전하, 우리나라의 습속은 예로부터 신분에 따라 등용하는 것이 원칙이었습니다. 서얼들을 적자와 똑같이 대우한다면, 서얼이 적자를 능멸하는 폐단이 열리게 될 것입니다.

왕: 수많은 서얼들도 나의 신하인데 그들이 제자리를 얻지 못하고 포부도 펴지 못한다면 이 또한 과인의 허물일 것이오. ① 규장각에 검서관을 두어 이덕무, 박제가, 유득공, 서이수를 등용하려는 내 결심은 변함이 없을 것이니 그리 알고 물러들 가시오.

서얼은 첩의 자식인 서자와 얼자를 통틀어 이르는 말로, 서얼은 양반의 자식이지만 양반 계층에 속하지 못해 가족과 사회에서 차별을 받았으며, 《경국대전》에 따라 문과 응시가 금지되었어요. 서얼에 대한 차별은 임진왜란을 전후로 점차 완화되기 시작하였어요. 서얼은 집단 상소 운동을 벌여 관직 진출의 제한을 없애 달라고 요구하였고, 이후 정조는 ① 박제가, 유득공, 이덕무 등의 서얼 출신의 학자들을 규장각 검서관으로 등용하였어요.

① 왕권 강화를 위해 6조 직계제가 시행되었다.
　➡ **태종**과 **세조**는 6조 직계제를 실시하여 의정부의 힘을 약화시키고, 왕권을 강화하였어요.

② 거중기 등을 활용하여 수원 화성이 축조되었다.
　➡ **정조**는 정약용이 고안한 거중기 등을 활용하여 수원 화성을 축조함으로써 공사 기간과 공사비를 줄였어요.

③ 청과 국경을 정하는 백두산정계비가 건립되었다.
　➡ **숙종** 때 간도 지역에서 조선과 청 백성 사이에 갈등이 빈번하게 발생하자 양국의 관리가 백두산 일대를 답사한 후 백두산정계비를 세워 국경을 정하였어요.

④ 통치 체제를 정비하기 위해 대전회통이 편찬되었다.
　➡ **고종** 때 흥선 대원군은 《대전회통》을 편찬하여 통치 체제를 정비하였어요. 《대전회통》은 조선 시대 마지막 통일 법전이에요.

⑤ 삼정의 문란을 시정하기 위한 삼정이정청이 설치되었다.
　➡ **철종**은 임술 농민 봉기(1862)가 발생하자 이를 수습하기 위해 박규수를 안핵사로 파견하였고, 봉기의 원인이 된 삼정의 문란을 시정하기 위해 삼정이정청을 설치하였어요.

25 조선 후기의 사회 모습 정답 ②

다음 상황이 나타난 조선 후기에 볼 수 있는 모습으로 적절하지 않은 것은?

정답 **키워드**

> 만상과 송상이 밀무역을 함

> 김화진 등이 아뢰기를, "……❶만상과 송상이 함께 수많은 가죽을 마음대로 밀무역을 합니다. 수달 가죽은 금지 품목 가운데 하나인데 변경을 지키는 관리들이 대수롭지 않게 여겨 1년, 2년이 되면 곧 일상적인 물건과 같아지니 …… 이후로는 한결같이 법전에 의거하여 금지 조항을 거듭 자세히 밝혀서 송상과 만상에게 법을 범해서는 안 되며, 범하는 사람이 있으면 일일이 적발하여 법에 따라 엄격하게 처벌한다는 것을 분명히 알게 해야 합니다. 아울러 살피지 못한 변방의 관리들도 드러나는 대로 무겁게 다스린다는 뜻을 분명히 알게 해야 합니다. ……"라고 하니, 임금이 그리하라 하였다.

조선 후기 정조 때 신해통공으로 육의전을 제외한 시전 상인의 금난전권이 폐지되자 사상의 활동이 활발해졌어요. ❶의주의 만상은 청과의 무역으로, 개성의 송상은 청과 일본 사이에서 중계 무역으로, 동래의 내상은 일본과의 무역으로 큰 부를 축적하였어요.

① 채굴 노동자를 고용하는 덕대
➡ 조선 후기에 상인 물주로부터 자금을 받아 채굴업자와 노동자를 고용하여 광산을 전문적으로 경영하는 덕대가 등장하였어요.

②벽란도에서 교역하는 송의 상인
➡ 고려 시대에는 벽란도가 국제 무역항으로 번성하였는데, 송의 상인은 물론 아라비아 상인도 드나들었어요.

③ 상평통보로 물건을 거래하는 보부상
➡ 상평통보는 조선 후기 숙종 때 허적의 제안에 따라 발행되기 시작하였고, 상공업 발달과 대동법 실시 등으로 전국적으로 유통되었어요.

④ 포구에서 물품의 매매를 중개하는 여각
➡ 조선 후기에 객주·여각은 포구에서 선상의 물품 매매 중개· 운송·보관·숙박·금융업 등에 종사하였어요.

⑤ 담배, 인삼 등 상품 작물을 재배하는 농민
➡ 조선 후기에는 인삼, 담배, 면화, 고추 등의 상품 작물이 재배되었고, 청과의 무역이 활발해지면서 국경을 중심으로 공무역(개시)과 사무역(후시)이 이루어지기도 하였어요.

26 박지원의 활동 정답 ④

(가) 박지원에 대한 설명으로 옳은 것은?

정답 **키워드**

> 열하일기

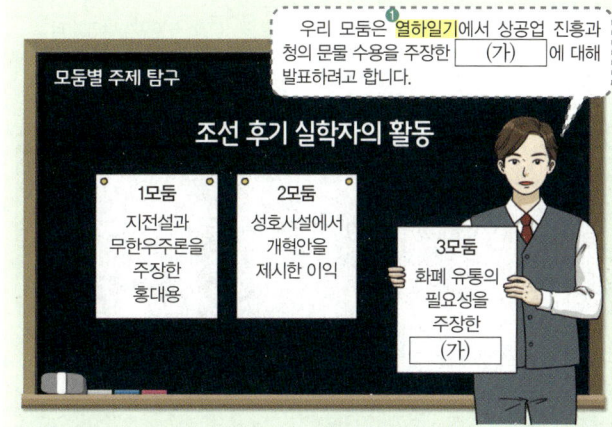

> 우리 모둠은 ❶열하일기에서 상공업 진흥과 청의 문물 수용을 주장한 (가) 에 대해 발표하려고 합니다.

모둠별 주제 탐구

조선 후기 실학자의 활동

1모둠 지전설과 무한우주론을 주장한 홍대용

2모둠 성호사설에서 개혁안을 제시한 이익

3모둠 화폐 유통의 필요성을 주장한 (가)

조선 후기에 상공업 중심의 개혁을 주장한 실학자에는 유수원, 홍대용, 박지원, 박제가 등이 있어요. 특히, 박지원은 《❶열하일기》에서 상공업 진흥, 청의 문물 수용, 화폐 유통의 필요성 등을 주장하였어요. '열하'는 청 황제인 건륭제가 머물던 휴양지로, 박지원은 조선에서 건륭제의 생일을 축하하기 위해 파견된 연행사를 따라 이곳을 다녀왔어요. 《열하일기》는 박지원이 선진 문물을 바탕으로 발전된 청의 모습을 직접 보고 기록한 여행기예요.

① 북한산비가 진흥왕 순수비임을 고증하였다.
➡ 김정희는 조선 후기에 《금석과안록》에서 북한산비가 신라 진흥왕 순수비임을 처음으로 고증하였어요.

② 청으로부터 시헌력을 도입하자고 건의하였다.
➡ 김육은 청으로부터 24절기의 시각과 하루의 시각을 정밀하게 계산하여 만든 역법인 시헌력을 도입하자고 건의하였어요.

③ 우서에서 사농공상의 직업적 평등을 주장하였다.
➡ 유수원은 《우서》에서 상공업을 진흥시키기 위해서는 사농공상의 직업적 평등과 전문화가 이루어져야 한다고 주장하였어요.

④양반전을 지어 양반의 허례와 무능을 풍자하였다.
➡ 박지원은 〈양반전〉, 〈호질〉 등의 한문 소설을 저술하여 양반의 허례와 무능을 풍자하였어요.

⑤ 10리마다 눈금을 표시한 대동여지도를 완성하였다.
➡ 김정호는 각 지역의 산맥·하천·포구·도로망 등을 자세히 표현하고, 10리마다 눈금을 표시한 대동여지도를 완성하였어요.

(가) 김홍도의 작품으로 옳은 것은?

정답 키워드

단원

이 작품은 조선 후기 대표적 풍속 화가인 **단원** （가） 이/가 나귀를 타고 유람하는 나그네의 시점으로 그린 행려풍속도병입니다. 8폭 병풍에는 계절에 따라 변해가는 산수와 대장간, 나루터 등 다양한 세상살이의 모습이 생동감 있게 표현되어 있습니다. 각 폭의 그림 위쪽에는 그의 스승인 강세황의 그림평이 적혀 있습니다.

대표적인 작품으로 조선 후기에 서양 화법을 사용하여 그린 〈영통동구도〉가 있음

조선 후기에는 당시 사람들의 생활 모습을 담은 풍속화가 유행하였어요. **단원** 김홍도는 조선 후기의 대표적인 풍속화가로, 서민들의 일상생활 모습을 생생하고 익살스럽게 표현하였어요.

①

➡ 조선 후기 풍속화가인 **김홍도**가 그린 〈씨름〉이에요.

②

➡ 조선 후기에 **정선**이 그린 〈금강전도〉예요.

③

➡ 조선 후기에 **김득신**이 그린 〈파적도〉예요.

④

➡ 조선 후기 풍속화가인 **신윤복**이 그린 〈월하정인〉이에요.

⑤

➡ 조선 후기에 **강세황**이 서양 화법을 사용하여 그린 〈영통동구도〉예요.

(가) 병인양요(1866), (나) 신미양요(1871) 사이의 시기에 있었던 사실로 옳은 것은?

정답 키워드

(가) 정족산성 수성장 양헌수
(나) 미국, 어재연

(가) 순무영에서 ❶**정족산성 수성장 양헌수**가 [프랑스군] 보내온 보고에 의하면, "…… 우리 군사가 잠입한 사실을 적들이 알지 못하였습니다. 오늘 저들은 우리가 지키고 있는 성을 점령할 계책으로 그 우두머리가 말을 타고 나귀를 끌고 짐바리와 술과 음식을 가지고 동문과 남문으로 나누어 들어왔습니다. 이때 우리 군사들이 좌우에 매복하였다가 일제히 총탄을 퍼부었습니다. ……"라고 하였습니다.

(나) 4월 24일에 계속해서 올린 강화 진무사 정기원의 치계에, ❷**미국** 배가 다시 항구로 들어와서 광성진을 습격하여 함락하였는데, 중군 ❷**어재연**이 힘껏 싸우다가 목숨을 바쳤고, 사망한 군사가 매우 많습니다. 적병은 초지포 부근에 주둔하였습니다. 장수 이렴이 밤을 이용하여 습격해서야 그들을 퇴각시켰습니다."라고 하였습니다.

(가) 병인양요는 1866년에 병인박해를 구실로 같은 해 프랑스군이 조선을 침략한 사건이에요. 이때 한성근 부대는 문수산성에서, ❶**양헌수** 부대는 정족산성에서 활약하였어요.

(나) ❷**미국**은 1866년에 발생한 제너럴셔먼호 사건을 구실로 1871년에 강화도를 침입하는 신미양요를 일으켰어요. 이에 ❷**어재연**이 이끄는 조선의 수비대가 광성보에서 끝까지 항전하였으나 결국 패하였어요. 하지만 계속되는 항전에 미군은 물러났어요.

① 일본 군함 **운요호**가 영종도를 **공격**하였다.
➡ **1875년**에 일본의 군함 운요호가 허락 없이 강화도로 접근하여 영종도를 공격하였어요(운요호 사건). 이 사건을 계기로 조선은 일본과 강화도 조약(조·일 수호 조규)을 체결하였어요. **(나) 이후**의 사실이에요.

② **오페르트**가 남연군 묘의 **도굴**을 **시도**하였다.
➡ **1868년**에 독일 상인 오페르트가 통상 협정에 이용하기 위해 흥선 대원군의 아버지인 남연군의 묘를 도굴하려 하였으나 실패하였어요.

③ 마젠창과 **묄렌도르프**가 **고문**으로 **파견**되었다.
➡ **1882년** 임오군란 후 청은 마젠창과 묄렌도르프를 고문으로 파견하였어요. **(나) 이후**의 사실이에요.

④ 영국군이 러시아를 견제하기 위해 **거문도**를 점령하였다.
➡ **1885년**에 영국은 러시아의 남하를 견제한다는 구실로 거문도를 불법으로 점령하였어요. **(나) 이후**의 사실이에요.

⑤ 황사영이 외국 군대의 출병을 요청하는 **백서**를 **작성**하였다.
➡ **1801년**에 황사영은 신유박해가 일어나자 당시 베이징 교구의 주교에게 외국 군대의 출병을 요청하는 백서를 작성해 보내려 하였으나 발각되면서 처형당하였어요. **(가) 이전**의 사실이에요.

29 조·미 수호 통상 조약 정답 ①

(가) 조·미 수호 통상 조약에 대한 설명으로 옳은 것은?

정답 키워드

> 보빙사

| 한국사 아카이브 | 아카이브 소개 | 소장 자료 | 디지털 자료 |

통합 검색　　　보빙사　　　검색　초기화

| 설명 | 미국에서 발행된 'Frank Leslies Illustrated Newspaper' 1883년 9월 29일자에 실린 보빙사의 사진이다. 전권 대신 민영익과 부대신 홍영식 등으로 구성된 **보빙사**는 〔 (가) 〕 체결로 미국 공사가 부임하자 그에 대한 답례로 파견되었다. 미국에서 아서 대통령을 만나고 우체국, 신문사, 병원 등 각종 근대 시설을 시찰하고 돌아왔다. |

조·미 수호 통상 조약은 조선이 청의 알선과 《조선책략》의 영향을 받아 서양과 맺은 최초의 조약이에요. 제2차 수신사로 일본에 파견된 김홍집이 가져온 《조선책략》의 내용이 국내에 유포되고, 조선 정부 내에서도 미국에 우호적인 여론이 형성되어 1882년에 조·미 수호 통상 조약이 체결되었어요. 조선은 조약 체결 이후 미국의 공사 파견에 대한 답례로 민영익, 홍영식, 서광범, 유길준 등을 **보빙사**로 하여 미국에 파견하였어요.

① 최혜국 대우를 최초로 규정하였다.
➡ **조·미 수호 통상 조약**(1882)은 조선이 맺은 조약 중 최혜국 대우를 최초로 규정한 조약이며, 거중 조정 등의 내용이 포함되었어요.

② 통감부가 설치되는 계기가 되었다.
➡ **을사늑약**(1905)의 체결로 통감부가 설치되고 대한 제국의 외교권이 강탈되었어요.

③ 천주교 포교 허용의 근거가 되었다.
➡ **조·프 수호 통상 조약**(1886)은 천주교 포교의 근거가 되었어요.

④ 재정 고문을 두도록 하는 조항을 담고 있다.
➡ **제1차 한·일 협약**(1904)에서 일본인과 외국인 각 1명을 대한 제국의 재정 고문과 외교 고문으로 추천한다는 조항에 따라 일본은 재정 고문으로 일본인 메가타, 외교 고문으로 미국인 스티븐스를 파견하였어요.

⑤ 부산, 원산, 인천이 개항되는 결과를 가져왔다.
➡ **강화도 조약**(조·일 수호 조규, 1876)으로 부산과 원산, 인천에 개항장이 설치되었어요.

30 갑신정변 정답 ③

(가) 갑신정변에 대한 설명으로 옳은 것은?

정답 키워드

> 우정총국 개국 축하연, 3일 만에 실패

❶우정총국 개국 축하연에서 일부 급진 개화파가 〔 (가) 〕을/를 일으켰습니다. 1/3

권력을 장악한 그들은 청과의 사대 관계 청산 등을 담은 개혁 정강을 발표하였습니다. 2/3

❷청군의 개입으로 3일 만에 실패하여 김옥균 등 주요 인물은 일본으로 망명하였습니다. 3/3

1884년에 김옥균, 박영효, 서광범 등 급진 개화파는 ❶**우정총국 개국 축하연**을 이용하여 정변을 일으키고 개화당 정부를 수립한 후 근대 국가 수립을 위한 개혁 정강을 발표하였어요(갑신정변). 개화당 정부는 청과의 사대 관계 청산, 호조로의 재정 일원화, 지조법 개혁, 문벌 폐지, 인민 평등권 마련, 능력에 따른 인재 등용 등의 내용을 담은 개혁안을 발표하고 개혁을 추진하려 하였으나 청군의 개입으로 ❷**3일 만에 실패**하였어요.

① 전개 과정에서 집강소가 설치되었다.
➡ 1894년 **동학 농민 운동** 당시 동학 농민군은 전주성을 점령하고 정부와 전주 화약을 체결한 후 스스로 해산하였어요. 그리고 집강소를 설치하고 폐정 개혁안을 실천하였어요.

② 수신사가 파견되는 데 영향을 주었다.
➡ 1876년 **강화도 조약**(조·일 수호 조규) 체결 직후 조선 정부는 김기수를 일본에 제1차 수신사로 파견하였어요.

③ 한성 조약이 체결되는 결과를 가져왔다.
➡ 1884년 **갑신정변** 이후 조선과 일본 사이에 일본 공사관 증축 비용과 배상금 지불 등을 약속한 한성 조약이 체결되었어요.

④ 사태 수습을 위해 박규수가 안핵사로 파견되었다.
➡ 1862년에 진주 농민 봉기를 시작으로 농민 봉기가 전국으로 확산되었는데, 이를 **임술 농민 봉기**라고 해요. 조선 정부는 농민 봉기의 수습을 위해 박규수를 안핵사로 파견하였어요.

⑤ 구식 군인에 대한 차별 대우가 발단이 되어 일어났다.
➡ 1882년에 신식 군대인 별기군(교련병대)에 비해 처우가 매우 열악하였던 구식 군인들은 차별 대우에 불만이 폭발하여 난을 일으켰는데, 이 사건이 **임오군란**이에요.

(가) 덕수궁(경운궁)에 대한 설명으로 옳은 것은?

정답 키워드

> 고종이 러시아 공사관에서 거처를 옮김

돈덕전으로의 초대

돈덕전이 재건되어 전시관으로 개관합니다. 많은 관람 부탁드립니다.

- 주소: 서울특별시 중구 세종대로 99
- 개관일: 2023년 ○○월 ○○일

◎ 소개

돈덕전은 (가) 안에 지어진 유럽풍 외관의 건물로, 고종 즉위 40주년 기념행사를 열기 위해 건립되었다. 1층에는 폐하를 알현하는 폐현실, 2층에는 침실이 자리하여 각국 외교 사절의 폐현 및 연회장, 국빈급 외국인의 숙소로 사용되었다. ❶러시아 공사관에서 (가) 으로 거처를 옮긴 뒤부터 고종은 중명전을 비롯한 서구식 건축물을 지어 근대 국가로서의 면모를 보여주고자 하였다. 돈덕전 역시 이러한 의도가 투영된 건축물이다.

1905년에 일제의 강요로 을사늑약이 체결된 장소

덕수궁의 원래 이름은 경운궁으로, 임진왜란 때 피난하였던 선조가 한양으로 돌아와 임시 거처로 삼으면서 '정릉동 행궁'이라 하였어요. 한편, 을미사변 이후 신변에 위협을 느낀 ❶고종은 러시아 공사관으로 거처를 옮겼고(아관 파천), 이후 1897년에 덕수궁으로 환궁하여 대한 제국 수립을 선포하였어요. 1905년에는 덕수궁 중명전에서 고종의 동의 없이 일제가 강제적으로 을사늑약을 체결하여 대한 제국의 외교권을 박탈하였어요.

① 제1차 미·소 공동 위원회가 개최되었다.
➡ 광복 이후 **덕수궁** 안에 있는 석조전에서 제1차 미·소 공동 위원회가 개최되었으나 임시 정부 수립에 참여하는 단체의 범위를 두고 미국과 소련이 대립하면서 결렬되었어요.

② 도성 내 서쪽에 있어 **서궐**이라고 불렸다.
➡ **경희궁**은 광해군 때 지어졌으며, 경복궁의 서쪽에 위치하여 서궐이라고 불렸어요.

③ 일제에 의해 **창경원**으로 격하되기도 하였다.
➡ **창경궁**은 일제 강점기에 일제에 의해 내부에 동물원과 식물원이 설치되고 창경원으로 명칭이 격하되었어요.

④ 정도전이 궁궐과 주요 전각의 **명칭**을 정하였다.
➡ **경복궁**은 태조 이성계가 조선 건국 이후 한양으로 천도하면서 건립한 조선의 첫 번째 궁궐로, 정도전이 궁궐과 주요 전각의 명칭을 정하였어요.

⑤ 태종이 도읍을 **한양**으로 다시 옮기며 **건립**하였다.
➡ **창덕궁**은 태종이 도읍을 개성에서 한양으로 다시 옮기며 건립하였어요.

(가) 정미의병에 대한 설명으로 옳은 것은?

정답 키워드

> 고종의 강제 퇴위와 군대 해산에 반발

【이달의 독립운동가】

최초의 여성 의병 지도자 윤희순(尹熙順)

- 생몰년 : 1860~1935
- 생애 및 활동

경기도 구리 출신으로 명성 황후 시해 사건이 일어나자 '안사람 의병가'를 창작하여 여성의 의병 참여를 독려하는 데 앞장섰다. ❶고종의 강제 퇴위와 군대 해산에 반발하여 일어난 (가) 당시 30여 명의 여성으로 의병대를 조직하여 최초의 여성 의병장으로 활약하였다. 일제에 나라를 뺏긴 이후에는 만주로 망명하여 항일 인재 양성과 무장 투쟁을 이어 나갔다. 1990년 건국 훈장 애족장이 추서되었다.

1907년에 고종이 을사늑약이 무효임을 알리기 위해 헤이그에서 열린 만국 평화 회의에 특사를 파견하자, 일본은 이를 구실로 ❶고종을 강제로 퇴위시키고 한·일 신협약(정미7조약)을 체결하였어요. 그리고 부수 비밀 각서를 통해 ❶대한 제국의 군대를 해산시켰어요. 하지만 해산 조치에 반발한 대대장 박승환이 자결하자 시위대 소속 군인들은 적극적으로 저항하였어요. 일부 해산 군인들은 의병에 가담하여 의병 부대의 전투력이 강화되었고, 의병 전쟁을 위한 13도 창의군이 결성되었어요(정미의병).

① **최익현**이 태인에서 **궐기**하였다.
➡ **을사의병** 당시 최익현은 을사늑약 체결에 반대하여 태인에서 궐기하였어요.

② **고종의 해산 권고 조칙**에 따라 해산하였다.
➡ 을미사변과 단발령 실시를 계기로 **을미의병**이 일어나자 고종은 단발을 자유의사에 맡기겠다고 발표하면서 의병 해산을 권고하는 조칙을 내렸어요. 이후 의병들은 스스로 해산하였어요.

③ **민종식**이 이끄는 부대가 홍주성을 점령하였다.
➡ **을사의병** 당시 민종식은 을사늑약 체결에 반대하여 의병을 일으켜 홍주성을 점령하였어요.

④ 일본에 **국권 반환 요구서**를 제출하고자 하였다.
➡ 1912년에 임병찬 등은 **독립 의군부**를 조직하여 조선 총독에게 국권 반환 요구서 제출을 계획하였어요.

⑤ 의병 부대가 연합하여 **서울 진공 작전**을 전개하였다.
➡ **정미의병** 당시 각지의 의병 부대는 이인영을 총대장으로 의병 연합 부대인 13도 창의군을 결성하였어요. 이들은 서울을 탈환할 목적으로 서울 진공 작전을 전개하였지만 실패하였어요.

33 개항기 사회 모습 정답 ⑤

㉠ 개항기(1899)에 볼 수 있는 모습으로 가장 적절한 것은?

정답 키워드

> 철도 개통식

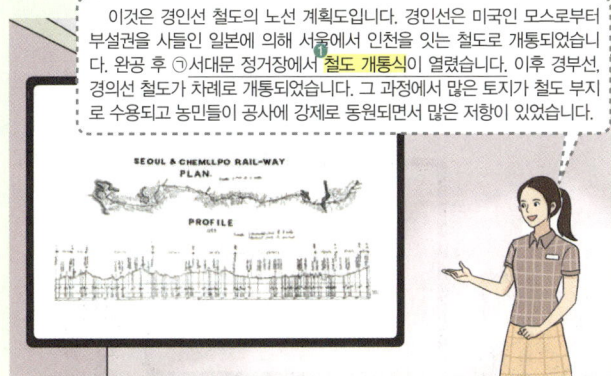

> 이것은 경인선 철도의 노선 계획도입니다. 경인선은 미국인 모스로부터 부설권을 사들인 일본에 의해 서울에서 인천을 잇는 철도로 개통되었습니다. 완공 후 ㉠서대문 정거장에서 **철도 개통식**이 열렸습니다. 이후 경부선, 경의선 철도가 차례로 개통되었습니다. 그 과정에서 많은 토지가 철도 부지로 수용되고 농민들이 공사에 강제로 동원되면서 많은 저항이 있었습니다.

개항기에 철도는 열강들의 이권 침탈 경쟁 속에서 부설되었어요. 1899년에 일제에 의해 우리나라 최초의 **철도인 경인선이 개통**되었고, 이후 경부선, 경의선 등이 차례로 개통되었어요. 한편, 철도는 근대화의 상징으로 중요한 교통수단이 되었지만 일제가 대륙 침략의 발판으로 삼으면서 민중의 반감이 컸어요.

① 학도 지원병을 독려하는 지식인
➡ **1930년대 후반 이후**에 일제는 지원병제(1938), 학도 지원병제(1943), 징병제(1944) 등을 실시하여 한국의 청년들을 전쟁터로 끌고 갔어요.

② 금난전권 폐지에 반대하는 시전 상인
➡ **1791년**에 조선 정조는 육의전을 제외한 시전 상인의 금난전권을 폐지하는 신해통공을 단행하였어요.

③ 근우회가 주최하는 강연에 참여하는 여성
➡ **1927년**에 신간회의 자매단체인 근우회가 창립되어 강연회 개최 등 다양한 활동을 전개하였어요.

④ 두모포에서 무력시위를 벌이는 일본 군인
➡ 강화도 조약 이후인 **1878년**에 부산 두모포에서 조선 정부와 일본 상인이 관세 문제를 둘러싸고 충돌했어요.

⑤ 근대 학문을 가르치는 한성 사범 학교 교사
➡ **1895년** 제2차 갑오개혁 당시에 교육입국 조서가 반포되어 근대식 교육 제도의 기반이 마련되었고, 이에 따라 한성 사범 학교 등이 설립되었어요.

34 1910년대 서간도 지역의 독립운동 정답 ①

밑줄 그은 '**서간도**'에서 있었던 민족 운동으로 옳은 것은?

정답 키워드

> 신흥 무관 학교가 세워짐

> ### □□신문
> 제△△호   ○○○○년 ○○월 ○○일
>
> **『원병상 회고록』으로 본 국외 민족 운동**
>
> 한국 독립운동사의 일면을 살펴볼 수 있는 책이 발간되었다. 이 책은 신흥 무관 학교 졸업생이자 교관으로 독립군 양성에 헌신한 원병상의 회고록이다. 책에는 이 지역에 **세워진 신흥 무관 학교**의 변화 과정과 학생들의 생활상이 구체적으로 담겨 있을 뿐만 아니라, 국권 피탈 이후 망명해 온 독립지사들이 힘겹게 정착해 나가는 과정이 생생하게 기록되어 있어 독립운동사와 생활사 자료로서 가치가 크다.

1910년대 일제가 국권을 침탈하고 가혹한 무단 통치를 펴자 국내에서의 민족 운동이 어려워진 애국지사들은 만주, 연해주 등 국외로 이동하여 장기적인 무장 투쟁을 위한 독립운동 기지를 건설하였어요. 서간도로 이주한 신민회의 이회영, 이상룡 등은 삼원보에 자치 기관인 경학사를 만들고 신흥 강습소를 설립하여 독립군을 양성하였어요. 신흥 강습소는 이후 **신흥 무관 학교**로 바뀌었어요.

① 한인 자치 기구인 경학사가 설립되었다.
➡ 1910년대에 **서간도**(남만주)의 삼원보 지역으로 이주한 신민회 회원들은 경학사를 조직하고 신흥 강습소(이후 신흥 무관 학교)를 설립하였어요.

② 권업회가 조직되어 기관지를 발행하였다.
➡ 1910년대에 **연해주**에서는 권업회가 조직되어 권업신문을 발행하였으며, 권업회를 바탕으로 이상설 등이 대한 광복군 정부를 결성하였어요.

③ 유학생들을 중심으로 2·8 독립 선언서가 발표되었다.
➡ 1919년에 **일본** 도쿄에서는 한인 유학생들이 2·8 독립 선언서를 발표하였고, 국내에서도 독립 선언의 움직임이 일어났어요.

④ 대조선 국민군단이 결성되어 군사 훈련을 실시하였다.
➡ 1910년대에 **하와이**에서는 박용만 등이 대조선 국민군단을 창설하여 군사 훈련을 실시하였어요.

⑤ 흥사단이 창립되어 교민들에게 민족의식을 심어주고자 하였다.
➡ 안창호는 국권 피탈 이후 **미국**으로 건너가 1913년에 샌프란시스코에서 흥사단을 결성하였어요.

밑줄 그은 '3·1 운동'에 대한 설명으로 옳은 것은?

정답 키워드

고종의 인산일을 계기로 시작

이 자료는 **고종의 인산일을 계기로 시작**된 만세 운동에서 불렀던 독립가 전단입니다. 당시에 우리 민족은 독립 선언서를 발표하고 대한 독립 만세를 외치며 전국 각지와 해외 곳곳에서 시위를 이어나갔습니다.

터졌구나 터졌구나
조선독립성
십 년을 참고 참아
이제 터졌네
삼천리의 금수강산
이천만 민족
살았구나 살았구나
이 한 소리에

1919년 **고종의 인산일** 즈음에 종교계 지도자들이 중심이 되어 민족 대표 33인을 구성하고 독립 선언서를 작성하였어요. 독립 선언 당일에 민족 대표 33인은 태화관에서 독립 선언서를 낭독하였고, 학생과 시민들은 탑골 공원에서 독립 선언서를 낭독한 후 만세 운동을 전개하였어요. 도시에서 시작된 만세 운동이 전국 각지로 확산되었고 국외에서도 시위가 이어지자, 일제는 군대와 경찰을 동원하여 무력으로 시위를 진압하였어요. 3·1 운동은 일제 강점기 최대 규모의 민족 운동이며, 이를 계기로 대한민국 임시 정부가 수립되었어요.

① 통감부의 방해와 탄압으로 중단되었다.
➡ 1910년에 일제가 대한 제국의 국권을 강탈하고 조선 총독부를 설치하면서 통감부는 폐지되었어요. 통감부의 탄압으로 중단된 대표적인 운동으로는 **국채 보상 운동**이 있어요.

② 천도교 소년회가 창립된 후 본격화되었다.
➡ 1920년대에 천도교 세력은 방정환을 중심으로 천도교 소년회를 창립하여 '어린이날'을 제정하고, 잡지 《어린이》를 간행하는 등 **소년 운동**을 전개하였어요.

③ 일제가 이른바 **문화 통치**를 실시하는 **배경**이 되었다.
➡ 1919년에 일어난 **3·1 운동**을 계기로 대한민국 임시 정부가 수립되었고, 일제는 통치 방식을 이른바 '문화 통치'로 바꾸었어요.

④ 성진회와 각 학교 독서회에 의해 전국으로 확산되었다.
➡ 1929년에 일어난 **광주 학생 항일 운동**은 성진회와 각 학교 독서회에 의해 전국적으로 확산되었어요.

⑤ 시위를 준비하는 과정에서 사회주의자들이 대거 검거되었다.
➡ 1926년에 6·10 만세 운동의 준비 과정에서 계획이 사전에 발각되어 사회주의 세력이 검거되자 학생들의 주도로 만세 운동이 전개되었어요.

밑줄 그은 '1910년대 무단 통치 시기'에 시행된 일제의 정책으로 옳은 것은?

정답 키워드

토지 조사 사업

오늘 소개해 주실 자료는 무엇인가요?

이 자료는 **토지 조사 사업**이 실시되던 시기에 조선 총독부 임시 토지 조사국이 작성한 문서입니다. 여기에는 경상북도 상주, 칠곡, 울릉도 등 총 6개 지역에서 토지 소유자와 그 경계를 조사하여 확정하였다고 기록되어 있습니다.

대한 제국의 국권을 강탈한 일제는 1910년대 무력을 앞세워 강압적으로 통치하는 무단 통치를 실시하였어요. 일제는 헌병 경찰을 동원하고 조선 태형령을 제정하여 공포 분위기를 조성하였어요. 또한, 식민 지배에 필요한 재정 마련을 위해 조선 총독부 산하에 임시 토지 조사국을 설치하고 토지 조사령을 공포하여 **토지 조사 사업**을 실시하였어요. 정해진 기간 내에 소유자가 토지에 관한 사항들을 직접 신고해야만 토지 소유권을 인정받을 수 있었는데, 미신고지와 소유가 불분명한 토지는 조선 총독부에 귀속되었어요.

① 애국반을 조직하였다.
➡ 1930년대 후반 이후인 1938년부터 일제는 한국인의 일상생활을 감시하고 통제하기 위해 애국반을 조직하였어요. 일제는 전시 동원 체제를 강화하면서 애국반을 통해 남성에게는 국민복을, 여성에게는 몸뻬 착용을 강요하였어요.

② 신문지법을 제정하였다.
➡ 1907년에 일제는 신문지법을 공포하여 정간·폐간 등을 통해 민족 언론을 탄압하였어요.

③ 조선 태형령을 시행하였다.
➡ 1910년대에 일제는 조선 태형령을 시행하여 한국인에게만 태형을 가하였어요.

④ 산미 증식 계획을 실시하였다.
➡ 1920년부터 일제는 일본 내에서 부족한 식량을 한국에서 확보하기 위해 산미 증식 계획을 실시하였어요.

⑤ 황국 신민 서사의 암송을 강요하였다.
➡ 1930년대 후반 이후에 일제는 한국인의 민족의식을 없애기 위해 내선일체를 강조하고 황국 신민 서사 암송, 신사 참배, 창씨개명을 강요하는 등 민족 말살 정책을 실시하였어요.

37 대종교 세력의 활동
정답 ⑤

(가) 대종교에 대한 설명으로 옳은 것은?

> **정답 키워드**
>
> 나철이 단군 신앙을 기반으로 창시

지난 개천절을 기회로 하여 독립운동을 계획했다는 이유로 (가) 간부 7명이 동대문 경찰서에 체포되었다는 기사가 실렸구나.

(가) 은/는❶ 나철이 만주에서 단군 신앙을 기반으로 창시한 종교인데, 민족의식을 고취할 뿐만 아니라 독립운동도 전개하고 있네요.

대종교는 **나철과 오기호 등이 단군 숭배 사상을 바탕으로 창시**한 종교예요. 대종교는 일제에 국권을 빼앗긴 후 북간도 지역에서 항일 무장 단체인 중광단을 조직하고 적극적인 무장 투쟁을 전개하였어요. 중광단은 이후 북로 군정서로 발전하였어요.

① 개벽, 신여성 등의 잡지를 발간하였다.
→ **천도교**는 개벽, 신여성 등의 잡지를 발간하여 민족의식을 높였어요.

② 한용운 등이 사찰령 폐지를 주장하였다.
→ **불교**계는 일제가 1911년에 사찰령을 제정하자 한용운을 중심으로 사찰령 폐지 운동을 전개하고 조선 불교 유신회를 조직하였어요.

③ 박중빈을 중심으로 새 생활 운동을 펼쳤다.
→ **원불교**는 박중빈이 창시한 종교로, 간척 사업을 진행하고 허례허식 폐지 등 새생활 운동을 펼쳤어요.

④ 김창숙의 주도로 파리 장서 운동을 전개하였다.
→ **유교** 세력은 김창숙의 주도로 파리 장서 운동을 전개하였어요.

⑤ 무장 투쟁을 전개하기 위해 중광단을 조직하였다.
→ **대종교** 세력은 1911년에 북간도 지역에서 항일 무장 단체인 중광단을 조직하였고, 중광단은 이후 북로 군정서로 발전하였어요.

38 1920년대 국외 독립운동
정답 ①

(가) 간도 참변(1920), (나) 자유시 참변(1921), (다) 미쓰야 협정(1925)을 일어난 순서대로 옳게 나열한 것은?

주제: 1920년대 국외 민족 운동의 시련

일본군이 독립군에 대한 보복으로 간도 지역의 한인을 학살한 간도 참변이 발생하였어요.

독립군의 통합 과정에서 많은 희생자가 발생한 자유시 참변이 일어났어요.

만주에서 활동하는 독립군 색출을 위해 조선 총독부가 만주 군벌과 미쓰야 협정을 체결하였어요.

(가)　　　(나)　　　(다)

(가) 1920년에 봉오동 전투와 청산리 전투에서 독립군에게 크게 패한 일본군은 이에 대한 보복으로 간도 지역의 한국인을 무차별 학살하는 간도 참변을 일으켰어요.

(나) 간도 참변 이후 만주 지역의 독립군은 약소민족의 독립운동을 지원하겠다는 러시아 혁명군의 지원 약속을 믿고 러시아령 자유시로 이동하였어요. 이 과정에서 러시아 혁명군이 독립군에 무장 해제를 요구하였고 독립군이 이를 거부하자 독립군 부대를 공격하였어요. 이로 인해 많은 독립군이 희생되었는데, 이 사건을 자유시 참변이라고 해요.

(다) 1925년에 일제는 만주 군벌 장작림과 미쓰야 협정을 체결하여 만주 지역의 독립군을 탄압하였어요.

① (가) – (나) – (다)
→ (가) 간도 참변(1920) → (나) 자유시 참변(1921) → (다) 미쓰야 협정(1925)

② (가) – (다) – (나)
③ (나) – (가) – (다)
④ (나) – (다) – (가)
⑤ (다) – (가) – (나)

밑줄 그은 '**1920년대 문화 통치 시기**'에 볼 수 있는 모습으로 가장 적절한 것은?

정답 키워드

> 나운규 감독·주연의 영화가 처음 발표

1926년에 **나운규가 감독과 주연을 맡은 영화 '아리랑'이 단성사에서 처음 개봉**되었어요. 이 영화는 식민 지배를 받던 한국인의 고통스러운 삶을 표현한 작품이에요.

① 관민 공동회에서 연설하는 백정
➡ 1898년에 독립 협회는 입헌 군주제 수립을 목표로 관민 공동회를 개최하여 헌의 6조를 결의하였어요. 고종은 이 개혁안을 받아들여 시행할 것을 약속하고 새로운 중추원 관제를 반포하였어요.

② 교육 입국 조서를 발표하는 관리
➡ 1895년에 제2차 갑오개혁을 추진하는 과정에서 고종은 교육의 기본 방향을 제시한 교육입국 조서를 반포하였어요.

③ 원각사에서 은세계 공연을 보는 관객
➡ 1908년에 우리나라 최초의 서양식 극장인 원각사에서 은세계가 공연되었어요.

④ 전차 개통식에 참여하는 한성 전기 회사 직원
➡ 1899년에 서대문에서 청량리 구간의 전차가 처음으로 개통되었어요.

⑤ 카프(KAPF)를 형성하여 활동하는 신경향파 작가
➡ 1925년에 식민지 현실의 계급 모순을 비판하는 카프(KAPF)가 결성되어 신경향파 작가들이 활동하였어요.

밑줄 그은 '**1930년대 후반 이후 민족 말살 통치 시기**'에 시행된 일제의 정책으로 옳은 것은?

정답 키워드

> 중·일 전쟁 이후

일제는 1937년에 **중·일 전쟁을 일으키고** 침략 전쟁을 확대하는 과정에서 한국인을 전쟁에 쉽게 동원하기 위해 내선일체, 일선동조론 등을 내세워 민족 말살 정책을 본격화하였어요. 일왕에 대한 충성 맹세문인 황국 신민 서사를 제정하여 강제로 암송하게 하고, 신사 참배와 궁성 요배를 강요하였어요. 그뿐만 아니라 우리의 성과 이름을 일본식으로 바꾸는 창씨 개명도 강요하였어요. 한편, 일제는 1938년에 국가 총동원법을 제정하여 전쟁에 필요한 자원을 본격적으로 수탈하였어요. 공출제와 식량 배급 제도 등을 통해 전쟁에 필요한 물자를 강제로 가져갔으며 지원병제, 학도 지원병제, 징병제, 국민 징용령을 실시하여 한국인들을 전쟁터와 전쟁 시설로 끌고 갔어요.

① 회사령을 공포하였다.
➡ 1910년에 일제는 한국인의 기업 설립을 제한하기 위해 회사 설립 시 조선 총독의 허가를 받도록 하는 회사령을 공포하였어요.

② 치안 유지법을 제정하였다.
➡ 1925년에 일제는 반정부·반체제 사상을 단속하기 위해 일본 내 치안 유지법을 공포하였는데, 이를 한국에도 그대로 적용하여 독립운동가 및 사회주의 세력을 탄압하는 데 이용하였어요.

③ 헌병 경찰제를 실시하였다.
➡ 1910년대에 일제는 헌병이 일반 경찰의 업무까지 관여하도록 하는 헌병 경찰 제도를 실시하였어요.

④ 경성 제국 대학을 설립하였다.
➡ 1924년에 일제는 우리 민족의 민립 대학 설립 운동을 탄압하고 이를 무마할 목적으로 경성 제국 대학을 설립하였어요.

⑤ 조선 사상범 예방 구금령을 시행하였다.
➡ 1930년대 후반 이후인 1941년에 일제는 독립운동가들을 재판 없이 구금할 수 있는 조선 사상범 예방 구금령을 시행하여 독립운동가들을 탄압하였어요.

41 조소앙의 활동

정답 ⑤

밑줄 그은 '조소앙'에 대한 설명으로 옳은 것은?

정답 키워드

건국 강령 초안 작성

> 나는 1913년 상하이 망명 후 동제사에 참여하였소. 1917년에는 대동단결 선언을 작성하였다오. 여기에서 나는 주권이 국민에게 있음을 밝혔는데, 이것이 공화정을 지향하는 정치사상으로 평가받고 있다오. 1930년에는 안창호 등과 함께 한국 독립당을 창당하였소. 이후 대한민국 임시 정부 **건국 강령 초안도 작성**하였다오.

대동단결의 선언

일제 강점기의 독립운동가이자 정치가인 조소앙은 1917년에 중국에서 신규식, 박은식, 신채호 등과 함께 임시 정부 수립의 필요성을 주장하는 대동단결 선언을 작성하였어요. 1930년에는 이동녕, 이시영, 김구, 안창호 등과 함께 한국 독립당을 창당하였고, 이후 대한민국 임시 정부의 외무부장이 되어 ❶**건국 강령 초안을 작성**하기도 하였어요. 광복 이후에는 김구 등과 함께 남북 협상에 참가하기도 하였어요.

① 조선 혁명 선언을 작성하였다.
➡ **신채호**는 의열단의 활동 지침이 된 〈조선 혁명 선언〉을 작성하였어요.

② 한국독립운동지혈사를 저술하였다.
➡ **박은식**은 일본의 침략 과정을 담은 《한국통사》, 우리 민족의 독립 투쟁 과정을 서술한 《한국독립운동지혈사》를 저술하였어요.

③ 극동 인민 대표 대회에서 의장단으로 선출되었다.
➡ **김규식**과 **여운형**은 1922년에 모스크바에서 열린 극동 인민 대표 대회에서 의장단으로 선출되었어요.

④ 헤이그에서 열린 만국 평화 회의에 특사로 파견되었다.
➡ **이상설, 이준, 이위종**은 고종의 명을 받아 을사늑약의 부당함을 고발하고자 네덜란드 헤이그에서 열린 만국 평화 회의에 특사로 파견되었어요.

⑤ 새로운 국가 건설을 위한 이념으로 삼균주의를 주장하였다.
➡ **조소앙**은 개인과 개인, 민족과 민족, 국가와 국가 간의 완전한 균등을 표방하고 이의 실현을 위한 정치·경제·교육의 균등을 강조한 삼균주의를 제창하였어요. 삼균주의는 대한민국 건국 강령에 반영되었으며, 대한민국 임시 정부 임시 헌장의 이론적 기초가 되었어요.

42 남북 협상

정답 ⑤

다음 편지가 작성된 시기(**남북 협상, 1948**)를 연표에서 옳게 고른 것은?

정답 키워드

제 정당의 대표 회담 소집, 김구·김규식

> 친애하는 메논 박사
>
> 남북 지도자 회담에 관하여 귀하와 귀 위원단에게 우리의 의견과 각서를 이미 제출한 바이어니와 우리는 가급적 우리 양인의 명의로 남에서 이에 찬동하는 ❶**제 정당의 대표 회담을 소집**하여 이미 제출한 바에 제1차 보조를 하겠습니다. 이 회의에서 남쪽이 대표를 선출하면 북쪽에 연락할 인원과 방법에 대한 것을 결정하겠습니다. 귀 위원단이 이에 대하여 원만하고 적극적인 협조를 직접 간접으로 하여 주시면 대단히 감사하겠으며 우리 양방의 노력으로 하여금 우리가 공동으로 목적하는 바를 이루어지기를 믿습니다. 끝으로 우리의 심각한 경의를 표합니다.
>
> ❷**김구, 김규식**

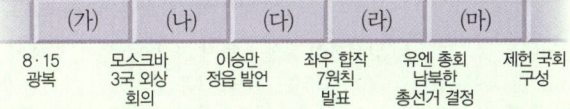

(가)	(나)	(다)	(라)	(마)
8·15 광복	모스크바 3국 외상 회의	이승만 정읍 발언	좌우 합작 7원칙 발표	유엔 총회 남북한 총선거 결정	제헌 국회 구성

광복 이후 좌우 합작 운동이 실패로 돌아가고 결국 유엔 소총회에서 선거가 가능한 지역, 즉 사실상 남한만의 총선거가 결의되었어요. 이에 ❷**김구와 김규식**은 통일 정부 수립을 위해 북측 지도자에게 남북 협상을 제의하였어요. 평양에 모인 남북 지도자들은 ❶**전 조선 제 정당·사회단체 대표자 연석 회의(남북 연석 회의)**를 열고 단독 정부 수립 반대 등을 요구하는 결의문을 채택하였지만 실질적인 효력을 발휘하지는 못하였어요.

① (가)　② (나)　③ (다)　④ (라)　⑤ (마)

➡ 미·소 공동 위원회가 미국과 소련의 대립으로 무산되자, 미국은 한반도 문제를 유엔으로 넘겼어요. 1947년에 열린 유엔 총회에서 유엔 감시하에 인구 비례에 따른 남북한 총선거 실시를 결정하였어요(**유엔 총회 남북한 총선거 결정, 1947**). 이에 유엔 한국 임시 위원단이 파견되었는데, 소련은 한반도 문제를 유엔에서 처리하는 것에 반대한다는 구실로 임시 위원단의 입북을 거부하였어요. 이후 다시 열린 유엔 소총회에서 선거가 가능한 지역, 즉 사실상 남한만의 총선거가 결의되었어요. 이에 김구와 김규식은 통일 정부 수립을 위해 북측 지도자에게 남북 협상을 제의하였어요. 평양에 모인 남북 지도자들은 단독 정부 수립 반대, 외국 군대 즉시 철수를 요구하는 결의문을 채택하였지만 실질적인 효력을 발휘하지는 못하였고(**남북 협상, 1948**), 결국 1948년에 실시된 5·10 총선거로 제헌 국회가 구성되었어요(**제헌 국회 구성, 1948**). 제헌 국회에서 제정한 제헌 헌법에 따라 초대 대통령으로 선출된 이승만이 행정부를 조직하여 1948년 8월 15일에 대한민국 정부의 수립을 선포하였어요.

따라서, 남북 협상이 이루어진 시기(1948)는 '유엔 총회 남북한 총선거 결정(1947)'과 '제헌 국회 구성(1948)' 사이의 시기인 **(마)**예요.

다음 연설문을 발표한 **노태우 정부**의 통일 노력으로 옳은 것은?

정답 키워드

남북한 유엔 동시 가입, 한반도의 비핵화 합의

┌─ 남북 기본 합의서

> 제5차 남북 고위급 회담에서 서명된 합의서는 남과 북이 오랜 단절과 대립을 청산하여 상호 신뢰를 바탕으로 이 땅에, 평화의 질서를 구축하고 교류·협력을 통해 민족의 화해와 공동 번영을 이루어가기 위해 필요한 조처들을 망라하고 있습니다. …… 석 달 전 **남북한의 유엔 동시 가입**과 이에 이은 이번 합의서의 서명은 한반도 문제 해결과 민족 통일을 향한 여정에 획기적인 이정표를 세운 것입니다. …… 나는 올해 안에 **한반도의 비핵화를 실현하는 합의**를 이루고 밝아오는 새해와 함께 남과 북이 평화와 협력, 평화와 공동 번영의 새로운 시대를 힘차게 열게 되기를 바랍니다.

노태우 정부 시기에 **남북한이 유엔에 동시 가입**하였으며, 화해와 불가침 및 교류·협력에 관해 합의한 '남북 기본 합의서'를 채택하였어요. 또한, 노태우 정부는 1991년에 남북한이 함께 **한반도의 비핵화를 약속**한 공동 선언을 발표하였어요. 한반도를 비핵화함으로써 핵전쟁의 위험을 제거하여 한반도의 평화를 유지하고, 아시아는 물론 세계의 평화와 안전에 이바지하자는 취지를 담고자 하였어요.

① 판문점에서 **남북 정상 회담**을 개최하였다.
➡ **문재인 정부** 시기인 2018년에 판문점에서 남북 정상 회담이 개최되었고, 4·27 판문점 선언이 발표되었어요.

② 남북 이산가족의 고향 방문을 최초로 성사시켰다.
➡ **전두환 정부** 시기에 최초의 이산가족 고향 방문과 예술 공연단 교환이 실현되었어요.

③ 민족자존과 통일 번영을 위한 7·7 선언을 발표하였다.
➡ **노태우 정부**는 1988년 7월 7일에 민족 자존과 통일 번영의 시대를 열어 나갈 것을 천명하는 7·7 선언을 발표하였어요.

④ 7·4 남북 공동 성명을 실천하기 위해 **남북 조절 위원회**를 구성하였다.
➡ **박정희 정부** 시기에 남북한은 7·4 남북 공동 성명을 발표하였고, 이에 따라 남북 조절 위원회를 구성하였어요.

⑤ 남북 관계 발전과 평화 번영을 위한 10·4 남북 정상 선언에 서명하였다.
➡ **노무현 정부**는 제2차 남북 정상 회담을 개최하여 김대중 정부 시기의 6·15 남북 공동 선언을 계승한 10·4 남북 정상 선언에 서명하였어요.

다음 상황(**한·미 상호 방위 조약**, 1953) 이후에 일어난 사실로 옳은 것은?

정답 키워드

미국과 한국이 상호 방위 조약 체결

> 오늘 **미합중국 존 포스터 덜레스 국무 장관과 우리나라 변영태 외무 장관** 사이에 상호 방위 조약이 체결되었습니다. 이로써 양국은 우호 관계를 바탕으로 한국에 대한 공산주의자들의 침공에 맞서 나란히 싸울 수 있도록 상호 이해와 공동의 이상을 나누게 되었습니다.

6·25 전쟁에 대한 휴전 협상 과정에서 휴전에 반대한 이승만 정부가 반공 포로 일부를 일방적으로 석방한 후 1953년 7월 27일에 정전 협정이 체결되었어요. 이후 우리나라는 1953년 10월에 미국의 경제 원조와 함께 한국에 미군을 주둔하여 한반도에 충돌이 발생하면 협력하겠다는 **한·미 상호 방위 조약**을 미국과 체결하였어요.

① **반민족 행위 특별 조사 위원회**가 설치되었다.
➡ **1948년** 이승만 정부 시기에 제헌 국회는 반민족 행위 처벌법을 제정하고 반민족 행위 특별 조사 위원회(반민특위)를 설치하였어요.

② 평화 통일론을 주장한 **진보당**의 **조봉암**이 **처형**되었다.
➡ **1959년**에 이승만 정부는 진보당 당수 조봉암을 비롯한 진보당 간부들을 국가 변란, 간첩 혐의로 체포하여 조봉암을 사형시키고 진보당을 해체하였는데, 이를 진보당 사건이라고 해요.

③ 비상계엄이 선포된 가운데 **발췌 개헌**안이 통과되었다.
➡ 6·25 전쟁 중인 **1952년**에 이승만 정부는 부산에서 비상계엄을 선포하고 대통령 직선제로의 변경을 주요 내용으로 하는 발췌 개헌안을 통과시켰어요.

④ 미국의 극동 방위선을 규정한 **애치슨 라인**이 발표되었다.
➡ **1950년** 1월 이승만 정부 시기에 한반도를 미국의 태평양 방위선에서 제외한 애치슨 라인이 발표되었고, 이후 6·25 전쟁이 일어났어요.

⑤ 유상 매수, 유상 분배를 규정한 **농지 개혁법**이 제정되었다.
➡ **1949년**에 제헌 국회에서 유상 매수, 유상 분배 원칙의 농지 개혁법이 제정되었어요.

45 개헌의 역사

(가) 7차 개헌(유신 헌법, 1972), (나) 8차 개헌(1980)에 대한 설명으로 옳은 것은?

정답 키워드

> (가) 대통령이 국회를 해산할 수 있음
> (나) 대통령 선거인단, 임기 7년

> (가)
> 제39조 ① 대통령은 통일 주체 국민 회의에서 토론 없이 무기명 투표로 선거한다.
> 제47조 대통령의 임기는 6년으로 한다.
> 제59조 ① **대통령은 국회를 해산할 수 있다.** ❶

> (나)
> 제39조 ① 대통령은 **대통령 선거인단**에서 무기명 투표로 선거한다. ❷
> ③ 대통령 선거인단에서 재적 대통령 선거인 과반수의 찬성을 얻은 자를 대통령 당선자로 한다.
> 제45조 대통령의 **임기는 7년**으로 하며, 중임할 수 없다.

(가) 1972년에 박정희 정부는 유신 체제를 선언하며 대통령에게 헌법을 초월하는 긴급 조치권과 ❶ **국회 해산권**, 국회 의원 3분의 1 추천권 등 막강한 권한을 부여하는 7차 개헌을 단행하였어요(유신 헌법).

(나) 1979년에 12·12 사태로 정권을 장악한 전두환 등 신군부 세력은 1980년에 광주에서 일어난 5·18 민주화 운동을 무력으로 진압하였고, 이후 전두환은 제11대 대통령에 취임하였어요. 같은 해 전두환 정부는 ❷ **대통령 7년** 단임제와 대통령 간선제 등을 골자로 하는 8차 개헌을 단행하였고, 이듬해 **대통령 선거인단**의 간접 선거를 통해 전두환이 다시 한번 대통령에 당선되었어요.

① (가) - 6·25 전쟁 중 부산에서 **공포**되었다.
➡ 6·25 전쟁 중이던 1952년에 이승만 정부는 임시 수도 부산에 계엄령을 선포하고 발췌 개헌안을 통과시켰어요(1차 개헌).

②(가) - 대통령의 **국회 의원 1/3 추천** 조항을 담고 있다.
➡ 1972년에 박정희 정부는 유신 헌법(**7차 개헌**)을 공포하여 대통령에게 국회 의원 3분의 1 추천권 등의 막강한 권한을 부여하였어요.

③ (나) - **호헌 동지회** 결성의 배경이 되었다.
➡ 1954년 이승만 정부 시기에 초대 대통령에 한해 중임 제한을 철폐한다는 내용의 사사오입 개헌(**2차 개헌**)안이 통과되자 야당 국회 의원들은 호헌 동지회라는 교섭단체를 결성하였어요.

④ (나) - **3·1 민주 구국 선언**에 영향을 주었다.
➡ 1976년 박정희 정부 시기에 유신 헌법(**7차 개헌**) 반대 운동 중 긴급 조치 철폐 등을 요구하는 3·1 민주 구국 선언이 발표되었어요.

⑤ (가), (나) - **6월 민주 항쟁 이후**에 제정되었다.
➡ 1987년 전두환 정부 시기에 일어난 6월 민주 항쟁의 결과 대통령 직선제를 수용한다는 6·29 민주화 선언이 발표되었고, 이에 따라 5년 단임의 대통령 직선제 개헌(**9차 개헌**)이 이루어졌어요.

46 김영삼 정부 시기의 사실

왼쪽: 금융 실명제(김영삼 정부), 오른쪽: 외환 위기(김영삼 정부) 사이의 시기인 (가) 시기에 있었던 사실로 옳은 것은?

정답 키워드

> • 왼쪽: 금융 실명제
> • 오른쪽: 국제 통화 기금에 유동성 조절 자금 지원 요청

> 오늘 내린 긴급 재정 경제 명령은 명실상부한 **금융 실명제**에 대한 국민의 열망을 반영하고 있습니다.

> (가)

> 정부는 금융·외환 시장의 어려움을 극복하기 위해 **국제 통화 기금에 유동성 조절 자금 지원을 요청**하였습니다.

❶ 김영삼 정부는 가명이나 차명을 이용한 금융 거래로 많은 부정부패가 일어나자, 본인의 실제 이름으로만 금융 거래를 하도록 한 **금융 실명제**를 1993년에 대통령 긴급 명령으로 전격 실시하였어요.

❷ 우리나라는 김영삼 정부 시기인 1997년 말에 외환 보유액 부족으로 경제 위기를 맞게 되자 **국제 통화 기금(IMF)에 긴급 유동성 조절 자금 지원을 요청**하였고, 이에 따라 IMF의 경제 간섭을 받게 되었어요.

① 처음으로 **수출액 100억 달러를 달성**하였다.
➡ **박정희 정부** 시기인 1977년에 처음으로 수출액 100억 달러를 달성하였어요.

② **미국과 자유 무역 협정(FTA)**을 체결하였다.
➡ **노무현 정부** 시기인 2008년에 한·미 자유 무역 협정(FTA)이 체결되었고, 이명박 정부 시기인 2012년에 비준·발효되었어요.

③ 저유가·저금리·저달러의 **3저 호황**이 있었다.
➡ **전두환 정부** 시기인 1980년대 중반에 우리나라의 경제는 3저 호황을 누렸어요.

④ **경제 협력 개발 기구(OECD) 회원국**이 되었다.
➡ **김영삼 정부** 시기인 1996년에 우리나라는 경제 협력 개발 기구(OECD)에 가입하였어요.

⑤ 원조 물자를 가공하는 **삼백 산업**이 발달하였다.
➡ **이승만 정부** 시기에는 미국의 원조 물자를 가공하는 제분·제당·면방직의 삼백 산업이 발달하였어요.

밑줄 그은 '노무현 정부' 시기에 있었던 사실로 옳은 것은?

정답 **키워드**

> 호주제 폐지

시사 토크

지난 3월 정부는 호주제 폐지➊를 내용으로 하는 법률을 공포하였습니다. 어떤 변화가 예상되나요?

여성 가족부와 여성 단체들은 환영의 뜻을 밝히고 있지만, 유림의 반대도 있어 갈등이 심화될 것 같습니다.

그럼에도 다양한 가족 형태를 반영하여 사회적 차별이 줄어들 것으로 보입니다.

노무현 정부 시기인 2005년에 양성평등의 실현을 위해 호주제가 폐지➊되었어요.

① 평창 동계 올림픽이 개최되었다.
➡ **문재인 정부** 시기에 평창 동계 올림픽이 개최되어 남북 단일팀이 참가하였어요.

② 전국 민주 노동조합 총연맹이 창립되었다.
➡ **김영삼 정부** 시기에 전국 민주 노동조합 총연맹이 창립되었어요.

③ 헝가리와 상주 대표부 설치 협정을 체결하였다.
➡ **노태우 정부** 시기에 헝가리와 상주 대표부 설치 협정을 체결하였어요.

④ 진실·화해를 위한 과거사 정리 기본법이 제정되었다.
➡ **노무현 정부** 시기에 친일 반민족 행위 진상 규명 위원회가 조직되었고, 진실·화해를 위한 과거사 정리 기본법이 제정되어 과거사 정리 위원회가 조직되었어요.

⑤ 중학교 입시 제도가 폐지되고 무시험 추첨제가 실시되었다.
➡ **박정희 정부** 시기에 중학교 입시 제도가 폐지되고 무시험 추첨제가 실시되었어요.

㉠~㉤에 대한 설명으로 적절하지 않은 것은?

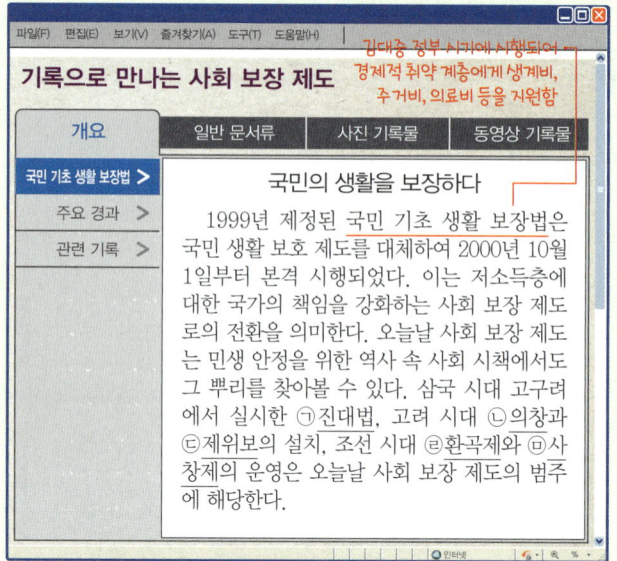

기록으로 만나는 사회 보장 제도

| 개요 | 일반 문서류 | 사진 기록물 | 동영상 기록물 |

국민 기초 생활 보장법 >
주요 경과 >
관련 기록 >

국민의 생활을 보장하다

1999년 제정된 국민 기초 생활 보장법은 국민 생활 보호 제도를 대체하여 2000년 10월 1일부터 본격 시행되었다. 이는 저소득층에 대한 국가의 책임을 강화하는 사회 보장 제도로의 전환을 의미한다. 오늘날 사회 보장 제도는 민생 안정을 위한 역사 속 사회 시책에서도 그 뿌리를 찾아볼 수 있다. 삼국 시대 고구려에서 실시한 ㉠진대법, 고려 시대 ㉡의창과 ㉢제위보의 설치, 조선 시대 ㉣환곡제와 ㉤사창제의 운영은 오늘날 사회 보장 제도의 범주에 해당한다.

김대중 정부 시기에 시행되어 경제적 취약 계층에게 생계비, 주거비, 의료비 등을 지원함

㉠ 고구려 고국천왕은 빈민을 구제하기 위해 을파소의 건의를 받아들여 진대법을 시행하였어요.

㉡ 고려 태조는 빈민 구제를 위한 흑창을 설치하여 백성들에게 곡식을 빌려주고 추수기에 갚도록 하였어요. 이후 성종은 흑창을 의창으로 개칭하여 운영하였어요.

㉢ 고려 광종은 기금을 모아 그 이자로 빈민을 구호하고 질병을 치료하는 재단 형식의 제위보를 설치하여 운영하였어요.

㉣ 조선 시대에는 봄에 먹을 것이 없는 사람들에게 곡식을 빌려 주고, 수확기인 가을에 갚도록 하는 빈민 구휼 제도인 환곡제를 운영하였어요.

㉤ 조선 고종 때 흥선 대원군은 환곡의 폐단이 심해지자 마을 단위로 사창을 설치하고, 그 마을 안에서 덕망 있고 부유한 사람을 뽑아 자율적으로 운영하도록 하는 사창제를 운영하였어요.

① ㉠ - 고국천왕이 시행하였다.
➡ **고구려** 고국천왕은 빈민 구제를 위해 진대법을 시행하였어요.

② ㉡ - 성종이 흑창을 확대 개편하여 설치하였다.
➡ **고려** 성종은 태조 때 설치한 흑창을 확대 개편해 의창으로 개칭하여 운영하였어요.

③ ㉢ - 기금을 모아 그 이자로 빈민을 구휼하였다.
➡ **고려** 광종은 기금을 모아 그 이자로 빈민을 구휼하는 제위보를 설치하였어요.

④ ㉣ - 세도 정치기에 농민을 수탈하는 수단으로 변질되었다.
➡ **조선** 후기 세도 정치기에 각 지방의 관청들이 환곡을 악용하여 농민을 수탈하는 수단으로 삼는 등 환곡의 폐단이 심해졌어요.

⑤ ㉤ - 구제도감을 두어 백성을 구호하였다.
➡ **고려** 시대에는 서민들의 질병 치료를 위한 구제도감, 재난 구호를 담당한 구급도감을 설치하여 백성을 구호하였어요.

49 김대중 정부 시기의 사실

정답 ②

다음 기사가 보도된 김대중 정부 시기의 사실로 옳은 것은?

> **정답 키워드**
>
> 한·일 월드컵 개막식

> **□□신문**
>
> 제△△호　　　　　　　○○○○년 ○○월 ○○일
>
> ### 제 17회 FIFA❶한일 월드컵 개막식이 열리다
>
> 제17회 FIFA 한일 월드컵 개막식이 어제 저녁 서울 월드컵 경기장에서 성공적으로 열렸다. 오후 7시 25분부터 취타대 등을 앞세운 32개 참가국 입장이 끝난 뒤 진행된 개막 행사는 환영·소통·어울림·나눔으로 구성되었다. 이후 세계 평화와 인류 화합의 새 시대가 열리고 한일 양국 간 우호 친선의 21세기가 열리기를 기원하는 대통령의 개막 선언으로 화려하게 마무리되었다.

김대중 정부 시기인 2002년에 ❶한·일 월드컵이 개최되었고, 이 대회에서 우리나라는 역대 최고 성적인 4위를 차지하였어요.

① 중앙정보부가 창설되었다.
➡ 5·16 군사 정변 직후 박정희 등 군부 세력은 국가 재건 최고 회의를 구성하여 군정을 실시하였고, 그 일환으로 중앙정보부를 창설하였어요.

②국가 인권 위원회가 출범하였다.
➡ 김대중 정부 시기에 국민 기초 생활 보장법이 제정되고 국가 인권 위원회가 출범하였어요.

③ 세계 무역 기구(WTO)에 가입하였다.
➡ 김영삼 정부 시기에 우리나라는 세계 무역 기구(WTO)에 가입하였어요.

④ G20 정상 회의를 서울에서 개최하였다.
➡ 이명박 정부 시기에 G20 정상 회의를 서울에서 개최하였어요.

⑤ 37년 만에 야간 통행금지가 해제되었다.
➡ 전두환 정부 시기에 박정희 정부 때부터 시행된 야간 통행금지 조치가 해제되었어요.

50 대구·광주의 역사

정답 ②

(가) 대구, (나) 광주에서 있었던 사실로 옳은 것을 | 보기 |에서 고른 것은?

> **정답 키워드**
>
> (가) 2·28 민주화 운동
> (나) 5·18 민주화 운동

> 달구벌 ＿(가)＿의 ❶2·28 민주 운동을 기념하는 의미를 담은 228번 버스가 ❷5·18 민주화 운동이 일어난 빛고을 ＿(나)＿에서 5월 18일부터 운행됩니다. 대한민국 민주주의의 역사를 공유하는 달구벌과 빛고을 두 도시가 열어갈 화합과 협력의 새로운 장이 주목됩니다.

달빛 동맹의 두 도시, 화합과 협력의 새 장을 열다

(가) 1960년에 일어난 ❶2·28 민주 운동은 이승만 정부가 야당 부통령 후보 장면의 선거 유세장에 가지 못하도록 일요일에도 등교할 것을 지시하자 대구 시내 고등학생들이 시위를 벌인 사건이에요.

(나) 1980년 5월 18일에 광주에서 신군부 퇴진과 비상계엄 철폐를 요구하는 시위가 일어나자 신군부는 공수 부대까지 동원하여 시위대를 무자비하게 진압하였어요. 분노한 일부 시민들이 시민군을 조직하여 계엄군에 맞섰으나 수많은 사람들이 희생되었어요 (❷5·18 민주화 운동).

ㄱ. (가) – 김광제 등을 중심으로 국채 보상 운동이 시작되었다.
➡ 1907년에 대구에서 서상돈, 김광제 등을 중심으로 일본에 진 나라의 빚을 국민의 힘으로 갚자는 운동인 국채 보상 운동이 일어났어요.

ㄴ. (가) – YH 무역 노동자들이 폐업에 항의하며 농성을 벌였다.
➡ 1979년 박정희 정부 시기에 서울에서 YH 무역 노동자들이 회사의 일방적인 폐업 조치에 항의하여 농성을 벌이자 경찰이 강경 진압하였어요.

ㄷ. (나) – 한일 학생 간의 충돌을 계기로 민족 운동이 일어났다.
➡ 1929년에 한·일 학생 간의 충돌을 계기로 광주 학생 항일 운동이 일어났어요. 신간회는 광주 학생 항일 운동이 일어나자 진상 조사단을 파견하여 지원하였어요.

ㄹ. (나) – 3·15 부정 선거를 규탄한 김주열의 시신이 발견되었다.
➡ 1960년에 시민들은 3·15 부정 선거에 반대하는 시위를 벌였어요. 한편, 마산에서 경찰의 진압으로 희생된 김주열의 시신이 발견되자 시위는 전국적으로 확산되었고, 이후 4·19 혁명이 일어났어요.

① ㄱ, ㄴ　②ㄱ, ㄷ　③ ㄴ, ㄷ　④ ㄴ, ㄹ　⑤ ㄷ, ㄹ

2024년 2월 17일(토) 시행

제69회

합격률 68회:**59.4%** / 67회:**49.2%**
54.6%

시대별 출제비중

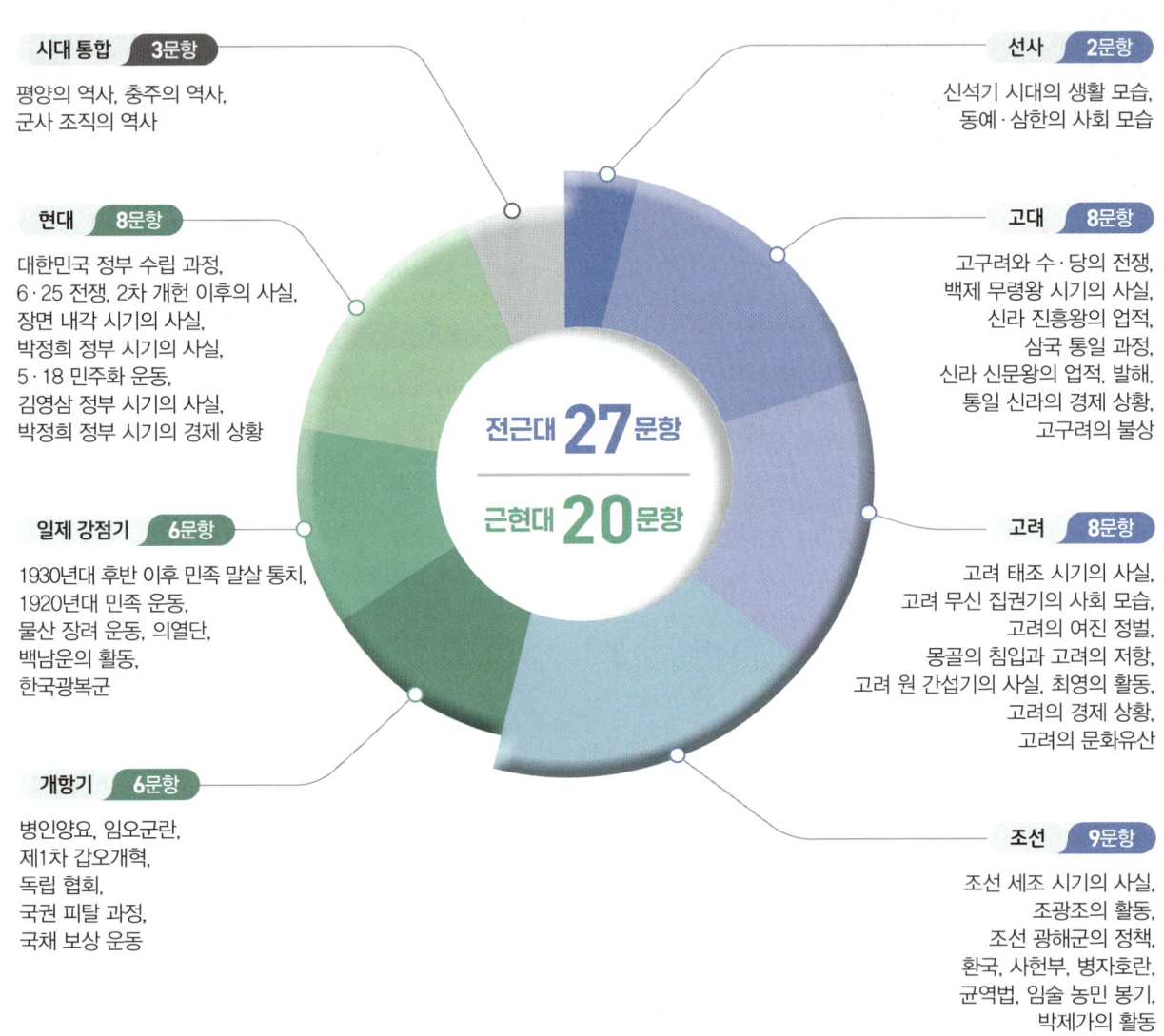

시대 통합 3문항
평양의 역사, 충주의 역사,
군사 조직의 역사

현대 8문항
대한민국 정부 수립 과정,
6·25 전쟁, 2차 개헌 이후의 사실,
장면 내각 시기의 사실,
박정희 정부 시기의 사실,
5·18 민주화 운동,
김영삼 정부 시기의 사실,
박정희 정부 시기의 경제 상황

일제 강점기 6문항
1930년대 후반 이후 민족 말살 통치,
1920년대 민족 운동,
물산 장려 운동, 의열단,
백남운의 활동,
한국광복군

개항기 6문항
병인양요, 임오군란,
제1차 갑오개혁,
독립 협회,
국권 피탈 과정,
국채 보상 운동

선사 2문항
신석기 시대의 생활 모습,
동예·삼한의 사회 모습

고대 8문항
고구려와 수·당의 전쟁,
백제 무령왕 시기의 사실,
신라 진흥왕의 업적,
삼국 통일 과정,
신라 신문왕의 업적, 발해,
통일 신라의 경제 상황,
고구려의 불상

고려 8문항
고려 태조 시기의 사실,
고려 무신 집권기의 사회 모습,
고려의 여진 정벌,
몽골의 침입과 고려의 저항,
고려 원 간섭기의 사실, 최영의 활동,
고려의 경제 상황,
고려의 문화유산

조선 9문항
조선 세조 시기의 사실,
조광조의 활동,
조선 광해군의 정책,
환국, 사헌부, 병자호란,
균역법, 임술 농민 봉기,
박제가의 활동

전근대 **27**문항
근현대 **20**문항

01 신석기 시대의 생활 모습 정답 ③

(가) 신석기 시대의 생활 모습으로 가장 적절한 것은?

> **정답 키워드**
>
> 빗살무늬 토기, 농경과 목축 시작

초대합니다

수장고에서 찾아낸 유물 이야기

우리 박물관은 수장고의 유물을 선정하여 분기별로 특별 전시회를 개최하고 있습니다. 이번 전시회에서는 ☐ (가) ☐ 시대를 주제로 한 유물들이 전시될 예정입니다.

☐ 대표 전시 유물

동삼동 패총 유적에서 출토된❶빗살무늬 토기로 짧은 사선 무늬, 생선뼈무늬 등이 잘 드러납니다.❷농경과 목축이 시작된 ☐ (가) ☐ 시대에 식량의 저장과 조리를 위해 이와 같은 토기가 제작되었습니다.

조개 무덤으로, 선사 시대 사람들이 조개나 굴 등을 먹고 버린 껍데기가 무덤처럼 쌓여 만들어진 유적

☐ 기간 : 2024. ○○. ○○. ~ ○○. ○○.
☐ 장소 : △△ 박물관 특별 전시실

❶ **빗살무늬 토기**는 신석기 시대의 대표적인 토기로, 식량을 저장하거나 음식을 조리하는 데 사용되었어요.

❷ 신석기 시대 사람들은 **농경과 목축을 시작**하여 식량을 생산하고 강가나 바닷가에 움집을 짓고 정착하여 생활하였어요.

① **반달 돌칼**을 이용하여 벼를 수확하였다.
　➡ **청동기 시대**에는 곡물을 수확하기 위해 반달 모양으로 생긴 돌칼을 사용하였어요.

② 주로 **동굴**이나 강가의 **막집**에 거주하였다.
　➡ **구석기 시대** 사람들은 식량을 찾아 이동 생활을 하였으며, 주로 동굴이나 강가의 막집, 바위 그늘에서 거주하였어요.

③ **가락바퀴**와 **뼈바늘**로 옷을 만들어 입었다.
　➡ **신석기 시대**에는 가락바퀴를 이용하여 실을 뽑고, 뼈바늘로 엮어 옷이나 그물 등을 만들었어요.

④ 많은 인력을 동원하여 **고인돌**을 축조하였다.
　➡ **청동기 시대**에는 많은 인력을 동원하여 지배층의 무덤으로 고인돌을 축조하였어요.

⑤ **주먹도끼**, **찍개** 등의 **뗀석기**를 처음 제작하였다.
　➡ **구석기 시대** 사람들은 주먹도끼, 찍개와 같은 뗀석기를 처음 만들어 사용하여 사냥과 채집 등을 통해 식량을 구하였어요.

02 신라 진흥왕의 업적 정답 ⑤

밑줄 그은 '**신라 진흥왕**'의 업적으로 옳은 것은?

> **정답 키워드**
>
> 김정희가 금석과안록에서 순수비임을 고증

이 비석은 원래 도선국사비, 무학대사비 등으로 알려져 있었지.

맞아. 그런데 조선 후기에❶김정희가 금석과안록에서 이 왕이 건립한 순수비임을 고증하였어.

신라는 진흥왕 때 한강 유역을 완전 장악하면서 삼국 통일의 기틀을 마련하였어요. 진흥왕은 고령의 대가야를 정복하였고, 동해안을 따라 함흥평야까지 진출하였어요. 진흥왕은 이러한 영토 확장을 기념하고 대내외에 알리기 위하여 단양 신라 적성비와 4개의 순수비를 세웠어요. 한편, 조선 후기에 김정희는 청의 수도 연경에서 만난 청의 학자들과 교류하며 금석학을 연구하였어요. 조선으로 돌아와 금석학 연구에 몰두한 김정희는 마침내 함흥의 황초령비와 북한산비의 비문을 판문·해석하여 북한산비가 진흥왕 순수비라는 사실을 밝혔고, 이 내용을 《금석과안록》으로 남겼어요.

① **관료전**을 지급하고 **녹읍**을 폐지하였다.
　➡ **신문왕**은 관료전을 지급하고 녹읍을 폐지하여 귀족의 경제 기반을 약화시켰어요.

② 인재 등용을 위해 **독서삼품과**를 실시하였다.
　➡ **원성왕**은 국학 학생들을 대상으로 유교 경전에 대한 이해 수준의 정도를 평가하여 관리 임용에 참고하는 독서삼품과를 시행하였어요.

③ **이차돈**의 **순교**를 계기로 **불교**를 **공인**하였다.
　➡ **법흥왕**은 이차돈의 순교를 계기로 귀족 세력의 반대를 물리치고 불교를 공인하였어요.

④ 지방관을 감찰하기 위해 **외사정**을 파견하였다.
　➡ **문무왕** 때부터 지방관을 감찰하고자 외사정을 파견하였어요.

⑤ 대아찬 **거칠부**에게 명하여 **국사**를 **편찬**하였다.
　➡ **진흥왕**은 '개국', '태창'이라는 연호를 사용하고 거칠부에게 명하여 역사서인 《국사》를 편찬하게 하였어요.

03 동예·삼한의 사회 모습　　정답 ③

(가) 동예, (나) 삼한에 대한 설명으로 옳은 것을 |보기|에서 고른 것은?

> **정답 키워드**
>
> (가) 읍군과 삼로, 무천
> (나) 천군

> (가) 대군장이 없고, 그 관직으로는 후(侯)와 **읍군과 삼로**가 있다. …… 해마다 10월이면 하늘에 제사를 지내는데, 밤낮으로 술 마시며 노래 부르고 춤추니, 이를 **무천**이라 한다. 또 호랑이를 신으로 여겨 제사 지낸다.
>
> ―『후한서』 동이열전 ―
>
> ┌─ 5월 수릿날(제천 행사)
> (나) 해마다 5월이면 씨뿌리기를 마치고 귀신에게 제사를 지낸다. 떼를 지어 모여서 노래와 춤을 즐기며 술 마시고 노는데 밤낮으로 쉬지 않는다. …… 국읍에 각각 한 사람씩을 세워서 천신의 제사를 주관하게 하는데, 이를 **천군**이라 부른다.
>
> ―『삼국지』 위서 동이전 ―

(가) 동예에는 왕이 없었고 **읍군, 삼로**라고 불린 군장이 부족을 다스렸어요. 또한, 매년 10월에 **무천**이라는 제천 행사를 열어 밤낮으로 음주가무를 즐기며 하늘에 풍년을 기원하였어요.

(나) 삼한에는 제사장인 **천군**과 신성 지역인 소도가 있었어요. 이를 통해 삼한이 제정 분리 사회였음을 짐작할 수 있어요.

ㄱ. (가) – 혼인 풍습으로 민며느리제가 있었다.
　➡ **옥저**에는 혼인을 약속한 여자아이를 남자 집에서 데려다 키운 후, 나이가 차면 여자 집에 예물을 주고 정식으로 혼인하는 풍습인 민며느리제가 있었어요.

ⓛ. (가) – 읍락 간의 경계를 중시하는 **책화**가 있었다.
　➡ **동예**에는 다른 부족의 경계를 침범하면 노비, 소, 말로 변상하게 하는 책화라는 풍습이 있었어요.

ⓒ. (나) – 신지, 읍차 등의 지배자가 있었다.
　➡ **삼한**에는 세력 크기에 따라 신지, 읍차 등으로 불린 정치 지배자가 있었어요.

ㄹ. (나) – 여러 가(加)들이 별도로 **사출도**를 주관하였다.
　➡ **부여**는 왕이 중앙을 다스렸고, 마가·우가·구가·저가 등의 여러 가(加)들이 별도로 사출도라고 불린 지역을 다스렸어요.

① ㄱ, ㄴ　② ㄱ, ㄷ　③ ㄴ, ㄷ　④ ㄴ, ㄹ　⑤ ㄷ, ㄹ

---

04 백제 무령왕 시기의 사실　　정답 ⑤

(가)에 들어갈 **백제 무령왕 시기의 사실** 내용으로 적절한 것은?

> **정답 키워드**
>
> 22담로에 왕족 파견

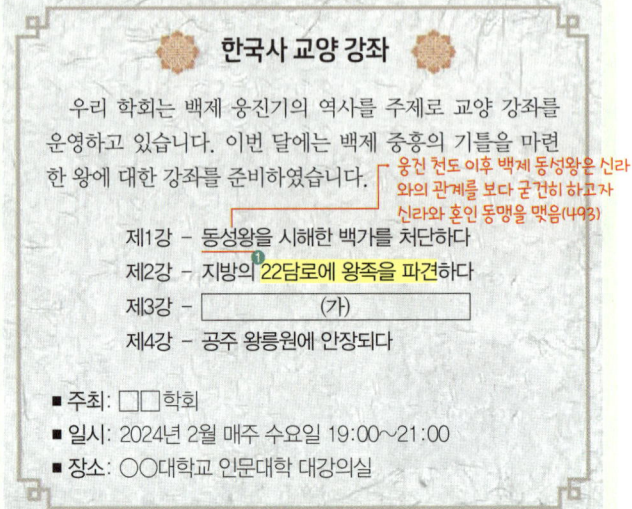

한국사 교양 강좌

우리 학회는 백제 웅진기의 역사를 주제로 교양 강좌를 운영하고 있습니다. 이번 달에는 백제 중흥의 기틀을 마련한 왕에 대한 강좌를 준비하였습니다.

제1강 – 동성왕을 시해한 백가를 처단하다
제2강 – 지방의 **22담로에 왕족을 파견**하다
제3강 – 　　　　(가)
제4강 – 공주 왕릉원에 안장되다

＊ 웅진 천도 이후 백제 동성왕은 신라와의 관계를 보다 굳건히 하고자 신라와 혼인 동맹을 맺음(493)

■ 주최: □□학회
■ 일시: 2024년 2월 매주 수요일 19:00~21:00
■ 장소: ○○대학교 인문대학 대강의실

백제 무령왕은 지방에 둔 **22담로에 왕족을 파견**해 지방 통제를 강화하였어요.

① 금마저에 미륵사를 창건하다
　➡ **무왕**은 오늘날 익산 지역인 금마저에 미륵사를 창건하였어요.

② 윤충을 보내 대야성을 함락하다
　➡ **의자왕**은 윤충을 보내 신라의 대야성을 함락하였어요. 대야성 전투는 신라에 큰 타격을 주었고, 신라에서 김춘추를 보내 당과 동맹을 체결하는 계기가 되었어요.

③ 평양성을 공격하여 고국원왕을 전사시키다
　➡ **근초고왕**은 고구려의 평양성을 공격하여 고국원왕을 전사시켰어요.

④ 진흥왕과 연합하여 한강 하류 지역을 수복하다
　➡ **성왕**은 신라 진흥왕과 연합하여 고구려를 공격해 한강 유역을 되찾았으나 곧이어 신라군의 기습 공격을 받아 한강 유역을 다시 빼앗겼어요. 이에 분노한 성왕은 신라 공격에 나섰다가 관산성 전투에서 전사하였어요.

⑤ 사신을 보내 **중국 남조의 양과 외교 관계를 강화하다**
　➡ **무령왕**은 웅진이 도읍이던 시기에 왕위에 올랐으며 중국 남조의 양과 활발히 교류하였어요. 충청남도 공주에 있는 무령왕릉은 중국 남조의 영향을 받아 벽돌무덤 양식으로 축조되었어요.

05 고구려와 수·당의 전쟁

정답 ③

(가) 살수 대첩(612), (나) 안시성 전투(645) 사이의 시기에 있었던 사실로 옳은 것은?

정답 키워드

(가) 을지문덕, 우중문
(나) 안시성 사람들이 성을 굳게 지킴

(가) ❶을지문덕이 ❶우중문에게 시를 보내 이르기를, "신묘한 계책은 천문을 다 헤아렸고 기묘한 계획은 지리를 모두 통달하였도다. 싸움에 이겨 이미 공로가 높으니 만족할 줄 알고 그치기를 바라노라."라고 하였다.

(나) 안시성 사람들이 황제의 깃발과 일산을 멀리서 바라보고, 곧장 성에 올라가 북을 치고 소리를 질렀다. 황제가 화를 내자, 이세적은 성을 함락하는 날에 남자를 모두 구덩이에 묻어 죽이자고 청하였다. ❷안시성 사람들이 이를 듣고 더욱 굳게 지키니, 오래도록 공격하여도 함락되지 않았다.

(가) 6세기 말 ~ 7세기 초에 들어선 중국의 통일 왕조인 수는 팽창 정책을 펼치며 고구려와 충돌하게 되었어요. 수 문제와 수 양제는 대규모 군대를 이끌고 고구려를 침략하였고, 그러자 고구려의 ❶을지문덕이 살수에서 ❶우중문이 이끈 수의 대군을 물리쳤어요(살수 대첩, 612).

(나) 수의 뒤를 이어 등장한 당은 팽창 정책을 펼쳤고, 고구려는 당의 침입에 대비하여 천리장성을 축조하였어요. 이 과정에서 세력을 키운 연개소문은 정변을 일으켜 권력을 장악하였어요. 당 태종은 연개소문의 정변을 구실 삼아 대규모 군대를 이끌고 고구려를 침략하였으나, 고구려는 안시성에서 당의 대군을 물리쳤어요(❷안시성 전투, 645).

① 관구검이 환도성을 공격하여 함락하였다.
➡ 245년 고구려 동천왕 때 위나라 관구검의 공격으로 환도성이 함락되었어요. (가) 이전의 사실이에요.

② 계백이 이끄는 군대가 황산벌에서 항전하였다.
➡ 660년에 백제의 계백은 황산벌에서 김유신이 이끄는 신라군에 맞서 싸웠으나, 결국 패하였고 백제는 멸망하였어요. (나) 이후의 사실이에요.

③ 연개소문이 정변을 일으켜 권력을 장악하였다.
➡ 642년에 연개소문은 정변을 일으켜 영류왕을 죽이고 보장왕을 왕위에 올린 뒤 스스로 대막리지가 되어 권력을 장악하였어요.

④ 광개토 대왕이 신라에 침입한 왜를 격퇴하였다.
➡ 400년에 고구려 광개토 태왕은 신라에 침입한 왜를 격퇴하였어요. (가) 이전의 사실이에요.

⑤ 미천왕이 낙랑군을 축출하여 영토를 확장하였다.
➡ 313년에 미천왕은 낙랑군을 축출하여 대동강 유역까지 영토를 확장하였어요. (가) 이전의 사실이에요.

06 고구려의 불상

정답 ②

다음 설명에 해당하는 **금동 연가 7년명 여래 입상**으로 옳은 것은?

정답 키워드

연가라는 글자가 새겨져 있음

문화유산 발표 대회

경상남도 의령군에서 출토되어 1964년에 국보로 지정되었어.

고구려 승려들이 만든 천불(千佛) 중 하나야.

광배 뒷면에 고구려의 연호로 추정되는 연가(延嘉)라는 글자가 새겨져 있어.

금동 연가 7년명 여래 입상 뒷면에는 '연가 7년(延嘉七年)'이 새겨져 있어 고구려의 불상임을 알 수 있어요. 금동 연가 7년명 여래 입상은 고구려의 승려들이 만들어 유포한 천불(千佛) 중 하나로, 고구려의 불상이지만 옛 신라 지역인 경상남도 의령에서 발견되었어요.

①
➡ 고려 시대에 만들어진 **영주 부석사 소조 여래 좌상**이에요.

②
➡ 신라 고분에서 출토된 고구려의 **금동 연가 7년명 여래 입상**이에요.

③
➡ 통일 신라 시대에 만들어진 **경주 구황동 금제 여래 좌상**이에요.

④
➡ 고려 시대에 만들어진 익산 왕궁리 5층 석탑을 보수하기 위해 해체하는 과정에서 발견된 사리장엄구 중 **금동 여래 입상**이에요.

⑤
➡ 고구려의 영향을 받아 만들어진 발해의 **이불병좌상**이에요.

(가) 기벌포 전투(676), (나) 백제 부흥 운동(663), (다) 고구려 부흥 운동(670)을 일어난 순서대로 옳게 나열한 것은?

정답 키워드

(가) 사찬 시득이 기벌포에서 싸움
(나) 흑치상지가 복신과 호응함
(다) 안승이 검모잠을 죽임

(가) ❶사찬 시득이 수군을 거느리고 소부리주 기벌포에서 설인귀와 싸웠으나 패배하였다. 다시 나아가 크고 작은 22번의 싸움에서 승리하고, 4천여 명의 목을 베었다.

(나) 흑치상지가 도망하여 흩어진 무리들을 모으니, 열흘 사이에 따르는 자가 3만여 명이었다. …… ❷흑치상지가 별부장 사타상여를 데리고 험준한 곳에 웅거하여 복신과 호응하였다.

연개소문의 정변으로 왕위에 오름 ┐
(다) 검모잠이 국가를 다시 일으키기 위하여 당을 배반하고 보장왕의 외손 안승을 세워 임금으로 삼았다. 당 고종이 대장군 고간을 보내 행군총관으로 삼고 병력을 내어 그들을 토벌하니, ❸안승이 검모잠을 죽이고 신라로 달아났다.

(나) 백제 멸망 이후 ❷복신과 도침은 주류성에서 왕자 부여풍을 왕으로 추대하여 부흥 운동을 전개하였고, ❷흑치상지는 임존성에서 부흥 운동을 전개하였어요. 백제 부흥 운동 세력은 왜와 연합하여 백강 전투에서 나·당 연합군과 싸웠으나 패배하였고 백제 부흥 운동은 실패로 끝났어요.

(다) 고구려 멸망 이후 검모잠, 고연무 등이 고구려 부흥 운동을 전개하였어요. 검모잠은 고구려 왕족 안승을 왕으로 삼고 고구려 부흥을 꾀하였어요. 그러나 당의 고간이 침입하자 안승은 검모잠과 대립하였고, 결국 검모잠을 죽이고 신라에 귀순하였어요. 신라는 고구려 멸망 이후 한반도 전체를 차지하려고 하는 당 세력을 몰아내기 위해 신라에 귀순한 안승을 금마저(익산)에 머물게 하고 보덕국의 왕으로 임명하였어요.

(가) 당은 백제와 고구려의 멸망 이후 한반도 전체를 지배하려는 야욕을 드러냈어요. 이에 신라는 매소성 전투에서 당의 육군을 격파하였고, ❶기벌포 전투에서는 사찬 시득이 이끄는 군대가 당의 수군을 격파하면서 삼국 통일을 완성하였어요.

① (가) - (나) - (다)
② (가) - (다) - (나)
③ (나) - (가) - (다)
④ (나) - (다) - (가)
➡ (나) 백제 부흥 운동(663) → (다) 고구려 부흥 운동(670) → (가) 기벌포 전투(676)
⑤ (다) - (나) - (가)

(가) 통일 신라의 경제 상황으로 옳은 것은?

정답 키워드

촌락의 인구 현황, 토지의 종류와 면적 등이 기록

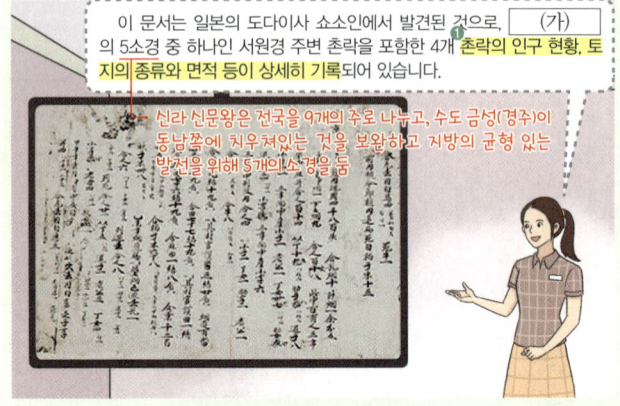

이 문서는 일본의 도다이사 쇼소인에서 발견된 것으로, (가) 의 5소경 중 하나인 서원경 주변 촌락을 포함한 4개 ❶촌락의 인구 현황, 토지의 종류와 면적 등이 상세히 기록되어 있습니다.

신라 신문왕은 전국을 9개의 주로 나누고, 수도 금성(경주)이 동남쪽에 치우쳐 있는 것을 보완하고 지방의 균형 있는 발전을 위해 5개의 소경을 둠

1933년에 일본의 도다이사(東大寺) 쇼소인(正倉院)에서 통일 신라의 촌락 문서가 발견되었는데, 여기에는 서원경 부근 4개 ❶촌락의 인구수, 토지 종류와 면적, 소와 말의 수 등이 상세히 기록되어 있어요. 신라 촌락 문서는 3년마다 작성하였는데, 이는 조세 징수와 노동력 징발에 활용되었어요.

① 경성과 경원에 무역소를 두었다.
➡ 조선은 태종 때 여진에 대한 회유책으로 국경 지대인 경성과 경원에 무역소를 설치해 무역을 허락하였어요.

②수도에 서시와 남시를 설치하였다.
➡ 통일 신라는 동시가 있는 수도에 서시와 남시를 설치하였어요.

③ 주전도감에서 해동통보를 발행하였다.
➡ 고려는 숙종 때 의천의 건의를 받아들여 주전도감을 설치하고 은병(활구), 해동통보 등의 화폐를 발행하였어요.

④ 독점적 도매상인인 도고가 출현하였다.
➡ 조선 후기에 상업이 발달하면서 대규모 자본으로 물품을 구매하는 독점적 도매상인인 도고가 등장하였어요.

⑤ 감자, 고구마 등을 구황 작물로 재배하였다.
➡ 조선 후기에는 감자, 고구마 등의 구황 작물이 전래되어 널리 재배되기 시작하였어요.

(가) 발해에 대한 설명으로 옳은 것은?

정답 키워드

대조영

명문(名文)으로 만나는 한국사

…… 신이 삼가 <u>(가)</u> 의 원류를 살펴
보건대, 고구려가 멸망하기 이전에는 본디 이름
도 없는 조그마한 부락에 불과하였는데, ……
걸사[비]우와 **대조영**❶ 등이 측천무후가 임조(臨朝)
할 즈음에 이르러, 영주에서 반란이 일어나자
그곳에서 도주하여 황구(荒丘)를 차지하고 비로
소 진국(振國)이라고 칭하였습니다. ……

[해설] 이 글은 <u>최치원</u>이 작성한 사불허북국거상표
(謝不許北國居上表)의 일부입니다. 이를 통해 북국
으로 표현된 <u>(가)</u> 의 건국 과정 등을 파악할
수 있습니다.
신라 말에 당에서 유학하고 돌아온 6두품 출신
학자로, 진성 여왕에게 시무책 10여 조를 올렸
으나 받아들여지지 않음

발해는 고구려 출신인 **대조영**❶이 고구려 유민과 말갈인을 이끌고 동
모산에서 세운 나라로 고구려 계승 의식을 표방하였어요. 9세기 선왕
때 옛 고구려 영토의 대부분을 차지하는 등 전성기를 이루었으며, 이
무렵 중국으로부터 '바다 동쪽의 번성한 나라'라는 뜻의 해동성국으로
불리기도 하였어요. 한편, 조선 후기 유득공은 《발해고》를 통해 발해
의 역사를 우리 역사의 일부로 편입하였으며, '남북국'이라는 용어를
처음으로 사용하였어요.

① 정사암 회의에서 나라의 중대사를 결정하였다.
➡ **백제**의 귀족들은 정사암에 모여 귀족들의 대표인 재상을 뽑고, 국
가의 중요한 일을 논의하여 결정하였어요.

② 지방의 여러 성에 **욕살**, **처려근지** 등을 두었다.
➡ **고구려**는 수도와 지방을 각각 5부로 나누어 다스렸으며, 지방에
욕살(녹살), 처려근지 등의 지방관을 두었어요.

③ 도병마사에서 변경의 군사 문제 등을 논의하였다.
➡ **고려**의 도병마사는 주로 국방과 군사 문제를 논의하였고, 식목도감
은 주로 대내적인 법제와 격식을 논의하였어요.

④ 서적 관리, 주요 문서 작성 등을 위해 **문적원**을 두었다.
➡ **발해**는 서적 관리, 주요 문서 작성 등을 위해 문적원을 두었어요.

⑤ 골품에 따라 관등 승진, 일상생활 등을 엄격히 제한하였다.
➡ **신라**의 골품제는 골품에 따라 관등 승진에 제한을 두고, 집과 수레
의 크기 등 일상생활까지도 규제하는 폐쇄적인 신분 제도였어요.

(가) 고려 태조에 대한 설명으로 옳은 것은?

정답 키워드

후삼국을 통일

이 불상은 충청남도 논산시에 있는 개태사지 석조 여래
삼존 입상으로, 큼직한 손과 신체의 굴곡이 거의 드러나지 않
는 원통형의 형태가 특징입니다. 개태사는 **후삼국을 통일**한
<u>(가)</u> 이/가 이를 기념하여 세운 사찰입니다.

후삼국을 통일❶한 고려 태조는 자신의 세력 기반이었던 호족 세력을
통합하고 민생을 안정시켜 국가의 기틀을 다져나갔어요. 주요 호족 가
문과 혼인 관계를 맺거나 왕씨 성을 하사하는 등 회유책을 펴는 동시
에, 사심관 제도와 기인 제도를 실시하는 등 통제책을 펼쳤고, 《정계》
와 《계백료서》를 지어 관리가 지켜야 할 규범을 제시하였어요. 또한,
민생 안정을 위해 빈민 구제 기관인 흑창을 설치하여 곡식을 빌려주고
추수기에 갚도록 하였어요. 흑창은 성종 때 의창으로 개칭되었어요.

① 관학 진흥을 위해 **양현고**를 설치하였다.
➡ **예종**은 관학을 진흥시키기 위해 국자감에 전문 강좌인 7재를 설치
하고 장학 재단으로 양현고를 운영하였어요. 또한, 국자감에 청연각
과 보문각을 설치하여 학문 연구를 장려하였어요.

② 쌍기의 건의를 받아들여 **과거제**를 시행하였다.
➡ **광종**은 쌍기의 건의를 받아들여 시험으로 관리를 선발하는 과거
제를 최초로 실시하였어요.

③ 전국에 **12목**을 **설치**하고 지방관을 파견하였다.
➡ **성종**은 최승로의 건의를 받아들여 전국의 주요 지역에 12목을 설
치하고 지방관을 파견하였어요.

④ **전시과 제도를** **처음** 마련하여 관리에게 토지를 지급하였다.
➡ **경종** 때 관리에게 관직 복무에 대한 대가로 전지와 시지를 지급하
는 전시과를 처음 시행하였어요. 전시과는 토지에 대한 수조권을
지급한 제도로 경종 때 처음 마련된 이후 몇 차례 개정을 거쳤어요.

⑤ 후대 왕들이 지켜야 할 정책 방향을 담은 **훈요 10조**를 남겼다.
➡ **태조**는 훈요 10조를 남겨 후대 왕들이 나라를 다스릴 때 그 내용
을 지킬 것을 당부하였어요.

다음 검색창에 들어갈 **서경(평양)**에서 있었던 사실로 옳은 것은?

정답 키워드

조위총이 반란, 동녕부 설치

● 서경(평양) 유수였던 **조위총**은 무신 정변을 일으킨 후 의종을 폐위하고 문신을 죽이며 전횡을 일삼던 정중부, 이의방 등을 타도하기 위해 서경에서 **난**을 일으켰으나 실패하였어요.

② 원 간섭기에 원은 서경에 **동녕부를 설치**하여 고려를 다스리고자 하였어요.

① 정몽주가 이방원 세력에게 **피살**되었다.
➡ 공양왕 때 정몽주는 위화도 회군 이후 이성계 세력이 주도한 조선 건국에 반대하였고, 결국 개경(**개성**)에서 이방원 세력에 의해 살해되었어요.

② **묘청**이 **반란**을 일으키고 국호를 대위라 하였다.
➡ 인종 때 묘청을 비롯한 서경 세력은 국호를 '대위', 연호를 '천개'로 정하고 서경(**평양**)에서 난을 일으켰어요.

③ 몽골의 침략으로 **황룡사 구층 목탑**이 **소실**되었다.
➡ 고려 시대 몽골의 침략으로 **경주** 황룡사 9층 목탑이 소실되었어요.

④ 흥덕사에서 금속 활자로 **직지심체요절**이 간행되었다.
➡ 고려 시대에 **청주** 흥덕사에서 간행된 《직지심체요절》은 현존하는 세계에서 가장 오래된 금속 활자본이에요.

⑤ 정서가 **유배** 중에 정과정이라는 고려 가요를 지었다.
➡ 고려 시대의 문인이었던 정서는 **부산**에서 유배 중에 〈정과정〉이라는 고려 가요를 지었어요.

다음 자료에 나타난 **고려**의 경제 상황으로 옳은 것은?

정답 키워드

은병(활구), 도평의사사

○ 이때에 ●은병을 화폐로 쓰기 시작하였다. 그 제도는 은 한 근으로 만들며 본국의 지형을 본뜨도록 하였다. 속칭 ●활구라 하였다.

○ ●도평의사사에서 방을 붙여 알리기를, "지금부터 은병 하나를 쌀로 환산하여 개경에서는 15~16석, 지방에서는 18~19석의 비율로 하되, 경시서에서 그 해의 풍흉을 살펴 그 값을 정할 것이다."라고 하였다.

● 성종 때 우리나라 최초의 금속 화폐인 건원중보가 만들어졌으나 유통은 제대로 되지 않았어요. 이후 숙종 때 의천의 건의로 주전도감이 설치되어 **은병(활구)**, 삼한통보, 해동통보, 해동중보 등의 화폐가 만들어졌지만 이 역시 널리 유통되지는 못하였어요.

② 고려의 도병마사는 원 간섭기를 거치며 **도평의사사**로 개칭되었으며, 국정 전반에 걸쳐 영향력을 행사하는 최고 권력 기구가 되었어요.

① 솔빈부의 말을 특산물로 수출하였다.
➡ **발해**는 당, 일본, 신라 등과 교역하였으며, 목축이 발달하여 솔빈부의 말이 특산물로 유명하였어요.

② **서적점**, **다점** 등의 관영 상점을 운영하였다.
➡ **고려**는 개경, 서경 등 대도시의 관청 수공업장에서 생산한 물품을 판매하는 서적점, 다점 등의 관영 상점을 운영하였어요.

③ 청해진을 중심으로 **해상 무역**을 전개하였다.
➡ **신라** 말 장보고는 완도에 청해진을 설치하여 해상 무역을 전개하였어요.

④ 광산을 전문적으로 경영하는 **덕대**가 활동하였다.
➡ **조선** 후기에 상인 물주로부터 자금을 받아 채굴업자와 노동자를 고용하여 광산을 전문적으로 경영하는 덕대가 등장하였어요.

⑤ **기유약조**를 체결하여 일본과의 교역을 재개하였다.
➡ **조선**은 임진왜란으로 일본과 교류하지 않다가 광해군 때 일본의 요청에 따라 기유약조를 체결하여 무역을 재개하였어요.

13 고려의 여진 정벌

정답 ⑤

(가) 여진에 대한 고려의 대응으로 옳은 것은?

> **정답 키워드**
>
> 윤관이 삼군을 통솔

> 변방의 장수가 보고하기를, " (가) 이/가 매우 사나워 변방의 성을 침입하고 있습니다."라고 하였다. …… 드디어 출병하기로 의논을 정하여 윤관을 원수로 삼고 지추밀원사 오연총을 부원수로 삼았다. ❶윤관이 아뢰기를, "신이 일찍이 선왕의 밀지를 받들었고 지금 또 엄명을 받았으니, 어찌 감히 ❶삼군을 통솔하여 (가) 의 보루를 깨뜨리고 우리의 강토를 개척하여 나라의 수치를 씻지 않겠습니까."라고 하였다.
>
> 숙종

12세기에 접어들어 천리장성 북쪽에 거주하던 여진이 부족을 통합하면서 고려와 충돌이 잦아졌어요. 이에 고려 숙종은 윤관의 건의를 받아들여 신기군, 신보군, 항마군으로 구성된 별무반을 편성하였고, 이후 예종 때 ❶윤관은 별무반을 이끌고 여진을 정벌하였어요.

① 광군을 창설하여 침입에 대비하였다.
➡ 고려는 정종 때 **거란**의 침입에 대비하여 일종의 예비군인 광군을 조직하였고, 이를 감독하기 위한 기구로 광군사를 만들었어요.

② 박위를 파견하여 근거지를 **토벌**하였다.
➡ 고려 말 창왕 때 박위는 **왜구**의 침입이 잦아지자 왜구의 근거지인 쓰시마섬(대마도)을 토벌하였어요.

③ 강화도로 도읍을 옮겨 장기 항전을 준비하였다.
➡ 고려 무신 집권기인 고종 때 **몽골**이 침략하자 당시 최고 집권자였던 최우는 일단 몽골과 강화를 맺은 후 수도를 강화도로 옮겨 장기 항전에 대비하였어요.

④ 선물 받은 낙타를 **만부교**에서 굶어 죽게 하였다.
➡ 고려 태조 때 **거란**이 고려에 사신을 보내면서 낙타를 선물하였는데, 태조는 낙타를 만부교 아래 묶어 두어 굶어 죽게 하였어요. 이를 만부교 사건이라고 하며, 이로써 고려와 거란의 외교 관계는 단절되었어요.

⑤ 동북 9성을 설치하고 경계를 알리는 비석을 세웠다.
➡ 고려 예종 때 윤관은 별무반을 이끌고 **여진**을 정벌한 후 동북 9성을 설치하고 경계를 알리는 비석을 세웠어요.

14 고려 무신 집권기의 사회 모습

정답 ⑤

다음 자료를 활용한 탐구 활동으로 가장 적절한 것은?

> **정답 키워드**
>
> 김사미·효심이 봉기, 이연년이 주군 공격

> ○ 남쪽에서 도적들이 ❶봉기하였다. 가장 심한 자들은 운문을 거점으로 한 ❶김사미와 초전을 거점으로 한 ❶효심이었다. 이들은 유랑민을 불러 모아 주현을 습격하여 노략질하였다.
>
> ○ 원율 사람인 ❷이연년이 백적도원수라 자칭하며 많은 사람을 불러 모아 여러 ❷주군을 공격하여 노략질하니 최린이 지휘사 김경손과 함께 그들을 격파하였다.

고려 무신 집권기에 무신들의 농민에 대한 수탈이 심해지자 하층민들이 각지에서 봉기하였어요. 대표적으로 망이·망소이의 난(공주 명학소), ❶김사미·효심의 난(운문·초전), 만적의 난(개경), ❷이연년 형제의 난(담양) 등이 있어요.

① 노비안검법이 실시된 목적을 알아본다.
➡ 고려 광종은 **호족의 경제적·군사적 기반 약화, 국가 재정 확충** 등을 목적으로 억울하게 노비가 된 사람들을 조사하여 양민으로 해방시키는 노비안검법을 실시하였어요.

② 삼정이정청이 설치된 과정을 살펴본다.
➡ 조선 철종 때 정부는 진주 농민 봉기를 시작으로 발생한 **임술 농민 봉기의 수습**을 위해 박규수를 안핵사로 파견하고 삼정이정청을 설치하였어요. 그러나 농민 봉기의 근본적인 원인을 해결하지는 못하였어요.

③ 사심관 제도가 시행된 사례를 조사한다.
➡ 고려 태조는 **호족 견제 정책**으로 지방 출신의 중앙 고위 관리를 사심관으로 임명하여 출신 지역을 관리하게 하고, 만약 그 지역에서 문제가 발생하면 사심관에게 책임을 지게 한 사심관 제도를 시행하였어요. 태조는 고려에 투항한 신라의 경순왕 김부를 처음으로 경주 지역의 사심관으로 임명하였어요.

④ 집강소에서 추진한 개혁의 내용을 분석한다.
➡ 1894년 동학 농민 운동 당시 동학 농민군은 전주성을 점령하고 정부와 전주 화약을 체결한 후 스스로 해산하였어요. 그리고 집강소를 설치하고 **부정한 탐관오리 처벌, 노비 문서 소각, 토지 균등 경작** 등의 내용을 담은 폐정 개혁안을 실천하였어요.

⑤ 무신 집권기 하층민의 반란이 발생한 배경을 파악한다.
➡ 고려 무신 집권기에 **무신 정권의 가혹한 수탈**에 저항하여 각지에서 하층민이 봉기를 일으켰어요.

다음 사건(**조일신의 난, 1352(원 간섭기)**)이 일어난 시기를 연표에서 옳게 고른 것은?

정답 키워드

> 조일신 등이 기철을 제거

> ❶ 조일신이 전 찬성사 정천기 등과 함께 기철·기륜·기원·고용보 등을 제거할 것을 모의하고 그들을 체포하게 하였는데, 기원은 잡아서 목을 베고 나머지는 모두 도망갔다. 조일신이 그 무리를 거느리고 나아가서 왕이 있던 궁궐을 포위하고, 숙직하고 있던 판밀직사사 최덕림, 상호군 정환 등 여러 사람을 죽였다.
> └ 공민왕

918	1009	1126	1198	1270	1392
(가)	(나)	(다)	(라)	(마)	
고려 건국	강조의 정변	이자겸의 난	만적의 난	개경 환도	고려 멸망

고려 원 간섭기인 공민왕 때 권력을 잡은 후 전횡을 일삼던 ❶ 조일신은 정천기 등과 모의하여 당시 친원 세력이었던 기철, 기륜, 기원, 고용보 등을 제거하려고 하였어요. 조일신은 공민왕이 있던 궁궐을 포위한 후 왕을 협박하여 스스로 우정승이 되고 정천기를 좌정승으로 하는 한편, 자신의 당파를 모두 요직에 임명하였어요(조일신의 난, 1352).

① (가)   ② (나)   ③ (다)   ④ (라)   ⑤(마)

➡ 13세기에 고려는 몽골의 침입을 받게 되었고, 강화도로 수도를 옮겨 항전하는 등 노력하였으나 결국 몽골과 강화를 맺은 후 개경으로 환도하였어요(**개경 환도, 1270**). 이후 '원'으로 나라 이름을 바꾼 몽골은 본격적으로 고려의 내정을 간섭하기 시작하였어요. 원 간섭기에 기철 등 원의 세력을 등에 업은 친원 세력은 권력을 독점하고 부를 축적하였어요. 한편, 공민왕 때 권력을 잡은 후 전횡을 일삼던 조일신은 정천기, 최화상 등과 함께 당시 친원 세력이었던 기철, 기륜, 기원, 고용보 등을 제거하려고 하였어요. 이 과정에서 조일신은 공민왕을 협박하여 높은 관직을 차지하였으나 결국 죽임을 당하였어요(**조일신의 난, 1352**). 이후 우왕 때 위화도 회군으로 실권을 장악한 이성계와 정도전, 조준 등 급진 개혁파 신진 사대부는 고려를 멸망시키고 조선을 건국하였어요(**고려 멸망, 1392**).

따라서, 조일신의 난이 일어난 시기는 '개경 환도(1270)'와 '고려 멸망(1392)' 사이의 시기인 **(마)**예요.

밑줄 그은 '**고려**'의 문화유산으로 옳지 <u>않은</u> 것은?

정답 키워드

> 몽골의 침략을 받음

> 이것은 왕실의 종친인 신안공 왕전이 ❶ 몽골의 침략을 받던 시기에 국가의 태평을 기원하며 발원한 법화경서탑도(法華經書塔圖)입니다. 감색 종이에 금가루 등으로 법화경 수만 자를 한 자씩 써서 칠층 보탑을 형상화한 것이 특징입니다.

❶ 몽골은 고려에 보낸 사신 저고여의 피살 사건을 구실로 1231년에 고려를 침략하였어요. 이에 최씨 무신 정권을 이끌던 최우는 일단 강화를 맺어 몽골군을 물러나게 하였고, 이후 도읍을 강화도로 옮겨 장기 항전을 준비하였어요.

     ②   ③

➡ **백제** 금동 대향로로 신선, 봉황, 연꽃 등 도교와 불교의 상징이 정교하게 묘사되어 있어요.

➡ **고려**의 논산 관촉사 석조 미륵보살 입상으로, 은진 미륵이라고도 불려요.

➡ **고려**의 청자 투각 칠보무늬 향로예요.

     ⑤

➡ **고려**의 평창 월정사 8각 9층 석탑으로, 고려 전기에 만들어진 대표적인 다각 다층 석탑이에요.

➡ **고려**의 청동 은입사 포류수금문 정병으로, 은입사 기술로 만든 목이 긴 형태의 물병이에요.

(가) 몽골의 1차 침입(1231), (나) 원 간섭기(13세기 중반 ~14세기 중반) 사이의 시기에 있었던 사실로 옳은 것은?

정답 키워드

(가) 고려가 저고여를 죽인 이유   (나) 첨의부, 제국 대장 공주

(가) 살리타가 이첩(移牒)하기를, "황제께서 **①고려가 사신 저고여를 죽인 이유** 등 몇 가지 일을 묻게 하셨다."라고 하면서 말 2만 필, 어린 남녀 수천 명, 자주색 비단 1만 필, 수달피 1만 장과 군사의 의복을 요구하였다.

(나) **②첨의부**에서 아뢰기를, "**②제국 대장 공주**의 겁령구*와 내료(內僚)들이 좋은 땅을 많이 차지하여 산천으로 경계를 정하고 사패(賜牌)**를 받아 조세를 납입하지 않으니, 청컨대 사패를 도로 거두소서."라고 하였다.

  *겁령구: 시종인
  **사패: 토지 등에 대한 권리를 인정해 주는 증서

(가) 1231년에 몽골은 고려에 보낸 사신 **저고여의 피살 사건**을 구실로 고려를 침략하였어요(1차 침입). 이에 최씨 무신 정권을 이끌던 최우는 일단 강화를 맺어 몽골군을 물러나게 하였고, 이후 도읍을 강화도로 옮겨 장기 항전을 준비하였어요.

(나) 고려는 강화도로 수도를 옮겨 항전하는 등 노력하였으나 결국 몽골과 강화를 맺은 후 개경으로 환도하였어요. 이후 '원'으로 나라 이름을 바꾼 몽골이 본격적으로 고려의 내정을 간섭하기 시작한 원 간섭기(13세기 중반~14세기 중반)가 시작되었어요. 고려의 왕이 원의 공주와 결혼하여 고려는 원의 부마국이 되었으며, 중서문하성과 상서성이 **②첨의부**로 개편되는 등 고려 왕실의 호칭과 관제도 격하되었어요. 한편, **제국 대장 공주**는 원 황실의 공주 신분이었는데, 원 간섭기에 충렬왕이 세자로서 원에 있었던 시기에 혼인하였고, 충렬왕이 즉위하면서 함께 고려에 왔어요.

① 신숭겸이 **공산 전투**에서 전사하였다.
  ➡ **927년**에 후백제군과 공산에서 맞닥뜨린 고려군은 크게 패배하였고, 이때 고려의 신숭겸 등이 전사하였어요(공산 전투). **(가) 이전**의 사실이에요.

② 최승로가 왕에게 **시무 28조**를 올렸다.
  ➡ **982년**에 성종은 최승로가 올린 시무 28조를 채택하여 유교 정치 이념을 바탕으로 체제를 정비하였어요. **(가) 이전**의 사실이에요.

③ 김방경의 군대가 **탐라**에서 **삼별초**를 진압하였다.
  ➡ **1273년** 원종 때 김방경은 군대를 이끌고 진도에서 탐라(제주)로 근거지를 옮겨 항쟁을 벌이던 삼별초를 진압하였어요.

④ 강감찬이 **개경**에 **나성**을 **축조**할 것을 건의하였다.
  ➡ **1009년** 현종 때 강감찬은 거란의 침입에 대비하고자 수도인 개경의 방어를 위해 나성 축조를 건의하였어요. **(가) 이전**의 사실이에요.

⑤ 경대승이 정중부 등을 제거하고 권력을 장악하였다.
  ➡ **1179년**에 경대승은 정중부의 횡포가 심해지자 정중부를 제거한 후 권력을 장악하였어요. **(가) 이전**의 사실이에요.

(가) 최영의 활동으로 옳은 것은?

정답 키워드

명의 철령위 설치에 반발하여 요동 정벌 추진

이것은 명의 **①철령위 설치에 반발하여** 팔도도통사로서 **요동 정벌을 추진**하였던 **(가)** 의 초상입니다. 그는 요동 정벌에 반대한 이성계가 위화도 회군으로 정권을 장악하면서 죽임을 당하였습니다.

고려 우왕 때 **①명이 철령 이북의 땅을 요구하자 우왕과 최영은 요동 정벌**을 추진하여 이성계에게 출병을 명하였어요. 이성계는 4불가론을 주장하며 반대하였으나 받아들여지지 않았어요. 결국 이성계는 압록강 근처의 위화도에서 군사를 돌려 개경으로 돌아와 우왕과 최영을 몰아내고 정권을 장악하였어요(위화도 회군, 1388).

① **홍산 전투**에서 왜구를 물리쳤다.
  ➡ **최영**은 고려 말 우왕 때 왜구가 고려를 침입해 행패를 부리자 홍산 전투에서 왜구를 크게 무찔렀어요.

② **화통도감**의 설치를 건의하였다.
  ➡ **최무선**은 고려 말 우왕 때 화통도감의 설치를 건의하였고, 이곳에서 생산한 화약과 화포 등을 이용하여 진포에 침입한 왜구를 격퇴하였어요.

③ 정변을 일으켜 **목종**을 **폐위**하였다.
  ➡ **강조**는 고려 목종 때 정변을 일으켜 김치양을 제거하고 목종을 폐위시켰어요. 이 사건을 구실로 거란의 2차 침입이 일어났어요.

④ 의종 복위를 도모하여 군사를 일으켰다.
  ➡ **김보당**은 무신 집권기인 고려 명종 때 무신 정권의 집권자였던 정중부와 이의방을 토벌하고 전왕인 의종을 다시 세우려고 난을 일으켰으나 실패로 끝났어요.

⑤ **교정별감**이 되어 국정 전반을 장악하였다.
  ➡ **최충헌**은 고려 희종 때 교정도감을 설치하고 교정별감이 되어 국정을 총괄하였어요.

밑줄 그은 '균역법'에 대한 탐구 활동으로 가장 적절한 것은?

정답 키워드

> 2필의 역을 1필로 감함

> 양역(良役)의 편중됨이 실로 양민의 뼈를 깎아 지탱하지 못하는 폐단이 됩니다. 전하께서 이를 불쌍하게 여겨 **2필의 역을 특별히 1필로 감하였으니**, 이는 천지와 같은 큰 은덕이요 죽은 사람을 살려주는 은혜입니다. …… 그러나 이미 포를 감하였으니 마땅히 그 대신할 것을 보충해야 하나 나라의 재원은 한정이 있습니다. …… 이에 신들은 감히 눈앞의 한때 일을 다행으로 여기지 않고 좋은 대책을 찾아 반드시 오래도록 이어지게 하겠습니다.

조선 후기에 군역을 부과하는 일이 문란해져 여러 폐단이 생겨났어요. 대표적인 군역의 폐단은 군역의 의무가 없는 어린아이를 군적에 올리는 황구첨정, 사망자에게도 군포를 부과하는 백골징포 등이 있었어요. 이에 영조는 군역의 폐단을 해결하고 백성들의 군포 부담을 덜어 주고자 균역법을 실시하였어요. 균역법은 군역의 의무가 있는 자가 **1년에 2필씩 내던 군포를 1필만 내도록 줄여 준** 법이에요.

① 공인이 등장하게 된 배경을 살펴본다.
➡ **대동법** 시행으로 관청에서 공가를 받고 필요한 물품을 마련하여 궁궐과 관청에 납품하는 공인이 등장하였어요. 공인의 활동은 조선 후기 상공업과 상품 화폐 경제가 발달하는 계기가 되었어요.

② 당백전 발행이 끼친 영향을 파악한다.
➡ 고종 때 흥선 대원군은 임진왜란 때 불타 없어진 경복궁을 다시 세우기 위해 필요한 막대한 비용을 마련하고자 고액 화폐인 당백전을 발행하였어요. 고액 화폐가 남발되면서 기존 화폐의 가치가 하락하며 **물가**가 급등하는 바람에 백성들의 불만이 심화되었어요.

③ 선무군관포를 징수한 목적을 찾아본다.
➡ 균역법 시행으로 **줄어든 재정 수입의 보충**을 위해 결작 부과, 어장세·염전세·선박세의 국가 재정으로 귀속, 선무군관포 징수 등을 실시하였어요.

④ 토산물을 쌀, 동전 등으로 납부하게 한 원인을 조사한다.
➡ 광해군 때 **방납의 폐단**이 심화되자 소유한 토지를 기준으로 공납을 부과하여 쌀이나 베, 동전 등으로 납부하게 하는 대동법을 경기도에 한해서 처음으로 시행하였어요.

⑤ 전세를 풍흉에 따라 9등급으로 차등 부과한 이유를 알아본다.
➡ 세종 때 **합리적인 토지세 수취**를 위해 토지의 비옥도에 따라 6등급으로 나누어 수취하는 전분6등법과 전세를 농작물의 풍흉에 따라 9등급으로 나누어 차등 부과하는 연분9등법이 실시되었어요.

(가) 사헌부에 대한 설명으로 옳은 것은?

정답 키워드

> 대사헌

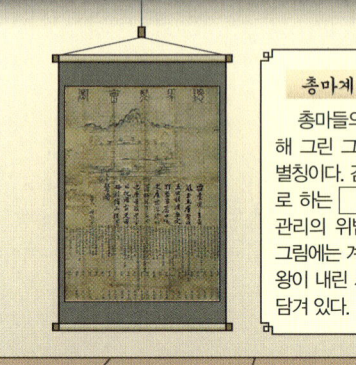

> **총마계회도(驄馬契會圖)**
> 총마들의 모임을 기념하기 위해 그린 그림으로 총마는 감찰의 별칭이다. 감찰은 **대사헌**을 수장으로 하는 ___(가)___ 의 관원으로, 관리의 위법 사항을 규찰하였다. 그림에는 계회 장소의 모습과 함께 왕이 내린 시문, 참석자 명단 등이 담겨 있다.

조선 시대 감찰 기관이었던 사헌부는 사간원, 홍문관과 함께 3사로 불렸는데, 3사는 권력의 독점을 경계하는 언론 기능을 담당하였어요. 또한, 사헌부는 사간원과 함께 대간으로 불리며 5품 이하 관리의 임명 과정에서 서경권을 행사하였어요. 한편, 사헌부의 수장을 **대사헌**이라고 불렀어요.

① 수도의 행정과 치안을 담당하였다.
➡ **한성부**는 수도 한성의 행정과 치안을 담당하는 기구였어요.

② 왕명 출납을 맡은 왕의 비서 기관이었다.
➡ **승정원**은 왕의 비서 기관으로 왕명 출납을 담당하였는데, 매일 처리한 문서와 사건을 일기 형식으로 기록해 둔 《승정원일기》를 남겼어요.

③ 왕에게 경서 등을 강론하는 경연을 주관하였다.
➡ **홍문관**은 3사 중 하나로, 궁중의 서적을 관리하고 집현전의 학문 연구 기능을 계승하여 경연을 관장하는 기구였어요.

④ 역사서를 편찬하고 사고에 보관하는 일을 맡았다.
➡ **춘추관**은 실록 등 역사서를 편찬·보관하고 관리하는 일을 담당하였어요. 왕이 죽으면 실록청을 설치하여 춘추관 관원들이 실록을 편찬하였어요.

⑤ 5품 이하 관리의 임명 과정에서 **서경권**을 행사하였다.
➡ **사헌부**와 사간원의 소속 관원인 대간은 5품 이하의 관리 임명에 대한 서경권을 행사하였어요.

(가)에 들어갈 조광조의 활동 내용으로 가장 적절한 것은?

> 정답 키워드
>
> 위훈 삭제, 소격서 폐지

이곳은 경기도 용인시에 있는 심곡 서원입니다. 반정 공신의 **①위훈 삭제** 등 개혁을 추진하다가 사사된 인물의 학문과 덕행을 추모하기 위해 세워졌습니다. 이 인물에 대해 알고 있는 내용을 대화창에 올려주세요.

조광조는 중종반정의 공신을 조사하여 자격이 없는 사람의 공훈을 없애는 위훈 삭제를 건의함

〈조선 시대 인물을 찾아서 생방송 중〉

ON 대화창

호는 정암으로, **②소격서 폐지**에 앞장섰어요.

(가)

글쓰기

중종반정 이후 훈구 세력이 정권을 장악하자 중종은 이를 견제하기 위해 조광조를 비롯한 사림들을 등용하였어요. 조광조는 **①위훈 삭제**, **②소격서 폐지**, 현량과 실시 등의 급진적인 개혁을 추진하였고, 이에 훈구 세력이 반발하여 조광조를 비롯한 많은 사림이 제거되는 기묘사화가 일어났어요.

① 성학집요를 지어서 임금에게 바쳤어요.
➡ **이이**는 군주가 수행해야 할 덕목과 지식을 담은 《성학집요》를 집필하였는데, 이 책에서 이이는 현명한 신하가 왕의 수양을 도와야 한다고 주장하였어요.

② 김종직의 조의제문을 사초에 포함시켰어요.
➡ **김일손**은 연산군 때 스승인 김종직의 〈조의제문〉을 사초에 실었고, 훈구 세력이 이를 문제 삼으면서 많은 사림이 축출당하는 무오사화가 일어났어요.

③ 최초의 서원인 백운동 서원을 건립하였어요.
➡ **주세붕**은 중종 때 우리나라 최초의 서원인 백운동 서원을 세웠고, 백운동 서원은 이후 사액되면서 소수 서원으로 이름이 바뀌었어요.

④ 소학의 보급과 현량과 실시를 주장하였어요.
➡ **조광조**는 중종 때 위훈 삭제, 소격서 폐지, 현량과 실시, 소학 보급 등의 개혁 정책을 주장하였는데, 기묘사화 때 훈구 세력에 의해 축출되었어요.

⑤ 재상 중심의 정치를 강조한 조선경국전을 저술하였어요.
➡ **정도전**은 《조선경국전》, 《경제문감》 등을 저술하여 민본주의와 재상 중심의 정치를 주장하였어요.

밑줄 그은 '조선 광해군'이 추진한 정책으로 옳은 것은?

> 정답 키워드
>
> 영창 대군을 죽이고 인목 대비를 폐위, 후금과의 관계 악화를 피하려 한 외교 정책

역사적 평가가 엇갈리는 이 왕에 대한 생각을 말해보자.

동생 영창 대군을 죽이고 어머니 인목 대비를 폐위한 것은 비난받을 행동이었어.

후금과의 관계 악화를 피하려 한 외교 정책은 국가의 안정을 도모한 적절한 선택이었다고 생각해.

① 인목 대비는 광해군의 아버지인 선조의 두 번째 왕비로, 광해군은 이복 동생인 영창 대군을 죽이고 어머니 인목 대비를 폐위하여 경운궁(덕수궁)에 유폐하였어요. 이에 서인은 반정을 일으켜 인조를 왕으로 세우며 정권을 잡았고, 북인 세력은 몰락하였어요.

② 왜란 이후 명의 국력이 약해진 틈을 타 여진이 세력을 확장하며 후금을 세웠어요. 광해군은 후금과의 관계 악화를 피하기 위해 명과 후금 사이에서 실리를 챙기려는 중립 외교를 펼쳤어요. 명이 후금과의 전투에 지원군을 요청하자 광해군은 명의 요청을 수용하여 강홍립이 이끄는 부대를 파견하면서도 강성해진 후금을 자극하지 않기 위해 강홍립에게 상황에 따라 적절히 대처하라는 지시를 내렸어요.

① 6조 직계제를 처음으로 실시하였다.
➡ **태종**은 6조 직계제를 처음으로 실시하여 의정부의 힘을 약화시키고, 왕권을 강화하였어요.

② 학문 연구 기관으로 집현전을 두었다.
➡ **세종**은 학문 연구 기관으로 집현전을 두어 정책 연구와 경연을 담당하도록 하였어요.

③ 전란의 피해를 복구하고 동의보감을 간행하였다.
➡ **광해군** 때 허준이 우리나라와 중국의 의서를 망라하여 전통 한의학을 체계적으로 정리한 《동의보감》을 간행하였어요.

④ 역대 문물 제도를 정리한 동국문헌비고를 편찬하였다.
➡ **영조** 때 홍봉한 등이 역대 문물제도를 정리한 《동국문헌비고》를 편찬하였어요.

⑤ 시전 상인의 특권을 축소하는 신해통공을 단행하였다.
➡ **정조**는 육의전을 제외한 시전 상인의 금난전권을 폐지하는 신해통공을 단행하였고, 이로써 상업 활동이 자유로워지면서 사상이 성장하게 되었어요.

밑줄 그은 '**병자호란**'의 영향으로 가장 적절한 것은?

정답 키워드

국왕이 삼전도에서 항복

사료로 만나는 한국사

신풍부원군 장유가 예조에 단자를 올리기를 "외아들이 있는데 강도(江都)의 변 때 그의 처가 잡혀갔다가 속환되어 지금은 친정 부모집에 가 있습니다. 그대로 배필로 삼아 함께 조상의 제사를 받들 수 없으니, 새로 장가들도록 허락해 주십시오."라고 하였다.

위 사료는 이 전쟁 중 강화도가 함락되면서 적국으로 끌려갔다 돌아온 며느리를 아들과 이혼하게 해달라는 내용의 글이다. 🔴**국왕이 삼전도에서 항복**하며 종결된 이 전쟁으로 많은 사람들이 포로로 끌려갔다. 여성들은 살아 돌아오더라도 절개를 잃었다는 이유로 억울하게 이혼을 당하기도 하였다.

인조반정 이후 인조와 서인 정권은 친명배금 정책을 추진하였어요. 이로 인해 정묘호란이 일어났고, 후금은 조선과 후금이 형제 관계를 맺는다는 조건으로 물러갔어요. 그 뒤 세력이 더욱 강성해진 후금은 국호를 '청'으로 바꾸고 조선에 군신 관계를 요구하며 병자호란을 일으켰고, 이에 **인조는 남한산성으로 피란하여 항전하였으나 결국 삼전도에서 항복**하였어요. 이후 조선은 청과 군신 관계를 맺어 소현 세자와 봉림 대군을 청에 볼모로 보냈어요.

① **이완** 등을 중심으로 **북벌**이 **추진**되었다.
➡ 효종은 **병자호란**으로 청에 볼모로 끌려갔다가 돌아온 후 즉위하였어요. 이후 효종은 송시열, 이완 등 서인 세력과 함께 북벌을 계획하여 추진하였으나 실행에 옮기지는 못하였어요.

② 김종서가 두만강 일대에 **6진**을 **개척**하였다.
➡ 세종 때 김종서는 세종의 명을 받아 두만강과 압록강 일대에 출몰하는 **여진**을 **정벌**하고 6진을 개척하였어요.

③ 이종무가 적의 근거지인 **쓰시마섬**을 **정벌**하였다.
➡ 세종 때 **왜구의 침입**으로 백성들이 피해를 입자 이종무가 군사를 이끌고 가 왜구의 근거지인 쓰시마섬(대마도)을 정벌하였어요.

④ 강홍립이 이끄는 부대가 **사르후 전투**에 참전하였다.
➡ 광해군 때 **후금과 전쟁**을 치르고 있던 명의 요청을 받아 지원군으로 파견된 강홍립 부대가 사르후 전투에 참전하였어요.

⑤ 국방 문제를 논의하기 위해 **비변사**가 **처음**으로 **설치**되었다.
➡ 중종 때 일어난 **3포 왜란**을 계기로 국방 문제를 논의하기 위한 비변사가 임시로 설치되었고, 명종 때 일어난 을묘왜란을 계기로 비변사가 상설 기구화 되었어요.

(가) 조선 세조의 재위 시기에 있었던 사실로 옳은 것은?

정답 키워드

현직 관리에게 전지를 주고 직전이라 함

만약 그 자신이 죽고 아내에게 전지가 전해지면 수신전이라 하였고, 부부가 모두 죽고 아들에게 전해지면 휼양전이라 일컬었으며, 만약 그 아들이 관직에 제수된다면 그대로 그 전지를 주고 과전이라 하였다. …… (가) 이/가 이 제도를 폐지하고 🔴**현직 관리에게 전지를 주고 직전이라** 하였다.

세조는 🔴**직전법**을 실시하여 수신전, 휼양전 등의 명목으로 세습되는 토지를 폐지하고, **현직 관리에게만 수조권을 지급**하였어요.

① 🔴불교 경전을 간행하는 **간경도감**이 설치되었다.
➡ **세조**는 간경도감을 설치하여 불경을 한글로 번역·간행하고 원각사를 창건하는 등 불교를 후원하였어요.

② 음악 이론 등을 집대성한 **악학궤범**이 완성되었다.
➡ **성종** 때 음악 이론 등을 집대성한 《악학궤범》이 완성되었어요.

③ 세계 지도인 **혼일강리역대국도지도**가 제작되었다.
➡ **태종** 때 현존하는 동양에서 가장 오래된 세계 지도인 〈혼일강리역대국도지도〉가 제작되었어요.

④ 신하를 재교육하기 위한 **초계문신제**가 실시되었다.
➡ **정조**는 자신의 개혁 정책을 뒷받침할 인재를 양성하기 위해 초계문신제를 실시하여 젊고 능력 있는 문신들을 재교육하였어요.

⑤ 삼남 지방의 농법을 소개한 **농사직설**이 편찬되었다.
➡ **세종** 때 우리 실정에 맞는 농법을 소개한 《농사직설》이 편찬되었어요. 《농사직설》에는 삼남 지방의 농법 소개는 물론 우리나라 풍토에 맞는 씨앗의 저장법과 토지의 개량법 등이 담겼어요.

25 충주의 역사

정답 ④

(가) 충주에서 있었던 사실로 옳은 것은?

정답 키워드

> 김윤후의 대몽 항쟁, 탄금대 전투

우리 모둠에서는 임진왜란 때 신립 장군이 결사 항전한 탄금대 전투에 대해 발표하려고 합니다.

모둠별 지역사 발표 주제

(가) **지역의 역사와 문화**

- **1모둠** 탑평리 칠층 석탑의 건립
- **2모둠** ① 김윤후의 대몽 항쟁 전개
- **3모둠** 다인철소와 완오리 제철 유적
- **4모둠** ② 신립의 탄금대 전투

① 고려 시대에 몽골의 5차 침입이 일어나자 **김윤후**는 충주성에서 백성과 노비들을 지휘하여 몽골군을 물리치는 등 **대몽 항쟁**을 전개하였어요.

② 조선 시대인 1592년 임진왜란 발발 직후 부산 동래성을 함락한 일본군이 북진하자 신립이 충주의 탄금대에서 배수의 진을 치고 항전하였지만 패하고 말았어요(**탄금대 전투**).

① 제1차 미소 공동 위원회가 개최되었다.
➡ 광복 이후 **서울** 덕수궁 안에 있는 석조전에서 제1차 미·소 공동 위원회가 개최되었으나 임시 정부 수립에 참여하는 단체의 범위를 두고 미국과 소련이 대립하면서 결렬되었어요.

② 명 신종을 기리는 **만동묘**가 **건립**되었다.
➡ 조선 숙종 때 임진왜란 당시 조선을 도와준 것에 대한 보답으로 **괴산**에 명 신종을 기리는 만동묘가 건립되었어요.

③ **강주룡**이 을밀대 지붕에서 **고공 농성**을 벌였다.
➡ 일제 강점기인 1931년에 고무공장의 노동자 강주룡은 임금 삭감에 저항하여 **평양** 을밀대 지붕에 올라가 고공 시위를 전개하였어요.

④ **고구려비**가 **남한** 지역에서 **유일**하게 발견되었다.
➡ 5세기 고구려의 남진 정책과 신라와의 관계를 짐작할 수 있는 **충주** 고구려비는 남한 지역에서 유일하게 발견된 고구려비예요.

⑤ 박재혁이 경찰서에서 **폭탄**을 터뜨리는 **의거**를 일으켰다.
➡ 일제 강점기인 1920년에 의열단원이었던 박재혁은 **부산** 경찰서에 폭탄을 터뜨리는 의거를 일으켰어요.

26 환국

정답 ②

왼쪽: 기사환국(1689), 오른쪽: 갑술환국(1694) 사이의 시기인 (가) 시기에 있었던 사실로 옳은 것은?

정답 키워드

- 왼쪽: 주상께서 희빈 장씨가 낳은 왕자를 원자로 삼음
- 오른쪽: 장씨에게 내렸던 왕후의 지위를 거둠

① 며칠 전 주상께서 희빈 장씨가 낳은 왕자를 원자로 삼으셨다고 하네.

인현 왕후 ― 중전께서 아직 젊으신데 너무 성급한 결정은 아닌지 우려스럽네.

(가)

② 장씨에게 내렸던 왕후의 지위를 거두고 옛 작호인 희빈을 내려주도록 하라.

① 경신환국 이후 **숙종**은 **인현 왕후**에게 후사가 생기지 않자 후궁 장씨의 소생을 원자로 삼아 정호할 것을 명령하였는데, 이에 서인은 반대하였고 남인은 찬성하였어요. 이 과정에서 후궁 장씨가 희빈에 오르고, 권력에서 밀려났던 남인이 다시 정권을 장악하였는데, 이 사건을 기사환국(1689)이라고 해요.

② 숙종은 인현 왕후를 복위시키고 **희빈 장씨를 폐위**하였어요. 이로써 남인이 몰락하고 노론과 소론의 서인이 다시 정국을 주도하였는데, 이 사건을 갑술환국(1694)이라고 해요.

① 무신 **이징옥**이 반란을 일으켰다.
➡ 1453년 계유정난 이후 무신 이징옥이 수양대군에 맞서 반란을 일으켰는데, 이 사건을 이징옥의 난이라고 해요. **기사환국 이전**의 사실이에요.

② **송시열**이 유배된 후 **사사**되었다.
➡ 1689년에 서인의 우두머리였던 송시열은 희빈 장씨 아들의 원자 책봉을 반대하다가 제주로 유배되었고 이후 사사되었어요.

③ 자의 대비의 복상 문제로 **예송**이 일어났다.
➡ 조선 현종 때 효종과 효종비가 죽자 서인과 남인 사이에 효종의 어머니인 자의 대비의 상복 입는 기간을 두고 1659년에 기해예송이, 1674년에 갑인예송이 전개되었어요. **기사환국 이전**의 사실이에요.

④ 정여립 모반 사건을 빌미로 **기축옥사**가 발생하였다.
➡ 1589년 선조 때 정여립 모반 사건을 계기로 기축옥사가 발생하여 동인이 피해를 입었어요. **기사환국 이전**의 사실이에요.

⑤ 붕당 정치의 폐해를 막기 위해 **탕평비**가 **건립**되었다.
➡ 1742년에 영조는 붕당 정치의 폐해를 경계하고자 탕평책을 실시하였고, 이를 널리 알리려고 성균관 앞에 탕평비를 건립하였어요. **갑술환국 이후**의 사실이에요.

(가) 박제가에 대한 설명으로 옳은 것은?

정답 키워드

> 북학의

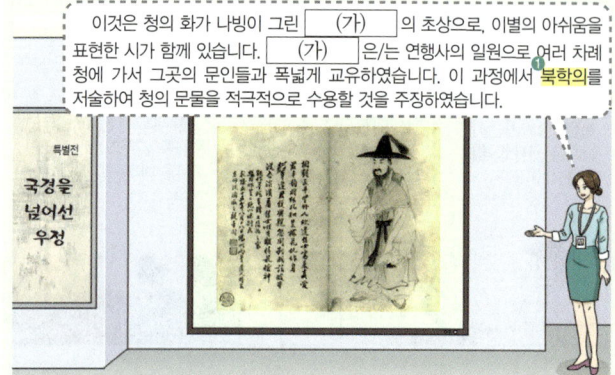

이것은 청의 화가 나빙이 그린 [(가)]의 초상으로, 이별의 아쉬움을 표현한 시가 함께 있습니다. [(가)]은/는 연행사의 일원으로 여러 차례 청에 가서 그곳의 문인들과 폭넓게 교유하였습니다. 이 과정에서 **북학의**를 저술하여 청의 문물을 적극적으로 수용할 것을 주장하였습니다.

특별전
국경을 넘어선 우정

조선 후기에 상공업 중심의 개혁을 주장한 실학자에는 유수원, 홍대용, 박지원, 박제가 등이 있어요. 특히, 박제가는 상공업 진흥을 주장하였고, **《북학의》**에서 재물을 우물에 비유하며 절약보다 적절한 소비를 권장하였어요.

① 세계 지리서인 지구전요를 저술하였다.
➡ **최한기**는 천체, 기상 등 서양의 과학 기술을 정리한 《지구전요》를 저술하였어요.

② 의산문답에서 무한 우주론을 주장하였다.
➡ **홍대용**은 《의산문답》에서 무한우주론과 지전설을 통해 어느 곳이든 세상의 중심이 될 수 있다고 주장하며 중국 중심의 세계관을 비판하였어요.

③ 기기도설을 참고하여 거중기를 설계하였다.
➡ **정약용**은 《기기도설》에 실린 도르래의 원리를 활용하여 거중기를 설계하였어요.

④ 서자 출신으로 규장각 검서관에 기용되었다.
➡ 정조는 서얼 출신 학자들을 규장각 검서관으로 기용하기도 하였는데 **박제가, 유득공, 이덕무** 등이 대표적인 인물이에요.

⑤ 양반전을 지어 양반의 허례와 무능을 풍자하였다.
➡ **박지원**은 〈양반전〉, 〈호질〉 등의 한문 소설을 지어 양반의 허례와 무능을 풍자하였어요.

다음 가상 대화가 이루어진 19세기의 사회 모습으로 가장 적절한 것은?

정답 키워드

> 진주에서 백성들이 난을 일으킴

자네 소식 들었나? 지난달 **진주에서 백성들이 난을 일으켜** 관아를 습격하고 아전의 집을 불태웠다더군.

나도 들었네. 경상 우병사 백낙신의 탐학과 향리들의 횡포에 맞서 유계춘이 주도하였다고 하더군.

1862년에 **진주에서 유계춘을 중심으로 경상 우병사 백낙신의 부정부패에 항의하는 농민 봉기**가 일어났어요. 이러한 진주 농민 봉기를 거치면서 농민 봉기가 전국으로 확산되었는데, 이를 임술 농민 봉기라고 해요. 조선 정부는 봉기를 수습하기 위해 박규수를 안핵사로 파견하고 삼정이정청을 설치하였으나, 농민 봉기의 근본적인 원인을 해결하지는 못하였어요.

① 빈민 구제를 위해 흑창이 설치되었다.
➡ 10세기 초에 고려 태조는 빈민 구제 기관인 흑창을 설치하여 곡식을 빌려주고 추수기에 갚도록 하였어요. 흑창은 성종 때 의창으로 개칭되었어요.

② 원종과 애노가 사벌주에서 봉기하였다.
➡ 9세기 신라 말 진성 여왕 때 중앙 정부의 지방 통제력이 약화되고 귀족의 수탈이 더욱 심해져 원종과 애노의 난(사벌주), 적고적의 난 등 곳곳에서 농민 봉기가 일어났어요.

③ 홍건적의 침입으로 개경이 함락되었다.
➡ 14세기 중반 고려 공민왕 시기에 홍건적이 침입하여 개경이 함락되기도 하였어요.

④ 지배층을 중심으로 변발과 호복이 유행하였다.
➡ 13세기 중반에서 14세기 중반까지의 원 간섭기에 고려에서는 지배층을 중심으로 변발과 호복 등의 몽골풍 복장이 유행하였어요.

⑤ 안동 김씨 등의 세도 정치로 매관매직이 성행하였다.
➡ 19세기에 조선에서는 안동 김씨 등의 세도 정치로 매관매직이 성행하는 등 관리들의 부정부패가 심하였어요.

29 병인양요 정답 ③

(가) 병인양요에 대한 설명으로 옳은 것은?

> 양헌수 장군이 프랑스군을 물리침

대한민국 방방곡곡 – 전등사

Ⓢ **한국사 채널**   조회 수 82,461

전등사는 강화도 정족산성 안에 위치한 사찰로 대웅전, 약사전 등 많은 문화유산을 보유하고 있다. 사찰 내에는 조선왕조실록을 보관하였던 정족산 사고가 복원되어 있다. 뿐만 아니라 [(가)] 때 **프랑스군을 물리친 양헌수 장군**의 승전비도 있다.

병인양요는 1866년에 병인박해가 일어나자 이를 구실로 같은 해 프랑스군이 조선을 침략한 사건이에요. 이때 한성근 부대는 문수산성에서, **양헌수 부대는 정족산성에서 프랑스군을 격퇴**하였어요.

① 운요호 사건을 빌미로 일어났다.
　➡ 1875년에 일본의 군함 운요호가 강화도에 접근하여 영종도를 공격하였어요(운요호 사건). 이 사건을 계기로 1876년에 조선은 일본과 **강화도 조약**(조·일 수호 조규)을 체결하였어요.

② 왕이 공산성으로 피란하는 계기가 되었다.
　➡ 1624년에 **이괄의 난**이 일어나자 인조는 충청남도 공주의 공산성으로 피란하였어요.

③ 전개 과정에서 **외규장각 도서**가 약탈당하였다.
　➡ 1866년 **병인양요** 당시 프랑스군은 퇴각하면서 외규장각에 보관하고 있던 《의궤》 등 수많은 도서를 약탈해 갔어요.

④ 사태 수습을 위해 이용태가 안핵사로 파견되었다.
　➡ 1894년 1월에 고부 군수 조병갑의 수탈에 반발하여 전봉준의 주도로 농민들이 봉기하여 만석보를 파괴하였는데, 이 사건을 **고부 농민 봉기**라고 해요. 이에 조선 정부가 사태 수습에 나서면서 이용태가 안핵사로 파견되었어요.

⑤ 황사영이 외국 군대의 출병을 요청하는 원인이 되었다.
　➡ 1801년에 **신유박해**가 일어나자 황사영은 당시 베이징 교구의 주교에게 외국 군대의 출병을 요청하는 백서를 작성해 보내려 하다가 발각되었어요.

30 임오군란 정답 ④

다음 자료에 나타난 **임오군란(1882)**의 영향으로 가장 적절한 것은?

> 군사가 난을 일으킴

이때 세금을 부과하는 직책의 신하들이 재물을 거두어들여 자기 배만 채우면서 각영(各營)에 소속된 군인들의 봉급은 몇 달 동안 나누어 주지 않았다. 그리하여 훈국(訓局)의 **군사가 맨 먼저 난을 일으키고**, 각영의 군사가 잇달아 일어났다. 이들은 이최응, 민겸호, 김보현, 민창식을 죽였고 또 중전을 시해하려 하였다. 중전은 장호원으로 피하였다.   └─ 명성 황후

1882년에 일어난 임오군란은 신식 군대인 별기군에 비해 차별 대우를 받던 **구식 군인들이 난을 일으킨** 사건이에요. 구식 군인들은 민태호와 민겸호 등 민씨 일파와 일본 공사관 등을 공격하였으나, 민씨 일파의 요청으로 파견된 청군에 의해 난은 진압되었어요.

① 강화도 조약이 체결되었다.
　➡ 1875년에 일본의 군함 운요호가 허락 없이 강화도로 접근하여 영종도를 공격하였어요(**운요호 사건**). 이 사건을 계기로 조선은 일본과 강화도 조약(조·일 수호 조규)을 체결하였어요.

② 김기수가 수신사로 일본에 파견되었다.
　➡ 1876년 **강화도 조약** 체결 직후 조선 정부는 김기수를 일본에 수신사로 파견하였어요.

③ 종로와 전국 각지에 **척화비**가 세워졌다.
　➡ 1871년 **신미양요** 직후 흥선 대원군은 종로와 전국 각지에 척화비를 세워 통상 수교 거부 정책의 의지를 널리 알렸어요.

④ 일본 공사관 경비 명목으로 **일본군**이 **주둔**하였다.
　➡ 1882년 **임오군란** 이후 조선 정부는 일본과 제물포 조약을 체결하여 일본에 배상금을 지불하고, 일본 공사관 경비를 위한 일본군의 주둔을 허용하였어요.

⑤ 통리기무아문을 설치하고 그 아래에 12사를 두었다.
　➡ 1880년에 조선 정부는 **개화 정책 추진**을 총괄하는 통리기무아문과 산하 기구인 12사를 설치하여 개혁을 추진하였어요.

(가)에 들어갈 제1차 갑오개혁 내용으로 적절한 것은?

정답 키워드

군국기무처가 개혁 담당

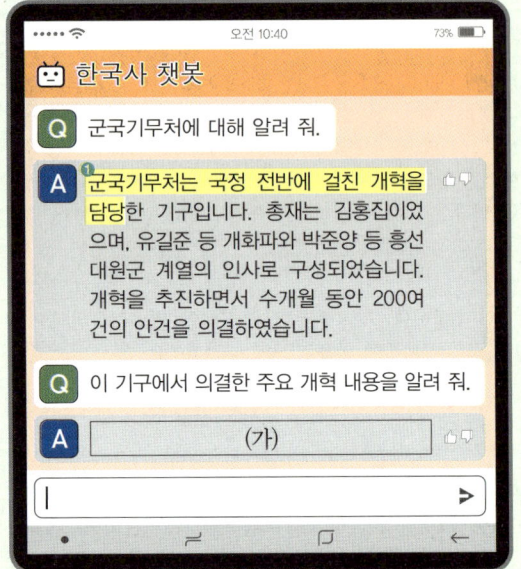

1894년에 일본의 강요로 구성된 김홍집 내각은 최고 정책 결정 기관으로 군국기무처를 설치하고 제1차 갑오개혁을 추진하였어요. 군국기무처는 과거제 폐지, 공·사 노비법(신분 제도) 폐지, 과부의 재가 허용, 개국 기년 사용, 6조를 8아문으로 개편, 탁지아문으로의 재정 일원화, 은 본위제 채택 등의 개혁을 추진하였어요.

① 공사 노비법을 혁파하였습니다.
➡ 제1차 갑오개혁 때 공·사 노비법이 혁파되면서 공식적으로 신분제가 폐지되었어요.

② 5군영을 2영으로 통합하였습니다.
➡ 1880년대 개화 정책 추진 과정에서 조선 정부는 구식 군대인 5군영을 2영(무위영·장어영)으로 통합·축소하고 신식 군대인 별기군(교련병대)를 창설하였어요.

③ 건양이라는 연호를 제정하였습니다.
➡ 을미개혁 때 '건양' 연호 제정, 태양력 채택, 단발령 시행, 종두법 시행, 소학교 설치 등의 개혁이 추진되었어요.

④ 한성 사범 학교 관제를 반포하였습니다.
➡ 제2차 갑오개혁 때 교육입국 조서가 반포되어 근대식 교육 제도의 기반이 마련되었고, 이에 따라 한성 사범 학교 관제 등이 반포되었어요.

⑤ 지계아문을 설치하여 지계를 발급하였습니다.
➡ 대한 제국 시기에 고종은 광무개혁을 추진하는 과정에서 양전 사업을 시행하여 근대적 토지 소유 증명서인 지계를 발급하였어요.

(가) 독립 협회에 대한 설명으로 옳은 것은?

정답 키워드

독립문을 세움

신들은 나라가 나라일 수 있는 조건은 두 가지가 있다고 생각합니다. 첫째는 자립하여 다른 나라에 의지하지 않는 것이며, 둘째는 자수(自修)하여 나라 안에 정법(政法)을 행하는 것입니다. 이 두 가지는 하늘이 우리 폐하께 부여해 준 하나의 큰 권한으로서, 이 권한이 없으면 나라가 없는 것입니다. 그래서 신 등은 (가) 을/를 설립하여 독립문을 세우고 위로는 황상의 지위를 높이며, 아래로는 인민의 뜻을 확고히 함으로써 억만년 무궁한 기초를 확립하고자 하였던 것입니다.

아관 파천 이후 열강의 이권 침탈이 심화되자 독립신문을 창간한 서재필 등의 주도로 독립 협회가 설립되었어요. 독립 협회는 청의 사신을 맞이하던 영은문 자리 부근에 독립문을 세워 독립과 자주의 의지를 드러냈으며, 민중 집회인 만민 공동회를 개최하여 러시아의 절영도 조차 요구를 저지하고, 한·러 은행 폐쇄를 이끌어 내기도 하였어요.

① 만세보를 발행하여 민중 계몽에 힘썼다.
➡ 천도교 세력은 기관지로 만세보를 발행하여 민중 계몽에 힘썼어요.

② 일본의 황무지 개간권 요구를 저지하였다.
➡ 보안회는 일제가 황무지 개간권을 요구하자 반대 운동에 나서 이를 저지하였어요.

③ 일제가 조작한 105인 사건으로 와해되었다.
➡ 신민회는 1911년에 일제가 조작한 105인 사건으로 조직이 드러나 해체되었어요.

④ 중추원 개편을 통해 의회 설립을 추진하였다.
➡ 독립 협회는 박정양 내각과 함께 관민 공동회를 개최하여 헌의 6조를 결의하고 중추원 개편을 통한 의회 설립을 추진하였어요.

⑤ 독립운동 자금 마련을 위해 독립 공채를 발행하였다.
➡ 대한민국 임시 정부는 독립운동 자금을 마련하기 위해 독립 공채를 발행하였으며, 임시 사료 편찬회를 두고 우리 민족의 독립운동과 관련된 사료를 수집·정리하여 《한·일 관계 사료집》을 편찬하였어요.

33 국채 보상 운동

정답 ②

다음 자료에 나타난 **국채 보상 운동**에 대한 설명으로 옳은 것은?

> **정답 키워드**
>
> 나라의 빚을 갚자

> 거액의 외채 1,300만 원을 해마다 미루다가 갚지 못할 지경에 이른다면 나라를 보존하기 어려울 것이니, 나라를 보존하지 못하면, 아! 우리 동포는 장차 무엇에 의지하겠습니까? …… 근래에 신문을 접하니, 영남에서 시작하여 서울에 이르기까지 담배를 끊어❶ **나라의 빚을 갚자**는 논의가 시작되었고, 발기한 지 며칠이 되지 않아 의연금을 내는 자들이 날마다 이른다 하니, 우리 백성들이 임금에게 충성하고 나라를 사랑하는 마음을 통쾌하게 볼 수 있습니다.

일본은 을사늑약 이후 대한 제국에 강제로 차관을 제공하였는데 그 액수가 1,300만 원에 달하였어요. 이에 1907년에 국민들 사이에서 성금을 모아❶ **나라가 진 빚을 갚자**는 국채 보상 운동이 일어났어요. 이 운동은 서상돈, 김광제 등을 중심으로 대구에서 시작되었어요. 이후 전국으로 확산되어 서울에 국채 보상 기성회가 조직되었고, 국민들은 금주와 금연, 비녀와 반지를 내놓는 방법 등으로 참여하였으며 국외에서도 의연금을 보내 왔어요.

① 조선 총독부의 탄압과 방해로 실패하였다.
➡ 1910년에 국권을 강탈한 일제는 경복궁 안에 식민지 통치 기관인 조선 총독부 건물을 세우고 한반도를 다스렸어요. 조선 총독부의 탄압과 방해로 실패한 대표적인 민족 운동에는 **민립 대학 설립 운동**이 있어요.

②**대한매일신보** 등의 **지원**을 받아 확산되었다.
➡ 대한매일신보는 **국채 보상 운동**에 적극적으로 참여하여 국채 보상 운동을 확산시키는 데 기여하였어요.

③ 대한민국 임시 정부가 수립되는 계기가 되었다.
➡ 1919년에 일어난 3·1 운동의 영향으로 대한민국 임시 정부가 수립되었어요.

④ 백정에 대한 사회적 차별 철폐를 목적으로 하였다.
➡ 1923년에 백정들은 경상남도 진주에서 조선 형평사를 조직하고 백정에 대한 사회적 차별 철폐를 요구하는 **형평 운동**을 전개하였어요.

⑤ 조선 민립 대학 기성회에서 모금 활동을 전개하였다.
➡ 1923년에 조선 민립 대학 설립 기성회가 창립되어 이상재의 주도로 민족 교육을 위한 **민립 대학 설립 운동**이 전개되었어요.

34 국권 피탈 과정

정답 ④

다음 대화에 나타난 **고종의 강제 퇴위(1907)** 이후의 사실로 옳은 것은?

> **정답 키워드**
>
> 황제께서 퇴위당함

며칠 전 황제 폐하께서 황태자[고종] 전하께 대리[순종]를 명하는 조칙을 내리셨다는 소식을 들었는가?

들었네. 그 다음날 일본 군대의 삼엄한 경계 속에서 양위식이 거행되어 대리가 아니라 사실상 **황제께서 퇴위당하신** 셈이지.

1907년에 고종이 을사늑약이 무효임을 알리기 위해 헤이그에서 열린 만국 평화 회의에 특사를 파견하자, 일본은 이를 구실로❶ **고종을 강제로 퇴위**시키고 한·일 신협약(정미 7조약)을 체결하였어요. 그리고 부수 비밀 각서를 통해 대한 제국의 군대를 해산하였어요.

① 신식 군대인 별기군이 창설되었다.
➡ 1881년에 조선 정부는 개화 정책 중 하나로 신식 군대인 별기군(교련병대)을 창설하고, 5군영을 무위영과 장어영의 2영으로 통합하였어요.

② 묄렌도르프가 외교 고문으로 파견되었다.
➡ 1882년 임오군란 후 청은 묄렌도르프를 외교 고문으로 파견하였어요.

③ 초대 통감으로 이토 히로부미가 부임하였다.
➡ 1905년에 일제는 대한 제국의 외교권을 빼앗는 을사늑약을 체결하였어요. 이에 따라 통감부가 설치되었고, 이토 히로부미가 초대 통감으로 대한 제국에 들어와 내정 전반을 간섭하였어요.

④기유각서가 체결되어 사법권을 박탈당하였다.
➡ 1909년에 일제의 강압에 의해 기유각서가 체결되면서 일제에 사법권을 박탈당하였어요.

⑤ 관민 공동회가 개최되어 헌의 6조를 결의하였다.
➡ 1898년에 독립 협회는 정부 관리와 함께 관민 공동회를 개최하고 헌의 6조를 결의하였어요.

밑줄 그은 '물산 장려 운동'에 대한 설명으로 옳은 것을 |보기|에서 고른 것은?

정답 키워드

> 조선인이 만든 상품의 사용 장려

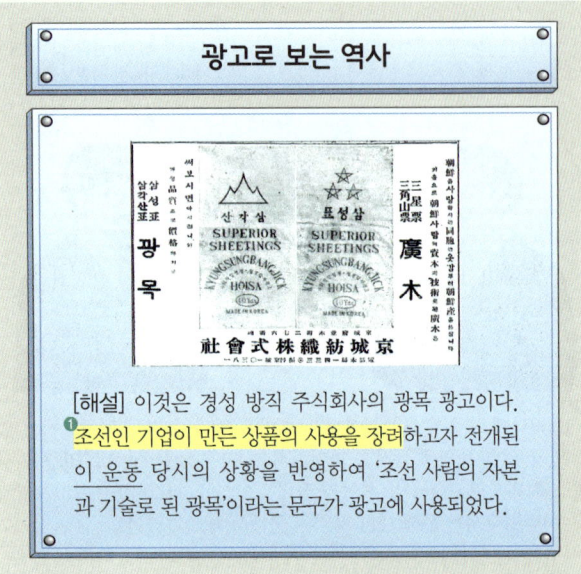

광고로 보는 역사

廣木
京城紡織株式會社

[해설] 이것은 경성 방직 주식회사의 광목 광고이다. ❶조선인 기업이 만든 상품의 사용을 장려하고자 전개된 이 운동 당시의 상황을 반영하여 '조선 사람의 자본과 기술로 된 광목'이라는 문구가 광고에 사용되었다.

1920년에 회사 설립이 신고제로 바뀌고(회사령 폐지) 일본 상품에 대한 관세가 철폐된다는 소식이 전해지자 일본의 자본 투자와 상품 유입이 확대될 것을 우려하는 위기의식이 높아졌어요. 이에 조만식 등은 평양에서 조선 물산 장려회를 결성하여 ❶조선 사람이 만든 상품의 사용을 장려하는 물산 장려 운동을 전개하였어요. '조선 사람 조선 것' 등의 구호를 내세운 물산 장려 운동은 학생들이 중심이 된 자작회, 토산 애용 부인회 등의 단체들이 활발히 참여하면서 전국으로 확대되었어요.

ㄱ 회사령 폐지 등이 배경이 되었다.
➡ 1920년에 일제가 회사령 폐지에 이어 조선 관세령까지 폐지하면서 일본 상품의 유입이 확대되자 **물산 장려 운동**이 확산되었어요.

ㄴ. 황국 중앙 총상회의 주도하에 전개되었다.
➡ 청, 일본 등 외국 상인들의 상권 침탈이 심화되자 1898년에 서울의 시전 상인들은 황국 중앙 총상회를 조직하여 **상권 수호 운동**을 전개하였어요.

ㄷ 평양에서 시작되어 전국적으로 확산되었다.
➡ 1920년대에 조만식 등은 평양에서 조선 물산 장려회 발기인 대회를 개최하며 **물산 장려 운동**을 시작하였고, 이후 전국으로 확산되었어요.

ㄹ. 대동 상회 등 근대적 상회사가 설립되는 계기가 되었다.
➡ 개항 후 조선에서는 **외국 상인의 침투에 대항**하기 위해 근대적 상회사인 대동 상회가 인천에 설립되었어요.

① ㄱ, ㄴ   ② ㄱ, ㄷ   ③ ㄴ, ㄷ   ④ ㄴ, ㄹ   ⑤ ㄷ, ㄹ

(가) 의열단에 대한 설명으로 옳은 것은?

정답 키워드

> 김원봉 등이 조직, 일제 기관의 파괴

【이달의 독립운동가】

황상규

경상남도 밀양 출생이다. 1918년 만주로 망명하였으며 김동삼, 김좌진, 안창호 등과 대한 독립 선언서를 발표하였다.
1919년 11월 ❶김원봉 등과 (가) 을/를 조직하여 ❷일제 기관의 파괴와 조선 총독 이하의 관리 및 매국노의 암살 등을 꾀하였다. 1920년에 국내로 폭탄을 들여와 의거를 준비하던 중 발각되어 7년의 징역형을 선고받았다. 1963년 건국훈장 독립장이 추서되었다.

1919년에 ❶김원봉 등이 조직한 의열단은 ❷일제의 중요 기관을 파괴하고 주요 인물을 처단하였어요. 박재혁은 부산 경찰서에, 김익상은 조선 총독부에, 김상옥은 종로 경찰서에, 나석주는 조선 식산 은행과 동양 척식 주식회사에 폭탄을 던졌어요. 이후 의열단의 일부 단원들은 황푸 군관 학교에 입교하여 체계적인 군사 교육을 받았고, 1932년에는 조선 혁명 간부 학교를 세워 독립군 간부를 양성하였어요.

① 조선 혁명 선언을 활동 지침으로 삼았다.
➡ **의열단**은 신채호가 작성한 〈조선 혁명 선언〉을 활동 지침으로 삼아 일제의 중요 기관을 파괴하고 주요 인물을 처단하였어요.

② 삼균주의를 기초로 한 건국 강령을 발표하였다.
➡ **대한민국 임시 정부**는 1940년에 충칭에 정착하여 한국광복군을 창설한 후 조소앙의 삼균주의를 기초로 작성한 건국 강령을 발표하였어요.

③ 잡지 개벽 등을 발행하여 민족의식을 고취하였다.
➡ **천도교**는 개벽, 신여성 등의 잡지를 발행하여 민족의식을 고취하였어요.

④ 홍커우 공원에서 일어난 윤봉길 의거를 계획하였다.
➡ **한인 애국단** 소속의 윤봉길은 상하이 홍커우 공원에서 열린 일왕 생일 축하 기념 겸 전승 기념 축하식에 폭탄을 던져 일본군 장성과 고관을 처단하였어요.

⑤ 조선 총독부에 국권 반환 요구서를 제출하려 하였다.
➡ **독립 의군부**는 일본 총리와 조선 총독에게 국권 반환 요구서를 제출하고자 하였으나 조직이 발각되어 해체되었어요.

(가) 6·10 만세 운동(1926), (나) 신간회 창립(1927), (다) 광주 학생 항일 운동(1929)을 발표된 순서대로 옳게 나열한 것은?

정답 키워드

(가) 이척(순종)의 죽음, 해방 투쟁
(나) 신간회가 강령을 발표
(다) 광주 학생의 석방 요구

(가) 우리들 민중의 통곡과 복상이 결코 **이척[순종]의 죽음**에 있지 않다는 것을 민중 각자의 마음속에 그것을 명백히 말해주고 있다. 우리들의 비애와 통렬한 애도는 경술년 8월 29일 이래 쌓이고 쌓인 슬픔이다. …… 금일의 통곡·복상의 충성과 의분을 돌려 우리들의 **해방 투쟁**에 바치자!

(나) 조선 민족의 정치적 의식이 발달함에 따라 민족적 중심 단결을 요구하는 시기를 맞이하여 민족주의를 표방한 **신간회가 발기인의 연명으로 3개 조의 강령을 발표**하였다. ……
1. 우리는 정치적·경제적 각성을 촉진함
1. 우리는 단결을 공고히 함
1. 우리는 기회주의를 일체 부인함

(다) 우리 2천만 생령(生靈)을 사랑하고 조국을 사랑하는 광주 학생 남녀 수십 명이 중상을 입었다. 고뇌하는 청년 학생 2백 명이 불법으로 철창 속에 갇혀 있다. …… 우리들은 **광주 학생의 석방**을 요구하는 동시에 참을 수 없는 피눈물로 시위 대열에 나가는 것이다.

(가) 1926년에 사회주의 계열과 천도교 계열, 학생들은 **순종(이척)의 인산일을 기회로 만세 시위**를 계획하였어요. 사회주의 계열과 천도교 계열의 계획은 사전에 발각되었지만, 학생들의 주도로 만세 시위가 진행되었는데, 이를 6·10 만세 운동이라고 해요. 이 운동을 계기로 민족 유일당을 결성할 수 있다는 공감대가 형성되었어요.

(나) 6·10 만세 운동을 통해 민족 운동 세력 간 연대의 필요성을 절감한 가운데 사회주의 세력은 1926년에 정우회 선언을 발표하여 비타협적 민족주의 세력과의 제휴를 주장하였어요. 이후 1927년에 좌우 합작의 항일 단체인 신간회가 창립되었어요. **신간회**는 정치·경제적 각성 촉구, 민족의 단결 촉구, 기회주의 배격이라는 내용을 담은 **강령을 발표**하였어요.

(다) 1929년에 광주에서의 한·일 학생 간 충돌이 발단이 되어 광주 학생 항일 운동이 일어났어요. 학생들은 수감된 **광주 학생의 석방**, 민족 차별 중지, 식민지 교육 제도 철폐 등을 요구하며 대규모 시위를 벌였고, 신간회는 진상 조사단을 파견하는 등의 지원을 하였어요.

---

① **(가) – (나) – (다)**
➡ (가) 6·10 만세 운동(1926) → (나) 신간회 창립(1927) → (다) 광주 학생 항일 운동(1929)

② (가) – (다) – (나)　　　③ (나) – (가) – (다)
④ (나) – (다) – (가)　　　⑤ (다) – (나) – (가)

밑줄 그은 '1930년대 후반 이후 민족 말살 통치 시기'에 볼 수 있는 모습으로 가장 적절한 것은?

정답 키워드

국가 총동원법 시행

이곳은 전라남도 여수시 거문도에 있는 해안 동굴 진지입니다. **국가 총동원법이 시행**되던 시기에 일제는 이와 같은 군사 시설물을 거문도를 비롯한 각지에 구축하였습니다.

일제는 1937년 중·일 전쟁 이후 태평양 전쟁을 일으키는 등 침략 전쟁을 확대하면서 우리 민족을 전쟁에 쉽게 동원하기 위해 민족 말살 정책을 본격화하였어요. 일제는 **국가 총동원법을 시행**하고 지원병제, 징병제, 국민 징용령 등을 실시하였어요.

---

① 태형을 집행하는 헌병 경찰
➡ 1910년대에 일제는 조선 태형령을 공포하여 한국인에게만 태형을 가하였어요.

② 원산 총파업에 참여하는 노동자
➡ 1929년에 원산 지역에서 노동 조건의 개선을 요구하는 노동자 총파업이 전개되었어요. 이 소식이 해외로 알려지면서 일본, 프랑스 등의 노동 단체들이 총파업을 격려하는 전문을 보냈어요.

③ 황국 신민 서사를 암송하는 학생
➡ 1930년대 후반 이후 일제는 한국인의 민족의식을 없애기 위해 내선일체를 강조하고 황국 신민 서사 암송, 신사 참배, 창씨개명을 강요하는 등 민족 말살 정책을 실시하였어요.

④ 경성 제국 대학 설립을 추진하는 관리
➡ 1924년에 일제는 우리 민족의 민립 대학 설립 운동을 탄압하고 이를 무마할 목적으로 경성 제국 대학을 설립하였어요.

⑤ 서울 진공 작전에 참여하는 13도 창의군 의병
➡ 1907년 정미의병 당시 해산된 일부 군인들이 의병에 가담하여 의병 부대의 전투력이 강화되었고, 이후 의병 전쟁을 위한 13도 창의군이 결성되었어요. 이들은 서울을 탈환할 목적으로 서울 진공 작전을 전개하였지만 실패하였어요.

(가) 신한공사 설립에 대한 미군정 법령(1946), **(나)** 농지 개혁법(1949)이 발표된 사이의 시기에 있었던 사실로 옳은 것은?

정답 키워드

(가) 신한공사 창립
(나) 농지의 분배는 1가구당 3정보를 초과하지 못함

(가) 제1조 ❶신한공사를 조선 정부에서 독립한 기관으로써 창립함. 공사는 군정장관 또는 그의 수임자가 후임자를 임명할 때까지 10명의 직무를 집행하는 취체역이 관리함.
제4조 …… 동양 척식 주식회사가 소유하던 조선 내 법인의 일본인 재산은 전부 신한공사에 귀속됨.

(나) 제4조 본법 시행에 관한 사무는 농림부 장관이 관장한다.
제12조 ❷농지의 분배는 농지의 종목, 등급 및 농가의 능력 등에 기준한 점수제에 의거하되 1가당 총경영 면적 3정보를 초과하지 못한다.
제13조 분배받은 농지에 대한 상환액 및 상환 방법은 다음에 의한다.
1. 상환액은 해당 농지의 주생산물 생산량의 12할 5푼을 5년간 납입케 한다.

(가) 1946년 미군정기에 일제 강점기 당시 일본 회사 및 일본인이 남긴 귀속 재산 처리를 위해 미군정 법령이 마련되었고, 이를 근거로 ❶신한공사가 설립되었어요.
(나) 1949년 6월에 제헌 국회에서 유상 매수·유상 분배, ❷한 가구당 3정보로 토지 소유 제한을 원칙으로 하는 농지 개혁법을 제정함에 따라 지주들은 지가 증권을 싼값에 매각하였어요.

① 조선 건국 동맹이 결성되었다.
➡ 1944년에 여운형 등은 일제의 패망과 광복에 대비하여 비밀리에 조선 건국 동맹을 결성하였어요. **(가)** 이전의 사실이에요.

② 한·미 상호 방위 조약이 체결되었다.
➡ 1953년 이승만 정부 시기에 6·25 전쟁의 정전 협정이 체결된 이후 한·미 상호 방위 조약이 체결되었어요. **(나)** 이후의 사실이에요.

③ 조선 사상범 예방 구금령이 공포되었다.
➡ 1941년에 일제는 독립운동가들을 재판 없이 구금할 수 있는 조선 사상범 예방 구금령을 시행하여 독립운동가들을 탄압하였어요. **(가)** 이전의 사실이에요.

④ 5·10 총선거로 제헌 국회가 구성되었다.
➡ 1948년에 실시된 5·10 총선거로 제헌 국회가 구성되었고, 이곳에서 대한민국의 제1대 대통령으로 이승만을 선출하였어요.

⑤ 정부에 비판적인 경향신문이 폐간되었다.
➡ 1959년에 이승만 정부는 정부에 대해 비판적인 기사를 게재하던 경향신문을 폐간하였어요. **(나)** 이후의 사실이에요.

다음 가상 인터뷰의 주인공(백남운)에 대한 설명으로 옳은 것은?

정답 키워드

조선사회경제사 출판

며칠 전 경성에서 ❶조선사회경제사 출판 축하회가 있었습니다. 저자로서 책에 대한 소개를 부탁드립니다.

저는 우리 역사의 전개 과정을 세계사의 보편적인 발전 법칙에 따라 네 단계로 나누어 파악하였습니다. 이 책에서는 그 중 원시 씨족 사회와 삼국 정립기의 노예제 사회에 대해 서술하였습니다.

일제 강점기에 사회 경제 사학은 유물 사관의 입장에서 한국사를 이해하고자 하였어요. 백남운은 《조선사회경제사》를 저술하여 우리 역사도 세계사의 보편적 발전 법칙에 따라 발전하였다고 주장하며 일제가 주장한 식민 사관의 정체성론에 반박하였어요.

① 진단 학회를 조직하였다.
➡ 이병도 등은 진단 학회를 조직하고 학술지로 《진단 학보》를 발행하였어요.

② 한국독립운동지혈사를 저술하였다.
➡ 박은식은 일본의 침략 과정을 담은 《한국통사》, 우리 민족의 독립 투쟁 과정을 서술한 《한국독립운동지혈사》를 저술하였어요.

③ 식민 사학의 정체성론을 반박하였다.
➡ 백남운은 《조선사회경제사》에서 유물 사관을 토대로 식민 사학의 정체성론을 반박하였어요.

④ 우리말 큰사전 편찬 사업을 추진하였다.
➡ 최현배, 이윤재 등은 조선어 학회에서 한글 맞춤법 통일안 제정에 참여하였으며, 《우리말 큰사전》 편찬 작업을 추진하는 등 한글 보급을 위해 노력하였어요.

⑤ 민족의 얼을 강조하고 조선학 운동을 주도하였다.
➡ 정인보, 안재홍 등은 민족의 얼을 강조하고 조선학 운동을 전개하였으며, 《여유당전서》를 간행하였어요.

41 한국광복군

정답 ④

(가) 한국광복군에 대한 설명으로 옳은 것은?

정답 키워드

> 조선 의용대 편입, 총사령 지청천

> 중국 관내에서 결성된 최초의 한인 무장 부대
>
> 한국 독립운동을 촉진하고 한국 혁명 역량을 집중하기 위해 이번 달 15일 중국 국민당 군사 위원회는 ①조선 의용대를 개편하여 (가) 에 편입할 것을 특별히 명령하였다. 제1지대는 총사령에게 직속되어 이(지)청천 장군이 통할한다. …… (가) 의 총사령부는 충칭에 설치하기로 결정하였다.

❶ 조선 민족 혁명당을 중심으로 사회주의 계열 독립운동 단체가 연합한 조선 민족 전선 연맹은 중국 국민당 정부의 지원을 받아 1938년에 김원봉 등의 주도로 조선 의용대를 창설하였어요. 이는 중국 관내에서 결성된 최초의 한인 무장 부대였어요. 이후 일부 대원은 화북 지역으로 이동하여 활동하였으며 김원봉 등 남은 대원은 한국광복군에 합류하였어요.

❷ 1940년에 충칭에 정착한 대한민국 임시 정부는 지청천을 총사령으로 하여 정규군인 한국광복군을 창설하였어요. 일제가 태평양 전쟁을 벌이자 임시 정부는 일제에 선전 포고를 하고 한국광복군을 연합국의 일원으로 참전시켰어요. 한국광복군은 영국군의 협조 요청에 따라 인도·미얀마 전선에 파견되어 선전 활동과 포로 심문 등을 담당하였어요.

① 자유시 참변으로 세력이 약화되었다.
➡ 간도 참변 이후 만주 지역의 독립군 부대들은 러시아 혁명군의 지원 약속을 믿고 자유시로 이동하였으나 자유시 참변을 당하면서 시련을 겪었어요.

② 영릉가 전투에서 일본군에 승리하였다.
➡ 양세봉이 이끈 조선 혁명군은 1930년대 초 남만주에서 중국 의용군과 연합하여 영릉가 전투, 흥경성 전투 등에서 일본군과 싸워 크게 승리하였어요.

③ 쌍성보 전투에서 한중 연합 작전을 전개하였다.
➡ 지청천이 이끈 한국 독립군은 1930년대 초 북만주에서 중국 호로군과 연합 작전을 전개하여 쌍성보 전투, 사도하자 전투, 대전자령 전투 등에서 일본군을 격퇴하였어요.

④ 국내 정진군을 편성하여 국내 진공 작전을 추진하였다.
➡ 한국광복군은 미국 전략 정보국(OSS)과 협력하여 국내 진공 작전을 계획하였으나 일본의 갑작스러운 항복으로 실행에 옮기지는 못하였어요.

⑤ 홍범도 부대와 연합하여 청산리에서 일본군을 격퇴하였다.
➡ 김좌진이 이끈 북로 군정서는 홍범도가 이끈 대한 독립군 등과 연합하여 청산리 일대에서 일본군을 격퇴하였어요.

42 6·25 전쟁

정답 ④

밑줄 그은 '6·25 전쟁' 중에 있었던 사실로 옳은 것은?

정답 키워드

> 북한군의 남침으로 시작

> 이 비석은 ①북한군의 남침으로 시작된 전쟁 중 벌어진 장진호 전투를 기념하기 위해 미국 버지니아주에 세워진 것입니다. 장진호 전투는 북한을 돕기 위해 참전한 중국군을 상대로 유엔군 등이 벌인 주요 전투 중 하나였습니다.

1950년 6월 25일에 ①북한군이 기습적으로 남한을 침략하였어요. 국군과 유엔군은 전쟁이 일어난 지 3개월 만에 경상도 일부 지역을 제외한 모든 지역을 점령당하자 전쟁의 흐름을 바꾸기 위해 인천 상륙 작전을 전개하여 성공하였어요. 이후 국군과 유엔군은 압록강 일대까지 진격하였지만 중국군의 개입으로 후퇴하였어요. 이후 곳곳에서 크고 작은 전투들이 계속되다가 1953년 7월 27일에 마침내 정전 협정이 체결되었어요.

① 애치슨 라인이 발표되었다.
➡ 6·25 전쟁 발발 이전인 1950년 1월에 한반도를 미국의 태평양 방위선에서 제외한 애치슨 라인이 발표되었어요.

② 가쓰라·태프트 밀약이 체결되었다.
➡ 러·일 전쟁 중이었던 1905년 7월에 일본과 미국은 대한 제국과 필리핀에 대한 서로의 지배를 인정한 가쓰라·태프트 밀약을 체결하였어요.

③ 모스크바 3국 외상 회의가 개최되었다.
➡ 1945년 12월에 모스크바 3국 외상 회의가 열려 한반도에 임시 민주 정부 수립, 미국·영국·소련·중국에 의해 최대 5년간 신탁 통치 실시 등을 결정하였어요.

④ 흥남에서 대규모 철수 작전이 전개되었다.
➡ 인천 상륙 작전 성공 이후 승기를 잡은 국군과 유엔군은 압록강 일대까지 진격하였지만 중국군의 개입으로 후퇴하여 1950년 12월에 흥남 철수 작전을 전개하였어요.

⑤ 김구, 김규식 등이 남북 협상에 참여하였다.
➡ 1948년에 유엔 소총회에서 선거가 가능한 지역, 즉 사실상 남한만의 총선거가 결의되자 김구, 김규식 등은 통일 정부 수립을 위해 남북 협상에 참여하였어요.

다음 성명을 발표한 **장면 내각** 시기에 볼 수 있는 모습으로 적절한 것은?

정답 키워드

> 부정 선거 원흉 처단

> 내각 책임제 속에서 행정부에 맡겨진 책무를 유감없이 수행하기 위해 무엇보다 먼저 행정부 내의 기강 확립에 주안점을 두지 않아서는 안 될 것입니다. …… **부정 선거 원흉의 처단**은 이미 공소 제기와 구형을 한 터이므로 법원의 엄정한 판결이 있을 것을 기대하는 바입니다.

1960년에 일어난 4·19 혁명 이후 허정 과도 정부 시기에 3차 개헌으로 내각 책임제와 양원제가 채택되었고, 새 헌법에 따라 장면 내각이 출범하였어요. 장면 내각 시기에 4차 개헌을 통해 **3·15 부정 선거 주동자들의 처벌**을 위한 소급 법이 마련되었어요.

① 국민 교육 헌장을 읽고 있는 학생
➡ **박정희 정부** 시기인 1968년에 국민 교육 헌장이 공포되었어요.

② 서울 올림픽 대회에 참가하는 선수
➡ **노태우 정부** 시기인 1988년에 서울 올림픽이 개최되었어요.

③ 개성 공단 착공식을 취재하는 기자
➡ **노무현 정부** 시기인 2003년에 개성 공단 착공식이 이루어졌어요.

④ 함평 고구마 피해 보상 투쟁에 참여하는 농민
➡ **박정희 정부** 시기인 1976년에 전라남도 함평 농민들이 정부를 상대로 고구마 피해 보상 투쟁을 전개하였는데, 이를 함평 고구마 피해 보상 운동이라고 해요.

⑤ 민의원에서 통과된 법안을 심의하는 참의원 의원
➡ **장면 내각** 시기에는 내각 책임제와 더불어 민의원과 참의원의 양원제로 운영되었어요.

밑줄 그은 '**2차 개헌(사사오입 개헌, 1954)**' 이후에 있었던 사실로 옳은 것은?

정답 키워드

> 사사오입

대한 변호사 협회장의 성명

이번 개헌 안건의 의결에 있어서 찬성표 수가 135이고 재적의원 수가 203인 것은 변하지 않는 수이다. 그러면 재적인 수의 3분의 2는 135.333이니 이 선에 도달하려면 동일한 표수가 있어야 될 것이다. …… 찬성표가 재적인 수에 도달하거나 또는 정족수 이상 되어야 하거늘 0.333에 도달하지 못하니 그것을 **사사오입**이라는 구실로 떼어버리고 정족수인 3분의 2와 동일한 수라고 하는 것은 헌법 위반이 되는 것이므로 법조인으로서 이를 이해하기 곤란하다.

1954년에 이승만 정부와 자유당은 장기 집권을 위해 개헌 당시 대통령, 즉 초대 대통령에 한하여 중임 제한을 철폐한다는 부칙을 추가한 개헌안을 발의하고 헌법 개정을 추진하였어요. 국회에서 개헌안 통과를 위해서는 재적 의원 203명 중 3분의 2인 136명의 동의가 필요하였는데, 투표 결과 1명이 부족한 135명이 동의하여 부결이 선언되었어요. 그러나 이틀 후 자유당은 수학의 '**사사오입**(반올림)' 논리를 억지로 적용하여 개헌안이 통과되었다고 다시 선언하였어요.

① 여수·순천 10·19 사건이 일어났다.
➡ 1948년 10월에 제주 4·3 사건 진압을 위해 여수에 주둔하고 있던 부대 내의 일부 좌익 세력이 무장 봉기한 여수·순천 10·19 사건이 일어났어요.

② 진보당의 당수였던 조봉암이 처형되었다.
➡ 1959년에 이승만 정부는 조봉암이 진보당을 창당하자 조봉암에게 국가 보안법 위반과 간첩 혐의를 씌워 구속하였고 이후 처형하였어요.

③ 반민족 행위 특별 조사 위원회가 설치되었다.
➡ 1948년 이승만 정부 시기에 제헌 국회에서 반민족 행위 특별 조사 위원회(반민특위)가 설치되었어요.

④ 국회 프락치 사건으로 일부 국회 의원이 체포되었다.
➡ 1949년 이승만 정부 시기에 공산당과 내통하였다는 혐의로 반민특위 소속의 현역 국회의원 10여 명이 검거·기소되었는데, 이를 국회 프락치 사건이라고 해요.

⑤ 여운형 등의 주도로 좌우 합작 위원회가 구성되었다.
➡ 1946년 미군정 시기에 여운형, 김규식 등의 주도로 좌우 합작 위원회가 발족되어 좌우 합작 운동이 전개되었어요.

(가) 유신 헌법(7차 개헌, 1972)이 시행된 **박정희 정부** 시기의 사실로 옳은 것은?

정답 키워드

> 긴급조치

> 사진은 인민혁명당 재건위 사건 재판 당시의 모습입니다. 이 사건은 (가) 헌법에 의거하여 발동한❶ 긴급조치 제4호 등으로 정부에 비판적인 인물들을 반국가 세력으로 몰아 처벌한 것입니다. 당시 사형을 당한 8명은 2007년에 열린 재심 공판에서 무죄를 선고 받았습니다.

1972년에 박정희 정부는 대통령에게❶ 긴급 조치권과 국회 해산권, 법관 인사권, 국회의원 3분의 1 추천권 등 헌법을 초월하는 막강한 권한을 부여하는 개헌을 단행하며 유신 헌법을 공포하였어요. 이중 긴급 조치권은 대통령이 판단하여 국정 전반에 걸쳐 필요한 조치를 취할 수 있는 강력한 권한이었으며, 단순한 행정 명령 하나만으로도 국민의 자유와 권리의 일부를 제한하거나 정부, 국회, 법원의 활동을 제한할 수 있었어요.

① 김주열이 최루탄을 맞고 사망하였다.
➡ 1960년에 이승만 정부가 정권 유지를 위해 3·15 부정 선거를 저지르자 이에 저항하는 시위가 일어났어요. 마산에서 경찰의 무자비한 진압으로 희생된 김주열의 시신이 마산 앞바다에서 발견되자 시위는 전국으로 확산되었는데, 이를 4·19 혁명이라고 해요.

② 부천 경찰서 성 고문 사건이 발생하였다.
➡ 1987년 전두환 정부 시기에 부천 경찰서에서 여성 노동자에 대한 성 고문 사건이 일어났는데, 당시 정부는 이를 축소·은폐하려고 하였어요.

③ 개헌 청원 백만인 서명 운동이 전개되었다.
➡ 1973년 박정희 정부 시기에 장준하 등의 주도로 유신 헌법에 반대하는 개헌 청원 100만 인 서명 운동이 전개되었어요.

④ 국민 보도 연맹원에 대한 학살이 자행되었다.
➡ 1949년에 이승만 정부는 좌익 활동을 하였던 사람들을 전향시킨다는 목적으로 국민 보도 연맹을 결성하였어요. 이후 1950년에 6·25 전쟁이 발발하자 정부는 남쪽으로 후퇴하면서 국민 보도 연맹원이 북한에 동조할 우려가 있다는 이유로 곳곳에서 집단 학살을 자행하였는데, 이를 국민 보도 연맹 사건이라고 해요.

⑤ 민주화 시위 도중 대학생 강경대가 희생되었다.
➡ 1991년 노태우 정부 시기에 강경대는 민주화 시위 도중에 경찰의 폭력적인 진압으로 희생되었어요.

(가) 박정희 정부 시기의 경제 상황으로 옳은 것은?

사진으로 보는 [(가)] 정부

경부 고속 도로 개통　　포항 제철소 1기 준공

박정희 정부는 1960년대에는 경공업 중심의 제1·2차 경제 개발 5개년 계획, 1970년대에는 중화학 공업 중심의 제3·4차 경제 개발 5개년 계획을 추진하였어요. 이 과정에서 1970년에 경부 고속 도로가 준공되었고, 1973년에는 포항 종합 제철이 준공되었어요. 이후 1977년에는 처음으로 수출액 100억 달러를 달성하기도 하였어요.

① 제3차 경제 개발 5개년 계획을 추진하였다.
➡ 박정희 정부 시기에 중화학 공업화를 목표로 1972년부터 1976년까지 제3차 경제 개발 5개년 계획이 추진되었어요.

② 미국과 자유 무역 협정(FTA)을 체결하였다.
➡ 노무현 정부 시기에 한·미 자유 무역 협정(FTA)이 체결되었고, 이명박 정부 시기에 비준·발효되었어요.

③ 대통령 긴급 명령으로 금융 실명제를 실시하였다.
➡ 김영삼 정부 시기에 금융 거래의 투명성을 확보하기 위해 대통령 긴급 명령으로 금융 실명제가 실시되었어요.

④ 국제 통화 기금(IMF)의 구제 금융 지원금을 조기 상환하였다.
➡ 김대중 정부 시기에 국제 통화 기금(IMF)의 구제 금융 지원금을 조기 상환하면서 김영삼 정부 시기에 발생한 외환 위기를 극복하였어요.

⑤ 저임금 노동자의 생활 안정을 위해 최저 임금법을 제정하였다.
➡ 전두환 정부 시기에 최저 임금 결정을 위해 최저 임금법이 제정되었어요.

정답 키워드

(가) 청금서당 = 9서당(통일 신라)
(나) 응양군 = 2군 6위(고려)
(다) 무위영 = 2영(개항기)
(라) 금위영 = 5군영(조선 후기)

(가) 여덟째는 적금서당이다. 왕 6년에 보덕국 사람들로 당을 만들었다. 금장의 색은 적흑이다. 아홉째는 **청금서당**이다. …… 금장의 색은 청백이다.

(나) **응양군**, 1령(領)으로 군에는 정3품의 상장군 1인과 종3품의 대장군 1인을 두었으며, …… 정8품의 산원 3인, 정9품의 위 20인, 대정은 40인을 두었다.

(다) **무위영**, 절목계하본(節目啓下本)에 의하여 낭청 1명을 훈련도감의 예에 따라 문신으로 추천하여 군색종사관으로 칭하고 …… 중군은 포장·장어영 중군을 거친 자로 추천하여 금군별장이라 칭한다.

(라) 별대와 정초군의 군병을 합하여 한 영(營)의 제도를 만들어 본영은 **금위영**이라 칭하고, 군병은 금위별대라 칭한다.

(가) 통일 이후 신라 신문왕은 군사 조직을 정비하여 중앙군인 9서당과 지방군인 10정을 설치하였어요. 9서당 중 **청금서당**은 옛 백제인들을 중심으로 구성된 부대예요.

(나) 고려는 2군 6위의 중앙군을 두었어요. 2군은 국왕의 친위 부대로 **응양군**과 용호군으로 구성되었고, 6위는 수도 경비와 국경 방어의 임무를 수행하였어요. 이들은 직업 군인으로 군인전을 지급받고 직역을 세습하였어요.

(라) 조선 후기에 숙종은 수도 방어를 담당하는 **금위영**을 창설하였어요. 금위영의 창설로 앞서 만들어진 훈련도감, 어영청, 총융청, 수어청과 함께 5군영 체제가 완성되었어요.

(다) 개항 직후인 1881년에 조선 정부는 개화 정책 중의 하나로 신식 군대인 별기군(교련병대)을 창설하고, 5군영을 **무위영**과 장어영의 2영으로 통합하였어요.

47 군사 조직의 역사
정답 ②

(가) 9서당(통일 신라), (나) 2군 6위(고려), (다) 2영(개항기), (라) 5군영(조선 후기)을 만들어진 순서대로 옳게 나열한 것은?

① (가) – (나) – (다) – (라)
② (가) – (나) – (라) – (다)
➡ (가) 9서당(통일 신라) → (나) 2군 6위(고려) → (라) 5군영(조선 후기) → (다) 2영(개항기)

③ (나) – (가) – (라) – (다)
④ (나) – (다) – (가) – (라)
⑤ (다) – (라) – (나) – (가)

48 신라 신문왕의 업적
정답 ①

밑줄 그은 '**신라 신문왕**'의 업적으로 옳은 것은?

① 김흠돌의 난을 진압하였다.
➡ **신라 신문왕**은 김흠돌의 반란을 진압하면서 이를 함께 도모한 진골 귀족들을 숙청하였어요.

② 병부와 상대등을 설치하였다.
➡ **신라 법흥왕**은 군사 관련 업무를 담당하는 행정 기구인 병부를 설치하고 최고 관직으로 상대등을 설치하였어요.

③ 나선 정벌에 조총 부대를 파견하였다.
➡ **조선 효종**은 청의 요청에 따라 나선(러시아) 정벌을 위해 변급, 신류 등이 이끈 조총 부대를 파견하였어요.

④ 정계와 계백료서를 지어 관리의 규범을 제시하였다.
➡ **고려 태조**는 《정계》와 《계백료서》를 지어 관리가 지켜야 할 규범을 제시하였고, 훈요 10조를 남겨 후대 왕들이 나라를 다스릴 때 그 내용을 지킬 것을 당부하였어요.

⑤ 쌍성총관부를 공격하여 철령 이북의 땅을 수복하였다.
➡ **고려 공민왕**은 유인우, 이자춘 등을 보내 쌍성총관부를 공격하여 원이 빼앗아간 철령 이북의 영토를 수복하였어요.

49 5·18 민주화 운동
정답 ⑤

(가) 5·18 민주화 운동에 대한 설명으로 옳은 것은?

정답 키워드
> 시민군이 계엄군에 항쟁

이곳은 옛 전남도청 본관으로 **(가)** 당시 시민군이 계엄군에 항쟁한 장소입니다. 정부는 본관을 포함한 옛 전남도청을 복원하여 **(가)** 의 의미를 기억하고 추모하는 공간으로 되살리겠다고 하였습니다. 건물 내부에는 당시 상황을 알 수 있는 실물 또는 가상 콘텐츠 공간 등이 조성될 예정입니다.

1980년에 일어난 5·18 민주화 운동은 12·12 사태를 일으켜 불법적으로 정권을 탈취한 신군부의 비상계엄 확대가 원인이 되어 일어났어요. 신군부는 공수 부대를 동원하여 시위대를 무자비하게 진압하였고 이에 맞서 일부 광주 시민들은 시민군을 조직하여 계엄군에 대항하였는데, 이 과정에서 수많은 광주 시민들이 희생되었어요.

① 3·1 민주 구국 선언을 발표하였다.
➡ 박정희 정부 시기에 유신 반대 운동 과정에서 재야 인사들이 중심이 되어 긴급 조치 철폐 등을 요구하는 3·1 민주 구국 선언을 발표하였어요.

② 시위 도중 대학생 이한열이 희생되었다.
➡ 전두환 정부 시기에 일어난 6월 민주 항쟁 과정에서 대학생 이한열이 최루탄에 맞아 희생되었어요.

③ 호헌 철폐, 독재 타도 등의 구호를 외쳤다.
➡ 전두환 정부 시기에 일어난 6월 민주 항쟁 과정에서 수많은 시민들이 '호헌 철폐, 독재 타도' 등의 구호를 내세우며 시위를 벌였어요.

④ 허정 과도 정부가 출범하는 계기가 되었다.
➡ 이승만 정부 시기에 일어난 4·19 혁명으로 이승만 대통령이 하야하고 허정 과도 정부가 수립되어 내각 책임제와 양원제 국회 구성을 골자로 한 3차 개헌이 이루어졌어요.

⑤ 관련 기록물이 유네스코 세계 기록 유산으로 등재되었다.
➡ 5·18 민주화 운동의 발생과 탄압에서부터 진상 조사 활동과 보상에 이르기까지의 관련 기록물은 그 의미와 가치를 인정받아 유네스코 세계 기록 유산으로 등재되었어요.

50 김영삼 정부 시기의 사실
정답 ⑤

다음 뉴스가 보도된 김영삼 정부 시기에 있었던 사실로 옳은 것은?

정답 키워드
> 군 내부의 사조직 해체, 문민정부

오늘 수방사령관과 특전사령관이 해임되었습니다. 지난달 육군 참모총장과 기무사령관이 교체된 이후 불과 한 달여 만에 단행된 인사 조치입니다. 군 내부의 사조직을 해체하려는 문민정부의 의지가 반영된 것으로 보입니다

김영삼 정부 시기에는 문민정부로서의 개혁이 추진되었어요. 공직자윤리법을 개정하여 1급 이상 공직자의 재산을 공개하도록 하였고 고위직의 부정부패를 엄히 다스렸어요. 또한, 12·12 사태와 관련된 군 내부의 사조직인 '하나회'가 해체되었고, 금융 거래의 투명성을 확보하기 위해 대통령 긴급 명령으로 금융 실명제가 실시되었어요. 한편, 이 시기에 우리나라는 경제 협력 개발 기구(OECD)에 가입하였으나 1997년에 외환 위기가 발생하여 국제 통화 기금(IMF)에 구제 금융 지원을 요청하기도 하였어요.

① 굴욕적인 대일 외교에 반대하는 6·3 시위가 일어났다.
➡ 박정희 정부 시기에 굴욕적인 한·일 국교 정상화에 반대하는 6·3 시위가 전개되었어요.

② 북방 외교를 추진하여 사회주의 국가인 소련과 수교하였다.
➡ 노태우 정부 시기에 북방 외교가 추진되어 소련, 중국 및 동유럽의 사회주의 국가와 수교하였어요.

③ 통일 방안을 논의하기 위해 남북 조절 위원회를 설치하였다.
➡ 박정희 정부 시기에 남북한은 7·4 남북 공동 성명을 발표하였고, 이에 따라 남북 조절 위원회를 구성하였어요.

④ 경제적 취약 계층을 위한 국민 기초 생활 보장법을 시행하였다.
➡ 김대중 정부 시기에 국민 기초 생활 보장법을 시행하여 경제적 취약 계층에게 생계비, 주거비, 의료비 등을 보조하였어요.

⑤ 역사 바로 세우기를 내세우며 옛 조선 총독부 건물을 철거하였다.
➡ 김영삼 정부 시기에 역사 바로 세우기 운동의 일환으로 일제가 경복궁 안에 설치한 조선 총독부 건물을 철거하였어요.

합격률 67회:**49.2%** / 66회:**59%**
59.4%

시대별 출제비중

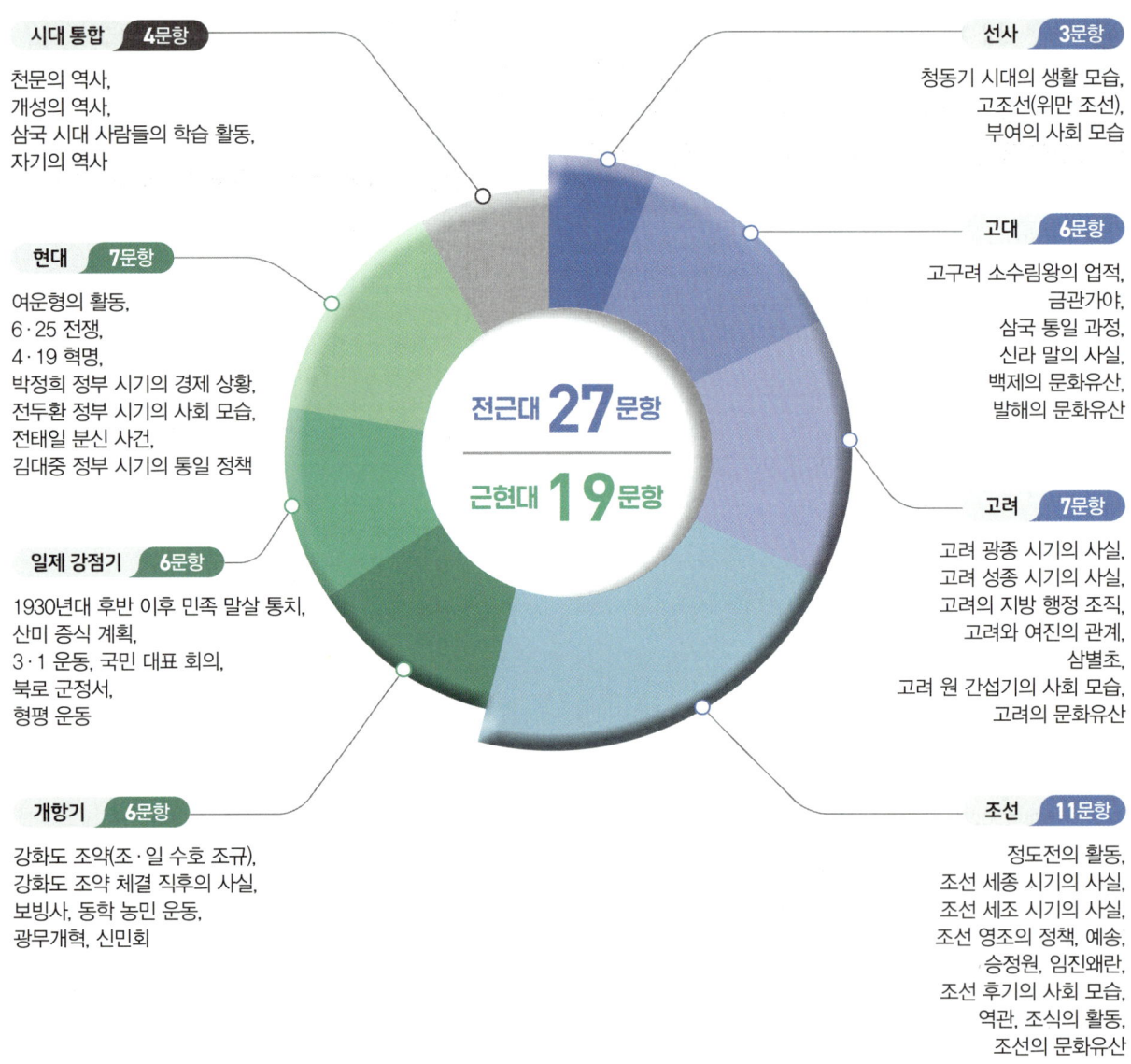

시대 통합 4문항
천문의 역사,
개성의 역사,
삼국 시대 사람들의 학습 활동,
자기의 역사

현대 7문항
여운형의 활동,
6·25 전쟁,
4·19 혁명,
박정희 정부 시기의 경제 상황,
전두환 정부 시기의 사회 모습,
전태일 분신 사건,
김대중 정부 시기의 통일 정책

일제 강점기 6문항
1930년대 후반 이후 민족 말살 통치,
산미 증식 계획,
3·1 운동, 국민 대표 회의,
북로 군정서,
형평 운동

개항기 6문항
강화도 조약(조·일 수호 조규),
강화도 조약 체결 직후의 사실,
보빙사, 동학 농민 운동,
광무개혁, 신민회

선사 3문항
청동기 시대의 생활 모습,
고조선(위만 조선),
부여의 사회 모습

고대 6문항
고구려 소수림왕의 업적,
금관가야,
삼국 통일 과정,
신라 말의 사실,
백제의 문화유산,
발해의 문화유산

고려 7문항
고려 광종 시기의 사실,
고려 성종 시기의 사실,
고려의 지방 행정 조직,
고려와 여진의 관계,
삼별초,
고려 원 간섭기의 사회 모습,
고려의 문화유산

조선 11문항
정도전의 활동,
조선 세종 시기의 사실,
조선 세조 시기의 사실,
조선 영조의 정책, 예송,
승정원, 임진왜란,
조선 후기의 사회 모습,
역관, 조식의 활동,
조선의 문화유산

전근대 **27**문항
근현대 **19**문항

01 청동기 시대의 생활 모습

정답 ①

(가) 청동기 시대의 생활 모습에 대한 설명으로 옳은 것은?

정답 키워드

> 고인돌, 계급 발생

사진으로 만나는 고창 **고인돌** 유적

우리 박물관에서는 2000년 유네스코 세계 유산으로 등재된 고창 고인돌 유적을 소개하는 특별전을 마련하였습니다. 고인돌은 계급이 발생한 **(가)** 시대를 대표하는 무덤입니다. 사진을 통해 다양한 고인돌의 형태를 살펴보시기 바랍니다.

☐ 기간: 2023년 ○○월 ○○일~○○월 ○○일
☐ 장소: ▲▲ 박물관 기획 전시실

고인돌은 비파형 동검과 함께 청동기 시대를 대표하는 유적과 유물이에요. 청동기 시대에는 농경이 더욱 발달해 생산력이 향상되었고, 이에 따라 잉여 생산물이 발생하면서 빈부의 차이가 나타나 **계급이 발생**하였어요. 게다가 정복 활동이 활발해지면서 계급이 뚜렷하게 나누어지고 막강한 권력을 행사하는 지배자가 등장하였어요. 청동기 시대에는 많은 인력을 동원하여 지배층의 무덤으로 고인돌을 축조하였어요.

① **반달 돌칼**로 벼를 수확하였다.
➡ **청동기 시대**에는 곡물을 수확하기 위해 반달 모양으로 생긴 돌칼을 사용하였어요.

② 소를 이용하여 깊이갈이를 하였다.
➡ 소를 이용한 깊이갈이(우경)는 **신라** 지증왕 때 우리나라의 기록에 처음 등장하였고, **고려 시대**에 일반화되었어요.

③ 주로 동굴이나 강가의 막집에서 살았다.
➡ **구석기 시대** 사람들은 식량을 찾아 이동 생활을 하였으며, 주로 동굴이나 강가의 막집, 바위 그늘에서 거주하였어요.

④ 오수전, 화천 등의 중국 화폐로 교역하였다.
➡ 오수전, 화천, 반량전, 명도전 등은 우리나라의 **철기 시대** 유적에서 발견되는 중국 화폐로, 이를 통해 당시 중국과 교역하였음을 짐작할 수 있어요.

⑤ 옷을 만들 때 가락바퀴와 뼈바늘을 이용하기 시작하였다.
➡ **신석기 시대**에는 가락바퀴를 이용하여 실을 뽑고, 뼈바늘로 엮어 옷이나 그물 등을 만들었어요.

02 고조선(위만 조선)

정답 ④

(가)에 들어갈 고조선(위만 조선) 내용으로 가장 적절한 것은?

정답 키워드

> 준왕을 몰아내고 왕이 됨

#8. 궁궐 안

손자와 대화하며 과거를 회상하는 장면

손자: 할아버지, 어떻게 왕이 되셨나요?
왕: 이 땅에 들어와서 처음에는 국경 수비를 맡았다가 **준왕을 몰아내고 왕이 되었지.**
손자: 또 무슨 일을 하셨어요?
왕: 왕검성을 중심으로 기반을 정비하고 백성을 받아들여 나라의 내실을 다졌단다. 그리고 **(가)**

고조선은 기원전 4~3세기경 중국의 연과 맞설 정도로 성장하였어요. 그러던 중 연의 장수 진개의 침입으로 영토 일부를 잃기도 하였어요. 기원전 3세기경에는 부왕, 준왕과 같은 강력한 권력을 가진 왕이 등장하여 왕위를 세습하였고, 상·대부·장군 등의 관직을 마련하였어요. 한편, 중국의 연에서 무리를 이끌고 고조선으로 이동한 위만은 준왕의 신임을 받으면서 세력을 키웠고, 결국 **준왕을 몰아내고 고조선의 왕이 되었어요(위만 조선)**. 고조선은 위만이 집권한 이후부터 본격적으로 철기 문화를 수용하고, 중국의 한(漢)과 한반도 남부의 진(辰) 사이에서 중계 무역을 하여 경제력을 키웠어요. 그러자 한 무제는 고조선을 공격하였고, 우거왕과 신하들은 1년여 동안 한나라 군대에 맞섰지만, 결국 왕검성이 함락되어 고조선은 멸망하였어요(기원전 108). 한 무제는 옛 고조선의 땅에 낙랑군, 현도군 등 4개의 군을 설치해 다스렸어요.

① 율령을 반포하여 체제를 정비하였단다.
➡ **고구려, 백제, 신라**는 율령을 반포하여 체제를 정비하였어요. 고조선은 범금 8조(8조법)를 두어 사회 질서를 유지하였는데, 범금 8조 중 현재 3개 조항만 전해지고 있어요.

② 화랑도를 국가적인 조직으로 개편하였단다.
➡ **신라** 진흥왕은 화랑도를 국가적인 조직으로 개편하여 인재를 육성하였고, 화랑도는 신라의 삼국 통일에 크게 기여하였어요.

③ 내신 좌평 등 여섯 명의 좌평을 거느렸단다.
➡ **백제**는 내신 좌평, 위사 좌평 등 6좌평의 관제를 정비하였어요.

④ 진번과 임둔을 복속하여 영토를 확대하였단다.
➡ **고조선**은 위만이 준왕을 몰아내고 왕이 된 후 철기 문화를 본격적으로 수용하였고, 진번과 임둔을 복속하는 등 세력을 확장하였어요.

⑤ 지방의 여러 성에 욕살, 처려근지 등을 두었단다.
➡ **고구려**는 수도와 지방을 각각 5부로 나누어 다스렸으며, 지방에 욕살(녹살), 처려근지 등의 지방관을 두었어요.

다음 자료에 해당하는 부여에 대한 설명으로 옳은 것은?

정답 **키워드**

영고

> ○ 산릉과 넓은 못[澤]이 많아서 동이 지역에서는 가장 넓고 평탄한 곳이다. …… 사람들은 체격이 크고 성품은 굳세고 용감하며, 근엄·후덕하여 다른 나라를 쳐들어가거나 노략질하지 않는다.
>
> ○ 은력(殷曆) 정월에 지내는 제천 행사는 국중 대회로 날마다 마시고 먹고 노래하고 춤추는데, 그 이름을 영고라 했다.
> – 『삼국지』 위서 동이전 –

쑹화강 유역의 평야 지대에서 성장한 부여는 농업과 목축이 발달하였고, 12월에 영고라는 제천 행사를 열어 농사가 잘 되기를 빌었어요.

① 신성 지역인 **소도**가 존재하였다.
➡ **삼한**에는 제사장인 천군과 신성 지역인 소도가 있었어요. 이를 통해 삼한이 제정 분리 사회였음을 짐작할 수 있어요.

② 혼인 풍습으로 **민며느리제**가 있었다.
➡ **옥저**에는 혼인을 약속한 여자아이를 남자 집에서 데려다 키운 후, 나이가 차면 여자 집에 예물을 주고 정식으로 혼인하는 풍습인 민며느리제가 있었어요.

③ 여러 가(加)들이 각각 **사출도**를 주관하였다.
➡ **부여**는 왕이 중앙을 다스렸고, 마가·우가·구가·저가 등의 여러 가(加)들이 별도로 사출도라고 불린 지역을 다스렸어요.

④ 특산물로 **단궁, 과하마, 반어피**가 유명하였다.
➡ **동예**는 특산물로 단궁(활), 과하마(키가 작은 말), 반어피(바다표범의 가죽)가 유명하였어요.

⑤ 왕 아래 **상가, 대로, 패자** 등의 관직이 있었다.
➡ **고구려**는 왕 아래 상가, 대로, 패자 등의 관직을 두었고, 지방에는 욕살, 처려근지 등의 지방관을 파견하였어요.

(가)~(마) 문화유산에 대한 설명으로 적절하지 않은 것은?

답사 계획서

◆ 주제: 백제 왕들의 흔적을 찾아서
◆ 기간: 2023년 ○○월 ○○일~○○일
◆ 답사 지역 및 일정 안내

(가) 공산성
(나) 무령왕릉
(다) 부소산성
(라) 능산리 고분군
(마) 왕궁리 유적

① (가) – **웅진성**이라 불리기도 하였다.
➡ **공산성**은 백제의 웅진 시기에 웅진성이라 불리기도 하였어요.

② (나) – **중국 남조의 영향**을 받았다.
➡ **무령왕릉**은 중국 남조의 영향을 받아 벽돌로 축조한 벽돌무덤 양식이에요.

③ (다) – **성왕**이 **전사**한 곳이다.
➡ 부소산성은 백제 성왕 때 사비(부여)로 도읍을 옮기면서 축조된 것으로 짐작되는 곳이에요. 성왕은 신라 진흥왕에게 한강 하류 지역을 빼앗긴 후 신라 공격에 나섰다가 **관산성** 전투에서 전사하였어요.

④ (라) – **사신도 벽화**가 남아 있는 무덤이 발견되었다.
➡ **능산리 고분군** 중 처음 발굴을 시작한 1호분에서 사신도 벽화가 발견되었어요.

⑤ (마) – **수부(首府)**라는 글자가 새겨진 **기와**가 출토되었다.
➡ **왕궁리 유적** 발굴 조사 과정에서 수부(首府)라는 글자가 새겨진 기와가 출토되는 등 수많은 유물이 발견되었어요.

05 삼국 통일 과정   정답 ②

(가) 신라의 나·여 동맹 시도(642), (나) 나·당 동맹 체결 (648) 사이의 시기에 있었던 사실로 옳은 것은?

정답 키워드

> (가) 김춘추가 고구려에 가서 군사를 청함
> (나) 김춘추의 요청을 받은 당 태종이 군사의 출정을 허락함

> (가) 겨울에 왕이 장차 백제를 쳐서 대야성에서의 싸움을 되갚으려고 이찬 ❶김춘추를 고구려에 보내서 군사를 청하였다. 대야성 전투에서 패하였을 때 도독인 품석의 아내도 죽었는데, 바로 춘추의 딸이었다.
>
> (나) 춘추가 무릎을 꿇고 아뢰기를, "······ 만약 폐하께서 천조(天朝)의 군사를 빌려주시어 흉악한 무리를 없애주지 않으신다면 저희 백성은 모두 포로가 될 것이니, 그렇다면 산 넘고 바다 건너 행하는 술직(述職)*도 다시는 바랄 수 없을 것입니다."라고 하였다. ❷당 태종이 매우 옳다고 여겨서 군사의 출정을 허락하였다.
>
> *술직: 제후가 입조하여 천자에게 맡은 직무를 아뢰는 것
>
> – 『삼국사기』 –

(가) 신라는 백제 의자왕의 공격으로 위기를 맞자 ❶김춘추를 고구려에 보내 동맹을 시도하였으나 실패하였어요.

(나) 고구려와의 동맹에 실패한 ❷김춘추는 당으로 건너가 군사를 요청하고 당과의 군사 동맹을 맺었어요. 이후 백제와 고구려 공격에 나섰어요.

① 문무왕이 안승을 보덕국왕으로 봉하였다.
  ➡ 신라 문무왕은 고구려 부흥 운동을 전개하던 안승이 귀순하자 금마저(익산)에 머물게 하고 **674년**에 보덕국왕으로 책봉하였어요. **(나) 이후**의 사실이에요.

②안시성의 군사와 백성들이 당군을 물리쳤다.
  ➡ 고구려 침략의 기회를 엿보던 당 태종은 연개소문의 정변을 구실로 고구려를 침략하였어요. 고구려는 요동성, 백암성이 함락되는 위기를 맞았으나 **645년**에 안시성에서 당군을 물리쳤어요.

③ 복신과 도침이 부여풍을 왕으로 추대하였다.
  ➡ 백제 멸망 이후 **662년**에 복신과 도침은 의자왕의 아들인 부여풍을 왕으로 추대하고 백제 부흥 운동을 전개하였다고 알려져 있어요. **(나) 이후**의 사실이에요.

④ 계백이 이끄는 군대가 황산벌에서 항전하였다.
  ➡ **660년**에 백제의 계백은 황산벌에서 김유신이 이끄는 신라군에 맞서 결사 항전하였으나 결국 패하였고, 이후 사비성이 함락되면서 백제는 멸망하였어요. **(나) 이후**의 사실이에요.

⑤ 진흥왕이 대가야를 정복하여 영토를 확장하였다.
  ➡ **562년**에 신라 진흥왕은 영토 확장에 적극적으로 나서 한강 유역을 차지하고 대가야를 병합하였어요. **(가) 이전**의 사실이에요.

06 신라 말의 사실   정답 ③

밑줄 그은 '**신라 말**'에 있었던 사실로 옳은 것은?

정답 키워드

> 진성 여왕이 다스리던 시기

> 최치원이 지은 해인사 묘길상탑기에는 ❶진성여왕이 다스리던 시기의 혼란스러운 사회상이 묘사되어 있습니다. '전란과 흉년으로 악 중의 악이 없는 곳이 없고 도처에 굶어 죽거나 싸우다 죽은 시신이 널려 있다.'고 한탄하는 내용이 적혀 있습니다.

합천 해인사 길상탑과
그 안에서 나온 묘길상탑기(탁본)

혜공왕 이후 신라는 진골 귀족들의 왕위 다툼으로 왕권이 약화되며 중앙의 지방 통제력도 약화되었어요. 이로 인해 귀족의 수탈이 더욱 심해져 농민 봉기가 곳곳에서 일어났으며, 특히 ❶진성 여왕 시기에 극심하였어요. 한편, 최치원은 신라 말 6두품 출신으로 당의 빈공과에 합격하고 당에서 관직 생활을 한 후 신라로 돌아왔어요. 또한, 당에서 황소의 난이 일어나자 〈토황소격문〉을 써서 이름을 떨치기도 하였어요.

① 원광이 세속 5계를 제시하였다.
  ➡ **진평왕** 때 원광은 화랑도의 규범으로 세속 5계를 제시하였어요.

② 이차돈의 순교로 불교가 공인되었다.
  ➡ **법흥왕**은 이차돈의 순교를 계기로 귀족 세력의 반대를 물리치고 불교를 공인하였어요.

③원종과 애노가 사벌주에서 봉기하였다.
  ➡ 신라 말 **진성 여왕** 대인 889년에 중앙 정부의 지방 통제력이 약화되고 귀족의 수탈이 더욱 심해지자 원종과 애노가 사벌주에서 봉기하였어요.

④ 거칠부가 왕명에 의해 국사를 편찬하였다.
  ➡ **진흥왕** 때 거칠부는 왕명에 의해 《국사》라는 역사서를 편찬하였어요.

⑤ 자장의 건의로 황룡사 구층 목탑이 건립되었다.
  ➡ **선덕 여왕** 때 승려 자장의 건의로 황룡사 9층 목탑이 건립되었어요.

(가) 금관가야에 대한 설명으로 옳은 것은?

> **정답 키워드**
>
> 김해, 김수로왕에 의해 건국

(가) 의 대표적 생활 유적인 봉황대가 회현리 패총과 합쳐져 **김해 봉황동** 유적으로 확대 지정되었습니다. 이 유적은 **김수로왕에 의해 건국**되었다고 전해진 (가) 의 초기 모습을 추정해 볼 수 있는 귀중한 문화유산입니다.

김해 봉황동 유적, 사적으로 확대 지정

❶ **김해**를 거점으로 전기 가야 연맹의 중심국으로 성장한 금관가야는 철이 많이 생산되어 낙랑과 왜 등에 철을 수출하였어요. 김해 봉황동 유적은 금관가야의 대표적인 유적이에요.

❷ 금관가야는 **수로왕이 건국**하였다고 전해지며 전기 가야 연맹을 주도하다가 신라를 지원한 고구려 광개토 태왕의 공격을 받아 세력이 크게 약화되었어요. 이후 고령의 대가야가 가야 연맹의 중심국이 되었어요.

① 집사부를 비롯한 **14부**를 두었다.
➡ **신라**는 통일 이후 늘어난 영토와 백성을 효율적으로 다스리기 위해 중앙 정치 조직을 집사부를 비롯한 14부로 정비하였어요.

② 집집마다 **부경**이라는 창고가 있었다.
➡ **고구려**는 집집마다 식량을 보관하는 부경이라는 창고를 두었어요.

③ 대가들이 **사자, 조의, 선인**을 거느렸다.
➡ **고구려**는 지배층으로 연맹을 이끄는 왕과 여러 가들이 있었고, 이들은 각각 사자, 조의, 선인 등의 관리를 두었어요.

④ **철**이 많이 생산되어 **낙랑, 왜** 등에 **수출**하였다.
➡ **금관가야**는 철이 풍부하여 낙랑, 왜 등에 철을 수출하였어요.

⑤ 왕족인 **부여씨와 8성의 귀족**이 지배층을 이루었다.
➡ **백제**의 지배층은 왕족인 부여씨와 8성의 귀족으로 이루어졌어요.

밑줄 그은 '**고구려 소수림왕**'의 업적으로 옳은 것은?

> **정답 키워드**
>
> 고국원왕의 아들, 승려 순도

○ 왕은 이름이 구부이고, ❶**고국원왕의 아들**이다. 신체가 장대하고, 웅대한 지략이 있었다.

○ 진(秦) 왕 부견이 사신과 ❷**승려 순도**를 보내 불상과 경문을 주었다. 왕이 사신을 보내 답례로 방물(方物)을 바쳤다.

－「삼국사기」－

소수림왕은 고구려 제17대 왕으로, ❶**고국원왕의 아들**이에요. 평양성 전투에서 백제 근초고왕에 의해 전사한 고국원왕의 뒤를 이어 즉위한 소수림왕은 고구려의 위기를 극복하려고 노력하였어요. 이에 전진에서 온 ❷**순도라는 승려**를 통해 불교를 받아들였고, 태학을 설립하여 인재를 양성하였으며 율령을 반포하여 통치 체제를 정비하였어요.

① **태학**을 **설립**하여 인재를 양성하였다.
➡ **소수림왕**은 최고 교육 기관으로 수도에 태학을 설립하여 인재를 양성하였어요.

② **도읍**을 국내성에서 **평양**으로 옮겼다.
➡ **장수왕**은 국내성에서 평양으로 천도한 이후 본격적인 남진 정책을 추진하였어요.

③ **서안평**을 점령하여 영토를 확장하였다.
➡ **미천왕**은 서안평을 점령하고 낙랑군을 몰아내어 영토를 확장하였어요.

④ **영락**이라는 독자적인 **연호**를 사용하였다.
➡ **광개토 태왕**은 '영락'이라는 연호를 사용하고 신라에 침입한 왜를 물리쳤어요.

⑤ **을파소**를 등용하고 **진대법**을 시행하였다.
➡ **고국천왕**은 재상 을파소의 건의를 받아들여 백성들에게 곡식을 빌려주는 진대법을 실시해 빈민을 구제하고자 하였어요.

밑줄 그은 '교서'를 내린 고려 성종의 재위 기간에 볼 수 있는 모습으로 가장 적절한 것은?

❶상평창을 양경(兩京)과 12목에 설치하고 교서를 내렸다. 『한서』 식화지에 '그해가 풍년인지 흉년인지에 따라 곡식을 풀거나 거두어들이는 것을 행한다.'라고 하였다. …… 경시서에 맡겨 곡식을 풀거나 거두어들이도록 하라."

개경에 설치된 시전의 상행위를 관리·감독하기 위한 기관으로, 조선까지 이어졌으며 세조 때 평시서로 개칭됨

상평창은 풍년이 들어 곡식 가격이 떨어지면 일정량을 사들여 가격이 폭락하는 것을 막고, 흉년이 들어 곡식 가격이 지나치게 오르면 비축해 놓은 곡식을 풀어 가격이 폭등하는 것을 막아 물가를 조절하는 기구예요. 고려 성종은 개경과 서경, 12목에 상평창을 설치하여 물가 조절을 통해 농민 생활의 안정을 도모하였어요. 한편, 최승로의 시무 28조를 받아들인 성종은 전국 주요 지역(목)에 12목을 설치하여 지방관을 파견하였어요. 또한 유학 교육을 강화하기 위해 최고 교육 기관으로 국자감을 설립하여 12목에 경학박사와 의학박사를 파견하였어요.

① 서적포에서 책을 인쇄하는 관리
➡ 숙종 때 국자감에 출판을 담당하는 서적포를 두었어요.

② 국자감 학생들을 가르치는 박사
➡ 성종 때 국자감을 정비하여 유학 교육을 장려하였어요.

③ 양현고의 재정을 관리하는 관원
➡ 예종은 관학을 진흥시키기 위해 국자감에 전문 강좌인 7재를 설치하고 장학 재단으로 양현고를 운영하였어요.

④ 9재 학당에서 유교 경전을 읽는 학생
➡ 문종 때 최충은 사립 교육 기관으로 문헌공도라고 불리기도 한 9재 학당을 설립하여 유학 교육에 힘썼어요.

⑤ 청연각의 소장 도서를 분류하는 학사
➡ 예종은 관학 진흥책으로 청연각과 보문각을 설치하여 학문 연구를 장려하였어요.

(가) 발해의 문화유산으로 옳은 것은?

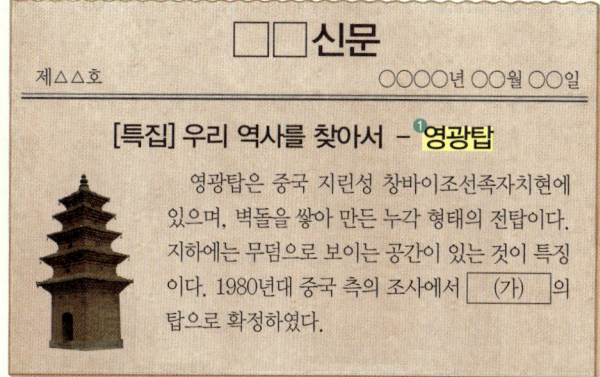

□□신문

제△△호   ○○○○년 ○○월 ○○일

[특집] 우리 역사를 찾아서 – ❶영광탑

영광탑은 중국 지린성 창바이조선족자치현에 있으며, 벽돌을 쌓아 만든 누각 형태의 전탑이다. 지하에는 무덤으로 보이는 공간이 있는 것이 특징이다. 1980년대 중국 측의 조사에서 (가) 의 탑으로 확정하였다.

발해 ❶영광탑은 현재 유일하게 남아 있는 발해의 탑이에요. 벽돌로 만들어졌으며, 탑 아래에서 무덤이 발견되었어요.

①
➡ 발해의 이불병좌상으로, 고구려의 영향을 받아 만들어졌어요.

②
➡ 고려의 영주 부석사 소조 여래 좌상으로, 통일 신라의 양식을 계승하였어요. 영주 부석사 무량수전 안에 조성되어 있어요.

③
➡ 고구려의 금동 연가 7년명 여래 입상으로, 뒷면에 새겨진 '연가 7년'이라는 글자를 통해 제작 시기를 알 수 있어요.

④
➡ 통일 신라의 경주 석굴암 본존불상으로, 김대성이 창건한 경주 석굴암 안에 조성되어 있어요.

⑤
➡ 고려 후기에서 조선 초기에 만들어진 것으로 추정되는 금동 관음보살 좌상이에요.

(가) 고려 광종의 재위 시기에 있었던 사실로 옳은 것은?

정답 **키워드**

노비안검법

공은 대송(大宋) 강남 천주 출신이다. …… 예빈성 낭중에 임명하고 집한 채를 내려 주었다.

이것은 고려에 귀화한 채인범의 묘지명으로 현존하는 고려 시대 묘지명 중 가장 오래된 것입니다. 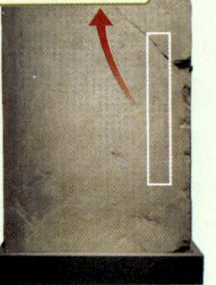 **노비안검법**을 실시한 (가) 은/는 채인범, 쌍기 등의 귀화인들을 적극 등용하였습니다. └ 광종은 쌍기의 건의를 받아들여 최초로 시험으로 관리를 선발하는 과거제를 실시함

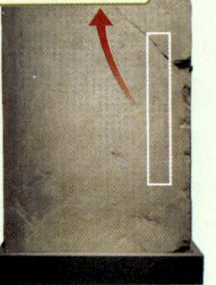

고려 광종은 부당하게 노비가 된 사람들을 조사하여 양민 신분으로 회복시키는 **노비안검법**을 실시하였어요. 노비는 호족의 경제적·군사적 기반이었기 때문에 호족 세력이 약화되었고 국가 재정이 확충되었어요.

① **최승로**가 시무 28조를 건의하였다.
➡ **성종**은 최승로가 올린 시무 28조를 채택하여 유교 정치 이념을 바탕으로 통치 체제를 정비하였어요.

② 경기에 한하여 **과전법**이 실시되었다.
➡ **공양왕** 때 이성계와 신진 사대부 세력의 주도로 경기에 한하여 과전법이 실시되었어요.

③ **신돈**이 전민변정도감의 판사가 되었다.
➡ **공민왕**은 전민변정도감을 설치하고 신돈을 책임자로 임명하여 권문세족이 빼앗은 토지를 본래 주인에게 돌려주고, 억울하게 노비가 된 이들을 양민으로 회복시켰어요.

④ 빈민 구제 기관인 흑창이 **처음 설치**되었다.
➡ **태조**는 빈민 구제 기관인 흑창을 설치하여 곡식을 빌려주고 추수기에 갚도록 하였어요. 흑창은 성종 때 의창으로 개칭되었어요.

⑤ **광덕**, 준풍 등의 독자적 **연호**가 사용되었다.
➡ **광종**은 스스로를 황제로 칭하고 '광덕', '준풍' 등의 독자적인 연호를 사용하였어요.

(가) 고려 시대의 지방 통치 체제에 대한 설명으로 옳은 것은?

정답 **키워드**

개경 외 남경·동경 설치

개경으로 가는 주요 길목인 혜음령에 세워졌던 혜음원에는 행인의 안전한 통행을 위한 숙소와 사원이 있었습니다. 혜음원지를 통해 **개경 외에 남경, 동경 등이 설치**되었던 (가) 시대 원(院)의 모습을 유추할 수 있습니다.

고지도와 항공 사진을 통해 본 혜음원지

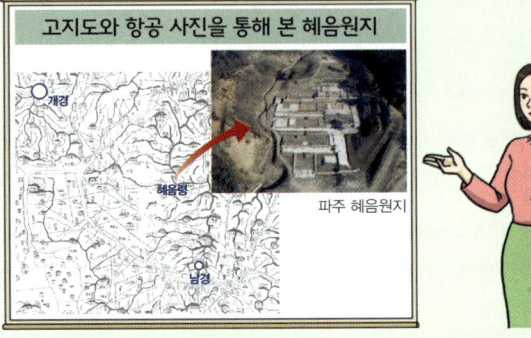

파주 혜음원지

고려는 **개경 외에 남경(한양), 동경(경주), 서경(평양)을 설치**해 각 지역의 위상과 역할을 다르게 하였어요. 한편, 혜음원은 고려 예종 때 남경과 개경 사이를 왕래하는 관리 및 백성의 안전과 편의를 위하여 만든 국립 숙박 시설로, 왕의 행차에 대비하여 별원도 축조되었다고 알려져 있어요.

① 22담로에 왕족을 **파견**하였다.
➡ **백제** 무령왕은 22담로에 왕족을 파견하여 지방에 대한 통제력을 강화하고자 하였어요.

② 전국에 9주 5소경을 설치하였다.
➡ **신라** 신문왕은 9주 5소경으로 지방 제도를 정비하고 9서당 10정으로 군사 조직을 편성하였어요.

③ 특수 행정 구역으로 **향**, **부곡**, 소가 있었다.
➡ **고려** 시대의 특수 행정 구역인 향·부곡·소에 거주하는 양민은 과중한 세금을 부담하였고, 거주 이전의 자유도 제한받았어요.

④ 지방관을 감찰하기 위하여 **외사정**을 두었다.
➡ **신라** 문무왕 때부터 지방관을 감찰하고자 외사정을 파견하였어요.

⑤ 지방 행정 구역을 8도에서 23부로 **개편**하였다.
➡ 조선 정부는 1895년에 제2차 갑오개혁을 시행하여 지방 행정 구역을 8도에서 23부로 개편하였어요.

13 고려와 여진의 관계   정답 ③

(가) 금이 고려에 형제 관계 요구(1117), **(나)** 윤관의 동북 9성 축조(1107), **(다)** 정지상·묘청의 서경 천도 운동(1135)을 일어난 순서대로 옳게 나열한 것은?

> **정답 키워드**
>
> (가) 금의 군주가 고려에 형제 관계를 요구함
> (나) 윤관이 성을 쌓음
> (다) 정지상이 금을 제압하라고 함

> ┌─ 여진을 통일한 후 금을 건국함
>
> (가) ❶금의 군주 <u>아구다</u>가 국서를 보내 이르기를, "형인 금 황제가 아우인 고려 국왕에게 문서를 보낸다. …… 이제는 거란을 섬멸하였으니, 고려는 우리와 형제의 관계를 맺어 대대로 무궁한 우호 관계를 이루기 바란다."라고 하였다.
>
> (나) ❷윤관이 여진인 포로 346명과 말, 소 등을 조정에 바치고 ❷영주·복주·웅주·길주·함주 및 공험진에 성을 쌓았다. 공험진에 비(碑)를 세워 경계로 삼고 변경 남쪽의 백성을 옮겨 와 살게 하였다.
>
> (다) ❸정지상 등이 왕에게 아뢰기를, "대동강에 상서로운 기운이 있으니 신령스러운 용이 침을 토하는 형국으로, 천 년에 한 번 만나기 어려운 일입니다. 천심에 응답하고 백성들의 뜻에 따르시어 ❸금을 제압하소서."라고 하였다.

(나) 12세기에 여진이 성장하여 고려와 계속 충돌하자 ❷윤관은 숙종에게 건의하여 별무반을 편성하였고, 예종 때 별무반을 이끌고 여진을 정벌하여 ❷동북 9성을 축조하였어요(1107). 이후 여진이 지속적으로 반환을 요청하자 고려는 조공을 약속받고 동북 9성을 돌려주었어요.

(가) 고려로부터 동북 9성을 돌려받은 후 세력을 키운 여진은 1117년에 아구다가 ❶금을 세운 후 고려에 형제 관계를 요구하였으나 거절당하였어요. 이후 금은 거란(요)을 멸망시킨 후 고려에 다시 군신 관계를 요구하였고, 그러자 인종의 외척으로 이자겸의 난(1126)을 일으킨 후 정권을 장악하고 있던 이자겸은 금의 사대 요구를 수용하였어요.

(다) 이자겸의 난 이후 ❸정지상, 묘청 등은 금국 정벌과 서경 천도 등을 주장하였지만 자신들의 뜻이 받아들여지지 않자 서경에서 반란을 일으켰어요(1135). 그러나 곧 김부식이 이끄는 관군에 의해 진압되었어요(묘청의 서경 천도 운동).

① (가) – (나) – (다)   ② (가) – (다) – (나)

③ (나) – (가) – (다)
➡ (나) 윤관의 동북 9성 축조(1107) → (가) 금이 고려에 형제 관계 요구(1117) → (다) 정지상·묘청의 서경 천도 운동(1135)

④ (나) – (다) – (가)   ⑤ (다) – (나) – (가)

---

14 천문의 역사   정답 ④

㉠에 대한 답으로 옳지 **않은** 것은?

이것은 하늘의 별자리를 새긴 조선 시대 대표적인 천문도야.

㉠한국의 역사에서 천문에 관한 또 다른 사례를 알려줄래?

고구려의 천문도를 바탕으로 돌에 새긴 별자리 지도 ─── 천상열차분야지도라는 이름은 천문 현상을 12개 분야로 나누어 차례로 늘어놓았다는 뜻이래.

① 고구려 무용총에 별자리를 그린 벽화가 있어.
➡ 고구려 무용총의 천장에는 해와 달, 북두칠성 등의 별자리를 그린 벽화가 있어요.

② 삼국사기에 일식, 월식에 관한 많은 관측 기록이 있어.
➡ 고려 전기에 김부식이 인종의 명을 받아 편찬한 《삼국사기》에는 일식, 월식 등 천문 현상에 관한 많은 관측 기록이 남아 있어요.

③ 충선왕은 서운관에서 천체 운행을 관측하도록 했어.
➡ 고려 원 간섭기에 충선왕은 서운관(사천대)에서 천체 운행을 관측하도록 하였어요.

④ 선조 때는 날아가서 폭발하는 비격진천뢰가 개발되었어.
➡ 조선 선조 때 화포장이었던 이장손이 발화 장치를 활용한 포탄인 비격진천뢰를 개발하였어요. 임진왜란 당시 조선군은 비격진천뢰를 사용하여 많은 성과를 올렸어요.

⑤ 홍대용이 의산문답을 통해 지전설과 무한 우주론을 주장했어.
➡ 조선 후기에 상공업 중심의 개혁을 주장한 실학자인 홍대용은 《의산문답》에서 지구가 둥글고 스스로 하루에 한 번씩 회전하고 있다는 지전설과 무한우주론을 주장하였어요. 이는 기존 중국 중심의 세계관을 비판하는 근거가 되었어요.

(가) 삼별초에 대한 설명으로 옳은 것은?

정답 **키워드**

우별초, 최씨 무신 정권이 조직

이것은 태안 마도 3호선에서 발굴된 죽찰입니다. 적외선 촬영 기법을 통해 상어를 담은 상자를 우□□별초도령시랑 집에 보낸다는 문장이 확인되었습니다. 우□□별초는 우별초로 해석되는데, **① 우별초는 최씨 무신 정권이 조직한** __(가)__ 의 하나로 시랑은 장군 격인 정 4품이었습니다.

최충헌이 이의민을 제거하고 최씨 무신 정권을 열었으며, 최충헌 집권 이후 최씨 무신 정권이 4대 60여 년 동안 계속됨

앞면 / 앞면 적외선 / 뒷면 / 뒷면 적외선

    삼별초는 무신 정권기 지도자였던 **② 최우(최씨 무신 정권)가 만든 군사 조직**이에요. 좌별초, **① 우별초**, 신의군으로 편성된 삼별초는 최씨 무신 정권의 군사적 기반 역할을 하였어요. 삼별초는 몽골의 침입 당시 고려 정부가 몽골과 강화를 맺고 개경 환도를 결정하자 배중손 등을 중심으로 하여 대몽 항쟁을 벌였어요.

① 후금의 침입에 대비하고자 창설되었다.
➡ 조선 중기에 친명배금 정책을 실시한 인조와 서인 세력은 후금과의 관계가 악화되는 가운데 후금의 침입에 대비하고자 **어영청, 총융청, 수어청**을 창설하여 도성의 방어를 강화하였어요.

② 원의 요청으로 일본 원정에 참여하였다.
➡ 고려 원 간섭기에 원은 일본 원정을 위해 고려에 정동행성을 설치하였고, **고려군**은 원의 요청으로 일본 원정에 참여하였어요. 삼별초는 일본 원정 전에 고려·몽골 연합군에 의해 진압되었기 때문에 일본 원정에 참여할 수 없었어요.

③ 신기군, 신보군, 항마군으로 편성되었다.
➡ 12세기 들어 천리장성 북쪽에 거주하던 여진이 부족을 통합하면서 고려와 충돌이 잦아졌어요. 이에 고려 숙종은 윤관의 건의를 받아들여 신기군, 신보군, 항마군으로 구성된 **별무반**을 편성하였어요. 이후 예종 때 윤관이 별무반을 이끌고 여진을 정벌한 뒤 동북 9성을 축조하였어요.

④ **진도**에서 용장성을 쌓고 **몽골**에 **대항**하였다.
➡ **삼별초**는 고려 정부가 몽골과 화의를 체결하여 개경 환도를 결정하자 이에 반발하여 배중손을 중심으로 대몽 항쟁을 계속하였고, 강화도가 함락되자 진도로 근거지를 옮겨 몽골에 대항하였어요.

⑤ 응양군과 용호군으로 구성된 국왕의 친위 부대였다.
➡ 고려는 2군 6위의 중앙군을 두었는데, **2군**은 국왕의 친위 부대로 응양군과 용호군으로 구성되었어요.

다음 서술형 평가의 답안에 들어갈 **고려 원 간섭기의 사회 모습** 내용으로 가장 적절한 것은?

정답 **키워드**

응방, 기철 세력이 횡포를 부림

서술형 평가   ○학년 ○○반 이름 : ○○○

◎ 아래의 인물들이 활동한 시기에 볼 수 있는 사회 모습에 대해 서술하시오.

○ 윤수는 **① 응방**을 관리하였는데 권력을 믿고 악행을 행하여 사람들로부터 비난받았다.
○ 유청신은 몽골어를 익혀 여러 차례 원에 사신으로 가서 공을 세우고 충렬왕의 총애를 받아 장군이 되었다.
○ **② 기철**과 형제들은 누이동생이 원 순제의 황후가 된 후 국법을 무시하고 **② 횡포를 부렸다**.

답안

❶ 원 간섭기에 몽골(원)은 고려에 **응방**을 설치하여 매를 사육한 후 수탈하였어요. 응방에서 길들인 매는 몽골뿐만 아니라 고려 왕에게도 바쳐 매의 수요는 늘어만 갔고, 응방에 속한 관리들은 왕의 권력을 배경으로 횡포를 부렸어요.

❷ 원 간섭기에 **기철** 등 원의 세력을 등에 업은 친원 세력이 부를 축적하고 권력을 독점하는 등 **횡포를 부렸어요**.

① 왕조 교체를 예언하는 **정감록**이 유포되었습니다.
➡ **조선 후기**에는 왕조 교체를 예언한 《정감록》이 민간에 널리 퍼져 농민 봉기에 영향을 주었어요.

② 대각국사 **의천**이 **해동 천태종**을 **개창**하였습니다.
➡ **고려 전기** 숙종 때 의천은 해동 천태종을 개창하여 교종을 중심으로 선종을 통합하고자 하였어요.

③ 지배층을 중심으로 **변발**과 **호복**이 유행하였습니다.
➡ **고려 원 간섭기**에 고려에서는 지배층을 중심으로 변발과 호복 등의 몽골풍 복장이 유행하였어요.

④ 가혹한 수탈에 저항하여 **망이·망소이**가 봉기하였습니다.
➡ **고려 무신 집권기** 명종 때 공주 명학소에서 망이, 망소이 등이 가혹한 수탈에 저항하며 봉기를 일으켰어요(망이·망소이의 난, 1176).

⑤ 상민층이 **납속**과 **공명첩**을 활용하여 신분 상승을 꾀하였습니다.
➡ **조선 후기**에 상품 작물 재배 등으로 부를 쌓은 일부 상민층이 납속과 공명첩 매입, 족보 위조·매매 등을 통해 양반으로 신분이 상승하는 경우가 많이 생겼어요.

(가)《직지심체요절》에 대한 설명으로 옳은 것은?

정답 키워드

> 청주 흥덕사에서 인쇄, 하권만 프랑스에 남아 있음

2023년 프랑스 국립 도서관에서 열린 '인쇄하다! 구텐베르크의 유럽'전에서 (가) 이/가 공개되었습니다.

1973년 '동양의 보물'전 이후 50년 만에 대중에게 전시되었다는 점에서 의미가 있습니다.

승려 백운이 편찬한 불서로 제자들이 1377년 **청주 흥덕사에서 인쇄**하였습니다. 현재 **하권만 프랑스에 남아 있습니다.**

고려 시대 14세기 후반에 인쇄된 《직지심체요절》은 현존하는 세계에서 가장 오래된 금속 활자본이에요. 상·하 2권으로 구성된 《직지심체요절》은❶ **청주 흥덕사에서 간행**된 것으로, 백운화상이라는 승려가 부처의 말씀이 담긴 책에서 중요한 것만 뽑아 해설을 붙여 편찬한 책을 금속 활자로 인쇄한 것이에요. 현재 ❷**하권만 유일하게 프랑스에 남아 있어요.**

① 신미양요 때 미군이 탈취하였다.
➡ 신미양요 당시 어재연이 이끄는 조선의 수비대는 광성보에서 끝까지 항전하였으나 결국 패하였고, **어재연의 수(帥)자기**를 빼앗기는 등 큰 피해를 입었어요.

② **현존하는 최고(最古)의 금속 활자본이다.**
➡ 고려 우왕 때 청주 흥덕사에서 간행된 《**직지심체요절**》은 현존하는 세계 최고(最古)의 금속 활자본이에요.

③ 거란의 침입을 물리치기 위해 제작하였다.
➡ 고려 현종 때 거란이 고려를 침입하자 현종은 부처의 힘을 빌려 외적의 침입을 물리치고자 하는 염원을 담아 **초조대장경**을 제작하였어요.

④ 장영실, 이천 등이 제작한 활자로 인쇄하였다.
➡ 조선 세종 때 장영실, 이천 등은 왕명을 받아 금속 활자인 갑인자를 제작하였어요. 갑인자로 인쇄한 대표적인 문화유산으로는 《**석보상절**》, 〈월인천강지곡〉 등이 있어요.

⑤ 불국사 삼층 석탑을 보수하는 과정에서 발견되었다.
➡ 통일 신라의 경주 불국사 3층 석탑을 보수하는 과정에서 세계에서 가장 오래된 목판 인쇄본인 《**무구정광대다라니경**》이 발견되었어요.

밑줄 그은 '정도전'에 대한 설명으로 옳은 것은?

정답 키워드

> 불씨잡변, 이방원에게 죽임을 당함

❶불씨잡변을 지어 불교를 비판하였던 인물에 대해 말해 보자.

도성의 축조 계획을 세우고 새 궁궐의 이름을 경복궁이라고 지었어.

제1차 왕자의 난 때 ❷이방원에게 죽임을 당하였지.

❶ 정도전은 《**불씨잡변**》을 지어 불교의 폐단을 비판하였어요. 또한 《조선경국전》, 《경제문감》 등을 저술하여 민본주의와 재상 중심의 정치를 주장하였어요. 한편, 경복궁은 태조 이성계가 조선 건국 이후 한양으로 천도하면서 건립한 조선의 첫 번째 궁궐로, 정도전이 궁궐과 주요 전각의 명칭을 정하였어요.

❷ 정도전은 조선 태조의 다섯째 왕자인 이방원이 일으킨 **제1차 왕자의 난 때 죽임을 당하였어요.** 반대 세력을 제거하고 정권을 장악한 이방원은 정종의 뒤를 이어 조선의 제3대 왕인 태종으로 즉위하였어요.

① 최초의 서원인 백운동 서원을 건립하였다.
➡ **주세붕**은 중종 때 우리나라 최초의 서원인 백운동 서원을 세웠고, 백운동 서원은 이후 사액되면서 소수 서원으로 이름이 바뀌었어요.

② 일본에 다녀와서 **해동제국기**를 편찬하였다.
➡ **신숙주**는 세종 때 일본을 다녀온 후 일본의 정치, 사회, 지리, 외교 등을 종합적으로 정리한 《해동제국기》를 편찬하였어요.

③ 성학십도를 지어 군주의 도를 도식으로 설명하였다.
➡ **이황**은 《성학십도》에서 군주가 스스로 인격과 학식을 수양하기 위해 노력해야 함을 강조하면서 군주의 도를 도식으로 표현하였어요.

④ 조선경국전을 저술하여 통치 제도 정비에 기여하였다.
➡ **정도전**은 《조선경국전》을 저술하여 조선의 통치 제도 정비에 기여하였어요.

⑤ 경세유표를 집필하여 국가 제도의 개혁 방향을 제시하였다.
➡ **정약용**은 정치 개혁과 관련하여 《목민심서》, 《경세유표》, 《흠흠신서》를 저술하였어요. 이 중 《경세유표》에서는 중앙 행정의 개혁 방안에 대해 제시하였어요.

(가) 조선 세조에 대한 설명으로 옳은 것은?

정답 키워드

이시애가 반란을 일으킴

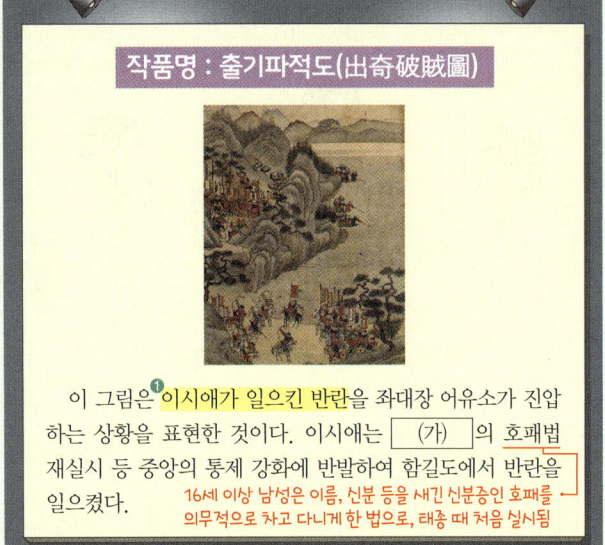

작품명 : 출기파적도(出奇破賊圖)

이 그림은 ❶이시애가 일으킨 반란을 좌대장 어유소가 진압
하는 상황을 표현한 것이다. 이시애는 ⎵(가)⎵의 호패법
재실시 등 중앙의 통제 강화에 반발하여 함길도에서 반란을
일으켰다.
16세 이상 남성은 이름, 신분 등을 새긴 신분증인 호패를
의무적으로 차고 다니게 한 법으로, 태종 때 처음 실시됨

세조 때 중앙 집권 체제를 강화하기 위해 북도 출신 수령의 임명을
줄이고 서울에서 직접 관리를 파견하였어요. 이에 불만을 품은 함길도
토착 세력인 이시애가 길주를 근거지로 난을 일으켰으나 진압되었
어요.

① 주자소를 설치하여 계미자를 주조하였다.
  ➡ **태종**은 활자를 만드는 관청인 주자소를 설치하여 구리 활자인 계미
    자를 주조하였어요.

②(현직 관리를 대상으로 직전법을 실시하였다.)
  ➡ **세조**는 새로 등용한 관리에게 지급할 수조지가 부족해지자 수신전,
    휼양전 등의 명목으로 세습되는 토지를 폐지하고 현직 관리에게
    만 수조지를 지급하는 직전법을 시행하였어요.

③ 조선의 기본 법전인 경국대전을 완성하였다.
  ➡ **성종**은 세조 때 편찬하기 시작한 《경국대전》을 완성·반포하였어요.

④ 기유약조를 체결하여 일본과의 무역을 재개하였다.
  ➡ 조선은 임진왜란으로 일본과 교류하지 않다가 **광해군** 때 일본의
    요청에 따라 기유약조를 체결하여 무역을 재개하였어요.

⑤ 폐비 윤씨 사사 사건을 빌미로 갑자사화를 일으켰다.
  ➡ **연산군** 때 폐비 윤씨 사사 사건의 전말이 알려지면서 김굉필 등
    훈구와 사림이 모두 화를 입은 갑자사화가 일어났어요.

(가) 임진왜란에 대한 탐구 활동으로 가장 적절한 것은?

정답 키워드

조총, 명의 장수가 평양성 전투에서 공을 세움

오전 10:40   70%

전쟁과 귀화인

김충선   천만리

⎵(가)⎵ 당시 일본군 사
야가는 조선에 항복한 후 조총
기술의 보급 등에 기여하였다.
이후 공을 인정받아 김충선
이라는 이름을 하사받았다.

❷명의 장수로 ⎵(가)⎵에
참전한 천만리는 평양성, 울
산성 등의 전투에서 공을 세
우고 조선에 남았다. 전공이
인정되어 화산군에 봉해졌다.

1592년에 ❶조총으로 무장한 일본군이 조선을 침략하며 임진왜란이
일어났어요. 전쟁 준비가 부족하였던 조선은 임진왜란 초기 일본군을
효과적으로 막지 못해 전쟁 발발 20일 만에 한성을 빼앗겼어요. 그러
나 조선은 이순신이 이끄는 수군과 의병들의 활약 덕분에 전세 역전의
발판을 마련할 수 있었어요. 이후 재정비를 한 관군은 다시 일본군
공격에 나섰고, ❷명의 지원군과 함께 평양성 전투를 승리로 이끌면서
일본군에 빼앗겼던 평양성을 탈환하였어요.

① 나선 정벌의 전적지를 검색한다.
  ➡ 조선은 효종 때 청의 요청에 따라 **러시아군과의 전투**에 두 차례
    조총 부대를 파견하였는데, 이를 나선 정벌이라고 해요.

② 북학론이 끼친 영향을 파악한다.
  ➡ **병자호란** 이후 박지원, 홍대용 등 일부 실학자들은 연행사로 청에
    다녀와 청의 선진 문물 수용을 주장하는 북학론을 펼쳤어요.

③(명량 해전의 승리 요인을 분석한다.)
  ➡ **임진왜란** 중 3년여 동안 명과 일본 사이에 휴전 협상이 진행되었
    어요. 하지만 협상은 결렬되었고 일본군이 다시 침략하였는데
    (정유재란), 이때 이순신이 이끈 조선 수군이 명량에서 일본 수군
    을 크게 격퇴하였어요.

④ 삼정이정청의 활동 내용을 찾아본다.
  ➡ 조선 후기 철종 때 **임술 농민 봉기**가 발생하자 정부는 봉기를 수습
    하기 위해 삼정이정청을 설치하였어요.

⑤ 4군과 6진을 개척한 과정을 알아본다.
  ➡ 조선 세종은 **여진 정벌** 후 4군과 6진을 개척하였어요.

(가) 조식의 활동으로 옳은 것은?

정답 키워드

> 남명, 경과 의를 강조

문학으로 만나는 역사 인물

請看千石鐘
非大扣無聲
爭似頭流山
天鳴猶不鳴

천 석 들어가는 큰 종을 보소서
크게 치지 않으면 소리가 없다오
어떻게 해야만 두류산*처럼
하늘이 울어도 울지 않을까

* 두류산 : 지리산의 별칭

[해설]

　(가)　이/가 만년에 지리산 기슭 산천재에서 학문을 연구하고 제자들을 가르치며 지은 시이다. 지리산에 빗대어 자신의 높은 기상을 표현하였다. 그의 호는 **남명**으로, 조선 중기 경상우도의 대표적인 성리학자로 알려져 있다. 평소 **경(敬)과 의(義)를 강조**하며 학문의 실천성을 강조하였다.

호가 **남명**'인 조식은 조선 중기의 대표적인 성리학자로, 평생을 학문과 후진 양성에 힘썼어요. 경상우도의 특징적인 학풍을 이루었으며, 퇴계 이황의 경상좌도 학풍과 더불어 영남 성리학의 양대산맥을 이루었어요. 조식은 성리학적 토대 위에서 실천적 의미를 더욱 부여하기 위해 **경(敬)과 더불어 의(義)를 강조**하였어요.

① **곽재우**, 정인홍 등의 **제자**를 배출하였다.
➡ **조식**은 곽재우, 정인홍 등의 제자를 배출하였고 이들은 임진왜란 때 의병 활동에 적극적으로 참여하였어요.

② 기기도설을 참고하여 **거중기**를 설계하였다.
➡ **정약용**은 《기기도설》에 실린 도르래의 원리를 활용하여 거중기를 설계하였어요.

③ **위훈 삭제**를 주장하여 훈구 세력의 반발을 샀다.
➡ **조광조**는 중종반정의 공신을 조사하여 자격이 없는 사람의 공훈을 없애는 위훈 삭제를 주장하여 훈구 세력의 반발을 샀어요.

④ **북학의**를 저술하여 수레와 배의 이용을 권장하였다.
➡ **박제가**는 《북학의》에서 재물을 우물에 비유하여 절약보다 적절한 소비를 권장하였으며, 청의 선진 문물 수용을 강조하였어요.

⑤ **양명학**을 체계적으로 연구하여 **강화학파**를 형성하였다.
➡ **정제두**는 양명학을 연구하여 강화도를 중심으로 강화학파를 형성하였어요.

밑줄 그은 '**조선 세종**'의 재위 기간에 있었던 사실로 옳은 것은?

정답 키워드

> 토지의 비옥도와 풍흉에 따라 조세를 차등 징수

〈역사 다큐멘터리 제작 기획안〉

조선, 전국적인 규모의 여론 조사를 실시하다!

■ **기획 의도**
여론 조사를 통해 정책을 추진하려는 왕의 모습에서 '민본'의 의미를 생각해 본다.

■ **장면별 주요 내용**
#1. 왕은 관리와 백성을 대상으로 공법 시행에 대한 전국적인 찬반 조사를 명하다.
#2. 호조에서 찬성 98,657명, 반대 74,149명이라는 결과를 보고하다.
#3. 여러 차례 보완을 거쳐 **토지의 비옥도와 풍흉에 따라 조세를 차등 징수**하는 내용의 공법을 확정하다.

세종은 합리적으로 토지세를 거두기 위해 전제상정소를 설립하고 공법을 제정하였어요. **토지의 비옥도에 따라 6등급으로 나누어 수취**하는 전분6등법, 농작물의 **풍흉에 따라 9등급으로 나누어 수취**하는 연분9등법을 시행하였어요.

① 세계 지도인 **혼일강리역대국도지도**가 제작되었다.
➡ **태종** 때 현존하는 동양에서 가장 오래된 세계 지도인 〈혼일강리역대국도지도〉가 제작되었어요.

② 각지의 농법을 작물별로 정리한 **농사직설**이 간행되었다.
➡ **세종** 때 우리 실정에 맞는 농법을 소개한 《농사직설》이 편찬되었어요. 《농사직설》에는 삼남 지방의 농법 소개는 물론 우리나라 풍토에 맞는 씨앗의 저장법과 토지의 개량법 등이 담겼어요.

③ 유능한 인재를 양성하기 위해 **초계문신제**가 시행되었다.
➡ **정조**는 자신의 개혁 정책을 뒷받침할 인재를 양성하기 위해 초계문신제를 실시하여 젊고 능력 있는 문신들을 재교육하였어요.

④ 우리나라와 중국의 의서를 망라한 **동의보감**이 완성되었다.
➡ **광해군** 때 허준이 우리나라와 중국의 의서를 망라하여 전통 한의학을 체계적으로 정리한 《동의보감》을 간행하였어요.

⑤ 전국의 지리, 풍속 등이 수록된 **동국여지승람**이 편찬되었다.
➡ **성종** 때 각 지역의 지리, 풍속, 역사 등을 기록한 지리서인 《동국여지승람》이 편찬되었어요.

다음 상황이 나타난 **조선 후기**에 볼 수 있는 모습으로 적절하지 **않은** 것은?

정답 키워드

> 상평통보, 고추·담배

> 송파장에 왔으니 산대놀이 보고 가자.
>
> 송파장에 사람들도 많고 **①상평통보**도 두둑이 챙겨서 좋네.
>
> 쌀 팔고 **②고추, 담배** 사러 왔는데 이런 구경도 하게 되는군.

① **상평통보**는 숙종 때 허적 등의 제안에 따라 발행·유통되기 시작하여 조선 후기에 법화로써 널리 쓰였어요. 상평통보의 전국적 유통으로 상품 화폐 경제가 발달하였어요.

② 조선 후기에는 농사짓는 기술의 발달로 농업 경영 방식이 변화되었어요. 이앙법(모내기법)이 발달하면서 노동력은 줄어들고 생산량은 늘어나면서 광작이 성행하였고, 쌀보다 수익이 높은 상품 작물의 재배가 확대되었어요. 이 시기에 재배된 대표적인 상품 작물로는 **고추, 담배**, 목화, 인삼 등이 있어요.

① **벽란도**에서 인삼을 사는 송의 상인
➡ **고려 시대**에는 벽란도가 국제 무역항으로 번성하였는데, 송의 상인은 물론 아라비아 상인도 드나들었어요.

② 호랑이를 소재로 **민화**를 그리는 화가
➡ **조선 후기**에는 당시 사람들의 소망과 기원을 담아 표현한 민화가 유행하였어요. 대부분이 그림을 그린 사람이 누구인지 알 수 없으며, 해·달·나무·동물 등을 표현하였어요.

③ 광산 노동자에게 품삯을 나눠 주는 **덕대**
➡ **조선 후기**에 상인 물주로부터 자금을 받아 채굴업자와 노동자를 고용하여 광산을 전문적으로 경영하는 덕대가 등장하였어요.

④ 여러 장시를 돌며 물품을 판매하는 **보부상**
➡ **조선 후기**에는 상업이 발달하면서 전국적으로 장시가 개설 및 활성화되었고, 이에 따라 전국의 장시를 돌아다니며 상업 활동을 하는 보부상이 활약하였어요.

⑤ 저잣거리에서 영웅 소설을 읽어 주는 **전기수**
➡ **조선 후기**에 《홍길동전》, 《춘향전》, 《박씨전》, 《심청전》 등 한글 소설이 유행하였고, 이에 따라 사람이 많이 모이는 곳에서 돈을 받고 책을 읽어 주는 전기수라는 새로운 직업이 등장하였어요.

다음 **조선 영조**에 대한 설명으로 옳은 것은?

정답 키워드

> 탕평비, 준천사, 신문고를 다시 설치

초상과 어진으로 만나는 조선의 왕

> 왼편은 연잉군 시절인 20대의 초상이며 오른편은 50대의 어진이다. 그는 즉위 후 탕평 교서를 반포하고 **①탕평비**를 건립하였다. **②준천사**를 신설하여 홍수에 대비하였으며, **③신문고를 다시 설치**하여 백성들의 억울함을 듣고자 하였다.

① 영조는 붕당 정치의 폐단을 극복하기 위해 탕평파를 중심으로 탕평책을 시행하고, 이를 널리 알리기 위해 성균관 앞에 **탕평비**를 세웠어요.

② 영조는 청계천이 자주 범람하자 **준천사**를 설치하여 청계천 바닥의 모래나 흙을 파내는 대대적인 준설을 추진하였어요.

③ 영조는 태종 때 설치되었다가 폐지된 **신문고를 다시 설치**해 백성들의 억울함을 들을 수 있게 하였어요.

① 통치 체제를 정비하기 위해 **대전회통**을 편찬하였다.
➡ **고종** 때 흥선 대원군이 《대전회통》을 편찬하여 통치 체제를 정비하였어요. 《대전회통》은 조선 시대 마지막 통일 법전이에요.

② 왕권 강화를 위해 친위 부대인 **장용영**을 설치하였다.
➡ **정조**는 왕의 친위 부대인 장용영을 설치하여 왕권을 뒷받침하게 하였고, 장용영 외영을 수원 화성에 두었어요.

③ 각 궁방과 중앙 관서의 **공노비** 6만여 명을 **해방**하였다.
➡ **순조**는 국가 재정 확보를 위해 궁방과 중앙 관서에 소속된 6만여 명의 공노비를 해방시켜 양민으로 삼도록 하고 노비 문서를 불태우도록 하였어요.

④ **어영청**을 중심으로 국방력을 강화하고 **북벌**을 추진하였다.
➡ **효종**은 북벌을 추진하는 과정에서 인조 때 설치한 군대인 어영청을 중심으로 국방력을 강화하였어요.

⑤ **균역법**을 시행하여 백성들의 군역 부담을 줄여 주고자 하였다.
➡ **영조**는 백성의 군역 부담을 줄여 주기 위해 군포를 1년에 2필에서 1필만 납부하게 하는 균역법을 제정하였어요.

(가) 승정원에 대한 설명으로 옳은 것은?

정답 **키워드**

> 은대, 도승지

체험 활동 소감문

2023년 12월 2일 ○○○

지난 토요일에 '승경도' 놀이를 체험했다. 승경도는 조선 시대 관직 이름을 적은 놀이판이다. 윷을 던져 말을 옮기는데, 승진을 할 수도 있지만 자칫하면 파직이 되거나 사약까지 받을 수 있어 흥미진진했다. 놀이 규칙에 ❶은대법이 있는데, (가) 을/를 총괄하는 ❷도승지 자리에 도착한 사람은 당하관 자리에 있는 사람들이 던진 윷의 결괏값을 이용할 수 있는 규칙이다. 은대가 무엇인지 몰랐는데, (가) 을/를 뜻함을 알게 되었다.

조선 시대에 ❶은대, 정원, 후원으로 불리기도 한 승정원은 왕명의 출납을 담당하던 기구로, 왕의 비서 기관이었어요. 승정원에는 6명의 승지가 있어 각각 6조의 일을 나누어 맡았고, 최고 관직으로 ❷도승지를 두었어요.

① 수도의 행정과 치안을 맡아보았다.
　➡ **한성부**는 수도 한성의 행정과 치안을 맡아 보았어요.

② 재상들이 합의하여 국정을 총괄하였다.
　➡ **의정부**는 재상들이 합의하여 국정을 총괄하였고, 의정부 아래에서 6조가 정책 집행을 담당하였어요.

③ 반역죄, 강상죄를 범한 중죄인을 다스렸다.
　➡ **의금부**는 국왕 직속의 특별 사법 기구로 반역죄, 강상죄 등을 범한 중죄인을 다스렸어요.

④ 왕의 비서 기관으로 왕명의 출납을 담당하였다.
　➡ **승정원**은 왕의 비서 기관으로 왕명 출납을 담당하였는데, 매일 처리한 문서와 사건을 일기 형식으로 기록해 둔 《승정원일기》를 남겼어요.

⑤ 외적의 침입에 대비하기 위한 임시 기구로 설치되었다.
　➡ **비변사**는 중종 때 3포 왜란이 일어나자 왜구나 여진 등 외적의 침입에 대비하기 위한 임시 기구로 처음 설치되었어요.

다음 상황**(기해예송, 1차 예송, 1659)**이 나타난 시기를 연표에서 옳게 고른 것은?

정답 **키워드**

> 송준길이 3년 복을 입어서는 안 된다고 함,
> 허목이 3년 복을 입어야 한다고 함

○ ❶송준길이 아뢰었다. "적처(嫡妻) 소생이라도 둘째부터는 서자입니다. …… 둘째 아들은 비록 왕통을 계승하였더라도 (그를 위해서는) ❶3년 복을 입어서는 안 됩니다."

○ ❷허목이 상소하였다. "장자를 위해 ❷3년 복을 입는다는 것은 위로 쳐서 정체(正體)이기 때문입니다. …… 첫째 아들이 죽어서 적처 소생의 둘째를 세우는 것도 역시 장자라고 부릅니다."

(가)	(나)	(다)	(라)	(마)
계유 정난	중종 반정	을사 사화	인조 반정	경신 환국	이인좌의 난

현종 때 효종이 죽자 서인과 남인 사이에 효종의 어머니인 자의 대비의 복상(상복을 입는 기간) 문제를 두고 기해예송(1659)이 전개되었어요. 송시열, ❶송준길 등 서인 세력은 효종을 차남으로 대우하여 자의 대비의 ❶기년복(1년복)을 주장하였고, ❷허목 등을 중심으로 한 남인 세력은 효종에게 장자의 예를 적용하여 자의 대비의 ❷3년복을 주장하였어요.

① (가) ② (나) ③ (다) ④ (라) ⑤ (마)

➡ 광해군은 선조의 뒤를 이어 왕위에 올랐으나 이 과정에서 이복동생인 영창 대군의 존재로 갈등을 겪었어요. 광해군과 북인 세력은 영창 대군이 역모에 연루되었다는 이유를 들어 영창 대군을 살해하고, 영창 대군의 생모인 인목 대비를 폐위하였어요. 그러자 그동안 광해군의 중립 외교를 비판하던 서인 세력이 유교 윤리를 저버렸다는 구실을 내세워 광해군을 왕위에서 몰아내고 인조를 왕위에 올리는 반정을 일으켰어요(**인조반정, 1623**). 이후 현종 때 효종과 효종비가 죽자 효종의 어머니인 자의 대비의 상복 입는 기간을 두고 서인과 남인이 대립하는 예송이 두 차례 전개되었어요. **기해예송(1659)**에서는 기년복(1년복)을 주장한 서인 세력의 주장이 받아들여져 서인이 권력을 잡았고, 갑인예송(1674)에서는 기년복(1년복)을 주장한 남인 세력의 주장이 받아들여져 남인이 권력을 잡았어요. 현종의 뒤를 이어 숙종이 즉위하면서 남인이 정권을 잡았는데, 이때 남인의 영수 허적이 무단으로 왕실의 물건인 기름 먹인 장막(유악)을 사용한 것이 계기가 되어 환국이 일어나면서 서인이 정권을 잡았어요(**경신환국, 1680**). 이어 희빈 장씨 소생의 원자 책봉 문제를 두고 기사환국(1689)이 발생하여 남인이 다시 정권을 잡게 되지만 결국 갑술환국(1694)으로 남인은 정계에서 축출되었어요.

따라서, 기해예송(1659)이 일어난 시기는 '인조반정(1623)'과 '경신환국(1680)' 사이의 시기인 **(라)**예요.

(가) 종묘에 대한 설명으로 옳은 것은?

정답 키워드

> 태조 이성계가 도읍을 한양으로 옮긴 후 건립

> 이 건물은 (가) 의 정전입니다. (가) 은/는❶태조 이성계가 개경에 처음 세웠는데, **도읍을 한양으로 옮긴 후 지금의 위치에 건립**하였습니다. 사직과 더불어 왕조 국가를 표현하는 상징이었습니다.

종묘는 조선 시대에 역대 왕과 왕비의 신주를 모시고 제사를 지내던 사당으로, 유네스코 세계 유산으로 등재되었어요. 조선 건국 이후 ❶**태조 이성계는 경복궁을 중심으로 왼쪽에 종묘를 건립**하였고, 오른쪽에 사직단을 건립하였어요.

① 경내에 조선 총독부 청사가 세워졌다.
➡ 일제는 1910년에 국권을 강탈한 이후 **경복궁** 안에 식민지 통치 기관인 조선 총독부 청사를 세우고 한반도를 다스렸어요. 조선 총독부 청사는 김영삼 정부 시기인 1995년에 역사 바로 세우기 운동의 일환으로 철거되었어요.

② 역대 국왕과 왕비의 신주가 모셔져 있다.
➡ **종묘**는 유교를 사회 이념으로 삼았던 조선 시대에 역대 왕과 왕비 및 추존된 왕과 왕비의 신주를 모시고 제사를 지내던 사당이에요.

③ 대성전과 명륜당을 중심으로 구성되어 있다.
➡ **성균관**과 **향교**는 조선 시대의 국립 교육 기관으로 대성전과 명륜당이 있었으며, 이곳에서 성현에 대한 제사와 함께 교육이 이루어졌어요.

④ 일제 강점기에 창경원으로 격하되기도 하였다.
➡ **창경궁**은 일제에 의해 내부에 동물원과 식물원이 설치되고 창경원으로 명칭이 격하되었어요.

⑤ 토지와 곡식의 신에게 제사를 지내는 공간이다.
➡ **사직단**은 땅의 신과 곡식의 신에게 제사를 지내는 제단이에요.

(가)에 들어갈 대답으로 적절한 것은?

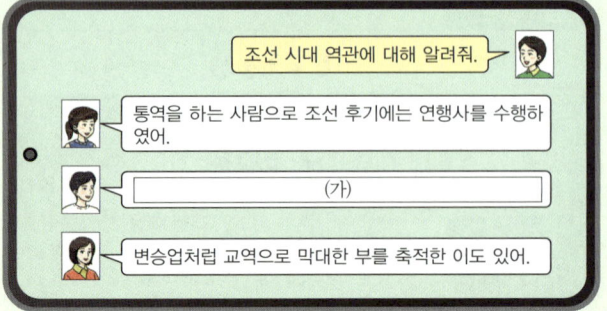

> 조선 시대 역관에 대해 알려줘.
>
> 통역을 하는 사람으로 조선 후기에는 연행사를 수행하였어.
>
> (가)
>
> 변승업처럼 교역으로 막대한 부를 축적한 이도 있어.

역관은 고려와 조선 시대에 통역, 번역 등에 관한 업무를 담당한 관리예요. 주로 사신들을 따라가 통역을 하거나 외국 사신이 방문하였을 때 통역을 맡는 등 외교관계에서 중요한 역할을 하였어요. 한편, 역관들은 중국과의 교역 등 다른 나라와의 무역 활동을 통해 막대한 부를 축적하기도 하였어요.

① 사간원에서 간쟁을 담당하였어.
➡ **대사간**은 사간원의 수장으로, 정책에 대한 간쟁과 논박을 담당하였어요.

② 매매, 상속, 증여의 대상이었어.
➡ **노비**는 재산으로 취급되면서 매매·상속·증여의 대상이었어요.

③ 수군, 봉수 등 천역에 종사하였어.
➡ **신량역천**은 양인 중 천역을 종사한 계층으로 수군, 봉수, 나장, 역졸 등이 있었어요.

④ 수령을 보좌하면서 향촌 실무를 담당하였어.
➡ **향리**는 수령을 보좌하면서 향촌 실무를 담당하였고, '단안'이라는 명부에 등재되었어요.

⑤ 사역원에서 노걸대언해 같은 교재로 교육받았어.
➡ **역관**은 외국어 통역과 번역 업무 및 외국어 교육을 담당한 사역원에서 《노걸대언해》와 같은 교재로 교육받았어요.

다음 특별전에서 볼 수 있는 **개성**의 역사에 대한 설명으로 적절하지 <u>않은</u> 것은?

정답 키워드

> 송악

① **고려** 태조 왕건이 **도읍**으로 삼았다.
➡ 왕건은 신하들의 추대를 받아 후고구려를 세운 궁예의 뒤를 이어 왕으로 즉위하였어요. 이어 국호를 '고려'로 하고 송악(**개성**)으로 천도하였어요.

② 원의 영향을 받은 **경천사지 십층 석탑**이 축조되었다.
➡ 고려 시대에 건립된 **개성** 경천사지 10층 석탑은 원의 영향을 받아 대리석으로 축조되었어요.

③ 조선 후기 **송상**이 **근거지**로 삼아 전국적으로 활동하였다.
➡ 조선 후기에 송상은 **개성**을 근거지로 삼아 전국적으로 활동하였으며, 청과의 무역으로 부를 축적하였어요.

④ 일제 강점기 **강주룡**이 을밀대 지붕 위에서 **고공 농성**을 하였다.
➡ 일제 강점기인 1931년에 고무공장의 노동자 강주룡은 임금 삭감에 저항하여 **평양** 을밀대 지붕에 올라가 고공 시위를 전개하였어요.

⑤ 북위 38도선 분할 이후 남한에 속했다가 **정전 협정**으로 **북한 지역**이 되었다.
➡ **개성**은 광복 이후 북위 38도선 아래에 위치하여 남한에 속하였다가 6·25 전쟁으로 정전 협정이 체결되면서 북한 지역이 되었어요.

다음 대화가 오갔던 회담 결과 체결된 **강화도 조약**에 대한 설명으로 옳은 것은?

정답 키워드

> 일본의 운요호가 조선에 들어오자 조선군이 발포

운요호가 작년에 귀국 경내를 통과하다가 포격을 받았으니, 귀국이 교린의 우의를 저버린 것입니다.

① 운요호는 국적과 이유를 밝히지 않고 곧장 우리가 수비하는 곳으로 진입해왔으니, 변방 수비병의 발포는 부득이한 것이었소.

일본 전권변리대신 구로다 기요타카

조선 접견대관 신헌

1875년에 **일본의 군함 운요호가 허락 없이 강화도로 접근하자 조선군이 발포**하였고, 이에 대한 보복으로 영종도를 공격하였는데, 이를 운요호 사건이라고 해요. 이 사건을 계기로 조선은 1876년에 일본과 강화도 조약(조·일 수호 조규)을 체결하였어요. 이 조약으로 조선은 부산 외 2개 항구를 개항하고, 일본의 영사 재판권과 해안 측량권을 인정하였어요. 강화도 조약은 조선이 외국과 맺은 최초의 근대적 조약이자 일본에 유리한 불평등 조약이었어요.

① **천주교 포교**가 허용되었다.
➡ 1886년에 **조·프 수호 통상 조약**이 체결되면서 천주교 포교가 허용되었어요.

② **갑신정변**의 영향으로 체결되었다.
➡ 1884년 갑신정변의 결과 조선과 일본 사이에 일본 공사관 증축 비용과 배상금 지불 등을 약속한 **한성 조약**이 체결되었어요. 또한 청과 일본은 조선에서의 양국 군대 동시 철수, 파병 시 상호 통보 등을 규정한 **톈진 조약**을 체결하였어요.

③ **일본** 측의 **해안 측량권**이 인정되었다.
➡ 1876년에 체결된 **강화도 조약**은 일본에게 조선의 해안 측량권, 영사 재판권 등을 인정한 불평등 조약이었어요.

④ **통신사**가 **처음 파견**되는 **계기**가 되었다.
➡ 1609년 광해군 재위 시기에 조선은 **기유약조**를 체결하여 임진왜란으로 단절되었던 일본과의 국교를 재개하였고, 이후 에도 막부의 요청으로 통신사를 파견하였어요.

⑤ **외국 상인**의 **내지 통상권**을 **최초**로 규정하였다.
➡ 1882년 임오군란 직후 체결된 **조·청 상민 수륙 무역 장정**에서 청 상인의 내지 통상권을 최초로 규정하였어요.

(가) 고부 농민 봉기(1894. 1.), **(나)** 일본군의 경복궁 무력 점령(1894. 6.), **(다)** 시모노세키 조약 체결(1895)을 일어난 순서대로 옳게 나열한 것은?

> **정답 키워드**
>
> (가) 고부에서 민란이 다시 일어남
> (나) 일본이 경복궁을 침범
> (다) 마관(시모노세키) 조약

→ 고부 농민 봉기 직후 사태 수습을 위해 이용태가 안핵사로 파견되었으나 오히려 봉기에 참여한 농민군을 탄압함

(가) ❶고부에서 민란이 다시 일어났다는 소문이 자자합니다. …… 장흥 부사 이용태를 고부군 안핵사로 임명하여 밤새 달려가 엄격히 조사하여 등급을 나누고 구별하여 보고하게 하소서.

(나) 전봉준은 무주 집강소에 다음과 같은 통문을 보냈다. "최근 ❷일본이 경복궁을 침범하였다. 국왕이 욕을 당했으니, 우리들은 마땅히 달려가 목숨을 걸고 의로써 싸워야 한다."

(다) 청국의 간섭을 끊어버리고 우리 대조선국의 고유한 독립 기초를 굳건히 하였는데, 이번에 ❸마관(馬關, 시모노세키) 조약으로 말미암아 세계에 드러나는 빛이 더욱 빛나게 되었다.

(가) 1894년 1월에 ❶고부 군수 조병갑의 수탈에 반발하여 전봉준의 주도로 농민들이 봉기하여 만석보를 파괴하였는데, 이를 고부 농민 봉기라고 해요. 이에 조선 정부가 사태 수습에 나서면서 농민군은 해산하였고, 이용태가 안핵사로 파견되었어요.

(나) 고부 농민 봉기 이후 황토현 전투, 황룡촌 전투에서 거듭 승리하며 세력을 키운 농민군은 전주성을 공격하여 점령하였어요. 이에 조선 정부는 청에 지원군을 요청하였고, 이에 일본도 조선에 군대를 보냈어요. 동학 농민군은 청과 일본의 개입을 막기 위해 정부와 전주 화약을 맺고 자진 해산하였지만 이후 ❷일본군이 경복궁을 점령하고 내정에 간섭하였어요. 이에 전봉준은 1894년 7월에 무주에 있는 집강소에 통문을 보내 봉기를 촉구하였고, 이에 동학 농민군의 제2차 봉기가 일어났어요. 동학 농민군의 남접과 북접은 논산에 집결한 후 북상하였고, 그 과정에서 일본군과 관군을 상대로 한 우금치 전투에서 크게 패하였어요.

(다) 청·일 전쟁에서 승리한 일본은 1895년에 청과 ❸시모노세키 조약을 맺어 랴오둥반도를 넘겨받았어요. 그러자 러시아가 일본을 견제하기 위해 프랑스, 독일과 함께 일본을 압박하였어요(삼국 간섭). 결국 일본은 삼국 간섭에 굴복하여 랴오둥반도를 청에 돌려주었어요.

① **(가) – (나) – (다)**
　→ (가) 고부 농민 봉기(1894. 1.) → (나) 일본군의 경복궁 무력 점령 (1894. 6.) → (다) 시모노세키 조약 체결(1895)

② (가) – (다) – (나)
③ (나) – (가) – (다)
④ (나) – (다) – (가)
⑤ (다) – (나) – (가)

해설사가 설명하는 **부산 해관 수세 사건(1878)**이 발생한 시기를 연표에서 옳게 고른 것은?

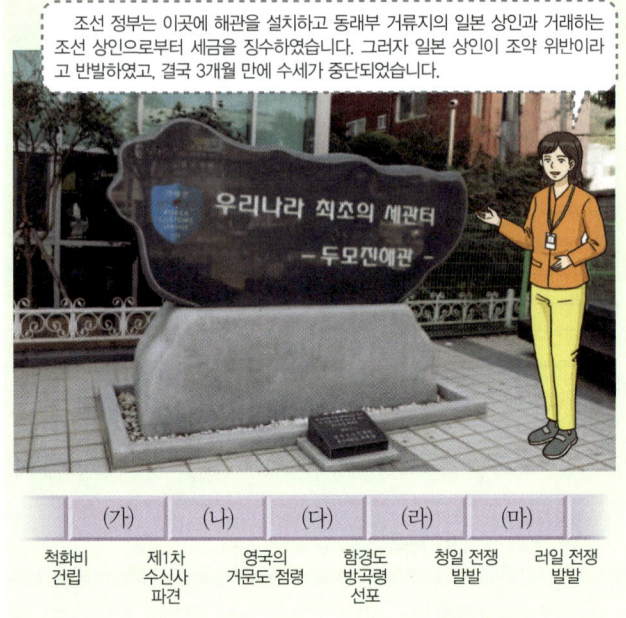

> 조선 정부는 이곳에 해관을 설치하고 동래부 거류지의 일본 상인과 거래하는 조선 상인으로부터 세금을 징수하였습니다. 그러자 일본 상인이 조약 위반이라고 반발하였고, 결국 3개월 만에 수세가 중단되었습니다.

(가)	(나)	(다)	(라)	(마)
척화비 건립	제1차 수신사 파견	영국의 거문도 점령	함경도 방곡령 선포	청일 전쟁 발발	러일 전쟁 발발

① (가)　② (나)　③ (다)　④ (라)　⑤ (마)

➡ 1876년에 일본과 강화도 조약(조·일 수호 조규)을 체결하면서 개항한 조선은 조약 체결 직후 김기수 등을 일본에 제1차 수신사로 파견하였어요(**제1차 수신사 파견, 1876**). 강화도 조약에 이어 체결된 부속 조약을 통해 일본 상품의 무관세, 개항장에서 일본 화폐의 유통 허용, 일본으로의 무제한 양곡 반출 허용 등이 규정되었어요. 관세를 내지 않아도 되는 일본 상인은 많은 상품을 조선에 들여와 싸게 팔았어요. 일본과의 무역을 통해 관세권의 중요성을 알게 된 조선 정부는 부산항 두모진 내에 해관을 설치하여 조선 상인을 대상으로 수세를 걷었어요. 이에 일본 상인들은 동래부 관청을 찾아와 조약 내용을 위반하였다며 항의하는 동시에 수세 중단을 요구하였어요. 그러나 조선 정부는 두모진 해관의 수세는 조선 상인에게 부과하는 것이므로 일본이 개입할 사항이 아니라고 하였어요. 이후 일본 상인들은 새로운 세금의 철폐를 요구하는 시위를 벌였고, 이에 동래부 관청과 일본 상인들이 대립하였어요. 사건이 점차 확대되자 일본 정부는 군대를 동원하여 수세 중단을 요구하였고, 결국 조선 정부는 3개월 만에 수세를 중단하였어요(**부산 해관 수세 사건, 1878**). 이후 조선에서는 김옥균 등 급진 개화파가 갑신정변을 일으켰지만, 청군의 개입으로 3일 만에 실패로 끝났어요. 갑신정변 이후 청의 간섭이 심해지자 고종은 러시아와 교섭을 추진하였고, 이에 영국은 1885년에 러시아의 남하를 막는다는 구실로 거문도를 불법으로 점령하였어요(**영국의 거문도 점령, 1885**). 영국은 러시아로부터 조선을 침략하지 않겠다는 약속을 받아낸 후인 1887년에 철수하였어요.

따라서, 부산 해관 수세 사건(1878)이 일어난 시기는 '제1차 수신사 파견(1876)'과 '영국의 거문도 점령(1885)' 사이 시기인 **(나)**예요.

33 보빙사
정답 ⑤

(가) 보빙사에 대한 설명으로 옳은 것은?

> 정답 키워드
>
> 미국 공사의 부임에 대한 답례로 파견

> ❶미국 공사의 부임에 대한 답례로 ___(가)___ 이/가 파견되었습니다. 8명의 조선 관리로 구성된 이들은 40여 일 동안 미국에 체류하면서 뉴욕의 전등 시설과 우체국, 보스턴 박람회 등을 시찰하였습니다.

1882년에 조·미 수호 통상 조약 체결 이후 한성에 ❶미국 공사가 부임하였고, 이에 대한 답례로 조선 정부는 미국에 외교 사절인 보빙사를 파견하였어요. 전권대신 민영익, 홍영식, 서광범, 유길준 등이 포함되었고, 업무가 끝난 후 미국에 남아 유학한 유길준은 귀국 후 미국에서 보고 들은 근대적 모습을 기록한 《서유견문》을 집필하였어요.

① 에도 막부의 요청으로 파견되었다.
➡ 1609년 광해군 재위 시기에 조선은 기유약조를 체결하여 임진왜란으로 단절되었던 일본과의 국교를 재개하였고, 이후 에도 막부의 요청으로 통신사를 파견하였어요.

② 별기군(교련병대) 창설을 건의하였다.
➡ 개항 이후 조선 정부는 개화 정책을 추진하기 위해 총괄 기구로 통리기무아문을 설치하였고, 통리기무아문은 국방력을 강화하기 위해 고종에게 신식 군대의 창설을 건의하였어요. 이에 고종은 1881년에 구식 군대인 5군영을 2영으로 개편하고, 신식 군대인 별기군(교련병대)을 창설하였어요.

③ 조선책략을 들여와 국내에 소개하였다.
➡ 1880년에 제2차 수신사로 일본에 파견된 김홍집은 귀국길에 황준헌이 지은 《조선책략》을 가지고 들어왔어요. 《조선책략》의 내용이 국내에 유포되자 이만손 등 영남 유생들이 미국과의 수교에 반대하는 영남 만인소를 올렸어요. 하지만 조선 정부는 이들을 탄압하고 조·미 수호 통상 조약을 체결하였어요.

④ 기기국에서 무기 제조 기술을 습득하고 돌아왔다.
➡ 1881년에 김윤식이 이끄는 유학생들이 청에 영선사로 파견되었어요. 이들은 청의 근대식 무기 제조 공장인 기기국에서 무기 제조 기술을 배우고 돌아왔어요.

⑤ 전권대신 민영익과 홍영식, 서광범 등으로 구성되었다.
➡ 1883년에 미국에 파견된 외교 사절단인 보빙사는 전권대신 민영익을 비롯하여 홍영식, 서광범, 유길준 등으로 구성되었어요.

34 1930년대 후반 이후 민족 말살 통치
정답 ⑤

(가)에 들어갈 **1930년대 후반 이후 민족 말살 통치 시기** 내용으로 적절한 것은?

> 정답 키워드
>
> 중·일 전쟁 발발 이후

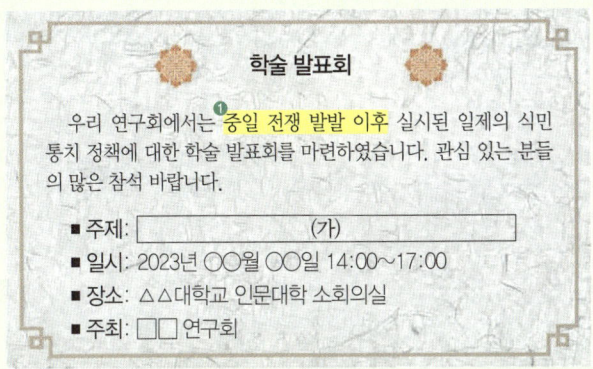

> ### 학술 발표회
>
> 우리 연구회에서는 ❶중일 전쟁 발발 이후 실시된 일제의 식민 통치 정책에 대한 학술 발표회를 마련하였습니다. 관심 있는 분들의 많은 참석 바랍니다.
>
> ■ 주제: ___(가)___
> ■ 일시: 2023년 ○○월 ○○일 14:00~17:00
> ■ 장소: △△대학교 인문대학 소회의실
> ■ 주최: □□ 연구회

일제는 1937년 ❶중·일 전쟁 이후 태평양 전쟁을 일으키는 등 침략 전쟁을 확대하면서 우리 민족을 전쟁에 쉽게 동원하기 위해 내선일체, 일선동조론을 내세우고 민족 말살 정책을 본격화하였어요. 또한 지원 병제, 학도 지원병제, 징병제 등을 실시하여 한국의 청년들을 전쟁터로 끌고 갔고, 국민 징용령을 공포하여 한국인을 광산 채굴과 전쟁 시설 건설 등에 강제로 동원하였으며, 각종 금속류와 쌀 등을 공출이라는 명목 하에 거두어 갔어요. 전쟁 막바지인 1944년에는 여자 정신 근로령을 만들어 여성들도 군수 공장에서 강제로 일하게 하였어요.

① 치안 유지법의 제정 배경
➡ 1925년에 일제는 반정부·반체제 사상을 단속하기 위해 일본 내 치안 유지법을 공포하였는데, 이를 한국에도 그대로 적용하여 독립 운동가 및 사회주의 세력을 탄압하는 데 이용하였어요.

② 조선 태형령의 적용 사례 분석
➡ 1910년대에 일제는 조선 태형령을 시행하여 한국인에게만 태형을 가하였어요. 조선 태형령은 1920년대 일제가 이른바 '문화 통치'를 표방하면서 폐지되었어요.

③ 제1차 조선 교육령의 제정 목적
➡ 1911년에 일제는 제1차 조선 교육령을 발표하여 보통학교의 수업 연한을 6년에서 4년으로 정하고, 한국인 우민화와 노동력 착취를 위한 실업·기술 교육 위주의 교육 방침을 채택하였어요.

④ 경성 제국 대학의 설립 의도와 과정
➡ 1924년에 일제는 우리 민족의 민립 대학 설립 운동을 탄압하고 이를 무마할 목적으로 경성 제국 대학을 설립하였어요.

⑤ 국가 총동원법의 제정과 조선에서의 시행
➡ 1930년대 후반 이후인 1938년에 일제는 전쟁 수행에 필요한 인적·물적 자원 수탈을 강화하기 위해 국가 총동원법을 시행하였어요.

다음 자료에 나타난 3·1 운동에 대한 설명으로 옳지 <u>않은</u> 것은?

> **정답 키워드**
>
> 한국인들의 독립 선언, 고종의 장례식 계기

한국인들이 독립 선언을 하다

– 집회에 참가한 수천 명 체포 –

일본 당국은 고종의 장례식을 계기로 문제가 발생할 것으로 예상하고 많은 헌병을 서울로 집결시켰다. …… 전국의 모든 도시와 마을에서 독립을 위한 행진과 시위가 일어났다. 일본 측은 당황했지만 곧 재정비하여 강력하고 신속한 진압에 나섰다. 그 결과 수천 명의 시위대가 체포되었지만 일본 측 보고서에는 수백 명으로 기록되어 있다.

1919년 고종의 인산일 즈음에 종교계 지도자들이 중심이 되어 민족 대표 33인을 구성하고 독립 선언서를 작성하였어요. 독립 선언 당일에 민족 대표 33인은 태화관에서 독립 선언서를 낭독하였고, 학생과 시민들은 탑골 공원에서 독립 선언서를 낭독한 후 만세 운동을 전개하였어요. 도시에서 시작된 만세 운동은 전국 각지로 확산되었고, 국외에서도 시위가 이어졌어요. 이에 일제는 군대와 경찰을 동원하여 무력으로 시위를 진압하였어요. 일제 강점기 최대 규모의 민족 운동인 3·1 운동을 계기로 대한민국 임시 정부가 수립되었고, 일제는 통치 방식을 이른바 '문화 통치'로 바꾸었어요.

① 중국의 5·4 운동에 영향을 주었다.
  ➡ 3·1 운동은 중국의 5·4 운동, 인도의 비폭력주의 운동 등 세계 민족 운동에 영향을 주었어요.

② 대한민국 임시 정부 수립의 계기가 되었다.
  ➡ 3·1 운동을 계기로 국내 외 여러 곳에서 임시 정부가 수립되었고, 이후 상하이의 대한민국 임시 정부로 통합되었어요.

③ 신간회에서 진상 조사단을 파견하여 지원하였다.
  ➡ 광주 학생 항일 운동이 일어나자 신간회는 사건의 진상을 규명하기 위해 조사단을 파견하는 등 지원하였어요.

④ 국외로도 확산되어 필라델피아에서 한인 자유 대회가 열렸다.
  ➡ 3·1 운동이 국외로 확산되면서 미국 필라델피아에서 한인 자유 대회가 열려 많은 사람들이 한국의 독립을 주장하였어요.

⑤ 평화적 만세 운동에서 무력 투쟁 사례가 늘어나기 시작하였다.
  ➡ 3·1 운동은 비폭력 운동의 원칙에 따라 평화적 만세 운동으로 전개되었어요. 그러나 일본군이 만세 시위를 벌인 제암리 주민들을 교회당에 모이게 한 후 학살한 제암리 학살 사건 이후 점차 무력 투쟁 시위로 변하였어요.

(가) 신민회에 대한 설명으로 옳은 것은?

> **정답 키워드**
>
> 안창호와 양기탁 등이 중심이 된 비밀 결사, 태극 서관

이 자료에 대해 말씀해주시겠습니까?

이 자료는 (가) 의 활동 목적이 잘 드러나 있는 통용 장정의 일부입니다. (가) 은/는 안창호와 양기탁 등이 중심이 된 비밀 결사로 태극 서관을 설립하여 회원들의 연락 장소로 사용하였습니다. └ 신민회가 신지식 보급과 민족 의식 고취를 위해 운영함

본회의 목적은 …… 쇠퇴한 교육과 산업을 개량하고 사업을 유신시켜 유신된 국민이 통일 연합해서 유신이 된 자유 문명 국을 성립시킨다.

신민회는 안창호, 양기탁 등을 중심으로 비밀 결사 형태로 조직된 애국 계몽 단체예요. 국권 회복과 공화 정체의 국가 건설을 목표로 활동한 신민회는 오산 학교와 대성 학교 등을 설립하여 민족 교육을 실시하였고, 자기 회사와 태극 서관을 운영하여 민족 산업 육성에도 힘썼어요. 또한, 신민회 회원들은 서간도의 삼원보에 신흥 강습소(이후 신흥 무관 학교)를 설립하여 독립군 양성을 위해 노력하였어요.

① 복벽주의를 표방하였다.
  ➡ 임병찬이 고종의 밀지를 받아 조직한 독립 의군부는 국권 회복 이후 고종을 복위시킨다는 복벽주의의 입장에서 의병 전쟁을 계획하였어요. 조선 총독부에 보낼 국권 반환 요구서를 작성하고 의병을 조직하다가 일제에 발각되어 조직이 해체되었어요.

② 13도 창의군을 결성하였다.
  ➡ 정미의병 당시 각지의 의병 부대는 이인영을 총대장으로 의병 연합 부대인 13도 창의군을 결성하였어요. 이들은 서울을 탈환할 목적으로 서울 진공 작전을 전개하였지만 실패하였어요.

③ 일제의 황무지 개간권 요구를 저지하였다.
  ➡ 보안회는 일제가 황무지 개간권을 요구하자 반대 운동에 나서 이를 저지하였어요.

④ 근대 교육을 위해 배재 학당을 설립하였다.
  ➡ 개신교는 아펜젤러가 배재 학당을 세우고, 스크랜턴이 이화 학당을 세우는 등 신학문 보급에 기여하였어요.

⑤ 일제가 조작한 105인 사건으로 해체되었다.
  ➡ 일제는 1911년에 독립운동가들을 색출하기 위해 105인 사건을 조작하였고, 이 사건으로 비밀 결사 단체였던 신민회가 드러나면서 조직이 해체되었어요.

밑줄 그은 '광무개혁'에 해당하는 내용으로 옳은 것을 |보기|에서 고른 것은?

정답 키워드

> 고종이 황제권 강화를 표방하며 개혁 추진

[건축으로 보는 한국사] 석조전

개화기에 만들어진 서양식 근대 건축물로 덕수궁 안에 있으며, 1945년 광복 직후 미·소 공동 위원회가 열려 한반도 문제가 논의됨

고종은 황제로서의 권위와 근대 국가를 향한 의지를 보여 주기 위해 서양의 신고전주의 양식으로 설계된 석조전 착공을 명하였다. 그러나 ❶황제권 강화를 표방하며 개혁을 추진하던 고종은 석조전이 완공되기 전에 강제로 퇴위당하였다.

아관 파천 이후 경운궁(덕수궁)으로 환궁한 고종은 1897년에 연호를 '광무'로 바꾸고, 환구단에서 황제 즉위식을 거행한 후 대한 제국 수립을 선포하였어요. 이후 ❶고종은 황제권 강화를 표방하며 구본신참의 원칙 아래 광무개혁을 추진하였어요. 대한국 국제를 반포하여 황제가 입법권, 행정권, 외교권, 사법권 등 모든 권한을 갖는다고 규정하였으며, 전제 군주정을 확고히 하기 위해 원수부를 설치하여 황제의 군 통수권 장악을 규정하였어요.

ㄱ. 박문국을 설치하여 한성순보를 발행하였다.
➡ 조선 정부는 **개항 이후 개화 정책** 중 하나로 박문국을 설치하여 우리나라 최초의 근대 신문인 한성순보를 발행하였어요.

ㄴ. 통리기무아문을 설치하여 개화 정책을 추진하였다.
➡ 조선 정부는 **개항 이후 개화 정책**을 추진하기 위해 총괄 기구로 통리기무아문을 설치하였어요.

ㄷ. 관립 상공 학교를 설립하여 실업 교육을 실시하였다.
➡ 대한 제국 시기에 고종은 **광무개혁**을 추진하는 과정에서 관립 상공 학교 등 각종 실업 학교와 회사, 은행 등을 설립하는 등 식산흥업 정책을 추진하였어요.

ㄹ. 지계아문을 설치하여 토지 소유자에게 지계를 발급하였다.
➡ 대한 제국 시기 고종은 **광무개혁**을 추진하는 과정에서 양전 사업을 시행하여 근대적 토지 소유 증명서인 지계를 발급하였어요.

① ㄱ, ㄴ   ② ㄱ, ㄷ   ③ ㄴ, ㄷ   ④ ㄴ, ㄹ   ⑤ ㄷ, ㄹ

밑줄 그은 '국민 대표 회의'에 대한 설명으로 옳은 것은?

정답 키워드

> 삼일 운동으로 우리 민족의 정신적 통일 표명

> 본 회의는 2천만 민중의 공의(公意)를 지키는 국민적 대회합으로서, 최고의 권위에 의해 국민의 완전한 통일을 견고하게 하며 광복 대업의 근본 방침을 수립하고, 이로써 우리 민족의 자유를 만회하고 독립을 완성하기를 기도하며 이에 선언하노라. ❶삼일 운동으로써 우리 민족의 정신적 통일은 이미 표명되었다. …… 본 대표들은 국민이 위탁한 사명을 받아 국민적 대단결을 힘써 도모하며, 독립 전도의 대방책을 확립하여 통일적 기관 하에서 대업을 기성(期成)하려 한다.

❶1919년에 일어난 3·1 운동 이후 수립된 대한민국 임시 정부는 1920년대 들어서 외교 중심의 임시 정부 활동이 한계를 드러내자 1923년에 새로운 독립운동의 방향을 모색하고자 국민 대표 회의를 개최하였어요.

① 창조파와 개조파가 대립하였다.
➡ **국민 대표 회의**는 임시 정부를 해체하고 새로운 정부를 수립해야 한다는 창조파와 임시 정부를 유지한 채 조직만 개편하자는 개조파의 대립으로 결렬되었어요. 이후 많은 독립운동가들이 임시 정부에서 이탈하였어요.

② 대일 선전 성명서를 공표하였다.
➡ **대한민국 임시 정부**는 1940년에 충칭에 정착한 후 일제가 태평양 전쟁을 벌이자 대일 선전 성명서를 공표하여 일제와의 전쟁을 공식화하였어요.

③ 삼균주의를 기초로 하는 건국 강령을 발표하였다.
➡ **대한민국 임시 정부**는 한국광복군을 창설한 후 조소앙의 삼균주의를 기초로 작성한 건국 강령을 발표하였어요.

④ 파리 강화 회의에 김규식을 파견할 것을 결정하였다.
➡ **신한 청년당**은 김규식을 파리 강화 회의에 대표로 파견하였어요. 이후 대한민국 임시 정부는 프랑스 파리에서 활동하고 있던 김규식을 전권 대사로 임명하여 파리 강화 회의에 독립 청원서를 제출하였어요.

⑤ 지청천을 사령관으로 하는 한국 광복군을 조직하였다.
➡ **대한민국 임시 정부**는 충칭에 정착한 후 지청천을 총사령관으로 하는 정규군인 한국광복군을 조직하였어요.

밑줄 그은 '산미 증식 계획'에 대한 설명으로 옳은 것은?

정답 키워드

> 수리 조합비, 한국인들이 쌀이 없어 잡곡만 먹음

> 이 계획 실시로 인하여 **①수리 조합비** 부담이 커졌어. 가뜩이나 지세도 부담되는데 개량 종자 구입비로 돈이 더 들어가네. 이래서 살겠나.

> 우리 마을 박서방은 소작농으로 전락하였다지. 우리 집은 **쌀이 없어 만주에서 들여온 잡곡만 먹고 있다네.**

일제는 일본 내에서 부족한 식량을 한국에서 확보하기 위해 1920년부터 산미 증식 계획을 실시하였어요. 이를 위해 일제는 품종 개량과 개간 사업을 실시하였고 저수지나 수로 등 관개 시설을 늘렸는데, 이러한 사업에 필요한 **①수리 조합비** 등 많은 비용을 농민에게 부담하도록 하였어요. 산미 증식 계획으로 쌀 생산량은 늘어났지만, 일제가 늘어난 양 이상을 일본으로 가져가면서 **②한국인들은 쌀 대신 만주에서 값싸게 들여온 잡곡을 먹는** 등 식량 사정이 악화되었어요.

① 독립 협회 결성의 계기가 되었다.
➡ 아관 파천 이후 **열강의 이권 침탈**이 심화되자 독립신문을 창간한 서재필 등의 주도로 1896년에 독립 협회가 결성되었어요.

② 국채 보상 운동의 배경이 되었다.
➡ 제1차 한·일 협약에 따라 대한 제국의 재정 고문이 된 메가타는 1905년부터 화폐 정리 사업을 실시하였고, 이로 인해 **일본으로 대한 제국의 재정이 예속**되면서 국민들 사이에서 성금을 모아 나라가 진 빚을 갚자는 국채 보상 운동이 일어났어요.

③ 재정 고문 메가타의 주도로 시행되었다.
➡ 제1차 한·일 협약 체결 후 재정 고문으로 부임한 메가타의 주도로 1905년부터 **화폐 정리 사업**이 실시되었어요.

④ 토지 조사 사업이 시행되는 배경이 되었다.
➡ 일제는 1910년대에 **식민 통치의 경제 기반 마련**을 위해 토지 조사 사업에 관한 법령으로 토지 조사령을 제정하여 토지 조사 사업을 실시하였어요.

⑤ 일본의 **쌀 부족 현상**을 해결하기 위해 시행되었다.
➡ 일제는 공업화로 일본 내 쌀 부족 현상이 발생하자 부족한 식량을 한국에서 확보하기 위해 1920년부터 **산미 증식 계획**을 실시하였어요.

(가) 북로 군정서에 대한 설명으로 옳은 것은?

정답 키워드

> 김좌진 지휘, 청산리 전투

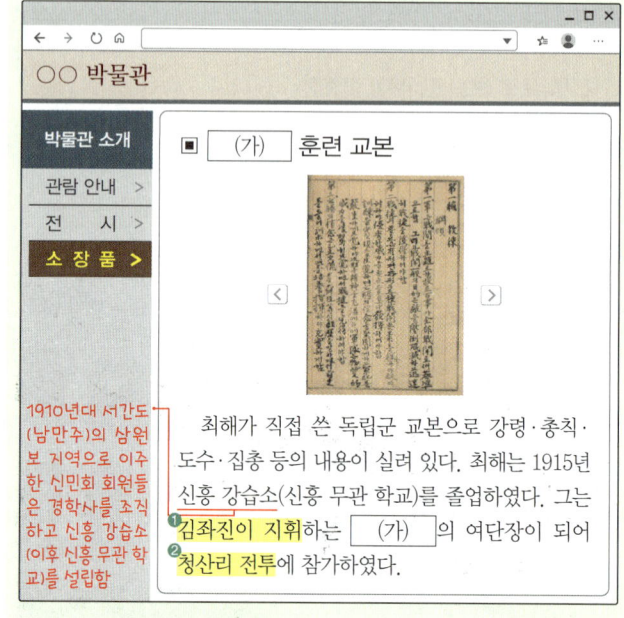

> ○○ 박물관
>
> 박물관 소개
> 관람 안내 >
> 전 시 >
> **소 장 품 >**
>
> ■ (가) 훈련 교본
>
> 최해가 직접 쓴 독립군 교본으로 강령·총칙·도수·집총 등의 내용이 실려 있다. 최해는 1915년 신흥 강습소(신흥 무관 학교)를 졸업하였다. 그는 **①김좌진이 지휘**하는 (가) 의 여단장이 되어 **②청산리 전투**에 참가하였다.

> 1910년대 서간도(남만주)의 삼원보 지역으로 이주한 신민회 회원들은 경학사를 조직하고 신흥 강습소(이후 신흥 무관 학교)를 설립함

북로 군정서는 1910년대에 북간도 지역으로 거점을 옮긴 대종교 세력의 주도로 조직된 중광단에서 개편된 군대예요. **①김좌진이 지휘**한 북로 군정서는 **②청산리 전투** 등 무장 독립 투쟁을 전개하였어요.

① 대전자령에서 일본군을 기습하였다.
➡ 지청천이 이끈 **한국 독립군**은 1930년대 초에 북만주에서 중국 호로군과 연합 작전을 벌여 쌍성보 전투, 대전자령 전투 등에서 일본군을 격파하였어요.

② 영릉가에서 일본군에 승리를 거두었다.
➡ 양세봉이 이끈 **조선 혁명군**은 1930년대 초에 남만주에서 중국 의용군과 연합하여 영릉가 전투, 흥경성 전투 등에서 일본군과 싸워 크게 승리하였어요.

③ 동북 항일 연군으로 개편되어 유격전을 전개하였다.
➡ **동북 인민 혁명군**은 동북 항일 연군으로 개편되어 유격대 활동을 하였어요.

④ 중광단을 중심으로 조직되어 항일 독립 전쟁에 참여하였다.
➡ **대종교** 세력은 단군 숭배 사상을 통해 민족의식을 높였어요. 국권 피탈 후에는 북간도로 넘어가 항일 무장 단체인 중광단을 결성하여 무장 투쟁을 전개하였어요.

⑤ 인도·미얀마 전선에 파견되어 **영국군과 연합 작전**을 펼쳤다.
➡ **한국광복군**은 태평양 전쟁 발발 이후 영국군의 요청에 따라 인도·미얀마 전선에 파견되어 영국군과 연합 작전을 펼쳤어요.

다음 가상 일기의 밑줄 그은 '형평 운동'에 대한 설명으로 옳은 것은?

정답 키워드

> 백정들이 평등한 세상을 만들기 위한 운동

> 1925년 ○○월 ○○일
>
> 우리 ❶백정들은 신분제가 폐지되었음에도 끊임없이 차별 받았다. 다 같은 조선 민족인데 왜 우리를 핍박하는 걸까? 우리는 저울처럼 ❶평등한 세상을 만들기 위해 몇 해 전부터 운동을 벌이고 있지만 사람들의 인식을 바꾸는 쉽지 않은 것 같다. 얼마 전 예천에서는 '백정을 핍박하는 것은 죄가 아니다.'라고 말하는 사람도 있다고 하니 우리는 언제쯤 평등한 대우를 받을 수 있을까?

　1894년 제1차 갑오개혁으로 법적인 신분 제도가 사라졌지만 백정에 대한 사회적 편견과 차별은 일제 강점기에도 계속되었어요. 이에 백정들은 1923년에 경상남도 진주에서 조선 형평사를 조직하고 신분 해방 운동인 형평 운동을 전개하였어요. 형평 운동은 ❶백정들이 사용하는 저울처럼 공평하고 평등한 사회를 만들겠다는 신념 아래 전개되었어요.

① 조선 형평사의 주도로 전개되었다.
➡ 1923년에 백정들은 진주에서 조선 형평사를 조직하고 **형평 운동**을 전개하였어요.

② 대한매일신보의 지원을 받아 확대되었다.
➡ 1907년에 일어난 **국채 보상 운동**은 대한매일신보 등 언론의 적극적인 지원을 받아 확대되었어요.

③ 평양에서 시작하여 전국적으로 확산되었다.
➡ 1920년대에 조만식 등은 민족 기업 육성과 토산품 애용을 목표로 평양에서 조선 물산 장려회를 조직하고 **물산 장려 운동**을 추진하였어요. 이후 전국으로 확대되어 서울에서도 조선 물산 장려회가 조직되었고 자작회, 토산 애용 부인회 등이 활동하였어요.

④ 순종의 인산일을 기한 대규모 시위를 계획하였다.
➡ 1926년에 순종의 인산일을 기해 일어난 **6·10 만세 운동**은 이후 민족 유일당 운동의 계기가 되었어요.

⑤ 라이징 선 석유 회사의 한국인 구타 사건을 계기로 시작되었다.
➡ 1929년에 함경남도 덕원군의 문평 라이징 선 석유 회사의 일본인 감독관이 한국인 노동자를 구타한 사건을 계기로 노동 운동인 **원산 총파업**이 시작되었어요. 원산 총파업이 일어나자 일본, 프랑스 등지의 노동 단체에서 격려 전문을 보내기도 하였어요.

교사의 질문(6·25 전쟁 중 인천 상륙 작전 이후의 사실)에 대한 학생의 답변으로 적절하지 않은 것은?

정답 키워드

> 서울 수복

> 이 우표는 6·25 전쟁이 발발하고 북한군에 점령당했던 서울을 되찾은 것을 기념해 만들어졌습니다. 9월 28일 서울 ❶수복 이후에 벌어진 상황에 대해 말해 볼까요?

우표로 보는 현대사

　1950년 6월에 6·25 전쟁이 발발하자 유엔 안전 보장 이사회는 유엔군을 파병하였고, 낙동강 지역까지 밀렸던 국군과 유엔군은 반격을 시도하였어요. 국군과 유엔군은 인천 상륙 작전을 전개하여 9월 28일에 ❶서울을 수복하고, 여세를 몰아 38도선을 돌파하여 압록강 일대까지 진격하였어요. 그러나 중국군이 참전하면서 국군과 유엔군은 후퇴하였고, 1951년 1월에는 서울을 다시 빼앗겼어요(1·4 후퇴). 국군과 유엔군은 전열을 가다듬어 서울을 재탈환하였지만 이후 38도선 일대에서 공방전이 지속되자 결국 1953년 7월 27일에 정전 협정이 체결되었어요.

① 반공 포로가 석방되었어요.
➡ 6·25 전쟁 중이던 1953년에 휴전 협상이 이루어졌고, 이 과정에서 휴전에 반대한 이승만 정부가 반공 포로 일부를 일방적으로 석방하였어요. 이후 7월 27일에 정전 협정이 체결되었어요.

② 한미 상호 방위 조약이 체결되었어요.
➡ 6·25 전쟁에 대한 정전 협정이 체결된 이후인 1953년 10월에 한·미 상호 방위 조약이 체결되었어요.

③ 흥남에서 대규모 철수가 이루어졌어요.
➡ 인천 상륙 작전 성공 이후 승기를 잡은 국군과 유엔군은 압록강 일대까지 진격하였지만 중국군의 개입으로 후퇴하여 1950년 12월에 흥남 철수 작전을 전개하였어요.

④ 유엔군이 인천 상륙 작전을 전개하였어요.
➡ 1950년 9월 15일에 국군과 유엔군은 인천 상륙 작전에 성공하면서 서울을 수복하였고, 이후 압록강 일대까지 진격하였어요.

⑤ 비상계엄이 선포된 가운데 발췌 개헌안이 통과되었어요.
➡ 6·25 전쟁 중이던 1952년에 이승만 정부는 임시 수도 부산에 비상계엄을 선포하고 발췌 개헌안을 통과시켰어요(1차 개헌).

(가) 김대중 정부의 통일 정책에 대한 설명으로 옳은 것은?

정답 키워드

> 최초의 남북 정상 회담 성사, 기초 생활 보장 제도

저희 모둠은 우리 학교 학생들을 대상으로 (가) 정부의 연관 검색어를 조사해 보았습니다.

국가 인권 위원회 설립
❶ **최초의 남북 정상 회담 성사**
한·일 문화 교류　　노벨 평화상 수상
2002 한·일　　❷ **기초 생활 보장 제도**
월드컵 4강 진출　**경의선 복원**
인천 국제 공항 개항　**사업 착공**
대우 자동차 최종 부도 처리
중학교 의무 교육 전국 확대
의문사 진상 규명 위원회 출범

❶ 김대중 정부는 남북 관계 개선을 위한 대북 화해 협력 정책(햇볕 정책)을 적극 추진하였어요. 그 결과, 2000년에 **처음으로 남북 정상 회담**을 개최하였어요.

❷ 김대중 정부 시기에 **기초 생활 보장 제도**인 국민 기초 생활 보장법을 시행하여 경제적 취약 계층에게 생계비, 주거비, 의료비 등을 보조하였어요.

① 남북 기본 합의서에 서명하였다.
　➡ **노태우 정부** 시기인 1991년에 남북한은 '남북한 사이의 화해와 불가침 및 교류 협력에 관한 합의서(남북 기본 합의서)'에 서명하였어요.

② 남북한이 유엔에 동시 가입하였다.
　➡ **노태우 정부** 시기인 1991년에 남북한이 유엔에 동시 가입하였어요.

③ 7·4 남북 공동 성명을 발표하였다.
　➡ **박정희 정부** 시기인 1972년에 남북한은 7·4 남북 공동 성명을 발표하였고, 이에 따라 남북 조절 위원회를 구성하였어요.

④ 6·15 남북 공동 선언을 채택하였다.
　➡ **김대중 정부** 시기인 2000년에 최초로 남북 정상 회담이 개최되었고, 남북한은 6·15 남북 공동 선언을 채택하였어요.

⑤ 남북 이산가족 고향 방문을 최초로 실현하였다.
　➡ **전두환 정부** 시기인 1985년에 남북 이산가족 고향 방문단과 예술 공연단 교환이 최초로 실현되었어요.

(가) 4·19 혁명에 대한 설명으로 옳은 것은?

정답 키워드

> 3·15 부정 선거에 항거

이것은 1959년 이승만의 84세 생일을 기념하는 '대통령 탄신 경축식' 사진입니다. 이러한 행사는 1949년부터 진행되었습니다. 이승만 대통령의 장기 독재는 ❶ **3·15 부정 선거에 항거**하며 일어난 (가) (으)로 결국 종말을 고했습니다.

이승만 정부가 정권 유지를 위해 1960년에 ❶ **3·15 부정 선거를 저지르자 이에 저항**하는 시위가 일어났어요. 마산에서 경찰의 무자비한 진압으로 희생된 김주열의 시신이 마산 앞바다에서 발견되자 시위는 전국으로 확산되었어요. 4월 19일에 경무대로 향하는 시위대를 향해 경찰이 발포하여 사상자가 발생하였고, 이에 대학교수단도 시국 선언을 발표하고 대통령 퇴진을 요구하며 시위에 나섰어요. 결국 이승만이 하야 성명을 발표하고 대통령직에서 물러났어요.

① 긴급 조치 철폐를 요구하였다.
　➡ **박정희 정부** 시기에 **유신 반대 운동** 과정에서 재야 인사들이 중심이 되어 긴급 조치 철폐 등을 요구하는 3·1 민주 구국 선언을 발표하였어요.

② 장면 내각이 출범하는 배경이 되었다.
　➡ **4·19 혁명** 이후 의원 내각제와 양원제를 골자로 하는 3차 개헌이 진행되었고, 장면 내각이 출범하였어요.

③ 전남 도청에서 시민군이 계엄군에 맞서 싸웠다.
　➡ **5·18 민주화 운동** 과정에서 일부 시민들은 전남도청에서 계엄군의 무력 진압에 대항하여 시민군을 조직하여 맞서 싸웠어요.

④ 민주화를 위한 개헌 청원 100만인 서명 운동이 전개되었다.
　➡ **박정희 정부** 시기에 유신 헌법이 공포되어 독재 정치가 펼쳐지자 유신 헌법의 철폐를 요구하는 **유신 반대 운동**이 전개되었는데, 그 일환으로 민주화를 위한 개헌 청원 100만인 서명 운동이 전개되었어요.

⑤ 5년 단임의 대통령 직선제 개헌이 이루어지는 계기가 되었다.
　➡ **전두환 정부** 시기에 일어난 **6월 민주 항쟁**의 결과 대통령 직선제를 수용한다는 6·29 민주화 선언이 발표되었고, 이에 따라 5년 단임의 대통령 직선제 개헌이 이루어졌어요.

45 박정희 정부 시기의 경제 상황　정답 ②

다음 **YH 무역 사건**이 있었던 **박정희 정부** 시기의 경제 상황으로 옳은 것은?

정답 키워드

> YH 무역 여성 노동자들이 농성 시위

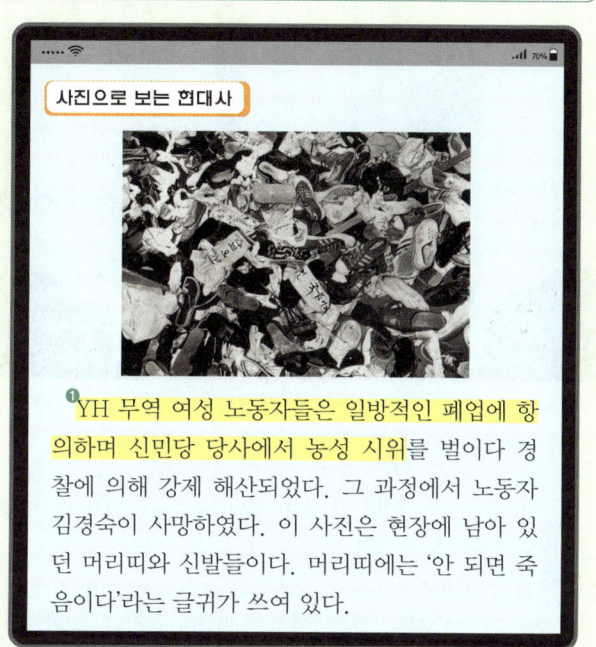

사진으로 보는 현대사

❶**YH 무역 여성 노동자들은 일방적인 폐업에 항의하며 신민당 당사에서 농성 시위**를 벌이다 경찰에 의해 강제 해산되었다. 그 과정에서 노동자 김경숙이 사망하였다. 이 사진은 현장에 남아 있던 머리띠와 신발들이다. 머리띠에는 '안 되면 죽음이다'라는 글귀가 쓰여 있다.

박정희 정부 시기인 1979년에 가발을 만드는 회사인 YH 무역이 일방적으로 폐업을 선언하자, ❶YH 무역의 여성 노동자들이 부당 폐업 공고라며 반발하였어요. 이들은 ❶신민당 당사에서 농성 투쟁을 벌였고, 경찰 진압 과정에서 여성 노동자가 사망하는 일이 벌어졌어요. 이 사건에 항의하며 박정희 정부를 비판한 신민당 총재 김영삼은 국회의원직에서 제명되었어요.

① 금융 실명제가 실시되었다.
　➡ **김영삼 정부** 시기에 금융 거래의 투명성을 확보하기 위해 대통령 긴급 명령으로 금융 실명제가 실시되었어요.

②연간 수출액 100억 달러가 달성되었다.
　➡ **박정희 정부** 시기에 경제 개발 5개년 계획 등을 추진하여 처음으로 수출액 100억 달러를 달성하였어요.

③ 개성 공단에서 의류 생산이 시작되었다.
　➡ 김대중 정부 시기에 이루어진 남북 합의를 바탕으로 **노무현 정부** 시기에 개성 공단 건설 사업이 실현되어 의류 생산이 시작되었어요.

④ 칠레와 자유 무역 협정(FTA)을 체결하였다.
　➡ **김대중 정부** 시기에 한국과 칠레의 자유 무역 협정이 체결되었고, 노무현 정부 시기에 비준·발효되었어요.

⑤ 저금리, 저유가, 저달러의 3저 호황이 있었다.
　➡ **전두환 정부** 시기인 1980년대 중반에 우리나라의 경제는 3저 호황을 누렸어요.

46 전두환 정부 시기의 사회 모습　정답 ④

밑줄 그은 '**전두환 정부**' 시기의 사회 모습으로 옳은 것은?

정답 키워드

> 야간 통행 금지 해제, 프로 야구·축구 출범, 삼청 교육대

❶**야간 통행 금지**를 **해제**했던 정부 시절 기억나는가?

❶**프로 야구**와 **프로 축구**가 **출범**되고 해외 여행도 갈 수 있게 되었지.

수많은 사람들이 불법적으로 ❷**삼청 교육대**에 끌려 갔잖아.

❶ 전두환 정부는 민주화 탄압 등 강압 정책에 대한 시민들의 불만을 무마하기 위해 **야간 통행금지 해제**, **프로 야구와 프로 축구 출범** 등 유화 정책을 추진하였어요.
❷ 전두환 등의 신군부는 사회 정화를 명분으로 **삼청 교육대**를 설치하여 혹독한 군사 훈련과 강제 노역을 실시하였어요.

① 금강산 관광이 시작되었다.
　➡ **김대중 정부** 시기에 금강산 해로 관광이 시작되었고, 금강산 육로 관광은 시범 운영되었어요. 노무현 정부 시기에 금강산 육로 관광이 정식으로 시작되었어요.

② 서울 올림픽 대회가 개최되었다.
　➡ **노태우 정부** 시기에 서울 올림픽 대회가 개최되었어요.

③ 삼풍 백화점 붕괴 사고가 발생하였다.
　➡ **김영삼 정부** 시기에 삼풍 백화점 붕괴 사고가 발생하여 수많은 사람이 희생되었어요.

④보도 지침을 통해 언론을 통제하였다.
　➡ **전두환 정부** 시기에 정부는 매일 각 언론사에 기사 보도를 제한하는 보도 지침을 내려 보내 언론을 통제하였어요.

⑤ 양성평등 실현을 위해 호주제가 폐지되었다.
　➡ **노무현 정부** 시기에 양성평등의 실현을 위해 호주제가 폐지되었어요.

(가)에 들어갈 여운형의 활동 내용으로 옳은 것은?

정답 키워드

몽양, 조선 건국 준비 위원회 결성

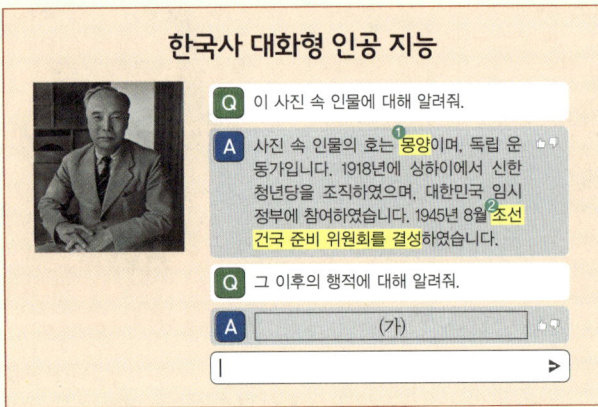

한국사 대화형 인공 지능

Q 이 사진 속 인물에 대해 알려줘.

A 사진 속 인물의 호는 ❶몽양이며, 독립 운동가입니다. 1918년에 상하이에서 신한 청년당을 조직하였으며, 대한민국 임시 정부에 참여하였습니다. 1945년 8월 ❷조선 건국 준비 위원회를 결성하였습니다.

Q 그 이후의 행적에 대해 알려줘.

A (가)

호가 ❶'몽양'인 여운형은 1918년에 중국 상하이에서 신한 청년당을 결성한 후 파리 강화 회의에 김규식을 대표로 파견하여 한국의 독립을 주장하였어요. 또한 1944년에는 일제의 패망과 광복에 대비하여 비밀리에 조선 건국 동맹을 결성하였고, 광복 직후 조선 건국 동맹을 기반으로 ❷조선 건국 준비 위원회를 조직하였어요. 조선 건국 준비 위원회는 미군의 한반도 진주를 앞두고 이들이 들어왔을 때 대등한 입장에서 교섭하기 위해 조선 인민 공화국의 수립을 선포하였어요. 그러나 미군정은 조선 인민 공화국은 물론 대한민국 임시 정부조차도 인정하지 않았고, 군정청을 설치하여 38도선 이남 지역에 대한 직접 통치를 선포하였어요.

① 한국 민주당을 창당하였습니다.
➡ 광복 직후인 1945년 9월에 송진우, 김성수 등 민족주의 계열은 한국 민주당을 창당하였어요.

② 5·10 총선거에 출마하였습니다.
➡ 이승만은 1948년에 실시된 5·10 총선거에 출마한 대표적인 인물이에요.

③ 단독 정부 수립을 주장하였습니다.
➡ 이승만은 1946년에 정읍에서 전국을 아우르는 정부를 구성할 수 없다면 남한만이라도 단독 정부를 수립하자고 주장하였어요.

④ 조선 혁명 선언을 작성하였습니다.
➡ 신채호는 의열단의 활동 지침이 된 〈조선 혁명 선언〉을 작성하여 폭력을 통한 민중의 직접 혁명을 주장하였어요.

⑤ 좌우 합작 위원회를 조직하였습니다.
➡ 제1차 미·소 공동 위원회가 무기 휴회되고 이승만이 남한만의 단독 정부 수립을 주장하는 정읍 발언을 하자 여운형, 김규식 등 중도 세력은 좌우 합작 위원회를 조직하였어요. 좌우 합작 위원회는 좌우 합작 7원칙을 발표하는 등 좌우 합작 운동을 전개하였어요.

교사의 질문에 대한 학생의 답으로 옳은 것은?

충남 부여 쌍북리에서 숫자들이 기록된 목간이 출토되었는데 놀랍게도 구구단이 쓰여 있었습니다. 삼국 시대에 살았던 사람들도 우리처럼 구구단을 공부했다는 것이 신기합니다. 삼국 시대 사람들의 학습 활동을 확인할 수 있는 또 다른 사례는 무엇이 있을까요?

① 울주 대곡리 반구대에 고래 사냥 모습을 새겼습니다.
➡ 청동기 시대의 유적인 울주 대곡리 반구대 바위그림에는 고래 사냥 모습 등이 새겨져 있는데, 이를 통해 청동기 시대 사람들의 생활 모습을 짐작할 수 있어요.

② 이제현이 만권당에서 원의 학자들과 교류하였습니다.
➡ 고려 말에 이제현은 충선왕이 원의 연경에 세운 독서당인 만권당에서 원의 유학자들과 교유하며 성리학을 연구하였어요.

③ 청소년들이 경당에서 책을 읽고 활쏘기를 배웠습니다.
➡ 고구려는 교육 기관으로 수도에 태학, 지방에 경당을 두어 인재를 양성하였는데, 경당에서는 청소년들이 책을 읽고 활쏘기를 배웠어요.

④ 독특한 회계 정리 방식인 사개치부법을 사용하였습니다.
➡ 조선 후기에는 사상의 활동이 활발해졌는데, 이중 개성의 송상은 청과의 무역에 종사하며 전국에 송방이라는 지점을 운영하였어요. 또한 사개치부법이라는 독특한 회계 정리 방식을 사용하였어요.

⑤ 정혜 공주 묘지석에는 유교 경전과 중국 역사서의 내용이 인용되어 있습니다.
➡ 발해의 정혜 공주 묘지석에는 유교 경전과 중국 역사서의 내용이 인용되어 있어요.

(가)~(마)의 설명과 사진을 연결한 것으로 옳지 <u>않은</u> 것은?

(가) ❶태토와 유약이 모두 백색이고 1,200도 이상에서 구워 만든 자기다. 영국 여왕 엘리자베스 2세가 이 자기 중 하나를 보면서 '세상에서 제일 아름다운 그릇'이라는 찬사를 보냈다.

(나) 철분이 약간 함유된 태토에 유약을 입혀 고온에서 구워낸 자기다. 송 사신 서긍은 "❷푸른 빛깔을 고려인은 비색(翡色)이라 하는데 근래에 들어 빛깔이 더욱 좋아졌다."고 하였다.

(다) 회색 태토 위에 백토로 표면을 분장한 뒤에 유약을 입혀 구운 자기다. 고유섭이 회청색을 띠는 사기라는 의미로 '분장회청사기❸(분청사기)'라 하였다.

(라) 초벌구이한❹ 백자 위에 코발트로 그림 그린 후 유약을 발라 구운 자기다. 코발트는 수입산 안료였기에 예종은 관찰사를 통해 백성들이 회회청(코발트)을 구해오도록 독려할 정도였다.

(마) ❺표면에 무늬를 파고 백토와 자토를 그 자리에 넣어 초벌구이한 후 유약을 발라 구워낸 자기다. 최순우는 "고려 사람들은 비색의 자기에 영롱한 수를 놓은 방법을 궁리해 냈다."고 하였다.

(가) 조선 중기부터 ❶백토 위에 유약을 발라 구운 백자가 본격적으로 생산되었고, 이로 인해 분청사기가 쇠퇴하였어요.

(나) 고려 전기에는 무늬가 없는 ❷푸른 빛깔의 순청자가 주로 만들어졌어요.

(다) 조선 초기에는 회색 계통의 바탕흙 위에 백토로 표면을 분장한 후 유약을 발라 구운 ❸분청사기가 유행하였어요.

(라) 조선 후기에는 ❹백자 위에 회회청 등의 코발트 안료를 사용하여 푸른색으로 그림을 그려 넣은 청화 백자가 유행하였어요.

(마) 고려 중기에는 ❺그릇 표면에 무늬를 새기고 그 안을 백토나 흑토로 채우는 상감 기법을 이용하여 만든 상감 청자가 유행하였어요.

(가)
① ➡ 조선 시대에 만들어진 **백자** 달 항아리예요.

(나)
② ➡ 고려 시대의 **순청자**인 청자 오리모양 연적이에요.

(다)
③ ➡ 청동기 시대의 **민무늬 토기**로, 가지무늬 토기예요.

(라)
④ ➡ 조선 후기의 **청화 백자**인 백자 청화 매죽문 항아리예요.

(마)
⑤ ➡ 고려 시대의 **상감 청자**인 청자 상감 운학문 매병이에요.

다음 전태일 분신 사건(1970)의 영향을 받아 발생한 사실로 옳은 것은?

> **정답 키워드**
>
> 근로 기준법 준수를 외치며 분신

❶근로 기준법을 준수하라!

나는 아주 작은 바늘 구멍이라도 내기 위해서 죽는 것입니다. 그 작은 구멍을 자꾸 키워 벽을 허물어야 합니다. 그래야 없는 사람도 살고 근로자도 살 수 있는 것입니다.

박정희 정부는 수출 경쟁력 확보를 위해 저임금 정책을 실시하며 노동자의 희생을 강요하였어요. 이러한 노동자의 처우에 평화 시장에서 재단사로 일하던 전태일은 1970년에 근무 환경 개선과 근로 기준법 준수를 요구하며 분신하였어요. 이후 많은 사람이 노동 문제에 관심을 기울이면서 노동 운동이 본격화되었어요.

① 신한 공사가 설립되어 귀속 재산을 관리하였다.
➡ 미군정은 광복 직후 일제가 떠나면서 남기고 간 귀속 재산의 처리를 위해 신한 공사를 설립하였어요.

② 부산에서 조선 방직의 총파업 사건이 발생하였다.
➡ 일제 강점기인 1930년대에 부산에서 조선 방직 노동자들이 일제의 노동력 수탈과 민족 차별에 항거하여 총파업을 벌였어요.

③ 경제 자립을 목표로 제1차 경제 개발 5개년 계획이 추진되었다.
➡ 박정희 정부 시기인 1962년부터 1966년까지 경제 자립을 목표로 경공업 육성이 중심이 된 제1차 경제 개발 5개년 계획이 추진되었어요.

④ 미국에서 들여온 원조 물자를 기반으로 삼백 산업이 발달하였다.
➡ 이승만 정부 시기인 1948년에 한·미 원조 협정이 체결되어 미국으로부터 잉여 농산물을 비롯한 밀가루·설탕·면화 등을 원조받았고, 이를 기반으로 제분·제당·면방직 공업의 삼백 산업이 발달하였어요.

⑤ 평화 시장 노동자들을 중심으로 한 청계 피복 노동조합이 결성되었다.
➡ 박정희 정부 시기인 1970년에 평화 시장에서 재단사로 일하던 전태일은 노동자의 근무 환경 개선과 근로 기준법 준수를 요구하며 분신하였어요. 이 사건 직후 평화 시장 노동자들을 중심으로 한 청계 피복 노동 조합이 결성되었어요.

제67회

합격률 66회:**59%** / 65회:**57.7%**
49.2%

시대별 출제비중

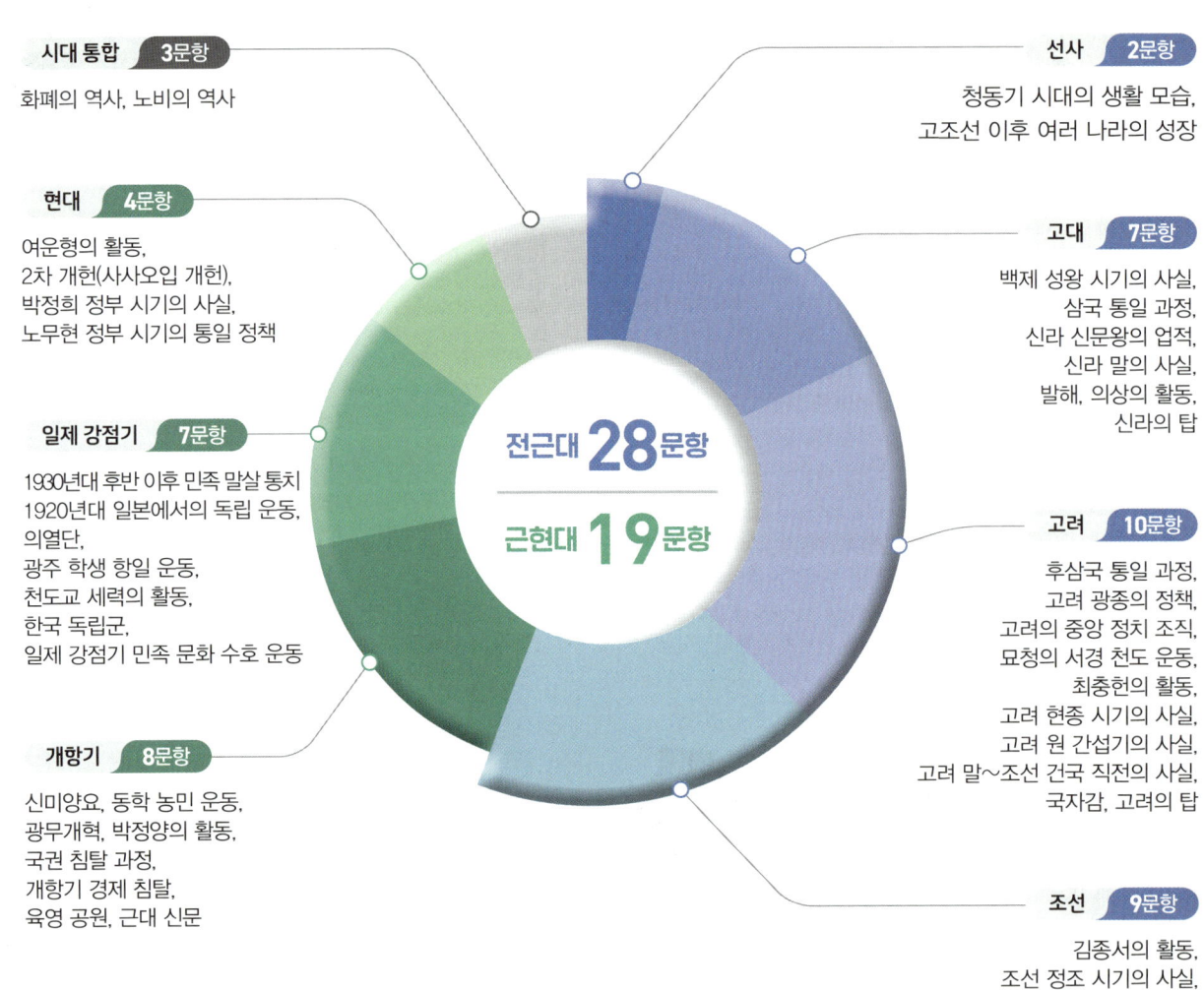

시대 통합 `3문항`
화폐의 역사, 노비의 역사

현대 `4문항`
여운형의 활동,
2차 개헌(사사오입 개헌),
박정희 정부 시기의 사실,
노무현 정부 시기의 통일 정책

일제 강점기 `7문항`
1930년대 후반 이후 민족 말살 통치
1920년대 일본에서의 독립 운동,
의열단,
광주 학생 항일 운동,
천도교 세력의 활동,
한국 독립군,
일제 강점기 민족 문화 수호 운동

개항기 `8문항`
신미양요, 동학 농민 운동,
광무개혁, 박정양의 활동,
국권 침탈 과정,
개항기 경제 침탈,
육영 공원, 근대 신문

선사 `2문항`
청동기 시대의 생활 모습,
고조선 이후 여러 나라의 성장

고대 `7문항`
백제 성왕 시기의 사실,
삼국 통일 과정,
신라 신문왕의 업적,
신라 말의 사실,
발해, 의상의 활동,
신라의 탑

전근대 28문항
근현대 19문항

고려 `10문항`
후삼국 통일 과정,
고려 광종의 정책,
고려의 중앙 정치 조직,
묘청의 서경 천도 운동,
최충헌의 활동,
고려 현종 시기의 사실,
고려 원 간섭기의 사실,
고려 말~조선 건국 직전의 사실,
국자감, 고려의 탑

조선 `9문항`
김종서의 활동,
조선 정조 시기의 사실,
유향소, 조선의 군사 조직,
임진왜란, 천주교 박해,
조선 후기의 사회 모습,
조선의 역사서,
박제가·정약용의 활동

01 청동기 시대의 생활 모습

정답 ④

(가) 청동기 시대의 생활 모습으로 옳은 것은?

> **정답 키워드**
>
> 계급 출현, 고인돌, 민무늬 토기

마을을 둘러싼 물이 흐르는 도랑

❶ 계급이 출현한 ⬚(가)⬚ 시대의 생활상을 엿볼 수 있는 환호, ❷ 고인돌, 민무늬 토기 등이 울주 검단리 유적에서 발굴되었습니다. 특히 마을의 방어 시설로 보이는 환호는 우리나라의 ⬚(가)⬚ 시대 유적에서 처음 확인된 것으로, 둘레가 약 300미터에 달합니다.

❶ **고인돌**은 비파형 동검과 함께 청동기 시대를 대표하는 유적과 유물이에요. 청동기 시대에는 농경이 더욱 발달해 생산력이 향상되었고, 이에 따라 잉여 생산물이 발생하면서 빈부의 차이가 나타나 **계급이 발생**하였어요. 게다가 정복 활동이 활발해지면서 계급이 뚜렷하게 나누어지고 막강한 권력을 행사하는 지배자가 등장하였어요. 청동기 시대에는 많은 인력을 동원하여 지배층의 무덤으로 고인돌을 축조하였어요.

❷ **민무늬 토기**는 청동기 시대부터 사용된 토기로, 청동기 시대에는 신석기 시대의 빗살무늬 토기와 달리 표면에 무늬가 없는 민무늬 토기를 사용하였어요.

① 철제 무기로 정복 활동을 벌였다.
➡ **철기 시대**에는 철제 무기와 쟁기, 쇠스랑 등 철제 농기구가 널리 보급되었어요.

② 주로 동굴이나 막집에서 거주하였다.
➡ **구석기 시대** 사람들은 식량을 찾아 이동 생활을 하였으며, 주로 동굴이나 강가의 막집, 바위 그늘에서 거주하였어요.

③ 소를 이용한 깊이갈이가 일반화되었다.
➡ 소를 이용한 깊이갈이(우경)는 신라 지증왕 때 우리나라의 기록에 처음 등장하였고, **고려 시대**에 일반화되었어요.

④ 비파형 동검과 청동 거울 등을 제작하였다.
➡ 비파형 동검은 **청동기 시대**의 대표적인 유물이에요. 청동기 시대부터 청동 도끼, 청동 검, 청동 방울, 거친무늬 거울 등 청동으로 도구를 제작하기 시작하였어요.

⑤ 빗살무늬 토기에 음식을 저장하기 시작하였다.
➡ **신석기 시대** 사람들은 빗살무늬 토기를 사용하여 음식을 조리하거나 식량을 저장하였어요.

02 고조선 이후 여러 나라의 성장

정답 ④

(가)~(라)에 들어갈 내용으로 옳은 것을 |보기|에서 고른 것은?

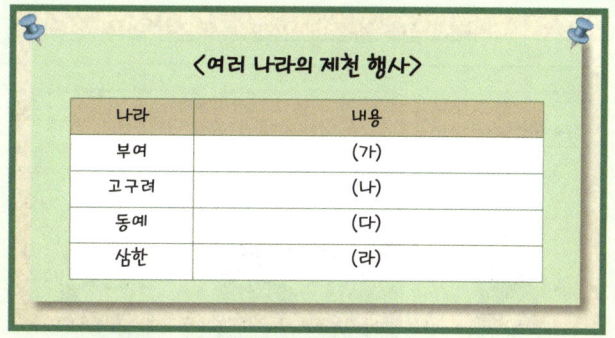

〈여러 나라의 제천 행사〉

나라	내용
부여	(가)
고구려	(나)
동예	(다)
삼한	(라)

ㄱ. (가) – **무천**이라는 제천 행사에서 밤낮으로 음주가무를 즐겼다.
➡ 부여는 12월에 영고라는 제천 행사를 열어 농사가 잘 되기를 빌었어요. 10월에 무천이라는 제천 행사를 열어 밤낮으로 음주가무를 즐기며 하늘에 풍년을 기원하였던 나라는 **동예**예요.

ㄴ. (나) – 10월에 지내는 제천 행사는 국중대회로 **동맹**이라 하였다.
➡ **고구려**는 10월에 동맹이라는 제천 행사를 열었어요.

ㄷ. (다) – 영고라는 제천 행사를 열고 죄수를 풀어주기도 하였다.
➡ 동예는 10월에 무천이라는 제천 행사를 열어 하늘에 풍년을 기원하였어요. 12월에 영고라는 제천 행사를 열고 죄수를 풀어주기도 하였던 나라는 **부여**예요.

ㄹ. (라) – 씨뿌리기가 끝난 5월과 농사를 마친 10월에 제사를 지냈다.
➡ **삼한**은 씨뿌리기가 끝난 5월과 농사를 마친 10월에 제천 행사를 열고 하늘에 제사를 지냈어요.

① ㄱ, ㄴ   ② ㄱ, ㄷ   ③ ㄴ, ㄷ   ④ ㄴ, ㄹ   ⑤ ㄷ, ㄹ

다음 자료에 해당하는 **백제 성왕**에 대한 설명으로 옳은 것은?

정답 키워드

> 사비로 도읍을 옮김, 관산성에서 목숨을 잃음

 백제 제26대 왕 명농, 지혜와 식견이 뛰어나고 결단력이 있었다.
1/3

 **❶** 웅진에서 **사비**로 도읍을 옮기고 백제의 중흥을 꾀했다.
2/3

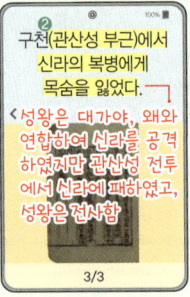 **❷** 구천(관산성 부근)에서 신라의 복병에게 **목숨을 잃었다.** ┐
〈성왕은 대가야, 왜와 연합하여 신라를 공격하였지만 관산성 전투에서 신라에 패하였고, 성왕은 전사함〉
3/3

❶ 성왕은 웅진(공주)에서 **사비(부여)로 천도**하고 국호를 일시적으로 '남부여'로 고쳤어요. 또한, 중앙 관청을 22부로 정비하고 수도를 5부, 지방을 5방으로 재편하는 등 백제의 중흥을 위해 노력하였어요.

❷ 성왕은 6세기 중반에 신라 진흥왕과 연합하여 고구려를 공격해 한강 유역을 되찾았으나 곧이어 신라군의 기습 공격을 받아 한강 유역을 다시 빼앗겼어요. 이에 분노한 성왕은 신라 공격에 나섰다가 **관산성 전투에서 전사**하였어요.

① 국호를 **남부여**로 **개칭**하였다.
➡ **성왕**은 수도를 웅진에서 사비로 옮기고, 부여 계승 의식을 내세우며 국호를 '남부여'로 고쳤어요.

② 금마저에 미륵사를 창건하였다.
➡ **무왕**은 오늘날 익산 지역인 금마저에 미륵사를 창건하였어요.

③ 고흥에게 서기를 편찬하게 하였다.
➡ **근초고왕**은 고흥에게 역사서인 《서기》를 편찬하게 하였어요.

④ 윤충을 보내 대야성을 함락하였다.
➡ **의자왕**은 윤충을 보내 신라의 대야성을 공격하였어요. 대야성 전투는 신라에 큰 타격을 주었고, 신라에서 김춘추를 보내 당과 동맹을 체결하는 계기가 되었어요.

⑤ 동진에서 온 마라난타를 통해 불교를 수용하였다.
➡ **침류왕**은 동진의 마라난타를 통해 불교를 수용하였어요.

(가)에 해당하는 **경주 분황사 모전 석탑**으로 옳은 것은?

정답 키워드

> 현존하는 신라 탑 중 가장 오래됨, 벽돌 모양

국보로 지정된 __(가)__ 은 **현존하는 신라 탑 중에 가장 오래된 것**으로 평가받습니다. 이 탑은 돌을 **벽돌 모양**으로 다듬어 쌓았다는 특징이 있으며, 선덕여왕 3년에 건립된 것으로 추정됩니다. ┐ 〈돌을 벽돌처럼 깎아서 쌓은 모전 측, 전탑을 모방해서 만든 석탑임〉

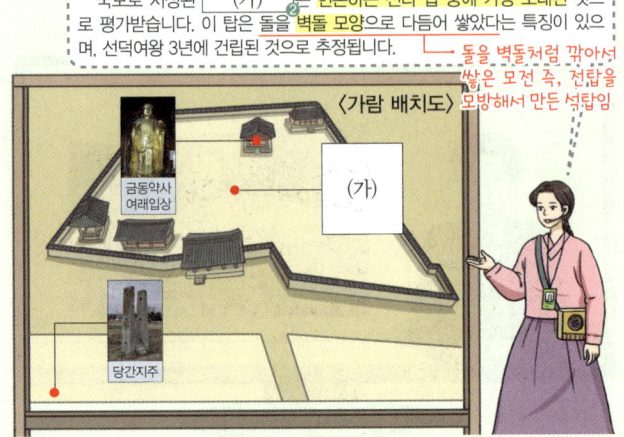
〈가람 배치도〉
금동약사여래입상
(가)
당간지주

경주 분황사 모전 석탑은 **❶** **현존하는 신라 석탑 중 가장 오래된 석탑**으로, 돌을 **벽돌 모양**으로 다듬어 쌓았어요. 선덕 여왕 시기에 건립된 것으로 보여요.

①
➡ 통일 신라의 **경주 불국사 3층 석탑**으로 '석가탑'이라고도 해요.

②
➡ 백제의 **부여 정림사지 5층 석탑**이에요.

③
➡ 발해의 **영광탑**으로, 벽돌로 만든 전탑이에요.

④
➡ 신라의 **경주 분황사 모전 석탑**이에요.

⑤
➡ 백제의 **익산 미륵사지 석탑**으로, 목탑 양식을 계승하였어요.

(가) 위: 고구려 연개소문 사망(665), (가) 아래: 기벌포 전투 (676)에 들어갈 내용으로 가장 적절한 것은?

정답 키워드
- (가) 위: 연개소문이 죽음
- (가) 아래: 기벌포에서 승리

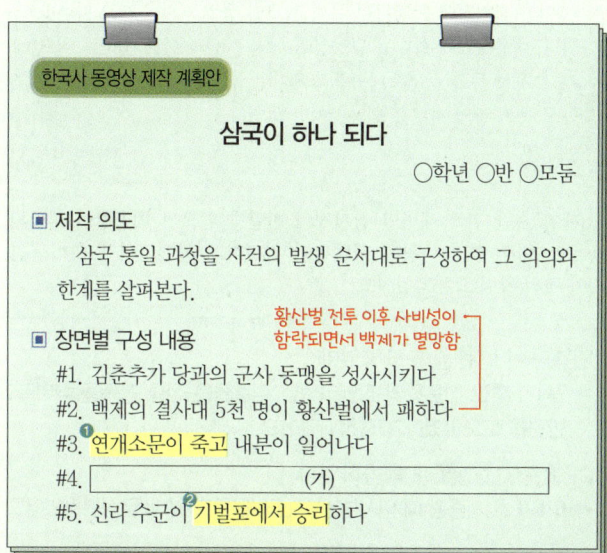

한국사 동영상 제작 계획안

삼국이 하나 되다
○학년 ○반 ○모둠

■ 제작 의도
　삼국 통일 과정을 사건의 발생 순서대로 구성하여 그 의의와 한계를 살펴본다.

■ 장면별 구성 내용
　황산벌 전투 이후 사비성이 함락되면서 백제가 멸망함
#1. 김춘추가 당과의 군사 동맹을 성사시키다
#2. 백제의 결사대 5천 명이 황산벌에서 패하다
#3. ❶연개소문이 죽고 내분이 일어나다
#4. 　　　　　(가)　　　　　
#5. 신라 수군이 ❷기벌포에서 승리하다

❶ 고구려에서는 연개소문이 죽은 뒤 권력 다툼이 벌어졌어요. 연개소문의 첫째 아들인 연남생은 당에 항복하였고, 연개소문의 동생인 연정토는 신라에 항복하였어요. 이후 668년에 고구려는 나·당 연합군에 평양성이 함락되면서 멸망하였어요.

❷ 당은 백제와 고구려의 멸망 이후 한반도 전체를 지배하려는 야욕을 드러냈어요. 신라는 매소성 전투에서 당의 육군을, 기벌포 전투에서 당의 수군을 격파하고 삼국 통일을 완성하였어요.

① 흑치상지가 당의 유인궤에게 항복하다
➡ 임존성을 근거지로 백제 부흥 운동을 전개하던 흑치상지는 663년에 당의 유인궤에게 항복하였어요.

②문무왕이 안승을 보덕국왕으로 책봉하다
➡ 신라 문무왕은 고구려 부흥 운동을 전개하던 안승이 귀순하자 금마저(익산)에 머물게 하고 674년에 보덕국왕으로 책봉하였어요.

③ 을지문덕이 살수에서 수의 군대를 물리치다
➡ 612년에 을지문덕이 이끄는 고구려군이 수의 군대를 살수에서 크게 물리쳤어요(살수 대첩).

④ 부여풍이 백강에서 왜군과 함께 당군에 맞서 싸우다
➡ 663년에 부여풍 등 백제 부흥군과 왜의 연합군이 백강에서 당군에 맞서 싸웠으나 패하였어요.

⑤ 개로왕이 북위에 사신을 보내 고구려 공격을 요청하다
➡ 472년에 백제 개로왕은 북위에 사신을 보내 고구려 공격을 요청하였지만 거절당하였어요.

밑줄 그은 '**의상**'에 대한 설명으로 옳은 것은?

정답 키워드

영주 부석사 건립

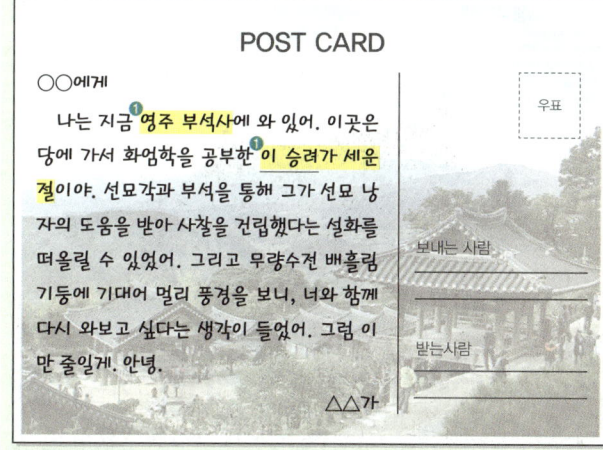

POST CARD

○○에게
나는 지금 ❶영주 부석사에 와 있어. 이곳은 당에 가서 화엄학을 공부한 ❶이 승려가 세운 절이야. 선묘각과 부석을 통해 그가 선묘 낭자의 도움을 받아 사찰을 건립했다는 설화를 떠올릴 수 있었어. 그리고 무량수전 배흘림 기둥에 기대어 멀리 풍경을 보니, 너와 함께 다시 와보고 싶다는 생각이 들었어. 그럼 이만 줄일게. 안녕.

△△가

우표

보내는 사람.

받는사람

　신라의 의상은 당에서 유학하고 돌아와 신라에 화엄 사상을 본격적으로 전파하고, 화엄 사상의 요지를 정리한 《화엄일승법계도》를 저술하였어요. 또한 관음 신앙을 강조하였으며, ❶부석사를 비롯한 여러 사원을 건립하였어요. 부석사에는 주심포 양식과 배흘림기둥으로 만들어진 고려의 대표적인 목조 건축물인 영주 부석사 무량수전이 있고, 그 안에 고려의 불상인 영주 부석사 소조 여래 좌상이 있어요.

① 황룡사 구층 목탑의 건립을 건의하였다.
➡ 신라의 자장은 선덕 여왕에게 황룡사 9층 목탑의 건립을 건의하였어요.

② 무애가를 지어 불교 대중화에 노력하였다.
➡ 신라의 원효는 나무아미타불만 외우면 누구나 극락에 갈 수 있다고 주장하며 무애가를 지어 불교 대중화에 기여하였어요.

③ 유식의 교의를 담은 해심밀경소를 저술하였다.
➡ 신라의 원측은 유식의 교의를 담은 《해심밀경소》를 저술하였어요.

④ 승려들의 전기를 정리한 해동고승전을 편찬하였다.
➡ 고려의 각훈은 왕명에 의해 우리나라 역대 고승들의 전기를 정리한 《해동고승전》을 편찬하였어요.

⑤현세의 고난에서 구제받고자 하는 관음 신앙을 강조하였다.
➡ 신라의 의상은 현세의 고난에서 구제받고자 하는 관음 신앙을 강조하였어요.

(가) 신라 신문왕의 업적으로 옳은 것은?

> **정답 키워드**
>
> 감은사 완공, 만파식적

> 대왕암이 내려다 보이는 이곳은 경주 이견대입니다. 선왕을 기리며 **❶감은사를 완공**한 ___(가)___ 은/는 이곳에서 용을 만나는 신묘한 일을 겪었고, 이를 통해 검은 옥대와 **만파식적**의 재료가 된 대나무를 얻었다고 합니다.

❶ 문무왕의 뒤를 이어 즉위한 신문왕은 동해의 용이 되어 나라를 지키겠다는 유언을 남긴 선왕을 기리며 **감은사를 완공**하였어요.

❷ 만파식적 설화는 신문왕이 감은사를 짓고 용에게 대나무를 받아 '만파식적'이라는 피리를 만들었는데, 이 피리를 불면 나라의 근심과 걱정이 사라졌다는 설화예요. 여기서 '만파식적'은 신문왕 때 정치가 안정되고 나라가 발전한 모습을 상징적으로 나타내는 것으로 알려져 있어요.

① 향가 모음집인 **삼대목**을 편찬하였다.
➡ 신라 말 **진성 여왕**은 위홍과 대구화상에게 명하여 향가 모음집인 《삼대목》을 편찬하게 하였어요.

② **관료전**을 **지급**하고 **녹읍**을 **폐지**하였다.
➡ **신문왕**은 관리에게 해당 지역에서 조세만 거둘 수 있는 관료전을 지급하고, 노동력까지 징발할 수 있는 녹읍을 폐지하였어요. 이로써 귀족의 경제적 기반을 약화시켰어요.

③ 인사를 담당하는 **위화부**를 **창설**하였다.
➡ **진평왕**은 관리의 인사를 담당하는 위화부를 창설하였어요.

④ **건원**이라는 독자적인 연호를 사용하였다.
➡ **법흥왕**은 체제 정비를 위해 병부를 설치하고, '건원'이라는 독자적인 연호를 사용하였어요.

⑤ 시장을 감독하기 위해 **동시전**을 **설치**하였다.
➡ **지증왕**은 수도인 금성(경주)에 시장인 동시를 설치하고, 동시를 감독하기 위한 관청으로 동시전을 설치하였어요.

다음 상황(**혜공왕 피살, 780**) 이후에 전개된 사실로 옳은 것은?

> **정답 키워드**
>
> 김지정이 반역, 혜공왕이 살해됨

> 이찬 **❶김지정이 반역**하여 무리를 모아 궁궐을 에워싸고 침범하였다. 여름 4월에 상대등 김양상이 이찬 경신과 함께 군사를 일으켜 김지정 등을 죽였으나, **❷왕과 왕비는 반란군에게 살해되었다.** 양상 등이 왕의 시호를 **혜공왕**이라 하였다.
>
> ─ 『삼국사기』 ─

(김양상은 혜공왕의 뒤를 이어 신라의 제37대 선덕왕으로 즉위함)

8세기 후반 귀족 세력인 **❶김지정이 반란**을 일으켜 **❷혜공왕이 피살**되었어요. 이후 신라는 왕위 쟁탈전이 치열하게 전개되어 150여 년간 20여 명의 왕이 교체되었어요.

① **김흠돌**이 반란을 도모하였다.
➡ **7세기 후반** 신문왕의 장인이었던 김흠돌은 진골 귀족들을 이끌고 반란을 도모하였다가 숙청되었어요.

② **이사부**가 **우산국**을 **복속**하였다.
➡ **6세기 초** 지증왕 때 이사부는 우산국(울릉도 일대)을 정복하였어요.

③ **김대성**이 **불국사** 조성을 **주도**하였다.
➡ **8세기 중반** 김대성이 불국사 조성을 주도하였어요.

④ **장보고**가 **왕위 쟁탈전**에 **가담**하였다.
➡ **9세기 중반** 왕위 쟁탈전에 가담하였던 장보고는 청해진을 거점으로 반란을 도모하였다가 자객에 의해 살해되었어요.

⑤ **거칠부**가 왕명에 의해 **국사**를 편찬하였다.
➡ **6세기 중반** 거칠부는 진흥왕의 명에 따라 《국사》라는 역사서를 편찬하였어요.

(가) 발해에 대한 설명으로 옳은 것은?

정답 키워드

> 정효 공주

> 이 글은 양태사가 지은 '밤에 다듬이 소리를 듣고'라는 한시로, <mark>정효 공주</mark> 묘지(墓誌) 등과 함께 ___(가)___ 의 한문학 수준을 보여주는 대표적인 사례입니다. 이 시에는 문왕 때 일본에 사신으로 파견된 그가 다듬이 소리를 듣고 고국을 그리워하는 마음이 잘 표현되어 있습니다.

서리 기운 가득한 하늘에 달빛 비치니 은하수도 밝은데
나그네 돌아갈 일 생각하니 감회가 새롭네
홀로 앉아 지새는 긴긴 밤 근심에 젖어 마음 아픈데
홀연히 들리누나 이웃집 아낙네 다듬이질 소리
바람결에 그 소리 끊기는 듯 이어지는 듯
밤 깊어 별빛 기우는데 잠시도 쉬지 않네
나라 떠나온 뒤로 아무 소리 듣지 못하더니
이제 타향에서 고향 소리 듣는구나
:

정효 공주 묘는 벽화가 그려진 벽돌무덤 양식에서 당의 영향, 천장 구조를 통해 고구려의 영향을 받았음을 알 수 있음

<mark>정효 공주</mark>는 발해 문왕의 넷째 딸이에요. 정효 공주의 묘지(묘비석)에는 '황상'이라는 표현이 등장해요. 이와 더불어 '인안', '대흥' 등의 독자적 연호를 사용하였던 사실을 통해 발해가 황제국 체제를 표방하고 중국과 대등하다는 의식을 가지고 있었음을 알 수 있어요. 한편, 문왕은 당과 친선 관계를 맺었고, 일본과 수차례 사신을 교환하며 관계를 유지하였어요.

① 교육 기관으로 <mark>주자감</mark>을 설립하였다.
  ➡ **발해**는 인재를 양성하기 위해 유학 교육 기관으로 주자감을 설립하였어요.

② <mark>골품제</mark>라는 엄격한 신분제를 마련하였다.
  ➡ **신라**의 골품제는 골품에 따라 관등 승진에 제한을 두고, 집과 수레의 크기 등 일상생활까지도 규제하는 폐쇄적인 신분 제도였어요.

③ <mark>정사암</mark>에 모여 국가 중대사를 논의하였다.
  ➡ **백제**의 귀족들은 정사암에 모여 귀족들의 대표인 재상을 뽑고, 국가의 중요한 일을 논의하여 결정하였어요.

④ 관리 선발을 위해 <mark>독서삼품과</mark>를 시행하였다.
  ➡ **신라** 원성왕은 국학 학생들을 대상으로 유교 경전에 대한 이해 수준의 정도를 평가하여 관리 임용에 참고하는 독서삼품과를 시행하였어요.

⑤ <mark>청연각</mark>과 <mark>보문각</mark>을 설치하여 학문 연구를 장려하였다.
  ➡ **고려** 예종은 관학을 진흥시키기 위해 전문 강좌인 7재를 설치하고 장학 재단으로 양현고를 운영하였어요. 또한, 청연각과 보문각을 설치하여 학문 연구를 장려하였어요.

다음 상황(**후백제 신검의 난, 935**) 이후에 있었던 사실로 옳은 것은?

정답 키워드

> 신검, 견훤을 금산사에 유폐

견훤의 넷째 아들로, 신검이 난을 일으켰을 때 죽임을 당함

> 파진찬 신덕, 영순 등이 <mark>신검</mark>에게 <mark>견훤을 금산사에 유폐</mark>하고 사람을 보내 금강을 죽이도록 권하였다. 신검이 대왕을 자칭하고 국내에 대사면령을 내렸다. 교서에서 이르기를, "…… 왕위를 어리석은 아이에게 줄 뻔하였다. 다행스러운 것은 상제께서 진정한 마음을 내리시니 군자들이 허물을 고쳤고 맏아들인 나에게 명하여 이 한 나라를 다스리게 하셨다는 점이다. ……"라고 하였다.

후백제에서는 왕위 계승 다툼으로 견훤의 첫째 아들 <mark>신검</mark>이 난을 일으켜 금강을 죽이고 <mark>견훤을 금산사에 유폐</mark>하였어요. 이후 견훤은 금산사를 탈출하여 고려에 귀순하였어요. 신라까지 고려에 항복하자 태조 왕건은 일리천 전투에서 신검의 후백제군을 격퇴하고 후삼국을 통일하였어요.

① 궁예가 <mark>광평성</mark>을 <mark>설치</mark>하였다.
  ➡ 후고구려를 세운 궁예는 904년에 국정을 총괄하는 광평성을 설치하고 광치나, 서사 등의 관원을 두었어요.

② <mark>장문휴</mark>가 당의 <mark>등주</mark>를 <mark>공격</mark>하였다.
  ➡ 732년에 발해 무왕은 장문휴를 보내 당의 등주를 공격하였어요.

③ <mark>신숭겸</mark>이 <mark>공산 전투</mark>에서 <mark>전사</mark>하였다.
  ➡ 927년에 고려는 후백제의 공격을 받은 신라가 지원을 요청하자 군사를 보냈어요. 하지만 구원군이 도착하기도 전에 후백제군이 금성을 습격하여 경애왕을 죽게 하였어요. 이후 고려군은 후백제군과 공산에서 맞닥뜨려 크게 패배하였고, 이때 고려의 신숭겸 등이 전사하였어요(공산 전투).

④ 왕건이 <mark>일리천 전투</mark>에서 승리하였다.
  ➡ 936년에 고려 태조는 일리천 전투에서 후백제 신검의 군대를 격퇴하면서 후삼국을 통일하였어요.

⑤ <mark>김헌창</mark>이 웅천주에서 <mark>반란</mark>을 일으켰다.
  ➡ 822년인 신라 말 헌덕왕 때 오늘날 충청남도 공주 지역인 웅천주에서 도독 김헌창이 아버지 김주원이 왕위에 오르지 못한 것에 불만을 품고 난을 일으켰어요.

제67회

(가) 고려 광종이 추진한 정책으로 옳은 것은?

정답 키워드

> 광덕·준풍

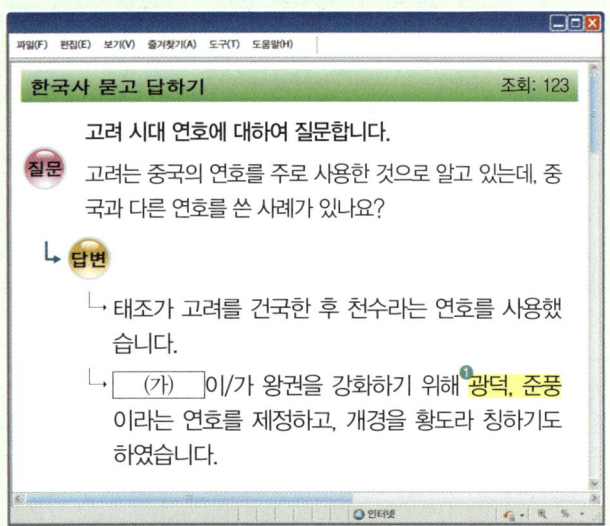

한국사 묻고 답하기　　조회: 123

질문 고려 시대 연호에 대하여 질문합니다.
고려는 중국의 연호를 주로 사용한 것으로 알고 있는데, 중국과 다른 연호를 쓴 사례가 있나요?

답변

└ 태조가 고려를 건국한 후 천수라는 연호를 사용했습니다.

└ ◯(가) 이/가 왕권을 강화하기 위해 ❶광덕, 준풍이라는 연호를 제정하고, 개경을 황도라 칭하기도 하였습니다.

고려 광종은 부당하게 노비가 된 사람들을 조사하여 양민 신분으로 회복시키는 노비안검법을 실시하였어요. 이를 통해 호족의 세력을 약화하고 국가 재정을 확충하였어요. 또한, 국왕의 권위를 높이고자 스스로 황제를 칭하고 ❶'광덕', '준풍' 등의 독자적인 연호를 사용하였어요.

① 과거제를 도입하였다.
➡ 광종은 쌍기의 건의를 받아들여 시험으로 관리를 선발하는 과거제를 최초로 실시하였어요.

② 흑창을 처음 설치하였다.
➡ 태조는 빈민 구제 기관인 흑창을 설치하여 곡식을 빌려주고 추수기에 갚도록 하였어요. 흑창은 성종 때 의창으로 개칭되었어요.

③ 전시과 제도를 시행하였다.
➡ 경종 때 관리에게 관직 복무에 대한 대가로 전지와 시지를 지급하는 전시과를 시행하였어요. 전시과는 토지에 대한 수조권을 지급한 제도로 경종 때 처음 마련된 이후 몇 차례 개정을 거쳤어요.

④ 삼국사기 편찬을 명령하였다.
➡ 인종은 김부식에게 명령을 내려 《삼국사기》를 편찬하게 하였어요. 김부식은 유교 사관에 입각하여 본기, 열전 등 기전체 형식으로 서술한 《삼국사기》를 편찬하였어요.

⑤ 12목에 지방관을 파견하였다.
➡ 성종은 최승로의 건의를 받아들여 전국의 주요 지역에 12목을 설치하고 지방관을 파견하였어요.

(가) 고려 현종의 재위 기간에 있었던 사실로 옳은 것은?

정답 키워드

> 강감찬이 왕에게 피란을 권유, 나주에 도착한 왕

〈역사 연극 시나리오 구상〉

제목: ◯(가) 의 험난한 피란길　　◯학년 ◯반 ◯모둠

┌ 강조가 정변을 일으켜 목종의 어머니 천추 태후와 김치양 일파를 제거한 후 목종을 폐위하고 현종을 왕위에 올린 사건

장면1: 강조의 정변을 구실로 침입한 거란군이 서경까지 이르자 ❶강감찬이 왕에게 남쪽으로 피란할 것을 권유한다.

장면2: 왕이 개경을 떠나 전라도 삼례에 이르는 동안 호위군이 도망가는 등의 어려움을 겪는다.

장면3: ❷나주에 도착한 왕은 강화가 성립되어 거란군이 물러간다는 소식을 듣고 안도한다.

고려 성종 때 거란의 1차 침입이 일어났어요. 이때 서희는 외교 담판을 통해 전쟁 없이 거란군을 물러가게 하고 강동 6주를 획득하였어요. 이후 현종 때 강조의 정변을 구실로 거란의 2차 침입이 일어났어요. 당시 개경이 함락되고 ❶강감찬의 권유로 ❷현종이 나주로 피난하는 등 위기를 겪는 가운데 양규는 거란군을 기습 공격해 많은 고려 사람들을 구하였어요.

① 만부교 사건이 일어났다.
➡ 태조 때 거란이 고려에 사신을 보내면서 낙타를 선물하였는데, 태조는 낙타를 만부교 아래 묶어 두어 굶어 죽게 하였어요. 이를 만부교 사건이라고 하며, 이로써 고려와 거란의 외교 관계는 단절되었어요.

② 초조대장경 조판이 시작되었다.
➡ 현종 때 거란의 침입 상황에서 부처의 힘을 빌려 외적의 침입을 물리치고자 하는 염원을 담아 초조대장경을 만들었어요.

③ 사신 저고여가 귀국 길에 피살되었다.
➡ 고종 때 사신으로 고려에 왔던 저고여가 귀국길에 피살되면서 몽골의 침략이 시작되었어요.

④ 공주 명학소에서 망이·망소이가 봉기하였다.
➡ 무신 집권기 명종 때 공주 명학소에서 망이, 망소이 등이 가혹한 수탈에 저항하여 봉기를 일으켰어요(망이·망소이의 난, 1176).

⑤ 신돈을 중심으로 전민변정 사업이 추진되었다.
➡ 공민왕은 전민변정도감을 설치하고 신돈을 책임자로 임명하여 권문세족이 빼앗은 토지를 본래 주인에게 돌려주고, 억울하게 노비가 된 이들을 양민으로 회복시켰어요.

13

최충헌의 활동 정답 ②

(가) 최충헌의 활동으로 옳은 것은?

> **정답 키워드**
>
> 이의민을 제거하고 정권 장악

> 이것은 **①이의민을 제거하고 정권을 장악**한 ⬚(가)⬚ 의 묘지명 탁본입니다. 여기에는 그가 명종의 퇴위와 신종의 즉위에 관여한 사실 등이 기록되어 있습니다. → 최충헌 집권 후에 최씨 무신 정권이 4대 60여 년 동안 계속됨

무신 정변 이후 권력을 차지한 무신 사이에 권력 다툼이 일어나 최고 권력자가 여러 차례 바뀌는 혼란이 일어났어요. 이러한 정치적 혼란은 1196년에 최충헌이 **이의민을 제거하여 정권을 장악**한 후 권력을 세습하면서 안정되었어요. 최충헌은 집권 초기에 봉사 10조를 올려 사회 개혁안을 제시하였으나 오히려 많은 토지와 노비를 차지하고 사병을 양성하는 등 정권 유지에만 집중하였어요. 또한, 명종이 봉사 10조를 시행하지 않고 자신의 신변을 위협하자 명종을 유폐하고 신종을 왕위에 올렸어요.

① 인사 행정을 담당하던 **정방**을 **폐지**하였다.
➡ 고려 말 **공민왕**은 왕권 강화를 위해 최우가 설치하여 인사 행정을 담당하던 정방을 폐지하였어요.

②**교정도감**을 두어 국가의 중요한 사무를 처리하였다.
➡ 무신 집권기에 **최충헌**은 교정도감을 설치하여 국정을 총괄하는 최고 권력 기구로 삼고, 그 수장인 교정별감이 되어 국정 전반을 장악하였어요.

③ 삼별초를 이끌고 **진도**로 이동하여 **대몽 항쟁**을 펼쳤다.
➡ **배중손**은 고려 정부가 몽골과 화의를 체결하여 개경 환도를 결정하자 삼별초를 이끌고 대몽 항쟁을 계속하였고, 강화도가 함락되자 진도로 근거지를 옮겨 항쟁을 이어 갔어요.

④ 화약과 화포 제작을 위한 **화통도감 설치**를 건의하였다.
➡ 고려 말 **최무선**은 우왕에게 화약과 화포 제작을 위한 화통도감 설치를 건의하였어요. 최무선은 화통도감에서 만든 화약과 화포를 이용하여 진포 대첩에서 왜구를 격퇴하였어요.

⑤ 후세의 정책 방향을 제시하기 위해 **훈요 10조**를 남겼다.
➡ 고려 **태조**는 훈요 10조를 남겨 후대 왕들이 나라를 다스릴 때 그 내용을 지킬 것을 당부하였고, 《정계》와 《계백료서》를 지어 관리가 지켜야 할 규범을 제시하였어요.

14

묘청의 서경 천도 운동 정답 ④

(가) 동북 9성 축조(1107), (나) 처인성 전투(1232) 사이의 시기에 있었던 사실로 옳은 것은?

> **정답 키워드**
>
> (가) 윤관, 북계 9성
> (나) 처인 부곡, 살리타를 죽임

> (가) **①윤관**이 포로 346구와 말 96필, 소 300여 마리를 바쳤다. 의주와 통태진·평융진에 성을 쌓고, 함주·영주·웅주·길주·복주, 공험진과 함께 **①북계 9성**이라 하였다.
>
> (나) 그해 12월 16일에 **②처인부곡**의 작은 성에서 적과 싸우던 중 화살로 적의 괴수인 **②살리타를 쏘아 죽였습니다.** 사로잡은 자들이 많았으며 나머지 무리는 무너져 흩어졌습니다. ──── 처인성 전투에서 활약한 김윤후는 이후 몽골의 5차 침입 때 충주성에서 노비 등과 함께 몽골군을 물리침(충주성 전투)

(가) **①윤관**은 숙종 때 여진을 정벌하기 위해 별무반 편성을 건의하였고, 이후 예종 때 별무반을 이끌고 동북 지방의 여진을 정복한 후 **동북 9성**을 축조하였어요. 고려는 여진이 조공을 약속하며 끈질기게 반환을 요청하자 1년 만에 돌려주었어요.

(나) 몽골의 2차 침입 당시 승려 김윤후는 처인성에서 몽골 장수 **살리타를 사살**하고 몽골군을 격퇴하였어요. 이후 **처인 부곡**은 몽골의 침입을 막아 낸 공을 인정받아 현으로 승격되었어요.

① 외침에 대비하여 **광군**을 **조직**하였다.
➡ **947년** 정종 때 거란의 침입에 대비하여 일종의 예비군인 광군을 조직하고, 이를 감독하기 위한 기구로 광군사를 만들었어요. **(가) 이전**의 사실이에요.

② 서희의 활약으로 **강동 6주**를 **획득**하였다.
➡ **993년** 성종 때 거란의 1차 침입이 일어났는데, 서희는 외교 담판을 벌여 전쟁 없이 거란군을 물러가게 하고 강동 6주를 획득하였어요. **(가) 이전**의 사실이에요.

③ 이제현이 만권당에서 유학자들과 **교유**하였다.
➡ **14세기 초** 이제현은 충선왕이 원의 연경에 세운 독서당인 만권당에서 원의 유학자들과 교유하며 성리학을 연구하였어요. **(나) 이후**의 사실이에요.

④**묘청** 등이 **칭제 건원**과 **금 정벌**을 **주장**하였다.
➡ **1135년** 인종 때 묘청 등은 금국 정벌과 서경 천도 등을 주장하였지만 자신들의 뜻이 받아들여지지 않자 서경에서 반란을 일으켰어요. 난은 김부식이 이끄는 관군에 의해 진압되었어요.

⑤ 압록강에서 **도련포**까지 **천리장성**을 **축조**하였다.
➡ **11세기 초** 현종 때 거란을 비롯한 북방 세력의 침입에 대비하기 위해 개경 주위에는 나성을 쌓았고, 이후 고려는 국경 지대인 압록강에서 도련포까지 천리장성을 축조하였어요. **(가) 이전**의 사실이에요.

다음 자료를 활용한 탐구 활동으로 가장 적절한 것은?

정답 키워드

일본 정벌

시중 김방경과 대장군 인공수를 [상국(上國)에] 파견하여 표문을 올렸다. "우리나라는 근래 역적을 소탕하는 대군에 군량을 공급하는 일로 이미 해마다 백성에게서 양식을 거두어들였습니다. 게다가 ❶일본 정벌에 필요한 전함을 건조하는 데 장정들이 모두 징발되었고 노약자들만 겨우 밭 갈고 씨 뿌리는 일을 하고 있습니다."

> 정동행성은 '동쪽을 정벌하는 관청'이라는 뜻으로, 원이 일본 정벌을 위해 개경에 설치함

고려는 몽골의 침입을 받은 이후 강화도로 도읍을 옮기고 항전하는 등 노력하였으나 결국 몽골과 강화를 맺고 개경으로 환도하였어요. 이후 '원'으로 나라 이름을 바꾼 몽골은 본격적으로 고려의 내정을 간섭하기 시작하였어요. 원 간섭기에 기철 등 원의 세력을 등에 업은 친원 세력이 권력을 독점하고 부를 축적하였어요. 한편, 원은 ❶일본 정벌을 위한 기구로 정동행성을 고려에 설치하고 전쟁 물자뿐만 아니라 고려의 백성까지 강제 동원하여 일본 원정을 두 차례 추진하였으나 모두 실패하였어요. 이후 원은 정동행성을 그대로 남겨 두어 고려의 내정을 간섭하는 기구로 이용하였어요.

① 삼전도비가 건립된 계기를 찾아본다.
➡ 조선 시대에 병자호란이 일어나자 인조와 신하들은 남한산성으로 피신하여 항전하였어요. 그러나 결국 삼전도에서 항복하였고, 청은 승리를 기념하기 위해 조선에 삼전도비를 세웠어요.

②정동행성이 설치되는 배경을 살펴본다.
➡ 원 간섭기 충렬왕 때 원은 일본 정벌을 위해 개경에 정동행성을 설치하였고, 일본 정벌이 실패한 후에도 계속 두어 고려에 대한 내정 간섭 기구로 이용하였어요.

③ 사심관 제도가 시행된 원인을 조사한다.
➡ 고려 태조는 호족 견제 정책으로 지방 출신의 중앙 고위 관리를 사심관으로 임명하여 출신 지역을 관리하게 하고, 만약 그 지역에서 문제가 발생하면 사심관에게 책임을 지게 한 사심관 제도를 시행하였어요. 태조는 고려에 투항한 신라의 경순왕 김부를 처음으로 경주 지역의 사심관으로 임명하였어요.

④ 조위총의 난이 전개되는 과정을 알아본다.
➡ 무신 집권기 서경 유수였던 조위총은 무신 정변을 일으킨 정중부, 이의방 등을 제거하기 위해 난을 일으켰으나 실패로 끝났어요.

⑤ 권수정혜결사문이 작성된 목적을 파악한다.
➡ 고려의 지눌은 순천 송광사에서 불교 개혁 운동인 수선사 개혁 운동을 펼치며 승려 본연의 모습으로 돌아가 수행에 힘쓸 것을 강조하였고, 이를 위해 〈권수정혜결사문〉을 작성하였어요.

밑줄 그은 '논산 관촉사 석조 미륵보살 입상'에 해당하는 문화유산으로 옳은 것은?

정답 키워드

관촉사, 불상

> 이것은 이색의 목은집에 실린 시의 일부입니다. 그는 ❶관촉사에서 열린 법회에 참여하고 그곳에서 보았던 ❷불상을 떠올리며 이 시를 지었습니다.

한산의 동쪽으로 백여 리쯤 되는 곳에
은진현이라 그 안에 관촉사*가 있다네
여기엔 크나큰 석상 미륵존이 있으니
내 나간다 나간다며 땅속에서 솟았다네
⋮

*관촉사: 현재의 관촉사

> '목은'은 이색의 호로, 이색은 성균관 대사성에 임명되어 정몽주, 이숭인 등과 함께 성리학 발전에 기여함

논산 관촉사 석조 미륵보살 입상은 논산 관촉사에 있는 돌로 만들어진 서 있는 모습의 미륵보살상으로, 개성 있는 지방 문화를 보여 주고 있어요. 고려 시대 ❷불상 가운데 가장 큰 불상으로, 은진 미륵이라고도 불려요.

①

➡ 고려 전기에 제작된 거대 불상인 파주 용미리 마애 이불 입상이에요.

②

➡ 통일 신라 시기에 조성된 것으로 추정되는 경산 팔공산 관봉 석조 여래 좌상이에요.

③

➡ 고려 전기에 제작된 거대 불상인 논산 관촉사 석조 미륵 보살 입상이에요.

④

➡ 백제의 서산 용현리 마애 여래 삼존상 으로, '백제의 미소' 라고 불려요.

⑤

➡ 고려 전기에 제작된 거대 불상인 안동 이천동 마애 여래 입상이에요.

(가) 국자감에 대한 설명으로 옳은 것은?

정답 키워드

국자학, 태학, 사문학

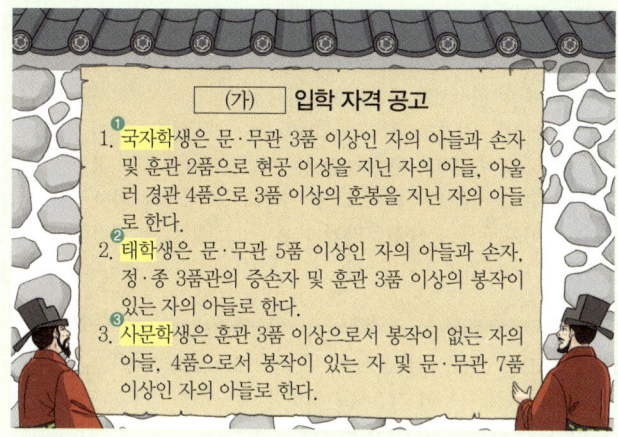

(가) 입학 자격 공고

1. ❶국자학생은 문·무관 3품 이상인 자의 아들과 손자 및 훈관 2품으로 현공 이상을 지닌 자의 아들, 아울러 경관 4품으로 3품 이상의 훈봉을 지닌 자의 아들로 한다.
2. ❷태학생은 문·무관 5품 이상인 자의 아들과 손자, 정·종 3품관의 증손자 및 훈관 3품 이상의 봉작이 있는 자의 아들로 한다.
3. ❸사문학생은 훈관 3품 이상으로서 봉작이 없는 자의 아들, 4품으로서 봉작이 있는 자 및 문·무관 7품 이상인 자의 아들로 한다.

고려는 최고 관립 교육 기관으로 국자감을 설치하였어요. 국자감의 입학 자격은 신분에 따라 제한을 받았는데, 유학부의 ❶국자학은 문·무관 3품 이상, ❷태학은 5품 이상, ❸사문학은 7품 이상의 자손이 입학할 수 있도록 규정되었어요. 그리고 기술학부에는 8품 이하의 관리나 서민의 자제가 입학하도록 규정되었어요.

① 문헌공도로 불리기도 하였다.
➡ 고려 문종 때 최충은 사립 교육 기관으로 문헌공도라고 불리기도 한 9재 학당을 설립하여 유학 교육에 힘썼어요.

② 중앙에서 교수나 훈도가 파견되었다.
➡ 향교는 조선의 지방 관립 교육 기관으로, 중앙에서 파견된 교수나 훈도가 지도하였어요.

③ 전국의 부·목·군·현에 하나씩 설치되었다.
➡ 향교는 전국의 부·목·군·현에 하나씩 설치되어 교육을 담당하였어요.

④ 장학 기금 마련을 위해 양현고가 설립되었다.
➡ 고려 예종은 사학의 융성으로 위축된 관학을 진흥시키기 위해 국자감에 장학 재단인 양현고를 설립하였어요.

⑤ 사가독서제를 시행하여 학문에 전념하게 하였다.
➡ 조선 세종은 집현전 관리를 대상으로 휴가를 주어 집에서 독서와 연구에만 전념할 수 있도록 하는 사가독서제를 시행하였어요.

㉠~㉣ 기구에 대한 설명으로 옳은 것을 |보기|에서 고른 것은?

이자겸은 고려 왕실과 중첩된 혼인 관계를 맺고, 이를 토대로 왕도 함부로 대하지 못할 만큼 막강한 권력을 키웠으며, 척준경과 함께 난을 일으켰으나 실패함.

🔍 **역사** 돋보기　**왕실과의 혼인을 통한 이자겸의 출세**

음서로 관직에 진출한 이자겸은 1108년 둘째 딸이 예종의 비가 되면서 빠른 속도로 출세하였다.
1109년 ㉠추밀원(중추원) 부사, 1111년 ㉡어사대의 대부가 된다. 1113년에는 ㉢상서성의 좌복야에 임명되었고, 1118년 재신으로 판이부사를 맡았으며, 1122년 ㉣중서문하성 중서령에 오른다.

ㄱ. ㉠ – 군사 기밀과 왕명 출납을 담당하였다.
➡ 고려의 추밀원(중추원)은 군사 기밀을 담당하는 추밀과 왕명 출납을 담당하는 승선으로 구성되었어요.

ㄴ. ㉡ – 소속 관원이 낭사와 함께 서경권을 행사하였다.
➡ 고려의 어사대는 관리 감찰 기구였으며, 그 관원은 중서문하성의 낭사와 함께 대간으로서 서경권을 행사하는 등 권력의 견제와 균형을 꾀하였어요.

ㄷ. ㉢ – 화폐·곡식의 출납과 회계를 담당하였다.
➡ 상서성은 고려의 2성 중 하나로, 정책을 집행하고 6부를 통솔하였어요. 화폐와 곡식의 출납과 회계를 담당하였던 기구는 삼사로, 조선의 3사와는 그 기능이 달랐어요.

ㄹ. ㉣ – 원 간섭기에 도평의사사로 개편되었다.
➡ 중서문하성은 고려의 최고 관서로 국정을 총괄하였으며, 재신과 낭사로 구성되었어요. 도병마사는 원 간섭기를 거치며 도평의사사로 개칭되었으며, 국정 전반에 걸쳐 영향력을 행사하는 최고 권력 기구가 되었어요.

① ㄱ, ㄴ　② ㄱ, ㄷ　③ ㄴ, ㄷ　④ ㄴ, ㄹ　⑤ ㄷ, ㄹ

다음 상황(고려 말 요동 정벌 추진, 1388)이 나타난 시기를 연표에서 옳게 고른 것은?

정답 키워드

> 왕이 최영과 함께 요동을 공격

> 명 황제가 말하기를, "철령을 따라 이어진 북쪽과 동쪽과 서쪽은 원래 개원로(開元路)*가 관할하던 군민(軍民)이 속하던 곳이니, 한인·여진인·달달인·고려인을 그대로 요동에 소속시켜라."라고 하였다. …… 왕은 최영과 함께 요동을 공격하기로 계획을 결정하였으나, 감히 드러내어 말하지 못하고 사냥 간다는 핑계를 대고 서쪽으로 해주에 행차하였다.
>
> * 개원로(開元路): 원이 설치한 행정 구역

(가)	(나)	(다)	(라)	(마)
1351 공민왕 즉위	1359 홍건적 침입	1380 황산 대첩	1391 과전법 실시	1394 한양 천도	1400 태종 즉위

고려 우왕 때 명은 공민왕이 수복한 쌍성총관부 지역이 원래 원의 영토였다는 이유를 들어 그 지역에 철령위를 설치하여 직접 다스리겠다고 하였어요. 명에서 철령위 설치를 통보하자 우왕과 최영은 이성계에게 요동 정벌을 명령하였어요.

① (가)　　② (나)　　③ (다)　　④ (라)　　⑤ (마)

➡ 고려 말 홍건적과 왜구를 격퇴하는 과정에서 이성계 등 신흥 무인 세력이 성장하였어요. 1376년에 최영은 충청남도 홍산에서 왜구를 크게 물리쳤고(홍산 대첩), 1380년에 이성계는 전라도 지리산 근방 황산에서 왜구를 격퇴하였어요(황산 대첩). 이후 우왕 때 최영은 명이 철령 이북의 땅을 요구하자 이에 반발해 **요동 정벌을 추진**하여 이성계와 군대를 파견하였어요. 이성계는 위화도에서 군대를 멈추고 4불가론을 내세워 회군 명령을 요청하였고, 받아들여지지 않자 회군하여 개경으로 돌아와 우왕과 최영을 몰아내고 정권을 장악하였어요. 정권을 잡은 이성계는 1391년에 조준 등 일부 신진 사대부와 함께 **과전법을 실시**하는 등 개혁을 추진하였어요.
　따라서, 고려 말 요동 정벌 추진 시기(1388)는 '황산 대첩(1380)'과 '과전법 실시(1391)' 사이의 시기인 **(다)**예요.

밑줄 그은 '《고려사》'에 대한 설명으로 옳은 것은?

정답 키워드

> 신우·신창, 세가, 열전

> 대개 이미 지나간 나라의 흥망은 장래의 교훈이 되기 때문에 이 역사서를 편찬하여 올리는 바입니다. …… 범례는 사마천의 『사기』를 따르고, 대의(大義)는 모두 왕께 아뢰어 재가를 얻었습니다. 본기(本紀)라는 이름을 피하고 세가(世家)라고 한 것은 명분의 중요성을 나타내기 위함이며, 가짜 왕인 신씨를 ❶신우, 신창을 ❷세가에 넣지 않고 ❸열전으로 내린 것은 그들이 왕위를 도둑질한 사실을 엄히 논죄하려는 것입니다.
>
> └ 신우는 고려 제32대 왕인 우왕, 신창은 제33대 왕인 창왕을 말함

《고려사》는 고려 시대의 정치, 경제, 사회, 문화, 인물 등을 ❷세가, 지, ❸열전, 표로 나누어 기전체로 정리한 역사서예요. 조선 건국을 합리화하려는 정치적 목적뿐만 아니라 이전 왕조인 고려의 무신 정권기에서 ❶우왕(신우)·창왕(신창) 재위 시기까지의 혼란을 경계하고 교훈을 찾고자 하는 목적에서 편찬되었어요.

① 발해사를 우리 역사로 체계화하였다.
➡ 조선 후기에 유득공은 《발해고》를 저술하여 우리 역사를 체계화하였고, 처음으로 통일 신라와 발해를 '남북국'이라고 칭하였어요.

② 고구려 시조의 일대기를 서사시로 표현하였다.
➡ 고려 시대에 이규보는 《동명왕편》에서 고구려 건국 시조인 동명왕(주몽)의 일대기를 서사시로 표현하여 고구려 계승 의식을 반영하였어요.

③ 불교사를 중심으로 고대의 민간 설화를 수록하였다.
➡ 고려 후기에 일연은 불교사를 중심으로 고대의 민간 설화 등을 수록한 《삼국유사》를 편찬하였어요. 《삼국유사》는 편년체로 서술되었으며, 단군의 건국 이야기를 수록하였어요.

④ 고조선부터 고려 말까지의 역사를 연대순으로 기록하였다.
➡ 조선 성종 때 서거정 등은 고조선부터 고려까지의 역사를 연대순으로 기록하는 방식인 편년체로 정리한 《동국통감》을 편찬하였어요.

⑤ 조선 건국을 정당화하는 입장에서 고려의 역사를 정리하였다.
➡ 조선 문종 때 완성된 《고려사》는 조선 건국을 정당화하는 입장에서 고려의 역사를 정리하였어요.

(가) 유향소에 대한 설명으로 옳은 것은?

> **정답 키워드**
>
> 향리들의 불법 규찰, 이시애의 난 이후 혁파

┌─ 연산군과 훈구 세력은 김종직이 쓴 〈조의제문〉을
│ 문제 삼아 사림을 몰아냄(무오사화)

우부승지 김종직이 아뢰기를, "고려 태조는 여러 고을에 영을 내려 공변되고 청렴한 선비를 뽑아서 **①향리들의 불법을 규찰**하게 하였으므로 간사한 향리가 저절로 없어져 5백 년간 풍화를 유지할 수 있었습니다. 우리 조정에서는 **②이시애의 난 이후** [(가)] 이/가 혁파되자 간악한 향리들이 불의를 자행하여서 건국한 지 1백 년도 못 되어 풍속이 쇠퇴해졌습니다. …… 청컨대 [(가)] 을/를 다시 설립하여 향풍(鄕風)을 규찰하게 하소서."라고 하였다.

－ 『성종실록』 －

유향소는 수령의 자문, **①향리의 비리 감시**, 풍속 교정 등을 위해 지방의 유력자들로 구성된 조선 시대의 자치 기구예요. 이들은 좌수와 별감을 선출하여 자율적으로 규약을 만들고 향회를 소집하여 여론을 수렴하기도 하였어요. 이들의 영향력이 커져 수령의 권한을 뛰어넘는 폐단이 있자 태종 때 혁파되었다가 세종 때 부활하였고, 이후 세조 때 **②이시애의 난을 계기로 다시 혁파**되었어요.

① 조광조 일파의 **건의로 폐지**되었다.
  ➡ **소격서**는 하늘에 제사 지내는 일을 담당하였던 조선 시대의 관청으로, 중종 때 조광조 일파의 건의로 폐지되었어요.

② **좌수**와 **별감**을 **중심으로 운영**되었다.
  ➡ **유향소**는 지방 사족 가운데 좌수와 별감을 선발하여 이들을 중심으로 운영하였어요.

③ 풍기 군수 **주세붕**이 **처음 설립**하였다.
  ➡ 백운동 **서원**은 조선 중종 때 주세붕이 세운 우리나라 최초의 서원으로, 나중에 사액되면서 소수 서원으로 이름이 바뀌었어요.

④ **대사성** 이하 **좨주, 직강** 등의 관직을 두었다.
  ➡ 조선 건국 초기 **성균관**은 고려 시대의 직제를 이어받아 대사성을 수장으로 좨주, 악정, 직강 등의 관직을 두었어요.

⑤ **매향(埋香)** 활동 등 각종 불교 행사를 주관하였다.
  ➡ 고려 시대에 등장하였던 **향도**는 조선 전기에는 매향 활동을 하던 불교의 신앙 조직이었으나 조선 후기에 이르러 마을 공동체 생활을 주도하는 농민 조직으로 발전하였어요.

다음 검색창에 들어갈 **김종서**의 활동으로 옳은 것은?

> **정답 키워드**
>
> 《고려사절요》 찬술, 계유정난 때 살해

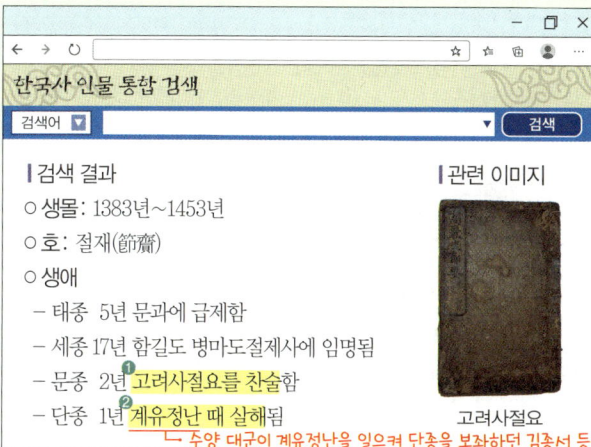

한국사 인물 통합 검색

검색어 ▼ [   ] [검색]

│검색 결과   **│관련 이미지**
○ 생몰: 1383년~1453년
○ 호: 절재(節齋)
○ 생애
  － 태종 5년 문과에 급제함
  － 세종 17년 함길도 병마도절제사에 임명됨
  － 문종 2년 **고려사절요를 찬술함**
  － 단종 1년 **계유정난 때 살해**됨   고려사절요

└─ 수양 대군이 계유정난을 일으켜 단종을 보좌하던 김종서 등을 제거하고 권력을 장악한 후 단종의 양위를 받아 세조로 즉위함

김종서는 조선 세종 때 함길도 도관찰사가 되어 두만강과 압록강 일대에 출몰하는 여진을 정벌하고 6진을 개척하여 압록강부터 두만강에 이르는 국경선을 확정하였어요. 이후 함길도 병마도절제사를 겸직하면서 확장된 영토에 조선 사람들을 정착시켰고 북방의 경계와 수비를 맡았어요. 또한, 1452년에는 **①《고려사절요》의 편찬을 감수**하여 간행하였어요. 한편, 김종서는 세종의 뒤를 이은 문종이 재위 2년 만에 죽자 좌의정으로서 문종의 마지막 명을 받아 12세의 어린 단종을 보필하였어요. 김종서는 훗날 세조가 되는 수양 대군이 **계유정난을 일으켰을 때 첫 번째로 살해당하였어요.**

① 여진을 정벌하고 **6진**을 **개척**하였다.
  ➡ **김종서**는 세종의 명을 받아 두만강과 압록강 일대에 출몰하는 여진을 정벌하고 6진을 개척하였어요.

② **불씨잡변**을 지어 불교를 비판하였다.
  ➡ **정도전**은 《불씨잡변》을 지어 불교의 폐단을 비판하였어요. 또한 《조선경국전》,《경제문감》 등을 저술하여 민본주의와 재상 중심의 정치를 주장하였어요.

③ 반정 공신의 **위훈 삭제**를 **주장**하였다.
  ➡ **조광조**는 중종반정의 공신을 조사하여 자격이 없는 사람의 공훈을 없애는 위훈 삭제를 주장하였어요.

④ 왜구의 근거지인 **쓰시마섬**을 **정벌**하였다.
  ➡ **이종무**는 세종의 명을 받아 군사를 이끌고 왜구의 근거지인 쓰시마섬(대마도)을 정벌하였어요.

⑤ 충청도 지역까지 **대동법의 확대 실시**를 **건의**하였다.
  ➡ 대동법은 광해군 때 이원익의 건의로 경기도에 한해서 처음 실시되었고, 효종 때 **김육**의 건의로 충청도까지 확대되었으며, 숙종 때 전국적으로 실시되었어요.

23 조선 후기의 사회 모습

다음 가상 대화가 이루어진 **조선 후기**에 볼 수 있는 모습으로 적절하지 **않은** 것은?

정답 키워드

만상, 인삼

❶ 만상 임상옥이 ❷ 인삼 무역으로 큰 수익을 거두었다고 하네.

정조 때 상업을 시작하여, 우리나라 최초로 국경 지방에서 인삼 무역권을 독점함

그러게. 중국 상인들이 연행사를 따라오는 상인들에게 인삼을 대량으로 구매하려고 인삼국을 차렸다는군.

조선 후기 정조 때 신해통공으로 육의전을 제외한 시전 상인의 금난전권이 폐지되자 사상의 활동이 활발해졌어요. 의주의 ❶ 만상은 청과의 무역(인삼, 은 등)으로, 개성의 송상은 청과 일본 사이에서 중계 무역으로, 동래의 내상은 일본과의 무역으로 큰 부를 축적하였어요. 한편, 연행사는 조선 후기에 청에 보낸 사절단이에요. 조선 후기에 중국을 왕래하던 사신들을 통해 서양 문물이 전래되었어요.

① 담배 농사를 짓고 있는 농민
   ➡ 조선 후기에 인삼, 담배, 면화, 고추 등 상품 작물의 재배가 확대되었어요.

② 관청에 종이를 납품하는 공인
   ➡ 조선 후기에 대동법이 시행되면서 관청에서 공가를 받고 필요한 물품을 마련하여 궁궐과 관청에 납품하는 공인이 등장하였어요. 공인의 활동은 상공업이 발달하고 상품 유통이 활발해지는 데 기여하였어요.

③ 시사(詩社)에서 시를 낭송하는 중인
   ➡ 조선 후기에는 역관 등의 중인들이 시사를 조직하여 문예 활동을 전개하였어요.

④ 장시에서 판소리 공연을 하는 소리꾼
   ➡ 조선 후기에는 사람이 많이 모이는 장시에서 노래와 사설로 이야기를 표현하는 판소리 공연이 성행하였어요.

⑤ 솔빈부의 특산품인 말을 수입하는 상인
   ➡ 발해는 당, 일본, 신라 등과 교역하였으며, 목축이 발달하여 솔빈부의 말이 특산물로 유명하였어요.

24 임진왜란

다음 기사에 보도된 **임진왜란 중 평양성 전투(1593. 1.)** 이후의 사실로 옳은 것은?

정답 키워드

조·명 연합군, 평양성 탈환

역사 신문

제△△호   ○○○○년 ○○월 ○○일

❶ 조·명 연합군, 평양성 탈환

평안도 도체찰사 류성룡, 도원수 김명원이 이끄는 관군이 명 제독 이여송 부대에 합세하여 평양성을 되찾았다. 이번 전투에서 아군의 불랑기포를 비롯한 화포가 위력을 발휘하여 일본군은 크게 패하고 남쪽으로 내려갔다. 이 전투의 승리는 향후 전쟁의 판도를 바꿀 것으로 기대된다. 임진왜란 당시 유성룡의 건의에 따라 포수, 사수, 살수의 삼수병으로 구성된 훈련도감이 설치됨

전쟁 준비가 부족하였던 조선은 임진왜란 초기 일본군을 효과적으로 막지 못하였어요. 전쟁 발발 20일 만에 일본군에게 한성을 빼앗겼고 선조는 의주로 피난하였어요. 그러나 조선은 이순신이 이끄는 수군의 활약과 전국 각지 의병들의 활약 덕분에 전세 역전의 발판을 마련하였어요. 이후 재정비한 ❶ 관군은 명의 지원군과 함께 일본군에 빼앗겼던 평양성을 탈환하였어요.

① 송상현이 동래성에서 항전하였다.
   ➡ 임진왜란 발발 직후인 1592년 4월 동래성에서 송상현이 일본군에 맞서 항전하였지만 패배하였고, 이후 일본군은 한양을 향해 빠르게 진격하였어요.

② 권율이 행주산성에서 적군을 격퇴하였다.
   ➡ 1593년 2월 평양성 전투에서의 패배로 사기가 떨어진 채 한양에 머무르고 있던 일본군은 마침 전라감사였던 권율이 한양을 되찾기 위하여 북진하던 중 행주산성에 머무르고 있다는 소식을 듣고 일시에 공격하였어요. 권율이 지휘한 조선군은 격전 끝에 일본군을 물리치고 큰 승리를 거두었어요(행주 대첩).

③ 이순신이 한산도 앞바다에서 대승을 거두었다.
   ➡ 1592년 7월 이순신이 이끄는 수군이 한산도 앞바다에서 일본 수군을 크게 물리쳤어요(한산도 대첩).

④ 신립이 탄금대 앞에서 배수의 진을 치고 싸웠다.
   ➡ 임진왜란 발발 직후인 1592년 4월 동래성을 함락한 일본군이 북진하자 신립이 충주의 탄금대에서 배수의 진을 치고 항전하였지만 패배하고 말았어요(탄금대 전투).

⑤ 최윤덕이 올라산성에서 이만주 부대를 정벌하였다.
   ➡ 1433년 세종 때 최윤덕은 여진의 이만주 부대가 국경을 넘어 침략해 오자 올라산성에서 정벌하고 4군을 설치하였어요.

(가) 박제가, (나) 정약용에 대한 설명으로 옳은 것은?

정답 키워드

(가) 북학의	(나) 경세유표

① **북학의**를 저술한 저는 청의 문물 도입과 소비 촉진을 통한 생산력 증대를 주장하였습니다.

오늘은 실학자 두 분을 모시고 어떤 활동을 하셨는지 들어 보겠습니다.

② 저는 **경세유표**를 저술하여 국가 제도의 개혁 방향을 제시하였습니다.

홀로그램으로 만나는 역사 인물

(가)

(나)

(가) 조선 후기에 상공업 중심의 개혁을 주장한 실학자에는 유수원, 홍대용, 박지원, 박제가 등이 있어요. 특히, 박제가는 상공업 진흥을 주장하며 **《북학의》**에서 재물을 우물에 비유하며 절약보다 적절한 소비를 권장하였어요.

(나) 조선 후기 농업 중심의 개혁을 제시한 실학자에는 유형원, 이익, 정약용 등이 있어요. 그중 정약용은 토지 제도의 개혁론으로 일종의 공동 농장 제도인 여전론과 정전제를 주장하였어요. 또한 귀양살이를 하면서 《목민심서》, **《경세유표》**, 《흠흠신서》, 《마과회통》 등 다양한 저술을 남겼어요. 정약용은 과학 기술에도 관심이 많아 중국의 《기기도설》을 참고해 거중기를 만들기도 하였어요.

① (가) – 100리 척을 사용하여 동국지도를 제작하였다.
 ➡ **정상기**는 최초로 100리 척 축척본을 사용하여 동국지도를 제작하였어요.

② (가) – 곽우록에서 토지 매매를 제한하는 한전론을 제시하였다.
 ➡ **이익**은 《곽우록》에서 생계에 필요한 최소한의 토지를 영업전으로 정하고 영업전의 매매를 제한하는 한전론을 토지 개혁 방법으로 제시하였어요.

③ (나) – 의산문답에서 중국 중심의 세계관을 비판하였다.
 ➡ **홍대용**은 《의산문답》에서 어느 곳이든 세계의 중심이 될 수 있다고 주장하며 중국 중심의 세계관을 비판하였어요.

④ (나) – 여전론을 통해 마을 단위의 공동 경작을 주장하였다.
 ➡ **정약용**은 마을 단위의 공동 경작을 제시한 여전론을 주장하였고, 이후 현실적인 여건을 고려한 정전제를 주장하였어요.

⑤ (가), (나) – 양명학을 연구하여 강화학파를 형성하였다.
 ➡ **정제두**는 양명학을 본격적으로 연구하여 강화학파를 형성하였어요.

(가) 총융청 설치(인조, 1624), **(나) 훈련도감 조직**(선조, 1593), **(다) 금위영 창설**(숙종, 1682)을 일어난 순서대로 옳게 나열한 것은?

정답 키워드

(가) 총융청	(나) 훈련도감	(다) 금위영

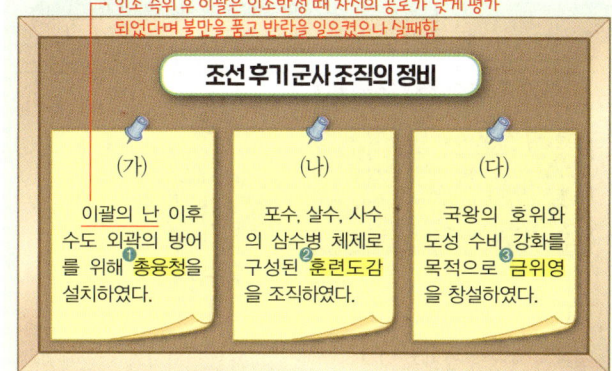

— 인조 즉위 후 이괄은 인조반정 때 자신의 공로가 낮게 평가되었다며 불만을 품고 반란을 일으켰으나 실패함

조선 후기 군사 조직의 정비

(가) 이괄의 난 이후 수도 외곽의 방어를 위해 **총융청**을 설치하였다.

(나) 포수, 살수, 사수의 삼수병 체제로 구성된 **훈련도감**을 조직하였다.

(다) 국왕의 호위와 도성 수비 강화를 목적으로 **금위영**을 창설하였다.

(나) **훈련도감**은 임진왜란 중인 1593년에 유성룡의 건의로 설치되었어요. 포수·살수·사수의 삼수병으로 조직되었으며, 훈련도감의 군인들은 급료를 받는 상비군으로 대부분 서울과 그 인근 거주민으로 구성되었어요.

(가) 인조는 이괄의 난을 계기로 수도의 외곽 방어를 강화하기 위해 **총융청**을 설치하였어요.

(다) 숙종은 국왕의 호위와 수도 방어를 담당하는 **금위영**을 창설하였어요. 금위영의 창설로 조선 후기 5군영 체제가 완비되었어요.

① (가) – (나) – (다)
② (가) – (다) – (나)
③ (나) – (가) – (다)
 ➡ (나) 훈련도감 조직(선조, 1593) → (가) 총융청 설치(인조, 1624) → (다) 금위영 창설(숙종, 1682)
④ (나) – (다) – (가)
⑤ (다) – (나) – (가)

(가) 조선 정조의 재위 기간에 있었던 사실로 옳은 것은?

> 정답 키워드
>
> 화성, 혜경궁 홍씨

> 이 그림은 **화성**능행도 8폭 중 일부로, ＿＿(가)＿＿ 이/가 ❷**혜경궁 홍씨**를 모시고 현륭원에 다녀오는 모습을 그린 것입니다. 위엄을 갖춘 행렬의 장대함과 구경꾼들의 생동감 넘치는 표정이 잘 드러나 있습니다.

　정조는 자신의 정치적 이상과 개혁 의지를 실현하고자 수원에 ❶**화성**을 건설하고 정치·군사·상업 기능을 부여하였어요. 행궁은 왕이 궁궐 밖을 행차할 때 임시로 머무는 궁궐로, 화성 행궁은 수원 화성 안에 건립되었으며 정조가 현륭원에 행차할 때 임시 거처로 사용하였어요. 한편, **혜경궁 홍씨**는 정조의 아버지인 사도 세자의 부인이며, 정조의 어머니예요.

① 자의 대비의 복상 문제로 **예송**이 전개되었다.
　➡ **현종** 때 효종과 효종비가 죽자 서인과 남인 사이에 효종의 어머니인 자의 대비의 복상(상복을 입는 기간) 문제를 두고 기해예송(1659)과 갑인예송(1674)이 전개되었어요.

② 명의 신종을 제사 지내는 **만동묘가 설치**되었다.
　➡ **숙종** 때 임진왜란 당시 조선을 도와준 명의 신종을 제사 지내는 만동묘가 설치되었어요.

③ 문신을 재교육하기 위한 **초계문신제가 실시**되었다.
　➡ **정조**는 자신의 개혁 정책을 뒷받침할 인재를 양성하기 위해 초계문신제를 실시하여 젊고 능력 있는 문신들을 재교육하였어요.

④ 붕당의 폐해를 경계하는 **탕평비**가 성균관에 **건립**되었다.
　➡ **영조**는 붕당 정치의 폐해를 경계하고자 탕평책을 실시하였고, 이를 널리 알리려고 성균관 앞에 탕평비를 세웠어요.

⑤ **비변사**의 **혁파**로 의정부와 삼군부의 기능이 정상화되었다.
　➡ **고종** 때 흥선 대원군은 왕권을 강화하기 위해 비변사를 혁파하고 의정부와 삼군부의 기능을 부활시켰어요.

다음 상황(**황사영 백서 사건, 1801**)이 나타난 시기를 연표에서 옳게 고른 것은?

> 정답 키워드
>
> 황사영, 백서

> 　사학(邪學) 죄인 ❶**황사영**은 사족으로서 사술(邪術)에 미혹됨이 가장 심한 자였다. [그는] 의금부에서 체포하려는 것을 미리 알고 피신하였는데, 상복을 입고 성명을 바꾸거나 토굴에 숨어서 종적을 감춘지 반년이 지났다. 포청에서 은밀히 염탐하여 지금에야 제천 땅에서 붙잡았다. 그의 문서를 수색하던 중 ❷**백서**를 찾았는데, 장차 북경의 천주당에 전하려고 한 것이었다.

(가)	(나)	(다)	(라)	(마)
1728 이인좌의 난	1746 속대전 편찬	1791 신해 박해	1811 홍경래의 난	1834 헌종 즉위	1862 임술 농민 봉기

　1801년에 ❶**황사영**은 이승훈 등 수많은 천주교도들이 처형된 신유박해가 일어나자 당시 베이징 교구의 주교에게 외국 군대의 출병을 요청하는 **백서**를 보내려 하다가 발각되었어요(황사영 백서 사건).

① (가)   ② (나)   ③ (다)   ④ (라)   ⑤ (마)

➡ 천주교는 17세기경 청에 다녀온 사신들에 의해 서양의 학문, 즉 서학으로 조선에 소개되었어요. 이후 18세기 후반 남인 계열의 일부 실학자들에 의해 신앙으로 받아들여졌고, 인간 평등사상과 내세 신앙 등을 내세워 하층민과 부녀자 사이에서 교세가 빠르게 확산되었어요. 정조 때 천주교도 윤지충은 어머니의 상을 당하였지만 제사를 지내지 않고 권상연과 함께 신주를 불태워 관에 고발되었어요. 윤지충과 권상연은 끝까지 신앙을 고수하여 참수되었는데, 이 사건이 조선 시대 최초의 천주교 박해인 **신해박해**(1791)예요. 이후 1801년 순조 때 이승훈이 처형되고, 정약용이 유배당하는 신유박해가 일어났어요. 신유박해가 일어나자 천주교도였던 황사영이 당시 베이징 교구의 주교에게 외국 군대의 출병을 요청하는 백서를 보내려 하였는데, 백서가 발각되면서 황사영은 처형당하였어요(**황사영 백서 사건**). 이렇게 사회 혼란이 심화되는 가운데 1811년에 홍경래 등이 평안도민에 대한 차별과 탐관오리의 수탈에 반발하여 영세 농민, 중소 상인, 광산 노동자 등을 규합하여 난을 일으켰어요(**홍경래의 난**).
　따라서, 황사영 백서 사건이 일어난 시기(1801)는 '신해박해(1791)'와 '홍경래의 난(1811)' 사이의 시기인 **(다)**예요.

(가) 신미양요에 대한 설명으로 옳은 것은?

> **정답 키워드**
>
> 척화비, 제너럴셔먼호 사건 구실

이 **①척화비**는 자연석에 비문을 새긴 것이 특징입니다. 척화비는 **②제너럴셔먼호 사건**을 구실로 일어난 ___(가)___ 이후 전국 각지에 세워졌습니다. 이를 통해 서양 세력과의 통상 수교를 거부한 역사의 한 장면을 엿볼 수 있습니다.

미국은 1866년에 대동강에서 일어난 **②제너럴셔먼호 사건**을 구실로 1871년에 강화도를 침입하는 신미양요를 일으켰어요. 미군이 초지진을 함락하고 광성보를 공격해 오자 어재연이 조선 수비대를 이끌고 항전을 벌였는데, 결국 패배하고 말았어요. 미군은 강화도를 점령하였으나 조선을 개항하기 쉽지 않다고 판단해 물러났어요. 신미양요 이후 흥선 대원군은 서양과의 통상 수교 거부에 대한 의지를 널리 알리기 위해 전국 각지에 **①척화비**를 세웠어요.

① 청군의 개입으로 종결되었다.
➡ 1882년 **임오군란** 때 조선 정부가 청에 도움을 요청하자 청이 군대를 파견해 난을 진압하였고, 1884년 **갑신정변** 때도 청군이 개화당 정부를 진압하면서 정변은 실패로 끝났어요.

② 외규장각 도서가 약탈되는 결과를 가져왔다.
➡ 1866년 **병인양요** 당시 프랑스군은 퇴각하면서 외규장각에 보관하고 있던 《의궤》 등 수많은 외규장각 도서를 약탈해 갔어요.

③ 에도 막부에 통신사가 파견되는 계기가 되었다.
➡ 조선은 광해군 때인 1609년에 **기유약조**를 체결하여 임진왜란으로 단절되었던 일본과의 국교를 재개하였고, 이후 에도 막부의 요청으로 통신사를 파견하였어요.

④ 사태 수습을 위해 박규수가 안핵사로 파견되었다.
➡ 1862년에 진주 농민 봉기를 시작으로 농민 봉기가 전국으로 확산되었는데, 이를 **임술 농민 봉기**라고 해요. 조선 정부는 농민 봉기의 수습을 위해 박규수를 안핵사로 파견하였어요.

⑤ 전개 과정에서 **어재연** 부대가 광성보에서 항전하였다.
➡ 1871년 **신미양요** 당시 어재연이 이끄는 조선 수비대는 광성보에서 끝까지 항전하였으나 결국 미군에 패하였어요.

(가) 조·청 상민 수륙 무역 장정, (나) 조·일 통상 장정에 대한 설명으로 옳은 것은?

> **정답 키워드**
>
> (가) 중국 상인이 조선에 영업소 개설
> (나) 쌀 수출을 금지하려고 할 때 일본 영사관에 통지

→ 조약에 따라 청은 영사 재판권을 가졌고, 청 상인은 한성에서 점포를 개설하고 허가를 받아 내륙 시장에 진출할 수 있게 됨

(가) 제4조 …… 조선 상인이 북경에서 규정에 따라 교역하고, **①중국 상인이 조선의 양화진과 서울에 들어가 영업소를 개설**한 경우를 제외하고 각종 화물을 내지로 운반하여 상점을 차리고 파는 것을 허가하지 않는다. ……

(나) 제37관 조선국에서 가뭄과 홍수, 전쟁 등의 일로 국내에 양식이 부족할 것을 우려하여 일시 **②쌀 수출을 금지**하려고 할 때에는 1개월 전에 지방관이 **일본 영사관에 통지**하고, 미리 그 기간을 항구에 있는 일본 상인들에게 전달하여 일률적으로 준수하는 데 편리하게 한다.

(가) 1882년 임오군란 직후 조선은 청과 조·청 상민 수륙 무역 장정을 체결하였어요. 그 결과 **①청 상인의 내지 무역(조선에 영업소를 개설하여 운영)**이 가능해져 객주, 여각 등 국내 중개 상인과 보부상이 큰 타격을 입었으며, 서울 상인들의 상권도 크게 위협을 받았어요.

(나) 1883년에 조선은 일본과 조·일 통상 장정을 체결하여 관세 조항을 설정하고 **②방곡령을 선포(단, 1개월 전에 지방관이 일본 영사관에 통지)**할 수 있는 조항을 넣었으나, 일본의 요구로 최혜국 대우 조항도 추가하였어요. 이로 인해 일본인도 조선의 내륙에서 상업 활동을 할 수 있게 되었어요.

① (가) - **통감부**가 **설치**되는 계기가 되었다.
➡ 1905년에 **을사늑약**이 체결되면서 대한 제국의 외교권이 강탈되고 통감부가 설치되었어요.

② (가) - 조선의 **관세 자주권**을 **최초**로 **인정**하였다.
➡ 1882년에 조선이 미국과 체결한 **조·미 수호 통상 조약**에는 관세 설정 조항이 처음으로 포함되었는데, 이는 조선의 관세 자주권을 최초로 인정한 것이에요.

③ (나) - **최혜국 대우**를 규정한 **조항**을 담고 있다.
➡ 1883년에 체결된 **조·일 통상 장정**을 통해 일본 상품에 대한 관세 조항과 방곡령 선포 조항을 설정하였지만, 일본의 요구로 최혜국 대우를 규정한 조항도 담게 되었어요.

④ (나) - **일본 공사관**의 **경비병 주둔**을 **명시**하였다.
➡ 1882년 임오군란의 결과 조선과 일본 사이에 체결된 **제물포 조약**에서 일본 공사관의 경비병 주둔이 명시되었어요.

⑤ (가), (나) - **갑신정변**의 **영향**으로 **체결**되었다.
➡ 1884년 갑신정변의 결과 조선과 일본 사이에 일본 공사관 증축 비용과 배상금 지불 등을 약속한 **한성 조약**이 체결되었어요. 또한 청과 일본은 조선에서의 양국 군대 동시 철수, 파병 시 상호 통보 등을 규정한 **톈진 조약**을 체결하였어요.

다음 검색창에 들어갈 한성순보에 대한 설명으로 옳은 것은?

정답 키워드

박문국에서 창간, 정부 정책 홍보

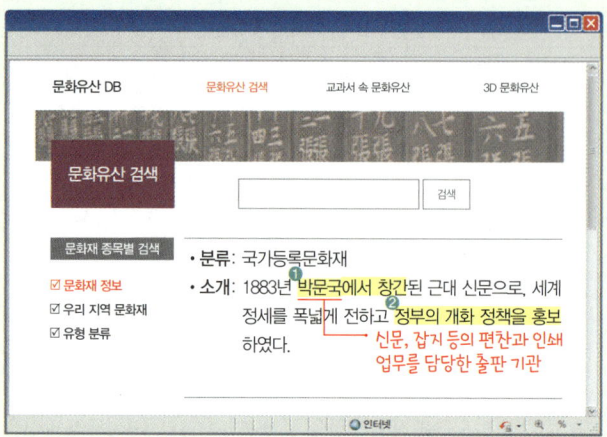

개화기에 근대 의식을 높이는 데 언론이 중요한 역할을 한다는 인식이 확산되면서 많은 신문이 발행되었어요. 한성순보는 ❶박문국에서 열흘에 한 번씩 발행한 우리나라 최초의 신문으로, '순'은 열흘을 뜻해요. 한성순보는 ❷정부의 개화 정책을 홍보하는 관보의 성격을 가지고 있었어요.

① 여권통문을 처음 보도하였다.
➡ 황성신문과 독립신문은 서울 북촌의 양반 여성들이 정치, 교육 등 다양한 분야에서 여성의 평등한 권리를 주장하는 여권통문을 발표하자 이를 처음 보도하였어요.

② 국채 보상 운동의 확산에 기여하였다.
➡ 대한매일신보는 국채 보상 운동에 적극적으로 참여하여 국채 보상 운동을 확산시키는 데 기여하였어요.

③ 의병 투쟁에 호의적인 기사를 게재하였다.
➡ 대한매일신보는 영국인 베델이 발행인으로 참여하였기 때문에 일본의 사전 검열을 거의 받지 않고 박은식과 신채호 등이 작성한 항일 논설과 의병 투쟁에 호의적인 기사를 실을 수 있었어요.

④ 외국인이 읽을 수 있도록 영문으로도 발행되었다.
➡ 독립신문은 서재필이 주도하여 창간한 우리나라 최초의 민간 신문으로, 한글판과 함께 영문판이 발행되어 외국인에게도 국내 상황을 알릴 수 있었어요.

⑤ 순 한문 신문으로 열흘마다 발행하는 것이 원칙이었다.
➡ 한성순보는 순 한문 신문으로 열흘마다 한 번씩 발행한 우리나라 최초의 신문이에요.

다음 가상 뉴스에서 보도하는 동학 농민군의 제1차 봉기(전주 화약 체결, 1894. 5.) 이후에 전개된 사실로 옳은 것은?

정답 키워드

전주 화약 체결

고부 농민 봉기 이후 안핵사로 파견된 이용태가 봉기 참여자를 동학 교도로 몰아 탄압하였어요. 이에 전봉준 등 동학 지도자들은 농민군을 조직하고 백산에서 보국안민과 제폭구민을 내세우며 봉기하였어요. 동학 농민군은 관군과 벌인 황토현 전투와 황룡촌 전투에서 거듭 승리하며 세력을 키웠고, 전주성을 공격하여 점령하였어요. 이후 동학 농민군은 청군과 일본군이 조선에 들어오자 외세의 개입을 막기 위해 서둘러 조선 정부와 ❶전주 화약을 체결한 후 스스로 해산하였어요.

① 남접과 북접이 논산에서 연합하였다.
➡ 동학 농민군의 제2차 봉기 때인 1894년 10월에 전봉준이 이끈 남접과 손병희가 이끈 북접은 논산에 집결해 연합 부대를 결성하였어요.

② 농민군이 황룡촌 전투에서 관군에 승리하였다.
➡ 동학 농민군의 제1차 봉기 때인 1894년 4월에 동학 농민군은 황룡촌 전투에서 관군에 승리하였어요.

③ 교조 신원을 요구하는 보은 집회가 개최되었다.
➡ 1893년 3월에 교조 신원과 동학교도에 대한 탄압 중지, 외세 척결, 탐관오리 척결 등을 요구하는 보은 집회가 개최되었어요.

④ 사태 수습을 위해 안핵사 이용태가 파견되었다.
➡ 1894년 3월에 고부 농민 봉기 사태 수습을 위해 이용태가 안핵사로 파견되었으나 오히려 봉기에 참여한 농민군을 탄압하자 전봉준을 비롯한 농민들과 동학교도가 백산에서 다시 봉기하였어요.

⑤ 전봉준이 농민을 이끌고 고부 관아를 습격하였다.
➡ 1894년 1월에 고부 군수 조병갑의 수탈에 반발하여 전봉준이 농민들을 이끌고 고부 관아를 습격하였는데, 이를 고부 농민 봉기라고 해요. 이에 조선 정부가 사태 수습에 나서면서 농민군은 해산하였고, 이용태가 안핵사로 파견되었어요.

다음 대화에 해당하는 육영 공원에 대한 설명으로 옳은 것은?

정답 키워드

> 관립 교육 기관, 명문가의 자제 선발, 영어

주제: 근대 교육 기관

이 학교는 신학문을 가르치는 ①관립 교육 기관이야.

젊은 관리가 소속된 좌원과 ②명문가의 자제를 선발한 우원으로 구성되었어.

③주요 과목으로 영어, 산학, 지리 등이 있었어.

1886년에 설립된 육영 공원은 정부가 ②명문가 양반층 자제에게 서양식 근대 교육을 실시하기 위해 설립한 우리나라 최초의 서양식 ①관립 교육 기관이에요. 외국인 교사를 초빙하여 학생들에게 ③영어, 수학, 지리학, 정치학 등 근대 학문을 가르쳤어요.

① 7재라는 전문 강좌가 개설되었다.
➡ 고려 예종 때 관학을 진흥시키기 위해 **국자감**에 전문 강좌인 7재가 개설되었고, 장학 재단인 양현고가 설치되었어요.

② 조선 총독부의 탄압으로 폐교되었다.
➡ 신민회 소속의 안창호가 민족 교육 실시를 위해 평양에 세운 **대성학교**는 조선 총독부의 탄압으로 1912년에 폐교되었어요.

③ 교육 입국 조서에 근거하여 세워졌다.
➡ 고종이 1895년에 교육입국 조서를 반포한 이후 **한성 사범 학교** 등이 세워졌어요.

④ 주요 건물로 대성전과 명륜당을 두었다.
➡ 조선 시대의 국립 교육 기관인 **성균관**과 **향교**에는 대성전과 명륜당이 있었으며, 이곳에서 성현에 대한 제사와 함께 교육이 이루어졌어요.

⑤ 헐버트, 길모어 등이 교사로 초빙되었다.
➡ **육영 공원**은 정부가 양반층 자제에게 서양식 근대 교육을 실시하기 위해 설립한 학교로 헐버트, 길모어 등 외국인 교사를 초빙하기도 하였어요.

(가) 박정양의 활동으로 옳은 것은?

정답 키워드

> 초대 주미 공사, 《미속습유》

①초대 주미 공사인 (가) 은/는 미국 대통령에게 고종의 국서를 전달하는 등 외교 활동을 펼친 후 귀국하여 ②미속습유를 집필하였습니다. 그는 이 책에서 미국의 문물과 제도를 소개하였으며, 미국과의 외교 관계를 강조하였습니다. → 1883년에 미국에 파견한 외교 사절단인 보빙사에는 전권대신 민영익을 비롯하여 홍영식, 서광범, 유길준 등이 포함됨

초대 주미 공사 특별전

1882년에 조·미 수호 통상 조약이 체결된 후 미국이 공사를 파견하자 조선 정부는 답례차 1883년에 미국에 보빙사를 파견하였어요. 이후 고종은 1887년에 청의 내정 간섭을 견제하고 자주 외교를 펼치기 위해 박정양을 **초대 주미 공사**로 임명·파견하였어요. 미국에서 돌아온 박정양은 자신이 미국에서 보고 들은 내용을 정리하여 ②《미속습유》를 집필하였어요.

① 샌프란시스코에서 흥사단을 창립하였다.
➡ **안창호**는 국권 피탈 이후 미국으로 건너가 샌프란시스코에서 흥사단을 결성하였어요.

② 황준헌이 쓴 조선책략을 국내에 들여왔다.
➡ 제2차 수신사로 일본에 파견된 **김홍집**은 귀국길에 황준헌이 지은 《조선책략》을 가지고 들어왔어요. 《조선책략》의 내용이 국내에 유포되자 이만손 등 영남 유생들이 미국과의 수교에 반대하는 영남 만인소를 올렸어요. 하지만 조선 정부는 이들을 탄압하고 조·미 수호 통상 조약을 체결하였어요.

③ 인재 양성을 위해 오산 학교를 설립하였다.
➡ 신민회 소속이었던 **이승훈**은 정주에 오산 학교를 설립하여 민족 교육을 실시하였어요.

④ 국문 연구소를 설립하고 연구위원으로 활동하였다.
➡ **주시경**은 대한 제국 정부가 세운 국문 연구소에서 연구위원으로 활동하며 한글의 문자 체계를 정리하였어요.

⑤ 독립 협회의 제안을 받아들여 중추원 관제 개편을 추진하였다.
➡ **박정양**은 독립 협회가 주관한 관민 공동회에 정부 관료로 참여하였고, 독립 협회의 제안을 받아들여 중추원 관제 개편을 추진하였어요.

(가)에 들어갈 광무개혁 내용으로 가장 적절한 것은?

> **정답 키워드**
> 구본신참, 대한국 국제, 지계 발급

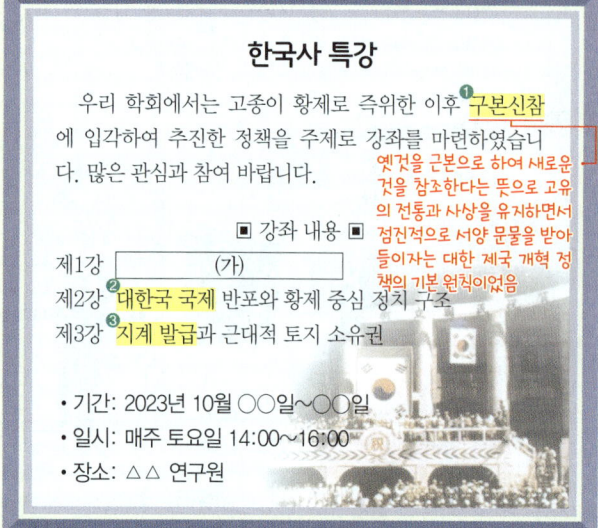

한국사 특강

우리 학회에서는 고종이 황제로 즉위한 이후 **①구본신참**에 입각하여 추진한 정책을 주제로 강좌를 마련하였습니다. 많은 관심과 참여 바랍니다.

> 옛것을 근본으로 하여 새로운 것을 참조한다는 뜻으로 고유의 전통과 사상을 유지하면서 점진적으로 서양 문물을 받아들이자는 대한 제국 개혁 정책의 기본 원칙이었음

■ 강좌 내용
- 제1강 　　**(가)**
- 제2강 **②대한국 국제** 반포와 황제 중심 정치 구조
- 제3강 **③지계 발급**과 근대적 토지 소유권

- 기간: 2023년 10월 ○○일~○○일
- 일시: 매주 토요일 14:00~16:00
- 장소: △△ 연구원

아관 파천 이후 경운궁(덕수궁)으로 환궁한 고종은 1897년에 연호를 '광무'로 바꾸고, 환구단에서 황제 즉위식을 거행한 후 대한 제국 수립을 선포하였어요. 이후 고종은 **①구본신참**의 원칙 아래 광무개혁을 추진하였어요. **②대한국 국제**를 반포하여 황제가 입법권, 행정권, 외교권, 사법권 등 모든 권한을 갖는다고 규정하였으며, 전제 군주정을 확고히 하기 위해 원수부를 설치하여 황제의 군 통수권 장악을 규정하였어요. 또한, 양전 사업을 시행하고 근대적 토지 소유권을 증명하는 문서인 **③지계를 발급**하였으며, 상공업을 진흥시키기 위해 식산흥업 정책을 추진하였어요.

① 통역관 양성을 위한 **동문학 설립**
➡ **개항 이후** 조선 정부는 **개화 정책**의 일환으로 통역관 양성을 위한 외국어 교육 기관인 동문학을 설립하였어요.

② 개혁 방향을 제시한 **홍범 14조 반포**
➡ **제2차 갑오개혁** 과정에서 고종은 개혁의 기본 방향을 밝힌 홍범 14조를 반포하였어요.

③ **통리기무아문 설치**와 개화 정책 추진
➡ **개항 이후** 조선 정부는 **개화 정책**을 추진하기 위해 총괄 기구로 통리기무아문을 설치하였어요.

④ **원수부 창설**과 황제의 군 통수권 강화
➡ 대한 제국 시기 고종은 **광무개혁**을 추진하는 과정에서 황제의 군 통수권을 강화하기 위해 원수부를 창설하였어요.

⑤ 23부로의 **지방 제도 개편**과 지방관 권한 축소
➡ **제2차 갑오개혁** 때 지방 행정 구역을 8도에서 23부로 개편하였어요.

(가) 제1차 한·일 협약 직후(1904. 8.), (나) 한·일 신협약(정미7조약, 1907. 7.) 사이의 시기에 있었던 사실로 옳은 것은?

> **정답 키워드**
> (가) 메가타가 재정 고문으로 옴
> (나) 대한 제국의 군대 해산

(가)
- 두 달 전 체결된 협약에 따라 **메가타**가 **탁지부의 재정 고문으로 온다**는군.
- 일본이 우리 정부의 재정권을 침해하려는 의도인 것 같네.

(나)
- 지난달 **군대를 해산**한다는 조칙이 발표된 이후 군인들의 반발이 계속되고 있다는군.
- 들었네. 일부는 의병에 합류하여 일본에 저항하는 활동을 전개한다고 하네.

> 해산 군인 중 일부가 정미의병에 합류하여 의병 부대의 전력이 향상됨

(가) 1904년 8월에 대한 제국은 러·일 전쟁에서 승기를 잡은 일본의 강요로 제1차 한·일 협약을 체결하였어요. 이후 일본은 일본인과 외국인 각 1명을 대한 제국의 재정 고문과 외교 고문으로 추천한다는 조항에 따라 **①재정 고문으로 일본인 메가타**, 외교 고문으로 미국인 스티븐스를 파견하였어요.

(나) 1907년에 고종이 을사늑약의 부당함을 알리기 위해 헤이그에서 열린 만국 평화 회의에 특사를 파견하자, 일본은 이를 구실로 같은 해 7월에 고종을 강제로 퇴위시키고 한·일 신협약을 체결하였어요. 그리고 부수 비밀 각서를 통해 **②대한 제국의 군대를 해산**시켰어요.

① 데라우치가 **초대 총독**으로 **부임**하였다.
➡ **1910년**에 한·일 병합 조약으로 국권이 피탈되면서 데라우치가 초대 조선 총독으로 부임하였어요. **(나) 이후**의 사실이에요.

② **13도 창의군**이 **서울 진공 작전**을 전개하였다.
➡ **1907년** 정미의병 당시 해산된 군인들이 의병에 가담하여 의병 부대의 전투력이 강화되었고, 의병 전쟁을 위한 13도 창의군이 결성되었어요. 이들은 서울을 탈환할 목적으로 서울 진공 작전을 전개하였지만 실패하였어요. **(나) 이후**의 사실이에요.

③ **기유각서**를 통해 일제에 **사법권**을 박탈하였다.
➡ **1909년**에 일제의 강압에 의해 기유각서가 체결되면서 일제에 사법권을 박탈당하였어요. **(나) 이후**의 사실이에요.

④ 상권 수호를 위해 **황국 중앙 총상회**가 **조직**되었다.
➡ **1898년**에 서울의 시전 상인들은 황국 중앙 총상회를 조직하여 상권 수호 운동을 전개하였어요. **(가) 이전**의 사실이에요.

⑤ **헤이그**에서 열린 만국 평화 회의에 **특사**가 **파견**되었다.
➡ **1907년 6월**에 고종은 을사늑약의 부당함을 고발하고자 네덜란드 헤이그에서 열린 만국 평화 회의에 이상설, 이준, 이위종을 특사로 보냈지만 일본의 방해로 실패하였어요.

37 의열단 정답 ③

(가) 의열단에 대한 설명으로 옳은 것은?

정답 키워드

김상옥, 단장 김원봉

판결문

피고인: 오복영 외 1인

주 문: 피고 두 명을 각 징역 7년에 처한다.

이 유

제1. 피고 오복영은 이전부터 조선 독립을 희망하고 있었다.

1. 대정 11년(1922) 11월 중 김상옥, 안홍한 등이 조선 독립자금 강탈을 목적으로 권총, 불온문서 등을 가지고 조선에 오는 것을 알고 천진에서 여비 40원을 조달함으로써 동인 등으로 하여금 조선으로 들어오게 하고

> 김상옥과 안홍한은 부호들로부터 군자금을 모금하고 독립운동 취지서를 배포할 것을 모의함

2. 대정 12년(1923) 8월 초순 ⎡ (가) ⎤ 단원으로 활약할 목적으로 피고 이영주의 권유에 의해 동 단에 가입하고

3. 이어서 피고 이영주와 함께 ⎡ (가) ⎤ 단장 김원봉 및 단원 유우근의 지휘 하에 피고 두 명은 조선 내 관리를 암살하고 주요 관아, 공서를 폭파함으로 민심의 동요를 초래하고 ……

1919년에 김원봉 등이 결성한 의열단은 신채호의 〈조선 혁명 선언〉을 활동 지침으로 삼아 일제의 중요 기관을 파괴하고 주요 인물을 처단하였어요. 박재혁은 부산 경찰서에, 김익상은 조선 총독부에, 김상옥은 종로 경찰서에, 나석주는 조선 식산 은행과 동양 척식 주식회사에 폭탄을 던졌어요. 이후 일부 단원들은 황푸 군관 학교에 입교하여 체계적인 군사 교육을 받았고, 1932년에는 조선 혁명 간부 학교를 세워 독립군 간부를 양성하였어요.

① 일제의 황무지 개간권 요구를 저지하였다.
➡ 보안회는 일제가 황무지 개간권을 요구하자 반대 운동에 나서 이를 저지하였어요.

② 일제가 조작한 105인 사건으로 큰 타격을 입었다.
➡ 신민회는 1911년에 일제가 조작한 105인 사건으로 조직이 드러나 해체되었어요.

③ 단원인 나석주가 동양 척식 주식회사에 폭탄을 던졌다.
➡ 의열단원인 나석주는 1926년에 조선 식산 은행과 동양 척식 주식회사에 폭탄을 던졌어요.

④ 조선 총독부에 국권 반환 요구서를 제출하고자 하였다.
➡ 독립 의군부는 일본 총리와 조선 총독에게 국권 반환 요구서를 제출하고자 하였으나 조직이 발각되어 해체되었어요.

⑤ 이륭양행에 교통국을 설치하여 국내와 연락을 취하였다.
➡ 대한민국 임시 정부는 조지 루이스 쇼가 중국에서 운영하는 무역 회사인 이륭양행에 교통국을 설치하여 국내와 연락을 취하였어요.

---

38 광주 학생 항일 운동 정답 ②

밑줄 그은 '광주 학생 항일 운동'에 대한 설명으로 옳은 것을 |보기|에서 고른 것은?

정답 키워드

1929년 한·일 학생 간의 충돌을 계기로 시작

이것은 1929년 11월 한일 학생 간의 충돌을 계기로 시작된 이 운동을 기념하는 탑입니다. 당시 민족 차별에 분노한 광주 지역 학생들이 대규모 시위를 전개하였고, 전국의 많은 학교가 동맹 휴학으로 동참하였습니다. 이 기념탑은 학생들의 단결된 의지를 타오르는 횃불로 형상화한 것입니다.

1929년 10월, 광주-나주 간 통학 열차를 이용하던 한·일 학생들의 충돌 사건에 대해 일본 경찰이 일본인 학생에게 유리하게 처리하는 등 편파적인 태도를 보이면서 한국인 학생들의 불만이 높아졌어요. 이에 분노한 광주 지역의 학생들은 민족 차별 금지, 식민지 교육 제도 철폐 등을 주장하며 대규모 시위를 벌였어요. 11월에 광주에서 시작된 시위는 전국으로 확대되어 전국 320여 개 학교에서 수만 명의 학생이 참여하였으며, 다음 해 3월까지 전국에서 시위와 동맹 휴학이 계속되었어요.

ㄱ. 조선인 본위의 교육 제도 확립 등을 요구하였다.
➡ 광주 학생 항일 운동 당시 광주 지역의 학생들은 조선인 본위의 교육 제도 확립, 식민지 교육 제도 철폐 등을 요구하였어요.

ㄴ. 대한매일신보의 후원 속에 전국으로 확산하였다.
➡ 대한매일신보는 국채 보상 운동에 적극적으로 참여하여 국채 보상 운동을 확산시키는 데 기여하였어요.

ㄷ. 신간회에서 진상 조사단을 파견하여 지원하였다.
➡ 신간회는 광주 학생 항일 운동이 일어나자 사건의 진상을 규명하기 위해 조사단을 파견하는 등 지원하였어요.

ㄹ. 일제가 이른바 문화 통치를 실시하는 배경이 되었다.
➡ 1919년에 일어난 3·1 운동을 계기로 대한민국 임시 정부가 수립되었고, 일제는 이른바 '문화 통치'로 통치 방식을 바꾸었어요.

① ㄱ, ㄴ   ② ㄱ, ㄷ   ③ ㄴ, ㄷ   ④ ㄴ, ㄹ   ⑤ ㄷ, ㄹ

(가) 한국 독립군에 대한 설명으로 옳은 것은?

> **정답 키워드**
>
> 대전자령, 한·중 연합

> **❶대전자령**은 태평령이라고도 하는데, 일본군이 서남부의 왕청현 쪽으로 가려면 반드시 지나가야 하는 지점이었다. 대전자령의 양쪽은 험준한 절벽과 울창한 산림 지대로 되어 있어 적을 공격하기에 알맞은 곳이었다. 이 전투에 (가) 의 주력 부대 500여 명, 차이시잉(柴世榮)이 거느리는 중국 의용군인 길림구국군 2,000여 명이 참가하였다. …… **❷한중 연합군**은 계곡 양편 산기슭에 구축되어 있는 참호 속에 미리 매복·대기하여 일본군 습격 준비를 마쳤다.
>
> — 「청천장군의 혁명투쟁사」 —

지청천은 1940년대 대한민국 임시 정부 산하의 군사 조직인 한국광복군의 총사령관을 맡아 항일 투쟁을 전개함

일제가 1931년에 만주를 침략하고 이듬해 만주국을 세우자 중국 내에서 항일 감정이 고조되었어요. 이러한 가운데 만주의 독립군 부대와 항일 중국군의 연합 작전이 전개되었어요. 남만주 지역에서는 조선 혁명당 산하의 군사 조직으로 창설되어 총사령관 양세봉의 지휘 아래 움직인 조선 혁명군과 중국 의용군이 한·중 연합 작전을 전개하였고, 북만주 지역에서는 한국 독립당 산하의 군사 조직으로 창설되어 총사령관 지청천의 지휘 아래 움직인 한국 독립군과 중국 호로군이 **한·중 연합** 작전을 전개하여 쌍성보·사도하자·**❶대전자령** 전투 등에서 일본군을 격퇴하였어요.

① 영국군의 요청으로 인도·미얀마 전선에 투입되었다.
➡ **한국광복군**은 1940년에 충칭에서 대한민국 임시 정부의 정규군으로 창설되었어요. 태평양 전쟁 발발 이후 영국군의 요청에 따라 인도·미얀마 전선에 일부 대원을 파견하여 선전 활동, 정보 수집 등을 담당하였어요.

② 간도 참변 이후 조직을 정비하고 자유시로 이동하였다.
➡ 간도 참변 이후 **만주 지역의 독립군 부대**들은 러시아 혁명군의 지원 약속을 믿고 자유시로 이동하였으나 자유시 참변을 당하여 큰 피해를 입었어요.

③ 중국 관내(關內)에서 결성된 **최초의 한인 무장 부대**였다.
➡ **조선 의용대**는 1938년에 중국 국민당 정부의 지원을 받은 김원봉의 주도로 조선 민족 전선 연맹의 군사 조직으로 창설되었는데, 이는 중국 관내에서 결성된 최초의 한인 무장 부대였어요.

④ 홍범도 부대와 연합하여 청산리에서 일본군과 교전하였다.
➡ 김좌진이 이끈 **북로 군정서**는 홍범도가 이끈 대한 독립군 등과 연합하여 청산리 일대에서 일본군을 격퇴하였어요.

⑤ 한국 독립당의 군사 조직으로 북만주 지역에서 활약하였다.
➡ **한국 독립군**은 1930년대 한국 독립당 산하의 군사 조직으로 창설되어 총사령관 지청천의 지휘 아래 북만주 지역에서 활약하였어요.

밑줄 그은 '1930년대 후반 이후 민족 말살 통치 시기'에 있었던 사실로 옳은 것은?

> **정답 키워드**
>
> 창씨개명, 국가 총동원법, 국민 징용령

문학으로 만나는 한국사

"이제 곧 **❶창씨개명**이 문제가 아닌 날이 닥칠 겁니다. 그때는 사느냐 죽느냐, 이 문제가 턱에 걸려서 아무것도 뵈지 않을걸요. 아 왜 거년(去年) 칠월에 **❷국가 총동원법** 제4조라고 허면서, **❸국민 징용령**이 안 떨어졌습니까? 일본 본토는 그렇다 치고, 조선, 대만, 사할린, 남양 군도에까지 그 징용령이 시행되고 있는 판에, 징병령인들 떨어지지 않겠습니까? 지금 지원병 제도는 장차 징병 문제를 결정하려는 시험으로 해 보는 것이라고 허드구만요."
이기채는 가슴이 까닭 없이 덜컥, 내려앉는다.

인적·물적 자원에 대한 광범위한 통제권 및 동원권을 국가에 부여한 것으로, 일제는 이를 근거로 한국에서 전쟁에 필요한 모든 것을 수탈함

— 「혼불」 —

[해설] 이 작품에는 일제가 국가 총동원법을 제정하고 노동력 수탈을 위해 국민 징용령 등을 시행하던 이 시기 우리 민족의 삶이 잘 표현되어 있다.

일제는 1937년 중·일 전쟁 이후 태평양 전쟁을 일으키는 등 침략 전쟁을 확대하면서 우리 민족을 전쟁에 쉽게 동원하기 위해 민족 말살 정책을 본격화하였어요. 일제는 황국 신민 서사 암송 및 **❶창씨개명** 등을 강요하였고, **❷국가 총동원법**을 공포하여 지원병제, 징병제, **❸국민 징용령** 등을 실시하였어요.

① 조선 태형령이 공포되었다.
➡ **1910년대** 일제는 조선 태형령을 공포하여 한국인에게만 태형을 가하였어요.

② 헌병 경찰 제도가 실시되었다.
➡ **1910년대** 일제는 헌병이 일반 경찰의 업무까지 관여하도록 하는 헌병 경찰 제도를 실시하였어요.

③ 경성 제국 대학이 설립되었다.
➡ **1924년**에 일제는 우리 민족의 민립 대학 설립 운동을 탄압하고 이를 무마할 목적으로 경성 제국 대학을 설립하였어요.

④ 조선 농민 총동맹이 조직되었다.
➡ 농민 운동과 노동 운동의 연합으로 1924년에 조선 노농 총동맹이 설립되었고, 이후 노동 운동과 농민 운동을 분리하여 **1927년**에 조선 노동 총동맹과 조선 농민 총동맹이 설립되었어요.

⑤ 황국 신민 서사 암송이 강요되었다.
➡ **1930년대 후반 이후** 일제는 한국인의 민족의식을 없애고자 내선일체 강조, 황국 신민 서사 암송 강요 등 민족 말살 정책을 실시하였어요.

(가) 천도교에 대한 설명으로 옳은 것은?

정답 키워드

동학 계승, 방정환, 잡지 《어린이》

기획 전시

방정환이 꿈꾼 어린이를 위한 나라

우리 박물관에서는 『어린이』 창간 100주년을 기념하는 특별전을 준비하였습니다. **동학을 계승한** 종교인 (가) 계열의 **방정환** 등이 어린이들에게 다양한 읽을거리를 제공하기 위해 발간한 **잡지 『어린이』**의 전시와 함께 여러 체험 행사를 준비하였으니 많은 관심 바랍니다.

• 기간: 2023. ○○. ○○. ~ ○○. ○○.
• 장소: △△ 박물관 특별 전시실
• 전시 자료 소개

▲ 『어린이』 제7권 제3호   ▲ 『어린이』 제9권 제1호

천도교는 동학의 제3대 교주인 손병희에 의해 1905년에 **동학을 계승한다는** 의미를 담아 천도교로 개칭되었어요. 천도교는 어린이를 하나의 인격체로 대우하자는 소년 운동에 주력하였어요. **방정환**, 김기전 등이 주도한 천도교 소년회는 천도교의 교리인 인내천 사상을 바탕으로 어린이도 어른과 마찬가지로 존중받아야 할 사람이라고 주장하였으며, '어린이날'을 제정하고 **『어린이』라는 잡지**도 발간하였어요.

① 한용운 등이 사찰령 폐지를 주장하였다.
➡ **불교계**는 일제가 1911년에 사찰령을 제정하자 한용운을 중심으로 사찰령 폐지 운동을 전개하고 조선 불교 유신회를 조직하였어요.

② **만세보**를 발행하여 민중 계몽에 앞장섰다.
➡ **천도교**는 기관지로 만세보를 발행하여 민중 계몽에 힘썼어요.

③ 박중빈을 중심으로 새생활 운동을 펼쳤다.
➡ 박중빈이 창시한 **원불교**는 간척 사업을 진행하고 허례허식 폐지 등 새생활 운동을 펼쳤어요.

④ 배재 학당을 세워 신학문을 보급하고자 힘썼다.
➡ **개신교**는 아펜젤러가 배재 학당을 세우고, 스크랜턴이 이화 학당을 세우는 등 신학문 보급에 기여하였어요.

⑤ 의민단을 조직하여 항일 무장 투쟁을 전개하였다.
➡ **천주교**는 만주에 의민단을 조직하여 항일 무장 투쟁을 전개하였어요.

(가)에 들어갈 내용으로 가장 적절한 것은?

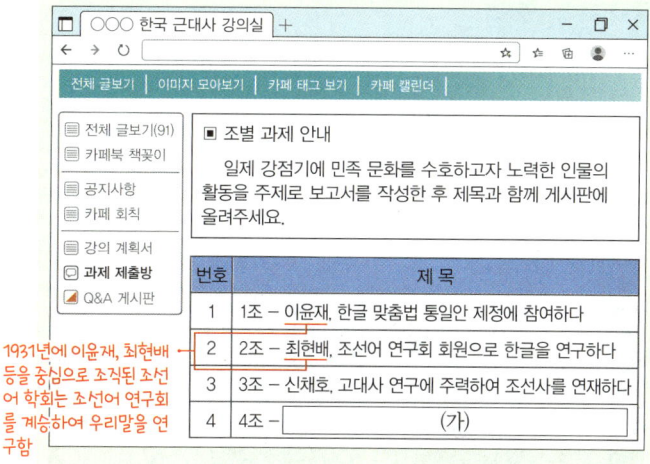

○○○ 한국 근대사 강의실

전체 글보기 | 이미지 모아보기 | 카페 태그 보기 | 카페 캘린더

전체 글보기(91)
카페북 책꽂이
공지사항
카페 회칙
강의 계획서
과제 제출방
Q&A 게시판

■ 조별 과제 안내
　일제 강점기에 민족 문화를 수호하고자 노력한 인물의 활동을 주제로 보고서를 작성한 후 제목과 함께 게시판에 올려주세요.

번호	제목
1	1조 – 이윤재, 한글 맞춤법 통일안 제정에 참여하다
2	2조 – 최현배, 조선어 연구회 회원으로 한글을 연구하다
3	3조 – 신채호, 고대사 연구에 주력하여 조선사를 연재하다
4	4조 – (가)

1931년에 이윤재, 최현배 등을 중심으로 조직된 조선어 학회는 조선어 연구회를 계승하여 우리말을 연구함

① **정인보**, 민족의 얼을 강조하고 **조선학 운동**을 전개하다
➡ **1930년대**에 정인보, 안재홍 등은 민족의 얼을 강조하고 조선학 운동을 전개하였으며, 《여유당전서》를 간행하였어요.

② **장지연**, 황성신문에 **시일야방성대곡**이라는 논설을 싣다
➡ **1905년**에 장지연은 을사늑약이 체결되자 '이날을 목 놓아 통곡하다'라는 뜻의 제목을 붙인 논설 〈시일야방성대곡〉을 황성신문에 실어 을사늑약의 부당함을 비판하였어요.

③ **유길준**, 서유견문을 집필하여 서양 근대 문명을 소개하다
➡ **1895년**에 유길준은 미국과 유럽을 돌아보고 〈서유견문〉을 집필하여 서양 근대 문물을 국내에 소개하였어요.

④ **최익현**, 지부복궐척화의소를 올려 **왜양일체론**을 **주장**하다
➡ **1876년**에 최익현은 조선 정부가 일본과 강화도 조약을 맺으려 하자 〈지부복궐척화의소〉를 올려 왜양일체론을 주장하며 개항에 반대하였어요.

⑤ **신헌**, 강화도 조약 체결의 전말을 기록한 **심행일기**를 남기다
➡ 조선 정부를 대표하여 강화도 조약 체결에 참여하였던 신헌은 **1876년**에 강화도 조약 체결의 전말을 기록한 《심행일기》를 남겼어요.

제**67**회

밑줄 그은 '일본'에서 있었던 민족 운동으로 옳은 것은?

> 정답 키워드
>
> 1923년에 발생한 지진, 수많은 조선인이 학살

이것은 **①1923년 이 지역에서 발생한 지진** 당시 희생된 조선인을 위로하기 위해 세운 추도비입니다. 지진이 일어나자 "조선인이 불을 질렀다.", "조선인이 공격해 온다" 등의 유언비어가 퍼졌고, 이에 현혹된 사람들이 조직한 자경단 등에 의해 **수많은 조선인이 학살**되었습니다.

❶ **1923년에 일본의 관동 지방에서 대지진**이 일어나 조선인을 포함한 수많은 사람들이 죽었어요. 계엄령을 선포하고 사태 수습에 나선 일본 정부는 혼란이 더욱 심해지자, 국민의 불만을 다른 곳으로 돌리기 위해 조선인과 일부 사회주의 세력이 폭동을 일으키려 한다는 유언비어를 조직적으로 퍼뜨렸어요. 이에 격분한 일본인들이 자경단 등을 조직하여 **수많은 조선인을 무조건 구타·학살**하였어요.

① 한인 자치 기구인 **경학사**를 설립하였다.
➡ **서간도**(남만주)의 삼원보 지역으로 이주한 신민회 회원들은 경학사를 조직하고 신흥 강습소(이후 신흥 무관 학교)를 설립하였어요.

② 민족 교육을 위해 **서전서숙**을 건립하였다.
➡ **북간도**에는 용정촌, 명동촌 등 한인 집단촌이 형성되었어요. 이상설 등은 서전서숙을, 김약연 등은 명동 학교를 세워 민족 교육을 실시하였어요.

③ 유학생을 중심으로 2·8 독립 선언서를 발표하였다.
➡ 1919년에 **일본** 도쿄에서는 한인 유학생들이 2·8 독립 선언서를 발표하였고, 국내에서도 독립 선언의 움직임이 일어났어요.

④ 대조선 국민 군단을 결성하여 군사 훈련을 실시하였다.
➡ **하와이**에서는 박용만 등이 대조선 국민군단을 창설하여 군사 훈련을 실시하였어요.

⑤ 대한 광복군 정부를 세워 무장 독립 투쟁을 준비하였다.
➡ **연해주**에서는 권업회가 조직되어 권업신문을 발행하였으며, 권업회를 바탕으로 이상설 등이 대한 광복군 정부를 결성하였어요.

(가) 여운형에 대한 설명으로 옳은 것은?

> 정답 키워드
>
> 몽양, 좌우 합작 운동 추진

□□ 일보

제△△호   2023년 ○○월 ○○일

❶**몽양** (가) 장례식 만장' 117점 국가등록문화재 등록 예고

1918년 중국에서 신한 청년당을 조직하고 해방 후 ❷**좌우 합작 운동을 추진한** (가) 선생의 마지막 길에 내걸린 만장(輓章)이 국가등록문화재가 된다. 만장이란 망자를 추모하는 글을 비단이나 종이에 적어 만든 깃발로, 1947년 거행된 그의 장례식에는 각계각층이 애도하는 만장이 내걸렸다.
이 만장은 독립운동에 헌신하고 광복 후 좌우대통합을 위해 노력했던 그에 대한 대중들의 인식과 평가를 담은 자료로서 중요한 역사적 가치가 있다.

광복 후 좌우 대립이 심화되고 이승만의 정읍 발언으로 분단의 위기가 닥쳐오자 여운형은 김규식 등과 함께 좌우 합작 운동을 벌임

❶ '**몽양**'은 여운형의 호예요.
❷ 1918년에 중국 상하이에서 신한 청년당을 조직한 여운형은 파리 강화 회의에 김규식을 대표로 파견하여 한국의 독립을 주장하였어요. 광복 후 여운형은 김규식 등과 **좌우 합작 위원회**를 구성하고 통일 정부 수립을 위한 노력을 펼쳤어요. 그러나 처음에 **좌우 합작 운동**을 지지하였던 미군정이 지지를 철회하고 여운형이 암살되면서 좌우 합작 운동은 실패하였어요.

① 조선 건국 동맹을 결성하였다.
➡ **여운형**은 1944년에 일제의 패망과 광복에 대비하여 비밀리에 조선 건국 동맹을 결성하였어요.

② 한국독립운동지혈사를 저술하였다.
➡ **박은식**은 일본의 침략 과정을 담은 《한국통사》, 우리 민족의 독립 투쟁 과정을 서술한 《한국독립운동지혈사》를 저술하였어요.

③ 권업회의 초대 회장으로 선출되었다.
➡ **최재형**은 1910년대 연해주 지역에서 조직된 권업회의 초대 회장을 지냈으며, 권업회의 기관지 역할을 한 권업신문 발간에도 참여하였어요.

④ 대한 광복회를 조직하여 친일파를 처단하였다.
➡ **박상진**은 1915년에 국내에서 비밀 결사 형태로 대한 광복회를 조직하여 친일파 처단, 군자금 모금 등의 활동을 하였어요.

⑤ 백산 상회를 설립하여 독립운동 자금을 마련하였다.
➡ **안희제**는 1914년에 백산 상회를 설립하여 독립운동 자금을 마련하였어요.

45 2차 개헌(사사오입 개헌)

정답 ⑤

밑줄 그은 '2차 개헌(사사오입 개헌)'의 시행 결과로 옳은 것은?

정답 키워드

사사오입

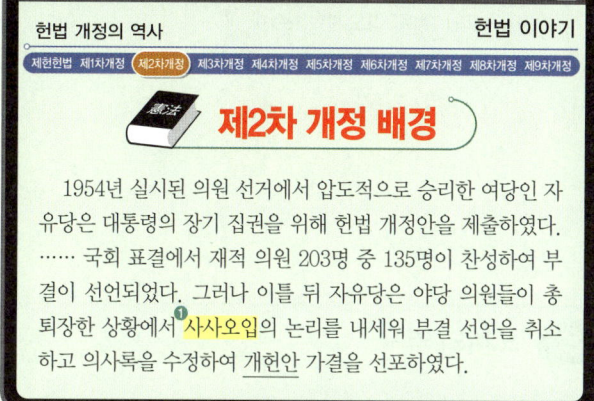

1954년에 이승만 정부와 자유당은 장기 집권을 위해 개헌 당시 대통령, 즉 초대 대통령에 한하여 중임 제한을 철폐한다는 내용으로 헌법 개정을 추진하였어요. 국회에서 개헌안 통과를 위해서는 재적 의원 203명 중 3분의 2인 136명의 동의가 필요하였는데, 투표 결과 1명이 부족한 135명이 동의하여 부결이 선언되었어요. 그러나 이틀 후 자유당은 수학의 **사사오입**(반올림)' 논리를 억지로 적용하여 개헌안이 통과되었다고 다시 선언하였어요.

① 통일 주체 국민 회의에서 대통령이 선출되었다.
➡ 박정희 정부는 1972년에 **7차 개헌**을 통해 유신 헌법을 제정하여 통일 주체 국민 회의에서 대통령을 선출하도록 하였어요.

② 5년 단임의 대통령이 직선제에 의해 선출되었다.
➡ 6월 민주 항쟁으로 대통령 직선제를 수용한다는 6·29 민주화 선언이 발표되었고, 이에 따라 5년 단임의 대통령 직선제를 주요 내용으로 하는 **9차 개헌**이 이루어졌어요. 1987년에 직선제로 실시된 대통령 선거에서 여당 후보인 노태우가 당선되었어요.

③ 대통령이 국회의원의 3분의 1을 추천하게 되었다.
➡ 박정희 정부는 **7차 개헌**을 통해 유신 헌법을 제정하여 대통령에게 국회 해산권, 국회의원 3분의 1 추천권, 긴급 조치권 등의 막강한 권한을 부여하였어요.

④ 국회에서 간접 선거 방식으로 대통령이 선출되었다.
➡ 1948년에 실시된 5·10 총선거로 **제헌 국회**가 구성되었고, 이곳에서 간접 선거를 통해 대한민국의 제1대 대통령으로 이승만이 선출되었어요.

⑤ 개헌 당시의 대통령에 한하여 중임 제한이 철폐되었다.
➡ **사사오입 개헌**으로 개헌 당시의 대통령인 이승만에 한하여 중임 제한이 철폐되었어요.

46 화폐의 역사

정답 ③

(가)~(마)에 들어갈 내용으로 적절하지 않은 것은?

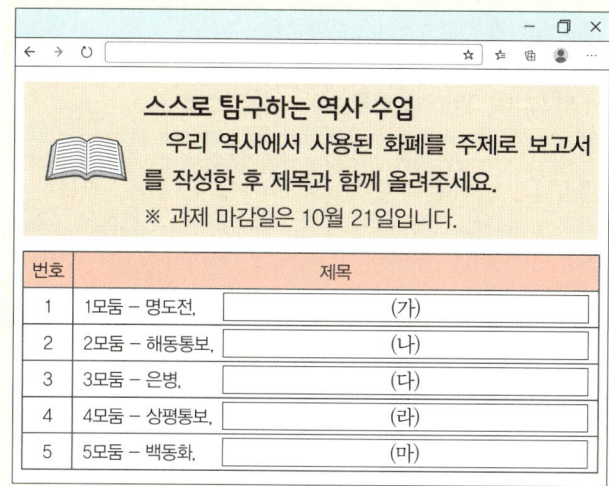

① (가) – 중국 연과의 교류 관계를 보여주다
➡ 중국의 전국 시대 연에서 사용된 **명도전**은 표면에 '명(明)'이라는 글자가 새겨져 있는 청동으로 만든 칼[도(刀)] 모양의 화폐예요. 명도전 등이 우리나라의 철기 시대 유적에서 발견되는 것을 통해 당시 중국과 교역하였음을 짐작할 수 있어요.

② (나) – 의천의 건의로 화폐가 주조되다
➡ 고려 숙종은 의천의 건의로 주전도감을 설치하여 **해동통보**, 삼한통보 등의 화폐를 주조·발행하였어요.

③ (다) – 경복궁 중건을 위해 제작되다
➡ 은병(활구)은 은 1근으로 우리나라의 지형을 본떠 만든 병 모양의 고액 화폐로, 고려 숙종 때 주조되어 유통되었어요. 조선 고종 때 흥선 대원군은 임진왜란 때 불타 없어진 경복궁을 다시 세우기 위해 **당백전**을 발행하고 원납전을 징수하는 등 각종 정책을 펼쳤는데, 이로 인해 백성들의 불만이 많았어요.

④ (라) – 법화로 발행되어 전국적으로 유통되다
➡ **상평통보**의 '상평'은 상시평준(常時平準)의 줄인 말로, 항상 일정한 가치를 가진 화폐를 유통하려는 정부의 의도가 반영된 말이에요. 상평통보는 조선 숙종 때 유통되기 시작하였고 조선 후기에 법화로 발행되어 전국적으로 유통되었어요.

⑤ (마) – 전환국에서 화폐가 발행되다
➡ **백동화**는 1892년부터 1904년까지 전환국에서 발행한 화폐로 액면가 2전 5푼의 동전이에요. 개항 이후 급증하는 재정 수요와 당면한 재정 궁핍에서 벗어나기 위해 주조·유통되었어요. 제1차 한·일 협약에 따라 대한 제국의 재정 고문으로 부임한 일본인 메가타는 대한 제국의 백동화와 구화폐를 일본의 제일 은행권으로 교체하는 화폐 정리 사업을 실시하였어요.

정답 키워드

(가) 만적이 노비를 모아 모의 = 만적의 난(1198)

(나) 노비를 안검 = 노비안검법(956)

(다) 노비에 관한 법을 혁파 = 제1차 갑오개혁(1894)

(라) 노비를 양민으로 삼음 = 공노비 해방(1801)

(가) 만적 등 6명이 북산에서 나무하다가 공사 노비를 불러 모아 모의하기를, "국가에서 경인년·계사년 이후로 높은 벼슬이 천한 노비에게서 많이 나왔으니, 장수와 재상이 어찌 종자가 있으랴. …… 그 주인을 죽이고 노비 문서를 불태워 삼한에서 천인을 없애면 모두 공경 장상이 될 수 있을 것이다."라고 하였다.
└ 신분 해방을 추구하였음을 알 수 있음

(나) 왕 7년, 노비를 안검하여 그 시비를 분별하도록 명하자, 노비로 주인을 배반한 자가 매우 많아지고 윗사람을 능멸하는 풍조가 크게 행해졌다. 사람들이 모두 탄식하고 원망하였다. 대목왕후가 이를 간절히 간언하였으나 왕은 받아들이지 않았다.

(다) 1. 문벌, 양반과 상인들의 등급을 없애고 귀천에 관계없이 인재를 선발하여 등용한다.
1. 과부가 재가하는 것은 귀천을 막론하고 자신의 의사대로 하게 한다.
1. 공노비와 사노비에 관한 법을 일체 혁파하고 사람을 사고파는 일을 금지한다.

(라) "임금이 백성을 대할 때는 귀천이 없고 내외 없이 고루 균등하게 적자(赤子)로 여겨야 하는데, 노(奴)와 비(婢)라고 하여 구분하는 것이 어찌 똑같이 동포로 여기는 뜻이겠는가. 내노비 36,974명과 시노비 29,093명을 모두 양민으로 삼도록 하라. 그리고 승정원으로 하여금 노비 문서를 거두어 돈화문 밖에서 불태우도록 하라." → 공노비는 왕실이나 국가 기관에 소속된 최하층 신분이었음

(나) 고려 광종은 부당하게 노비가 된 사람들을 조사하여 양민 신분으로 회복시키는 노비안검법을 실시하였어요. 이를 통해 호족의 세력을 약화하고 국가 재정을 확충하였어요.

(가) 만적의 난은 고려 무신 집권기 대표적인 하층민의 봉기로 사노비 만적이 주도하였어요. 만적의 난은 차별적 신분 질서를 극복하려는 신분 해방 운동의 성격도 있었어요.

(라) 조선 순조는 국가 재정 확보를 위해 궁방과 중앙 관서에 소속된 6만여 명의 공노비를 해방시켜 양민으로 삼도록 하고 노비 문서를 불태우도록 하였어요.

(다) 1894년에 일본의 강요로 구성된 김홍집 내각은 최고 정책 결정 기관으로 군국기무처를 설치하고 제1차 갑오개혁을 추진하였어요. 군국기무처는 과거제 폐지, 공·사 노비법(신분 제도) 폐지, 과부의 재가 허용, 개국 기년 사용, 6조를 8아문으로 개편, 은 본위제 채택 등의 개혁을 추진하였어요.

---

47 노비의 역사   정답 ③

(가) 만적의 난(1198), (나) 노비안검법(956), (다) 제1차 갑오개혁(1894), (라) 공노비 해방(1801)를 일어난 순서대로 옳게 나열한 것은?

① (가) – (나) – (다) – (라)
② (가) – (나) – (라) – (다)
③ (나) – (가) – (라) – (다)
➡ (나) 노비안검법(956) → (가) 만적의 난(1198) → (라) 공노비 해방(1801) → (다) 제1차 갑오개혁(1894)
④ (나) – (다) – (가) – (라)
⑤ (다) – (라) – (나) – (가)

---

48 노비의 역사   정답 ①

(가)~(라)를 활용한 탐구 활동으로 적절한 것을 |보기|에서 고른 것은?

ㄱ. (가) – 무신 집권기에 발생한 하층민의 봉기에 대해 알아본다.
➡ 고려 무신 집권기(최충헌)인 신종 때 개경에서 만적을 비롯한 노비들이 신분 해방을 도모하여 봉기를 계획하였으나 발각되면서 실패하였어요. 만적의 난은 무신 집권기에 발생한 대표적인 하층민의 봉기예요.

ㄴ. (나) – 호족의 경제적 기반을 약화시킨 제도를 살펴본다.
➡ 노비안검법은 억울하게 노비가 된 사람들을 조사하여 양민으로 해방시킨 법이에요. 노비는 호족의 경제적·군사적 기반이었기 때문에 노비안검법의 시행으로 호족의 세력이 약화되었어요. 또한, 조세를 부담하는 양민의 수가 증가하여 국가 재정이 확충되었어요.

ㄷ. (다) – 균역법이 시행되는 배경을 파악한다.
➡ 1894년에 청·일 전쟁을 일으킨 일본의 강요로 구성된 김홍집 내각은 군국기무처를 설치하고 제1차 갑오개혁을 추진하였어요. 조선 후기 영조는 백성의 군역 부담을 줄여 주기 위한 목적으로 군포를 1년에 2필에서 1필만 납부하게 하는 균역법을 시행하였어요. 균역법 시행으로 줄어든 재정 수입은 결작, 어·염세, 선박세, 선무군관포 등으로 보충하였어요.

ㄹ. (라) – 삼정이정청이 설치된 계기를 조사한다.
➡ 조선 후기에 노비 제도가 점차 무너졌어요. 노비들이 도망, 군공, 납속 등으로 신분을 상승하는가 하면 정부가 양인의 수를 늘리기 위해 노비종모법을 시행하였고, 1801년에 순조는 6만 6천여 명의 공노비를 해방하였어요. 조선 후기 철종 때 진주 농민 봉기를 시작으로 임술 농민 봉기가 발생하자 정부는 봉기를 수습하기 위해 박규수를 안핵사로 파견하고 삼정이정청을 설치하였어요. 그러나 농민 봉기의 근본적인 원인을 해결하지는 못하였어요.

① ㄱ, ㄴ   ② ㄱ, ㄷ   ③ ㄴ, ㄷ   ④ ㄴ, ㄹ   ⑤ ㄷ, ㄹ

2026 에듀윌 한국사능력검정시험 심화 10+4회분 기출700제

빨파해설 + 1분컷 퀵기출 반복 생성 <AI 듀봇>

AI 듀봇(매회 업데이트)
이용경로 표지 QR코드

보너스 회차별 기출 4회분+최신 기출 킬러문항 첨삭해설(2025년 포함 매회 업데이트)
이용경로 '에듀윌 도서몰' 검색 ▶ 도서자료실 ▶ 부가학습자료 ▶ '한국사능력검정시험' 검색

기출 모의고사 2회분
이용경로 교재 내 QR코드

고객의 꿈, 직원의 꿈, 지역사회의 꿈을 실현한다

펴낸곳 (주)에듀윌 **펴낸이** 양형남 **출판총괄** 김기철 **에듀윌 대표번호** 1600-6700
주소 서울시 구로구 디지털로 34길 55 코오롱싸이언스밸리 2차 3층
© 2025 eduwill. Created with AI assistance.

| 에듀윌 도서몰 | • 부가학습자료 및 정오표: 에듀윌 도서몰 > 도서자료실 |
| book.eduwill.net | • 교재 문의: 에듀윌 도서몰 > 문의하기 > 교재(내용, 출간) / 주문 및 배송 |

업계 최초 대통령상 3관왕,
정부기관상 19관왕 달성!

2010 대통령상   2019 대통령상   2019 대통령상

대한민국 브랜드대상 국무총리상 문화체육관광부 농림축산식품부 과학기술정보통신부 여성가족부장관상
국무총리상   장관상   장관상   장관상

서울특별시장상 과학기술부장관상 정보통신부장관상 산업자원부장관상 고용노동부장관상 미래창조과학부장관상 법무부장관상

2004
서울특별시장상 우수벤처기업 대상

2006
부총리 겸 과학기술부장관 표창 국가 과학 기술 발전 유공

2007
정보통신부장관상 디지털콘텐츠 대상
산업자원부장관 표창 대한민국 e비즈니스대상

2010
대통령 표창 대한민국 IT 이노베이션 대상

2013
고용노동부장관 표창 일자리 창출 공로

2014
미래창조과학부장관 표창 ICT Innovation 대상

2015
법무부장관 표창 사회공헌 유공

2017
여성가족부장관상 사회공헌 유공
2016 합격자 수 최고 기록 KRI 한국기록원 공식 인증

2018
2017 합격자 수 최고 기록 KRI 한국기록원 공식 인증

2019
대통령 표창 범죄예방대상
대통령 표창 일자리 창출 유공
과학기술정보통신부장관상 대한민국 ICT 대상

2020
국무총리상 대한민국 브랜드대상
2019 합격자 수 최고 기록 KRI 한국기록원 공식 인증

2021
고용노동부장관상 일·생활 균형 우수 기업 공모전 대상
문화체육관광부장관 표창 근로자휴가지원사업 우수 참여 기업
농림축산식품부장관상 대한민국 사회공헌 대상
문화체육관광부장관 표창 여가친화기업 인증 우수 기업

2022
국무총리 표창 일자리 창출 유공
농림축산식품부장관상 대한민국 ESG 대상

여러분의 작은 소리
에듀윌은 크게 듣겠습니다.

본 교재에 대한 여러분의 목소리를 들려주세요.
공부하시면서 어려웠던 점, 궁금한 점,
칭찬하고 싶은 점, 개선할 점, 어떤 것이라도 좋습니다.

에듀윌은 여러분께서 나누어 주신 의견을
통해 끊임없이 발전하고 있습니다.

에듀윌 도서몰 book.eduwill.net
· 부가학습자료 및 정오표: 에듀윌 도서몰 → 도서자료실
· 교재 문의: 에듀윌 도서몰 → 문의하기 → 교재(내용,출간) / 주문 및 배송

2026 한국사능력검정시험 심화 10+4회분 기출700제

발 행 일	2026년 1월 5일
저 자	패스바이워드윌
펴 낸 이	양형남
개 발	정상욱, 김민서
펴 낸 곳	(주)에듀윌
등록번호	제25100-2002-000052호
주 소	08378 서울특별시 구로구 디지털로34길 55 코오롱싸이언스밸리 2차 3층
I S B N	979-11-360-4027-5(13910)

www.eduwill.net
대표전화 1600-6700

(가) 박정희 정부 시기에 있었던 사실로 옳은 것은?

정답 **키워드**

민청학련 사건

'민청학련 사건' 기록물, 세상 밖으로

   1972년에 박정희 정부가 유신 헌법을 공포하며 독재 정치를 펼치자 1973년에 유신 헌법의 철폐를 요구하며 개헌 청원 100만 인 서명 운동이 일어났어요. 박정희 정부는 사태 수습을 위해 긴급 조치를 발표하고 민주화 운동을 탄압하였어요. 이 과정에서 박정희 정부는 전국 민주 청년 학생 총연맹을 불법 단체로 규정하고 관련자를 포함하여 총 180명을 구속·기소하였는데, 이를 **민청학련 사건**이라고 해요.

① 정부에 비판적인 **경향신문**이 **폐간**되었다.
  ⇒ 1959년에 **이승만 정부**는 정부에 대해 비판적인 기사를 게재하던 경향신문을 폐간하였어요.

② 국민의 요구에 굴복하여 **대통령**이 **하야**하였다.
  ⇒ 1960년 **이승만 정부** 시기에 일어난 4·19 혁명으로 이승만 대통령이 하야하고 허정 과도 정부가 수립되었어요.

③ 민주화 시위 도중 대학생 **강경대**가 **희생**되었다.
  ⇒ 1991년 **노태우 정부** 시기에 강경대는 민주화 시위 도중 경찰의 폭력적인 진압으로 희생되었어요.

④ 장기 독재에 저항한 **3·1 민주 구국 선언**이 발표되었다.
  ⇒ 1976년 **박정희 정부** 시기에 김대중과 일부 재야 인사들은 긴급 조치 철폐 등을 요구하는 3·1 민주 구국 선언을 발표하였어요.

⑤ 기존의 헌법을 유지하는 **4·13 호헌 조치**가 선언되었다.
  ⇒ 1987년에 **전두환 정부**는 국민의 대통령 직선제 개헌 요구를 무시하고 기존 헌법을 고수하겠다는 4·13 호헌 조치를 발표하였고, 이후 6월 민주 항쟁이 일어났어요.

다음 연설이 있었던 **노무현 정부**의 통일 노력으로 옳은 것은?

정답 **키워드**

참여 정부, 개성 공단 방문

   김대중 정부 시기에 이루어진 남북 합의를 바탕으로 **참여 정부**를 표방한 노무현 정부 시기에 **개성 공단 건설** 사업이 실현되었어요. 개성 공단 조성을 위한 공사는 2003년 6월에 시작되어 2004년 6월에 시범 단지 조성이 완료되었어요.

① 남북한이 **국제 연합(UN)**에 **동시 가입**하였다.
  ⇒ **노태우 정부** 시기인 1991년에 남북한은 국제 연합(UN)에 동시 가입하였어요.

② 민족 자존과 통일 번영을 위한 **7·7 선언**을 발표하였다.
  ⇒ **노태우 정부**는 1988년 7월 7일에 민족 자존과 통일 번영의 시대를 열어 나갈 것을 천명하는 7·7 선언을 발표하였어요.

③ 남북 이산가족 고향 방문단의 **교환 방문**을 **최초**로 성사시켰다.
  ⇒ **전두환 정부** 시기인 1985년에 남북 이산가족 고향 방문단과 예술 공연단 교환이 최초로 성사되었어요.

④ 7·4 남북 공동 성명 실천을 위해 **남북 조절 위원회**를 구성하였다.
  ⇒ **박정희 정부** 시기인 1972년에 남북한은 자주, 평화, 민족 대단결의 3대 원칙을 포함한 7·4 남북 공동 성명을 발표하고 실천을 위해 남북 조절 위원회를 구성하였어요.

⑤ 남북 관계 발전과 평화 번영을 위한 **10·4 남북 정상 선언**을 발표하였다.
  ⇒ **노무현 정부** 시기인 2007년에 제2차 남북 정상 회담이 개최되었고, 이 자리에서 김대중 정부 시기에 발표된 6·15 남북 공동 선언을 계승한 10·4 남북 정상 선언이 발표되었어요.